中国审判指导丛书

民事审判指导与参考

CHINA TRIAL GUIDE

REFERENCE AND GUIDE TO CIVIL TRIAL

2011 年卷

最高人民法院民事审判第一庭　编

人民法院出版社

图书在版编目（CIP）数据

民事审判指导与参考. 2011 年卷／最高人民法院民事审判第一庭编. --北京:人民法院出版社, 2018.1
ISBN 978-7-5109-2041-7

Ⅰ. ①民… Ⅱ. ①最… Ⅲ. ①民事诉讼-审判-中国-丛刊 Ⅳ. ①D925.118.2

中国版本图书馆 CIP 数据核字(2018)第 012717 号

民事审判指导与参考. 2011 年卷
最高人民法院民事审判第一庭 编

责任编辑	范春雪
出版发行	人民法院出版社
地　　址	北京市东城区东交民巷 27 号(100745)
电　　话	(010)67550525(责任编辑)　67550558(发行部查询) 65223677(读者服务部)
客服 QQ	2092078039
网　　址	http://www.courtbook.com.cn
E-mail	courtpress@sohu.com
印　　刷	河北鸿祥信彩印刷有限公司
经　　销	新华书店

开　　本	787 毫米×1092 毫米　1/16
字　　数	1080 千字
印　　张	47
版　　次	2018 年 1 月第 1 版　2019 年 11 月第 2 次印刷
书　　号	ISBN 978-7-5109-2041-7
定　　价	180.00 元

出版说明

党的十九大是在全面建成小康社会决胜阶段、中国特色社会主义进入新时代的关键时期召开的一次十分重要的大会。最高人民法院党组要求全国各级法院党组织全面学习、深刻领会、准确把握党的十九大精神，切实把思想和行动统一到党的十九大精神上来，把智慧和力量凝聚到实现十九大确定的宏伟目标和各项任务上来，以饱满的精神状态和奋斗姿态投身新时代全面依法治国新征程，忠实履行宪法法律赋予的职责，努力让人民群众在每一个司法案件中感受到公平正义。

最高人民法院一直以来高度重视民事审判工作。《民事审判指导与参考》是由最高人民法院民事审判第一庭组织编写的连续出版物，旨在传播最高人民法院和地方各级人民法院的民事审判工作经验，对最新疑难经典案例进行探讨与解析，提供审判实践中解决疑难问题的思路和最新民事审判资源，是最高人民法院民事审判第一庭指导全国民事审判工作的平台，也是全国民事审判工作信息沟通与交流的平台。

《民事审判指导与参考》自 2011 年起由人民法院出版社出版，该丛书突出实用性，重在指导性，体现权威性，对地方各级人民法院的民事审判工作具有很强的指导和参考作用。虽因时代的变迁和法律的更替，早期的一些案例已经不适应当前的形势，但仍具有一定的历史资料价值，至今仍有很强的参考及借鉴意义。

为进一步发挥该丛书在中国民事审判领域的重要指导作用，方便各级人民法院、律师等法律职业共同体和社会公众学习、使用，人民法院出版社将该丛书进行合理整合、精心编排，在保持丛书整体风格不变的基础上，对部分内容进行微调，编辑出版《民事审判指导与参考》年度卷。希望该丛书能为广大读者的工作和学习提供便利。由于时间紧迫，书中难免存在疏漏与不足，敬请读者批评指正。

人民法院出版社

二〇一八年一月

总 目 录

2011 年第 1 辑(总第 45 辑)

2011年第2辑(总第46辑)

【指导性案例】

【最高人民法院案件解析】

2011年第3辑(总第47辑)

【地方法院传真】

【民事审判信箱】

2011 年第 4 辑(总第 48 辑)

【最新司法文件】

【民事诉讼程序专题】

【热点调研】

【地方法院传真】

【民事审判信箱】

民事审判指导与参考

2011 年第 1 辑

（总第 45 辑）

【最新司法解释】

最高人民法院
关于适用《中华人民共和国公司法》若干问题的规定(三)

法释〔2011〕3号

(2010年12月6日最高人民法院审判委员会第1504次会议通过
2011年1月27日最高人民法院公告公布
自2011年2月16日施行)

为正确适用《中华人民共和国公司法》,结合审判实践,就人民法院审理公司设立、出资、股权确认等纠纷案件适用法律问题作出如下规定。

第一条 为设立公司而签署公司章程、向公司认购出资或者股份并履行公司设立职责的人,应当认定为公司的发起人,包括有限责任公司设立时的股东。

第二条 发起人为设立公司以自己名义对外签订合同,合同相对人请求该发起人承担合同责任的,人民法院应予支持。

公司成立后对前款规定的合同予以确认,或者已经实际享有合同权利或者履行合同义务,合同相对人请求公司承担合同责任的,人民法院应予支持。

第三条 发起人以设立中公司名义对外签订合同,公司成立后合同相对人请求公司承担合同责任的,人民法院应予支持。

公司成立后有证据证明发起人利用设立中公司的名义为自己的利益与相对人签订合同,公司以此为由主张不承担合同责任的,人民法院应予支持,但相对人为善意的除外。

第四条 公司因故未成立,债权人请求全体或者部分发起人对设立公司行为所产生的费用和债务承担连带清偿责任的,人民法院应予支持。

部分发起人依照前款规定承担责任后,请求其他发起人分担的,人民法院应当判令其他发起人按照约定的责任承担比例分担责任;没有约定责任承担比例的,按照约定的出资比例分担责任;没有约定出资比例的,按照均等份额分担责任。

因部分发起人的过错导致公司未成立,其他发起人主张其承担设立行为所产生的费用和债务的,人民法院应当根据过错情况,确定过错一方的责任范围。

第五条 发起人因履行公司设立职责造成他人损害,公司成立后受害人请求公司承担侵权赔偿责任的,人民法院应予支持;公司未成立,受害人请求全体发起人承担连带赔偿责任的,人民法院应予支持。

公司或者无过错的发起人承担赔偿责任后,可以向有过错的发起人追偿。

第六条 股份有限公司的认股人未按期缴纳所认股份的股款,经公司发起人催缴后在合理期间内仍未缴纳,公司发起人对该股份另行募集的,人民法院应当认定该募集行为有效。认股人延期缴纳股款给公司造成损失,公司请求该认股人承担赔偿责任的,人民法院应予支持。

第七条 出资人以不享有处分权的财产出资,当事人之间对于出资行为效力产生争议的,人民法院可以参照物权法第一百零六条的规定予以认定。

以贪污、受贿、侵占、挪用等违法犯罪所得的货币出资后取得股权的,对违法犯罪行为予以追究、处罚时,应当采取拍卖或者变卖的方式处置其股权。

第八条 出资人以划拨土地使用权出资,或者以设定权利负担的土地使用权出资,公司、其他股东或者公司债权人主张认定出资人未履行出资义务的,人民法院应当责令当事人在指定的合理期间内办理土地变更手续或者解除权利负担;逾期未办理或者未解除的,人民法院应当认定出资人未依法全面履行出资义务。

第九条 出资人以非货币财产出资,未依法评估作价,公司、其他股东或者公司债权人请求认定出资人未履行出资义务的,人民法院应当委托具有合法资格的评估机构对该财产评估作价。评估确定的价额显著低于公司章程所定价额的,人民法院应当认定出资人未依法全面履行出资义务。

第十条 出资人以房屋、土地使用权或者需要办理权属登记的知识产权等财产出资,已经交付公司使用但未办理权属变更手续,公司、其他股东或者公司债权人主张认定出资人未履行出资义务的,人民法院应当责令当事人在指定的合理期间内办理权属变更手续;在前述期间内办理了权属变更手续的,人民法院应当认定其已经履行了出资义务;出资人主张自其实际交付财产给公司使用时享有相应股东权利的,人民法院应予支持。

出资人以前款规定的财产出资,已经办理权属变更手续但未交付给公司使用,公司或者其他股东主张其向公司交付、并在实际交付之前不享有相应股东权利的,人民法院应予支持。

第十一条 出资人以其他公司股权出资,符合下列条件的,人民法院应当认定出资人已履行出资义务:

(一)出资的股权由出资人合法持有并依法可以转让;

(二)出资的股权无权利瑕疵或者权利负担;

(三)出资人已履行关于股权转让的法定手续;

(四)出资的股权已依法进行了价值评估。

股权出资不符合前款第(一)、(二)、(三)项的规定,公司、其他股东或者公司债权人请求认定出资人未履行出资义务的,人民法院应当责令该出资人在指定的合理期间内采取补正措施,以符合上述条件;逾期未补正的,人民法院应当认定其未依法全面履行出资义务。

股权出资不符合本条第一款第(四)项的规定,公司、其他股东或者公司债权人请求认定出资人未履行出资义务的,人民法院应当按照本规定第九条的规定处理。

第十二条 公司成立后,公司、股东或者公司债权人以相关股东的行为符合下列情形之一且损害公司权益为由,请求认定该股东抽逃出资的,人民法院应予支持:

(一)将出资款项转入公司账户验资后又转出;

(二)通过虚构债权债务关系将其出资转出;

(三)制作虚假财务会计报表虚增利润进行分配;

(四)利用关联交易将出资转出;

(五)其他未经法定程序将出资抽回的行为。

第十三条 股东未履行或者未全面履行出资义务,公司或者其他股东请求其向公司依法全面履行出资义务的,人民法院应予支持。

公司债权人请求未履行或者未全面履行出资义务的股东在未出资本息范围内对公司债务不能清偿的部分承担补充赔偿责任的,人民法院应予支持;未履行或者未全面履行出资义务的股东已经承担上述责任,其他债权人提出相同请求的,人民法院不予支持。

股东在公司设立时未履行或者未全面履行出资义务,依照本条第一款或者第二款提起诉讼的原告,请求公司的发起人与被告股东承担连带责任的,人民法院应予支持;公司的发起人承担责任后,可以向被告股东追偿。

股东在公司增资时未履行或者未全面履行出资义务,依照本条第一款或者第二款提起诉讼的原告,请求未尽公司法第一百四十八条第一款规定的义务而使出资未缴足的董事、高级管理人员承担相应责任的,人民法院应予支持;董事、高级管理人员承担责任后,可以向被告股东追偿。

第十四条 股东抽逃出资,公司或者其他股东请求其向公司返还出资本息、协助抽逃出资的其他股东、董事、高级管理人员或者实际控制人对此承担连带责任的,人民法院应予支持。

公司债权人请求抽逃出资的股东在抽逃出资本息范围内对公司债务不能清偿的部分承担补充赔偿责任、协助抽逃出资的其他股东、董事、高级管理人员或者实际控制人对此承担连带责任的,人民法院应予支持;抽逃出资的股东已经承担上述责任,其他债权人提出相同请求的,人民法院不予支持。

第十五条 第三人代垫资金协助发起人设立公司,双方明确约定在公司验资后或者在公司成立后将该发起人的出资抽回以偿还该第三人,发起人依照前述约定抽回出资偿还第三人后又不能补足出资,相关权利人请求第三人连带承担发起人因抽回出资而产生的相应责任的,人民法院应予支持。

第十六条 出资人以符合法定条件的非货币财产出资后,因市场变化或者其他客观因素导致出资财产贬值,公司、其他股东或者公司债权人请求该出资人承担补足出资责任的,人民法院不予支持。但是,当事人另有约定的除外。

第十七条 股东未履行或者未全面履行出资义务或者抽逃出资,公司根据公司章程或者股东会决议对其利润分配请求权、新股优先认购权、剩余财产分配请求权等股东权利作出相应的合理限制,该股东请求认定该限制无效的,人民法院不予支持。

第十八条 有限责任公司的股东未履行出资义务或者抽逃全部出资，经公司催告缴纳或者返还，其在合理期间内仍未缴纳或者返还出资，公司以股东会决议解除该股东的股东资格，该股东请求确认该解除行为无效的，人民法院不予支持。

在前款规定的情形下，人民法院在判决时应当释明，公司应当及时办理法定减资程序或者由其他股东或者第三人缴纳相应的出资。在办理法定减资程序或者其他股东或者第三人缴纳相应的出资之前，公司债权人依照本规定第十三条或者第十四条请求相关当事人承担相应责任的，人民法院应予支持。

第十九条 有限责任公司的股东未履行或者未全面履行出资义务即转让股权，受让人对此知道或者应当知道，公司请求该股东履行出资义务、受让人对此承担连带责任的，人民法院应予支持；公司债权人依照本规定第十三条第二款向该股东提起诉讼，同时请求前述受让人对此承担连带责任的，人民法院应予支持。

受让人根据前款规定承担责任后，向该未履行或者未全面履行出资义务的股东追偿的，人民法院应予支持。但是，当事人另有约定的除外。

第二十条 公司股东未履行或者未全面履行出资义务或者抽逃出资，公司或者其他股东请求其向公司全面履行出资义务或者返还出资，被告股东以诉讼时效为由进行抗辩的，人民法院不予支持。

公司债权人的债权未过诉讼时效期间，其依照本规定第十三条第二款、第十四条第二款的规定请求未履行或者未全面履行出资义务或者抽逃出资的股东承担赔偿责任，被告股东以出资义务或者返还出资义务超过诉讼时效期间为由进行抗辩的，人民法院不予支持。

第二十一条 当事人之间对是否已履行出资义务发生争议，原告提供对股东履行出资义务产生合理怀疑证据的，被告股东应当就其已履行出资义务承担举证责任。

第二十二条 当事人向人民法院起诉请求确认其股东资格的，应当以公司为被告，与案件争议股权有利害关系的人作为第三人参加诉讼。

第二十三条 当事人之间对股权归属发生争议，一方请求人民法院确认其享有股权的，应当证明以下事实之一：

(一)已经依法向公司出资或者认缴出资，且不违反法律法规强制性规定；

(二)已经受让或者以其他形式继受公司股权，且不违反法律法规强制性规定。

第二十四条 当事人依法履行出资义务或者依法继受取得股权后，公司未根据公司法第三十二条、第三十三条的规定签发出资证明书、记载于股东名册并办理公司登记机关登记，当事人请求公司履行上述义务的，人民法院应予支持。

第二十五条 有限责任公司的实际出资人与名义出资人订立合同，约定由实际出资人出资并享有投资权益，以名义出资人为名义股东，实际出资人与名义股东对该合同效力发生争议的，如无合同法第五十二条规定的情形，人民法院应当认定该合同有效。

前款规定的实际出资人与名义股东因投资权益的归属发生争议，实际出资人以其实际履行了出资义务为由向名义股东主张权利的，人民法院应予支持。名义股东以公司股东名册记载、公司登记机关登记为由否认实际出资人权利的，人民法院不予支持。

实际出资人未经公司其他股东半数以上同意，请求公司变更股东、签发出资证明书、记载于股东名册、记载于公司章程并办理公司登记机关登记的,人民法院不予支持。

第二十六条 名义股东将登记于其名下的股权转让、质押或者以其他方式处分,实际出资人以其对于股权享有实际权利为由,请求认定处分股权行为无效的,人民法院可以参照物权法第一百零六条的规定处理。

名义股东处分股权造成实际出资人损失,实际出资人请求名义股东承担赔偿责任的,人民法院应予支持。

第二十七条 公司债权人以登记于公司登记机关的股东未履行出资义务为由,请求其对公司债务不能清偿的部分在未出资本息范围内承担补充赔偿责任,股东以其仅为名义股东而非实际出资人为由进行抗辩的,人民法院不予支持。

名义股东根据前款规定承担赔偿责任后,向实际出资人追偿的,人民法院应予支持。

第二十八条 股权转让后尚未向公司登记机关办理变更登记,原股东将仍登记于其名下的股权转让、质押或者以其他方式处分,受让股东以其对于股权享有实际权利为由,请求认定处分股权行为无效的,人民法院可以参照物权法第一百零六条的规定处理。

原股东处分股权造成受让股东损失,受让股东请求原股东承担赔偿责任、对于未及时办理变更登记有过错的董事、高级管理人员或者实际控制人承担相应责任的,人民法院应予支持;受让股东对于未及时办理变更登记也有过错的,可以适当减轻上述董事、高级管理人员或者实际控制人的责任。

第二十九条 冒用他人名义出资并将该他人作为股东在公司登记机关登记的,冒名登记行为人应当承担相应责任;公司、其他股东或者公司债权人以未履行出资义务为由,请求被冒名登记为股东的承担补足出资责任或者对公司债务不能清偿部分的赔偿责任的,人民法院不予支持。

最高人民法院

关于审理涉台民商事案件法律适用问题的规定

法释〔2010〕19号

(2010年4月26日最高人民法院审判委员会第1486次会议通过
2010年12月27日最高人民法院公告公布
自2011年1月1日起施行)

为正确审理涉台民商事案件,准确适用法律,维护当事人的合法权益,根据民法通则、民事诉讼法等有关法律,制定本规定。

第一条 人民法院审理涉台民商事案件,应当适用法律和司法解释的有关规定。

根据法律和司法解释中选择适用法律的规则,确定适用台湾地区民事法律的,人民法院予以适用。

第二条 台湾地区当事人在人民法院参与民事诉讼,与大陆当事人有同等的诉讼权利和义务,其合法权益受法律平等保护。

第三条 根据本规定确定适用有关法律违反国家法律的基本原则或者社会公共利益的,不予适用。

最高人民法院
关于对因资不抵债无法继续办学被终止的民办学校如何组织清算问题的批复

法释〔2010〕20 号

(2010 年 12 月 16 日最高人民法院审判委员会第 1506 次会议通过
2010 年 12 月 20 日最高人民法院公告公布
自 2010 年 12 月 31 日起施行)

贵州省高级人民法院:

你院《关于遵义县中山中学被终止后人民法院如何受理“组织清算”的请示》[(2010)黔高研请字第 1 号]收悉。经研究,答复如下:

依照《中华人民共和国民办教育促进法》第九条批准设立的民办学校因资不抵债无法继续办学被终止,当事人依照《中华人民共和国民办教育促进法》第五十八条第二款规定向人民法院申请清算的,人民法院应当依法受理。人民法院组织民办学校破产清算,参照适用《中华人民共和国企业破产法》规定的程序,并依照《中华人民共和国民办教育促进法》第五十九条规定的顺序清偿。

最高人民法院

关于对被监禁或被劳动教养的人提起的民事诉讼如何确定案件管辖问题的批复

法释〔2010〕16 号

(2010 年 11 月 29 日由最高人民法院审判委员会第 1503 次会议通过
2010 年 12 月 9 日最高人民法院公告公布
自 2010 年 12 月 15 日起施行)

山东省高级人民法院:

你院《关于对被监禁的人提起的诉讼如何确定案件管辖问题的请示》((2010)鲁立函字第 10 号)收悉。经研究,答复如下:

根据《中华人民共和国民事诉讼法》第二十三条、《最高人民法院关于适用〈中华人民共和国民事诉讼法〉若干问题的意见》第 8 条规定,对被监禁或被劳动教养的人提起的诉讼,原告没有被监禁或被劳动教养的,由原告住所地人民法院管辖。原告也被监禁或被劳动教养的,由被告原住所地人民法院管辖;被告被监禁或被劳动教养一年以上的,由被告被监禁地或被劳动教养地人民法院管辖。

此复。

【基层基础建设专题】

最高人民法院
关于进一步加强新形势下人民法院基层基础建设的若干意见

2011 年 2 月 5 日　　　　法发〔2011〕4 号

基层基础建设是社会建设的重要组成部分,是整个社会管理的根基。人民法院基层基础建设,是人民法院服务大局、保障民生、维护社会公平正义的重要保证。为适应新形势需要,现就如何进一步加强人民法院基层基础建设提出如下意见。

一、基层基础建设的重要意义、目标任务和基本原则

近年来,人民法院基层基础建设有了长足发展,队伍执法水平和能力有了较大提高,物质装备和经费保障有了较大改善。当前和今后一段时期,我国经济社会发展中深层次问题与表象问题、法律问题与社会问题相互交织,社会矛盾特别是涉及民生各类矛盾产生的原因将更加复杂,高发、多发态势将更加严峻。化解社会矛盾,重点在基层;推进社会管理,难点在基层;确保公正廉洁执法,关键在基层。处在化解社会矛盾纠纷最前沿的基层人民法院及其派出人民法庭,面临的考验将更加严峻,遇到的问题将更加复杂,承担的任务将更加艰巨。

1. 加强基层基础建设是有效保障和服务党和国家工作大局的必然要求。基层人民法院是基层人民政权的重要组成部分。新形势下进一步加强人民法院基层基础建设,对于充分发挥人民法院职能作用,切实维护国家政权安全,深入推进三项重点工作,更好地为大局服务、为人民司法,维护良好社会秩序和法治环境具有至关重要的作用。

2. 加强基层基础建设是顺利推进司法审判事业科学发展的根本保证。人民法院各项工作都要通过基层来落实。人民法院基层基础建设,是提升人民法院整体工作水平的重点,是维护社会公平正义的关键。只有加强基层基础建设,才能保证人民法院充分履行职能,切实促进司法审判事业科学发展。

3. 加强基层基础建设是积极回应人民群众关切期待的重要途径。人民法院 90% 左右的案件在基层。基层人民法院及其派出人民法庭与人民群众接触最为直接、联系最为紧密。加强基层基础建设,就是要从群众希望的地方做起,从群众不满意的地方改起,不断提

升基层审判工作水平和公信力。

4. 基层基础建设的目标任务。以邓小平理论、“三个代表”重要思想为指导,深入贯彻落实科学发展观,坚持“以审判工作为中心、队伍建设为根本、物质装备为保障”,力争用三至五年时间,使基层执法办案水平明显提高,化解社会矛盾能力明显增强,法院和法官形象明显改观,物质保障工作明显进步,科技支撑力度明显加大,制度机制活力明显提升,切实发挥基层人民法院及其派出人民法庭在促进社会和谐、维护社会稳定、实现社会公平正义等方面的积极作用。

5. 基层基础建设的基本原则

——坚持党的领导。这是人民法院基层基础建设沿着正确政治方向发展的根本保证。在任何时候、任何情况下,都必须始终不渝坚持党的领导,自觉接受党的领导,紧紧依靠党的领导,始终在思想上、政治上、行动上与党中央保持高度一致。

——坚持群众路线。牢固树立司法为民思想,坚持一切为了群众、一切依靠群众,从群众中来、到群众中去的群众路线,始终以最广大人民根本利益作为工作出发点、落脚点,确保人民法院基层基础工作牢牢扎根于人民群众之中。

——坚持科学发展。牢固树立科学发展理念,正确处理好现实需要与长远发展、全面发展与重点突破、自力更生与社会协同、规模速度与质量效益的关系,努力推动人民法院基层基础建设全面、协调、可持续发展。

——坚持接受监督。牢固树立自觉接受监督观念,完善内部监督制约机制,主动接受人大监督、法律监督、民主监督、舆论监督,广泛听取社会各界意见和建议,不断改进和加强人民法院基层基础工作。

二、立足新形势变化充分发挥审判职能作用

基层基础建设,审判工作是中心。要立足新形势变化,务求在保障和改善民生、化解社会矛盾、促进经济社会长期平稳较快发展方面取得新进展、实现新突破。只有“将矛盾化解在当地、化解在基层”,才能建立起“基层稳、天下安”的和谐社会。

6. 进一步提高民生审判质量。密切关注物价上涨及房贷等政策变化对民生的影响,依法妥善审理劳动就业、社会保障、教育、医疗、住房、消费等领域的纠纷,注重维护弱势群体权益,着力解决群体性矛盾,切实维护人民群众切身利益。认真研究“三农”工作中出现的法律问题,有效化解农民工追索劳动报酬、农产品买卖、农村土地承包等纠纷,保护农民权益,促进农业发展,维护农村稳定。审慎处理农村集体土地征收、城镇国有土地上房屋拆迁案件,切实保障被征地农民、被拆迁人合法权益。

7. 进一步方便人民群众诉讼。完善功能设置,规范工作制度,努力把立案信访窗口建成“为民之窗、文明之窗、和谐之窗、公信之窗”。巩固和完善人民法庭直接立案工作机制,着力解决当事人立案不便困难。更加充分发挥简易程序制度功能,做好小额案件速裁机制试点工作,加大司法救助工作力度,让人民群众行使诉权更加便捷,实现权益更加及时,感受司法公正高效更加真切。

8. 进一步发挥人民陪审优势。注重吸收不同行业、性别、年龄、专业人员,确保人民陪

审员队伍的广泛性、代表性和群众性。加强日常管理,健全人民陪审员各项工作程序及考评激励等制度。完善人民陪审员“随机抽取”工作机制,更好实现司法民主。加强岗前及履职培训,着力提高人民陪审员参审能力。切实发挥人民陪审员来自群众、熟悉群众、代表群众独特优势,最大限度引导当事人尊重和自觉履行生效裁判,不断提高司法裁判公信力。

9. 进一步规范人民法庭设置。按照“三个面向”和“两便”要求,坚持科学、务实、效能原则,结合东中西部地区审判工作实际需要,科学规划好人民法庭恢复、新建和调整工作。在所辖乡镇地理位置偏远、交通不便,及原有法庭服务半径过大、区域内经济活动较频繁、受理案件较多的地区,新建或恢复设立人民法庭。对辖区交通便利或者受理案件量较少等设置必要性不高的人民法庭,应及时予以调整。

10. 进一步扩大巡回审判效应。结合本地实际,认真落实最高人民法院《关于大力推广巡回审判方便人民群众诉讼的意见》,切实增强巡回审判的针对性,努力追求巡回审判的高质量和高效率。采取多种形式,依托巡回审判开展延伸服务,推动巡回审判向纵深发展,拓展审判工作的辐射效应,努力提供快捷、亲民和全方位的司法服务。

11. 进一步创新审判管理。坚持服务审判理念,确立有利于审判工作良性发展的管理体系。坚持以人为本,保护和激发审判人员工作积极性和创造性。尊重审判规律,科学设计考核指标,注意对案件的类型化、差别化管理,正确评估统计数据与审判业绩的关系。合理配置审判资源,实现案件繁简分流,优化部门职责分工。有条件的基层人民法院,要设立审判管理专门机构,也可由审判监督庭承担审判管理职能。

12. 进一步拓展对下监督指导。将做好、做实对基层审判工作的监督指导,作为中级以上人民法院日常工作的重要内容和绩效考核的重要指标。完善问题的发现、反馈、分析和解决机制;建立重大敏感案件风险评估机制。着力开展有针对性的调查研究,综合利用适用法律疑难问题请示、审级监督、发改案件通报分析以及典型案例指导等制度,拓宽监督指导途径,不断增强监督指导的针对性、时效性、规范性和权威性。下大气力解决个案指导多、类型案件总结少,事后监督多、事前指导少等问题。

13. 进一步坚持“调解优先、调判结合”。准确理解和贯彻“调解优先、调判结合”基本精神,正确处理调判关系,充分发挥调判组合优势。准确把握运用调判方式处理案件的基础和条件,依照法律可以调解、根据案情能够调解或者按照矛盾冲突特点调解处理效果更好的,要选择调解方式解决纠纷。依法不能调解、根据案情不宜调解或者以判决方式更有利于解决问题的,应当选择判决方式。不能脱离实际设定调解率指标或者违背当事人意愿强调硬调、以拖促调,损害司法权威和司法公信。以自动履行率为重要标准,完善真实反映调解工作效果的考评机制,更好发挥调解方式化解矛盾的功能。

14. 进一步推进“大调解”工作机制。创新和完善诉讼与非诉讼相衔接的矛盾纠纷解决机制,积极推广诉调对接中心建设,做好诉前调解工作。按照不越位、不错位、不缺位的要求,采取集中培训系统指导、巡回办案实时指导、庭审旁听观摩指导、典型案例重点指导等多种形式,促进人民调解化解纠纷能力提高。完善人民调解协议司法确认机制,规范人民调解协议司法确认工作,推动人民调解工作更大发展。把握好人民法院在“大调解”格局中的定位,充分发挥司法的引导、保障、推动作用,既要保持司法活动独立性和终局性,也要加强与各方面的协调配合,形成职责定位明确、程序衔接畅通的社会矛盾化解合力。

三、围绕新形势要求全面加强队伍建设

基层基础建设,队伍建设是根本。建设一支政治坚定、业务过硬、一心为民、公正廉洁的基层队伍,是实现基层基础建设目标任务的重要基础和前提。

15. 进一步加强党建工作。高度重视基层人民法院和人民法庭党建工作,认真整顿组织不健全及软弱涣散等问题,坚持抓党建带队建促审判。全面强化基层党员教育管理,深入推进创先争优活动和"人民法官为人民"主题实践活动,扎实开展"发扬传统、坚定信念、执法为民"主题教育实践活动。注重培养、树立、宣传基层优秀党员典型事迹,激发广大基层干警工作热情和干劲。完善党员管理工作考核评价机制,加大违法违纪党员处罚惩戒力度,增强警示教育震撼力和实效性。

16. 进一步抓好领导班子建设。认真履行干部协管职责,严把基层人民法院领导班子成员任职考察关。通过专题培训、司法巡查、届中考察以及参加领导班子民主生活会等方式,加大对基层人民法院领导干部的教育、管理和监督力度。探索建立体现科学发展观和正确政绩观要求的考核评价体系,作为基层领导干部调整、交流、使用的重要依据。进一步健全、完善后备干部调整、培养和使用等制度,为基层干部成长创造条件,提供有效组织人事制度保障。

17. 进一步改进司法作风。全面传承、弘扬人民司法优良传统,把增强群众观念和感情、保护群众合法权益、密切联系群众贯穿于基层队伍建设始终。深入开展群众观点大讨论,坚持求真务实作风,有针对性地开展自查自纠,最大限度避免损害群众利益、伤害群众感情等现象发生。不断拓宽联系渠道及时听取群众意见建议,积极开展人民满意法院、法官创建活动。严格遵守《法官职业道德基本准则》、《法官行为规范》、《人民法院文明用语基本规范》的规定,以规范文明司法为核心,完善符合基层实际的行为准则规范体系。

18. 进一步促进司法廉洁。结合基层实际,扎实开展党风廉政建设。继续开展正面典型示范教育、反面典型警示教育,探索反腐倡廉工作新路子,督促广大干警廉洁自律。认真落实"四个一律"要求和"五个严禁"规定,健全网络举报受理、违纪线索核查、重大案件督办等工作机制,完善对查办案件工作的评价制度和问责制度,始终保持惩治腐败高压态势。推进惩防腐败体系建设,切实落实廉政建设责任制,全面推行廉政监察员制度,健全基层纪检监察机构设置,配齐、配强纪检监察人员,构建符合基层审判工作规律的廉政风险防范机制。

19. 进一步增强司法能力。全面贯彻落实"一个目标、两个转变、三个倡导"教育培训工作方针,构建多形式、全覆盖的基层队伍全员培训体系和网络。紧扣基层实践需求,不断创新培训内容与形式,把会做、善做群众工作,掌握化解矛盾纠纷的本领,以及突发紧急事件处置、舆情掌控及应对等纳入基层法官和法院领导干部教育培训工作的必修内容。抓好基层法官轮训工作,建立人民法庭庭长定期轮训制度。组织、倡导、鼓励资深优秀法官开展审判专题巡回讲座、司法经验交流等活动。健全东西部地区人才对口支援机制,注重培养、锻炼基层一线青年法官,完善新进人员到基层一线岗位锻炼制度。

20. 进一步建立健全职业保障制度和激励机制。以中央司法体制和工作机制改革为契机,积极推动建立并实施法官职务序列及其配套政策,适当提高基层法官职数比例。适当提高基层办案人员岗位津贴标准,进一步规范和提高法官(法警)特别补助金、慰问金工作程序与效率。积极探索建立适合审判工作特点的法官工资、退休和其他津补贴制度。关心基层干警生活,着力解决实际困难,落实带薪休假、定期身心检查等制度,倡导健康生活情趣,培养理性心态,增强"抗压"能力。

21. 进一步解决案多人少矛盾和法官短缺问题。完善省级统一招录政策,坚持开展选调生工作,努力拓宽法官来源范围渠道。规范、加强编制管理、使用和督查,坚持面向基层、面向一线办案人员分编倾斜政策和原则,推动建立适应审判工作发展要求的编制增补机制。加大中央关于解决提前离岗离职政策的执行、督查力度,优化队伍结构,发挥资源配置作用,减少并杜绝审判资源浪费。积极会同国家有关部门,研究改进司法考试办法、完善司法考试政策。扩大在职法律职业人员国家统一司法考试试点范围,直接、快速、有效解决西部边远地区、民族地区法官短缺问题。充分考虑民族地区语言文化、经济发展状况等因素,制定旨在吸引本地人才的招录政策,引导、鼓励、支持熟悉民族语言、适应当地环境的优秀少数民族和本地汉族人才充实法官队伍。加大民族地区"双语法官"培养力度,积极研究建立双语法官培训基地。

22. 进一步实施基层人才聚集发展战略。认真贯彻执行中央基层工作方针和人才工作规划,制定并实施基层聚才工程规划,出台基层聚才倾斜政策,完善基层聚才保障机制。注重从基层选拔优秀人才,形成优秀人才向基层聚集,优秀干部从基层产生、成长和锻炼的人才工作新格局。逐步建立并完善法官择优遴选制度和有利于基层干警成长的选拔机制,努力拓展基层干警职业发展空间。到 2012 年,省级以上人民法院录用公务员,除部分特殊职位外,均应从具有两年以上基层工作经历人员中考录。有效解决"不愿去、出不来、留不住"问题,把人民法庭作为培养、锻炼、选拔法院领导干部和业务骨干的重要基地。

四、适应新形势发展大力提升物质装备保障水平

基层基础建设,物质装备是保障。大力推进司法行政管理体制和工作机制改革,理顺上下级人民法院在司法行政管理工作方面的相互关系,增强上级人民法院特别是高级人民法院对下级人民法院在经费保障、基础设施建设、业务装备配备、信息化建设和司法鉴定等方面的管理责任,充分发挥服务审判职能作用。

23. 进一步加大经费保障力度。深入贯彻落实中央办公厅、国务院办公厅《关于加强政法经费保障工作的意见》,按照财政部《政法经费分类保障办法(试行)》各项要求,深化经费保障体制改革,在中央加大转移支付力度同时,增强地方保障能力和水平,使基层真正享受到改革成果。最高人民法院继续积极协调中央财政和国家发改委对法院的资金和政策支持。高级人民法院加强与省级财政和发展改革部门的沟通协商,争取省级配套资金足额到位,积极主动参与研究制定资金分配方案,配合省财政部门建立基层公用经费正常增长机制。基层人民法院努力做好与本级政府部门沟通协调工作,积极争取各方面支持,切实落实地方经费保障责任,抓好人民陪审员、聘用人员等经费预算方案的制定和落实,保证各项

经费开支。上级人民法院应会同财政部门加大对基层经费保障情况和经费管理情况的监督检查和指导,避免抵顶经费、减少本级投入等问题发生。

24. 进一步完成基础设施建设任务。以国家发改委《关于进一步加强地方政法基础设施建设规范投资保障机制的意见》为指导,依据审判工作实际需要,制定审判法庭、人民法庭建设总体规划和年度计划。做好建设项目申报工作,协调地方政府按照政策要求划拨建设用地,落实配套条件和资金,减免相关规费。尽快完成立案信访窗口和残疾人无障碍通道建设,以及立案信访窗口和人民法庭统一标识工作。有建设任务的法院要切实加强建设资金管理和建设成本控制,避免形成新的债务。积极推动中央、省级和本级三级政府分项目、分年度、分比例负担方式化解基本建设历史债务。

25. 进一步提升业务装备配备水平。认真执行《基层人民法院基本业务装备配备指导标准(试行)》,着力加强基层人民法院业务装备建设。高级人民法院应会同省级财政部门结合本地实际情况,以国家标准为基本要求,制定本地区基层人民法院业务装备配备实施标准,并根据中央和省级转移支付资金规模和法院工作重点,制定本地区基层人民法院业务装备配备规划和年度实施计划。基层人民法院要根据审判执行工作实际需求,科学规划,加快装备更新,尽快实现审判法庭专业设备、审判文书印刷设备、法警单警装备、档案存储设备以及业务交通工具标准化配置。高度重视人民法庭安全设施建设,尽快按标准和需求配备安全保卫装备。

26. 进一步推动信息化建设。按照最高人民法院《关于全面加强人民法院信息化工作的决定》要求,以"天平工程"项目建设为契机,加强信息化基础设施建设。在加快"科技法庭"等硬件设施建设同时,重点建设覆盖基层人民法院和人民法庭的局域网络,全面应用司法审判信息管理系统,健全信息安全保障体系和相关配套设施等。将案件诉讼材料同步数字化录入,形成完整的电子档案,推进信息化在流程管理、质量评估、绩效考核、远程审判等方面的应用。进一步推广远程立案申诉、电子签章、公众信息查询、公众网站等司法便民措施。在资金、技术、人才等方面向基层倾斜,努力提高信息化建设水平。

27. 进一步完善司法鉴定管理工作职能作用。充分认识司法鉴定管理工作重要性,根据审判执行工作需求,按照最高人民法院各项管理规定,规范对外委托评估、拍卖和鉴定工作,有条件的基层人民法院应开展技术咨询和技术审核工作。加强司法技术辅助人员业务培训,不断提高司法鉴定管理人员业务能力。

各级人民法院务必站在为党和国家工作大局服务的高度,充分认识、深刻理解新形势下进一步加强基层基础建设的重要性、紧迫性。各高级人民法院要按照本意见要求,及时研究制定符合本地实际的具体工作规划和落实意见,有计划、有步骤地推动基层基础建设。对工作中发现的新情况、新问题,要注意认真分析研究成因与对策,必要时及时层报最高人民法院。

以审判工作为中心　队伍建设为根本　物质装备为保障　全面推进新形势下人民法院基层基础建设

——最高人民法院有关部门负责人就《关于进一步加强新形势下人民法院基层基础建设的若干意见》答记者问

(2011 年 2 月 15 日)

2011 年 2 月 15 日，最高人民法院公布了《关于进一步加强新形势下人民法院基层基础建设的若干意见》(以下简称《意见》)，对新形势下进一步加强人民法院基层基础建设作出了全面部署，提出了具体要求。值此《意见》公布之际，最高人民法院负责人就有关问题接受了记者的采访。

问：请您介绍一下制定出台《意见》的背景和意义。

答：加强基层建设，党中央始终高度重视。不断加强人民法院基层基础建设，是人民法院服务大局、保障民生、维护社会公平正义的重要保证，最高人民法院历届党组都把这项工作摆在尤其重要的位置。近年来，在党中央正确领导下，人民法院基层基础建设有了长足进展，队伍素质、执法水平和能力有了较大提高，人员编制、物质装备和经费保障有了较大改善，历史欠账有了较大缓解，在依法妥善处理大量矛盾纠纷的同时，较好发挥了职能作用，为服务党和国家工作大局、维护人民群众合法权益作出了积极贡献。但随着我国经济社会的不断发展，深层次问题与表象问题、法律问题与社会问题相互交织，社会矛盾特别是涉及民生各类矛盾高发、多发态势更加严峻。处在以司法手段化解社会矛盾纠纷、维护和谐稳定社会秩序和实现社会公平正义最前沿的基层人民法院及其派出人民法庭，面临的考验更加严峻，遇到的问题更加复杂，承担的任务更加艰巨。但在地位作用更加突显的同时，基层基础建设中存在的问题和困难也最多。在此新形势下，制定更有针对性的指导意见，全面提升人民法院基层基础工作水平的重要性和必要性日益凸显。为了做好《意见》起草制定工作，最高人民法院专门成立了由有关部门参加的起草工作组，并在对全国法院基层基础建设情况进行广泛充分调研基础上，制定了《意见》。《意见》的出台，有利于更好服务党和国家工作大局，有利于顺利推进司法审判事业科学发展，有利于积极回应人民群众关切期待，具有十分重要的意义。

问：《意见》明确提出要坚持“以审判工作为中心、队伍建设为根本、物质装备为保障”做

好新形势下基层基础工作,请您谈一谈对此应如何理解和把握。

答:《意见》提出这个要求,是建立在对当前形势的准确分析和判断基础之上的。前些年,基层基础工作中人员短缺、物质装备落后是主要矛盾,但随着这些困难的较大缓解,现在已经到了全面推进基层基础建设的关键时期。人民法院作为国家审判机关,职能作用的充分发挥归根到底还是要通过做好审判工作来实现。基于此,《意见》提出要"以审判工作为中心、队伍建设为根本、物质装备为保障"作为基本思路,来进一步加强新形势下人民法院基层基础建设。"以审判工作为中心",就是基层基础建设成效怎样,关键看审判职能作用是否得到充分发挥,基层基础建设的其他工作应当围绕审判工作开展;"以队伍建设为根本",是因为审判工作开展得如何最终取决于"人"的因素,要把队伍建设作为实现基层基础建设目标任务的重要基础和前提;"以物质装备为保障",是由基层基础建设实际情况决定的,离开物质装备的有力保障,基层基础建设的目标任务就很难实现,要充分发挥物质装备服务和保障审判的职能作用。总体来看,审判工作、队伍建设和物质装备是一个整体,不能机械片面理解:离开审判工作这个中心,基层基础建设就会发生方向性偏误;没有队伍建设这个根本,基层基础建设就会成为无源之水;缺失物质装备这个保障,基层基础建设就会变得困难重重。明确了"以审判工作为中心、队伍建设为根本、物质装备为保障"的基本思路加强基层基础建设,就可以适应新形势、抓住关键点,并确保措施要求的针对性和实效性。

问:基层审判工作的很大特点之一就是民生关切度高,《意见》对此有何要求和部署。

答:基层审判工作事关民生、贴近社会,与人民群众切身利益和经济发展、社会稳定息息相关。党的十七届五中全会提出,"十二五"时期要把保障和改善民生作为加快转变经济发展方式的根本出发点和落脚点,民生事业和社会管理将摆在更加突出的位置。基层人民法院及其派出人民法庭处在化解社会矛盾纠纷的最前沿,大量的社会矛盾特别是事关经济社会发展和涉及保障改善民生的纠纷需要通过诉讼解决。因此,做好民生审判工作是提升基层审判工作质量水平的重中之重。《意见》明确提出,要密切关注物价上涨及房贷等政策变化对民生的影响,依法妥善审理劳动就业、社会保障、教育、医疗、住房、消费等领域的纠纷,注重维护弱势群体权益,着力解决群体性矛盾,切实维护人民群众切身利益。认真研究"三农"工作中出现的法律问题,有效化解农民工追索劳动报酬、农产品买卖、农村土地承包等纠纷,保护农民权益,促进农业发展,维护农村稳定。审慎处理农村集体土地征收、城镇国有土地上房屋拆迁案件,切实保障被征地农民、被拆迁人合法权益。

问:人民陪审制度是更好实现司法民主的重要制度保障,《意见》针对这个问题作出了怎样的规定。

答:实行人民陪审制度是基层审判工作的重要特征之一,除法律、司法解释另有规定外,涉及群体利益、公共利益,人民群众广泛关注或者其他社会影响较大的一审刑事、民事、行政案件,应由人民陪审员和法官共同组成合议庭进行审判。只有将《全国人民代表大会常务委员会关于完善人民陪审员制度的决定》和最高人民法院《关于人民陪审员参加审判活动若干问题的规定》、《关于进一步加强和推进人民陪审员工作的若干意见》等落到实处,才能更好完善社会主义司法制度、弘扬司法民主、促进司法公正和增强司法权威。《意见》规定,要进一步发挥人民陪审优势。首先要注重吸收不同行业、性别、年龄、专业人员,确保人民陪审员队伍的广泛性、代表性和群众性。其次要完善人民陪审员“随机抽取”工作机制，充分调动所有人民陪审员的参审积极性，在制度上确保参审人民陪审员的广泛性。最后要注意发挥好人民陪审员来自群众、熟悉群众、代表群众的独特优势，以之为桥梁，最大限度引导当事人尊重和自觉履行生效裁判，不断提高司法裁判的公信力，推动全社会重视、支持人民法院工作良好氛围的建立。

问：做好基层审判工作涉及的问题十分繁杂，《意见》对此还有哪些重要的规定。

答：做好新形势下基层审判工作包括的内容很多。除了提高民生审判质量和发挥人民陪审优势以外，主要还有以下几个方面的问题：一是进一步发挥人民法庭的职能作用。2005年最高人民法院制定下发了《关于全面加强人民法庭工作的决定》(以下简称《决定》)，对如何开展人民法庭工作进行了全面系统的规范。《决定》对新形势下进一步加强人民法庭工作仍然具有重要意义。在《决定》基础上，《意见》中有关解决当事人立案不便困难、大力推广巡回审判、进一步发挥人民陪审优势、加快“科技法庭”硬件设施建设以及重点建设覆盖基层人民法院和人民法庭的局域网络等很多具体规定都涉及到人民法庭。在基层基础建设中，要将《决定》和《意见》结合起来，强化对人民法庭立案、审理及执行等各项工作的支持、管理，推动人民法庭审判工作再上新台阶。二是进一步坚持“调解优先、调判结合”。要准确理解和贯彻“调解优先、调判结合”基本精神，正确处理调判关系，充分发挥调判组合优势。准确把握运用调判方式处理案件的基础和条件，依照法律可以调解、根据案情能够调解或者按照矛盾冲突特点调解处理效果更好的，要选择调解方式解决纠纷。依法不能调解、根据案情不宜调解或者以判决方式更有利于解决问题的，应当选择判决方式。不能脱离实际设定调解率指标或者违背当事人意愿强调硬调、以拖促调，损害司法权威和司法公信。以自动履行率为重要标准，完善真实反映调解工作效果的考评机制，更好发挥调解方式化解矛盾的功能。三是进一步拓展对下监督指导。要将做好、做实对基层审判工作的监督指导，作为中级以上人民法院日常工作的重要内容和绩效考核的重要指标。完善问题的发现、反馈、分析和解决机制；建立重大敏感案件风险评估机制。着力开展有针对性的调查研究，综合利用适用法律疑难问题请示、审级监督、发改案件通报分析以及典型案例指导等制度，拓宽监督指导途径，不断增强监督指导的针对性、时效性、规范性和权威性。下大气力解决个案指导多、类型案件总结少，事后监督多、事前指导少等问题。

问：基层党建工作是全面加强基层队伍建设的重要内容，如何来理解《意见》对此作出的专门规定。

答：切实坚持“抓党建带队建促审判”工作思路和原则，是做好基层党建工作的重要保证。在工作中，要认真遵照“条块结合、上下联动、整体推进”的党建工作部署和要求，着力推进人民法院基层党的组织、思想、作风、制度和反腐倡廉建设，充分发挥基层党组织的战斗堡垒作用和党员干警的先锋模范作用。进一步强化、落实党建工作领导、组织责任，完善、细化领导干部“一岗双责”工作制度和机制，着力提高党建工作科学化、制度化水平。不断丰富、创新党建工作内容和形式，增强党建工作的针对性、实效性、吸引力和感召力。符合党章规定条件的人民法庭，要建立起党支部；不符合成立党支部条件的，基层人民法院要切实加强对人民法庭党员的管理。采取切实有效措施，加强基层人民法院党员党性、党风、党纪教育，建立、完善党员管理工作考核评价机制。深入推进创先争优活动和“人民法官为人民”主题实践活动，扎实开展“发扬传统、坚定信念、执法为民”主题教育实践活动。注重在基层培养、树立、宣传优秀党员的典型事迹，激发广大基层干警的工作热情和干劲，营造浓郁的“比、学、赶、帮、超”的氛围。加大违法违纪党员处罚惩戒力度，增强警示教育震撼力和实效性。

问：人才建设是基层队伍建设工作的关键，事关人民法院基层基础建设的成败，实践中存在的问题较多，《意见》对此问题提出了什么措施。

答：做好人才工作对实现基层基础建设任务目标意义重大。《意见》中有几个条文都对此作出了规定。综合来看，主要有这么几个方面：一是继续坚持面向基层、面向一线办案人员倾斜的分编原则，抓紧抓好“十一五”期间编制的分配落实，积极研究提出新一轮的增编计划，并切实加大对现有编制的使用、督查、管理的力度。二是完善省级统一招录政策，坚持开展选调生工作，着力推进《公开选拔初任法官、检察官任职人选暂行办法》的贯彻落实，切实发挥既有政策的实际效应，努力拓宽法官的来源范围和渠道。三是加大贯彻中央关于解决提前离岗离职政策的执行、督察力度，进一步减少并杜绝审判资源浪费的现象。四是建立健全基层人民法院法官与法庭庭长定期轮岗和交流制度，要把法庭作为法院领导干部和业务骨干选拔、培养、锻炼的重要基地，切实缓解法庭“进不去、出不来、留不住”人的问题。五是贯彻中央基层工作方针，制定并实施基层聚才工程规划，出台基层聚才倾斜政策，完善基层聚才保障机制，注重从基层选拔优秀人才，形成优秀人才向基层聚集，优秀干部从基层产生、成长和锻炼的人才工作新格局。针对西部及贫困地区基层人民法院法官来源不足、断层严重，人才匮乏等问题，要积极推进政法干警招录培养体制改革试点工作，逐步扩大招生规模，为西部及贫困地区提供可持续的人才支持。继续加大选调生、志愿者、东中西部法院干部交流工作力度，通过代培、定向培养等方式，进一步在民族地区加大“双语”型法官的培养力度，吸引、鼓励、支持优秀少数民族人才充实基层法官队伍。在原有对西部地区实施优惠政策的基础上，会同国家有关部门，继续扩大在职法律职业人员国家统一司法考试试点的适用范围；进一步研究改进司法考试办法，完善司法考试政策。充分发挥招录补员政策整体效用，多措并举引进高素质人才，改善中西部人才队伍结构，加大人才对口支援力度，促进中西部审判人才队伍整体素质和执法办案能力的提高。通过以上举措，逐步建立并完善法官择优遴选制度和有利于基层干警成长的选拔机制，努力拓展基层干警职业发展空间。到2012年，省级以上人民法院录用公务员，除部分特殊职位外，均应从具有两年以上基层工作经历人员中考录。

问：经费保障水平亟待进一步提高，这在全国范围内都不同程度地存在，《意见》中是如何解决这一问题的。

答：《意见》高度重视基层经费保障问题，规定要进一步加大经费保障力度。具体来说，一是要深入贯彻落实中办国办《关于加强政法经费保障工作的意见》，按照财政部《政法经费分类保障办法(试行)》各项要求，深化经费保障体制改革，在中央加大转移支付力度同时，增强地方保障能力和水平，使基层真正享受到改革成果。其次，最高人民法院继续积极协调中央财政和国家发改委对法院的资金和政策支持。高级人民法院加强与省级财政和发展改革部门的沟通协商，争取省级配套资金足额到位，积极主动参与研究制定资金分配方案,配合省财政部门建立基层公用经费正常增长机制。基层人民法院努力做好与本级政府部门沟通协调工作,积极争取各方面支持,切实落实地方经费保障责任,抓好人民陪审员、聘用人员等经费预算方案的制定和落实,保证各项经费开支。第三,上级人民法院应会同财政部门加大对基层经费保障情况和经费管理情况的监督检查和指导,避免抵顶经费、减少本级投入等问题发生。需要特别注意的是,各高级人民法院要切实承担起主体责任,下大气力为提高基层经费保障水平多做好事、多办实事。

问:基础设施建设和物质装备配备既涉及基层审判工作的有效开展,人民群众对此也十分关心,《意见》中提出了哪些要求。

答:进一步完成基础设施建设任务是基层基础建设中非常关键的内容。《意见》规定,要以国家发改委《关于进一步加强地方政法基础设施建设规范投资保障机制的意见》为指导,依据审判工作实际需要,制定审判法庭、人民法庭建设总体规划和年度计划。此外,还要做好建设项目申报工作,协调地方政府按照政策要求划拨建设用地,落实配套条件和资金,减免相关规费。特别需要提出的是,《意见》明确要求,要尽快完成立案信访窗口和残疾人无障碍通道建设,以及立案信访窗口和人民法庭统一标识工作,让人民群众充分享受到基层基础设施建设的成果。有建设任务的法院要切实加强建设资金管理和建设成本控制,避免形成新的债务。积极推动中央、省级和本级三级政府分项目、分年度、分比例负担方式化解基本建设历史债务。

对物质装备配备问题,《意见》规定,要认真执行《基层人民法院基本业务装备配备指导标准(试行)》,着力加强基层人民法院业务装备建设。高级人民法院应会同省级财政部门结合本地实际情况,以国家标准为基本要求,制定本地区基层人民法院业务装备配备实施标准,并根据中央和省级转移支付资金规模和法院工作重点,制定本地区基层人民法院业务装备配备规划和年度实施计划。基层人民法院要根据审判执行工作实际需求,科学规划,加快装备更新,尽快实现审判法庭专业设备、审判文书印刷设备、法警单警装备、档案存储设备以及业务交通工具标准化配置。高度重视人民法庭安全设施建设,尽快按标准和需求配备安全保卫装备。

问:《意见》施行后,如何贯彻落实好是一个极为重要的问题,最高人民法院有什么具体考虑和打算。

答:如何在全国贯彻落实好《意见》,让《意见》真正发挥指导全国基层基础建设的积极作用,是最高人民法院非常重视的问题。基层基础建设点多面广,涉及问题繁多复杂,带有一定的全局性。从全国范围来看,各地基层基础建设的情况、特点各不相同,有的甚至还存在较大差异。所以,除了本身具有较强针对性的问题,《意见》中提出的要求只能是原则性和一般性的。贯彻落实好《意见》,离不开各级人民法院特别是各高级人民法院按照《意见》要求,根据本地实际,因地制宜尽快制定本地的具体工作规划和落实意见,并且有计划、有步骤地推动基层基础建设。当然,基层基础建设过程中必然会遇到这样或者那样的新问题、新情况,《意见》要求,各级人民法院要注意认真分析研究成因与对策,必要时及时层报最高人民法院。《意见》施行后,最高人民法院会选择在适当时机对贯彻落实情况进行调研,还会根据实际情况开展监督检查,务求《意见》落到实处。

《最高人民法院关于进一步加强新形势下人民法院基层基础建设的若干意见》的新闻发布稿

孙军工*

(2011 年 2 月 15 日)

各位记者:

大家上午好！今天新闻发布会的主题,是向大家通报《最高人民法院关于进一步加强新形势下人民法院基层基础建设的若干意见》(下称《意见》)的有关情况。

人民法院的基层基础建设,是人民法院服务大局、保障民生、维护社会公平正义的重要保证。人民法院 90% 左右的案件在基层,80% 左右的人员也在基层。数据显示,目前全国共有基层人民法院 3115 个,人民法庭 9880 个,基层法院法官 148003 人。2010 年全国基层人民法院共审结案件 9337669 件,占全国法院审结案件总数的 89.43%。其中,执结案件数量为 2425652 件,占全国法院执结案件总数的 96.71%。为了夯实人民法院工作的根基,充分发挥人民法院工作职能,为党和国家工作大局提供更加有力的司法保障,最高人民法院日前制定出台了《意见》。

一、《意见》制定出台的背景和意义

长期以来,最高人民法院高度重视人民法院基层基础工作,近年来已相继出台多部有关基层基础建设方面的司法政策性文件。在各级党委的坚强领导和社会各界的大力支持下,人民法院的基层基础建设有了长足进展,队伍素质、执法水平和能力有了较大提高,人员编制、物质装备和经费保障有了较大改善。

在法庭建设方面,“十一五”期间全国三分之一的基层人民法院完成了审判法庭的新建和改扩建任务,新增面积 1000 余万平方米,完成新建、改建人民法庭 6000 余个。

在经费保障方面,2010 年全国法院经费总投入比 2005 年增加 128%。

在物质装备方面,“十一五”期间,全国法院物质装备规模迅速增大,截至 2010 年底,全国法院固定资产比 2005 年底增加 63.9%。“十一五”期间,80% 的基层法院完成了局域网建设。

在法官培训方面,2005 ~ 2007 年最高人民法院对基层法院法官进行了一次全面轮训,

---

* 最高人民法院新闻发言人、办公厅副主任。

总计轮训约 15 万人次;2006 ~ 2009 年,最高人民法院连续 4 年组织讲师团赴西部和老少边穷地区面向基层法官巡回授课,总计参训达 15 万余人次;2009 年 9 月至 2010 年 8 月,最高人民法院组织举办了全国中级和基层法院院长"人民法官为人民"主题培训班,共培训法院院长 3622 名,其中基层法院院长 3209 名;2010 年,最高人民法院组织指导各高院开展了人民法庭庭长轮训,共培训人民法庭庭长 8899 人;2006 ~ 2010 年,全国基层法院共举办各类培训班 16000 余期,培训基层法官 570000 余人次。

在人民法院基层基础建设取得长足进步的同时也要看到,随着我国经济社会发展中深层次问题不断显现、法律问题与社会问题相互交织,社会矛盾特别是涉及民生问题的各类矛盾纠纷产生的原因更加复杂,各种社会矛盾纠纷以案件的形式涌入法院。处在化解社会矛盾纠纷前沿的基层人民法院及其派出人民法庭,面临的考验十分严峻,遇到的问题更加复杂,承担的任务更加艰巨。全面提升基层审判工作的质量和效率,切实提高一审服判息诉率,从源头上减少上诉、再审、申诉比例,贯彻落实党中央提出的"将矛盾化解在基层、化解在当地"的战略部署,构建"基层稳、天下安"的和谐社会,必须全面加强人民法院基层基础建设。

近年来,随着《最高人民法院关于加强人民法院基层建设的若干意见》(法发〔2000〕17 号)、《最高人民法院关于全面加强人民法庭工作的决定》(法发〔2005〕16 号)等文件的深入实施,人民法院基层基础工作中人员短缺、物质装备落后等突出问题和困难得到较大缓解,为进一步全面推进人民法院基层基础建设奠定了坚实的基础。顺应形势的发展需要,最高人民法院及时制定下发了本《意见》,必将充分发挥基层基础工作在人民司法事业全局中的重要作用,更好地践行"为大局服务,为人民司法"工作主题方面产生深远的影响。

二、《意见》的主要内容

《意见》提出要"以审判工作为中心、队伍建设为根本、物质装备为保障"作为基本思路,进一步加强新形势下人民法院基层基础建设,包括四个部分共 27 条。主要包括以下几个方面:

(一)紧紧围绕审判工作这个中心

《意见》提出,审判工作是基层基础建设的中心,从进一步提高民生审判质量、方便人民群众诉讼、发挥人民陪审优势、规范人民法庭设置、扩大巡回审判效应、创新审判管理、拓展对下监督指导、坚持"调解优先、调判结合"和推进"大调解"工作机制等九个方面,对发挥基层人民法院和人民法庭的职能作用提出了具体要求。

针对人民群众关注度高的事关民生的案件审判问题,《意见》明确要求,要密切关注物价上涨及房贷等政策变化对民生的影响,依法妥善审理劳动就业、社会保障、教育、医疗、住房、消费等领域的纠纷,注重维护弱势群体权益,着力解决群体性矛盾,切实维护人民群众切身利益。认真研究"三农"工作中出现的法律问题,有效化解农民工追索劳动报酬、农产品买卖、农村土地承包等纠纷,保护农民权益,促进农业发展,维护农村稳定。

为加强对基层基础工作的监督指导,《意见》提出,要将做好、做实对基层审判工作的监督指导,作为中级以上人民法院日常工作的重要内容。要完善问题的发现、反馈、分析和解决机制;建立重大敏感案件风险评估机制。着力开展有针对性的调查研究,综合利用适用法律疑难问题请示、审级监督、发改案件通报分析以及典型案例指导等制度,拓宽监督指导途径,不断增强监督指导的针对性、时效性、规范性和权威性。

(二)牢牢抓住队伍建设这个根本

《意见》围绕全面加强队伍建设,对进一步加强党建工作、抓好领导班子建设、改进司法作风、促进司法廉洁、增强司法能力、建立健全职业保障制度和激励机制、解决案多人少矛盾和法官短缺问题、实施基层人才聚集发展战略等八个方面的问题作出了规定。

在解决案多人少矛盾和法官短缺问题方面,《意见》提出要完善省级统一招录政策,坚持开展选调生工作,努力拓宽法官来源范围、渠道。规范、加强编制管理、使用和督查,坚持面向基层、面向一线办案人员分编倾斜政策和原则,推动建立适应审判工作发展要求的编制增补机制。加大中央关于解决提前离岗离职政策的执行、督察力度,优化队伍结构,发挥资源配置作用,减少并杜绝审判资源浪费。积极会同国家有关部门,研究改进司法考试办法、完善司法考试政策。扩大在职法律职业人员国家统一司法考试试点范围,直接、快速、有效解决西部边远地区、民族地区法官短缺问题。充分考虑民族地区语言文化、经济发展状况等因素,制定旨在吸引本地人才的招录政策,引导、鼓励、支持熟悉民族语言、适应当地环境的优秀少数民族和本地汉族人才充实法官队伍。加大民族地区"双语法官"培养力度,积极研究建立双语法官培训基地。

在实施基层人才聚集发展战略方面,《意见》提出要制定并实施基层聚才工程规划,出台基层聚才倾斜政策,完善基层聚才保障机制。注重从基层选拔优秀人才,形成优秀人才向基层聚集,优秀干部从基层产生、成长和锻炼的人才工作新格局。逐步建立并完善法官择优遴选制度和有利于基层干警成长的选拔机制,努力拓展基层干警职业发展空间。到2012 年,省级以上人民法院录用公务员,除部分特殊职位外,均应从具有两年以上基层工作经历人员中考录。有效解决"不愿去、出不来、留不住"问题,把人民法庭作为培养、锻炼、选拔法院领导干部和业务骨干的重要基地。

(三)不断提高物质装备保障水平

《意见》从经费保障、基础设施建设、业务装备配备、信息化建设和司法鉴定等五个方面提出了明确要求,以充分发挥服务审判工作的作用。

在经费保障方面,《意见》提出,最高人民法院继续积极协调中央财政对法院的资金和政策支持。高级人民法院加强沟通协商,争取省级配套资金足额到位,建立基层公用经费正常增长机制。基层人民法院努力做好与本级政府部门沟通协调工作,积极争取各方面支持,切实落实地方经费保障责任,抓好人民陪审员、聘用人员等经费预算方案的制定和落实,保证各项经费开支。

《意见》的出台,为加强新时期人民法院基层基础建设指明了方向,贯彻实施好这部重要文件是人民法院工作中的一项十分重要且紧迫的任务。最高人民法院将密切关注《意见》的贯彻落实情况,并结合实践中出现的新情况、新问题,及时研究提出加强人民法院基层基础建设的新举措,不断提高人民法院基层基础工作的科学化水平。

谢谢大家!

【物权专题】

涉矿纠纷若干疑难法律问题初探

马艳辉*

伴随着矿产资源业的快速发展,涉矿纠纷已成为当前民事审判中的重点疑难案件。审判人员如何在法律规范缺失、涉及主体众多、相关法律关系复杂、矛盾冲突尖锐的情况下抽丝剥茧,依法保护各相关主体的合法权益,促进市场经济的健康发展,对涉矿纠纷进行研究并提出相应对策,益发重要。

一、近年来涉矿纠纷案件的特点

(一)案件数量急剧上升,案件类型多样且难定性

在涉矿案件数量急剧上升的同时,涉矿纠纷案件类型多样化,涉及探矿权、采矿权转让纠纷,采矿权承包纠纷,合作经营、合伙经营纠纷,侵权纠纷;此外,还涉及少部分劳动争议纠纷、涉矿产品的买卖纠纷。虽然这些案件的实质在于矿业权益纠纷,但是在形式上却表现为诸如股权转让纠纷、合作、合伙协议纠纷、企业承包租赁纠纷、土地承包合同纠纷,故在审理时很难定性。

(二)法律关系复杂,审理难度大

涉矿案件起诉到法院时往往已经过了多次转让、承包、合伙,加之政府对矿产行业的宏观调控,牵涉法律关系十分复杂,而且适用的法律繁多,这些都给案件处理带来了很大难度。特别是有的案件中民事法律关系、行政法律关系交织在一起,用一个程序彻底解决这些问题,难度很大。

(三)涉矿纠纷涉及法律层面较广,专业性、政策性强

此类案件除涉及《矿产资源法》、《物权法》、《合同法》、《土地法》、《民法通则》、《公司法》等法律外,还涉及《矿产资源法实施细则》、《探矿权采矿权转让管理办法》、《矿业权出让转让管理暂行规定》等行政法规、部门规章,甚至还涉及地方性法规和规章以及一些政策

* 河北省高级人民法院法官,法学硕士。

性文件。就河北省来说,就有《河北省矿产资源管理条例(修正)》、《河北省集体矿山企业和个人采矿管理条例》、《河北省关于进一步做好资源整合及整顿和规范矿产资源开发秩序工作的意见》等地方性法规和政策,审判实践中法律搜索难度较大。

(四)涉案金额大,矛盾尖锐,不易调解

近年来,随着矿产品价格的上涨,矿产行业利益的暴增,该类案件不仅标的大,且双方争执激烈,利益冲突严重,法院调解难度大。有的矿山企业经过多次的转让、承包,当事人的人数众多,社会影响大,该类案件处理稍有不慎,就会引起群体上访、缠诉,给社会带来极不稳定因素。

二、涉矿纠纷现状的主要原因

造成上述涉矿纠纷特点的原因主要在于以下几个方面:

(一)当前经济发展过程中的逐利行为

我国经济快速发展导致矿产品价格不断上扬,矿产行业利润不断增大,"快进快出"式的"炒矿"行为普遍存在,矿业权的频繁流转导致交易公平和程序合法难以维系。实践中许多矿山企业以转让股权、合作、合伙经营的形式,变相转让矿产权利,表面上矿权主体没有发生变化,实质上股东、合作、合伙人却发生了变化。这种种变相转让矿业权的形式实质构成规避法律的行为,造成矿产管理空挡,国家税费流失。

(二)相关行政管理不规范,管理行为不到位

目前规模较大的矿山和大多数有色金属的探矿权、采矿权证的办理都集中在省国土资源厅,而日常的管理又在当地国土部门。鉴于各省国土资源厅面对的是全省的矿山企业,而且绝大多数矿山企业都位于地势偏远的山区,省厅很难有力量对探矿权、采矿权转让进行全面的监管。且很多需要层报省级国土资源厅批准的矿产权利转让行为仅由当地国土资源部门同意即已经开始实施,并未履行报经省厅批准的程序。另外,由于现行法律规定的局限,矿产、安全、环境、工商等行政管理部门执法、管理的对象都是矿山企业,所以,难以按照现行法律手段监管这种矿权转让。

(三)涉矿合同已经实际履行的情况普遍存在,主体投入资金和牵涉主体数量多

涉及探矿权、采矿权转让、承包案件普遍存在双方已经履行了几年,受让方、承包方已经投入了大量的资金进行改造、开挖的情况。特别在已经将获取的矿产品对外出售获取了利益,而在探矿权、采矿权转让、承包合同等被认定无效后,法院只能够判决双方相互返还,而且这其中往往又涉及到专业问题需要委托相关鉴定部门进行鉴定,从而法院审理难度很大;而且涉矿合同中投资主体的投入量大,且其中涉及多方利益,一旦审理不当,容易引发社会不稳定因素。

(四)相关法律、法规规定缺乏可操作性

《中华人民共和国矿产资源法》和国务院《探矿权采矿权转让管理办法》是目前在审理此类案件中主要适用的两部法律法规,上述法规均规定除已经取得采矿权的矿山企业,因企业合并、分立,与他人合资、合作经营或者因企业资产出售以及有其他变更企业资产产权的情形,需要变更采矿权主体的,经依法批准,可以将采矿权转让他人采矿外,采矿权不得转让。同时,规定了以承包等方式擅自将采矿权转给他人进行采矿的要由相关主管部门进行处罚。但从实际情况来看,基本上都没有办理批准手续而且采取承包方式也很普遍,特别是很多当事人的转让不符合国家的要求,达不到相应的资质条件,从而普遍存在当事人恶意逃避审批的情况。而针对探矿权、采矿权转让合同效力,实践中观点并不统一,从而给法院审判带来很大难度。

三、几类典型疑难涉矿纠纷的法律难点及处理

(一)关于矿业权法律性质的特殊定位

《物权法》将矿业权纳入用益物权的范畴,对于矿产资源的合理利用和保护有着巨大的意义。笔者认为,由于矿产资源的特殊属性决定了矿业权不同于一般的用益物权,具体表现在以下几个方面:

1. 矿业权具有不同于一般用益物权的特殊属性。用益物权是指对他人之物,在一定范围内占有、使用、收益的定限物权。它是为了解决物的所有与利用方面的矛盾,在人们之间发生的只转移对物的使用和收益,不转移物的所有权的财产关系。它是建立在他人所有权基础上的,不消耗标的物本身的一种对物的利用方式。当用益物权存续时间届满后,所有人对标的物的直接支配权会立即回复到原有状态,此即所有权的弹力性。不过由于矿产资源具有可耗竭性和不可再生性,使得矿业权无法满足这一特性。毋庸置疑,采矿权的行使就是矿产资源所有权内容的体现,但矿产资源所有权如此得以实现之时,却也是矿产资源所有权和采矿权标的消灭之际,或者说,矿产资源耗减的最终结果必然引起采矿权本身的消灭。因此,矿产资源的耗竭性和不可再生性决定了采矿权显然不可能完全等同于用益物权。

2. 矿业权具有强烈的公法色彩,权利取得和权利行使要受到公权力严格的规制。从权利的取得角度来看,矿业权系对他人之物的使用与收益,因此,接近用益物权范畴。但是,矿业权又不等同于用益物权,它不是私人之间的一种权利安排,不是非所有权人与所有权人之间的权利安排,而是抽象的所有权人与具体的所有权主体之间的权利安排。在矿业权的取得上,国家一般要作相应的条件限制,并对申请人的资质条件进行严格的审查,只有符合法律规定的条件和相应资质的申请人才有可能获得行政机关的授权。在矿业权的行使上,矿业权人勘查和开发矿产资源也要受到行政机关的监督。而矿业权的转让、作价出资、抵押、合作开发等诸环节都无疑要受到一定行政强制性和禁止性规定的限制。

综上,由于矿业权具有不同于一般用益物权的法律特征,所以在法律适用上要特别加

以注意。

(二)关于探矿权、采矿权转让合同的效力问题

《矿产资源法》第六条规定:“除按下列规定可以转让外,探矿权、采矿权不得转让:(一)探矿权人有权在划定的勘查作业区内进行规定的勘查作业,有权优先取得勘查作业区内矿产资源的采矿权。探矿权人在完成规定的最低勘查投入后,经依法批准,可以将探矿权转让他人。(二)已取得采矿权的矿山企业,因企业合并、分立,与他人合资、合作经营,或者因企业资产出售以及有其他变更企业资产产权的情形而需要变更采矿权主体的,经依法批准可以将采矿权转让他人采矿……禁止将探矿权、采矿权倒卖牟利。”国务院《探矿权采矿权转让管理办法》第三条也作了同样的规定。其第十条规定:“申请转让探矿权、采矿权的,审批管理机关应当自收到转让申请之日起40日内,作出准予转让或者不准转让的决定,并通知转让人和受让人。……批准转让的,转让合同自批准之日起生效。”从上述法律法规的规定内容来看,除特殊规定外,探矿权、采矿权不得转让,即使转让也需要经过审批管理机关批准。

在审判实践中,对探矿权、采矿权转让合同效力产生了分歧,一种观点认为,法律规定的转让审批是一种行政管理行为,不影响转让合同的民事效力;另一观点认为,转让审批属于强制性法律规定,是国家对矿产资源实行监督管理的有效手段,因此,未经审批的转让协议应认定为无效合同。对此问题,笔者认为要正确判断矿业权转让合同的效力,首先应明确转让合同的性质。根据矿业权的用益物权属性,在矿业权(包括采矿权、探矿权)的出让过程中,矿业主管部门代表国家以平等的民事主体身份出现;而其在行使矿业法律、法规、规章授予的权利,对矿业权的受让人资格进行审查、管理和监督时,则是以行政管理主体的身份出现的。前者体现的是平等主体之间的民事法律关系,后者体现的是不平等主体之间的行政法律关系。由此可见,矿业权转让合同是不动产物权转让合同,应属于民事合同。而关于矿业权转让合同效力的法律依据是什么呢?对此《合同法》、《矿产资源法》、《探矿权采矿权转让管理办法》、《物权法》等法律、行政法规有着不同的规定。《合同法》第四十四条规定:“依法成立的合同,自成立时生效。法律、行政法规规定应当办理批准登记等手续生效的,依照其规定。”国务院颁布实施的《探矿权采矿权转让管理办法》第十条第三款规定:“批准转让的,转让合同自批准之日起生效。”《物权法》第十五条规定:“当事人之间订立有关设立、变更、转让和消灭不动产物权的合同,除法律另有规定或者合同另有约定外,自合同成立时生效;未办理物权登记的,不影响合同效力。”这三个规定,到底适用哪个?笔者认为,根据物权区分原则,虽然对探矿权、采矿权的转让未办理批准登记手续的,不产生物权变动效力,但对于转让合同的效力则需要根据《合同法》的相关规定处理。

根据《合同法》及其司法解释的规定,未办理批准登记手续的合同为效力待定合同。而在此前提下,法院可以同时考虑到矿业权买受人往往投入巨额资金等情况,从促进双方继续履行合同的角度出发,责令卖方在合理期限内,配合买受人办理批准登记手续,如确实无法继续履行合同的,可以适用返还原则,有过错的根据过错大小赔偿因此给对方造成的损失。进而言之,对合同效力的判断可掌握以下几个原则:

1. 对于符合《矿产资源法》第六条、国务院《探矿权采矿权转让管理办法》第三条规定的情形,即探矿权人在完成规定的最低勘查投入后已取得采矿权的矿山企业,因企业合并、分立,与他人合资、合作经营或者因企业资产出售以及有其他变更企业资产产权的情形而需要变更采矿权主体的,当事人签订转让合同并且经过了审批管理机关的批准的,可以认定转让合同有效。

2. 对于符合《矿产资源法》第六条、国务院《探矿权采矿权转让管理办法》第三条规定的情形,且当事人签订的转让合同是当事人的真实意思表示,只是没有经过审批管理机关的批准的,按照《探矿权采矿权转让管理办法》第十条的规定,"……批准转让的,转让合同自批准之日起生效",应当认定转让合同未生效。

3. 对于不符合《矿产资源法》第六条、国务院《探矿权采矿权转让管理办法》第三条规定的情形,当事人签订转让合同转让探矿权、采矿权的,应当认定违反了《矿产资源法》第六条"除按下列规定可以转让外,探矿权、采矿权不得转让……禁止将探矿权、采矿权倒卖牟利"的规定,按照《合同法》第五十二条第(五)项"违反法律、行政法规的强制性规定"的规定,应认定转让合同无效。

(三)关于变相转让探矿权、采矿权合同效力问题

在审判实践中,为了规避国家法律的限制性规定,许多当事人没有采取签订转让合同的方式,而是采取承包、股份转让、合伙份额转让、联营、租赁等方式,实际上变相转让探矿权、采矿权,这种现象具有一定的普遍性。对此类合同的效力认定很困难,实践中争论很大。有的意见认为从国家法律规定的内容来看,对承包、合作经营、合伙份额转让等方式并不禁止,因此对这类合同没有必要作为变相转让来认定无效。此观点有一定道理,但是考虑到如果不对此类情形作限制,实践中当事人则容易避开法律规定变相转让探矿权、采矿权,从而导致矿业市场的无序发展,国家监管就会成为一句空话。鉴于审判实践中变相转让探矿权、采矿权的合同类型各异,笔者拟就几种典型情况加以说明。

1. 关于矿业权承包行为的效力问题

一般而言,"承包"是一种正当的经济法律行为。在多数情形下,以承包合同为表现形式的经济模式是合法有效的,但在矿业权领域中由于受到国家特别行政许可制度的影响,以"承包"方式进行投资有可能存在严重的法律风险。根据《矿产资源法》的规定,除在特定情形下并按照法律所许可的方式外,其他形式的采矿权流转之合法性均存有瑕疵,其中采矿权"承包"是矿业权流转纠纷中易于涉诉的主要类型。由于我国调整矿业投资与流转秩序的法律、法规和产业政策均禁止以"承包"的形式非法转让矿业权,诸如,矿业权管理的强制性规则有:"以承包方式擅自将采矿权转给他人进行采矿的,由县级以上人民政府负责地质矿产管理工作的部门按照规定的权限,责令改正";"采矿权人不得将采矿权以承包方式转给他人开采经营"。故从立法层面而言,矿业权承包的合法性空间极其有限,矿业权"承包"行为能够得到司法认可的范围极小。矿业权承包的合法存续底线为不构成"变相的矿业权转让"。在司法实务中审查涉及矿业权的承包合同的效力应当考虑下列因素:(1)承包合同的主要内容应是采矿任务的承包,而不是采矿权的承包。(2)承包人对矿产品不得享

有所有权及处分权。承包人获取合法利益的法律基础是劳务收益,而不得从对矿产品的占有、处分中直接获得收益。(3)发包人不得脱离对矿山企业的日常管理。在采矿任务承包期间,发包人在法律上仍然是矿山企业的安全生产责任主体,其不得在收取承包费后即放弃对矿山企业的管理义务。(4)有关矿产品的生产、经营、销售等均需以发包人的名义进行并在实际上受发包人控制,不得以承包人名义直接实施上述各行为。(5)不得给承包人授予对矿业权的再处分权。如转包、分包、转让、抵押、合伙、合股、转投资等权利。(6)不得将承包期限设定为永久性。应当参照租赁合同的规定,承包期限最长不得超过二十年。事实上,目前矿业权承包合同纠纷的多数是"名为承包、实为转让"的性质,故真正意义上的合法承包十分少见。凡违反上述规则中的一项或多项,即可判定该承包合同有变相转让采矿权之嫌疑,此种变相转让不应受法律保护。

2. 对于以转让股份、合伙份额变相转让探矿权、采矿权行为的认定

在审判实践中采取转让企业股份、合伙份额等方式也具有一定的普遍性。对于全部转让企业股份、合伙份额的情况较好认定;而在部分转让情况下则比较难以认定,有的股份、合伙份额转让了90%或者更高的比例,还留一点份额未转让,但实际上原来的经营者已经完全退出了经营,由新的经营者开展经营。在审判实践中很难确定一个具体的比例来界定其是否属于变相转让探矿权、采矿权,只能从案件的事实来综合考虑认定合同效力。笔者认为,对此类合同的效力,要注意从合同的条文、当事人的履行情况以及争议标的等方面进行综合审查。在合同中约定了将全部或绝大部分股份、合伙份额进行转让,明确了涉及矿山企业财产及相关权证的移交,在实际经营中原来的探矿权人、采矿权人已经完全退出了矿山的经营管理,由新的经营者进行管理,诉至法院后争议的主要标的系矿山企业及相关权证的归属、投资及收益等,在审理中能够确认实际是变相转让探矿权、采矿权的合同,则应按照《合同法》第五十二条第(三)项"以合法形式掩盖非法目的"的规定认定合同无效。如在合同中仅约定了部分股份、合伙份额进行转让,不涉及矿山企业财产及相关权证的移交,在实际经营中探矿权人、采矿权人未发生变更,在审理中不能够确认实际是变相转让探矿权、采矿权的合同,则可以认定有效。

(四)关于公务员投资、入股、经营矿业行为的效力问题

实践中公务员入股或者合伙开办矿山企业的行为十分普遍。依据《合同法》的规定,违反法律、行政法规强制性规定的合同属于无效合同。依据《公务员法》的规定,公务员不得"从事或者参与营利性活动,在企业或者其他营利性组织中兼任职务"。审判实践中对于公务员参与入股、合伙经营矿业的行为是否都认定为无效行为,公务员提起诉讼要求分红或者分配合伙利润的主张是否一律不予支持,也是审判实践中的一个具有争议的问题。对此,有意见认为,《公务员法》只是行政管理的法律规范,不是效力性法律规范,不应该影响民事合同的效力。但笔者认为,《公务员法》等法律"禁止国家公职人员经商"的立法本意在于:由于个人利益的驱动,国家公职人员参与营利性活动,会将一部分时间和精力用在私人的营利活动中,必然影响到公务活动的效率。同时,公职人员是国家形象的代表,是国家权力的执行者,如果公职人员参与营利性活动,会使群众对公务行为的权威性和公正性产生

合理怀疑。而且,国家公职人员参与营利性活动,可能会对其职务的廉洁性造成影响。在从事营利活动的过程中,公职人员有可能通过其职务上的便利条件,为其营利活动创造有利的环境,谋取更大的利益或者避免利益的损失。正是基于这些原因,有关部门才三令五申禁止国家公职人员经商。因此,《公务员法》禁止从事营利性活动的规定,应是对合同主体的限制性规定,属于"效力性强制性规定",公务员投资、入股或合伙经营矿业的行为应是无效的。

(五)关于合同认定的未生效或无效后的处理问题

当事人之间的转让合同未生效或无效后如何返还财产是目前涉矿类案件的审理难点,主要涉及以下几个方面的问题:

1. 履行合同过程中恶意违约行为的处理

由于矿产尤其是煤矿大幅度涨价,转让方反悔把矿山夺回所引发的纠纷,可以根据诚实信用、意思自治和维护市场经济交易安全的原则,从维护公平正义和良好社会效果的角度考虑,采取变通的方法处理此类问题。笔者认为可以区分以下情况进行处理:

(1)如果转让合同符合《矿产资源法》和《探矿权采矿权转让管理办法》所规定的采矿权转让条件,鉴于合同已经实际履行,原告的行为属于恶意违约,同时,继续履行合同的社会效果明显优于解除合同的社会效果,也不损害国家及社会利益,有利于经济发展的,可以不支持原告要求确认合同无效并赔偿损失的诉讼请求。根据《最高人民法院关于适用〈中华人民共和国合同法〉若干问题的解释(一)》第九条的规定,依法成立未生效的合同并不等于无效合同,依法成立的合同,对双方具有法律拘束力。法院可以认定合同未生效并判令当事人履行报批手续,促成合同生效,并继续履行。特别是从当前的司法实践来看,判令当事人履行报批手续,促成合同生效的案例已经存在。

(2)如果转让合同符合《矿产资源法》和《探矿权采矿权转让管理办法》所规定的采矿权转让条件,但已经不具备继续履行的基础,可以认定合同未生效,适用缔约过失责任,按现价返还。因为双方当事人在签订合同时,是公平合理的等价交换,而在合同被确认为未生效,需要相互返还时,此时的采矿权和转让时的价款是不等值的,需要转让方以支付现价为收回采矿权的条件,这样才能体现法律的公正。

(3)如果转让合同不符合《矿产资源法》和《探矿权采矿权转让管理办法》所规定的采矿权转让条件,只能认定合同无效的,适用合同无效后的处理原则。

2. 合同认定无效后的处理原则

合同无效后因该合同取得的财产应当予以返还。涉及探矿权、采矿权转让合同被认定无效后,法院应当判决双方相互返还财产以及投资、收益和收取的费用。合同无效后的处理原则看似简单,但怎样才能体现法律的公平与正义,如何取得较好的社会效果和法律效果是值得我们重视和思考的。对此,笔者认为应注意和把握以下几个问题:

第一,合同无效起始时间的确定。合同是在被法院确认无效的时候无效,还是在签订的时候就无效,关系到在合同签订后被确认为无效前已经履行部分是否作为无效处理的问题,根据《合同法》第五十六条的规定,无效合同自始无效,也就是在签订的时候就无效,故在合同签订后已经履行的部分应当按照无效合同处理。

第二,因合同无效产生的相互返还责任。根据《合同法》第五十八条的规定,合同无效,因该合同取得的财产应当予以返还。转让方因合同取得的转让费,应当返还给受让方,受让方在合同签订后所取得的开采矿产资源的权利和所开采的矿产品应当返还给转让方。而在实践中,受让方已经依据无效合同获得的开采矿产资源的权利只能返还合同被确认为无效后的部分,此前获得的该权利是无法实际返还的。另外,受让方开采出来的矿产品可能已经出售,实际上不可能进行返还了,根据法律规定,不能返还或者没有必要返还的,应当折价补偿。故受让方一个重要的义务就是对因合同取得的开采矿产资源的权利和获得的矿产品折价补偿给转让方。

第三,因合同无效产生的过错赔偿责任。根据《合同法》第五十八条的规定,合同无效后,有过错的一方应当赔偿对方因此所受到的损失,双方都有过错的,应当各自承担相应的责任。对于探矿权、采矿权转让协议来说,一般是转让方与受让方均有过错,只是过错责任的大小不一而已,所以应当是各自承担相应的责任。那么相应的责任具体应当如何进行划分才能平衡双方的利益?这也是妥善解决合同无效纠纷问题的关键。责任比例的划分需要结合个案情况灵活掌握,例如,如果转让方在尚未取得合法的采矿权、探矿权就将矿产资源的权利转让,那么显然转让方的过错责任要大。再比如,转让方具备转让矿业权的条件,合同签订后也将矿山企业和相关的权利证件交付给受让方,而受让方经营中出现亏损,其起诉的目的实际上是要将自己的损失通过认定合同无效的方式转嫁到转让方身上,这是一种背信弃义的行为。这种情况下显然受让方的过错要大。如果简单地认定合同无效,相互返还,显然会让过错方获利,既违反我国法律的诚实信用原则,也不符合我国公平、公正的立法本意。

3. 关于矿山企业的清算或审计问题

合同无效处理必然涉及到投资和收益的问题,在审理涉矿纠纷案件时,大多数矿山企业未进行清算,投资和收益不易认定。发生纠纷后,负责矿山企业事务管理的一方出于各种目的要么拒不提供财务账目,要么假装财务账目已毁损、遗失,致使无法进行清算,也无法对企业的投资或获利情况进行审计。法院只能责令其提供,如持有财务账目的一方当事人拒不提供,法院又不能对其进行强制制裁。矿山企业不进行清算或审计,法院无法查明矿山企业的资产以及盈亏,无法对案件作出正确的处理。所以,矿山企业的清算问题,是法院审理该类案件中的一个难点。目前,法院在这种情况下,一方面,只能是加强释明工作,引导当事人举证;另一方面,认真审查当事人提交的证据材料,严格按照证据规则,合理分配双方的举证责任,尽可能让实际持有或控制证据材料的一方承担相应的举证责任,如当事人无法举证或者拒不提交证据,则要承担不利后果。

(六)关于多次转让矿业权均未经批准的处理问题

在审判实践中出现了诸多多次转让均未经批准的合同诉至法院的案件。这类案件共同的特点是在诉至法院之前,探矿权、采矿权已经经过了多次转让,而且一般均未经过批准。现在一般是其中的一次或两次转让的当事人就合同的效力及探矿权、采矿权的返还和价款等方面进行诉讼。对于诉讼双方之间的合同效力能够认定,只要是未经批准就可以认定为未生效或无效,关键是认定合同无效后的返还问题。认定合同无效后,涉及探矿权、采矿权的相关权证就要判决同时返还,但问题是,起诉的原告也是未经批准取得探矿权、采矿权的相关权证的,同样也面临一个取得程序不合法的问题。如果我们判决返还,就等于变相地承认了该原告有权取得探矿权、采矿权,在审判实践中其他当事人就会提出质疑,既然多次转让合同都无效,不应因谁提起了诉讼便使无效的权利变为合法。对于此种情况,审判实践中有两种解决方法:

第一种处理思路,对此种案件在认定合同无效后也不能判决返还,而是把历次转让的合同双方都追加进来作为当事人,判决由丁返还丙、丙返还乙、乙返还甲……一返到底,即由最后的受让方层层返还,直至返还给最初的转让方。但是此种做法有两个障碍:一个障碍是有的案件转让次数太多,当事人众多,将所有当事人都追加进来参加诉讼程序相当繁杂,追加进来后既增加了当事人的诉累,也违背不告不理的诉讼原则;另一个障碍是在每次转让的过程中,每一次的受让人都进行了不同程度的投资,都有一定的收益,而投资都是投入到矿山之中,根本无法区分具体的投资数额和取得的收益,给法院判决层层返还增加难度。

第二种处理思路,根据《探矿权采矿权转让管理办法》第十四条的规定,"未经审批管理机关批准,擅自转让探矿权、采矿权的,由登记管理机关责令改正,没收违法所得,处 10 万元以下的罚款;情节严重的,由原发证机关吊销勘查许可证、采矿许可证"。因此,对此种案件的审理,法院既不能判决相互返还,大量追加当事人也不现实,并且当事人所主张返还的探矿权、采矿权,其取得的程序也不符合法律规定,可以考虑对当事人就返还探矿权、采矿权的诉请予以驳回。就此种案件向行政主管部门发出司法建议书,由行政主管部门按照相关规定内容进行处罚,责令当事人改正。如无法改正的,可以考虑吊销勘查许可证、采矿许可证,从根本上解决这个问题。在行政主管部门作出相应的处罚决定后,当事人就投资等损失问题提起诉讼,因此时已不涉及采矿权的归属问题,人民法院可以进行受理,按照过错责任进行判决。笔者倾向于第二种处理思路。

【合同专题】

论婚姻介绍合同的法律定位及其纠纷处理

仲伟珩*

当前,因婚姻介绍而产生的纠纷很多,究其原因,既有行业逐利发展的共生因素,也有相关法律规范缺失的深层次问题。与纠纷众多的现状相对应,则是理论界对婚姻介绍行为的研究并不深入。本文以对婚姻介绍行为进行法律定位为出发点,着眼于婚姻介绍行为的秩序构建和权益保护,为解决实践中的纠纷提供一点管窥之见。

一、当前婚姻介绍市场的现状及规范必要性

(一)市场庞大、主体纷杂、名目众多

上世纪九十年代以来,受全民经商办企业风潮影响,婚介机构数量剧增,其公益服务性质也转向企业化、营利性质。当前,婚姻介绍主体既有公司、合伙、个体工商户等以婚姻介绍为业的盈利主体,也有提供相亲机会和撮合行为的广播电视、民间媒婆、亲戚、朋友、同学等主体。

(二)规范缺失、管理缺位、乱象横生

在婚姻介绍管理规范方面,目前我国仅有国务院办公厅《关于加强涉外婚姻介绍管理的通知》(国办发〔1994〕104号)①和民政部《关于认真贯彻〈国务院办公厅关于加强涉外婚姻介绍管理的通知〉有关问题的通知》(民办函〔1995〕125号)②两个文件,相关法律规范则尚付阙如。而在婚姻介绍主体管理上,由于国务院《关于取消第一批行政审批项目的决定》(国发〔2002〕24号)第一百四十一项取消了民政部门对成立国内婚姻介绍机构的审批,目前并无对婚姻介绍主体进行管理的行政主管机关。与此同时,婚姻介绍人还缺乏规范的自

---

* 中国政法大学民商法学博士,德国马科斯-普朗克外国私法与国际私法研究所访问研究(2006~2008,教育部公派出国留学奖学金获得者),最高人民法院民一庭法官助理。

① 1994年12月,针对一些从事涉外婚姻介绍的机构及某些不法分子为了牟取暴利,串通境外人员,借介绍婚姻之名,将我国一些妇女骗出境外酿成不少悲剧,严重损害我国的民族尊严和民族感情的问题,民政部向国务院报告了加强对婚介机构管理的意见。上述意见旋即出台。

② 该意见阐明了加强婚介机构管理的重大意义,提出加强婚介机构管理是各级民政部门的一项迫切任务,要求各地结合当地情况,切实采取措施,认真做好清理整顿工作,做到心中有数,边清理边整顿。

律组织。

在缺乏他律和自律的情况下,目前婚姻介绍行为呈无序状态,主要表现为:(1)婚姻介绍欺诈行为普遍存在。(2)收费依据、标准混乱。(3)婚介机构人员普遍素质不高,侵害求婚者权益行为经常发生。(4)违背国家禁令,公开或变相办理涉外(含涉港、澳、台居民和华侨)婚姻介绍。(5)缺乏行为标准,权利、义务严重不对等。

(三)纠纷处理难度大,法院判决既缺法律效果亦乏社会效果

婚姻介绍(服务)合同多采取委托和受托模式,并且在约定委托人支付高昂费用的同时,婚姻介绍人承担的义务却很少。在发生纠纷时,审判人员往往从合同文义解释出发,基于对当事人约定的"尊重",适用委托合同相关规范进行案件裁判;特别是基于委托合同"处理事务"而不要求"婚姻介绍成功"的取酬规则,对于委托人要求退还服务费的请求很少支持。于此,判决的法律效果和社会效果均不好。

(四)对婚姻介绍行为加以规范的必要性

婚姻构成家庭、社会伦理的基础。在以上背景下,对婚姻介绍行为加以管理及为纠纷解决提供规范意见具有重要意义:首先,有利于保障求婚者的合法权益,促进家庭、社会的稳定,为构建和谐社会提供坚实基础。其次,对纠纷解决提供规范意见也为婚姻介绍市场的有序发展提供良好条件,有利于经济的健康发展。①

二、婚姻介绍合同为特殊的"劳务"合同

(一)婚姻介绍合同是广义的以"劳务"为标的的合同

在对合同的技术规则继承上,各个国家往往在罗马法的有名合同框架基础上加以发展。罗马法所延续下来的合同主要有两类:首先是财物移转性合同,一般包括赠与、买卖、互易等;其次是把财物或价值在一定期限内转移到对方当事人那里并供利用的合同,这类合同并不产生标的所有权的转移,而是以使用利益的转移为标的,主要是租赁或使用型合同,一般包括消费借贷(借款是典型)、使用借贷(借用)、租赁等。② 罗马法并没有以"劳务"为标的的合同形态。但是,在近代国家的立法运动中,以利用他人劳动或劳务为标的的各种有名合同逐渐成为合同的重要类型——这就是最广义的以"劳务"为标的的合同。

对于以"劳务"为标的合同的细分,各个国家基于不同的国情,其类型化程度也不同。总体来说,现代国家发展出了雇佣、承揽、委托、旅游、保管、悬赏广告等诸多形式的有名合同,这类合同的特点在于利用他人的劳动力或者劳务;在商事规则对民法既产生冲击又互相融合的情形下,居间、行纪、董事、出版等也归入到这类合同中。就我国当前合同法体系

---

① 民政部办公厅《关于认真贯彻〈国务院办公厅关于加强涉外婚姻介绍管理的通知〉有关问题的通知》[1995年5月24日民办函(1995)125号]即明确提出了此方面的要求。

② 关于现代债法(包括合同法)发展的罗马法渊源的分析,参见 Reinhard Zimmermann, Obligations, Oxford Press 1992 中的系统而深刻的论述。

来说,以“劳务”为标的加以规定的有名合同主要有雇佣合同(包括劳动合同和狭义的劳务合同)、承揽合同、委托合同、保管合同、居间合同、行纪合同等。婚姻介绍行为显然是一种劳务行为,因此,这就需要我们在我国现行合同法以“劳务”为标的的合同体系中加以定位,并对相关规范加以解释适用。

(二)婚姻介绍合同不是雇佣、承揽、委托合同

1. 婚姻介绍合同不是雇佣合同。雇佣合同的重要特点在于,合理配置、安排劳动者的劳动以达到一定的目的,是雇主(或者用人单位)的权限,并且在此方面产生雇主的指挥命令权。① 在婚姻介绍这样的事务上,求婚者只能够提出相应的条件和要求,而对适合求婚者人选的选定,完全取决于婚姻介绍人的信息中介,而婚姻介绍人具体如何寻找、能否寻找到合适人选,完全不受求婚者的指示。

2. 婚姻介绍合同不是承揽合同。承揽合同以工作完成之结果为标的,这种结果可以是有形的,比如建设工程施工合同,也可以是无形的,比如技术开发研究合同。对于承揽合同的认定来说,最重要的是以完成工作、取得工作结果为实质内容。② 至于承揽人用什么样的劳动以及采取什么样的方法,原则上属于承揽人的自由。尽管在德国法上,为平衡居间行为为单务合同的局限性而意图将居间合同往承揽合同靠拢,但是,这样的立法建议在婚姻缔结上,显然是无法完成的,毕竟对于婚姻介绍人来说其无法提供结婚这样的工作成果。

3. 婚姻介绍合同虽然采取“委托”形式,但非委托合同。为了处理特定事务而以提供整体性劳务为标的是委托合同的特点,③受托人在接受委托人的指示后往往基于自身的知识、经验及才能自主处理事务。婚姻介绍合同往往采取委托的形式,但是这里的求婚业务显然已经超越了委托处理业务的范畴,特别是婚姻介绍人在提供人选之后,更多的事务处理需要由委托人完成。对于求婚者来说,其关注的往往是婚姻介绍人所提供的人选“机会”,从这样的意义来说,婚姻介绍行为应是居间而非委托。

(三)服务合同无法解决婚姻介绍合同的相关纠纷

在当前发达国家及我国,均不同程度上存在一种要求承认服务合同的呼声。这种呼声试图引入一种超越“劳务”标的的“服务合同”概念,从而将“劳务”产品化,将劳务过程、劳务结果及“劳务所有权”移转结合起来,赋予服务产品购买人消费者的地位,这对于现代合同法造成很大冲击。④ 对于婚姻介绍合同,也有很多采用婚姻介绍服务合同的名称。对此,是否应将婚姻介绍(服务)合同界定为一种独立的“服务合同”。对此,笔者持否定态度,主要有以下几个方面的理由:

首先,服务合同在我国合同法体系中并无定位。服务合同范围很广,律师服务、会计师

---

① [日]我妻荣:《债权各论》(中卷二),周江洪译,中国法制出版社2008年版,第2页。

② 对此,《合同法》第二百五十一条关于承揽合同的定义就采纳了此种定位:“承揽合同是承揽人按照定作人的要求完成工作,交付工作成果,定作人给付报酬的合同。”

③ 对此,《合同法》第三百九十六条规定,委托合同是委托人和受托人约定,由受托人处理委托人事务的合同,这就明确了委托合同的内涵。

④ 对此的详细分析,参见Hirte, Berufshaftung, Muenchen 1996, S. 386 ff., 412 ff., 417 ff.

服务、医生服务均可以纳入到此范畴之内。鉴于“服务合同”在《合同法》有名合同体系中并无定位。因此,在处理各种具体“服务”时仍不得不寻求其民法上的规范基础——以“劳务”为标的的有名合同规范。于此,所谓的服务合同最终不得不让位于在现有民法框架下寻求具体的有名合同规范基础。在当前欧盟各个成员国,在涉及所谓服务合同纠纷时,也往往求助于“以劳务为标的”的具体规范基础。①

其次,各种冠以“服务”名称的合同,目的并非减轻服务者义务,而在于为服务提供者设定更严格的义务,以为消费者提供更周全的保护。特别是,消费者保护法律中对于格式合同中有关应记载和不应该记载事项的规定,对于这类合同的规范具有强大的效力。只有这样,才能起到保护消费者的目的。② 从这样的立场出发,所谓的服务合同较之于其所能够归类的有名合同来说,应该赋予消费者更多的权利,同时,加于“劳务”提供者更多的义务。基于此,合同法有名合同则应该是为劳务接受者提供的最低保护界限。这也是当前欧盟成员国所采取的普遍模式。

再次,对于主体权利进行限制的规范属于立法法保留事项,因此,为婚姻介绍合同寻求制定法的规范基础是最简单也是最方便的手段。而在方法论上,只要能够完成规范的功能自洽,采用新的法律规范就没有体系价值。

三、居间合同的定位——婚姻介绍服务合同的法律性质

在婚姻介绍合同发生纠纷时,首先需要对合同进行法律定位,这就涉及到从合同解释角度的分析。对于合同解释方法来说,首先应该在合同文义(文义解释)和论理(论理解释)上进行推演,以探求当事人真实的意思表示(目的解释)。而在探求当事人真实意思表示时,应斟酌订立合同的目的和交易惯例,基于经验和诚信原则,进行全盘的考察,而不能拘泥于文字或者合同的个别约定。合同的解释还要符合经济原则(经济解释)。对于婚姻介绍合同来说往往采取委托和受托形式,从而文义上的解释似乎应该适用委托合同相关规定。前已述及,委托合同并不符合婚姻介绍合同的性质,因此从论理解释、目的解释、诚信原则、经济解释、历史解释和比较法借鉴等角度分析,能够提供很好的理论依据。

(一)论理解释:婚姻介绍合同契合居间合同的法律构造

居间行为有报告居间和媒介居间两种,前者指告知交易意向者名称和基本信息,后者指为促成合同订立积极准备并参与合同磋商的媒介作用。不论是报告居间还是媒介居间,所提供的“劳务”均止于合同成立之前,居间人并不代他人以自己或他人名义订立合同,因此,区别于商业营业上的代办商和行纪。③ 婚姻介绍合同在以下几个方面切合居间合同法律构造:

---

① Hirte, Berufshaftung, Muenchen 1996, S. 386 ff. , 412 ff. , 417 ff.

② 林诚二:《民法债编各论》(中册),中国人民大学出版社 2007 年版,第 209 页。

③ 林诚二:《民法债编各论》(中册),中国人民大学出版社 2007 年版,第 209 页。

首先,婚姻介绍合同的"婚姻介绍"义务符合报告居间的性质。① 婚姻介绍行为往往着眼于为求婚者提供符合条件的人选,包括其信息和基本资料及提供见面机会。婚姻介绍人的义务并不包括确保婚姻成立。从这样的意义来说,赋予婚姻介绍人仅仅提供"符合条件的人"的义务恰恰是报告居间的法律构造。

其次,从委托合同的法律适用限制来看。在以"劳务"为标的的合同上,"委托"往往是当事人约定的直接表述。但是,对于法律适用者来说,不能简单地基于当事人约定的"文义"就将合同认定为委托合同。事实上,"只要存在着信赖他人并将事务的处理加以托付的关系,委托就会逐渐渗透到其他法律关系之中。"②因此,我们需要认识到,由于一般性委托合同(我国《合同法》委托合同章)并不强调其处理事务的结果性,所以,从促进交易的角度出发,在其具体适用上,应更强调其对于其他以"劳务"为标的合同的补充适用性。即在具体法律关系认定上,如果构成其他以劳务为标的的合同,则应强调其他有名合同规范的优先适用。鉴于婚姻居间合同所强调的婚姻成立目的,因此,强调居间成功更符合当事人和社会的预期,故应强调居间合同对于委托合同的优先适用。

(二)目的解释:求婚者的目的在于婚姻介绍成功

目的解释要求,解释合同不能拘泥于合同文义,而要透过文义探求当事人真实意思表示。对于婚姻介绍合同当事人的意思来说,特别要探究求婚者(委托人)对于"婚姻介绍成功"的意旨。对此意旨,需要注意以下两个方面:

首先,从居间合同的性质来看,居间合同既非双务合同,亦非无偿合同,居间人并无从事活动的义务,而委托人却负有"支付报酬"义务。对于婚姻介绍合同来说,如果婚姻介绍人能够在未居间成功情况下收取报酬,则严重违反了合同权利义务的公平原则,显然并不符合委托人的意思。所以居间人只有在取得居间活动成果的情形下,才能获得报酬,这才符合求婚者的真实目的。③

其次,对于很多以"服务合同"为名所约定的相关婚姻咨询、辅导业务来说,通过探求此合同真实意思表示可以推断,这些所谓的"老师辅导"对于婚姻介绍成功的目的来说仅仅处于辅助地位。从这点来说,对于以咨询、辅导名义而变更合同性质收取高额费用的婚姻介绍合同应让位于居间合同性质的解释适用。

(三)习惯解释:将婚姻介绍合同界定为居间合同符合我国历史传统

"说媒""月老""红娘"等婚姻居间行为在我国古已有之。在旧中国民事立法中,即将

---

① 我国学者多认为,居间合同是一种双务合同,即所谓的居间人报告或者媒介行为债务与委托人支付报酬债务二者互为对价。林诚二:《民法债编各论》(中册),第210页。这是对于居间合同的错误理解。居间合同的特性区别于其他以"劳务"为标的的合同在于,居间合同并非一种双务合同。因为对于居间人来说其并不负有报告或者媒介行为的债务,因此在此意义上,委托人并不能请求居间人报告或者媒介成功;但是,对于委托人来说,却并非如此,其负有支付报酬的义务或者在没有居间成功的情况下负担返还居间人支出费用的义务。

② 转引自:[日]我妻荣:《债权各论》(中卷二),周江洪译,中国法制出版社2008年版,第139页。

③ 在发达国家,针对居间合同并不赋予居间人义务的特点,很多学者认为需要制定新的居间法规范。比如,德国联邦政府很久之前就提出法律改革草案,要求用相关承揽的制度对对居间法律制度进行渗透和修改。但是,在居间法律制度方面,德国《债法现代化法》并未进行改革。

婚姻介绍行为定位为居间行为。旧中国民法第五百七十三条规定:"因婚姻居间而约定报酬者,无效。"该条立法原意在于因婚姻居间约定报酬,有害善良风俗,故不使之有效。但是,随着社会发展,由于近代工商业发达,社会上道德标准有所转变,民间已经有专门居间报告结婚机会或介绍婚姻而酌收费用的行业,因此婚姻介绍行为已经逐渐受到肯定。但是,即使在此背景下,我国台湾地区"民法"仍然规定婚姻居间人对于报酬无请求权;只不过,如果已经给付,给付人不得请求返还。当然,这对于婚姻介绍合同适用居间法律规则无任何影响。

(四)符合比较法上的经验

在比较法上,《德国民法典》第656条规定:"(1)为报告缔结婚姻的机会或者介绍成立婚姻而约定报酬的,不成立债务关系。但基于约定已支付的报酬,不得因债务不成立而要求返还。(2)上述规定亦适用于另一方当事人以履行约定为目的而对居间人承担债务,特别是关于债务承认的协议。"因此,德国法将婚姻介绍行为看作为一种典型的报告婚姻机会之报告居间。德国法的经验表明,将婚姻介绍行为定位于居间行为并没有产生不利的法律后果,更没有引起婚姻的民事合同化。因此,比较法上的相关经验做法值得我们参考。

(五)经济解释:目的与支出比例平衡及控制道德风险

对于当前婚姻介绍纠纷的处理来说,需要面对两方面问题:一方面是市场化的需求,即广大未婚人士的求婚心切及婚姻介绍业务的巨大产业化;另一方面是混乱的婚姻介绍市场亟需法律规制。如何将这两方面有机结合起来,从经济分析角度进行透视是当前很多规范制度的强大支撑点(合同的经济解释)。而从经济解释角度需要从以下两个方面进行分析:

首先,目的(收益)满足与支出的经济成本比例需要平衡。即从成本支出角度看,求婚者愿意付出的经济成本(报酬)目的在于其结婚目的的满足,而在目的未满足情况下即要求求婚者支付报酬显然不符合其预期,进一步容易引发纠纷;而从结婚目的的满足和求婚者支付经济成本的对应来看,二者的结合则更容易消弭矛盾,避免由于矛盾纠纷的产生而进一步增加成本的支出。

其次,从道德风险控制角度看,要将避免风险所需要支出的控制成本降到最低。如果仅仅约定提供符合条件的人的义务,则可能会增加受托人欺诈行为的存在,这就是当前广受诟病的"婚托"现象;而在只有求婚成功才支付报酬的情况下,能够避免受托人不当介绍行为及可能的欺诈行为。

基于以上分析,如果将婚姻介绍行为界定为居间行为,则求婚者未基于婚姻介绍而成立婚姻,则不需要支付报酬,这更有利于促进婚姻介绍人积极履行寻找合适人选的努力,也有利于促进求婚者愿望的达成;于此,禁止婚姻居间报酬所产生的流弊①——道德风险控制的目标就能达到。

---

① 林诚二:《民法债编各论》(中册),中国人民大学出版社2007年版,第211页。

(六)将婚姻介绍合同定位于居间合同不等于将结婚行为等同于合同行为

在婚姻所具有的人身属性远远大于其合同属性的背后,将婚姻介绍行为界定为居间行为是否有“将婚姻行为定位为合同行为之嫌”? 对此,应作否定解释。首先,在这种定位的逻辑中心上,将婚姻介绍行为定位为居间行为所着重的不是其所完成的目标——婚姻,而是完成结果的手段——婚姻居间行为上。其次,一种法律制度所能够提供的解决方案并不能带来洪水猛兽般的效果,倒是这种制度所能够保护当事人的利益,构建和谐社会所具有的作用才是我们所应当重视的。将婚姻介绍行为定位于居间行为能够用居间这种法律制度更好发挥保护求婚者利益、规范婚姻介绍服务市场的作用,这恰恰是法律效果和社会效果的统一。

三、婚姻介绍合同纠纷的处理——基于居间合同特点的分析

确定了婚姻介绍行为的居间属性后,就为进一步的纠纷处理提供了很好的解决路径。

(一)婚姻介绍报酬的收取原则及支出费用的偿还

《合同法》第四百二十七条明确规定,居间人未促成合同成立的,不得要求支付报酬,但可以要求委托人支付从事居间活动所支出的必要费用。而将婚姻介绍行为认定为一种特殊居间行为,在婚姻介绍合同纠纷中,上述规定就有明确的适用空间。

1. 婚姻介绍未促成婚姻成立的,婚姻介绍人不得要求报酬

婚姻介绍合同多约定,仅提供几次相亲机会即收取高额报酬。在认定了婚姻介绍行为的居间性质之后,这种约定即使获得委托人的同意,但因为其违反了法律设定居间合同的最低权利保障内涵,人民法院也不应该支持此约定。进而言之,在婚姻介绍未成功情况下,居间人所收取的报酬应该返还给委托人(求婚人)。

2. 婚姻介绍虽然未成功,但婚姻介绍人因此支出的必要费用,有权要求委托人偿还

尽管婚姻介绍人未促成婚姻成立不得要求报酬,但是其有权要求委托人返还其因婚姻介绍而支出的必要费用。在当前行政机关对于婚姻介绍行为并无物价指导的情况下,对于婚姻介绍行为所支出的必要费用应该如何确定,法官可以根据案件的事实合理分配举证责任,并加以认定。具体来说,首先可以要求婚姻介绍人证明其支出的必要费用,比如人力辅导支出、人力介绍支出、场地租赁费用、材料费用、饮料费用等;针对婚姻介绍人的举证,委托人也可以举出证据进行反证。比如,婚姻介绍人举证证明的场地租赁费用为 2000 元,而求婚者完全可以证明此次活动实质上为一次集体相亲活动,从而不应该承担所有的租赁成本。

(二)婚姻介绍人报酬的落空:自担风险原则的承认

如同其他居间合同一样,婚姻介绍人需要面对法律地位的劣势。即委托人可以同时委托多个婚姻介绍人,而不构成违约或不诚信。但是,因为委托人最终只能同其中一人结婚,而此人可由其他居间人所介绍,从而其他居间人都可能面临徒劳无获的风险。出于这个考

虑,居间人总是试图获取取得排除其他居间人的单独委托。这原则上对于委托人来说是一种不利益。而基于婚姻介绍人报酬的可能落空同委托人的选择权的对立,应允许这样的约定。① 另一方面,对于约定高额的婚姻介绍报酬来说,亦可能存在委托人不同所介绍的人结婚的道德风险。当然,这样的风险要让位于委托人居间合同的法律性质定位。只不过,在委托人后来知道求婚者仍然基于其所提供的介绍服务而结婚时,其应有权要求委托人支付相应报酬。

(三)委托人的合同解除权:利用“劳务”者随时解除合同原则

婚姻介绍合同经常约定,委托人解除合同,不退还费用,或者求婚者拒不同所介绍人相见的,不退还费用。在居间合同的属性上,其属于从委托合同所发展出来的有名合同,在适用时,在相对于居间合同未规定的内容上,应允许准用委托合同的相关法律规定。《合同法》第四百一十条规定,委托人或者受托人可以随时解除委托合同。因解除合同给对方造成损失的,除不可归责于该当事人的事由以外,应当赔偿损失。在对于委托人的合同解除权上,应赋予委托人对婚姻介绍合同的随时解除权。当然,《合同法》对此并没有加以规定,属于立法漏洞。

在承认婚姻介绍合同中委托人的解除权同时,还要注意到,因委托人行使解除权而造成婚姻介绍人损失的,委托人应负损害赔偿责任;对于赔偿范围,笔者认为,应限于信赖利益的损失,而不能是履行利益的损失,否则,在对于劳务为标的的合同上,对于未履行的劳务收取费用显然违反公平原则,属于“不劳而获”。

在审理这类案件时,还需要把握按劳取酬原则和公平原则。对于使用劳务(或者服务)的人来说,支付一定费用符合按劳取酬和公平原则,而对于未利用的劳务则不可以收取报酬,否则,这种未提供劳务亦收取报酬的条款既违反当事人的意思,也违反基本的公平原则。

(四)婚姻介绍人的安全保障义务

《合同法》仅规定了居间人的如实报告义务,而未规定居间人的调查义务,属于立法漏洞。在立法未加以规定的情况下,法律适用者可以参照《侵权责任法》关于安全保障义务的规定,来发展婚姻介绍人的若干安全保障义务。② 对此,笔者认为,主要应该要求婚姻介绍人负担信息调查义务和安全保障义务。

1. 信息调查义务

当前社会,以婚姻介绍居间为营业者日益增多,为保障当事人权益及维护交易安全,应明确规定以居间为营业的人,关于订约事项及当事人之履约能力或者订立合同的能力,有

---

① 与此相适应,还存在居间人限制委托人解除委托的权利,比如委托人不得在固定的期限内解除委托。这样显然在未赋予居间人义务的情况下限制了委托人的利益,这样的条款应该得到法律的禁止。事实上,尝试将居间合同往承揽合同发展的趋势在实践中均存在,但是这样的尝试成功的比率仍然很少。

② 对于这种漏洞,在未来我国修改合同法或者制定民法典时应进行规定。这在婚姻介绍合同中的意义并不明显。但是对于众多商事居间来说,则意义重大,特别有助于防止和降低道德风险的发生。

调查的义务。[①] 比如,对于一个高级知识分子的求婚者来说,婚姻介绍人提供的为小学文化的具有犯罪前科的人,显然除非在求婚者已经同意的情况下,否则这样的疏忽注意义务较之于选择"门当户对"人员的过失更大。这里对于婚姻介绍人所要求的注意义务应该较普通的善良管理人的义务要高。

婚姻介绍人是否需要承担信息真实的担保义务?笔者认为,在当前的情况下,不应该由婚姻介绍人来负担。比如,在核实所介绍人的真实身份上,只要婚姻介绍人能够核实身份证复印件同原件一致,即可认定履行了调查义务;而对于伪造身份证的责任不需要由婚姻介绍人来负担。又比如,对于介绍人所提供的收入、职业、身高等信息,有一定程度的表象认同即可。

如果因婚姻介绍人怠于调查或者未尽到调查义务,造成求婚者人身、财产损害的,婚姻介绍人应负担赔偿责任。此情况下可适用《侵权责任法》第三十七条第二款的规定,即因第三人的行为造成他人损害的,由第三人承担侵权责任;管理人或者组织者未尽到安全保障义务的,承担相应的补充责任;而对此补充赔偿责任,首先要由直接侵权人承担责任,在侵权人没有赔偿能力或者下落不明时,则由婚姻介绍人承担赔偿责任。[②]

当然,如果婚姻介绍人同第三人共谋造成求婚者人身、财产损害的,则构成共同侵权,应承担共同侵权责任。

2. 选择相亲场所的安全保障义务

在当前众多运动式的大型相亲活动背后,也可能潜在地存在婚姻介绍人所选择场所存在安全隐患,从而造成求婚者人身伤害的事件。对此,婚姻介绍人需要负担谨慎选择相亲场所的安全保障义务。比如,在论坛上组织发帖举行男女相亲会,举办人选择方式为攀登未设置安全防护措施的野山,这种情况下,婚姻介绍人违反选择场所的安全保障义务则是明显的。而对于婚姻介绍人是否违反选择安全相亲场所义务的过错认定上,应交由法官根据具体情况加以判断。

(五)涉外婚姻介绍行为的禁止:特殊规定的立法必要

1. 涉外婚姻介绍合同无效

国务院办公厅《关于加强涉外婚姻介绍管理的通知》(国办发〔1994〕104 号)第一条明确规定:"严禁成立涉外婚姻介绍机构。国内婚姻介绍机构和其他任何单位都不得从事或变相从事涉外婚姻介绍业务。任何个人不得采取欺骗手段或以营利为目的从事或变相从事涉外婚姻介绍活动。"民政部办公厅《关于认真贯彻〈国务院办公厅关于加强涉外婚姻介绍管理的通知〉有关问题的通知》(〔1995〕125 号文)更是明确规定:"特别是在清理中,如发现继续从事涉外婚姻介绍或变相从事涉外婚姻介绍活动的机构,要会同公安、工商等行政

---

① 为居间人设定调查义务,是当前发达国家合同立法的普遍做法,值得我们加以借鉴。特别在房地产居间合同中对于出卖标的物和买受人资格的调查义务的设定,亟需立法或者司法解释予以确定!

② 对此的理解,可参考笔者在最高人民法院民事审判第一庭编:《最高人民法院审理旅游纠纷案件司法解释理解与适用》,人民法院出版社 2010 年版,第 172 页。

管理部门坚决予以取缔。"[①]因此,涉外婚姻介绍机构不得设立,涉外婚姻介绍业务不得从事,这是属于国家政策明令予以取缔的行为。《民法通则》第六条规定:"民事活动必须遵守法律,法律没有规定的,应当遵守国家政策。"因此,涉外婚姻介绍行为明显违反了国家相关政策,构成对国家公共利益的侵害,应根据《合同法》第五十二条第四款的规定认定涉外婚姻介绍合同无效。

2. 涉外婚姻介绍"报酬"和支出必要费用的处理

基于任何单位和个人不得从事涉外婚姻介绍服务,故涉外婚姻介绍合同无效,而基于无效合同的处理原则,合同双方当事人负相互返还义务。所以,涉外婚姻介绍的机构所收取的"报酬"应返还给委托人;而对于涉外婚姻介绍机构所支出的必要费用原则上也有权要求委托人支付。

四、对婚姻介绍行为制定规范性司法解释建议

已如前述,在众多婚姻介绍纠纷审理无法取得良好法律效果和社会效果背景下,规范性的司法解释对于统一全国裁判思路,实现同案同判,维护司法权威具有重要意义。基于上面的分析,笔者建议,未来我国关于婚姻介绍(服务)合同司法解释可以考虑规定以下方面的基本内容:

第□□条　婚姻介绍人未促成婚姻成立的,不得要求委托人支付报酬;但婚姻介绍人因婚姻介绍活动支出的必要费用,有权要求委托人偿还。

第□□条　婚姻介绍合同履行过程中,未促成婚姻成立前,委托人请求解除婚姻介绍合同并退还已经支付的报酬的,人民法院应予支持;但婚姻介绍人请求委托人支付因解除合同造成损失的,人民法院应予支持。

第□□条　婚姻介绍人所介绍的人侵权造成求婚者人身、财产损害的,婚姻介绍人对所介绍的人的真实信息未尽调查义务的,受害人请求婚姻介绍人承担补充赔偿责任的,人民法院应予支持。

第□□条　因婚姻介绍人未尽到安全保障义务,选择的约见场所不当造成委托人人身、财产损害的,委托人请求婚姻介绍人承担损害赔偿责任的,人民法院应予支持。

第□□条　无论涉外婚姻介绍成功与否,委托人请求婚姻介绍人返还因介绍涉外婚姻所支付的报酬的,人民法院应予支持;但婚姻介绍人因此支出的必要费用,有权要求委托人偿还。

当然,对于婚姻介绍行为的规范和管理还涉及到行政主管机关的价格控制和管理。因此,对婚姻介绍行为进行规制的最有效方法是实施联动机制,即由人民法院同有关政府部门共同出台规范性意见,同时并由政府物价部门对婚姻介绍的收费行为加以规范,并对收费标准进行审核。

---

① 民政部办公厅《关于认真贯彻〈国务院办公厅关于加强涉外婚姻介绍管理的通知〉有关问题的通知》(1995年5月24日,民办函[1995]125号)。

【婚姻家庭专题】

离婚案件中按揭房处理若干疑难问题分析

北京市第一中级人民法院民一庭调研组*

一、当前离婚案件中按揭房处理问题概况

处理离婚案件中的按揭房问题,在实践中主要有以下几种做法:(1)认定婚前取得产权证的为一方婚前个人财产,处理夫妻关系存续期间共同偿还的贷款时不考虑房子的增值因素;(2)认定婚前取得产权证的为一方婚前个人财产,但处理夫妻关系存续期间共同偿还的贷款时考虑房子的增值因素,按照各方对涉案房屋贡献大小分割;(3)认定婚后取得产权证的为夫妻共同财产,处理夫妻关系存续期间共同偿还的贷款时不考虑房子的增值因素;(4)认定婚后取得产权证的为夫妻共同财产,处理夫妻关系存续期间共同偿还的贷款时考虑房子的增值因素,按照各方对涉案房屋贡献大小分割。

在上述处理方法中,方法一在逻辑上不存在矛盾,但显得不近人情。方法二和方法三则在逻辑上存在一定的矛盾。方法二的问题在于,婚前取得房屋的所有权属于婚前个人财产,婚后双方的还贷行为就应该理解为取得房屋产权的借贷行为,在分割时取得产权的一方只需返还另一方投入的金钱数额即可,不应考虑对方拥有所有权的涉诉房产的增值。方法三的问题在于,既然认定婚后购得的房屋属于夫妻共同财产,在离婚分割的时候就应该按照该房子的现有价值进行分割,仅仅分割共同支付的贷款显然不妥。方法四合情合理,也符合现行法律的规定,不存在争议。

二、确定房产系个人财产抑或夫妻共同财产的标准

《物权法》第九条规定:“不动产物权的设立、变更、转让和消灭,经依法登记,发生效力;未经登记,不发生效力,但法律另有规定的除外”。《婚姻法》第十七条规定:“夫妻在婚姻关系存续期间所得的以下财产,归夫妻共同所有……”能否根据这两条直接以房产登记的时间来确定是否属于夫妻共同财产,笔者认为,房产登记的时间是认定夫妻共同财产的重要标准,但不是绝对的标准。在此问题中,物权取得的时点和夫妻关系存续期间的“所得”的认定应为确定房屋产权归属的重点所在。

---

* 本调研课题由北京市第一中级人民法院民一庭吴小成庭长主持,执笔人为黄海涛、詹晖、李唯一、徐冰、宋少源。

回到本文论及的焦点,我们认为,婚姻法虽然是人身关系法,但其仍是我国民事法律体系的有机组成部分之一,婚姻关系中的夫妻财产的物权取得仍要遵循物权法中物权变动模式,即债权合意和交付、登记相结合的方式。但债权合意的形成和交付、登记往往是两个过程,之间存在一定的时间差,在财产取得过程中,如果财产主体与他人结为夫妻,是否将财产认定为夫妻共同财产,把握这个问题的原则是该财产是否为夫妻存续期间所得。即婚姻法规定的"所得"不是单指物权的取得,还应指夫妻存续期间的劳动所得,落实到司法实践中,即要探究财产的来源问题。

之所以设立夫妻财产制度是因为夫妻首先作为一种特殊身份具有互相扶养的义务,夫妻存续期间的财产往往基于身份关系、共同生活凝结着双方共同的劳动和努力,即使是劳动和创造的方式不同。但夫妻关系存续期间之外的财产,没有一方的参与和努力,不能因婚姻关系的缔结而转化为夫妻共同财产,这也是对个人财产、个人自由的保护。我国婚姻法解释就明确了这一原则,如《最高人民法院关于适用〈中华人民共和国婚姻法〉若干问题的解释(一)》第十九条规定:"婚姻法第十八条规定为夫妻一方所有的财产,不因婚姻关系的延续而转化为夫妻共同财产。但当事人另有约定的除外。"

综上所言,只要明确了夫妻财产制度的基础,对夫妻共同财产的认定就有了原则性的把握。我们在把握房屋是否为夫妻共同财产时应当兼顾物权法和婚姻法,一是确定房屋登记时间作为物权取得的时点,二是判断此房屋产权的取得是否系夫妻共同劳动所得。因此,(1)对于婚前出资购买、婚后办理登记的房屋,虽然物权取得是在婚后,但仅仅系一方婚前财产的转化,由于此房屋产权的取得未凝结夫妻共同的努力,不因婚姻关系的缔结而转化为夫妻共同财产,因此不宜认定为夫妻共同财产。(2)婚前一方支付首付款购买房屋并办理登记,婚后共同还贷的房屋,因为物权的取得在婚前已经完成,因此婚后虽然共同还贷,也不宜认定为夫妻共同财产。(3)对于婚前一方交付部分款项,婚后用夫妻共同财产还贷并取得房产证,因物权取得时间系婚后,且凝聚双方共同的出资、努力,应当认定为夫妻共同财产。

三、婚前个人财产增值的分割问题

关于婚前个人财产增值的分割问题,物权法和婚姻法在表述层面仍存在冲突,这种冲突恰恰就是判定个人财产抑或共同财产的关键:

(一)对婚前个人财产增值的法律性质的认定

就此有两种观点:一种认为是孳息,一种认为是收益。所有物的增值,无疑应当属于收益,而不是孳息。[①] 因为孳息是独立之物,孳息与原物是两个物之间的关系,而增值利益是该物本身的交换价值的增加。所以,房屋市场价格的上涨是所有物预期收益的提升,不构成独立的孳息。

---

① 张俊浩:《民法学原理》,中国政法大学出版社 1991 年版,第 390 页。

(二)婚前个人财产增值部分的归属

尽管《物权法》第三十九条规定,所有权人对自己的不动产或者动产,依法享有占有、使用、收益、处分的权利,按此规定,所有权人当然且排他的享有对物的收益。但在婚姻家庭领域,由于紧密的身份关系的存在,虽然房屋为一方个人财产,但往往另一方配偶也为此作出了努力,此时将收益完全认定为所有权人的权利对另一方配偶是不公平的,也不符合婚姻法立法精神。如何认定婚前个人财产的增值部分的归属,应当结合收益产生的原因。

婚前个人所有的房屋在婚后产生的收益分为两种:一种是自然升值,如由于市场规律、通货膨胀等原因房屋升值;一种是凝结了双方的劳动、努力而升值,如双方在原有房屋上进行改造,将房屋用于投资而得的收益等。前一种升值完全是基于婚前个人财产自然所得,因此仍应认定为一方所有;但对于后一种情况,婚后配偶另一方亦作出努力和贡献的升值,应当将升值部分作为夫妻共同财产予以分割。

四、投入率分析

根据《婚姻法》与《物权法》的有关规定,分割房产时首先应考虑房产的归属,其次是夫妻双方对房产的投入。当认定房屋为夫妻共同财产时,根据《婚姻法》第十七条的规定,该房屋应平均分割。但是在房价不断上涨的今天,越来越多的夫妻选择按揭购房,婚前支付首付,婚后共同还贷,房产的出资情况日益复杂化,房屋的增值也急剧上升,如果简单地平均分割房产价值,难免有损公平。应当根据夫妻双方对房屋投入的多少,对房屋的价值按一定比率予以分割。此时就要引入一个概念——投入率。此前大多文章述及此问题时均用“贡献”一词,但我们认为,既要考虑到争议房屋增值时的处理,亦要考虑到房屋贬值的可能,故采用“投入”的概念比“贡献”更为准确。

所谓投入率,就是指对属于夫妻共同财产的房屋进行实际分割时,应根据双方在购房时所花费的共有财产和个人财产的比率予以分割。应用“投入率”这一概念的前提就是,该房屋属于夫妻共同财产,当房屋属于夫妻一方个人财产时,并不适用这一概念。而认定按揭贷款购买的房屋为夫妻共同财产,一般有三种情况:

第一种是婚后以夫妻共同财产支付首付及剩余贷款,在婚后取得房屋权属证书的情况。此时,无论房屋买卖合同由谁签署,房屋权属证书登记人是谁,该房产均为夫妻共同共有财产。

第二种是一方在婚前或婚后以个人财产支付首付,婚后由夫妻共同财产支付完剩余贷款,且婚后取得房屋权属证书的情况。虽然一方以个人财产支付了首付,但是根据《物权法》第九条的规定,登记是不动产物权取得的法定条件;同时,双方对房屋均有投入,依照《婚姻法》第十七条的规定,夫妻在婚姻关系存续期间所得的财产,归夫妻共同所有,该房产依法视为夫妻共同财产。

第三种是一方在婚前或婚后以个人财产支付首付,婚后取得房屋权属证书且由夫妻共同财产支付了部分贷款,离婚时尚有贷款未还清的情况。此时,根据第二种情况中的论述,该房产属于夫妻共同财产。分割时,因为一般情况下,剩余贷款偿还义务由判得房屋的一方承担,所以应首先用房屋的评估值减去未还贷款额,得到的房屋现值再根据投入率进行分割。

按照民法共同共有的法理原则,共同共有人对共有财产享有平等权利,这在《婚姻法》第十七条中也有体现。[①] 但在司法实践中,分割房产时一方面要考虑照顾子女和女方权益,另一方面也要考虑夫妻双方对房产的投入比例,可以说,这是婚姻法领域对民法共同共有的一般原理的一种修正。在房价居高不下、首付款比例明显上升的今天,以个人财产支付首付款的一方应当按比例获得相应的增值份额,这也是在上述第二种情况下适用投入率这一概念的当然结论。

五、典型纠纷的解决方案

(一)婚前付首付并取得产权证,婚后共同还贷的处理

对于婚前一方已支付首付款,婚后又以夫妻共同财产支付完剩余贷款,但是结婚前已经取得房屋权属证书的情况,在认定房屋权属性质以及在离婚时如何分割的问题上,审判实务中并没有明确的法律条文作为依据,尤其是在物权法实施后,现行婚姻法与之呈现出若干不甚清晰乃至矛盾之处,导致此类案件已成为当事人争议的焦点和法官断案的难点。下面引一具体案例加以阐述:

刘某于 2000 年用按揭贷款的方式购买了一套商品房,支付了 13 万元首付款,并办理了银行贷款手续,约定还贷 10 年,每月支付贷款 2089 元。刘某于 2001 年取得房屋权属证书,2003 年 9 月与王某登记结婚,并对房子进行装修后入住。婚后,双方由于性格差异经常为一些生活琐事发生争吵。2006 年 11 月王某向法院提起离婚诉讼并主张要求分割该房产。王某认为在结婚时自己参与了对房子的装修并投入了好几万的个人婚前积蓄,且在婚后两人共同为该房子还贷三年多,所以该房产应是夫妻共有财产,要求分割;而刘某则认为,房子是自己婚前购买的财产,且自己取得了房屋权属证书,应属婚前个人财产,且房子尚有部分贷款没有还清,因此并没有完全取得所有权,房产不能予以分割。双方都同意离婚但对该房产的分割始终无法达成一致意见。

本案有以下主要争点:

1. 此类房屋的权属性质究竟如何

根据本文确立的判断标准,认定按揭房屋权属的关键因素在于房屋产权证书记载的权利人以及房屋产权取得的时间。如果夫妻一方在结婚登记前与开发商签订房屋买卖合同,缴纳了首付款,并以个人的名义向银行申请贷款,办理了按揭手续,并将房屋产权证书抵押给银行。此时购房人与开发商间的买卖合同已经完成,按揭房属购房人个人所有。依据《物权法》第九条、第十四条的规定,购房人取得房屋所有权的时点是房屋权属登记之日,即只有在房屋权属登记后,购房人才取得该房的所有权。只要房产的权属登记系一方在婚前取得,该房产即为该方的婚前个人财产。

---

① 夫妻对共同所有的财产,有平等的处理权。

2. 如何看待婚后以共同财产还贷的行为

我们认为,婚前个人按揭购房已取得所有权的房屋,婚后以共同财产还贷的行为是夫妻之间的"内部"行为,不影响"对外"关系,理由是:

第一,购房人只要取得了房产的权属登记,就对按揭房产拥有了所有权,是否还清了银行按揭贷款与是否取得按揭房产的所有权并不等同。实际上在实践操作中,"按揭"中的抵押登记也是在房屋所有权转移登记在个人名下,更普遍的是在个人房屋所有权证发放之后,这种先后关系也从另一个侧面反映出购房过程中所有权取得与偿还贷款之间的区别。所以,购房人在婚后用夫妻共同财产偿还贷款是履行债务的行为,不具有物权内容,也不发生物权的变化,按揭房屋的所有权不因他人参与债的清偿而转移。这不仅符合物权理论,也符合最高人民法院《婚姻法解释一》第十九条"夫妻一方所有的财产,不因婚姻关系的延续而转化为夫妻共同财产"的规定。因而在离婚诉讼中,真正的问题在于按揭房产的权属是否已经确定,而不是因取得房产权属而承担的债务是否已经完全清偿。

第二,以共同财产还贷不改变按揭贷款的主体。购房人在婚前已取得房屋的所有权,为了借贷而将房屋的所有权抵押给银行,其和银行之间是以所购房产为担保的债权债务关系。银行和债务人(按揭人)之间是建立在对债务人特殊的个人收入、资信等状况的信任之上的债权债务关系,不因为婚姻关系而改变债务人,这也符合债的相对性理论。即使以共同财产还贷,还贷的名义主体仍然是个人,而不可能以夫妻二人共同名义,这既是社会实际情况,也符合债的转移理论。

第三,将按揭购房与夫妻另一方"隔离"有利于保护其个人利益。依据最高人民法院《婚姻法解释二》第二十三条的规定,债权人就一方婚前所负个人债务向债务人的配偶主张权利的,人民法院不予支持。但债权人能够证明所负债务用于婚后家庭共同生活的除外。因此,贷款银行有可能据此向使用按揭房的产权人配偶主张债务。此时,明确该方与房屋所有权、按揭还贷之间并无法律关系,有利于维护其利益。

第四,此认定符合另一方配偶的预期。考虑到产权人"形式上"支付了全部购房款,而夫妻另一方在婚姻关系成立前亦明知对方已经取得房屋产权,其对房屋权利归属已有预期,故将房屋认定为一方的婚前财产亦为公平。

3. 此类房屋在分割时应当注意的问题

前述认定婚后以共同财产偿还贷款的行为并不改变该房屋个人财产的性质,对已归还的贷款中属于配偶一方清偿的部分,应当予以返还;离婚时未偿还的债务仍为个人债务,由"原"债务人,也就是产权人承担。但是房屋作为婚姻生活中最为重要的一项财产,其分割并不是如此简单。

目前的难点仍在于如何处理房屋增值问题,实践中对于增值的分割争议较大:第一种意见认为,一方婚前按揭购买的房产,婚后双方共同还贷的,按揭房产的增值部分应该作为夫妻共同财产,由双方平均分割。其理由是一方婚前按揭房产在婚后的增值属于孳息的范畴,参与共同还贷的一方对房产也投入了相当的时间、精力,共同经营、管理。根据权利义务相一致,夫妻双方均有获得此收益的权利。第二种意见认为,一方婚前按揭购买的房产,婚后双方共同还贷的,婚后增值部分应认定为夫妻共同财产。但对于该部分的分割,不能拘泥于共同共有的平均分割,应按照双方出资的比例对增值部分予以分割。第三种意见认为,一方婚前的个人财产,无论其增值贬值,都是其价值形态的体现,万变不离其宗。一方婚前按揭购买的房产,即使婚后双方同还贷,其增值也只是一方的个人财产,不能当作夫妻共同财产进行处理。第四种意见认为,由于房屋是一方的婚前个人财产,因此,在婚姻关系存续期间房屋的增值应当归该房屋的所有权人。但考虑到另一方对该房屋的保值、增值有一定的贡献,因此,应当由房屋所有权人就婚姻关系存续期间的房屋增值部分对另一方进行适当补偿。

我们认为,第一、二两种观点都是主张婚后增值部分按照夫妻共同财产进行分割,只是第二种观点在分割时考虑到了双方对房屋的实际投入率。但是这两种观点在理论上得不到合理的支持。因为房产的增值部分并不独立存在,在所有权人未进行房产转让的情况下,增值部分一直处于一种期待利益的状态。即使转让,也只是其价值形态发生变化,不存在新产生的独立之物。因此,所谓"增值"并不是孳息。假如将这一部分财产认定为夫妻共同财产,势必会出现这样的结论:婚前个人所有的房屋,经过一段时间(排除添附等情形),该房屋中出现其他人的权利,而这一结论显然与现行立法相悖。第三种观点是最符合逻辑的解释,但是以共同财产还贷,直接导致了夫妻另一方在婚姻存续期间的投资机会、投资规模及家庭生活品质受到一定的限制和影响,如果把房屋房产增值一概作为个人财产处理,是对夫妻之间的分工和其各自对家庭的贡献的漠视,也显失公平。综合而言,承认一方婚前财产在婚后的增值仍属一方的个人财产,但因对方对于房产的增值有贡献,因而特别规定一方给予对方适当补偿,可以较好地在夫妻之间实现利益平衡。这就是第四种观点所体现的分割原则。

《婚姻法解释(二)》第十一条亦规定,一方以个人财产投资取得的收益属于"其他应当归共同所有的财产"。未分离的孳息,孕育中的孳息,可以导致财产增值。对该种增值,在某些情况下,可以折合成价额由当事人进行利益分配。① 就个人房产增值的分割问题,如何补偿方为"适当",如果双方对此不能达成协议,可对离婚时的房屋市场价值进行评估,评估后的价值与购买时价值之间比率作为房产增值率,参考补偿额 = 共同偿还按揭贷款数额 × 房产增值率 × 50% 的方式由产权人给予补偿。

(二)一方婚前部分付款,婚后共同还贷并取得产权证的处理

在最常见的情况下,婚前一方已支付部分款项,婚后,又用夫妻共同财产支付完剩余贷款,且婚后取得房屋权属证书的,房屋应属夫妻共同财产。但是分割房产时应当适当考虑双方对房屋贡献的大小,对房产增值部分参考购买房屋而花费共有财产和个人财产的比例予以分割。

(三)全部以个人财产支付房屋价款,婚后取得产权证的处理

如果夫妻一方在婚前即已经交纳了全部购房款或者婚前缴纳了首付款、婚后又以婚前

① 隋彭生:《天然孳息的属性和归属》,载《西南政法大学学报》2009 年第 2 期。

个人财产偿还了全部按揭贷款，婚后才取得房产证，在此种情形下应当将该房产认定为出资方的个人财产还是夫妻共同财产？

从国外的立法例看，多数国家都通过明文将夫妻个人财产的替代物认定为个人财产。诸如《法国民法典》第 1406 条第 2 款规定："因物权代为之效果，替代自有财产的债权与补偿金，以及按照第 1434 条和 1435 条之规定，经使用或再使用而取得的财产。"[①]第 1434 条规定："在取得财产时，只要夫妻一方声明取得此项财产的款项是用其自有金钱支付，或者是用转让某项自有财产所得的金钱支付，并且其认为此即属于对款项的使用或再使用。如在取得财产证书内无此项声明，只有经夫妻双方同意的情况下，始发生使用或再使用并且仅在夫妻相互之间发生效力。"[②]1983 年的美国《统一财产法》规定："结婚后双方获得的所有财产均为共同财产"，但"由其个人财产交换所得的财产除外。"因此，在以上国家，夫妻一方完全以个人财产购买的房屋，即使所有权取得时间发生在婚姻关系存续期间，依照相应的规定仍应认定为个人财产。

我国司法实践中对此存在不同的认识和做法。概而言之，通常有两种处理意见：比较主流的观点认为应当将其视为出资一方的婚前个人财产的变形或曰转化，即应认定为夫妻一方个人的财产，我院在"西片会"上的意见亦采用此观点；但也有人认为，依照《婚姻法》中关于夫妻共同财产的规定及物权法中关于物权取得时间的规定，但凡在婚姻关系存续期间取得的财产，一概应视为夫妻共同财产。既然房屋所有权的取得时间发生在婚姻关系存续期间，就应认定夫妻共同财产。

《物权法》采用了债权形式主义的立法模式，即债权意思主义与登记或交付相结合的模式，同时，也采取了债权行为与物权行为的区分原则。根据《物权法》第九条和第十四条的规定，婚后才取得房产证的，该房屋的所有权取得于婚姻关系存续期间，为婚姻关系存续期间所得的财产。同时，按照《婚姻法》第十七条的规定，亦应当推定为夫妻共同共有财产。这样的解释看似无疑问，但在实践中因过于机械而产生很多问题，与公平原则、财产形态与权利形态转化的法理及婚姻法、物权法的立法精神相悖。

我们认为，依据《物权法》《婚姻法》的规定，因该房屋所有权系取得于夫妻关系存续期间从而将其认定为夫妻共同共有财产，仅为一种法律上的推定，若夫妻一方有证据证明房屋所有权"名不符实"，法院则应从公平的角度重新确认权属。本节所讨论的问题即属于此类，此时房屋的所有权应当认定为出资方的个人财产，具体理由如下：

其一，从法律规定看，《物权法》所强调的行政登记、产权证的记载内容与权利的实际状态不一致属于正常现象，典型的如在原登记产权人死亡的情况下，依据我国法律规定，房屋产权归全体继承人共有，此时产权登记与实际权属之间即存在不同步的情况。《婚姻法》虽然以婚后所得共同所有为原则，但同样规定有多种例外情形。因此，对《婚姻法》、《物权法》的上述规定不能简单理解，机械适用。

其二，从财产形态上看，夫妻一方在婚前已经交纳了全部购房款或者婚前缴纳了首付款、婚后又以婚前个人财产偿还了全部按揭贷款，婚后才取得房产证的，属于财产由货币形

① 罗结珍译：《法国民法典》，中国法制出版社 1999 年版，第 342 页。
② 罗结珍译：《法国民法典》，中国法制出版社 1999 年版，第 342 页。

态向房屋形态的转化。该房屋系夫或妻中的一方全部以个人财产购置,由于房屋买卖合同的有效,购房款最终物化为房屋,从财产的形态上看,不过是婚前个人财产的变形和转化。尽管货币和房屋所体现的财产形态不同,但依法理,形态转化后的财产与原财产主体应当同一,即所谓“万变不离其宗”①。

其三,从权利形态上看,夫或妻一方在婚前交纳了全部购房款,或者婚前交纳首付款婚后以个人财产偿还全部按揭贷款的,尽管物权取得在婚后,但这属于合同权利向房屋所有权的转化。在此种情形下,在房屋买卖的法律关系中,出资方因以个人财产支付房屋所有权的对价获得了合同权利,只要合同有效则该合同权利即应当受法律保护,并形成对房屋所有权的现实的、合理的期待权。婚后所取得的房屋所有权不过是合同权利得以实现的必然结果。无论该物权的取得时间发生在婚前或婚后,婚姻关系存续期间抑或之外,都不应该影响权利主体的同一性、延续性。

其四,从利益分割的角度看,如果将房屋的所有权认定为夫妻共同共有财产,分割时以“投入率”作为标准,进行利益分割,因该房屋的全部购房款均由夫或妻一方以个人财产支付,双方的投入率分别为 100% 和 0。于是,符合逻辑的分配结果则为;出资的一方应当获得全部的利益,另外一方则不应该分得利益。由此导致利益分配的结果和夫妻共有的权利性质认定之间在逻辑上产生无法解决的矛盾,故直接将该房产认定为个人财产更为妥当。

综上,我们认为,尽管依照《婚姻法》第十七条的规定,婚姻关系存续期间取得所有权的财产为夫妻共同共有财产,但这仅为一种推定。如果夫妻一方在婚前即已经交纳了全部购房款或者婚前缴纳了首付款、婚后又以婚前个人财产偿还了全部按揭贷款,婚后才取得房产证的,应当直接将该房产认定为出资方的个人财产。

---

① 范李瑛:《物权变动模式与夫妻共同财产归属》,载《烟台大学学报》2010 年第 2 期。

亲子关系诉讼中价值冲突的判断与选择

——兼谈婚姻法司法解释(三)(征求意见稿)关于亲子诉讼规定的正当性

王礼仁*

一、鉴定和推定在亲子关系诉讼中的意义

随着社会的进步和经济的发展,人们生活和工作方式发生了巨大变化,出现了异地打工、异地经营、流动经营热,又由于旅游业、休闲业、文化娱乐业、家教和保姆等新型产业的兴起,增加了男女之间的交往机遇,加之人们思想观念的变化,相伴而至的婚外情自然随之增多,婚外受孕(未婚先孕)也自然难免发生。同时,科学技术的发展,特别是 DNA 亲子鉴定技术的诞生,又为亲子鉴定提供了可能,亲子鉴定因此增多。在这种社会背景下,亲子诉讼,自然成为当前诉讼的一大热点。

同时,由于亲子鉴定的先进技术与法律制度滞后之间的矛盾,又使亲子诉讼成为当前诉讼的一大难点。其中,难就难在对于拒绝亲子鉴定者应当如何处理?能否推定拒绝亲子鉴定者承担不利法律后果?由于我国不仅没有对 DNA 亲子鉴定技术及时作出法律回应,甚至连亲子诉讼的一般性法律规定也没有。这就使涉及 DNA 鉴定的亲子诉讼案件无所适从,难上加难。同时,由于理论上对亲子诉讼的问题也缺乏研究,尚未形成倾向性观点或意见,这就难免出现司法上的混乱现象。从各地法院对于拒绝亲子鉴定案件的判决来看,可以说是各行其是,五花八门。

从司法实践来看,不论是婚生子女否认,还是非婚子女认领,甚至是同一案件,在不同地区法院之间,以及上下级法院之间,其判决结果截然不同。而不同的判决,直接关系到当事人的不同命运。因而,对于亲子诉讼中拒绝鉴定的案件如何判决,既是一个事关法制统一的问题,更是一个事关当事人的人身权利、财产权利的重大法律问题。无论是从统一和规范人民法院的执法需要来看,还是从保护当事人的权利需要来看,亲子诉讼中的拒绝鉴定如何处理,是当前民事审判中迫在眉睫、亟待解决的问题。

在司法实践中,对于拒绝亲子鉴定的案件,虽有原告胜诉的判例,但从整体司法情况看,原告胜诉的少,败诉的多。那么,为什么会出现“一多一少”的现象?这主要涉及一个价

---

* 湖北省宜昌市中级人民法院高级法官,三峡大学政法学院教授。

值取向或选择问题。也就是说,在拒绝亲子鉴定案件中,如何权衡双方的利益并进行取舍,其价值取向存在差异。从司法实践来看,影响价值取向或选择的因素,主要有两个:一是对亲子诉讼的特点了解不够,在理论上存在一些认识上的误区,影响了价值选择;二是对拒绝亲子鉴定案件,是判决有利于原告还是判决有利于被告,在价值判断上存在差异。为此,《最高人民法院关于适用〈中华人民共和国婚姻法〉若干问题的解释(三)(征求意见稿)》第三条规定,在一方拒绝亲子鉴定时,可以根据现有证据进行推定。这一规定,对统一司法具有重要意义。但理论上对亲子关系的诉讼仍然存在分歧。本文拟澄清亲子诉讼理论上的一些误区,并通过价值比较方法,提出亲子诉讼的价值判断与选择,以说明司法解释的正当性。

二、亲子关系诉讼几个需要澄清的理论误区

我国《婚姻法》和《民事诉讼法》都没有关于亲子诉讼的规定,外国和我国台湾、香港、澳门地区关于亲子诉讼的规定主要有婚生子女否认之诉与非婚生子女认领之诉。① 此外,还有确认亲子关系存在或不存在之诉。从外国和我国台湾等地区的法律规定来看,不仅婚生子女是推定的,在婚生子女否认之诉和非婚生子女认领之诉以及确认亲子关系存在或不存在之诉中,对于亲子关系的认定,也是允许推定的,而且推定是认定亲子关系的主要方法。但 DNA 等亲子鉴定技术诞生后,技术鉴定成为认定亲子关系的一种新手段。

但在我国的亲子诉讼中,理论上却认为亲子关系不能推定,更有甚者,还以所谓"生育意志"否认亲子鉴定的作用。因而,在讨论亲子诉讼时,首先必要对此予以澄清。

(一)关于亲子鉴定与生育意志问题

有人认为,婚生婴儿客观存在由该夫妻精卵结合和并非该夫妻精卵结合(因契约采用他人精卵和非因契约如该妻通奸等引起生育)的情形。因而,"婚生"不等于"亲生",非"亲生"也不等于非"婚生"。"亲生"(父母为其孩子精卵来源)只是"婚生"中的一种情况。对于妻子婚外受孕,丈夫没有选择要求妻子终止妊娠或离婚的,可视为放弃追究妻子侵权责任的权利,接受妻子就应当接纳其全部,包括其错误行为及其结果——婴儿,妻子生育的子女就视为丈夫同意,体现丈夫的生育意志,丈夫与婴儿则形成了准自然血亲关系,其子女为"婚生"子女。因而,"亲子鉴定"只能证明精卵来源事实,不能证明其中是否包含了该夫妻共同的"生育意志",亲子鉴定结论,不能作为认定亲子关系的根据。因此否认亲子鉴定的作用,并进而认为,在妻子拒绝鉴定时,只能认定子女为"婚生",不能作出亲子否定推定。②我们认为,以所谓"生育意志"否认亲子鉴定的作用,是片面的:

1. 妻子婚外受孕,丈夫当时一般并不知道。即使丈夫知道(多数只能是怀疑),但如果

① 婚生子女否认,是指当事人依法否认婚生的父母子女关系,从而否定相应的权利义务。非婚生子女的认领,又有自愿认领、拟制认领和强制认领三种形式。涉及亲子诉讼的主要是强制认领,亦称生父之寻认(寻认生父)或生父之搜索,是指非婚生子女或其生母或其他法定代理人,对于应当认领而不为认领之生父,向法院请求确定生父子女关系之存在的行为。

② 朱友学:《本案不能判决原某父女为"非血亲关系"》,法律教育网 http://www.chinalawedu.com/news/2004/11/li0613374433192114002l4288.html,2004 年 11 月访问。

妻子坚持否认,并拒绝亲子鉴定,丈夫凭什么证明妻子是婚外受孕?又怎么能够选择要求妻子终止妊娠或者起诉离婚?在丈夫不知道或知道后无法行使权利的情况下,女方婚外受孕生育,这怎么能够视为丈夫同意意志?因而,以丈夫没有选择要求妻子终止妊娠或者起诉离婚,反推就是丈夫接纳了妻子的婚外受孕的观点,是不符合实际情况的。

2. 在婚生子女否认之诉中,妻子不同意鉴定,妻子事实上就是不承认是婚外受孕;在非婚生子女认领之诉中,非婚子女生母所指认的生父拒绝认领,并不同意鉴定,实际上就是否认该子女与自己存在血缘关系。因而,在一方拒绝鉴定的亲子关系诉讼中,所争议的焦点,是子女的真实血缘,而不是生育意志。对于真实血缘的发现,DNA 鉴定是最好的方法。

3. 生育意志,只有在血缘关系清楚的基础上,才有可能涉及这一问题。也就是说,只有在确认婚生子女与"父亲"不存在血缘关系的条件下,才能考察生育意志,即考察该婚外受孕是否经"父亲"同意。

同时,在血缘关系清楚的时候,要证明婚外受孕是否体现丈夫的生育意志,其证明责任也主要在女方。如果女方不能证明婚外受孕是经丈夫同意的人工受孕等情况,则不能认定该子女的出生体现了丈夫的生育意志。

总之,生育意志,只有在血缘关系清楚时才有考虑的余地,在血缘关系不清时,生育意志对于认定亲子关系没有任何作用。而目前的亲子诉讼,都是关于有无血缘关系之争议,并不是生育意志之争。对于血缘关系的确认,最科学的方法,还是亲子鉴定。所以,亲子鉴定仍是认定亲子关系的有效方法,不能用生育意志否认亲子鉴定的作用。

(二)关于亲子关系能否推定问题

在司法实践中,有人认为,亲子关系属于身份关系,身份关系不能推定。《最高人民法院关于民事诉讼证据规则的若干规定》第七十五条规定,应只适用于财产关系,不应适用于人身关系。① 在理论界,也有学者认为亲子关系不能推定。如龙翼飞教授认为,"当事人有权利拒绝做亲子鉴定,现行的法律规定并没有针对涉及到亲子关系纠纷中,被告人是否必须要承担去做亲子鉴定的诉讼义务。如果法律没有这样规定,你要求当事人必须做亲子鉴定就没有法律依据,法院不能采取强制手段让当事人去做亲子鉴定。"龙翼飞教授还认为,"法院也不能采用推定方法来认定当事人之间的亲子关系。第一,这种推定本身是不科学的。要么是有血缘关系,要么没有血缘关系,不存在'可能有'这种中间状态,用推定的方法显然不客观。第二,这个认定是没有法律依据的,从我国现行的法律规定来看,要用推定方法去认定某种民事法律事实的存在,是受到法律严格限制的。在涉及到亲子关系的问题上,为了保护未成年人的利益,我国现行的法律并没有规定涉及亲子关系的存在与否可以采用推定的方法。法院对亲子关系采用推定方法没有法律依据。"②西南政法大学的谭向北

① 朱友学:《本案不能判决原某父女为"非血亲关系"》,法律教育网 http://www.chinalawedu.com/news/2004/11/li0613374433192114000214288.html,2004 年 11 月访问。

② 2005 年 05 月 27 日央视《"今日说法":一言难尽亲子鉴定》,载 http://www.cctv.com/program/lawtoday/20050527/101438.shtml,2005 年 5 月访问。

教授也坚持亲子关系不能推定。①

笔者认为,上述观点是错误的。亲子关系虽然是身份关系,但亲子身份关系可以推定,恰恰是亲子诉讼的一大特点,无论是从立法上或理论上看,还是从司法实践来看,亲子关系完全可以推定。同时,在缺乏科学鉴定的情况下,推定是解决亲子诉讼纠纷,确认亲子关系的唯一手段。

1. 亲子关系推定是世界各国法律的共同规定

从世界各国和我国香港、澳门和台湾地区的法律规定来看,亲子关系都是允许推定的,而且主要是基于推定而认定,这是由亲子诉讼的特点所决定的。对此,外国及我国台湾等地区的法律都有明确的规定,无须多加赘述。

这里需要补充说明的是,随着现代科学技术的发展,亲子鉴定技术在确认亲子关系中的作用不断加强,一些国家和地区的法律已经明确规定,法院可以根据当事人申请,指令相关人员作血液检验,对于拒绝血液检验者,法院也可以进行亲子推定。如《加拿大安大略省儿童法修正法》第10条第(1)项规定:“在要求法院确认某子女的父母身份的民事诉讼中,应一方当事人的申请,法院可以允许该当事人获得法院的命令所指定的人员的血液检验,并将检验结果作为证据。”第10条第(3)项规定:“如果按照第(1)款法院作出了批准,但是在法院的命令中指定的人员拒绝进行血液检验时,法院可以作出它认为适当的推论。”②《香港特区父母与子女条例》第13条第Ⅵ部也规定,法院可发出指令使用科学测试以断定父母身份。该条规定:“(1) 在任何民事诉讼中,如须断定谁是某人的父母,法院可自行或应诉讼任何一方的申请发出指令—(a) 指令使用科学测试以显示诉讼一方是否该人的父亲或母亲;及(b) 指令从该人或诉讼任何一方身上抽取身体样本,法院并可在任何时间撤销或变更根据本款发出的指令。(2) 负责根据第(1)款的指令进行科学测试的人,须向法院作出报告,并在报告中—(a) 说明测试的结果;及(b) 对于断定报告所涉及的人是否该人的父亲或母亲一事,说明测试结果所具的价值,而法院须接受报告上所说明的事项为该诉讼中的证据。”《条例》第14条虽然规定了“抽取身体样本前须取得同意”,但《条例》第15条规定:对于“不遵从指令”接受 科学测试者,则规定:“ 凡法院根据第13条发出指令,而有任何人不采取为执行该项指令而被要求采取的行动,则法院可从该事实中作出在有关情况下看似适当的推论。”③

从判例的角度来考察,在我国台湾地区,按照传统法律规定的推定规则,对于亲子关系进行推定的判例很多,不胜列举。而值得注意的是,在现代技术条件下的亲子诉讼案件中,台湾地区“最高法院”,对于拒绝亲子鉴定者,亦有判决主张推定其承担不利后果的判例。如于秀莲与叶华堂亲子认领之诉,因叶华堂拒绝鉴定,第一审法院判决于秀莲胜诉,推定叶华堂与于秀莲所生子女存在亲子关系。叶华堂不服上诉,台湾地区高等法院台南分院第二审更审判决于秀莲所生子女与叶华堂没有血缘关系,将第一审所为于秀莲胜诉之判决废弃,改判驳回其诉。于秀莲不服判决,向台湾地区“最高法院”提起上诉,2002年12月12

① 刘巧玲:《谁是生父,可以推定吗?》,载《法制日报》2005年3月21日第5版。

② 陈苇主编:《加拿大家庭法汇编》,群众出版社2006年版,第141~142页。

③ 载中国民商法律网 http://www.civillaw.com.cn/weizhang/default.asp?id=27721.

日,台湾地区"最高法院"民事判决(即"九十一年度台上字第二三六六号"判决)认为:无正当理由不从亲子血缘鉴定者,法院得审酌情形认他造关于该勘验标的物之主张或依该勘验标的物应证之事实为真实。遂判决:"原判决废弃,发回台湾高等法院台南分院。"该判决在论述判决理由时指出:"倘此亲子血缘鉴定之勘验方法,对亲子关系之判定有其科学之依据及可信度,自属上诉人重要且正当之证据方法。然为此亲子血缘鉴定必须被上诉人本身参与始可,如需被上诉人之血液等,亦即勘验之标的物存在于被上诉人本身,而被上诉人拒绝提出时,虽法院不得强令为之,惟依'民事诉讼法'第三百六十七条准用同'法'第三百四十三条、第三百四十五条第一项规定,法院得以裁定命被上诉人提出该应受勘验之标的物,被上诉人若无正当理由不从提出之命者,法院得审酌情形认他造即上诉人关于该勘验标的物之主张或依该勘验标的物应证之事实为真实,即受诉法院得依此对该阻挠勘验之当事人课以不利益。原审徒以无强令被上诉人为血缘鉴定为由,而为不利于上诉人之论断,于法自有未合。上诉论旨,指摘原判决不当,求予废弃,非无理由。"①我国台湾地区"最高法院"的上述判决证明,对于拒绝现代技术鉴定者,完全可以作出推定判决。上述判决值得我们借鉴。

可见,不论是从传统的亲子诉讼来看,还是从现代亲子诉讼来看,亲子关系都是可以推定。认为亲子关系不能推定,并认为《最高人民法院关于民事诉讼证据规则的若干规定》第七十五条规定,不适用亲子关系的观点,是对亲子关系诉讼的误解。

2. 亲子推定是认定亲子关系的必要手段

龙翼飞教授认为亲子关系不能推定的一个重要理由,就是要么有亲子关系,要么没有亲子关系,不存在"可能有"这种中间状态。在龙教授看来,推定出来的结果是一种不确定状态。这实际上是对推定的误解。从法律层面上考察,推定并不是可能有或可能无,而是一种确定性结论。也就是说,一旦作出肯定推定,就表示认定亲子关系存在;一旦作出否定推定,就表示亲子关系不存在;而不是"可能存在"或"可能不存在"的"中间状态"。

同时,从亲子关系的特点来看,除了采取精确的科学方法鉴定外,根据既有事实进行推定是唯一的方法。即使反对推定者,也难以摆脱推定的定律,只是如何推定而已。如以婚生子女否认之诉为例,如果一方拒绝鉴定,要么推定子女与丈夫存在亲子关系,要么推定子女与丈夫不存在亲子关系。对于非婚生子女认领也是如此,要么推定所指认者与子女存在亲子关系,要么推定所指认者与子女不存在亲子关系。因而,在亲子诉讼中,如果没有科学鉴定,离开了推定就无法进行诉讼活动。

3. 亲子推定并不违背法律

认为亲子关系不能推定的另一个理由是,亲子推定没有法律根据。我国虽然没有亲子关系法,没有从法律上规定亲子关系的推定条件。但 1956 年《最高人民法院关于徐秀梅所生的小孩应如何断定生父问题的复函》,实际上就是关于亲子关系的推定问题。由于当时的科学鉴定水平有限,化验血型的方法并不能断定小孩究竟与谁存在血缘关系,其他亲子否认证据又不充分,对此,最高人民法院函复:只能"按小孩是在双方婚姻关系继续存在中

---

① 刘孟锦编著:《台湾法律网月刊》2003 年第 21 期,http://lib. hchs. tpc. edu. tw/e - magazine/taiwan - law - 21. htm.

所生”认定。这实际上就是推定该子女为婚生子女。尽管这种推定,结果并不一定准确,但他仍然是一种确定性结论。在我国,从法律层面来考察,虽然没有亲子推定的有关法律规定,但也没有禁止亲子推定的规定,而从最高人民法院的上述函复以及有关法理看,对亲子关系是完全可以推定的。

三、亲子诉讼价值冲突的判断与选择

如前所述,亲子鉴定和推定,是认定亲子关系的两种必要方法。但在我国司法实践中,对于一方要求鉴定的亲子诉讼案件,是支持鉴定还是不支持鉴定?被告拒绝鉴定时,是作出不利于原告的判决,还是作出不利于被告的判决?仍是一个颇有争议的问题。目前,多数人主张,从保护个人名誉权、隐私权和保护妇女儿童利益来考虑,不应当支持亲子鉴定;对拒绝鉴定的,更不应当作出推定被告承担不利后果的判决;对于婚生子女,一方拒绝鉴定,应当以婚姻关系事实为基础,推定为婚生子女关系存在等等。我们认为,这些主张明显存在顾此失彼的片面性。比如,在强调保护一方的名誉权、隐私权时,却忽视了另一方的知情权、生育权等;主张以婚姻关系作为婚生子女的推定规则时,则忽视了现代科学技术的作用;在看到不鉴定或不推定被告承担不利后果,对保护妇女儿童的某些有利因素时,却忽视了不鉴定或不推定被告承担不利后果,对保护妇女儿童的不利因素等。因而,在亲子诉讼中,实际上存在多重价值冲突,涉及价值冲突的判断和选择问题。从目前理论上和司法实践中反映出来的问题看,亲子诉讼所涉及的价值冲突和选择问题,主要有如下几个方面:(1)传统推定规则与现代科学的价值冲突与选择;(2)名誉权、隐私权与生育权、知情权、亲权的价值冲突与选择;(3)保护子女利益与保护父亲利益的价值冲突与选择;(4)推定有利于原告与推定有利于被告的价值冲突与选择。

从司法实践来看,价值冲突选择上的差异,主要有两个原因:一是世界观、价值观不同,导致在价值取向上存在差异;二是价值判断的错误,即没有对价值冲突进行深入分析比较,在价值判断上出现了偏差或错误,如误利为害或误害为利,或者误小害为大害或误大利为小利等。但不论人们的价值取向如何,价值冲突选择的基本原则是:“两利相权取其大,利弊相较取其利,两弊相衡取其小。”因而,在价值冲突中,如何正确判断利弊和利害大小,才是价值选择的关键所在 。下面试对亲子诉讼中的价值冲突的利弊,进行分析比较,以揭示各自的“利”与“弊”、“大”与“小”,并根据自己的价值判断,提出亲子诉讼中价值冲突的利益选择 。

(一)传统推定规则与现代科学的价值选择

在婚生子女否认之诉中,有一种观点认为,婚姻关系是推定婚生子女的事实基础,凡是婚姻关系存续期间生育的子女,对方不同意鉴定的,都应推定为婚生子女。① 这实际上是将传统的婚生子女推定规则,作为婚生子女推定的唯一规则。按照婚生子女推定的传统规则,凡在婚姻关系存续期间受胎或生育的子女,如果丈夫没有法定的否定事由(如在妻子受

① 刘孟锦编著:《台湾法律网月刊》2003 年第 21 期,http://lib. hchs. tpc. edu. tw/e - magazine/taiwan - law - 21. htm.

胎期间双方没有同居,或者由于丈夫生理原因不能使妻子受孕,或者妻子有与他人同居或通奸等事实),应推定为婚生的子女。这一问题,实际上涉及传统推定规则与现代科学的选择。在现代科学技术非常发达时期,能否将传统规则作为婚生子女推定的唯一规则,则是一个值得思考的问题。

1. 适用传统规则推定,是在科技不发达的时期。由于受当时科学技术的限制,人们无法采用先进科学方法判断子女是否为亲生,只得采用大家公认的推定规则进行推定。也就是说,即使妻子是婚外受孕,但没有法定的否定事由,对婚姻关系存续期间生育的子女,也应推定为婚生子女。

在当时,采用这种规则进行推定,不可能有其他手段进行否定,其结果是唯一的,其事实可以固定,不可能再出现否定或推翻的情况。因而,人们从心理上可以安心、放心,没有后顾之忧。同时,由于当时科学技术不发达,使用传统方法推定,是唯一的方法,不可能有新的科学方法否认,人们也就不可能产生新的否定欲望,从诉求上也可以彻底“死心”、息诉 。

2. 如今科学技术发达了,人们可以通过 DAN 亲子鉴定技术识别出子女的真实血缘关系,使传统婚生子女推定的合理性和终局性受到了质疑和挑战。因而,目前完全依据传统方法推定,难以达到定纷止争和去疑的目的。

3. 在现代科学技术下,由于依传统规则推定不能成为终局结果,依传统规则推定具有极大的危害性和后遗症。比如丈夫提出亲子否定之诉,妻子不同意鉴定时,即作婚生子女认定,但由于这种推定不能成为终局推定,将来可能有三种情况发生:(1)子女懂事或成年后为寻找自己的真实血缘,要求作亲子鉴定,其鉴定结果证明子女与婚姻关系中的父亲没有血缘关系;(2)子女的真正的生父要求作亲子鉴定,认领自己的子女;(3)子女的母亲与子女真正的生父共谋,将抚养负担转嫁给婚内丈夫,在子女成年后,没有抚养负担时,则公开子女的真正生父。这样,对男方可能造成如下不利后果:(1)男方可能因为已有“子女”,再生育受到限制,但当知道子女不是自己亲生子女的时候,年事已高,丧失生育权利;(2)男方因不当抚养子女遭受巨大的经济损失;(3)男方可能因此终生没有子女,即得知真实血缘后而解除原来婚姻关系中的父子(女)关系,或者虽然可以从法律上维持父子(女)关系[即养子(女)关系],但因没有真实血缘关系,而致使父子关系不和,造成男方感情上的终身痛苦。

4. 如何认识亲子鉴定只是鉴别亲子关系的证据之一。最高人民法院在《关于人民法院在审判工作中能否采用人类白细胞抗原作亲子鉴定问题的批复》(下面简称“批复”)中规定:“人民法院对于亲子关系的确认,要进行调查研究,尽力收集其他证据. 对亲子鉴定结论,仅作为鉴别亲子关系的证据之一,一定要与本案其他证据相印证,综合分析,作出正确的判断。”有人以此否认亲子鉴定的作用。笔者认为,这个批复的时间是 1987 年,批复的内容主要是针对当时利用人类白细胞抗原(HLA)作亲子关系鉴定而言,具有特定性。因而,这个批复对现在的亲子鉴定技术并不完全适用。亲子鉴定的过程大概经历了四个时代:古代通过滴血认亲、现代 A、B、O 血型、白细胞酶型以及现在的 DNA 技术。滴血相融毫无科学道理,也就谈不上准确率。而 A、B、O 血型的准确率在 60% ~70%,白细胞酶型准确率达 90%。这就是说,利用人类白细胞抗原(HLA)作亲子关系鉴定,准确率只有 90%,尚未达到非常精确程度。因而,批复规定不能将其作为认定亲子关系的唯一证据。而现在利用 DNA 技术鉴定则不同,准确率几乎达到 100% 。DNA 鉴定是目前亲子鉴定中最准确的一种,较以往的血型分析和 HLA 分型鉴定方法可靠性高出 10 到 100 倍。如果小孩和被测男子的 DNA 模式在一个或多个 STR 位点不吻合,被测试男子便被 100% 排除他是亲生父亲的可能性。DNA 鉴定肯定概率可达 99.99% 以上。[①] 有人问:这 99.99% 的准确率是实验得来的?还是实践得来的?导致剩下的 0.01 不准确的原因是什么?中科院北京基因组研究所北京华大方瑞司法物证鉴定中心主任、首席科学家邓亚军博士,在回答这个问题时说,99.99% 的准确率是通过概率计算得到的,因为使用的 STR 标记首先是要有一个人群统计学的数据,比如说我的 STR 在某一个位点的分型,比如是 10 或者是 11,而另外一个人在这一点的分型和我一样的几率是多少?然后综合多少个位点得出来的一个统计学数据。因此,根据统计学数据来定,它不可能是一个 100% 的数据,只可能是无限接近 100% 。我可以精确到 99.999% ,一直是 9 循环,这个 0.01 的不准确性只是跟概率有关。这是概率统计上不可能有 100% 。DNA 鉴定是目前国际公认的能够以 99.99% 的准确率进行亲子鉴定的唯一手段。[②] 可以说,DNA 亲子鉴定的准确率几乎是 100% 。因而,DNA 鉴定结论可以直接作为定案根据。

5. 传统规则与现代科学的选择。在科学时代,应当用科学说话,而不是用权力说话。在科学时代,不用科学说话,而依靠人定规则定案,实际上是一种话语霸权,主观臆断的表现。打一个比喻,当人们掌握了度量衡技术,手中已经有了“秤”这种工具的时候,如果对某一实物的重量发生争议,我们到底是用手中秤去秤呢?还是依靠一般的经验法则进行估计或推测呢?显然应当用秤。因而,在现代科学技术下,传统的亲子推定规则,应当让位于现代科学。只有这样,才能体现与时俱进的法律精神。法律的正义性就在于科学,法律如果逆科学而行,法律的正义价值和权威性必将受到破坏。

(二)名誉权、隐私权与生育权、知情权、亲权的价值选择

有人认为,亲子鉴定涉及女方和子女的名誉权、隐私权,当事人完全可以拒绝鉴定,并不承担拒绝鉴定的不利后果。[③]

事实上,名誉权、隐私权,不仅仅涉及女方和子女,也涉及男方。在婚生子女否认之诉中,主要涉及子女和女方的名誉权、隐私权;在非婚生子女认领之诉中,主要涉及男方的名誉权、隐私权。关于子女和男方(父亲)的名誉权、隐私权放后论述,这里主要将婚生子女否认之诉中的女方名誉权、隐私权与男方的生育权、知情权、亲权(不当抚养义务)进行价值比较和选择。

关于女方的名誉权、隐私权与男方的生育权、知情权、亲权(不当抚养义务)如何选择问题,需要弄清两个问题:一是亲子鉴定与女方的名誉权与隐私权的关系;二是在此基础上,

---

① 《亲子鉴定》,载中国遗传咨询网,http://www.gcnet.org.cn/essays/paternity.php.

② 《实录:DNA 鉴定专家邓亚军谈亲子鉴定》,http://scitech.people.com.cn/GB/1057/4333256.html.

③ 刘孟锦编著:《台湾法律网月刊》2003 年第 21 期,http://lib.hchs.tpc.edu.tw/e-magazine/taiwan-law-21.htm;2005 年 05 月 27 日央视《“今日说法”:一言难尽亲子鉴定》,http://www.cctv.com/program/lawtoday/20050527/101438.shtml.

我们再通过比较方法,考察女方的名誉权与隐私权,与男方的生育权、知情权、亲权(不当抚养义务)相比较到底孰轻孰重?

首先,应当明确,女方(妻子)的名誉权并不是或不会由亲子鉴定而损害。因为丈夫对子女血缘关系的怀疑和否定,女方的人格和名誉事实上已经受到损害,不论是否接受鉴定,其损害结果是一样。甚至在某些方面说,女方和子女不接受鉴定,疑虑不会消除,名誉损害还会大一些。如果通过鉴定,得出亲子关系的肯定结果时,反而洗清了妻子蒙受的冤枉,丈夫也如释重负。所以,鉴定与不鉴定本身,对女方的名誉根本不可能直接造成损害,其真正的损害是男方的怀疑及其要求鉴定的行为,而不是鉴定本身。由于鉴定与不鉴定本身并不直接损害女方的名誉。那么,剩下的就是鉴定是否对女方的隐私有损害。鉴定所涉及的女方的隐私问题,无非就是子女到底是谁的血缘而已。这与其说是女方的隐私,不如说是子女的隐私。对于女方来讲,其隐私,实际上就是她与谁发生婚外情。

现在,我们再看男方(丈夫)。对于丈夫来讲,如果不查明子女血缘的事实真相,他可能面临三大权利遭受侵害:一是生育权;二是知情权;三是亲权(承担不当抚养义务,使真正的父亲逃避抚养义务)。①

那么,我们再把女方的权利与男方的权利比较一下,到底孰轻孰重?应当如何取舍?就会一目了然。从上述分析看,对于女方来讲,鉴定与不鉴定,实际上只涉及到她与谁发生婚外情这一隐私权问题,但鉴定的结果,只是涉及到子女与男方(丈夫)是否存在血缘关系问题,而并不一定会暴露女方与谁发生婚外情问题。即使之后女方或子女在认领真实父亲时,暴露女方与谁发生婚外情,但这与男方的生育权、知情权、亲权等权利相比较,我们到底是要保护女方这种不诚信或不道德的婚外情隐私呢?还是应当保护男方的生育权、知情权、亲权和不当抚养所产生的财产权?答案应当是明确的。

(三)子女利益与父亲利益价值冲突的判断与选择

1. 对最高人民法院批复如何理解

最高人民法院在《关于人民法院在审判工作中能否采用人类白细胞抗原作亲子鉴定问题的批复》(以下简称"批复")中规定:"对要求作亲子关系鉴定的案件,应从保护妇女、儿童的合法权益,有利于增进团结和防止矛盾激化出发,区别情况,慎重对待. 对于双方当事人同意作亲子鉴定的,一般应予准许;一方当事人要求作亲子鉴定的,或者子女已超过三周岁的,应视具体情况,从严掌握,对其中必须作亲子鉴定,也要做好当事人及有关人员的思想工作。"许多人都以依此为根据,认为亲子鉴定或推定,对保护妇女、儿童的合法权益不利,反对亲子鉴定或推定。笔者认为,这是对批复的片面理解。

(1)怎样理解保护妇女、儿童的合法权益。何谓"从保护妇女、儿童利益出发"。笔者理解,主要是看亲子鉴定或推定,到底是有利于保护妇女、儿童的合法权益,还是不利于保护妇女、儿童的合法权益。只要是对妇女、儿童的利益没有损害或损害不大,或者鉴定对妇女、儿童更为有利者,就应当作亲子鉴定。因而,并非一律不作亲子鉴定,就是保护妇女、儿

---

① 亲权,是指父母对未成年子女在人身和财产方面的管教和保护的权利义务。男方不能生育,就无法行使亲权。而为他人承担不当抚养义务,实际上也意味着权利人丧失了作为真实父亲的亲权,这也是对男方亲权的侵害。

童利益。如非婚生子女认领,如果被指认父亲否认自己与子女有血缘关系,并拒绝鉴定,对此应当尽量说服被指认父亲作亲子鉴定,如果经过必要的工作,仍拒绝作亲子鉴定的,也可以根据其他证据或法官心证,推定被指认父亲与子女有亲子关系。只有这样才有利于保护妇女、儿童利益。如果被指认父亲拒绝作亲子鉴定,而又没有其他否定亲子关系的充足证据,则不推定双方存在亲子关系,显然对妇女、儿童不利。而在被指认父亲拒绝鉴定的情况,推定被指认父亲与子女存在亲子关系,显然对妇女、儿童有利。

(2)如何理解"从严掌握"。批复规定,一方当事人要求作亲子鉴定的,从严掌握。笔者理解,从严掌握并不是完全限制作亲子鉴定,只是要求应从严把握,而不是只要一方反对,就绝对不能作亲子鉴定。从严掌握的标准就是看有无鉴定必要,确实需要亲子鉴定的,还是要作好当事人思想工作,尽量作亲子鉴定。因而,亲子鉴定究竟是否该作,应由法官根据实际情况来决定。有些案子,亲子鉴定是彻底解决纠纷的唯一手段,非常有必要作亲子鉴定。在这种情况下,就应当尽量争取作亲子鉴定。批复并没有完全限制作亲子鉴定,作亲子鉴定在法律上并不存在障碍,关键是如何理解和执行。

实际上,亲子鉴定或推定对子女的危害,并不像我们想像的那么严重。从整体上看,不论是婚生子女,还是非婚生子女,鉴定或推定,对子女更为有利或者利大于害。在后文的讨论中将进一步说明这个问题。

2. 婚生子女否认之诉中子女与父亲的利益比较

对于婚生子女,在父亲提出亲子否认之诉后,一般认为,亲子鉴定或推定对子女的损害主要有:暴露子女的真实身份,即暴露身份隐私;对子女造成心理压力;对子女造成抚养上的困难。

事实上,亲子鉴定并非必然对子女造成不利的后果。相反,在更多的情况下,通过鉴定,确认子女的真实父亲,还会对子女的保护更为有利。

第一,关于暴露子女的真实身份,即暴露身份隐私问题。子女的真实身份问题,在一定情况下可能是隐私,但在更多的情况下,又是子女的知情权。1989年11月20日,第44届联合国大会通过1990年9月2日生效的《儿童权利公约》第七条规定:"儿童出生后应立即登记,并有自出生起获得姓名的权利,有获得国籍的权利,以及尽可能知道谁是其父母并受其父母照料的权利。"1989年德国联邦宪法法院判决,肯定子女对其真实之血统有认知之权利,促成德国于1998年修法,肯定子女有提出婚生否认之诉的权利,不再受任何条件限制。2003年德国联邦宪法法院判决,认为如果受推定之法律上父亲与子女无共同生活关系,而生父已经与子女建立起一定关系时,若仍不承认生父得提出婚生否认之诉,实有违德国基本法之规定。此判决亦促成德国修法,于2004年之新法承认,若法律上之父亲死亡或与子女无实质之家庭生活关系时,生父得提起否认婚生子女之诉。①我国台湾地区"大法官释字第587号解释"也指出:"子女获知其血统来源,确定其真实父子身分关系,攸关子女之人格权,应受宪法保障。"

可见,子女真实身份的知情权比子女身份的隐私权更为重要,更应保护。同时,子女身

① 《子女身分之安定保障 V.S. 血统真实之发现》,http://140.123.23.6/php/elcenter/law932/lesson/reading/12.doc.

份上的隐私权,只有在身份关系清楚之后,才有隐私权可言,身份不清,又何有隐私可言?

再从子女对亲子鉴定的态度看,由于在亲子诉讼案件中,子女多数是年幼无知,不懂或不知道所谓隐私问题。而已经懂事或成年的子女,一般是愿意作亲子鉴定,弄清自己真实血缘的。从实践来看,所谓暴露子女隐私,多是母亲(女方)的一种托词。

第二,关于鉴定对子女造成心理压力问题。对于婚生子女来讲,有无心理压力,关键在于其父亲是否怀疑其血缘并提出亲子鉴定,如果其父亲怀疑并提出了亲子鉴定,子女得知自己的身世有问题或者身世长期处于不清状态时,可能会有一定的心理压力。但鉴定本身在多数情况下,对子女并不造成直接心理压力。相反,由于男方(丈夫)提出亲子否认,女方(妻子)不同意或拒绝鉴定,子女的真实身份得不到确认,使真相始终处于怀疑或不确定状态中,导致父子身份关系不明,父子之间的感情风雨飘摇,反到会造成父子关系紧张,对子女的心理压力更大,更会让子女无法承受。所以,与其让孩子长期生活在一种猜疑、争执等不安状态之中,倒不如早日还原真相。

同时,DNA 亲子技术本身,对子女也不会产生多大的损害。DNA 技术亲子鉴定,早期鉴定需要 2mk 左右的静脉血,现在只需一滴指血或耳血、唾液、毛发、骨骼、牙齿等都可以用来进行鉴定,最快 24 小时可得到结果。① 如果从技术层面上再注意一下,有时获取鉴定样本时,子女可能还不会知道真实意图,完全可以避免对子女身心的损害。

第三,是否会造成子女抚养上的困难。任何子女必然有其父亲,非此即彼。子女只有一个父亲,不论谁是父亲,都要承担抚养义务。因而,一般情况下,不会因鉴定而影响抚养,亲子鉴定与保护子女没有必然关系。相反,没有科学鉴定,父亲始终处于不确定或怀疑状态,反而影响抚养。从实践来看,按照传统的婚生子女推定规则推定的父子关系,因为父亲始终持怀疑否定态度,往往引起父子关系不和,推诿抚养或拒绝抚养。还有一些受婚生推定而确信自己与子女无血统关系的父亲,根本不会善尽职责,善待子女,严重者甚至虐待子女,威胁子女安全。这对子女利益并没有好处,无法达到保护子女之目的。可见,对于婚生子女,如果一方坚持要求作亲子鉴定,而另一方决绝作亲子鉴定,在父子关系的真实血缘不确定状态下,不仅对父亲不利,也对子女不利。

3. 非婚子女认领之诉中子女利益与父亲利益的比较

在非子女认领之诉中,一般认为,亲子鉴定对于被指认父亲权利的侵害,主要是名誉权、隐私权。对于被指认父亲的名誉权,如同婚姻关系中,丈夫提出婚生子女否认之诉时,对妻子名誉权损害情形一样,即名誉权的侵害主要是女方指认父亲的行为,而不是鉴定。至于被指认父亲的隐私权,实际上就是他到底是否与子女的生母有过性关系,并使其受孕。

而对非婚子女来讲,亲子鉴定则是涉及到抚养和真实血缘之发现等重大权利问题。如果被指认父亲拒绝认领,并拒绝鉴定,一律作出否定亲子关系的判决,则会造成子女只有母亲,没有父亲的单亲现象。这不仅会造成子女精神上的痛苦,对子女的抚养也会产生严重不利。

目前,非婚同居,未婚先孕,已婚男子“包二奶”甚至“三奶”“四奶”现象比较严重,女子

① 《DNA 鉴定为什么一火再火?》,央视国际,2006 年 6 月 23 日。

未婚生育或婚外受孕现象比较普遍,大量非婚子女需要认领父亲。如果不利用亲子鉴定技术,就会造成许多子女不能认领父亲,影响非婚子女的抚养和真实血缘发现。同时,非婚生子女,享有同婚生子女一样的继承权利,在非婚生子女的父亲因自然或意外死亡之后,要确保非婚生子女享有继承权,除有些可以通过其他事实证明其子女与被继承人之间有血缘关系之外,对于难以用事实证明的亲子关系,也只有借助亲子鉴定了。如果限制亲子鉴定或推定,只能使那些玩弄女性或不负责任的男性,逍遥法外,实际上不仅起不到保护妇女儿童的作用,反而不利于妇女儿童的保护。

通过上述分析可以发现:(1)对于婚生子女否认,进行亲子鉴定,对子女并没有多大的危害。但如果不作鉴定,并以婚姻关系为基础推定子女与父亲存在血缘关系,不仅对父亲的权利造成严重损害,对子女也没有什么好处,有时甚至对子女的伤害还会更大。(2)对于非婚生子女认领,进行亲子鉴定,对子女只有好处,没有坏处。对被指认父亲也只涉及到侵害所谓的名誉权、隐私权。相反,不作亲子鉴定,并推定被指认父亲与子女不存在血缘关系,则对子女是一个致命的打击,子女将无法获得真实血缘关系的知情权、抚养权、继承权等,严重侵害子女的人身权利和财产权利。而被指认父亲的所谓的名誉权并不会因为鉴定而损害,其是否与子女的生母有过性关系,并使该女子受孕的隐私权,与子女的人身权和财产权相比较,显然次要得多。更重要的是,这种隐私权缺乏正当性,不能对抗他人寻求真实血缘的知情权和抚养权。否认,任何非婚子女父亲都可以以保护隐私权为名,拒绝认领非婚子女。

总之,无论是婚生子女,还是非婚生子女;不论是从子女本身利益来看,还是从子女利益与父亲利益比较来看,亲子鉴定或推定的整体效果是利大于弊,特别是对子女的保护更为有利。

(四)推定有利于原告与推定有利于被告的价值选择

对于一方拒绝亲子鉴定,是推定亲子关系存在,还是推定亲子关系不存在?或者说是推定原告有利,还是推定被告有利?也涉及到价值判断和选择问题。对此,只要对两种不同推定所产生的不同后果,以及两种不同推定的救济途径进行比较分析,就可以得出正确的选择。

1. 两种推定可能出现的不同后果之比较

(1)有利于被告推定可能出现的不利后果。在婚生子女否认之诉中,一般是由丈夫作为原告(也不排除妻子或子女作为原告)提起诉讼的,如果丈夫提起亲子否认之诉后,妻子拒绝子女作亲子鉴定,推定婚生子女与丈夫存在亲子关系,其后果如前所述,即可能会使婚姻关系中丈夫因此丧失生育权,造成终身无子女,并造成抚养上的财产损失和终身精神痛苦等。

在亲子认领之诉中,被指认父亲拒绝鉴定时,如果作出有利被告的推定,即推定非婚生子女与指认父亲不存在亲子关系,则可能会造成子女有母无父,给子女带来抚养上的困难和精神上的痛苦。

(2)有利于原告推定可能出现的不利后果。如果在婚生子女否认之诉中,妻子(或子女)拒绝亲子鉴定时,推定婚生子女与丈夫不存在亲子关系,或者在亲子认领之诉中,被指认父亲拒绝亲子鉴定时,推定非婚生子女与被指认父亲存在亲子关系。这样推定所造成的不利后果,主要有:一是可能推定错误;二是容易造成或助长非婚子女或生母乱行亲子认领之诉,随便指认他人为父,侵害他人的权利。但仔细分析,这两种负面效果是有限的。

第一,虽然可能存在推定错误的情况,但与推定被告有利相比,推定错误的概率要小一些。也就是说,在被告拒绝鉴定的情况下,推定原告承担不利后果,其错误的概率还要大一些。

第二,从一般情理上讲,母亲不会枉指一个与自己没有任何关系的男子为子女的父亲。子女只有一个父亲,作为子女的母亲不可能,也没有必要指认其他人为子女父亲,以自寻其辱。

通过上述不利后果比较,在被告拒绝亲子鉴定时,从整体利益考虑,推定被告承担不利后果效果更好。

2. 两种推定救济途径的比较

(1)推定原告承担不利后果原告没有救济途径。在被告拒绝鉴定的情况下,推定原告承担不利后果,原告将失去任何救济的途径或手段,可谓“喊天无路”。

(2)推定被告承担不利后果被告有救济途径。第一,推定被告承担不利后果,如果被告确信推定错误,被告可以通过亲子鉴定途径否认推定,纠正错误推定。第二,对于乱行亲子认领权也有救济和预防途径。如果确实发生了乱行亲子诉讼权的行为,可以通过强化法律制裁予以救济,如由乱行指认生父者承担侵权责任。

通过上述比较,从两种推定的救济渠道或途径看,我们应当作出何种价值选择,应当是一目了然。

3. 举证责任与两种推定关系的比较

对于亲子诉讼的举证责任分配问题,许多人认为,根据民事诉讼法一般举证原则的规定,“谁主张,谁举证”。因而,在非婚姻子女认领之诉中,原告(女方或子女)应当拿出有效的证据证明男方是子女的亲生父亲;在婚生子女否认之诉中,原告(男方)应当拿出有效的证据证明自己不是子女的亲生父亲。只有这样,原告的权益才会得到法律的保护。否则,应当承担举证不能的败诉责任。这种理解是片面的。

《最高人民法院关于民事诉讼证据的若干规定》第七条规定:“在法律没有具体规定,依本规定及其他司法解释无法确定举证责任承担时,人民法院可以根据公平原则和诚实信用原则,综合当事人举证能力等因素确定举证责任的承担。”亲子诉讼,就是属于上列情况,应当根据公平原则和诚实信用原则,综合当事人举证能力等因素确定举证责任的承担。在亲子诉讼中,当原告完成了必要举证或其陈述的事实具有高度可信时,或者已经达到举证不能的程度,其证明责任即已完成。被告如果否认,则发生举证责任的转移,被告应当就此承担举证责任。如甲女提供了与乙男交往的书信和照片,以及当年的房东证实甲女和乙男曾经在一起同居过的证据,而这个时间和甲女怀孕的时间正好是吻合的。同时,甲女所生子女丙和乙男长得又十分相似。这时甲女在自己的能力范围内已经完成了举证的义务,如果乙男不承认是孩子的亲生父亲,那就该由他来举证了。因为被告有责任证明其否认亲子关系的理由成立。更为重要的是,否认亲子关系的举证能力(特别是亲子鉴定)也在被告,原告缺乏这种证明能力。因而,被告应当就其否认主张承担举证责任。如果他不肯为自己举证(包括作亲子鉴定),那他就要承担相应的不利后果。

而且如果真的发生推定错误,从举证责任和举证能力来考察,推定被告承担不利后果也是合理的。因为这种推定错误只能通过事后的鉴定来证明,而被告在推定之前完全有能力(或条件)通过鉴定澄清事实,并追究原告的法律责任。而被告却拒绝鉴定,因此而造成的错误推定,他自己当然负有责任。但如果被告拒绝鉴定,作出不利于原告的推定判决,则对原告不公平。因为原告不具有鉴定的举证责任和能力,这种推定错误,完全是被告拒绝鉴定造成的,原告没有任何过错。

可见,无论是从推定所产生的不利后果、救济途径来看,还是从举证责任分配来看,对于拒绝鉴定亲子诉讼案件,应当推定拒绝鉴定者(被告)承担不利后果。

总之,司法解释关于亲子诉讼的规定,既符合现行法律精神,又体现了最大利益化原则,具有正当性和合理性,切实可行。

【公司、法人专题】

股东退股初探

王毓莹*

恐怕没有一个问题像股东退股这个问题一样,能引发如此巨大的争论,和不绝于耳的反对声音。在将法定资本制奉若圣经的中国来说,股东退股无疑是离经叛道的。但随着人们对于法定资本制的深刻反思,相信在不久的将来,股东退股这一制度会逐渐深入人心的。各国公司法对于该制度纷纷逐渐采肯认态度与我国公司法理论界的反对声音恰恰形成鲜明的对比,这一现象不得不发人深省。本文从股东退股与相关概念的区别与股东退股的理论之争入手,对于股东退股的合理性进行考察,并提出相应的立法建议。

一、股东退股与相关概念的区别

1. 股东退股与股权转让:尽管两者均为公司股东的退出机制,无论是股东退股还是股权转让其后果均导致股东退出了公司,但两者又有不同。股东退股的双方当事人为股东和公司,而股权转让的当事人双方为股东与股东。这一细微的差别,对于既有股东利益的影响很大。因为后者导致了股东持股比例的变化,在"靠资本说话"的公司中,这必然导致对于公司控制权的变化。而在股东退股中则不存在这一问题。我们假设一有限责任公司的股东为五人,持股比例为1:1:1:2:3,现若一持有一份份额的股东要转让其持股份额,若其将持股份额转让给股东以外的第三人,对于人合性较强的有限责任公司来说,恐怕不是一件容易的事。若其将持股份额转让给其他股东,无论其将股份转给其他任一股东,都会发生对于公司控制权的变化,而这恰恰是原有的控制股东所不愿意看到的。而股东退股并没有改变原有股东的持股比例,也没有改变控制股东对于公司的控制权。

另外一个很重要的区别是前者会造成公司资本的减少,因为股东退股需公司支付对价,而后者并不会造成公司资本的减少,因为这只是改变了各股东之间的持股比例而已。故前者对于债权人的影响也比后者要大的多。

2. 股东退股与公司减资:两者都会导致公司股本的减少。这似乎是一个问题的两个方面,抑或说,选取的看问题的角度不同。股东退股是从股东角度来切入问题的,是股东退出公司的一种机制。与此同时,公司要向退股的股东支付对价,这必然会造成公司资本的减

---

* 中国政法大学民商法学博士,最高人民法院民一庭法官。

少。但两者还是有区别的。首先,从两者的制度价值来看,股东退股主要是保护小股东在受到不公平待遇时,有一个退出的通道。而公司减资是公司的商业决策,其不愿加大公司的风险。其次,从两者的后果来看,公司减资并不必然导致股东退股,因为公司减资通常是各股东按比例减少其持股份额。再次,从两者的程序来说,股东退股由于着眼于股东与公司的内部关系,故程序相对来说,比较简易;而公司减资,着眼于公司与其债权人的外部关系,故法律设定了严格的程序,以维护债权人的合法权益,来权衡效率与安全之间的平衡。

3. 股东退股与股份回购:尽管两者也都造成公司资本的减少,但从两者的性质来看,股东退股是股东为维护自己合法权益的一种积极主动的行为,其主动方为股东,被动方为公司;而股份回购为公司出于自身利益的考虑而为的一种行为,其主动方为公司,被动方为股东,更主要的是一种商业上的考虑。

可见,股东退股与上述概念尽管有相近之处,但却不可同日而语,其功能不可相互取代,因此,其有独立存在的制度价值。

二、股东退股的理论之争

在研究股东退股这一问题之前,首先不可绕过的问题就是股东退股的合理性问题,换句话说,即股东能否退股。反对的声音绝大多数出自理论界,而赞同的声音多出自司法实践中。两派的理由似乎都很充分。

(一)反对的理由

1. 股东退股有违法人的基本理论。公司与股东是两个主体、两个人格、两种责任。出资人一旦出资,其资产即为公司的资产,其丧失了对其资产的所有权,而以之为对价,相应地取得股权。这时,资产已转化为公司的资产,所有权的主体为公司,股东不能再支配公司的资产,其不享有对公司资产的处分权,股东是公司财产的最终所有者。形成所谓的“所有与经营”相分离。股东并不享有对于公司财产的支配权,故也就无从谈到公司退股。否则,就会造成理论上的混乱,导致公司人格与股东人格、公司财产与股东财产的混同,从而使整个公司制度轰然倒塌。因为公司的法人性特征是公司区别于合伙企业的主要特征。众所周知,合伙企业也具有企业性和联合性的特征,但合伙企业并不是法人,这主要是因为:首先,合伙企业没有独立的财产,其财产属于合伙人共同所有;而公司则不同,它拥有独立的财产,其财产属于公司所有,而不是股东共有。其次,合伙中的每个合伙人都对合伙企业的债务负连带责任,而公司在财产责任上与合伙企业不同,公司的股东对公司的债务仅负有限责任。正是基于以上区别,世界上大多数国家都不承认合伙具有法人人格。① 简而言之,公司不同于合伙的最根本之处,即为公司具有法人性。而法人性的最突出的特点在于拥有独立于其成员的财产。而股东退股破坏了公司的独立财产性,无疑其法人性会受到冲击。

2. 公司资本是公司对外承担债务的唯一保障,因此,为保护债权人的利益,资本必须充实,基于此种考虑,我国实行严格的法定资本制,奉行资本三大原则,即资本确定、资本维

---

① 石少侠:《公司法》,吉林人民出版社 1996 年版,第 29 页。

持、资本不变。股东仅在出资范围内承担有限责任本身已经加大了债权人的风险,因为这无异于把本应将股东承担的风险转嫁给了债权人。法人是法律拟制的人,它不同于有血有肉的自然人,看不见,摸不着。对于债权人来讲,唯一能够可信赖的就是它的财产。允许股东退股无疑违反了资本确定的原则。退股被认为是一种抽逃出资的行为,这样无疑会造成公司资本不实。对于公司这个法律上拟制的人来说,财产是第三人和其打交道的基础。资本不实使债权人失去了保障,使与公司打交道中处于不利地位的第三人的境况雪上加霜。故《公司法》明令禁止这一行为。

3. 投资人选择合伙抑或公司是投资人根据自身状况作出的价值判断。无论是合伙还是公司都是企业的组织形式,也都是为投资人牟利的工具。需要指出的是两种方式各有利弊,选择何种投资方式取决于投资人更看重什么,但决不能既享受有限责任的好处,同时又变得像合伙一样灵活和随意。股东承担有限责任,本已是对股东的一种优惠,当公司资不抵债时,豁免了股东对债务人的清偿责任,但前提是股东已完全认缴出资,并未撤回出资。股东不能一方面享有有限责任的优惠,另一方面同时又可以退股,这如同使股东以债权人的利益为代价进行赌博,有违公平和正义的理念。

4. 赋予股东退股权是很危险的和有潜在破坏性的。如果大量股东一拥而上行使上述权利,企业可能只有通过出售财产和损害经营,从而毁掉企业的某些营运价值才能履行义务(营运价值指企业在发挥经营统一作用时的企业价值,这种价值在成功的企业中比财产的各个项目分散出售的价值和企业的其他所有权出售的价值之和要大得多。健康的企业在有生命时比死亡时价值更大)①。而且持有小额股份的股东会以退股相威胁,来阻止公司的行动。因为退股的清算无疑是繁琐的和牵扯精力的。而犹如战场般竞争激烈的商场,本身以使公司决策层疲于奔命,再要其应付随时可能会跳出来要求退股的股东可能更加不堪重负。允许股东退股容易导致机会主义,使别有用心的股东动辄以退股相威胁,以低廉的成本来为自己谋求利益。

5. 股东存在其他退出机制,因为公司比合伙更具有开放性,股东完全可以在股票市场上抛售其股票,收回其投资,换句话来讲,他可以依照华尔街规则行事,即所谓的"用脚投票",当他发现情况不妙时,完全可以一走了之。随着公司规模的扩大和股份的日益稀释,股东享有的利益更接近于债权人的利益,类似于金融的利益而非管理的利益,没必要行使对公司和债权人都极具危险性的退股权。

(二)赞成的理由

1. 允许股东退股并未冲击到法人制度。公司和股东尽管是两个主体、两种人格,但这从来都不意味着公司的财产一经设立,就一成不变。恰恰相反,公司的财产每时每刻都处于动态的变化当中。对于公司财产不断增加的要求,是股东出资的原始动力。但这只是股东的最初的美好愿望,公司的财产并非总是在增加。否则,就有违市场经济的规律,从总体上来讲,公司总是有赚有赔的。如果所有的公司财产都是一成不变的,投资人也就失去了

① [美]罗伯特·C·克拉克:《公司法则》,工商出版社 1999 年版,第 10 页。

投资的热忱,毕竟对于财富的不断扩大化是其投资的原始动力。公司资产随着市场的变化和经营决策等一系列变化而不断调整,影响公司财产变动的参数不胜枚举。而灵活的公司总是会及时应变,不断地作出相应的调整。公司可以增资,当然也可以减资,这时我们并不会据此来轻易下结论说公司的法人性遭到了破坏,而当同样的情形出现在股东退股的情况下,则变得忧心忡忡,这种担心未免显得杞人忧天。公司的财产既然能增加,也就能减少,股东也可以退股。只要有严格的会计制度能够区分何者为公司的资产,何者为股东的资产,公司的主体资格就没有受到损害,公司的法人性就不会动摇。

2. 公司对外的信用基础是资产而非资本,因此,在不损害第三人利益的情况下,凡是法律不禁止的,即为许可。因为《公司法》作为民商法的分支,本质上应归属于私法。《公司法》的目的是为了公司参与者节约缔约成本。选择适用《公司法》条文的公司,由于不用就其合约中的具体问题进行协商、起草而降低了交易成本。但不会所有的公司都觉得《公司法》条文符合自己的需要,有效率的示范合同正是要允许公司避开成本高昂的条款,转而采纳对它来说成本较低的合同。事实上《公司法》中的有很多条款几乎所有的公司都需要,《公司法》向所有的公司免费提供这些条款,使它们可以把精力更多地放在对它们而言更特殊的问题上。即使参与者就所有预见到的问题进行磋商,他们仍然可能错过一些东西。更何况后来也会出现一些当初无法预料的复杂情况。《公司法》就得以填补这个空白,并着眼于那些参与者如果最初预料到也会就其磋商的条款。从这个观点来看,《公司法》是补充而不是代替实际的磋商,例外是在涉及到第三方或后来者的情形才能代替。① 可见《公司法》本质上属于私法。私法的基本原则为“凡是法律不禁止的,即为许可的”。《公司法》并未明令禁止股东之间依意思自治以章程约定其可以退股。公司的偿债能力并非取决于账面净资产,而是取决于可以随时变现的账面净资产占多大比例,公司的注册资本仅为一种观念上的数字与符号,正如前所述,它每时每刻都处于动态的变化中,保护债权人利益并不以资本维持为必要。完全的实收资本制过于强调维护债权人的利益,一方面,催生了虚假出资,侵蚀了诚信意识;另一方面,造成了资金的闲置浪费。如果一味片面地强调公司资本的维持,反而会给债权人造成误导,不利于其保护。

3. 丧失退股权并非是取得有限责任的对价。公司是企业的组织形态之一,当事人可以选择公司,也可以选择合伙,无论是公司还是合伙很难片面地说哪种投资方式更有利于投资人。有限责任对于投资人来讲,在有些方面是有利的,而在另外一些方面则恰恰相反,比如银行会对高风险的公司借款人收取较高的利率。② 同时,有可能银行会要求公司提供担保。总而言之,有限责任给投资人带来的好处并不是被无限夸大的。对于小规模的有限责任公司与合伙,其区分的界限并不像人们想像中的那样明显。有限责任公司并不是与合伙截然对立的。毕竟有限责任公司的这一企业形态最初是从有限合伙中发展起来的。因此,不能认为,股东丧失退股权是取得有限责任的对价。而有限责任公司具有人资两合性,它在某些方面更像合伙,它的简便灵活也正是一些中小投资者愿意选择它的原因之一。

4. 公司是投资人的工具,投资者一旦出资,就有利益最大化的动机,它不会故意在股东

① Easterbrook, Fischel The Corporate Contract. 89Columbia. Law. Review1416(1989).

② [加拿大]布莱恩 R. 柴芬斯:《公司法:理论、结构和运作》,林华伟、魏旻译,法律出版社 2001 年版,第 538 页。

之间制造事端而影响公司的效率。尽管股东退股在某些情况下可能损害公司的利益,如同反对者所言,可能会损害公司的营运价值,但有时理性的投资人认为,其愿意丧失这些价值。此时对于投资人来讲,他必是在公司中苦不堪言,想早日抽身而退,而宁愿丧失一些投资利益。如果他们之间能够达成股东退股的协议,承担损失,看不出法律作出硬性干预的合理性。而且赋予股东以退股权,恰恰是为了维护公司的运营价值,因为当少数股东对于公司的决策有异议时,他可以行使股东退股权退出公司,而不是要解散公司。这对于公司的震荡可谓降至最低,恰恰是为了达到企业维持的效果。而且允许股东退股恰恰是提高公司营运效率的举措之一,因为尽管公司充分尊重每个人的意思自治,但这种自治绝非是不受限制的,每个人都各行其是,结果公司就会无所适从。为了应对瞬息万变的市场,公司决策层需要迅速决策,这时必须少数服从多数,体现在公司法上,就是所谓的"资本多数决原则"。但是这不是不考虑少数人的利益,允许股东退股恰恰是对于少数人利益的保护,以达到公司商业决策与异议股东利益的平衡。

5. 公司尽管比合伙具有开放性,但也不能不区分公司的性质一概而论。反对者认为股东可以通过转让股份退出公司的假设是建立在存在一个开放的高度流通的股票交易市场的前提的。对于上市交易的股份有限公司可能不存在问题,对于不能上市的绝大多数股份有限公司和有限责任公司来讲,这一前提恰恰是不存在的。尤其是投资人面对一个自己并不熟悉的生死未卜的公司来说,他不会轻易作出投资决策。一个正努力想收回其在一家非公众持股公司的投资的投资人可能会发现他的股东身份要比其希望保持的时间要长。这是因为在这种企业中出售股份并不是一个直截了当的程序。部分问题可能会是对转让的限制。非公众持股公司的股东经常会统一这种限制从而可以使他们筛选潜在的受让人以确保找到合适的新合作伙伴。另一个复杂的原因就是很难找到购买者。由于担心被卷入经营小公司需花费的时间和可能的麻烦,与公司没有任何现存关系的人通常不会对其感兴趣。即使对于那些好奇的人而言,如果他们发现离开公司的股东是由于与公司中其他人关系紧张而被迫离开时,也很有可能转头而去。因此,一个希望出售股份的股东通常不得不希望其他投资伙伴提供帮助,但这并不会总是简单明了的。除非公司权力能相应转移以达到平衡,其余投资人不太可能认为自己买下额外的股份会有好处。同样,虽然如果特定的程序要求得到满足,公司有权回购其自己的股份,公司负责人也可能宁可将现金用于其他优先用途,比如用于扩大公司规模。①

笔者认为,股东退股有其存在的合理性,无论对于公司来讲,还是股东以及债权人来讲都有其合理性。对于公司来讲,其商业决策往往是根据自身需要所作的合理安排,但由于少数股东的反对,可能会使公司坐失商机。这时若肯认股东退股制度,则公司可支付合理对价于股东,从而得以顺利推行其计划。对于退股的股东来讲,由于公司的商业计划可能超出了其所能承受的风险程度,或者超出其对公司投资的合理预期,因此,其可以行使退出权,抽身而退,从而降低其投资风险。

更为重要的是,由于资本多数决原则的存在,其往往被大股东利用为侵犯小股东利益

---

① 布莱恩:《公司法:理论、结构和运作》,法律出版社 2001 年版,第 52 页。

的工具,此时,小股东处于弱势地位,苦不堪言,而此时由于大股东的操纵,公司的股票就缺乏一个可转让的市场,即使有这样一个市场,在这种情况下,公司的股票可能也一文不值,股东若转让其股票,可能血本无归。股东退股制度有效地保护了投资人尤其是小额投资人的利益。而且,财产所有者在意识到他们既不能通过改进财产而获益,也不能把它转让给他所选定的人或继承人的时候,他们就会最大限度地使用该项财产而仅作最小的投入。也即是说,如果财产一旦脱离了流通领域,将会使所有者失去改进财产,增加财产价值的动机。这就会导致生产力的丧失,从而对公共财富造成损害。而保证财产的自由流通则会使潜在的购买者购买该财产并服务于社会有益的用途。因此,完全禁止股权的转让违反了此项公共政策,因而是无效的。还有观点认为,股东承担有限制责任制度即隐含了自由流通的意思。对于债权人来讲,由于公司的信用并非资本,所以股东退股对其影响不大,而且各国法律也都规定,当公司资不抵债时,股东退股必须提供担保,故也未损害其权益。可见,股东退股有其合理性,对于相关当事人来讲,是一个多赢的机制。

三、股东退股的立法考察

各国由于历史传统、文化理念、市场经济发育的程度以及政府对市场的干预程度不同,导致其在股东退股问题上实行不同的立法政策,大体可分为以下几种情形:

(一)禁止主义

禁止主义主要为严格奉行法定资本制的大陆法系国家。随着社会生活的发展,法定资本制的弊端也为人们所认识,学者们开始重新评价法定资本制的功能,因此,曾一度被认为是牢不可破的法定资本制也有所松动,在股东退股这一问题上,严格禁止的国家并不多,但我国由于深受皮包公司之害,导致对于资本不实矫枉过正,严格奉行法定资本制,在立法上当然不会允许股东退股。尽管《公司法》对此未作明确的规定,但从其贯穿始终的立法精神可以得出结论,在严格的弥补通风的执行法定资本制的中国公司法中,是不会给股东退股制度以喘息的机会的。同时,禁止股东退股的要求,在效力等级不同的规范性文件当中触目可见。1992 年 5 月 15 日,国家体改委颁布的《股份有限公司规范意见》第四十二条规定:股东有以下义务:(1)遵守公司章程;(2)依其所认购股份和入股方式缴纳股金;(3)依其所持股份为限,对公司的债务承担责任;(4)在公司办理工商登记手续后,股东不得退股;(5)公司章程规定的其他义务。1993 年 3 月 8 日,中国人民银行制定的《中国证券交易系统公司章程》第十一条对此作了相同的规定。1994 年 10 月 7 日,劳动部、国家体改委、国家税务总局、国家国有资产管理局关于颁布《劳动就业服务企业实行股份合作制规定》的通知第二十四条规定:职工个人股不得退股,但遇职工死亡、退休、调离、辞职或被企业辞退、除名、开除等,企业可根据情况购买职工持有的股份。当出现企业章程规定的特殊情况时,经股东大会同意,可由企业负责收购部分个人股份。企业收购的股份,可出售给企业其他职工或新参加企业的职工。1996 年 1 月 17 日,建设部《关于房地产企业建立现代企业制度试点指导意见》中也指出:出资者不能抽资,企业不能退股,企业产权可以依法转让。企业享有法人财产权,以全部法人财产独立享有民事权利,承担民事责任,依法自主经营、自负盈亏,对出资者承担资产(资本)保值增值的责任,企业作为独立的法人实体和市场竞争主体,企业和政府机构不再存在行政隶属关系,企业不再套用行政级别,企业依法实现自主经营所需的各项自主权。1997 年 12 月 16 日,中国证券监督管理委员会发布的《上市公司章程指引》第三十八条规定:公司股东承担下列义务:(一)遵守公司章程;(二)依其所认购的股份和入股方式缴纳股金;(三)除法律、法规规定的情形外,不得退股;(四)法律、行政法规及公司章程规定应当承担的其他义务。可见,我国立法对于股东退股持严格的禁止态度。

(二)自由主义

自由主义主要为英美法系国家所采纳,由于英美的市场经济发达,又一直有自律的传统,政府的管制和大陆法系国家相比可以说是少之又少。而且英美法系将公司视为投资人的工具的观点尽管几经挑战,但在奉行股东本位的他们那里,依然没有动摇。故法律对于股东退股只要不损害债权人的利益,不会强加干预。在股东退股方面,态度最宽容的恐怕要数美国了。《美国示范公司法》6. 31(a)规定:一家公司可以获取自己的股票,所获取的上述股票称为认可发行但还未发行的股票。在 13. 02 中规定了持不同意见的股东的可以退股。包括下列情形:(a)对下列公司行动,股东有权对公司行动持不同意见并取得对其股票的公正价格的支付。(1)要完成一项公司为其中一方的合并计划;(2)要完成意向公司为其中一方的股票交换计划,该公司的股票是要被其他公司获取的,如果股东有权对该计划投票;(3)不是在业务通常的或常规的途径中完成对公司全部财产或实质上是全部财产的售出或交换,如果股东有权对该售出或交换投票;(4)对公司组织章程的修订会重大地、不利地影响持不同意见者在股票中的权利;(5)公司的任何依照股东投票而采取的行动,在这一行动的范围内有公司组织章程,工作细则或董事会决议的规定,规定投票或不投票的股东被授权持不同意见并取得对其股票的支付。(b)按本章规定有权持不同意见并取得对其股票的支付的股东不可以对设立了他的权利的公司行动提出异议除非公司的行动对股东或公司来说是非法的或是欺诈性的。英国公司法原来对股东退股持禁止态度,后随着经济的发展放松管制,转变了立法的态度,也作出了类似美国公司法的规定。比如,《1985 年公司法》第 5 条规定,如果 15% 或更多的公司发行的股票的持有者反对修改公司章程,它们可以在 21 天之内向法院申请阻止这项修改或者要求公司回购其股票。[①] 值得一提的是日本公司法,日本本是大陆法系国家,但这一民族很善于学习,对新事物的接受和反映能力都很快,它并没有固守大陆法系的法定资本制,对于资本三大原则也没有抱着不放,在金融法领域中,它大胆引进了英美的一些先进的理念和制度,表现为其法律体系具有大陆法系和英美法系相互融合的特点。在股东退股的这一问题上,它借鉴了美国的规定。《日本商法典》第 349 条规定:在股东大会做出前条(指变更章程)之前,股东以书面形式通知公司范岁的意思,且于股东大会上提出反对意见的股东,可向供求一公正价格购买。赋予股东退股权主要是平衡公司修改章程的特殊需要和异议股东利益保护之间的矛盾。其理论依据主要有两个:一是基于期望落空的权利,即一个特定的公司总是有自己的一系列特征,如果一个

① [美]罗伯特·C·克拉克:《公司法则》,工商出版社 1999 年版,第 244 页。

人在某个公司购买了股份,他就有权期望自己作为这个公司投资者的身份得以延续,无论谁都不能强迫他变成另一个完全不同的企业投资者。但是,为了那些渴求促成公司巨大变化的经理们和与此有关的多数股东的利益起见,法律也不会允许个别股东阻挠这种变化。而只是向该股东提供一份补偿,即用公平的价格购买其股份。因此,与其被拖入一个他不愿投资的企业,还不如脱身出来,向自己更喜欢的事业投资。另一条是基于大宗公司交易中不公平待遇的威胁。其思路是:合并、出售和特许状修改等场合中,股东有可能受到不公平待遇,而股东退股是对这种不公平的缓冲力量。[①] 另外,引人注意的新的《俄罗斯民法典》明确肯认了股东退股制度,《俄罗斯民法典》第 94 条规定了有限责任责任公司股东退出公司:“有限责任公司的股东有权随时退出公司,而不论公司其他股东是否同意。在这种情况下,应按照有限责任公司法和公司设立文件规定的程序、方式和期限向他支付相当于他在公司注册资本中股份的那部分财产的价值”。这颇令人寻味,俄罗斯由于彻底抛弃了前苏联的计划经济,而改采市场经济,因而没有沉重的历史负担,其立法显得年轻而又富于活力,大胆而又不失缜密。这一立法趋势颇值关注。因为《俄罗斯民法典》是一部世界上最新的民法典,它虽然仍属于德国民法体系,但经历了苏维埃时期,有它独特的历史背景和历史痕迹。而中国和俄罗斯过去有着相同的政治制度和经济结构,反映在法律制度上也有许多相似之处。俄罗斯这部新的民法典,对于我国的立法有许多可借鉴之处。

(三)折中主义

折中主义主要为大陆法系国家德国和法国所采纳。经济生活的发展决定了僵化地抱着法定资本制不放是行不通的。但同时,对于恪守传统和相对保守的法德公司法来讲,从根本上否定法定资本制,而规定股东退股又是不现实的。面对经济新发展的挑战,其不得不对特殊情况做出例外的逸出规定。这就决定了两个国家的立法特点,即融合了传统与现代的气息。德国公司法对于这一问题规定的很有趣。以股份有限公司为例,《德国股份有限公司法》在公司与股东的关系的阐述上,明确规定股东不得退股。该法第 56 条规定:公司不的认购自己的股票。第 57 条规定:投资不偿还,不生息。投资不得偿还给股东。而且特意明确指出:“在允许购买自己股票的情况下支付的购买价金不被视为是对投资的偿还。”同法第 350 条(5)规定:退出的股东有权要求适当的赔偿。作为赔偿,应提供公司以自己的股票。从德国法的规定中,我们可以品味出立法者矛盾的心态。他们力图维护旧有的法定资本制,不愿公开承认股东退股,而面对现实经济生活的需要,也不得不有所变通。他们不承认股东退股,将公司退给股东的股款解释为赔偿。恪守传统的法国也做出了类似的立法技术的处理。

通过上述对外国立法例的考察,我们能够感受到公司法的立法趋势必然是逐步放宽法定资本制的限制,并最终确认股东退股。

四、是否区分公司的组织形式

关于股东退股的权利是否应因其组织形态而有所区别,学者们的意见不尽一致。公司

---

① 逯庆杰:《有限责任公司股权转让限制问题的研究》,中国政法大学硕士学位论文,第 23 页。

为何能够在几百年来有如此快速的发展,美国著名公司法学者罗伯特克拉克教授归纳了四个因素:即投资人的有限责任,投资人权益的自由转让,法人人格(实体权利、生命期和目的),集中管理。正是因为这四种功能发挥了积极作用,极大地促进了来自众多投资人的大量资金的有效集中,并使拥有从多股东和雇员的大型企业得以有效运转。[①] 而闭锁公司的股东却发现他们所从事的实践经常与上述的公司组织形式的四个条件相矛盾,尤其是在投资人权益的自由转让和集中管理这两个方面。有限责任公司的股东,即公司的所有者,通常也是公司的经营者,这一点因为闭锁公司股东人数较少而成为可能。股东同时也是公司管理者的事实需要股东之间需要密切合作并互相信赖。与股份有限公司的投资者不同,典型的股东(非公众持股公司或某人持有某个公司很大比例股权的情况除外)是不了解企业的业务状况的,而且他们并不将之作为获得生计的一个重要部分,所以就既不希望也没有积极性去参与企业的管理。他只是一个消极的投资者,而且由于其利益的流动性,他与企业只具有一种松散和暂时的关系。他的利益像债权人的利益一样,是一种金融利益,而不是一种管理利益。[②] 有限责任公司的股东往往将自己积蓄的很大一部分投入到公司当中去,并严重依赖这部分投资所得的收入和在公司中任职所得到的报酬作为生活的主要保障,他们在公司中的金融利益和控制利益是紧密联系在一起的。由于所有权和经营权的结合,有限公司即具有了资合性和人合性的双重特征,即在对外责任的承担上,表现出公司的一面,股东仅就其出资承担有限责任;而在公司内部关系中,有限责任公司的股东可能更多的偏爱合伙法中的一些规则,如表决程序、公司的经营和利益分配中的平等原则等。各国的公司法也在一定程度上体现了这一点。以美国公司法为例,美国《示范商事公司法》就规定闭锁公司可以不设立董事会,也可以通过缔结协议的方式限制董事会的职权,同时也可以以合伙的方式经营公司而且不必承担个人责任。以特拉华州为代表的美国一些州公司法也有类似规定。美国《示范闭锁公司制定法补充规范》则规定闭锁公司的股东可以对公司权利的行使、经营管理以及公司事务或者公司股东间的关系达成书面协议。即使在下列情况下,这种协议也是有效的:(1)公司不设董事会;(2)限制董事会的权限或授权董事代理投票或加权投票权;(3)将公司作为合伙企业对待;(4)使董事间的关系或董事也公司间的关系类似于合伙关系。也正是因为如此,美国的闭锁公司常被称为公司合伙(Incorporate Partnership),虽然它也完全是按照公司法组建的公司。大陆法系国家的公司法虽然并没有在法律条文中明确规定有限责任公司可以以合伙的方式经营,但各国《公司法》大多规定股权转让限制的内容和一些程序性的规定,或多或少也体现了有限责任公司的合伙特征。而在学理上也认为有限责任公司是两合公司,即资合与人合公司的统一。学者们将两者之间的区别大体概括为以下几个方面的差异:在股东和管理层重合的程度方面不同、在股权流动性方面不同、在外部监督机制方面不同。

尽管有限责任公司和股份有限公司存在着很大差异,但各国立法例对其区别的程度是不同的。将两者统一于一部法律的,我们称之为“单一制”;将两者分别立法的,我们称之为“区分制”。前者是英美法系国家采纳的立法体例,它们不区分公司的种类而将之统一规定

① [美]罗伯特R克拉克:《公司法则》,胡平、林长远、徐庆恒、陈亮译,工商出版社1999年版,第2页。
② [美]理查德·A·波斯纳:《法律的经济分析》,中国大百科全书出版社1997年版,第535页。

于一部公司法中,而后者是大陆法系国家采纳的立法体例,其将有限公司与股份公司分别立法。立法上采纳的不同体例,并未妨碍两大法系公司法学者对于两种公司具有不同性质的认识。大陆法系学者多认为股份有限公司具有资合性,而有限责任公司则具有人资两合性,前者具有公开性,而后者相对不公开。而英美法系学者将公司分为公开公司与封闭公司,其大体对应于大陆法系上的股份有限公司与有限责任公司。他们提出两者的主要区别在于:机会种类的多少,投资者选择和管理人员相互交往的能力;管理者的责任和报酬的性质。[①] 可见,无论大陆法系学者还是英美法系学者,均提出了股份有限公司于有限责任公司存在重大差别的观点。在这一基础上继而又提出了一个新的问题:即既然两类公司是存在差异的,那么是否应适用不同的规则。大陆法系无论是学术界还是立法界和司法界对此均持肯定的态度,表现为教科书和法典均将两者严格区分。而英美法系尽管学者们肯认两类公司的巨大差异,在立法上却将两者规定于一部法律中。但是,由于其为不成文的判例法国家,两者的区分主要体现在司法实践的案例中。换言之,成文的公司法对两类公司的共性进行规定,而法官通过具体的个案制定一些新规则来补充统一规定的不足。那么在股东退股的问题上是否应依据公司种类而有所区别呢?笔者认为,尽管两类公司存在差异,但在这一问题上,都应肯认股东的退股权。对于股份有限公司而言,股东行使退股权以后,公司有足够的机会将收回自己的股票在发行出去,对公司的债权人影响不大,[②]因此应肯认其退股权。但是,实际情况是很少有人愿意这样做。因为他只是一个消极的投资者,而且由于其利益的流动性,他与企业只具有一种松散和暂时的关系。他的利益像债权人的利益一样,是一种金融利益,而不是管理利益。[③] 因为投资者拥有多个公司的股票可使自己不至于因某一公司的损失而受剧烈的影响,而且其可选择替代的方式即出售其拥有的股票而退出公司。尽管股权转让比股权退出更为便宜,但如果股东基于个人的判断而选择了后者,法律也没有强加干预的必要,因为每个人是自己利益的最佳判断者。而对于有限责任公司来讲,股东退股权显得更为重要。正如学者所言,有限责任公司具有人资两合性,其人合性的一面是股份公司所不具有的。而当股东之间彼此不再信任,则很难使他们之间的关系再维系下去。而对于非公众持股公司而言,其中的少数利益极少是可流动的投资,这意味着不满的股东很难通过出售其股份把自己从困境中解脱出来。闭锁公司的股权缺乏一个活跃的二级市场,同时为了保护和维持团体关系的信任与和谐,股份的募集和转让都存在极为严格的限制股东不能向社会公开募集股份,也不能上市交易,向股东以外的人转让股份还应当取得其他大多数股东的同意。这样,股东就容易在股息等涉及公司收益方面的问题中,与公司发生冲突。由于闭锁公司的股权缺乏流动性,小股东容易"身陷"公司而无法自救。[④] 可见,无论股份有限公司还是有限责任公司都应肯认股东的退股权。

五、我国关于股东退股的立法建议

从学理上讲,公司法为私法,应允许当事人在不违背第三人利益的基础上对公司依据

---

① 石少侠:《公司法》,吉林人民出版社 1996 年版,第 197 页。

② 甘培忠:《论有限责任公司股东的退股权》,载《学术探索》2002 年第 3 期。

③ [美]理查德·A·波斯纳:《法律的经济分析》,中国大百科全书出版社 1997 年版,第 535 页。

④ 北京大学金融法研究中心:《金融法苑》2003 年第 5 期,法律出版社 2003 年版,第 37 页。

自己的情况做出自行安排,只有这样才能实现公司利益的最大化。股东退股并未损害任何人的利益。其制度价值在于维护股东的合法权益。有效的推出机制能够使当事人及时转移投资风险。其存在有其合理的法理基础。从各国的立法状况的法制史考察来讲,各国都逐渐认清了资本的功能和意义,不再将其作为公司信用的载体,故其法律规定也冲破了传统的束缚,表现为更加灵活机动。我国也应顺应这种立法趋势,直接肯认股东退股的价值,可参考日本法,对股东退股问题作出相应规定。即直接明确规定,股东可以退股,股东退股应当书面通知公司,公司应向股东支付合理对价,若双方不能就价格达成协议,可请求司法估价。这种退出方式无疑最公平和最有效率。为保护债权人的利益,可规定但书条款,即在公司资不抵债时,股东除提供相应担保,否则不能退股。这样也有效地维护了债权人的利益。需要指出的是建立股东退股制度决非几个法条所能构建的。它需要相应的配套措施,需要高度发达的自治的市场经济,当事人的自律传统,立法者的观念转化,以及相应的司法判例,不断衍生新的规则,来不断适应经济生活日新月异的变化,以维护当事人的合法权益,此不能不为立法者所察。

试论法人的权利能力

李 晨*

为适应经济发展的需要和帮助人类实现个人力量无法达成之事业,法学家们以无比的智慧构造出法人制度,法人被确立为自然人之外的民事主体,从而构建了现代民法的二元主体结构。法人得以成为民事主体的关键在于其被赋予了民事权利能力。但是,法人是法律拟制的人,赋予其权利能力的基础是什么,值得深思。本文从法人权利能力的概念入手,来探求法人权利能力产生的基础。

一、法人权利能力的涵义

对基本概念的解析是理论阐释的逻辑支点。因此,研究法人权利能力,首先要明晰何谓权利能力。能力,“是指在法的世界中作为法律主体进行活动,所应具备的地位或资格。”①法律上的能力具有两个方面的基本含义:一是指某一社会存在处于某种地位,即成为该地位填充者的资格,这是一种法定能力;二是指受该存在自身条件制约的实施某种行为的可能性,这是一种事实能力。前者如民事权利能力中所谓的能力,后者如行为能力中所谓的能力。民法上有三种能力:民事权利能力,民事行为能力及民事责任能力。民事权利能力,是作为民事主体的“人”所具有的“静”的能力;民事行为能力和民事责任能力,是关于“人”的活动的“动”的能力。我国通说认为,权利能力是指“能够享有民事权利和负担民事义务的法律资格”。② 因此,所谓权利能力不仅指享有权利之能力,也指负担义务之能力,即义务能力,故又被称为“权义能力”③。只不过由于民法是权利本位之法,所以,仅称为“权利能力”。一般认为,权利能力是指一个人作为法律关系主体的能力,也即作为权利享有者和义务承担者的能力(或称资格)。用通俗的话来说,权利能力是一种权利义务的归属资格。笔者认为,用“归属资格”来解释法人的权利能力更符合其创设的本意。权利能力的规范目的在于:一个人是否能够作为民事主体在民法上享有权利和承担义务。因此,权利能力是一个人能够取得权利和承担义务的前提与基础,但不是具体的权利或者义务。

---

* 吉林大学法学院博士研究生,最高人民法院办公厅法官。

① 梁慧星:《民法总论》,法律出版社1996年版,第56页。

② 张俊浩:《民法学原理》,中国政法大学出版社1999年版,第72页。

③ 胡长清:《中国民法总论》,中国政法大学出版社2004年版,第57页。

权利能力的根源可追溯至罗马法上人格之概念。在罗马法中,“并非一切人均为罗马社会的权利主体。除了是人之外,还需具备其他基本条件”,“当一个人(homo)具备足以使其获得权利能力的条件时,在技术用语上被称为 Persona,即使他不是罗马人。”①这些条件,就是权利能力条件,足够具备之便可享有权利能力,因而成为主体,可以参与法律关系。罗马学理将由符合这些条件之后取得的承受法律关系的能力或资格称为“Caput”(人格),后来发展为 Personalita 一语,这就是权利能力一词的最早渊源。在罗马法上,还没有现代法上的“权利能力”一词,权利能力的概念是由德国法学家萨维尼提出的,其在《现代罗马法体系》一书中明确划分了权利能力与行为能力。此后大陆法系学者都基本上沿用了萨维尼的这一划分和权利能力的概念。

人类生活于群体社会中,需要生活资源维生。民法将生活资源纳入规范,使之以权利、法益、自由资源或义务之姿态出现,亦即以权利义务的形态出现。市民社会关系就是权利义务关系。而权利义务终需有其驻足之处,权利义务即由此驻足之处而集散,否则将如“电讯飘浮于天空,灵魂游存于苍茫”。而民法对该权利义务集散点的设计即构成权利能力制度。民法所作设计分为两个阶段:第一阶段设计驻足集散之处,即具备什么要件方可成为权利义务集散之处。设计之结果,创设了权利能力制度,即“凡堪供驻足集散之资格,是为能力,凡堪供权利义务驻足集散之资格,即为权利义务能力,简称权利能力”②。第二阶段设计何者符合驻足集散之设计,即何者适于赋予权利能力。这一过程是民法选择符合权利义务驻足集散要件者的过程。符合这一要件者,民法即赋予其权利能力,成为民事权利义务之主体。

权利能力问题,是民法的核心问题,关系到民法规定的利益落实到谁的问题。现实世界中存在各种各样的实体,有自然实体,也有社会实体,前者如人和各类实体物,后者如家庭、团体乃至国家。这些存在物相互之间发生各种自然或者社会秩序关系。民法并不把现实世界的一切实体都确立为法律关系主体,而是在立法政策的作用下,依其特殊认识选择一定的适于权利义务集散的实体,来充当权利主体,赋予承受法律关系的能力。最终,民法选择了自然人与法人作为权利主体亦即权利能力者。从这个意义上讲,权利能力在本质上是由法律赋予的。

二、法人权利能力的特征

法人权利能力是指法律赋予法人享有民事权利和承担民事义务的资格。它是法人能够以自己的名义参与民事法律关系,取得民事权利,承担民事义务的法律依据,也是法人享有民事主体资格的标志。法人被认为具有主体地位,最核心的理由是法人在权利能力上具有独立性。法人的权利能力以及通过运用这种能力担当的私法上的权利和义务,虽然与成员的利益有关,但是并非可以转化为成员自身的权利能力或者权利和义务,而是独立于成

---

① 彼得罗·彭梵得:《罗马法教科书》,中国政法大学出版社 1992 年版,第 29 页。

② 曾世雄:《民法总则之现状与未来》,中国政法大学出版社 2004 年版,第 90 页。

员,归于法人自身。

法人虽然与自然人同为平等的民事主体,因而二者都具有能够享有权利承担义务的权利能力,但二者的形态结构和基本价值毕竟存在明显差异。在法律上,民法传统承认了这种差异,没有机械到用一个主体概念将作为法人的团体和作为自然人的生物个人完全一体化的程度。法人和自然人的制度区别是明显的,当我们今天探讨主体问题时,不能完全依赖一个统一的主体概念,而必须深入一步,去接受自然人和法人的具体区分的事实。法人的权利能力与自然人权利的能力存在如下差别:

1. 起始与终止不同。法人的民事权利能力从成立时发生,至清算完结时消灭;而自然人的民事权利能力则从出生时发生,至死亡时消灭。

2. 范围不同。法人的权利能力要受到性质、法律、目的的限制,专属于自然人的某些民事权利能力的内容,如生命健康权、肖像权等,法人不能享有;而专属于法人民事权利能力的内容,如银行法人开展信贷业务的权利,自然人则不能享有。

三、法人权利能力的取得和消灭

法人权利能力限于法人的存续期间,一般以法人成立为始期,以法人终止为终期。

(一)法人权利能力始于法人成立

法律对待法人成立,因组织体目的、形态或涉及的社会价值不同,往往区别对待,有自由主义、特许主义、许可主义、准则主义、强制主义各种管理原则的区别。不同管理原则反映了不同的立法态度,在法人制度的发展历史上,各种法律都是在平衡宽松与严格之间作出选择。目前各国对于公益法人,多采取许可主义,而对于其他法人,多采取准则主义。①

法人成立于何时,是否需要进行登记,不同国家立法例不同。有的区别公法人与私法人而为不同规定。如根据《瑞士民法典》第 52 条之规定,“团体组织以及有特殊目的的独立机构,在商事登记簿上登记后,即取得法人资格”,“公法上的团体组织及机构,非经济目的的社团、宗教财团、家庭财团,不需经上述登记”。有的则对所有法人不加区分一律对待,如《日本民法典》第 45 条第 1 款规定,“法人应自其设立之日起二周内在主事务所所在地,于三周内在其他事务所所在地进行登记”;我国台湾地区“民法”也规定所有法人均需登记。我国采取了前一种立法例,设立企业法人、社会团体法人、财团法人,必须依法进行登记。机关法人是根据国家宪法、法律或行政命令设立,从事国家管理或行使国家权力,以国家预算作为独立活动经费,具有法人地位的中央和地方各级国家机关,如立法机关、行政机关、检察机关、审判机关等。它只要依据有关法律和行政命令组建或设立,且具有独立的经费就可以成为法人;其法人资格的取得不需要经过核准登记的程序,从成立之日起就具有法人资格。事业单位法人是从事非营利性的社会公益事业、拥有独立经费或财产的各种社会组织,特点是从事广泛的社会事业活动,拥有独立的经费和财产,依照法律或行政命令成

① 张俊浩:《民法学原理》,中国政法大学出版社 2004 年版,第 188 页。

立。因此,这些事业单位具备法人资格的,多数依法不需办理法人登记,从成立之日起即具有法人资格;少数依法需要办理法人登记的,只有经过核准登记,才能取得法人资格。

对于设立须经登记的法人而言,登记的效力如何,各国立法例规定不相一致。有采登记要件主义者,即登记是法人成立的必要条件,法人因登记而取得主体资格,如依《德国民法典》第21条、第54条,未在社团登记簿上进行登记,并进而逸出登记法院监控之外的社团不具有法律人格,只能适用债法中关于合伙的规定。① 我国台湾地区"民法"也采取登记要件主义,第30条规定法人非经向主管官署登记,不得成立。有采取登记对抗主义者,即登记非法人的成立要件,只是法人未经登记,不得对抗第三人,如《日本民法》第45条第2款规定:"法人之设立非于其主事务所所在地进行登记,不得以之对抗他人。"笔者认为,对于设立须经登记程序的法人来说,登记应当是这些法人的成立要件,非经登记不能取得法人主体资格。法人主体资格的取得,事关民事主体的变迁,在实体法上意义重大,对社会诸方面影响甚广,非经登记,不足以保护社会其他主体的相关利益。仅以自然人之间的协议就能取得主体资格,而没有相关法律认可的情形是不可想象的,将使民事主体具有极端的不确定性,使得主体变动过于随意,混淆法人与非法人团体之间的界限,使民事主体在进行交往时无法确知对方是否具有法人资格,无法得知谁将承担民事后果,因而会妨害交易安全,造成社会秩序的混乱。同时,不经登记就可成立法人将造成滥设法人的后果,尤其是对于公司法人来说。因此,只有将登记作为法人成立的要件,才能保障民事主体制度的稳定和安全。法人设立登记在私法上的最主要的意义在于赋予并证明法人具有与自然人相同的独立的民事主体资格。

综上所述,笔者认为法人的权利能力的产生时间因法人的类型而不同。对于公法人来说,一经设立,即取得法人资格从而产生权利能力;对于私法人来说,必须经过登记管理机关登记方能取得主体资格,因此其权利能力产生于登记之时。

(二)法人权利能力终于法人终止

法人权利能力随着法人主体资格的消灭而终止。法人终止,使法人丧失民事主体资格,虽然其法律意义与自然人死亡相同,但法人作为社会组织体消灭,与具有血肉之躯的自然人死亡毕竟还有所不同。自然人作为有生命体一死了之,身后自有法律规定的继承人,可了断生前形成的债权债务。而法人作为社会组织体,本无生命,更无继承人可言。其主体资格存续期间所生任何法律关系,必须先行了结,方可消亡。否则,已经与法人建立法律关系的主体利益,就有可能遭受损害,或因此而获取不当利益。故法人终止事由出现时,不能径行使其消亡,必须先考虑如何弥补较自然人死亡有继承人断后的或缺。因此,法人人格要经过"解散——清算——法人消灭"的程序方可终止。法人人格的消灭是否要进行注销登记,各国规定不同。有国家认为无需登记,如德国认为法人解散、破产宣告、被剥夺、撤销、目的完成之日即为终期;日本以清算完结为终期。多数国家主张需登记终止,但存在登

① 托马斯·莱赛尔:《德国民法中的法人制度》,张双跟译,载《中外法学》2001年第1期。

记要件主义、对抗主义的区别。根据我国《民法通则》规定,法人终止,不仅要完成清算,还要办理注销登记,采取了登记要件主义。笔者认为,法人终止应当进行注销登记,以满足公示主义的要求,使利害关系人知晓法人终止的事实,进而保护其利益。但注销登记的效力应当采取对抗主义。因为法人自清算完结之时起,已经不能再参加民事法律关系,不能再享有民事权利和承担民事义务,因而已经不适于再集散权利义务,故已丧失作为法人之条件,从而丧失作为民事主体存续之理由。注销登记只是事实记录,而非权利能力终止的要件,故注销登记之日,不是法人终止的时点,法人权利能力自法人清算完结时起即消灭。司法实践中,有一种错误的观点认为,企业法人在被吊销营业执照时终止,并因此在审判实践中引起混乱的操作,在遇到被起诉的法人已经被吊销了《企业法人营业执照》时,有的法院以被告主体已不存在为由,不予立案,或驳回起诉;有的法院变更相对方上级主管部门或开办人为被告,判决其承担已经歇业、解散、被撤销或被吊销营业执照的法人的债务。这种错误做法严重影响了对相关主体合法权益的保护。我们应当认识到,营业执照只是企业法人营业资格的证明文件,吊销营业执照只是终止了法人的经营资格,而法人的主体资格并没有消灭,法人的权利能力也没有终止,法人只有在清算完结后才丧失法人权利能力。

四、法人权利能力与法人人格的关系

法律人格,是指作为一个法律上的人的法律资格,即维持和行使法律权利,服从法律义务和责任的能力的集合。从理论上严格地讲,人格和权利能力是两个不同的概念,人格是指可以成为民事权利主体的资格,而权利能力是指可以享有民事权利并承担民事义务的资格。前者是主体的资格,后者是享受权利的资格,二者之间的关系是,没有主体资格,一切权利义务无从谈起。人格和权利能力说的都是民事主体的资格,只是人格更抽象地概括了民事主体资格。一般来说,具有了法律人格,就具有权利能力,反之,具有了权利能力也就说明法律赋予其法律人格。某一存在充当民事法律关系的主体,就是要享有权利和承担义务,既不享有权利又不承担义务的主体是不存在的;反过来说,享有权利承担义务的,也必然是主体。正如凯尔森所说的,“一个人只是在他‘具有’义务和权利时才存在。离开义务和权利,就无所谓人了。”①因此,法律人格和权利能力只是从不同的视角描述了民事主体在一国法律中的地位——享有权利、承担义务的资格或能力而已,因此,二者虽然有细微差别,但在价值上是等值的概念。

五、法人权利能力的思想基础

法人得以享有权利能力的基础是什么?法人是完全由法律拟制出的还是社会中的真实存在?涉及一个自法人制度产生以来就一直争论不休而又无定论的问题,即法人的本质问题。法人的本质决定了法人权利能力的理论基础。关于法人的本质,大致有以下几种学说:

---

① 凯尔森:《法与国家的一般理论》,中国大百科全书出版社 2003 年版,第 105 页。

(一)法人拟制说

此说以萨维尼为代表。拟制说认为权利义务之主体仅以自然人为限,自然人之外无权利义务主体可言,法人之取得人格,是以法律之力将其拟制成为自然人。拟制说是个人主义法理在法人本质学说方面的体现,这是因为拟制说所立生的近代民法思想,"以个人人格尊重为最高指导原理,且因对于封建社会之反动,对于介于国家与个人之间的团体,严加排斥,须于例外情形承认团体的存在,亦必须依法律之特许"。拟制说认为,之所以法律能承认一种团体为法人,是因为有一种"归属利益"的存在。法律上把一定的利益交由一定的团体承担,因此有必要依自然人的模式拟制出一种团体性的人。① 拟制说将法人视为法律所造之权益的归属者,由法律来决定其地位、构造。该说对世界各国法人制度和理论影响很大,尤其对英美法系影响至为深远,至今仍是英美法系学说和司法实践中法人本质的主导学说。

拟制说的意义在于区别了法人与其成员的财产,区分了法人与其成员的独立人格,区分了法人与其成员的各自的责任。众多国家立法均受其影响,现代民商法中的法人独立人格制、独立财产制、有限责任制的最初理论基础就是"拟制说"。② 拟制说的缺陷在于:(1)自然人得为权利义务主体,也是法律所赋予的。"纵属自然人如离开法律,自亦无权利义务主体之可言。"③因此,法人、自然人同属法律思想之构造,不存在谁拟制谁的问题。(2)拟制说以意思能力作为人格之要件,但婴儿、精神病人也无意思能力,却能成为法律主体,可见拟制说的理论基础有问题。(3)拟制说虽认为法人之拟制是出于民事流转之便利,使特定利益有所归属,但仍未阐明拟制说真正基础之所在。因为"在具有共同利益以及作为一个单位而行为的人的集团没有提前存在时,仅凭社会或国家的行为就能强加一种法律意义上的社团人格,这同样是值得怀疑的。"④

(二)法人否认说

该说否认法人的存在。其从法人拟制的结果出发,依实证的方法得出结论,认为法人或为一定目的之财产(目的财产说),或为自然人享有权益之特殊形式(受益人主体说),或为现实管理集体财产之个人(管理人主体说)。否定说对法人制度存在的理由进行实质的观察,或以利益之归属为法人之本体,或以现实存在之财产或现实活动之管理人为法人之主体,与拟制说认为法人完全是虚构的存在物相比,有所进步。但法人之于社会中存在是一客观现实,否认说否定法人存在过于片面,与现实相差太远,故不足取,也为绝大多数国家所否定。

---

① 刘得宽:《法人的本质与其能力》,载《民法诸问题与新展望》,中国政法大学出版社2002年版,第438页。
② 王利明:《论法人的本质和能力》,载《民商法研究(第三辑)》,中国政法大学出版社1999年版,第27页。
③ 黄茂荣:《民法总则》(增订版),植根法学丛书编辑室1982年版,第119页。
④ 伯尔曼:《法律与革命——西方法律传统的形成》,贺卫方译,中国大百科全书出版社1993年版,第265页。

(三)法人实在说

19 世纪晚期的德国人,其思想发生了重大转变,格外重视国家和共同体的存在价值。这一思想顺理成章的一个表现,就是主张团体和个人一样是社会的组成部分,为个人状态所不能取代,具有近似甚至超越个人的实体价值。这种思想表现在法律上,必然主张主体的二元性,那些具有实体特点的团体,一如伦理上自由的人,具有同样甚至更为尊严的法律人格。该说认为法人非法律拟制的空虚体,而是因为现实具有实际主体而由法律承认其法人格,因此法人有如自然人一样是实实在在的独立实体。实在说又可分为有机体说与组织体说。

1. 有机体说认为,团体与自然人一样是实实在在的存在,是社会的有机体。团体由各个单个人组成,但个人一经组合成单一的主体,则这种单一的整体就成为区别于其各个成员的外在的存在。因而团体是其各个成员内在统一而形成的单一主体,是“内在多数性之单一性”。故团体可作为一个实在的“人”存在。团体内部的个人依团体法的原理互相受约束,并由个人意思结合为团体共同意思。这一共同意思为法人自身独立之意思。因此,如“自然人为自然的有机体,有其个人意思,而团体则为社会的有机体,有其团体意思”①。此种社会有机体与自然人一样都是社会实在,都有法律人格,都是权利义务主体。

有机体说由日耳曼法团体思想而来。其使法人成为与自然人相平等的民事主体,矫正了个人主义法律思想之偏见。它通过与自然人的比较,通过比拟,使法人依其机关行为真正独立于民事主体制度之中,对各国法人理论产生了深远的影响。同时,有机体说把意思能力与主体资格联系起来,以为意思能力是主体存在的必要条件,并以团体意思作为关节点,使法人内部关系和法人外部行为通过代表机关得以衔接,是很巧妙的理论创造。但意思能力并非人格要件,如上文所述。此外为何对社会上现实存在的团体就一定要认之为法人,有机体说对此缺少说明。“法律意义上的社团人格能够仅仅从一个集团的内部生出,这是大可怀疑的,它的存在总是要部分的取决于其外者的承认——换言之,由它只是其中一部分的更大社会的承认。”这也正好说明有机体说在把法人和自然人联系起来观察的同时,只注意到二者的形似,而未考虑法律规范本身的调整性,未考虑法律本身的需求,从而在理论上仍有缺憾。

2. 组织体说。该说认为法人是一种区别于其成员的个人意志和利益的组织体。但法人的本质并不论其是否为社会的有机体,而是因为其具有适合为权利主体的组织,这种组织就是具有一定目的的社团或财团,因而适于由法组织而成为权利主体。组织体说认为法人是一种抽象的实在,它作为权利主体和自然人不同,表现在:一是法人具有区别于其成员的个人利益的团体利益。“团体的财产是指定为特定利益上使用的,而团体就是为了这个特定的利益而组织的。”二是法人具有自己的组织。这个组织体的内容,或者是为表达共同意思的组织体,或者是为了达到共同目的的组织体,这个组织体要依据个人的意志,但又具

---

① 李宜琛:《民法总则》,法律出版社 2000 年版,第 104 页。

有不同于个人的团体意志。组织体就是为了实现团体的意思和维护团体的利益。三是法人也有自己的独立意思,并通过其机关来实现,“机关由此产生的法律组织属于法人的本质”①。机关的行为就是法人的行为。

组织体说从法律角度对法人的组织特征、法人与其机关及其成员的关系进行了进一步的说明,因而为大多数大陆法系者所采用。但是组织体说也没有说明为何社团或财团之组织体就适于成为权利义务之主体。同时其认为自然人为具体的实在,法人为抽象的实在,又具有拟制说的特征。

综合以上法人本质各说,可以看到,法学家们虽未对法人作出完全科学的论述,但都从各个侧面对法人的要素、特征作了阐述和说明,均有其可取之处。笔者拟在前辈学说的基础上阐述自己的观点。

本质,是指事物的固有的、根本的属性。法人的本质,是指法人之所以成为法律人格者的内在的、根本的规定性。简言之,也就是法人是什么,其本体是实体还是虚体,是什么因素使其具有人格。法人是一个高度抽象、复杂的概念,要把握其本质,必须全面、多角度地进行考察,单从任何一个角度出发都有可能失之偏颇。

法人制度是法律思维和社会现实相结合的产物。以上关于法人本质的各种学说的差异,根本在于考虑的出发点不同:拟制说的出发点是法学方法中的技术性,而实在说和否认说则更为关注法律技术背后的社会生活的实际状态。② 每种观点都具有相对的真理性。拟制说强调法律思维在法人形成中的构造作用,实在说强调法人的团体实在性。拟制说的谬误在于其前提是认为只有自然人才有人格。但法律人格完全是法律创制出来的。有些人,虽然是生理上的人却没有人格,如奴隶。自然人与法人的人格都是法律赋予的,从这个意义上说,人都是法人。实在说的本旨在于主张具有独立意思的组织体或有机体的现实存在,但这属于社会学上的问题,而不属于法学的范围。团体自身不可能自发地成为民法上的主体。要成为法律上的人,必须得到法律的承认。

法人的实体基础是社会团体,包括人的结合团体或依特殊目的所组织的财产。超越具体自然人个人的团体是客观存在的,团体现象具有真实性,而非拟制的,这是法人的实在性的一面。对于人类社会的团体现象,哲学家和社会学家作了较深刻的研究,显示出家庭、国家、教会组织、公司等,明显是具有与个人成员不同功能的实在单位。但是团体现象的真实性,不能回避法人概念的法律拟制性质。法人人格的享有只能基于国家的承认行为。在终极意义上,法律是人为建构的产物,法人是法律在一定范围之内对现实团体、组织所作的规制。而法律在自然人之外赋予法人以法律人格,是“出于社会生活之要求,根据实在之社会的价值”,因为“其于现代生活中与个人具有同样之社会的价值,故与个人同样得为权利义务之主体焉”。③ 团体的价值在于:“社会日益进步,生活日益复杂,而吾人之需求亦日益繁

① 米休德:《人格理论》,转引自王利明《论法人的本质和能力》,载《民商法研究》(第三辑),中国政法大学出版社 1999 年版,第 28 页。

② 张代恩:《民事主体权利能力研究》,中国政法大学 2000 年民商法博士论文。

③ 李宜琛:《民法总则》,法律出版社 2000 年版,第 107 页。

多,各个人之力量不足肆应,相互集合,乃属势所必然。惟如其仍以各个人为主体,则虽有集合,仍不能发挥其整体之力量。如沙泥之集合,若不凝成整体,不能具有支重之作用。人力物力之集合亦然。如合伙亦为人力物力之集合,但仍以各个人为主体,故各个人情形之变迁,随时足以影响合伙之事业。如其成为公司,本身成为一整体,独立享有人格,各个社员情况之变更,绝不能影响公司之业务,大规模之企业于是得能达成其目的。又如,创办学校,亦未始不可由多数人集资设立,但如其不具有独立之人格,则每一创办人之意愿或经济情况,可随时影响学校之前途。甚至创办人可藉之以营利,教育之目的更无达成之希望。设如使之成为独立之法人,上述诸弊,即可立去。社会愈进步,法人制度愈重要,吾人之生活,亦将愈见充实。"①此为法律赋予团体以人格的价值所在。

同时,法律并非对任何团体都赋予主体资格。适于成为权利义务主体的团体必须包含下列两个要素:财产和意志。首先,民法作为主要调整社会财产流转关系的法律,其所考虑的中心问题是财产及流转问题。而在一切社会制度下,财产利益总以某种形式归属于一定的实体。民法承认财产利益归属体为主体亦即社会基本单位是经济活动的必然要求,以便以其作为权利义务归属点展开民事关系。主体的经济意义要求法人必须具有一定的财产基础。其次,民事主体还必须有自己的意志,方可自如地参与民事活动。主体是能够推动财产向一定方向进行运动的一种动力。这种动力即由意志来承担。意志以一定的方式附属于财产、资本之上,这两种因素的集合,便构成了民法的根基。因此,团体还须有自己的意志方可成为主体。意志是一抽象概念,表明了主观对客观的反映,是可以脱离具体肉体而存在的。法人的意志在社团法人中表现为社员的集合意思,在财团法人中表现为捐助行为意思。法人的意思通过代表机关来实施。

综上所述,笔者认为,关于法人本质的几种传统的学说是从不同的侧面对法人制度及其背后所存在的社会现象所作的不同解释,由于他们各自只澄清了某一侧面,故可以相互并存,相互补充,而其中任何一种都不具有绝对正确性。② 故只有将其各自的合理性予以综合方能得出准确的结论。因此,笔者认为,法人的本质是由一定的财产和意志构成的团体现实与法律承认的结合,而法人的本质相应决定了法人权利能力的基础。法人权利能力是法律对现实存在的社团或财团的适于承担权利义务的资格的承认。

六、法人权利能力的经济和社会基础

从上述法人权利能力的形成过程可以看出,赋予团体中的一部分以权利能力,使之成为具有独立法律人格的法人,是经济发展和资本发展的结果,也是法律对经济上"自律性地开拓自己命运的'经济人'的反映"③。在权利能力的背后,有着特定的经济状况和社会结构。权利能力的本质在于它表明了人们在一定的经济状况下,在一定的社会制度下,所能够自由活动的最大范围,是在特定历史阶段中的社会关系的总和。

---

① 王伯琦:《民法总则》,中国政法大学出版社1996年版,第64页。
② 托马斯·莱塞尔:《德国民法中的法人制度》,张双根译,载《中外法学》2001年第1期。
③ 星野英一:《私法中的人》,王闯译,载梁慧星主编:《民商法论丛》(第8卷),第170页。

(一)法人权利能力的经济基础

经济基础决定上层建筑,因此法人制度作为上层建筑的一部分,必然有一定的经济基础为支撑。法人权利能力产生、发展的历史表明了团体中的一部分被赋予法律人格是经济发展的产物。从经济意义上讲,权利能力意味着独立的经济体。经济体的独立性体现在法律上就是赋予该经济体独立的权利能力。只有拥有权利能力,才能拥有自己的独立财产,独立自主的参与经济生活,成为市民社会的主体。随着经济的发展,社会的独立经济主体由家族发展到个人,继而发展到团体,对民事主体也提出了多元化要求,权利能力即是适应这种经济生活的需要而被授予不同的独立经济体的。市民法的发源地古罗马是建立在奴隶制国家简单经济基础上的,当时社会的基本经济单位是家族或家庭,罗马时期的家子没有权利能力,是因为他依靠家庭生活而不能成为独立的经济单位,而家父也并非独立经济体,其处分财产的权利被限制在善意的家族或家庭整体关系范围之内。同样,奴隶要依靠奴隶主来生活,也非独立的经济单位。古罗马的中后期,罗马人开始了贸易实践,在这种个人的频繁的基于商业目的而非共同体维系为目的的交往中,个人的经济存在作用逐渐突现出来,当他们在一定程度上成为经济体之后,就必然要有相应的权利能力。近代以来,人们普遍获得了权利能力,这是原有的作为社会经济细胞的家庭解体而个人成为经济交往的主体的表现。[①] 随着经济的进一步发展,团体成为更好满足人们的生活需求,实现人们的共同或集体利益的不可或缺的工具。为满足上述利益,就必须确立“利害关系人的财产和个人活动在空间及时间上的坐标”[②],要求团体成为独立于其成员个人的经济体,具有独立于成员人格的人格,拥有独立于成员财产的财产,能够以自己的名义从事经济活动并将其效果归于自身,能够以自己的名义和财产独立承担责任。团体成为独立的经济体,便也相应地获得了独立的权利能力,从而取得了独立的主体资格,法人制度由此确立。因此,法人得以取得权利能力的经济上的根源在于,商品经济的发展促使团体成为独立的经济体,相应的要求这些团体在社会生活中具有与其成员或财产相分离的独立的人格,能够独立担当法律关系。

(二)法人权利能力的社会基础

从社会意义上讲,权利能力意味着构成社会共同体的一个基本单元。古罗马是家庭的联合体,家庭是构成整个罗马社会的最小单元,家庭具有政治化的高度自治性。罗马家庭在法律上具有统一性和不可分的单一性,罗马法的法律主体单元到家庭为止,家庭内部并不在法律的视线之内。虽然家庭的外部表现和代表是家父,但家父的权力仅仅是一种表现家庭主体性内容的技术,受到家庭主体性的限制。[③] 随着个人价值的突现,以及个人主义的萌芽,家庭的主体地位不断削弱,家庭分裂,主体单元落实在个人,突破了原始团体的整体

---

① 张代恩:《民事主体权利能力研究》,中国政法大学2000年民商法博士论文,第103页。

② 澳门大学法学院:《民法总论》,法律翻译办公室1999年版,第143页。

③ 龙卫球:《民法总论》,中国政法大学出版社2000年版,第198页。

性局限,从法律上释放出个人的独立性,个人代替家族成为民法所考虑的单位。随着“社团”的产生和发展,罗马人认识到这种集合体是由数人组成的不依单个人及其交替变化为转移的真正的现实存在。这些团体在社会中的作用和其普遍存在越来越不容忽视。罗马社会的团体大致有以下几种:公众团体(国家、城市、乡村等)、宗教团体、慈善团体、商业团体、共同利益组织以及民间政治团体等。这些团体成为市民社会的日益重要的组成单位,要求在法律上能成为财产拥有者,能够像自然人一样的活动。罗马人把这些团体等同于人,赋予它以主体资格,享有独立承受法律关系的能力。团体而非构成团体的成员或财产成为社会的基本单元之一。法人权利能力制度正是确立了团体的社会单元的地位。

法人制度是近代以来最伟大的法学创造之一。自其产生以来,便以其独特的法学魅力引无数学者折腰,对法人制度的研究可谓热闹非凡,精彩纷呈,其中不少学说呈现出法学思维的精妙与严谨,足以启人心智。法人享有独立的权利能力是法人作为独立法律主体的标志,法人权利能力制度是法人制度中的重要内容。对法人权利能力制度的研究,有助于我们更深入地掌握私法主体理论,思考法人制度的价值,理解何以法人能够享有独立人格,澄清长期以来一些似是而非的观念,反思现实中法人权利能力制度设计的不足,从而更深入系统地理解法人的权利能力制度。本文从法人的概念入手来分析法人权利能力的内涵与产生的基础,对于法人权利能力作一个概括性的描述,今后会进一步关注这一制度,以形成更深层次的研究。

【指导性案例】

被诱使脱离监护的限制民事行为能力人侵权,如何确定民事责任

最高人民法院民一庭

一、案情简介

2009 年 3 月 4 日,刘某以其同居女友白恩秀之父母白某和廖某为被告起诉,请求白某和廖某承担被监护人白恩秀因伤害刘某之女致死给刘某造成的一切经济损失并赔偿其精神损害共计 50 万元。

白恩秀,女,34 岁,自 2004 年与刘某同居。2007 年 1 月,刘某与其前妻所生之女刘恬朗(17 岁)从寄宿学校放寒假回家,因琐事与白恩秀发生冲突。在双方扭打中白恩秀用水果刀将刘恬朗颈部刺伤,经医院抢救无效,刘恬朗死亡。后经司法精神病学鉴定,白恩秀为间歇性精神病人,作案时为发病期,无刑事责任能力,现仍住精神病院治疗。

二、法院裁判情况

某基层人民法院受理此案后,白某和廖某提出,白恩秀于 2006 年春节前与刘某登记结婚。刘某是白恩秀的丈夫,是其第一顺序法定监护人。刘某于婚前即得知白恩秀有间歇性精神病的情况,且白恩秀出事时正值其与刘某共同生活期间,故不应由其父母承担监护责任。

该院经审理查明:白恩秀家母系一方有精神病家族遗传病史。其女子容貌秀美,青春期始间歇性发病,表现为花痴类,但结婚后如婚姻美满,亦有可能不再发病。白恩秀的母系亲属中多有此种情况。白恩秀曾因婚姻问题致使精神病发作,几次住院治疗,在离婚诉讼中经司法精神病鉴定,被宣告为限制民事行为能力人,离婚后随其父母生活。2005 年,刘某认识白恩秀后,要求与之同居,白恩秀之父母亦认为再婚对治疗女儿的精神疾患会有帮助,因此,在将白恩秀的情况告知刘某后,见到刘某仍能善待白恩秀,遂默许两人同居生活,但要求刘某与白恩秀正式结婚。2007 年春节前,在白恩秀父母的一再催促下,刘某与白恩秀带着结婚证回家,告知白某夫妇两人已经登记结婚并宴请亲友。但实际上,结婚证是刘某花钱找人伪造的。2006 年,白恩秀发病在大街上追逐其他异性。刘恬朗得知后深感羞愤,

经常于回家休假时辱骂白恩秀为花痴,致双方关系紧张。但因刘恬朗平时上寄宿学校,在家时间不多,故刘某对此未予重视。

该院经审理认为,白恩秀为限制行为能力人,在其与刘某不存在婚姻关系的情况下,白恩秀的父母为其法定监护人。但刘某以伪造结婚证的办法欺骗白恩秀之父母,使其误以为白恩秀已经与刘某结婚,其监护责任随之转移给刘某。且白恩秀刺伤刘恬朗时,其与刘某共同生活,已经实际脱离了父母白某与廖某的监护,因此,不能要求白某与廖某承担民事责任。刘恬朗遇害时不满 18 岁,为未成年人,刘某作为父亲对其负有监护责任。刘某明知女儿与白恩秀之间存在矛盾,白恩秀又有精神疾患,却放任女儿与白恩秀单独相处,对刘恬朗致死亦应承担相应责任。故判决驳回了刘某的诉讼请求。

刘某不服一审判决,遂提起上诉。

二审法院审理后,最终判决支持了刘某的部分诉讼请求。

三、主要观点及理由

二审法院在审理中,对于白某与廖某是否应当就白恩秀伤害刘恬朗致死承担民事责任存在三种不同的观点。

第一种意见认为,根据《民法通则》第十七条之规定,无民事行为能力或者限制民事行为能力的精神病人,由下列人员担任监护人:(一)配偶;(二)父母;(三)成年子女……由于目前《婚姻法》并不承认事实婚姻,既然已经查明刘某与白恩秀并未登记结婚,刘某就不是白恩秀的法定监护人。白某和廖某作为白恩秀的法定监护人,没有尽到监护责任。根据《最高人民法院关于贯彻执行〈中华人民共和国民法通则〉若干问题的意见(试行)》第 22 条之规定,“监护人可以将监护职责部分或者全部委托给他人。因被监护人的侵权行为需要承担民事责任的,应当由监护人承担,但另有约定的除外;被委托人另有过错的,负连带责任。”故二人应对白恩秀的侵权行为承担责任。

第二种观点则认为,虽然刘某未与白恩秀登记结婚,二人属于同居关系。但刘某以欺骗的手段使廖某和白某误以为其已经与白恩秀登记结婚,白恩秀家亲友甚至邻居均知道白恩秀已经再婚。刘某的欺诈行为是廖某和白某放弃对白恩秀进行监护的原因,故廖某和白某不应当承担赔偿责任。

第三种观点则认为,既然我国法律不承认事实婚姻,廖某和白某作为白恩秀的父母就仍然是其监护人,应当承担监护责任。廖某和白某在明知女儿白恩秀属限制民事行为能力人的情况下,放任其与他人同居生活,且对其进行结婚(进行婚姻登记)这样明显与其行为能力不符的行为不加以干预,属于未尽到监护责任。但刘某诱使白恩秀脱离其法定监护人的监护,并用欺诈的手段,误导白恩秀的父母,使其误以为女儿已经结婚,刘某作为白恩秀之配偶,是其第一顺序监护人。故对限制民事行为能力人白恩秀侵权给他人造成的损失,应承担相应的民事责任。考虑到受害人刘恬朗未成年,刘某作为监护人放任其与白恩秀共同生活,没有尽到对刘恬朗的监护责任,因此,应减轻白恩秀法定监护人廖某和白某的责任。

我们认为,二审法院的第三种意见是正确的。《民法通则》第十三条第二款规定:“不能完全辨认自己行为的精神病人是限制民事行为能力人,可以进行与他的精神健康状况相适应的民事活动;其他民事活动由他的法定代理人代理,或者征得他的法定代理人的同意。”白恩秀为限制民事行为能力人,其父母白某和廖某为其法定监护人。我国法律设立监护制度的目的,主要是为了保护被监护人的人身、财产和其他合法权益不受侵害,同时,监护人也要承担管教被监护人的责任。《民法通则》第十条规定:“监护人的职责包括:保护被监护人的身体健康,照顾被监护人的生活,管理和保护被监护人的财产,代理被监护人进行民事活动,对被监护人进行管理和教育,在被监护人合法权益受到侵害或者与人发生争议时,代理其进行诉讼。”在被监护人因侵权行为给他人造成损失的情况下,关于监护人的责任,我国法律也有明确的规定。由于本案发生在《侵权行为法》实施之前,限制民事行为能力人造成他人损害,责任依据应当是《民法通则》第一百三十三条之规定:“无民事行为能力人、限制民事行为能力人造成他人损害的,由监护人承担民事责任。监护人尽了监护责任的,可以适当减轻他的民事责任。”在法律规定明确的情况下,正确处理本案的关键在于如何分析认定白恩秀的父母作为其法定监护人是否尽到了监护责任。

白恩秀是限制民事行为能力人,其监护人是其父母白某和廖某,因此,白某和廖某应当承担对白恩秀的监护责任。即使在得知白恩秀并未与刘某结婚的情况下,白某和廖某主张其因受欺诈误以为刘某与白恩秀结婚,监护权已经转移给刘某,故不应承担监护责任的主张也是不能成立的。

首先,白恩秀是限制民事行为能力人,依照法律规定,只能进行与其精神健康状态相适应的民事活动。而白恩秀的精神疾病,恰恰与其婚姻失败和与异性交往的病态需求有密切关系,且明显影响其对与之交往的异性的人品、性格、经济状况、是否适合与之缔结婚姻等问题作出正确的判断。白某和廖某明知白恩秀存在上述问题,却错误地以为只要女儿再结婚,病情就会好转。因此,见刘某喜欢白恩秀,就放任其与白恩秀同居,实际上使得白恩秀脱离了法定监护人的监护。虽然白某和廖某要求刘某与女儿白恩秀正式办理结婚登记手续,但没有对白恩秀进行结婚登记这样与其精神健康状态不符的重大民事行为进行代理,而是轻信了刘某的谎言和其伪造的结婚证,使限制行为能力人白恩秀彻底脱离了法定监护人的监护。白某和廖某对女儿白恩秀显然没有尽到监护责任,因此,在白恩秀侵害他人民事权益时,不能免责。

其次,造成白某和廖某对女儿白恩秀未尽到监护责任的重要原因之一,是刘某以欺诈手段诱使限制民事行为能力人白恩秀脱离法定监护人之监护,因此,刘某应对白恩秀侵害他人民事权益的行为承担民事责任。刘某明知白恩秀是限制民事行为能力的精神病人而与之同居,在白恩秀的父母一再要求二人结婚的情况下,伪造结婚证欺骗白某和廖某,使之误以为白恩秀已经与刘某结婚,刘某作为白恩秀的配偶是其第一顺序的监护人,从而放弃了对白恩秀的监护。刘某的行为实际上侵害了白某和廖某对女儿白恩秀的监护权。作为监护权的侵权人,反过来要求监护人承担监护责任,是不能得到支持的。用侵权损害赔偿的构成要件分析,刘某作为完全行为能力人,自其诱使限制民事行为能力人白恩秀脱离法定监护人的监护时起,就应当负起保护白恩秀不受来自他人的不法侵害和不为侵害他人合法权益的行为之责任。刘某自称其因与白恩秀并非夫妻,故没有监护白恩秀的法定义务的主张是不能成立的。根据侵权行为法理论,行为人的法定义务来源有几种:一是法律、行政法规的直接规定;二是来源于职务或职责的要求;三是因先前的民事行为导致其负有特定的注意义务。例如,带邻家未成年的孩子去游泳,则因此负有在游泳期间保护其安全的注意义务。刊载了因失实而侵害他人名誉的文章,在文章失实被证实后,就有义务应受害者的要求刊载更正声明。正是由于诱使无民事行为能力人或者限制民事行为能力人脱离法定监护人的监护与之共同生活,刘某就因此有义务保护白恩秀不受来自他人的不法侵害和不为侵害他人合法权益的行为。

第三,受害人刘恬朗为刘某之女,尚未成年。刘某作为其法定监护人,对刘恬朗有教育保护的责任。刘某明知刘恬朗与白恩秀关系紧张,且白恩秀为限制民事行为能力的精神病人,却放任刘恬朗单独与白恩秀相处,因此,刘恬朗被白恩秀伤害致死一事,与刘某未尽到对刘恬朗的监护责任是有直接关系的。刘某主张白恩秀的法定监护人承担全部责任是不能得到支持的。二审法院正是综合考虑到白恩秀之父母白某和廖某放任白恩秀与刘某同居生活,轻信刘某的谎言,放任白恩秀自己进行结婚登记这种与其精神健康状况不相符的民事行为,没有尽到法定监护人的监护责任和刘某使用欺诈的手段,诱使限制民事行为能力人白恩秀脱离法定监护人的监护,又没有负起保护监管白恩秀的责任以及对刘恬朗未尽到监护责任的过错两个方面的因素,对刘某提出要求白某和廖某赔偿物质损失的诉讼请求,判决部分支持。对于其请求精神损害赔偿,则未予以支持。

四、最高人民法院民一庭意见

虽然,目前我国法律对于 1994 年 2 月 1 日以后未办理结婚登记即以夫妻名义同居生活的,不再视为事实婚姻。同居者之间不具有夫妻间的权利义务关系。但一方在明知对方为限制民事行为能力人的情况下,诱使其脱离法定监护人的监护而与之同居,进而伪造结婚证,使用欺诈手段使监护人误以为被监护人已经结婚,监护权应由其配偶行使的情况下,对于被监护人出现的侵害他人民事权益的后果,应当承担主要责任。其法定监护人在行使监护权过程中有过错的,亦应承担部分民事责任。受害的未成年人的监护人未尽到监护责任的,亦应作为减轻加害人的法定监护人之责任的因素予以考虑。

(执笔人:最高人民法院民一庭　韩　玫)

生效判决确认债权的受让人是否享有对生效判决的申请再审权

最高人民法院民一庭

一、案情简介

1998 年 7 月 21 日,甲银行与进出口公司签订《借款合同》,约定甲银行贷款给进出口公司 2700 万元。同日,甲银行与乙公司签订《贷款抵押合同》,约定乙公司以其房产为进出口公司 2700 万元贷款提供抵押。甲银行依约发放了贷款,约定抵押房屋办理了抵押登记手续。贷款逾期后,进出口公司未还款。甲银行将上述贷款债权及担保权益转让给资产管理公司。2000 年 1 月,资产管理公司向人民法院提起诉讼,请求判令:1. 进出口公司偿还贷款本金 2700 万元及利息;2. 依法处置乙公司的抵押房产优先受偿。

二、法院裁判情况

一审法院认为,甲银行与进出口公司签订的《借款合同》依法有效。甲银行与资产管理公司签订《债权转让协议》,将对进出口公司享有的借款本金 2700 万元及利息的债权转让给资产管理公司,并依法通知债务人。该债权转让行为符合法律规定,应认定有效。进出口公司未依约还本付息构成违约,应承担返还款项及利息的民事法律责任。

甲银行与乙公司签订的《贷款抵押合同》实际办理了抵押登记手续,应确认抵押有效。资产管理公司要求处置抵押的房产予以优先受偿的诉讼请求符合法律规定,应予支持。判决:1. 进出口公司于判决生效后十日内返还甲银行 2700 万元及利息 2709706. 27 元;2. 资产管理公司在判决生效后十日内有权依法以折价方式或者申请变卖、拍卖乙公司提供的抵押房产,从所得价款优先受偿 2700 万元及利息 2709706. 27 元。

乙公司不服一审判决提起上诉称,乙公司与甲银行签订的《贷款抵押合同》并非该公司的真实意思表示,应认定无效。

二审法院经审理认为,乙公司作为《抵押贷款合同》的财产抵押人,其担保的意思不真实,担保行为不具备有效要件,乙公司上诉请求免除担保责任予以采纳。判决:1. 维持一审判决第一项;2. 撤销一审判决第二项;3. 驳回资产管理公司对乙公司的诉讼请求。

上述二审判决生效后,资产管理公司委托拍卖公司拍卖其依照上述终审判决所涉《借款合同》对进出口公司享有的贷款债权,依照《贷款抵押合同》对乙公司享有的担保权。林某竞买上述债权。资产管理公司、林某在某日报上刊登《债权转让公告》,称根据资产管理公司与林某签订的《债权转让协议》,资产公司已将依法享有的对下列借款人和担保人的债权及担保权利依法转让给林某,现以公告方式通知借款人和担保人。借款人载明为进出口公司,担保人为乙公司。

林某受让上述债权后,向人民法院申请再审,称其为资产管理公司债权的合法受让人,请求:1. 撤销二审判决第二项、第三项;2. 依法进行再审,确认乙公司以其抵押房产为进出口公司所欠债务提供抵押担保有效,并承担抵押担保责任。

受理再审法院审查认为,《最高人民法院关于适用〈中华人民共和国民事诉讼法〉审判监督程序若干问题的解释》第四十一条规定:"民事再审案件的当事人应为原审案件的当事人。原审案件当事人死亡或者终止的,其权利义务承受人可以申请再审并参加诉讼。"上述司法解释规定表明,生效裁判文书确定的当事人享有申请再审的权利,该权利行使主体具有特定性,不得转让。除申请再审人死亡或者终止,其权利义务承受人方能替代当事人行使继续申请再审或者申诉权利。法定的权利义务承受人之外的其他人员,在不具备上述司法解释第五条规定情形外,不具有申请再审主体资格。上述司法解释第五条规定:"案外人对原判决、裁定、调解书确定的执行标的物主张权利,且无法提起新的诉讼解决争议的,可以在判决、裁定、调解书发生法律效力后二年内,或者自知道或应当知道权利被损害之日起三个月内,向作出原判决、裁定、调解书的人民法院的上一级人民法院申请再审。"在本案中,资产管理公司作为二审生效民事判决的当事人,将该案所涉债权转让给林某,林某不属于上述司法解释规定的法定权利义务承受人,无权替代资产管理公司行使申请再审,亦不属于享有申请再审权的法定案外人,无权以自己名义申请再审。林某以受让资产管理公司债权为由,申请对二审判决进行再审,缺乏法律依据。裁定:驳回林某的再审申请。

三、主要观点及理由

林某能否基于受让生效判决确认的债权享有对该生效判决申请再审的权利,是本案再审涉及的主要法律适用问题。

对于上述问题,再审审理中主要有两种观点:

第一种观点认为,实体权利的转让是权利人的处分行为,是权利人的自由,只要不是法律禁止转让的权利,无论是在诉讼程序之外,还是在诉讼程序(指广义的诉讼,不仅包括审理裁判争议的程序,还包括强制实现争议权利的执行程序)中,权利人都可以转让实体权利。既然受让人获得了该实体权利,也就同样获得了权利实现的手段和程序保障。民事诉讼是解决民事权利义务纠纷的过程,在诉讼程序中,如果权利人转让实体权利,其诉讼权利并不因其实体权利的转让而归于消灭,而是可以由其继续行使或者变更为权利受让主体行使,即权利受让人可以获得与其受让的实体权利相应的程序权利。《最高人民法院关于金融资产管理公司收购、处置银行不良资产有关问题的补充通知》第三条规定:"金融资产管理公司转让、处置已经涉及诉讼、执行或者破产等程序的不良债权时,人民法院应当根据债权转让协议和转让人或者受让人的申请,裁定变更诉讼或者执行主体。"上述规定表明,我国对于当事人在诉讼过程中转让诉争债权的,对受让人诉讼地位确定上采用诉讼承受主义,[①]即诉讼过程中当事人转让债权,债权受让人可以向人民法院请求变更诉讼主体,原转让债权的当事人享有的诉讼权利,转由债权受让人享有。按照同样的原则,转让权利人对生效裁判文书享有的申请再审权利亦不因生效判决确认的债权转让而消灭,该权利可以转由债权受让人享有。在本案中,林某基于受让的债权享有对生效判决申请再审的权利。

第二种观点认为,实体权利的转让是权利人的处分行为,涉及该实体权利的纠纷是否处于诉讼程序中,均不影响权利人行使转让实体权利的处分权。但在当事人就实体权利提起的纠纷已经被人民法院受理,诉讼程序被启动后,当事人转让债权的,受让人诉讼地位如何确定,法律并无明确规定。在法律无明确规定情形下,应当认定转让债权当事人就该纠纷享有的诉讼权利不得转让,即在受让人诉讼地位的确定上应当适用德国法为代表的当事人恒定主义。[②] 同理,当事人转让生效判决确认的债权,原审当事人对生效判决享有的程序上的权利,包括申请再审及申诉的权利,亦不能随实体权利转让受让人。最高人民法院有关金融资产管理公司收购、处置银行不良资产有关问题的司法意见,是最高人民法院为配合国家保护国有资产,维护金融市场安全而采用的特殊司法保护政策,并非司法解释,不能扩大适用。依照相关司法解释规定,对生效判决享有申请再审或者申诉的权利主体,限定在原审判决确定的当事人。只有符合法律规定情形时,原审当事人的权利义务承受人方能替代原审当事人再审申请人,法定案外人方能对生效判决申请再审。在本案中,林某并非资产管理公司的权利义务承受人,亦非法律规定的可以享有申请再审权利的案外人,其无权对生效判决申请再审。

笔者同意上述第二种观点。

生效判决所确认的债权与未通过判决确认的债权之间的差异,主要在于通过判决所确

---

① 《日本民事诉讼法》采诉讼继受主义的观点,即在民事诉讼中承认原当事人的诉讼对实体继受人有实质的联系,承认继受人与原当事人进行的诉讼所解决的纠纷有同一性,而且许可继受人参加诉讼。在对方当事人同意的情况下,原当事人可以退出诉讼,由继受人继续进行诉讼,但判决效力及于原当事人。承继人包括两类:一类是一般承继人,指诉讼系属后,因为当事人死亡或者法人消灭而概括承继原当事人权利义务的人;另一类是特定承继人,即不是因为原当事人死亡或法人消灭概括性地承继原当事人的诉讼地位,而是基于特定法律行为(例如基于买卖或赠与等行为),或者法院的执行(例如拍卖等),或者法律的规定(例如代位清偿等)而承继其权利义务。

② 当事人恒定主义,是指诉讼系属后不再考虑当事人的变动问题,而是赋予原当事人对新权利人的权利义务有诉讼实施权,完成诉讼程序,而判决的效力同样及于承担人的一种方式。这种方式不承认实体权利义务的主体变动给已经系属诉讼的诉讼主体带来变动,以保证诉讼当事人恒定和诉讼程序的稳定性。但德国法上的当事人恒定主义并不是绝对的,而是有条件地认可了诉讼承担,确立了继受人参加前事主的诉讼的要件,作为禁止继受人参加前事主诉讼的例外:第一,诉讼系属后,原则上当事人一方或他方仍有转让系争物或移转其所主张的请求权的权利,虽然这种转让或移转对诉讼不生影响,但是如果对方当事人同意,承继人则有权并有义务代替原权利人作为主当事人而承担诉讼。第二,就土地有所请求的权利存在与否。附着于土地上的义务的存在与否、在已经登记的船舶或建造中船舶上的义务的存在与否的诉讼,在占有人与第三人之间发生诉讼系属,如果土地或船舶已经转让,承继人在诉讼的现有程度内有权作为主当事人而承担诉讼。在继受人承担诉讼的情况下,继受人参加诉讼的判决对原事主有效。

认的债权已被赋予了司法上的既判力和强制执行力,属于特定债权。出于保护权利人对实体财产处分权的意思自治,保障交易自由,适应商品市场经济高效快捷运转需求,世界各国法律均允许转让债权。甚至对于诉讼系属①中,也允许债权人转让其债权。因此,被生效判决确认的债权,没有法理及法律规定依据禁止其转让。但受让人受让生效判决确认债权后其权利如何保护,法律并无明文规定。生效判决对原审当事人权利的保护主要体现在两个方面:一是从既判力角度赋予原审当事人对生效判决申请再审的程序性权利;二是从判决执行力角度赋予原审当事人申请执行具有给付义务的生效判决。笔者从上述两个方面,阐述受让人权利的保护问题。

(一)适格申请再审人的认定

《民事诉讼法》第一百七十八条规定:“当事人对已经发生法律效力的判决、裁定,认为有错误的,可以向上一级人民法院申请再审,但不停止判决、裁定的执行。”《最高人民法院关于适用〈中华人民共和国民事诉讼法〉审判监督程序若干问题的解释》第五条规定:“案外人对原判决、裁定、调解书确定的执行标的物主张权利,且无法提起新的诉讼解决争议的,可以在判决、裁定、调解书发生法律效力后两年内,或者自知道或应当知道利益被损害之日起三个月内,向作出原判决、裁定、调解书的人民法院的上一级人民法院申请再审。”第四十一条规定:“民事再审案件的当事人应为原审案件的当事人。原审案件当事人死亡或者终止的,其权利义务承受人可以申请再审并参加诉讼。”上述法律规定及司法解释的规定表明,适格的申请再审人包括以下情形:(1)原审案件的当事人;(2)原审案件当事人死亡或者终止的,其权利义务的承受人。(3)法定案外人,即对原判决、裁定、调解书确定的执行标的物主张权利,且无法提起新的诉讼解决争议的案外人。上述申请再审权利主体中并没有包括生效判决确认债权的受让人,即原审当事人转让生效判决确认的债权,其对生效判决享有的申请再审的权利,并不能转由受让人享有。具体到本案中,林某虽然受让了资产管理公司转让的债权,但资产管理公司依法对确认债权的生效判决所享有的申请再审等程序性权力,依法不能由受让人承受,林某不能基于债权受让行为成为原审案件当事人并享有申请再审的权利。《最高人民法院关于判决生效后当事人将判决确认的债权转让债权受让人对该判决不服提出再审申请人民法院是否受理问题的批复》规定,判决生效后当事人将判决确认的债权转让,债权受让人对该判决不服提出再审申请的,因其不具有申请再审人主体资格,人民法院应依法不予受理。上述批复意见中表明的意见即为本案例采纳的观点。

(二)债权受让人权利的保护

有观点认为既然受让人获得了生效判决确认债权这一实体权利,那么也就同样获得了权利实现的手段和程序保障。生效判决所确认的权利与未通过判决确认的权利之间的差

---

① 诉讼系属是指诉讼存在于法院的事实状态,具体而言,是指特定当事人之间的特定请求,已在某个人民法院起诉,现存在于法院而成为法院应当终结的诉讼事件之状态。

异仅在于通过判决所确认的权利已被赋予了司法上的既判力和强制执行力,从判决的既判力角度看,当事人不得就已经确认的权利再行争执,不得再向法院要求进行裁判,这是判决既判力对法院和当事人约束作用。同时,生效判决如果属于具有给付内容的判决,则还具有了执行力,在义务人不主动履行义务时,权利人可要求法院予以强制执行。但作为实体权利本身没有变化,不同的是后者具有了可强制执行性。受让人获得的权利与转让的权利是同一的,也就是法院已经确认的权利,因此,也应当具有可执行的程序保障,即生效判决的执行力主体范围扩张至债权受让人。① 执行程序上的保障不是转让人(原审当事人)转让给受让人的,而是受让人基于受让的实体权利被生效判决确认,赋予强制执行效力而取得。

最高人民法院处理金融机构处分不良债权的司法文件中体现了上文的观点。《最高人民法院关于金融资产管理公司收购、处置银行不良资产有关问题的补充通知》第三条规定:"金融资产管理公司转让、处置已经涉及诉讼、执行或者破产等程序的不良债权时,人民法院应当根据债权转让协议和转让人或者受让人的申请,裁定变更诉讼或者执行主体。"上述规定表明通过金融资产管理公司转让获得债权的第三人受让生效判决确认的债权后,通过扩张判决执行力的主体来保护其权利。从国外的相关制度和理论来看,与我国司法对经融机构处分不良资产采用的制度相同,原则上判决的执行力所涉及的主体范围以判决中所载明的当事人为限,既包括判决中载明的权利人,也包括判决中载明的义务人。但同时也认可在可执行的判决生效后,判决中载明的当事人因丧失民事权利能力或发生其他原因导致主体发生变化时,判决的执行力及于承继该权利义务的主体,称为判决效力的主体扩张。这其中包括了第三人作为受让人受让判决所确认的实体权利的情形,当受让人获得出让的实体权利后,便获得了相应的执行权利,包括强制执行的申请权以及在执行过程中因执行根据中实体权利的转让,而成为执行的权利人。《日本民事执行法》第23条专门规定了能够强制执行的人的范围,该条第1款规定,基于执行证书以外的债务人名义的强制执行可以对于或者为了下列的人而实施:(1)债务名义所表示的当事人;(2)债务名义所表示的当事人为他人而成为当事人的该他人;(3)前两项所列举的人的债务名义成立后的承继人(有前条第2项或者第六号所列举的债务名义时,其口头辩论终结后承继人)。该条第2款规定,基于执行证书的强制执行,可以对于或者为了执行证书所表示的当事人或者执行证书作成后当事人的承继人。② 在本案中,林某虽然不能对生效判决申请再审,但其可以依照《最高人民法院关于金融资产管理公司收购、处置银行不良资产有关问题的补充通知》的规定,申请执行生效判决。

对于在转让债权主体并非金融资产管理公司情形下,受让人是否也可以参照上述司法文件享有对生效判决的申请执行权,法律及司法解释并无规定。如果通过扩张生效判决效

---

① 张卫平:《判决执行力主体范围的扩张——以实体权利转让与执行权利的获得为中心》,载《现代法学》2007年第5期。

② 张卫平:《判决执行力主体范围的扩张——以实体权利转让与执行权利的获得为中心》,载《现代法学》2007年第5期。

力,将执行主体扩展到债权受让人,对债权转让效力、受让人资格的审查采用何种程序,由哪一主体承担,缺乏法律及司法解释的指引。在此情形下,人民法院对该问题应当采取慎重的态度。笔者认为,在缺乏法律规定情形下,不宜扩大适用最高人民法院有关处理金融机构处分不良债权的规定。

四、最高人民法院民一庭意见

最高人民法院民一庭认为,依法就生效判决享有申请再审的权利主体应为原审当事人及其权利义务承受人、法定案外人。生效判决确认债权的受让人并非原审当事人,不是适格的申请再审人。

(执笔人:最高人民法院民一庭　关　丽)

房屋抵押权存续期间,出卖人(抵押人)未经抵押权人同意签订房屋买卖合同的效力及履行

最高人民法院民一庭

一、案情简介

2008年12月2日,郑某(甲方)与王某(乙方)签订《房屋买卖合同》,约定甲方将位于北京市丰台区的一套房屋卖与乙方,房屋成交价格为255万元,定金30万元。合同第一条第四款约定:该房屋已经设定抵押,抵押权人为中国银行某支行。第四条第二款约定:乙方在签订本合同50个工作日内交付甲方部分购房款145万元,剩余房款80万元于该房产办理转移登记手续时交付。第七条第二款约定:乙方如未按照本合同第四条规定付款方式付款,甲方对乙方逾期付款行为有权追究违约责任。每逾期1日,乙方应支付甲方逾期款项的千分之三作为延期付款的违约金。逾期超过10个工作日,甲方有权解除本合同,乙方所付定金不予返还。第十条约定:签订本合同时乙方支付甲方购房定金30万元,甲、乙双方交接房屋、钥匙时支付110万元房款,剩余部分35万元于50个工作日内补齐。2008年12月2日,王某向郑某支付购房定金30万元。其后,王某于2008年12月5日至2009年3月5日分五次向郑某支付购房款145万元,剩余房款80万元未付。2008年12月5日,郑某将涉案房屋交付王某使用至今。

2010年1月6日,郑某以王某未按时交付购房余款和办理房屋产权过户手续构成违约为由,向王某邮寄函件,通知解除双方签订的房屋买卖合同,退还涉案房屋钥匙并还原房屋原来设施。

郑某于2009年3月29日取得涉案房屋的《房屋所有权证书》,在《房屋所有权证书》附记中显示:该房屋已抵押,抵押日期为2009年5月14日。该处房屋的抵押权人为中国银行某支行。截至2010年4月8日,该处房屋仍欠第三人中国银行某支行本息共计1262115.28元。庭审中,郑某表示《房屋买卖合同》已经依法解除,而王某表示希望继续履行《房屋买卖合同》,并且同意代郑某清偿所欠银行的贷款。

原告王某以郑某违反合同约定拒绝办理房屋过户手续为由,起诉至法院,要求郑某继续履行合同,立即办理涉案房屋所有权过户手续,并承担本案的诉讼费用。

被告郑某辩称,其依照《房屋买卖合同》全面履行了自己的合同义务。合同签订后,郑某依约交付房屋,并在取得房屋产权证后及时交付给王某,但王某一直未支付剩余购房款,

也不去申请贷款,构成违约,郑某已发函通知解除合同。并且,双方签订房屋买卖合同未取得抵押权人中国银行某支行的同意,违反了物权法的强制性规定,合同无法继续履行。请求法院驳回王某的全部诉讼请求。并反诉要求确认《房屋买卖合同》已经解除、限期王某返还房屋,郑某退回部分购房款,王某支付的 30 万元定金不予返还,诉讼费由王某承担。

第三人中国银行某支行辩称,涉案房屋是在我行贷款,并已办理抵押登记。只要能偿还我行借款,我方同意在还清借款的情况下,办理解除抵押手续。

二、法院裁判情况

法院经审理认为,王某与郑某签订的《房屋买卖合同》系双方当事人真实意思表示,内容未违反法律、行政法规强制性规定,为有效合同,双方当事人应按合同约定全面履行各自义务。现郑某主张《房屋买卖合同》已经依法解除,但并未向法院提交充足的证据予以佐证,故不予支持。依据《中华人民共和国物权法》第一百九十一条第二款"抵押期间,抵押人未经抵押权人同意,不得转让抵押财产,但受让人代为清偿债务消灭抵押权的除外"之规定,因庭审中王某明确表示愿意代为清偿银行的贷款用以消灭中国银行某支行的抵押权,故王某与郑某签订的《房屋买卖合同》符合法律规定,应为有效合同。王某关于继续履行《房屋买卖合同》、办理房屋过户手续的诉讼主张,符合合同约定,予以支持。对于王某代为清偿第三人中国银行某支行涉案房屋贷款额超出剩余房款 80 万元的部分,王某可另行主张由郑某予以返还。遂判决:一、王某于本判决生效之日起九十日内一次性向第三人中国银行某支行清偿涉案房屋贷款,贷款清偿完毕后中国银行某支行协助王某办理房屋抵押权注销登记手续。二、郑某继续履行《房屋买卖合同》约定的合同义务,在房屋抵押权注销登记后,协助王某办理本涉案房屋所有权过户登记手续。三、驳回郑某的反诉请求。

判决后,双方当事人均未提出上诉,判决已经生效。

三、主要观点及理由

本案的争议焦点在于房屋抵押权存续期间,抵押人未经抵押权人同意,对外签订的房屋买卖合同是否有效以及如何履行的问题。

《物权法》第一百九十一条第二款规定:"抵押期间,抵押人未经抵押权人同意,不得转让抵押财产,但受让人代为清偿债务消灭抵押权的除外。"本案争议主要涉及对该规定应当如何理解,司法实践中有以下观点:

第一种观点认为,抵押人未经抵押权人同意签订的房屋买卖合同绝对无效。《担保法》第四十九条规定:"抵押期间,抵押人转让已办理登记的抵押物的,应当通知抵押权人并告知受让人转让物已经抵押的情况。"依该规定,抵押人转让抵押物对抵押权人仅负有通知义务。而《物权法》对抵押财产的转让作了更为严格的限制性规定,抵押人转让抵押财产必须征得抵押权人的同意。该规定的现实意义在于从我国目前抵押权行使和实现的现状来看,如果允许抵押人随意转让抵押物,会极大地增加抵押权人追索抵押物的难度,从而加大抵押权人实现债权的风险,因此,法律在保护抵押权人权利和促进市场流转之间,更侧重保护抵押权人的利益。对于未经抵押权人同意签订的房屋买卖合同,直接否认其私法上的效力,转让合同无效,以实现对抵押权人利益进行特别保护的立法目的。当然,如果抵押人在签订房屋买卖合同后清偿债务或者受让人代为清偿债务消灭抵押权的,可以补正转让合同的效力瑕疵,转让合同有效。

第二种观点认为,抵押人未经抵押权人同意签订的房屋买卖合同属于相对特定第三人无效的合同。《物权法》第一百九十一条第二款的规定属于授权第三人规范,抵押人未经抵押权人同意签订的房屋买卖合同,只侵害抵押权人的利益,不涉及社会公共利益,属于相对抵押权人无效的合同。如果抵押权人主张房屋买卖合同无效的,法院应当认定房屋买卖合同相对于抵押权人无效,抵押权人未主张的,法院不得主动援引该规定认定合同无效。并且,房屋买卖合同在买卖双方之间以及相对于除抵押权人之外的第三人均是有效的,买卖双方依据《物权法》的该规定主张合同无效的,不应支持。

第三种观点认为,抵押人未经抵押权人同意签订的房屋买卖合同有效,买受人可以取得抵押房屋的所有权,但抵押权人可以对抵押房屋行使抵押权的追及力,实现对抵押房屋的优先受偿。主要理由有:(1)依民法理论,抵押权为支配抵押物交换价值的权利,属于价值权。抵押权人享有的只是在债务人不能清偿到期债务时,就抵押物拍卖、变卖的价金优先受偿的权利,而不是抵押物的处分权,对于抵押人不妨碍抵押物交换价值的处分行为,也无权进行干预。抵押人仍是抵押物的所有权人,有权将抵押物自由转让给他人。但为保护抵押权人的权利,抵押权人应当对抵押物享有追及权,追及抵押物的所在,就抵押物行使抵押权优先受偿。此为各国法律之通例。(2)《最高人民法院关于适用〈中华人民共和国担保法〉若干问题的解释》第六十七条规定:“抵押权存续期间,抵押人转让抵押物未通知抵押权人或者未告知受让人的,如果抵押物已经登记的,抵押权人仍可以行使抵押权;取得抵押物所有权的受让人,可以代替债务人清偿其全部债务,使抵押权消灭。受让人清偿债务后可以向抵押人追偿。如果抵押物未经登记的,抵押权不得对抗受让人,因此给抵押权人造成损失的,由抵押人承担赔偿责任。”依该规定,抵押人未经抵押权人同意签订的房屋买卖合同是有效的,买受人有权要求出卖人为其办理房屋转移登记手续,对于抵押物已经登记的,抵押权人可以通过行使抵押权的追及力就抵押物优先受偿。该司法解释在《物权法》出台后并未被废止,因此仍应当适用。

第四种观点认为,未经抵押权人同意并不影响房屋买卖合同的效力,当事人以此为由主张合同无效的,不应支持。在买受人代为清偿债务消灭抵押权前,买受人实际无法办理房屋所有权转移登记手续,合同构成履行不能,买受人有权解除合同,并要求出卖人承担相应的违约责任。

以上四种观点均有一定的道理,我们倾向于第四种观点。主要理由为:

1.《物权法》第一百九十一条第二款规定中的“不得转让抵押财产”可以理解为不能发生抵押物的物权变动,但不影响抵押物转让合同的效力。退一步讲,假使将该规定作为法律的强制性规定,也不宜理解为效力性的强制规范,违反该规定不影响转让合同的效力,只对合同能否继续履行、买受人能否办理房屋所有权转移登记产生影响。

2. 从实践中看,房屋买卖双方在签订合同时往往对于房屋是否设定有抵押权是清楚的,双方在合同中一般都约定由买受人支付首付款以消灭抵押权,如果双方严格依据合同约定履行,合同是能够继续履行的,当事人主张合同无效多是因房屋价格波动利益驱动所致。因此,认定合同有效符合合同自由和诚实信用原则。

3. 在解释上,《物权法》不承认抵押权的追及力①,在买受人未代为清偿债务消灭抵押权,从而无法取得抵押房屋所有权的情况下,在制度设计上赋予买受人主张有效合同解除的违约责任,比让买受人主张合同无效的缔约过失责任,更有利于保护善意买受人的利益。

关于买受人要求继续履行房屋买卖合同,办理抵押房屋所有权转移登记手续应当如何处理?

1. 在房屋买卖合同约定的履行期限届满时,出卖人仍未取得抵押权人的同意,也未向抵押权人清偿债务消灭抵押权的情况下,依据建设部《房屋登记办法》第三十四条的规定,抵押期间,抵押人转让抵押房屋的所有权,申请房屋所有权转移登记的,应当提交抵押权人同意抵押房屋转让的书面文件。因此,未经抵押权人书面同意,出卖人与买受人共同申请办理房屋所有权转移登记手续,房屋登记机关是不予办理的,由于出卖人无法履行为买受人办理房屋所有权转移登记的义务,合同无法继续履行,构成法律上的履行不能,买受人签订合同的目的无法实现,买受人有权解除合同,并要求出卖人承担相应的违约责任,违约责任的承担根据《合同法》的相关规定,综合考虑买受人所受损失、双方的过错程度及合同履行情况等因素予以确定。买受人要求继续履行合同,办理房屋所有权转移登记的,法院应当向买受人释明,告知其变更诉讼请求,经释明后买受人坚持不变更的,应驳回其诉讼请求。

2. 依据《物权法》第一百九十一条第二款的规定,买受人代为清偿债务消灭抵押权的,房屋买卖合同应当继续履行。买受人作为与债务清偿有利害关系的人,主张代抵押人(出卖人)清偿债务,不损害抵押权人的利益,抵押权人不得拒绝。并且,买受人代出卖人清偿债务后,在清偿债务限度范围内取得了对出卖人的债权,其可以行使抵销权,与其尚欠出卖人的购房款相互折抵。因此,法院可以判决买受人直接代出卖人向抵押权人清偿债务消灭抵押权,再将该部分款项从未付购房款中予以扣除,待抵押权消灭后出卖人再为买受人办理房屋所有权转移登记手续。

四、最高人民法院民一庭意见

房屋抵押权存续期间,出卖人(抵押人)未经抵押权人同意转让抵押房屋的,不影响房屋买卖合同的效力。出卖人在合同约定的履行期限届满时仍未履行消灭抵押权的义务,致使买受人无法办理房屋所有权转移登记,买受人可以请求解除合同。买受人同意并能够代为清偿债务消灭抵押权的,抵押权人应当协助办理抵押注销登记,出卖人应当在抵押权消灭后为买受人办理房屋所有权转移登记手续。

(执笔人:北京市第二中级人民法院民六庭　左　峰
北京市高级人民法院民一庭　陈　旻)

① 胡康生主编:《中华人民共和国物权法释义》,法律出版社 2007 年版,第 417～418 页。

农村“五保户”因交通事故等侵权行为致死获赔的死亡赔偿金应归谁所有

最高人民法院民一庭

一、案情简介

苏某未婚、无子女、父母亲亡故,仅有一姐姐与其住同村。其于 1999 年入住所在乡敬老院。2009 年 8 月 10 日,苏某等人乘坐乡敬老院雇佣的小客车外出,途中与一辆轿车相撞,造成两辆车上包括苏某等八人死亡的特大交通事故。交警部门认定,轿车司机承担事故的全部责任。经苏某姐姐、乡敬老院与责任方协商达成赔偿协议,由责任方除赔偿丧葬费外,另赔偿死亡赔偿金 9 万元。责任方将此款汇入交警队账户。苏某的姐姐与乡敬老院就该笔死亡赔偿金应归谁所有发生争议,诉至法院。

苏某姐姐诉称:死亡赔偿金不是遗产,是侵权方对苏某的近亲属的赔偿。被告乡敬老院主张以遗产为由归其所有无事实依据,故该笔死亡赔偿金应归其所有。

乡敬老院辩称:苏某是乡敬老院的院民,一直由乡敬老院供养,属于农村“五保户”,死亡赔偿金应由代表院民的乡敬老院来主张权利。另外,法律规定死亡赔偿金是对死者未来利益损失的赔偿,受偿人应是和死者一起生活的家庭成员,分配原则应根据与死者有无扶养关系、生活来源确定,所以本案死亡赔偿金应全部归乡敬老院的院民。苏某于 1999 年入住敬老院后与原告没有任何扶养关系,苏某生前患病都是由院民互相照顾,原告逢年过节也未曾接过苏某。所以原告的诉讼请求不应得到支持。

二、法院裁判情况

一审法院认为,死亡赔偿金不是遗产,不能按继承来处理。根据民法权利义务对等、公序良俗原则及经济依赖关系,乡敬老院应分得相应的死亡赔偿金。一是因为苏某是由乡敬老院供养的“五保户”,其自 1999 年入住乡敬老院后,一直都由敬老院供养,原告未尽扶养义务,根据权利义务对等和公平原则,死亡赔偿金全部归原告所有有悖于民法原则和立法精神。二是从公序良俗角度出发,应弘扬“老有所养”的民族传统,倡导社会化“养老”,对“五保户”的实际供养人也应分得相应死亡赔偿金。三是要充分考虑死者近亲属与死者生活的紧密度、经济依赖度。而本案苏某作为“五保户”,虽然与原告是近亲属,但是十余年一直未共同生活,更缺少经济依赖度,所以,很难认定苏某的死亡造成原告未来收入的减少,苏某十余年一直在乡敬老院生活,敬老院为此支付一定的供养费用。因此,敬老院应分得部分死亡赔偿金。

综上,一审法院判决:汇入交警队账户的9万元死亡赔偿金,苏某的姐姐和乡敬老院各应分得45000元。

苏某的姐姐和乡敬老院均不服一审判决,提起上诉。

二审法院经审理认为,死亡赔偿金的性质是对死者未来收入损失的赔偿,是对死者家庭收入减少的一种补偿性赔偿,本案中苏某作为特殊的群体,虽然没有生活来源,无收入,但按照国家规定对农村"五保户"的供养已纳入到社会保障体系,由地方政府拨款,敬老院属于公益事业,死亡赔偿金不应归其所有。且根据《最高人民法院关于审理人身损害赔偿案件适用法律若干问题的解释》第一条第二款的规定,"赔偿权利人"是因侵权行为或者其他致害原因直接遭受人身损害的受害人、依法应由受害人承担扶养义务的被扶养人以及死亡受害人的近亲属,乡敬老院不属于赔偿权利主体的范围。因此,从死亡赔偿金的性质分析,该笔死亡赔偿金应归苏某的近亲属即本案原告所有。

综上,二审法院依法判决:(1)撤销一审判决;(2)汇入交警队账户的9万元死亡赔偿金应全部归苏某的姐姐所有。

三、主要观点及理由

本案的争议焦点是农村"五保户"死亡赔偿金的归属问题,其实质就是农村"五保户"死亡赔偿金的请求权主体。对此,主要有两种观点:一种观点认为,乡敬老院对农村"五保户"的死亡赔偿金可以分得适当份额。主要理由是根据民法权利义务对等和公序良俗原则以及实际的经济依赖关系,死者自1999年入住乡敬老院以来,一直由敬老院供养,苏某姐姐并未与其共同生活,亦未尽扶养义务,出于公平的考虑,乡敬老院作为死者实际供养人,也应分得相应份额,以期更妥适地平衡各方利益关系。

另外一种观点认为,该笔死亡赔偿金应归苏某姐姐所有。理由主要是:《侵权责任法》第十八条规定,被侵权人死亡的,其近亲属有权请求侵权人承担侵权责任。因此,死亡赔偿金的请求权主体只能是死者的近亲属。根据民法通则司法解释中关于近亲属的界定,苏某的姐姐应是唯一的请求权主体。

上述两种观点,我们同意第二种观点。理由如下:

(一)从农村五保供养的性质及敬老院的职能看,死亡赔偿金不应归属乡敬老院

从五保供养的历史沿革看,五保供养是我国农村一项传统社会救助工作。从1956年6月一届全国人大三次会议通过《高级农业生产合作社示范章程》提出建立这一制度起,迄今已有五十余年发展历程。最开始开展的农村五保供养工作依托农民集体,主要保障农村无劳动能力、无生活来源、无法定赡养、扶养、抚养义务人的老年人、残疾人和未成年人的基本生活。1994年国务院颁布《农村五保供养工作条例》,明确规定五保供养为农村集体福利事业,并且基本剥夺了五保人员对自己个人合法财产的处分权利。其中第十一条规定:五保

供养所需经费和实物,应当从村提留或乡统筹费中列支,不得重复列支;在有集体经营项目的地方,可以从集体经营的收入、集体企业上交的利润中列支。第十八条规定:五保对象的个人财产,其本人可以继续使用,但是不得自行处分;其需要代管的财产,可以由农村集体经济组织代管。第十九条规定:五保对象死亡后,其遗产归所在的农村集体经济组织所有,有五保供养协议的,按照协议处理。

由于农村税费体制改革,我国农村取消了村提留和乡统筹,五保供养经费出现困难。2006 年国务院颁布新的《农村五保供养工作条例》,其中最大的修改之处和亮点就是修改有关农村五保供养资金渠道,明确今后"农村五保供养资金,在地方人民政府财政预算中安排","中央财政对财政困难地区的农村五保供养,在资金上给予适当补助"。这一规定将农村最困难群众纳入了公共财政的保障范围,实现了五保供养从农村集体内部的互助共济体制向国家财政供养为主的现代社会保障体制的历史性转变,成为社会保障体制和社会救助体系的重要组成部分。该条例还规定了保障五保供养对象的合法财产权利,"农村五保供养对象将承包土地交由他人代耕的,其收益归该农村五保供养对象所有","五保户"个人所有合法财产不再归集体组织,而归个人所有,这是一个立法理念上的重大变革。在五保供养服务机构建设和管理方面,第十四条规定:各级人民政府应当把农村五保供养服务机构建设纳入经济社会发展规划;县级人民政府和乡、民族乡、镇人民政府应当为农村五保供养服务机构提供必要的设备、管理资金,并配备必要的工作人员。第十九条规定:财政部门应当按时足额拨付农村五保供养资金,确保资金到位,并加强对资金使用情况的监督管理。综上,从五保供养机构及其设备、工作人员的资金来源和"五保户"对个人合法财产所有的变革两方面看,农村五保供养与 2006 年前的五保供养在性质上已经发生了根本性的改变,作为社会保障体制的组成部分,保障"五保户"的生活成为国家的责任,国家是基于道义和保障社会秩序的需要对"五保户"供养,不应从该责任中获利。即便死者在不死亡的情况下,未来有收入也应归其个人所有,故死亡赔偿金作为对死者未来收入损失的赔偿,敬老院无权受偿。

(二)从侵权责任的制度功能看,死亡赔偿金也不应归属乡敬老院

侵权行为之损害赔偿系以分配的正义为其指导原则,其基本思想在于填补损害。而五保供养制度系以维护农村生活特殊困难群众之生存权为其基本哲学,旨在通过国家财政,保障该特定人群最低必要之生活,国家并不因此享有五保人员的个人合法财产,因此,该"五保户"的死亡并未给敬老院造成任何损害。

此外,如果认为敬老院对该笔死亡赔偿金有一部分或者全部的请求权,则尚存在敬老院为自己额外的利益人为制造事故的潜在道德风险。

(三)从对死亡赔偿金的请求权基础和法律性质分析看,死亡赔偿金请求权人只能是死者近亲属

因侵害生命权而生之损害赔偿项目中,最具争议的就是死亡赔偿金。首先应该明确的是,死亡赔偿金不属于遗产。根据《继承法》规定,遗产是公民死亡时遗留的个人合法财产。

死亡赔偿金在受害人死亡时尚未由其所有,而是以受害人死亡为给付条件,是对死者未来收入损失的赔偿,故不属于遗产范畴。目前,各国民事立法与司法实践达成共识的一点是,死亡赔偿金绝非对死者的财产损害的赔偿,因为受害人已经死亡,其权利能力消灭,民事主体资格不复存在,所以死者本身不可能遭受财产上的损害,加害人无须向死者承担任何赔偿责任。既然死亡赔偿金并非对受害死者损害的赔偿,其只能是对与受害死者有关的一些人即亲属的赔偿,是基于被害人的死亡导致家庭未来总体收入减少(其减少要么表现为法定被扶养人生活费用减少或丧失,要么表现为法定继承人未来可继承财产减少)的赔偿,在这一点,现在世界上几乎所有国家的法律都给予承认。总结起来,根据学理上的概括,存在两种主要思路:

1. "扶养丧失说"。该说认为,由于受害人死亡,导致其生前依照法定扶养义务供给生活费的被扶养人因此丧失了生活来源,这种损害应当由赔偿义务人赔偿。按照扶养丧失说,赔偿义务人赔偿的范围就是被扶养人在受害人生前从其收入中获得的或者有权获得的自己的扶养费的份额。至于因受害人的死亡而导致对受害人享有法定继承权的那些人从受害人处将来所继承财产减少的损失,则不属于赔偿之列。目前采用此种观点的有德国、英国、美国大多数州以及我国台湾地区。如《德国民法典》第 844 条第 2 款规定,死亡人在受害时与第三人处于某种关系,因此种关系其依法对第三人负有扶养义务或者可能负有扶养义务,并且第三人因受害人的死亡被剥夺受扶养的权利的,赔偿义务人应在死亡人于其可能的生存期间有义务给予扶养的限度内,以支付金钱定期金的方式,向第三人给付损害赔偿。我国台湾地区"民法"第 192 条规定,不法侵害他人致死者,对于支出医疗及增加生活上需要之费用或殡葬费之人,亦应负损害赔偿责任。被害人对于第三人负有法定扶养义务者,加害人对于该第三人亦应负损害赔偿责任。受扶养权利者,以不能维持生活而无谋生能力者为限。

2. "继承丧失说"。该说认为,受害人倘若没有遭受侵害,在未来将不断获得收入,而这些收入本来是可以作为受害人的财产为其法定继承人所继承的,因加害人的侵害行为导致受害人死亡从而使得这些未来可以获得的收入完全丧失,以致受害人的法定继承人在将来所能够继承的财产也减少了。因此,依照继承丧失说,赔偿义务人应当赔偿的是因受害人死亡而丧失的未来可得利益。目前日本采此说。根据我国《侵权责任法》的相关规定看,实际上是采用继承丧失说。《侵权责任法》第十六条规定,侵害他人造成人身损害的,应当赔偿医疗费、护理费、交通费等为治疗和康复支出的合理费用,以及因误工减少的收入。造成死亡的,还应当赔偿丧葬费和死亡赔偿金。

相比起来,依据继承丧失说的优点在于判给受害人亲属的死亡赔偿金数额较多,对赔偿权利人的保护更为周到,但缺点在于:首先,继承丧失说中的推测性成分太重;其次,在受害人为卑亲属而由尊亲属继承的场合,因卑亲属的未来能够生存的期限长于尊亲属,因此死亡赔偿金就要比尊亲属作为受害人的时候多,显然不合理。依据扶养丧失说,可以较为准确地确定死亡赔偿金的数额,但缺点在于数额较少。

从以上分析看,不管采用何种观点,死亡赔偿金的请求权人是特定的,即要么是被害人具有法定扶养义务的被扶养人,要么是被害人的法定继承人,而实质上均属于近亲属范畴,只不过近亲属的范围大小不同而已。我国《侵权责任法》第十八条第一款前半段规定,被侵权人死亡的,其近亲属有权请求侵权人承担侵权责任。这是法律对侵权责任请求权主体的特别规定,即在通常情况下,侵权责任的请求权主体是权利受到侵害的被侵权人本人,但在被侵权人死亡的情况下,其近亲属权利虽然没有受到侵害,但因该侵权行为导致的纯粹经济上损失可请求损害赔偿,此应以法律明确规定为限。由于我国目前没有亲属法,因此,关于近亲属的范围及请求权顺序没有明确的法律规定,从国外的立法例来看,主要是配偶和子女,其他的要么不是、要么属于第二顺位。按照我国《最高人民法院关于贯彻执行〈中华人民共和国民法通则〉若干问题的意见(试行)》的规定,近亲属的范围是配偶、父母、子女、兄弟姐妹、祖父母、外祖父母、孙子女、外孙子女。应该说我国对近亲属的范围规定的是比较宽泛的,这主要是考虑中国的历史文化传统,中国人大家庭意识比较强、亲情观念比较重,尊老爱幼仍是当今弘扬的中华民族传统美德。关于请求权顺序,《最高人民法院关于确定民事侵权精神损害赔偿责任若干问题的解释》第七条规定,配偶、父母、子女是第一顺位,其他的为第二顺位,我们认为可参照该规定。

四、最高人民法院民一庭意见

农村“五保户”因交通事故死亡获赔的死亡赔偿金,不应归属具有公益事业性质的乡敬老院所有。根据《侵权责任法》第十八条第一款规定的“被侵权人死亡的,其近亲属有权请求侵权人承担侵权责任”,死亡赔偿金的请求权主体只能是死者近亲属。

(执笔人:最高人民法院民一庭　王　丹)

人民法院已经提审的案件,被申请人在再审审理过程中提出不同的再审申请的,人民法院应否一并审理

最高人民法院民一庭

一、案情简介

申请再审人安某、张某,被申请人胡某因合伙纠纷一案,不服原审判决,向最高人民法院申请再审。最高人民法院依法作出民事裁定,提审该案。该案于 2010 年 11 月 15 日开庭之后,被申请人胡某向最高人民法院提出了与安某、张某不同的再审请求和理由,且该申请提出的时间在原审判决生效后的两年之内。此时,程序上需要解决的问题是:对人民法院已经提审的案件,被申请人的再审申请未在人民法院就对方当事人再审申请审查过程中提出的,而是在再审审理过程中提出的,人民法院应否一并审理?

二、法院判决情况

最高人民法院经审理认为,应当将本案被申请人胡某的再审申请一并作为再审审理内容。

三、案件争议焦点

本案的争议焦点是,对人民法院已经提审的案件,被申请人的再审申请未在人民法院就对方当事人的再审申请审查过程中提出,而是在人民法院提审后再审审理过程中提出且未超过两年的申请再审期间的,人民法院应否一并审理?

四、主要观点及理由

对于上述问题,主要有三种观点:

第一种观点认为,对于被申请人在再审审理过程中提出的再审申请,不宜一并审理。主要理由是:

1. 法律依据不足。《最高人民法院关于适用〈中华人民共和国民事诉讼法〉审判监督程序若干问题的解释》第二十二条规定:“在审查再审申请过程中,对方当事人也申请再审

的,人民法院应当将其列为申请再审人,对其提出的再审申请一并审查。”该规定的目的是,对于被申请人在再审审查阶段提出的再审申请,人民法院应一并审查。而本案是已经裁定再审进入再审审理程序的案件,该规定规范的是再审审查程序而非再审审理程序,因此不应适用。

2. 按照目前的相关规定和人民法院内部的职能分工,申请再审案件的立案审查程序和再审审理程序由不同的业务庭分开进行,这是人民法院司法改革的成果,体现了人民法院内部各部门之间相互制约、相互监督的关系,成为确保司法公正的制度之一。① 因此,被申请人在人民法院作出再审的裁定后又提出再审申请,如果一并审理,则被申请人在再审审理阶段提出的再审申请就未经过人民法院的立案审查程序,违反了上述立审分立制度。

3. 2007 年修改《民事诉讼法》时将再审制度作为一种重要的改革内容,核心是再审申请事由的具体化以及对申请再审人的权利保障。在此情形下,如果人民法院对于进入再审审理程序后被申请人提出的再审申请一并审理,客观上有可能导致被申请人一方在原判决生效后消极等待,待对方再审申请成功进入再审审理程序后再提出再审申请“搭便车”的情形发生,从而规避再审审查程序。

综上,在法律或司法解释没有明确规定之前,不宜一并审理。

第二种观点认为,根据《民事诉讼法》第一百八十六条之规定,上级人民法院按照审判监督程序提审的案件,适用第二审程序。② 同时,根据《最高人民法院关于适用〈中华人民共和国民事诉讼法〉若干问题的意见》第一百八十条之规定,第二审人民法院依照民事诉讼法第一百五十一条的规定,对上诉人上诉请求的有关事实和适用法律进行审查时,如果发现在上诉请求以外原判确有错误的,也应予以纠正。同理,在适用第二审程序审理再审案件时,被申请人提出不同的再审请求的,应当一并审理方才符合上述规定。

我们认为,人民法院对再审申请人的再审申请裁定提审后,在审理过程中,对方当事人也提出不同的再审申请的,应当一并审理,理由如下:

首先,前述第二种观点的理由值得商榷。主要理由在于,随着民事审判方式改革的进行以及民事诉讼理论及其制度的发展,我国的司法实践已经改变了《民事诉讼法》第一百八

① 立审分立的改革,起始于上世纪九十年代,最高人民法院于 1999 年 10 月 20 日发布的《人民法院五年改革纲要》中对此作了阐述:“人民法院已经进行的改革为今后改革的深入积累了经验。近年来,全国法院为坚持严肃执法,确保司法公正,实施了一系列改革措施。各级人民法院全面落实公开审判制度,进行审判方式改革;强化合议庭和独任审判员的职责,规范审判委员会活动;逐步实行立审分立、审执分立、审监分立的制度。根据法官法的规定,在法官考试、任免和交流等方面,进行了成功的实践和探索。这些改革措施和已经取得的阶段性成果,为今后推进人民法院改革创造了有利的条件。”《人民法院五年改革纲要》第七条进一步对立审分立的改革方向作出了规定:“1999 年底前,全国各级人民法院根据明确职责、分工合理、动转高效的原则,全面实行立审分立、审执分立、审监分立。人民法院的立审分立,结合实际情况进行。”

② 这里存在对《民事诉讼法》第一百八十六条的解释问题。如果生效判决为一审判决,当事人未提起上诉而直接提起再审申请的,上一级人民法院裁定提审的,是适用第一审程序还是第二审程序?从第一百八十六条的第一句话来看,似乎应当适用第一审程序,再审判决生效后当事人可以提起上诉。但是,从第一百八十六条的第二句话来看,则应适用第二审程序,再审判决生效后当事人不能提起上诉。由此,似乎可以将第一百八十六条的规定理解为,一审判决生效后,原审法院即一审法院裁定再审的,适用第一审程序。上级法院裁定提审的,则适用第二审程序。其主要理由在于,在一审判决作出后,当事人未提出上诉即为放弃上诉权利,二审法院又提审的,不能因法院的提审而造成当事人本已放弃的上诉权利“复活”。而一审法院再审的情况则恰好与此不同。

十条所规定的二审程序的全面审查原则。具体体现在《最高人民法院关于民事经济审判方式改革问题的若干规定》(法释[1998]14号)第三十五条之规定:第二审案件的审理应当围绕当事人上诉请求的范围进行,当事人没有提出请求的,不予审查。但判决违反法律禁止性规定、侵害社会公共利益或者他人利益的除外。第三十六条规定:被上诉人在答辩中要求变更或者补充第一审判决内容的,第二审人民法院可以不予审查。这种改变,从民事诉讼理论上来看是成立的,从民事诉讼制度的发展来看,是值得继续坚持的。因此,前述第二种观点在结论上值得赞同,在理由上则稍显不足。

其次,应当明确的是,关于本案所涉及的程序问题,《民事诉讼法》及相关司法解释并无明文规定。《最高人民法院关于适用〈中华人民共和国民事诉讼法〉审判监督程序若干问题的解释》第二十二条仅规定了在审查再审申请过程中,被申请人提出的再审申请,人民法院可以一并审查。① 对于已经提审或者本院再审的案件,并无明确的规定。

因此,在法律、司法解释无明确规定的情况下,就需要结合《民事诉讼法》的相关规定、立法目的、当事人的权利保障以及审判效率等多方面的因素综合考虑:

第一,虽然《民事诉讼法》将再审审查程序作为一种独立的程序作出了规定,②但是,由于《民事诉讼法》并不涉及法院内部的职能划分问题,因此,从《民事诉讼法》第一百八十一条的表述来看,再审申请的审查程序和审理程序,都是由人民法院作出的,在此背景下,审理程序能否同时审查被申请人在审理程序中提出的再审申请就有解释的空间。

第二,同时,再审申请的审查程序的独立性并非一以贯之。换言之,关于当事人再审申请的审查程序的独立性并不显著。例证之一是,《最高人民法院关于适用〈中华人民共和国民事诉讼法〉审判监督程序若干问题的解释》第二十六条规定,人民法院审查再审申请期间,人民检察院对该案提出抗诉的,人民法院应依照《民事诉讼法》第一百八十八条的规定裁定再审。申请再审人提出的具体再审请求应纳入审理范围。这就说明,如果审查再审申请过程中,人民检察院抗诉的,应当以抗诉案件处理,对于双方当事人的再审申请,就不再进行审查,直接进行审理。换言之,此时的再审申请的审查程序就被吞并。

例证之二是《最高人民法院关于适用〈中华人民共和国民事诉讼法〉审判监督程序若干问题的解释》第三十三条规定:人民法院应当在具体的再审请求范围内或在抗诉支持当事人请求的范围内审理再审案件。③ 这就说明,对申请人的再审申请,人民法院认为理由成立

① 《最高人民法院关于适用〈中华人民共和国民事诉讼法〉审判监督程序若干问题的解释》第二十二条:在审查再审申请过程中,对方当事人也申请再审的,人民法院应当将其列为申请再审人,对其提出的再审申请一并审查。

② 典型体现在《民事诉讼法》第一百八十一条:人民法院应当自收到再审申请书之日起三个月内审查,符合本法第一百七十九条规定情形之一的,裁定再审;不符合本法第一百七十九条规定的,裁定驳回申请。有特殊情况需要延长的,由本院院长批准。

因当事人申请裁定再审的案件由中级人民法院以上的人民法院审理。最高人民法院、高级人民法院裁定再审的案件,由本院再审或者交其他人民法院再审,也可以交原审人民法院再审。

③ 第三十三条规定:人民法院应当在具体的再审请求范围内或在抗诉支持当事人请求的范围内审理再审案件。当事人超出原审范围增加、变更诉讼请求的,不属于再审审理范围。但涉及国家利益、社会公共利益,或者当事人在原审诉讼中已经依法要求增加、变更诉讼请求,原审未予审理且客观上不能形成其他诉讼的除外。

经再审裁定撤销原判决,发回重审后,当事人增加诉讼请求的,人民法院依照民事诉讼法第一百二十六条的规定处理。

作出提审裁定的,再审的审理程序并非围绕裁定或者提审裁定的审理报告认定的理由进行审理,而是以申请人的所有再审请求作为审理内容。这也说明,再审审理的范围并不受到再审申请的审查程序的限制,至少不受审查程序的结论的限制。从这一点讲,进入再审程序的申请再审案件,其再审申请的审查程序已经被吞并。

第三,从再审审查程序设置的目的来看,一方面,是为了将不符合法定事由的再审申请驳回,从而限制再审案件的提起,维护终审判决的效力;另一方面,则是对初步符合法定标准的案件裁定进入再审程序。从目前的审判实践看,前一个目的更为重要。因此,审查程序的性质归根结底是一个程序性审查。但是,在人民法院已经作出再审裁定的情况下,被申请人也申请再审的,上述功能已经不可能实现,仍然坚持先进行再审申请的审查、再进入审理程序的做法的意义将会大打折扣,甚至造成其他不利影响。[①]

第四,从法院审判资源和审判效率的角度考虑,如果在再审审理过程中,对被申请人提出的再审申请不予审理,被申请人须另行提出再审申请,反倒造成同一案件同一纠纷两次审查的结果,造成审判资源的浪费。《最高人民法院关于受理审查民事申请再审案件的若干意见》(法发〔2009〕26号)第三十一条规定:再审申请被裁定驳回后,申请再审人以相同理由再次申请再审的,不作为申请再审案件审查处理。申请再审人不服驳回其再审申请的裁定,向作出驳回裁定法院的上一级法院申请再审的,不作为申请再审案件审查处理。[②] 从该规定来看,禁止的是同一申请再审人以相同理由再次提出的再审申请,并未禁止对方当事人或者其他当事人以不同理由提出的再审申请。因此,被申请人应当有权利另行提出再审申请。如果这个结论成立,就会造成同一案件同一纠纷两次审查的结果。

另外,如果对于已经进入再审程序的案件,人民法院维持了原审判决,而对方当事人另行申请再审的案件,也裁定提审进入再审审理程序的,人民法院经过审理后改判的,就会在实质上对同一案件作出两次再审判决,也有违审判效率原则。反面观之,如果允许在再审审理程序中对对方当事人提出的再审申请一并审理,则可以实现诉讼程序的迅速和审判资源的高效利用,并能维护裁判的统一性和一致性。

第五,从当事人诉讼权利的保护来看,也应当将被申请人再审审理期间提出的再审申请作为审理范围一并处理。例如,根据《最高人民法院民事案件当事人申请再审指南》(法办〔2010〕252号)第一条[③],当事人对于高级人民法院再审改判的判决可以申请再审,但是对于最高人民法院的再审判决,虽未明确规定不得再审,但是如果采用反对解释的方法,则可以得出不得再申请再审的结论。如此,被申请人申请再审的诉讼权利实质上就受到了限

---

① 关于不利影响的论述,详见下文。

② 《最高人民法院关于适用〈中华人民共和国民事诉讼法〉审判监督程序若干问题的解释》第四十三条规定:本院以前发布的司法解释与本解释不一致的,以本解释为准。本解释未作规定的,按照以前的规定执行。关于《最高人民法院关于受理审查民事申请再审案件的若干意见》(法发〔2009〕26号)第三十一条规定的内容,前者并未明确规定,因此,至少可以参照适用法发〔2009〕26号第三十一条的规定。

③ 《最高人民法院民事案件当事人申请再审指南》(法办[2010]252号)第一条:当事人对最高人民法院、高级人民法院已经发生法律效力的一审、二审民事判决、裁定、调解书,以及高级人民法院再审改变原审结果的民事判决、裁定、调解书认为有法定再审情形的,可以向最高人民法院申请再审。但下列案件不得申请再审:(一)已经发生法律效力的解除婚姻关系的判决;(二)按照督促程序、公示催告程序、企业法人破产还债程序审理的案件以及依照审判监督程序审理后维持原判的案件。

制,造成了当事人诉讼权利的不平等。

第六,从民事诉讼的功能来看,诉讼程序的设置在兼顾当事人权利保护、程序保障和私法秩序的维护之外,更要追求程序的适正、迅速、当事人利益的保护和纠纷的一次性解决。这一功能就决定了,对于已经进入再审审理程序的案件,被申请人提出的再审申请应当属于审理范围。

当然,该问题的另外一种处理方案是,对于被申请人在再审审理过程中提出的再审申请,审判庭可以终止该再审案件的审理,将该再审申请移送立案庭,根据立案庭作出的裁定,再继续审理本案或将该再审申请一并作为审理范围审理。我们认为,该方案不可取,主要原因除了前述理由外,尚有:

首先,鉴于目前的再审审查程序主要是程序性审查,即该程序只是审查再审申请是否符合法定事由,并不对案件的实体结果作出判断。如前所述,再审审查程序并不拘束再审审理程序,且再审审理程序需围绕申请人的再审申请展开从而往往导致对案件的全面再次审理,如此,此种方案所欲追求的将被申请人不合理的申请排除在再审审理程序之外的目的至少在相当多的情形下会落空。

其次,如果对于被申请人的再审申请仍然坚持先进行再审申请的审查并作出提审裁定、再进入审理程序的方案,就可能会出现被申请人提出的再审申请成立、人民法院需要作出提审裁定的情形,如此,则会造成同一个案件双方当事人的申请都成立、且对同一个案件出现两次提审裁定的现象,这在诉讼法上如果不是荒谬的,至少是非常奇怪的。

最后,虽然一并审理的方案在某些情况下会导致被申请人"搭便车"的现象出现,但是,应当看到,被申请人有意地采取此种方案将会面临多种风险,例如,对方有可能不提起再审申请、再审申请期间已经届满、对方的申请被人民法院驳回等等。多种风险将会促使被申请人谨慎选择消极等待对方申请、待对方申请成立人民法院法院裁定提审再提起申请的方案。同时,还要看到,在多种方案可供选择的情形下,应当权衡利弊,选择弊大于利的方案而非相反。

五、最高人民法院民一庭倾向性意见

对于一方当事人提出的再审申请,人民法院裁定提审后,被申请人在再审审理过程中也提出再审申请且未超过两年的再审申请期间的,应当一并审理。

(执笔人:最高人民法院民一庭　姜　强)

土地行政主管部门与竞得人签署国有土地使用权竞得成交确认书的行为属于民事行为

最高人民法院民一庭

一、案情简介

2007年11月1日,某国土局发布《拍卖公告》载明:定于2007年11月30日上午九时在市中行十二楼会议室公开拍卖老城区商业最繁华地段县西街东侧片区的国有土地使用权,出让面积30,482平方米,土地用途为商业、住宅用地,出让年限为商业用地40年、住宅用地70年;该地块为1000万元保证金,竞买成功保证金抵作地价款。

2007年11月25日,甲公司交纳了1000万元保证金,申请成为该地块的竞买人。同年11月30日上午拍卖会举行,该地块由甲公司以2.53亿元最高应价成交。甲公司与某国土局签订《拍卖成交确认书》载明:西街东侧片区地块30,482平方米,成交价2.53亿元;甲公司与某国土局应于本确认书签订后十日内签订正式的《国有土地使用权出让合同》;甲公司应于《国有土地使用权出让合同》签订之日起十五日内支付拍卖标的成交价款2.53亿元,同时支付成交款0.5‰的佣金12.65万元;甲公司须严格按规划平面布置方案和《国有土地使用权出让合同》等文件规定的条件开发,并向有关部门申办立项、规划选址意见书等手续;某国土局与甲公司应严格按有关法律规定和合同约定,享有或承担各自的权利义务,如有违反应负法律责任。拍卖结束后,甲公司未与某国土局签订正式的《国有土地使用权出让合同》,亦未交纳土地出让金。

2007年12月24日,某国土局向甲公司发出《违约通知书》,要求该公司与其签订《国有土地使用权出让合同》并交纳出让金,否则依法将该地块重新公告拍卖。同年12月25日,甲公司回复该国土局:因《拍卖公告》与《规划管理要求》相矛盾,该公司无法按照拍卖文件要求办理规划选址立项等手续,故要求某国土局就《拍卖公告》与《规划管理要求》之间的矛盾给予解决,并相应更改平面布置方案,在此期间暂缓签订《国有土地使用权出让合同》和交纳土地出让金。2008年2月6日,某国土局发布(2008)01号国有土地使用权拍卖公告,出让该争议地块使用权。同年2月27日拍卖成交,某国土局与乙公司签订《拍卖成交确认书》和《国有土地使用权出让合同》。

2008年11月1日,甲公司提起诉讼,请求判令某国土局退还1000万元保证金并赔偿违约金200万元。某国土局答辩称,出让国有土地使用权是国土局行使行政管理权力的一种方式,故其与甲公司签订的《拍卖成交确认书》属于行政合同,本案不属于人民法院受理民事案件的范围,应当驳回甲公司的起诉。

二、法院裁判情况

一审法院认为,虽然某国土局作为国土资源行政主管部门,具有管理国有土地的行政职权,但是其与甲公司签订的《拍卖成交确认书》,是作为与甲公司平等的民事主体,就与国有土地使用权出让相关的民事权利义务的约定,因此引发的纠纷,属于人民法院审理民事案件的受案范围。某国土局所持本案不属于人民法院受理民事案件范围的理由不能成立。甲公司在以最高应价竞得该地块并签订《拍卖成交确认书》后,应按相关拍卖文件的规定,履行签订《国有土地使用权出让合同》及缴纳出让金的义务。但甲公司未能与某国土局签订《国有土地使用权出让合同》并支付土地使用权出让金,系某国土局公布的《拍卖公告》与《规划管理要求》相矛盾,造成该公司无法按照拍卖文件的要求办理规划选址立项等手续导致的。甲公司已经书面要求某国土局就上述问题予以解决,并暂缓签订正式的土地使用权出让合同,而某国土局在未就此问题作出处理的情况下,径行将诉争土地使用权再次公开拍卖并与第三人签订了《国有土地使用权出让合同》,构成了对甲公司的违约,因此应当退还甲公司保证金,并赔偿其相应的损失。据此,一审法院判决某国土局退还甲公司保证金1000 万元并赔偿违约金 30 万元。

某国土局不服一审判决,向二审法院提起上诉,认为国土局作为享有管理国有土地资源行政职权的机关,其出让国有土地使用权的行为是行使行政管理权力的表现,在国有土地使用权出让合同中,其作为出让人享有单方特权,因此国有土地使用权出让合同和成交确认书均属于行政合同的范畴,一审法院将此案作为民事案件审理,属于适用法律错误。因甲公司未能在签订《拍卖成交确认书》后及时签订正式的国有土地使用权出让合同并交纳出让金,属于违约在先,因此国土局不应承担违约责任,其根据拍卖公告没收保证金于法有据,请求撤销一审判决。

二审法院认为,某国土局作为国土资源行政主管部门,具有管理国有土地的行政职权,但是其作为国有土地使用权的出让人与受让人签订出让合同及相关合同的行为,不属于行使行政职权的行政行为,双方之间是平等的民事主体关系,因所签订的《拍卖成交确认书》引发的纠纷,属于人民法院审理民事案件的受案范围,对某国土局所持本案不属于人民法院受理民事案件范围的上诉理由不予采信。甲公司在以最高应价竞得该地块并签订《拍卖成交确认书》后,未与某国土局签订《国有土地使用权出让合同》并支付土地使用权出让金,其原因系某国土局在其公布的《拍卖公告》中的内容与《规划管理要求》相矛盾,在甲公司已明确要求就此问题进一步协商解决的情况下,某国土局未予答复且径行将诉争土地使用权再次公开拍卖并与第三人签订了《国有土地使用权出让合同》,违反了与甲公司签订的《拍卖成交确认书》,因此应当承担相应的违约责任。据此,二审法院判决:驳回上诉,维持原判。

三、主要观点及理由

本案的争议焦点主要是国土资源管理局作为土地行政主管部门,在出让国有土地使用

权的过程中,与竞得人签署的国有土地使用权竞得成交确认书的行为,其性质属于民事行为还是行政行为?对此问题有两种观点:

第一种观点认为,国土资源管理局作为行政主管部门,负责土地的管理和监督工作,在国有土地使用权通过招标、拍卖、挂牌等方式出让时,是招拍挂行为的组织实施者,其与土地使用者之间是管理者与被管理者之间的不平等主体关系,因此双方签署的国有土地使用权竞得成交确认书具有行政合同的性质,因而该行为属于行政行为。

第二种观点认为,国土资源管理局虽然属于具有一定行政职权的行政主管机关,但在作为国有土地使用权出让人与受让人签订出让合同及与出让合同相关的成交确认合同时,双方是作为平等的民事主体,就特定地块的国有土地使用权这一用益物权的内容进行约定,而不是行政主管机关行使其行政职权的行为,因此双方签署国有土地使用权竞得成交确认书的行为,应属于民事行为的范畴。

我们认为,第二种观点符合现行法律法规的规定,同时也符合法理上关于民事行为的界定,具体理由如下:

1. 从《最高人民法院关于审理涉及国有土地使用权合同纠纷案件适用法律问题的解释》(以下简称《解释》)的规定看,签署国有土地使用权竞得成交确认书的行为属于民事行为。《解释》是结合民事审判实践,就审理涉及国有土地使用权合同纠纷案件适用法律问题作出的规定,从适用范围上看,解释所规定的案件类型,均应属于民事审判案件的范畴。而《解释》规定的三大类纠纷类型中,第一类就是土地使用权出让合同纠纷。根据《解释》的规定,因市、县人民政府土地管理部门作为出让方将国有土地使用权在一定年限内让与受让方,受让方支付土地使用权出让金而引发的土地使用权出让合同纠纷,属于民事案件的范畴。

根据国土资源部《招标拍卖挂牌出让国有建设用地使用权规定》第四条的规定,工业、商业、旅游、娱乐和商品住宅等经营性用地以及同一宗地有两个以上意向用地者的,应当以招标、拍卖或者挂牌方式出让。第二十条规定:"以招标、拍卖或者挂牌方式确定中标人、竞得人后,出让人应当向中标人发出中标通知书或者与竞得人签订成交确认书,内容包括出让人和中标人或者竞得人的名称,出让标的,成交时间、地点、价款以及签订国有建设用地使用权出让合同的时间、地点等。中标通知书或者成交确认书对出让人和中标人或者竞得人具有法律效力。出让人改变竞得结果,或者中标人、竞得人放弃中标宗地、竞得宗地的,应当依法承担责任。"可见,国土资源行政主管部门作为出让人,与竞得人签署的国有土地使用权竞得成交确认书,是为最终订立国有土地使用权出让合同而签订的确认合同,主要内容是锁定成交事项,保证订立国有土地使用权出让合同。该行为与双方最终订立国有土地使用权出让合同密切相关,在已经能够确认土地使用权出让合同纠纷属于民事案件受案范围的情况下,应当确认为签订土地使用权出让合同而签订竞得成交确认书的行为,亦属于民事行为的范畴。

2. 从《物权法》的规定看,签署国有土地使用权竞得成交确认书的行为应属于民事行为。《物权法》在第三编用益物权中的第十二章,专章规定了国有建设用地使用权,也就是通常所说的国有土地使用权。其中第一百三十五条规定:"建设用地使用权人依法对国家所有的土地享有占有、使用和收益的权利,有权利用该土地建造建筑物、构筑物及其附属设施。"该规定肯定了国有土地使用权是在国有土地所有权基础上产生的一种用益物权,具有物权的支配性和排他性。因此不难看出,国有土地使用权是一种民事权利。国有土地使用权出让是国家将其所有的土地的使用权在一定期限内让与使用权人,并由使用权人支付相应对价即土地出让金的行为,是以创设用益物权为目的的交易行为,因此毫无疑问也属于民事行为。将当事人约定的国有土地使用权出让的具体民事权利义务内容书面化,即形成了国有土地使用权出让合同,因而该合同自然应当属于民事合同而非行政合同。与之相印证的是,《物权法》第一百三十八条规定了建设用地使用权出让合同应当包括的主要内容,其中第(七)项为"解决争议的方法"。也就是说,国有土地使用权出让合同的双方当事人,可以通过协商的方式约定通过调解、和解、仲裁抑或诉讼等方式解决双方就合同产生的纠纷。这也是民事纠纷解决方式的特征,因为在行政纠纷中,当事人只能依照法律规定通过行政复议或行政诉讼解决,而不能自由选择包括仲裁等方式在内的多元纠纷解决方式。由此不难看出,出让人与受让人之间在招拍挂之后签订的竞得成交确认书,虽然不具备正式合同的全部内容,但其性质与出让合同的性质一致,属于出让合同的组成部分。

3. 从法律理论上看,签署国有土地使用权竞得成交确认书的行为应属于民事行为。民事法律行为是民事主体实施的以意思表示为核心,以产生、变更、消灭民事法律关系为目的的行为。在国有土地使用权竞得成交确认书中,首先,双方当事人的地位是平等的,而不是管理者与被管理者的关系。土地行政管理部门虽然对国有土地的使用享有管理规划监督等职权,并组织实施土地出让招拍挂,但在招拍挂确定竞得人之后,其是以土地所有权人的身份而非管理者的身份,与竞得人签订成交确认书的。其次,确认书的内容是以意思表示为核心,以产生民事法律关系为目的的。确认书的主要内容可以概括为两点,一是确认成交地块情况和成交金额,二是确认双方将于未来某一确定的时间签订正式的国有土地使用权出让合同。作为出让人在作出招拍挂公告时,即表达了愿意以一定价款出让特定土地使用权的意思表示,而中标人或竞得人参与投标、竞买、竞投等活动,即表示愿意以相应价格购得该土地使用权。在根据事先确定的规则最终确定中标人或竞得人后,其与出让人就出让特定土地的使用权即达成一致的意思表示,而将这一意思表示以书面形式固定下来,就形成了竞得成交确认书。它记载了双方主要民事权利义务的内容,即出让人将特定土地交付受让人使用,受让人向出让人交纳相应的土地出让金,同时,也成为双方进一步签订国有土地使用权出让合同以创设用益物权的重要依据,因而其民事行为的性质是显而易见的。

四、最高人民法院民一庭意见

土地行政主管部门与竞得人签署国有土地使用权竞得成交确认书的行为,是土地行政主管部门代表国有土地所有权人与国有土地使用权受让人,对双方民事权利义务的约定,其性质属于民事行为,由此引起纠纷诉至人民法院的,属于民事案件范畴。

(执笔人:最高人民法院民一庭　沈丹丹)

【最高人民法院案件解析】

行使不安抗辩权所应具备的条件

——俞财新与福建华辰房地产有限公司、原审被告魏传瑞商品房买卖(预约)合同纠纷上诉案

张进先*

法理提示 根据《合同法》第六十八条、第六十九条的规定,行使不安抗辩权应具备两个条件:一是先履行债务的一方有确切证据证明对方不能履行债务,或者有不能履行债务的可能,且未提供适当担保;二是及时通知对方当事人。当符合这两个条件时,行使不安抗辩权才有效,先履行债务的一方有权中止履行。

上诉人(原审原告):俞财新,男,1968 年 2 月 4 日出生,汉族,住福建省南平市延平区江滨中路 219 号 1408 室。

委托代理人:田岷,北京市惠中律师事务所律师。

委托代理人:罗辉勇,福建浩辰律师事务所律师。

上诉人(原审被告):福建华辰房地产有限公司,住所地福建省福州市台江区台江路 47 号华联商厦 10 - 12 层。

法定代表人:蔡红,该公司总经理。

委托代理人:韩梅,北京市德恒律师事务所律师。

委托代理人:韩玮,女,汉族,1982 年 11 月 11 日出生,住山东省章丘市明水白云路 87 号。

原审被告:魏传瑞,男,1959 年 10 月 28 日出生,香港特别行政区居民,身份证号码为 P018353(2),现住福建省福州市台江区台江路 47 号华联商厦 12 层。

委托代理人:韩梅,北京市德恒律师事务所律师。

委托代理人:王建宁,北京市德恒律师事务所律师。

一、福建省高级人民法院一审查明的事实

2007 年 12 月 10 日,甲方福建华辰房地产有限公司(以下简称华辰公司)与乙方俞财

---

* 对外经济贸易大学法学博士,最高人民法院民一庭高级法官。

新、丙方魏传瑞签订的《商铺认购书》约定,俞财新向华辰公司认购“君临盛世茶亭”一号地块的一、二、三层店面,面积约 2378 平方米,每平方米价格 72798 元,总价款 17275.0198 万元。俞财新在签订本认购书后 10 日内支付给华辰公司订金 6360 万元;华辰公司应当在收到俞财新订金后 30 日内领取《商品房预售许可证》,并与俞财新签订《商品房买卖合同》,同时保证在签订《商品房买卖合同》后的 10 日内在房地产交易管理部门备案登记。如华辰公司不能在上述约定的期限内领取《商品房预售许可证》,俞财新即放弃认购,华辰公司必须于收到订金后的第 31 日起两个月内将俞财新支付的订金全部返还;逾期返还,其利息按月利率 10% 计(不足一个月的,按实际天数计算)。华辰公司收到订金后的第 31 日起两个月未全部返还订金的,视为逾期返还;逾期三个月未全部返还订金及其利息的,俞财新可采取“以房抵欠款”的方式实现债权,即将华辰公司尚欠的订金和利息转为购买华辰公司上述项目的房产(具体店面房号由俞财新选定),其店面售价按第一条约定的出售价的 30% 计价。如在“以房抵欠款”后,华辰公司仍欠俞财新余款,则华辰公司应提供其他地块的店面抵扣其余欠款(仍按售价 30% 计价),双方签订《商品房买卖合同》。俞财新不同意“以房抵欠款”的方式实现债权的,则华辰公司应以现金返还和支付。俞财新支付订金 6360 万元部分为现金,部分为汇款等。魏传瑞对华辰公司的债务承担连带保证责任,保证期间为两年。

上述《商铺认购书》签订后,俞财新或其指令有关单位通过银行账户向华辰公司支付八笔共计 4900 万元,具体为:2007 年 12 月 10 日支付一笔 2000 万元,2007 年 12 月 11 日支付两笔 900 万元及 400 万元,2007 年 12 月 20 日支付两笔 800 万元及 200 万元,2007 年 12 月 21 日支付两笔 400 万元及 100 万元,2008 年 1 月 7 日支付一笔 100 万元。在上述八笔银行《付款凭证》的附加信息及用途或用途栏目中,2007 年 12 月 20 日的 800 万元凭证的栏目上注明周转金,2007 年 12 月 21 日的 400 万元凭证上此栏目为空白,其余六笔凭证的相应栏目均注明借款。相应地,华辰公司出具六张共计 4900 万元的《收款收据》,具体为:2007 年 12 月 10 日的一张 2000 万元,2007 年 12 月 11 日的一张 1300 万元,2007 年 12 月 21 日的三张分别是 1000 万元、400 万元及 100 万元计 1500 万元,2008 年 1 月 7 日的一张 100 万元。另华辰公司还分别于 2007 年 12 月 10 日、2007 年 12 月 11 日、2007 年 12 月 21 日向俞财新出具 400 万元、260 万元、300 万元计 960 万元三张《收款收据》,即华辰公司先后共向俞财新出具九张计 5860 万元的《收款收据》,其在该九张《收款收据》的款项内容栏目内均写明“认购君临盛世茶亭一号地块 1-3 层店面订金(详见 2007 年 12 月 10 日协议书)”等内容。华辰公司在上述 400 万元、260 万元、300 万元计 960 万元三张《收款收据》的存根联中,除记载“认购君临盛世茶亭一号地块 1-3 层店面订金(详见 2007 年 12 月 10 日协议书)”内容外,还分别注明“回报率部分 2% 另计”、“回报率部分 20% 另计”、“100+1000+400=1500 万元回报率 20%”的内容。

一审法院另查明,华辰公司于 2008 年 6 月 26 日取得讼争商铺的《商品房预售许可证》。

二、当事人一审起诉与答辩情况

俞财新向一审法院起诉称, 2007 年 12 月 10 日,其作为乙方与甲方华辰公司、丙方魏传瑞签订《商铺认购书》,约定购买华辰公司开发的房地产项目“君临盛世茶亭”一号地块的

一、二、三层店面,面积2378平方米,每平方米价格72798元,总价款17275.0198万元。乙方在签订本认购书后10日内支付给甲方订金6360万元,甲方应当在收到乙方订金后30日内领取《商品房预售许可证》并与乙方签订《商品房买卖合同》,同时在签订《商品房买卖合同》后的10日内在房地产交易管理部门备案登记。如甲方不能在上述约定的期限内领取《商品房预售许可证》,乙方即放弃认购,甲方必须于收到订金后的第31日起两个月内将订金全部返还给乙方,逾期返还,甲方应按月利率10%支付乙方本息。甲方收到订金后的第31日起两个月未全部返还订金的,视为逾期返还,逾期三个月未全部返还订金及其利息的,乙方可采取"以房抵欠款"的方式实现债权,店面售价按本认购书约定的出售价30%计价。乙方不同意"以房抵欠款"的方式实现债权的,则甲方应以现金返还和支付。丙方对甲方的债务承担连带责任,保证期间为两年,认购书还对乙方付款方式等作了约定。合同签订后,俞财新分期向华辰公司支付购房款5860万元,华辰公司对此没有异议。在付款期间,俞财新了解到华辰公司无法按期办理《商品房预售许可证》,暂缓支付订金余款500万元,符合《中华人民共和国合同法》(以下简称《合同法》)第六十八条的规定,经多次催告,华辰公司以各种理由拒不与俞财新签订《商品房买卖合同》,后将《商铺认购书》项下的商铺转卖他人,其已无履约的可能。综上,华辰公司的行为违反了《合同法》第六十条、《最高人民法院关于审理商品房买卖合同纠纷案件适用法律若干问题的解释》第八条的规定,应当承担违约责任。魏传瑞的行为违反了《最高人民法院关于适用〈中华人民共和国担保法〉若干问题的解释》有关规定,其变更后的诉讼请求为:(1)解除双方签订的《商铺认购书》;(2)华辰公司返还购房订金5860万元;(3)华辰公司以俞财新已付购房订金每月10%的金额支付违约金,自2008年3月22日起计至还清款项之日止,暂计至2009年3月22日止为7032万元(5860万元×12个月×10%=7032万元);(4)魏传瑞对华辰公司的上述2、3项债务承担连带保证责任;(5)华辰公司、魏传瑞承担本案诉讼费用。

华辰公司一审答辩称,华辰公司与俞财新之间商铺认购一事并不存在,华辰公司向他人出售商铺与俞财新无关。双方实际为借贷关系,俞财新借出款项金额只是其通过银行转账的4900万元,其主张另行支付960万元现金并未实际支付,该960万元是借款4900万元的20%回报即利息,俞财新称向华辰公司支付5860万元不真实。双方签订的《商铺认购书》是以合法形式掩盖非法的高利贷目的,为无效合同。即便《商铺认购书》有效,俞财新未依据认购书约定在10日内支付6360万元,构成先行违约。华辰公司有权拒绝履行办理《商品房预售许可证》等相关义务,俞财新诉请华辰公司承担违约责任的理由不能成立。请求认定双方为借贷关系,且借款本金为4900万元。

魏传瑞一审答辩称,本案为借贷纠纷,当事人之间并未建立过商铺认购关系。2007年12月10日的《商铺认购书》是以合法形式掩盖高利贷的非法目的,应认定无效。担保合同是从合同,主合同无效,担保合同当然无效,魏传瑞依法不承担本案担保还款责任。请求驳回俞财新要求魏传瑞承担担保责任的诉讼请求。

三、福建省高级人民法院一审认定与判决

一审法院认为,双方当事人对华辰公司出具的《收款收据》中所记载的5860万元款项,

其性质及华辰公司实际收款数额存在争议。俞财新认为,该5860万元款项系其为履行双方签订的《商铺认购书》所支付的订金,其中4900万元是通过银行账户支付,另960万元是分三次以现金支付的,即其分别于2007年12月10日、2007年12月11日、2007年12月21日向华辰公司支付400万元、260万元、300万元,该960万元是俞财新向亲戚及南平市融鑫物资回收有限公司筹集的,有相关银行转账、960万元现金来源凭证以及华辰公司出具的《收款收据》加以证实。华辰公司及魏传瑞则认为:(1)华辰公司实际只收到俞财新通过银行账户支付的4900万元,俞财新主张另有960万元分三次以现金方式支付是不真实的。事实上,华辰公司向俞财新开具的《收款收据》不仅是960万元这三张,还有一张20万元的,俞财新不予提供,四张《收款收据》计980万元是借期三个月4900万元借款的20%回报即利息。(2)华辰公司与俞财新间借贷关系还可以通过以下事实加以印证:《商铺认购书》第三条约定华辰公司在"收到订金后的第31日起两个月内"未返还全部订金应按10%支付利息,第四条约定逾期三个月未全部返还订金及利息,以30%价以房抵债;俞财新在部分银行转账凭证上记载款项用途为借款;华辰公司在960万元的《收款收据》存根、登账联上注明"回报率"或"借款回报率";俞财新在变更诉讼请求前的起诉状中,请求华辰公司按同期银行贷款基准利率四倍支付违约利息等事实,均可证明双方当事人讼争的法律关系为借贷,且借款本金为4900万元并非5860万元。一审法院认为,华辰公司向俞财新出具九张《收款收据》,确认依据《商铺认购书》收取俞财新5860万元,款项性质应认定履行《商铺认购书》的订金。根据《商铺认购书》第五条约定,俞财新支付订金部分为现金,部分为银行转账,故俞财新主张上述5860万元中的4900万元为银行转账、960万元为现金支付,符合常理,应予采信。俞财新的部分银行转账凭证上记载款项用途为借款,华辰公司在960万元《收款收据》存根、登账联上注明"回报率"或"借款回报率",俞财新在起诉状中以利息计算违约金等事实,不足以证明俞财新实际支付款项为4900万元,以及相关款项为借贷的性质。由上,应当认定俞财新向华辰公司支付《商铺认购书》项下的订金5860万元。

根据《商品房销售管理办法》第十六条的规定,商品房销售时,房地产开发企业和买受人应当订立书面商品房买卖合同,明确交易的主要内容。在本案中,双方当事人签订的《商铺认购书》对所出售商品房的坐落、面积、单价、总价款等商品房买卖核心条款作出约定,符合商品房买卖合同的基本特征。但因该《商铺认购书》同时又明确约定在华辰公司取得《商品房预售许可证》后,应另行签订商品房买卖合同,且约定内容与《商品房销售管理办法》第十六条规定相比有不少欠缺,故应当认定《商铺认购书》系双方当事人为将来签订商铺买卖合同而事先达成的合意,本案为商品房买卖预约合同纠纷。华辰公司主张本案为借贷纠纷,证据不足,不予采信。

涉案《商铺认购书》系双方当事人真实意思表示,内容不违反国家法律、行政法规的禁止性规定,应认定有效。从该认购书第二条及第三条约定的内容看,俞财新应在签订本认购书后10日内支付给华辰公司订金6360万元;华辰公司则应当在收到俞财新订金后30日内领取《商品房预售许可证》,否则必须于收到订金后的第31日起两个月内将订金全部返还俞财新,逾期返还的,应按月利率10%支付俞财新本息。据此,华辰公司领取《商品房预售许可证》的履行期限为俞财新付清6360万元后的30日内,因俞财新只支付5860万元订金,即便在其支付订金过程中,存在因华辰公司不能如期办理《商品房预售许可证》而依法行使不安抗辩权导致未全额支付订金的情形,华辰公司也不构成违约。因为俞财新在知道华辰公司于 2008 年 6 月 26 日取得《商品房预售许可证》后,无证据证明此后其向华辰公司要求继续支付订金余额,实际上也未支付。因此,应当认定俞财新至今没有依约付清 6360 万元订金,华辰公司取得《商品房预售许可证》时并未超过《商铺认购书》约定的履行期限。俞财新以华辰公司逾期领取《商品房预售许可证》及未在收取订金后的第 31 日起两个月内返还全部订金为由,请求华辰公司按俞财新已付订金 5860 万元每月 10% 承担违约金,缺乏事实依据,一审法院不予支持。

俞财新以讼争商铺已由华辰公司售予他人为由,提出请求解除《商铺认购书》,华辰公司及魏传瑞对商铺售予他人的事实亦不持异议,《商铺认购书》继续履行已不可能,依法应予解除。华辰公司依《商铺认购书》收取俞财新订金 5860 万元及其法定孳息应予返还。俞财新请求解除《商铺认购书》及华辰公司返还收取的 5860 万元订金,应予支持。华辰公司应向俞财新返还认购商铺订金 5860 万元及支付自收取相关款项之日起的利息。魏传瑞作为签订《商铺认购书》的当事人之一,愿为华辰公司履行该认购书的相关债务提供两年的连带保证责任担保,根据《中华人民共和国担保法》第十八条关于连带责任保证的规定,魏传瑞应对华辰公司返还俞财新 5860 万元及其利息的款项承担连带责任。一审法院依照《中华人民共和国民事诉讼法》第六十四条、《合同法》第九十四条、《中华人民共和国担保法》第十八条的规定,于 2009 年 10 月 27 日作出(2009)闽民初字第 8 号民事判决:(1)解除三方当事人签订的《商铺认购书》;(2)华辰公司应于本判决生效之日起十日内向俞财新支付 5860 万元及其利息(其中 2400 万元自 2007 年 12 月 10 日、1560 万元自 2007 年 12 月 11 日、1800 万元自 2007 年 12 月 21 日、100 万元自 2008 年 1 月 7 日起至本判决确定的还款之日止按中国人民银行同期贷款利率计算);(3)魏传瑞应对华辰公司的上述第二项债务承担连带偿还责任;(4)驳回俞财新的其他诉讼请求。案件受理费 686400 元,由俞财新负担 356400 元,华辰公司、魏传瑞负担 330000 元;诉讼保全费 5000 元,由俞财新负担 3000 元,华辰公司、魏传瑞负担 2000 元。

2009 年 3 月 11 日,一审法院根据俞财新的财产保全申请作出(2009)闽民初字第 8 号民事裁定,冻结华辰公司名下的"君临盛世茶亭"项目河东 3、5、7、8 地块(土地证号为榕国用 32334400071、32334500073、32334600075、32434500076 号等四地块)土地使用权。后经两次变更为依法冻结华辰公司名下的君临盛世茶亭地块七河东部分的二、三层商铺。

四、当事人上诉请求与答辩理由

俞财新、华辰公司均不服一审判决,分别向本院提起上诉。

俞财新上诉称,一审判决认定事实不清,适用法律不当,判决结果明显失衡,故请求:(1)撤销(2009)闽民初字第 8 号民事判决第二项、第四项;(2)判令华辰公司返还俞财新购房订金 5860 万元人民币,并以俞财新已付购房订金每月 10% 的金额支付违约金,自 2008 年 3 月 22 日起计至还清款项止(暂计至 2009 年 3 月 22 日止,计 7032 万元人民币)。主要事实和理由是:

1. 一审判决认定事实不清。(1)一审判决认定合同约定的华辰公司取得《商品房预售许可证》的时间不符合客观事实。根据涉案《商铺认购书》约定,俞财新在10日内付给华辰公司订金6360万元;华辰公司应当在收到俞财新支付订金后的30日内领取《商品房预售许可证》并与俞财新签订规范的《商品房买卖合同》,同时保证在签订《商品房买卖合同》后的10日内在房地产交易管理部门备案登记。《商铺认购书》签订于2007年12月10日,华辰公司取得《商品房预售许可证》的期限应当是2008年1月21日前,该事实在一审庭审中双方当事人均无异议,并非一审判决认定的履行期限,即"俞财新付清6360万元后的30日内"。(2)一审判决认定"俞财新明知华辰公司于2008年6月26日取得《商品房预售许可证》"与客观事实不符。俞财新在支付5860万元购房订金,履行了主要义务后,因华辰公司未能按合同于2008年1月21日前取得《商品房预售许可证》,加之由魏传瑞实际控制的福州华辰房地产有限公司(以下简称福州华辰公司)与俞财新在签订购买"君临天华B组团5#7#连幢2层23号店面"时存在欺诈行为,因此俞财新未继续支付余款500万元。而华辰公司在未按合同约定取得《商品房预售许可证》后,从未告知俞财新何时能取得《商品房预售许可证》,取得《商品房预售许可证》后也从未告知俞财新,在一审庭审中也未提供证据证明该事实。俞财新是在华辰公司已将《商铺认购书》中约定的商铺卖给他人后,在起诉前才在律师指导下于2009年1月7日从福州房地产信息网上查到华辰公司取得A区地块一商业综合楼预售许可的,批准日期为2008年6月26日。对于上述事实,俞财新在一审提供的证据11能够证明。因此,一审判决认定"俞财新明知华辰公司于2008年6月26日取得《商品房预售许可证》"与客观事实不符,据此认定俞财新没有依约付清6360万元及华辰公司没有违约,违背客观事实。

2. 一审判决适用法律不当。(1)俞财新有权行使不安抗辩权。因华辰公司未按合同约定的时间取得《商品房预售许可证》,俞财新据此暂缓支付尾款500万元,符合《合同法》第六十八条的规定。俞财新有证据证明华辰公司丧失了商业信誉,具有可能丧失履行债务能力的其他情形。俞财新与魏传瑞实际控制的福州华辰公司曾于2007年8月3日签订合同,约定购买其名下"君临天华B组团5#7#连幢2层23号商铺",在俞财新依照合同约定以现金方式一次性付款后,福州华辰公司却违反合同第二十四条约定,未在合同生效之日起30日内,向福州市房地产交易登记中心申请登记备案。后俞财新通过福州房地产信息网及向福州市房地产交易登记中心了解,上述合同约定的商品房用于抵押贷款。据此,俞财新未将剩余购房款500万元支付华辰公司的行为,符合相关法律规定。(2)本案《商铺认购书》被解除的原因是华辰公司存在根本违约行为。俞财新已支付了购房款的92.14%,履行了合同约定的主要义务,华辰公司存在根本违约行为,一审判决显失公平。

华辰公司上诉称,一审判决认定事实不清,适用法律错误,故请求本院:(1)撤销本案一审判决第二项,改判华辰公司仅需返还俞财新购房订金4900万元;(2)判令俞财新承担本案的全部诉讼费用。主要事实和理由是:

1. 俞财新实际仅向华辰公司支付4900万元购房订金。根据涉案《商铺认购书》的约定,俞财新应在认购书签订后的10日内即2007年12月21日前向华辰公司支付购房订金6360万元。一审中俞财新提供了《收款收据》,以证明向华辰公司支付5860万元购房订金,但根据双方提供的银行转账回单,俞财新通过银行转账的形式向华辰公司共支付购房订金人民币 4900 万元。一审中俞财新称另以现金方式支付了 960 万元,但当华辰公司当庭多次要求俞财新讲清这 960 万元现金交付的时间、地点、接受人员时,俞财新及其代理人均无法正面回答。近千万元的巨额现金不通过转账,而又无法说明交付情节,显然不合常理,其实质是 4900 万元所生的利息。由此可见,俞财新自称以现金方式支付的 960 万元根本不存在。因其仅向华辰公司支付 4900 万元的购房订金,一审判决认定俞财新向华辰公司支付购房订金 5860 万元,并判令华辰公司返还购房订金 5860 万元是错误的,应当予以纠正。

2. 因俞财新的过错导致《商铺认购书》无法履行而解除,华辰公司仅需退还 4900 万元款项,无需支付利息。

五、最高人民法院二审认定与判决

最高人民法院二审查明的事实与一审法院查明的事实一致。

最高人民法院认为,一审法院将本案案由定为商品房买卖(预售)合同纠纷,并根据俞财新的诉讼请求,判决解除合同,三方当事人未就此提起上诉,二审法院予以确认。华辰公司、魏传瑞对华辰公司收到俞财新通过转账支付的 4900 万元订金不持异议,二审法院予以确认。二审中本案当事人争议的焦点问题是:(1)俞财新是否已向华辰公司支付现金 960 万元购房订金;(2)俞财新少支付 500 万元订金是否属于行使不安抗辩权;(3)华辰公司是否应当承担违约责任。现分述如下:

(一)关于俞财新是否已向华辰公司支付现金 960 万元购房订金的问题

最高人民法院认为,根据查明的事实,应认定俞财新已向华辰公司支付现金 960 万元购房订金。理由是:(1)《商铺认购书》约定俞财新支付订金 6360 万元部分为现金,部分为汇款,故俞财新支付华辰公司现金 960 万元购房订金,符合合同约定。(2)华辰公司在收到俞财新交付的 960 万元现金后,向俞财新出具了《收款收据》,其对收据本身的真实性没有异议,收据上载明的付款用途是购买涉案合同项下的房屋。俞财新向一、二审法院提交的《收款收据》上并无"回报率"的记载,而华辰公司出具的《收款收据》存根联上却载有"回报率",说明这是华辰公司在收据存根联上后加的,应以俞财新提供的《收款收据》作为认定事实的依据。(3)《收款收据》上添加的"回报率"相互矛盾,有的是 2%,有的是 20%,按上述两种比例计算,均不能得出借款 4900 万元产生 960 万元利息的结论。(4)华辰公司虽否认俞财新向其支付 960 万元现金,但无充分证据推翻其向俞财新出具的《收款收据》,俞财新所述的付款地点虽然不常见,但不能排除这种可能性。综上,华辰公司关于俞财新未向其支付现金 960 万元的主张,证据不足,二审法院不予支持。

(二)关于俞财新少支付 500 万元订金是否属于行使不安抗辩权的问题

最高人民法院认为,俞财新主张不安抗辩权的理由是华辰公司丧失商业信誉,依据是其与福州华辰公司签订另一购房合同后,福州华辰公司将合同约定的房屋设定抵押。然而,福州华辰公司与华辰公司是两个不同的法人,以案外人违约为由在本案合同履行中行使不安抗辩权,不符合合同相对性原则。根据《合同法》第六十八条的规定,俞财新关于其行使不安抗辩权的主张,依据不足。《合同法》第六十九条规定了行使不安抗辩权的要件,即使俞财新有权行使不安抗辩权,也应当及时通知对方。但无证据证明俞财新履行过通知义务。因此,俞财新关于其行使不安抗辩权的主张,缺乏事实和法律依据,二审法院不予支持。

(三)关于华辰公司应否承担违约责任的问题

最高人民法院认为,俞财新虽主张其已向华辰公司支付了大部分订金,履行了支付订金的主要义务,并享有不安抗辩权,但按照《商铺认购书》的约定,华辰公司应在收到俞财新订金后 30 日内领取《商品房预售许可证》并与俞财新签订购房合同。据此,应认定俞财新负有先履行义务,其应在 2007 年 10 月 20 日之前付清 6360 万元订金,但俞财新至今仅支付了 5860 万元订金,其主张行使不安抗辩权的理由不能成立。因此,应认定俞财新违约,故其无权向华辰公司主张违约金。由于俞财新违约在先,即使后来华辰公司没有及时领取《商品房预售许可证》并与俞财新签订购房合同,也不应向俞财新支付违约金。本案《商铺认购书》解除后,双方当事人的权利义务终止。因房屋交易尚未完成,应当返还一方占有另一方的财产。华辰公司占有俞财新的 5860 万元购房订金及所生利息,理应一并返还,故对华辰公司关于只应向俞财新返还 4900 万元订金的主张,二审法院不予支持。

综上,一审判决认定事实清楚,适用法律正确。涉案《商铺认购书》解除后,华辰公司、魏传瑞应当向俞财新返还订金及利息。因俞财新违约在先,对其关于华辰公司应向其支付违约金的请求,二审法院不予支持。华辰公司关于其只应向俞财新返还 4900 万元订金的请求,于法无据,二审法院不予支持。依照《中华人民共和国民事诉讼法》第一百五十三条第一款第(一)项的规定,最高人民法院于 2010 年 11 月 26 日作出(2010)民一终字第 13 号民事判决,驳回上诉,维持原判。

二审案件受理费人民币 686400 元,由俞财新负担 565000 元,福建华辰房地产有限公司、魏传瑞负担 121400 元。

六、对本案的解析

本案涉及的法律问题主要在于俞财新在合同履行中主张不安抗辩权是否成立。如果其主张成立,即使在《商铺认购书》签订后 10 日内其未依约向华辰公司付齐订金 6360 万元,也有权中止履行合同,并不承担违约责任。此后如果华辰公司提供了适当担保,俞财新应当继续履行合同,补足 500 万元订金差额。但实际上,俞财新行使不安抗辩权的两个法定条件均未成就,其主张的该项理由不能成立。由于俞财新负有先履行合同的义务,其仅支付了 5860 万元订金,属于违约在先。而华辰公司应在收齐约定的全部订金后再与俞财新订立正式购房合同,故其行为不构成违约。合同解除后,华辰公司只需向俞财新返还已收取的订金及孳息,不应支付违约金。值得注意的是,涉案《商铺认购书》约定俞财新支付"订金"而非"定金",故不适用定金法则。根据定金法则,交付定金的一方违约的,定金不予退还;收取定金的一方违约的,双倍返还定金。而在订金条件下,先履行债务的一方违约,可以主张返订金及利息。本案的关键在于如何理解不安抗辩权的概念、行使要件。

(一)关于不安抗辩权的概念

不安抗辩权也叫先履行抗辩权,是指应当先履行债务的一方当事人,有确切证据证明对方当事人不能履行合同义务,或者有不能履行合同义务的可能时,在对方当事人没有履行或者提供担保之前,有权中止履行合同义务。合同法规定不安抗辩权的目的在于维护市场诚信,防止丧失履行能力的或者不讲诚信的当事人利用合同获得非法利益,减少市场风险,确保交易安全。在理解不安抗辩权的概念时要把握两个问题:一是在合同类型上,不安抗辩权仅限于双务合同成立之后。通常合同成立即生效,对缔约双方产生约束力,涉及双方当事人按照先后顺序履行债务。单务合同不存在先后履行顺序,故不产生不安抗辩权。二是在主体上,根据合同相对性原则,不安抗辩权限于"同一合同主体"之间,是指本合同主体中后履行债务的主体的情形发生变化,包括财产的减少或者其他变化,该主体不可能履行债务,由此对先履行债务的一方产生不安抗辩权。第三人不能履行债务,属于不同合同的不同主体,不能成为行使不安抗辩权的原因。

(二)关于不安抗辩权的行使要件

根据《合同法》第六十八条、第六十九条的规定,行使不安抗辩权应具备两个要件:一是应当先履行债务的一方有确切证据证明对方不能履行债务,或者有不能履行债务的可能,且未提供适当担保;二是符合前一条件,中止履行合同义务时及时通知对方当事人。只有符合这两个条件,行使不安抗辩权才有效,先履行债务的一方有权中止履行合同义务。认定第一个条件是否成立,应由先履行债务的一方举证证明对方有以下情形:(1)经营状况严重恶化;(2)转移财产、抽逃资金,以逃避债务;(3)丧失商业信誉;(4)有丧失或者可能丧失履行债务能力的其他情形。前述情形必须是由证据证明的客观事实,而非主观想像。如不能证明前述情形而中止履行合同义务,应当承担违约责任。在本案中,俞财新并未举证证明华辰公司具有上述情形。其举证案外人福州华辰公司擅自将卖给俞财新的房屋进行抵押,而华辰公司与福州华辰公司是两个不同的法人。由于主体不同,即使俞财新能够证明福州华辰公司有违约行为,根据合同相对性原则,俞财新也不能在本案中行使不安抗辩权。关于通知义务。根据《合同法》第六十九条的规定,即使华辰公司符合第一个条件,俞财新行使不安抗辩权,也应当及时通知华辰公司,给华辰公司提供担保的机会,尽量实现合同目的。然而,没有证据证明俞财新履行了通知义务。因此,其行使不安抗辩权的第二个条件也未成就。

鉴于俞财新主张的行使不安抗辩权的两个条件均未成就,故二审判决驳回其上诉请求。

依据《合同法》第一百二十五条规定的合同解释原则，探究当事人对合同条款的理解之真意

——浙江东源建设有限公司与攀枝花市临亚房地产开发有限公司建设工程施工合同纠纷上诉案

张雅芬*

法理提示 合同是当事人通过合意对其未来事物的安排。但，限于交易经验和法律知识的缺乏，当事人不可能对未来发生的所有情况事先都有充分的预见。所以，合同出现某些漏洞或当事人对某些条款产生不同的理解，在所难免。这些问题的存在，直接阻碍了当事人及时对合同的约定作出履行，有的由此引发诉讼。对当事人就合同某些条款理解不一致产生的争议，人民法院应根据《合同法》第一百二十五条之规定，按照合同所使用的语句、合同有关条款、合同目的、交易习惯以及诚实信用原则，确定当事人订立该争议条款的真实意思。

上诉人(原审原告、反诉被告)：浙江东源建设有限公司，住所地浙江省临海市杜桥镇市场中心路1号。

法定代表人：林彩龙，该公司董事长。

被上诉人(原审被告、反诉原告)：攀枝花市临亚房地产开发有限公司，住所地四川省攀枝花市人民街25—7号。

法定代表人：吴世焕，该公司总经理。

一、四川省高级人民法院一审查明的案件事实

四川省高级人民法院一审查明：2001年4月30日，攀枝花市临亚房地产开发有限公司(以下简称临亚公司)与浙江省临海市第六建筑工程公司(现更名为东源公司)签订《建设工程施工合同》(以下简称《施工合同》)约定：东源公司承建临亚公司开发的攀枝花市凤凰小区二期商住楼(以下简称凤凰工程)；承包范围为土建、水电气安装及小区相关配套工程；

* 最高人民法院民一庭高级法官。

工程于 2001 年 5 月开工,2003 年 11 月竣工;合同价款 9900 万元;合同采用可调价格方式确定,调整方法为单位工程在发包方下达开工通知书当日起遇政策性调整的本合同不予调整,如需调整应在发包方下达单位工程通知书前承包方向发包方提供有关调整法规文件,双方协商,并执行攀枝花市有关规定。材料单价除发包方供应外,以攀枝花市信息价为准,计工期前 80% 月份的平均值为结算价;工程款(进度款)按施工单位每月完成合格工程量产值的 70% 支付,经发包方代表及监理单位确认次月 5 日前支付,节假日顺延,发包方供应的材料及安装费除外,余款扣除保修金在竣工验收合格一年后一个月内付清;发包人供应材料设备结算方法为铝合金、威卢克斯天窗、防盗门所有设备等,发包方供应材料费、安装费不进入造价,承包方仅收取该分包工程 3% 总包配合费纳入决算末项。钢材、水泥、墙面砖、彩瓦等发包方供应材料不计取价外差,按实际价格进入直接费;小区群体工程优良率在 90% 以上不奖不罚,达不到 90% 按单幢造价 5% 处罚,如承包方创攀枝花杯按单幢总价 2% 奖励,创天府杯按单幢总价 3% 奖励;本合同未尽事宜,双方在补充协议中明确。

同日,双方当事人签订《补充协议》约定:工程取费为:(1)土建部分执行四川省建筑工程计价定额(2000)[以下简称(2000)定额],其管理费不论企业级别和工程类别取综合费率 22% 包干(包括定额内和定额外),如与浙江省(94)定额[以下简称(94)定额]直接费加综合取费 14.5% 误差超 ±0.5%,再折算成(2000)定额取费调整。水电气部分、室外工程、安装工程、装饰工程等,取费按土建同比率下浮。(2)如遇定额项目不明或工程量模糊的项目,东源公司应及时向临亚公司办理签证,否则决算时发生争执,后果由东源公司自负;工程质量和保修为(1)工程质量优良率 90% 以上,主体结构评定全部达到优良。(3)工程竣工后,东源公司按现行国家规定对工程实行保修,如在保修期内因东源公司施工质量原因需要维修的,东源公司应在接到临亚公司通知后,土建工程 5 天内、水电卫工程 2 天内进行维修。如不维修的,临亚公司有权自行修理,发生的费用在保修款中扣除,并拥有扣除东源公司全额保修金的权利;东源公司承诺免费为临亚公司建造一幢 600 平方米左右样板房(除临亚公司供材料和室内精装修外),临亚公司提供施工图纸;施工水、电费由东源公司负责,临亚公司代缴后在每期工程款中扣除;工程竣工后,东源公司办理好决算报告给临亚公司,临亚公司须在接到决算报告之日 4 个月内办理完决算审核,如决算核减额在 5% 以上,超过部分审核费由东源公司承担。

2002 年 11 月 13 日,临亚公司与四川天宇工程项目管理咨询有限公司(以下简称咨询公司)签订协议,委托咨询公司对凤凰工程造价咨询。

2003 年 4 月 2 日,双方当事人就展示楼框架整体拆除进行了结算,确认工程款为 45400 元。

2003 年 12 月 27 日,双方当事人对 2001 年 4 月签订的《施工合同》有关条款更正为:承包方承包的凤凰工程如创攀枝花杯或天府杯,发包方给 10 万元奖励。

2004 年 3 月 15 日,东源公司与临亚公司物业管理部签署《现场签证单》确认:2002 年 11 月至 2004 年 1 月止,小区内春晓苑等相关楼号住户用电费 123064.80 元,临亚物业公司签字确认的水费 95906 元。

2004 年 7 月 5 日,临亚公司向咨询公司发出《关于工程取费标准通知》:2001 年 4 月 30 日的《补充协议》综合费率 22%(包括定额内和定额外)包括了费用定额中一切费用,请咨询公司据此结算。

2004 年 11 月 17 日,东源公司向临亚公司提交结算反馈意见称,人工费调整及其他零星增补未列入总造价。

2005 年 11 月 10 日、23 日,咨询公司作出[2005]审定字第 066 号、072 号《建筑工程结算审定通知书》:临亚小区雅仕苑 1 - 8 号、秋水苑 1 - 4 号、车库及室外、签证等工程核定结算总价为 9723754.04 元;临亚小区春、夏、秋 5 - 7 号楼室外及零星工程核定结算总造价为 1268244.53 元。当月 30 日,咨询公司作出[2005]审定字第 075 号、76 号《建筑工程结算审定通知书》:临亚小区春 1 - 5 号、夏 1 - 3 号、秋 5 - 7 号、室外工程结算核定结算造价总额为 34225364.99 元。《建筑工程结算审定通知书》核减金额包括"甲供材料扣税金 123999.51 元";临亚小区雅 1 - 5 号、秋 1 - 4 号及室外核定造价总额为 61034768.24 元。《建筑工程结算审定通知书》核减金额包括"甲供材料扣税金 21615.19 元"。同年 12 月 5 日、16 日,咨询公司作出[2005]审定字第 077 号《建筑工程结算审定通知书》及《建筑工程结算审定通知书》:临亚小区雅 1 - 4 号楼转换层、雅 5 - 8 号楼 ±0.00 以上、秋 2 - 3 号楼 ±0.00 以上工程结算造价总额为 40125705.64 元。《建筑工程结算审定通知书》核减包括"甲供材料扣税金 21301.85 元";弱电系统 99000 元、电梯安装 150960 元、水电安装 95673.75 元、铝合金门窗人工 38281.35 元(铝合金门窗不包括主材价格)、玻璃安装 20977.62 元、甲方临时办公、住宅、零星等工程 799697.01 元,合计审定造价为 1204590 元。

2005 年 11 月 23 日,黄道标作为东源公司经办人与临亚公司签字确认了咨询公司[2005]审定字第 072 号《工程结算审核意见表》第二次送审稿。以上《建筑工程结算审定通知书》均加盖了双方单位公司印章,审定工程造价为 147582427.44 元(未含人工费调整价差款)。

2005 年 12 月 28 日,咨询公司向临亚公司发出《关于临亚小区工程结算审价咨询费的报告》:核减造价为 43107132.21 元,其中人工费调整核减 9150406.42 元;审价咨询费:(1)基本审价费:196429229.97 元(送审总造价)×0.6‰ = 117857.54 元;(2)核减额审价费:①[43107132.21(审减总额) - 9150406.42 元(应扣除人工费调整)] = 33956725.79 元(净审减额)×3.5% = 1188485.40 元;②545248.21 元(第一次人工费审减额)×3.5% = 19083.69 元;合计为 1325426.63 元。

2006 年 2 月 14 日,东源公司提交《临亚家园工程人工费调整》的函件载明,人工费调增金额为 16081852.13 元。

2006 年 2 月 17 日,东源公司黄道标与攀枝花市安装工程总公司第三项目部段(以下简称第三项目部)洪兰签署《备忘录》:第三项目部发生排水工程款为 401000 元,由临亚公司从东源公司结算款中扣出,划归第三项目部结算工程款。

2006 年 12 月 30 日,双方当事人签订《补充协议》(以下简称《2006 补充协议》)约定,根据 2001 年 4 月 30 日《施工合同》及《补充协议》,凤凰工程造价共同委托临海市工程造价审查中心(以下简称造价中心)审核,东源公司同意指定三幢审核,结果为全部工程造价审核结果同比例增减。

2007 年 2 月 15 日,双方当事人签订《补充协议》(以下简称《2007 补充协议》)约定,双方就工程结算问题再次磋商,根据《2006 补充协议》内容,双方协商一致达成如下协议:(1)计算依据执行 2001 年 4 月 30 日的《施工合同》、《补充协议》及《2006 补充协议》;(2)双方委托造价中心根据(94)定额直接费加综合费率 14.5%(包括定额内和定额外)对工程造价审核。材料价格按咨询公司已审定价格为准;(3)为减少审核工作量,双方同意指定 3 幢:①雅仕苑 1 号楼,雅仕苑 1 号楼其审核结果代表雅仕苑 1 号 -4 号楼;②雅仕苑 6 号楼,其审核结果代表雅仕苑 5 号楼 -8 号楼及秋水苑 1 号楼 -4 号楼;③春晓苑 1 号楼,其审核结果代表春晓苑 1 号楼 -5 号楼、夏风苑 1 号楼 -3 号楼及秋水苑 5 号楼 -7 号楼;(4)审核结果为最终结算依据。

2007 年 2 月 16 日,东源公司向临亚集团有限公司(以下简称临亚集团)借款 49 万元。此后,临亚集团向东源公司发出《关于转移债务履行对象的函》称:临亚集团与临亚公司签订《债权转让协议》约定,2007 年 12 月 20 日起由东源公司向临亚公司履行该 49 万元债务。

2007 年 5 月 21 日,造价中心出具《工程结算审查定案书》:凤凰小区雅仕苑 1 号楼(土建部分)等送审造价 43453222 元,审定造价为 44061586 元,核增 608364 元;雅仕苑 6 号楼(土建部分)等送审造价为 48671987 元,审定造价为 48051174 元,核减 620813 元;春晓苑 1 号楼(土建部分)等送审造价为 28762001 元,审定造价为 26386834 元,核减为 2375167 元。

2007 年 6 月 21 日,东源公司向临亚公司发出《要求及时支付工程款的函》称,双方认可工程款为 147582427.44 元,临亚公司还应付人工费调增价,劳动保险费,展示楼工程款等其他款项共计 169702125.63 元,临亚公司认为造价中心的结论应作为结算依据。

2007 年 7 月 3 日,临亚公司向东源公司发出《回复函》,认为造价中心的结论应作为结算依据,临亚公司愿意按该结算向东源公司付款。结算原则应根据合同和协议约定进行。

2007 年 7 月 11 日,东源公司向攀枝花市建设工程造价管理站(以下简称管理站)报送《关于工程款结算中人工费调整的请示》,请求对人工费调增范围及执行方法作出解释。次日,管理站作出《关于对工程结算中人工费调整的请示答复》(以下简称《答复》):该地区人工费调整属 2000 定额组成部分,是根据该市实际情况与 2000 定额人工费幅度差确定的,属价差调整范围,与 2000 定额配套使用。凡该辖区内施工并使用(2000)定额的工程,均应按攀建价[2002]1 号文执行。(2000)定额载明:一级取费的劳动保险费为定额直接费的 3.0% ~4.5%,定额人工费的 15.0% ~22.0%;二级取费的劳动保险费为定额直接费的 2.5% ~3.0%,定额人工费的 12.5% ~15.0%;三级取费的劳动保险费为定额直接费的 2.0% ~2.5%,定额人工费的 10.0% ~12.5%;四级取费的劳动保险费为定额直接费的 1.5% ~2.0%,定额人工费的 7.5% ~10.0%。

2007 年 8 月 20 日,临亚公司向东源公司发出《保修函》,要求对凤凰小区部分房屋漏水等问题接到该函日起 15 日内修复完毕,若东源公司未在该期限内维修完或维修不合格,临亚公司将另委托施工单位维修,费用由东源公司承担。

2007 年 10 月 15 日,东源公司向临亚公司发出《函告》:《2006 补充协议》与《2007 补充协议》订立后,双方未委托造价中心对工程审核,该协议未履行。临亚公司委托造价中心出具的《工程结算审查定案书》,未按《施工合同》及《补充协议》约定标准计价,存在少算、漏算。现按协议委托造价中心审核,已失去公正性和客观性,即日起终止两份《补充协议》。当月 22 日,临亚公司回复:两份《补充协议》有效,造价中心根据约定计算标准审核作出的结论,应作为最终结算依据。

四川省高级人民法院一审另查明:该凤凰小区工程 2001 年 8 月 18 日开工,2004 年 11 月 23 日竣工验收。临亚家园住宅小区一期工程荣获四川省 2003 年度天府杯银奖,二期雅仕苑 1 – 8 号楼荣获四川省 2005 年度天府杯银奖。

四川省高级人民法院一审又查明:攀枝花市建设委员会发布的攀建发[2000]工程 487 号《关于我市贯彻执行〈四川省 2000 年计价定额〉有关问题的通知》载明:攀枝花市人工费现行调整标准:(1)建筑工程、市政、园林仿古工程中的土石方工程、维修工程中拆除及土石方工程人工费调增 14.6%。(2)建筑工程、市政工程、园林仿古工程中除土石方外的部分,维修工程中除拆除及土石方外部分人工费调增 68.75%。(3)装饰工程普工按 22 元/工日,一般技工按 40 元/工日,细木工按 45 元/工日,按定额工日分别进行人工价差调整。调增或调减部分人工费不作为计取其他费用基础。管理站[2002]1 号《关于 2002 年人工费调整系数的通知》载明:2002 年人工费调整系数为:建筑工程、市政工程、园林仿古工程中土石方工程、人工挖孔桩成孔、维修工程中拆除及土石方工程人工费调增 14.6%;建筑工程、市政工程、园林仿古工程中除土石方外部分,维修工程中除拆除及土石方外部分人工费调增 67.5%;装饰工程人工费调增 57.38%;安装工程人工费调增 75%,其中炉窑砌筑人工费调整 61.5%。调整部分人工费不作为计取其他费用的基础。2002 年 1 月 1 日起执行。

2010 年 1 月 26 日,东源公司提交的《撤回部分诉讼请求申请书》称,由于咨询公司对攀枝花市安装工程总公司分包安装工程施工及材料费、三通一平费、展示楼结算等 1217014.72 元无法评估,为尽快结案,申请撤回该三项及对应款项的请求。

四川省高级人民法院一审还查明:临亚公司一审举证期限内申请对凤凰小区部分房屋卫生间漏水等问题及维修费鉴定,但未提供维修费用证据。2009 年 4 月 24 日,临亚公司向东源公司发出《维修通知》:要求东源公司对相关楼裂缝 7 日内维修,东源公司未维修。临亚公司委托他人维修支出的费用为 147712.82 元。

二、当事人一审起诉与答辩情况

因双方当事人对工程造价取费标准等协商未果,2007 年 12 月 11 日,东源公司提起诉讼称,该公司履行了《施工合同》和《补充协议》约定义务,工程已竣工验收。因临亚公司向咨询公司发出《关于工程取费标准通知》,要求不按约定审价,致咨询公司出具的报告漏算、少算(特别是人工费调整差价部分)。至2007年11月23日,临亚公司应付工程款及利息173758159.00元,临亚公司仅付140428939.53元,尚欠33329219.53元,利息8267807.00元。故请求判令:临亚公司支付工程款33329219.53元,支付利息8267807.00元(至2007年11月23日止,后利随本清),共计41597026.69元,由临亚公司承担本案诉讼费。

临亚公司答辩称,咨询公司结算147582427元,双方已确认,不存在少算、漏算。依据《2006补充协议》与《2007补充协议》,双方委托造价中心依据(94)定额审价,结果为最终结算依据,材料价格以咨询公司审价结果为准。造价中心结论为145194811元。扣除东源公司承担的咨询费789306元及临亚公司代东源公司付攀枝花市安装工程总公司工程款401000元,临亚公司应付工程款144004505元;临亚公司已付140528939元,余款347万元未付的责任不在临亚公司。合同约定保修金为工程总价3%,按造价计算,保修金432万元。东源公司在保修期届满前未对房屋质量维修,发生的保修金应予暂扣。临亚公司已退还100余万元,该公司的控股公司已将49万元借款转移临亚公司,该款亦应从工程款中扣除;鉴定单位两次审价,包括了全部应结算的工程款。展示楼为协议约定东源公司免费建造。另,东源公司要求支付4759000元工程创杯奖励无据。故请求驳回东源公司的诉讼请求,由东源公司承担本案诉讼费。

临亚公司反诉称,东源公司向临亚集团借款49万元,该债权已转至临亚公司,其有权要求东源公司清偿并支付利息。东源公司未履行房屋质量保修义务,该公司请其他施工队维修支出的费用,应由东源公司承担。故请求判令:东源公司返还49万元借款,支付维修费(数额以法院委托鉴定机构鉴定为准);支付至判决生效日止的借款利息29238元,以上合计3519238元,由东源公司承担本案诉讼费。

东源公司答辩称,49万元借款主体是临亚集团,且未约定利息,临亚公司要求返还的理由不成立。按规定保修金金额应在总工程款3%内。工程10栋已过保修期,另11栋未到保修期。因此,临亚公司主张扣除300万元保修金的理由不成立。

三、四川省高级人民法院一审认定与处理

一审诉讼中,东源公司明确请求临亚公司:(1)按严正公司鉴定结论或咨询公司审价报告支付工程款;(2)按严正公司鉴定结论支付人工费调整价差款14753951.30元;(3)按严正公司鉴定结论和合同约定支付劳动保险费、意外伤害保险费及税金2896118.19元;(4)退还误扣税金166916.55元;(5)按咨询公司审价报告支付零星工程款220995.51元;(6)支付垫付水电费218970.80元;(7)支付工程创杯奖10万元;(8)支付展示楼拆除费45400元;(9)按商业银行逾期贷款付逾期支付款利息。

2008年3月11日,咨询公司出具《证明》:临亚公司已向其支付咨询费1250915.04元。

一审诉讼中,2008年6月27日,东源公司申请对临亚公司应向其支付的因协助攀枝花市安装工程总公司产生的管理费和配合费、垫付费等费用1846303.58元进行鉴定。后双方2008年11月13日签订《共同委托鉴定协议书》约定,共同委托咨询公司对上述费用鉴定。咨询公司作出的《攀枝花市临亚家园分包项目配合费及展示楼结算工程造价审定报告》载

明:(1)东源公司申请审定的配合攀枝花市安装工程总公司施工及使用材料费为 239834.34 元、配合费 104236.25 元,因无相关签证及计算基数,无法审定。按临亚公司提供资料,东源公司协助攀枝花市安装工程总公司应收取的配合费为 73703.95 元(已扣减已结算 95673.75 元);(2)铝合金及玻璃安装配合费于 2005 年 12 月 16 日已结算,未含主材配合费,主材价格按临亚公司提供资料计算,主材配合费 68400 元;(3)临亚公司直接分包的卷帘门、防火门、进户门、消防等按临亚公司提供的资料计算,配合费为 78891.56 元;电梯安装中,临亚公司指定土建架管扣件租用给安装公司使用租金结算 11141 元,无双方签字认可的原始资料,无法审定此项费用;(4)三通一平费用,东源公司提供的复印件资料不清楚,且无施工合同及相关原始签证、竣工图,无法审定;(5)展示楼结算,因无施工合同及相关竣工图、签证,无法审定此项费用。根据临亚公司提供的资料审定造价为 220995.51 元。临亚公司主张东源公司应承担审价咨询费 639397.24 元。东源公司认可其按合同约定应承担 648610.17 元。

2008 年 11 月 18 日,东源公司申请按(2000)定额和管理站〔2002〕1 号文件对临亚公司应付的人工费调整差价,按(94)定额直接费加综合费率 14.5%(材料价格分别按咨询公司审定价格和材料价格、人工费均按浙江省当期为准)对工程造价进行鉴定。经双方同意,一审法院委托四川严正工程造价咨询有限公司(以下简称严正公司)根据咨询公司审定结论,按(2000)定额和管理站〔2002〕1 号文件对人工费调整价差款鉴定,按(94)定额直接费加综合费率 14.5%(材料款按照咨询公司审定的价格和浙江省当期价格为准)对工程造价鉴定。

严正公司鉴定中,双方当事人协商不再按浙江省材料价格鉴定。严正公司作出的《鉴定书》)结论为:人工费调整价差款 14753951.30 元;雅仕苑 1 号、6 号,春晓苑 1 号楼(执行攀枝花市材料价格)工程造价为 21164287 元;土建部分工程总造价为 121055131 元。东源公司认为未计算劳动保险费和意外伤害保险费,申请补充鉴定。临亚公司认为不应付人工费调整价差款。

一审庭审中,双方当事人确认临亚公司已付工程款 141028939.62 元(包括临亚公司向东源公司三分公司付的 50 万元)。

四川省高级人民法院审理认为,双方当事人签订的《施工合同》及《补充协议》是其真实意思表示,内容不违反法律规定,合法有效。

关于工程价款按(2000)定额还是按(94)定额结算的问题。《施工合同》约定采用可调价格方式确定。2001 年 4 月 30 日的《补充协议》约定执行(2000)定额,管理费不论企业级别和工程类别取综合费率 22% 包干(包括定额内和定额外),如与(94)定额直接费加综合取费 14.5% 误差超出 ±0.5%,再折算成(2000)定额取费调整。该约定表明工程价款结算不能仅依(2000)定额加综合费率 22% 结算确定,而取决于与按(94)定额直接费加综合取费 14.5% 计算价款对比,如二者比较差额高于或低于 0.5% 则均应对按(2000)定额加综合费率 22% 结算价款调整,使其趋于一致。临亚公司委托咨询公司对工程款审定 147582427.44 元。《2006 补充协议》与《2007 补充协议》约定,根据 2001 年 4 月 30 日《施工合同》及《补充协议》,双方委托造价中心根据(94)定额直接费加综合费率 14.5%(包括定额内和定额外)、材料价格按咨询公司已审定价格为准审核。双方同意审核其中指定的 3 幢楼,审核结果为最终结算依据。

《2006 补充协议》与《2007 补充协议》是双方在咨询公司审定后,经协商达成的一致意见,对双方均有约束力。《2007 补充协议》约定,根据(94)定额直接费加综合费率 14.5%(包括定额内和定额外)、材料价按咨询公司已审定材料价格为准审定,是双方当事人最终商定的结算方式,已对此前约定的工程款结算方式进行了变更,应以此结算方式对工程价款结算。《2006 补充协议》与《2007 补充协议》签订后,双方当事人虽未委托造价中心审价,但诉讼中,根据东源公司申请,委托双方当事人共同选择的严正公司按《2007 补充协议》约定的计价方式鉴定,结论为:土建部分 121055131 元,双方当事人无异议,予以采信。根据双方当事人认可的咨询公司审价结果,该土建部分 120887210.08 元,其他部分 26695217.36 元。该工程总价款按(94)定额直接费加综合费率 14.5% 计算为 121055131 元 + 26695217.36 元 = 147750348.36 元。

关于临亚公司是否应向东源公司支付人工费调整价差款的问题。建设部发布的《建设工程施工发包与承包价格管理暂行规定》规定,工程款包括"成本(直接成本、间接成本)、利润(酬金)和税金。"本案虽依(2000)定额及相关文件,人工费应调整并计入工程总价款,但《2007 补充协议》是基于双方对人工费调整价差款等是否应结算达成的协议,协议约定的对工程款重新审定为最终结算依据。因此,应以《2007 补充协议》约定的方式结算工程款。临亚公司应按严正公司依据《2007 补充协议》约定作出的鉴定结论支付工程款。东源公司主张按《补充协议》另行结算人工费调整价差款、按严正公司鉴定支付人工费调整价差款 14753951.30 元,不予支持。

关于临亚公司是否应按(2000)定额向东源公司支付劳动保险费和意外伤害保险费的问题。(2000)定额虽包含劳动保险费和意外伤害保险费,但《2007 补充协议》约定的工程款结算方式为(94)定额直接费加综合费率 14.5%(包括定额内和定额外),材料价按咨询公司已审定材料价格为准。劳动保险费和意外伤害保险费等已包含在协议约定的综合费率包干费用中,东源公司主张另行结算与约定不符,不予支持。

关于临亚公司是否应向东源公司支付铝合金主材、卷帘门等配合费、三通一平费、修建展示楼工程费的问题。依据合同约定,铝合金、威卢克斯天窗、防盗门所有设备等发包方供应材料费、安装费不进入造价。诉讼中,东源公司申请对临亚公司应支付的因协助攀枝花市安装工程总公司产生的管理费和配合费、垫付费用;铝合金主材配合费;卷帘门、消防门、绿化等配合费;修建展示楼产生的工程费;三通一平、临时道路、临时建筑、临时围墙、水电接通费用合计为 1846303.58 元鉴定。后双方签订《共同委托鉴定协议书》约定,委托咨询公司予以鉴定。咨询公司经审定,对东源公司主张的其配合攀枝花市安装工程总公司施工及使用材料费为 239834.34 元、三通一平费用、展示楼费用因无相应的资料无法审定;根据临亚公司提供的资料审定的东源公司协助攀枝花市安装工程总公司应收取的配合费及铝合金主材配合费,卷帘门、防火门、进户门、消防等配合费为 220995. 51 元。咨询公司审定的配合费为 220995. 51 元,双方无异议,东源公司主张该费用,予以认定。对咨询公司无法审定的东源公司主张配合攀枝花市安装工程总公司施工及材料费为 239834. 34 元、三通一平费用、展示楼费用,东源公司诉讼中撤回,予以准许。

关于临亚公司是否应向东源公司支付展示楼拆除费、创杯奖、水电费的问题。展示楼拆除费 45400 元,双方当事人已签字,予以确认。双方当事人 2003 年 12 月 27 日签订协议约定,凤凰小区群体优良率达到国家规定不奖不罚,承包方创攀枝花杯或天府杯,发包方予以 10 万元奖励。东源公司施工的项目取得了天府杯奖,临亚公司应依约支付东源公司 10 万元。双方约定施工期间水费、电费由东源公司负责,临亚公司代缴后在每期工程款中如数扣除。合同履行期间,由东源公司以临亚公司名义缴纳水、电费。东源公司主张临亚公司承担的电费 123064. 80 元,有双方签字确认的《现场签证单》,予以确认。对东源公司主张临亚公司应承担的水费 95906 元,因该水费产生于东源公司施工期间,且以临亚公司名义缴纳,故临亚公司应付水、电费合计 218970. 80 元。

关于结算时临亚公司扣除的甲供材料税金是否应返还东源公司的问题。咨询公司的总价款中包含临亚公司供应材料款,并在工程款中扣除了甲供材料税金 166916. 55 元。此后东源公司 2007 年按临亚公司要求向其出具了该部分甲供材料款发票,该部分甲供材料税金不应再扣除,且临亚公司对东源公司要求将扣除的该部分税金返还的请求认可。因此,东源公司该项请求,予以支持。

关于东源公司是否应向临亚公司支付 49 万元及利息的问题。东源公司向临亚集团借款 49 万元,临亚集团已将债权转让临亚公司,东源公司应向临亚公司归还。因借条未约定利息且系企业拆借行为,临亚公司主张利息,不予支持。

关于东源公司是否应承担维修费的问题。合同约定东源公司保修期内因东源公司施工质量需维修的,东源公司应在接到临亚公司通知后,土建工程 5 天内、水电卫工程 2 天内维修。如不维修,临亚公司有权自行修理,发生的费用在保修款中扣除。临亚公司确因房屋质量问题,通知东源公司,东源公司未维修,临亚公司自行维修,费用应由东源公司承担。临亚公司申请对可能产生的维修费用鉴定,不予支持。诉讼中,东源公司未履行房屋质量维修义务,临亚公司维修支出的 147712. 82 元,应由东源公司承担。本工程最后一幢楼 2004 年 11 月 23 日竣工验收,保修期已满,临亚公司主张扣留保修金无依据,不予支持。

关于东源公司是否应按合同约定承担咨询公司审减部分工程款的审价费问题。由于咨询公司在收取审减工程款金额部分的审价费时,已扣除人工费核减金额 900 多万元,其收取的审减工程款金额部分审价费应认定为工程款审减金额的审价费,按合同约定超过 5% 部分由东源公司承担。东源公司认可其依约承担 648610. 17 元。根据临亚公司主张,认定东源公司应承担审价咨询费 639397. 24 元。

关于黄道标签字确认临亚公司划归第三项目部结算工程款 401000 元是否应从工程款中扣除的问题。2006 年 2 月 17 日,东源公司黄道标与第三项目部段洪兰签署《备忘录》约定,临亚公司从东源公司结算款中扣除401000元划归第三项目部结算工程款。黄道标系东源公司工作人员。因此,临亚公司主张从其应付东源公司工程款中扣除该401000元,依据充分,予以支持。

关于临亚公司是否应支付工程款利息的问题。根据合同约定,工程余款扣除保修金在竣工验收合格一年后一个月内付清。本凤凰小区工程2004年11月23日全部竣工验收。按合同约定,临亚公司应于2005年12月23日支付全部工程款。截止2005年12月23日,临亚公司仅付130630589.62元(包括甲供材料款25365964.62元),尚欠部分工程款,应按约从2005年12月24日起支付利息。

东源公司称,临亚公司供应材料款1100万元系2007年才按临亚公司要求开具发票,据此要求临亚公司承担该款从2005年12月24日至实际抵扣工程款日利息。由于临亚公司供应材料施工中已履行,且该材料款由临亚公司对外支付,东源公司就该款开具发票所扣除的税金166916.55元,应由临亚公司返还东源公司。东源公司主张该部分款项利息,依据不足,不予支持。

综上,临亚公司应付东源公司工程款147750348.36元,加上临亚公司还应付的铝合金主材及卷帘门、防火门、进户门、消防等配合费220995.51元、展示楼拆除费45400元、创杯奖10万元、水电费218970.80元及临亚公司应返还的甲供材料税金166916.55元,共计148502631.22元。扣除临亚公司已付工程款141028939.62元、东源公司应承担审价咨询费639397.24元、临亚公司代东源公司划归第三项目部结算工程款401000元,临亚公司还应支付东源公司工程欠款6433294.36元。由于临亚公司未按合同约定付全部工程款,应依约承担逾期付款利息,以2005年12月24日实际欠付金额(148502631.22元－130630589.62元)17872041.60元为基数,依据此后各阶段实际欠款金额,按中国人民银行同期同类贷款利率,分段计付完之日止。临亚公司反诉东源公司归还借款49万元,予以支持。临亚公司反诉东源公司承担维修费的请求部分成立,东源公司应付临亚公司维修费147712.82元。据此四川省高级人民法院于2010年5月14日作出(2008)川民初字第2号民事判决:一、临亚公司于判决生效后十日内支付东源公司工程欠款6433294.36元;二、临亚公司于判决生效后十日内支付东源公司逾期付款利息(从2005年12月24日起,以17872 041.60元为基数,依据此后各阶段实际欠款金额,按中国人民银行同期同类贷款利率,分段计算至支付完毕之日止);三、东源公司于判决生效后十日内归还临亚公司借款49万元;四、东源公司于判决生效后十日内支付向临亚公司维修费147712.82元;五、驳回东源公司的其他诉讼请求;六、驳回临亚公司的其他反诉请求。

一审案件受理费249785元,财产保全费5000元,共计254785元,东源公司负担152871元,临亚公司负担101914元;反诉案件受理费17477元,临亚公司负担12234元,东源公司负担5243元;鉴定费321862元,东源公司负担193117元,临亚公司负担128745元。

四、当事人上诉请求及答辩情况

东源公司不服一审判决,向最高人民法院提起上诉,请求:撤销一审判决,将本案发回重审或依法改判:临亚公司支付人工费调整价差款 14753951.30 元,支付劳动保险费、意外伤害保险费及税金 2896118.19 元,共计 17650069.49 元及利息,由临亚公司承担本案全部诉讼费用。事实和理由:

1. 2001 年 4 月 30 日的《补充协议》包括了人工费调整差价款。

2.《2007 补充协议》约定,双方共同委托造价中心进行工程造价审计"审核结果为最终结算依据"。但协议第一条还约定"计算依据执行 2001 年 4 月《施工合同》、《补充协议》及《2006 补充协议》"。因此,《2007 补充协议》约定的取费标准与《施工合同》及《补充协议》约定的执行(2000)定额取费标准一致。

3. 严正公司按(2000)定额鉴定人工费调整价差款为 14753951.30 元。该鉴定单位为法院委托,应作为东源公司主张该笔费用的依据。

4. 管理站出具的《答复》亦证明,攀枝花地区人工费调整属于(2000)定额组成部分,与(2000)定额配套使用。因此,双方当事人履行合同与协议期间发生的人工费调整价差款,应按攀枝花市相关文件调整。

5. 该公司请求的劳动保险费、意外伤害保险费及税金共 2896118.19 元,亦源于《施工合同》与《补充协议》的约定。一审诉讼中,该公司提供了此项费用的证据。一审判决认定该项费用包含在综合费率包干费用中是错误的。另,该公司 2007 年 10 月 15 日向临亚公司发出终止《2007 补充协议》函件,一审判决以解除的协议为据,作出的判决是不公正的。

综上,一审判决认定《2007 补充协议》变更了《施工合同》与《补充协议》约定的工程结算方式,并以此驳回该公司对上述费用的诉讼请求,没有根据。

临亚公司答辩称,《施工合同》与《补充协议》均未约定(94)定额为人工费调整差价款的结算依据。《2007 补充协议》第一条与第二条关于"根据(94)定额直接费加综合费 14.5%(包括定额内与定额外)进行工程造价审核"的约定并不冲突,一审判决认定《2007 补充协议》为双方最终达成的结算工程款依据,变更了此前 2001 年 4 月《补充协议》约定的工程结算方式正确。另,东源公司关于《2007 补充协议》已解除的主张,没有证据证明。故请求二审法院驳回东源公司的上诉请求,维持原判。

五、最高人民法院二审查明的案件事实

最高人民法院庭审后,东源公司提供了浙江省建设厅、浙江省计划与经济委员会、浙江省财政厅于 1998 年 1 月 9 日联合下发的《关于规范建筑施工企业劳动保险费用计取办法的通知》(以下简称浙江省《劳保费办法通知》)和浙江省台州市建设规划局台建规(2001)270 号《关于建筑施工人员人身意外伤害保险费用计取办法通知》(以下简称台州市《意外伤害保险费办法通知》)。东源公司以此证据证明,即使其主张的劳动保险费与意外伤害保险费不按(2000)定额计取,依据上述两份通知,临亚公司亦应向其支付。

最高人民法院二审还查明:

1. 2008 年 12 月 23 日,一审法院根据东源公司申请,委托严正公司对凤凰工程相关事项鉴定。2009 年 7 月 27 日严正公司出具的《鉴定书》除载明委托事项、结论等内容,还载

明:鉴定依据:(1)双方签订的《施工合同》、《补充协议》;(2)浙江省(94)定额;(3)咨询公司审定的凤凰工程结算书;(4)四川省高级人民法院委托鉴定书法技(2008)字第 33 号;有关问题的说明 3 还载明:凤凰小区土建部分工程造价内不含劳动保险费、意外伤害保险费。

2. 双方当事人认可(94)定额没有人工费调整差价款的规定,同时认可《2007 补充协议》为双方就人工费调整差价款等是否应计入工程造价,无法协商一致情况下订立的最后一份协议。

3. 2001 年 4 月 30 日的《补充协议》约定:"如遇定额项目不明或工程量模糊的项目,东源公司应及时向临亚公司办理签证,否则决算时发生争执,后果由东源公司自负。"凤凰工程 2004 年 11 月 23 日竣工验收。2004 年 11 月 17 日东源公司向临亚公司提交造价反馈意见书,认为全项工程人工费调整及零星增补未计入总造价。此前,东源公司未因定额项目不明或工程量模糊等,依该协议约定及时向临亚公司办理签证或双方就此达成新的协议。

4. 浙江省《劳保费办法通知》与台州市《意外伤害保险费办法通知》均没有该两费的计取属于(94)定额组成部分和必须与(94)定额同时配套使用的规定。东源公司上诉主张的劳动保险费、意外伤害保险费及税金,合计 2896118.19 元,是该公司依据(2000)定额自行计算的数额。

最高人民法院二审查明的其他案件事实与一审法院查明的相同。

六、最高人民法院二审认定与处理

根据东源公司上诉请求依据的事实与理由,最高人民法院二审归纳双方当事人争议的焦点为:临亚公司应否支付东源公司人工费调整价差款、劳动保险费及意外伤害保险费。

关于临亚公司应否支付东源公司人工费调整价差款的问题。

最高人民法院审理认为,在双方当事人对《2007 补充协议》约定条款如何理解存在争议的情况下,应根据《2007 补充协议》内容表述以及订立的原因背景进行综合分析,从而作出正确的认定。

涉案《施工合同》约定了东源公司承包的凤凰工程范围、开工、竣工日期、工程款的支付条件及奖惩等条款。《补充协议》就工程取费标准进行了专门约定,即土建部分执行(2000)定额,其管理费不论企业级别和工程类别取综合费率 22% 包干(包括定额内和定额外),如与(94)定额直接费加综合取费 14.5% 误差超出 ±0.5%,再折算成(2000)定额取费调整,水电气部分、室外工程、安装工程、装饰工程等,取费按土建同比率下浮等。《施工合同》与《补充协议》约定条款,作为《2007 补充协议》第一条内容,双方当事人无异议。但第二条与第四条还约定"双方共同委托造价中心进行工程造价审核。根据(94)定额直接费加综合费率 14.5%(包括定额内与定额外)进行工程造价审核;审核结果为最终计算依据"。

另据查明的案件事实,因东源公司认为造价中心为临亚公司单方委托,对其出具的鉴定结论不予认可,一审法院根据东源公司申请,委托严正公司对工程相关事项予以鉴定。严正公司出具的《鉴定书》载明,作为凤凰工程造价的唯一取价标准,为浙江省(94)定额。

事实表明,双方当事人订立《2007 补充协议》的本意是,《施工合同》约定的东源公司承包凤凰工程的范围、开工、竣工日期、工程款的支付条件及奖惩等条款,依然是《2007 补充协议》订立的基础,而对于工程结算标准的重要依据,双方当事人则特别约定根据(94)定额直接费加综合费率 14.5%(包括定额内与定额外)进行工程造价审核,并以该审核结果为最终计算依据。此为双方当事人平等协商一致的意思表示,内容合法有效,对双方当事人具有约束力。

根据最高人民法院《关于审理建设工程施工合同纠纷案件适用法律问题的解释》(以下简称《解释》)第十六条:"当事人对建设工程的计价标准或者计价方法有约定的,按照约定结算工程价款"的规定,(2000)定额、管理站为东源公司出具的《答复》以及管理站发布的(2002)1 号《关于 2002 年人工费调整系数的通知》等文件,均不属于法律及行政法规,不能否定双方当事人签订《2007 补充协议》的效力。一审判决认定《2007 补充协议》为双方当事人最终约定的结算方式,应以此结算方式对凤凰工程价款进行结算,证据充分。东源公司关于按严正公司依据(2000)定额鉴定的人工费调整价差款数额为据,请求临亚公司予以支付的上诉主张,证据不足,不予支持。

关于临亚公司应否支付东源公司劳动保险费及意外伤害保险费的问题。

最高人民法院审理认为,依据前述理由,因双方当事人通过订立最终《2007 补充协议》的方式,确定"(94)定额直接费加综合费率 14.5%(包括定额内和定额外)对工程造价审核。材料价格按咨询公司已审定价格为准"以及"审核结果为最终结算依据"。另,经审查,浙江省《劳保费办法通知》与台州市《意外伤害保险费办法通知》均没有该两费的计取属于(94)定额组成部分和必须与(94)定额同时配套使用的规定。双方当事人亦未就劳动保险费以及意外伤害保险费在《2007 补充协议》中作出特别约定。因此,根据最高人民法院《解释》第 16 条规定,在双方当事人已就凤凰工程造价取费标准明确约定根据(94)定额直接费加综合费率 14.5%(包括定额内与定额外)进行工程造价审核,并以该审核结果为最终计算依据的情况下,东源公司关于依据(2000)定额、管理站为其出具的《答复》、管理站发布的(2002)1 号《关于 2002 年人工费调整系数的通知》、浙江省《劳保费办法通知》及台州市《人身意外伤害保险费办法通知》等文件,由临亚公司支付劳动保险费与意外伤害保险费的上诉主张,理据不足,不予采信。

关于《2007 补充协议》是否已解除的问题。

最高人民法院审理认为,《施工合同》、《补充协议》、《2006 补充协议》及《2007 补充协议》均没有东源公司行使合同解除权的约定。该工程已经 2004 年 11 月 23 日竣工验收,亦不存在法定解除事由,且东源公司起诉与答辩,未提出该项主张。限于一审判决以及二审法院审理的范围,对于东源公司关于《2007 补充协议》已解除的上诉主张,不予采信。

综上所述,东源公司的各项上诉主张,理由均不能成立,不予支持。一审判决认定事实清楚,适用法律正确,本院予以维持。依照《中华人民共和国民事诉讼法》第一百五十三条第一款第(一)项之规定,最高人民法院于 2010 年 10 月 30 日作出(2010)民一终字第 99 号民事判决:驳回上诉,维持原判。

二审案件受理费 127700.42 元,由浙江东源建设有限公司负担。

七、对本案的解析

合同是当事人通过合意对其未来事物的安排。但限于交易经验和法律知识的缺乏,当事人不可能对未来发生的所有情况事先都有充分的预见。所以,合同出现某些漏洞或当事人对某些条款产生不同的理解,在所难免。以建筑市场为例,发包方与承包方就同一项目先后订立多份合同的现象极为普遍。有的是通过订立新合同对原合同的文字和语义进行修改,但合同主要条款没有实质性变更。有的是通过订立新合同对原合同工程价款、工程质量及工程期限等实质性条款进行修改,又由于合同履行过程中,当事人对合同条款"理解有争议",有的因此引发诉讼。在此情况下,法官应当依据怎样的解释原则确定当事人订立合同时的真实意思表示,此为审判实践中经常遇到且应亟待解决的问题。

以本案为例,东源公司认为,《2007 补充协议》约定的取费标准与 2001 年 4 月的《施工合同》及《补充协议》约定的(2000)定额取费标准一致。因此,临亚公司应当依据(2000)定额取费标准支付人工费调整差价款。

临亚公司则认为,《2007 补充协议》变更了 2001 年 4 月的《施工合同》及《补充协议》约定的取费标准,且《2007 补充协议》为双方最终达成的结算工程款依据。因此,东源公司请求其支付人工费调整差价款,没有合同依据。

从东源公司的上诉请求及临亚公司的抗辩理由,可以看出,当事人双方争议的非合同与协议的真实性与合法性,换句话说,当事人双方对其围绕凤凰工程签订的相关合同与协议的真实性与合法性无异议,仅是对《2007 补充协议》约定的相关条款"理解有争议"。

该争议涉及的法律为:《合同法》第一百二十五条:"当事人对合同条款的理解有争议的,应当按照合同所使用的语句、合同的有关条款、合同目的、交易习惯以及诚实信用原则,确定该条款的真实意思。"

最高人民法院正是基于该法律规定的合同解释原则,作出维持原判,驳回东源公司上诉请求的判决。

1. 正确界定当事人对"理解有争议"的合同条款范围

所谓合同的解释,"是指对合同及其相关资料的含义所做出的分析和说明。"①当事人对合同条款的"理解有争议",是指按照一般人的观点,合同条款的规定是不明确不清楚的,才需要作出解释。如果合同条款规定是清楚的,是由于一方自身利益的考虑,不恰当地对合同条款作出不同的理解,此情况下,根本不需要做出解释。② 这就是说,判断争议条款的真实意思,不能认为凡是当事人对合同条款有不同理解,也不能仅根据一方当事人对合同条款的不同认识,就认为是对合同条款"理解有争议"。对"理解有争议"的合同条款,应该严格界定在"按照一般人的观点,合同条款的规定是不明确不清楚"的范围。否则,将不适当

---

① 崔建远主编:《合同法》(修订本),法律出版社 2000 年版,第 324 页。

② 王利明:《合同法新问题研究》,中国社会科学出版社 2003 年版,第 182 页。

地扩大合同解释的范围,背离合同解释的原则和当事人订立合同的初衷与目的。

本案双方当事人围绕凤凰工程的承发包范围、开工、竣工日期、工程款的支付条件以及违约责任和奖惩条件等,先后订立《施工合同》与三份《补充协议》,涉及诸多条款,内容亦非常广泛。但东源公司起诉之诉因与诉求的基础并非是合同与协议的真实性与合法性,而是对《2007 补充协议》)载明的"二、双方委托造价中心根据(94)定额直接费加综合费率 14.5%(包括定额内和定额外)对工程造价审核。材料价格按咨询公司已审定价格为准;四、审核结果为最终结算依据"的条款"理解有争议"。

最高人民法院二审以此作为双方当事人对合同条款"理解有争议"的范围,对下一步探究当事人对合同条款"理解有争议"的含义及判断当事人订立合同与协议的真实意思,奠定了基础。

2. 正确认定当事人对"理解有争议"的合同内容表述

合同的条款由语言文字构成,解释合同也必须先从词句的表述入手。同时,由于语句在不同的场合可能表达不同的含义,所以,正确认定当事人对"理解有争议"的合同内容表述,还应当根据合同订立时的背景及场合,探究当事人订立合同的真实意思。①

《合同法》第四十一条规定:"对格式条款理解发生争议的,应当按照通常理解予以解释。对格式条款有两种以上解释的,应当作出不利于提供格式条款一方的解释。格式条款和非格式条款不一致的,应当采用非格式条款。"尽管该法律规定主要适用于格式条款,但实际上对一般条款而言,由于当事人对有关合同条款发生了争议,当事人双方的理解不尽相同,且事后又不能达成协议,在此情况下,法官应当采用客观的解释方法解释合同用语。这种客观解释方法在文义解释方面就是指依据合同条款语句的通常含义进行解释。② 由此,可以理解为,《合同法》第一百二十五条规定的"当事人对合同条款的理解有争议的,应当按照合同所使用的语句、合同的有关条款……确定该条的意思表示。"实际也就是要求法官对合同用语应当按照通常的理解进行解释,此为合同解释的首要方法。只有在此种方法不能确定当事人的真意时,才能采用其他方法进行解释。所谓对用语应当按照通常的理解进行解释,就是说,应当按照一个合理人的判断标准来进行解释,法官应当考虑一个合理人在此情况下对争议合同用语所能理解的含义,以此作为解释合同的标准。③

本案凤凰工程涉及土建、水电气安装及相关配套工程,当事人订立《施工合同》与三份《补充协议》的利益与风险主要是工程造价。依据 2001 年 11 月建设部颁布的《建筑工程施工发包与承包计价管理办法》,当事人可以在订立合同与协议中,自主选择如下某种计价方式作为结算工程造价的依据:(1)固定价。合同总价或者单价在合同约定的范围内不可调整;(2)可调价。合同总价在合同实施期内,根据合同约定的办法调整;(3)成本加酬金。同时,当事人订立合同亦应当考虑到合同履行过程中可能引起的材料价格变动等诸多市场因

① 胡康生主编:《中华人民共和国合同法释义》,法律出版社 1999 年版,第 193~194 页。
② 王利明:《合同法新问题研究》,中国社会科学出版社 2003 年版,第 203 页。
③ 王利明:《合同法新问题研究》,中国社会科学出版社 2003 年版,第 204 页。

素,充分预见选择某种计价方式应承担的风险。本案双方当事人签订的《2007 补偿协议》开篇即明确了该协议订立的原因及目的,即"双方就工程款结算问题再次磋商,根据《2006 补偿协议》内容,协商一致达成如下协议。"该条款除援引了 2001 年 4 月《施工合同》《补充协议》及《2006 补充协议》,第二、四条还特别约定:"双方委托造价中心根据(94)定额直接费加综合费率 14.5%(包括定额内和定额外)对工程造价审核;审核结果为最终结算依据。"

按照一般人通常的理解进行解释,可以得出这样的结论:第一,《2007 补偿协议》的订立,是双方当事人就工程结算标准协商未果,尤其是人工费调整差价款是否应当作为工程款一部分主张不一的情况下,经过再次磋商达成的协议。第二,《2007 补偿协议》订立的目的就是解决工程造价依(94)定额还是依(2000)定额结算的问题。第三,《2007 补偿协议》为双方商定的结算工程款的最终依据,无论市场变化与否,双方均应遵守履行。第四,《2007 补偿协议》中增加的根据(94)定额直接费加综合费率 14.5%(包括定额内与定额外)进行工程造价审核,并以该审核结果为最终计算依据之特别条款,其效力应当优先于合同与协议约定的一般条款的效力。如果分合同规定的是总合同的例外和特殊情况,当分合同条款与总条款的意思不一致时,分合同条款优先。①

本案另据查明的事实,一审法院基于东源公司的申请,委托严正公司对凤凰小区工程相关事项予以鉴定。(94)定额依然是严正公司对凤凰工程造价取价的唯一标准。事实证明,(94)定额作为凤凰工程造价唯一的取价标准和《2007 补充协议》约定的工程结算依据,为双方当事人平等协商后确定的合意。《2007 补充协议》合法有效,双方当事人理应遵守履行。

综上,最高人民法院根据《合同法》第一百二十五条规定的合同解释原则,结合《2007 补偿协议》所使用的语句、订立的原因、背景与目的进行解释,终审判决"双方当事人订立《2007 补充协议》的本意是,《施工合同》约定的东源公司承包凤凰工程的范围、开工、竣工日期、工程款的支付条件及奖惩等条款等,依然是《2007 补充协议》订立的基础,而对于工程结算标准的重要依据,双方当事人则特别约定根据(94)定额直接费加综合费率 14.5%(包括定额内与定额外)进行工程造价审核,并以该审核结果为最终计算依据。此为双方当事人平等协商一致的意思表示,内容合法有效,对双方当事人具有约束力。"

该判决不仅阐述了 2001 年 4 月《施工合同》《补偿协议》《2006 年补偿协议》与《2007 补偿协议》之间的关联性与独立性,也是对《合同法》第一百二十五条规定的合同解释原则在具体案件中的正确理解与适用,符合双方当事人订立合同与协议的真实意思。

① 王利明:《合同法新问题研究》,中国社会科学出版社 2003 年版,第 213 页。

关于煤矿矿业权价值评估应如何适用相关规定的问题

——袁仁友与叶勇泉、李子亮合伙纠纷上诉案

孙延平*

法理提示 煤矿采矿权价值评估应适用什么规定,首先应确定基准日的时间,之后根据该时间确定适用何规定。本案所提到的基准日时间是指双方当事人解除合伙合同的时间。根据贵州省高级人民法院(2006)黔高民一终字第 34 号民事判决,本案双方解除合伙合同的时间为 2006 年 6 月 22 日,由于基准日均是按年、月为计算单位的,故本案基准日时间应为 2006 年 6 月 30 日。因此,本案在评估采矿权价值时,应适用 2006 年 6 月 30 日之前的规定,即《矿业权评估指南》(2004 年修订版)。

上诉人(原审被告):袁仁友,男,汉族,1961 年 9 月 27 日出生,住贵州省习水县东皇镇城西黑鹿巷 40 号公共户 3 号。

被上诉人(原审原告):叶勇泉,男,汉族,1969 年 9 月 28 日出生,住四川省隆昌县金鹅镇大南街 86 号 1 幢 3 单元 7 号。

被上诉人(原审原告):李子亮,男,汉族,1955 年 1 月 8 日出生,住贵州省习水县马临乡白腊坪村六组。

一、贵州省高级人民法院一审查明的案件事实

1996 年 6 月,振兴煤矿变更登记为袁仁友的个人独资企业,年产 9 万吨。2002 年 7 月 5 日,叶勇泉、李子亮与袁仁友签订《关于合伙经营习水县振兴煤矿的协议》(以下简称《合伙协议》)约定,经叶勇泉、李子亮、袁仁友三股东多次协商,同意共同技改及经营振兴煤矿;振兴煤矿合伙后的性质为股份制企业;振兴煤矿合伙后的生产经营场所在振兴煤矿;合伙后原永达煤矿所有井田内合法煤炭资源归振兴煤矿开采;叶勇泉、李子亮在 7 月份向振兴煤矿一次性各投入 80 万元,共计 160 万元;袁仁友的振兴煤矿作价 215 万元,九一煤矿折价 90 万元,共计 305 万元,由合伙后的振兴煤矿分期支付给袁仁友;如需增加技改资金,必须按股

* 最高人民法院民一庭高级法官。

份按时投入,任何股东不得拖欠,如资金不到位,按自动放弃股权处理;振兴煤矿股份为100%,叶勇泉占20%,李子亮占20%,袁仁友占60%;振兴煤矿及吕良鹏的九一煤矿2002年6月7日前的一切债权债务及民事、经济、法律责任由袁仁友和吕良鹏各自全部承担;从股东代表人签字之日起,振兴煤矿和九一煤矿的所有财产归振兴煤矿股东所有;盈亏按股份所占比例分配;袁仁友任董事长、法人代表,负责全面工作,李子亮任副董事长、矿长,负责人事管理、井下全面工作及地面建设规划工作,叶勇泉任副董事长,负责经营及协助袁仁友工作;一切收支由李子亮审核,袁仁友审批签字后,方能入账报销;此协议签字后生效,任何一方不得反悔或超越规定范围,任何一方违约应赔偿另一方股金5倍以上的赔偿款;振兴煤矿按股份制章程工作,重大的事项必须通过董事会和全体股东会议决定,少数服从多数;若永达煤矿的井田资源因政策等因素未划归振兴煤矿和振兴煤矿年产30万吨技改不成,原振兴煤矿的井田资源及一切设施、设备属于股东合伙经营开采,任何股东不得违反此规定;本协议一式三份,各股东各执一份,签字后即刻产生法律效力;本协议未尽事宜,经全体股东会协商解决。合伙后的振兴煤矿股东叶勇泉、李子亮、袁仁友均在该协议上签名。

2002年7月7日,叶勇泉、李子亮与袁仁友签订《关于合伙经营习水县振兴煤矿的补充协议书》(以下简称《补充协议》)约定,合伙时,振兴煤矿总价值为450万元;如袁仁友违约,对其他股东的经济赔偿,以振兴煤矿来作赔偿,振兴煤矿的总价值450万元抵完后,振兴煤矿归其他股东所有经营。

叶勇泉、李子亮及袁仁友在庭审中确认,上述协议签订之后,三方当事人合伙经营振兴煤矿;叶勇泉分四次向振兴煤矿投入资金共计100万元,李子亮分三次向振兴煤矿投入资金共计90万元;合伙后振兴煤矿按约定向袁仁友支付了振兴煤矿和九一煤矿折价款305万元;三方当事人没有按约定将振兴煤矿变更登记为股份制企业。

2003年7月10日,振兴煤矿由年产9万吨技改为年产30万吨的方案得到相关部门认可,相关部门规定2002年9月至2003年8月为办理技改手续时间,2003年9月至2006年8月为技改建设工期。2003年10月8日,经袁仁友向贵州省工商行政管理局申请,该局向袁仁友核发《个人独资企业营业执照》(注册号52000029130686),该执照载明,企业名称习水县振兴煤矿,投资人姓名袁仁友。

嗣后,袁仁友根据专家论证认为,振兴煤矿技改需资金3385万元,按协议约定股份比例,叶勇泉、李子亮各应再出资587万元,叶勇泉的代理人叶邦炳要求将2003年的财产账算清后再投资,李子亮要求把2004年以前的账结清,把合伙营业执照办好后再投资,各方对增资技改未达成一致意见。2004年1月6日,袁仁友向叶勇泉、李子亮发出《催交投资款函》,限令叶勇泉、李子亮在1月10日前将各自应分摊的技改资金587万元到位。2004年1月10日,叶勇泉、李子亮收到袁仁友发出的《催交投资款函》。

2004年5月10日,贵州省国土资源厅向振兴煤矿核发《采矿许可证》(证号5200000420041),该证载明,采矿权人习水县振兴煤矿,经济类型私营独资企业,生产规模30万吨/年,有效期2004年5月至2012年5月。2004年1月7日,袁仁友以叶勇泉、李子亮为被告向贵州省遵义市中级人民法院(以下简称遵义中院)提起民事诉讼,叶勇泉、李子亮对袁仁友提起反诉。

遵义中院(2005)遵市法民一初字第 069 号判决书载明:袁仁友的诉讼请求是:(1)解除袁仁友与叶勇泉、李子亮签订的合伙协议;(2)由袁仁友返还叶勇泉、李子亮投资款各 90 万元;(3)诉讼费由袁仁友、叶勇泉、李子亮按合伙投资比例分摊。其主要理由是:振兴煤矿技改资金不得少于 3385 万元,叶勇泉、李子亮应各分摊 587 万元,经袁仁友书面催交,叶勇泉、李子亮拒绝增资,违反合伙协议的约定;双方对技改意见无法统一。

叶勇泉、李子亮辩称:根据合伙协议约定,振兴煤矿重大事项必须经董事会和全体股东决定,袁仁友单方决定要求叶勇泉、李子亮增加技改资金,不具法律效力,起诉叶勇泉、李子亮无事实依据。

叶勇泉、李子亮对袁仁友提出反诉。其反诉请求是:(1)将袁仁友从振兴煤矿除名,煤矿归叶勇泉、李子亮所有;(2)由袁仁友按审计报告结论支付未分配利润;(3)由袁仁友承担违约责任;(4)反诉费、鉴定费由袁仁友承担。其主要理由是:双方合伙后,袁仁友违约将振兴煤矿注册为私营独资企业;袁仁友 60% 的合伙资金实际到位只有 30 万元,其余未到位;合伙一年多没有进行利润分配;袁仁友单方免去李子亮矿长职务,不让其参加生产管理等。

袁仁友辩称:叶勇泉、李子亮拒绝增资技改,使振兴煤矿无法领新"四证",故未能更换新的营业执照;袁仁友以振兴煤矿折价 450 万元,其中 240 万元作为入股资金,另 210 万元作为袁仁友个人资产留在振兴煤矿,不存在资金不到位;李子亮没有资格证书,不能任生产矿长,对其免职未违约。

遵义中院经审理认为:振兴煤矿应为合伙企业;双方当事人均未主张对财产清算,该院不再主持双方对煤矿资产评估;袁仁友诉请解除合伙协议、返还二被告投资款,实质是将叶勇泉、李子亮除名,叶勇泉、李子亮反诉要求将袁仁友除名,双方当事人该诉请不符合合伙企业法的规定;根据 2005 年 9 月 27 日双方当事人对整改达成的协议,说明双方有继续合伙的可能。判决:驳回袁仁友的诉讼请求;驳回叶勇泉、李子亮的反诉请求。

三方当事人均不服一审判决,向贵州省高级人民法院提出上诉。

贵州省高级人民法院(2006)黔高民一终字第 34 号民事判决书载明:经贵州省高级人民法院审判委员会讨论认为,《合伙协议》的性质应认定为合伙;袁仁友与叶勇泉、李子亮因经营管理中发生分歧,双方认为已无合作的可能,袁仁友要求解除合伙协议,予以支持;叶勇泉、李子亮要求将袁仁友除名的诉请,根据《合伙企业法》的规定,其不能诉请法院直接将袁仁友从合伙中除名,不予支持;合伙协议解除后,因袁仁友所占股份份额最大,且现振兴煤矿由其管理,为有利于煤矿生产经营,由袁仁友继续经营管理较妥;双方应协商解决相关后续问题,对振兴煤矿进行审计、评估,对相关财产返还、利润分割、损失赔偿等问题,协商不成,可另诉解决;故贵州省高级人民法院对合伙关系的解除予以明确。判决:(1)撤销一审判决第一、二项;(2)解除袁仁友与叶勇泉、李子亮 2002 年 7 月 5 日签订的《合伙协议》和 2002 年 7 月 7 日签订的《补充协议》;(3)振兴煤矿由袁仁友生产经营;(4)驳回袁仁友的其余诉讼请求,驳回叶勇泉、李子亮的其余诉讼请求。

上述判决生效后,叶勇泉、李子亮与袁仁友未就振兴煤矿相关财产返还、利润分割、损失赔偿等问题协商一致,叶勇泉、李子亮遂向贵州省高级人民法院提起本案诉讼。

在本案诉讼中,一审法院根据叶勇泉、李子亮书面申请,依法委托贵州金正房地产资产评估事务所(以下简称金正资产评估所)、湖南万源矿业权评估咨询有限公司(以下简称万源矿业权评估公司)、亚太中汇会计师事务所有限公司贵州分所(以下简称亚太会计师分所)分别对叶勇泉、李子亮与袁仁友合伙期间积累的振兴煤矿的固定资产价值、采矿权价值进行评估,对合伙期间的财务收支盈亏情况进行审计。

2007 年 12 月 7 日,金正资产评估所作出黔金正资评报(2007)12 - 048 号《习水县振兴煤矿部分资产评估报告书》(以下简称《资产评估报告书》)。该报告书的评估结论为,振兴煤矿建筑物 11 项,机器设备 45 项和土地使用权 1 宗,在评估基准日 2006 年 6 月 22 日的资产市场参考价值为人民币 10337176 元。2008 年 1 月 10 日,一审法院组织各方当事人对上述评估报告质证,叶勇泉、李子亮及袁仁友均认可上述报告及其评估结论。

2007 年 12 月 20 日,万源矿业权评估公司作出湘万源矿权评(2007)137 号《贵州省习水县振兴煤矿采矿权评估报告书》(以下简称《采矿权评估报告书》)。该报告书的评估结论确定,振兴煤矿采矿权在评估基准日(2006 年 6 月 30 日)时点上的价值为 7850.20 万元。2008 年 1 月 10 日,一审法院组织各方当事人及万源矿业权评估公司对上述评估报告质证,叶勇泉、李子亮认可该报告及其评估结论;袁仁友方表示现无法发表意见,其根本不懂,请求法院给一段时间,请专家学者研究后再发表意见。

2008 年 1 月 24 日,袁仁友向一审法院提交《对湖南万源矿业权评估公司的〈贵州省习水县振兴煤矿采矿权评估报告书[湘万源矿权评估(2007)137 号]〉的意见》认为:(1)评估报告确定的评估基准日为 2006 年 6 月 30 日,按国土资源部发布的《矿业权评估指南》(2004 年版)的要求,评估方法选取是正确的。但评估报告提交的时间是 2007 年 12 月 20 日,国土资源部发布了 2006 第 18 号公告及中国矿业权评估师协会《矿业权评估收益途径评估方法修改方案》(以下简称《矿业权评估修改方案》),评估方法发生了变化,该评估报告未对此进行披露;(2)按照国土资源部发布的 2006 第 18 号公告及中国矿业权评估师协会《矿业权评估修改方案》,预测的资源量(334)不参与评估计算,该评估报告在预测的资源量(334)的利用上欠妥;(3)评估的基准日是 2006 年 6 月 30 日,振兴煤矿的实际生产能力为 9 万吨/年,按照 9 万吨/年的生产能力评估,才能真实反映该矿在评估基准日的采矿权价值;(4)该评估报告根据《矿业权评估指南》(2004 年修订版)的相关规定计算的矿山实际服务年限为 23 年是正确的,但振兴煤矿采矿许可证的有效期为 2004 年 5 月至 2012 年 5 月,根据《矿业权评估修改方案》第六条的规定,国土资源管理部门已确定采矿有效期的适用采矿有效期,应当按照采矿许可证的有效期限计算。

针对上述袁仁友的书面质证意见,2008 年 2 月 15 日,万源矿业权评估公司向一审法院书面作出《关于〈贵州省习水县振兴煤矿采矿权评估报告书[湘万源矿权评估(2007)137 号]的意见〉的答复》。该答复载明:(1)2006 年 7 月 10 日,国土资源部以 2006 年第 18 号公告发布了《关于实施〈矿业权评估收益途径评估方法修改方案〉的公告》,公告实施日期为 2006 年 8 月 15 日;(2)《矿业权评估指南》(2004 年修订版)第 286 页中明确规定,推断内蕴经济资源量(333)和预测的资源量(334)分别采用可信度系数 0.6 和 0.5 进行折算。本评估项目的基准日为 2006 年 6 月 30 日,推断的内蕴经济资源量(333)和预测的资源量(334)分别采用可信度系数 0.6 和 0.5 进行折算参与评估计算;(3)贵州省国土资源厅颁发给振兴煤矿的《采矿许可证》载明生产规模为 30 万吨/年,《贵州省习水县马临镇振兴煤矿可行性研究报告》设计生产规模为 30 万吨/年,根据《矿业权评估指南》(2004 年修订版)的规定,对生产矿山,应根据矿山生产能力、矿山服务年限与储量规模相匹配的原则,对设计生产能力、实际生产能力、核定生产能力、采矿许可证载明的生产能力以及影响生产能力的主要因素进行分析,按照孰大原则确定生产能力。因此,本项目评估生产规模应按 30 万吨/年计算;(4)根据《采矿许可证》(证号 5200000420041),矿山有效期为 2004 年 5 月至 2012 年 5 月。根据本项目采矿权人与贵州省国土资源厅签订的《矿业权出让协议》(编号 1001),贵州省国土资源厅已批准矿区范围内的采矿权授予振兴煤矿,采矿许可证到期后可延续登记采矿权,故本项目评估报告年限应按采矿权人当初有偿取得矿业权所指向的资源储量的矿山服务年限计算。袁仁友提出的"国土资源管理部门已确定采矿有效期的,适用采矿有限期,应当按照采矿许可证的有效期计算",经查证,《矿业权评估指南》(2004 年修订版)没有此条规定。

万源矿业权评估公司作出上述书面答复后,一审法院于 2008 年 2 月 18 日组织各方当事人对万源矿业权评估公司上述书面答复进行了质证。叶勇泉、李子亮对万源矿业权评估公司的答复无意见。袁仁友方的质证意见是:(1)对第一项答复没有意见;(2)对第二项答复,其认为违背了国土资源部(2006)第 18 号公告及中国矿业权评估师协会《矿业权评估修改方案》明确规定的预测资源量(334)不参与评估的规定,评估的基准日虽然是 2006 年 6 月 30 日,但委托评估是在上述两项规定出台后才进行的;(3)对第三项答复,振兴煤矿虽取得 30 万吨/年的采矿权证,当时并没有 30 万吨生产能力,生产能力仅有 9 万吨,按 9 万吨评估才符合客观情况;(4)对第四项答复,按可行性报告,振兴煤矿的服务期限是 23 年,但采矿权的使用期是 8 年,按《矿业权评估修改方案》第二条第(三)项规定,矿山服务年限长于采矿有效期的,评估服务年限按采矿有效期计算。

2008 年 4 月 17 日,袁仁友向一审法院提交《请求对习水县振兴煤矿采矿权价值进行重新评估的申请》。该申请认为:(1)万源矿业权评估公司的振兴煤矿采矿权评估报告,未执行国土资源部(2006)18 号公告和中国矿业权评估师协会的《矿业权评估修改方案》,而按《矿业权评估指南》(2004 年修订版)进行评估,是完全错误的;(2)万源资产评估公司的报告书在三大问题上违反了《矿业权评估修改方案》的规定。①对预测资源量(334)的处理;②对矿山生产能力的处理;③对矿山服务年限的处理。故请求法院委托其他评估单位重新评估。

针对袁仁友的上述申请及理由,一审法院于 2008 年 6 月 19 日再次组织各方当事人到庭,邀请万源矿业权评估公司评估师到庭,对袁仁友提出的意见作出答复。万源矿业权评估公司当庭答复认为:(1)本项评估各方当事人所确认的评估基准日是 2006 年 6 月 30 日,国土资源部第 18 号公告确定的执行日期是 2006 年 8 月 15 日以后,故没有采用国土资源部的第 18 号《公告》中确定的《矿业权评估修改方案》,而采用《矿业权评估指南》(2004 年修订版),如当事人对我们评估依据仍存异议,可向中国矿业权评估师协会进行咨询或申请仲裁;(2)关于预测资源量(334)的处理,我公司作出的评估报告是依据《矿业权评估指南》(2004 年修订版)第 286 页预测资源量(334)采用可信度系数按 0.5 参与评估计算的规定执行;关于对矿山生产能力的处理我公司的评估报告是依据《矿业权评估指南》(2004年修订版)的规定,《采矿许可证》和《振兴煤矿可行性研究报告》均载明生产规模为每年30万吨,所以应按每年30万吨处理。袁仁友方质证认为:国土资源部18号《公告》明确规定,2006年8月15日以后,矿业权评估机构一般按《矿业权评估修改方案》执行,本项评估时间在2006年8月15日后,出具报告的时间是2007年12月18日,必须执行18号《公告》的规定;新规定已明确预测资源量(334)不参与评估;不同意按《矿业权评估指南》(2004年修订版)来确定矿山服务年限。

综上,袁仁友对《评估报告》异议的核心问题是:本项评估的基准日为2006年6月30日,万源公司完成评估工作的时间为2007年8月10日至12月20日,出具评估报告的日期为2007年12月20日,万源公司在本项评估中以《矿业权评估指南》(2004年修订版)为依据,没有以《矿业权评估修改方案》为依据,是否正确妥当。为此,一审法院于2009年6月8日向发布《矿业权评估修改方案》的中国矿业权评估师协会致函咨询上述问题。2009年6月11日,中国矿业权评估师协会函复给一审法院,载明:万源公司以《矿业权评估指南》(2004年修改版)作为本项采矿权价值评估的依据,没有以《矿业权评估修改方案》为依据,是正确妥当的,评估结论所表述的是注册矿业权评估师关于评估对象在评估基准日的价值意见,该项目评估的基准日是2006年6月30日,《矿业权评估修改方案》是国土资源部2006年7月10日发布的,万源公司采用评估基准日时点的评估依据是正确妥当的。

2009年8月26日,一审法院组织各方当事人对中国矿业权评估师协会给一审法院的复函质证,叶勇泉、李子亮对该复函的真实性及内容均没有意见。袁仁友方认为,对复函的真实性无异议,对复函的内容有意见:(1)复函内容违反了国土资源部第18号公告载明的,2006年8月15日以后,评估管理机关一律采用《矿业权评估修改方案》进行评估确认和备案的规定;(2)振兴煤矿内蕴资源量还没有出让,权利应属国家,振兴煤矿生产能力只有年产9万吨,万源公司按年产30万吨评估,振兴煤矿采矿期间只有8年,万源公司按23年使用期评估,违背客观事实;(3)该复函不能作为定案依据。

2007年11月26日,亚太会计师分所作出亚太S字(2007)C-138字《专项审计报告》确认,叶勇泉、李子亮与袁仁友合伙经营的2002年6月8日至2006年6月28日期间,按收付实现制经营利润为1011070.47元。2008年1月10日,一审法院组织各方当事人并邀请亚太会计师贵州分所负责人对上述《专项审计报告》进行质证。叶勇泉、李子亮认可该审计报告及其结论。袁仁友认为,技改资金、购买设备资金、支付袁仁友还借款的资金应计入支出而未计入,要求补充审计。2008年2月28日,袁仁友向本院提交《对〈亚太中汇会计师事务所报告书〉的意见》认为:(1)因兼并他矿还债305万元未列支出;(2)袁仁友承包期间应进款2204684.75元未作审计;(3)2003年10月至12月技改新线支出3584605.20元未作支出,其中1787237.58元应作支出;(4)税费支出2564374.57元应作支出;(5)2004年1月22日至2006年6月28日期间维修、维护、整改、技改6986812.84元应作支出;(6)购置固定资产支出3671034.81元应计入支出;(7)2007年12月份支付以前年度地灾损失200万元应计入支出。

2008年2月28日,一审法院组织各方当事人及亚太会计师分所的审计人员质证,各方当事人均同意将振兴煤矿兼并他矿还债支出305万元补充审计计入支出外,对袁仁友提出的其他要求补充审计的意见未达成一致意见。2008年8月21日,一审法院再次组织各方当事人及亚太会计师分所审计人员,对调整、补充审计报告所需的审计材料进行质证固定。各方当事人一致确认在补充审计中将:(1)振兴煤矿因兼并他矿支出的305万列入支出;(2)袁仁友承包经营期间应进款2204684.75元,不纳入审计;(3)2003年10月至12月技改新线支出3584605.20元中的1797367.62元列入支出,另1787237.58元,只要发生在2003年12月1日至2004年1月15日期间,有正式发票和收据的列入支出,如是白条,只要不是袁仁友出具的,也列为支出;(4)2003年12月1日至2004年1月15日期间的水电费不计入支出,有冯光利、袁伟签字的工资表的工资计入支出,招待费(含烟、酒、餐饮)和差旅费按袁仁友已提交亚太会计师分所的凭证发生数额的一半计入支出,2003年12月1日至2004年1月15日期间已提交凭证(以附件金额为准)其余项目的支出,均计入支出,但与前面已确认的计入支出的305万偿债支出重复的部分,不再计入支出;(5)税费支出2564374.57元中,第537号凭证载明交习水县法院的80万元、第559号凭证载明的查补个人所得税50万元、第三项571号凭证载明税费代理费5万元、第四项载明的2005年度查补增值税60万元、第五项2005年度税费罚款及滞纳金614374.57元在审计中计入支出;(6)在2004年1月22日至2006年6月28日期间,电费、工资、炸材、坑木、零星材料及易耗品、技改费、评审费、设计费、监测费、保险费,凡在审计时已提交的资料中有发票、收据、白条的都作为支出计入;(7)购买矿用工字钢、机械设备、支付地面工程工资、技改工资,凡在审计时已经提交资料中有发票、收据、白条的都作为支出计入;(8)同意将袁仁友提交的四张票据载明的地灾赔付款共计5455207元中的五分之四计4364165.60元作为支出计入;(9)在调整审计报告中,同意亚太会计师分所按袁仁友已提交审计的凭证列出的《习水县振兴煤矿2004年1月22日至2006年5月31日所附的支出明细表》所列示的原凭证支付项目及金额,均作为支出计入。

2008年9月2日,亚太会计师分所根据各方当事人一致确认的上述调整审计报告的意见,作出亚太S字(2007)C-138-1号《对贵州省习水县振兴煤矿李子亮等三人合伙经营期间利润专项审计的补充报告》(以下简称《补充审计报告》。该补充报告载明:叶勇泉、李子亮和袁仁友合伙经营振兴煤矿的2002年6月8日至2006年6月28日期间,经调整后确认的经营利润为负21730074.57元。该补充报告特别说明,本项审计调整,系根据各方当事人确定的原则进行,该期间涉及到的相关实物资产已由金正评估事务所评估并出具黔金正资评报(2007)12-048号评估报告,此项调整审计报告应结合评估报告一并使用。2008年11月12日,一审法院组织各方当事人对上述亚太会计师分所出具的补充报告进行质证,各方当事人均认可和同意该补充报告及其结论。

在2008年11月12日庭审中,各方当事人均确认,在合伙经营振兴煤矿期间,除了本案诉讼中所作的三个鉴定所包含的内容之外,对外没有其他债权债务。

二、当事人一审起诉与答辩情况

叶勇泉、李子亮向一审法院提起起诉,其请求是:(1)判令袁仁友向叶勇泉、李子亮支付合伙协议解除后,其应分得的利润及应获得的损失赔偿金共计 3200 万元;(2)判令袁仁友承担本案诉讼费用。起诉后,叶勇泉、李子亮向一审法院提交《关于诉讼请求中请求事项及金额构成情况的说明》,对其诉讼请求第一项进一步说明:(1)应分得的利润,是指自 2002 年 7 月 5 日叶勇泉、李子亮、袁仁友合伙开始,至贵州省高级人民法院(2006)黔高民一终字第 34 号民事判决解除三方合伙关系之日止,振兴煤矿销售收入扣除生产成本和各项税费后,应得利润的 40%,具体金额以法院委托评估审计结论为准;(2)损失赔偿金是指,振兴煤矿采矿权价值、土地使用权、厂房、车辆、设备设施价值的 40%,具体金额以法院委托评估的结论为准。

袁仁友答辩称:叶勇泉、李子亮诉请判令袁仁友向其支付合伙协议解除后其应分得的利润及应获得的损失赔偿金合计 3200 万元,既无事实依据,也无法律依据,请求驳回叶勇泉、李子亮的无理要求,判令其承担本案诉讼费。

三、贵州省高级人民法院一审认定与处理

一审法院认为,本案的争议焦点是:叶勇泉、李子亮与袁仁友合伙经营振兴煤矿期间是盈利还是亏损,积累形成的财产价值是多少;叶勇泉、李子亮退出合伙后应承担多少亏损,应分得多少财产。

一审法院审理认为,叶勇泉、李子亮与袁仁友签订《合伙协议》和《补充协议》后,各方当事人并未按照协议约定,到工商行政管理机关将振兴煤矿登记设立为合伙企业,各方当事人即以现金和实物出资合伙经营振兴煤矿,各方当事人之间实际建立的是个人合伙法律关系。在合伙经营振兴煤矿中,各方当事人因新增技改出资和办理合伙企业登记注册未达成一致意见发生争议诉至法院,贵州省高级人民法院已作出(2006)黔高民一终字第 34 号民事判决,解除叶勇泉、李子亮与袁仁友签订的合伙协议及补充协议,振兴煤矿交由袁仁友经营。该判决生效后,叶勇泉、李子亮退出合伙。各方当事人在合伙经营振兴煤矿期间的财务收支盈亏状况与积累形成的财产未作审计、评估与分割。本案叶勇泉、李子亮诉请分割其与袁仁友合伙经营振兴煤矿期间积累的财产,应依照民法通则及其司法解释关于个人合伙的规定,按清算后确定的合伙财产价值及当事人协议进行分割。

《中华人民共和国民法通则》第三十二条第二款规定:合伙经营积累的财产,归合伙人共有;第三十五条规定:合伙的债务,由合伙人按照出资比例或者协议的约定,以各自的财产承担清偿责任。《最高人民法院关于贯彻执行〈中华人民共和国民法通则〉若干问题的意见(试行)》第五十四条规定:合伙人退伙时分割的合伙财产,应当包括合伙时投入的财产和合伙期间积累的财产,以及合伙期间的债权和债务;第五十五条规定:对合伙财产的处理,有书面协议的,按协议处理;第四十七条规定:全体合伙人对合伙经营的亏损额,对内应按照协议约定的债务承担比例或者出资比例分担。

在诉讼中,一审法院委托亚太会计师分所对叶勇泉、李子亮与袁仁友合伙经营振兴煤矿期间各方当事人一致确认的财务账簿及凭证进行了专项审计,该所出具的补充报告确认,叶勇泉、李子亮与袁仁友合伙经营振兴煤矿期间的经营状况为亏损 21730074. 57 元。各方当事人对该补充报告及其结论均予确认。一审法院委托金正资产评估所对叶勇泉、李子

亮与袁仁友一致确认的合伙经营振兴煤矿期间积累的建筑物11项、机器设备45项和土地使用权1宗的价值进行评估,该所出具评估报告确认,上述资产的市场参考价值为10337176元。各方当事人对该评估报告及其评估结论均予确认。一审法院委托万源矿业权评估公司对叶勇泉、李子亮与袁仁友合伙经营振兴煤矿期间形成的采矿权价值进行评估,该公司出具评估报告书确定,振兴煤矿采矿权在2006年6月30日(即各方当事人解除合伙关系时)的价值为7850.20万元。叶勇泉、李子亮对该评估报告及其评估结论予以确认。袁仁友认为,万源矿业权评估公司按《矿业权评估指南》(2004年修订版)而未按《矿业权评估修改方案》进行评估是错误的。但经本院向发布《矿业权评估指南》(2004年修订版)和《矿业权评估修改方案》的中国矿业权评估师协会咨询,该协会函告贵州省高级人民法院确认,万源公司以《矿业权评估指南》(2004年修订版)作为本项采矿权价值评估的依据,没有以《矿业权评估修改方案》为依据,是正确妥当的。综上,一审法院对上述亚太会计师分所作出的专项审计补充报告及其审计结论、对金正资产评估所作出的资产评估报告及评估结论、对万源矿业权评估公司作出的评估报告及其评估结论,均予以确认。

叶勇泉、李子亮与袁仁友在《合伙协议》中约定,振兴煤矿股份为100%,叶勇泉占20%,李子亮占20%,袁仁友占60%;盈亏按股份所占比例分配。根据该约定,叶勇泉、李子亮对与袁仁友合伙经营振兴煤矿期间的亏损21730074.57元,应分别承担其中的20%即4346014.91元;对与袁仁友合伙经营振兴煤矿期间积累的厂房、机器设备、土地使用权价值10337176元,应分别享有其中的20%即2067435.20元;对与袁仁友合伙经营振兴煤矿期间形成的采矿权价值7850.20万元,应分别享有其中20%即1570.04万元。叶勇泉、李子亮应分别承担的亏损与应分别享有的财产价值相冲抵,叶勇泉、李子亮应分别享有与袁仁友合伙经营振兴煤矿积累的财产价值为13421820.29元。由于贵州省高级人民法院(2006)黔高民一终字第34号民事判决确定,解除叶勇泉、李子亮与袁仁友的合伙关系,振兴煤矿由袁仁友经营,叶勇泉、李子亮已退出合伙,袁仁友应将叶勇泉、李子亮应分别享有的合伙经营振兴煤矿积累的财产价值13421820.29元,合计为26843640.58元,以货币方式分割支付给叶勇泉、李子亮。

叶勇泉、李子亮诉请判令袁仁友支付其合伙经营振兴煤矿应分得财产价值3200万元,对其中26843640.58元部分,有各方当事人签订的合伙合同及审计、评估为依据,本院予以支持。对其余5156359.42元部分,因没有事实依据,不予支持。

袁仁友辩称主张,驳回叶勇泉、李子亮主张的3200万元的诉请,对其中5156359.42元部分,予以支持,对其中26843640.58元部分,不予支持。

综上,根据《中华人民共和国民法通则》第三十二条第二款、第三十五条的规定,《最高人民法院关于贯彻执行〈中华人民共和国民法通则〉若干问题的意见(试行)》第四十七条、第五十四条、第五十五条的规定,贵州省高级人民判决:一、袁仁友于本判决生效后15日内支付叶勇泉、李子亮退伙财产折价款共计26843640.58元;二、驳回叶勇泉、李子亮的其余诉讼请求。一审案件受理费170010元,由叶勇泉、李子亮负担27405.61元,由袁仁友负担142604.39元。本案采矿权评估费20万元、审计费25000元、固定资产评估费15000元、鉴定单位招标广告费1980元,合计241980元,由叶勇泉、李子亮负担120990元,袁仁友负担

120990元。上述费用241980元已由叶勇泉、李子亮分别向审计、评估机构和报社支付,袁仁友应于本判决生效之日起15日内向叶勇泉、李子亮支付其应负担的上述费用共计120990元。

四、当事人上诉与答辩情况

袁仁友不服一审判决,向最高人民法院提起上诉,请求:(1)撤销一审判决,发回重审;(2)重新委托鉴定机构,采用国土资源部2006年第18号公告公布施行的《矿业权评估收益途径评估方法修改方案》作为评估依据,并根据双方合伙协议和双方实际投入金额所形成的股权比例,进行改判。

叶勇泉、李子亮答辩称:(1)叶勇泉、李子亮是依照双方协议约定进行了投资。因此,取得了各占20%的合伙份额,其投资数额与合伙份额没有关系。因袁仁友违约造成各方无法投入技改后续资金。(2)在合伙人未能达成合伙人决议、变更合伙人投入资金及合伙份额的情况下,任何投入合伙企业的资金均应视为合伙企业的债务,由合伙人共同承担。(3)本案所涉矿业权评估报告事实依据、法律依据充分,应认定为有效。综上,本案应维持原判,驳回袁仁友的上诉请求。

五、最高人民法院二审认定与处理

二审查明的事实与一审法院查明的事实相同。

根据上诉人的上诉请求,本案争议焦点为:(1)合伙企业资产应按何比例予以分割;(2)煤矿采矿权价值评估应适用《矿业权评估指南》(2004年修订版)还是《矿业权评估收益途径评估方法修改方案》。

1. 关于合伙企业资产应按何比例予以分割问题。最高人民法院审理认为,本案双方当事人为合伙法律关系,双方《合伙协议》约定,振兴煤矿股份为100%,叶勇泉占20%,李子亮占20%,袁仁友占60%;盈亏按股份所占比例分配。虽然后来双方当事人为了后续技改投资发生纠纷,导致合伙企业在管理与投资上出现问题,但是双方对合伙企业的股份份额所占比例没有发生变化。因此,一审法院依照《中华人民共和国民法通则》等相关规定,对合伙企业的财产按当事人协议约定的比例进行分割是正确的。袁仁友上诉认为,其投入数额大,应多分的请求,没有合同及法律依据,故不予支持。

2. 关于煤矿矿业权价值评估应适用《矿业权评估指南》(2004年修订版),还是《矿业权评估收益途径评估方法修改方案》的问题。二审中袁仁友主张本案评估煤矿矿业权价值,应适用2006年7月10日发布的《矿业权评估收益途径评估方法修改方案》规定,并提出中国矿业权评估师协会不是发布《矿业权评估指南》(2004年修订版)及《矿业权评估收益途径评估方法修改方案》的机构,其无权解释,以上规定的适用问题,应由国土资源部解释。二审期间本院征求了国土资源部的意见,其答复与一审法院评估意见一致。本院认为,双方当事人所争议项目评估基准日为2006年6月30日,因此评估煤矿矿业权价值,应适用2006年6月30日之前的规定。袁仁友主张适用2006年7月10日发布的《矿业权评估收益途径评估方法修改方案》规定,依据不足,故不予支持。

综上,一审判决认定事实清楚,适用法律正确,应予维持。

根据《中华人民共和国民事诉讼法》第一百五十三条第一款第(一)项之规定判决如下:驳回上诉,维持原判:二审案件受理费 170010 元,由袁仁友负担。

六、对本案的解析

由于煤矿采矿权价值评估适用《矿业权评估指南》(2004 年修订版),还是《矿业权评估收益途径评估方法修改方案》,所作出的价值是不相同的,为此双方当事人就该问题争议很大。一审审理中,一审法院征询了中国矿业权评估师协会的意见。该协会称,万源公司以《矿业权评估指南》(2004 年修订版)作为本案采矿权价值评估的依据是正确妥当的。为此,一审法院认定了万源公司作出的评估报告。二审中袁仁友又提出中国矿业权评估师协会不是发布《矿业权评估指南》(2004 年修订版)及《矿业权评估收益途径评估方法修改方案》的机构,其无权解释。该规定是国土资源部发布的,应由其解释。针对袁仁友提出的问题,二审审理期间,征求了国土资源部的意见,国土资源部的答复是,本案应适用哪个规定,主要是看基准日的时间,评估采矿权价值应适用基准日之前的规定。而本案基准日为 2006 年 6 月 30 日,其评估就应适用《矿业权评估指南》(2004 年修订版)的规定,而不能适用 2006 年 7 月 10 日发布的《矿业权评估收益途径评估方法修改方案》。国土资源部的答复与一审法院认定的意见一致,故最高人民法院维持了一审判决。

本案所提到的基准日问题,是指双方当事人解除合伙合同的时间。根据贵州省高级人民法院(2006)黔高民一终字第 34 号民事判决,双方解除合伙合同的时间是 2006 年 6 月 22 日,由于基准日均是按年、月为计算单位的,故本案基准日就确定为 2006 年 6 月 30 日。由于双方当事人解除合伙合同的时间确定为 2006 年 6 月 30 日,根据国土资源部及中国矿业权评估师协会的意见,本案评估双方采矿权价值时,就应依照 2006 年 6 月 30 日之前的规定进行评估。因此,袁仁友主张适用 2006 年 7 月 10 日发布的《矿业权评估收益途径评估方法修改方案》进行评估没有事实和法律依据。最高人民法院二审判决予以驳回是正确的。

合同的当事人原则上只能向合同的相对人主张权利

——昆山富田服装有限公司与昆山新东湖服装有限公司、陆雪元、曹彩梅、陆雪英、江苏新东湖集团有限公司工会委员会侵犯公司权益纠纷上诉案

王毓莹*

法理提示　合同相对性是合同法的一项重要原则。由于合同是特定当事人之间设立、变更、终止特定权利义务的协议。其效力仅及于特定的当事人,而不能及于第三人。合同的这一实质隐含了合同主体的特定性和合同权利义务的特定性。因此,合同的当事人只能向合同相对人主张合同权利。即使由于第三人的原因导致合同一方违约,违约方仍应承担违约责任,守约方不能直接向第三方主张权利。如果合同相对性被打破,允许缔约方为他人设定债权债务,将会严重影响交易安全,合同目的将难以实现。

上诉人(原审原告):昆山富田服装有限公司,住所地江苏省昆山市淀山湖镇中市路288号。

法定代表人:富田博,该公司董事长。

委托代理人:刘能斌,江苏博事达律师事务所律师。

被上诉人(原审被告):昆山新东湖服装有限公司,住所地江苏省昆山市淀山湖镇。

法定代表人:陆雪元,该公司执行董事。

委托代理人:陆献宁,北京市华海律师事务所律师。

被上诉人(原审被告):陆雪元,男,汉族,1964 年 2 月 5 日出生,住江苏省昆山市淀山湖镇利民新村 8 号楼 401 室。

委托代理人:陆献宁,北京市华海律师事务所律师。

委托代理人:庞叶军,北京市华海律师事务所律师。

被上诉人(原审被告):曹彩梅,女,汉族,1965 年 1 月 5 日出生,住江苏省昆山市玉山镇中山路 90 号。

---

* 中国政法大学民商法学博士,最高人民法院民一庭助理审判员。

委托代理人：陆献宁,北京市华海律师事务所律师。

委托代理人:庞叶军,北京市华海律师事务所律师。

被上诉人(原审被告):陆雪英,女,汉族,1956 年 8 月 24 日出生,住江苏省昆山市淀山湖镇榭麓村 10 组。

委托代理人：陆献宁,北京市华海律师事务所律师。

委托代理人:庞叶军,北京市华海律师事务所律师。

被上诉人(原审被告):江苏新东湖集团有限公司工会委员会,住所地江苏省昆山市淀山湖镇。

法定代表人:邵雪元,该工会委员会主席。

委托代理人：陆献宁,北京市华海律师事务所律师。

一、江苏省高级人民法院一审查明的事实

富田公司是 1992 年在江苏省昆山市淀山湖镇注册成立的中外合资企业,中方股东为新东湖公司的前身东湖服装厂,中方股东委派其法定代表人陆雪元自 1992 年至 2004 年历任富田公司董事、副总经理及总经理。2004 年 12 月,陆雪元辞去富田公司总经理职务。2005 年 9 月,富田公司对陆雪元进行离任审计,富田公司审计后认为,陆雪元在担任总经理期间,侵占挪用富田公司的资金和设备共计 52262435. 96 元人民币,并转入了新东湖公司,遂向一审法院起诉,要求陆雪元、新东湖公司及其股东承担相关民事责任。

在一审诉讼期间,富田公司申请一审法院查封新东湖公司的财务账册与财务凭证并对财务账册及财务凭证进行审计,审计事项为查明新东湖公司收取富田公司的款项数额及去向。一审法院经审查同意富田公司的申请,并根据富田公司变更后起诉状中关于挪用资金的分项,委托江苏天华大彭会计师事务所有限公司(以下简称天华会计师事务所)对新东湖公司的财务账册与财务凭证进行审计,审计事项具体有以下四项内容:(1)新东湖公司以住房基金名义收取的富田公司资金数额及去向;(2)新东湖公司以工程款名义收取的富田公司资金数额及去向;(3)新东湖公司以投资收益名义收取的富田公司资金数额及去向;(4)新东湖集团工会以住房基金名义收取的富田公司的资金数额及去向。审计报告载明:关于第 1 项和第 4 项资金,富田公司所称的新东湖公司收取的住房基金 12179447. 02 元以及新东湖集团工会收取的住房基金 10279559. 07 元,共计 22459006. 09 元,在数额上与富田公司提供的金额一致,但是均在新东湖集团工会财务账面上反映,另外根据会计凭证反映,收取项目不仅有住房基金,还有养老基金、福利基金等。关于上述款项的去向,由于新东湖集团工会的资金来源并非富田公司一家,而且每种来源并非专户存储,使用资金时亦统一使用。因此,无法将富田公司的资金去向一一对应。根据鉴定结论,新东湖集团工会共计收取各项基金金额计 83832854. 37 元,除暂存现金 4894. 19 元,银行存款 18259347. 81 元,其他应收款 1727732. 43 元,其余用于福利基金、待业基金、生育基金、工伤基金、养老基金、在建工程以及住房基金的支出。对该审计结论,富田公司提出,审计报告中关于新东湖公司收取住房基金 12179447. 02 元实际是新东湖集团工会收取的表述不正确,理由有两点:一是上述款项不是由工会出具收据,而是由公司出具收据,并且收款账户不属工会,属于公司;二是根

据《江苏省实施〈中华人民共和国工会法〉办法》第三十二条的规定,工会账户应当独立于企业账户。据此,富田公司主张,住房基金不是新东湖集团工会收取的,而是新东湖公司收取的。另外,富田公司还指出新东湖公司收取的住房基金实际上被新东湖公司使用,因为根据天华会计所的鉴定报告,仅东湖新村、利民新村和东湖绿苑(住宅楼11#、振奔、富田苑1-4号楼)三个工程就投入资金39603823.96元,但昆山市城建档案馆的相关建设资料表明,上述工程的建设单位均是新东湖集团。新东湖公司则提出,从账面反映,富田公司的资金均已由新东湖集团工会收到,虽然收款账户名称未写明是工会账户,但这些账户均是各项基金专用账户,由工会独立使用,公司的资产并不进入,富田公司进入基金账户的资金也均明确是三项基金,因此审计报告认定各项基金由新东湖集团工会收取的结论是正确的。另外,新东湖集团工会收取的各项基金由新东湖集团工会统一使用,用于职工福利的支出,但在使用时没有按照收取费用的多少来确定支出金额。为证明新东湖集团工会收取各项基金的合法性,新东湖公司还提供了昆山市人民政府昆政发(1993)60号《关于印发〈昆山市外商投资企业劳动管理暂行办法〉的通知》以及《昆山市外商投资企业劳动管理暂行办法》作为各项基金的计提依据。

关于审计的第2项资金即新东湖公司以工程款名义收取的富田公司资金350万元和第3项资金以投资收益名义收取的富田公司资金980万元,由于在一审审理中富田公司承认在查证事实方面出现问题,且放弃了相应的诉讼请求,故一审法院不再审理。

关于审计的第1项及第4项资金即新东湖公司以住房基金名义收取的资金12179447.02元和新东湖集团工会以住房基金名义收取的资金10279559.07元,共计22459006.09元,在数额上与富田公司提供的金额一致,且在新东湖集团工会财务账面上均有记载,另外根据会计凭证记载,收取项目不仅有住房基金,还有养老基金、福利基金等。具体构成如下:住房基金收入8267191.23元,养老基金收入9351673.29元,福利基金收入4400273.07元,红字冲养老基金支出439868.50元,共计22459006.09元。富田公司认为,新东湖集团工会不是富田公司工会委员会(以下简称富田工会),无权收取上述各项基金,而且根据国家有关法律规定,上述费用应当直接向国家有关机构缴纳或由企业自行提取,不应当由工会提取。另外,根据财务账册反映,大部分收据均由新东湖公司出具,因此,上述各项基金实际是新东湖公司收取并实际使用。但是,富田公司同时也表示,只要新东湖公司有证据证明上述款项用于富田公司或其职工,那么就认可富田公司应当支付该费用。

在一审质证过程中,富田公司认可依据政府关于各项基金缴纳的文件,自1996年1月1日至2003年8月31日其应缴各项基金数额为9760678.16元(住房基金除外)。由于双方共同确认各项基金收取至2002年年底已经截止,故扣除2002年年底以后的基金应缴数额1050220.02元,至2002年年底富田公司应缴各项基金数额为8710458.14元(住房基金除外)。另外,本案诉讼前,富田公司还委托上海华申会计师事务所有限公司(以下简称华申会计所)对其1996年至2004年各项基金解缴情况进行鉴定,2006年1月8日华申会计所出具一份鉴证报告,认定富田公司于1996年至2004年期间向昆山市淀山湖镇劳动管理所、昆山市地方税务局涉外税务分局、昆山市淀山湖镇农村合作经济经营管理站、昆山市淀山湖镇财政所、昆山市医疗保险基金管理中心等单位直接缴纳各项基金包括养老、医疗、工伤、生育、行业等,共计 5601003.58 元,时间为 1996 年 1 月 1 日至 2004 年 12 月 30 日止。富田公司认为,根据江苏省政府令第 139 号《江苏省城镇企业职工养老保险规定》,自 1996 年 1 月 3 日江苏全省开始实行养老统筹,至 1999 年实行社保基金的征缴。那么,上述证据可以证明富田公司已经自行向有关机关缴纳社保基金,新东湖集团工会再收取相关基金属于重复收取。据此,富田公司主张扣除其直接缴纳的社保基金还应缴各项基金数额为 3109454.56 元(住房基金除外)。另外,富田公司还主张,根据 1993 年 12 月 29 日颁布的《江苏省外商投资企业劳动管理办法》第十三条的规定,只有住房基金由本企业收取,工会监督,用于本企业解决住房,其余基金均不由工会收取。因此,即使富田公司应当缴纳上述基金,也不应当由工会来直接收取。

新东湖公司质证后认为,首先,富田公司统计的应缴基金数额漏算医疗及福利基金。根据昆山市人民政府昆政发(1997)38 号《昆山市外商投资企业劳动管理暂行办法》第二十五条的规定,外商投资企业中方职工医疗、集体福利和困难补助开支,根据国家有关规定按职工工资总额 14% 提取,再扣除富田公司已经计提的医疗基金,富田公司应缴基金数额实际增加 3944114.17 元。其次,根据昆山市人民政府昆政发(1993)60 号《昆山市外商投资企业劳动管理暂行办法》第二十四条的规定,退休养老基金应按中方职工实得工资总额的 25% 提取,而不是按富田公司统计的 18% 提取,因此应增加应缴基金 92224.63 元。新东湖公司还提出,富田公司自行缴纳的 5601003.58 元与工会收取的各项费用并不重复,富田公司只缴纳了部分基金而非全部基金,而且新东湖集团工会收取各项基金截止于 2002 年年底,因此上述基金应当扣减 2002 年以后的部分以及建农基金,那么富田公司实际自行缴纳的基金只有 2799732.61 元。据此,新东湖公司主张富田公司实际还应缴各项基金数额为 9947064.33 元(住房基金除外)。

富田公司认为,根据昆山市人民政府昆政发(1999)66 号《昆山市城镇职工基本医疗保险制度改革试行办法》的规定,外商投资企业医疗保险的费率为 8% 或 6%,从 1999 年 12 月 26 日起施行,富田公司已经自 2000 年起按 6% 计算了医疗保险,因此,富田公司没有漏算职工医疗、集体福利和困难补助开支。另外,富田公司认为根据昆政发(1997)38 号文,退休养老保险按工资总额的 18% 提取,并且该文明确从 1996 年 1 月 1 日起施行,故 1996 年应按 18% 而不是 25% 计提退休养老保险。最后,富田公司对计算至 2002 年年底其实际自行缴纳基金为 2799732.61 元不持异议。按此统计,富田公司认为其按规定应缴各项基金数额为 5910725.53 元(住房基金除外)。

本案在一审质证过程中,新东湖公司提出,新东湖集团工会收取的住房基金已经被用于富田公司的职工享受实物分房 158 套,货币分房 252 人,折合金额为 16680942.15 元。富田公司认可富田公司职工享受实物分房 151 套,货币分房 226 人,折合金额为 15125353.54 元。

一审法院另查明,富田公司工会委员会(以下简称富田工会)于 1993 年 4 月 30 日成立。一审诉讼中,新东湖公司提供了一份昆山市总工会于 2006 年 1 月 18 日出具的一份《关于"昆山富田服装有限公司工会委员会"更名为"江苏新东湖集团有限公司工会委员会"的情况说明》,内容为:1995 年 5 月,以昆山市东湖服装有限公司为核心企业组建新东湖集团,富田公司与昆山淀山湖永安玩具厂、昆山淀山湖新联羊毛衫厂等为该集团公司的下属企业。新东湖集团组建后,富田工会更名为新东湖集团工会,并由昆山市总工会向市公安局出具介绍信,刻制了新东湖集团工会的公章,等等。此外,新东湖公司还提供了江苏东湖集团公司章程、进入江苏东湖集团成员协定书、新东湖集团工会的江苏省基层工会社团法人证书,昆山市工会社团法人登记汇总表以及昆山市总工会 1996 年度先进表彰决定,以此证明富田工会已经变更为新东湖集团工会。富田公司则认为昆山市总工会的情况说明不具公文性质,根据规定,工会成立撤销均须通过工会会员大会通过,新东湖公司所举的证据均与所证明的事实不具有关联性,因此,富田工会与新东湖集团工会之间并无关联。另外,根据工商登记资料,新东湖公司是独立法人,并未与其他企业组建集团公司,所谓的江苏东湖集团公司实际并未成立。

一审法院再查明,本案诉讼中,富田公司还提供一份《淀山湖食品厂房屋转让面积明细及补充协议》,签订时间为 1997 年 7 月 4 日,签订双方为个人,其中乙方为陆雪元。富田公司主张,该份协议就是淀山湖食品厂与富田公司之间签订的土地使用权转让协议,因为该协议中已经明确"房产转让总金额中土地转让费在内"。此后,富田公司支付了合同约定的转让费计 58 万元。富田公司据此主张其应当取得该份协议所载明的土地使用权。2000 年 12 月 8 日,新东湖公司与昆山市淀山湖镇农工商总公司签订一份《昆山市农村集体存量建设用地使用权转让合同》,约定将位于淀山湖镇中市路两侧面积为 35045.7 平方米的土地使用权转让给新东湖公司(包括富田公司主张的土地使用权在内),转让对价为 4468326.75 元。2001 年 1 月 11 日,新东湖公司办理了《集体土地使用证》,根据该证记载,原土地所有者为昆山市淀山湖镇农工商总公司。2007 年 5 月 23 日,富田公司还向苏州市人民政府提出行政复议申请,请求撤销昆山市人民政府颁发给新东湖公司的《集体土地使用证》,该行政复议申请于 2007 年 7 月 30 日被苏州市人民政府以(2007)苏府复(决)字第 21 号行政复议决定书予以驳回。

一审法院还查明,东湖服装厂是于 1991 年 5 月注册成立的集体所有制企业,1995 年 3 月 16 日,新东湖集团设立并领取了企业法人营业执照。当事人双方均主张新东湖集团是由东湖服装厂变更而来,但双方均未提供变更的工商登记资料。1999 年 9 月,新东湖集团变更为新东湖公司。1995 年 5 月,昆山市东湖服装有限公司、上海市服装进出口公司青浦联营制衣厂淀山湖分厂、淀山湖新联羊毛衫厂、淀山湖永安玩具厂、昆山三爱服装有限公司以及富田公司、昆山振奔制衣有限公司拟组建江苏东湖集团公司,订立了江苏东湖集团公司章程,后该公司没有实际成立。

二、当事人一审起诉与答辩情况

2006 年 6 月 26 日,富田公司起诉称,富田公司于 1992 年成立,系中日合资企业,富田公司的股东之一为新东湖公司的前身——昆山市东湖服装厂(以下简称东湖服装厂),其法定代表人陆雪元自富田公司成立之日起即被聘请为总经理,全面负责富田公司的生产与经营,于 2004 年 12 月辞去总经理职务。经对陆雪元进行离任审计,发现陆雪元在担任总经理期间侵占挪用富田公司的资金和设备共计 52262435.96 元人民币,并转入了新东湖公司。

新东湖公司是由陆雪元、曹彩梅、陆雪英共同出资设立的私营公司。为此,富田公司请求判令:(1)新东湖公司归还富田公司款项计 52262435.96 元人民币;(2)陆雪元、曹彩梅、陆雪英对上述还款承担连带责任;(3)本案诉讼费用由被告承担。

一审审理期间,富田公司又于 2006 年 2 月 16 日向一审法院提交追加被告申请书,申请追加新东湖公司工会为本案被告。2006 年 12 月 15 日,富田公司又重新提交新的民事起诉状称:(1)陆雪元在担任富田公司总经理期间,以住房基金名义将富田公司的资金 12179447.02 元转入新东湖公司,以福利、养老基金名义将富田公司的资金 10279559.07 元转入新东湖公司。(2)1993 年 5 月 31 日,陆雪元以富田公司名义向昆山市淀山湖镇人民政府项目资金办公室(以下简称项目资金办)借款 350 万元人民币,但富田公司并未实际收到上述款项,反而于 1995 年 3 月归还了借款。同期,新东湖公司抵冲了其对项目资金办的债务计 350 万元。(3)1997 年 7 月 4 日,陆雪元代表富田公司与淀山湖食品厂签署土地使用权转让协议,富田公司依约履行了付款义务,并在该宗土地上进行二期厂房建设,故对二期厂房享有合法的所有权,但新东湖公司在 1998 年 3 月后仍无依据的收取富田公司土地使用权费 1540709 元。富田公司变更诉讼请求为:(1)判令新东湖公司返还以住房基金名义收取的款项 12179447.02 元人民币及相应的利息;(2)判令新东湖公司返还以福利、养老基金名义收取的费用 10279559.07 元人民币及相应的利息;(3)判令新东湖公司返还非法侵占的富田公司的款项 350 万元人民币及相应利息;(4)判令新东湖公司返还淀山湖食品厂转让给富田公司的土地使用权并确认富田公司对该土地上的厂房享有所有权;(5)判令新东湖公司返还以土地使用费名义收取的款项 1540709 元人民币及相应的利息;(6)判令陆雪元、曹彩梅、陆雪英和新东湖公司工会对新东湖公司的还款义务承担连带责任;(7)判令案件诉讼费和保全费由几被告共同负担。2007 年 3 月 15 日,富田公司再次申请变更诉讼主体,将新东湖公司工会变更为新东湖集团工会。

新东湖公司答辩称,富田公司的诉讼请求无事实依据,具体理由如下:(1)富田公司声称新东湖公司侵占其住房基金、养老基金共计 2200 余万元,实际上是由新东湖集团工会收取的三项基金,并非由新东湖公司非法占有。(2)陆雪元、曹彩梅与陆雪英是新东湖公司股东,但并未实施非法侵占行为,即便新东湖公司侵占富田公司财产,也与公司股东无关,故不应列为本案被告。(3)富田公司起诉状中所述的 350 万元被侵占的资金实际被富田公司于 1993 年 5 月 31 日用于购买新东湖公司的前身东湖服装厂的生产大楼,故不存在新东湖公司侵占富田公司 350 万元的事实。(4)富田公司租赁新东湖公司及其前身的土地,根据富田公司签订的合同规定,富田公司用支付租金的形式取得土地使用权,因此也不存在新东湖公司非法收取土地使用费的事实。综上,新东湖公司请求驳回富田公司的诉讼请求。

陆雪元、曹彩梅、陆雪英、新东湖公司工会的答辩意见均与新东湖公司一致。

三、江苏省高级人民法院一审审理与认定

一审法院认为,本案争议焦点为:(1)富田公司是否应当向新东湖集团工会缴纳各项基金;(2)富田公司缴纳的各项基金是新东湖集团工会收取的还是新东湖公司收取的;(3)富田公司缴纳的各项基金是否存在重复收取;(4)原属昆山市淀山湖镇农工商总公司的土地

使用权及该宗土地上的房产所有权是否应归富田公司所有;(5)新东湖公司是否有权向富田公司收取土地使用费。

1. 关于富田公司是否应当向新东湖集团工会缴纳各项基金的问题。富田公司认为其不应向新东湖集团工会缴纳各项基金的理由在于:新东湖集团工会不是富田公司的工会,其无权向富田公司收取各项基金费用。对此,最高人民法院认为:昆山市总工会于2006年1月18日出具的《关于"昆山富田服装有限公司工会委员会"更名为"江苏新东湖集团有限公司工会委员会"的情况说明》载明,新东湖集团工会由富田工会更名而来。为此,新东湖公司提供了江苏东湖集团公司的公司章程、进入江苏东湖集团成员协定书、新东湖集团工会的江苏省基层工会社团法人证书、昆山市工会社团法人登记汇总表以及昆山市总工会1996年度先进表彰决定,以此证明富田工会已经变更为新东湖集团工会。虽然富田公司提出昆山市总工会的情况说明不具有公文性质,新东湖集团工会与富田公司无关等理由,但是新东湖公司所提供的上述证据可以证明新东湖集团工会已经设立并为昆山市总工会所确认。特别是多年以来,富田公司向新东湖集团工会交纳各项基金费用已经形成客观事实,新东湖集团工会在实际运行中代行了富田工会的职能。富田公司在多年交纳相关费用并享受相关利益之后,再以新东湖集团工会与富田公司无关,要求返还有关费用,其理由不充分,该主张不能成立。

2. 关于富田公司缴纳的各项基金是新东湖集团工会收取的还是新东湖公司收取的问题。富田公司认为各项基金是由新东湖公司而非新东湖集团工会收取,其理由在于收取的各项基金均进入新东湖公司设立的账户,而且大部分收条是新东湖公司出具的。一审法院认为:虽然富田公司陈述的事实是客观的,但是根据天华会计师事务所出具的审计报告和最高人民法院查明的有关事实,新东湖公司所收取的各项基金已经全部交给新东湖集团工会,基金账户虽然由新东湖公司设立,但新东湖公司并没有使用账户内的资金用于公司的经营。首先,富田公司缴纳的各项基金的用途均明确是基金项目,且进入的账户亦属基金专户。其次,根据天华会计所的鉴定报告,各项基金的收取均在新东湖集团工会的账目反映。虽然该账户不属于新东湖集团工会而属于新东湖公司,但是该账户反映出收入与支出平衡,且支出均用于职工福利或尚存在该账户上,并未有新东湖公司使用的记载,特别是新东湖集团工会也主张新东湖公司只是代收,所有的代收款均已实际到账。第三,新东湖公司并未使用其代收的资金。虽然富田公司主张,东湖新村、利民新村和东湖绿苑三个工程的建设单位为新东湖公司的前身新东湖集团,但是这一事实并不表明新东湖公司占用了该资金,因为所建设的房屋已经实际分配给了富田公司职工。再者,富田公司缴纳住房基金仅为8267191.23元,而实际分配房屋价值15125353.54元,远超出其缴纳的住房基金的数额。因此,一审法院认为,富田公司缴纳的各项基金只是形式上进入了新东湖公司账户,新东湖公司实际并未使用,富田公司主张新东湖公司侵占富田公司财产,依据不足,一审法院不予采纳。

3. 关于富田公司缴纳的各项基金是否存在重复收取的问题。虽然富田公司在向新东湖工会缴纳各项基金之外,还向有关部门缴纳了医疗保险、退休养老金、待业保险金等,但是根据最高人民法院查明的事实,富田公司只是向有关部门缴纳了部分社保基金,富田公司自己也承认除了其自行缴纳的各项基金之外,按规定还应缴纳各项基金 5910725.53 元。事实上,根据昆山市人民政府昆政发(1997)38 号《昆山市外商投资企业劳动管理暂行办法》第二十五条的规定,富田公司还漏算了其应缴的外商投资企业中方职工医疗、集体福利和困难补助开支 3944114.17 元,再加上富田公司职工实际享受的住房基金 15125353.54 元,总计数额为 24980193.24 元。然而富田公司实际缴纳的各项基金数额只为 22459006.09 元,低于其应缴数额,故据此可以认定富田公司缴纳的各项基金并不存在重复收取的问题。此外,富田公司就该问题还提出,即使其应当缴纳各项社保基金,也不应当由工会直接收取。对此,一审法院认为,天华会计师事务所的审计报告表明,新东湖集团工会收取了各项基金之后,已经将所收款用于福利基金、待业基金、养老基金等项目的支出,只是由于收取资金来源于八家企业,经审计无法统计出用于富田公司的实际数额。富田公司也表示,只要有证据证明其所缴基金用于富田公司,就不再追究新东湖公司的侵权责任。那么,在富田公司所缴基金没有超出其应缴数额且无法统计富田公司实际使用金额的情形下,富田公司要求新东湖公司全额返还其所有基金显然不能得到支持。另外,本案富田公司起诉的理由在于新东湖公司侵犯其财产权,同时要求新东湖集团工会对新东湖公司的侵权行为承担连带责任。如前所述,新东湖公司已经将其收取的各项基金全部给付了新东湖集团工会,并无占有挪用富田公司基金的行为,故富田公司的诉请因缺乏事实和法律依据不能成立。如果富田公司认为新东湖集团工会收取各项基金不符合国家法律或地方性法规的规定,应当另案起诉新东湖集团工会。

4. 关于原属昆山市淀山湖镇农工商总公司的土地使用权及该土地上的房产所有权是否应归富田公司所有的问题。原淀山湖食品厂土地上的房产所有权归富田公司所有,双方当事人均无异议,一审法院亦予以确认。但是由于土地使用权登记于新东湖公司名下,且 2007 年 7 月 30 日苏州市人民政府(2007)苏府复(决)字第 21 号行政复议决定书,也确认新东湖公司为土地使用权人,故应当认定土地使用权归新东湖公司享有。虽然富田公司主张其与淀山湖食品厂签订了土地使用权转让合同并且支付了土地使用权的对价,但淀山湖食品厂最终并未将其土地使用权过户到富田公司名下,特别是原《集体土地使用证》载明该土地的原使用权人是昆山市淀山湖镇农工商总公司,并不是淀山湖食品厂,因此淀山湖食品厂对该土地实际无处分权。再者,富田公司支付土地转让费却不能取得土地使用权只能向合同相对方追究违约责任,而不能直接向新东湖公司主张权利。综上,一审法院对富田公司关于土地使用权的主张不予支持。

5. 关于新东湖公司是否有权向富田公司收取土地使用费的问题。富田公司主张其不应向新东湖公司支付土地使用费,依据在于该土地的使用权归其享有,但事实上土地使用权被登记于新东湖公司名下,而且富田公司也无权向新东湖公司主张取得相关的土地使用权。因此,其不应支付土地使用费的主张理由不成立。综上,富田公司以新东湖公司侵犯其财产权利构成侵权为由,要求新东湖公司返还财产,但是富田公司并不能提供确切的证据证明新东湖公司侵犯了其财产权,其不利后果应由富田公司负担。富田公司要求陆雪元、曹彩梅、陆雪英以及新东湖集团工会对新东湖公司的侵权行为承担连带责任,由于富田公司不能证明新东湖公司存在侵权行为,故其要求除新东湖公司以外的其他被告承担连带责任就缺乏依据,一审法院依法驳回其相关诉讼请求。富田公司主张原淀山湖食品厂土地上的房产所有权以及土地使用权应当归其所有,对于房产所有权部分由于本案双方当事人均无异议,一审法院予以确认。但是,富田公司主张土地使用权归其所有以及新东湖公司应当返还所收取的土地使用费,因缺乏事实和法律依据,一审法院亦不予支持。该院依照《中华人民共和国物权法》第九条第一款、《最高人民法院关于民事诉讼证据的若干规定》第二条的规定,一审法院于 2008 年 7 月 17 日作出(2006)苏民二初字第 0005 民事判决:一、确认原淀山湖食品厂土地上的房产所有权归富田公司所有;二、驳回富田公司的其他诉讼请求。案件受理费 271322. 18 元,财产保全费 274520 元,其他诉讼费 300 元,合计 546142. 18 元,由富田公司负担。

四、当事人上诉与答辩情况

2008 年 8 月 5 日,富田公司不服一审判决,请求二审法院依法改判,支持其一审时的诉讼请求。事实与理由是一审判决认定事实与适用法律错误。其一,一审判决认定富田公司应向新东湖集团工会缴纳各项基金,认定事实错误;其二,一审判决认定富田公司缴纳的各项基金是新东湖工会收取的,认定事实错误;其三,一审判决认定各上诉人无共同侵权行为,认定事实错误;其四,一审判决认定富田公司职工实际享受的住房基金为人民币 15125353. 54 元与事实不符;其五,一审判决认定富田公司享有所有权的房屋其下的土地使用权归新东湖公司拥有,同时,认定新东湖公司有权收取土地使用费,违背了"房地一体"的原则,认定事实与适用法律错误。

新东湖公司与新东湖集团工会答辩称,一审法院事实认定清楚,适用法律正确,应予维持。新东湖集团工会收取富田公司缴纳的各项基金合法合规,并得到了监管部门的认可,且富田公司在向新东湖集团工会缴纳各项基金并享受相关福利后,又以新东湖集团工会与其无关为由要求返还的行为有违客观事实,缺乏诚实信用。另外,本案所涉土地的使用权依法公示登记在新东湖公司名下,具有公示性效力,富田公司的主张毫无根据。

陆雪元、曹彩梅、陆雪英答辩称,作为有限责任公司的股东,仅以出资额为限承担有限责任;况且三位自然人作为公司股东,已经履行了足额出资义务,退一步讲,即使侵权行为存在,其也不应当承担责任。

五、最高人民法院二审认定与判决

综合双方当事人上诉与答辩情况,最高人民法院确定本案的争议焦点为:(1)新东湖公司、新东湖集团工会、陆雪元、曹彩梅与陆雪英是否侵害了富田公司的权益;(2)新东湖公司是否有权向富田公司收取土地使用费。

1. 关于新东湖公司、新东湖集团工会、陆雪元、曹彩梅与陆雪英是否侵害了富田公司的权益的问题。陆雪元、曹彩梅与陆雪英作为新东湖公司的自然人股东,其已履行了足额出资的义务。股东与公司是两个主体,无论新东湖公司是否侵权,其均不应当承担连带责任。关于新东湖公司、新东湖集团工会是否侵害了富田公司权益的问题。富田公司主张,其交纳的各项基金是新东湖公司收取而非新东湖集团工会收取;退一步讲,即使是新东湖集团工会收取的,新东湖集团工会也没有此项权利。最高人民法院认为,从一审查明的事实来看,富田公司缴纳的各项基金虽然形式上是进入了新东湖集团公司设立的账户内,但该资金并未用于新东湖公司的经营,结合天华会计师事务所审计报告及一审法院查明的事实可以看出,实质上各项基金无论从会计账目上还是资金流向上均表现为新东湖集团公司工会收取,且均用于富田公司职工福利。富田公司缴纳的各项基金只是形式上进入了新东湖公司账户,虽然收款账户名称未写明是工会账户,但这些账户均是各项基金专用账户,由工会独立使用,公司的资产并不进入,新东湖公司实际并未使用账户内的资金,其支出均用于职工福利或尚存在该账户上。因此,富田公司主张新东湖公司侵犯其公司权益缺乏事实依据与法律依据。关于新东湖集团工会是否有权收取涉案的各项基金问题。昆山市总工会于2006年1月18日出具的《关于"昆山富田服装有限公司工会委员会"更名为"江苏新东湖集团有限公司工会委员会"的情况说明》载明,新东湖集团工会由富田工会更名而来。从历史沿革看,新东湖集团工会事实上一直代行富田公司工会职责。新东湖集团工会从收取的基金中代富田公司向社会保险机构缴纳了基本养老保险等费用,富田公司在向新东湖集团工会缴纳各项基金并享受相关各项福利后,又主张新东湖集团工会无权收取各项基金,侵占了其权益,最高人民法院不予支持。

2. 关于新东湖公司是否有权向富田公司收取土地使用费的问题。原属昆山市淀山湖镇农工商总公司的土地使用权经合法程序登记于新东湖公司名下。根据物权公示原则,该地块的土地使用权应归新东湖公司享有,故富田公司主张该地块其享有土地使用权,新东湖公司应当退还其缴纳的土地使用费缺乏法律依据。富田公司认为其是该地块的土地使用权人,并就此提起过行政复议,2007年7月30日苏州市人民政府(2007)苏府复(决)字第21号行政复议决定书确认新东湖公司为该地块的使用权人。对此行政复议决定书富田公司并未在法定期限内提起行政诉讼,现其又在民事诉讼中提出其是该地块土地使用权人的主张,最高人民法院不予支持。尽管富田公司曾经和淀山湖食品厂签订过土地使用权合同并支付了对价,但该宗土地原权利人为淀山湖农工商总公司,淀山湖食品厂对该宗土地并无处分权。富田公司认为其支付土地转让费却不能取得土地使用权,依据合同相对性原则,只能向合同相对方淀山湖食品厂追究违约责任,而不能直接向新东湖公司主张权利。目前,该宗土地登记使用权在新东湖公司名下,新东湖公司收取土地使用费并无不当。综上,一审认定事实清楚,适用法律正确,应予维持。最高人民法院依据《中华人民共和国民事诉讼法》第一百五十三条第一款第(一)项之规定,于2009年4月21日作出(2008)民一终字第29号民事判决:驳回上诉,维持原判。二审案件受理费303112.18元,由昆山富田服装有限公司负担。

六、对本案的解析

合同相对性在整个合同法理论乃至私法理论占据十分重要的地位。合同相对性是合同本身的要求。合同本是特定当事人之间设立、变更、终止特定权利义务的协议。合同的这一实质就隐含了合同主体的特定性和合同权利义务的特定性。因此,合同的相对性是合同本身的要求,是合同的内在规则。另外,合同的相对性是合同自由原则得以产生的内在基础和前提。合同自由原则的形成据学者考证需要以下条件:以自然法理论、自由主义哲学及人文主义思想为其理论基础和价值基础;以自由的市场经济为其经济基础;以代议制民主政治制度为其政治基础和保障。但是,所有的这些基础和条件都只是从外部角度来说的。实际上,离开了合同自身的特性这些内部条件,纵然上述各外部条件均充备,也不会有合同自由原则的形成。而合同的相对性就是合同自由原则形成的内部条件之一。正是合同自身的相对性才使得特定当事人能够自由协商、自由确定合同的内容和形式等而不会干涉他人的利益,也才不会被他人干涉。诚如有学者所言,正是由于合同的严格的相对性,古典契约理论的意思自治和契约自由才获得了广泛的承认和尊重,并被推崇为私法的基本原则。而且,合同相对性规则使合同关系和物权关系、人身权关系等区别开来。前者中权利主体和义务主体均特定,而后者中则只有权利主体特定,义务主体并不特定。由此使这两类法律关系形成鲜明对比,终成泾渭之别,构成传统私法的两个至关重要的组成部分。

合同相对性原则源于债的相对性规则,其最早源于古罗马法。《法学纲要》将债称之为"是依法使他人为一定给付的法锁",而法锁是指特定的当事人之间的法律关系。深受罗马法债法理论的影响,大陆法系各国一般均承认债的相对性规则,即债的效力仅及于债权人和债务人,不及于第三人。如《法国民法典》第 1119 条、第 1165 条对此作出了明确规定,德国、日本及我国台湾地区"民法"亦有明文规定。我国《合同法》第一百二十一条规定:"当事人一方因第三人的原因造成违约的,应当向对方承担违约责任。当事人一方和第三人之间的纠纷,依照法律规定或者按照约定解决。"可见我国合同法也维护了合同相对性原则。

在传统的合同法理论中,各国之所以普遍将合同相对性作为一项重要原则,其基本理念就在于以下两个方面:第一,合同相对性原则是贯彻意思自治、契约自由的私法精神的必然体现。意思自治原则和合同自由原则是整个合同法理论的核心所在。依意思自治原则,个人意志是合同的核心,在合同范围内,一切债权债务关系只有依当事人的意志而成立时,才具有合理性,否则,便是法律上的"专横暴虐"。合同相对性原则恰恰反映了意思自治原则的要求。既然合同是经过要约和承诺两个阶段,是当事人意思表示一致而成立的,那么,合同中的权利义务就是合同当事人自由意思的"原动力","合同的精髓是当事人自由意志之汇合"。这是早期资本主义竞争的经济形式的必然要求。随着资本主义商品生产和商品交换的进一步发展,要求实现充分的自由竞争。意思自治、合同自由备受推崇,合同相对性原则也被牢固地树立起来。第二,合同相对性原则是保护第三人活动自由的必然体现。合同相对性原则包含一项基本的价值判断,旨在适当维护第三人活动之自由,不致因故意或过失侵害债务人或给付标的,即应对债权人负损害赔偿责任。否则,第三人之责任范围将漫无边际。早期资本主义商品经济强调自由竞争,而合同相对性理论将合同效力仅限于合同当事人之间,并不及于第三人。由于合同仅存于特定当事人间,其不具备公示性,加之第三人侵害债权制度并未树立。因此,第三人就不必担心自己的行为会遭到预想不到的法律后果,这就为第三人提供了充分的活动自由和广阔的活动空间。从这个意义上讲,合同相对性原则不利于保护合同当事人的利益,而有利于保护第三人的利益,鼓励第三人交易。

按照合同相对性原则,合同关系是特定的当事人之间的关系,只有债权人才能请求债务人履行合同项下所约定的义务,也只有债务人才负有此项义务。第三人不是合同关系的当事人,因此,既不能享有合同权利,也不必负担合同义务。从合同关系的特点来分析,合同的相对性首先表现为合同的主体的相对性。即合同关系的当事人是特定的人,不特定的第三人不能作为合同关系的当事人。从订立合同的角度看,只有要约方向特定的受要约方发出要约,受要约方表示承诺,双方意思表示一致,合同关系才得以建立;从履行合同的角度上看,合同一方当事人得以自己的行为向特定的对方当事人履行合同约定的义务。就双务合同而言,也可基于合同之约定向对方当事人主张合同权利。可见,无论从订约还从履约角度上讲,第三人都不是合同关系的当事人。所以,第三人不享有合同权利,也不负有合同义务,这就是合同主体的相对性。合同的相对性还体现为合同效力的相对性。一般认为,合同的效力指合同依法成立后,为实现其内容,法律上赋予之效果。与作为支配权的物权不同,合同权利是一种典型的请求权。对于债权人来讲,合同权利是向债务人请求或不为特定行为的权利。合同权利具有三项权能:一为请求权能,依此权能合同权利人得请求义务人履行债务;二为受领权能,依此权能合同权利人得受领义务人对合同债务之履行;三为债权保护请求权,依此权能合同权利人得于义务人不履行或不适当履行合同义务时,请求法律的保护。可见,合同效力主要表现在其为一种请求力或在此种请求得不到满足时而产生的强制执行力。对于债务人来讲,其必须按照合同之约定完全、适当履行合同义务,否则即产生合同责任。由此看来,合同的效力仅限于合同当事人之间而不及于第三人,此谓合同效力的相对性。

债权是相对权,物权是绝对权。债权不同于物权的根本特征就在于债权的相对性。合同之债在古罗马被称之为法锁,该提法比较形象地说明了合同之债的相对性,即具锁住的只能是锁链两端的人,与合同以外的第三人无关。从本案来看,对于土地使用权来说,其性质属于物权,依据物权的公示与公信原则,土地使用权登记于何人的名下,其即为土地使用权的合法权利人,除非能够推翻该行政登记。本案中富田公司认为其是该地块的土地使用权人,并就此曾提起过行政复议,但 2007 年 7 月 30 日苏州市人民政府(2007)苏府复(决)字第 21 号行政复议决定书确认新东湖公司为该地块的使用权人。对此行政复议决定书富田公司并未在法定期限内提起行政诉讼,现其又在民事诉讼中提出其是该地块土地使用权人的主张,因此其主张不可能得到支持。至于富田公司认为其已经为涉案土地支付过土地使用费的问题,由于其是和淀山湖食品厂签订过土地使用权合同,并且是向淀山湖食品厂支付了土地使用费,但该宗土地原权利人为淀山湖农工商总公司,淀山湖食品厂对该宗土地并无处分权,其构成无权处分。依据合同的相对性原则,富田公司无权径行向淀山湖农工商总公司主张权利,而只能依据土地使用权合同追究淀山湖食品厂的违约责任。本案充分体现了物权的公示公信原则与合同的相对性原则。

【地方法院案件解析】

撤销劳动仲裁裁决的裁定能否申请再审

李　咏*

【裁判要旨】

对于撤销劳动仲裁裁决的裁定提出再审申请,人民法院不予受理。

一、案情

张某为某厂内退职工,2008年7月18日到某学院工作,岗位为保安员。2009年3月29日,张某以不能适应保安工作为由而书面提出辞职,同日单位即同意。后双方因工作期间的报酬发生争议,张某向某区劳动争议仲裁委员会提出劳动仲裁申请。劳动争议仲裁委员会作出仲裁裁决后,某学院对该裁决不服,向甲市中级人民法院提出了撤销劳动仲裁裁决的申请。甲市中级人民法院受理后认为,张某为某厂内退职工,虽然其于2008年7月19日至2009年3月29日在学院任保安一职,但在这期间,其与某厂的劳动关系依然保持,并未解除。故张某与该学院之间应为劳务关系,而非劳动关系。遂以劳动争议仲裁委员会作出的裁决适用法律错误为由,裁定撤销了劳动争议仲裁委员会的裁决。张某就法院撤销仲裁裁决的裁定,向某省高级人民法院申请再审。

二、审判

某省高级人民法院经审查后认为,根据《中华人民共和国劳动争议调解仲裁法》第四十九条规定张某的申请再审不予受理。

三、评析

当事人对人民法院撤销劳动仲裁裁决的裁定不服而提出再审申请,人民法院对该再审申请是否受理是本案的关键。笔者认为,人民法院对该申请再审不应受理。理由如下:

---

* 陕西省高级人民法院民一庭法官。

(一)撤销仲裁裁决裁定是不可上诉的裁定

首先,《中华人民共和国劳动争议调解仲裁法》(以下简称《调解仲裁法》)第四十九条规定,人民法院可以根据用人单位申请,对仲裁裁决存在适用法律、法规确有错误的,劳动争议仲裁委员会无管辖权的,违反法定程序的,裁决所根据的证据是伪造的,对方当事人隐瞒了足以影响公正裁决的证据的,仲裁员在仲裁该案时有索贿受贿、徇私舞弊、枉法裁决行为的劳动仲裁裁决予以撤销。人民法院的撤销行为实质上是司法机关对于仲裁裁决的审查行为,是对仲裁实施必要而有限制的监督。对于这种监督行为的裁决结果当事人无权提起上诉、申诉程序。《调解仲裁法》第四十九条体现的正是这一程序性设置。其次,《民事诉讼法》第一百四十条只规定了不予受理裁定、对管辖权有异议的裁定和驳回起诉的裁定可以上诉,劳动争议调解仲裁法未规定当事人对人民法院作出的撤销仲裁裁决的裁定有权提出上诉,因此撤销仲裁裁决的裁定一经送达即发生法律效力。

(二)人民法院不受理对撤销仲裁裁决的裁定的再审申请

《民事诉讼法》第一百七十九条规定了当事人对生效判决、裁定申请再审的一般条件。当事人的申请再审除符合一般条件外,还必须符合其他规定。根据《最高人民法院关于适用〈中华人民共和国民事诉讼法〉若干问题的意见》第二百零八条规定和新修改的《中华人民共和国民事诉讼法》第一百七十九条规定,法律仅规定了对不予受理、驳回起诉、管辖权异议的裁定,当事人可以申请再审。对本案涉及的裁定并没有规定当事人可申请再审。因此,对人民法院作出的撤销仲裁裁决的裁定,当事人不可仅援引《民事诉讼法》第一百七十九条的规定要求人民法院再审。同时,人民法院对于撤销仲裁裁决的裁定是否可以申请再审有明确的答复,根据最高人民法院法释(1999)6号规定,明确了此类裁定的申请再审人民法院不予受理。笔者认为,对于撤销劳动仲裁裁决的裁定亦应按此规定处理。

(三)对撤销仲裁裁决的裁定申请再审不予受理符合诉讼效率原则

现代司法在追求公正的同时也需要注重效率。司法效率是指用最短的时间和最低的成本公正地解决当事人的法律争议。《调解仲裁法》生效前的劳动争议处理机制主要问题之一是劳动争议处理周期长,效率低,劳动者维权成本高。许多劳动者,往往因拖不起时间、打不起官司,使得合法权益难以得到有效维护。而为了使劳动争议仲裁实现便捷高效,《调解仲裁法》确立了“一裁终局”的制度。法律未赋予当事人就撤销仲裁裁决的裁定享有上诉权完全符合司法效率原则。从反面来说,如果允许当事人对撤销仲裁裁决的裁定申请再审,则违背了这一原则。

(四)人民法院不受理撤销仲裁裁决裁定的再审申请,当事人依然享有其他救济权利

人民法院依法不受理对撤销仲裁裁决裁定的再审申请,并不表明这种人民法院的裁定

在错误并损害当事人权利时,当事人没有任何救济渠道。人民法院作出的撤销仲裁裁决的裁定不是对当事人实体权利义务争议的最终解决,只是解决当事人法律争议程序中的一个环节。《调解仲裁法》第四十九条第二款规定:仲裁裁决被人民法院裁定撤销的,当事人可以自收到裁定书之日起 15 日内就该劳动争议事项向人民法院提起诉讼。因此,仲裁裁决被人民法院依法撤销后,当事人仍然有通过诉讼获得实体救济的途径。

因此,对于撤销劳动仲裁裁决的裁定提出再审申请,人民法院不应受理。当然,当事人可以按《中华人民共和国劳动争议调解仲裁法》第四十九条的规定,自收到裁定书之日起 15 日内就该劳动争议事项向人民法院提起诉讼。

职工劳动债权的救济途径是更正和诉讼,而非劳动仲裁

雷 震*

【裁判要旨】

劳动工资债权在企业破产案件中无需申报,应由债务人提交有关职工工资的支付和社会保险费用缴纳情况,管理人调查核实后公示。劳动工资债权争议的解决程序是提出异议和直接起诉。

一、案情

原告:朱先吾。

被告:宜春创新科技学校(以下简称创新学校)。

朱先吾系宜春学院的教师。2007 年 1 月 11 日,朱先吾(作为乙方)与创新学校(民办学校)①的法定代表人窦学东(作为甲方)签订《协议书》约定:甲方聘请乙方担任创新中学、创新学校的校长,由乙方全权负责学校除财务以外的各项事务,聘任期限为三年。甲方每年支付给乙方 10 万元整,具体支付方式:(1)任期内每年一次性首付 6 万元整;(2)甲方每月再发放给乙方 2500 元(按 12 个月发放);(3)最后 1 万元在每任期年度的最后 3 日发放。业绩奖励:招生年度全校招生人数在 900~1000 人,甲方支付乙方每位学生 60 元,招生年度全校招生人数在 1000 人以上,甲方支付乙方每名学生 100 元。2007 年该校实际招生人数达到 1146 人。协议还对乙方的职权、职责,甲方的权利义务和乙方应承担的责任的作了约定。朱先吾随即在创新学校担任了校长。2007 年,朱先吾在创新学校领取工资及在窦学东

---

* 江西省宜春市中级人民法院法官。

① 《民办教育促进法》第二条规定,民办学校是国家机构以外的社会组织或者个人利用非国家财政性经费举办的各类非军事、警察、政治等特殊教育性质的学校。《民办教育促进法》第九条规定,举办民办学校的社会组织,应当具有法人资格,举办民办学校的个人,应当具有政治权利和完全民事行为能力。民办学校往往在教育部门领取《社会力量办学许可证》的同时,还在所属的当地的民政部门领取《民办非企业单位登记证书》,方能取得法人资格。"民办非企业单位"这一概念属于我国首创。根据国务院颁布的《民办非企业单位登记管理暂行条例》第二条的规定,民办非企业单位是指企业事业单位、社会团体和其他社会力量以及公民个人利用非国有资产举办的,从事非营利性社会服务活动的社会组织。详情见雷震、帅晓东:《民办学校破产清算法律问题研究》,载《人民司法》2009 年第 15 期,第 49~57 页。

手中借支共计67195.4元,2008年1月、2月朱先吾各领取了1500元工资;2008年6月,朱先吾离开创新学校。2008年10月12日,创新学校停办;2009年4月30日,宜春市教育局依法吊销创新学校的办学许可证。2008年11月,朱先吾诉至江西省宜春市袁州区人民法院(下简称袁州区法院),要求创新学校支付拖欠的工资及绩效工资等共计179804.6元。2009年12月1日,袁州区法院受理了创新学校破产清算一案;2009年12月7日,朱先吾在创新学校破产管理人处(设在宜春市教育局内)申报了其劳动债权。2010年4月2日,袁州区人民法院召开了创新学校第一次债权人大会,朱先吾的绩效工资被破产管理人核销为零。2010年7月8日,袁州区法院以朱先吾未经劳动仲裁直接向法院起诉不符合法律规定为由,裁定驳回起诉。朱先吾遂向宜春市劳动争议仲裁委员会申请劳动仲裁。2010年8月16日,宜春市劳动争议仲裁委员会以朱先吾劳动仲裁申请已超过一年的仲裁时效为由决定不予受理。2010年8月19日,朱先吾再次向袁州区法院提起诉讼。另查明:创新学校发放了2008年2月以前的教职工工资,其中朱先吾于2008年1月、2月各领取了1500元;2008年3月以后的教职工工资已纳入创新学校破产债权。2008年3月~6月,创新学校的教职工平均工资为1227.53元。

二、审判

袁州区法院经审理认为,朱先吾与创新学校法定代表人窦学东签订的《协议书》系双方自愿签订的,合法有效;但《协议书》第五条约定的业绩奖励,实际是招生回扣,违反了国家规定,为无效条款,故朱先吾要求确认2007年业绩奖励10万元的诉讼请求,不予支持。朱先吾作为除财务以外负责学校各项事务的校长,系学校的高级管理人员。创新学校欠朱先吾2008年3月~6月的工资依法应当工资按照创新学校职工的平均工资计算。参照《中华人民共和国企业破产法》第一百一十三条第三款、第一百三十五条和《中华人民共和国民事诉讼法》第一百二十八条之规定,判决如下:确认朱先吾在创新学校享有4910.11元工资债权。

一审判决后,朱先吾不服,上诉称,一审判决认定朱先吾的业绩奖励属招生回扣,于法无据;朱先吾不是创新学校的高管,只是创新学校的雇员,故一审判决按照学校职工平均工资计算朱先吾2008年3月~6月的工资不对;创新学校还拖欠朱先吾2008年2月份之前的工资。

二审中,经江西省宜春市中级人民法院召集双方当事人进行调解,达成如下协议:创新学校一次性给付朱先吾劳动报酬12000元。

三、评析

该案在二审经调解结案,虽然实体处理上无特别之处,但该案一、二审过程中涉及的劳动工资债权的争议解决程序值得研究和重视。

(一)仲裁前置程序的一般性适用

根据《劳动争议调解仲裁法》和其他法律的规定,我国劳动争议实行的是"仲裁前置、一裁二审”的制度。在通常情况下,劳动者与用人单位发生的劳动争议案件,应当按照劳动仲裁前置的程序,先向劳动人事仲裁委员会申请仲裁,对仲裁不服的可以向人民法院提起劳动争议诉讼。未经过劳动仲裁前置程序,人民法院可以驳回当事人的起诉。企业破产中的工资、社会保险费用缴纳等劳动争议属于特殊情形中的劳动争议,应当根据特别法规定优于普通法规定的原则,适用破产法的有关规定。在企业破产中发生的劳动工资债权争议,应当按照破产法规定的程序进行处理,劳动仲裁不是这类案件处理的前置程序,解决这类争议的程序是劳动者提出更正请求,在更正请求得不到支持的情况下,可以直接向人民法院起诉。

(二)劳动工资债权在企业破产案件中无需申报,应由债务人提交有关职工工资的支付和社会保险费用缴纳情况,管理人调查核实后公示

企业破产是一个系统问题,企业破产中的劳动工资债权具有优先受偿权,这是破产法对劳动者权益的特别保护。根据《破产法》第十一条的规定,人民法院受理破产申请的,应当自裁定作出之日起 5 日内送达申请人。债务人即破产人,应当自裁定送达之日起 15 日内,向人民法院提交财产状况说明、债务清册、债权清册、有关财务会计报告以及职工工资的支付和社会保险费用的缴纳情况。由于企业职工人数众多,如果每人都需要向破产管理人申报,对破产管理人和职工都是一种不小的负担。而且,职工名册、劳保费用,企业的相关文件资料中已有记载,只需要对相关材料进行审查,职工没有异议即可得以确认。所以,《破产法》规定了劳动债权豁免申报。根据《破产法》第四十八条第二款的规定,债务人所欠职工的工资和医疗、伤残补助、抚恤费用,所欠的应当划入职工个人账户的基本养老保险、基本医疗保险费用,以及法律、行政法规规定应当支付给职工的补偿金,不必申报,由管理人调查后列出清单并予以公示。因此,破产企业管理人在接管破产企业后有责任对企业所欠职工的工资等劳动债务进行调查核实并公示。

(三)劳动工资债权争议的解决程序是提出异议和直接起诉

根据《破产法》第四十八条的规定,职工对清单记载有异议的,可以要求管理人更正;管理人不予更正的,职工可以向人民法院提起诉讼。对此,笔者认为应从以下几个方面理解。

第一,破产管理人在劳动债权的处理上负有重大责任。法律规定职工劳动债权豁免申报的同时,赋予破产管理人特殊职责,即在当地劳动和社会保障部门的支持下制定职工债权清单,因为这些均属于政府公共权力的职责范围,而非人民法院司法权的范围;对债务人拖欠职工按照《破产法》第四十八条第二款规定的事项,破产管理人应当在债权申报期限内完成调查,及时公布职工债权清单供职工查询,在债务人公告栏或者其他显著地方进行公示。

第二,职工债权清单记载准确的,破产管理人应当说明情况。职工对职工债权清单记载及相关事项有异议,应提出更正请求,破产管理人应当及时审查,作出答复。职工债权清单记载有错误的,应当纠正;职工对前款清单记载的数额有异议的,应当在第一次债权人大会前申请破产管理人更正,破产管理人不予更正的,应当作出不予更正决定,并说明理由。

异议职工不服破产管理人决定的,可以在自收到该决定之日起十五内提起诉讼确认相关款项(逾期不提起诉讼的视为同意)。

第三,职工提起劳动债权诉讼应当向破产管理人提出更正要求为前置条件,未向破产管理人提出更正要求的,应当先交由破产管理人审查处理,人民法院不能直接受理①。职工债权异议诉讼在性质上属于劳动争议之诉,但在破产程序中不需要以劳动仲裁作为诉讼的前置条件,因为《破产法》属于特别法,破产程序属于特别程序②。

对于劳动债权确认诉讼,还应明确以下要义。一是提起劳动债权确认诉讼的原告应为债务人职工。如债务人职工对自己债权有异议的,应将债务人列为被告向人民法院提起诉讼;如债务人职工对其他职工债权有异议的,应将债务人和受到异议的职工列为共同被告向人民法院提起诉讼。二是诉讼标的为法定的劳动债权。③《破产法》规定的职工权益优先权,亦即劳动债权,是指破产财产在优先清偿破产费用和共益债务后,优先清偿"债务人所欠职工的工资和医疗、伤残补助、抚恤费用,债务人所欠的应当划入职工个人账户的基本养老保险、基本医疗保险费用,法律、行政法规规定应当支付给职工的补偿金"。

根据以上分析,在本案中,朱先吾为创新学校的职工,创新学校的破产管理人依《破产法》第四十八条的规定列出学校的职工债权清单后予以公示,作为有异议的职工债权人朱先吾的救济途径是更正和诉讼两种。故袁州区法院告知朱先吾先向宜春市袁州区劳动仲裁委员会申请劳动仲裁不当。在创新学校破产清算之前,朱先吾已向袁州区法院提起诉讼要求创新学校给付其绩效工资,根据《破产法》第二十条的规定,人民法院受理破产申请后,已经开始而尚未终结的有关债务人的民事诉讼或者仲裁应当中止;在管理人接管债务人的财产后,该诉讼或者仲裁继续进行。因此,袁州区人民法院 2008 年 11 月第一次受理朱先吾诉创新学校劳动争议纠纷后,在创新学校进入破产程序后,该案件应当中止审理。该案本应中止审理。在破产企业交由管理人后,袁州区人民法院可以对债权人朱先吾进行释明,告知朱先吾先向管理人提出更正,如管理人不予更正,法院可以继续审理其劳动工资债权纠纷。由于本案朱先吾在袁州区人民法院驳回其第一次诉讼后,已向袁州区劳动仲裁委员会申请劳动仲裁,袁州区劳动仲裁委员会未对争议的实体问题作出判定,而以朱先吾劳动仲裁申请已超过一年的仲裁时效为由决定不予受理,导致朱先吾再次诉讼。这既造成了朱先吾不应有的诉累,又浪费了有限的司法资源。本案后在二审法院的组织下通过调解圆满解决双方争议,朱先吾同意由创新学校管理人支付其工资 12000 元。

---

① 汪明华:《安徽省高级人民法院适用〈企业破产法〉一年情况述评》,载王欣新主编:《破产法论坛》第三辑,法律出版社 2009 年版,第 343 ~ 344 页。

② 雷震、帅晓东:《破产派生诉讼若干法律问题探讨》,载《人民司法》2010 年第 17 期。

③ 刘子平:《破产债权确认诉讼制度研究》,载《法律适用》2007 年第 10 期。

【热点调研】

关于调解案件进入执行程序的调查与分析

江苏省南通市中级人民法院课题组*

调解是根植于我国历史文化传统并经过长期司法实践证明有效的纠纷解决方式,具有化解矛盾彻底、效率高、成本低、人性化等诸多优势。从理论上讲,调解是双方当事人在平等自愿的基础上,经过协商而达成的协议,其比判决更容易得到当事人的认可,因而生效调解书的内容往往能够依靠当事人的自动履行来实现,一般不需要进入执行程序。但事实并非如此,从近年来法院受理的执行案件来看,调解案件仍然占有一定的比例,这使原本就不堪重负的执行工作雪上加霜。一定程度上讲,调解案件的"案结事不了"现象已成为法院破解"执行难"道路上的一个新的障碍。为此,我们对 2007 年 1 月 ~2010 年 6 月间南通地区九家基层法院调解案件执行情况进行了综合调查,①并在此基础上分析原因、研究对策,以期对进一步规范、完善调解制度,充分发挥调解的"案结事了"功能有所裨益。

一、调解案件申请执行及执行态势相关情况

(一)民商事案件进入执行程序基本情况

1. 总体趋向良好。如图一、图二所示,2007 年以来,南通基层法院民商事案件申请执行情况趋向良好,申请执行率分别为 48.76%、52.04%、38.72% 和 22.88%。尤其是 2008 年以来,民商事案件申请执行率大幅下降,2010 年上半年创历史新低,仅为 22.88%,最低的港闸法院仅为 10.56%。

2. 不平衡现象明显。从图三可以看出,各基层法院民商事案件进入执行程序的情况参差不齐。从总量上分析,2007 年 1 月 ~2010 年 6 月,基层法院民商事案件申请执行率最高的如皋法院达 56.52%,最低的海门法院为 32.63%,相差近 24 个百分点。按年度分析,

---

* 课题组主持人:卢旭光,江苏省南通市中级人民法院副院长。成员:陈健全,江苏省南通市中级人民法院审管办主任,苏州大学法律硕士;符东杰,江苏省南通市中级人民法院研究室法官,苏州大学法律硕士;丁扬,江苏省南通市开发区人民法院办公室(审管办)干部,南京师范大学教育学学士。

① 中级法院的调解包括一审案件调解和二审案件调解,其中,二审案件调解结案后,具体的执行工作仍由一审法院承担。因此,本课题的研究对象仅限于南通地区九家基层法院的调解案件,时间范围为 2007 年 1 月 ~2010 年 6 月。

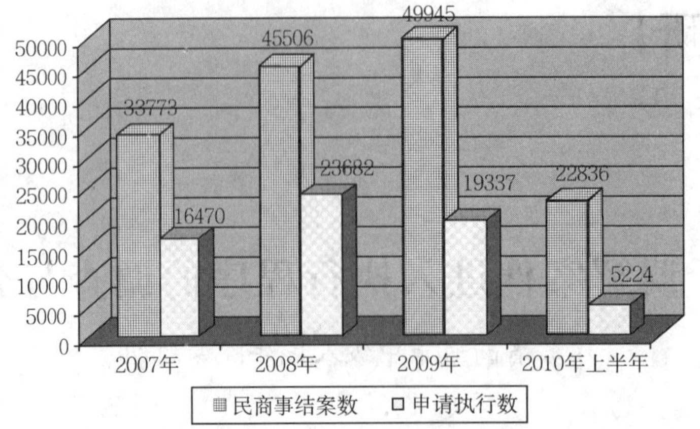

图一　民商事案件进入执行程序基本情况

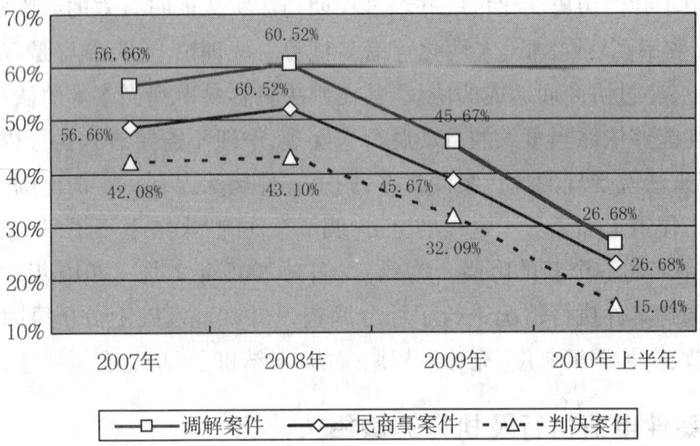

图二　民商事案件申请执行率走势图

2007 年以来，申请执行率最高的法院和最低的法院之间的差距基本在 26 个百分点左右，2008 年的不平衡现象尤为突出，达 34 个百分点。

3. 宏观经济环境影响显现。国际金融危机在司法领域尤其是民商事审判执行工作中反映明显。2008 年和 2009 年，基层法院民商事案件申请执行率明显上升，最高的达 74.45%。从 2009 年下半年开始，伴随着经济回暖，申请执行案件也呈大幅下降态势，2010 年上半年最高的为 38.23%，最低的仅 10.56%。

(二)民商事调解案件进入执行程序基本情况

1. 调解案件申请执行率①呈下降态势。近年来，南通两级法院突出诉讼调解，深化“诉调对接”，走出了一条具有南通特色的和谐司法之路。2007 年以来，累计近 8 万件案件通过

① 所谓民事调解案件申请执行率指的是调解进入执行数与同期以调解方式结案的民事案件总数之比，旨在通过动态指标分析民事案件从立案到审理到执行的全过程。

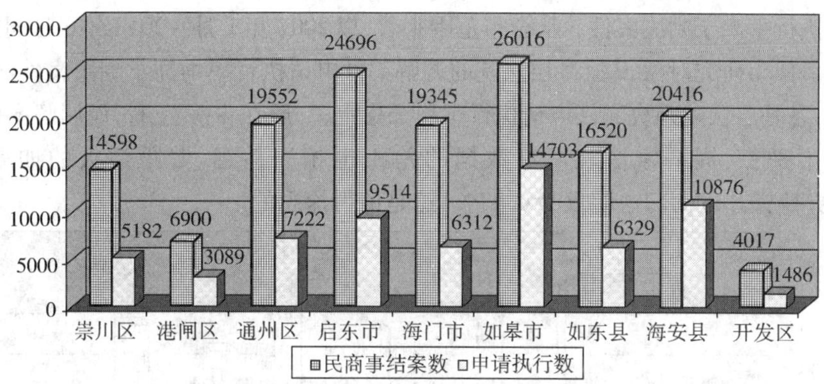

图三　2007 ~2010 年 6 月各基层法院民商事结案数及进入执行程序案件数

调解方式解决,民商事案件调解撤诉率多年领跑全省。在调解率逐年攀升、调解案件不断增多的情况下,调解案件进入执行程序的数量低位运行,2007 年为 8778 件,2008 年为 14139 件,2009 年为 24189 件,2010 年上半年为 3483 件(见图四)。调解案件申请执行率呈下降态势, 2010 年上半年仅为 26. 68% ,比 2007 年下降了 30 个百分点(见图二)。

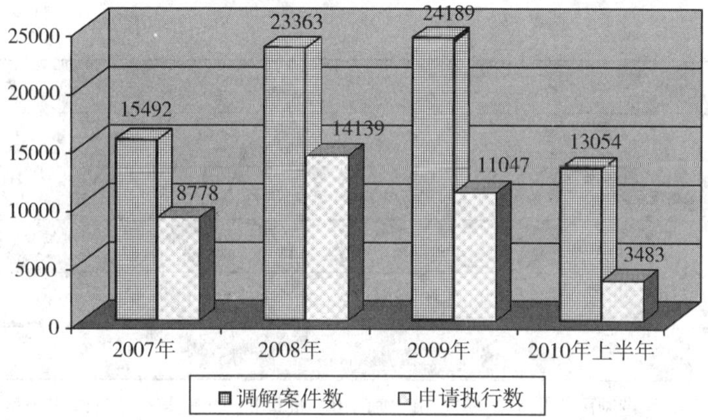

图四　调解案件进入执行程序基本情况

2. 地区之间调解率基本平衡,但调解案件进入执行程序情况相差较大(见图五)。2007 年以来,各基层法院的调解率基本维持在 50% 到 60% 左右,但调解案件申请执行率却有着很大差距,最高的如皋法院达 76. 48% ,最低的海门法院为 32. 86% ,相差了近 44 个百分点。从汇总情况来看,2007 年 ~2010 年 6 月,全市调解案件申请执行率平均水平为 49. 21% ,6 家法院低于平均数,3 家法院高于平均数。而在创下历史新低的 2010 年上半年,最高的如皋法院(53. 90%)与最低的港闸法院(10. 31%)之间也有 43 个百分点的差距。

3. 调解案件申请执行率高于判决案件申请执行率。相比较而言,调解结案方式应比判决结案方式更具有定争止纷的优势,更容易让当事人接受处理结果,进入执行程序的数量应当比判决结案案件少。但调查结果显示,2007 年 ~2010 年 6 月,全市基层法院民商事案件进入执行程序的共 64713 件,其中调解结案的 37447 件,占 57. 87% ;判决结案的 27266 件,占 42. 13% 。调解案件申请执行数率为 49. 21% ,判决案件申请执行率为 35. 90% ,调解案件申请执行率高于判决案件。从全市范围来看,以2007 年1 月 ~2010 年6 月间的全部民商事执行案件为研究对象,9 家基层法院的调解案件申请执行率均高于判决案件。同时,我们还发现,各基层法院判决案件申请执行率趋于稳定,一般在30% 左右,而调解案件申请执行率却极不平衡,同一家法院两项数据的差距也相去甚远,差距最大的如皋法院达37.05%,差距最小的海门法院仅为0.47%,这是值得深思的。

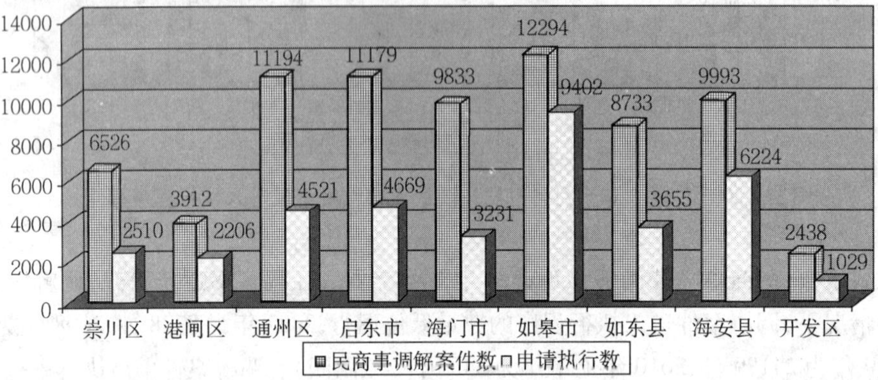

图五　2007 ~2010 年6 月各基层法院民商事调解案件数及进入执行程序案件数

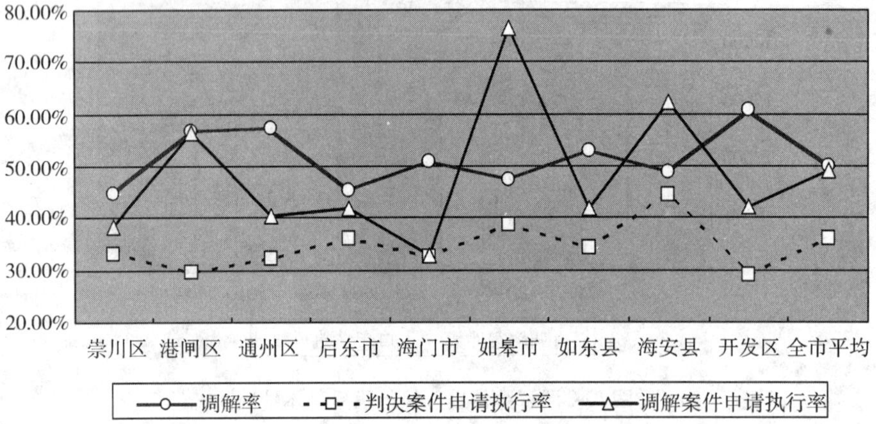

图六　2007 ~2010 年6 月各基层法院民商事案件调解率、
申请执行率及调解案件申请执行率

(三)进入执行程序调解案件的具体执行情况

1. 从案由上看,涉及财产关系的案件多于涉及人身关系的案件。为了了解涉及调解案件进入执行程序的立案案由,我们对2007 年1 月 ~2010 年6 月间进入执行程序的调解案件进行了立案案由的统计。[①] 从统计的情况来看,总体上,以加工承揽合同、借款合同、买卖合同为代表的经济类纠纷案件经调解结案后,有着较高的申请执行率,道路交通事故人身损

① 该统计去除了总数在50 件以下的类案。

害赔偿等侵权纠纷案件近似平均水平,而涉及人身关系的离婚、继承等案件的申请执行率则相对较低(见表一)。

2. 从结案方式上看,自动履行仍占多数。如表二所示,与判决案件的执行不同,调解结案案件进入执行程序后,以自动履行方式结案的占多数,占比为57.95%。在其余几种执行结案方式中,和解的占6.20%,强制执行的占11.18%,终结的占14.27%,可恢复性终结的占7.88%,依《民事诉讼法》终结执行的占1.39%,不予执行及其他占1.13%。判决案件的执行情况则有很大差别,突出表现在自动履行和终结两种执行结案方式上,均比调解案件少一倍左右,而强制执行则比调解案件多出4个百分点。

表一 各类案件调解结案后申请执行率

案由	申请率(%)	案由	申请率(%)
一般加工合同纠纷	96.35	一般相邻关系纠纷	45.71
一般担保合同纠纷	95.98	其他合同纠纷	45.16
其他劳务(雇佣)合同纠纷	95.74	信用卡纠纷	44.72
一般股权转让侵权纠纷	89.39	租赁合同纠纷	44.06
企业之间借款纠纷	89.29	其他人身权纠纷	40.69
一般借款合同纠纷	86.21	财产损害赔偿纠纷	40.07
储蓄存款合同纠纷	85.00	劳动保险纠纷	38.85
一般所有权及与所有权相关权利纠纷	84.93	其他保险合同纠纷	38.55
商品房预售合同纠纷	80.75	一般人身损害赔偿纠纷	38.46
民间借贷纠纷	79.25	劳动合同纠纷	37.94
合伙协议纠纷	73.94	工伤事故损害赔偿纠纷	37.88
保证合同纠纷	73.86	财产权属纠纷	36.00
建设工程分包合同纠纷	69.92	夫妻登记离婚后财产纠纷	35.62
劳务(雇佣)合同纠纷	68.23	其他法定继承纠纷	32.94
一般建设工程合同纠纷	67.19	医疗服务合同纠纷	30.77
一般买卖合同纠纷	64.93	一般劳动争议	29.88
其他赡养纠纷	64.91	离婚纠纷	29.81
互易纠纷	63.77	其他继承纠纷	28.57
定作合同纠纷	63.11	其他人身损害赔偿纠纷	28.45
分期付款买卖合同纠纷	62.70	事实劳动关系争议	27.78
产品责任纠纷	62.32	解除非法同居关系纠纷	26.70
其他借款合同纠纷	61.38	转继承纠纷	25.00
公路货物运输合同纠纷	59.74	分家析产纠纷	25.00

案由	申请率(%)	案由	申请率(%)
建设工程施工合同纠纷	59.69	承包经营权纠纷	23.53
雇员受害赔偿纠纷	59.66	房屋拆迁合同纠纷	23.29
抚育费纠纷	58.81	财产保险合同纠纷	17.68
其他承揽合同纠纷	57.17	居间合同纠纷	17.57
一般承揽合同纠纷	56.52	解除收养纠纷	16.83
其他买卖合同纠纷	55.92	抚养、扶养关系纠纷	16.08
一般财产所有权纠纷	52.25	一般保险合同纠纷	15.63
道路交通事故人身损害赔偿纠纷	52.15	医疗事故损害赔偿纠纷	14.61
其他建设工程合同纠纷	47.46	人身保险合同纠纷	8.57
其他租赁合同纠纷	46.93	物业管理纠纷	4.81
婚约财产纠纷	46.80		

3. 从执行效率上看,调解案件执行天数低于判决案件。2007 年 1 月 ~2010 年 6 月,全市基层法院调解案件平均执行天数为 46.75 天,比判决案件的 50.63 天低 3.88 天。为了更细致地考察调解案件与判决案件执行天数的区别,我们结合执行结案方式进行了对比研究,结果表明,自动履行方式结案是调解案件执行效率高于判决案件的重要原因,调解案件以自动履行方式结案平均需要 13 天,而判决案件以自动履行方式结案平均需要 27 天。在其他几种执行结案方式中,调解案件与判决案件的执行天数基本均衡,但调解案件执行天数普遍少于判决案件(见图七)。

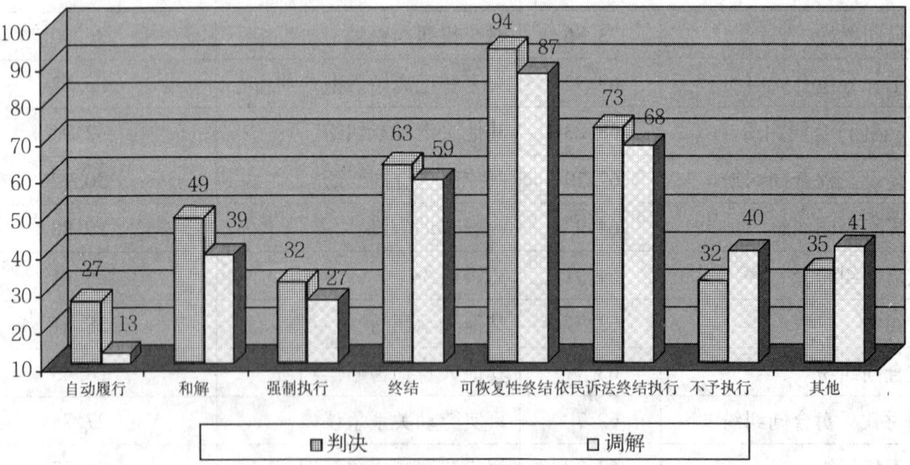

图七　判决、调解案件执行天数对比图

表二 判决、调解案件结案率

执行结案方式 \ 审判结案方式	调 解	判 决
自动履行	57.95%	27.98%
和解	6.20%	6.98%
强制执行	11.18%	15.86%
终结	14.27%	28.78%
可恢复性终结	7.88%	14.90%
依民诉法终结执行	1.39%	2.65%
不予执行	0.15%	0.48%
其他	0.98%	2.38%

二、调解案件进入执行程序的实证分析

(一)应充分肯定调解在促进和谐执行中的作用

调解作为一种有效的纠纷解决方式,有利于从根本上化解矛盾。从我们调查的结果来看,尽管调解案件进入执行程序给执行工作带来了新的挑战,但必须看到,调解不仅降低了诉讼成本,而且减少了当事人之间的对抗,最终大部分案件得到及时履行,其积极作用应当予以肯定。

一方面,调解的"和为贵"理念使和谐执行成为可能。调解的过程,就是不断地消除不和谐因素,不断增加和谐因素,达到案结事了的过程。其从有利于维护亲情、友情,恢复当事人和睦的角度出发,防止了矛盾的激化,避免产生新的不稳定因素,达到了案结事了、彻底化解纠纷的效果,促进了社会效果与法律效果的统一。如前所述,调解案件进入执行程序的原因是多种多样的,即便调解案件进入了执行程序,因其最大程度上减少了当事人之间的对抗,遭破坏的社会利益关系不但没有恶化,反而趋于缓和,因此,其执行难度远远小于判决案件。实践中,调解案件进入执行程序的一般具有当事人之间矛盾较小、被执行人容易查找、传唤到庭、自动履行等较多的特点。因此,调解结案减轻了执行压力而且推动了案件的和谐执行,无论是婚姻家庭类,还是权属侵权类,或是合同类调解执行案件,结案方式中排在第一位的始终是自动履行方式。

另一方面,我们不能因调解案件的执行不能而否定其促进和谐执行的优势。为了更深入地了解一线执行法官对调解案件进入执行程序的看法,我们进行了问卷调查,并召开了座谈会。大部分执行人员都反映,调解案件执行难度相对较小。也有些执行法官谈到,有的调解案件,法官在调解之时,就已经知道了该类案件根本不可能兑现,还予以调解结案,此种情况不仅增加了执行难度,而且有滥用调解之嫌。对此,我们认为,由于各种客观存在的原因,有些案件自进入诉讼程序开始,被告就不具备履行能力,致使该类案件无论是判决还是调解结案,原告的合法权益都不可能实现。但如果选择了调解,法官为原、被告双方架

起了感情沟通的桥梁,原告在调解的过程中消除了怨气,被告在调解的过程中表明了积极诚恳的态度,增进了双方的理解,在解开当事人之间"法结"的同时,又解开了当事人之间的"心结",不仅维护了和谐的社会关系,而且为条件成熟时的义务履行奠定了坚实基础。因此,我们不能因为一少部分调解案件的执行不能,而否定调解对和谐执行的重要作用。

(二)调解案件进入执行程序的原因分析

一般而言,判决结案的案件反映出当事人对执行结果的预期差异更大,而调解结案的案件反映出当事人对执行结果的预期差异更小。从经验上讲,如果能够调解,说明当事人之间的纠纷还有缓和的余地,一方或双方还没有到剑拔弩张、决一胜负的时候。而要求法院判决,说明当事人之间已经无法达成共识,只能通过第三方的介入(包括介入执行)才能解决争议。因此,我们可以得到关于判决、调解和申请执行之间关系的推论:判决率越高、当事人之间预期差异越大,则申请执行率越高;而调解率越高,当事人之间预期差异越小,则申请执行率越低。[①] 那么,是什么原因造成这种理论与实践的巨大反差呢?我们认为,应从两个方面加以分析:

1. 基于当事人自身的分析

从义务人角度分析,有些当事人对所欠的债务也无异议,为了摆脱债权人的讨债,在法院调解时,以调解方式求得暂时安稳,得过且过,只顾眼前"过关",对自觉履行能拖则拖,能躲则躲;一些当事人在案件审理过程中,看到败诉已成定局,抓住债权人急于收回款项的心理,施压于承办法官,施压于债权人,要求对方在违约金、诉讼费、履行期限上让步,而其本身并无自觉履行的诚意,只是借调解少履行债务、不履行债务和拖延履行债务,调解协议达成后不是积极主动履行,甚至希望进入执行程序后再次进行和解,使权利人再次作出让步;一些当事人本身对调解协议所确定的义务存有异议,调解结案后产生反悔心理,故意拖延履行;有些当事人法制观念淡薄,藐视法院权威,这部分当事人尽管一般具有履行能力和履行条件,但其把调解协议理解为自身达成的民间协议,认为拖延履行无关紧要,对调解书的法律效力抱着无所谓态度;有些当事人确无履行能力,对于调解结果无能为力,使调解协议难于自动履行;甚至有些当事人在心理上存在"仇诉心理",对另一方利用法律手段解决经济纠纷不满,即使达成调解协议也故不予履行。

从权利人角度分析,有些权利人风险意识不足,忽略了对方的履行能力和诚信程度,未采取诉讼保全等手段,也未在调解协议中约定履约制约措施,面对义务人的不诚信行为,无法有力保护自身;有些权利人虽然与对方虽达成调解协议,特别在人身关系案件中,当事人实质并未握手言和,权利人与义务人之间也缺乏沟通,权利人不主动联系,义务人不主动履行,而是直接向法院申请执行。此外,利益驱动常常使调解成为义务人规避判决的一种手

---

① 唐应茂:《一个关于判决、调解和执行关系的实证研究》,载《中外法学》2006 年第 6 期。

段,[1]调解结案的很多案件中,权利人都作出或多或少的让步,[2]如债务数额上的减少、还款时间的延长等等。有些权利人在调解协议签订后,意识到自己原本可以通过判决得到的权益打了折,心有不甘,产生反悔心理,不愿接受义务人的履行。

2. 基于法院工作的分析

一是少数法官片面追求办案数与调解数。近年来,各级法院对案件质量管理的加强,考核机制的完善使办案风险加大,调解成为法官规避办案风险的首选方式。而部分法官又未能正确理解调解对于案件的真正意义,只是将其作为减少工作量、规避风险、创先争优的方式或载体,片面"注重"调解,为调而调,缺乏细致耐心的工作和科学合理的方案,虽能以调解结案,但未能化解当事人心中的心结,影响了调解的社会效果,导致相当案件虽达成协议却未能自动履行。

二是案件调解中没有做到审执兼顾。少数法官缺乏"一盘棋"思想,各自为营,在审理过程中考虑结案问题较多,考虑调解后当事人履行问题较少,对调解书生效后的执行问题考虑更少。从全市基层法院调解申请执行的执行案件来看,有 57% 的案件是自动履行。而且这 57% 的自动履行案件平均审理天数仅为 13 天。也就是说,这 57% 案件并没有很大执行难度,如果审判人员能够当庭做好当事人履行的说服工作,或者在案件审结后能够适当的督促当事人履行调解协议,而不是把兑现工作留给执行员去做,那自然可以大大减少全市的执行案件,使得执行人员可以把更多的时间和精力放在难案、要案上,从而有效地提高执行局的审判质效。

三是调解书中的履行保障制约措施不足。承办法官在促成当事人达成调解协议时,缺乏引导当事人加入违约履行惩罚性条款的意识。有的权利当事人过于相信义务当事人的"承诺",单纯地认为义务当事人在法院所作的履行义务的承诺会自觉遵守,因而忽略了达成调解协议的同时确定履行制约措施,对未依约履行可能会受到的利益损失方面缺少约定或约定不够,调解协议对于义务当事人的约束力不够,降低了当事人的违约履行成本,加大了义务当事人不履行生效文书的可能。

四是调解协议内容不严谨导致执行困难。执行标的物所有权属不明确,法院对协议中的执行标的物的所有权属没有核实查清,导致在案件进入执行阶段后因案外人提出执行异议或在执行中法院查明标的物并非被执行人所有的财产而无法执行。执行标的额不明确,在一些给付之诉中,经调解书确定可申请法院执行的标的额与当事人的诉讼标的额不一致,部分金额已在诉讼过程中或诉讼前履行完毕,而调解书对实际应执行的标的额叙述不明确,导致申请人与被执行人就执行标的额产生争议而无法执行。调解书中当事人身份信息与实际身份信息有出入,也造成了执行困难。调解协议约定内容不明确,理解上存在歧义的,案件进入执行程序后,权利人与义务人甚至与审判法官对协议内容的理解均不同,形成多种理解结果,造成难以或者无法执行等等。

---

① 郭扬:《刍议调解案件执行难问题》,http://www.jxcourt.org/haiyan/news_show.asp? nclassid = 5&id = 1376,2010 年 9 月 11 日访问。

② 据 2009 年 1 月 6 日江苏省高级人民法院《审判管理工作通报》记载,从省高院对 2007 年 6 月至 2008 年 6 月调解进入执行案件 4564 件案件看,有 1562 件案件当事人放弃了部分诉讼请求或应得利益,占 34.22%。

五是考核指挥棒的不当运用。分析发现,各法院的审判质效状况总是与特定时期的考核导向存在密切联系。近年来,对调解工作的强调,使各法院的调解案件数均呈增长态势,而对调解进入执行案件考量的缺失使各法院的民事调解案件进入执行率一直在高位运行。而法官办案数与法官业绩的挂钩甚至与物质利益的挂钩,造成部分调解后当事人自动履行的案件也列入执行案号,调解进行执行率指标存在明显虚高情形。

三、有效控制调解案件进入执行程序的对策建议

调解是一种法定的结案方式,调解案件进入执行程序是无法避免的,但我们可以采取措施加以控制。为确保调解协议所确定的权利得以切实实现,减少调解案件进入执行程序的比例,我们认为,从目前的司法实践来看,可从以下方面入手,促使调解工作最大限度地实现“案结事了”功能。

(一)建立科学的考核导向机制

杜绝以片面指标进行考核的做法,注重指标的综合评价性与业绩评估性,用综合指标来客观评价法院工作。既要考核民事案件调撤率,也要考核调解案件自动履行率、调解案件进入执行率、调解案件上访率、调解案件申请再审率,发挥调解案件的和谐司法功效。同时更应关注指标的评价功效,尊重审判工作的客观规律,正确看待审判执行工作中存在的正常现象,用指标发现问题,改进工作,把纠纷的有效解决、实现法律效果与社会效果的有机统一作为审判执行工作的最终目标。

(二)增强对法官调解工作的认可度

部分当事人不自觉履行调解协议的一个原因就在于对法官调解工作的不满意。法官不能以提高调解率为目的而调解,树立科学的调解理念,以追求最佳结案效果的目标投入调解工作中。要严格坚持双方当事人自愿,平等和符合法律规定进行调解原则,切忌强迫调解、诱惑调解和盲目调解,防止以压促调、以拖促调现象发生,切实维护双方当事人的合法权益,使当事人感觉到法官的工作是在为自己,从内心接受调解过程和调解结果,增强当事人的认同度和接受度,提高自动履行可能性。

(三)建立完善的审执联合机制

在法院内部完善审执兼顾的做法,在做好审执分立的同时,要注意做好审执配合,改变就案办案、管审不管执的工作态度,使审判人员真正做到在案件的审理过程中,不仅要查明事实,分清是非,明确责任,制作出内容明确的调解书,还要注意了解当事人的状况和财产情况,一旦发现有抽逃资金、转移财产等可能影响以后执行的行为,要及时果断地采取查封、扣押、冻结等强制措施,以保证调解案件自觉履行或及时执行。

(四)加强调后指导促使当事人自动履行义务

对当事人有履行能力的案件,审判人员要努力促使义务人当庭履行,并见证款物的现

场交接,实现纠纷的即时解决。对于不能当庭履行的,审判人员可以告知其法院见证款交接账户,并通过电话、短信等快捷方式提示当事人按约履行义务,避免当事人因遗忘或疏忽进入执行程序。同时做好法律宣传解释工作,对当事人的疑问及时进行解答,明确说明不履行生效文书所承担的后果。

(五)增设调解书履行保证条款或违约惩罚性条款

调解书要促成当事人明确约定履行保证条款或违约惩罚性条款,未按协议内容不依约履行、拒绝履行的,权利人在调解中放弃的部分债权、利益,可以追加履行,合并执行。约定违约履行、拒绝履行的义务人给付一定数额或一定比例违约金,增加违约当事人履行人成本。从而引导当事人在签订调解协议时,保证兑现承诺,促成当事人自觉履行调解协议内容。

(六)注意运用财产保全措施和债务履行担保制度

承办人要树立审执一盘棋思想,在调解中注意掌握当事人财产状况,通过法律释明提示当事人申请财产保全和法院依职权保全相结合,确保保全措施到位,确保争议财物、诉讼标的可控性。有条件的调解协议可约定义务人提供相应履约保证的财物和第三人担保履行的制度,更有效保证权利人权益实现。

(七)优化庭室资源配置,提高办案质效

就目前全市法院的执行情况而言,如果调解案件的申请执行率能由 2009 年 43% 控制到 20% 左右,则全市一年共计可以减少近 6000 个执行案件,这差不多相当于 2009 年执行案件收案数量的 20% 。虽然在提高调解质量,控制调解案件的申请执行率方面,不可避免地会让民事案件的办案人员多花精力和时间,但通过对调解案件的申请执行率的控制,提高调解案件的调解质量,可以减少执行案件的数量,减轻执行局的办案压力。再通过优化庭室间的办案人员配比,调整庭室间的办案力量,在两者之间找到最佳的平衡点。以此,在一定程度上缓解法院"人少案多"的现状,提高整体审判质效。

【地方法院传真】

天津市高级人民法院　天津市公安局　天津市司法局
中国保险监督管理委员会天津监管局

关于加强道路交通事故损害赔偿纠纷调处工作的若干意见(试行)

为及时高效处理道路交通事故损害赔偿纠纷,维护当事人合法权益,充分发挥人民法院、公安交通管理部门、司法行政部门和保险监管部门的职能作用,妥善化解因交通事故引发的社会矛盾,推动社会管理机制创新,为我市经济社会和谐发展营造良好的法治环境,根据《中华人民共和国民事诉讼法》、《中华人民共和国道路交通安全法》、《中华人民共和国人民调解法》、最高人民法院《关于人民法院民事调解工作若干规定》、《关于建立健全诉讼与非诉讼相衔接的矛盾纠纷解决机制的若干意见》以及公安部、司法部、中国保险监督管理委员会《关于推行人民调解委员会调解道路交通事故民事损害赔偿工作的通知》等法律法规和司法解释的规定,结合我市实际,制定本意见。

一、基本要求

第一条　各级人民法院、公安交通管理部门、司法行政部门、保险监管部门共同推进交通事故纠纷调处工作,建立健全行政调解、人民调解、司法调解与司法审判相结合的交通事故纠纷的多元化调处工作机制。各级人民法院、公安交通管理部门、司法行政部门、保险监管部门根据各自职能开展对交通事故损害赔偿纠纷调处机构的业务指导工作。

第二条　交通事故损害赔偿纠纷的调处工作坚持多方参与、方便群众、调解优先、调判结合的工作原则,切实保护当事人合法权益。

二、交通事故损害赔偿纠纷调处机构的设置和职能

第三条　各区县人民法院、公安交通管理部门、司法行政部门可以根据处理道路交通事故损害赔偿纠纷的需要,结合案件数量、人员配备等实际情况,选择设立下列模式的交通事故损害赔偿纠纷调处机构:

(一)在基层公安交通管理部门设立交通事故人民调解委员会,选派人民调解员依法调解交通事故损害赔偿纠纷。

交通事故人民调解委员会工作由本区(县)司法局进行指导,交通事故人民调解员由人民调解委员会从具有一定的法律知识和政策水平的退休交警、法官、司法行政工作人员、保险从业人员中选聘。

(二)在基层公安交通管理部门设立交通事故巡回法庭,配备法官,通过现场开庭方式及时、便捷、妥善审理交通事故损害赔偿案件。

(三)各基层人民法院可以根据本院审理交通事故损害赔偿纠纷的实际情况,设立交通事故审判庭或合议庭,专门审理交通事故损害赔偿纠纷案件。

第四条 交通事故人民调解委员会的主要职能:

(一)为交通事故损害赔偿纠纷当事人提供法律咨询,引导当事人依法维护自身合法权益,积极合理地疏导矛盾纠纷;

(二)在各方当事人自愿平等的基础上,不违背法律、法规和国家政策对交通事故损害赔偿纠纷进行人民调解;

(三)督促当事人履行道路交通事故调解协议。

第五条 交通事故巡回法庭的主要职能:

(一)协助交通管理部门、人民调解委员会进行诉前调解;

(二)现场立案受理交通事故损害赔偿纠纷案件;

(三)对当事人达成的和解协议、行政调解协议、人民调解协议进行司法确认;

(四)根据交通事故当事人的申请裁定先予执行、财产保全;

(五)对交通事故损害赔偿纠纷就地开庭审理。

第六条 交通事故专业审判庭(合议庭)的主要职能:

(一)依法受理、公正审理交通事故损害赔偿案件;

(二)根据当事人申请裁定先予执行或财产保全,对当事人诉前达成的调解协议进行司法确认。

三、关于公安交通管理部门的行政处理和调解

第七条 道路交通事故发生后,由公安交通管理部门按照交通事故处理程序进行处理。道路交通事故认定书生效后,告知当事人既可以申请公安交通管理部门调解,也可以请求人民调解委员会调解。

第八条 当事人申请公安交通管理部门调解的,由公安交通管理部门主持调解。

对于争议较大的纠纷,人民调解委员会或巡回法庭可提前介入,协助公安交通管理部门调解,提供法律指导和帮助,以提高行政调解成功率。

第九条 经公安交通管理部门调解达成协议的,应当及时制作调解书并送达各方当事人;对于未达成调解协议的,应当制作调解终结书送达当事人。同时,积极引导当事人到人民调解委员会申请人民调解;没有设立人民调解委员会且当事人表示要提起诉讼的,公安交通管理部门应引导当事人到巡回法庭选择诉前调解或立案审理。

四、关于人民调解委员会的人民调解

第十条 当事人申请人民调解委员会调解交通事故损害赔偿纠纷的,人民调解委员会

应当在双方当事人自愿平等的基础上依法进行调解,一般应在 30 日内完成。

第十一条 人民调解委员会按照规定进行登记和制作笔录,对于经调解达成协议的,制作调解协议书,并加盖天津市××区(县)道路交通事故人民调解委员会印章。

人民调解员调处交通事故损害赔偿纠纷不得收取任何费用。

第十二条 人民调解委员会在调解过程中涉及伤残等级鉴定、车辆价值损失评估等技术鉴定事项的,由其所在的公安交通管理部门委托当事人共同选定的具备资质的鉴定机构进行鉴定。

当事人对有关保险公司就交通事故车辆损失作出的定损结论没有异议的,不再另行委托具备资质的鉴定机构评定。

第十三条 人民调解委员会调解不成的,应当制作调解终结书送交各方当事人,调解终结书应载明未达成调解协议的原因。同时告知当事人到辖区人民法院或巡回法庭起诉。

当事人决定向法院起诉的,人民调解委员会人员可指导其制作起诉状、赔偿明细、证据副本等。

五、调解协议的司法确认与变更、撤销或宣告无效

第十四条 经公安交通管理部门或人民调解委员会调解达成调解协议的,公安交通管理部门或人民调解委员会应当督促当事人及时履行;不能及时履行的,应积极引导当事人在 30 日内向人民法院申请司法确认,防止二次纠纷的发生。

第十五条 当事人申请人民法院对所达成的协议进行司法确认的,由巡回法庭办理立案手续,并及时对调解协议书进行审查,必要时可向公安交通管理部门或人民调解委员会调取调解卷宗。经审查确认调解协议书有效的,人民法院直接出具民事调解书。民事调解书副本交公安交通管理部门或人民调解委员会存留备案。

调解协议经审查发现具有无效或可撤销情形的,人民法院应当征询当事人意见后分别处理:当事人同意由人民调解委员会继续调解的,应当将材料退回人民调解委员会重新调解;当事人不同意继续调解的,由人民法院进行审理,审理中仍可由法院主持调解。

第十六条 当事人在公安交通管理部门或人民调解委员会主持下达成调解协议后,一方当事人反悔向人民法院起诉请求变更、撤销或宣告无效的,人民法院一般不予支持,但当事人能够证明调解协议具有可撤销情形或无效情形的除外。

六、关于交通巡回法庭的调解与审判

第十七条 当事人未经人民调解委员会调解而向巡回法庭起诉的,巡回法庭人员应当向当事人释明人民调解委员会的职能、特点和优势,建议当事人先行将纠纷交由人民调解委员会进行调解。当事人接受建议的,人民法院应当及时和人民调解委员会联系,商定调解事宜。当事人不接受建议、坚持要求起诉的,应当依法审查立案。

第十八条 当事人到巡回法庭起诉的,巡回法庭应当根据道路交通事故损害赔偿纠纷诉讼的特点,简化交通事故民事诉讼受理手续。可参照道路交通事故损害赔偿标准的法律规定、赔偿项目等,设计出专供交通事故损害赔偿纠纷使用的填充式诉状,方便当事人填

写。同时将事故机动车的交通事故责任强制保险承保公司列为共同被告。

第十九条 当事人向巡回法庭申请财产保全或者先予执行的,巡回法庭应当依法进行审查。对于符合法定条件的,人民法院应当及时作出裁定并依法采取措施。

第二十条 当事人已到巡回法庭提起诉讼的,公安交通管理部门应及时把事故调查的卷宗材料提供给巡回法庭。

巡回法庭可以根据案件审理需要向公安交通管理部门或人民调解委员会了解情况、提取材料,并在案件审理终结后,将相关法律文书副本抄送公安交通管理部门和人民调解委员会。

第二十一条 巡回法庭审理交通事故损害赔偿纠纷,一般应当适用简易程序。

审理时首先应当进行调解,调解应以公安交通管理部门出具的交通事故认定书为基础进行,并按照相关法律法规规定的赔偿标准引导当事人达成调解协议。必要时可邀请人民调解委员会、公安交通管理部门协助调解。

调解工作应贯穿于巡回法庭案件审理的全过程,调解不成的,应当及时作出判决。

第二十二条 巡回法庭开庭审理案件时,应鼓励已发生交通事故的当事人参与旁听,了解法院审理程序和赔偿标准,促进纠纷调解解决。

七、保险公司参与调解

第二十三条 公安交通管理部门或人民调解委员会调解交通事故责任强制保险赔偿的案件时,应在 3 日前将调解时间和地点通知相关保险机构,有关保险公司作为向人民调解委员会提供咨询意见并承担赔付工作的第三方,应派员全程参与调解工作。

第二十四条 公安交通管理部门或人民调解委员会主持调解涉及交通事故责任强制保险纠纷时,可以先向事故车辆承保保险公司发出"保险理赔数额估算通知书",要求有关保险公司在查阅相关资料后,对赔偿数额或赔偿标准进行估算确认,以提高调解实效。

第二十五条 保险公司参与调解达成调解协议的,应在调解协议书上签字确认,经双方当事人和保险公司共同认可的调解协议可以作为保险理赔的依据,被保险人据此申请赔偿保险金的,保险公司应按照法律规定和合同约定办理。

第二十六条 人民法院在审理调解涉及交通事故责任强制保险纠纷时,应在 3 日前将调解时间和地点通知相关保险机构,保险公司应当按时出庭配合法院进行司法调解,并积极按民事调解书履行理赔义务。也可以通过向保险公司发出"保险理赔数额估算通知书"形式简化调解手续。

八、人民法院审理交通事故损害赔偿纠纷案件中的委托调解和协助调解

第二十七条 没有设立交通事故巡回法庭的人民法院,交通事故专业审判庭(合议庭)以及其他民事审判庭在审理交通事故损害赔偿案件时可根据案件实际情况,在征得当事人同意的前提下,邀请公安交通管理部门或人民调解委员会协助人民法院进行调解。

对于诉前未经公安交通管理部门或人民调解委员会调解的,可以委托公安交通管理部门或人民调解委员会进行调解。

第二十八条 人民法院邀请协助或委托调解的,应当向公安交通管理部门、人民调解委员会出具委托函、邀请函。并及时将案件相关材料复印件移送公安交通管理部门或人民调解委员会。

第二十九条 人民法院委托调解的,经调解双方当事人达成一致的,由公安交通管理部门或人民调解委员会出具调解协议书,委托调解终结。当事人向人民法院申请撤诉或请求出具民事调解书的,人民法院依法审查后出具相应法律文书。经审查发现不符合撤诉条件或调解协议具有无效或者可撤销等情形的,人民法院应当依法继续审理。

当事人在规定时间内不能达成调解协议,或者当事人反悔,不同意调解的,委托调解终结。公安交通管理部门或人民调解委员会将有关情况函复人民法院,案件恢复审理。

委托调解终结的,公安交通管理部门或人民调解委员会应当向人民法院出具委托调解终结函。

第三十条 委托调解期限不得超过 30 日。经当事人申请,可以延长一次,但延长期限不得超过 15 日。委托调解期间不计入案件审理期限。

九、交通事故调处工作的领导与协调机制

第三十一条 由市高级人民法院、市公安局、市司法局、天津保监局主管领导组成交通事故调处工作机制领导小组,对全市交通事故调处工作进行宏观指导;领导小组下设办公室,由各单位具体职能部门负责人组成,每季度召开一次联席会议,互相通报各自所处理的道路交通事故损害赔偿纠纷的特点、难点和发展趋势,研究制定对策,总结交流经验,共同提高依法处理矛盾纠纷的能力。

第三十二条 人民法院、公安交通管理部门、司法行政部门、保险监管部门应加强对交通事故调处机构工作人员的法律指导和业务培训,提高法律业务素质、保险理赔知识以及纠纷调解能力。

第三十三条 公安交通管理部门应当为交通事故人民调解委员会、交通事故巡回法庭调解或审理案件提供相应的工作条件。

司法行政部门要会同公安交通管理部门商请财政部门,按照财政部、司法部《关于进一步加强人民调解工作经费保障的意见》(财行【2007】179 号)文件精神,解决人民调解委员会的工作经费和人民调解员工作补助经费。

第三十四条 本意见自颁布之日实施。

【法官心语】

审判台上的法官

张雅芬*

审判台上的法官,你在审理案件时,台下的当事人、律师、旁听人员、新闻工作者等社会各界都在关注你、评价你。关注你的着装、形象、行为、言谈举止,评价你的业务水平、敬业精神、态度是否认真、头脑是否清楚、语言是否准确、执法是否公平……总之,从你穿上法官服,走上法庭的那一刻,你就不再是你自己了。你是法律和正义的化身,是人格化的法律,代表着国家的司法权和司法权威。因此,你的着装、形象、行为、言谈举止等都必须遵守和符合庭审的基本规则,符合法官行为的基本规范,必须做到与你的职业性质相适应,以你的实际行动树立良好的司法职业形象。

一、着装

法官开庭前,必须更换好法官服或者法袍。因为,走进法庭,映入人们眼帘的首先是法官的着装。法官服是法官开庭时的专用制服,是代表国家行使审判权的统一标志。因此,法庭上的法官应当执行着装规定,不能法官服与便装混穿,不能四季不分混穿,不能袒胸露怀,不能佩戴与法官身份不相称的饰物,要着装干净得体,系好领带和扣子。合议庭成员的着装要保持统一性、庄严性和整洁性。

法徽是法院的标志与象征,体现了国家审判权力机关的尊严和法官维护司法公正的信念与理想,形象地反映了法院和法官履行职责、捍卫正义的精神风貌,既受到法官的尊崇,也为每一位公民所尊崇。因此,法官佩戴法徽要位置正确,不能佩戴方向颠倒或者过高过低,更不能法官制服的法徽与法袍的法徽混用。当事人、律师、旁听人员、新闻工作者等社会各界对你的第一印象如何,首先取决于你的着装是否得体,法徽佩戴位置是否正确。

二、形象

走进法庭,法官的相貌形态、一举一动都在当事人的注视之下。在当事人看来,案件裁判结果是否透明、公正,对其诉讼权利是否给予了充分保护,一个重要的方面就是看法官在法庭上的相貌形态、形象等外在表现如何。因此,法官在法庭上应当集中精力,坐姿端庄,精神饱满,有不怒自威的威慑力。不能有不雅动作,不能在庭审活动中吸烟、闲聊、接打电话等做与庭审

* 最高人民法院民一庭高级法官。

活动无关的事情,不能无精打采或者装腔作势,更不能无故中途退庭。要坐有坐相,站有站相,做到“坐如钟,站如松”。该讲的话要讲,讲话不能结结巴巴,前言不搭后语,更不能与当事人、律师拍桌子,瞪眼睛。要把自己与当事人、律师放在平等的位置,不能自认聪明。要以饱满的精神风貌、良好的职业修养和文明的司法作风展现给台下的当事人。

法官不仅要有驾驭庭审、指挥庭审的能力,还应当遵守庭审规则,指挥若定。对当事人或律师的重复发言或超出庭审范围的发言,要进行必要的引导与释明,不能一味训斥或者阻止当事人发言。对庭审中出现的情况和问题,要从容慎重处理,不能随心所欲,更不能违反法律规定擅自行事,以保障庭审有序、高质高效进行。

三、行为

走进法庭,法官的一切行为都在当事人的注视下。因此,法官的行为要体现中立与公正的立场,平等对待当事人和其他诉讼参与人,不能有亲有疏或者偏袒歧视一方当事人,要一碗水端平。对不同的当事人,应使用同样的语言、语调,同样的处理方法。法官庭审中的行为应当大方、得体、稳重,做到听民声、查民情、知民意,坚持能动司法,树立服务意识,做好诉讼指导、风险提示、法律释明等便民服务,避免“冷硬横推”等不良作风。① 这是法官的中立地位和依法审理案件的职责所决定的。当事人在法庭上的任何言行,法律都有相应的或者原则性的规定。同样,法官怒斥当事人,有亲有疏或者中途退庭也是法律所不容许的,都会影响法官和法院在当事人心中应有的尊严与形象。

走进法庭,法官宣布开庭的主要标志是法槌。法槌,暗示着法律的原则性与灵活性相结合。在庭审活动中,法槌起着维护庭审秩序,提高庭审质量与效力,确保程序正义的重要作用,也是树立司法尊严,追求公正与效率的必然要求。因此,法官在使用法槌时,一定要使用得当。该使用时不使用、不该使用时使用或者使用声音过大过小或者敲击位置不当,都是不规范的使用法槌行为,同样会影响法院和法官在当事人心中应有的尊严与形象。

四、语言

走进法庭,法官面对当事人的陈述、法庭调查以及法庭辩论等一系列诉讼活动,都需要法官运用语言来完成。或者说,法官在法庭上表达和交流的主要工具就是语言。因此,法官使用和组织庭审语言如何,是评判一个法官综合素质的重要标志,是保证庭审质量与效率的关键。

法律的目的即为定纷止争,作为外在表现形式的法庭语言其法定原则就是语言的准确性,即要求法官使用语言不能模棱两可,含糊不清,必须清晰明确,以达到明确各方当事人权利义务的要求。

法官在法庭上的讲话,要使用规范的法律用语,要讲普通话,不能语言不规范或者使用地方方言,语音不能过高过低,速度不能过慢过快。口齿应当清晰,表达应当清楚,准确流利,简单明了。要讲法言法语,要文明用语,要正确区分多音字与多用字的区别,要给当事人以清晰度、连贯性和准确性的印象。对于不懂法律或者法律知识欠缺或者缺乏诉讼经验的当事人,必要时,应当把法律语言转换成为符合法律规定的群众语言,以通俗易懂的语言释之以法,让

① 见最高人民法院 2010 年 12 月 6 日实施的《法官行为规范》第五条规定。

当事人及其诉讼参与人清楚自己的诉讼权利与应当承担的诉讼义务,使其明明白白地参与诉讼。比如,“要约”和“承诺”这两个法律概念,如果表述为“要约”就是“提出订约的条件”,“承诺”就是“答应订约的条件”或者“同意订约的条件”等,这样通俗易懂的语言会令当事人明了理解。

庭审中,法官不能把庭审变成宣传法制教育的场所,如只需当事人应当做什么,告诉当事人“这是法律规定”,至于为何这么做,法律为何这样规定,这些都不是庭审的范畴。对当事人及其旁听人员进行的法制宣传教育,应当是通过法官组织当事人举证、质证的庭审活动,通过法官对证据认证的理由,即肯定什么,否定什么等一系列的客观动态展现出来的。

法官在法庭上的讲话,要依案件事实发生的时间顺序、层次引导当事人陈述,如各类合同纠纷案件,对合同纠纷争议的焦点要多讲,对合同是否成立,是否生效,要依顺序、层次分别讲。遇到当事人有调解的迹象,可以不失时机地多讲。真正做到指挥驾驭庭审自如,方向明确。

法官在法庭上的讲话,要严守国家机密,如,尚未出台的法律、政策,尚未披露的司法解释等。要严守案件审判机密,如合议庭倾向性意见、领导批示等。要保守当事人的机密,如,商业秘密与个人隐私等。同时,要坚持司法文明,遵守司法礼仪,要态度平和,语言文明,尊重当事人和其他诉讼参与人的人格尊严,保障其参与诉讼活动的权利,避免因自己不当的言行对法官职业造成不良的影响。

古今中外,法官历来都是一个特殊的有着强烈的职业尊崇感和优越感的社会阶层。社会对这个阶层认同及高期望值,则更强化了法官的使命感及规范自身行为,维护自身形象的意识和自觉性。也就是说,法律职业的特殊性对法官的素质以及行为准则提出了超出常人的要求。在一个社会中,如果法官不能展示良好的行为规范和对社会正义的执着追求,一般社会成员的伦理观念混乱以及与之相适应的行为失范便是自然的,如同极少数案件失去了公正,而社会成员就有理由怀疑大多数案件是否也真正体现了公平公正。道理很简单,因为它已经远远超出了社会成员的心理承受能力。而法官的自身素质和执法水平的提高,过硬的法学理论功底的积累、坚定的法治信仰、丰富的审判经验、熟练运用法律和掌握驾驭庭审的综合技能,无疑是组织好庭审活动应具备的基本要素。良好的法律素质,健全的人格修养,则是一个高素质法官必备的基本条件。

让我们通过开庭审理案件,不断充实、修正、完善自己。让我们通过开庭审理案件,用法律的理念,法庭规则来规范自己的一言一行,一举一动,把良好的形象,行为规范展示给公众,让公众信任和尊崇法官,让公众信仰和维护法律。这也是司法取信于民,服务于民的基础和保障。

【民事审判信箱】

遗产被转让后,继承人是否有权追回

问:张某之母死亡后,其遗产(房屋)未作分割,由张父继续居住。两年以后,张父再婚,与其妻赵某仍在此共同生活。张某留学在外,闻知其父病逝的消息回国后发现,赵某已经将张父名下的房产转让给齐某。张某是否可以起诉赵某和齐某,追回原属于其父母的房产。

答:涉案房屋登记在张父的名下,本为张某之父母的夫妻共同财产。张某之母死亡后,其配偶、子女均为法定第一顺序继承人。但由于当时张某尚在校就读,未婚,故没有单独的住房要求,亦没有对属于张某之母的遗产进行分割。后张某出国留学。张父死亡后,其再婚妻子赵某利用掌握在手的张父的名章和未交回公安机关的张父的身份证,将张父名下的房屋出售给齐某。依照我国《继承法》之规定,张父死亡后,其第一顺序继承人有其妻赵某和儿子张某。但涉案房屋并非全部为张父的遗产,其中应该将张某之母死亡后由张父和张某继承的遗产析出,即整个房屋的二分之一为张某之母的遗产,另外二分之一为张父的财产。张母遗产中二分之一的二分之一为张父继承,另外二分之一为张某所有。张父死亡后,其遗产范围是整个房屋的二分之一加上其从张某之母的遗产中继承的二分之一。赵某虽然与张父结婚,但该房屋系张父的婚前财产,因此其并非共有人。在张父死亡后其作为张父的配偶有权作为法定第一顺序继承人继承张父遗产的二分之一。赵某擅自处分张父名下的全部房屋,侵犯了张某的财产权和继承权,张某无疑有权以赵某和齐某为被告诉请追回自己应从父母遗产中应继承份额的房产。至于张某是否能够通过诉讼最终从齐某处追回房产,则取决于齐某在购买赵某所售张父名下房产时是否属于善意取得,即其购房手续是否完备、合法,已经进行了房屋产权转移登记,支付了对价,并且不了解赵某售房时张父已经死亡,不可能出具委托手续,赵某亦没有涉案房屋的全部产权。如果齐某属于善意取得,则为了保护交易安全,人民法院不会判决齐某向张某返还涉案房屋。张某获得救济的途径只能是请求赵某返还其应继承份额的房价款并要求赵某赔偿其财产权受到侵害所遭受的损失。如果齐某不属于善意取得或者所购房屋没有进行产权变更登记,则张某的诉讼请求会得到人民法院的支持。

(本书研究组)

事实婚姻能否判决不准离婚

问:在双方关系被认定为事实婚姻的情形下,一方坚决主张解除婚姻关系,而另一方坚决不同意,如果双方以夫妻名义共同生活多年,经调解无效,人民法院能否判决不准离婚? 2001 年《婚姻法》修订后,最高人民法院在此前出台的司法解释有关条款是否还可继续适用?

答:对双方当事人属于事实婚姻的情况,在具体处理上与合法登记婚姻并不相同。最高人民法院 1989 年 11 月 21 日《关于人民法院审理未办结婚登记而以夫妻名义同居生活案件的若干意见》第六条明确规定:“审理事实婚姻关系的离婚案件,应当先进行调解。经调解和好或撤诉的,确认婚姻关系有效,发给调解书或裁定书;经调解不能和好的,应调解或判决准予离婚。”而不像合法登记结婚的当事人提出离婚时,法院经调解不能和好的,如果认为夫妻感情没有彻底破裂,也可以判决不准离婚。因为事实婚姻在一定条件下被认可,并不意味着其就是完全合法的婚姻,故在具体处理上要与登记婚姻有所区别。也就是说,如果法院认为夫妻感情没有彻底破裂,可以在调解和好无效的情况下,判决登记婚姻的当事人不准离婚,再给双方当事人一次挽救婚姻关系的机会,而对事实婚姻关系的当事人就只能调解或判决准予离婚。

需要注意的是,最高人民法院在 2001 年 4 月 28 日修订后的《婚姻法》实施前出台的一系列司法解释,只要与现行婚姻法的规定没有抵触,仍然可以在审理有关婚姻家庭案件中继续适用。

(本书研究组)

该租赁合同的效力应如何认定

问:乙公司通过出让方式取得某地块的土地使用权,出让合同约定土地用于房地产开发。后乙公司一直未进行开发投入,还就其中部分土地与甲公司签订《租赁合同》,约定甲公司租用乙公司的土地用于建仓库存放货物。现两公司因租金给付问题发生纠纷诉讼至法院,因乙公司未按照法律规定和出让合同约定进行土地开发投入,故对《租赁合同》效力如何认定问题,存在不同看法。该租赁合同的效力应如何认定?

答:乙公司以出让方式取得土地使用权用于房地产开发的,应当按照规定的期限、用途进行开发和资金等的投入,否则,根据《中华人民共和国房地产管理法》等现行法律规定,其在就土地进行转让时将会受到限制,某些情形下政府甚至可以作出无偿收回土地等处理决定。我们认为,针对上述种种现象,法律更多是从政府行政管理角度作出规范,相关规定并不应理解为系对当事人民事行为的效力作出认定的效力型规范。特别是像本案所述未按约定用途使用土地并用于出租的,对租赁合同效力如何认定,法律并无明确条文直接规定。如果租赁合同系双方当事人在自愿前提下的真实意思表示,还是应当认定合同有效。至于对于乙公司未按照约定用途使用土地的行为如何处理,则应另当别论。

(本书研究组)

旅游者行使单方解除合同的权利是否导致违约条款无效

问:《最高人民法院关于审理旅游纠纷案件适用法律若干问题的规定》第十二条规定:“旅游行程开始前或者旅游进行中,因旅游者单方解除合同,旅游者请求旅游经营者退还尚未实际发生的费用,或者旅游经营者请求旅游者支付合理费用的,人民法院应予支持。”关于旅游合同中违约责任条款约定违约赔偿金,是否会因该条款内容认定违约责任条款无效?

答:合同解除与违约责任是两个不同的问题,旅游者享有合同解除权并不导致违约金条款无效。旅游者单方解除合同的权利,是由旅游合同的人身性质决定的。行使单方解除权本身并不构成违约,故不产生违约责任。即使旅游合同对旅游者的单方解除权作出限制,也不影响旅游者行使该项权利。合同解除的法律后果是使合同关系归于消灭,违约方的责任承担方式也不表现为支付违约金。旅游者单方解除合同,并不当然免除其相关的民事责任。《中华人民共和国合同法》第九十七条规定:“合同解除后,尚未履行的,终止履行;已经履行的,根据履行情况和合同性质,当事人可以请求恢复原状、采取其他补救措施,并有权要求赔偿损失。”如果旅游者解除合同是因对方违约,或者旅游者在解除合同前已经违约,对合同解除前的违约责任,违约方依然应当承担。旅游合同解除后,不应再承担违约责任。通常情况下,合同双方应据实结算旅游费用,多退少补。确因一方的过错造成另一方损失的,有过错的一方应向受害方赔偿损失。

(本书研究组)

旅游者在旅游景点购买到假冒伪劣产品,旅行社是否承担责任

问:旅游者在参团旅游过程中,在旅游景点购买到假冒伪劣产品,与其签约的旅行社是否承担责任?

答:通常情况下,旅游者在参团旅游过程中购买到假冒伪劣产品,适用我国《产品质量法》的规定,旅游者既可以要求产品的生产者承担责任,也可以要求产品的销售者承担责任。旅行社对此并不承担责任,因为旅游者作为一个具有完全民事行为能力的人能够自主地作出选择与判断。

(本书研究组)

劳动者欺诈签订劳动合同,能否适用《合同法》关于欺诈合同撤销权行使期间的规定

问:我国《劳动合同法》第二十六条规定,以欺诈手段,使对方在违背真实意思的情况下订立或者变更劳动合同的,无效(或者部分无效)。因此,对于劳动合同争议来说,如果劳动者欺诈签订劳动合同,则用人单位随时可以要求确认劳动合同无效,并且这种确认无效的权利并没有规定一定的行使期限。与《劳动合同法》的规定相对,我国《合同法》第五十四条将相同的行为订立的合同规定为可撤销的合同,并在第五十五条中规定,撤销权因具有撤销权的当事人自知道或者应当知道撤销事由之日起一年内没

有行使的归于消灭。因此,在劳动者基于欺诈签订劳动合同的情况下,为了更有力保护劳动者利益,是否可以考虑借鉴《合同法》的相关规定,准用用人单位请求确认合同无效的一年期限?

答:合同法调整的是平等主体之间的民事关系,而《劳动合同法》主要调整的是劳动者和用人单位之间的劳动关系,因此,在劳动者和用人单位之间产生争议时应优先适用《劳动合同法》而不是《合同法》。根据《劳动合同法》的规定,在劳动者欺诈签订劳动合同的情况下,用人单位根据《劳动合同法》的规定,可以请求劳动争议仲裁机构或者人民法院确认合同无效。而对于无效合同来说,往往是自始确定无效,其确认无效合同并不受一定期限的限制。相比较而言,我国《合同法》针对欺诈签订合同,赋予受欺诈方合同撤销权并受一定期限的限制,而非合同无效请求权。因此,在由于劳动者欺诈签订劳动合同的情况下,在现行《劳动合同法》规定为无效合同并且对于用人单位请求确认合同无效没有明确规定权利行使期限的情况下,不能准用《合同法》第五十五条关于合同撤销权行使期间的规定。

(本书研究组)

民事审判指导与参考

2011 年第 2 辑

（总第 46 辑）

【全国民事审判工作会议专题】

最高人民法院王胜俊院长
对全国民事审判工作会议的重要批示

2011 年 6 月 10 日,最高人民法院党组书记、院长王胜俊同志在报送的全国民事审判工作会议的文件材料上,作出重要批示:“望各级法院认真贯彻好这次会议和晓明同志的讲话精神。近年来,随着经济社会的深刻变化,民事审判工作面临的新情况、新问题越来越多,人民群众维护权益的意识越来越强,社会的监督力度越来越大,民事审判承担着重要的法律责任、政治责任、社会责任。各级民事审判部门和民事审判队伍坚持社会主义司法理念,坚持改革创新,坚持业务、队伍两手抓,为经济社会发展和社会和谐稳定作出了重大贡献。希望在新的历史起点上,更加注重社会主义司法理念的再学习、再教育、再实践,更加注重研究新情况、解决新问题,更加注重提高司法能力,大力推动民事审判工作再创新水平,再作新贡献。”

【小额速裁专题】

最高人民法院

关于部分基层人民法院开展小额速裁试点工作的指导意见

法[2011]129号

目前,我国正处在经济转轨、社会转型的关键时期,由各种利益诉求引发的矛盾纠纷持续增加,并以诉讼的方式大量进入司法程序,不少地方法院"案多人少"的矛盾始终未得到根本缓解,难以满足人民群众不断增长的司法需求。为此,各级人民法院要认真贯彻社会主义法治理念,紧紧围绕"社会矛盾化解、社会管理创新、公正廉洁执法"三项重点工作,始终坚持"为大局服务,为人民司法"的工作主题,积极探索在基层人民法院适用小额速裁审理民事案件,通过进一步合理配置审判资源,便利人民群众诉讼,提高办案效率,维护司法公正,最大限度地满足人民群众的司法需求。为正确开展小额速裁试点工作,根据《中华人民共和国民事诉讼法》和相关司法解释规定,特提出以下意见:

一、开展小额速裁试点工作的目的

在现行民事诉讼立法和相关司法解释的框架下,小额速裁并非独立的诉讼程序,而是在司法体制和工作机制改革背景下,借鉴国内外民事审判实践经验特别是一些国家和地区小额诉讼立法的基础上,根据现有法律规定的基本原则和基本精神,积极探索改革民事诉讼简易程序的一种新形式。小额速裁通过设定专门的审理流程、设立专门的速裁机构,最大限度地简化民事诉讼程序。小额速裁比我国现行司法实践中所实行的简易程序更为简易、快捷、方便。选择部分基层人民法院,在给予当事人程序选择权的基础上,开展此项工作试点。以期通过试点,进一步完善民事诉讼简易程序,并为将来修改民事诉讼法,创设小额速裁程序积累审判实践经验。

二、小额速裁试点工作的内容

1. 小额速裁的适用对象

当事人起诉的案件法律关系单一,事实清楚,争议标的金额不足1万元的下列给付之诉的案件,可以适用小额速裁,但当事人提出异议的除外:

(1)权利义务关系明确的借贷、买卖、租赁和借用纠纷案件;

(2)身份关系清楚,仅在给付的数额、时间上存在争议的抚养费、赡养费、扶养费纠纷案件;

(3)责任明确、损失金额确定的道路交通事故损害赔偿和其他人身损害赔偿纠纷案件;

(4)权利义务关系明确的拖欠水、电、暖、天然气费及物业管理费纠纷案件;

(5)其他可以适用小额速裁的案件。

各省、自治区、直辖市高级人民法院可以根据当地经济发展情况,在上述规定范围内具体确定本辖区试点法院小额速裁案件的最高收案标的金额。经济发达地区可根据实际情况,适当放宽,但不得超过5万元。本辖区高级人民法院确定的前述最高收案标的金额以上5万元以下的给付之诉,当事人双方书面申请人民法院小额速裁的,人民法院可以适用。当事人变更诉讼请求,追加当事人或者提出反诉的,除当事人双方同意继续适用小额速裁并经人民法院准许外,一律不得适用小额速裁。

2. 小额速裁的起诉和审理

人民法院经立案审查认为当事人的起诉符合适用小额速裁条件的,应当以书面方式将小额速裁的适用条件、审判组织、审理方式、审理期限、裁判方式、诉讼费用收取标准、当事人的异议申请权利,以及人民法院对异议审查后的处理情况等相关程序性安排,告知当事人。当事人选择小额速裁的,人民法院应当记录在案并由当事人签名或捺印确认。

当事人以书面形式申请适用小额速裁的,人民法院应当将其申请入卷备查。双方当事人均选择适用小额速裁的,人民法院应当将适用小额速裁审理案件的决定告知当事人。

人民法院适用小额速裁审理民事案件,由审判员一人独任审理,并根据案件需要为当事人指定答辩期、举证期,但期限不得超过7日。

人民法院适用小额速裁审理民事案件,可以根据当事人的申请安排在晚间、休息日进行调解或者开庭。

人民法院适用小额速裁审理民事案件,可以灵活地安排询问证人的时间。当事人可以口头申请人民法院询问证人。当事人申请利用视频系统等方式询问证人的,人民法院认为适当的,予以准许。

人民法院适用小额速裁审理案件,可不区分法庭调查、法庭辩论阶段。

3. 小额速裁的裁判和收费

适用小额速裁审理民事案件,应当在立案之日起一个月内审结,不得延长审限。一个月内未能审结的,应当转而适用普通程序继续审理。

适用小额速裁审理民事案件,应当贯彻调解优先原则,调解不成的,要及时作出裁判。

适用小额速裁审理民事案件,可以当庭宣判。

当事人对于人民法院适用小额速裁作出的判决不服,可以在收到判决书之日起10日内向原审人民法院提出异议申请。

人民法院应当指定其他审判员对异议申请进行审查。

经审查异议不成立的,人民法院应当在3日内裁定驳回异议。经审查异议成立的,人民法院应当裁定撤销原判,并适用普通程序对案件进行审理。

人民法院适用小额速裁审理民事案件,诉讼费用按《诉讼费用交纳办法》确定的标准减半收取。

三、小额速裁工作试点安排

1. 试点法院的确定。由北京、天津、上海、广东、江苏、浙江、安徽、江西、湖北、四川、贵州、甘肃、青海等十三个省、直辖市高级人民法院在本辖区内各指定两个基层人民法院作为最高人民法院的试点单位。

各高级人民法院在本辖区内指定两个基层人民法院作为高级人民法院的试点单位。

2. 试点法院应当指定专人负责试点工作,并将实施试点工作的方案和联系人报所在省、自治区、直辖市高级人民法院。

试点法院应指定具有审判实践经验的审判员从事小额速裁案件的审理和异议审查工作。

试点法院应逐月做好相关统计工作,对适用小额速裁审理案件的数量、当事人对判决结果提出异议的案件数(比例)以及审查异议后维持的案件数(比例)进行统计,并及时总结试点工作中的经验及存在问题。

3. 各高级人民法院应当高度重视小额速裁试点工作,指定院内相关部门和人员对试点工作进行指导。尽快建立试点法院与高级人民法院和最高人民法院的沟通协调机制,将作为最高人民法院的试点法院和联系人以及本院负责小额速裁试点工作的人员名单及联系方式报最高人民法院民事审判第一庭。

各高级人民法院应当加强对试点法院的业务指导与监督,及时发现、总结试点工作的经验和存在问题,每三个月向最高人民法院报告一次。

附件:程序选择确认书样式两份(原告、被告)

程序选择确认书

( )×民初字第×号

:

你诉　　　　　纠纷案,属于法律关系单一,事实清楚,争议标的金额不足万元的财产纠纷案件,可以选择小额速裁。

人民法院适用小额速裁审理案件,由审判员一人独任审理,可以安排在晚间、休息日进行调解或者开庭,可以灵活地安排询问证人的时间和方式。

人民法院适用小额速裁审理民事案件应当在立案之日起一个月内一次开庭审理终结并当庭宣判,不得延长审限。

人民法院适用小额速裁审理民事案件,当事人不得提起上诉。

当事人对判决不服,可以在收到判决书之日起十日内向本院提出异议申请。经审查异议不成立的,本院将裁定驳回异议;异议成立的,裁定撤销原判,并适用普通程序对案件进行审理。

人民法院适用小额速裁审理民事案件,诉讼费用按《诉讼费用交纳办法》确定的标准减半收取。

我选择小额速裁。

原告: (签名【捺印】或盖章)

年 月 日

程序选择确认书

( )×民初字第×号

:

诉你 纠纷案,属于法律关系单一,事实清楚,争议标的金额不足 万元的财产纠纷案件,可以选择小额速裁。

人民法院适用小额速裁审理案件,由审判员一人独任审理,可以安排在晚间、休息日进行调解或者开庭,可以灵活地安排询问证人的时间和方式。

人民法院适用小额速裁审理民事案件应当在立案之日起一个月内一次开庭审理终结并当庭宣判,不得延长审限。

人民法院适用小额速裁审理的民事案件,当事人不得提起上诉。

当事人对判决不服,可以在收到判决书之日起十日内向本院提出异议申请。经审查异议不成立的,本院将裁定驳回异议;异议成立的,裁定撤销原判,并适用普通程序对案件进行审理。

人民法院适用小额速裁审理民事案件,诉讼费用按《诉讼费用交纳办法》确定的标准减半收取。

我选择小额速裁。

被告: (签名【捺印】或盖章)

年 月 日

【最新司法解释】

最高人民法院
关于审理期货纠纷案件若干问题的规定(二)

法释[2011]1号

(2010年12月27日由最高人民法院审判委员会第1507次会议通过
2010年12月31日最高人民法院公告公布
自2011年1月17日起施行)

为解决相关期货纠纷案件的管辖、保全与执行等法律适用问题,根据《中华人民共和国民事诉讼法》等有关法律、行政法规的规定以及审判实践的需要,制定本规定。

第一条 以期货交易所为被告或者第三人的因期货交易所履行职责引起的商事案件,由期货交易所所在地的中级人民法院管辖。

第二条 期货交易所履行职责引起的商事案件是指:

(一)期货交易所会员及其相关人员、保证金存管银行及其相关人员、客户、其他期货市场参与者,以期货交易所违反法律法规以及国务院期货监督管理机构的规定,履行监督管理职责不当,造成其损害为由提起的商事诉讼案件;

(二)期货交易所会员及其相关人员、保证金存管银行及其相关人员、客户、其他期货市场参与者,以期货交易所违反其章程、交易规则、实施细则的规定以及业务协议的约定,履行监督管理职责不当,造成其损害为由提起的商事诉讼案件;

(三)期货交易所因履行职责引起的其他商事诉讼案件。

第三条 期货交易所为债务人,债权人请求冻结、划拨以下账户中资金或者有价证券的,人民法院不予支持:

(一)期货交易所会员在期货交易所保证金账户中的资金;

(二)期货交易所会员向期货交易所提交的用于充抵保证金的有价证券。

第四条 期货公司为债务人,债权人请求冻结、划拨以下账户中资金或者有价证券的,人民法院不予支持:

(一)客户在期货公司保证金账户中的资金;

(二)客户向期货公司提交的用于充抵保证金的有价证券。

第五条 实行会员分级结算制度的期货交易所的结算会员为债务人,债权人请求冻结、划拨结算会员以下资金或者有价证券的,人民法院不予支持:

(一)非结算会员在结算会员保证金账户中的资金;

(二)非结算会员向结算会员提交的用于充抵保证金的有价证券。

第六条 有证据证明保证金账户中有超过上述第三条、第四条、第五条规定的资金或者有价证券部分权益的,期货交易所、期货公司或者期货交易所结算会员在人民法院指定的合理期限内不能提出相反证据的,人民法院可以依法冻结、划拨超出部分的资金或者有价证券。

有证据证明期货交易所、期货公司、期货交易所结算会员自有资金与保证金发生混同,期货交易所、期货公司或者期货交易所结算会员在人民法院指定的合理期限内不能提出相反证据的,人民法院可以依法冻结、划拨相关账户内的资金或者有价证券。

第七条 实行会员分级结算制度的期货交易所或者其结算会员为债务人,债权人请求冻结、划拨期货交易所向其结算会员依法收取的结算担保金的,人民法院不予支持。

有证据证明结算会员在结算担保金专用账户中有超过交易所要求的结算担保金数额部分的,结算会员在人民法院指定的合理期限内不能提出相反证据的,人民法院可以依法冻结、划拨超出部分的资金。

第八条 人民法院在办理案件过程中,依法需要通过期货交易所、期货公司查询、冻结、划拨资金或者有价证券的,期货交易所、期货公司应当予以协助。应当协助而拒不协助的,按照《中华人民共和国民事诉讼法》第一百零三条之规定办理。

第九条 本规定施行前已经受理的上述案件不再移送。

第十条 本规定施行前本院作出的有关司法解释与本规定不一致的,以本规定为准。

最高人民法院

关于人民调解协议司法确认程序的若干规定

法释[2011]5号

(2011年3月21日由最高人民法院审判委员会第1515次会议通过
2011年3月23日最高人民法院公告公布
自2011年3月30日施行)

为了规范经人民调解委员会调解达成的民事调解协议的司法确认程序,进一步建立健全诉讼与非诉讼相衔接的矛盾纠纷解决机制,依照《中华人民共和国民事诉讼法》和《中华人民共和国人民调解法》的规定,结合审判实际,制定本规定。

第一条 当事人根据《中华人民共和国人民调解法》第三十三条的规定共同向人民法院申请确认调解协议的,人民法院应当依法受理。

第二条 当事人申请确认调解协议的,由主持调解的人民调解委员会所在地基层人民法院或者它派出的法庭管辖。

人民法院在立案前委派人民调解委员会调解并达成调解协议,当事人申请司法确认的,由委派的人民法院管辖。

第三条 当事人申请确认调解协议,应当向人民法院提交司法确认申请书、调解协议和身份证明、资格证明,以及与调解协议相关的财产权利证明等证明材料,并提供双方当事人的送达地址、电话号码等联系方式。委托他人代为申请的,必须向人民法院提交由委托人签名或者盖章的授权委托书。

第四条 人民法院收到当事人司法确认申请,应当在三日内决定是否受理。人民法院决定受理的,应当编立“调确字”案号,并及时向当事人送达受理通知书。双方当事人同时到法院申请司法确认的,人民法院可以当即受理并作出是否确认的决定。

有下列情形之一的,人民法院不予受理:

(一)不属于人民法院受理民事案件的范围或者不属于接受申请的人民法院管辖的;

(二)确认身份关系的;

(三)确认收养关系的;

(四)确认婚姻关系的。

第五条 人民法院应当自受理司法确认申请之日起十五日内作出是否确认的决定。因特殊情况需要延长的,经本院院长批准,可以延长十日。

在人民法院作出是否确认的决定前,一方或者双方当事人撤回司法确认申请的,人民法院应当准许。

第六条 人民法院受理司法确认申请后,应当指定一名审判人员对调解协议进行审查。人民法院在必要时可以通知双方当事人同时到场,当面询问当事人。当事人应当向人民法院如实陈述申请确认的调解协议的有关情况,保证提交的证明材料真实、合法。人民法院在审查中,认为当事人的陈述或者提供的证明材料不充分、不完备或者有疑义的,可以要求当事人补充陈述或者补充证明材料。当事人无正当理由未按时补充或者拒不接受询问的,可以按撤回司法确认申请处理。

第七条 具有下列情形之一的,人民法院不予确认调解协议效力:

(一)违反法律、行政法规强制性规定的;

(二)侵害国家利益、社会公共利益的;

(三)侵害案外人合法权益的;

(四)损害社会公序良俗的;

(五)内容不明确,无法确认的;

(六)其他不能进行司法确认的情形。

第八条 人民法院经审查认为调解协议符合确认条件的,应当作出确认决定书;决定不予确认调解协议效力的,应当作出不予确认决定书。

第九条 人民法院依法作出确认决定后,一方当事人拒绝履行或者未全部履行的,对方当事人可以向作出确认决定的人民法院申请强制执行。

第十条 案外人认为经人民法院确认的调解协议侵害其合法权益的,可以自知道或者应当知道权益被侵害之日起一年内,向作出确认决定的人民法院申请撤销确认决定。

第十一条 人民法院办理人民调解协议司法确认案件,不收取费用。

第十二条 人民法院可以将调解协议不予确认的情况定期或者不定期通报同级司法行政机关和相关人民调解委员会。

第十三条 经人民法院建立的调解员名册中的调解员调解达成协议后,当事人申请司法确认的,参照本规定办理。人民法院立案后委托他人调解达成的协议的司法确认,按照《最高人民法院关于人民法院民事调解工作若干问题的规定》(法释〔2004〕12 号)的有关规定办理。

最高人民法院

关于判决生效后当事人将判决确认的债权转让债权受让人对该判决不服提出再审申请人民法院是否受理问题的批复

法释[2011]2号

(2010年12月16日由最高人民法院审判委员会第1506次会议通过
2011年1月7日最高人民法院公告公布
自2011年2月1日起施行)

海南省高级人民法院:

你院《关于海南长江旅业有限公司、海南凯立中部开发建设股份有限公司与交通银行海南分行借款合同纠纷一案的请示报告》[(2009)琼民再终字第16号]收悉。经研究,答复如下:

判决生效后当事人将判决确认的债权转让,债权受让人对该判决不服提出再审申请的,因其不具有申请再审人主体资格,人民法院应依法不予受理。

最高人民法院

关于委托执行若干问题的规定

法释[2011]11 号

(2011 年 4 月 25 日由最高人民法院审判委员会第 1521 次会议通过
2011 年 5 月 3 日最高人民法院公告公布
自 2011 年 5 月 16 日起施行)

为了规范委托执行工作,维护当事人的合法权益,根据《中华人民共和国民事诉讼法》的规定,结合司法实践,制定本规定。

第一条 执行法院经调查发现被执行人在本辖区内已无财产可供执行,且在其他省、自治区、直辖市内有可供执行财产的,应当将案件委托异地的同级人民法院执行。

执行案件中有三个以上被执行人或者三处以上被执行财产在本省、自治区、直辖市辖区以外,且分属不同异地的,执行法院根据案件具体情况,报经高级人民法院批准后可以异地执行。

第二条 案件委托执行后,受托法院应当依法立案,委托法院应当在收到受托法院的立案通知书后作委托结案处理。

委托异地法院协助查询、冻结、查封、调查或者送达法律文书等有关事项的,受托法院不作为委托执行案件立案办理,但应当积极予以协助。

第三条 委托执行应当以执行标的物所在地或者执行行为实施地的同级人民法院为受托执行法院。有两处以上财产在异地的,可以委托主要财产所在地的人民法院执行。

被执行人是现役军人或者军事单位的,可以委托对其有管辖权的军事法院执行。

执行标的物是船舶的,可以委托有管辖权的海事法院执行。

第四条 委托执行案件应当由委托法院直接向受托法院办理委托手续,并层报各自所在的高级人民法院备案。

事项委托应当以机要形式送达委托事项的相关手续,不需报高级人民法院备案。

第五条 案件委托执行时,委托法院应当提供下列材料:

(一)委托执行函;

(二)申请执行书和委托执行案件审批表;

(三)据以执行的生效法律文书副本;

(四)有关案件情况的材料或者说明,包括本辖区无财产的调查材料、财产保全情况、被执行人财产状况、生效法律文书的履行情况等;

(五)申请执行人地址、联系电话;

(六)被执行人身份证件或者营业执照复印件、地址、联系电话;

(七)委托法院执行员和联系电话;

(八)其他必要的案件材料等。

第六条 委托执行时,委托法院应当将已经查封、扣押、冻结的被执行人的异地财产,一并移交受托法院处理,并在委托执行函中说明。

委托执行后,委托法院对被执行人财产已经采取查封、扣押、冻结等措施的,视为受托法院的查封、扣押、冻结措施。受托法院需要继续查封、扣押、冻结,持委托执行函和立案通知书办理相关手续。续封续冻时,仍为原委托法院的查封冻结顺序。

查封、扣押、冻结等措施的有效期限在移交受托法院时不足 1 个月的,委托法院应当先行续封或者续冻,再移交受托法院。

第七条 受托法院收到委托执行函后,应当在 7 日内予以立案,并及时将立案通知书通过委托法院送达申请执行人,同时将指定的承办人、联系电话等书面告知委托法院。

委托法院收到上述通知书后,应当在 7 日内书面通知申请执行人案件已经委托执行,并告知申请执行人可以直接与受托法院联系执行相关事宜。

第八条 受托法院如发现委托执行的手续、材料不全,可以要求委托法院补办。委托法院应当在 30 日内完成补办事项,在上述期限内未完成的,应当作出书面说明。委托法院既不补办又不说明原因的,视为撤回委托,受托法院可以将委托材料退回委托法院。

第九条 受托法院退回委托的,应当层报所在辖区高级人民法院审批。高级人民法院同意退回后,受托法院应当在 15 日内将有关委托手续和案卷材料退回委托法院,并作出书面说明。

委托执行案件退回后,受托法院已立案的,应当作销案处理。委托法院在案件退回原因消除之后可以再行委托。确因委托不当被退回的,委托法院应当决定撤销委托并恢复案件执行,报所在的高级人民法院备案。

第十条 委托法院在案件委托执行后又发现有可供执行财产的,应当及时告知受托法院。受托法院发现被执行人在受托法院辖区外另有可供执行财产的,可以直接异地执行,一般不再行委托执行。根据情况确需再行委托的,应当按照委托执行案件的程序办理,并通知案件当事人。

第十一条 受托法院未能在 6 个月内将受托案件执结的,申请执行人有权请求受托法院的上一级人民法院提级执行或者指定执行,上一级人民法院应当立案审查,发现受托法院无正当理由不予执行的,应当限期执行或者作出裁定提级执行或者指定执行。

第十二条 执行法院赴异地执行案件时,应当持有其所在辖区高级人民法院的批准函件,但异地采取财产保全措施和查封、扣押、冻结等非处分性执行措施的除外。

异地执行时,可以根据案件具体情况,请求当地法院协助执行,当地法院应当积极配合,保证执行人员的人身安全和执行装备、执行标的物不受侵害。

第十三条 高级人民法院应当对辖区内委托执行和异地执行工作实行统一管理和协调,履行以下职责:

(一)统一管理跨省、自治区、直辖市辖区的委托和受托执行案件;

(二)指导、检查、监督本辖区内的受托案件的执行情况;

(三)协调本辖区内跨省、自治区、直辖市辖区的委托和受托执行争议案件;

(四)承办需异地执行的有关案件的审批事项;

(五)对下级法院报送的有关委托和受托执行案件中的相关问题提出指导性处理意见;

(六)办理其他涉及委托执行工作的事项。

第十四条 本规定所称的异地是指本省、自治区、直辖市以外的区域。各省、自治区、直辖市内的委托执行,由各高级人民法院参照本规定,结合实际情况,制定具体办法。

第十五条 本规定施行之后,其他有关委托执行的司法解释不再适用。

【侵权责任专题】

工伤保险与民事侵权赔偿法律关系分析与裁判路径选择

周 立*

一般来说,工伤是指在生产、工作或在去往生产、工作岗位过程中发生负伤、致残或死亡事故的情形。因工伤事故侵害了劳动者的人身权(健康权、身体权或生命权),故早期对工伤事故受害人的救济归属于侵权法调整。但劳动者通过侵权诉讼主张损害赔偿,不仅诉讼过程漫长,而且还须面对举证不能、执行不能等诉讼困难和风险,遭受损害的劳动者往往无法获得及时的救济。随着经济社会的快速发展,因工伤事故引发的劳资冲突和社会问题日趋突出,由政府介入、向社会统筹保险资金的工伤社会保险制度应运而生。工伤保险制度的产生,使得对工伤事故的救济出现了工伤保险赔偿和侵权人身损害赔偿两种途径以供选择,但工伤劳动者能否因一次工伤既主张工伤保险补偿,同时主张侵权损害赔偿?世界各国对此态度不同,分别形成了择一选择模式、替代模式(又称免除模式)、兼得模式和补充模式等四类不同的救济模式。① 如何协调两种法律关系之间的适用关系,目前我国相关法律没有作出明确规定,各地审判实践对此也认识不一。结合我国社会和司法实际状况,设计出公平、合理的工伤救济制度是摆在我们面前亟待解决的问题。

一、我国现行相关立法解读

同为2002年实施的《职业病防治法》和《安全生产法》均规定,受损害者除依法享有工伤保险外,依照有关民事法律,尚有获得民事赔偿权利的,有权向本单位提出赔偿请求。该规定与国外的补充赔偿模式立场较为一致,即受损害劳动者可先领受工伤保险给付金,如果依据侵权行为法确定的赔偿额与工伤保险赔偿金之间尚有差额的,则劳动者可就该差额部分向所在单位主张权利。2004年实施的《工伤保险条例》对劳动者工伤损害采取何种救济模式没有作出明确规定,但各省市政府关于贯彻《工伤保险条例》的实施意见却没有采纳《职业病防治法》和《安全生产法》的立法意见。《黑龙江省贯彻〈工伤保险条例〉若干规定》

* 江苏省徐州市中级人民法院法官,博士研究生。

① 王泽鉴:《劳灾补偿与侵权行为损害赔偿》,载《民法学说与判例研究》第3册,中国政法大学出版社2005年版,第252页。

第十七条规定,由于交通事故造成的工伤,应当首先按照《道路交通事故处理办法》及有关规定处理,再按工伤保险有关规定执行。第十八条规定,工伤事故兼有第三者民事赔偿责任的,先按民事赔偿处理,赔偿低于工伤保险待遇的,由工伤保险基金补足差额。此外,四川、重庆、厦门等地也有类似规定。① 地方法规这种以民事侵权赔偿为主、以工伤保险赔付为辅的补充赔偿模式,不仅与《职业病防治法》和《安全生产法》确定的赔偿模式相抵触,而且与国外普遍确立的工伤保险基金优先补偿的做法相悖。

《最高人民法院关于审理人身损害赔偿案件适用法律若干问题的解释》(以下简称《人身损害赔偿解释》)第十二条第一款规定:"依法应当参加工伤保险统筹的用人单位的劳动者,因工伤事故遭受人身损害,劳动者或者其近亲属向人民法院起诉请求用人单位承担民事赔偿责任的,告知其按《工伤保险条例》的规定处理。"第十二条第二款规定:"因用人单位以外的第三人侵权造成劳动者人身损害,赔偿权利人请求第三人承担民事赔偿责任的,人民法院应予支持。"参与该《人身损害赔偿解释》制定的最高人民法院法官认为"对工伤保险与民事损害赔偿的关系按照混合模式予以规范。混合模式的实质,就是在用人单位责任范围内,以完全的工伤保险取代民事损害赔偿。但如果劳动者遭受工伤,是由于第三人的侵权行为造成,第三人不能免除民事赔偿责任。"②笔者认为,采取替代模式,否定工伤事故受害人向企业主张补足差额部分获得完全救济的权利,在当前我国工伤保险待遇较低的状况下,不利于保护职工合法权利。审判实践中,对未参加工伤保险的工伤受害人依侵权损害赔偿进行赔偿,对参加工伤保险依工伤保险规定进行补偿,有时甚至出现参加工伤保险的劳动者所获赔偿远远低于未参加工伤保险劳动者所获赔偿情形,不仅违背平等保护之法律基本精神,同样也不能为社会大众所认同。对于第三人加害行为致害场合,究竟属于兼得第三人赔偿和工伤保险赔付,还是只能选择其一,《人身损害赔偿解释》并未予以明确。《人身损害赔偿解释》第十二条规定未免除第三人责任,对工伤保险基金的代位追偿权也没有作出规定,③从法条文义和法条体系解释角度分析,相关法律明确规定劳动者可向不同主体主张损害赔偿,在没有法律明文禁止的前提下,受害人有权对两个责任主体分别主张损害赔偿。这样就可能导致非第三人所致工伤只能获得工伤保险给付,而第三人侵权所致工伤可能获得双重赔偿的不公平结果,这与法律的确定性和平等性之基本价值也是相悖的。

二、工伤保险与侵权损害赔偿责任适用关系应考量基本因素

工伤保险模式和赔偿标准,牵涉各方利益,在寻求解决问题路径时,必须考量工伤保险制度和民事侵权损害赔偿制度的价值基础,有效衡平劳动者、企业和社会三方利益,遵循尊重人权、平等保护之基本理念和原则,方能有效发挥两种赔付方式各自功能作用,实现两者的协调与统一。

---

① 参见《四川省人民政府关于贯彻〈保险条例〉的实施意见》第十条,重庆市《关于贯彻执行〈工伤保险条例〉有关问题处理意见的通知》(渝规审发[2004]24号)第12、13条,《厦门市实施〈工伤保险条例〉规定》第37条。

② 陈现杰:《〈最高人民法院关于审理人身损害赔偿案件适用法律若干问题的解释〉的若干理论与实务问题解析》,载《法律适用》2004年第2期。

③ 张新宝:《工伤保险赔偿请求权与普通人身损害赔偿请求权的关系》,载《中国法学》2007年第2期。

(一)正确认识工伤保险与侵权赔偿制度的价值基础

工伤保险是一种强制性的社会保险制度,政府按规定向企业收取工伤保险费,建立工伤保险基金,在职工受到工伤事故侵害时,按照一定程序予以确认并拨付补偿款项,其目的是将用人单位的安全生产经营风险转嫁由全体投保人承担,及时保护劳动者的权利。工伤保险着眼于社会整体利益,以"维护劳动者之生存权为其基本哲学,旨在保障劳工最低必要之生活"①,故在进行工伤赔付时,不考虑受害人过错,赔偿的范围仅限于物质损失。而侵权损害赔偿属于私法范畴,以分配正义为指导原则,其基本思想在于填补损害,使受害人能回复到损害发生之前的状况。故在确定当事人损失负担时应考虑受害人之过错,并以全面赔偿为原则,赔偿范围包括物质损害赔偿和精神损害赔偿,赔偿标准高于工伤保险赔偿给付金额。工伤保险与侵权赔偿属不同法律关系,工伤保险属于社会基准法,社会基准法的一个特点是:只规定一个最低保障线,或者说一个基准,如果当事人能够得到优于最低保障线的利益,基准法不但不予禁止,反而予以鼓励。② 工伤保险和侵权赔偿存在价值基础、赔偿主体的差异,决定了两者赔偿责任并不重叠相斥,也不存在民事责任竞合问题。

(二)合理平衡受害人和加害人利益

无论是损害赔偿,还是违约责任,或是其他形式的法律责任,在行为人与受害人之间的权利义务关系中,呈现的总是一种负相关系。③ 整个侵权行为法的历史就在于如何平衡加害人的"行动自由"和受害人的"权益保护",两者始终处于一种紧张关系中。④ 一方利益的实现必然是以另一方利益的丧失或削减为代价的。在工伤赔偿关系中,工伤致死、致残对于劳动者是巨大的损害,如不予充分保护,明显有违公平正义之基本法理。而用人单位一方,因种种原因,其赔偿能力大都是有限的。如果对受害方给予充分保护,会影响到用人单位一方进行生产经营的主动性与创造性,甚至会导致大部分用人单位难以生存,造成社会经济的停滞不前。因此,在选择赔偿路径时,必须在雇主、第三人和受害方之间寻求一个利益平衡点。既不能过多考虑侵权行为人的经济承受能力,使得受害方得不到应获得的补偿;也不能片面强调保护受害人权益,给予受害人足额、甚至超出其实际损害的赔偿,损害用人单位的合法权益。

(三)准确区分可补偿性损失与不可补偿性损失

对于人身损害赔偿,《侵权责任法》第十六条、第二十二条,《人身损害赔偿解释》第十七条、第十八条规定的赔偿项目与《工伤保险条例》第二十九条至第三十七条规定的工伤保险基金赔付项目多有重合或近似之处,但依据其赔付性质可将其区分为两类:一类为基于可

---

① 王泽鉴:《劳灾补偿与侵权行为损害赔偿》,载《民法学说与判例研究》第3册,中国政法大学出版社2000年版,第249页。

② 郑尚元:《工伤保险法律制度研究》,北京大学出版社2004年版。

③ 吴萍:《人身损害赔偿的理念与标准》,载《法学》2003年12期。

④ 曹险峰:《在权利与法益之间——对侵权行为客体的解读》,载《当代法学》2005年第5期。

补偿性损失所产生的费用,如医疗费、护理费、伙食补助费、交通费、误工费、残疾生活辅助具费、后续治疗费、丧葬费等,这些费用有具体的物质载体体现,依据支出或相关票据凭证可以计算出来,是受害方实际支出的费用,故称之为可补偿性损失;另一类是基于不可补偿性损失产生的费用,包含一次性伤残补助金、死亡赔偿金、供养亲属抚恤金和精神损害赔偿金等,这几项赔偿是针对人基本权利损害的赔偿,这些人身利益是不可恢复不可估量的损失,故称之为不可补偿性损失。对于可补偿性损失,笔者认为劳动者可以择一而诉,如果允许兼得,则违背了实际损失填平的基本原则;而残疾补助金等带有生活救助和精神抚慰性质的不可补偿性损失,在生命健康无价、工伤补偿标准偏低、残疾人或死者家庭生活困难的情况下,允许兼得,有利于更好地救济受害人,抚慰受害人及其家属的精神伤害,更好地实现公平正义。①

(四)客观认识工伤保险与侵权赔偿制度的功能和原则

依据民法公平原则,侵权责任法的基本功能在于补偿,"这种补偿,一方面不能小于损失的数额,使损害没有得到完全救济;另一方面也不能超过损失数额,给受害者以不当利益,因此也就不存在惩罚性赔偿金问题。"②人身损害赔偿的私法性质也决定了处于平等地位的民事主体无权对另一人实施制裁和惩罚。私法上的责任均以恢复至权利未受侵害前为原则。而工伤保险赔偿,属于政府有限介入的补偿基金,其主要资金来源于在生产经营过程中有可能发生安全风险的各个用人单位。如果对某一个受害者给予过多的补偿,势必会减少工伤保险基金总额,降低对后继可能受害者支付额度,给其他人造成不利益。因此,在设计工伤保险与侵权赔偿制度法律适用关系时,应以补偿原则为基础,兼采加重赔偿或惩罚性赔偿原则。对于一般的工伤损害,采取补偿原则,赔偿标准以补偿受害人或其亲属的损害(包括精神损害)为限,不应过分加重用人单位的负担。但是对于因用人单位严重疏忽大意或故意实施的侵害劳动者人身权益行为的,应当采取加重赔偿原则,或采取惩罚性赔偿原则,以便能够给予故意侵害者必要的警诫,预防类似侵害行为再次发生。

三、工伤损害赔偿与侵权损害赔偿法律适用关系之理性选择

工伤保险赔付制度程序设计的缺陷、工伤保险给付待遇和人身损害赔偿项目和标准的差异决定了两种制度无法相互替代。在审判实践中,对劳动者工伤损伤,采取何种赔付模式,必须综合考量我国经济社会发展现状,同时兼顾与其他法律法规协调一致,方能合理平等保护用人单位和劳动者的利益,避免法律适用的冲突和不统一。

(一)责任主体担责的先后位序

《工伤保险条例》和其他相关侵权法律法规对于保险金给付并未设定前置条件,有些地方省、市政府制定的有关工伤保险赔付条例规定:工伤受害者须先依民事法律向相关责任主体追偿,然后就未能赔偿部分再由工伤保险基金补足。类似规定不仅超越了《工伤保险

---

① 李后龙:《妥善审理劳动争议案件 维护劳动关系和谐稳定》,载《人民法院报》2009 年 7 月 30 日。
② 王成:《侵权损害赔偿的经济分析》,中国人民大学出版社 2002 年版,第 188 页。

条例》关于工伤保险金给付程序的规定,也与工伤保险基金制度基本性质和宗旨不符。因为工伤保险补偿原则上不考虑劳动者是否有过错,只要发生工伤,即应给予全额补偿,而且工伤保险基金实行社会统筹,有国家财政的候补支持,补偿资金有保障,不受企业资金能力影响。工伤保险制度设计初衷就是为了保证工伤事故一旦发生,即能给予受害人迅速、确定的补偿,避免诉讼的拖延和侵权赔偿的不确定性。正如有学者所言工伤保险"使受害人感受到的是受害威胁与社会补偿安全的有机统一,通过社会保障使受害人获得生存和发展的权利"。[①] 故笔者认为,一旦发生工伤,受害方即有权主张工伤保险基金予以赔付,保险给付不足以弥补损失的部分仍可请求侵权责任方补足,工伤保险经办机构先行支付保险金后,对造成劳动者工伤损失的第三人享有代位追偿权。如果受害方已从第三人方获得赔偿,则工伤保险经办机构对劳动者损失中的可补偿性物质损失部分可不予支付。

(二)过失相抵原则的适用范围

工伤保险金给付适用无过错原则,自无疑问。但如果工伤保险金给付尚不足以弥补劳动者损失,受工伤损害劳动者对用人单位、用人单位以外第三人就未获赔偿差额部分提起侵权之诉时,适用何种归责原则有待进一步分析。笔者认为,《侵权责任法》第二十六条规定的过失相抵原则是侵权损害赔偿责任的一般调整原则,在侵权法领域应普遍适用的。过失相抵原则不仅体现了公平正义的要求,也体现了责任自负的精神,对于督促和教育当事人合理行为,特别是受害人采取合理措施注意自身财产和人身安全,从而预防和减少损害的发生,具有重要的作用。[②]《侵权责任法》第三十五条规定,个人之间形成劳务关系,提供劳务一方因劳务自己受到损害的,根据双方过错承担相应的责任,该条规定仅对个人间形成劳务关系确认适用过失相抵损害赔偿原则,雇主方可扣减受害人因自己过错带来的损失。但《侵权责任法》并没有规定用人单位并与劳动者之间的损害赔偿同样适用过失相抵原则。笔者认为,《人身损害赔偿解释》和国外立法例均对雇佣关系中的工伤抚恤补偿采取无过错责任归责原则,当前,我国经济快速发展,劳动者普遍面临着各种职业风险,在安全生产保障机制和工伤保险赔偿机制尚不健全的情况下,应当严格适用过失相抵原则确定用工方的损害赔偿责任,只有当受害人有重大过失时,方可适当减少赔偿义务人的赔偿数额;受害人仅有一般过失时,不应减轻用人单位的赔偿责任;当侵权人有故意或重大过失时,即使受害人有一般过失,为体现对侵权人的惩罚,也应由赔偿义务人承担全部赔偿金。当然,对于用人单位应该参加工伤保险统筹却未参加的,因用人单位违法在先,使劳动者面临较高的风险,不能适用过失相抵原则,用人单位应承担完全的严格责任。

(三)兼得赔偿部分的确定

如前所述,对于因工伤发生的医疗费、交通费等可补偿性损失发生费用,根据私法的填平原则,对受害者不能适用兼得规定,受害人仅能从相关责任主体获得一次足额赔偿。但因通过人身侵权损害赔偿获得救济数额远远高于工伤保险赔付金额,以工伤保险完全取代

---

① 郑尚元:《工伤保险法律制度研究》,北京大学出版社2004年版,第32页。

② 杨立新:《中华人民共和国侵权责任法精解》,知识产权出版社2010年版,第108页。

用人单位的侵权责任,对劳动者显然不公平,因此,以工伤保险替代工伤赔偿也不可取。笔者认为,对此类损害可采取补充模式,以完全保障劳动受损方权益。而对于残疾补偿金、死亡赔偿金、精神损害赔偿金等不可补偿性损失产生的费用,考虑充分尊重人身健康和生命之需要,应根据侵害主体对象,采取限制性的兼得赔偿模式。对于用人单位和用人单位雇员侵权造成的工伤,为平衡企业和工伤受害人之利益,减轻企业安全生产经营风险负担,应依侵权损害赔偿确定相关损失数额,就其与工伤保险赔偿差额部分,用人单位予以补齐;对因第三人侵害造成工伤的,考虑工伤保险金数额较低,对于工伤补偿与第三人支付残疾补偿金等不可补偿性损失费用,受害人可以兼得损失赔偿。2009 年江苏省高级人民法院《关于在当前宏观经济形势下妥善审理劳动争议案件的指导意见》规定,第三人侵权造成劳动者人身损害,同时构成工伤的,如果劳动者已获得侵权赔偿,用人单位承担的工伤保险责任中应扣除第三人已支付的医疗费、护理费、丧葬费等实际发生费用。该规定以“实际发生费用”认可了补偿性损失的一次足额补偿原则,并且没有规定非补偿性损失可在工伤补偿中扣除。[①] 这就给不可补偿性损失以兼得模式予以赔偿提供了适用的空间。

(四)同一单位同事和第三人致工伤损害的赔付责任

如果工伤受损害系遭受工伤劳动者同一单位的同事职务行为所致,根据《侵权责任法》第三十四条第一款规定:“用人单位的工作人员因执行工作任务造成他人损害的,由用人单位承担侵权责任”,赔偿主体仍为用人单位,用人单位承担的是典型的替代责任,为平衡双方利益,赔偿标准可参照用工单位致工伤损害赔偿规则予以认定。对于造成工伤损失的同一单位同事非执行工作职务行为造成的工伤损失,应依据第三人侵权造成工伤规则予以解决。工伤受害者应就侵权行为人系单位职工负有举证责任,单位须就侵权者行为不是职务行为之抗辩负有举证责任。对于第三人侵权造成的工伤,因责任不在用人单位,单位对其危险性无从控制和管理,故除去工伤保险待遇外,用人单位对工伤受害者不负赔偿责任。如果工伤劳动者穷尽一切手段,仍无法从第三人处获得赔偿,则用人单位应依非第三人之一般工伤赔偿标准予以补偿,因为即使是第三人侵权,但也属于工伤,理应受到与普通工伤事故造成的伤害一样的补偿,否则将有失公平。另外,劳动者工作行为最大受益者是用人单位,其应当承担最后的风险,这也是符合工业风险负担理论的。[②]

---

① 参见《江苏省高级人民法院审判委员会会议纪要》(苏高法审委[2009]8 号)。

② 曹艳春:《工伤保险与民事侵权赔偿适用关系的理性选择》,载《法律适用》2005 年第 5 期。

【证据专题】

亲子鉴定与证明妨害

宋春雨*

亲子鉴定是指利用医学生物学以及遗传学等科学原理和技术对于存在争议的父母与子女之间是否存在亲生血缘关系所进行的鉴定。它是现代科学技术发展在司法证明活动中的反映,既包括传统的亲子血型测试,也包括DNA亲子鉴定。在亲子关系诉讼中,无论是否认亲子关系之诉还是认领亲子关系之诉,审判实践中都存在着缺乏直接证据对亲子关系存否进行证明的困境。尽管在理论上,通过对间接事实的证明,通过一系列间接证据所形成的证据链条,也可以实现与直接证据类似的法律效果,但这种证明方法在否认亲子关系之诉中排除亲子血缘关系存在的可能性时不会出现问题,如生母受孕期间被告因犯罪在监狱中服刑,或者被告身处其他国家而生母并未出国等,而在认领亲子关系之诉中确认亲子关系时,则会增加法院心证形成中的不确定性。而亲子鉴定结论,特别是作为亲子鉴定中最准确的DNA亲子鉴定结论,其准确率可以达到99.99999%,①具有高度的证明力,对于亲子关系案件的审理和亲子关系的确认无疑具有十分积极的意义。

亲子鉴定结论在证据形式上属于鉴定结论的范畴。根据《最高人民法院关于民事诉讼证据的若干规定》(以下简称《证据规定》),鉴定申请的提出、鉴定材料的提供准用举证责任规则,对于不负举证责任的当事人持有鉴定材料而拒绝提供的,可以适用《证据规定》第七十五条关于证明妨害的规定,由拒绝提供鉴定材料的一方承担不利后果。但是,亲子鉴定是鉴定中最为特殊的一种形式,对于亲子鉴定而言,无论亲子血型检测还是DNA亲子鉴定,均需要采集血液和人体组织作为鉴定材料。亲子关系诉讼的原告提供血液和身体组织样本应当没有问题,但如果被告拒绝配合,则亲子鉴定必然会产生诉讼中当事人之间的权利冲突。“亲子诉讼之血缘鉴定,乃涉原告之诉讼权、证明权及身份权利之确认,对自己人格发展及自我认同密切相关;而对于被告而言,则涉及身体不可侵犯性、隐私权、人格权及家庭原有圆满状态之维护权利。此二者,在亲子关系诉讼中乃具有高度之冲突性”。② 由此,

---

* 中国政法大学法学博士,最高人民法院民一庭法官。

① 李文洋:《法治之下的亲子鉴定》,载《法制与社会》2009年第8期(中),第242页。

② 姜世明:《民事证据法实例研习(一)》,台湾地区新学林出版股份有限公司2008年修订版,第119页。

在亲子关系诉讼中,如果被告拒绝配合亲子鉴定,拒绝提供血液或身体组织样本,法官能否适用《证据规定》第七十五条有关证明妨害的规定,推定亲子关系存在的事实成立,成为审判实践中颇具争议的问题。

一、审判实践中的分歧和争论

亲子鉴定问题在我国民事审判实践中由来已久。早在 1956 年 9 月 25 日最高人民法院给河北省高级人民法院《关于徐某某所生的小孩应如何断定生父问题的复函》中,就涉及血型检测的亲子鉴定结论效力的认定问题。在该复函中,最高人民法院指出,"徐 1954 年 4 月与高通奸,同时与其夫同居,因此小孩究竟为徐某与谁发生性关系时受孕,是难以断定的。化验血型的方法并不能断定小孩究系由谁所生",故依婚姻关系存续期间所生子女为婚生子女的推定,没有支持徐某之夫否认婚生子女的诉讼请求。

在(1987)法研复 20 号《最高人民法院关于人民法院在审判工作中能否采用人类白细胞抗原作亲子鉴定问题的批复》中,最高人民法院在肯定人民法院可以采用人类白细胞抗原技术进行亲子关系鉴定的同时,也提出了人民法院审理需要进行亲子鉴定案件的原则。该批复指出:"鉴于亲子鉴定关系到夫妻双方、子女和他人的人身关系和财产关系,是一项严肃的工作。因此,对要求作亲子关系鉴定的案件,应从保护妇女、儿童的合法权益,有利于增进团结和防止矛盾激化出发,区别情况,慎重对待。对于双方当事人同意作亲子鉴定的,一般应予准许;一方当事人要求作亲子鉴定的,或者子女已超过三周岁的,应视具体情况,从严掌握,对其中必须作亲子鉴定的,也要做好当事人及有关人员的思想工作。"对于亲子鉴定结论的适用,"仅作为鉴别亲子关系的证据之一,一定要与本案其他证据相印证,综合分析,作出正确的判断"。在这件我国唯一有关亲子鉴定的司法解释中,最高人民法院采取了十分慎重的立场,确立了亲子鉴定中"应从保护妇女、儿童的合法权益,有利于增进团结和防止矛盾激化出发"和尽量争取当事人双方自愿的基本原则。这一原则对于有关亲子鉴定的民事案件审理产生了深远影响。然而,(1987)法研复 20 号批复并没有解决被告拒绝配合亲子鉴定时如何处理的问题,有关"从严掌握"、" 做好当事人及有关人员的思想工作"的表述也不是具有操作性的法律适用标准。因此,在《证据规定》公布施行之后,这一批复事实上也为一方当事人拒绝配合亲子鉴定时能否适用《证据规定》第七十五条证明妨害的规定,留下了进一步讨论的空间。

审判实践中有关一方当事人拒绝配合亲子鉴定时如何处理,大致存在三种观点。

一种观点认为,亲子鉴定涉及人身,不能强制;但是如果一方当事人申请做亲子鉴定,另一方无正当理由拒不同意做亲子鉴定的,依据《证据规定》第七十五条,可以推定对其不利的事实成立。[①] 如在江西省余干县人民法院审理的张某诉前妻赵某抚养费纠纷一案中,原告张某提出否认亲子关系的诉讼请求,被告赵某虽对此予以反驳,"但在诉讼期内拒绝到

① 贺小荣:《亲子鉴定能否强制》,载《民事审判前沿》2005 年第一集,第 43 页。

庭,更不配合提供亲子鉴定所需的样本,致使亲子鉴定无法进行”,余干县人民法院根据《证据规定》第七十五条判决张某与前妻婚后所生男孩,不存在父子血缘关系,今后不再承担抚养费。①

另一种观点认为,最高人民法院(1987)法研复20号批复中规定亲子鉴定应以双方自愿为原则,因此亲子鉴定不能强制,也不能根据《证据规定》第七十五条进行推定,因为“适用推定,事实上就是强迫另一方必须接受亲子鉴定,违反了自愿原则,有可能侵犯人身权”。② 在江西龙南县人民法院审理的赖某诉刘某离婚诉讼中,丈夫刘某怀疑婚生子是赖某与他人所生而提起否认亲子关系请求,并提出亲子鉴定的申请。法院经审理认为,最高人民法院(1987)法研复20号批复“体现出了法院无权强迫当事人进行亲子鉴定,在一方当事人申请鉴定,而另一方当事人拒绝鉴定的情况下,根据《批复》从严掌握的原则,法院仍然不能启动亲子鉴定程序。这是因为亲子鉴定需要提供父、母、子三方基因样本来鉴定,基因样本的提供涉及人身权问题,在目前法律没有明确规定的前提下,不能采取强制性的手段获取样本。本案中被告刘某称原告赖某所生子不是自己亲生,原告否认,被告提出鉴定申请,原告不同意进行亲子鉴定,且被告无其他证据相印证,法院对被告的申请不予准许”。③

第三种观点认为,一方当事人拒绝配合亲子鉴定,导致亲子关系无法确认时,应当适用《证据规定》第七十五条关于证明妨害的规定,但“应当严格掌握以下条件:首先,提出申请的一方应当是亟待抚养和教育的非婚生子女或与非婚生子女共同生活的父母一方;其次,提出申请一方已经完成了与其请求相当的证明责任;再次,被申请人提不出足以推翻亲子关系存在的证据;最后,被申请人拒绝做亲子鉴定。只有同时具备上述条件,才能推定对其不利的事实成立”。④ 江西省新余市渝水区人民法院审理的李某诉王某抚养费纠纷一案中,即依据这种观点进行裁判。该案中,李某与王某同居一年后分手,李某由于分手时已经怀孕,多次找到王某要求结婚或者一次性支付小孩抚养费被王某拒绝,李某在生下小孩后,向法院提起诉讼,要求确认王某与小孩的亲子关系并支付抚养费。诉讼过程中李某提出亲子鉴定申请被王某拒绝。法院认为,原告要求确认亲子关系,不能简单适用“谁主张、谁举证”的一般举证规则,原、被告在本案中均负有举证义务,也就是做亲子鉴定的义务。现原告已申请要求做亲子鉴定,而被告不同意鉴定,虽然法院不得强迫其所为,但被告应承担举证不能的法律后果。本案中,原告已提供了医院出生证明等证明材料,已完成了与其请求相当的举证责任,在被告不能提供其他证据推翻该证据的情况下,法院推定被告王某与小孩存

---

① 钟金平、喻奇章:《前妻拒绝做亲子鉴定 法院推定孩子非亲生》,http://www.chinacourt.org/public/detail.php?id=278727&k_title=亲子鉴定&k_content=&k_author=.

② 贺小荣:《亲子鉴定能否强制》,载《民事审判前沿》2005年第一集,第43页。

③ 姜万勇:《丈夫怀疑妻子有外遇 申请亲子鉴定被驳回》,http://www.chinacourt.org/public/detail.php?id=359655&k_title=亲子鉴定&k_content=&k_author=.

④ 贺小荣:《亲子鉴定能否强制》,载《民事审判前沿》2005年第一集,第51页。

在亲子关系。①

上述三种观点分别从不同角度对亲子鉴定场合能否适用证明妨害问题进行探索,对于丰富审判实践和审判经验的积累无疑具有积极意义。但是,这三种观点的不足之处同样不容忽视和回避,即这三种观点都对证明妨害法理和亲子鉴定的特殊性缺乏足够清晰的认识,导致在亲子鉴定场合能否适用证明妨害以及如何适用证明妨害规则缺乏必要的理性的方法论基础,尽管在个案处理结果上未必错误,但从民事审判实践发展的角度,确有进一步厘清的必要。

二、亲子鉴定场合适用证明妨害规则的理论基础

(一)证明妨害规则的基本法理及《证据规定》第七十五条的理解

所谓证明妨害,存在广义和狭义两种理解。广义的证明妨害是指诉讼当事人以某种原因拒绝提出或由于自己的原因不能提出证据的行为后果。② 狭义的证明妨害则将证明妨害与举证责任的概念紧密相连,并将规范主体特定化,即"不负举证责任之当事人,在具备一定主观归责要件(如故意、过失),将证据方法毁灭、隐匿或妨害利用,使负举证责任之当事人因无法利用该证据而无法尽其举证责任,此时如依原来举证责任分配之原则,使该负举证责任之当事人承受败诉判决,将产生不公平之结果,从而在事实之认定上,就负有举证责任之当事人之事实主张,作对其有利之调整"。③ 证明妨害制度是大陆法系国家地区和英美法系国家所普遍承认的民事诉讼制度,所不同的是前者在立法和实务上所指称的证明妨害通常限于狭义的证明妨害范畴,而后者的证明妨害则更接近于广义的理解。④

民事诉讼当事人为实现其诉讼目的,需要对其诉讼主张所依赖的法律要件事实进行证明,在事实真伪不明状态下,负有证明责任的当事人即应当承担由此而产生的不利后果。但是,"如果不负有证明责任的一方当事人,通过诸如隐瞒重要证人的居所或让其逃往国外、更改文书的内容、过失地疏于保管收条等重要文书等种种故意或过失行为来毁损证据方法,进而对于(对方当事人)利用证据方法形成妨害(证明妨害),那么就会使负有证明责任的当事人限于难以证明(证据缺乏)的境地,进而使案件事实处于真伪不明。在这种情形下,如果法院通过适用证明责任原则作出判决而使负有证明责任的当事人败诉,那么不免会产生不当且不公平之感。于是,就应当考虑以证明妨碍为杠杆来开发'避免通过证明责任作出裁判'的法律技术"。⑤ 由此在立法上设置证明妨害制度。

---

① 简永根、洪家强:《男子拒做亲子鉴定 举证不能需担责》,http://www.chinacourt.org/public/detail.php? id = 327122&k_title = 亲子鉴定 &k_content = &k_author = .

② 汤维健、许尚豪:《建立举证妨碍制度,完善证据立法》,载《证据学论坛(第八卷)》,第 103 页。

③ 黄国昌:《民事诉讼理论之新展开》,北京大学出版社 2008 年版,第 217 页。

④ 黄国昌:《民事诉讼理论之新展开》,北京大学出版社 2008 年版,第 222 ~ 242 页。

⑤ [日]高桥宏志:《民事诉讼法——制度与理论的深层分析》,林剑锋译,法律出版社 2003 年版,第 465 ~ 466 页。

对于法律设置证明妨害制度的法理依据,理论上存在三种主要观点:一种观点认为,证明妨害的法理依据在于违反实体法上的证据保存义务,即在依据法律规定、合同约定或者交易习惯,当事人对于特定证据负有保存义务时,如果因可归责于该当事人的事由而使对方在诉讼中难以使用该证据的,负有保存义务的当事人应当承担诉讼上的不利后果。另一种观点以诚实信用原则作为证明妨害的法理依据,认为证明妨害行为违反以公平方法进行诉讼的原则,属于滥用诉讼权利的情形,违反民事诉讼中所应当遵守的诚实信用原则,因此,不能使实施妨害行为的人从事实不能证明的状态中获得利益。第三种观点认为,证明妨害的理论基础在于实施妨害行为的人违反了诉讼上的协力义务,即民事诉讼当事人负有协助法院发现真实和促进诉讼的义务,证明妨害行为不仅对事实发现造成障碍,对于促进诉讼也会产生消极影响,因此有必要对这种行为予以制裁。① 这三种理论观点分别从不同的角度和立场,对于证明妨害的法理依据进行阐释,对于全面考虑证明妨害的法理基础问题,具有积极意义。但证明妨害作为一种诉讼制度,具有制裁违反诚实信用原则和回复无此妨害状态的双重目的,因此,其理论基础在于诉讼上的诚实信用原则和实现当事人之间的公平。正如我国台湾地区"民事诉讼法"第 282 条之 1 之立法理由所称:"当事人以不正当手段妨碍他造之举证活动者,……显然违反诚实信用原则;为防度当事人利用此等不正当手段以取得有利之诉讼结果,并顾及当事人间之公平,爰增设本条……"②

有关证明妨害的法律效果,大陆法系国家和地区理论和实务上存在转换举证责任、降低证明标准、依经验法则进行证据评价等多种观点。转换举证责任,是通过举证责任转换的方式来调整因证明妨害行为所产生的事实证明上的不公平状态,"只要权利一方当事人有证据表明佐证其权利主张的重要证据被对方控制,则应由相对方承担举证责任,若其不举证,则应认定权利主张成立"。③ 降低证明标准,是通过降低对待证事实的证明标准,以降低妨害行为所产生的损害,使当事人即使缺乏某些证据也能够实现对其主张的证明。④ 依经验法则进行证据评价,则主张通过适用"一旦实施证明妨碍,就将于实施者不利的事实视为存在"的经验法则,并在自由心证主义的框架内予以处理。⑤ 在我国台湾地区,"民事诉讼法"第 282 条之 1 规定了在证明妨害情况下,"法院得审酌情形认他造关于该证据之主张或依该证据应证之事实为真实",因此,学者一致认同综合考量"妨碍行为之态样"(特别是主观归责性)、该证据之重要性、可替代性等因素,区分不同的案件类型,课以不同的证明妨害的法律效果。由此,多数学者以妨害者可归责性高低为判断基准,对于故意实施证明妨害行为的场合,可以直接推认被妨害者之主张为真实;在因重大过失的情形下,降低被妨害者的举证责任标准为"低度的盖然性";在轻过失证明妨害时,被妨害者的证明标准降低至"优

① 汤维健、许尚豪:《建立举证妨碍制度,完善证据立法》,载《证据学论坛(第八卷)》,第 105 ~ 106 页。
② 黄国昌:《民事诉讼理论之新展开》,北京大学出版社 2008 年版,第 218 页注 2。
③ 王利明等主编:《中国民事证据的立法与应用》,人民法院出版社 2000 年版,第 729 页。
④ 张卫平:《证明妨碍及对策探讨》,载《证据学论坛(第七卷)》,第 169 页。
⑤ [日]高桥宏志:《民事诉讼法——制度与理论的深层分析》,林剑锋译,法律出版社 2003 年版,第 466 页。

越的盖然性”。[①]

《证据规定》第七十五条规定,有证据证明一方当事人持有证据无正当理由拒不提供,如果对方当事人主张该证据的内容不利于证据的持有人,可以推定该主张成立。这是我国证明妨害规则的法律渊源。与大陆法系国家和地区相比,我国关于证明妨害的规定,首先仅系针对故意实施证明妨害行为的情形,“当事人持有证据无正当理由拒不提供”的表述本身即意味着其妨害对方使用证据的行为具有主观故意。其次,对于证明妨害行为的法律后果,是依经验法则对待证事实进行评价,即只要存在司法解释规定的妨害证明的情形,即可以直接推定对方当事人的事实主张成立。这里的“推定”并非证明方法上的推定,而是推认之意。申言之,在证明妨害行为的法律效果上,直接认定“应证之事实为真实”,而非认定被妨害者“关于该证据之主张为真实”,并不考虑“被妨碍者处于该证据方法作成过程之外而难以被期待得知该证据之内容”的情形。[②] 概言之,《证据规定》第七十五条所规定的证明妨害,与大陆法系国家和地区相比,适用范围较窄,而法律效果更为严厉。

(二)亲子鉴定场合适用证明妨害规则的理由

在亲子关系诉讼中,准许采用 DNA 鉴定的方式对亲子关系的存否进行证明,是世界各国的普遍做法。与此相对应,在一方当事人无正当理由拒绝配合亲子鉴定、提供人体组织样本的情况下,各国也普遍规定了相应的制裁措施。这种制裁措施的规定,依其强制性的不同,大致可以体现为三种方式:

其一为直接强制和间接强制相结合的方式。目前只有德国允许直接强制的方式存在。在德国,在血统主义和真实主义的要求下,直接强制作为身体不可侵犯原则的例外情形,在当事人拒绝配合亲子鉴定、提供人体组织样本,而法院通过处以违警罚款和拘留等间接强制措施仍然不能使当事人配合的情况下,可以采取拘留措施,强制采集亲子鉴定所需的人体组织样本。

其二为间接强制的方式。对于大多数国家而言,从尊重身体完整性和不可分性的原则出发,否定直接强制的方法,而采取间接强制的方式,以制裁无正当理由拒不配合亲子鉴定的当事人。“在英、美、法等国,于当事人无正当理由拒不同意检查时,法院对该不从指示或命令者,得从其拒绝拟制一定事实为真实,而对其为不利之裁判,以示制裁”。[③]

其三为日本的自由心证方式。日本对于涉及亲子纠纷的人事诉讼采取职权探知主义,限制辩论主义的适用,因此,排除民事诉讼法中有关拒绝提出文书、勘验物时所设拟制真实规定的适用。因此,在相关当事人拒绝配合进行亲子鉴定的情况下,法院既直接强制,也不得通过推定为真实的方法进行间接强制,法院只能将相关当事人拒绝配合亲子鉴定这一

① 黄国昌:《民事诉讼理论之新展开》,北京大学出版社 2008 年版,第 221 页。

② 黄国昌:《民事诉讼理论之新展开》,北京大学出版社 2008 年版,第 222 页。

③ 许世宦:《父子关系诉讼之证明度与血缘鉴定强制——以请求认领子女之诉及否认婚生子女之诉为中心》,载《民事诉讼法之研讨(九)》,第 39 页。

事实作为自由心证的内容予以考虑。[①]

证明妨害规则无疑属于上述间接强制方式的一种重要形式。对于当事人拒不配合亲子鉴定的情形,“经法院斟酌其他相关资料为自由心证裁量以后,既可能认为应再依职权调查事证,亦可能认为‘当事人之所以拒不提出,实由于恐因其提出致他造之主张获证明,而使自己(该拒不提出之当事人)蒙受不利益’。在后者之情形,其本身系可作为一项经验法则发挥作用,经法院适用此项经验法则,同时综合法院就其他相关间接事实所得心证为判断之结果,应可推定他造之主张为真正”。[②] 在当事人无正当理由拒不配合亲子鉴定场合,虽然不适宜用直接强制方式取得勘验物,“但依证明妨碍之法理,可配合相关既有事证所可形成之盖然性评估;在盖然性越高情形,赋予该拒绝鉴定行为,发生越往不利事实推定方向处理;若盖然性较低时,则仅在证据价中酌量,而依全辩论意旨定之”。[③]

三、亲子鉴定场合证明妨害规则的适用条件

(一)对审判实践的检讨

在我国的民事审判实践中,无论对亲子鉴定适用证明妨害规则采取何种立场,其立论的基础都从亲子鉴定不能强制的基本观点出发,而这种不能强制的观点又源于(1987)法研复 20 号批复。但从批复的内容来看,批复系从正面立论,强调的是亲子鉴定中尽量争取当事人的同意和配合,对于反面的情形即当事人拒不配合时如何处理并未涉及,在语言表述上似乎也没有明显的暗示。因此,从批复中得出亲子鉴定不能强制的结论,显然有先入为主之嫌。

审判实践中对有关“强制”的理解,失之过窄。从前述审判实践中的观点来看,对强制的理解显然采取了狭义的解释,将强制理解为对当事人身体的强制,即相当于德国法上的直接强制的情形。直接强制除德国基于特殊的历史传统而采纳外,鲜有国家跟从,在我国采取直接强制的方式进行亲子鉴定,既无法理依据也与审判传统不相容。事实上,在现代诉讼法律制度之下,强制更多地以间接强制的方式体现出来,通过对义务不履行行为科以法律上的不利后果,达到约束当事人的行为、阻吓违法的目的。对于亲子鉴定而言更是如此。

大陆法系国家和地区证明妨害规则的基础之一在于不负举证责任的当事人也负有一般性的事证解明义务,因此,在当事人无正当理由拒不履行此项一般性义务、拒不配合亲子鉴定时,可以对其科以证明妨害的法律后果,推定对方当事人主张的事实为真实。但在我国的民事诉讼法上,不负举证责任的当事人并不负担此项一般性义务,因此《证据规定》对

---

① 陈学权:《亲子诉讼中的 DNA 证据规则研究》,载《社会科学》2009 年第 4 期。

② 许世宦:《父子关系诉讼之证明度与血缘鉴定强制——以请求认领子女之诉及否认婚生子女之诉为中心》,载《民事诉讼法之研讨(九)》,第 104 页。

③ 姜世明:《民事证据法实例研习(一)》,台湾地区新学林出版股份有限公司 2008 年修订二版,第 128 页。

于证明妨害的规定十分严格,以符合其依据经验法则进行证据评价的理论基础。特别在亲子关系鉴定中,需要在发现真实、保护未成年人合法权益以及保障民事诉讼程序公正的价值冲突之间进行平衡与协调,这无疑更增加了亲子鉴定中适用证明妨害规则的复杂性。因此,在亲子鉴定场合简单地无条件地适用或不适用证明妨害规则,都是不适当的。前述审判实践中的第三种观点虽然考虑到亲子关系诉讼的特殊性和复杂性,为适用证明妨害规则设置了条件,但条件的设定缺乏合理性和科学性,将申请亲子鉴定的一方限于"亟待抚养和教育的非婚生子女或与非婚生子女共同生活的父母一方",而排除其他情形,缺乏合理性;而"提出申请一方已经完成了与其请求相当的证明责任"意味着申请一方已经通过其他证据完成了亲子关系的证明,由此亲子鉴定即失去意义。

(二)适用条件

亲子关系诉讼关系到社会基本伦理价值,意义重大,而亲子关系鉴定又涉及人身权利的保护,因此,在适用证明妨害规则时应当妥善处理各种权利和价值的冲突和平衡,确立恰当的适用边界。而这种边界的确立,应当通过明确适用条件来实现。

笔者认为,在亲子鉴定场合适用证明妨害规则的基本条件,首先是申请鉴定的一方当事人已经证明对方当事人与子女之间存在血缘关系或者不存在血缘关系的可能性。这种可能性的证明标准低于正常的证明标准,只要具有优势的盖然性,即符合这一基本条件。其次,亲子鉴定的被申请人无正当理由拒不配合亲子鉴定。只要满足这两个条件中,即可以适用《证据规定》第七十五条有关证明妨害的规定,作出有利于亲子鉴定申请人的推定。

【保险专题】

论德国保险法的投保人告知义务规定对我国的借鉴

仲伟珩*

一、导论

我国《保险法》第十六条规定了投保人的如实告知义务,并规定了投保人违反如实告知义务的法律后果。但是,该条规定在保险审判实务中适用的难题很多。德国保险合同法制定于1908年,被称为《德国旧保险合同法》,该法于2007年11月23日又被重新制定,被称为《德国新保险合同法》。《德国新保险合同法》对《德国旧保险合同法》以及保险法实践中的投保人告知义务进行了系统的梳理并加以完善,这对我国审理有关投保人如实告知义务疑难案例提供了很好的借鉴。本文以通过介绍德国法的相关规定为出发点,对我国审判实践中投保人如实告知义务的若干疑难问题进行系统探讨,试图对审判实践或者制定保险法司法解释提供一些参考。

二、关于如实告知义务人的问题

我国《保险法》第十六条第一款规定:"订立保险合同,保险人就保险标的或者被保险人的有关情况提出询问的,投保人应当如实告知。"此规定明确了承担如实告知义务的是投保人,这并无争议。但是,被保险人是否负有如实告知义务,在审判实务中引发很多纠纷。

对于被保险人是否负有如实告知义务,我国学者多认为,无论是损害保险还是定额保险,被保险人如果知道危险状况,而投保人并不知道,那么被保险人亦负有如实告知义务。① 主张被保险人负有如实告知义务的学者认为,"对于损害保险来说,被保险人是保险标的的所有人或者保险利益的归属者;对于定额保险来说,被保险人是保险事故发生的对象,对于自己的身体健康及其他危险状况则最熟悉,因此赋予被保险人此项如实告知义务才能达到

---

* 最高人民法院民一庭法官,中国政法大学法学博士,德国马科斯－普朗克外国私法与国际私法研究所访问研究学者(教育部公派出国留学奖学金获得者,2006～2008)。

① 江朝国:《保险法基础理论》,中国政法大学出版社2002年版,第151页至第165页的论述;施文森:《保险法总论》,台湾地区三民书局1995年版,第115页以下的论述;梁宇贤:《保险法新论》,中国人民大学出版社2004年版,第110页以下的论述;周玉华编著:《最新保险法释义与适用》,法律出版社2009年版,第34页。

保险人评估与控制危险的立法目的”。[①] 但是,这样的论证在逻辑上并不成立,主要有以下几个方面的理由:

首先,这样的观点让并非合同当事人的被保险人承担保险合同上的义务,在投保人和被保险人是同一人的情况下并不成问题,但是在纯粹为被保险人利益的利他合同上则存在问题。因为,这违反了合同相对性原理。比如,在雇佣关系中,作为被保险人的员工同作为雇主的投保人约定,由投保人为员工投保员工第三者责任险,而保险人只是将询问表格交给雇主,由雇主去询问员工,现在如果雇主没有询问员工,则被保险人由于违反了法律义务而无从获得保护。如果法律赋予被保险人告知义务,那么由于被保险人违反法定的告知义务,其亦不得基于雇主违约而请求雇主赔偿,这显然对于被保险人不利。因此,对于被保险人来说,其并非保险合同的主体,基于合同相对性的原理,不能要求并非合同主体的被保险人来负担义务。

其次,如果赋予被保险人如实告知义务,那么在被保险人违反如实告知义务时,法律后果却是等同于投保人违反如实告知义务的法律后果。这样的逻辑等式让投保人为第三人的义务承担责任,显然同为自己的自由意思负责的民法基本原理相违背。

再次,对于被保险人知悉的危险情况,被保险人不负告知义务并非就没有其他好的风险控制方法。

针对被保险人知悉的危险情况的告知义务问题,《德国新保险合同法》第 47 条第 1 款第 1 项规定:“如果投保人的知悉和行为具有法律意义,那么在为他人计算的保险合同中,亦需要考虑被保险人的知悉和行为。”这样规定的结果显然将投保人的知悉和被保险人的知悉等同起来,但是仍然将如实告知义务的主体限制在投保人那里,将即使是为他人利益订立的合同也保持在合同相对性的框架之内,而不是赋予被保险人如实告知义务。[②] 因此,对于被保险人所知悉的危险情况,投保人负有告知义务,如果投保人对于被保险人所知悉的危险情况没有告知,就视为其自己违反如实告知义务,要承担相应的法律后果。

我国《保险法》第十六条第一款明确规定告知义务的主体是投保人。基于上面的论述,笔者认为,这样的规定是正确的。但是,我国保险法的规定并没有涉及被保险人所知悉情况的告知义务问题,属于立法上的法律漏洞。对此,笔者认为,我国的立法或者司法解释应该一方面否定被保险人的说明义务;另一方面,为了保持保险法上的利益平衡,防止道德风险的发生,可以借鉴德国法的立法规定,在未来通过修改保险法或者制定司法解释作出规定:“如果投保人负有如实告知义务,那么投保人对被保险人的知悉亦需要负担如实告知义务。”[③]

当然,鉴于保险合同的当事人之一是投保人,因此,在具体的保险实务操作上,推定投

---

① 江朝国:《保险法基础理论》,中国政法大学出版社 2002 年版,第 151 页以下的论述。

② 对此,我国台湾地区学者梁宇贤教授在论证被保险人负有如实告知义务时,在比较法考察上举出德国法上被保险人负有如实告知义务,这是对德国法误读,因为德国保险合同法并没有如此规定;关于德国法的详细论述参见:Manfred Wandt, Versichrungsrecht, 2008 年第 4 版,边码第 628 以下的论述。

③ 这实际上涉及民法上为第三人的行为归责的制度问题,保险法上不仅仅包括投保人需要为被保险人的隐瞒或者欺诈负责,而且需要为其履行辅助人或者代表人、知识代理人、意思表示代理人等的行为负责。对此的论述,参见 Manfred Wandt, Versicherungsrecht, 边码第 629 以下的论述;Looschelder, VersR 1999, 666。

保人知悉并且需要告知被保险人知悉的危险情况,在被保险人欺诈或者故意隐瞒导致投保人并不知悉从而未如实告知的情况下,投保人也不能提出其不知悉及不能知悉的抗辩;比如,在学校为全体学生投保意外伤害保险签订的保险合同中,保险人明确说明了一系列疾病不保范围,学校将投保申请材料发到每个学生手中,由学生自行填写,某学生故意隐瞒了其患有某种疾病不保的情况,后该学生由于某种不保疾病的原因而遭受发生医疗费用,保险公司得主张投保人的未如实告知而适用相关的法律后果规定,投保人则不能主张学生欺诈或者故意隐瞒患病情况而导致其不知作为抗辩。

三、关于如实告知义务受领人的问题

我国《保险法》并未规定如实告知义务的受领人。保险人具有受领权这并无争议。但是,基于保险代理人是否具有告知受领权也引发很多纠纷。

《德国旧保险合同法》第 43 条第 1 项规定:"保险代理人具有受领关于订立、延长或变更保险合同的申请及撤回此申请的请求。"但是,《德国旧保险合同法》第 44 条又规定:"依照本法规定须保险人知悉才适当的情况,受委托招揽保险的代理人的知悉,不相当于保险人的知悉。"因此,在适用《德国旧保险合同法》的实践中经常发生保险人一方面赋予保险代理人承揽业务、收取费用、扩充业绩的权利;另一方面,却又有保险代理人被告知的信息不能对保险人发生作用的限制,这显然对投保人不利。为了克服这种投保人的不利地位,德国法院判决开发出来保险代理人是保险人的"耳目"理论,即保险代理人所知悉的情况亦是保险人所知悉的情况。进一步,法院又基于保险代理人的"耳目"地位针对《德国旧保险合同法》第 43 条第 1 项确定了一个法定的基本思想,即不允许通过一般条款改变保险代理人的"耳目"地位。① 在《德国新保险合同法》制定过程中,保险代理人的这种"耳目"地位被牢固地写入到该法第 69 条和第 71 条中。而为了确保这种"耳目"地位不得被更改,《德国新保险合同法》第 72 条则明确规定:"对保险代理人根据第 69 条和第 71 条规定享有的代理权进行限制的一般条款,对于投保人和第三人是无效的。"因此,保险代理人有接受告知的权利,②并且这种接受告知的权利不允许通过一般条款被更改。

我国《保险法》第一百一十七条规定:"保险代理人是根据保险人的委托,向保险人收取佣金,并在保险人授权的范围内代为办理保险业务的机构或者个人。"对于保险代理人是否享有告知受领权问题,则存有很多争议。司法实践中,对于财产保险的保险代理人的告知受领权争议很少;但是,在寿险部分,往往少数代理人为赚取佣金而存在故意诱导投保人不实告知或者向保险公司隐瞒告知的事实,从而有的保险公司采取了否认保险代理人具有受领告知的权限。

笔者认为,德国法的立场值得我们借鉴。首先,代理的法律本质在于将代理人的行为后果归属于被代理人。如果一方面允许保险代理人从事招揽业务的行为,另一方面却又限制其被告知事项的效果不能直接归属于保险人,显然违反保险代理人作为保险人的"耳目"地位的本质。其次,对保险代理人的业务行为的控制风险应该归属于保险人,而非投保人,

---

① Peter Schimikoski, Versicherungsvertragsrecht, 慕尼黑,2008 年第四版,边码第 110 以下。

② 《德国新保险合同法》第 69 条第 1 款第 1 项。

否则由投保人承担保险人所委托的代理人的行为后果,并没有法律依据和法理依据,不符合公平原则。再次,在存在投保人和保险代理人串通损害投保人利益的情况下,可以通过其他法律救济途径来解决。①

综上,鉴于我国并无保险代理人告知受领权的规定,在未来我们应该在立法或者司法解释中规定保险代理人的受领告知权,并禁止对这种受领告知权进行限制。具体来说,可以规定:"投保人对保险人的询问亦可向保险代理人告知。对保险代理人受领告知的权利进行限制的一般条款对投保人及第三人无效。"而在具体审理这类案件中,可以参考上面的规定。

四、关于投保人如实告知的义务范围问题

对于投保人如实告知的义务范围,在比较法上有不同的模式,主要有无限告知义务模式和询问回答义务模式。

无限告知义务模式。在保险发展初期,由于保险技术较为幼稚,保险经验比较缺乏,因此,对于投保人的如实告知要求非常高,需要投保人对于所知晓事项基于诚实信用原则客观地进行无限告知。《德国旧保险合同法》第 16 条第 1 款句 1 规定:"投保人知悉且对于危险承担重要的情况,应于订立合同同时告知保险人。"就是采取的无限告知义务模式。但是,随着现代保险技术的发展,无限告知义务模式已经不被当代保险立法所采纳。而德国保险法实践也早已经否定了这种无限告知义务模式。

询问回答义务模式。根据此种模式,投保人应告知的事项以保险人所询问的事项为限。此种模式不但符合现代保险发展进步的趋势,而且对于欠缺保险知识的投保人也有很好的保护作用。② 因此,目前先进国家的保险立法均采取此种模式,比如《德国新保险合同法》《奥地利保险合同法》均采取此种立法模式。我国《保险法》也采取的是询问回答义务模式。

对于询问回答义务模式的询问回答目前又有两种立法例:(1)自由询问模式,即保险人的询问可以采取口头或者书面或者其他的形式。(2)书面询问模式。指投保人所应告知的事项,以保险人书面询问为限,对于未以书面询问的重要事项,投保人不负告知义务。《奥地利保险合同法》、《德国新保险合同法》和我国台湾地区"保险合同法"均采取此种模式。

《德国旧保险合同法》规定的是无限告知义务模式,但是在实施过程中,保险法实践和法院判决逐渐放弃了此种模式,而采取书面询问告知模式。但是就询问的内容和询问的方式产生的争议仍然很多。因此《德国新保险合同法》对于询问模式进行了修改,该法第 19 条第 1 款规定:"保险人于要约前应将其所知悉的对于保险人基于书面形式所询问的关于决定保险合同内容具有重要性的情况告知保险人。"从而明确规定了书面询问模式。德国法的保险人询问模式的变迁,值得我国在保险法修改中予以借鉴。

我国《保险法》第十六条第一款规定:"订立保险合同,保险人就保险标的或者被保险人的有关情况提出询问的,投保人应当如实告知。"因此,我国保险法规定的是询问回答义务

---

① 江朝国:《保险法基础理论》,第 252 页;亦参见同一作者:《保险法论文集》第三卷,第 183 页以下的论述。

② 张国键:《商事法论》,台湾地区三民书局 1985 年版,第 108 页。

模式。但是我国保险法并没有规定保险人的询问方式,而根据文义解释,应该理解为自由询问模式。而在我国的保险实践中,保险人往往为了揽客需要,仅仅进行口头询问,并且通过格式合同的方式要求投保人在保险合同上划勾,而投保人往往不会详细阅读保险合同的内容,甚至还存在保险人诱导情况下的故意隐瞒情况。在发生争议时,往往涉及对于保险人询问内容的确定问题。由于保险人往往通过格式合同的方式向投保人询问,投保人在未明显阅读格式条款的情况下则很难证明其履行了如实告知义务;反之,对于保险人来说,投保人的未如实告知却比较容易证明。因此,在这种争议情况下,法院的审理对于投保人来说往往是很不利的。

因此,为了避免争议的发生,造成无谓的交易成本的支出,在未来的立法中,应修订我国《保险法》,明确采取书面询问模式。通过书面询问的模式,投保人可以对于其所回答的问题进行充分的准备,并且对于其回答的后果予以充分的权衡。① 而在发生争议时,应该将已经询问及投保人违反如实告知义务的举证义务赋予保险人。因此,在我国进一步的保险法司法解释中,应规定:"保险人应提出证据证明其对于重要事项已经明确询问投保人,并应证明投保人未如实告知的事实。"而在具体审理案件中,如果保险人不能提出证据证明,则应该承担不利的法律后果。

需要注意的是,如果保险人采取格式条款的方式对投保人进行询问,那么保险人需要证明其明确询问,否则这种询问对于投保人并不发生效力,而投保人不需要承担告知义务。②

五、关于投保人履行如实告知义务的时间问题

合同经要约——承诺而成立,投保人要在发出要约之前(或要约时)将其所知道的对于承保风险具有重要意义以及保险人所不知道的情况完整并正确地告知保险人,投保人的此种义务是缔约前的义务。而保险人则可以根据投保人提供的事实作为计算保险费的基础,以便控制风险以及估计保险费,进而做出承诺。但是,在投保人提出投保申请后、保险人承诺前,保险标的物的危险状况发生变动的,应如何处理?

(一)德国法上投保人嗣后登记义务的变迁

关于这个问题,事实上涉及投保人在发出要约申请之后的嗣后登记问题,即投保人对于其发出要约之后、保险人承诺之前所出现的新的危险状况是否负有嗣后登记义务(Nachmeldepflicht)。对此,《德国旧保险合同法》第 16 条规定投保人对于其知悉的重要情况应于

① 为了避免争议时发生不利于投保人利益的保护,《德国新保险合同法》第 19 条第 5 款句 1 规定:"保险人只有在其通过特殊的方式以书面形式对于违反告知义务的后果以书面形式提示投保人,其才享有根据第二款至第四款的权利。"如果保险人未明确告知投保人违反如实告知的法律后果,则保险合同法规定的投保人违反如实告知义务的法律后果对投保人并不发生效力,投保人仍然获得保险保护。如此的规定,能够对投保人未如实告知发出警示,从而促使其认真阅读投保人的询问,这值得我国《保险法》修改的时候予以借鉴。对此的论述,属于投保人违反如实告知义务的法律后果问题,鉴于笔者本文主要研究投保人如实告知义务的内容,对于法律后果的分析,笔者在此不做分析。

② Peter Schimikoski, Versicherungsvertragsrecht, 边码第 124 以下的论述。

订立保险合同时告知保险人。从文义上理解,投保人负有要约发出后、承诺之前的重要危险情况的嗣后登记义务。但是,这种规定方式在德国法学理论界和司法实务界遭到了很多批评。在新保险合同法制定之前,德国学术界的通说认为,根据《德国旧保险合同法》第 16 条第 1 款规定,投保人对于在要约之后承诺之前所发生的危险状况不予告知是无可归责的,否则投保人要一直担心其要约被拒绝。[①] 多年以来,德国的司法实践也否定了投保人的嗣后登记义务。《德国新保险合同法》则明确放弃了《德国旧保险合同法》所规定的嗣后登记义务,该法第 19 条第 1 款句 2 明确规定:"保险人在要约之后、但是在承诺之前所发生的重要的危险状况,只有在保险人对此提出询问时才具有告知义务。"根据德国学术界和判例的主流观点,这样的规定更符合立法一贯的向投保人保护倾斜的宗旨,即基于投保人如实告知义务属于询问告知的告知模式,对于要约之后才知道的情况,只有在保险人就此提出询问的,投保人才有告知义务;如果保险人并未询问,则并不影响保险合同的效力。[②] 当然,在这种情况下还有危险增加的通知义务的问题,德国法则规定,保险人也可以根据危险增加的规定终止或者变更保险合同。

(二)我国《保险法》应修改规定:"投保人对于要约之后、承诺之前发生的危险状况应负担第 52 条规定的危险增加的通知义务"

我国《保险法》第十六条第一款规定,保险人就保险标的或者被保险人的有关情况提出询问的,投保人应当如实告知。该条规定的投保人的如实告知义务是否包含投保人对于要约之后、保险人承诺之前所发生的新的危险状况?笔者认为,德国法的立法规定对于我国保险法的理论建构具有一定的参考意义。主要有以下几个方面的原因:首先,我国《保险法》规定的投保人的如实告知义务是有限的询问告知模式。因此,鉴于投保人对于保险人在要约之前的询问已经如实告知,其对于发出要约之后始知悉的情况基于有限告知模式,不负有告知义务。其次,更有利于对投保人的保护。如果投保人需要一直担心其要约是否被承诺,则其对于保险保护的担心是持续的,这不利于投保人利益保护。[③] 再次,在我国保险法实践上,不承认投保人的嗣后登记义务,仍然可以通过投保人的危险增加的告知义务来弥补这个漏洞,而保险人也可以基于我国《保险法》第五十二条规定的危险状况增加的通知义务来获得保险利益上的平衡,所以,未来我国《保险法》应修改规定:"投保人对于要约之后、承诺之前发生的危险状况应负担第五十二条规定的危险增加的通知义务。"

(三)适用危险增加的通知义务的配套法律规定的协调

但是,考虑《德国新保险合同法》这种规定的立法意旨和我国《保险法》的相关配套规定,我们还应该对我国保险法危险增加的通知义务进行配套的修改或者司法解释。这主要有以下几个方面:

首先,我国危险增加的通知义务规定的是在合同有效期内保险标的危险程度显著增加

① 参见 Roemer 教授在 Roemer/Langheid, Kommentar zum VVG 中的论述,2003 年第二版,第二章,边码第 8 以下。

② Manfred Wandt, Versichrungsrecht,边码第 630 以下的论述。

③ 参见 Roemer 教授在 Roemer/Langheid, Kommentar zum VVG 中的论述,边码第 8。

的,并没有涵盖要约与承诺之间危险增加的情形。从逻辑上说,保险人承诺之前,显然合同并未成立,因此谈不上合同有效期间。在未来司法解释上,可以规定:"投保人发出要约之后保险人承诺之前发生的危险情况,投保人亦负担危险增加的通知义务;投保人未通知的,准用本法第 52 条的规定。"①

其次,尽管我们可以准用《保险法》规定的危险增加的通知义务。但是,需要注意的是,在违反危险增加的告知义务上并没有区分过错程度,这种不考虑主观过错的立法模式是不妥当的。对此,我们未来应该通过修改《保险法》或者通过司法解释的方式解决这个问题。但是,从目前的体系协调角度,我们还应该采取准用当前规定的形式。

第三,我国《保险法》在危险增加的告知义务规定上,没有区分保险人可以变更保险合同或者解除保险合同的具体条件,因此,在适用上带来的困难更多。② 对此,也需要进一步通过司法解释来解决。

第四,我国《保险法》规定的是被保险人的危险增加的通知义务,这种规定并不妥当,应该赋予投保人危险增加的通知义务,因为被保险人虽然知道危险状况,但是被保险人并非投保人,非保险合同的当事人,而让并非合同当事人的第三人来承担合同上的义务,违反了合同相对性原则。适当的做法则是如同投保人对被保险人知悉的情况的告知义务的规定一样,规定"投保人对被保险人所知悉的危险增加的情况亦应该及时通知保险人。"

(四)同欺诈的协调问题

尽管投保人的嗣后登记义务并不存在,但是,保险人是否可以适用欺诈的法律规定来行使合同撤销权?我国《保险法》并未规定投保人基于欺诈违反如实告知义务的法律后果。对此,《德国新保险合同法》规定投保人违反如实告知义务并不排除欺诈的适用。笔者认为,我们应该肯定欺诈情况下的保险人撤销保险合同的适用。相较于我国对投保人故意不履行如实告知义务的法律后果的规定,欺诈是更严重的恶意,因此在欺诈法律效果上,应该可以准用投保人故意不履行如实告知义务的法律效果,并且欺诈也不需要存在因果关系。

如果我们肯定欺诈在投保人违反如实告知义务上的适用,并且如果我国确定了不存在投保人嗣后登记义务的基本原则,那么只有在保险人通过嗣后询问的方式才能够使投保人具有嗣后登记义务;如果保险人没有提出询问,那么投保人就可以认为其在发出要约之后不需要再负任何说明义务。这样的解释应该排除投保人未嗣后登记情况下基于欺诈的合同撤销权。③ 比如,在人身保险中,投保人要约订立重大疾病保险,投保人对于保险人提问的以往疾病问题亦如实告知。但是,在保险人向投保人开出保险单之前,投保人从医生那里得知其患上了不予承保的心脏病。基于投保人不具有嗣后登记义务,那么,在保险人对投保人没有嗣后询问的话,投保人就不用主动去联系保险人,告知其患心脏病的情况。但

---

① 但是,需要注意的是,我国保险法将危险增加的通知义务规定在财产保险节中,似乎危险变更的通知义务不适用于人身保险合同,这种立法规定并不妥当,因为危险增加的通知义务应该规定在保险法总则中,适用于几乎所有的保险合同。

② 我国保险法的此缺失在德国保险法是予以明确规定的,参见 Manfred Wandt, Versicherungsrecht,边码第 630 以下的论述。

③ Peter Schimikowski, Versicherungsvertragsrecht,边码第 128 以下的论述。

是,在这种情况下,如果宏观地考虑到基于欺诈的抗辩而使保险人享有根据《合同法》的撤销权,就使得嗣后登记的义务从窗户偷偷地爬了进来,①显然是不妥当的。

排除欺诈亦适用于追溯保险。对于追溯保险,我国《保险法》第十三条第三款前半段规定"依法成立的保险合同,自成立时生效"。因此,对于保险合同是否可以约定自保险合同成立之前的某个时点生效的追溯保险问题,根据立法的表述是持反对观点的。但是在我国的保险法实践中,尤其是海事保险实践中,经常对于航行中的船只投保,因此保险合同经常约定追溯到航行之前的船只,这是典型的追溯保险。② 我国《保险法》文义否定追溯保险的存在,这显然同我国保险法实践和保险法理论不一致,属于立法上的漏洞。但是,鉴于我国保险实务中所存在的大量的追溯保险问题,笔者在此着重探讨追溯保险中的"嗣后登记义务"情形的排除欺诈问题。对此,我们可以比较承认嗣后登记义务和不承认嗣后登记义务的法律后果来加以说明。如果承认投保人嗣后登记义务,并且约定的是追溯保险,因为违反嗣后登记义务对于要约前已经发生的保险事故并不存在因果关系,③因此,在结果上保险人根据存在嗣后登记义务的法律地位享有解约权,但是其对于已经发生的保险事故要承担保险责任。但是如果法律不承认嗣后登记义务,并且如果法律承认保险人可以适用欺诈撤销权的话,那么由于投保人实施了欺诈,保险人就不仅仅享有合同撤销权,而且其不承担责任,因为在欺诈的情况下不需要因果关系。④ 因此,在不承认嗣后登记的情况下,如果承认欺诈的法律后果,显然对于投保人的保护不利,不符合立法的精神。

六、关于投保人履行如实告知义务的方式问题

我国《保险法》并未规定投保人履行如实告知义务必须采取何种方式,我国台湾地区"保险法"也未规定投保人的如实告知必须采取何种方式。对此,有学者认为,基于保险合同的最低限度内容的保障功能,应认为投保人或被保险人除以书面方式履行如实告知义务外,亦允许以口头方式履行如实告知义务。⑤ 但是这样也容易产生问题,即实务中围绕是否告知,产生很多纠纷,尤其在是否告知的举证责任方面,更是困扰很多司法审判人员。

《德国新保险合同法》在投保人的告知形式上采取的形式比较自由,投保人可以采取口头、电话、传真、电子邮件等形式告知。⑥ 但是《德国新保险合同法》同时却赋予保险人更大的义务,保险人一方面需要负担所有合同订立过程以及变更合同的记录义务,另一方面保险人需要将这种记录的文本连同保险单一起邮寄给投保人。⑦ 这实质上从另一个角度赋予

---

① Marlow/Spuhl, Das neue VVG kompakt,2008 年第三版,第 46 页以下的论述。

② 追溯保险属于保险分支的一种重要类型,我国大陆学者很少有相关论述,对此的论述,可参见江朝国:《保险法论文集》第二卷,第 271 页以下的论述。

③ 参见 Baumann 在 Berliner Kommentar VVG 中的论述,1999 年, 第二章,边码 64。

④ 《德国新保险合同法》第 21 条第二款句 2。

⑤ 江朝国:《保险法论文集》第三卷,第 183 页。我国台湾地区投保人如实告知义务的表述为据实说明义务。对此,据实说明似乎更侧重于投保人的主动性,而我国法上的如实告知则似乎更侧重于被动的告诉,笔者认为我国的用语更有利于对投保人的保护,即将投保人的如实告知义务仅仅限于询问主义,对于保险人未询问的事项,投保人不负告知义务,即使未为告知,保险人也不可以主张违反如实告知义务而解除合同。

⑥ 《德国保险合同法》第 7 条第 1 款。

⑦ 《德国新保险合同法》第 7 条第 1 款。

保险人对于投保人违反如实告知义务的举证责任。笔者认为,《德国新保险合同法》的最新立法规定对于减少投保人如实告知的争议具有很好的作用,在我国未来修改《保险法》时可以借鉴。具体来说,这种保险人的记录义务包括以下几个方面的内容:首先,投保人可以采取口头、电话、传真、电子邮件以及其他方式予以告知,但是保险人对投保人的告知内容负担记录义务。其次,保险人在签发保险单的同时,必须将此书面记录内容同时邮寄给投保人。再次,在举证责任上,保险人要承担记录的举证责任,否则保险人要承担举证不能的不利后果。进一步而言,保险人要证明其明确询问以及投保人未如实告知的事实。

鉴于通过司法解释是不能规定保险人的记录义务的。而在我国《保险法》修订之前,针对《保险法》第十六条第一款规定“订立保险合同,保险人就保险标的或者被保险人的有关情况提出询问的,投保人应当如实告知”的解释适用,应该由保险人对于投保人未如实告知承担举证责任。因为,只要保险合同订立,那么我们就可以推定投保人已经如实告知,否则保险人就不会订立保险合同。

【指导性案例】

抚养孙子女、外孙子女的祖父母、外祖父母主张探望孙子女、外孙子女的，人民法院应当予以支持

最高人民法院民一庭

一、案情简介

2003年,明天山2岁时父母离婚,明天山由其母傅某直接抚养。因傅某工作流动性强,傅某之母贺某承担起实际照顾外孙明天山的责任。2008年3月,傅某遇车祸身亡。因明天山之父明某无固定收入,经济状况窘迫,以往即欠付抚养费,故明天山仍随贺某共同生活。贺某家庭经济状况较好,并未通过诉讼向明天山之父追索抚养费。2010年4月,贺某突发脑血栓致半身不遂,无法照料明天山生活,接送其上、下学。经与明某协商,明天山随其父亲明某共同生活,考虑到明某嗜酒,无正当职业,经济困难,贺某每月为外孙明天山支付生活费600元。半年后,明某仍按月到贺某处领取明天山的生活费,但从不带明天山看望外祖母贺某。贺某多次提出要求见外孙明天山,均被明某以各种理由拒绝。贺某欲通过诉讼要求变更自己为明天山的监护人,经向律师咨询,考虑到明天山的父亲健在,自己的身体状况确实不允许直接照顾外孙,胜诉的可能性不大,遂起诉请求法院判决支持其定期探望明天山。

明某辩称,虽然自己没有工作,迫切需要贺某继续为明天山支付抚养费,但自己直接抚养明天山后,明天山不听话,并总以外祖母说应该如何如何来顶撞自己,如果让明天山继续与外祖母贺某接触,只会使其更加难以管教,故不同意贺某探望明天山。

二、法院裁判情况

一审法院审理认为,我国《婚姻法》第三十八条规定:“离婚后,不直接抚养子女的父或母,有探望子女的权利,另一方有协助的义务。”根据法律的上述规定,探望权的主体是不与未成年子女共同生活的父或母。其他人则不属于探望权的主体因而亦不享有诉权,故裁定

驳回了贺某的起诉。贺某不服该裁定,提起上诉。二审法院认为,贺某的起诉符合《民事诉讼法》第一百零八条之规定,人民法院应当予以受理,至于在实体上是否能够支持贺某的诉讼请求,则应当在审理后通过判决确定。二审法院遂撤销了一审裁定,指令一审法院对案件进行审理。

一审法院审理后认为,贺某是明天山的外祖母,既不是探望权的适格主体,也不符合行使探望权的条件,故判决驳回了贺某的诉讼请求。贺某不服,再次提起上诉。

二审法院经审理查明,明天山之父明某无正当职业和固定收入,在经济上没有承担明天山生活费和教育费的能力,明天山自小由外祖母贺某抚养长大,现在仍然是贺某负担明天山的生活费和教育费,贺某除按月给付生活费 600 元外,还为明天山支付学费和其他课外教育的费用,为明天山添置衣服和学习用品。也就是说贺某至今仍实际上承担了抚养明天山的主要责任,属于在明天山母亲死亡、父亲无经济能力独自对其进行抚养的情况下,实际尽抚养义务的祖辈直系血亲。根据权利义务相一致的原则,贺某既然代替明天山死去的母亲承担了抚养明天山的主要义务,就应当享有相当于明天山母亲的相应权利。考虑到明天山已经年满 9 岁,对此事有一定的认知和表达能力,因此,二审案件的承办法官还征求了明天山的意见,明天山表示了与外祖母贺某一起生活或者经常去看望外祖母的强烈意愿。二审法院综合上述情况,判决支持了贺某的诉讼请求,判令明某每月至少带明天山去探望外祖母贺某一次。

三、主要观点及理由

本案二审审理期间,对于贺某主张探望外孙明天山是否应当获得支持,二审法院亦存在两种不同观点。

第一种观点认为:首先,我国《婚姻法》第三十八条规定:“离婚后,不直接抚养子女的父或母,有探望子女的权利,另一方有协助的义务。行使探望权利的方式、时间由当事人协议;协议不成时,由人民法院判决。父或母探望子女,不利于子女身心健康的,由人民法院依法中止探望的权利;中止的事由消失后,应当恢复探望的权利。”根据上述规定,所谓探望权,是指离婚配偶中不与子女共同生活的一方,按照双方的约定或者人民法院的裁决,定期或不定期探望、会见未成年子女的权利。立法意义上,探望权的主体是特定的,只是赋予了离婚后不与未成年子女共同生活的父或者母,不仅并未扩大到其他直系血亲,而且也没有反过来赋予父母离婚的未成年子女。人民法院作为司法机关,无权随意对《婚姻法》第二十八条作扩张解释。特别是对权利主体做扩张解释。其次,按照我国法律规定,父母离婚后,对于无民事行为能力或者限制民事行为能力的子女的监护,采取共同监护原则。无论子女由哪一方直接抚养,另一方仍为子女的监护人。《最高人民法院关于贯彻执行〈中华人民共和国民法通则〉若干问题的意见》第二十一条规定:“夫妻离婚后,与子女共同生活的一方无权取消对方对该子女的监护权。”由此可以将探望权推断为监护权的延伸。本案中明天山之母傅某死亡后,其父亲明某健在,故明天山的监护权属于明某,其他人对明天山没有监护权,也就没有探望权。第三,人民法院驳回贺某关于探望权的主张,也并不意味着禁止其他亲属与作为被探望者的未成年子女接触,只是没有通过国家强制力给予保护。明天山长大后完全可以自行去探望外祖母。因此,目前应当驳回贺某关于定期探望外孙明天山的诉讼请求。

另一种观点则认为,明天山自幼为外祖母贺某抚养照顾,其母傅某死亡后,贺某在患病前的一段时间内,不仅照顾明天山的生活,而且承担了明天山的全部生活费用,也就是说承担了抚养明天山的义务。明某从不给付明天山抚养费。贺某患病后,因实在无力照顾明天山的生活,才与明某商议,让明天山随其父明某共同生活。明某无正当职业和固定的收入来源,只是靠低保生活。为了明天山的健康成长,贺某实际上仍承担其全部生活和教育费用。对此,明某在诉讼中予以认可,并表示没有贺某的经济支持,其无力独自抚养明天山。因此,贺某的情况符合我国《婚姻法》第二十八条关于"有负担能力的祖父母、外祖父母对于父母已经死亡或父母无力抚养的未成年的孙子女、外孙子女,有抚养的义务……"明天山的情况属于母亲死亡,父亲无正当职业,其经济来源不足以承担明天山的生活和教育费用,因此,贺某实际上是在尽抚养外孙明天山的义务。鉴于明某在诉讼中一再请求贺某继续支付明天山的生活费和教育费,根据权利与义务相一致的原则,贺某应当享有定期探望明天山的权利。考虑到贺某患半身不遂的实际情况,应当将探望方式定为由明某带明天山去贺某家定期探望。

我们更倾向于第二种观点。目前我国婚姻立法中确实将监护权的主体确定为离婚后不与子女共同生活的父或母。其他近亲属即使有探望未成年人的感情需求,也不能由国家强制力保护其探望的权利。但婚姻法的规定,并不等于禁止其他近亲属与被探望的未成年人接触。孙子女、外孙子女与祖父母、外祖父母的正常交往,不应当因为父母离婚而终止。相反正常的亲属之间的往来,有利于未成年人亲情观念和关心他人等良好品行的养成。探望子女,不仅仅是为了满足父母感情上的需要,更重要的是满足子女与父母正常交流的需要,让未成年人通过和平时不与自己共同生活的父亲或母亲的交流,得到其关爱,弥补单亲家庭父(或母)爱的缺失。这对于未成年子女健康成长尤其是健康人格的形成是十分重要的环节。另一方面,探望权的实现,也有利于维系不与子女共同生活的父或母一方与子女之间的感情,促使其自觉履行抚养义务。基于同样的道理,在特定情况下应当允许对探望权主体的突破,赋予相关直系尊亲属以探望的权利。例如,不直接抚养子女的父或母一方死亡或者丧失行为能力,则通过直系尊亲属的探望,可以弥补未成年子女感情方面的需要。当祖父母或者外祖父母依照《婚姻法》第二十八条之规定,代替自己已经死亡或者丧失行为能力的子女尽抚养义务时,人民法院支持其探望孙子女或者外孙子女的诉讼请求,可以满足双方感情的需要,维系亲属关系的和谐、稳定。反之,一方面,要求祖父母或外祖父母代替自己已经死亡或者丧失行为能力的子女对孙子女或外孙子女尽抚养义务,如本案中明某要求明天山的外祖母支付明天山的生活费;另一方面,又以贺某不是探望权的主体为由,不允许贺某探望外孙明天山的做法既不符合民法权利义务相一致的原则,也不利于长期维持贺某自愿支付明天山扶养费的状况。另外,从有利于未成年人明天山成长的角度出发,也应当允许贺某探望明天山。明天山自幼随外祖母贺某生活,祖孙之间感情深厚,明天山随明某共同生活后,仍经常要求去探望外祖母,甚至发生过于上学时间旷课自行前往外祖母家的情况。因此,基于有利于未成年人明天山的健康成长的目的,也应当允许贺某探望明天山。二审法院根据多数人的意见判决支持贺某关于探望权的主张并无不当。考虑到贺某患半身不遂,行动不便,判令明某带明天山定期探望外祖母符合当事人的实际情况,也是合情合理的。

四、最高人民法院民一庭意见

虽然我国婚姻法将探望权的主体规定为离婚后不直接抚养子女的父或母,但在未成年子女的父或母死亡或者丧失行为能力的情况下,依照《婚姻法》第二十八条之规定,代替自己已经死亡或者丧失行为能力的子女对孙子女或外孙子女尽抚养义务的祖父母或者外祖父母主张探望孙子女或外孙子女的,人民法院应当予以支持。

(执笔人:最高人民法院民一庭　韩　玫)

“空挂资质”的个人与单位之间的纠纷不属于劳动争议

最高人民法院民一庭

一、案情简介

陈琦是巨化监理公司员工,通过国家一级注册结构师考试。浙西工程设计院是一家从事工程设计的企业。2003 年,陈琦与浙西工程设计院协商一致,将其一级注册结构师的执业资格注册到该院,执业证书及执业专用章等同时移交给该院统一管理。同时,双方签订了书面劳动合同。浙西工程设计院在劳动合同存续期间按期向陈琦发放报酬,但陈琦并未在该院实际工作。现该书面劳动合同约定的劳动期限已届满。陈琦要求浙西工程设计院返还注册证书及执业专用章,浙西工程设计院以返还后会导致无法满足单位资质要求为由拒绝返还。陈琦遂向劳动争议仲裁委员会申请劳动仲裁,该委员会以不属于劳动争议处理范围为由作出不予受理案件通知书。

陈琦不服,起诉至法院,请求:确认劳动合同终止;浙西工程设计院返还其国家一级注册结构师执业证书、执业专用章。

浙西工程设计院辩称:2003 年应陈琦的要求,将其一级注册结构师的执业资格注册到该院,给予其优厚报酬并逐步提高。现该院执业人数与单位工程设计资质的要求相比无富余人员,若同意对陈琦的执业注册变更手续,则单位工程设计资质不能满足国家要求。陈琦是该院外聘技术人员,不存在严格意义上的劳动关系。请求驳回原告的诉讼请求。

二、法院裁判情况

一审法院经审理认为:陈琦与浙西工程设计院签订过书面劳动合同,浙西工程设计院按时向陈琦发放报酬,双方形成劳动关系。浙西工程设计院主张陈琦是外聘技术人员,但外聘技术人员与用人单位之间形成了劳动权利、义务,也属于劳动用工关系。因此,浙西工程设计院认为双方不存在严格意义上的劳动关系的理由,不能成立。劳动合同期限届满后,双方的劳动关系即行终止。陈琦的国家一级注册结构师执业证书、执业专用章与其身份存在特定的关系,为其专有的财物。双方劳动合同终止后,浙西工程设计院负有返还上述执业证书、执业专用章的义务。本案不涉及注册师的变更注册问题,浙西工程设计院提交相关地区变更注册程序的文件,不构成其占有执业证书、执业专用章的合法理由。双方的纠纷发生于履行劳动合同过程中,属于劳动争议处理范围。据此,判决:一、确认陈琦与被告浙西工程设计院签订的劳动合同已终止。二、浙西工程设计院于该判决生效后十日内返还陈琦国家一级注册结构师执业证书一本、执业专用章一枚。

浙西工程设计院不服一审判决,向该市中院上诉称:(1)该院没有陈琦的国家一级注册结构师执业证书,执业用章已过期作废,均无从归还。(2)陈琦的劳动单位是巨化监理公司,其只是该院外聘人员,与该院不存在劳动关系。请求二审法院撤销原判,依法改判驳回陈琦的原审诉讼请求。

陈琦答辩称:其与浙西工程设计院签订过书面劳动合同,执业证书、执业用章均在该院。请求驳回浙西工程设计院的上诉请求。

二审期间,法院查明:陈琦是巨化监理公司的正式职工,并由巨化监理公司为其交纳社会保险。

二审法院认为,陈琦的工作单位系巨化监理公司。陈琦虽曾与浙西工程设计院签订过劳动合同,但该劳动合同是满足浙西工程设计院资质的形式所需,陈琦并未向该院提供劳动或与该院在工作中形成管理支配关系,陈琦与浙西工程设计院之间是虚构的劳动关系,其纠纷不属于劳动争议处理范围。据此裁定:一、撤销一审判决;二、驳回陈琦的起诉。

三、主要观点及理由

本案是关于"空挂资质"的个人与单位之间,其劳动关系应如何认定问题。所谓"空挂资质"在实践中一般有两种情形:一是指国家有关部门对某些行业有从业资格人员数量要求,而单位为了符合该要求或者出于其他目的,将具有从业资格人员挂靠在其处,并支付一定报酬,而个人实际并不在该单位提供实际劳动的情形;二是国家对于某些行业实际执业,要求具备某资格并需在相关单位实习一定期限,而个人为获取实际执业资格,将关系挂靠在单位处,而实际并未提供劳动的情形。本案属于前一种情形。

这种"空挂资质"的情况,系很多行业存在较普遍的问题。对此,能否认定单位与个人之间存在劳动关系有不同理解。一种观点认为,双方签订书面劳动合同,个人从单位领取报酬,符合劳动关系的形式要件,应确认双方之间为劳动关系;另一种观点认为,判断是否是劳动关系,更应从实质条件判断双方是否发生实际用工、劳动者是否提供有偿劳动并接受用人单位管理等情形进行认定。我们认为,后一种观点是妥当的。理由如下:

(一)在劳动争议案件中,不能仅以存在书面劳动合同,就认定双方当事人之间存在劳动关系

所谓劳动关系,是指国家机关、事业单位、社会团体和企业、个体经济组织(统称用人单位)与劳动者个人之间,依法签订劳动合同,劳动者接受用人单位的管理,从事用人单位安排的工作,成为用人单位的成员,从用人单位领取报酬和受劳动保护所产生的法律关系。确定劳动关系应具备四个条件:一是主体适格,即符合劳动法第二条规定的主体要求。二是必须订立合法有效的书面劳动合同,或虽无书面劳动合同,但形成事实劳动关系。三是当事人双方实际履行劳动法规定的权利义务,用人单位与劳动者之间形成管理与被管理的

关系。四是双方的劳动关系受劳动法规调整。

劳动合同是劳动者与用人单位确立劳动关系、明确双方权利和义务的协议。我国《劳动合同法》规定:“建立劳动关系应当订立书面劳动合同。”本案中,双方存在劳动合同,但是,判断是否形成劳动关系,不能以是否存在劳动合同为唯一标准。我国现行劳动法律对于不存在书面劳动合同的事实劳动关系也予以认可,《劳动合同法》第十条规定:“已建立劳动关系,未同时订立书面劳动合同的,应当自用工之日起一个月内订立书面劳动合同。”《最高人民法院关于审理劳动争议案件适用法律若干问题的解释》第一条第二项规定:“劳动者与用人单位之间没有订立书面劳动合同,但已形成劳动关系后发生的纠纷”属于劳动争议。可见,对于单位与个人而言,劳动合同是劳动关系的形式要件,但不是劳动关系的充分条件。确定是否具备劳动关系,还应从上面所提四条进行分析。

(二)认定劳动关系是否存在,应审查当事人之间是否符合劳动关系的实质要件,是否发生实际用工、劳动者是否提供有偿劳动并接受用人单位的管理

劳动合同关系是一种特殊的法律关系,具有自身的法律特征:主体的特定性,由用人单位和劳动者双方构成;合同标的特殊性,合同标的是劳动者的劳动行为;合同内容的法定性,劳动合同内容直接由法律加以规定或者只能在法律标准内选择,法律责任归属也具有法定性;劳动合同履行中的从属性,劳动者在实施劳动行为时,在时间安排、工作内容、劳动成果归属等体现出劳动者对于用人单位的从属性。

劳动法是社会法,是对劳动者和用人单位劳动关系的调整。劳动关系应产生于劳动过程中,劳动过程是劳动关系的前提和基础,没有劳动过程就不可能产生劳动关系。所以,确定是否是形成劳动关系,还应看是否发生实际用工、劳动者是否提供有偿劳动并接受用人单位管理。如果没有发生实际用工、劳动者没有提供有偿劳动,用工单位与劳动者之间没有形成管理与被管理的关系,就难以从本质上认定形成劳动关系。

(三)“空挂资质”的个人与单位之间不存在实际用工关系,由此发生的纠纷不属于劳动争议

按照国家建筑行业对建筑工程设计单位的要求,建筑工程设计单位必须具备一定数量具有相关资质的人员。而在经济欠发达地区,此类具有相关资质的人员较少,从而导致建筑行业中“空挂资质”现象大量发生。所谓建筑行业中的“空挂资质”是指劳动者与一家单位签订有书面劳动合同,并成为该单位的正式员工,但又将其相关的资质注册到另一家单位,并与另一家单位也签订“书面劳动合同”,由另一家单位给予其相应报酬,但实际上并未向另一家单位提供劳动。

由此可知,劳动关系强调的是实际用工,即须由劳动者接受用人单位的管理并向用人单位提供有偿劳动。可以说,劳动关系的实质是劳动者与劳动力使用者之间,为实现劳动过程而发生的一方有偿提供劳动力,另一方提供劳动对价的社会关系。

本案中,陈琦与浙西工程设计院签订书面劳动合同后,表面上看,双方形成了“劳动关系”,但实际上陈琦是在巨化监理公司工作,并成为巨化监理公司的成员,为巨化监理公司

提供劳动并接受其管理,与巨化监理公司形成劳动关系。陈琦并未向浙西工程设计院提供劳动,也未接受其管理,实际上是以其一级注册结构工程师的执业资格注册到浙西工程设计院作为条件,换取所谓的"工资"。浙西工程设计院与陈琦签订书面劳动合同的意图仅是满足国家特殊行业对其单位成立规定的资质要求,而非以招用劳动者为目的。双方是以"劳动合同"之名,行"租用资质"之实,即所谓的"空挂资质",并不符合劳动关系的实质要件。

《最高人民法院关于审理劳动争议案件适用法律若干问题的解释》第一条规定:"劳动者与用人单位之间发生的下列纠纷,属于《劳动法》第二条规定的劳动争议,当事人不服劳动争议仲裁委员会作出的裁决,依法向人民法院起诉的,人民法院应当受理:(一)劳动者与用人单位在履行劳动合同过程中发生的纠纷;(二)劳动者与用人单位之间没有订立书面劳动合同,但形成劳动关系后发生的纠纷;(三)劳动者退休后,与尚未参加社会保险统筹的原用人单位因追索养老金、医疗费、工伤保险待遇和其他社会保险费而发生的纠纷。"而建筑行业的"空挂资质"中,因劳动合同系双方虚构而成,双方的纠纷并非是在履行劳动合同的权利义务过程中发生,也未形成事实上的劳动关系,故此类纠纷不受劳动法律、法规所调整,不属于劳动争议。

四、最高人民法院民一庭意见

在劳动争议案件中,不能仅以存在书面劳动合同就认定双方当事人存在劳动关系。认定劳动关系是否存在,不仅应审查其主体是否适格、是否有书面劳动合同,还应审查当事人之间是否符合劳动关系的实质要件,是否发生实际用工、劳动者是否提供有偿劳动并接受用人单位管理等。"空挂资质"的个人与单位之间不存在实际用工关系,由此发生的纠纷不属于劳动争议,应按一般民事纠纷案件处理。

(执笔人:浙江省衢州市中级人民法院　柴利丽
浙江省高级人民法院　亓述伟
最高人民法院民一庭　李　琪)

发生在《合同法司法解释(二)》施行之前的合同解除行为,应如何适用《合同法司法解释(二)》第二十四条

最高人民法院民一庭

一、案情简介

2007年2月8日,深源公司与建安公司签订《住宅项目联建合同》,合同约定:建安公司根据深源公司的需求,组织位于某市开发区"石榴园"住宅项目建设。建筑面积38000平方米。房屋建成后按照双方约定的结算价格与费用由深源公司全部买断,住宅产权归深源公司所有。于2007年3月份开工建设,须于2008年8月30日前竣工验收合格并交付深源公司。深源公司负责内部员工对所需户型的登记和房屋的分配,组织单位内部的购房员工与建安公司分别签订购房合同。提供相关办理手续,按照双方约定的住宅房分批分期付款的时限、比例,将工程款付给建安公司。建安公司按照国家住宅房开发程序和双方共同商定的建设标准组织施工建设;负责土地使用证、施工许可证、用地规划许可证、工程规划许可证、房地产开发资质证、售房许可证、环境评估报告书等证件及安全消防手续、各种其他手续和住宅房验交备案审查手续的办理;在住宅房达到交付使用条件后,建安公司应书面通知深源公司交付住宅房;负责与住户签订住宅房买卖合同,并报深源公司和相关部门备案。合同总价约9500万元,均价2500元/平方米。实际面积及房屋总造价以房地局实测面积为准进行结算。付款方式:第一次付款在本合同签订后七日内支付联建款的10%;第二次付款在开工后十五日内支付联建款的15%;第三次付款在工程施工到±0.00(地下室砌体完工,楼板现浇完工)后,十五日内支付联建款的15%;第四次付款在工程进度达到主体工程封顶后,十五日内支付联建款的30%;第五次付款在主体工程完工后,并且在室外系统配套及区域内 绿化工程达到要求,十五日内支付全部联建款的25%;第六次付款联建款的5%(保修金和房产证抵押金)。如果深源公司未能按合同约定期限、方式支付工程进度款,建安公司有权解除合同;建安公司自解除合同之日起30日内退还深源公司全部已付款。深源公司按逾期付款额的15%向建安公司支付违约金,建安公司未能按期向深源公司交付住宅房,按逾期每日每套住房的总价的万分之三向深源公司支付违约金。双方还对其他事项进行了约定。

合同签订后,建安公司于2007年3月30日动工兴建联建项目工程即1、2号楼。深源公司于2007年2月13日向建安公司支付联建款800万元,同年5月15日向建安公司支付1200万元,同年8月24日向建安公司支付500万元,同年11月13日深源公司向建安公司转账支付2000万元,2008年4月11日,深源公司又向建安公司支付联建款800万元。

2008年5月26日,建安公司向深源公司发函,以建筑材料、人工费涨价为由,说明1号、2号楼联建项目成本每平方米增加500元,并请求对该联建项目住宅单价进行相应调整,双方就此问题未达成一致意见。

2008年6月11日,建安公司向深源公司申请1号、2号楼主体工程封顶进度款1350万元。深源公司未予支付。按双方合同约定,到第四次付款时,深源公司应向建安公司支付联建款的70%。

2008年7月24日,建安公司委托律师向深源公司发出《律师函》,以深源公司未按合同约定支付联建款,导致其无法按施工合同向施工单位按期付款,造成停工等为由,解除与深源公司签订的住宅项目联建合同,并要求深源公司依照合同承担违约责任,赔偿经济损失。深源公司在同年7月25日收到建安公司解除合同的律师函。9月10日,深源公司通过律师向建安公司致函,表示愿意继续本着平等互利、解决问题、履行合同的原则,与建安公司进一步协商,妥善解决双方的争议。

2009年5月20日,深源公司起诉称,深源公司一直按合同约定支付工程联建款,而建安公司却违反诚实信用原则,于2008年6月要求深源公司按照500元/平方米的标准上调房屋价格,遭到深源公司拒绝。2008年7月24日,建安公司委托律师以深源公司未按联建合同约定支付联建款1350万元为由,向深源公司发出律师函,宣布解除联建合同。深源公司已经全面适当履行了联建合同约定的义务,而建安公司试图提高房价、逾期交付的行为违反了联建合同约定,构成了违约行为;而建安公司解除联建合同的行为没有任何事实和法律根据,依法应确认无效。请求:(1)确认建安公司解除《住宅项目联建合同》的行为无效;判令合同继续履行;(2)本案诉讼费由建安公司承担。

建安公司答辩称,2007年2月与建安公司签订《住宅项目联建合同》,合同签订后,建安公司按照合同要求如期完成了主体工程封顶,而深源公司却未按合同约定按期足额支付工程进度款,属严重违约。经建安公司多次催要,深源公司仍不付款,致使建设单位停工,给建安公司造成巨大损失。在此情况下,建安公司于2008年7月24日委托律师向深源公司发出律师函,解除双方签订的《住宅项目联建合同》。根据相关法律规定,该合同已于深源公司签收律师函的2008年7月25日解除。故深源公司请求确认建安公司解除《住宅项目联建合同》的行为无效,理由不能成立。因深源公司违约在先,建安公司已经解除了合同,深源公司要求建安公司承担违约责任没有根据。请求法院驳回深源公司的所有诉讼请求。

二、法院裁判情况

一审法院认为,深源公司与建安公司所签订的《住宅项目联建合同》,名为联建合同,实为商品房买卖合同,其内容并未违反法律法规的强制性规定,应为有效合同。

关于建安公司解除合同的效力问题。深源公司认为自己已按照联建合同严格履行付款义务,建安公司违反诚实信用原则,解除合同行为应无效。建安公司认为深源公司未按合同约定按期足额支付工程进度款,已构成违约。解除合同符合双方约定和法律规定,应为有效。经查,合同签订之后,建安公司于 2007 年 3 月 27 日动工兴建联建项目。到第四次付款时间即在工程进度到达主体工程封顶后,深源公司按合同工约定应支付至工程款总价 9500 万的 70%,即 6650 万元,但深源公司仅支付了 5300 万元,1350 万元未支付,违反双方所签合同第八条(二)项的约定,已构成违约。建安公司依照双方约定行使解除权,于 2008 年 7 月 24 日委托律师向深源公司发出律师函,明确表示解除与深源公司签订的《住宅项目联建合同》。深源公司于 2008 年 7 月 25 日收到律师函。依照法律规定:"主张解除合同的,应通知对方。合同自通知到达对方时解除。"该涉案合同已经解除。建安公司解除合同既符合双方约定,又符合法律规定,是有效的。再者,深源公司自 2008 年 7 月 25 日收到建安公司解除合同通知至 2009 年 5 月 20 日起诉对建安公司解除合同提出异议已超过三个月,依据《最高人民法院关于适用〈中华人民共和国合同法〉若干问题的解释(二)》第二十四条"当事人对合同法第九十六条、第九十九条规定的合同解除或者债务抵销虽有异议但在约定的异议期届满后才提出异议并向人民法院起诉的,人民法院不予支持;当事人没有约定异议期间,在解除合同或者债务抵销通知到达之日起三个月后才向人民法院起诉的,人民法院不予支持"的规定,该项诉请法院不予支持。因此,从上述两方面来看,深源公司请求法院确认建安公司解除合同行为无效的理由不能成立。遂判决:驳回深源公司的诉讼请求。案件受理费由深源公司承担。

深源公司不服一审判决,提起上诉请求:(1)依法撤销一审判决;(2)依法改判确认建安公司解除《住宅项目联建合同》的行为无效,判令合同继续履行;(3)由建安公司承担本案的全部诉讼费用。事实与理由如下:(1)一审判决认定深源公司欠付建安公司联建款 1350 万元,建安公司解除合同的行为有效是错误的,深源公司不但未欠付任何联建款,而且超额支付了 50 万元,建安公司行使解除权的条件未成就,应依法改判建安公司解除合同的行为无效。(2)建安公司开工面积少于合同约定面积,后双方将联建面积变更为 30000 平方米,一审判决仍以合同约定面积 38000 平方米计算深源公司二期联建款的 70% 即 6650 万元是错误的,变更后的二期联建款的 70% 应为 5250 万元,深源公司已经支付联建款 5300 万元,深源公司未违约。(3)一审判决依据《最高人民法院关于适用〈中华人民共和国合同法〉若干问题的解释(二)》第二十四条的规定,驳回深源公司要求确认建安公司解除联建合同的行为无效的诉讼请求,属适用法律错误。2008 年 7 月 25 日,深源公司收到建安公司解除合同律师函时,上述司法解释尚未颁布,不可能预见司法解释关于 3 个月起诉期限的规定,而只能根据《民法通则》关于诉讼时效的规定来行使自己的权利。深源公司的起诉并未超过诉讼时效,符合当时的法律规定,不应适用该条司法解释驳回深源公司的诉讼请求。如果该司法解释适用于本案,必然造成严重违约的建安公司解除合同谋取暴利而守约的深源公司却不能进行司法救济的极不公平局面。此外,上述司法解释于 2009 年 5 月 13 日实施后,深源公司即提起诉讼,并未超过 3 个月的期间。因此,一审判决适用该条司法解释驳回深源公司的诉讼请求,是错误的。

建安公司答辩称,本案已经达到约定解除条件,一审判决认定事实清楚,适用法律正确,请求二审法院予以维持。

二审法院经审理查明,在施工过程中,双方口头商定建设面积减少为 30000 平方米。

二审法院查明的其他事实与一审查明的事实相同。

二审法院认为,在庭审过程中,双方一致确认实际建设面积已经变更为 30000 平方米。根据《中华人民共和国合同法》第十条和第七十七条的规定,双方协商同意联建面积减少为 30000 平方米属于对合同的变更,变更后的合同约定建设面积为 30000 平方米,实际开工面积亦为 30000 平方米。据此,本案合同约定面积变更为 30000 平方米,联建款总额为 7500 万元,其 70% 应为 5250 万元。根据查明的事实,深源公司已经支付联建款 5300 万元,超额支付了 50 万元。因此,深源公司并未违约。

关于《最高人民法院关于适用〈中华人民共和国合同法〉若干问题解释(二)》第二十四条规定的适用问题,二审法院认为,首先,司法解释该条的规定涉及当事人的实体权利,在该司法解释出台之前,根据《中华人民共和国合同法》第九十六条的规定,一方行使解除权后,对方当事人有异议的可以请求人民法院或者仲裁机构确认解除合同的效力。但并未对异议的期间作出规定,在没有规定的情况,可以适用普通诉讼时效的规定。而该司法解释将异议期规定为三个月,实际上与原来相比限制了当事人的实体权利。根据法不溯及既往原则,一般应当适用行为发生时的法律规定,而不能用后来生效的法律约束、限制当事人此前发生的行为。本案中建安公司关于合同解除、深源公司关于不同意解除等行为实际上都发生在该司法解释生效之前,故本案应当适用当时的法律,而当时对异议的期限并无具体要求。其次,本案的实际情况是,2008 年 7 月 25 日,深源公司收到建安公司解除合同的律师函;2008 年 9 月 10 日,深源公司通过律师向建安公司致函,表示愿意继续本着平等互利、解决问题、履行合同的原则,与建安公司进一步协商,妥善解决双方的争议。显然,深源公司在收到建安公司解除合同的通知后已经提出异议,明确表示不同意解除合同,一直未放弃其实体权利。对于此类情况,深源公司三个月的异议期间应从《最高人民法院关于适用〈中华人民共和国合同法〉若干问题解释(二)》施行之日起顺延三个月。该司法解释于 2009 年 5 月 13 日施行,深源公司于 2009 年 5 月 20 日起诉到法院,符合该条规定的精神,现建安公司依据该条规定要求二审法院驳回深源公司的诉讼请求,于法无据,二审法院不予支持。

综上,二审法院认为,本案合同解除的条件未成就,建安公司通知解除《住宅项目联建合同》的行为无效,合同应继续履行。一审法院认定事实不清,适用法律错误,应予改判,遂判决:一、撤销一审判决;二、建安公司解除《住宅项目联建合同(二期)》的行为无效,合同继续履行;三、一、二审案件受理费由建安公司承担。

三、主要观点及理由

本案一、二审的事实认定有所不同,但争议的法律适用问题是相同的,即本案如何适用《最高人民法院关于适用〈中华人民共和国合同法〉若干问题解释(二)》(以下简称《合同法解释二》)第二十四条规定的问题。

本案的特殊性在于,《合同法解释二》施行之前,当事人一方已经通知解除合同,而另一方不同意解除合同,一直在磋商之中,但未形成诉讼。《合同法解释二》于 2009 年 5 月 13 日施行,根据其第二十四条,对合同解除有异议的一方,应当在三个月内起诉至法院,否则法院不予支持。但是本案到 2009 年 5 月 13 日,已经超过三个月的异议期限,在司法解释施行的同时,不同意解除合同的一方当事人已经失权。在本案的审理过程中,对于如何适用《合同法解释二》第二十四条规定,有三种不同意见:

第一种意见认为,本案应严格适用《合同法解释二》第二十四条的规定。因为该司法解释第三十条规定,合同法施行后成立的合同发生纠纷的案件,本解释施行后尚未终审的,适用本解释;本解释施行前已经终审,当事人申请再审或者按照审判监督程序决定再审的,不适用本解释。因此,只要司法解释施行后,尚在一、二审阶段的案件都适用。因此,本案中,深源公司起诉到法院时,已经超过了三个月的异议期限,应驳回其诉讼请求。

第二种意见认为,本案不适用《合同法解释二》第二十四条的规定。司法解释该条的规定涉及当事人的实体权利,在该司法解释出台之前,根据合同法第九十六条的规定,一方行使解除权后,对当事人有异议的可以请求人民法院或者仲裁机构确认解除合同的效力。但并未对异议的期间作出规定,在没有规定的情况,可以适用一般诉讼时效的规定。而该司法解释将异议期规定为三个月,实际上与原来相比限制了当事人的实体权利。根据法不溯及既往原则,一般应当适用行为发生时的法律规定,而不能用后来生效的法律约束、限制当事人此前发生的行为。本案中建安公司关于合同解除、深源公司关于不同意解除等行为实际上都发生在该司法解释生效之前,故本案应当适用当时的法律,而当时对异议的期限并无具体要求。对于此类特殊案件,应排除司法解释该条的适用。

第三种意见认为,应适用《合同法解释二》第二十四条的规定,但本案有特殊性。应参照《最高人民法院关于贯彻执行〈中华人民共和国民法通则〉若干问题的意见(试行)》(以下简称《民法通则意见》)第一百六十五条的精神,对于司法解释施行之前,一方当事人通知解除合同的,只要未超过二年的,应当允许对方当事人提起异议的期间自 2009 年 5 月 13 日起顺延三个月。

二审法院采纳第三种意见,作出了如上判决。

我们经研究,同意第三种意见,理由如下:

首先,合同解除权是形成权,合同一旦解除对双方当事人权利义务影响巨大,世界各国都不约而同地对合同解除加以严格限制,以维护社会经济秩序的稳定。因此,法院对合同解除条件的成就与否都应予以实体审查。本案二审阶段对合同解除条件进行实体审查的结果是,如果不考虑《合同法解释二》第二十四条的适用问题,深源公司不构成违约。

其次,司法解释该条的规定涉及当事人的实体权利,在该司法解释出台之前,根据《合同法》第九十六条的规定,一方行使解除权后,对方当事人有异议的可以请求人民法院或者仲裁机构确认解除合同的效力。但并未对异议的期间作出规定,在没有规定的情况,一般认为适用普通诉讼时效即二年的规定。而该司法解释将异议期规定为三个月,实际上与原来相比限制了当事人的实体权利,根据法不溯及既往原则,实务上对于此特殊情况,一般参照《民法通则意见》第 165 条的规定,允许当事人的异议期间自解释施行之日顺延三个月,否则有失公允。

再次,司法解释关于该条规定,主要适用于一方行使解除权后,另一方既不在约定的期间提出异议也不在法定的期间提出异议的情形,从理论上来讲,如果一方行使解除权,另一方提出异议,对行使解除权的条件是否成就达不成一致意见,另一方当事人有权起诉请求人民法院对于解除权是否成就进行实体审查。本案中,2008年7月25日深源公司收到建安公司解除合同的律师函。2008年9月10日,深源公司通过律师向挚信公司致函,表示愿意继续本着平等互利、解决问题、履行合同的原则,与建安公司进一步协商,妥善解决双方的争议。显然,深源公司在收到建安公司解除合同的通知后已经提出异议,表示不同意解除合同,一直未放弃其实体权利,因此,本案中,不能机械地适用《合同法解释二》第二十四条,应参照《民法通则意见》第165条规定的精神,即如果法律或司法解释对当事人的一项实体权利作出明确的限制,应在法律或司法解释施行之后,给予此期限一定延展期。在适用《合同法解释二》第二十四条时,对于之前解除权通知已经发出,但未超过2年的,应从该司法解释施行之日起计算三个月的异议期间。本案中,深源公司在司法解释施行两周之内起诉到法院,仍应认为符合《合同法解释二》第二十四条的规定,没有超过三个月的异议期间。因此,我们认为,二审法院采纳第三种意见作出判决是正确的。

四、最高人民法院民一庭意见

《合同法解释二》施行前,发生的一方当事人通知解除合同行为,解释施行后,对方当事人向人民法院起诉请求继续履行合同的,可以适用该解释第二十四条的规定,但三个月的异议期从2009年5月13日起算。

(执笔人:最高人民法院民一庭　姚宝华)

侵权行为导致身份不明的受害人死亡,民政部门等行政部门或其他机构是否有权提起民事诉讼

最高人民法院民一庭

一、案情简介

案例一:2009 年 7 月 5 日 21 时 15 分许,张某驾驶出租车,由东向西行驶至某县路段时,碰撞到由北向南过马路的一名流浪女性行人,致该行人当场死亡。事发后,张某驾车逃离现场。经公安局交通警察大队认定,张某负此事故的全部责任。张某亲属于案发后主动提交赔偿款人民币 8 万元。案发后,该县人民检察院于 2009 年 9 月 27 日向事故发生地的该县某区民政局发出监督起诉意见书,认为死亡的女性行人基本情况不详,为保护死者的合法权益,建议民政局及时提出刑事附带民事诉讼,要求张某作出经济赔偿。民政局向人民法院提起刑事附带民事诉讼,请求张某、出租车公司以及其驾驶车辆的保险公司承担赔偿受害人死亡赔偿金等损失。

案例二:2008 年 3 月 2 日 18 时 30 分,王某驾驶一辆变形拖拉机途经某公路线 986KM + 300M 处时,将横过马路的行人"无名氏"当场撞死。次日,事故发生地的市交警大队发出寻尸启示,刊登于当地报纸,但无结果。2008 年 3 月 6 日,该市交警大队作出 2008 第 021 号交通事故认定书,认定王某与"无名氏"负此次事故的同等责任。2008 年 3 月 14 日,"无名氏"被火化。2008 年 3 月 17 日,王某与该市交警大队就此次交通事故达成调解协议,并制作了"交通事故损害赔偿调解书",王某同意赔偿死亡赔偿金、丧葬费合计 166637. 6 元,双方没有对精神损害抚慰金进行调解。

2007 年 4 月 18 日,王某作为被保险人在某保险公司为涉案变形拖拉机投保了机动车交通事故责任强制保险。2007 年 4 月 27 日,王某又为该车在另一保险公司投保了第三者责任保险,保险限额为 30 万元,同时约定负同等事故责任的免赔率为 10%。

2009 年 7 月 7 日,该市人民检察院向该市民政局发出检察建议书,认为事故发生后,死者权益未得到保障,为维护流浪乞讨人员及其家属的合法权益,建议该局以原告身份提起诉讼。该市民政局于 2009 年 7 月 13 日向人民法院提起诉讼,请求判令各被告赔偿死亡赔偿金、丧葬费、精神损害抚慰金合计 214637. 6 元。

二、法院裁判情况

案例一的受诉人民法院一审认为,附带民事诉讼原告人民政局与本案没有直接利害关

系,也不是赔偿权利人,系不符合条件的当事人。依照《民事诉讼法》第一百零八条的规定,驳回民政局的起诉。民政局上诉提出:(1)其提起刑事附带民事诉讼系履行民政部门职责,某县人民检察院监督起诉意见书建议其作为原告人提起刑事附带民诉讼。(2)其代位诉讼、代位保管赔偿款是为了使受害人合法权益得到切实保护。(3)依据交通事故责任认定书认定,死者无名氏不承担责任,故本案和刑事附带民事诉讼均应依法承担赔偿责任。综上,请求二审撤销原审裁定,判令支持其上诉请求。二审法院对民政部门是否具有诉讼主体资格形成两种意见:第一种意见认为,民政部门不具有诉讼主体资格,民政局不能作为附带民事诉讼原告代替无名氏起诉。第二种意见认为,毛集区民政局可以作为附带民事诉讼原告代替无名氏起诉。

案例二的受诉人民法院一审认为,根据《民事诉讼法》第十五条的规定,机关、社会团体、企业事业单位对损害国家、集体、或者个人民事权益的行为,可以支持受损害的单位或者个人向人民法院起诉。民政局作为负责社会救助事务的管理机关,为维护死者"无名氏"及其亲属的合法权益,避免"撞死无名氏白撞"的现象出现,根据该市检察院的建议,行使法律维权行为,符合公平正义的社会价值取向,因此,某市民政局作为本案原告起诉,具有诉讼主体资格。根据事故认定书的认定,王某负事故的同等责任,具有过错,应当承担相应的民事赔偿责任。由于肇事车辆已在两个保险公司分别投保了商业第三者责任险和机动车交通事故责任强制保险,所以,上述两保险公司应当依据保险合同在保险限额范围内承担保险责任。王某在事故发生后与明光市交警大队达成了调解协议,但该调解协议属无效协议,因为明光市交警大队并非死者的利害关系人,也不享有向王某主张赔偿权利的法定职责,其既是事故处理人,又作为调解当事人,身份不适格。由此,对该调解协议不予确认。根据相关法律及司法解释的规定,结合王某的过错程度,确定精神损害抚慰金为 39000 元。据此判决:一、肇事机动车的交强险保险公司于判决生效后十日内支付民政局赔偿款 11 万元(其中,精神损害抚慰金 39000 元,死亡赔偿金 71000 元);二、肇事机动车的商业第三者责任险的保险公司于判决生效后十日内支付民政局赔偿款 72034. 11 元;三、王某于判决生效后十日内支付民政局赔偿款 8003. 79 元;四、上述钱款由民政局妥善保管;五、驳回民政局的其他诉讼请求。

两保险公司均提出上诉,认为民政局不是本案的适格诉讼主体,赔偿精神抚慰金也不应支持。二审法院对民政部门是否具有诉讼主体资格形成两种意见:

第一种意见认为,民政部门具有诉讼主体资格,可以作为本案原告提起诉讼,但精神损害抚慰金不应当支持。主要理由:本案属公益性诉讼,同时并未损害被告的利益。

第二种意见认为,民政部门不具有诉讼主体资格,应当驳回民政局的诉讼请求。主要理由:(1)受害人身份不明,故赔偿标准、赔偿项目不能确定,也可能存在其他的赔偿项目;(2)民政部门只能作为代理关系参与诉讼,但其既不是本案受害人的委托代理人,也不是受害人的法定代理人;(3)受害人可能存在没有继承人的情形,即使存在继承人,继承人也存在放弃提起民事赔偿诉讼权利的可能性,民政部门不能直接干涉公民的私权利;(4)民政部门对受害人无任何付出,不具有利害关系。

三、主要观点及理由

上述两宗案件的焦点问题是,因侵权行为导致身份不明的受害人死亡,民政部门能否向侵权人请求损害赔偿?

第一种意见认为,无论是刑事附带民事诉讼还是民事诉讼,民政部门均不具备主体资格。理由如下:

1. 对于刑事附带民事诉讼及民事诉讼的主体范围,法律有明确的规定。《刑事诉讼法》第七十七条规定:“被害人由于被告人的犯罪行为而遭受物质损失的,在刑事诉讼过程中,有权提起附带民事诉讼。如果是国家财产遭受损失的,人民检察院在提起公诉的时候,可以提起附带民事诉讼。”《最高人民法院关于执行〈中华人民共和国刑事诉讼法〉若干问题的解释(试行)》第八十四条规定:“人民法院受理刑事案件后,可以告知因犯罪行为遭受物质损失的被害人(公民、法人和其他组织)、已死亡被害人的近亲属、无行为能力或者限制行为能力被害人的法定代理人,有权提起附带民事诉讼。”由此可知,刑事附带民事诉讼原告人只能是被害人或者是已死亡被害人的近亲属、以及无行为能力人或限制行为能力人的法定代理人。而民事诉讼原告,依据《民事诉讼法》第一百零八条之规定,起诉必须符合“原告是与本案有直接利害关系的公民、法人和其他组织”。据此,民政部门不是上述法律规定的有权提起附带民事诉讼及民事诉讼的主体。

2. 王某道路交通事故人身损害赔偿案中,民政局是依据《民事诉讼法》第十五条之规定,即“机关、社会团体、企事业单位对损害国家、集体或者个人民事权益的行为,可以支持受损害的单位或者个人向人民法院起诉”。《民事诉讼法》该条规定中的机关、社会团体、企事业单位是支持受损害的单位或者个人向人民法院起诉,而不是以自己名义代替受损害的单位或者个人向法院起诉。本案中民政局自己作为原告向法院起诉,不符合第十五条规定精神。

3. 上述案件从债的角度分析系侵权之债,债的关系存在于相对人之间,侵权人与被侵权人之间产生相对的权利义务关系,从而使被侵权人产生损害赔偿请求权。民政局作为行政机关,与侵权人和被侵权人之间均不存在法律上的利害关系,与案件的各被告之间亦没有法律上的利害关系,其作为原告提出损害赔偿请求没有依据亦违反债的产生的基本原理。

4. 根据国务院发布的《城市生活无着的流浪乞讨人员救助管理办法》(以下简称《办法》)的相关规定,救助站向这些流浪人员提供的救助包括提供食物、住处、突发性的医疗救助、返回的交通便利和帮助与亲属或单位联系,因此救助站实施的措施是被动的、临时的,救助范围是流浪人员的生活需要,不包括代表或代替这些人提起民事诉讼。上述两个案件中,无名尸体只是身份不明,但其近亲属仍然可能是客观存在的,只是其近亲属不知道其已经因交通事故死亡,不知道自己的权利受到了侵害。无名尸体的近亲属提起附带民事诉讼的权利仍然存在,且在二十年最长诉讼时效期间内。上述无名尸体的近亲属在知道权利受到侵害的二年内仍有权提起诉讼。

5. 由于被侵权人身份不明,赔偿标准和赔偿项目不能确定,如是否应当给付被扶养人生活费等。如果现在判决,等被侵权人近亲属出现后,他们认为该判决有误,是应当再起诉,还是申诉(有无申诉权?),如再起诉是否属于"一事不再理"。并且本案还可能存在另一种情形,即被侵权人可能存在没有继承人或者继承人放弃诉讼权利的情况。

6. 民政局作为国家机关,主要履行的是行政管理职能,不宜过于主动参与公民个人的私权利。法律对公民权利的保护有多种途径,作为国家行政机关对公民私权领域不应过多干预。同时,赋予民政部门起诉权违反了《民事诉讼法》第十三条规定的处分原则。在民事诉讼中当事人有权在法律规定的范围内,自由支配自己的权利。这就将起诉权完全置于当事人的处分范围内,法院不能强令当事人起诉,当事人以外的任何单位和个人无权提起诉讼程序。

第二种意见认为,民政部门具有诉讼主体资格,主要理由是:

1. 从维护社会公平正义的角度,民政部门作为原告,便于对受害人的利益进行保护,且不影响社会公益和国家、集体和他人的合法权益。民政部门作为有社会救助义务的社会管理部门,有义务帮助受害人维护权利。

2. 被侵权人是流浪乞讨人员,属于弱势群体,虽然对民政部门代为诉讼没有明确的法律依据,但有一定的法理基础。即受害人权利受到侵害,侵权人就应当承担侵权责任。民政部门代为诉讼,是为了防止日后被侵权人近亲属得不到赔偿、侵权责任人逃避侵权责任。

3. 民政局代为诉讼含有公益诉讼之意,蕴含着一定的公益价值。传统的诉权理论对原告主体资格有着严格的限制,但随着社会公共领域延伸及公共事务数量的增长,在起诉时要求起诉人和被起诉人都是实体法律关系的真正权利人和义务人是不切实际的,会造成诸多纷争无法获得司法救济,权利得不到很好的保护。民政局为无名氏维权,实质属于公益行为,其一方面尊重了事故当事人的生命权,实现了救助职能的广泛化,另一方面也避免了恶性交通事故的侵权免于追究的尴尬。

我们认为,第一种意见值得赞同,除前述理由之外,尚有:

1. 从侵权法理论来看,损害赔偿的请求权主体即赔偿权利人为其权益受到侵害之人,包括直接受害人和间接受害人。直接受害人主要指因侵权行为导致其人身、财产权益受损害之人,也是侵权行为所直接指向的对象。而间接受害人是指侵权行为直接指向的对象以外因法律关系或者社会关系的媒介作用受到损害的人。间接受害人所受"损害",是一种以计算上的差额为表现形式的单纯的经济利益损失和反射性精神损害。在侵权行为导致受害人死亡的情况下,间接受害人包括受害人的近亲属以及被扶养人,该损害赔偿是对受害人近亲属或者被扶养人因受害人死亡导致的生活资源减少和丧失的赔偿。①这种观点,既为《侵权责任法》实施前的司法解释所确定,也被《侵权责任法》所承认。②

从上述理论及立法来看,民政部门既不属于直接受害人也非间接受害人,其实体法上

---

① 最高人民法院民事审判第一庭编著:《最高人民法院人身损害赔偿司法解释的理解与适用》,人民法院出版社 2004 年版,第 15～16 页。

② 《最高人民法院关于审理人身损害赔偿案件适用法律若干问题的解释》第一条。《侵权责任法》第十八条。需要注意的是,《侵权责任法》第十八条并未明确规定被扶养人的请求权,但可以解释为被扶养人的请求权已经被死亡赔偿金所涵盖。相应地,死亡赔偿金的赔偿标准也应予以变化。在死亡赔偿金的标准变化之前,可行的方案是采取《最高人民法院关于适用〈中华人民共和国侵权责任法〉若干问题的通知》第四条规定的计算方法。

的请求权并不存在。

2. 从侵权责任法的目的及功能来看,侵权责任的首要功能在于损害填补功能,损害填补功能实现的同时也是制裁目的的达成之日。基于此,受害人的存在是其前提。反对意见认为在身份不明的受害人死亡的情形下,可能出现侵权人逃避侵权责任的后果。但是该论证的前提是任何侵权行为都要实际承担侵权责任。实际上,该前提在理论上不成立,在实践中也有大量反例存在。因为,其一,对于侵权人的惩罚并非只有私法上的手段,尚有行政法以及刑法上的处罚。多个手段综合运用尚能达到维护道路交通秩序,预防和减少交通事故,保护人身权益和财产权益的立法目的。上述结论的前提将多个部门法的功能委诸民法承担,有所不当。在无请求权人的情况下,民法上的制裁只能让位于行政法和刑法上的惩罚。其二,现实中存在大量的难以确定具体侵权人的情形,在民法的框架之内,侵权人的责任实际上已被逃避。这是现实使然,但并非法律的无能。

3. 从诉讼法的角度来看,尽管大陆法系理论上有形式当事人与实质当事人的区别。但是,就我国的诉讼实践来看,主流的观点仍然认为,依据《民事诉讼法》第一百零八条的规定,原告应当是与本案有直接利害关系的公民、法人和其他组织,其实质是要求原告具有实体法上的请求权。因此,与属于国家所有的天然渔业资源等权利受到侵害,有关国家机关具有原告资格向人民法院起诉请求损害赔偿的情形不同,①本案的民政部门在实体法上并无赖以作为原告的实体权利基础。

4. 关于公益诉讼的问题。如果以公益诉讼的角度切入处理本案涉及的当事人问题,面临的困难首先是现行法的障碍。即如何解决原告必须是与本案有直接利害关系这样一个起诉条件的问题,此其一。其二,即使从理论上而言,现有的关于公益民事诉讼的研究也主要是从立法论的角度加以阐释,如何从解释论的角度在现行法的框架下完成这一制度建构,并无通说。其三,从解释论的立场出发,将《民事诉讼法》第一百零八条规定的"直接利害关系"要件做扩大解释从而认定本案原告为适格当事人并非不可能。但是,需要注意的是,公益诉讼制度的建立需要一系列相应制度的配合协调,在配套法律制度尚付阙如的情况下,单纯扩大适格原告的范围可能会带来一些难以预料的后果,例如,本地区生活的(甚至本地区之外的)其他公民、法人或者其他非国家机关的组织能否作为适格原告请求损害赔偿?换言之,适格原告的范围扩大后的边界在何处?原因何在?因此,在法律未对此作出规定的情形下,公益诉讼理论对本案难以提供妥当的解决方案。

5. 依照公法的基本原理,行政机关的职权范围应当遵循法律保留原则,即行政机关享

---

① 参见《最高人民法院关于福建省渔政管理处与福建三农集团股份有限公司水污染侵权纠纷案件的复函》[(2008)民一他字第 32 号]。

有的任何权力必须有法律的授权。这一点,突出表现在我国的《立法法》第七条、第八条中。①具体到本案的情形,在侵权案件中,死亡受害人无近亲属或者近亲属不明的情况下,民政部门是否有权力代位行使请求权,不仅仅涉及民事基本制度,而且涉及政府部门的职责划分和权力范围,需要法律的明确规定。而根据《城市生活无着的流浪乞讨人员救助管理办法》第二条、第四条第一款、第六条第二款、第七条的规定,民政部门及救助站对城市生活无着的流浪乞讨人员实施的救助,是一种临时性的救助措施,救助的内容是暂时帮助流浪乞讨人员解决基本生活需要,其工作职责并不包括代表或代替上述人员提起民事诉讼。

当然,从表面来看,本案中民政部门代为诉讼似无不当后果,但是,长远来看,民政部门取得死亡赔偿金之后,产生的孳息是否应当返还?保管费用应否扣除?民政部门参加诉讼、保管该笔金钱的费用应否从国库中支出?能否向受害人的近亲属请求返还?在确定无近亲属的情况下,民政部门能否保有该笔金钱?其取得的法律依据为何?是时效取得还是依公权力而取得?诸多问题都涉及到行政法和民法的基本问题,在法律无明确规定的情形下,法院和民政部门将左右失据。

另外,民政部门提起人身损害赔偿之诉时,在客观上难以提起精神损害赔偿,那么,受害人的近亲属还能否另行提起精神损害赔偿之诉?现行的司法解释否定了精神损害赔偿之诉与人身损害赔偿之诉的相互分离,这是否会潜在地影响请求权人的实体权利?② 同时,在《侵权责任法》的框架之下,被扶养人生活费已经被计入死亡赔偿金,在死亡受害人近亲属不明的情况下,民政部门即难以主张,如此,受害人的被扶养人在未来能否主张也涉及到诉是否可分问题。

6. 上述观点也被我国的司法实践所秉持且被我院所认同。例如,《最高人民法院公报》2007 年第 6 期刊登的《高淳县民政局诉王昌胜、吕芳、天安保险江苏分公司交通事故人身损害赔偿纠纷案》,情形与本案类似,其结论为:因交通事故引发的人身损害赔偿案件中,死亡受害人为城市生活无着的流浪乞讨人员,经公安部门刊发启示未发现其近亲属,政府民政

---

① 《立法法》第八条:下列事项只能制定法律:
(一)国家主权的事项;
(二)各级人民代表大会、人民政府、人民法院和人民检察院的产生、组织和职权;
(三)民族区域自治制度、特别行政区制度、基层群众自治制度;
(四)犯罪和刑罚;
(五)对公民政治权利的剥夺、限制人身自由的强制措施和处罚;
(六)对非国有财产的征收;
(七)民事基本制度;
(八)基本经济制度以及财政、税收、海关、金融和外贸的基本制度;
(九)诉讼和仲裁制度;
(十)必须由全国人民代表大会及其常务委员会制定法律的其他事项。

第九条:本法第八条规定的事项尚未制定法律的,全国人民代表大会及其常务委员会有权作出决定,授权国务院可以根据实际需要,对其中的部分事项先制定行政法规,但是有关犯罪和刑罚、对公民政治权利的剥夺和限制人身自由的强制措施和处罚、司法制度等事项除外。

② 当然,从解释论的角度来看,《最高人民法院关于确定民事侵权精神损害赔偿责任若干问题的解释》第六条的规定在此种情况下可以做宽松的解释。即第六条的规定主要限制请求权人不当地将同一个诉分为多个诉的情形,在死亡的受害人近亲属难以确定的情况下,民政部门先提起人身损害赔偿之诉,受害人近亲属确定后又另行起诉的,并非构成诉的不当拆分,应予准许。但是,这里的前提仍然是允许民政部门提起前诉。

部门作为原告提起民事诉讼,要求赔偿义务人承担赔偿责任的,因民政部门不是法律规定的赔偿权利人,与案件不存在民事权利义务关系,且其法定职责不包括代表或代替城市生活无着的流浪乞讨人员提起民事诉讼,故民政部门不是案件的适格诉讼主体,其起诉应依法驳回。① 在现行法对此问题的规定未发生变化的情况下,审判实践的观点应予坚持。

以此类推,其他无法律明确授权的行政部门或机构提起民事诉讼的,同此结论。

四、最高人民法院民一庭意见

因侵权行为导致流浪乞讨人员等身份不明人员死亡,无赔偿权利人或者赔偿权利人不明,在法律未明确授权的情况下,民政部门等行政部门或机构向人民法院提起民事诉讼的,人民法院不予受理;已经受理的,驳回起诉。

(执笔人:最高人民法院民一庭 姜 强)

① 参见《最高人民法院公报》2007 年第 6 期。

农村“五保户”因交通事故等侵权行为致死获赔的丧葬费应归谁所有

最高人民法院民一庭

一、案情简介

李某未婚、无子女、父母亲亡故,仅有一妹妹。其于2000年入住所在乡敬老院。2009年8月10日,李某乘坐客车外出,途中客车与一辆卡车相撞,李某当场死亡。交警部门认定,卡车司机承担事故的全部责任。乡敬老院依惯例处理了李某的善后事宜,共支付丧葬费5234元,李某妹妹为其购买寿衣花费400元。经李某妹妹、乡敬老院与责任方协商达成赔偿协议,由责任方赔偿李某妹妹死亡赔偿金9万元外,另赔偿丧葬费9693元。责任方将此笔丧葬费汇入交警队账户。李某妹妹与乡敬老院就剩余的4459元丧葬费应归谁所有发生争议,诉至法院。

李某妹妹诉称,根据侵权责任法的规定,其作为死者唯一的近亲属,有权请求侵权人支付丧葬费。故扣除乡敬老院实际支出的5234元,剩余的4459元应归其所有。

乡敬老院辩称:李某自入住乡敬老院来,一直由乡敬老院供养,李某的善后也是由乡敬老院处理的,实践中任何丧葬事宜花费均不能与按照相关规定计算的丧葬费赔偿金数额相一致,故全部丧葬费应归实际处理了李某善后事宜的乡敬老院所有。

二、法院裁判情况

一审法院认为,赔偿义务人给付的丧葬费是按照相关的依据计算出来的,而实际支出的丧葬费是不可能与计算的完全吻合,此种情况归实际支付丧葬费一方较为合理,即丧葬费9693元全部归乡敬老院所有。综上,一审法院判决:汇入交警队账户的9693元丧葬费,归乡敬老院所有。

李某妹妹不服一审判决,提起上诉。

二审法院经审理认为,乡敬老院属公益事业,系政府财政拨款,扣除其实际支出,剩余部分不应归乡敬老院所有。李某妹妹作为被侵权人近亲属,有权请求侵权人支付丧葬费。综上,二审法院依法判决:一、撤销一审判决;二、汇入交警队账户的9693元丧葬费,乡敬老院分得5234元,李某妹妹分得4459元。

三、主要观点及理由

本案争议焦点是农村“五保户”因交通事故死亡后获赔的丧葬费归属问题,其实质就是此笔丧葬费的请求权主体。对此,主要有两种观点:

第一种观点认为,在扣除李某妹妹合理支出的 400 元寿衣款外,剩余部分应归乡敬老院所有。理由是:《侵权责任法》第十八条第二款规定:“被侵权人死亡,支付被侵权人医疗费、丧葬费等合理费用的人有权请求侵权人赔偿费用。”该款并不依附于第一款,而是一个独立的条款,是对请求权主体的特别规定,根据该规定,丧葬费的请求权人为任何实际支出丧葬费之人,是否为被害人之近亲属,在所不问。因此,在支付丧葬费用的人非死者近亲属的情况下,请求权主体发生转移,即由死者近亲属转移到实际支付费用的人,具体到本案,乡敬老院实际支付丧葬费,即为丧葬费这个赔偿项目的请求权主体。至于丧葬费如何计算,乃实际操作问题。由于法律没有明确规定丧葬费计算标准,目前仅有《人身损害赔偿司法解释》可作为依据,其第二十七条规定,丧葬费按照受诉法院所在地上一年度职工月平均工资标准,以六个月总额计算。由于丧葬费的支出常常因人因地而异,不可能有一个整齐划一的数额,因此,实践中任何实际支出的丧葬费都不可能与司法解释规定的数额完全一致,既然该司法解释也只是实践操作中简化计算的权宜之计,本案中也无须对此进行精确划分,乡敬老院作为该笔费用的请求权人,有权请求此笔丧葬费,由于计算方法问题,导致无法与实际支出额相等,故实践中无论实际用了多少,均赔偿此费用,虽然有剩余也应归其所有。

第二种观点认为,在扣除敬老院合理支出的 5234 元丧葬费用外,剩余部分应归李某妹妹所有。理由是:丧葬费的请求权主体为被侵权人的近亲属,《侵权责任法》第十八条第二款仅是第一款的例外情况,不能独立于第一款,支付丧葬费的敬老院属于支付合理费用的人,其请求范围应以实际支出额为限,故剩余部分仍应归李某妹妹所有。

上述两种观点均有一定道理,相比较我们认为第二种观点更符合立法本意。理由如下:

1. 从文义解释和体系解释的角度看。《侵权责任法》第三条规定:“被侵权人有权请求侵权人承担侵权责任。”第十八条第一款规定,被侵权人死亡的,其近亲属有权请求侵权人承担侵权责任。从侵权责任法的整个逻辑结构看,第十八条是第三条的例外规定,即原则上侵权责任的请求权人为被侵权人,但当被侵权人因侵权行为死亡,被侵权人权利能力消灭的情况下,请求权主体转为被侵权人近亲属(从侵权责任法二次审议稿第三条规定内容可以很明确该逻辑思路。其内容为:受害人有权请求侵权人承担侵权责任。受害人死亡的,其近亲属有权请求侵权人承担侵权责任。在该法第三次审议稿中将其改为现在的表述)。综上,被侵权人死亡的,侵权责任的请求权主体应为其近亲属。根据《侵权责任法》第十六条的规定,请求赔偿范围包括丧葬费,因此,丧葬费的请求权主体应为被侵权人近亲属。对实际支出医疗费用和丧葬费用的人,原则上应该向被侵权人近亲属请求支付,被侵权人近亲属再依据法律规定要求侵权人赔偿,但为了鼓励社会互助、弘扬友爱精神、减少实际支出费用人的求偿成本,法律给了实际支付费用人一个直接的请求权,《侵权责任法》第十八条第二款规定:“被侵权人死亡,支付被侵权人医疗费、丧葬费等合理费用的人有权请求侵权人赔偿费用,但侵权人已支付该费用的除外。"根据立法机关有关此条含义的解释,所谓侵权人已支付该费用,是指侵权人已经将该笔费用支付给其近亲属的,实际支付费用人只能向近亲属请求,而不能再向侵权人请求。依此逻辑可推导出,侵权人原则上还是把丧葬费给被侵权人近亲属的,第二款属于第一款前提下的例外情况。因此,丧葬费用的请求权主体仍为被侵权人近亲属,而实际支出费用的人仅就其实际支出额可请求侵权人赔偿费用,具体到本案,扣除乡敬老院实际支出后,剩余应归李某妹妹所有。

2. 从丧葬费用的性质和功能看。虽然人固有一死,丧葬费是必然支出的费用,只不过时间早晚的问题,但各国立法或司法实践基本肯定侵权人需要支付一定的丧葬费,这既是对死者家属的一种安慰,也带有一定的经济惩罚意味,因此,从规定丧葬费的初衷来看,丧葬费是给死者近亲属的赔偿项目之一。

3. 从实践操作来看。《侵权责任法》第十八条第二款的规定是针对支付丧葬费费用的人,实践中支付丧葬费用的人可能是多人,根据该规定,应都有权请求侵权人,本案中敬老院作为实际支付丧葬费用的人(可能仅是其中之一)只能就自己支付的那部分享有赔偿请求权。

四、最高人民法院民一庭倾向性意见

农村"五保户"因交通事故死亡产生的丧葬费,不应归属具有公益事业性质的乡敬老院所有。根据《侵权责任法》第十六条、第十八条第一款的规定,被侵权人死亡的,其近亲属有权请求侵权人承担侵权责任,赔偿范围包括丧葬费。丧葬费由他人垫付,垫付实际支出费用在合理范围内的,垫付人有权根据《侵权责任法》第十八条第二款的规定请求侵权人赔偿。其实际支出费用少于合理范围,多出部分,被侵权人近亲属有权主张。

(执笔人:最高人民法院民一庭　王　丹)

债权人持续接受债务人部分履行未约定履行期限的债务且对剩余债务未约定履行期限的，债权人可随时要求债务人履行剩余债务

最高人民法院民一庭

一、案情简介

1994 年 3 月，甲公司向万某借款 886 万元用于与乙公司共同开发新华小区房地产项目，甲公司与万某未约定还款期限。1996 年 7 月 15 日，万某与甲公司签订《还本分利决定》，约定：甲公司应将新华小区项目结算所得款项首先归还万某的投资款，甲公司承诺给付万某借款利息 210 万元，并从甲公司在该项目利润中划出 290 万元分与万某。新华小区商品房于 1995 年 12 月竣工，因项目结算问题，1999 年 6 月甲公司将乙公司诉至某省高级人民法院，双方以调解结案，调解书载明：乙公司应退甲公司投资款 358 万元，自调解书签收之日起至 2000 年 3 月 31 日前分期偿还。调解书签收后，甲公司出具委托书，委托万某与乙公司办理新华小区结算事宜。万某收取了乙公司给付甲公司的款项 282 万元及 10 套商品房，并由甲公司向乙公司出具了相应的收据。万某按照《还本分利决定》将所收款项抵偿了甲公司所欠部分投资款，并在 2000 年 9 月 5 日至 2004 年 6 月 9 日期间，将乙公司给付的 10 套商品房陆续售出，销售总款为 168.7 万元，该笔售房款亦用于抵偿了甲公司所欠的投资款。

2005 年 2 月 16 日，万某向一审法院起诉，要求甲公司归还尚欠投资款 435.3 万元，支付利息 210 万元、利润 290 万元，并承担本案诉讼费。甲公司答辩称万某的主张已经超过诉讼时效，依法丧失胜诉权，请求法院驳回其诉讼请求。

二、法院裁判情况

一审法院认为，《还本分利决定》是双方当事人真实意思表示，合法有效，其中约定甲公司从乙公司所得款项首先偿还万某的投资款，属于约定了还款期限。乙公司的付款首先应还万某的投资款，若未偿还则侵犯万某的合法权利，诉讼时效由此开始计算。万某在 2000 年 9 月 5 日之前就已从乙公司收取了房屋，视为其在此前主张了权利，诉讼时效中断。万某在 2000 年 9 月 5 日后多次销售房屋的行为，系其处分自己的财产，不属于再次主张权利，诉讼时效不中断。万某没有提交在 2000 年 9 月 5 日后至 2005 年 2 月 16 日起诉期间诉讼时效

中断的证据,故其起诉已超过法定诉讼时效。一审判决,驳回了万某的全部诉讼请求。

万某不服提起上诉。法院二审认为:本案中,万某与甲公司之间的债权债务系未定履行期限的债权债务。万某与甲公司签订的《还本分利决定》,系调整平等民事主体权利义务关系的协议,其合法有效,当事人应当遵守。从现有证据看,不能认定双方之间债权债务关系已经终止,当事人之间的行为应界定为持续的债务履行行为。在万某出卖最后一套房屋后,因双方对尚未清偿部分未约定履行期限,故甲公司作为债务人,可随时向万某履行债务,万某作为债权人可随时向甲公司要求履行债务,只需给予其必要的宽限期,且诉讼时效应当自万某给予甲公司的履行宽限期届满时开始起算。故本案中万某的起诉未超过诉讼时效期间,甲公司应当返还尚欠万某的投资借款本金 435.3 万元、利息 210 万元,鉴于万某没有证据证明甲公司在该投资项目中获得了利润,故双方约定的甲公司支付万某利润分红的条件未成就,对万某要求甲公司支付利润 290 万元的诉请法院不予支持。法院二审撤销了一审判决,判令甲公司返还万某投资款本金 435.3 万元,给付万某利息 210 万元。

三、主要观点及理由

本案的争议焦点主要是万某对甲公司的起诉是否超过了法律规定的诉讼时效期间?对此问题有两种观点:

第一种观点认为,《还本分利决定》中关于甲公司从乙公司所得款项首先偿还万某投资款的约定系还款期限的约定。万某在 2000 年 9 月 5 日从乙公司处代甲公司收取款项及房屋的行为,应当视为万某向甲公司主张了债权,故应当产生诉讼时效的中断,即从 2000 年 9 月 5 日起诉讼时效期间重新开始起算。此后万某虽然在 2004 年 6 月 9 日前一直在出售从乙公司处接收的商品房,但这是对其自己财产的处分,不是向甲公司主张债权,因此,不发生诉讼时效的中断。万某在 2005 年 2 月 16 日提起对甲公司债权之诉,已经超过了法律规定的两年的诉讼时效期间,因而丧失了胜诉权。

第二种观点认为,《还本分利决定》中关于甲公司从乙公司所得款项首先偿还万某投资款的约定系还款方式的约定。万某与甲公司之间的债权债务系未约定履行期限的债权债务,万某虽代甲公司向乙公司收取了款项和房屋,但双方并未约定以此抵偿甲公司所欠万某的全部债务。万某代为收取房屋并在 2000 年 9 月 5 日到 2004 年 6 月 9 日间销售房屋的行为,应当视为甲公司持续向万某履行债务,万某持续接受履行债务的行为。双方就尚未清偿的债务未进行新的约定,故剩余部分债务仍应视为未约定履行期限的债务,万某可对剩余债务随时向甲公司主张,因此其于 2005 年 2 月 16 日起诉未超过法律规定的诉讼时效期间。

我们认为,第二种观点更为合理。具体理由如下:

1. 本案万某与甲公司之间的借款应属于未约定履行期限的债权债务关系。1994 年万某在借款给甲公司时,双方并未约定甲公司的还款期限。《民法通则》第八十八条第(二)项规定:"履行期限不明确的,债务人可以随时向债权人履行义务,债权人也可以随时要求债务人履行义务,但应当给对方必要的准备时间。"《合同法》第六十二条第(四)项规定:"履行期限不明确的,债务人可以随时履行,债权人也可以随时要求履行,但应当给对方必要的准备时间。"《最高人民法院关于审理民事案件适用诉讼时效制度若干问题的规定》第六条规定:"未约定履行期限的合同,依照合同法第六十一条、第六十二条的规定,可以确定履行期限的,诉讼时效期间从履行期限届满之日起计算;不能确定履行期限的,诉讼时效期间从债权人要求债务人履行义务的宽限期届满之日起计算,但债务人在债权人第一次向其主张权利之时明确表示不履行义务的,诉讼时效期间从债务人明确表示不履行义务之日起计算。"也就是说,万某与甲公司之间的债权债务关系,在万某未要求甲公司履行、甲公司未明确拒绝履行的情况下,诉讼时效期间并未起算,因为侵害债权人权利的事实尚不存在。

2. 双方当事人之间关于还本分利的决定,应视为还款方式的约定。1996 年 7 月 15 日万某与甲公司签订《还本分利决定》,约定了甲公司应将新华小区项目结算所得的款项,首先归还万某的投资款,但并未明确约定还款的时间。从探究当事人真实意思表示的角度看,决定所侧重的是双方利益的分配方式、数额,而没有涉及还款时限,因此,应认为是当事人对还款方式的约定。

3. 对于部分履行的未定履行期限的债务,剩余部分债务的诉讼时效仍应适用《合同法》第六十二条的规定予以确定。本案中,在《还本分利决定》得到部分履行后,万某与甲公司之间的债权债务法律关系并不存在因清偿而消灭的法律事实。万某对甲公司的债权实际上获得了部分履行,仍有部分剩余债务未得清偿。对于这部分债务,作为权利人的万某在起诉前未明确表示要求甲公司予以偿还,作为义务人的甲公司在诉讼前也未明确表示过拒绝履行,应当认为对这部分债务双方未约定履行期限,仍应适用"债务人可以随时履行,债权人可以随时要求履行,但应给予必要宽限期"的原则确定履行期限。

4. 即使认为《还本分利决定》的约定是属于对还款期限的约定,万某的起诉亦不宜视为超过诉讼时效期间。关于诉讼时效的起算点,我国法律采取了主客观结合的理论,《民法通则》第一百三十七条规定:"诉讼时效期间从知道或者应当知道权利被侵害时起计算。"也就是说,如果债权人不知道或不应知道自己的权利被侵害时,诉讼时效不应起算。也正是出于这样的考虑,对于未约定履行期限的合同之债的诉讼时效起算点,才规定了以权利人主张权利给予义务人的宽限期届满之日或义务人第一次拒绝履行义务之日起算,因为此时权利人应当明知自己的权利受到了侵害。本案中,万某实际代甲公司向乙公司收取了部分款项和 10 套商品房,但是由于万某与甲公司之间未就 10 套房屋所抵偿的价值进行约定,因此,应当视为以其实际变现价格作为抵偿债务的数额,而这一数额的确定,需待房屋销售后方能确定。也就是说在 2004 年 6 月 9 日房屋销售完成时,万某方能确定甲公司尚欠自己的款项数额,也才知道自己债权受侵害的事实,诉讼时效应从此时开始计算。如果认为万某在从乙公司接受款项和 10 套商品房时,其对甲公司的债权的诉讼时效即开始起算,那么其当时应该具备向甲公司主张权利的条件。而事实是在房屋作价不明的情况下,其无法确定尚欠款项,也就无法明确诉讼请求,这样的起诉显然不符合《民事诉讼法》第一百零八条第(三)项规定的"有明确的诉讼请求"的要求,不能为人民法院立案受理。而且我们认为,万某与甲公司之间存在持续性的履行,或者说持续性的主张权利的事实,即便在此前双方约定了债务履行期限,亦可据此认定双方以履行行为变更了债务履行期限。

最后,从诉讼时效制度的设置与理解来分析,也不宜认定本案原告的诉讼请求超过诉讼时效。诉讼时效作为消灭时效,其自身含义是权利人于一定期间内不行使请求权从而丧失请求法院保护其权利的权利。诉讼时效的设置主要在于维护社会秩序和交易安全,督促权利人及时行使权利,及时解决纠纷。可以说,诉讼时效制度是以牺牲债权人合法权利以平衡债务人利益,保护社会交易秩序的一种制度设计。特别是在我国目前的普通诉讼时效期间仅为两年,从比较法的意义上看明显过短的情况下,在司法实践中,如果对诉讼时效期间是否已经超过产生争议,应当按照对债权人尽量从宽的原则理解与解释,而不宜把握过严,从而为债权人的权利行使设置过多障碍。从《民法通则》第四条确立的民事活动应当遵从诚实信用原则的要求上看,也是如此。

四、最高人民法院民一庭意见

债权人与债务人之间未约定债权债务的履行期限,债务人持续性地部分履行债务,债权人接受,且双方未就剩余债务的履行期限另行约定的,应当认为债务人可随时向债权人履行剩余债务,债权人亦可随时要求债务人履行剩余债务,但应给予必要的履行宽限期。

(执笔人:最高人民法院民一庭　沈丹丹)

【最高人民法院案件解析】

当事人协商一致解除合同,一方反悔不予支持

——唐山鹏诚房地产开发公司与唐山中云房地产开发公司房地产合作开发合同纠纷提审案

张雅芬*

法理提示 合同成立并符合法律规定的生效条件,在当事人双方未履行或者未完全履行前,一方起诉请求解除合同,另一方反诉亦请求解除合同,即双方解除合同的意思表示一致,此种属于《合同法》第九十三条规定的"当事人协商一致,可以解除合同"的情形。当事人协商一致解除合同,合同效力归于消灭,一方反悔,依法不予支持。

申请再审人(一审被告、反诉原告、二审上诉人):唐山鹏诚房地产开发有限公司,住所地河北省唐山市滦县新城新华里。

法定代表人:菅志承,该公司董事长。

委托代理人:鲁智勇,北京市中凯律师事务所律师。

被申请人(一审原告,反诉被告、二审被上诉人):唐山中云房地产开发有限公司,住所地河北省唐山市南路区建国路 5 号楼。

法定代表人:云 征,该公司董事长。

委托代理人:王宝山,该公司总经理助理。

委托代理人:刘国成,该公司办公室主任。

一、河北省唐山市中级人民法院一审查明的案件事实

2003 年 5 月 23 日,唐山百货大楼集团有限公司(以下简称唐山百货公司)与唐山中云房地产开发有限公司(以下简称中云公司)签订《资产转让协议》约定:百货公司将唐山市路北区北新西道南侧现百货批发有限公司办公楼及所属配套附属建筑及土地,以 4074.5 万元价格转让中云公司,中云公司于协议签订时一次性预交 1000 万元。2003 年 8 月 15 日后,双方办理该资产过户手续,中云公司交纳剩余的 3074.5 万元。

---

* 最高人民法院民一庭高级法官。

该《资产转让协议》签订后,中云公司依约支付 1000 万元转让款。但由于唐山百货公司改制未完成,致使办理土地、房屋过户手续的时间延至 2004 年 4 月 30 日。

2004 年 3 月 24 日,中云公司作为甲方与唐山鹏诚房地产开发有限公司(以下简称鹏诚公司)作为乙方签订《合作开发建设八方广场购物中心东侧商业房项目协议书》(以下简称《合作协议》)约定:双方就共同开发建设八方广场购物中心东侧商业房项目协议如下:八方购物中心东侧商业用房项目,占地约 40 亩,面积 5.5 万平方米,总投资 1.2 亿元;国有土地使用权的取得由中云公司负责,并以中云公司名义开发;为使中云公司顺利办理国有土地使用权手续及交纳土地出让金,《合作协议》签订后,鹏诚公司先一次性投资 2000 万元,其余资金由中云公司负责。在中云公司依法取得国有土地使用权后,开发资金由双方共同筹集,责任同等;中云公司无权持国有土地使用权另找合作人,以确保开发项目顺利进行;项目设计由双方提供,共同报请规划部门批准;项目以中云公司资质开发建设,鹏诚公司法定代表人菅志承任经理;双方共同决定施工队伍,签署施工合同,选择监理公司;项目单立账户,双方各派财务人员一名;项目收益中云公司得 60%,鹏诚公司得 40%。亏损承担比例与收益比例一致;任何一方未能履行协议约定义务,赔偿对方实际经济损失。

2004 年 1 月 17 日、3 月 16 日、17 日以及《合作协议》签订后的 2004 年 5 月 25 日,鹏诚公司先后共计支付中云公司投资款 2000 万元。

2004 年 4 月底,中云公司取得唐山百货公司转让的房屋及土地权属证书。同年 9 月 28 日,唐山市发展和建设委员会批复,同意中云公司对八方广场购物中心东侧进行改造扩建。同年 10 月 19 日,经鹏诚公司介绍,中云公司向唐山新绿洲房地产开发有限公司借款 1300 万元,用于广场购物中心项目的改造建设。

二、当事人一审起诉与答辩

2004 年 11 月 23 日,中云公司向河北省唐山市中级人民法院提起诉讼,请求解除《合作协议》、由鹏诚公司赔偿损失 200 万元,并承担本案全部诉讼费用。

鹏诚公司反诉请求解除《合作协议》,分割双方合作期间广场购物中心项目形成的共有财产,由中云公司承担双方建设该项目所形成的共同债务约 2000 万元,并承担相应的违约责任。另,双方合作期间共同借款 1300 万元,由于该笔款项用于了广场购物中心项目的改造建设,应作为双方共同投资,故请求人民法院在分割合作期间的共有财产时一并处理。

三、河北省唐山市中级人民法院一审认定与判决

河北省唐山市中级人民法院审理期间,该院委托河北省唐山市价格认定中心(以下简称价格认定中心)对讼争土地进行评估。2005 年 4 月 28 日,价格认定中心出具的评估结论为:该商业用地使用权价格 7836 万元,土地单价为 2884.89 元/平方米,合作开发预期利润 1.8 亿元。

河北省唐山市中级人民法院审理认为,双方当事人签订的《合作协议》为其真实意思表示,内容合法,属于有效合同,现双方均请求解除,应当予支持。《合作协议》解除后,应恢复

原状,相互返还及赔偿损失。中云公司应返还鹏诚公司 2000 万元投资款,并支付利息。中云公司请求鹏诚公司赔偿损失 200 万元,因无相应证据,对其该项请求不予支持。鹏诚公司请求分割合作期间共有财产,因双方尚未开发,没有形成共有财产。首先,双方签订《合作协议》前,中云公司已与唐山百货公司签订《资产转让协议》,只是由于唐山百货公司改制延期,没有按约定取得土地使用权证。其次,鹏诚公司投资 2000 万元是协助中云公司办理土地有关手续。依据《合作协议》约定,土地使用权的取得由中云公司负责,并以其名义开发建设广场购物中心项目。可见土地使用权属于中云公司。第三,土地使用权证的使用权人是中云公司,无其他共有人。合作开发按约定是在中云公司取得土地使用权后,但双方合作未开始,没有形成共有财产。故鹏诚公司分割共同财产的反诉请求,理据不足,不予采纳。鹏诚公司不能提供中云公司违约的证据,对其关于追究中云公司违约责任的主张,亦不予支持。另,鹏程公司反诉虽未请求补偿,但其出资 2000 万元为中云公司取得土地使用权证起到了作用。根据公平原则,中云公司应给予一定的补偿。据此,河北省唐山市中级人民法院于 2005 年 7 月 22 日作出(2004)唐民初字第 179 号民事判决:一、解除双方当事人 2004 年 3 月 24 日签订的《合作协议》。二、中云公司于判决生效后 30 日内返还鹏诚公司 2000 万元及利息(按中国人民银行同期贷款利率支付利息至履行完毕时止)。三、中云公司于判决生效后 30 日内补偿鹏诚公司 500 万元。四、驳回双方当事人其他诉讼请求。

四、河北省高级人民法院二审认定与判决

双方当事人对该判决不服,向河北省高级人民法院提起上诉。

河北省高级人民法院审理期间,就涉案土地使用权是否为双方当事人共有的问题,致函河北省唐山市国土资源局。2006 年 4 月 17 日,该局书面答复:涉案土地的权利人为中云公司,不存在其他共有人。

河北省高级人民法院经审理认为,鹏诚公司请求中云公司偿还其向周金辉 1300 万元借款中的 650 万元及利息问题,因该纠纷已另案处理,本案不予审理。双方当事人均未提供对方违约的证据,且请求的事实在《合作协议》中无具体明确约定,无法认定双方当事人的违约责任,《合作协议》无法履行,双方当事人均无过错。

关于土地使用权是否为双方当事人共有的问题。根据《合作协议》约定,土地使用权取得由中云公司负责,鹏诚公司不承担风险。《合作协议》约定双方共同出资、责任同等,鹏诚公司占四成,中云公司占六成,说明中云公司以土地出资的事实。结合中云公司取得土地使用权的过程,可以认定,中云公司是土地使用权的主体,争议土地不是双方当事人的共有财产。但根据《合作协议》第二条约定,为使中云公司顺利办理国有土地使用权手续及交纳土地出让金,在协议签订后,鹏诚公司一次性投资 2000 万元,其余所需资金由中云公司负责。可以认定,中云公司取得土地使用权借助了鹏诚公司的投资。因此,中云公司关于《合作协议》解除后不应补偿的理由,不能成立。现双方当事人均请求解除《合作协议》,应视为双方当事人就解除《合作协议》已达成一致。鉴于中云公司土地使用权大幅升值,土地使用权的取得又是在鹏诚公司投资帮助下实现的。因此,应对鹏诚公司给予一定的补偿。但鹏

诚公司请求土地增值部分依据《合作协议》约定的四六比例分成的理由,不能成立。因为《合作协议》约定四六分成的前提是广场购物中心项目开发取得的收益。现《合作协议》只是初步履行,开发尚未开始,双方当事人均未投资,且该项目尚未取得相应的建设手续,鹏诚公司请求依据《合作协议》关于四六比例分成的约定,分得开发后的项目利润,没有依据,也不符合合同权利义务对等的原则。因此,鹏诚公司该项请求不能成立。一审判决在认定中云公司未违约的情况下,判决其向鹏诚公司赔偿利息不当。鉴于讼争土地价格增值,中云公司取得增值利益借助了鹏诚公司的2000万元投资,一审判决中云公司向鹏诚公司补偿500万元偏低,该补偿额应调整为700万元为宜。据此,河北省高级人民法院于2006年7月31日作出(2005)冀民一终字第146号民事判决:一、维持河北省唐山市中级人民法院(2004)唐民初字第179号民事判决第一、四项;二、变更河北省唐山市中级人民法院(2004)唐民初字第179号民事判决第二项为:中云公司于判决生效后30日内返还鹏诚公司2000万元;三、变更河北省唐山市中级人民法院(2004)唐民初字第179号民事判决第三项为:中云公司于判决生效后30日内补偿鹏诚公司700万元。

一审案件本诉受理费20010元,由中云公司负担,一审案件反诉费、保全费与鉴定费按一审判决执行。二审案件受理费130010元,由中云公司负担52004元,由鹏诚公司负担78006元。

2006年8月29日,中云公司依据河北省高级人民法院(2005)冀民一终字第146号民事判决,履行了向鹏诚公司返还27105250元投资款(其中包括其支付鹏诚公司的一、二审案件受理费)的义务。

此后,鹏诚公司不服一、二审判决,仍以双方合作期间广场购物中心项目已形成共有财产,应当予以分割以及中云公司承担违约责任等事实与理由,分别向河北省高级人民法院和最高人民法院申请再审。河北省高级人民法院经复查,于2007年4月23日驳回了鹏诚公司的再审申请。

五、鹏诚公司申请再审依据的事实与理由及中云公司答辩

鹏诚公司向最高人民法院申请再审,请求:(1)撤销和终止一、二审判决的执行。(2)依据《合作协议》约定的四六分成比例,对双方联营期间所得的财产进行分配,并由中云公司承担违约责任和本案全部诉讼费用。事实与理由:

1. 鹏诚公司依据《合作协议》约定投资2000万元后,中云公司才取得广场购物中心项目土地使用权。因此,该土地使用权是依据《合作协议》约定的该公司投资取得的共同财产。另《合作协议》在土地使用权取得前已经实际履行,一、二审判决《合作协议》在土地使用权取得后才开始履行,进而认定该土地使用权属于中云公司所有是错误的。

2. 该土地使用权系双方当事人的投资取得的财产。因此,双方当事人联营期间所形成的所有财产、包括增值收益及可得利益,均属于双方当事人的共同财产。《合作协议》解除后,应对联营期间所形成的所有财产价值进行评估,并依据《合作协议》约定的四六比例进行分配。一、二审判决以双方当事人未实际开发广场购物中心项目为由,认定该财产不是

双方当事人的共同财产和不予分配亦是错误的。

3. 依据《合作协议》约定,鹏诚公司投资 2000 万元,其余资金由中云公司承担筹集。但中云公司未履行《合作协议》关于"其余资金由中云公司负责"的约定义务。中云公司还违反《合作协议》关于"设计方案共同建立、项目单立账户,各派财务人员一名、动用项目资金由双方法定代表人签章"等约定,拒绝为广场购物中心项目单独设立账户。中云公司还单方调整设计方案、在《合作协议》未解除和未取得《商品房预售许可证》的情况下,单方销售房屋,独占项目收益。因此,中云公司应对鹏诚公司承担违约赔偿责任,一、二审判决认定中云公司不构成违约,与事实不符。

4. 二审法院在中云公司没有请求的情况下,免除了鹏诚公司的 2000 万元投资款法定利息,损害了鹏诚公司的合法权益,应当予以纠正。

最高人民法院二审庭审中,鹏诚公司增加申请再审的事实与理由为,双方当事人签订的《合作协议》没有解除。

中云公司答辩称,河北省高级人民法院(2005)冀民一终字第 146 号民事判决,认定事实清楚,适用法律正确,故请求予以维持,驳回鹏诚公司的再审请求。

六、最高人民法院再审查明的案件事实

1. 2004 年 11 月 23 日,中云公司以鹏诚公司单方提出解除《合作协议》违反诚实信用原则为由提起诉讼,请求解除双方当事人签订的《合作协议》,由鹏诚公司赔偿损失 200 万元,并承担本案诉讼费用。鹏诚公司以中云公司单方占有广场购物中心项目场地,单方与设计院修改设计方案等违约行为为由提出反诉,请求解除《合作协议》,分割双方合作期间广场购物中心项目形成的共有财产,由中云公司承担双方建设该项目所形成的共同债务约 2000 万元,并承担违约责任。

2.《合作协议》约定:"为使中云公司顺利办理土地使用权手续及交纳土地出让金,《合作协议》签订后,鹏诚公司先一次性支付投资 2000 万元,其余资金由中云公司负责筹集。在中云公司依法取得项目土地使用权后,开发资金由双方共同筹集,责任同等。"中云公司未履行"其余资金由中云公司负责"的合同义务。双方当事人亦未履行《合作协议》约定的"在依法取得土地使用权后,开发资金双方共同筹集,责任同等"的合同义务。

3. 2004 年 4 月 8 日的河北省唐山市人民政府路北(里)第 501000940 - 01 号至 04 号《房屋产权证》载明:房屋所有人中云公司;2004 年 4 月 30 日的河北省唐山市人民政府冀唐国用(2004)第 02196 号至 02197 号《国有土地使用权证》载明:政府以出让方式将讼争土地出让给中云公司,中云公司为讼争土地的使用权人。

4. 2004 年 5 月 18 日,中云公司与辽宁省沈阳新大陆建筑设计有限公司(以下简称沈阳设计公司)签订《建设工程施工合同》约定,由沈阳设计公司对中云公司的广场购物中心项目进行建筑设计。2005 年 8 月 30 日,沈阳设计公司出具《证明》:"第一、二次设计方案讨论中,双方当事人共同参加,第三次后由中云公司与我方单方联系。2004 年 10 月就此项目到厦门考察,没有鹏程公司人员参加。"

七、最高人民法院再审认定与判决

根据鹏诚公司申请再审依据的事实与理由以及中云公司的答辩，最高人民法院再审归纳双方当事人争议的焦点为：(1)广场购物中心项目土地使用权是否为《合作协议》项下双方当事人共同取得。(2)《合作协议》是否已解除，如已解除，广场购物中心项目土地使用权增值部分应否作为双方当事人的共同财产，并依据《合作协议》约定的四、六比例分成。(3)双方当事人履行《合作协议》过程中，中云公司是否存在违约，应对鹏诚公司承担违约赔偿责任。

(一)关于广场购物中心项目土地使用权是否为《合作协议》项下双方当事人共同取得的问题

最高人民法院审理认为，双方当事人2004年3月24日签订的《合作协议》，其形式与内容均符合法律规定的房地产合作开发合同要件，河北省高级人民法院(2005)冀民一终字第146号民事判决认定《合作协议》为房地产合作开发合同性质，适用法律正确，应当予以维持。鹏诚公司关于《合作协议》为联营法律关系性质的主张，与事实不符。本案虽然《合作协议》约定"为使中云公司顺利办理国有土地使用权手续及交纳土地出让金，《合作协议》签订后，鹏诚公司先一次性投资2000万元"，但该约定内容不能改变鹏诚公司与中云公司合作开发房地产所支付的2000万元投资款性质，且2004年4月30日的河北省唐山市人民政府冀唐国用(2004)第02196至02197号《国有土地使用权证》已载明，中云公司为广场购物中心项目的土地使用权人。因此，河北省高级人民法院(2005)冀民终字第146号民事判决认定广场购物中心项目土地使用权属于中云公司，并无不妥。鹏诚公司关于广场购物中心项目土地使用权为《合作协议》项下双方当事人共同取得的主张，依据不足，本院不予支持。

(二)关于《合作协议》是否已解除，如已解除，广场购物中心项目土地使用权增值部分应否作为双方当事人的共同财产，并依据《合作协议》约定的四六比例分成的问题

最高人民法院审理认为，2004年11月23日，中云公司以鹏诚公司单方提出解除《合作协议》的行为违反诚实信用原则为由向河北省唐山市中级人民法院提起诉讼，请求解除双方当事人签订的《合作协议》。鹏诚公司提交的书面答辩状不仅明确表示同意解除，而且反诉的主要请求亦是解除《合作协议》。事实证明，双方当事人诉讼前与起诉和答辩阶段实施的一系列解除《合作协议》的行为，意在告知对方终止履行《合作协议》约定的权利义务。中云公司解除《合作协议》的意思表示不仅到达鹏诚公司，为鹏诚公司知晓无异议，而且，中云公司请求解除《合作协议》的主张与鹏诚公司认可与反诉请求解除《合作协议》的意思表示一致。依据《合同法》第九十三条"当事人协商一致，可以解除合同"之规定，应当认定《合作协议》已经双方当事人协商一致，达成了解除的一致意思表示。对于双方当事人协商一致解除协议的效力，依法应当确认。河北省高级人民法院(2005)冀民一终字第146号民事判

决确认双方已就解除《合作协议》达成一致,证据充分,本院予以维持。鹏诚公司关于《合作协议》尚未解除的再审请求,没有依据,本院不予支持。

关于广场购物中心项目土地使用权增值部分应否作为双方当事人的共同财产,并依据《合作协议》约定的四六比例分成的问题。

首先,本案如前所述,2004 年 4 月 30 日,河北省唐山市人民政府冀唐国用(2004)第 02196 至 02197 号的《国有土地使用权证》已载明,中云公司为广场购物中心项目的土地使用权人。因此,河北省高级人民法院(2005)冀民一终字第 146 号民事判决确认该项目土地不是双方当事人的共同财产,亦无不当。其次,《合作协议》已经双方当事人协商一致解除。依据《合同法》第九十七条"合同解除后,尚未履行的,终止履行;已经履行的根据履行情况和合同性质,当事人可以要求恢复原状、采取其他补救措施,并有权要求赔偿损失"之规定,中云公司负有返还鹏诚公司 2000 万元投资款的义务。鹏诚公司亦有权请求中云公司赔偿损失。但鹏诚公司未能举证证明其实际损失存在的事实。此外,《合作协议》解除后,《合作协议》关于"开发资金双方共同筹资,责任等同"的约定已经因《合作协议》效力消灭而终止,《合作协议》关于"项目收益中云公司得百分之六十,鹏诚公司得百分之四十"的约定条件尚未成就。

综上,根据本案实际情况,河北省高级人民法院(2005)民一终字第 146 号民事判决中云公司返还鹏诚公司 2000 万元投资款及 700 万元补偿款,并无不妥,本院予以维持。(2005)民一终字第 146 号民事判决已经执行。在此情况下,鹏诚公司又以广场购物中心项目土地使用权增值部分为双方当事人的共同财产,应依据《合作协议》约定的四六比例对合同解除后的土地增值部分主张追加的诉讼请求,没有法律依据,本院亦不予采信。

(三)关于双方当事人履行《合作协议》过程中,中云公司是否存在违约,应对鹏诚公司承担违约赔偿责任的问题

最高人民法院审理认为,依据查明的案件事实,在《合作协议》履行过程中,中云公司确有独自与相关单位签订《建设工程施工合同》、独自预售房屋等违约行为。但在 2004 年 11 月 23 日中云公司提起诉讼,鹏诚公司针对中云公司起诉请求的反诉中,虽主张中云公司承担违约责任,但《合作协议》未就双方当事人的违约事由及责任承担作出明确具体的约定。因此,(2005)冀民一终字第 146 号民事判决认定违约的事实在《合作协议》中无具体明确约定,无法认定双方的违约责任,符合《合作协议》的约定及双方当事人履行情况。鹏诚公司关于追究中云公司违约赔偿责任的主张,理据不足,本院亦不予支持。

综上,河北省高级人民法院(2005)冀民一终字第 146 号民事判决,认定事实清楚,适用法律正确。依照《中华人民共和国民事诉讼法》第一百五十三条第一款第(一)项之规定,最高人民法院于 2008 年 10 月 21 日作出(2008)民提字第 22 号民事判决:维持河北省高级人民法院(2005)冀民一终字第 146 号民事判决。

八、对本案的解析

本案第一、三个争议焦点,最高人民法院再审判决已论证清楚。篇幅所限,本文仅就双

方当事人争议的第二个焦点进行解析与探讨。即《合作协议》是否已解除,如已解除,广场购物中心项目土地使用权增值部分应否作为双方的共同财产,并依据《合作协议》约定的四六比例分成。对此,最高人民法院再审判决遵循了如下裁判原则:

(一)正确认定当事人解除《合作协议》的行为性质

《合同法》第九十三条规定:"当事人协商一致,可以解除合同。当事人可以约定一方解除合同的条件。解除合同的条件成就时,解除权人可以解除合同。"该规定表明,(1)合同解除,作为一项独立的法律制度,赋予了合同当事人享有解除合同的权利。即当事人可以根据合同自愿原则,通过协商或者行使约定解除权的方式解除合同,只要该解除合同的行为不违背法律或者不损害社会公共利益,即生产合同消灭的法律后果。(2)合同解除分为约定解除与法定解除,约定解除包括协议解除与约定解除权。

所谓协议解除,是指合同成立以后,在未履行或者未完全履行之前,当事人通过协商解除合同,使合同效力归于消灭的行为。由于此种方式是在合同成立以后,是当事人根据已经发生的事实,通过协商解除合同,而不是在合同订立时约定解除权,因此又称为事后协商解除。① 所谓约定解除权,是指当事人事先在合同中约定,在合同成立以后,没有履行或者没有完全履行之前,由一方当事人在某种解除合同的条件成就时享有解除权,并可以通过行使合同解除权,使合同关系消灭。②

本案当事人未就合同解除权事先在《合作协议》中作出约定。2004 年 11 月 23 日,中云公司以鹏诚公司单方提出解除《合作协议》违反诚实信用原则为由提起诉讼,鹏诚公司以中云公司单方占有广场购物中心项目场地,单方与设计院修改设计方案等违约行为为由提出反诉,请求解除《合作协议》。该事实表明,本案诉讼前,当事人已就《合作协议》是否解除产生争议。诉讼中,双方在继续履行与解除《合作协议》之间作出了解除的选择。当事人虽然没有以订立一个新的合同方式解除原《合作协议》,但其诉前与诉讼中实施的一系列解除合同的行为之目的是明确清楚的,即就是要告知对方终止履行《合作协议》约定的权利义务。无论双方就解除《合作协议》后的违约或赔偿是否能够达成一致,都不会影响和改变《合作协议》解除的事实与效力。客观上,当事人各自解除《合作协议》的意思表示不仅到达对方,为对方知晓无异议,且双方在解除《合作协议》之争议焦点上意思表示完全一致。而这种解除一旦协商一致,原《合作协议》即归于消灭。

综上分析,本案双方当事人解除《合作协议》的行为虽然发生在人民法院案件受理阶段,但该解除行为是以双方协商一致为前提,符合法律规定的协议解除合同的条件,应当认定为协议解除合同的性质。此为最高人民法院终审判决"应认定《合作协议》已经双方当事人协商一致,达成了解除的一致意思表示。对于双方当事人协商一致解除协议的效力,依法应当确认"的主要依据。

---

① 王利明、崔建远:《合同法新论·总则》,中国政法大学出版社 2000 年版,第 444 页。

② 王利明、崔建远:《合同法新论·总则》,中国政法大学出版社 2000 年版,第 446 页。

2. 正确认定当事人解除《合作协议》的行为后果。

无论约定解除合同还是法定解除合同,都会产生合同解除的法律后果。对此,《合同法》第九十七条规定:“合同解除后,尚未履行的,终止履行;已经履行的,根据履行情况和合同性质,当事人可以要求恢复原状,采取其他补救措施,并有权要求赔偿损失。”该规定表明,合同解除,不仅包括合同关系的消灭,也包括合同关系存续期间已经履行部分的处理。但法律首先承认合同解除应向将来发生效力,即对于尚未履行的终止履行。其次,法律承认合同的解除可以产生溯及既往的效果。就是说,如果解除合同有溯及力,就要发生恢复原状的法律后果,如果没有,则合同解除以前的债权债务依然存在,当事人对已经履行的部分既不负恢复原状的义务。[①] 再次,法律承认合同解除与损害赔偿并存。

本案双方当事人协议解除《合作协议》的同时,未就《合作协议》约定的各方权利义务的分配协商一致。依据上述法律规定,中云公司依法负有返还鹏诚公司 2000 万元投资款的义务。同时,如果鹏诚公司能够举证证明由于解除《合作协议》使其利益遭受实际损失,中云公司亦应一并予以赔偿。对于鹏诚公司而言,其再审请求广场购物中心项目土地使用权增值部分作为双方的共同财产,依据《合作协议》约定的四六比例分成。但事实上,由于《合作协议》已经双方协商一致解除,尚未履行的部分不再履行,《合作协议》约定的当事人权利与义务已经归于消灭,鹏诚公司该项主张显然没有合同根据及法律依据。

综上分析,不难看出,一、二审法院对本案双方当事人解除《合作协议》之后果的处理,没有超出《合作协议》解除效力应当达到的范围。换句话说, 、二审法院在对本案双方当事人解除《合作协议》效力作出判定后,对鹏诚公司主张的解除合同之后果的认定与处理,完全限定在法律规定的合理范围内。此为最高人民法院终审判决“鹏诚公司亦有权请求判令中云公司赔偿损失”。但鹏诚公司未能举证证明其实际损失存在的事实。此外,《合作协议》解除后,《合作协议》关于“开发资金双方共同筹资,责任等同”的约定已经因《合作协议》效力消灭而终止,《合作协议》关于“项目收益中云公司得百分之六十,鹏诚公司得百分之四十”的约定条件尚未成就”的重要依据。

最高人民法院终审判决的另一个裁判思路是:遵循诚实信用原则判定当事人各方权利义务。

《民法通则》第四条与《合同法》第六条,确定了诚实信用原则为当事人行使权利和承担义务的基本原则。即当事人从事民事活动和进行民事诉讼活动,均应当诚实守信,以善意的方式履行其义务,不得滥用权利及规避法律或者合同约定的义务。同时,诚实信用原则要求维护当事人之间的利益以及当事人与社会利益的平衡。诚实信用原则的确立,对于规范民事活动,弘扬道德观念,维护交易秩序,都具有极其重要的作用。[②] 诚实信用原则,是人民法院民事审判应遵循的基本原则。

本案《合作协议》订立前,鹏诚公司已付部分投资款,中云公司也正是基于对鹏诚公司

---

① 王利明、崔建远:《合同法新论·总则》,中国政法大学出版社 2000 年版,第 463 页。

② 王利明:《民法总则研究》,中国人民大学出版社 2003 年版,第 122 ~ 123 页。

共建广场购物中心真实意思的信任,才于 2004 年 10 月向唐山市绿洲房地产开发有限公司借款 1300 万元用于共建该项目。后因鹏诚公司单方提出解除合同,中云公司以鹏诚公司违反了诚实信用原则为由提起诉讼。本案至河北省高级人民法院作出(2005)冀民一终字第 146 号民事判决,诉讼历时 1 年半之久,鹏诚公司对于双方协议解除《合作协议》的事实与效力未曾提出异议,不仅如此,鹏诚公司还在执行程序中,接受了中云公司依据《合作协议》解除后应返还 2000 万元投资款。进一步表明,双方已就《合作协议》解除后各方权利义务处理完毕。在此情况下,鹏诚公司反悔。探究其诉讼目的,不难看出,因为国家土地房产价格上涨,鹏诚公司是在寻求国家土地价格上涨后的利益保障。但协议解除同约定解除权与法定解除权一样,只能是一次性形成权,即一旦当事人双方行使该项权利,解除合同的效力即发生,无正当理由不能反悔。法律要求当事人诉讼外与诉讼内都要诚信,都要讲真话讲实话,并且说话要算数,唯有如此,才能保证交易安全与第三人利益。本案鹏诚公司在《合作协议》已经双方协商一致解除,后由于土地价格上,又以中云公司违约等作为抗辩,违背了法律规定的诚实信用原则,也背离了市场经济条件下交易主体应遵循的基本交易规则。

综上,最高人民法院依据《合同法》第九十三条、第九十七条之规定,遵循《民法通则》与《合同法》规定的诚实信用原则,结合全案事实,从上述法律规定的文字表述,探求法律的精神实质,探究当事人诉讼行为的正当性,终审“维持河北省高级人民法院(2005)冀民终字第 146 号民事判决”。从而使判决确认的双方当事人权利义务趋于法律蕴含的诚信与公平。

合同履行殆尽时守约方不得依约解除合同

——北京京顺房地产有限责任公司与北京银座合智房地产开发有限公司建设用地使用权转让合同纠纷案

张进先*

法理提示 合同解除导致合同关系归于消灭,其法律后果不表现为违约责任,体现了对守约方的保护。但是,在合同履行殆尽的情况下,守约方再依约解除合同,不仅会使合同目的无法实现,甚至会损害第三人的利益,不符合当事人缔约时的初衷和尽量使合同有效的立法目的。故对守约方滥用合同解除权的行为,人民法院应当加以限制,以平衡双方当事人的利益,维护公平正义。

上诉人(一审原告、反诉被告):北京京顺房地产有限责任公司,住所地北京市顺义区南彩镇九王庄。

法定代表人:孙雪,该公司董事长。

委托代理人:何丹,北京人富律师事务所律师。

委托代理人:孙虎,北京人富律师事务所律师。

上诉人(一审被告、反诉原告):北京银座合智房地产开发有限公司,住所地北京市顺义区南彩镇彩祥东路 10 号。

法定代表人:季缃绮,该公司董事长。

委托代理人:兰焕婷,北京市安理律师事务所律师。

委托代理人:徐飞翔,北京市浩天信和律师事务所律师。

上诉人北京京顺房地产有限责任公司(以下简称京顺公司)与上诉人北京银座合智房地产开发有限公司(以下简称银座公司)建设用地使用权转让合同纠纷一案,北京市高级人民法院于 2010 年 10 月 12 日作出(2009)高民初字第 5376 号民事判决。双方当事人均不服该判决,向最高人民法院提起上诉。

一、北京市高级人民法院一审查明的事实

2005 年 8 月 24 日,京顺公司与银座公司签订《国有土地使用权转让合同》,就京顺公司

---

* 对外经济贸易大学法学博士,最高人民法院民一庭高级法官。

取得的国有土地使用权向银座公司转让事宜约定如下:转让土地的性质为国有出让高级住宅用地,坐落在北京市顺义区南彩镇九王庄(以下简称九王庄)南侧,总占地721.9亩,其中建设用地614.9亩、代征土地107亩。上述建设用地及代征土地京顺公司已开发约6万平方米(占地105亩,含代征土地),京顺公司将剩余建设用地约524亩、代征土地约92亩转让给银座公司。转让的建设用地以转让后的土地证上的面积为准,代征土地双方按各自开发的建设土地的面积比例分担,即银座公司承担的代征土地面积为107亩÷614.9亩×银座公司受让土地证载明的土地亩数。京顺公司已取得转让土地的《建设用地规划许可证》[(94)规地远字32号]及《国有土地使用权证》【京国用(94)出字020号】。关于转让的价格,双方约定为建设用地每亩17万元,其中含京顺公司应付政府的土地出让金13万元/亩,京顺公司土地补偿款4万元/亩,京顺公司代征地补偿款4万元/亩;土地转让的总价格等于实际过户到银座公司名下的建设用地土地证上的亩数×17万元/亩+代征土地亩数×4万元。双方还约定,在合同签订时,银座公司向京顺公司支付定金2000万元。合同签订之日起七日内,京顺公司将所有权转让手续及京顺公司现持有的土地证呈报土地管理部门,办理该转让地块的转让过户手续。该转让地块过到银座公司名下且银座公司取得《国有土地使用权证》时,银座公司付给京顺公司定金转为土地转让款,且双方按土地证实转土地数和银座公司承担的代征地亩数找补差价结算(以每亩4万元找补差价结算),京顺公司须给银座公司开具合法票据。土地转让款中包含的京顺公司应向政府交纳的土地出让金13万元/亩,由银座公司直接支付给土地管理部门。合同第九条约定:任何一方不得无故终止合同,否则,违约方除应承担定金罚则责任外,还应当向守约方支付违约金,违约金为合同总额的20%。银座公司逾期付款,京顺公司逾期提供和办理转让手续,每逾期一日,违约方向守约方按合同总额日万分之五支付滞纳金,逾期时间超过二个月,守约方有权解除合同,并按上款规定追究违约方的违约责任。

同日,双方签订《国有土地使用权转让合同补充协议》(以下简称补充协议),主要约定:转让已建成的配套设施及代征土地补偿款。对该721.9亩开发地块京顺公司现已投资完成水厂、污水站、卫星电视、热水井、燃气站、开闭站、道路、通讯、监控系统、宽带网、绿化等(以下简称配套设施)。上述配套设施京顺公司已投资完成且部分完成(现状,由此产生的债权债务由京顺公司负责),现随同转让合同中第一条规定,按双方开发土地的比例转让给银座公司。银座公司后续项目建设开发中所产生的配套设施费用,由银座公司自行投资补充建设,与京顺公司无关。配套设施转让和村民土地及青苗补偿价格总计39万元/亩(其中村民土地及青苗补偿款10万元/亩),转让总值为(实际过户到银座公司名下土地证标注的土地亩数+代征土地亩数)×39万元/亩。关于付款时间和付款方式,本合同签订同时,银座公司将1.8亿元(不包括在国有土地使用权转让合同中已付的2000万元定金)转让款存入双方指定和控制的专用账户,在该转让地块过户到银座公司名下且银座公司取得《国有土地使用权证》同时,银座公司签署按实转建设用地土地证亩数加代征地亩数双方计算的差额款,并按双方最终确认的转让款一次性付清,京顺公司须给银座公司开具合法票据。本合同第三款中包含的村民土地及青苗补偿10万元/亩(包括代征地),由京顺公司负责与九王庄村民委员会签订付款协议,并保证该土地及青苗补偿不超过10万元/亩,银座公司按京顺公司与该村民委员会签订的协议中规定的款数在土地证过户到银座公司名下 10 日内一次性支付给村民委员会,由该村民委员会给银座公司开具合法票据,其他全部余款由银座公司直接付给京顺公司,京顺公司给银座公司提供合法票据。关于配套设施的交付时间,银座公司向京顺公司付清配套设施转让款后,配套设施的所有权按比例归银座公司所有,使用管理权在银座公司未接收之前由京顺公司管理。银座公司的建设项目开工时,京顺公司应当将配套设施的使用权移交给银座公司,从银座公司接收配套设施之日起,京顺公司已开发的房屋物业管理权移交给银座公司,在银座公司能够将京顺公司已开发房屋的业主与银座公司开发房屋的业主享有同等物业待遇的情况下,京顺公司若将自己享有的配套所有权转让给银座公司将不再收取任何费用。京顺公司依约收取银座公司应支付的各种款项。如银座公司不按约定支付应付款项,京顺公司有权按约定继续享有土地所有权,并按约定主张权利;依约将配套设施(现状)的所有权(按比例)和使用权交付给银座公司。银座公司取得京顺公司已投资建设的配套设施的所有权和管理使用权;依约向京顺公司支付应付的各种款项;银座公司开发项目完成后,对京顺公司开发项目的物业与银座公司开发项目的物业及业主同等对待,统一管理。任何一方不得无故终止,否则,违约方应当向守约方支付违约金,违约金为协议总额的 5% 承担责任;银座公司逾期付款,京顺公司逾期交付配套设施,每逾期一日,违约方向守约方按合同总额日万分之五支付滞纳金,逾期时间超过二个月,守约方有权解除合同,并按上款规定追究违约责任;本补充协议是《国有土地使用权转让合同》的组成部分,具有同等法律效力。关于物业管理经营事项双方可另行签订补充协议商定。

2005 年 10 月 31 日,双方签订《补充协议(1)》,约定:双方同意对 2005 - 01 - 01《国有土地使用权转让协议》第六条规定的条款内容予以变更为:土地转让款(包括银座公司向政府交纳的土地出让金 13 万元/亩)银座公司完全支付给京顺公司,京顺公司欠缴政府的土地出让金,必须在转让土地过户前交清,向政府交纳的土地出让金与银座公司无关,出现问题由京顺公司负责。银座公司付给京顺公司的土地款,京顺公司应按照国家有关法律法规的规定,向银座公司开具经过税务机关认可的合法票据。

2005 年 12 月 27 日,双方签订《补充协议(2)》,约定:(1)根据顺义区国土资源局对该地块的实际测量,双方同意认定京顺公司向银座公司转让的坐落在九王庄南侧土地为:建设用地 485.5 亩,实际分摊的代征地面积为 84.5 亩。(2)按照双方确认的建设用地和代征地的实际亩数,计算该宗土地的实际价值为 25121.5 万元(不包括给村民委员会的补偿款)。(3)双方同意对《补充协议》第四条的条款予以调整,银座公司应支付给九王庄村民委员会和京顺公司总计 5700 万元(村民土地及青苗补偿款 10 万元/亩),银座公司同意由京顺公司支付给九王庄村民委员会。本次从双方共管账户转出 2500 万元支付给京顺公司,由京顺公司负责将该 2500 万元付给九王庄村民委员会。京顺公司保证九王庄村民委员会在三日内收到该款,且给银座公司开出合法票据,并不出现任何问题累及银座公司。余款按本补充协议的第四条办理。(4)本次土地交易,银座公司已支付给京顺公司转让款 17000 万元,但京顺公司现在还未给银座公司开出合法票据。双方商定,银座公司在本补充协议签订三日内再从共管账户中支付给京顺公司 6500 万元。

2005年10月24日,银座公司取得京顺国用(2005出)第0187号国有土地使用权证书,证书载明使用权面积为323642.47平方米。

银座公司向京顺公司付款的情况为:2005年8月26日,付款2000万元作为合同定金。同年9月12日至12月27日,分五次共付款24 000万元。2007年7月16日、9月29日,分两次共付款3300万元。2008年2月19日、2009年1月8日、5月14日、6月16日、9月9日,分五次共付款940万元。至此,银座公司付款合计30240万元。按照合同约定,银座公司受让土地570亩(其中建设用地485.5亩,代征地84.5亩),合同约定建设用地每亩56万元(其中出让金17万元、配套设施款29万元、青苗补偿款10万元),代征地每亩43万元(其中土地出让金4万元、配套设施款29万元、青苗补偿款10万元),合计支付转让款30821.5万元,迄今尚有581.5万元未付。

2007年7月31日,银座公司就《银座公司与京顺公司合同剩余款项的还款说明》致函北京市地方税务局稽查二局和京顺公司,内容是:根据我公司与京顺公司的约定,合同总交易额30821.5万元,截至目前我公司尚欠京顺公司款项4521.5万元。由于涉及税票的问题,我公司没有完全支付完毕。对于此笔款项的支付,我公司已经列入还款的日程。但恳请税务机关和京顺公司对我公司目前的困境予以考虑。对于合同剩余款项4512.5万元,我公司计划在2007年12月31日前还清。

诉讼中,京顺公司提交北京市地方税务局第二稽查局税务处理决定书以及付款凭证等证据,以证明由于银座公司迟延付款构成违约,导致京顺公司受到税务机关处罚。京顺公司还提交《合作意向书》《合作开发蒙山景区项目的合同书》、京顺公司股东会纪要、《太原蒙山大佛保护研讨会纪要》《修复西山大佛、恢复蒙山景区项目可行性研究报告》、证人证言等证据,以证明京顺公司计划用银座公司支付的土地尾款投资于蒙山景区项目,因银座公司款项不到位,导致合同被终止。银座公司对上述证据的证明力不予认可。

2008年8月4日,银座公司就涉及京顺公司开发的蒙顿卡雀小区的问题致函京顺公司,内容主要为:(1)蒙顿卡雀小区的现状围墙与规划局钉定的银座公司用地界桩有冲突,具体尺寸详附图。(2)上述冲突造成蒙顿卡雀小区的卫星接收器、配电室坐落在银座公司用地范围内。(3)银座公司用地范围内尚有蒙顿卡雀小区遗留的临建需要拆除。(4)蒙顿卡雀小区从其自建水厂引入小区的管线有一部分管线在银座公司用地范围内。(5)银座公司在人防报批时已替蒙顿卡雀小区交纳其应建而未建的1487.36平方米人防的异地建设费243.92704万元。

银座公司提交《凿井工程合同》《卫星电视及网络建设合同》《燃气工程施工合同》《电力施工合同》《道路施工合同》《电信施工合同》《景观绿化施工合同》等证据,以证明因京顺公司未能依据合同提供该项目的配套设施,为了尽快施工,银座公司只有自建供水、卫星电视、网络、燃气、电力、道路、电信及绿化工程。经查,上述合同中蓝岸丽舍别墅外景观绿化项目合同为2009年1至3月份签订,其他合同主要签署于2009年9月至12月,银座公司的合同签字方主要为公司工程经理刘虎。对于上述证据的证明力,京顺公司不予认可,认为其已经履行了配套设施的交付义务。

针对银座公司提出的配套设施未予交付的问题,京顺公司提交了双方于2009年5月7

日达成的《关于京顺公司和银座公司就双方项目现存问题解决落实会议纪要》(以下简称会议纪要),以此证明双方对部分配套设施的使用做了新的安排,并通过会议纪要书面确认,明确了配套设施的使用和处置方案。该纪要就与会双方目前各自项目现存问题的解决达成如下共识:(1)银座公司所欠京顺公司土地转让尾款将分两次付清,8月30日前付清全部尾款。(2)京顺公司为配合银座公司项目开发建设,已通过供电部门帮助解决供电问题,并由银座公司负责建设供电KP站。(3)双方就各自市政配套项目本着资源共享、不重复投资、互补利用的原则。(4)银座公司不再单独建供水厂,已打出的供水井并入京顺公司水厂,由京顺公司负责供水。(5)银座公司所开发项目不考虑地热温泉,将由京顺公司独自开发利用并不占用银座公司红线内土地。(6)管道燃气站将由银座公司在其项目内负责建设供气,并将京顺公司项目所需生活用气管道并入其项目干管。(7)京顺公司已建成日处理能力为400吨污水处理中水回用站,如能满足银座公司项目污水处理能力,可并入京顺公司污水处理站,避免重复建设。(8)有线电视及卫视系统将由银座公司负责建设并入京顺公司项目,开通后京顺公司负责拆除现有卫视设备并腾出所占土地。(9)电信及网络系统将由银座公司负责建设并入京顺公司项目,开通后京顺公司负责腾出所占土地。(10)银座公司项目地面回填后高出京顺公司项目地面,银座公司负责处理双方地界的雨水排放设施,避免雨水灌入京顺公司项目。此会议纪要上有京顺公司工作人员王辉及银座公司工作人员刘虎的签字,双方均未加盖公章。银座公司对于会议的召开及刘虎的签字未予以否认,但对于其中无刘虎签字的第一页内容的真实性不予确认。

本案一审期间,银座公司请求一审法院对京顺公司交付土地的现场进行勘验。该院依法组织双方当事人到场,结合图纸对京顺公司和银座公司的项目界限进行了比对。双方项目的边界有京顺公司的围墙和栅栏,双方均认可按照土地证和图纸,围墙和栅栏内有部分条块和边角的土地属于银座公司,双方对该地块的准确面积意见不一致。该地块上有京顺公司所建卫星电视、配电室、污水处理井等配套设施。

此外,银座公司还提交由九王庄村委会盖章的说明,载明:1999年京顺公司与该村签订《补偿协议》,约定由京顺公司开发该村土地720.9亩,每亩支付土地及青苗补偿款4万元,该补偿款至今尚未付清。银座公司进而证明,银座公司支付给九王庄村委会2万元作为青苗补偿款,该村委会承诺不再以补偿为由妨碍正常施工,该款项京顺公司应予返还。京顺公司认为其已向九王庄村委会支付2300万元,已经足额付款。

二、当事人一审起诉与答辩

京顺公司于2009年12月起诉称:2005年8月24日,京顺公司与银座公司签订《国有土地使用权转让合同》,约定由京顺公司将其拥有的位于九王庄南侧、沿滨河与顺平公路相接的721.4亩土地的国有土地使用权转让给银座公司,银座公司在取得土地使用权证之日向京顺公司支付全部土地使用权转让价款。合同签订后,京顺公司积极履行合同义务,协助银座公司办理了土地使用权过户手续。银座公司于2005年10月20日取得了《国有土地使用权证》,但其未依约向京顺公司支付全部的转让价款。在京顺公司多次催促下,银座公司仍不能及时足额支付土地转让价款。银座公司迟延付款的违约行为,给京顺公司造成了重大损失,包括无法按期交纳土地交易的税款而受到税务部门处罚,以及一些新项目无法落实等损失。根据《国有土地使用权转让合同》第九条约定,银座公司逾期付款,每逾期一日,违约方向守约方按合同总额日万分之五支付滞纳金,逾期超过二个月的,守约方有权解除合同,并要求违约方承担经济损失。银座公司自 2005 年 10 月 20 日以来长期拖欠土地使用权转让款,构成严重违约,已符合解除合同的条件。据此京顺公司请求判令:(1)解除《国有土地使用权转让合同》;(2)银座公司向京顺公司支付滞纳金 22191.48 万元,赔偿损失 570.8514 万元,合计 22762.3314 万元。其中,滞纳金的计算方法为:以双方确认的土地转让款总额 30821.5 万元为基数,自 2005 年 10 月 20 日起至诉讼时每日万分之五计算得出。

银座公司答辩称:

1. 京顺公司诉称银座公司应在取得土地证之日支付全部转让价款,与双方约定不符。实际上双方于 2005 年 8 月 24 日签订《国有土地使用权转让合同》后,又先后于 2005 年 8 月 24 日、10 月 31 日以及 12 月 27 日分别签订了《补充协议》《补充协议(1)》《补充协议(2)》等三份补充协议,对付款条件、付款期限及付款对象做了重大变更,双方应以变更后的协议作为确定权利义务关系的依据。《国有土地使用权转让合同》及《补充协议》约定:银座公司直接向土地管理部门交付土地出让金,银座公司取得《国有土地使用权证》且双方最终确认土地转让款数额后付清土地转让款,银座公司直接向九王庄村民委员会支付土地及青苗补偿款。此后,双方做出重大变更:(1)《补充协议(1)》约定土地出让金改由银座公司直接付给京顺公司,由京顺公司缴纳给政府部门;(2)《补充协议(2)》确认银座公司已经支付土地转让款 17000 万元并于《补充协议(2)》签订后支付 6500 万元,约定土地补偿款改由银座公司支付给京顺公司、由京顺公司支付给九王庄村民委员会。其他事项由双方协商。

2. 银座公司不存在逾期付款行为,反而向京顺公司提前支付款项;根据《补充协议(2)》,双方最终确认土地转让款为 25121.5 万元,加上给付九王庄村民委员会土地及青苗补偿款 5700 万元,合计 30821.5 万元。迄今银座公司已经支付 30240 万元,仅剩余 581.5 万元。京顺公司自身严重违约,银座公司有权依法行使抗辩权。

(1)依照约定,京顺公司应于 2005 年 10 月 24 日向银座公司完整交付面积为 303642.47 平方米的转让地块。但京顺公司一直未完全交付转让地块,至今仍非法占用 9000 平方米土地拒不腾退。

(2)依照约定及法律规定,京顺公司收到银座公司款项后应开具发票。但京顺公司收到款项后,迟迟不向银座公司开具发票,严重影响了银座公司正常的财务活动及项目建设。

(3)京顺公司未按约将 2500 万元土地及青苗补偿款及时支付给九王庄村民委员会,也未按约向银座公司提交土地及青苗补偿款协议,致使村民多次阻扰、干扰银座公司建设施工准备工作,给银座公司造成了巨大经济损失。

(4)依照约定,银座公司建设项目开工后,京顺公司应交付十一项配套设施。2008 年 11 月 1 日,银座公司建设项目开工,但京顺公司至今未向银座公司交付一项配套设施,迫使银座公司花费巨资另行建设配套设施。

鉴于京顺公司严重违约,银座公司有权依法行使抗辩权,拒绝支付剩余款项并向京顺公司主张违约责任。

3. 京顺公司非但没有损失,还恶意欺诈银座公司多支付巨额的土地及青苗补偿款,银座公司已经超额付款。京顺公司自身也没有任何实际损失,因此其主张的 22191.48 万元滞纳金根本不应得到支持。至于京顺公司所谓 570.8514 万元损失,系其自身未依法缴纳税款而遭受税务机关的处罚,与银座公司毫无关系。京顺公司与九王庄村委会约定的土地及青苗补偿款实际上仅为每亩 4 万元,但其却欺诈银座公司按每亩 10 万元的标准向其支付土地及青苗补偿款,将超出款项 2838.5 万元非法据为己有。综上,京顺公司的诉讼请求没有任何事实与法律依据,银座公司有权行使抗辩权,请求依法驳回京顺公司的全部诉讼请求。

银座公司反诉称:根据其与京顺公司签订的《国有土地使用权转让合同》及《补充协议》以及《补充协议(1)》和《补充协议(2)》,银座公司已向京顺公司支付土地转让款 30240 万元。但京顺公司却未依约完全交付转让地块,至今仍占用银座公司 9000 平方米土地;未按合同约定移交配套设施,迫使银座公司花费巨资自行建设配套设施;欺诈银座公司按每亩 10 万元的标准向其支付补偿款,非法获利款额达 2838.5 万元;因其未按约将相应补偿款支付给九王庄村委会,该村村民屡屡阻扰、干扰银座公司正常的项目开发建设,银座公司被迫与九王庄村委会签订《青苗补偿协议》,并支付 2 万元青苗补偿款。为此请求法院判令:(1)京顺公司向其交付 9000 平方米土地;(2)京顺公司向其返还配套设施转让款 16530 万元;(3)京顺公司向其返还土地及青苗补偿款 2838.5 万元;(4)京顺公司向其返还青苗补偿款 2 万元;(5)本案诉讼费用由京顺公司承担。

京顺公司针对银座公司的反诉辩称:(1)银座公司诉称京顺公司仍占用其 9000 平方米土地,要求交付的主张没有任何依据,土地已经过实地测量并足额交付给对方。双方签订的《补充协议(2)》中第一条明确写明:根据顺义国土资源局对该地块的实际测量,双方同意认定京顺公司向银座公司转让的土地为建设用地 485.5 亩,实际分摊的待征地面积为 84.5 亩。该面积经过了实际测量和双方的认定。(2)银座公司认为京顺公司没有交付配套设施与事实不符。京顺公司已将配套设施交付给银座公司,在银座公司施工过程中,水电均已接入,道路、绿化也正常使用,有线电视、监控设备等只有在房屋建成后才用得上,对方暂时没有用上,但双方都进行了安排。由于对方的项目用地从京顺公司原有项目上分离出去,因此存在互相配合、共同利用的问题,双方对部分配套设施的使用做了新的安排,并通过会议纪要书面确认,明确了配套设施的使用和处置方案。(3)银座公司要求返还土地及青苗补偿款中超出 4 万元的部分没有合同和法律依据。对农民的土地补偿款,包含了京顺公司支付的成本(即实际支付给农民的补偿)以及超出部分的收益,即 4 万元部分为实际支付农民的补偿,6 万元部分体现的是土地交易的增值部分。《补充协议》第四条第二款、《补充协议(2)》第三条也说明了该价款包括支付给农民的和除此之外京顺公司应得的价款两部分。(4)银座公司要求返还青苗补偿款 2 万元没有法律依据。银座公司提供的证据不能证明该费用的支付是因为京顺公司补偿款不到位造成的。综上,银座公司的反诉请求没有依据,请求法院依法驳回。

三、北京市高级人民法院一审认定与处理

一审法院认为,双方签订的《国有土地使用权转让合同》及其《补充协议》《补充协议

(1)》《补充协议(2)》均系当事人的真实意思表示,不违反法律的强制性规定,合法有效。双方均应按照上述合同的约定,依照诚实信用原则的要求,全面履行合同义务。京顺公司已经按照合同履行了国有土地使用权的转让过户义务,银座公司依约取得了受让土地的使用权证。按照合同约定,在该转让地块过户到银座公司名下且银座公司取得《国有土地使用权证》的同时,银座公司应按照实转建设用地土地证亩数加代征地亩数双方计算的差额款,并按双方最终确认的转让款一次性付清。在银座公司取得土地使用权证之时,实际转让地块(包括建设用地和代征地)的面积以及转让价格都已确定,转让的总价也已确定,银座公司的付款义务即已产生,银座公司应据此依约履行付款义务。之后,《补充协议(1)》《补充协议(2)》变更了付款的对象,分别约定银座公司将缴纳政府的土地出让金以及支付农民的土地及青苗补偿款等款项直接支付给京顺公司,但对于付款条件、付款义务并没有新的约定。《补充协议(2)》还确认了转让土地的面积和价款,即土地面积为建设用地485.5 亩,实际分摊的代征地面积为84.5 亩;转让土地的实际价值为25121.5 万元,加上应支付给九王庄村委会和京顺公司款项5700 万元,转让的总价款为30821.5 万元。至2005年12 月27 日,银座公司付款共2.6 亿元,尚欠4821.5 万元。在2007 年7 月31 日《银座公司与京顺公司合同剩余款项的还款说明》中,银座公司也认可欠款的数额4521.5 万元,并承诺按计划分期还款。此后,银座公司数次还款,到2009 年9 月9 日最后一次付款,银座公司尚欠581.5 万元。银座公司迟延付款构成违约,应承担违约责任。银座公司主张双方并未结算以及相关补充协议变更了付款时间、付款条件的抗辩理由不能成立,一审法院不予采纳。

银座公司主张京顺公司具有违约行为,银座公司产生付款的履行抗辩权,进而提出反诉。一审法院认为,银座公司的履行抗辩权均不能成立,理由是:

1. 关于部分土地的交付问题。双方在合同中并未明确约定土地交付的具体方式。不动产的权利以登记为转移,本案转让的土地经过了顺义区国土资源局的实际测量,双方均认可转让土地的面积,并附有测绘图纸,因此,上述土地已转让至银座公司的名下。根据诚实信用原则的要求,京顺公司应拆除处于银座公司地界内的围墙和栅栏,配合银座公司全面完整地行使该土地的控制权。银座公司主张完整交付土地有法律依据,该院予以支持,但其主张交付的土地面积数字不准确,具体面积和范围应以银座公司的土地使用权证和测绘图为准。上述围墙、栅栏的存在是京顺公司的履行瑕疵,属于附随义务的范畴,银座公司据此主张付款等主给付义务的履行抗辩权,显然不能成立。

2. 关于配套设施的移交问题。对于配套设施,双方约定按现状依开发土地的比例转让给银座公司,并明确银座公司后续项目建设开发中所产生的配套设施费用,由银座公司自行投资补充建设,与京顺公司无关。在应交付的配套设施中,水、电、道路在项目开工时均已经开始使用,卫星电视、污水站、热水井、燃气站、开闭站、通讯、监控系统、宽带网等都属于小区建成后才开始使用,银座公司正处于项目建设过程中,其并未提出曾主张京顺公司交付使用的证据。此外,双方在会议纪要中,约定了资源共享、不重复投资、互补利用等关于配套设施的建设及使用原则,也约定了银座公司负责建设有线电视及卫视系统、电信及网络系统等部分配套设施。该会议纪要虽然没有双方盖章,但有相关人员签字,此后银座公司对外签订合同自建部分配套设施,该会议纪要客观反映了双方合作的过程,故银座公司自建配套设施与京顺公司无关。配套设施的转让款项是全部土地转让款的组成部分,它并不单纯以配套设施的转让为对价,而是土地使用权转让对价的一部分。因此,银座公司关于京顺公司未移交配套设施的履行抗辩权不能成立,其主张返还相应款项的反诉主张亦没有依据,一审法院不予支持。

3. 关于土地及青苗补偿款的问题。双方约定土地及青苗补偿款"不高于"每亩 10 万元,10 万元中包括了支付给九王庄村委会的补偿和除此之外京顺公司应得的土地收益两部分,该数额直接支付给京顺公司,给付数额和给付义务均是确定的。在《银座公司与京顺公司合同剩余款项的还款说明》中,银座公司也认可所欠款项,未提出上述履行抗辩主张。银座公司在诉讼中提出抗辩主张没有依据,其返还该款项的反诉请求也不能得到支持。

4. 关于 2 万元青苗补偿款的问题。根据银座公司提供的证据,现无法证明该费用的支付与京顺公司对九王庄村委会的补偿款不到位有关,银座公司的履行抗辩及反诉主张均无法得到支持。

此外,关于银座公司主张京顺公司未及时开具发票的问题,一审法院认为,开具发票属于合同的附随义务,不能以此作为银座公司拒绝履行付款等主给付义务的理由。因此,银座公司的上述抗辩理由同样不能成立。

综上,银座公司的履行抗辩权不能成立,其逾期付款且至今仍欠付部分款项构成违约。尽管合同约定逾期付款时间超过二个月守约方有权解除合同,但在此后四年多的时间里,虽有部分转让款逾期支付的情况,但总体上双方一直在履行合同,京顺公司未提出解除合同的主张。从履行情况来看,双方均已履行大部分义务,京顺公司已经依约转让了土地使用权并办理了过户手续,银座公司通过政府审批取得了国有土地使用权证和项目开发手续,并已进行了项目开发;从付款情况看,本案合同总价款为 30821.5 万元,银座公司已支付了 30240 万元,占总款额的 98.1%;剩余 581.5 万元,仅占 1.9%;在履行过程中,京顺公司也实际接受银座公司付款,表明其认可合同继续履行。京顺公司认为其解除权是合同约定的权利,约定解除权可以优于法定解除权而得到适用,但依据诚实信用原则,约定解除权亦不得滥用。结合本案情况,京顺公司要求解除合同的请求不能成立,一审法院不予支持。

本案中,京顺公司仅主张解除合同并由银座公司承担违约责任和赔偿损失,并未主张支付剩余款项,故一审法院仅在其诉讼主张的范围内依法裁判,京顺公司对于剩余款项的本金可以另案主张。京顺公司主张迟延付款的滞纳金有法律依据,但其也存在未及时开具发票以及未及时拆除围墙、栅栏等合同履行瑕疵行为,且其主张以全部合同金额为基数计算滞纳金,将已履行的大部分金额也作为滞纳的基数,导致滞纳金数额过高,不符合违约金抑制违约的本意,违背了违约金填补损失的立法目的。银座公司逾期付款与京顺公司受到税务部门罚款以及蒙山景区项目终止之间不存在必然因果关系,但客观上给京顺公司确实造成了不利影响。一审法院综合考虑双方的履约情形、已给付款的数额、迟延的时间及京顺公司遭受损失的情况,对京顺公司主张的滞纳金及损失数额依法予以酌定。

综上所述,双方当事人的诉讼请求部分有理,一审法院对此依法予以支持,其余部分依法驳回。该院依照《中华人民共和国合同法》第六条、第八条、第六十条、第一百一十三条、

第一百一十四条之规定,判决:一、驳回京顺公司关于解除合同的诉讼请求,双方合同继续履行;二、银座公司于该判决生效后十日内赔偿京顺公司滞纳金及损失 2000 万元;三、京顺公司于该判决生效后十日内拆除位于银座公司土地上的围墙、栅栏,并向银座公司移交土地的控制权,具体面积和范围以相应的土地所有权证书及所附测绘图为准;京顺公司到期未拆除的,银座公司有权自行拆除,由京顺公司承担相应的费用;四、驳回京顺公司的其他本诉请求;五、驳回银座公司的其他反诉请求。

一审本诉案件受理费 1179916. 57 元,由京顺公司负担 1073724. 57 元(已交纳),由银座公司负担 106192 元(于该判决生效后七日内交纳)。一审反诉案件受理费 1010325 元,由银座公司负担 1010275 元(已交纳),由京顺房公司负担 50 元(于该判决生效后七日内交纳)。

四、当事人上诉与答辩

双方当事人均不服一审判决,分别向最高人民法院提起上诉。

京顺公司的上诉请求:(1)撤销一审判决第一项,改判解除涉案《国有土地使用权转让合同》;(2)撤销一审判决第二项,改判银座公司向京顺公司支付滞纳金 22191. 48 万元,赔偿损失 570. 8514 万元,合计 22762. 3314 万元;(3)撤销一审判决第三项、第四项;(4)本案诉讼费由银座公司承担。其主张的事实与理由是:1. 关于合同解除权。银座公司的恶意违约行为达到了合同约定解除的条件,京顺公司有权解除合同。2. 关于滞纳金的支付和损失的赔偿。银座公司迟延付款,依约应向京顺公司足额支付滞纳金,滞纳金不存在过高的问题。银座公司的违约行为给京顺公司造成了重大损失。京顺公司向一审法院提供了关于蒙山景区项目损失的有关依据,还向一审法院提交了《关于我公司遭受的损失数额远大于违约金数额的情况说明》及有关依据。京顺公司对所遭受的实际损失相当于甚至高于滞纳金数额的有关情况进行了充分说明。3. 关于拆除涉案土地上的围墙、栅栏的问题。银座公司请求京顺公司交付仍非法占有的 9000 平方米土地,没有请求拆除围墙、栅栏,一审判决超出了银座公司反诉请求的范围。

银座公司上诉称,原审判决认定事实有误,适用法律不当,故请求:(1)撤销原审判决第二项、第五项;(2)判令京顺公司返还银座公司配套设施转让款 16530 万元;(3)判令京顺公司返还银座公司土地及青苗补偿款 2838. 5 万元;(4)判令京顺公司返还银座公司青苗补偿款 2 万元;(5)本案诉讼费用由被上诉人承担。其主张的事实与理由是:(1)关于土地及青苗补偿款问题。一审判决认定双方约定的土地及青苗补偿款“不高于”每亩 10 万元,10 万元中包括了支付给九王庄村委会的补偿和除此之外京顺公司应得的土地收益两部分,不符合事实;(2)关于赔偿滞纳金和损失的问题。京顺公司未按照合同约定交付全部土地及配套设施,也未及时开具发票,存在严重违约行为,银座公司有权据以抗辩付款。银座公司不存在延期付款行为,京顺公司请求的滞纳金过高,应依法适当酌减。一审判决判令银座公司赔偿京顺公司滞纳金及损失 2000 万元,没有事实及法律依据;(3)关于交付配套设施的问题。配套设施的转让是土地使用权转让的一部分,京顺公司应按转让合同的约定履行交付相关配套设施的义务,而京顺公司并未按合同约定履行该项交付义务,应该返还这部分转让款。

京顺公司答辩称,(1)根据《补充协议(2)》第三条的约定,土地及青苗补偿款中包括了支付给村委会的补偿和京顺公司应得的土地收益两部分。银座公司请求京顺公司返还土地及青苗补偿款,没有合同及事实依据。(2)京顺公司如约交付了国有土地使用权及配套设施。上述土地已转让至银座公司名下,银座公司一侧的现有围墙有利于其建设工地管理和京顺公司所建别墅区业主的安全。交付土地上的栅栏作为附着物,其所有权已随土地使用权转归银座公司所有。京顺公司交付土地的合同义务已履行完毕,并无违约。(3)银座公司逾期付款,应支付的滞纳金远不止一审法院酌定的数额。银座公司依约应在取得《国有土地使用权证》的同时付清土地转让款30821.5万元,但截至2005年12月27日,银座公司仍欠4821.5万元,至今尚欠581.5万元,构成严重违约,应承担违约责任。京顺公司主张的滞纳金的计算方式符合合同约定,不存在过高的问题。

五、最高人民法院二审认定与处理

最高人民法院二审查明的事实与一审法院查明的事实一致。

最高人民法院认为,一审判决认定涉案《国有土地使用权转让合同》及三份补充协议合法有效是正确的,依法予以确认。签约后,京顺公司依约办理了转让土地过户手续,银座公司取得了受让土地的使用权证,并在受让土地上兴建蓝岸丽舍别墅区。银座公司已支付土地转让总价款的98.1%,主要合同义务已履行完毕。根据双方当事人的诉讼请求及其主张的事实和理由,该院归纳当事人争议的焦点问题是:(1)涉案土地使用权转让合同应否解除;(2)土地及青苗补偿款应如何支付;(3)双方当事人是否违约及违约责任的承担;(4)一审判决判令京顺公司拆除涉案土地上的围墙、栅栏是否正确;(5)京顺公司应否返还银座公司2万元青苗补偿款。现分别分析论证如下:

(一)关于涉案土地使用权转让合同应否解除的问题

京顺公司主张,银座公司逾期付款已超过两个月,京顺公司依约有权单方解除合同。银座公司则主张其没有违约,京顺公司无权解除合同。最高人民法院认为,尽管合同的约定解除权优于法定解除,但不得滥用,更不得违反法律的强制性规定。本案中,银座公司支付的土地转让款已达合同总额的98.1%,已履行了绝大部分合同义务,因履行瑕疵解除合同,不利于维护合同的稳定性和交易安全。京顺公司虽主张解除合同,但并未依法向银座公司履行通知义务,不产生解除合同的效力。银座公司已将其兴建的蓝岸丽舍别墅区出售给诸多第三人,解除合同将会损害第三人的合法权益,客观上已不具备解除的条件。故对京顺公司关于解除合同的主张,不予支持。

(二)关于涉案土地及青苗补偿款应如何支付的问题

京顺公司主张,其将土地及青苗补偿款每亩10万元中的4万元支付给九王庄村委会,符合合同约定。银座公司则主张京顺公司未将前述每亩10万元补偿款全部支付给九王庄村委会,构成违约,未支付的部分应予返还。最高人民法院认为,京顺公司的行为不构成违约。因为《补充协议(2)》不仅约定将上述补偿款的支付方式由银座公司直接支付变更为由京顺公司转付,而且约定"乙方应支付给九王庄村村委和甲方总计 5700 万元。"应当理解为上述款项的受益人是九王庄村委会和京顺公司。据此,银座公司有义务按每亩 10 万元将此款支付给京顺公司,至于京顺公司就此另与九王庄村委会签订协议,支付九王庄村委会每亩 4 万元,并不违反《补充协议(2)》的约定,亦未加重银座公司的付款义务,超出部分可以作为京顺公司的收益。故对银座公司关于京顺公司应返还 2838.5 万元此项费用的主张,不予支持。

(三)关于双方当事人是否违约及违约责任的承担问题

京顺公司主张,银座公司逾期支付土地转让款,已构成违约,应依约支付滞纳金和所造成的损失,京顺公司不应承担违约责任。银座公司则主张,《补充协议(2)》约定双方先确认后付款,双方至今未确认付款金额,银座公司欠付 581.5 万元并不构成违约。京顺公司未全部交付涉案土地和配套设施,亦未依约开具发票,构成违约并应承担违约责任。

最高人民法院认为:

1. 银座公司的行为已构成违约。合同约定的土地转让款的时间和计算公式是明确的,银座公司依约应在取得土地使用权证时,一次性付清全部土地转让款,但至今尚未付清。早在 2007 年 7 月 31 日,银座公司向北京市地方税务局稽查二局、京顺公司做的其与京顺公司合同剩余款项的还款说明中称,截至目前其尚欠京顺公司 4521.5 万元,承诺在 2007 年 12 月 31 日前分五笔还清,证明其明知前述债务已经到期,能够认定银座公司已构成违约。对银座公司关于未付款项尚未到期的主张不予支持。京顺公司计算滞纳金的方法虽符合合同约定,但明显高于造成的损失。二审中银座公司也主张对方索赔的滞纳金过高,请求适当酌减。本案合同约定的滞纳金类似于违约金,具有补偿性和惩罚性,一审法院结合几个相关因素,酌定银座公司赔偿京顺公司 2000 万元违约金和损失是适当的,最高人民法院予以确认。

关于京顺公司请求赔偿 570.8514 万元经济损失的主张,最高人民法院认为:(1)蒙山景区开发项目协议签订前,银座公司已经支付土地转让款 2.6 亿元,之后该景区开发项目因资金不到位,造成合同终止,与银座公司逾期支付转让款没有因果关系。(2)因京顺公司未依法及时纳税,税务机关针对其已收到的 2.6 亿元土地转让款作出税务处理决定,令其补交营业税和土地增值税等,与银座公司逾期付款无关。故对京顺公司关于银座公司应当赔偿其上述损失的主张,不予支持。

2. 京顺公司的行为不构成违约。(1)关于部分土地的交付。由于合同未明确约定涉案土地如何交付,除绝大部分土地已由银座公司占用外,至今虽有小幅边角土地空闲,银座公司未提出交付主张,京顺公司从未拒绝交付。(2)关于配套设施的交付。《补充协议》第五条约定,银座公司付清配套设施转让款后,配套设施的使用权按比例归银座公司所有。由于其至今未付清此款,京顺公司即使未交付配套设施,也不构成违约。实际上配套设施中的水、电、道路、绿化,银座公司已在使用,其他未交付项目,有的属于临时共用,且双方已达成《会议纪要》,对暂不能交付的部分配套设施做了安排,不存在违约问题。(3)关于土地转让款的发票。合同约定银座公司在取得国有土地使用权证的同时一次付清转让款,京顺公司出具合法票据。但银座公司却逾期分期付款,京顺公司在收到土地转让款后虽然迟延开具发票不妥,但鉴于银座公司违约在先,京顺公司的这一行为并不构成违约。综上,银座公司关于京顺公司构成违约的主张,不符合合同约定和客观事实,最高人民法院不予支持。

(四)原判判令京顺公司拆除涉案土地上的围墙、栅栏是否正确

京顺公司主张,一审判决判令京顺公司拆除涉案土地上的围墙、栅栏,超出了京顺公司的诉讼请求。最高人民法院认为,京顺公司负有交付涉案土地的义务,银座公司反诉请求京顺公司向其交付 9000 平方米土地,一审法院经现场勘查发现在涉案土地上有京顺公司建的围墙、栅栏,判决予以拆除属于交付土地的内容,并未超出反诉请求。京顺公司关于一审判决超出诉讼请求的主张,依据不足,故不予支持。

(五)关于银座公司主张返还 2 万元青苗补偿款应否支持的问题

银座公司主张,其支付给九王庄村委会的 2 万元青苗补偿款,系因京顺公司未付清土地补偿款造成的,应由京顺公司返还。京顺公司主张此款与其无关。最高人民法院认为,银座公司支付这笔款项属于另一法律关系,没有证据证明这笔款项的支付是由于京顺公司违反本案合同约定造成的。银座公司关于由京顺公司返还此款的主张,于法无据,故不予支持。

综上,银座公司的行为构成违约,应承担违约责任。京顺公司主张的滞纳金虽符合合同约定,但明显过分高于造成的损失,对过高部分法律不予保护。双方当事人的上诉理由不足,应予驳回。一审判决认定事实清楚,适用法律正确,应予维持。最高人民法院依照《中华人民共和国民事诉讼法》第一百五十三条第一款第(1)项之规定,于 2011 年 4 月 22 日作出(2010)民一终字第 121 号民事判决:驳回上诉,维持原判。一审本诉案件受理费和反诉案件受理费按一审判决执行。二审案件受理费 2190241.57 元,由北京京顺房地产有限责任公司负担 1073774.57 元,北京银座合智房地产开发有限公司负担 1116467 元。

六、对本案的解析

本案涉及土地使用权转让合同应否解除和滞纳金如何支付等诸多法律问题。银座公司未按期付清土地转让款,构成违约,京顺公司依约在一、二审中均提出了解除合同的诉讼请求。那么,一、二审判决对此为何予以驳回呢?这里涉及到对合同解除的概念、特点、要件、例外的理解,下面从理论和实践的角度对此进行法律透视,逐一分析论证。

(一)关于合同解除的概念及其特点

合同解除,是指合同成立以后,当具备合同约定或者法定解除的条件时,因当事人一方或者双方的意思表示,或者依照法律规定而使合同权利义务终止的行为。合同解除是合同终止的一种形式,它具有三个明显特征:一是合同解除以有效成立的合同为对象;二是合同解除必须具备法律规定的条件;三是解除合同的当事人必须实施解除行为;四是合同解除使合同关系自始消灭或者向将来消灭。合同解除分为约定解除和法定解除。约定解除是

指合同约定的解除条件成就时,由解除权人解除合同。法定解除是指合同中没有约定合同解除的条件,当事人依照《合同法》第九十四条的规定,行使合同解除权。就约定解除和法定解除比较而言,实行约定解除优先。合同解除使合同不仅对将来失其效力,有些还具有溯及既往的效力。合同解除后,守约方能否追究违约方在合同解除前依约应当支付的违约金,合同法未作明确规定。对此,最高人民法院法发(2009)40 号《关于当前形势下审理民商事合同纠纷案件若干问题的指导意见》第八部分中规定:"合同解除后,当事人主张违约金条款继续有效的,人民法院可以根据合同法第 98 条的规定继续处理。"据此,即使合同解除,当事人也可以主张违约金。本案合同第 9 条对合同解除作了约定,一方逾期履行合同两个月,对方有权解除合同并追究违约方的违约责任。银座公司逾期付款已超多两个月,京顺公司主张解除合同,并要求银座公司向其支付滞纳金,应当说具有合同依据和事实依据。但本案一、二判决却驳回了京顺公司关于解除合同的诉讼请求,仅对其主张的滞纳金和损失酌情予以支持,其中必有其深刻的道理。

(二)关于合同解除的要件

合同解除是对合同关系的根本否定。因此,法律对合同解除设定了一些要件,只有当合同符合解除的要件时,才能够产生解除合同的效力。这些要件包括:(1)符合合同约定或者法定的合同解除条件,这是行使合同解除权的基础;(2)要有实施解除合同的行为,包括双方协商解除或者一方通知另一方解除合同。解除权人负有告知义务。如果解除合同的事由发生,解除权人未通知对方当事人,不发生解除合同的效力;(3)在一定期限内行使合同解除权。亦即在合同约定的期间或者合理期间行使合同解除权,否则,该权利消灭。不少合同约定了解除权人行使合同解除权的期间,期限届满不行使该权利的,解除权人不得再行使该权利。如果合同没有约定解除权行使的期限,经对方催告然后在合理期限内不行使的,该权利失效。何谓"合理期限",应由法官酌情裁量。本案中,虽然银座公司逾期支付土地转让款,构成违约,依约可以行使合同解除权,但京顺公司在对方长期欠款期间,没有行使合同解除权,而是一直接受对方付款,以行为表示自己已经放弃行使合同解除权。而且在起诉前其从未通知银座公司解除合同,不符合合同解除的要件,不能再行使合同解除权。

(三)合同履行殆尽,守约方不能任意解除

本案例的价值在于,针对合同几乎全部履行完毕,守约方是否可以行使合同解除权的问题,提供了一个具有指导意义的答案,演绎为守约方行使合同解除权的例外。诚然,按照合同约定和合同法的规定,京顺公司符合解除合同的要件。那么,假如京顺公司起诉前已通知对方解除合同,能否得到法院支持呢?答案是否定的。赋予守约方合同解除权,是对守约方一种保护措施,但不得滥用。否则,在合同目的基本实现的情况下解除合同,将会使合同关系出现颠覆性变化,这与当事人订立合同的初衷和合同法关于尽量使合同有效的立法目的相背离,客观上会导致当事人利益的严重失衡,甚至会损害善意第三人的利益。鉴此,对京顺公司的诉讼请求不应支持,对违约方造成的后果,可以通过判令支付违约金并赔偿损失的方式来解决。本案中,银座公司向京顺公司支付的土地转让款已占合同全部款额98.1%,离全部履行完毕仅差1.9%,合同权利义务即将终止。此时,如果法院判决解除合同,将会产生三种负面效应:(1)损害有关购房人的利益。涉案土地交付后,银座公司已在该土地上建设了别墅区并已销售,许多业主已取得了所购别墅的房产证和土地使用权,客观上土地使用权已无法回归,倘若法院判决合同解除,购房人的利益将受到损害,也不利于社会稳定。(2)导致双方当事人利益严重失衡。通过履约,京顺公司在本案中的合同利益已基本实现,并将土地转让款投入自己的房地产开发项目。合同履行期间恰逢土地大幅升值,如果通过解除合同要回土地,京顺公司将会获得高额利润。而银座公司不仅无法实现合同利益,而且将面临购房户的巨额索赔,被迫陷入窘境。(3)违背缔约初衷和立法目的。当事人的缔约目的是通过履行合同实现各自的经济利益,合同法的立法目的是尽量使合同有效,鼓励和促进交易,实现合同利益最大化。合同解除制度本身也是制约违约、促进守约。合同法第94条把不能实现合同目的、不履行主要债务、迟延履行主要债务等作为解除合同的条件,对任意解除合同作了严格限制。如果在合同履行殆尽的情况下任意解除合同,将会增加交易成本,扩大合同风险,既有损当事人合法权益,也有违立法目的。

合作建房合同被认定无效后出资方出资转化为在建工程时如何处理

——北京威肯房地产开发有限公司与中国共产党海淀区委员会党校合资、合作开发房地产合同纠纷上诉案

关　丽*

法理提示　合资、合作开发房地产合同被认定无效,出地一方应当返还其从出资一方取得的财产。当出资一方的出资已经转化为在建工程时,出地一方取得的财产为出资方出资转化为在建工程部分相应的财产利益,应当折价补偿出资一方。人民法院应当综合评判出资一方的出资数额、在建工程的建设程度及当地房地产业的利润等情况,确定出地一方的折价补偿数额。

上诉人(原审原告):北京威肯房地产开发有限公司。

法定代表人:李寒征,该公司董事长。

被上诉人(原审被告):中国共产党海淀区委员会党校,住所地北京市海淀区东北旺路32 号。

法定代表人:许云,该校常务副校长。

一、一审法院查明的案件事实

北京市高级人民法院一审查明:2002 年 5 月 17 日,海淀党校(甲方)与威肯公司(乙方)签订《联建协议》,约定双方合建两栋教学培训综合楼,总建筑面积 32750 平方米。甲方提供建设用地,乙方负责提供项目全部建设资金。项目建成后甲方分得教学培训楼一栋,建筑面积 9250 平方米,外加原餐厅增加 800 平方米,共约 10050 平方米;乙方分得教学综合楼一栋,建筑面积 22700 平方米。涉及与项目建设有关的一切工作,均以联建办或甲方的名义进行。同日,双方签订《补充协议(一)》,约定:甲方同意乙方对所分得的教学综合楼进行方案调整,增加的面积归乙方所有。乙方对所分得的教学综合楼项目与第三方合作或把该教

---

* 中国政法大学法学博士,最高人民法院民一庭法官。

学综合楼项目转让给第三方时,甲方应给予配合并协助乙方完成项目的转让过户等各项工作。

2004年5月8日,海淀党校与山西省第二建筑工程公司(以下简称山西二建)签订了海淀党校教学培训楼及教学综合楼工程A座、B座、C座《建设工程施工合同》。

2004年6月16日,海淀党校(甲方)、山西二建(乙方)、威肯公司(丙方)签订《协议书》,约定:根据甲方、丙方《联建协议》规定,经乙方同意,施工费用由丙方负责,甲方不承担付款责任。

2005年1月6日,海淀党校出具证明:海淀党校与威肯公司经协商联合建设区委党校教学培训综合楼工程项目,分A、B、C三个楼座。A、B座建筑产权归威肯公司所有。

涉案工程于2003年10月开工,后因资金问题于2003年12月28日停工,2004年8月26日重新开工,2004年10月22日再次停工。2006年2月,经北京市海淀区人民政府(以下简称海淀区政府)研究决定,该工程由海淀区政府投资,由北京市京门房地产公司(以下简称京门公司)代建。目前涉案工程的教学楼由海淀党校使用,A、B座为海淀区政府相关部门使用。

2005年7月22日,海淀党校发函威肯公司:由于你公司未能按照与我方签订的《联建协议》及相关补充协议的规定履行出资义务,导致联建工程无法按期完成,致使合同目的无法达到,我方决定解除协议,特此通知。并于2005年8月3日发出清算方案。

2006年8月10日,威肯公司与山西二建共同出具工程账款往来对账单,确认经对账自2003年9月至2006年5月,山西二建累计收到工程款6笔计1503万元(含处理民工闹事款174万元及从海淀党校拨付的1180万元)。在此期间威肯公司先后从山西二建抽回工程款7笔计620万元。双方确认资金往来中山西二建总共收到工程款883万元。

就涉案项目的建设情况,山西二建于2007年1月以海淀党校为被告、威肯公司为第三人向人民法院提起诉讼,请求判令海淀党校支付工程款、违约金及赔偿经济损失。北京市高级人民法院作出(2008)高民终字第92号民事判决,判令:威肯公司返还山西二建279万元;威肯公司赔偿山西二建经济损失3582723.74元,海淀党校承担连带给付责任。

2005年,海淀党校以威肯公司未按双方的联建协议履行,建设资金不到位为由,向人民法院提起诉讼,请求解除与威肯公司签订的《联建协议》,由威肯公司赔偿其经济损失,并腾退施工现场。2006年7月11日,北京市第一中级人民法院作出(2005)一中民初字第9655号民事判决,认定海淀党校未经批准,以划拨土地使用权作为投资与威肯公司签订的《联建协议》无效。双方可就无效所产生的后果协商,也可另案起诉。

2008年9月23日,海淀党校发函威肯公司:自北京市高级人民法院终审判决书下达后,我校向海淀区政府提出申请,解决前期贵公司投入党校基建工程款等事项,经海淀区政府审计部门对前期工程的审计,涉及前期费用有关问题需要公司提供佐证。(1)关于拆迁费和项目经理部办公费。2004年发生的两笔费用即868375.51元,当时没有开正式发票,审计部门提出需要正式发票、施工合同及工程款结算书;(2)海淀党校借款80000元,现需提供正式票据;(3)关于施工围墙费用,威肯公司组织的对现场工地进行的围墙施工,一直没有得到结算,现需要提供施工合同和工程结算书……

2008 年 12 月 11 日,威肯公司给海淀党校发函称,我公司先期汇入贵校的资金由于涉及法律关系等原因一直没有妥善解决,2008 年 6 月,北京市高级人民法院对涉及我公司、贵校和施工单位因建设工程引发的经济纠纷作出终审判决,对于判决我公司承担的赔偿及贵校承担连带责任的部分(3582723.74 元)由贵校在我公司汇入资金中代为暂除。望贵校按照北京市第一中级人民法院协执要求及早移交法院或法院指定的债权单位。诉讼中,双方确认海淀党校根据该函件已将 3582723.74 元赔偿款支付了山西二建,同时,根据北京市第一中级人民法院的协助执行通知书已将 18278998.06 元支付北京市第一中级人民法院或指定的债权单位。

另查,1992 年 10 月 31 日,海淀党校取得《建设用地规划许可证》,2004 年 3 月取得《国有土地使用权证》,土地用途为教育,使用权类型为划拨;2003 年 10 月取得教学培训及综合楼工程《建设工程规划许可证》,2004 年 8 月取得教学培训及综合楼工程 A、B、C 座《建筑工程施工许可证》。2002 年 3 月 13 日,海淀区政府向海淀党校和海淀区行政学院作出同意新建教学培训楼的批复。2002 年 3 月 20 日,北京市发展计划委员会向海淀区计委作出同意海淀党校建设教学培训楼的批复。2002 年 11 月 14 日,北京市人民政府向海淀区政府作出海淀党校教学培训楼建设用地的批复。

诉讼中,威肯公司还提交了 2005 年 6 月 18 日威肯公司(甲方)与意锋国际有限公司(以下简称意锋公司)(乙方)签订的《房屋购买合同》和意锋公司 2007 年 4 月 30 日给威肯公司的函件。购房合同约定:依据甲方与海淀党校签订的联建协议及补充协议,甲方有权将教学综合楼的项目转让给第三方,总价款 218531600 元,即每平方米 6800 元。甲方应当在 2006 年 7 月 31 日前交付房屋,逾期交房超过 60 日的,乙方有权解除合同,甲方应当退还乙方全部已付款,并按合同约定的房屋总价的 15% 支付违约金。函件载明:海淀党校已与你公司解除了联建合同,故要求解除房屋购买协议。按照协议你公司应对我公司进行经济补偿。威肯公司确认截至诉讼时其与意锋公司就购房合同未发生任何款项往来,目前亦未形成纠纷。

二、当事人起诉与答辩情况

2009 年 1 月,威肯公司起诉至一审法院称,威肯公司与海淀党校于 2002 年 5 月 17 日签订《联建协议》,约定双方联合建设教学培训综合楼项目,海淀党校负责建设用地,威肯公司负责提供全部建设资金。同日,双方又签订了一份《补充协议(一)》,约定威肯公司可以将分得的项目面积转让给第三方。

2004 年 5 月 8 日,海淀党校与山西二建签订《建设工程施工合同》,约定教学楼工程项目由山西二建施工,施工费用由威肯公司负责。

2005 年 6 月 18 日,威肯公司与意锋公司签订《房屋买卖合同》,将自己依据与海淀党校签订的有关协议所获得的教学楼工程项目中的 32137 平方米的建筑面积转让给意锋公司,合同总价 218531600 元。

为履行相关合作协议,威肯公司共支出办公、工资等费用合计 3617467.31 元;支付工程设计费、城市基础建设费等各种费用合计 22607238 元;支付山西二建工程款 5660000 元;支付给其他有关单位款项 1310942.71 元。威肯公司与海淀党校联合建设的教学培训综合楼项目的总建筑面积由 32750 平方米增加至 42187 平方米,增加建筑面积 9437 平方米。

2006 年 10 月 13 日,北京市第一中级人民法院作出(2005)一中民初字第 9655 号民事判决书,确认威肯公司与海淀党校的《联建协议》无效。海淀党校对上述《联建协议》无效存在完全过错。请求判令海淀党校:(1)退还威肯公司支付海淀党校的各种款项 22607238 元以及相应的利息 2848512 元,合计 25455750 元;(2)赔偿威肯公司因履行《联建协议》等合作协议而实际支出的办公、工资等费用 3517467.31 元及其相应利息 443201 元,合计 3960668.31 元;(3)赔偿威肯公司因履行《联建协议》等合作协议而支付给其他单位的款项 1310942.71 元以及相应的利息 165179 元,合计 1476121.71 元;(4)赔偿威肯公司因丧失合作工程项目增容 9437 平方米所得利益 42466500 元;(5)赔偿威肯公司因丧失合作工程项目应分得的 22700 平方米建筑面积相应的利益 102150000 元;(6)赔偿威肯公司应支付给第三方的违约金 32779740 元;(7)归还在履行合同过程中向威肯公司借款 8 万元;(8)支付威肯公司因履行合同而对现场工地围墙进行施工的施工费 15 万元。上述共计 208518780.02 元。海淀党校承担本案全部诉讼费用。

海淀党校辩称,不同意威肯公司的诉讼请求。主要理由:威肯公司没有依约及时给付项目建设资金,致使协议无法履行被认定无效。威肯公司应知晓或预见联建项目存在被确认无效的可能,但在签订协议过程中从未向海淀党校说明或提示上述风险的存在,违反了诚信原则的先合同义务,应承担《联建协议》无效过错责任。威肯公司的各项诉讼请求除了部分成立外其余的均不成立或缺乏法律依据。

三、一审法院审理情况

一审法院认为,北京市第一中级人民法院(2005)一中民初字第 9655 号民事判决,已经确认海淀党校与威肯公司签订的《联建协议》无效,故本案双方争议的焦点为导致《联建协议》无效之法律责任的承担。《联建协议》约定的项目占用土地系行政划拨土地,海淀党校名下的项目系基建项目。行政划拨用地转为开发用地,必须依法办理联建事宜所需手续。双方当事人在没有办理各项批准手续的情况下即签订《联建协议》并开始履行,双方均存在过错。双方对究竟是哪一方履行报批手续各执一词,均认为系对方之合同义务,亦均未对各自履行报批手续提交相关证据。海淀党校作为项目所有人,理应承担联建项目依法报批的主要义务,而威肯公司在履行协议过程中因工程款不到位,致使工程多次停工,最终因海淀党校起诉导致《联建协议》被法院判决认定无效。故《联建协议》无效双方均有过错,均应承担相应的责任。《联建协议》被确认无效后,威肯公司已与联建项目无关,海淀党校取得的威肯公司对联建项目的投入应当予以返还。返还的具体款项为:

关于海淀党校是否应退还威肯公司支付海淀党校的各种款项 22607238 元以及相应的利息,因联建项目已与威肯公司无关,威肯公司不应承担联建项目发生的各类工程建设款项,海淀党校对于威肯公司支付的款项应当退还。鉴于海淀党校根据威肯公司的函件和生效判决已代替其支付了山西二建就涉案工程建设的经济损失 3582723.74 元、协助相关法院给付执行案款 18278998.06 元,海淀党校共为威肯公司支付了共计 21861721.8 元的款项,该两笔款项可以和海淀党校应当退还威肯公司的款项予以抵扣,剩余款项海淀党校应当返还威肯公司并从《联建协议》被确认无效时支付利息。

关于威肯公司的第二项诉讼主张即海淀党校赔偿因履行联建协议等合作协议而实际支出的办公、工资等费用 3517467.31 元及其相应利息的请求,威肯公司称该笔费用由两部分构成:一个是土地项目补偿费用 885379.47 元;二是公司费用 2632087.84 元。根据 2008 年 9 月 23 日海淀党校发函威肯公司,可以证明确实发生了拆迁费和项目经理部办公费用 868375.51 元,但因海淀党校提供的证据能够证明其已经支付了该笔费用,威肯公司无权再予主张;就 2632087.84 元的公司办公费用,现无证据证明威肯公司是为了涉案联建项目而支出,且提交的证据仅是其公司内部记账凭证,不能证明系因涉案项目产生,故不能支持该部分请求。

关于威肯公司的第三项诉讼主张即海淀党校赔偿因履行《联建协议》等合作协议而支付给其他单位的款项 1310942.71 元以及相应利息的请求,海淀党校认可其中 5 笔费用共计 422567.2 元。其余费用因威肯公司仅提供了发票或收据,不能证明系为涉案项目发生,不予确认。

关于威肯公司的第七项诉讼主张即海淀党校归还在履行合同过程中的借款 8 万元之请求,因该笔借款事实确实存在,且系在双方合作期间发生,海淀党校亦予以确认,为避免诉累,对威肯公司的该项请求在本案中一并处理。

关于威肯公司的第八项诉讼主张即海淀党校支付因履行合同而对现场工地围墙进行施工的施工费 15 万元的请求,根据 2008 年 9 月 23 日海淀党校发函威肯公司,可以证明该工程系威肯公司组织施工,且还未结算,对威肯公司的该项请求,予以支持。

就威肯公司主张的损失,一是海淀党校赔偿因丧失联建项目增容部分 9437 平方米所得利益 42466500 元、丧失联建项目应分得的 22700 平方米建筑面积相应的利益 102150000 元之请求,因《联建协议》无效,威肯公司基于无效协议主张合同的预期利益,缺乏法律依据,对上述请求不予支持。二是海淀党校赔偿应支付给第三方的违约金 32779740 元之请求,因威肯公司在《联建协议》的效力处于不确定的状态下就与第三方签订买卖协议,且仅提供了其与第三方签订的买卖合同,截至目前双方之间没有因合同标的即涉案项目发生往来款项及形成诉讼,故该项请求不予支持。

虽然双方所签《联建协议》无效,对威肯公司以《联建协议》在有效的情形下应获得的预期利益来主张损失不予支持,但考虑到其在履行《联建协议》过程中先期投入了资金并进行了相关工作,对项目目前的状况有实际投入,根据公平原则,海淀党校应当给予适当补偿。对于补偿的具体数额,酌情确定。一审法院于 2009 年 12 月 28 日作出(2009)高民初字第 43 号民事判决,判令:(1)海淀党校于收到判决书后七日内返还威肯公司工程款项 1168083.4 元及利息(自 2006 年 7 月 11 日起至实际付清时止,按中国人民银行同期贷款利率计算);(2)海淀党校于收到判决书后七日内支付威肯公司工地围墙施工费 15 万元;(3)海淀党校于收到判决书后十日内返还威肯公司借款 8 万元;(4)海淀党校于收本判决书后十日内给付威肯公司补偿款 300 万元;(5)驳回威肯公司其他诉讼请求。如果未按判决指定的期间履行给付金钱义务,应当按照《中华人民共和国民事诉讼法》第二百二十九条之规定,加倍支付迟延履行期间的债务利息。案件受理费 1084393.9 元,由威肯公司负担 1054393.9 元(已交纳),由海淀党校负担 3 万元(于收到判决书后七日内交纳)。

四、当事人上诉及答辩情况

威肯公司不服一审判决,向最高人民法院提起上诉。请求判令:(1)撤销一审判决第四项、第五项;(2)海淀党校返还威肯公司工程款的利息以 23029805.2 元为本金进行计算;(3)海淀党校赔偿威肯公司因履行《联建协议》等合作协议而实际支出的办公、工资等费用 3517467.31 元及利息(自 2006 年 7 月 11 日起至实际付清时止,按中国人民银行同期贷款利率计算);(4)海淀党校赔偿威肯公司因履行《联建协议》等合作协议而支付给其他单位款项 888375.51 元及利息(自 2006 年 7 月 11 日起至实际付清时止,按中国人民银行同期贷款利率计算);(5)海淀党校赔偿威肯公司因丧失合作工程项目增容 9437 平方米所得利益 42466500 元,应分得的 22700 平方米建筑面积相应的利益 102150000 元;(6)海淀党校赔偿威肯公司应支付给第三方的违约金 32779740 元。海淀党校承担本案的一审、二审诉讼费用。主要理由:

1. 一审判决对《联建协议》无效的责任认定错误。(1)一审判决认定海淀党校应承担报批的主要义务,就应同时认定海淀党校对《联建协议》的无效承担主要过错责任,一审判决认定双方"均应承担相应的责任"是错误。(2)《联建协议》的无效是因为海淀党校未积极地、及时地履行报批手续,不是因为海淀党校提起诉讼,一审判决不能因此认定威肯公司有过错,并让威肯公司承担相应责任。

2. 一审判决对威肯公司损失的认定违反《中华人民共和国合同法》规定的公平原则。海淀党校事实上通过一个无效合同取得了它在合同签订时约定应当取得的预期利益——即其该分得的房屋,而对《联建协议》被确认为无效不存在过错的威肯公司却因其应得到利益为预期利益缺乏法律依据而丧失赔偿,明显违背公平原则。

一审判决未予认可的威肯公司支付其他单位的款项。因威肯公司从成立至今只投资了涉案项目,且该三笔费用均与工程有关,海淀党校也未提供相反证据证明威肯公司有其他投资行为,人民法院应当予以确认。

海淀党校当庭答辩称,一审判决认定事实清楚,适用法律正确,应当予以维持。

最高人民法院二审查明的事实与一审法院查明的事实相同。

五、最高人民法院二审认定与判决

最高人民法院经审理认为,双方当事人二审争议的焦点问题为:(1)一审判决对威肯公司投入资金的数额及利息的认定是否正确;(2)一审判决对威肯公司损失的认定是否正确。

(一)关于一审判决对威肯公司投入资金的数额及利息的认定是否正确问题

1. 威肯公司支付给北京恒商电力工程公司、北京众帮运输有限公司、北京科技园拍卖招标有限公司的款项共计 888375.51 元,是否属于威肯公司投入讼争项目的资金,由海淀党校承担。威肯公司认为上述款项应由海淀党校承担,并针对其主张,在二审中新提交了其公司职员刘文波、高凤晔的证言。上述证言称威肯公司2004年至今仅经营了海淀党校教学培训综合楼一个项目,威肯公司基于上述证言主张威肯公司所有付款均为履行本案所涉《联建协议》所支付。威肯公司没有向法庭申请上述证人出庭作证,亦未向法庭说明证人不能出庭的正当理由。《最高人民法院关于民事诉讼证据的若干规定》第六十九条规定:"下列证据不能单独作为认定案件事实的依据:(一)未成年人所作的与其年龄和智力状况不相当的证言;(二)与一方当事人或者其代理人有利害关系的证人出具的证言;(三)存有疑点的视听资料;(四)无法与原件、原物核对的复印件、复制品;(五)无正当理由未出庭作证的证人证言。"依照上述司法解释规定,威肯公司依据上述证据主张其成立后仅经营了海淀党校综合教学楼一个项目,其所有付款均为履行《联建协议》所支付的事实,不能成立。威肯公司提供的有关支付上述三公司款项的证据,仅为付款发票或者上述单位的收据,难以证明支付的款项是因履行《联建协议》发生。一审判决对上述三笔款项不予确认,认定事实及适用法律正确。威肯公司主张上述三笔款项应由海淀党校承担,缺乏事实依据,不予支持。

2. 海淀党校返还威肯公司工程款的利息是否应以23029805.2元为本金计算。本案查明事实表明,海淀党校应当退还威肯公司工程款1168083.4元,一审判决判令海淀党校支付上述款项利息,认定事实及适用法律正确。威肯公司上诉认为其投入本案讼争项目的资金共计23029805.2元,但未提供证据证明其主张的上述款项已实际支付给海淀党校,其主张海淀党校支付23029805.2元本金的利息,缺乏事实及法律依据,不予支持。

(二)关于一审判决对威肯公司损失的认定是否正确问题

该问题的解决需要认定以下事实:

1. 威肯公司办公、工资等费用是否应作为损失由海淀党校负担

威肯公司上诉主张的办公、工资等费用共计3517467.31元,一审判决认定其中的拆迁费和项目经理部办公费用868375.51元,海淀党校已经支付。对于剩余的2632087.84元的公司办公费用,威肯公司并未提供充分证据证明该公司仅投资了本案讼争项目,上述费用均系履行《联建协议》的支出,而非维持公司正常存续的经营成本。威肯公司主张海淀党校应当承担其办公、公司等费用2632087.84元,不予支持。

2. 威肯公司丧失应分得的22700平方米建筑面积和项目增容9437平方米所遭受的损失共计144616500元,是否应由海淀党校予以赔偿

威肯公司主张的上述损失,系在合同有效基础上,完全履行合同后所获得的预期利益。《合同法》第五十八条规定:"合同无效或者被撤销后,因该合同取得的财产,应当予以返还;不能返还或者没有必要返还的,应当折价补偿。有过错的一方应当赔偿对方因此所受到的损失,双方都有过错的,应当各自承担相应的责任。"上述法律规定中所指的合同无效的损失,是指缔约当事人订立合同过程中的损失和履行合同过程中的损失。威肯公司主张的预期利益并非订立合同及履行合同过程中的损失,且损失并未客观发生,不属于合同无效导致的损失,威肯公司主张上述损失应由海淀党校赔偿,缺乏法律依据,不予支持。

本案查明事实表明,威肯公司与海淀党校签订的《联建协议》被确认无效时,威肯公司投入了部分资金,该资金物化为双方联建的房屋,合同被认定无效后,双方联建的房屋应随

同土地使用权返还海淀党校。一审判决考虑威肯公司返还的财产中存在威肯公司投资利益实际情况,判令海淀党校对威肯公司给予适当补偿,符合本案实际。二审诉讼中,威肯公司未举证证明一审判决认定的300万元补偿款与其投资实际转化后形成的利益不符,现其以海淀党校应当赔偿其丧失所分得的房屋利益为由,主张撤销一审判决对于补偿款的判项,本院不予支持。

3. 威肯公司应支付意锋公司的违约金是否应由海淀党校负担

按照《合同法》的规定,合同无效的损失应当由无效合同的订立、履行所导致,威肯公司与意锋公司签订《房屋买卖合同》,是其处分本案所涉《联建协议》项下的合同权利,与上述《联建协议》的履行并无必然的因果关系,该损失不属于《联建协议》无效导致的损失。威肯公司主张由海淀党校赔偿其应当支付意锋公司的违约金32779740元,缺乏法律依据和事实依据,不予支持。最高人民法院作出(2010)民一终字第47号民事判决,判令:驳回上诉,维持原判。

六、对本案的解析

本案存在合资、合作开发房地产合同纠纷中的普遍性问题,即合资、合作开发房地产合同被认定无效,投资一方的资金已经投入到合作项目建设,物化到合作项目中并转化为在建工程,此时,对投资一方的投资如何处理,成为案件审判适用法律的难点问题。笔者结合本案例对这一问题作如下分析:

(一)合同被认定无效后合建房屋的归属

《物权法》第一百八十二条规定:"以建筑物抵押的,该建筑物占用范围内的建设用地使用权一并抵押。以建设用地使用权抵押的,该土地上的建筑物一并抵押。"上述法律规定体现了《物权法》在处理土地与地上建筑物关系时确定的"房地合一"原则。所谓"房地合一"是指将房屋等地上建筑物作为土地的组成部分,取得土地所有权的人即取得附着于该土地上之建筑物的所有权,取得建筑物的所有权必须要取得其所附着的土地所有权,即土地所有权人与地上附着物所有权人是同一的,不能分离而转让。德国即采此立法例。《德国民法典》第94条规定:"附着于土地上的物,特别是建筑物,以及与土地尚未分离的出产物,属于土地的主要组成部分。种子自播种时起,植物自栽种时起,为土地的主要组成部分。"我国有关房地产权属登记的规章制度中亦贯彻了这样的原则。依照上述土地与地上建筑物归属的"房地合一"原则,本案《联建协议》被认定无效后,因联建房屋占用的土地使用权属于海淀党校,双方联合建设的房屋(在建工程)亦应归属海淀党校。威肯公司的投资物化到联合建设的在建工程中,由海淀党校取得。如果海淀党校用以出资的土地已经过户到双方名下,或者过户到威肯公司名下,由于合同被认定无效,威肯公司取得的该土地使用权丧失依据,亦应当返还海淀党校,地上建筑物亦应随同归属海淀党校所有。《合同法》第五十八条规定:"合同无效或者被撤销后,因该合同取得的财产,应当予以返还;不能返还或者没有必要返还的,应当折价补偿。有过错的一方应当赔偿对方因此所受到的损失,双方都有过错的,应当各自承担相应的责任。"依照上述法律规定的无效合同处理原则,海淀党校应当将其取得的威肯公司投资转化为在建工程的部分返还威肯公司。基于在建工程的权属及性质,不能实物返还,只能采用折价补偿的方式。

(二)海淀党校对威肯公司投资的返还

从最高人民法院颁布的相关司法解释及审判实践中的具体做法看,折价补偿的方式较为灵活,一般根据合同被确认无效时的履行情况及联建工程的建设程度(即出资方资金的转化形态)适用不同的折价方法。例如,《最高人民法院关于审理房地产管理法施行前房地产开发经营案件若干问题的解答》(以下简称《解答》)第四十六条规定:"合作建房合同被确认无效后,在建或已建成的房屋,其所有权可确认归以土地使用权作为投资的一方所有,对方的投资可根据资金的转化形态,分别处理:(1)资金尚未投入实际建设的,可由以土地使用权作为投资的一方将对方投入的资金予以返还,并支付同期同类银行贷款的利息;(2)资金已转化为在建中的建筑物,并有一定增值的,可在返还投资款的同时,参照当地房地产业的利润情况,由以土地使用权作为投资的一方给予对方相应比例的经济赔偿;(3)房屋已建成的,可将约定出资方应分得的房产份额按现行市价估值或出资方实际出资占房屋造价的比例,认定出资方的经济损失,由以土地使用权作为投资的一方给予赔偿。"需要指出的是,虽然规定为适用于审理房地产法施行前发生的房地产开发经营案件,但上述司法解释规定的投资方投资的返还方法,在审判实践中得到普遍运用,迄今仍有指导意义。具体分析归纳如下:

一是,出资一方的出资如果尚未投入建设,此时出地一方取得的财产即为出资方的资金,在合同认定无效后应当予以返还。出资方投入资金的利息作为法定孳息,一并返还出资方。法定孳息是依一定的法律关系由原物所生的物,是原物的所有权人进行租赁、投资等特定的民事法律活动而应当获得的合法收益。且是由他人使用原物而产生的,自己利用自有财产所得的收益,不是法定孳息。关于法定孳息的取得,一般由有收取权利之人按权利存续期间的日数而取得,权利存续一日,即取得一日之利息,权利消灭,收取孳息之权利也随之消灭。法定孳息作为一项财产权利,当事人可以处分。《物权法》第一百一十六条规定:"天然孳息,由所有权人取得;既有所有权人又有用益物权人的,由用益物权人取得。当事人另有约定的,按照约定。法定孳息,当事人有约定的,按照约定取得。没有约定或者约定不明确的,按照交易习惯取得。"依照上述法定孳息的性质及法律关于法定孳息归属的规定,法定孳息的起算时间应当从债权人享有取得权时起算。

对于合同无效情形下债权人投资款的取回或者说请求返还权享有时间,实践中主要有以下观点:(1)以出资方出资之日作为利息起算时间。因无效合同对当事人不具有拘束力,出资一方从提供资金之日即享有返还请求权;(2)以当事人提起诉讼时起算。在人民法院或者仲裁机构没有对合同效力作出裁定前,有些情况下当事人并不确定合同无效,此时不应使当事人负担返还款项的义务,尤其是在合同因出资一方责任导致合同无效的情形下。但以判决认定合同无效来确定利息的起算时间,当事人不好确定诉讼请求,应将当事人提起诉讼之日作为权利行使时间,从此时起算利息;本案一审判决即采纳了上述第二种意见确定利息的起算时间。二审维持了这一判项。

二是,出资一方的资金已转化为在建中的建筑物,此时出地一方取得的是在建工程,其应当按照在建工程的市场价值折价返还出资一方。市场价值与工程造价不同,工程造价是工程建设的成本,在建工程的市场价值是在建工程作为物在财产数额上的体现,表现为市场价值。目前并无对在建工程的市场价值进行评估的部门,该市场价值难以认定。因此,《解答》确定参照当地房地产业的利润情况,由出地一方折价补偿出资一方。本案中,一审判决即在综合评定威肯公司出资、房屋建设情况及房地产市场的利润,确定海淀党校在返还威肯公司出资(工程价款)基础上,再补偿 300 万元。威肯公司二审请求撤销一审判决对其补偿 300 万元的判项(一审判决第四项),是在请求将其预期利益作为合同无效损失基础上的选择,二审不支持其上述请求,根据"上诉不加重责任"原则,可以驳回威肯公司请求撤销一审判决第四项的请求。

三是,房屋已建成的,此时出地一方得到的是出资一方投资转换的房屋,出地一方应当按照取得的房屋价值进行折价补偿出资一方。《解答》确定依照约定出资方应分得的房产份额按现行市价估值或出资方实际出资占房屋造价的比例,由出地一方给予赔偿。

《解答》所确定的合作建房合同被认定无效后,投入资金一方的投资如何返还原则,一直被审判实践所采用。笔者认为,适用上述规定的关键是抓住出资一方资金转换的形态,来确定出地一方取得的财产是什么,在此基础上确定返还的原则及标准。

当事人对商品房结算面积的约定优先于测量规范所确定的房屋面积或者房屋的登记面积

——北京市外交人员服务局与北京华富房地产发展有限公司商品房预售合同纠纷案

姜 强*

法理提示 在商品房预售合同中,合同的解释具有十分重要的意义。商品房结算面积条款与国家有关部门发布的建筑物测量规范或者房屋初始登记的测量标准具有不同的功能和目的。前者的功能在于确定标的物的转让价格,属于当事人意思自治的范围;后者则主要是基于行政管理、公共政策的目的。当事人就房屋的某一部分面积是否计算价款、如何计算价款的约定不受测量规范或者登记规范的影响。人民法院应当根据当事人的约定确定商品房的转让价款。

申请再审人(一审被告、二审上诉人、原再审被申请人):北京外交人员服务局,住所地北京市东城区朝内大街223号。

被申请人(一审原告、二审上诉人、原再审申请人):北京华富房地产发展有限公司,住所地北京市朝阳区西坝河南路1号。

一、北京市第二中级人民法院一审查明的事实

北京市第二中级人民法院一审查明,1997年1月31日,北京华富房地产发展有限公司(以下简称华富公司)与北京外交人员服务局(以下简称外交服务局)签订《金岛花园梅苑公寓买卖合同书》,外交服务局购买总建筑面积21710平方米的(不包括人防面积及管道层面积)房屋。具体包括:(1)梅苑公寓,其地下地上建筑面积16510平方米;(2)专门用于梅苑公寓的三层地下车库,其建筑面积为5000平方米;(3)该物业应分摊的公用设施建筑面积约200平方米。房价款的构成包括:该物业价格为每平方米9380元,以及《金岛花园梅苑公寓进一步装修及设备采购安装承包合同》总价款为11201960元。交付时间为1997年6月30日前。同日,双方另行签订了《北京市外销商品房预售契约》,该契约第一条的内容

* 清华大学法学博士,最高人民法院民一庭法官。

为:"北京金岛花园梅苑公寓及地下专用车库房屋,建筑面积为 21710 平方米(含共有共用面积、分摊面积)。"第十八条的内容为:"本契约未尽事项,双方可签订补充协议。本契约的附件为本契约不可分割的组成部分,具有同等的法律效力。"该预售契约附件二的付款方式约定:在该物业的土建结构保修期满并办理完毕立契过户手续取得房屋产权证书及相应土地使用权证书后十五日内,买方支付剩余房价款的 5%。预售契约附件三第三条内容为:"阳台为全封闭弧形热弯比利时进口 6mm 厚镀膜绿色玻璃,阳台内铝合金推拉门和后阳台铝合金平开门采用国产 5mm 浮法玻璃。"该预售契约之附件五《补充条款》第四条约定:"该物业的专用车库及独立庭院由乙方所有并独立使用,专用车库面积为 5000 平方米,含 133 个车位。"第五条约定:"甲方(华富公司)同意专用车库的面积按 5000 平方米进行计算,专用车库按双方已定的图纸进行施工,如暂测面积或实测面积超过 5000 平方米,超过部分均不计入该物业总建筑面积,并且甲、乙双方对超出部分亦不再结算。"第七条约定:"倘该物业的实测面积(不含专用车库面积)与暂测面积之差超过暂测面积的 1.3% 时,乙方(外交服务局)有权选择不解除该契约,但甲方同意对实测面积超过 1.3%(含)部分不再向乙方结算。"

华富公司于 1998 年 4 月 3 日将房屋交付外交服务局,因延期交房,华富公司向外交服务局支付违约金 17105743 元、资金占用费 394425 元。

按照双方所签《北京市外销商品房预售契约》的约定,外交服务局购房面积 21710 平方米(每平方米 9380 元)的房价款为 203639800 元。按照双方关于实测面积大于暂测面积 1.3% 部分应结算房款(5000 平方米的专用车库除外)的约定,外交服务局向华富公司支付实测面积大于暂测面积 1.3% 部分的房款为 2037617.40 元。按照《梅苑公寓进一步装修及设备采购安装承包合同》的约定,外交服务局已向华富公司支付 11201960 元。上述数额相加,外交服务局应支付的购房款总额为 216879377.40 元。外交服务局已向华富公司支付房款(包括上述违约金、资金占用费及"进一步装修款")212601388.75 元,外交服务局尚欠房款 4277988.65 元。

自 1999 年 2 月,有关部门开始对本案争议的梅苑公寓进行测绘。2003 年 9 月 8 日,经有关部门测绘,本案争议的梅苑公寓建筑面积总计 24730.18 平方米。其中专用车库面积 5472.12 平方米、管道层 753.73 平方米、1 至 23 层建筑面积 18327.28 平方米(阳台建筑面积 1151.78 平方米)、附属用房 177.05 平方米。

房屋交付后,华富公司多次致函外交服务局,要求外交服务局按照实测面积给付超过合同约定部分的房价款。协商过程中,外交服务局曾同意就管道层及共用公摊超过约定部分的面积进行结算。但因华富公司坚持要求外交服务局支付阳台面积等超过合同约定部分的价款,外交服务局撤回其同意管道层及共用公摊部分价款的允诺。

北京市第二中级人民法院审理过程中,双方均表示签订《北京市外销商品房预售契约》时,按有关部门的规定层高为 2.2 米的管道层不计入建筑面积(本案争议的梅苑公寓管道层高度为 2.2 米)。2000 年颁布的《北京市房地产测绘细则》规定:房屋的建筑面积包括层高为 2.2 米(含 2.2 米)的永久性建筑。

2003 年 12 月,北京市国土资源和房屋管理局函告华富公司,金岛花园 C 座(亦由华富公司开发建设、成为金岛花园兰苑)“楼面毛地价 1200 元/平方米”。按兰苑的标准计算,本案争议的梅苑公寓管道层的建筑面积为 753.75 平方米,该面积需要交纳土地出让金 904500 元。

另查明,双方签订《北京市外销商品房预售契约》及《金岛花园梅苑公寓买卖合同书》等文件时,华富公司持有《预售许可证》,且签约时梅苑公寓的主体结构已完成。1997 年 11 月 24 日,双方签订《追加工程款确认书》,约定:根据华富公司 1997 年 9 月 15 日的《关于要求拨付增加工程款报告书》,外交服务局确认,上述内容的工程款额为人民币 80 万元。外交服务局已向华富公司支付上述款项。

二、当事人一审起诉与答辩情况

2004 年 12 月 27 日,一审原告华富公司起诉至北京市第二中级人民法院称,1997 年 1 月 13 日华富公司与外交服务局签订《金岛花园梅苑公寓买卖合同书》、《北京市外销商品房预售契约》及其附件。外交服务局购买范围为总建筑面积 21710(不包括人防面积及管道层面积)平方米的房屋。北京市房屋登记表确认房屋的实测面积为 24730.18 平方米,这一结果相对于暂测面积 21710 平方米超过 3020.18 平方米。华富公司多次致函外交服务局,要求协商解决并据实结算,但华富公司只同意对地下一层(管道层)和共有分摊面积进行结算。外交服务局依据合同个别条款断章取义,拒绝华富公司计算其余面积 1728.33 平方米的合理要求。目前,外交服务局未按其已认可结算面积 1291.85 平方米支付房款 12117553 元,且拒不按照合同及契约结算 1728.33 平方米房款,已经造成华富公司极大经济困难,并造成房屋难以办理产权证的问题。据此,请求判令:(1)外交服务局向华富公司支付其认可结算但尚未支付的建筑面积 1291.85 平方米的价款 12117553 元。其中包括:①根据国家有关规定应当计入建筑面积的梅苑公寓地下室管道层的建筑面积 753.73 平方米的价款 7069987.40 元;②共有分摊面积超过约 200 平方米部分的建筑面积 255.89 平方米(公寓 191.52 平方米、车库 64.37 平方米)的价款 2400248.2 元;③暂测面积 21710 平方米的 1.3%,即 282.23 平方米的价款 2647317.40 元。(2)外交服务局结算并支付双方确认、签署的设计图纸施工但外交服务局拒绝结算的建筑面积 1728.33 平方米的价款 16211735.40 元。(3)外交服务局按照预售契约约定的每日万分之五的比例,支付所欠的 12117553 元的自 1998 年 4 月 3 日至 2004 年 11 月 15 日的违约金,共计 14613768.92 元,并支付自 2004 年 11 月 15 日至外交服务局实际支付之日之第一项所述款项的延期支付违约金。(4)外交服务局承担全部诉讼费用。外交服务局辩称,外交服务局已按照双方约定足额支付了购房款。外交服务局从未认可华富公司增加结算面积的无理要求。外交服务局从未拒绝计算实际面积与暂测面积之差不超过 1.3% 部分的面积,并以实际提前超额支付了该部分款项。华富公司无权要求外交服务局结算实际面积与暂测面积之差超过 1.3%(含)部分。综上,华富公司的请求纯属无理,应当予以驳回。

三、北京市第二中级人民法院一审认定与判决

北京市第二中级人民法院认为,依法成立的合同自成立时生效并受法律保护。双方当

事人在合同中明确约定,外交服务局购买金岛花园梅苑公寓及地下车库总建筑面积为21710 平方米(不包括人防及管道层、含共有共用面积、分摊面积),如车库的暂测面积或实测面积超过 5000 平方米,超过部分不计入该物业总建筑面积,并且对超过部分不再结算。该物业的实测面积(不包括车库)与暂测面积之差超过暂测面积的 1.3%(含)时,超过部分不再结算。因此,华富公司要求外交服务局支付实测面积超过 21710 平方米价款的请求缺乏依据,对其请求不予支持。关于管道层的面积问题,签约时,按有关部门规定层高 2.2 米的管道层不计入建筑面积,因此,虽管道层属于交付的范围,但不属计价范围,后有关部门明确层高 2.2 米(含 2.2 米)的管道层计入建筑面积,但该变化并不导致管道层建安费用的增加,因此,华富公司要求外交服务局按管道层的建筑面积支付价款的请求没有依据,对其请求不予支持。但应指出,管道层计入建筑面积虽不导致管道层建安费用增加,但增加了土地出让金的支付,该支出不属双方预料范围,故应由双方共同分担。关于华富公司主张外交服务局支付延期付款违约金一节,因双方约定在取得权属证书后支付剩余 5% 的付款,现外交服务局尚未取得权属证书,且外交服务局未支付的房款小于 5%,并未违约。因此,对于华富公司主张外交服务局延期付款、并要求外交服务局承担延期付款违约责任的请求不予支持。另,外交服务局依据双方于 1997 年 1 月 24 日签订的《追加工程款确认书》向华富公司支付的 80 万元工程款,不属于《梅苑公寓进一步装修及设备采购安装承包合同》约定的内容,故不能折抵该合同约定的款项。综上所述,根据《中华人民共和国合同法》第四十四条之规定,北京市第二中级人民法院于 2005 年 6 月 20 日作出(2005)二中民初字第 01100 号民事判决:一、外交服务局本判决生效后十日内向华富公司补偿金岛花园梅苑公寓管道层的土地出让金 452250 元;二、驳回华富公司的其他诉讼请求。案件受理费 224725 元,由华富公司承担 222725 元,外交服务局承担 2000 元。

四、当事人的上诉请求及答辩理由

华富公司、外交服务局均不服一审判决,分别向北京市高级人民法院提起上诉。华富公司上诉认为原判认定事实和适用法律错误,请求撤销原判,依其原审诉讼请求予以改判。外交服务局上诉认为原审法院认定其尚欠房款 4277988.65 元数额错误,判决管道层建筑面积需要交纳土地出让金 904500 元及由双方分担交纳土地出让金与事实不符且无法律依据,请求撤销原判第一项;确认其尚欠华富公司房款为 4037617.40 元;改判由华富公司承担本案的全部诉讼费用。

五、北京市高级人民法院二审认定与判决

北京市高级人民法院二审查明的事实与北京市第二中级人民法院一审查明的事实一致。

北京市高级人民法院二审根据与一审同样的理由于 2005 年 11 月 11 日作出(2005)高民终字第 1059 号民事判决:驳回上诉,维持原判。一审案件受理费 224725 元,由华富公司承担 222725 元,由外交服务局承担 2000 元;二审案件受理费 224725 元,由华富公司承担 112362.5 元,外交服务局承担 112362.5 元。

六、北京市高级人民法院再审认定与判决

华富公司不服二审判决,于 2006 年 3 月 2 日向北京市高级人民法院申请再审,北京市高级人民法院于 2006 年 6 月 20 日作出(2006)高民监字第 272 号民事裁定,对本案再审。北京市高级人民法院再审查明,外交服务局与华富公司约定的购买金岛花园梅苑公寓的总建筑面积为 21710 平方米,该楼竣工后的实测面积为 24730.18 平方米,面积差别 3020.18 平方米。其增加面积具体为:管道层 753.73 平方米,共有分摊建筑面积 255.89 平方米,以及阳台封闭后面积、18 - 22 层轴面积、阳光屋和电梯机房及水箱间面积、地下车库增加面积。以上面积中的共有分摊建筑面积,双方合同约定为 200 平方米,而根据 2003 年 9 月 8 日北京市房地产勘查测绘所制定的《北京市房屋登记表》载明为 455.89 平方米,增加 255.89 平方米。对管道层 753.73 平方米和共有分摊建筑面积 255.89 平方米,双方均无异议,外交服务局在往来信函中也曾确认 434.40 平方米,对 2003 年 9 月 8 日《北京市房屋登记表》载明的 455.89 平方米,没有异议。双方约定的 1.3% 部分为 217.23 平方米(不含地下车库),价款为 2037617.40 元。经再审审理查明的其他事实与原审查明的事实一致。

北京市高级人民法院再审认为,华富公司与外交服务局签订的《金岛花园梅苑公寓买卖合同书》、《北京市外销商品房预售契约》及附件合法有效。双方在合同中约定购买房屋的面积为 21710 平方米,而实际面积超出了该约定 3020.18 平方米,该超出面积为阳台封闭后面积、地下一层管道层面积、18 - 22 层轴连接面积、阳光屋、电梯机房及水箱间面积、地下车库面积等。该协议中的面积 21710 平方米是经过规划部门审批的,而所附图纸并非审批面积的附图,而是双方调整后的面积附图,该变更在双方签约时未经规划部门审批,双方均有一定过错。房屋交付后,华富公司多次致函外交服务局,要求外交服务局按照实测面积给付超过合同约定部分的房价款。协商过程中,外交服务局曾同意就管道层及共用公摊超过合同约定的 434.40 平方米的面积进行结算,但因华富公司坚持要求外交服务局支付阳台面积等超过合同约定部分的价款,外交服务局撤回其同意结算管道层及共用公摊部分价款的允诺。虽然双方签订的《补充协议》第 7 条约定实测面积与暂测面积之差超过 1.3% 时,外交服务局就超过部分不再向对方结算。但由于管道层计入建筑面积,是发生在双方签约后的政策调整,且外交服务局也曾承诺对管道层面积予以结算。因此,外交服务局应当就其曾经书面同意结算的管道层 753.73 平方米及共用公摊超过合同约定的面积(以《北京市房屋登记表》载明的超出面积 255.89 平方米计),按照合同价格 9380 元予以结算。原审判决虽明确了外交服务局尚欠华富公司房款 4037617.4 元(含实测面积大于暂测面积 1.3% 部分应结房款),却未予处理,北京市高级人民法院再审一并予以处理。华富公司主张超出面积部分价款的违约金没有法律依据,不予支持。综上,北京市高级人民法院于 2007 年 7 月 17 日作出(2006)高民再终字第 915 号民事判决:一、撤销北京市高级人民法院(2005)高民终字第 1059 号民事判决和北京市第二中级人民法院(2005)二中民初字第 01100 号民事判决;二、外交服务局于判决生效后十日内给付华富公司房款 13507853 元;三、驳回华富公司的其他诉讼请求。一审案件受理费 224725 元,由华富公司承担 124725 元,外交服务局承担 100000 元;二审案件受理费 224725 元,由华富公司承担 112362.5 元,外交服务局承担

112362.5 元。

七、当事人向最高人民法院申请再审的理由

外交服务局向最高人民法院申请再审称,(2006)高民再终字第 915 号民事判决存在严重错误。(1)原再审判决认定,外交服务局应当就其曾经书面同意结算的管道层 753.73 平方米及共用公摊超过合同约定的面积(以《北京市房屋登记表》载明的超出面积 255.89 平方米计),按照合同价格 9380 元予以结算。该认定缺乏依据。①该判决曲解了承诺的法律含义,外交服务局在回函中对华富公司来函提出的四项要求额外结算的内容直接予以否定,对另外两项提出自己的调整建议,并以此作为一揽子解决双方全部分歧的方案,但遭对方拒绝。因此,该回函的意思表示应为新的要约。因华富公司未承诺接受,原合同约定未发生改变。②因华富公司拒绝接受外交服务局的建议,外交服务局已明确表示撤回该函全部建议方案重新协商新的解决方案,对此华富公司表示同意,这也证实双方未达成一致。③合同订立时,管道层依国家标准不计入建筑面积。该政策在 2000 年 10 月发生变化。结合本案事实可知,正是因为华富公司迟延履行交付房屋和办理房产证义务,才导致政策变化对本案合同履行产生影响。根据《合同法》之规定,迟延一方无权主张免责,由此发生的不利益应由迟延方承担。第四,上述政策变化对本案结算条款不应产生影响。原审判决混淆了公法规制与私法自治的领域。管道层是否计入建筑面积,是国家干预土地使用权出让及房地产建设开发环节的体现,属房地产一级市场范畴。至于二级市场上,开发商是否将全部建筑面积作为交易计价面积,完全属当事人意思自治范畴。综上所述,原审判决增加的 947 万结算款无发生依据。(2)403 万工程尾款无支付依据。403 万元由双方约定尾款中的 200 万元及双方认可的实测面积超出约定面积 1.3% 以内部分应增加价款 203 万元组成。合同明确约定总价款 5% 作为尾款于办理完房产证后结算。该 403 万元尚不足总价款的 5%。根据合同约定,该笔款项的支付条件尚未成就。原审判决径行判决支付,违反合同约定,不当至明。综上所述,原审判决存在严重错误,请求:一、撤销北京市高级人民法院(2006)高民再终字第 915 号民事判决;(2)维持北京市高级人民法院(2005)高民终字第 1059 号民事判决。

八、最高人民法院再审认定与判决

最高人民法院再审查明,关于外交服务局是否承诺就管道层及共有分摊部分面积据实结算的问题,华富公司曾多次致函,外交服务局复函两次。其中,2000 年 7 月 23 日,华富公司在实际交付房屋 2 年有余后致函外交服务局,首次向外交服务局提出"……将超过原购买范围之面积纳入结算"的请求,恳请据实结算。对此请求,外交服务局未予回复。2000 年 11 月 17 日、2002 年 8 月 18 日继续具函,仍被拒绝。2002 年 10 月 17 日,华富公司第四次具函要求回复。2003 年 3 月 4 日,外交服务局第一次复函称:"1. 不同意对超出合同确定的 1.3% 以外的面积进行结算;2. 专用地下车库。超出合同约定暂测 5000 平方米部分亦不再结算;3. 关于地下管道层面积。对层高超过 2.2 米的地下室(管道层),我局同意依据有关法律和合同,对其面积进行核算、确认后予以结算;4. 共用公摊面积增加面积,我局接受按

照有关法律规定和依据买卖合同约定的由于外交公寓面积增加造成增加的公用分摊面积,并应结合公寓庭院面积一并考虑。"2003 年 8 月 21 日华富公司具函称:"对公寓超出 1.3% 以上部分 ……我公司仍保留要求进行结算的权利,否则要求退回不予结算的超出面积,并要求实际使用期间的使用费及利息;专用地下车库除 5000 平方米约定面积外,要求对车库共用公摊面积及超出不足 1.3% 部分增加结算,否则要求退回不予结算的超出面积,并要求实际使用期间的使用费及利息。……" 外交服务局接华富公司函后,于 2003 年 9 月 29 日第二次复函,声明:"……我局并未同意另行结算地下室(管道层)和超出合同约定的共用分摊面积部分。既然贵公司 2003 年 8 月 21 日函件已拒绝在我局所提建议基础上探讨一揽子解决问题的方法,现我局正式声明取消该文中所提全部建议……"

最高人民法院再审查明的其他事实与北京市高级人民法院再审查明的事实一致。

最高人民法院再审认为,根据双方当事人的合同约定,外交服务局不应向华富公司承担支付涉案房屋实测面积超出合同约定面积部分的价款。外交服务局向华富公司支付其尚未支付的购房尾款的条件尚未成就。根据《中华人民共和国民事诉讼法》第一百八十六条第一款、第一百五十三条第一款第二项的规定,判决如下:一、撤销北京市高级人民法院(2006)高民再终字第 915 号民事判决;二、维持北京市高级人民法院(2005)高民终字第 1059 号民事判决。

九、本案的解析

本案的争议焦点为:(1)外交服务局应否向华富公司支付涉案房屋实测面积超出合同约定面积的房价款;(2)外交服务局应否向华富公司支付其尚未支付的购房尾款。

(一)关于实测面积超出合同约定面积的房价款应否支付的问题

首先,《合同书》第一、二条约定,双方当事人买卖的标的物为梅苑公寓及其独立庭院、地下专用车库。总建筑面积为 21710 建筑平方米(不包括人防面积及管道层面积)。《预售契约》第一条约定:"北京金岛花园梅苑公寓及地下专用车库房屋,建筑面积为 21710.00 建筑平方米(含共有共用面积、分摊面积、房屋状况详见附件一),国有土地使用权面积 4160.00 平方米(含共有共用面积),土地使用期限自房屋产权过户之日起至 2064 年 7 月 10 日止。上述各项面积为甲方暂测面积,房屋竣工后以北京市房屋土地管理局实测面积为准。"第二条约定:"甲乙双方同意,该商品房交付时,房屋的实际面积与暂测面积的差别不超过暂测面积的 ±1.3%(不含)时,按照本契约第三条所述房屋售价进行结算;实测面积与暂测面积之差超过暂测面积的 ±1.3%(含)时,自甲方向乙方出示北京市房屋土地管理局实测面积文件之日起 7 日内,乙方有权解除本契约。契约解除自乙方书面通知送达甲方之日起生效。甲方除在契约解除后 30 日内向乙方双倍返还定金外,并须将乙方已付的房价款及利息全部退还给乙方。利息按中国人民银行固定资产贷款利率(付款币种为人民币)或按中国人民银行外汇贷款利率(付款币种为外汇)计算。"《预售契约》附件五《补充条款》第五条约定:"甲方同意专用车库的面积按 5000 平方米进行计算,专用车库按双方已定的图纸进行施工,如暂测面积或实测面积超过 5000 平方米,超出部分均不计入该物业总建筑面积,并且甲、乙双方对超出部分亦不再结算。”第七条约定:“倘该物业的实测面积(不含专用车库面积)与暂测面积之差超过暂测面积的 1.3%(含)时,乙方有权选择不解除契约,但甲方同意对实测面积超过 1.3%(含)部分不再向乙方结算。”

上述约定说明,双方当事人在签订合同之时已经明确预见到合同约定的面积(即暂测面积)与房屋土地管理部门未来的实测面积存在差异。但是,从上述条款来看,双方当事人明确约定最终的结算面积并不以实测面积为准,而是在合同约定面积的基础上进行调整,即外交服务局只需对梅苑公寓(不含专用车库面积)实测面积与暂测面积之差超过暂测面积 1.3% 以内的部分进行结算。如果实测面积与暂测面积之差超过暂测面积的 1.3%(含)时,外交服务局既可以解除合同,也可以选择不解除合同,继续按照合同约定的面积履行付款义务,而华富公司对实测面积超过 1.3%(含)部分的房屋价款不享有请求权。而关于专用车库,则不论实测面积是多少,双方均按 5000 平方米的约定面积结算,超出部分不再结算。由此可以认定,上述关于面积的条款既是对华富公司交付的标的物的大致描述,更为重要的是,它是确定双方结算面积的条款,即,双方约定的最高结算面积应当是:最高结算面积 = 约定公寓面积 16710 平方米(公寓自用建筑面积 16510 平方米 + 共用公摊 200 平方米) + 约定增加面积 217.23 平方米(16710 平方米 × 1.3%) + 车库面积 5000 平方米 = 21927.23 平方米。

其次,关于管道层面积部分是否应当计算合同价款问题。根据《合同书》第二条的约定,双方明确将人防层面积和管道层面积排除在合同约定的总建筑面积之外。再结合双方当事人签订的其他合同条款,说明双方当事人在签订合同之时就明确,无论管道层面积为多少、在测量上是否计入建筑面积,外交服务局都无需就该部分面积支付相应的价款,此其一。其二,在合同签订之时,当时建筑行业施行的是国家经济委员会于 1982 年 11 月 12 日颁布实施的(1982)经基设字 58 号《建筑面积计算规则》,该规则规定:“建筑物内的技术层,层高超过 2.2 米的,应计算建筑面积”,“层高在 2.2 米以内的技术层不计算建筑面积”。1998 年 12 月 11 日,北京市房屋土地管理局关于印发《北京市商品房销售面积计算及公用建筑面积分摊暂行规定》的通知,仍以此《建筑面积计算规则》为附件,并于第二条明确:“商品房建筑面积应按国家现行的《建筑面积计算规则》进行计算。”本案诉争的管道层为 2.2 米,按上述规定不应计算在建筑面积内。这也说明,双方当事人作出将管道层排除在结算面积之外的约定符合当时的相关政策。退而言之,即使当时的政策规定管道层应当计算在建筑面积内,也并不影响当事人就该面积是否计算价款作出特别约定。换言之,对于该部分面积是否计算相应的价款属于当事人意思自治的范围。其三,2000 年 10 月 24 日实施的北京市国土资源和房屋管理局关于贯彻执行国家标准《房产测量规范》通知附件 1《北京市房地产测绘细则》的补充规定第一条规定:“房屋建筑面积系指房屋外墙(柱)勒脚以上各层的外围水平投影面积,包括阳台、挑廊、地下室、室外楼梯等,且具备有上盖,结构牢固,层高 2.20m 以上(含)的永久性建筑。”涉案房屋在实际测量时由于上述测量规范的变化导致涉案房屋的管道层面积在测量上应当计入建筑面积,但是,房屋的某一部分在测量规范上应否计入建筑面积以及如何计算建筑面积,是国家基于行政管理、公共政策等目的的考虑而规定的,但该建筑面积应否计算价款则是当事人意思自治的范围。同时,诉争房屋梅苑公寓的主体结构在签订合同时已完成,双方当事人约定将管道层面积排除在计算价款的范围之外,更加说明当事人对该约定的含义及后果是明确的。因此,上述测量规范的变化并不影响当事人关于管道层面积不计入结算面积、不计算价款的约定。退而言之,即使测量规范的变化应当影响双方关于合同价款的约定,但由于华富公司迟延履行交付房屋及办理权属登记义务,才导致上述政策变化对本案合同履行产生影响。华富公司亦无权请求支付相应价款。其四,当然,管道层计入建筑面积虽不导致管道层建安费用增加,但增加了土地出让金的支付,该支出不属双方预料范围,一、二审法院对此判令由双方共同分担由此所增加的土地出让金,已经考虑到由于测量规范变化所造成的负担如何承担的问题,且外交服务局对此并未请求再审,依法应予维持。

最后,关于外交服务局是否承诺就管道层及共有分摊部分面积据实结算的问题。从双方当事人往来函件看,外交服务局于 2003 年 3 月 4 日发出的复函对华富公司之前发出的据实结算要约作出了实质性变更,不能认定为是对华富公司要约的承诺,而应认定为是对华富公司要约的反要约。而华富公司于 2003 年 8 月 21 日发出的函件内容并未对外交服务局的上述要约作出承诺,且对该要约的内容作出了实质性变更,根据《中华人民共和国合同法》第二十条的规定,外交服务局的上述要约已经失效。并且,外交服务局于 2003 年 9 月 29 日第二次复函又明确撤销了其第一次复函中的要约。因此,可以认定,双方当事人并未就管道层面积和共有分摊面积据实结算达成协议,双方的合同权利义务并未发生变化。

综上所述,根据双方当事人的合同约定,外交服务局不应向华富公司承担支付涉案房屋实测面积超出合同约定面积部分的价款。北京市高级人民法院再审判决以双方《预售契约》的面积附图未经规划部门审批、外交服务局在协商过程中曾同意就管道层及共用公摊部分超过合同约定面积部分进行结算、管道层计入建筑面积是发生在双方签约后的政策调整所致等理由,判令由外交服务局按照每平方米9380 元的约定价格承担管道层753. 73 平方米和共用公摊超过合同约定的面积255. 89 平方米的合同价款支付义务,无合同依据和法律根据。

(二)关于外交服务局应否向华富公司支付其尚未支付的购房尾款 4037617. 4 元的问题

此部分义务是否应当履行亦应根据双方当事人《合同书》、《预售契约》及其附件确定。根据《预售契约》附件二《付款方式》第五条约定:“在该物业的土建结构保修期满并办理完毕立契过户手续取得房屋产权证书及相应土地使用权证书后十五日内,买方支付房价款的5% 。”根据合同约定,外交服务局应向华富公司支付实测面积(不含地下车库)超出暂测面积1. 3% 部分的房款为2037617. 4 元,再加上尚未支付的工程尾款200 万元,总计4037617. 4 元。该笔款项与合同总价款相比较,尚不足总价款的5% 。根据上述合同约定,该笔款项应在合同约定的土建结构保修期满且华富公司办理完毕立契过户手续取得房屋产权证书及相应土地使用权证书十五日内支付。由于华富公司至今尚未办理完房屋产权证书及土地使用权证书,因此,该笔款项的支付条件尚未成就,外交服务局依法有权抗辩华富公司的此项请求权。北京市高级人民法院再审判决认为此部分房款应一并处理,判令外交服务局在未取得房地产权属证书的情形下立即支付全部尾款,与当事人约定不符,无合同依据。

合作开发房地产合同纠纷无效后不能根据合同约定分得的房产价值进行投资补偿

——北京协和医学院与四川明日企业(集团)有限公司、协和明日医药交流中心合作建房合同纠纷上诉案

肖 峰*

法理提示 合作开发房地产合同被认定无效后,合同一方经常主张对合同相对方按合同约定应分得房产的估价进行分割,以获得投资补偿。当事人的此类诉讼请求混淆了合同有效可主张的履行利益与合同无效后信赖利益之间的区别。在当事人无法举证证明因合同无效造成其他具体损失的情形下,宜按投资款的银行同期贷款利率计算其投资损失。

上诉人(原审原告、反诉被告):北京协和医学院(原称中国协和医科大学),住所地北京市东城区东单三条九号。

法定代表人:刘德培,该院校长。

委托代理人:岳运生,北京市岳成律师事务所律师。

委托代理人:刘 涛,北京市岳成律师事务所律师。

上诉人(原审被告、反诉原告):四川明日企业(集团)有限公司,住所地四川省成都市机场路土桥段 4 号明日苑。

法定代表人:吴乐先,该公司总经理。

委托代理人:黄 东,北京市君佑律师事务所律师。

委托代理人:薛维娟,北京市君佑律师事务所律师。

被上诉人(原审第三人):协和明日医药交流中心,住所地北京市东城区东单北大街 69 号。

法定代表人:吴乐先,该中心董事长。

委托代理人:兰 楠,该中心工作人员。

一、北京市高级人民法院一审查明的事实

中国协和医科大学图书情报、基础医学研究所、中国医学科学院微循环所科研楼项目

* 中国政法大学法学博士,最高人民法院民一庭法官。

(以下统称综合楼),是由原国家计委在 1984 年 1 月批准给卫生部的基本建设项目。卫生部将该项目交予了北京协和医学院(以下简称协和医学院)。该项目的建设用地属国有划拨土地使用权的性质,该用地的实际使用权人为协和医学院。协和医学院取得项目后曾开工进行了项目工程和市政工程的建设,后因国家停止拨款而将该工程停建。

1995 年 6 月 15 日,协和医学院与四川明日企业(集团)有限公司(以下简称明日公司)签订《合作建设发展中国协和医科大学协议书》(以下简称《合作协议》)。其中约定,明日公司在 1995 年至 1997 年底出资建设综合楼,建成 5 万平方米的教学及配套设施,产权归协和医学院,明日公司享有除微循环所等少数部分面积外其余面积的 30 年使用权。同日,双方又签订了《投资建设协和医大综合楼的合同》(以下简称《投资合同》),约定合作建设占地面积 8800 平方米、建筑面积 24899 平方米的综合楼。其中由协和医学院承担的工程费用有:合同签订前的综合楼建设开发资金、地块现状、挡木桩施工、立项报建、规划设计、水电增容、供热、市政管理等施工前的有关费用;明日公司负责综合楼现状时期的建筑安装至竣工投入使用前的有关费用;综合楼产权归协和医学院所有,明日公司以承包经营的形式使用 30 年;工期 2 年,从破土动工的当日开始计算工期。协议签订后,该工程由双方共同组成工程指挥部于 1995 年 9 月由铁道部第十六工程局开工建设。但双方未对协和医学院原来已建工程状态进行确认和交接。明日公司称工程项目中的水、电、气等均为明日公司新做,并非由协和医学院完成。1996 年 6 月 7 日,卫生部以[1996]第 105 号文批复,同意该工程变更设计、改变投资来源。该批复中同意协和医学院引进资金与明日公司合作,将原批图书情报、基础医学研究所楼工程变更为中国协和医科大学综合楼,该综合楼主要用于医药技术交流工作,原批微循环研究所科研楼工程功能不变。工程总投资为 14456 万元,其中综合楼 12649 万元,原国拨资金改为明日公司投资建设;科研楼投资 1807 万元,原国拨投资 1580 万元用于科研楼建设,明日公司投资 227 万元。该批复由卫生部抄送国家计委、首规委及北京市建委和北京市规划局。1998 年 7 月 24 日,由铁十六局施工的主体结构工程竣工。

1998 年 9 月 28 日,双方签订《关于综合楼产权分配协议书》(以下简称《分配协议》)。确认双方合作建房合同签署三年,经双方共同努力综合楼业已落成。经卫生部批准,协和医学院提供建设用地,双方确认综合楼总建筑面积 28261 平方米、建设用地面积 8800 平方米,开发总值为 22300 万元,明日公司作为建设资金的投入方,总投资为 18800 万元。双方同意按以上出资比例分配相应面积体现各自的产权。综合楼 1、2、3、4 段首层总面积 2800 平方米产权归协和医学院,协和医学院以该部分出让 30 年使用权的收入偿还明日公司的部分建设投资;综合楼 1、2 段首层以外部分以及 5 段(14620 平方米)产权归协和医学院;综合楼 3、4 段首层以外部分建筑面积 10841 平方米中 2141 平方米的产权归协和医学院,8700 平方米产权归明日公司所有。协和医学院负责将属于明日公司的产权证办理至明日公司名下;明日公司负责工程建设至竣工验收、决算及有关手续的办理。本合同有效期至 2048 年 9 月 27 日(50 年);双方签字盖章后生效。1995 年 6 月 15 日签订的原协议合同同时终止。1999 年 4 月 1 日,双方签订了《协和医科大收回明日公司东单综合楼中 8700 平方米房屋产权的协议书》(以下简称《收回协议》)。其中约定,协和医学院充分理解明日公司的困难,协和医学院以 6000 万元收回原协议分配给明日公司的 8700 平方米房屋的产权,明日公司保证将此款优先用于综合楼验收工作和血液制品项目。同日,双方还签订了《备忘录》。其中约定,协和医学院先给付明日公司 300 万元,用于综合楼 1 - 4 段 5 月份前通过竣工验收,交付协和医学院使用。次日,双方又签订了《分期付款保证综合楼 6 月 15 日前竣工验收的实施办法》。该付款办法中约定:明日公司保证(同年)6 月 15 日前完成验收工作,将验收合格的综合楼交付协和医学院使用。协和医学院于 4 月 15 日前支付 800 万元 ~ 1000 万元,4 月底前支付 1000 万元,5 月底前支付 4000 万元 ~ 4200 万元。该付款办法签订后,协和医学院为履行付款约定给付了明日公司 2020 万元。此后,双方未经正式验收、交接即于 1999 年根据约定的大体划分部位,分别进入、占有使用或出租了部分房屋。2000 年 3 月 2 日,卫生部作出卫规财发[2000]第 76 号《关于中国医学科学院、协和医科大学东单综合楼部分房屋产权转让的批复》。批复同意中国医学科学院、协和医学院将综合楼 8700 平方米房屋产权转让给明日公司,并按照国家有关法律法规程序办理产权转让手续;8700 平方米房屋产权楼层的划分和转让发生的费用按 1998 年 9 月双方签订的协议执行,卫生部不承担任何费用。卫生部的该项批复未报请上级主管部门国务院机关事务管理局批准和备案。2000 年 3 月 14 日,双方协商确认,因原合同在履行过程中遇到了困难,经协商并报卫生部批准,双方签订了《关于东单综合楼的协议书》(以下简称《综合楼协议》)。其中约定:终止 1999 年 4 月 1 日签订的《收回协议》及《备忘录》,恢复执行 1998 年 9 月 28 日签订的《分配协议》,综合楼建设过程中形成的全部债务由明日公司负责了结并承担全部债务;明日公司在 2000 年 5 月底前完成综合楼的竣工验收;竣工验收后 6 个月内,协和医学院负责将 8700 平方米房屋的产权手续办到明日公司名下,产权转移所发生的土地出让金由协和医学院承担;协和医学院已支付给明日公司的 2020 万元在本协议签订后四个月内全额一次性返还,若明日公司不能按约定返还,违约部分按银行同期贷款利息向协和医学院支付违约金等。由明日公司负责验收的综合楼 1 ~ 4 段于 2001 年 7 月通过了北京市东城区质检站的竣工验收,并办理了人防、消防及竣工验收手续。综合楼 5 段系协和医学院微循环所用房,主体结构工程竣工后已由明日公司交付协和医学院进行装修,该部分工程于 2002 年 1 月竣工已通过质检验收。工程陆续竣工后,双方因工程费用的支出和代对方垫付款问题,曾进行过协商,但未达成一致意见,故一直未进行最后结算。按双方约定协和医学院应当办理的产权转让及为明日公司交纳土地出让金、房产登记办证等手续至今尚未办理。对延长工期、验收期及结算期等问题,双方均未提出追究对方违约责任的诉讼请求。

自 2000 年 9 月起,明日公司因未按期向施工单位支付工程款、工程材料款先后在涉及欠付综合楼工程款项的十余起诉讼中败诉。基于双方的合作关系,法院判决协和医学院承担支付工程欠款的连带责任。因上述诉讼,协和医学院已代明日公司偿还欠款共计 10674600 元。对此,明日公司一审加以确认。

明日公司已将约定其拥有 30 年使用权的综合楼首层 1、2、3、4 段的房屋(约 2800 平方米)出租,并一次性收取了租金 77218000 元。该笔租金经交流中心的账户收取并已转给明日公司。

双方当事人对下列款项是否属于前期工程应支付的费用存在争议:协和医学院支付的

热力站工程款 122782 元;电贴及集资款 3515000 元(其中由明日公司支付 2715000 元,协和医学院支付 80 万元);由明日公司支付的外电源及分电小室设备费 90 万元;配电室安装费 50 万元(明日公司已支付 15 万元,外欠 35 万元);明日公司支付的高低压调试费 89567 元;明日公司支付的热力站设备费 90 万元;明日公司支付的热力站工程款 141 万元;明日公司支付的措施费 158708 元、抢工费 12 万元、热力站看管劳务费 94500 元(以上费用共计 7810557 元,其中协和医学院已支付 922700 元,其余为明日公司支付)。明日公司主张上述费用都是前期工程或与前期工程有关的款项,均属于合同约定应当由协和医学院支付的费用。协和医学院则认为上述费用均发生在与明日公司签订合同或明日公司开始施工后的工程支出,应由明日公司承担。但双方均认可《投资合同》中划定的各自承担的工程费用范围。

在一审法院重审期间,协和医学院对在综合楼建设期间为明日公司垫付的,法院已判决支付的工程欠款 11183989 元、为收回房产向明日公司支付的 2020 万元和明日公司收取的 77218000 元租金主张权利。明日公司对上述款项的数额不持异议。但对在一审重审中仍陆续发生的有关法院判决协和医学院给付的其他工程款共 2200500 元,明日公司则认为该款属开庭后发生的事实,不能与该案一并处理,协和医学院应另行起诉解决。协和医学院对于明日公司反诉提出的垫付工程款有异议。经双方反复核对相关工程账目,并经过庭审质证,其中无争议的工程费用有:协和医学院为明日公司垫付电梯费 335872 元;协和医学院已于 1998 年 7 月 20 日返还给明日公司护坡降水尾款、代付拆迁安置费、南苑设计勘察费共计 910367.34 元。明日公司对于上述款项中的 2020 万元、11183989 元(其中应扣除热力站工程款 122782 元)和 335872 元合计 31596900 元,同意返还给协和医学院。诉讼中,协和医学院坚持主张确认合同无效,要求明日公司将实收租金 77218000 元退还协和医学院。明日公司和交流中心认为合同合法有效,表示不同意协和医学院的这一诉讼请求。

在本案审理中,一审法院根据协和医学院的申请,委托具有合法资质的北京纵横联合会计师事务所(以下简称纵横所)进行审计鉴定,纵横所的审计结论为:(1)明日公司建造综合楼累计投入资金为 219282162.78 元,其中本金 153238216.74 元、利息 66043946.04 元;(2)协和医学院垫付工程资金累计 11519809.61 元;(3)双方联建合同如被确认无效,返还上述投资发生的经济损失,可以明日公司享有的出租和产权两部分房屋价值或综合楼的总投资额两种方法确定,请法院酌定,两种方法的计算结果分别为:①如按明日公司享有的出租和产权两部分房屋价值之和,损失额为 217709220 元;②如按综合楼的总投资额,损失额为 230801972.39 元。对该审计鉴定结论,双方均提出异议。在合议庭主持下,纵横所派人出庭,就双方当事人分别提出的异议进行了质证。纵横所根据双方提出的异议进行了复核和调整,对原审计报告提出了《关于对纵横审专(2005)74 号〈审计报告〉的修复报告》(以下简称《修复报告》),审计结论为:(1)明日公司建造综合楼累计投入资金为 218646633.80 元,其中本金 153238216.74 元、利息 65408417.06 元;(2)协和医学院垫付工程资金累计 11519809.61 元;(3)双方联建合同如被确认无效,返还上述投资发生的经济损失,可以明日公司享有的出租和产权两部分房屋价值或综合楼的总投资额两种方法确定,请法院酌定,两种方法的计算结果分别为:①如按明日公司享有的出租和产权两部分房屋价值之和,损失额为 233155920 元;②如按综合楼的总投资额,损失额为 230166443.41 元。此外,双方对另有 100 万元款项属向微循环所支付的前期费用还是赞助费用存在分歧,纵横所要求由法院认定。质证时,协和医学院表示坚持原来意见,不同意《修复报告》的审计结论。明日公司、交流中心也表示坚持原审计异议。纵横所则表示对双方提出异议已认真审查和复核,对当事人提出的意见质证时已进行了解释和说明,不需要对《修复报告》进行再次修正。

因明日公司在四川省欠付银行贷款、企业借款形成债权债务纠纷,在未对约定的 8700 平方米房屋办理产权登记、明日公司未取得产权证的情况下,涉案房屋已由四川省高级人民法院自 2000 年开始分别以数份民事裁定书强制管理,并先后抵偿给明日公司的数个债权人,但没有办理房屋产权的登记。

另查明,协和医学院(原名中国协和医科大学,2006 年 12 月变更为现名)是从事高等医学教育科研的事业单位法人。明日公司是在四川省成都市注册登记的以从事房地产开发建设为主的全民所有制与集体所有制联营的企业。交流中心是协和医学院和明日公司共同出资设立的股份制企业,由明日公司实际管理,从事医药科技开发等经营。

二、当事人一审起诉与答辩情况

协和医学院在一审中诉称:1995 年 6 月 15 日、1998 年 9 月 28 日,原告与被告先后签订了合作建房合同和其他关于合作项目利益分配的相关协议书,因前述合同具有转让国有划拨土地使用权和房屋产权的性质,该转让行为未经政府批准,违反了法律法规的强制性规定,应属无效。另被告在合作期间严重拖欠工程款,延误工期,已经不具备继续履行合同的能力,故请求法院:(1)确认双方之间签订的关于综合楼的所有协议书无效;(2)确认综合楼产权归协和医学院所有;(3)判令明日公司返还协和医学院 20200000 元垫付款、335872 元电梯款、15284099 元垫付的工程款、明日公司和交流中心收取的 77218000 元租金;(4)要求对明日公司投入综合楼的资金情况进行全面审计后双方依审计结果进行结算;(5)双方各自承担其他损失;(6)诉讼费由明日公司负担。

明日公司辩称:双方签订的合同及相关协议书是合法有效的。明日公司已按 1995 年 6 月签订的合建综合楼合同及相关协议书的约定全部履行了投资建设的义务,综合楼已于 2001 年 7 月通过了北京市东城区质检站的竣工验收。明日公司应当享有合同约定的投资人的权利,要求协和医学院继续履行合同,为明日公司办理 8700 平方米的房产过户手续,不同意协和医学院的诉讼请求。

明日公司向协和医学院提出反诉称,明日公司替协和医学院垫付的各项工程款项共计 9 022 932.34 元,要求判令协和医学院予以返还。

交流中心辩称,交流中心是协和医学院和明日公司为共同经营综合楼而投资设立的股份制公司。交流中心只是按约定代明日公司收取了 77218000 元租金,不存在向协和医学院返还的理由,故不同意协和医学院的诉讼请求。

协和医学院针对明日公司提出的反诉辩称,垫付款是否发生需双方核对账款后确认。

三、北京市高级人民法院一审审理与认定

协和医学院和明日公司为建设综合楼及科研楼,采取的是一方提供建设用地,另一方

提供建设资金的合作方式。协议约定综合楼建成后明日公司从获得长期的使用权转化为取得部分房屋使用权及相关产权。为此,双方签订了《合作协议》等若干份合同。双方合作建设项目的立项和建设手续虽得到政府批准,但项目归属协和医学院名下。从双方最初签订的《合作协议》和《投资合同》看,当时双方约定大厦建成后产权归协和医学院所有,由明日公司承包经营 30 年,并没有划分房屋产权或转让土地使用权的内容,明日公司也是按照上述合同开工建设的,双方合作建房的事实存在。由于双方以后签订的《分配协议》中明确原合建合同终止履行,实际上以《分配协议》等取代了原协议。这些协议中均约定和确认了明日公司可取得综合楼 8700 平方米面积的产权,改变了最初产权不变由明日公司承包经营的约定,同时必然涉及了土地使用权性质的变化。依双方约定和房地合一的原则,随房屋产权的确定和转让,相应的土地使用权亦随之转让。因双方合建房屋的用地属国家划拨,协和医学院在土地使用权发生转让时,依法应报有批准权限的人民政府审批。协和医学院的转让行为未按照国家法律规定获得政府批准。故双方当事人签订的具有转让房地产内容和性质的合同,违反了相关法律、法规的强制性规定。遵照最高人民法院有关司法解释,土地使用权人未经有批准权的人民政府批准,以划拨土地使用权作为投资与他人订立合同合作开发房地产的,应当认定无效。故这部分合同依法应认定为无效。合同无效的责任主要在土地的提供方协和医学院。根据法律规定,民事行为被确认为无效后,当事人因该行为取得的财产,应当返还给受损失一方,有过错的一方应当赔偿对方因此所受的损失,双方都有过错的应当各自承担相应的责任。明日公司在双方合作建设期间,对合作项目有较大的资金投入。在双方对项目的资金投入存有争议的情况下,根据协和医学院的申请,一审法院委托纵横所对明日公司的项目投资及损失进行了审计。根据审计结果确认资金投入的数额,应由协和医学院向明日公司返还资金投入 153238216. 74 元、利息 65408417. 06 元,共计 218646633. 80 元。审计报告已经过质证,应当予以确认。明日公司因出租房屋取得的租金和诉讼中认可应由其承担的费用也应一并返还和支付,交流中心应对租金的返还承担连带责任。协和医学院在合作期间为明日公司垫付的款项,经审计为 11519809. 61 元,协和医学院可从返还给明日公司的款项中扣除。关于明日公司因合同无效所受到的损失,审计单位确认出租和取得产权房价值为 233155920 元,而投资损失 230166443. 41 元。对此,应以确定投资损失较为适宜。根据本案事实和协和医学院的责任,协和医学院应对明日公司的投资利益予以适当补偿。协和医学院因合作不当发生的自身损失应自行承担。明日公司在与协和医学院的合作中也有过失和不妥,亦应承担相应责任。因此,双方合作建房期间的损失以双方分担为宜。具体数额应根据审计确定的投资损失情况和双方责任酌定。双方对在合作期间有部分市政等费用和其他损失及争议不清的费用合计 8810557 元,由于双方当时没有进行工程的交接,当时工程状况无法确认,这些支出在双方合作中实际发生,对各自的主张和依据难以作出判断,对该部分费用宜确定由双方平均分担较为公平,故对明日公司的部分反诉请求予以支持。综上,依照《中华人民共和国合同法》第五十二条第(五)项、第五十八条和《最高人民法院关于审理涉及国有土地使用权合同纠纷案件适用法律问题的解释》第十六条的规定,判决如下:一、协和医学院与明日公司签订的《分配协议》、《综合楼协议》等有关综合楼房屋产权分配和转让内容的合同无效,该协议约定分配给明日公司的综合楼八千七百平方米的房屋产权归协和医学院所有;二、协和医学院于判决生效后三十日内,返还给明日公司投资款人民币207126800元;三、明日公司于判决生效后三十日内返还给协和医学院房屋租金77218000元,交流中心对返还租金承担连带责任;明日公司支付给协和医学院已收房款和电梯费20535800元;四、协和医学院于判决生效后三十日内,支付给明日公司投资补偿161116500元;五、施工期间发生的热力、电力及设施等市政工程方面的费用及赞助费共8810500元,由协和医学院承担4405300元、明日公司承担4405200元(于判决生效后三十日内双方依各自付款凭据结清);六、驳回协和医学院其他诉讼请求;七、驳回明日公司其他反诉请求。

四、当事人上诉及答辩情况

协和医学院对一审判决不服向本院提起上诉,请求:(1)撤销北京市高级人民法院(2003)高民初字第1301号民事判决第一、二、三、四、五、六项,依法改判支持协和医学院的一审诉讼请求;(2)一、二审全部诉讼费用由明日公司承担。

明日公司亦对一审判决不服向本院提起上诉,请求:(1)判令在一审判决第二项基础上增加返还投资款30551396元;(2)判令在一审判决第四项基础上增加支付明日公司投资补偿3000万元;(3)判令案件诉讼费、审计费等全部费用由协和医学院承担。

协和医学院二审提交书面答辩称:(1)明日公司要求返还投资额增加30551396元没有事实和法律依据。一审判决要求协和医学院返还明日公司投资款2.07亿元,比明日公司的实际投资额更高。明日公司实际投入的本金数额未达到1.53亿元且投资本金的相应借款利息6540余万,并没有实际投入到项目建设中,只能作为明日公司的损失。而一审判决认定的11519810元只是协和医学院为明日公司垫付工程款的一部分,理应由明日公司支付。至于明日公司从非金融企业借贷的建设资金因违反《贷款通则》等法律的规定,由此产生的利息无权要求协和医学院支付。(2)明日公司要求增加补偿款3000万元没有事实和法律依据。一审判决要求额外支付1.6亿余元的投资补偿,是对《修复报告》的错误解读。而明日公司的损失则是其投资产生的利息,由于双方对合同无效都有过错,依法应各自承担所受损失。另外,综合楼占用土地的使用权性质为划拨土地使用权,法院委托的评估机构也是按评估时的物价水平进行评估,故不能参照市场价值来评估综合楼的价值。

明日公司二审开庭前未针对协和医学院的上诉提交书面答辩。

五、最高人民法院二审认定与判决

本案二审中,双方当事人争议的焦点有五:

1. 关于案涉的系列合同是全部无效还是部分无效以及相应责任的问题

本案当事人双方在合作建房过程中先后签订了下列合同:(1)1995年6月15日,双方签订《合作协议》;(2)1995年6月15日,双方签订《投资合同》;(3)1998年9月28日,双方签订《分配协议》废止了《合作协议》和《投资合同》;(4)1999年4月1日,双方签订《收回协议》;(5)2000年3月14日,双方签订《综合楼协议》,其中约定终止《收回协议》及《备忘录》。恢复执行1998年9月28日签订的《分配协议》。从上可知,双方签订的第3份协议

《分配协议》已经将第 1、2 份协议终止。第 5 份协议《综合楼协议》又将第 4 份协议废止,恢复执行第 3 份协议《分配协议》。既然第 1、2、4 份协议已经被双方合意终止,那么需要进行合同效力评价的只有第 3、5 份协议。第 3 份协议《分配协议》的主要内容有二:(1)双方约定用综合楼 1、2、3、4 段首层总面积 2800 平方米房屋 30 年使用权的收入偿还明日公司的部分建设投资;综合楼 3、4 段首层以外部分建筑面积 10841 平方米中 8700 平方米产权归明日公司所有;(2)双方约定,协和医学院负责将属于明日公司的产权证办理至明日公司名下;明日公司负责将工程建设至竣工验收、决算及办理有关手续。第 5 份协议《综合楼协议》则主要约定了恢复执行第 3 份协议和工程的竣工验收事项。根据《中华人民共和国城市房地产管理法》第四十条和《中华人民共和国城镇国有土地使用权出让和转让暂行条例》第四十四条、第四十五条之规定,划拨土地上房屋的转让必须经市、县人民政府土地管理部门和房产管理部门批准且满足土地使用者为公司、企业、其他经济组织和个人等条件。本案中,虽然第 3 份协议有综合楼 1、2、3、4 段首层总面积 2800 平方米房屋 30 年使用权的约定,但该约定实际是对联建房屋建成后使用权分配的约定,而不是严格意义上的房屋租赁合同。因此,第 3 份协议和第 5 份协议主要规定的还是关于案涉房屋的分配事宜。从本案查明事实可知,案涉划拨土地使用权人协和医学院为公益性事业单位且其在签订上述协议时并未经相关国土管理部门、房产管理部门批准。故上述协议因违反《中华人民共和国城市房地产管理法》和《中华人民共和国城镇国有土地使用权出让和转让暂行条例》的强制性规定而应被认定为无效。对于协议的无效,双方当事人均有过错。协和医学院作为划拨土地使用权人,在应知划拨土地上房屋未经相关政府部门审批不得转让的情形下,仍与明日公司签订合作建房的系列合同并多次承诺将综合楼部分房屋转让给明日公司并办理相应的产权过户手续。可见,合同无效的主要过错在协和医学院。而明日公司作为专业性房地产开发公司,对利用划拨用地建房的可能风险应更为了解并作出更审慎评估,但该公司在案涉合同履行过程中未尽到同行业内公司应有的注意义务,也存在一定的过错。由上,对于案涉合同的无效,协和医学院应承担主要责任,明日公司应承担次要责任。

2. 关于明日公司对案涉工程的实际投入资金数额问题

协和医学院上诉主张,《修复报告》中有关明日公司投入资金数额的审核结果存在与明日公司自认数额矛盾、审计过程不公开和审计方法不适当等问题。(1)尽管协和医学院上诉主张,明日公司向一审法院提交的《东单综合楼项目投入资金概况》、《东单综合楼投资及收入说明》及《科目汇总》等文件中自认的工程总投入额均少于《修复报告》中审计的金额,但是上述文件均无法充分证明《修复报告》中的审计金额有误。首先,明日公司在原审一审期间向法院提交的《东单综合楼项目投入资金概况》中虽将项目直接成本小计为 14401 万元,但从该文件可知,上述直接成本仅计至 1998 年 9 月底,而《修复报告》计算直接成本则是计至 2001 年 7 月工程竣工验收。可见,《东单综合楼项目投入资金概况》与《修复报告》的统计期间不同,不能简单地以前者否定后者的真实性;其次,《东单综合楼投资及收入说明》及《科目汇总》中确认,截至 2004 年 2 月,工程直接费用为 1.63 亿元。协和医学院认为从中扣除协和医学院已经支付的前期费用等部分后,工程直接费用余额不足 1.47 亿元。但明日公司在该文件中已经明确说明上述资金来源均为明日公司自有资金及借贷。在协和医学院无法举证证明上述款项包含协和医学院支付的前期费用等部分的情形下,不能认定明日公司已经自认该工程直接费用为 1.47 亿元。(2)协和医学院在一审中对纵横所出具的《修复报告》中明日公司投入本金数额提出质疑并要求查看原始审计证据。对此,纵横所根据《人民法院司法鉴定工作暂行规定》第三条和《中国注册会计师独立审计准则》第八条规定加以拒绝。虽然协和医学院认为纵横所的拒绝行为依据不足,但并未就此在二审中向本院提交查核审计相关原始凭证的正式申请,也未明确表示对明日公司投入本金数额申请重新鉴定。因此,本院对此亦不再进行复核。(3)管理费用是维持公司正常运营必然要支出的费用,该费用作为公司运营成本的组成部分,必然要分摊到公司各个经营项目中进行核算。本案中,根据《修复报告》及其附表五可知,管理费用是按照明日公司每年实际发生的管理费用总额在其当年开发各项目中平均分配。既然管理费用作为明日公司支出的必要费用,已经物化到各个开发项目中,那么鉴定单位通过审计将分摊到综合楼项目的管理费用加以确认则并无不当。故协和医学院有关管理费用没有实际投入项目建设的观点不能成立。(4)虽然根据《企业会计准则——借款费用》的相关规定,明日公司为承建综合楼所借款项而发生的利息应作为借款费用进行资本化,计入该项资产的成本。但这里的成本主要是从会计学角度作出的规定,目的是便于明日公司的账务处理,并非代表明日公司对综合楼工程的实际资金投入。根据《修复报告》可知,明日公司直接投入到案涉工程的款项为 153238216.74 元,该部分资金系案涉工程的直接成本。至于相应的借款利息则为该款项用于其他投资时所能确定的最低收益,而非直接投入案涉工程的成本。因此,计算明日公司对案涉工程的成本投入时,不应纳入借款利息。由上可知,协和医学院有关明日公司对案涉工程的实际投入资金数额的异议中只有关于明日公司的借款费用不计入案涉工程成本的主张能够成立。

明日公司上诉主张,一审判决在计算明日公司投入资金数额时不应扣除协和医学院代垫款 11519810 元和高利息费用 19031586 元。(1)《修复报告》"1. 明日集团投入资金的审核结果"中已经确认"经审计,综合楼工程自 1995 年 6 月至 2001 年 7 月工程竣工验收,工程支出合计 230166443.41 元,其中:明日集团投入 218646633.8 元(明日集团的投入额包括本金 153238216.74 元,借款利息 65408417.06 元);协和医大垫付工程款 11519809.61 元。"显然,协和医学院垫付的工程款并未计入上述明日公司投入额中。因此,一审法院以《修复报告》中审核的明日公司投入 218646633.8 元减去协和医学院垫付工程款 11519809.61 元后计算得出明日公司投入款为 207126824 元。该计算结果与《修复报告》的记载明显不符,缺乏事实依据,应予纠正。(2)从《修复报告》可知,明日公司借款包括向金融机构贷款以及向其他非金融企业拆借两部分。相应地,借款利息计算标准也分为国家规定利率和当事人约定利率。《最高人民法院关于对企业借贷合同借款方逾期不归还借款的应如何处理的批复》[法复(1996)15 号]规定,企业借贷合同违反有关金融法规,属无效合同。进而,企业借贷合同中对超过国家法定利率的利息约定也应认定为无效。因此,明日公司基于无效约定实际支付的高额利息 19031586 元因无法律依据而不能得到支持。由上可知,明日公司对案涉工程的实际投入资金数额的问题,只有一审判决在计算明日公司投入资金数额时不应扣除协和医学院代垫款 11519809.61 元的主张能够得到支持。综上,明日公司对案涉工程的实际投入资金数额应为《修复报告》中核定的明日公司的投入本金 153238216.74 元。

3. 关于合同无效后,协和医学院应向明日公司支付的具体补偿数额问题

明日公司上诉主张,协和医学院应在一审判决基础上向明日公司增加支付投资补偿款 3000 万元。而协和医学院则主张,明日公司在连本带利的收回全部投入资金、管理费用以及借款利息后,还额外获得投资款总额 70% 的补偿显属不公。双方争议的焦点在于协和医学院返还明日公司的投入款后如何确定其应向明日公司支付的额外补偿数额。《中华人民共和国合同法》第五十八条规定:"合同无效或者被撤销后,因该合同取得的财产,应当予以返还;不能返还或者没有必要返还的,应当折价补偿。有过错的一方应当赔偿对方因此受到的损失,双方都有过错的,应当各自承担相应的责任。"既然合同无效是法律对当事人合意内容的彻底否定性评价,那么明日公司主张合同约定的履行利益就不应得到支持。否则,对无效合同的处理结果将与合同有效的处理结果完全一致。因此,在明日公司无法举证证明有其他损失的情形下,只能按《修复报告》确定的其投入案涉工程的本金 153238216.74 元计算相应利息作为明日公司除本金外可确定的最大损失。鉴于合同无效的主要过错在协和医学院,故在具体利息计算上应采取对明日公司更有利的计算标准。本院在综合考虑合同的履行情况、当事人的过错程度以及预期利益等因素后,酌定 2001 年 7 月前的利息仍采纳《修复报告》确定的 65408417.06 元,而从 2001 年 7 月至本判决确定的给付之日止的利息则采用同期五年以上的中国人民银行贷款基准利率作为利息计算依据。至于协和医学院有关合同无效也给其造成损失的主张,则因缺乏证据证明而不予支持。

4. 关于明日公司应向协和医学院返还租金、垫付款等款项的具体数额问题

协和医学院主张,其已在一审重审中根据庭审调查和《修复报告》的结论,将要求明日公司返还租金的请求由原起诉时的 7721.8 万元变更为 7806.8 万元。因此,一审判决不应仍按原诉讼请求作出判决。对协和医学院的主张,不应予以支持。(1)根据协和医学院在 2004 年 3 月 2 日提交的《重审阶段原告的诉讼请求》可知,协和医学院只在一审重审中要求明日公司及交流中心返还 7721.8 万元租金。至于《修复报告》,则是作为查明明日公司的建设投资并进行结算的依据。协和医学院在《重审阶段原告的诉讼请求》中并未要求以《修复报告》作为返还租金的依据。(2)《最高人民法院关于民事诉讼证据的若干规定》第三十四条第三款规定:"当事人增加、变更诉讼请求或者提起反诉的,应当在举证期限届满前提出。"而在本案一审重审举证期限届满前,协和医学院并未提交有关变更返还租金数额的诉讼请求的申请。(3)2006 年 10 月 30 日,纵横所出具《修复报告》后,协和医学院也并未就增加租金的诉讼请求缴纳相应案件受理费。至于本案中协和医学院支付的垫付款,一审重审开庭前,协和医学院主张,因执行北京市高级人民法院(2002)高民终字第 775 号民事判决,协和医学院已为明日公司垫付工程款及执行费 509389 元。相应地,明日公司向协和医学院返还的垫付工程款应由 10674602.61 元增至 11183591.61 元。为此,协和医学院在 2004 年 2 月 19 日向北京市高级人民法院提交《申请书》变更了有关垫付工程款的诉讼请求,并于 2004 年 2 月 20 日向北京市高级人民法院补交了诉讼费 10010 元。除此之外,协和医学院虽在一审开庭后曾数次提出增加垫付工程款的申请,但均未就增加的垫付工程款向北京市高级人民法院交纳相应案件受理费。协和医学院有关垫付工程款的诉讼请求变更中,只有案

涉 509389 元的诉讼请求变更发生在一审重审开庭前且交纳了相关案件受理费。根据《最高人民法院关于民事诉讼证据的若干规定》第三十四条第三款之规定,本院在本案中依法不支持协和医学院其他有关增加垫付工程款的诉讼请求。案涉其他增加的垫付工程款,协和医学院可以另行主张权利。另外,即便增加 509389 元的垫付工程款,协和医学院可以请求返还的工程款也仅为 11183591.61 元。这也并未超过纵横所出具《修复报告》中认定垫付工程款为 11519809.61 元。可见,一审重审判决在有关垫付工程款的认定上对协和医学院并无不利。综上,对协和医学院有关增加约 220 万元垫付款的主张不予支持。

5. 关于一审判决判令协和医学院承担一半热力费、电力及设施等市政工程费及赞助费是否得当问题

一审重审判决认定双方在合作期间有部分市政工程费等费用和其他损失及争议不清的费用合计 8810557 元。该争议款项由两部分组成:双方投入案涉工程的费用 7810557 元和明日公司的赞助费 100 万元。其中双方投入案涉工程的 7810557 元费用的具体依据如下:(1)协和医学院支付热力站工程款 122782 元、电贴及集资款 80 万元,以上共计 922782 元;(2)明日公司支付电贴及集资款 2715000 元、外电源及分电小室设备费 90 万元、配电室安装费 50 万元、高低压调试费 89567 元、热力站设备费 90 万元、热力站工程款 141 万元、措施费 158708 元、抢工费 12 万元、热力站看管劳务费 94500 元。从双方当事人签订第一份案涉合同《合作协议》的落款时间为 1995 年 6 月 15 日可知,明日公司对案涉工程的实际投入应在该合同签订日以后。既然《投资合同》为无效合同,那么不管明日公司支付的上述费用是否与前期工程有关,都应认定为已实际投入案涉工程的款项。另由《修复报告》中确定的审计期间为 1995 年 6 月至 2001 年 7 月,审计范围为在此期间的"东单工程指挥部的全部在建工程投入及相关的财务收支"可知,明日公司对案涉工程的上述 7810557 元费用的相关项目实际资金投入已被包含在《修复报告》的审计范围内进行审计。因此,一审重审判决在已判令协和医学院按审计结果返还明日公司投资款的情形下,再判令协和医学院承担案涉 7810557 元费用的一半,属重复计算,应予纠正。至于案涉 100 万元赠与款的处理,1994 年 10 月 2 日,双方签订《关于将微循环所的科研成果尽快开发利用的协议》约定:"为了支持微循环研究所的科学研究和科技开发,明日集团愿向微循环所提供经济支持,提供 100 万元人民币。"由该约定内容可知,该 100 万元人民币为赠与款且未附带条件。在本院审理中,明日公司提出该赠与款事后已被退回、赞助款为附条件赠与等理由以抗辩协和医学院有关赠与款的主张,但该公司对其上述理由除单方陈述之外,并未提出其他证据加以证明。故对明日公司有关赠与款事后已被退回、赞助款为附条件赠与等理由均不予采信。另外,双方签订和履行该赠与协议发生在 1994 年,而双方签订案涉合作建房系列合同均发生在 1995 年之后。因此,在双方均无法证明该赠与款与本案有关的情形下,也不宜将该赠与款与本案一并处理。综上,一审重审判决判令该赠与款由双方平均分担缺乏事实和法律依据,应予纠正。

综上所述,依据《中华人民共和国民事诉讼法》第一百五十三条第一款第(三)项之规定,判决如下:

一、维持北京市高级人民法院(2003)高民初字第 1301 号民事判决主文第一项、第三

项、第六项和第七项;

二、变更北京市高级人民法院(2003)高民初字第 1301 号民事判决主文第二项为:北京协和医学院于本判决生效之日起三十日内,返还给四川明日企业(集团)有限公司投资款 153238216.74 元。

三、变更北京市高级人民法院(2003)高民初字第 1301 号民事判决主文第四项为:自本判决生效后三十日内,北京协和医学院向四川明日企业(集团)有限公司支付至 2001 年 7 月止 153238216.74 元投资款的利息 65408417.06 元,并按照中国人民银行同期五年以上贷款基准利率的标准支付该投资款自 2001 年 8 月至本判决确定的给付之日止的利息。

四、变更北京市高级人民法院(2003)高民初字第 1301 号民事判决主文第五项为:施工期间发生的热力、电力及设施等市政工程方面的费用及赞助费共 8810557 元,由四川明日企业(集团)有限公司承担。

六、对本案的解析

本案双方当事人的最大争议在于协和医学院返还明日公司的投入款后如何确定其应向明日公司支付的额外补偿数额。

根据《合同法》第五十八条的规定:"合同无效或者被撤销后,因该合同取得的财产,应当予以返还;不能返还或者没有必要返还的,应当折价补偿。有过错的一方应当赔偿对方因此受到的损失,双方都有过错的,应当各自承担相应的责任。"由该条后段可知,合同无效时,受损害方可通过请求过错方赔偿损失以回复缔约前其所处的状态。这里的损失是指合同一方基于对合同相对方信任而为合同履行所作必要准备而支出的费用和为准备该合同所丧失的其他合同机会所造成的损失。学理上,一般将该类损失归属到信赖利益损失的范畴。所谓信赖利益损失,可大致区分为所受损害与所失利益。所受损害一般包括:(1)缔约过程中产生的费用,例如交通费用、调查费用等;(2)缔约人为履约所投资产生的孳息等损失,例如为履约所投入资金的利息损失。所失利益则为机会损失,即相对人在其现有的条件下如与他人缔约所能获得的利润。一般认为,信赖利益的损失赔偿,原则上不得超过当事人在订立合同时应预见到合同不成立、无效或被撤销时可能造成的损失,在总额计算上也不得超过合同有效成立后当事人可能得到的履行利益。这里应对信赖利益和履行利益加以区分。信赖利益是缔约人在缔约过程中善意一方因相对人过错行为导致合同未成立、无效或被撤销时自身失去的利益。与信赖利益不同,履行利益则是合同的有效成立和合同的圆满履行所带来的利益。合同缔结过程中,当事人之所以自愿地实施作为或不作为,损失掉本属自己拥有的利益,目的在于以牺牲较少的成本获得更大的所需利益——履行利益。当履行利益因当事人的过错无法实现时,则善意一方有权要求过错方弥补其为缔约所付出的成本也即信赖利益。因为合同无效是法律对当事人合意内容的彻底否定性评价,所以当事人因合同无效取得的赔偿,一般不能超过因合同有效得到履行后获得的收益。也即信赖利益应小于履行利益。另一方面,如果规定信赖利益等于或高于履行利益则将违反"收益高于成本"的基本原则。这也不符合"理性"交易者的缔约初始目的。而且,如果认定信赖利益高于履行利益也可能会诱导当事人倾向主张合同无效,不符合合同法鼓励交易的立法宗旨。因此,以信赖利益赔偿为核心的缔约过失责任有必要限制在合同履行利益范围内。本案中,双方签订的《关于东单综合楼的协议书》中约定,恢复执行 1998 年 9 月 28 日签订的《综合楼产权分配协议书》,协和医学院以综合楼 1、2、3、4 段首层总面积 2800 平方米出让 30 年使用权的收入偿还明日公司的部分建设投资;综合楼 3、4 段首层以外部分建筑面积 10841 平方米中 8700 平方米产权归明日公司所有。因此,案涉 2800 平方米房屋的 30 年使用权收入和 8700 平方米房屋的市场评估价即为明日公司可能通过合同全面履行得到的最大履行利益。该最大履行利益不能作为明日公司要求投资款以外补偿的依据。首先,最大履行利益扣除明日公司投入款及相关税费后才为明日公司投资该项目所得净回报。既然净回报小于最大履行利益,那么就不能按最大履行利益来计算明日公司应得的额外投资补偿;其次,在当事人之间的利益分配上,合同无效与合同有效的法律后果一般不能相同。既然合作建房合同已经被认定无效,那么就不能要求协和医学院完全按上述净回报标准承担缔约过失责任。否则,无异于实质上对合同无效有过错的一方当事人行为的否定性法律评价进行了再肯定。这也与合同法规定无效合同的立法宗旨明显违背;再次,明日公司对合同的无效也有过错。根据责任自负原则,明日公司对合同无效既然存在过错,那么就应对合同无效的损失与协和医学院分担部分责任。也即,明日公司至少要对其净回报损失自行承担部分责任,而不能向协和医学院主张全部净回报损失。否则,这也将导致明日公司因过错导致合同无效取得的收益与合同有效履行得到的收益一致的矛盾;再次,关于明日公司的机会损失数额,明日公司并未举证证明该公司在与协议医学院签订合作建房合同时,放弃了另外的投资机会。退一步而言,即便有其他投资机会,明日公司也没有举证证明其他投资机会能给明日公司带来的具体收益数额。综上,在明日公司无法举证证明有其他损失的情形下,能够确定的只是投资款的利息损失。因此,本案只能按其投入案涉工程的本金 153238216.74 元参照同期固定资产贷款利率计算从 2001 年 7 月到判决确定的给付之日止的利息作为除本金外可确定的最大损失。

【地方法院案件解析】

用人单位与劳动者约定的减轻或者免除其缴纳社会保险费义务的条款应认定无效

——李建平诉苏州市东方客运有限公司等劳动合同纠纷案

付国华*

一、裁判要旨

根据社会保险的性质,用人单位与劳动者自行约定的减轻或者免除用人单位缴纳社会保险费义务的条款因违反了我国法律法规的强制性规定,应认定为无效。劳动合同部分无效的,不影响其他部分效力的,其他部分仍然有效。

二、案例索引

一审:江苏省苏州市金阊区人民法院(2010)金民初字第0291号民事判决书(2010年5月12日)。

三、案情

原告:李建平。

被告:苏州市东方客运有限公司(以下简称东方客运公司)。

被告:苏州不二精机有限公司(以下简称不二精机公司)。

苏州市金阊区人民法院经审理查明:2003年10月原告李建平进入不二精机公司,从事驾驶员工作,签订了劳动合同,期限自2003年10月14日至2006年9月30日,合同到期后,双方办理了终止劳动关系手续。2006年9月8日,东方客运公司与不二精机公司之间签订班车租赁合同,不二精机公司向东方客运公司租用客车,租赁期间为2006年9月15日至2009年9月14日止,并约定租车期间"甲方(不二精机公司)除支付租车费用外,其余费用一律由乙方(东方客运公司)承担",东方客运公司安排原告为不二精机公司开车。2006年9月15日,原告与东方客运公司签订了驾驶员聘用协议,期限自2006年9月15日至2009

* 中南财经政法大学博士,江苏省苏州市金阊区人民法院法官。

年9月14日。关于工资待遇及工作时间,该协议第十四条约定为“工资待遇3100(含五金)包括加班费,工作时间按本公司规定”。东方客运公司每月按照约定支付了李建平工资人民币3100元。2006年12月7日,李建平支付汽车驾驶培训费用共计620元。

2009年9月14日,原告李建平与被告东方客运公司之间的劳动合同到期后,原告李建平遂向苏州市劳动争议仲裁委员会提起仲裁,苏州市劳动争议仲裁委员会于2010年2月3日作出裁决如下:东方客运公司与李建平之间签订的驾驶员聘用协议的第十四条约定的“含五金”部分内容无效,该条款其余部分真实有效;自裁决书生效之日起十日内,东方客运公司一次性支付李建平未休年休假工资2566元;自裁决书生效之日起十日内,东方客运公司为李建平报销培训费用620元;自裁决书生效之日起十日内,东方客运公司一次性支付李建平终止劳动合同经济补偿金6200元;驳回李建平的其他仲裁请求。

李建平不服该份仲裁裁决,于2010年3月18日向法院提起诉讼,认为自己和东方客运公司之间关于“工资待遇3100(含五金)包括加班费,工作时间按本公司规定”的约定违反公平、平等自愿原则,是公司在乘人之危的情况下自己不情愿签字的,故认为该条款无效,其工资待遇应当按照不二精机公司财务管理部负责人周圩学承诺的条款执行。

东方客运公司辩称:双方的约定合法有效,应当依照约定执行。因周圩学不是东方客运公司的负责人也不是合同的当事人,故无权对东方客运公司与李建平签订的劳动合同进行干涉。

被告不二精机公司辩称:李建平已经与公司终止了劳动合同,李建平与东方客运公司的劳动合同与不二精机公司无关。

四、审判

苏州市金阊区人民法院经审理认为:

1. 关于李建平与东方客运公司之间的驾驶员聘用协议的第十四条的效力问题。用人单位定期为劳动者缴纳社会保险金是法律规定的用人单位和劳动者依法向国家履行的强制性义务,具有强制保险性质,用人单位和劳动者之间不能就是否缴费以及缴费的金额和比例问题自行协商来规避法律的明文规定。故东方客运公司与李建平之间约定的工资待遇包含“五金”是无效的。但是劳动合同条款中的其他条款并不必然无效。考察其他约定比如3100元包括加班工资的约定,并不违反法律、行政法规的强制性规定,并不无效。原告主张这是在乘人之危的情况下签订的,但是并没有提供充分有效的证据加以证明,同时,认为被告不二精机公司的管理人员周圩学的承诺应当予以兑现,但是不二精机公司对公司管理人员的承诺不予认可。并且,在2006年10月份之后,不二精机公司与原告已经不存在劳动关系,原告与被告东方客运公司之间建立了劳动关系,被告不二精机管理人员的承诺也未得到东方客运公司的追认,故不二精机公司的管理人员的承诺对东方客运公司与李建平之间的劳动关系并不产生影响,李建平与东方客运公司之间的劳动关系应当按照双方的约定来履行。

2. 关于加班工资。李建平与东方客运公司之间约定的每月工资3100元包括加班工资,据此可以认定用人单位支付的工资已经包括加班工资,但是如果折算后的正常工作时间工资低于当地最低工资标准的除外。经过计算,原告实得的工资收入不少于按照当地最低工资标准计算应得的工资收入。原告主张的加班工资无事实依据,法院不予支持。

3. 关于经济补偿金。李建平与不二精机公司之间的劳动合同于 2006 年 9 月 30 日终止,根据《劳动法》和《劳动合同法》第九十七条第三款的规定,劳动合同到期终止的,用人单位无需支付经济补偿金。2009 年 9 月 14 日,李建平与东方客运的劳动合同期限届满,用人单位东方客运未能提供证据证实在不降低约定条件的情况下李建平拒绝续签劳动合同的事实,依据《劳动合同法》第四十六条的规定,东方客运公司应当支付李建平终止劳动合同的经济补偿金。而依据《劳动合同法》第九十七条第三款和第四十七条的规定,东方客运公司应当支付给李建平经济补偿金人民币 6200 元。

4. 关于培训费用。因该费用合计人民币 620 元产生于李建平与东方客运公司劳动关系存续期间,用人单位应当建立劳动职业劳动培训,根据单位实际,有计划地对劳动者进行职业培训,故东方客运公司应当为李建平报销培训费用人民币 620 元。据此判决:

一、东方客运公司与李建平之间于 2006 年 9 月 15 日签订的驾驶员聘用协议第十四条约定的关于工资待遇"含五金"的内容无效,该条款的其余部分(工资待遇人民币 3100 元包括加班费、工作时间按公司规定)合法有效;

二、东方客运公司支付李建平职业培训费用人民币 620 元,于本判决生效之日起十日内履行;

三、东方客运公司支付给李建平经济补偿金人民币 6200 元,于本判决生效之日起十日内履行;

四、驳回李建平的其他诉讼请求。

一审判决后,各方当事人均没有上诉,该判决书现已发生法律效力。

五、评析

本案属于典型的劳动合同争议,主要涉及用人单位与劳动者在劳动合同中约定的关于社会保险缴纳条款的效力问题。

(一)社会保险费征缴的强制性

在现实生活中,由于用人单位出于自身经济利益的考虑,往往在缔结劳动合同的时候,加入一些对自己有利而对劳动者明显不利的不公平、不平等条款,在当前劳动者就业比较困难、处于劣势的情况下,劳动者为了能够得到一份维系生计的工作岗位又不得不忍气吞声,无奈之下"要么走开、要么接受"。立法者在设计具体法律制度之时已经预料到这一点并在立法条文中有所反映。

我国《劳动法》规定,社会保险基金按照保险类型确定资金来源,逐步实行社会统筹。用人单位和劳动者必须依法参加社会保险,缴纳社会保险费。社会保险是国家通过立法强制建立社会保险基金,用人单位对劳动者在年老、疾病、工伤、死亡、失业、生育等情况发生时给予必要的补偿和救助的社会保障制度。目前,我国的社会保险类型主要包括:养老、医疗、工伤、失业和生育五种类型。作为社会保险制度,由国家立法强制实行,保险的项目、收费标准、待遇水平等内容,不由投保人和被保险人自主选择。在我国《社会保险法》正式实施之前,《社会保险费征缴暂行条例》依然是立法层面上调整社会保险活动的唯一法规。我国《社会保险费征缴暂行条例》明确规定了用人单位必须为劳动者依法办理社会保险,故社会保险费的交纳属于行政法规规定的强制交纳的范畴。现代社会保险体现为国家、用人单位与职工个人三者分担保险责任。社会保险的强制性特征要求职工必须履行缴纳社会保险费的义务,该义务的履行是通过委托用人单位来实现的,即通过用人单位代扣代缴的方式来完成的。由此,用人单位定期为劳动者缴纳社会保险金是法律规定的用人单位和劳动者依法向国家履行的强制性义务,具有强制保险性质,用人单位和劳动者之间不能就是否缴费以及缴费的金额和比例问题自行协商来规避法律的明文规定。我国的《劳动合同法》第二十六条第三款明确规定,违反法律、行政法规强制性规定的,劳动合同无效或者部分无效,同时,根据《劳动合同法》第二十七条的规定,劳动合同部分无效的,不影响其他部分效力的,其他部分仍然有效。故用人单位与劳动者自行约定的减轻或者免除用人单位缴纳社会保险费责任的条款因违反了我国法律法规的强制性规定,应认定为无效,该条款中关于社会保险费的约定无效不影响劳动合同其他部分的效力。

(二)我国社会保险制度的未来展望

即将于2011 年7 月1 日起施行的《社会保险法》是我国社会保障制度的一部基本法,对于加快发展我国的社会保障事业具有里程碑意义。它提升了我国社会保障制度的法律位阶,进一步丰富完善了我国社会保障法律法规体系,是我国社会保险权利救济制度的重大发展,确保我国社会保障有法可依、执法必严、违法必究。社会保险法律制度功能和效用的发挥需要有强有力的法律责任制度和权利救济措施做后盾。《社会保险法》的核心就是调整利益关系,是以调整劳资利益关系为基础,同时,涉及政府、劳动者、资方三方利益关系的协调与调整,是在政府、劳动者、资方三方之间进行合理的分摊。因此,社会保险比较特殊,与社会救助、社会福利不一样。社会保险既会对初次分配产生影响,也会对再分配产生影响。故社会保险法需要加强法律规范本身的强制性,建立相关的法律责任制度,对拒绝缴纳法定的社会保险费,拒不履行社会保险费支付义务,挪用、侵占、贪污社会保险基金等行为,应依法追究行为人的民事责任、行政责任和刑事责任。同时,《社会保险法》的实施必将为加快推进覆盖城乡居民的社会保障体系建设、促进劳资关系的健康发展、维护社会和谐稳定和全面建设小康社会发挥重要作用。

【热点调研】

广州法院劳动争议诉讼情况白皮书(2008 - 2010)

广东省广州市中级人民法院

编者按 司法公开是人民法院贯彻落实公开审判的宪法原则,围绕三项重点工作和"为大局服务,为人民司法"工作主题,深入开展"人民法官为人民"主题实践活动的集中要求和具体体现。广州市中级人民法院民一庭推行的劳动争议案件白皮书发布制度,是全面推行司法公开的重要举措。通过民事审判白皮书发布制度,使人民群众更好地了解民事审判数据和信息,有助于社会各界更好地了解人民法院的工作,实现以公开促公正,以公正树公信的目标。

前 言

劳动关系是现代社会和谐的"晴雨表"和"风向标"。劳动关系的和谐稳定是社会和谐稳定的基础,是影响经济社会全面发展的重要因素。当前,我国劳动关系总体上保持和谐稳定。但是也必须看到,一些用人单位不规范管理、侵犯劳动者合法权益的现象仍比较突出,经济社会生活中的一些深层次矛盾和问题还将不同程度地反映到劳动关系中来,使劳动关系日趋复杂,劳动争议逐年增加。

在当前我国正处于经济结构转型和发展方式转变的关键时期,劳动关系复杂多变,新问题和新矛盾层出不穷。广州位于沿海经济文化较发达的珠三角地区,地处改革开放前沿。因而,广州两级人民法院的劳动争议诉讼情况也更具有一定的代表性和前瞻性。

2008 年颁布施行的《劳动合同法》和《劳动争议调解仲裁法》(以下简称两法),[①]不仅从实体法方面为劳动者依法维护自身权益提供了更为周全的保护,而且从程序法方面进一步规范了劳动争议纠纷的解决途径,明晰了相应的操作规程。在两法颁布施行三周年之际,广州市中级人民法院(以下简称广州中院)发布《广州劳动争议诉讼情况白皮书》,旨在通过对近年来广州劳动争议诉讼的基本情况进行量化分析,揭示其间存在的问题,进而在此基础上提出预防和化解劳动争议矛盾纠纷的对策和建议,为政府科学决策、当事人理性维权

① 《劳动合同法》于 2007 年 6 月 29 日颁布,2008 年 1 月 1 日施行。《劳动争议调解仲裁法》于 2007 年 12 月 29 日颁布,2008 年 5 月 1 日施行。

提供参考指引,进一步推动社会管理创新。

一、广州劳动争议诉讼的基本情况

(一)整体情况

2008 年两法相继施行后,广州劳动争议案件出现井喷式增长,2009 年和 2010 年增长速度趋缓,但数量仍维持历史高位:2006 年,广州法院受理一审劳动争议案件 4678 件,2007 年为 5208 件,较 2006 年仅增长 10.2%;2008 年,案件数量急剧增长,达到 10534 件,较 2007 年增长 102.3%,超过全国平均增长速度;[①]2009 年以来,增速放缓,但案件数量仍维持历史高位,2009 年受理一审劳动争议案件 11412 件,2010 年增至 11630 件(见图 1)。劳动争议案件数量已经超过传统的婚姻家庭、继承纠纷案件,跃居民事案件的第一位(见表 1)。

近三年劳动争议案件激增并保持在历史高位,有其特定的社会经济和制度背景:一是特定经济背景下劳动关系矛盾日益显现。我国经济发展正进入一个生产要素成本周期性上升的阶段,成本推动的压力加大,经济增速放缓。近两年来国际金融危机持续扩散和蔓延,我国经济特别是对外贸易受到严重冲击,广州的许多行业和企业也经营困难,用人单位图生存、求发展的压力进一步增大,导致劳动关系矛盾日益显现。可以说,特定经济背景下的劳动关系矛盾显现是引发劳动争议大幅增长的根本原因。二是用人单位传统用工模式未能依据新法及时调整转变。两法对劳动关系双方权利义务进行了调整,加大了对劳动者的保护力度,而用人单位传统的用工模式具有一定的惯性和定势,难以迅速作出调整以适应两法的要求,导致劳动争议日益增多。三是劳动者维权意识和能力大大提升。两法的施行,不仅为劳动争议的及时有效解决提供了法律依据,而且对劳动者权益保护提供了立法上的有力支持。同时,两法广泛深入的宣传极大地唤起了劳动者的权利意识,客观上增强了劳动者的维权能力。这亦是现阶段劳动争议迅速增长的重要原因。四是仲裁和诉讼的成本大大降低。《劳动争议调解仲裁法》出台前,劳动者申请劳动仲裁均需缴纳一定的受理费和处理费,这对于大多数劳动者而言是不小的经济负担。继《诉讼费用交纳办法》[②]规定对诉讼案件只收取 10 元受理费后,《劳动争议调解仲裁法》又规定对仲裁案件不收费,进一步降低了劳动争议的维权成本,在一定程度上刺激了劳动争议井喷式激增。

---

① 2006 年,全国法院受理劳动争议案件 12.6 万件,2007 年为 15.1 万件,同比仅增长 16%。随着两法 2008 年相继施行,劳动争议案件数量也急剧增长,2008 年增至 29.3 万件,较 2007 年增长 93.93%。广东省 2008 年受理劳动争议案件 79281 件,较 2007 年增加 157.56%(其中,深圳市 2008 年受理劳动争议案件 36176 件,较 2007 年增加了 203.54%),江苏省 2008 年受理劳动争议案件 29862 件,较 2007 年增加了 139.28%,浙江省 2008 年受理劳动争议案件 19193 件,较 2007 年增加了 159.61%。国家中心城市的劳动争议案件均在一万件以上,如北京市 19046 件、上海市 16472 件、广州市 10534 件。

② 国务院《诉讼费用交纳办法》于 2007 年 4 月 1 日施行。

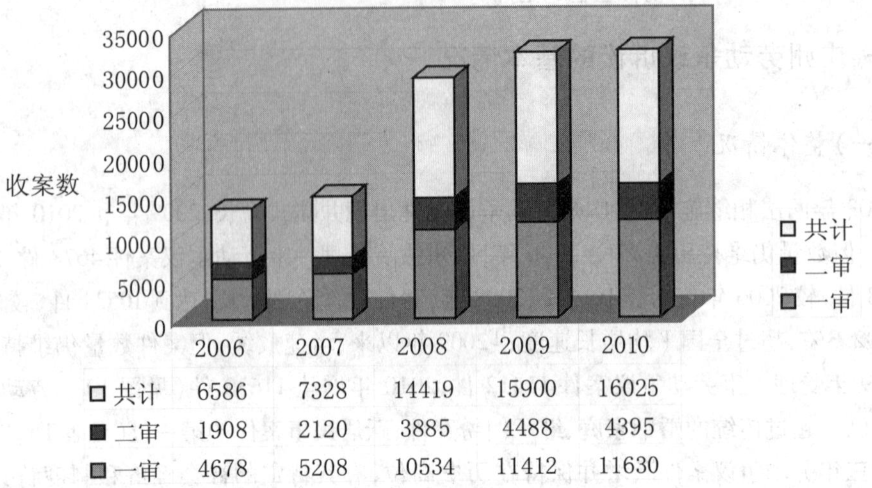

图 1　2006～2010 年广州法院一二审劳动争议案件数量

表 1　2006～2010 年广州法院一审劳动争议案件占全部民事案件比例

年度	民事案件	婚姻家庭、继承纠纷案件	劳动争议案件	劳动争议案件占全部民事案件比例
2006 年	69435	6353	4678	6.7%
2007 年	73538	6415	5208	7.1%
2008 年	83155	6863	10534	12.7%
2009 年	82673	7580	11412	13.8%
2010 年	79495	7898	11630	14.6%

(二)主要特点及成因

1. 案件数量及增速地区发展不平衡。劳动争议案件地区发展的不平衡,与当地的社会经济发展水平存在一定程度的正向关系。工业相对发达、流动人口较多的地区,劳动争议案件呈迅猛增加态势;反之,劳动争议案件数量则相对较少(见图 2)。例如,番禺区、天河区年均收案量均突破 1500 件,花都区案件数量亦呈迅猛增长态势,2010 年收案量为 2008 年收案量的 4 倍。而劳动争议案件最少的地区从化市,年均不超过 100 件。

2. 多种诉求的复合型案件日益增加。以往案件的诉求相对单一,大多仅涉及工伤赔偿或者劳动报酬给付。近三年来,包含多项诉求的复合型案件日益增多,占全部案件总量的 71%。很多案件的诉求达到十几项甚至几十项。其中,追索拖欠工资和加班工资及主张解除劳动合同经济补偿金的诉求最为常见。这反映目前部分用人单位未及时、足额发放工资

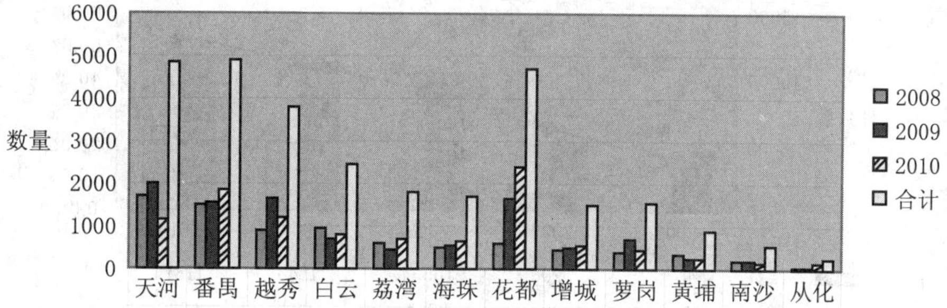

	天河	番禺	越秀	白云	荔湾	海珠	花都	增城	萝岗	黄埔	南沙	从化
2008	1700	1511	922	939	600	506	605	443	392	365	208	50
2009	2021	1546	1642	712	470	551	1663	504	718	273	178	46
2010	1146	1860	1219	811	713	644	2419	556	457	257	166	145
合计	4867	4917	3783	2462	1783	1701	4687	1503	1567	895	552	241

图 2　2008～2010 年广州市各基层人民法院劳动争议收案数

尤其是加班工资及不规范解除劳动合同的情况还较为常见，劳动者超时工作的情况亦较严重。多种诉求的复合型案件日益增加的原因主要有二：(1) 随着市场经济的发展以及法律赋予劳动者权益的多样化，劳动争议的内容出现了日益复杂化的趋势。(2) 劳动者非理性诉讼和盲目跟风诉讼的案件在增加，主要表现为部分劳动者往往提出不切实际的过多或过高诉求。因此，在判决结果上，劳动者主要诉求得到支持的比例在下降。2006～2007 年，劳动者主要诉求得到支持的案件占案件总量的 43.6%，2008～2010 年，这一比例降至 28.50%。部分劳动者的非理性诉讼和盲目跟风诉讼，既影响了企业的发展和社会的稳定，也给人民法院审判工作带来很大的压力。

3. 调解撤诉率逐年上升。虽然案件数量自 2008 年急剧增长后一直呈高位运行态势，但是在法官人数并未增加的情况下，案件调解撤诉率（以下简称调撤率）并未下降，反而稳步上升，至 2010 年甚至达到了 52.70%（见图 3），这也是近十年来的最好成绩，充分反映了人民法院为化解劳动关系矛盾、构建和谐稳定劳动关系所作的卓有成效的努力。调撤率逐年上升的原因是多方面的：(1) 人民法院牢固树立调解意识，不断增强贯彻“调解优先、调判结合”工作原则的自觉性，将调解作为劳动争议尤其是群体性劳动争议案件的最佳结案方式。(2) 人民法院进一步完善调解衔接机制，对经人民调解、行政调解、行业调解或者其他具有调解职能的组织调解达成的协议，依法及时审查确认，为大调解机制的有效运行提供司法保障。(3) 人民法院坚持能动司法、靠前服务，按照当地党委的统筹安排，适当提前介入，提前了解情况，及时提供法律意见，联合多方力量，有效促使矛盾纠纷调解解决。

4. 群体性劳动争议居高不下。2008 年群体性劳动争议①涉案人数 6173 人、案件数量

① 本书统计的群体性劳动争议是指双方当事人中一方为 10 人以上劳动者，另一方为同一用人单位，存在相同或相似的事实或法律问题的劳动争议。在广州法院的司法实践中，通常将群体性劳动争议案件根据不同的劳动者分别按照单独的个体劳动争议案件予以受理之后，再进行合并审理，因此，X(≥10) 个劳动者（涉案人数）与同一用人单位发生的劳动争议，在案件总量的统计上表现为一宗群体性劳动争议、X 件个体劳动争议，本书分别以案件数量和涉案人数表示。

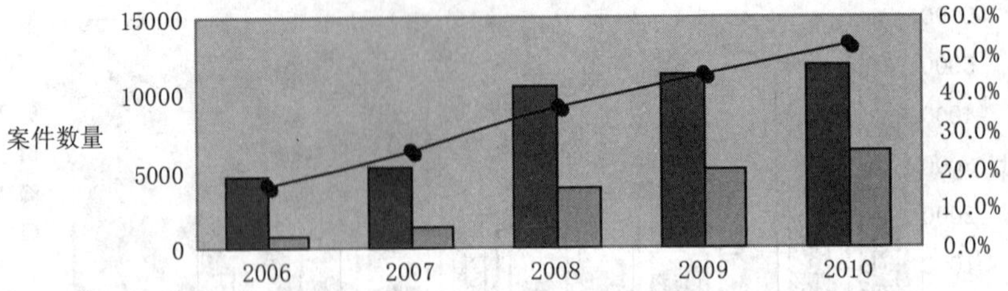

	2006	2007	2008	2009	2010
结案数	4678	5208	10534	11244	11811
调撤数	759	1304	3854	5084	6230
调撤率	16.2%	25.0%	36.6%	45.2%	52.7%

结案数 调撤数 调撤率

图 3　2006 ~ 2010 年广州法院一审劳动争议案件调撤情况

138 宗,分别较 2007 年增长 221.07% 和 236.6%。2009 年,继续小幅上升。2010 年,略显回调(见图 4)。总的来看,群体性劳动争议案件数量在整体上仍居高不下,涉案人数众多的群体性劳动争议案件亦不鲜见。① 究其原因,主要有二:(1)许多劳动争议纠纷所涉及的问题在同一用人单位中具有相当的普遍性,劳动者之间具有利益上的相关性和诉求上的共同性,一个劳动者起诉,其他劳动者往往会群起效仿。(2)相当多的劳动者认为通过群体性诉讼更能增强其在诉讼中的博弈能力,更有利于实现其诉讼请求。因此,劳动争议案件呈明显的群体化发展趋势。群体性劳动争议不仅易发、多发,而且涉及人数多,影响面大,带有明显的规模性和集中性,给社会稳定带来较大的压力和挑战。

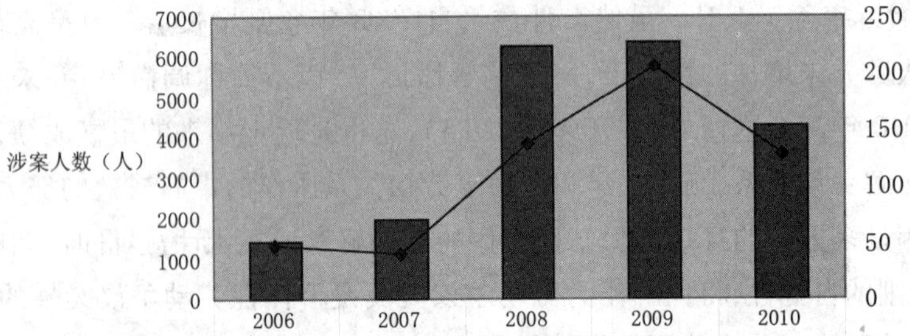

	2006	2007	2008	2009	2010
涉案人数	1452	1956	6273	6350	4300
案件数量	47	41	138	206	128

图 4　2006 ~ 2010 年广州法院一审群体性劳动争议案件情况

5. 结案标的额②相对较低。2008 ~ 2010 年三年来的平均结案标的为 11537 元。结案标的额较低的原因有二:(1)大部分劳动争议案件本身属于小额诉讼。劳动争议案件与劳动

---

① 如广州市番禺区人民法院 2010 年受理的一宗群体性劳动争议案件[(2010)番法民一初字第 1497 号等],涉案人数达 548 人,标的额共计 1600 余万,后经法院调解结案。

② 本书统计的结案标的额是指获得人民法院支持的诉讼请求数额,而不是劳动者主张的诉讼请求数额。

者的基本生活息息相关,是典型的民生案件,人民法院在司法实践中始终秉承保护劳动者合法权益的基本原则。但是,劳动争议小额诉讼的基本性质决定了其结案标的额相对较低的特点。(2)绝大部分劳动者是外来工和农民工。这些劳动者一般从事流水线作业或其他体力劳动,平均收入不高,客观上导致了案件结案标的额相对较低。这在另一个角度也说明,司法层面对劳动者权益的维护,与劳动者的社会平均收入水平相当,保持在一个较为合理的状态。

二、劳动争议诉讼中反映的相关问题应予重视

(一)用人单位管理行为尚不规范

从审判实践来看,用人单位劳动关系管理不规范的现象主要有:一是内部的规章制度不合法。有些用人单位在制定规章制度时,未经职工代表大会或者全体职工讨论通过,亦未公示告知劳动者;有的用人单位制定的规章制度不合法,或者虽然未违反法律的明确规定,但是内容异常苛刻,在发生争议时均不能作为有效证据。如一用人单位以劳动者在食堂吃饭时喝了一瓶啤酒违反公司关于"饮酒者即可以解除劳动合同"的规章制度为由,予以辞退。人民法院以用人单位的规章制度毫无节制地扩大自身的经营管理权限、严重损害了劳动者的合法权益应属无效为由,认定用人单位解除劳动合同违法并判决用人单位支付相应的经济补偿金。判后双方当事人均服判息诉。① 二是没有严格依法执行劳动合同制度。有些用人单位与劳动者之间不订立书面劳动合同,不按法律规定办理终止或解除劳动合同的手续;有些用人单位为规避不签劳动合同的"双倍工资"处罚,自行印制"自愿不签订劳动合同"的书面承诺,强迫职工签名;还有些用人单位劳动合同签订程序较为随意,劳动者离职后诉请未签订劳动合同双倍工资,用人单位虽提交了劳动者的书面劳动合同,但经鉴定却不是劳动者本人所签,因此,用人单位仍需承担举证不能的败诉责任,向劳动者支付双倍工资。② 三是拖欠、克扣工资和加班工资。工资和加班工资应依法及时、足额支付。实践中,确实存在一些用人单位因种种原因拖欠、克扣劳动者工资和加班工资的现象。还有一些用人单位劳动考勤制度不健全,工资支付项目不清,一旦进入诉讼,拿不出按标准工时用工和依法计发加班工资的证据。四是劳动关系协商调解机制不完善。有些用人单位不重视工资协商和集体合同的签订、履行,也不重视工会协调劳动关系的职能作用。司法实践中出现工会主席维权的劳动争议案件,③在一定程度上反映了工会维权职能弱化的现状。这些问题都是产生劳动争议的隐患,不仅导致用人单位败诉率居高不下,还在一定程度上催生了"卧底维权"现象的发生和发展。如部分劳动争议职业诉讼人以劳动者身份专门入职管理不规范的企业,在取得相关证据后即以用人单位不签订书面劳动合同、超时加班、不缴纳社会保险金等为由申请仲裁或提起诉讼。实践中,出现有的劳动者短短几年间与十几个企业发生劳动争议的情形。此外,在司法实践中,这些管理不规范的用人单位还表现出

① (2008)黄民一初字第 95 号劳动合同纠纷。
② (2010)穗中法民一终字第 5290 号劳动争议。
③ (2008)穗中法民一终字第 1179 号劳动争议。

一定的共性:在所有权性质上,以三资企业中的港澳台资企业和民营中小企业居多,国有企业尤其是大中型国有企业和三资企业中的欧美日资企业较少;在行业分布上,以加工制造业、服务业等劳动密集型行业为主,[①]且常表现为不签订书面劳动合同、不缴纳社会保险金、不及时足额支付加班工资等。

(二)劳动者依法理性维权意识相对欠缺

主要表现在以下三个方面:一是法律知识匮乏。劳动争议案件专业性较强,涉及到的法律法规较多,即使是法律工作者在知识结构和实践经验上也可能存在一定程度的欠缺,更不用说普通的劳动者了。法律知识的匮乏,往往导致劳动者非理性维权,如漫天要价、跟风诉讼,这亦是劳动者败诉的一个重要原因。例如,有的劳动者会在诉讼中主张很多项超出法定赔偿项目的诉讼请求如父母的抚养费等,且每一项诉讼请求均高达几十万,远远超过法定的赔偿限额,这些不合理的诉讼请求显然不会得到法院的支持。[②] 二是不诚信诉讼。诚实信用是包括民事诉讼在内的一切民事活动应遵循的基本原则。两法对用人单位侵犯劳动者权益的行为规定了高额的违法成本,但是也有极少数的劳动者利用法律的这些保护性规定进行不诚信诉讼。如用人单位应在用工之日起一个月内与劳动者签订书面的劳动合同,否则,应向劳动者支付双倍工资。实践中,部分行业确实存在劳动者出于灵活就业、便于跳槽的考虑而不愿签订书面劳动合同,离职后又以用人单位未与其签订劳动合同为由主张双倍工资;还有极少数劳动者在用人单位要求其签订书面劳动合同时,以种种理由和手段拖延和拒签,甚至签署声明表示"自愿不签订劳动合同",[③]随后又诉请用人单位支付未签订劳动合同的双倍工资。三是不能理性对待诉讼结果。劳动者往往以其是否胜诉作为衡量司法公正与否的唯一标准,而不能正视自己违反用人单位规章制度的过错行为,也不考虑司法运行中诸如程序欠缺、证据不足、时效超过等客观事由。劳动者片面的司法公正观念与司法固有的审判规律之间的矛盾日益突出。实践中,有的败诉劳动者不分缘由,一概认为法院存在司法不公或司法腐败,进行上访和闹访,甚至采取过激行为,对政府和法院施加压力,损害了人民法院的司法权威,成为影响社会关系和谐稳定的不安定因素。

(三)公民代理活动缺乏规制

两法颁布施行后,在全社会大力倡导维护劳动者合法权益的背景下,也催生了部分公民代理人的职业诉讼,扰乱正常的诉讼秩序,甚至引发群体性劳动争议。公民代理虽然是

---

① 如广州市黄埔区人民法院统计数据:2008 ~ 2010 年受理的 895 件劳动争议案件中,用人单位一方属加工制造业的达 434 件,属服务业的达 244 件。

② (2008)穗中法民一终字第 398 号劳动合同纠纷、(2010)穗中法民一终字第 2380 号劳动争议等。

③ (2009)穗中法民一终字第 2480 号劳动争议。当然,有证据证明劳动者是被欺诈、胁迫签署"自愿不签订劳动合同"声明的,则应认定该声明无效。

《民事诉讼法》规定的一种代理方式,但是根据诉讼法法理、司法实践及各地的相关规定,[①]公民代理人不能通过代理行为牟利。实践中,部分略懂劳动法律和诉讼流程的公民个人以"公民代理人"的身份代理诉讼,违规收取代理费并以此为业,成为公民代理职业诉讼人。部分公民代理职业诉讼人以煽动、挑唆等违法方式怂恿劳动者申请仲裁或提起诉讼、甚至采取过激行为,扰乱社会秩序,导致矛盾激化,引发群体性劳动争议。部分公民代理职业诉讼人在诉讼中表现出法律素养较低的特点,对劳动法律法规一知半解,往往提出不切实际的过高请求,并擅于利用投诉、信访等多种途径干扰审判活动。公民代理人既不是律师,也不是法律服务工作人员,公民代理人的收费行为往往隐蔽进行。而如何界定公民代理职业诉讼人的身份,如何认定代理行为的牟利性质,在法律层面暂付阙失,这直接导致目前对公民代理活动规制不力的后果。客观而论,公民代理有助于劳动者维权、促进用人单位规范管理,但是,部分公民代理职业诉讼人出于其个人动机,以维护劳动者权益为名进行滥诉缠讼,扰乱了正常的诉讼秩序,亟待规范。

(四)恶意诉讼妨碍司法进程

主要存在以下三种情形:一是滥用诉权,拖延诉讼。这主要是用人单位惯于采取的恶意诉讼方式。对于用人单位而言,案件受理费仅 10 元的诉讼成本几乎可以忽略不计,因此,即使明知必将败诉的情况下,有的用人单位仍然会在仲裁后提起诉讼,甚至在一审后继续提起上诉,并利用各种合法的手段拖延时间:如申请延期举证、延期开庭、重新鉴定;在仲裁裁决生效前的最后期限起诉且不提供劳动者联络方式;在案件受理、宣判后,寻找各种理由拖延领取传票、裁判文书等;其目的在于拖延时间,刻意为难劳动者,属典型的恶意诉讼,不仅不利于及时保护劳动者的合法权益,而且使人民法院的案件骤增,浪费有限的司法资源。如有的案件,用人单位上诉后即人去楼空、人间蒸发,甚至其一审的代理律师都无法联系上该单位,以此达到逃避责任的目的。[②] 二是盲目诉讼,浪费司法资源。有的劳动者在起诉或上诉前不作冷静的分析和调查,便向人民法院提起一个毫无事实根据和法律依据的诉讼。例如,被告主体不适格;诉请事项超出人民法院主管范围;起诉依据的事实完全没有证据支持;只要诉讼请求未得到全部支持,即使一审判决书已经对事实查明和法律适用阐述清楚、说理充分,劳动者仍然会盲目提起上诉等。由于缺乏对诉讼的基本事实或法律关系的正确

---

① 根据《民事诉讼法》第五十八条的规定:"当事人、法定代理人可以委托一至二人作为诉讼代理人。律师、当事人的近亲属、有关的社会团体或者所在单位推荐的人、经人民法院许可的其他公民,都可以被委托为诉讼代理人。"广东省劳动争议仲裁委员会《劳动仲裁委托代理人暂行规定》第六条规定:"当事人可以委托下列人员作为代理人:(一)律师;(二)当事人的近亲属;(三)有关的社会团体或者所在单位推荐的人;(四)有正当理由经劳动争议仲裁委员会许可的其他公民。"第十条规定:"有正当理由经劳动争议仲裁委员会许可的其他公民,主要指以下情形之一:(一)取得了法律职业资格证或律师资格证的公民;(二)获得企业法律顾问资格的公民;(三)从事法学研究、教育工作的公民;(四)从事劳动保障部门、工会组织、企业协会工作的公民;(五)法律规定的其他法律工作者。"上海市高级人民法院相关文件也规定,公民代理不得收取任何名目的代理费。——引自《共享审判信息资源 推进社会管理创新——上海二中院发布系列审判白皮书综述》,载《中国审判》2010 年第 5 期。广东省东莞市劳动行政部门将劳动争议职业代理界定为:"凡在一个设区的市或地市范围内每年代理 3 宗以上劳动争议案件的公民代理人为职业代理。"东莞市劳动仲裁部门对于公民代理人每年代理劳动争议案件超过三宗的,不予受理。——http://dg. people. com. cn。

② (2010)穗中法民一终字第 5934 号劳动争议。

认识和判断,这种盲目的诉讼一般都以败诉告终,既给对方当事人带来诉累,也给人民法院的司法资源造成浪费。三是滥用管辖选择权,人为设置诉讼障碍。这主要发生于用人单位总部(用人单位所在地)与作为实际用工主体的用人单位分支机构(劳动合同履行地)不在同一地区甚至相距遥远的情形下,用人单位经常采取的恶意诉讼方式。劳动争议案件由用人单位所在地或者劳动合同履行地的人民法院管辖。当劳动合同履行地和用人单位所在地不一致,甚至相距遥远的情况下,有的用人单位在劳动仲裁后,往往选择在用人单位所在地的人民法院起诉,通过变更管辖法院的方式,给劳动者应诉设置障碍,达到迫使劳动者放弃诉讼的目的。四是捏造事实和伪造证据,妨碍诉讼程序正常有序进行。劳动关系双方当事人都可能为达到胜诉的目的,在诉讼过程中,尤其在双方当事人均缺乏有力证据、案件事实真伪不明时,采取捏造事实和伪造证据的方式恶意诉讼。例如,有的用人单位伪造考勤记录和工资单,提供虚假的证人证言,故意使用非工商登记备案公章以便于发生争议后推卸责任;有的劳动者伪造报销发票、提供虚假证人证言。上述恶意诉讼行为,干扰了人民法院查明争议事实,影响了诉讼程序的有序进行。

(五)利益冲突难以平衡

劳动关系双方当事人之间存在对立统一的关系。一方面,用人单位与劳动者共存于同一个利益共同体——企业中,一荣俱荣,一损俱损,企业发展了,双方都获益,企业破产了,双方都受害。另一方面,一些用人单位侵犯劳动者权益的现象还较为突出,双方又存在一定程度的利益冲突。审判实践中,如何运用法律智慧平衡双方利益,既遵循法律的精神,又贯彻"保增长、保民生、保稳定"的政策,是人民法院必须面对的主题。例如,一些用人单位的劳动者主动甚至极力争取加班,而用人单位的生产力状况无法吸收全部劳动力加班时,是否允许双方约定加班工资的计算方法?部分行业的部分劳动者因种种原因确实不愿意签订书面劳动合同,在这种情况下如何认定用人单位的责任?竞业限制的期限和经济补偿的标准如何确定,才能既保护用人单位的商业秘密,又保障劳动者的生存权和就业权?劳动争议的解决有极强的示范功能,若解决不当,可能会产生"蝴蝶效应",引发更大规模的争议和群体性纠纷,从而影响社会稳定和经济发展。因此,如何平衡好个人利益与社会利益、局部利益与全局利益的冲突,将个案的公正与社会公正结合起来,在保护劳动者合法权益的同时,兼顾用人单位的生存,进而促进经济社会发展,成为案件处理的难点。

三、预防和化解劳动争议矛盾纠纷的对策与建议

劳动关系领域出现的大量矛盾纠纷,不仅影响到劳动者权益的实现,也影响到用人单位的发展,给社会的和谐稳定带来风险与隐患。要从根本上预防和化解矛盾纠纷,仅仅依靠仲裁和诉讼这种"事后救济"手段是远远不够的,必须多措并举,多管齐下,从源头上预防和减少劳动争议矛盾纠纷,并在发生劳动争议矛盾纠纷后予以妥善处理。

(一)进一步加强领导与合作

第一,加强领导。劳动争议案件牵涉面较广,由于受到体制、机制、文化、经济社会条件

等多种因素和条件的影响与制约,非人民法院自身通过审判能完全妥善解决。当前许多难以解决的劳动争议纠纷,如社会保险费的缴纳、国企改制遗留的历史问题等,有的需要政府行政措施加以解决,有的需要法律以外的方式综合解决,有的需要通过经济发展才能解决。因此,人民法院要进一步在党委的领导和政府的支持下,紧紧围绕经济发展和社会稳定的大局,依法处理劳动争议,化解矛盾纠纷,为促进广州经济平稳较快发展提供公正高效权威的司法保障。第二,形成合力。预防和化解劳动争议矛盾纠纷,不能依靠人民法院的"单打独斗",要充分重视和积极发挥劳动监察部门、工会组织、工商联和行业协会等相关职能部门和社会组织的积极作用,形成构建和谐稳定劳动关系的社会合力。具体来说,一是加大劳动监察执法力度,及时制裁违法行为,保护劳动者合法权益,从源头上减少劳动争议纠纷,有效地缓减仲裁和诉讼的案件压力。二是加强各级工会的组织建设,支持工会组织切实发挥维权和监督职能,推动用人单位依法建立劳动合同制度、集体合同制度、民主管理制度、劳动争议调处制度。三是重视工商联、行业协会等社会组织的积极作用,发挥工商联在加强企业交流管理经验、反映意见和诉求等方面的独特功能;发挥行业协会在协商订立行业集体合同、协商调解劳动争议等方面的独特作用。总之,要把各方面的力量凝聚起来,共同推进和谐劳动关系构建,为广州市经济社会又好又快发展服务。

(二)进一步加强正面的法制宣传和舆论引导

要充分利用各种媒体和舆论工具进行正面的法制宣传和舆论引导,提高劳动关系双方当事人的法律意识,在全社会范围内营造和谐的劳动氛围。第一,提高双方当事人的法律意识,实现劳动关系健康有序运行。要围绕劳动法律法规展开宣传,使用人单位和劳动者都能清晰了解到自身的合法权利和义务,强化双方的法律意识。一方面,要引导用人单位加强经营管理:规范劳动人事管理流程、建立文书档案的保管制度、加强劳动合同日常管理的责任制度、建立企业内部的员工申诉途径等,引导用人单位在知法懂法的基础上,做诚信守法企业,杜绝恶意诉讼;另一方面,要引导劳动者实行依法诉讼、理性维权,积极参与调解和解,杜绝无序的上访和闹访。人民法院也应加强司法宣传,开展"送法进企业"活动。[①] 通过发挥司法宣传的隐性司法功能,[②]促进建立企业依法用工、职工理性维权的健康劳动关系。第二,营造和谐的劳动关系氛围,实现劳动关系双方当事人的相互理解和相互包容。诉讼是一种成本很高的争议解决方式,世界各国都在采取一定的制度或措施减少或分流诉讼,以降低诉讼给社会造成的负担和损失。我国是一个发展中国家,在构建和谐社会的大背景下,劳动争议案件更应朝着低诉讼率、高和解率的方向发展。一方面,对于蓄意规避法律、损害劳动者合法权益的用人单位要坚决曝光、严厉惩处,"让广大劳动群众实现体面劳

---

① 广州中院日前成立了"青年法官志愿者服务队",选择劳动争议纠纷较多或可能存在劳动纠纷隐患的重点行业和企业,通过举办座谈会、法律咨询、以案说法、编发典型案例等多种形式,及时了解企业劳动关系中存在的问题和需求,促使用人单位规范用工、劳动者理性维权。

② "司法宣传工作具有隐性司法的功能价值,是隐性的司法,加强司法宣传就是加强司法工作本身,司法宣传也是人民法院工作的主业而不是副业。"——郑鄂:《发挥司法宣传的隐性司法功能 促进法治广东建设》,载《南方法治报》2011 年 1 月 27 日。

动,从而生活得更有尊严";[①]另一方面,要通过正面的舆论宣传,引导双方当事人互信互让、荣辱与共,携手建立相互理解和相互包容的和谐劳动关系。

(三)进一步统一案件处理尺度

仲裁和诉讼分别作为劳动争议解决的准司法和司法途径,统一案件处理尺度,有利于最大限度地发挥现有争议处理机制的整体效益,最大可能地降低当事人的诉累,有利于以最低的成本实现司法公正。第一,加强仲裁程序与诉讼程序的有效衔接。劳动仲裁部门的劳动仲裁工作较好地发挥了劳动争议案件的预警、处理和过滤功能。人民法院要建立与劳动争议仲裁委员会的沟通协调机制,统一仲裁程序与诉讼程序适用法律的标准,理顺仲裁程序与诉讼程序的衔接机制,实现劳动争议仲裁程序和诉讼程序的协同运行。第二,统一人民法院审理劳动争议案件的裁判尺度。人民法院可适时推行劳动争议标准化办案,[②]提高审判效率,促进同案同判。人民法院应及时出台审理劳动争议案件的指导意见,在同一法院的同一审判部门保证法律适用的一致性;通过完善上下级法院之间的法律适用协调机制,在上下级人民法院之间保证法律适用的一致性。统一裁判尺度,有利于通过发挥裁判的示范功能和指引功能,增强当事人对其诉讼结果的合理预期,引导用人单位和劳动者规范自身行为,进而达到预防纠纷、减少诉讼的作用。[③]

(四)进一步推进审判机制创新

第一,明确指导思想,坚持对双方合法权益保护的并重。一方面,要坚持保护劳动者的合法权益,任何时候都不能牺牲劳动者的合法权益;另一方面,要坚持保障用人单位的生存发展,避免对用人单位竭泽而渔、杀鸡取卵,从而为更好地实现劳动者的合法权益提供有力的物质保障。第二,整合审判力量,推进专业化审判改革。劳动争议案件数量的高位运行,给人民法院带来很大压力,案多人少的矛盾更加突出。[④] 因而,在劳动争议案件数量多、比例大的人民法院,可适当调整法庭内部设置,增设专门处理劳动争议的审判庭或组成专门合议庭,专门处理劳动争议案件,进一步提高审判的质量和效率。第三,健全便民机制,加大司法救助力度。对于劳动争议案件,实行"五优先"的原则,即:优先立案,优先受理,优先调解,优先判决,优先执行。要更加注重保护农民工的合法权益,加大诉讼费用缓、减、免的

① 2010 年 4 月,胡锦涛在全国劳动模范和先进工作者表彰大会上的讲话中指出,要通过进一步保障劳动者权益,为促进社会和谐奠定坚实基础。让广大劳动群众实现体面劳动,从而生活得更有尊严,丰富了社会主义和谐社会建设重大战略思想的内涵。

② 如广州中院和广州市萝岗区人民法院目前联合开发的劳动争议辅助办案系统,即是通过编写相应的程序软件,供审判人员办案时直接应用,实现相关法律文书的撰写、经济补偿和加班费的计算等工作流程的标准化和便捷化。

③ 广州中院近年来统一劳动争议案件裁判尺度成效显著,劳动争议尤其是群体性劳动争议案件的上诉率明显降低。2010 年,一审劳动争议案件上诉率下降 14.22%,群体性劳动争议案件上诉率下降 57.2%。

④ 近年来,广州市两级法院一直以全省 1/8 的人力承办全省近 1/4 数量的案件。以广州中院为例,作为全国最大的中级法院之一,始终承担着非常繁重的审判任务,而负责审理劳动争议案件的民事审判第一庭,近三年平均结案 6450 件,全庭具有审判职称的不足 40 人。一方面,劳动争议案件数量井喷式激增并高位运行;另一方面,所有的案件均要在法定的审限内审结,在法官人数不变的情况下,这种"收案数量无限制、结案时间有要求"的工作机制,使得有限的司法资源不堪重负。

司法救助力度,确保经济上有困难的劳动者能够打得起官司。第四,倡导诉讼调解,真正实现案结事了。要坚持将调解、和解作为处理劳动争议案件尤其是群体性劳动争议案件的首要和最佳结案方式。① 要善于"借力"人大、政府和其他一切外部积极因素参与调解,真正实现案结事了。②

结 语

当前,我国正处在全面建设小康社会、构建社会主义和谐社会的伟大实践进程中。建立和谐稳定的劳动关系,既是构建社会主义和谐社会的重要内容,也是全面建设小康社会的基本保障。

不可否认,劳动争议诉讼工作仍然任重道远。劳动争议案件数量高、维稳压力大、案多人少矛盾突出,法律适用方面仍存在许多困惑。但是令人欣慰的是:案件数量虽维持历史高位,但增速趋缓;调解率逐年上升,劳动关系日趋和谐;平均结案标的额与社会平均收入水平相当,司法层面的保护维持在一个相对合理的状态。

2011 年,是广州市"十二五"时期的开局之年。我们承诺,人民法院将进一步发挥服务经济和社会发展的职能作用,为预防和化解劳动争议矛盾纠纷,构建和谐共赢的新型劳动关系,促进广州国家中心城市建设、率先实现转型升级做出更大的贡献。我们坚信,在市委的领导、人大的监督、政府和社会各界的支持下,2011 年的劳动争议审判工作必将取得新的进展。

---

① 近年来,广州市两级法院群体性劳动争议案件的调撤率一直徘徊在 10% 以下。2010 年,群体性劳动争议案件的调撤率实现了质的飞跃。广州中院审结的 1114 件二审群体性劳动争议案件中,调撤 334 件,调撤率跃至 30.0%。

② 善于发挥人大代表了解民意、体察民情的优势,邀请人大代表参加劳动争议案件的调解,是市中院加强劳动争议案件调解工作的有力措施。2010 年,市中院审理一起 19 人的群体性劳动争议案件(案号[2010]穗中法民一终字第 1509~1527 号)时,先行先试,邀请两位市人大代表参与调解,把案件处理过程转变为加强思想工作、理顺对立情绪、化解矛盾冲突的过程,最终使得劳资双方达成了和解。在签收法院民事调解书时,用人单位直接带着 33 多万元的现金和验钞机,当场向劳动者履行承诺,实现了案件审理政治效果、法律效果与社会效果的有机统一。

当前商品房买卖合同纠纷案件的基本情况及法律适用问题探讨

——基于江苏省连云港市法院审理案件的调研

江苏省连云港市中级人民法院课题组*

近年来,随着城市化进程的加快及国家对房地产市场调控的深入,商品房买卖合同纠纷案件的数量急剧增加。该类案件由于涉及民生且标的额较大,双方矛盾尖锐,群体性诉讼比例大,人民法院能否妥善处理,已成为关系社会和谐稳定的重要问题。为此,江苏省连云港市中级人民法院民一庭对全市商品房买卖纠纷案件进行了专题调研。通过对全市两级法院商品房买卖纠纷审理情况的回顾与总结,以期进一步调整和规范审判权的行使,探寻改善民生、规范房地产市场、防范社会风险的应对之策。

一、当前商品房买卖纠纷的特点及原因分析

(一)商品房买卖纠纷的特点

1. 案件数量多,增长迅速

随着连云港城市化进程的不断加快,商品房买卖纠纷案件总量大已经是一个不争的事实,并且增长迅速。但全市各县区的增长幅度不均衡,例如,今年灌云县法院前八个月受理的商品房买卖纠纷案件数为 118 件,是 2009 年全年受案数 38 件的 3 倍。连云区由于全市沿海大开发,商品房买卖纠纷由 2008 年的 24 件迅猛增长至 2009 年的 112 件,同比增长近四倍。作为中心城区的新浦区,由于房地产市场开发较早且规范化程度高于其他地区,受案数基本保持平衡,增长幅度不大。

2. 争议呈现多样化,当事人矛盾深化

以前纠纷焦点多集中缔约环节,现在随着房屋的交付、入住,纠纷焦点多集中在履约环节,如迟延交付,逾期办证,房屋质量等方面。另外,由于商品房纠纷涉诉标的额较大,双方在起诉前基本经过自行协商阶段,在矛盾较深无法协商的情况下才提起诉讼,对开发商而言往往利涉群体,牵一发而动全身,对购房者而言所涉利益较大,故该类纠纷双方矛盾大,

* 课题组负责人:李江蓉,江苏省连云港市中级人民法院副院长;课题组成员:王道阳、忻越、周文博、翟广绪、黎乃忠。

轻易不愿意让步。基层法院在受理房地产案件的集团诉讼后,一般采取调解的方式处理矛盾,在调解不成的情况下往往采取先判决一个,等二审判决结果出来后再对其他诉讼一并判决的做法。虽然该类纠纷调解撤诉率较高,但在判决的案件中上诉率也较高,这从另一方面反映出双方矛盾的深化及调解的难度。

3. 案件群体性较强,敏感案件增多

此类案件集团诉讼较多,且呈逐年增长趋势。在 2008 年 1 月至 2010 年 8 月份,全市基层法院受理的商品房买卖纠纷案件中,涉及集团诉讼的有 496 件,占 39%。作为中心城区的新浦区法院更为突出,如该院在 2008 年受案 229 件(集团诉讼 160 件),2009 年受案 186 件(集团诉讼 110 件),2010 年 8 月前受案 87 件(集团诉讼 35 件),分别占 69.9%、59.1%、40%。在这些集团诉讼案件中,购房者持有互相观望、攀比的心理。每个集团诉讼总有一至两个策划人,策划人为了自身的利益,在其他购房者中间串连,而开发商又顾虑案件结果对未参加诉讼的购房者的影响,因此,调解工作难度相当大。另有不少人对案件审理持观望态度,一案的审理将决定着一大批业主是否起诉。该类纠纷所具有的涉及面广,与当事人利益结合紧密的特点决定了该类冲突的聚合性。点对点纠纷极易在煽动和串联下发展成点对面的对抗,群体性诉讼一旦处理不慎将可能演变成群体性事件,严重威胁社会和谐与稳定。

4. 商品房纠纷的诉因随着市场的变化而变化

在 2004 年连云港地区房价开始发力增长的一段时期,开发商一房两卖、广告欺诈,购房人主张双倍赔偿、对房屋质量不满的纠纷占较大比例。近年来随着市场的规范化,一房两卖纠纷大幅减少,开发商延期交房、逾期办理产权证的纠纷成为纠纷的主流。

(二)商品房买卖纠纷发生的原因分析

房地产纠纷产生以上增长迅速、群体性强、矛盾较深等特点的原因比较复杂,我们在调研中发现既有宏观层面的经济、社会、政策、监管不力等因素,也有微观层面的开发商不规范、群众维权意识增强等因素,具体包括:

1. 经济因素

(1)近年来,全市房地产市场一直呈现总量不断增加的趋势。房地产价格增长迅速,其利润率为其他行业远远所不及,使许多企业进入房地产行业,全市从仅有的几家国有房地产企业发展到规模不等的大小数百家房地产企业,市场交易量不断扩大。房地产交易基数的增加是房地产纠纷增加的一个基本因素。

(2)受 2008 年世界金融危机的影响,银行收紧银根,建筑商无力垫资,使得许多经济实力不济的开发商资金链断裂,无力继续开发,引发大量的延期交房纠纷,甚至出现开发商卷款潜逃,楼盘烂尾的情况。

(3)房地产市场价格的起落使得开发商或购房人支付违约金比继续履约更合算,许多开发商或购房人出于利益驱动进而违约造成纠纷。如 2003 年至 2006 年及 2008 年以后,连云港房地产市场价格上升幅度较大,开发商一房两卖或主动解约的现象较为普遍,而 2007 年期间,连云港地区房地产价格回落,购房者在签订认购书后拒绝或拖延订立商品房买卖合同、拒绝交付房款、或以其他理由要求解除合同的现象较多。

2. 政策及政府监管因素

(1)出于招商引资的需要,有的地方政府突破法律、政策规定给予开发商优惠政策,使得开发商进入房地产市场的门槛降低,许多开发商采取少交土地出让金先办土地使用权证——以土地使用权证办理银行贷款作为启动资金——对购房者提前预售或收取风险金,对建筑商要求其垫资、对供应商拖欠货款的这种借鸡生蛋的方式"空手套白狼"。而这种政策使得房地产开发市场鱼龙混杂,造成矛盾隐患。随着市场的不断规范,问题逐渐暴露。

(2)政府相关职能部门缺乏有效的监管措施。我国目前房地产市场并非一个成熟而理性的市场,而是一个正在逐渐成熟的市场,相关的市场法规还不健全,开发商诚信缺失且与购房者信息不对称,因此需要政府有关部门强有力的监管。由于商品房开发手续复杂,涉及城建、规划、土地、房产、教育、环保、消防等众多政府部门,这些部门的监管不力或不当行使职权使得开发商以利益为驱动频频出招挑战国家法律与政策,违反或变更规划、擅自变更容积率、虚假宣传等一系列不规范的开发行为层出不穷,进而导致房地产市场混乱,纠纷不断增加。如连云港地区的博大房地产被焦点访谈报道的"楼超超",该房于 2002 年规划审批为六层,开发商擅自建高后将规划手续补办成 17 层,但开发商尝到甜头再次超高将房屋建成 22 层,导致房屋无法经过验收交付。

3. 当事人自身的因素

(1)开发商的诚信缺失,经营不规范。由于房地产市场整体属于卖方市场,开发商具有强势地位,在缺乏有效制约手段,购房者的信息不对称,谈判能力不强的情况下,使得开发商为追逐利润的最大化,想方设法规避法律与政府监管,违规操作。我们在调研中发现近年来开发商的不规范行为主要有以下几个方面:A、迟延交付、迟延办理两证;B、对房屋设施或户型结构单方变更;C、商业广告及宣传资料夸大或虚假;D、交付的房屋质量有瑕疵;E、交付房屋面积与约定销售面积公摊系数不一致。

(2)购房者维权意识的觉醒和增强。前几年,购房者由于不了解房地产市场,加之房价上涨的因素,对开发商的一些不规范行为忍气吞声,在与开发商发生纠纷时通常不愿意通过法律手段解决。但随着国家的房地产法律逐渐规范,媒体对开发商一些潜规则的披露,使购房者逐渐了解房地产市场,同时,看到少数购房者以法律手段维权得到了法院的支持,购房者越来越多地选择诉讼来解决房地产纠纷。

二、当前人民法院审理商品房买卖纠纷面临的困境与矛盾

(一)司法功能的有限性使人民法院无法解决纠纷背后的复杂社会矛盾

当前在利益主体多元、利益诉求多样、群众心理和社会心态日益复杂的情况下,单个纠纷背后所涉的社会因素、政策因素与法律因素多重交织,牵一发而动全身。有些群体性商品房纠纷表面上是涉及群体一方的民事利益,背后实质是群体方基于对社会现象的不满而借诉讼途径进行控诉,是寻求社会资源的重新配置,是要求法院履行政府性的职能,但司法功能的有限性使得法院审判并不能解决群体方控诉的实质矛盾,单纯依靠司法解决纠纷所

面临的难度、风险和成本进一步加大。如果法院不加分析,全然介入,不仅难以有效和顺利解决纠纷,还可能使矛盾进一步激化,加大解决问题的难度和成本的投入。

(二)商品房纠纷矛盾冲突体之间的利益难以平衡,法律效果与社会效果往往难以统一

房地产作为近年来国民经济的重要支柱对地方政府的经济发展起到重大作用,同时由于商品房纠纷标的较大,容易引发群体性矛盾,人民法院审理纠纷时既要从保民生的角度对购房群体的合法利益予以保护,制裁开发商的不规范或者违法行为,同时也要从保增长、服务经济的角度保障房地产市场的健康发展,不能审一个案件死一个企业。面对房地产市场极不规范的背景,开发商违规开发、延期交付几成普遍现象,人民法院在纠纷发生后如果严格适用法律,不顾及社会效果,对房地产开发商的违法行为苛以严格的民事责任,将可能使房地产开发商因赔付巨额违约金而陷入破产,影响当地经济发展,而房地产市场链条断裂产生的多米诺骨牌效应将会引发进一步的社会问题,影响社会和谐和稳定。但人民法院如果过度保护开发商利益,一方面,是对开发商不规范行为的放纵,可能诱使开发商继续从事违法开发,助长开发商违约之风;另一方面,也使法院面临着人民群众不依法办案的指责,激化群众对法院的对立情绪,甚至引发群体性事件,影响了司法权威。人民法院在司法审判中如何平衡利益主体的矛盾,寻求严格执法与服务经济的最佳平衡点,正确稳妥地处理好商品房纠纷将是我们在相当长一段时期内面临的重大考验。

(三)人民群众的实质正义观念与司法固有的审判规律之间的冲突难以调和

在商品房纠纷中,人民群众面对开发商的种种不规范行为往往以裁判结果是否胜诉作为衡量司法是否公正的唯一标准,而不考虑司法运行中诸如程序欠缺、证据失效、时效超过等因素也会导致败诉,人民群众对这种固有的审判规律运行结果往往从心理上难以接受,从而不分缘由地认为是"司法不公"、"司法腐败"。人民法院在审理商品房案件时既要尊重刚性的司法程序和证据规则,同时也要兼顾人民群众朴素的实质正义观,往往不得不在正常司法程序和手段之外寻求解决途径,通过争取行政机关等其他部门的协助达到解决纠纷的目的。

三、连云港地区审理商品房买卖纠纷时所涉及的相关法律适用问题

(一)关于延期交付(包括不能交付)纠纷的法律适用

1. 关于交付的标准与条件

目前,连云港市有关商品房买卖合同纠纷案件对于建筑工程经竣工验收合格才能交付使用中的"竣工验收合格"的理解争议较大。根据法律法规的规定,建筑工程竣工经验收合格后,方可交付使用。对于建筑工程,究竟怎样才算"经验收合格",其评价标准是什么?目前无论在理论上还是实践中并没有一个统一的定义。这就导致了开发商和购房者的理解不一,莫衷一是。

在调研过程中,对于"竣工验收合格"的理解主要有四种代表意见:第一种意见认为,在房屋竣工以后,自己邀请设计、施工、工程监理等有关单位进行竣工验收(即四方验收)合格,就达到了合同中约定的交付条件。第二种意见认为,应当以四方验收加各项专项验收作为符合合同约定的交付条件。第三种意见认为,应当以备案作为交付条件。第四种意见认为,应当以备案加上水电气等基本设施齐全稳定作为交付条件。

我院在讨论时一致认为不宜仅以"四方验收"为交付标准。理由是:《建筑法》第六十一条规定:"交付竣工验收的建筑工程,必须符合规定的建筑工程质量标准,有完整的工程技术经济资料和经签署的工程保修书,并具备国家规定的其他竣工条件。建筑工程竣工经验收合格后,方可交付使用;未经验收或者验收不合格的,不得交付使用。"这些"其他竣工条件"的规定散见包括《消防法》、《城市规划法》、《环境保护法》、《建设工程质量管理条例》等法律法规和部门规章中。由此可以看出,消防验收、规划核实、环保验收等专项是工程竣工验收的前置条件,也就是说未进行前述的专项验收或者验收不合格不得交付。对于以备案加上水电气三通作为交付条件的观点,大家一致认为,从满足消费者居住和使用的角度出发,此条件更加有利于保护消费者,但该条件对开发商的要求更加严格,也没有充分的法律依据,从另一方面讲,对于在法律上如何界定"三通"也是操作上的难题,且有法院越权之嫌,故不宜以此为条件。

我们的倾向性意见认为,根据我国法律规定及发达地区的成熟做法,结合我市沿海开发的大局,在利益衡量上应当对规范房地产健康发展的大局利益优先考虑,以达到备案条件作为交付条件成就。理由为:(1)地方人民政府建设主管部门出具的《建设工程竣工验收备案表》更具有公信力。《房屋建筑和市政基础设施工程竣工验收备案管理办法》第八条规定,备案机关发现建设单位在竣工验收过程中有违反国家有关建设工程质量管理规定行为的,应当在收讫竣工验收备案文件 15 日内,责令停止使用,重新组织竣工验收。该《备案管理办法》第十一条规定,建设单位采用虚假证明文件办理工程竣工验收备案的,工程竣工验收无效,备案机关责令停止使用,重新组织竣工验收。故备案是竣工验收的最后程序,是政府对整个开发环节的又一次审查,避免不合格的房屋流向社会的控制手段,只经过四方验收和其他专项验收尚未备案的,其竣工验收程序并未结束,故不宜以此为交付条件。(2)因在订立商品房合同时,对于交付房屋的时间完全是由开发商确定,其应当预见到房屋经过竣工验收备案之前的各种因素,另外,根据《备案管理办法》第四条的规定,建设单位应当自工程竣工验收合格之日起 15 日内,依照本办法规定,向工程所在地的县级以上地方人民政府建设主管部门备案。如果开发商完全按照法律规定的程序开发,其完全能够在验收后的 15 日内完成备案。故以备案为交付条件相比于综合验收为交付条件而言并未过分加重开发商的义务和负担。(3)从司法操作层面而言,购房者和人民法院无需审查形形色色的各类专业性验收表格,只需审查该工程是否经建设主管部门竣工备案即可,操作简单,节省司法资源。但考虑到连云港房地产开发市场还不规范,开发商受利益驱动比较大,再加上一些政府部门执法不规范,把备案作为交付条件固然是长远之计,但是,这很可能会使一部分开发商遭受购房者的索赔危机,甚至引起一部分开发企业的倒闭,从而引起房地产行业的震荡。考虑到利益平衡原则和连云港大开发的时代背景,目前严格执行备案为交付条件一步到位的做法可能还不适合,应当以备案条件为原则,对于但可能引起当事人利益重大失衡的除外。

2. 当事人在商品房买卖合同中自行约定以四方验收或者其他低于"备案"的交付条件,该条款的效力如何

在调研中我们发现,连云港地区的商品房销售合同基本是使用建设部《商品房买卖合同示范文本》,但有的开发商为了减轻自己的责任,在交付条件约定以四方验收等低于"备案"的交付条件,对于该约定是否有效产生不同意见。

一种意见认为,根据建筑法的相关规定,建筑工程竣工验收合格后,方可交付使用;未经验收或者验收不合格的,不得交付使用。由于我国法律禁止房地产公司将未经竣工验收合格的商品房交付使用,且这种规定是对房地产市场的行政管理,以维护房地产市场规范、稳定,保障购房人的权利,开发商不能通过合同约定规避国家管理。因此,开发商与购房人自行约定的交付条件低于法定交付条件的条款无效,人民法院仍应当以法定的交付条件为依据,如果双方约定的交付条件高于法定交付条件,则以双方的约定为交付条件标准。基于此,即使购房者明知商品房未经竣工验收合格而接收房屋,应视为双方的约定无效,开发商的交付未完成,购房者仍可以自接收该商品房之日起到该商品房符合交付条件前这段时期向开发商主张延期交付的违约责任。

另一种意见认为,虽然国家相关法律禁止未经竣工验收合格的商品房交付使用,但从该类规范的设立上看,其禁止的不是房屋交付使用本身,而是为防止不合格的房屋流入社会,该类规范应属于管理性规定而非效力性规定,开发商违反法律规定应当受到行政上的处罚,但只要开发商交付的房屋最终是经过竣工验收合格的,对于开发商与购房者自行约定交付条件,人民法院不宜对该约定作出无效的认定。故对于购房者明知商品房未经竣工验收合格而接收房屋,应视为双方以行为变更了房屋交付的约定条件,只要最终该商品房经过竣工验收合格,购房者自收房后不得再以交付时的商品房未经竣工验收为由向开发商主张延期交付的违约责任,但交付的商品房无法通过竣工验收的,应当视为开发商自始未交付。如《福建省高级人民法院关于审理房地产管理法施行后房地产开发经营案件若干问题的意见》第三十六条规定,预售的商品房未经验收合格,但已实际交付使用,预购方以预售交付的房屋不符合交付条件主张实际交付之日后逾期交付违约金的,不予支持。

我们倾向于第一种意见,理由为:《中华人民共和国合同法》第一百五十八条第三款规定,出卖人知道或者应当知道提供的标的物不符合约定的,买受人不受前两款规定的通知时间的限制。该条说明出卖人在明知标的物不符合合同约定的情形下不因买受人的接收而免除瑕疵担保责任。另外,根据"任何人不得从自己的违法行为获益"的原则,如果允许开发商自行约定低于法定的交付条件或交付未经竣工验收的房屋,无异于鼓励开发商进行不诚信的交易,特别是在当前房地产市场极不规范、行政监管不完善、购房人无能力与开发商进行平等谈判的背景下,将可能出现大量的类似的格式条款规避法定交付条件。

3. 购房者以开发商交付的房屋不符合合同约定为由拒绝接收房屋,是否可以向开发商主张延期交付的违约责任

我们在调研中发现,随着购房者维权法律意识的提高,近年来出现大量的购房者在开

发商通知接收房屋验收时以房屋不符合合同约定或配套设施不齐全为由拒绝接收房屋,在一段比较长的时间后向法院起诉要求开发商支付延期交付的巨额违约金。在这类案件中,购房者在什么情况下可以拒绝接收房屋并向开发商主张延期交付的违约责任,什么情况下只能选择其他救济途径而不可以拒绝接收房屋并主张延期交付违约金成为案件的焦点。

通过调研发现购房者拒绝接收房屋主要有以下情形:

(1)开发商交付的商品房不符合交付条件,即尚未取得备案手续。

(2)开发商虽已通过竣工验收并备案,但购房人有证据证实该房屋存在严重质量问题足以影响正常使用。

(3)开发商虽已通过竣工验收并备案,但交付的商品房不能实现合同目的。

(4)商品房已符合交付条件,但配套设施尚未齐全,如开发商承诺的商场、绿地等尚未建成。

(5)商品房已符合交付条件,但购房者在验收时发现存在漏水、脱皮等不影响正常使用的轻微质量瑕疵。

(6)开发商未提供《住宅质量保证书》和《住宅使用说明书》。

针对以上情形,我们认为,《中华人民共和国合同法》第一百四十八条因标的物质量不符合质量要求,致使不能实现合同目的的,买受人可以拒绝接受标的物或者解除合同。买受人拒绝接受标的物或者解除合同的,标的物毁损、灭失的风险由出卖人承担。最高人民法院《关于审理商品房买卖合同纠纷案件适用法律若干问题的解释》第十二条规定,因房屋主体结构质量不合格不能交付使用,或者房屋交付使用后,房屋主体结构质量经核验确属不合格,买受人请求解除合同和赔偿损失的,应予支持。第十三条规定,因房屋质量问题严重影响正常居住使用,买受人请求解除合同和赔偿损失的,应予支持。因此,对于前述(1)、(2)、(3)类情形,购房者有权拒绝接收房屋并向开发商主张延期交付的违约责任。对于(4)、(5)类情形,购房者不得以此为由拒绝接收房屋并向开发商主张延期交付的违约责任,但可以在收房后要求开发商承担维修等违约责任并可以要求赔偿损失。

需要说明的是,对于(2)、(3)两类情形还有可能发生开发商交付不能的特殊情况,应当具体对待。对于因开发商自身原因导致的实际交付不能,如房屋主体不合格等重大质量问题无法交付,开发商已构成根本性违约,买受人有权选择解除合同、赔偿损失。对于开发商交付的房屋虽符合法定交付条件,但不符合合同约定,足以导致买受人合同目的不能实现的,买受人有权选择解除合同、赔偿损失或者接收房屋。买受人选择接收房屋的,不影响其依据合同法的规定向出卖人主张违约责任的权利。但在开发商交付不能的情形下,买受人既不选择解除合同、赔偿损失也不选择接收房屋,仅以迟延交付为由主张逾期交付违约金的,人民法院应当从利益平衡的角度考虑不予支持买受人的主张。如我们在调研中发现某法院受理一起案件,开发商建设一种可以间隔成两层使用的房屋,但购房者在收到交房通知时发现其购买的房屋内因铺设公共管道导致无法间隔成两层使用,故一直拒绝接收房屋并向法院起诉,在诉讼中其不主张解除合同仅主张延期交房违约金。我们认为,因开发商设计的房屋品种可以将一层间隔成两层,现其交付的房屋虽符合交付条件,但因内设公共管道导致无法隔成两层,已无法实现购房者的合同目的,购房者有权拒绝接收房屋并解除合同,但因公共管道涉及整个楼层的公共利益,开发商无法通过维修等方式实现购房者间隔成两层的合同目的,故构成交付不能,在购房者已明知无法交付的情况下,如果购房者不主张解除合同仅主张延期交付违约金,将使开发商陷入永久性违约的境地,长期支付巨额违约金。对开发商造成极大的不公平,故不应支持购房者的主张。

关于第(6)种情形有两种不同意见,第一种意见认为,建设部《商品住宅实行住宅质量保证书和住宅使用说明书制度的规定》第三条规定,房地产开发企业在向用户交付新建的商品住宅时,必须提供住宅质量保证书和住宅使用说明书。根据该规定,开发商在合同约定期限内交付商品房时如不能提供两书,购房者可以拒绝接收房屋并主张延期交付的违约责任,况且提供两书对于开发商而言并非困难,没有加重开发商的交付义务。另一种观点认为,该规定属于部门规章,效力不高,且设定两书制度的目的是"为加强商品住宅质量管理,确保商品住宅售后服务水平,维护住宅消费者的合法权益",该规定明显属于行政管理性规定,除当事人在合同中约定以外,人民法院不宜将两书作为房屋交付的必要条件。我们倾向于第一种意见。

4. 关于开发商在交付房屋时要求购房户支付其他相关费用否则不交付房屋的情况是否构成延期交付

我们在调研中发现基层法院受理这样一起案例:开发商建成的房屋已符合交付条件,其在通知收房时要求购房户一次性交纳公共维修基金、物业管理费、卫生费等其他相关费用,购房户拒绝缴纳后开发商据此拒绝交付房屋,事隔两年后,购房户向人民法院起诉要求开发商支付延期交房违约金。我们认为,开发商在购房户未缴纳相关费用时拒绝交房是否构成违约要具体分析该费用的性质,如果该费用在合同中有明确约定或法律规定由开发商代收的,如购房者拒绝缴纳,开发商拒绝交付房屋系在行使同时履行抗辩权或先履行抗辩权,如开发商要求购房者缴纳合同中没有明确约定的费用,该费用也不是法定必须由开发商代收的,则开发商以此为由拒绝交房的行为构成延期交付。但对于延期交付违约金的支付产生两种意见,一种意见认为,开发商确实存在违约行为,但购房人应当积极主张权利,因购房人怠于行使权利造成延期交付应当适当减轻开发商的责任,故该案应由法院酌情认定合理的延期交付时间以确定违约金。另一种意见认为,债权人是否主张权利由债权人自行决定,法定规定的诉讼时效制度就是为了防止债权人怠于行使权利,在诉讼时效存续期间债权人不行使权利并无过错,不应当以此为由减轻开发商的违约责任,当然如果计算出的违约金过高导致利益失衡,债权人可以根据合同法的规定申请法院调整。该案最终调解由开发商支付购房者一定的违约金结案。

5. 关于逾期交付的违约金的法律适用

(1)关于逾期交付违约金的调整标准

《最高人民法院关于审理商品房买卖合同纠纷案件适用法律若干问题的解释》第十六条规定,当事人以约定的违约金过高为由请求减少的,应当以违约金超过造成的损失 30%为标准适当减少;当事人以约定的违约金低于造成的损失为由请求增加的,应当以违约造成的损失确定违约金数额。第十七条第二款规定,商品房买卖合同没有约定违约金数额或者损失赔偿额计算方法,违约金数额或者损失赔偿额可以参照以下标准确定:逾期交付使用房屋的,按照逾期交付使用房屋期间有关主管部门公布或者有资格的房地产评估机构评定的同地段同类房屋租金标准确定。

我们在调研中发现,我市商品房买卖合同中双方约定逾期交房的违约金标准多数为日万分之五,从我市目前住宅房屋租金情况来看,年租金回报率不超过4%(即25年租金相当于房价)。该比例乘上1.3(即违约金不超过损失的30%)再除以365,违约金的标准不能超过日万分之一点四。如果按此标准进行判决,购房者恐难接受。他们要求按照双方买卖合同的约定支付违约金。在逾期办证类的案件中,逾期办证给购房者的损失如何确定,这也是一个需解决的问题。

我们在调研中产生两种意见:第一种意见认为,对于目前商品房合同约定的日万分之五的逾期交付违约金标准,如果严格执行该标准表面上是保护了购房者的利益,但这将可能使开发商无力承担巨额违约金从而陷入破产,将有更多的购房者利益无法保护,而且烂尾楼将会引发更多的社会矛盾。因此,人民法院可以商品房司法解释中规定的逾期交付使用房屋期间同地段同类房屋租金标准作为参照,以高于该标准的30%作为违约金过高的调整点,再结合连云港地区的经济情况,建议可以将每日万分之五的违约金比例降低至万分之一到万分之二。

第二种意见认为对于商品房买卖合同中约定的逾期交房违约金标准日万分之五原则上不用调整,但如果延期时间过长导致计算的违约金过高,人民法院可以在当事人的申请下在违约金总额上予以调整。理由为:(1)日万分之五的标准相当于年息18%左右,远低于同期银行贷款利息的四倍,我国有的法律规定的滞纳金标准也是万分之五甚至更高,一般情况下开发商可以承受。逾期交付使用房屋期间同地段同类房屋租金标准是在合同中没有约定违约金数额和损失赔偿计算方法时的参照标准,其并不能包括购房者在未接收房屋时的全部损失,不应当以该标准的基础上增加30%作为违约金过高的计算依据。如果不区分开发商违约程度、主观恶性等具体因素一概以该标准调整违约金,往往会使开发商对轻微的违约责任视而不见,为了巨额经济利益不惜恶意延期交付房屋。(2)在调研中发现,我市的商品房买卖合同一般均采用《商品房买卖合同示范文本》,对于合同中的违约金标准均系开发商统一打印,并无协商过程,属于格式条款。对于开发商自行印制的格式条款,其在违约后却以约定过高为由要求人民法院调整,有悖诚信原则,购房者一般也难以接受。(3)对于违约金是否调整及如何调整不宜一刀切,应当根据具体案情,综合考虑开发商违约程度、主观恶性、当地经济状况等因素。当然,对于开发商因特殊情况导致延期交付时间过长,如果按日万分之五的标准计算违约金将严重导致利益失衡的,人民法院可以结合具体案情,在开发商的申请下酌情调整违约金标准。也有的意见进一步提出是否可以参考定金罚则,以购房款为标准设定一个最高比例,如设定延期交付违约金总额不得超过已交购房款的10%。总之,对于目前商品房合同约定的日万分之五的逾期交付违约金标准以不调整为原则,以调整为例外。

(2)关于违约金的计算期间

对于违约金计算应以商品房买卖合同中约定的交房日期之次日为起算点,但对于违约金计算的止算点应当根据不同的情况予以区别。对于开发商已实际交付不具备法定交付条件的房屋,以商品房符合法定交付条件为止算点;对于开发商已实际交付具备法定交付条件的房屋,以商品房实际交付之日为止算点。对于开发商延期交付后,通知购房者接收具备法定交付条件的房屋,购房者无正当理由拒绝接收的,以开发商通知收房的日期为止算点。

(二)逾期办理或不能办理房产证、土地使用权证的纠纷

在逾期办理房产证争议类型上,主要表现为开发商应当提供的手续或证明文件没有提供或者迟延提供,导致买受人无法办理或者迟延办理权属登记手续。房屋所有权证颁发的前提是开发商的开发活动合法完整,特别是国有土地使用权证的获得。一些开发商凭借临时土地使用权证进行开发,因不能及时取得正式土地使用权证,未在法律规定或合同约定的期限内为买受人办理房屋权属证书或房屋所有权登记,买受人遂起诉要求出卖人为其办理房屋权属证书,并支付违约金,或要求解除合同,由出卖人赔偿损失。

1. 关于办理房屋权属证书的义务主体

依据国务院《城市房地产开发经营管理条例》第三十三条的规定,预售商品房的购买人应当自商品房交付使用之日起 90 日内,办理土地使用权变更和房屋所有权登记手续;现售商品房的购买人应当自销售合同签订之日起 90 日内,办理土地使用权和房屋所有权的登记手续。房地产开发企业应当协助商品房购买人办理土地使用权变更和房屋所有权登记手续,并提供必要的证明文件。在出卖人不按时提供产权证书,或者不提供相应的证明文件的情况下,买受人房屋的产权证书就无法办理。所以,在买受人与出卖人两者之间互有协助履行之义务。

我们认为,在合同没有约定办证义务的前提下,开发商在不同的阶段负有不同的办证义务。在房屋权属初始登记阶段,根据《城市房屋权属登记管理办法》第十六条的规定,应当由开发商承担主办义务。开发商完成初始登记后,买受人可自行申请办理分户登记产权证书,在此阶段,开发商承担协助办理的义务,并提供必要的证明文件。因此,当出卖人将办理房屋权属证书的要求的各项规定资料备齐交给权属登记部门进行初始登记,并取得房屋权属登记部门的收件单时,应视为出卖人已完成初始登记办证义务。在审判实践中,认定出卖人没有履行办证义务的情况一般有两种:(1)出卖人因自身原因没有完成初始登记义务导致买受人无法完成产权分户登记;(2)出卖人已完成初始登记义务,在买受人自行申办产权时要求出卖人承担协助义务而出卖人未尽协助义务的。

2. 开发商未履行办证的通知义务的法律后果

在调研中我们发现,有的购房者认为虽然开发商在法定或约定的期限内完成了初始登记义务,但因未及时履行通知义务导致购房者在法定或约定的期限内未能办理房屋权属登记证书,遂起诉要求开发商承担逾期办证的违约责任。

《中华人民共和国合同法》第六十条当事人应当按照约定全面履行自己的义务。当事人应当遵循诚实信用原则,根据合同的性质、目的和交易习惯履行通知、协助、保密等义务。无论合同中是否有约定,开发商应当履行通知买受人具备办理产权登记的附随义务,但对于开发商未及时履行办证的通知义务导致逾期办证的法律后果有两种意见。一种意见认

为,根据商品房司法解释第十八条的规定,只要是因出卖人的原因导致买受人不能在法定或约定的期间内取得房屋权属证书的,出卖人就应当承担逾期办证的违约责任,出卖人未及时告知买受人具备办理产权登记的条件,也属于出卖人的原因之一,自应当承担逾期办证的违约责任。另一种意见认为,如双方约定委托开发商全程办证,则开发商负有通知买受人提供相应办证材料的特殊合同义务,该义务是开发商办理权属证书的主要义务之一,如开发商未通知则应当承担逾期办证的违约后果。但如果双方没有约定由开发商全程办证,开发商的通知义务并不是合同义务群中的核心义务而是基于诚信原则而产生的附随义务,如果开发商已办理初始登记仅因开发商没有履行通知义务而让其单方承担逾期办证的违约责任有违公平原则。因为根据前述《城市房地产开发经营管理条例》第三十三条的规定,房屋买受人有向登记部门申请办证的义务,只要开发商已办理初始登记,即使没有通知买受人,只要买受人申请登记并不影响其办证目的的实现,但买受人在没有向权属登记部门申请办理或没有要求开发商履行协办义务,只因开发商没有通知则消极等待导致的逾期办证,对开发商附随义务的轻微违约行为而苛以巨额违约责任有违公平。

3. 因开发商原因导致无法办理权属证书的法律后果

在司法实践中,我们应当注意严格区分逾期办证和无法办证的界限,对于逾期办证但尚在合理期间能办理的,除合同约定为解除条件之外,原则上不支持买受人解除合同的请求。对于无法办理权属证书的逾期违约金问题,一种观点认为,开发商在明知无法办理权属证书的情况下应当承担逾期办证的违约责任,但如果开发商已告知买受人无法办证的事实,买受人有权解除合同并要求赔偿损失,买受人不要求解除合同、赔偿损失只主张逾期办证违约金的,对于开发商告知之后的逾期办证违约金不予支持,理由正如前文所述,虽开发商有违约行为,但不能让开发商永久性地支付违约金。另一种观点认为,在无法办理权属证书的情况下,买受人有权解除合同,既然是买受人的权利而不是义务,其可以选择行使也可以选择不行使,不能因为不行使合同解除权而使其主张逾期办证的违约金的权利受损,因此,买受人即使不行使权利也可以主张逾期办证的违约金。另一方面,开发商逾期办证的违约责任仅因其向买受人告知无法办证的事实即免除也无法理上的依据。

4. 合同中没有约定逾期办证违约金的如何处理

在调研中,我市一基层法院受理一起集团诉讼,开发商在商品房买合同范本中的逾期办证违约金条款划去,后因逾期办证,买受人起诉主张适用商品房司法解释第十八条要求违约金。开发商认为既然合同没有约定违约金,则不应当支付违约金。我们认为,合同法出台后取消了法定违约金,对于以违约金方式承担违约责任的只能由双方当事人约定,虽然商品房司法解释第二款规定,合同没有约定违约金或者损失数额难以确定的,可以按照已付购房款总额,参照中国人民银行规定的金融机构计收逾期贷款利息的标准计算。但该条规定的"中国人民银行规定的金融机构计收逾期贷款利息的标准"并非法定违约金的标准,而是在损失数额难以计算时赔偿损失的标准。因此,本案应当由人民法院向买受人释明让其将违约金的主张变更为赔偿损失的主张后,按中国人民银行规定的金融机构计收逾期贷款利息的标准予以赔偿。

【地方法院传真】

江苏省高级人民法院　江苏省公安厅

江苏省妇女联合会

关于依法处理涉及家庭暴力婚姻家庭案件若干问题的指导意见(试行)

2010 年 6 月 5 日　　苏高法[2010]280 号

各市中级人民法院、各基层人民法院,各市公安局、各县(市、区)公安局(分局),各市妇女联合会、各县(市、区)妇女联合会:

为了预防和制止家庭暴力行为,依法保障婚姻家庭案件中家庭暴力受害人的人身和财产权益,依据《中华人民共和国婚姻法》、《中华人民共和国妇女权益保障法》、《江苏省实施〈中华人民共和国妇女权益保障法〉办法》等法律、法规,结合我省实际,制定如下意见:

第一条　依法保障家庭暴力受害人的人身和财产权益,是人民法院、公安机关、妇联组织的共同责任。全省各级人民法院、公安机关、妇联组织要依法履行职责,完善工作机制,加强协作配合。

第二条　本意见所称的"家庭暴力",是指发生在家庭成员之间,一方以殴打、捆绑、残害、强行限制人身自由或者其他手段,给另一方的身体、精神等方面造成一定伤害后果的行为。

第三条　基层人民法院可以根据工作需要指定专门的合议庭或指定专人审理涉及家庭暴力婚姻家庭案件。

人民法院审理涉及家庭暴力婚姻家庭案件,可以由法官与妇联组织中具备人民陪审员资格的人员组成合议庭共同审理,也可以邀请妇联组织特邀调解员参与调解。

第四条　人民法院审理离婚、赡养、继承、抚养、扶养、收养案件时,当事人一方主张对方实施了家庭暴力行为,申请人民法院采取人身安全保护措施的,人民法院应当在收到当事人申请后 48 小时内进行审查。经审查,确认存在家庭暴力行为的,人民法院应当依法作出人身安全保护民事裁定书。

第五条　当事人申请人民法院采取人身安全保护措施,应当符合下列条件:

(一)有明确的被申请人姓名、地址;

(二)有具体的请求和事实、理由;

(三)有证据证明曾遭受家庭暴力或正面临家庭暴力威胁。

当事人因客观原因无法自行申请的,可以由当事人的近亲属或相关组织代为申请。相关组织包括当事人所在单位、当事人住所地或经常居住地居(村)委会、妇联组织、公安机关等。

第六条 下列证据材料可以作为认定家庭暴力行为的证据:

(一)报警、接警、出警记录;

(二)鉴定资料、医院病历、伤情照片;

(三)录音录像等视听资料;

(四)证人证言;

(五)加害人保证书、手机短信;

(六)社区、妇联等组织团体保存的材料;

(七)其他能证明存在家庭暴力行为的证据。

第七条 经申请人申请,人民法院应当向公安机关、妇联组织调取申请人受到家庭暴力的有关材料,公安机关、妇联组织应将保存的与被申请人实施家庭暴力行为相关的材料复印件提交人民法院。

第八条 人民法院作出人身安全保护民事裁定书后,应当送达申请人、被申请人,同时抄送申请人、被申请人住所地或经常居住地公安局(分局)、妇联组织。

第九条 人身安全保护民事裁定书由申请人、被申请人住所地或经常居住地公安局(分局)监督执行,妇联组织予以配合。

第十条 申请人、被申请人住所地或经常居住地公安局(分局)收到人身安全保护民事裁定书后,应在 12 小时内将民事裁定书转递至申请人、被申请人住所地或经常居住地公安派出所。

申请人、被申请人住所地或经常居住地公安派出所应当在收到民事裁定书后 12 小时内指派社区民警与申请人、被申请人谈话,告知民事裁定书的具体内容和法律责任,同时告知申请人如果发现被申请人有违反民事裁定书情形的,可以及时报警。谈话内容应记录在案,并由申请人、被申请人签名。被申请人拒绝签名的,应记录在案。

如遇申请人、被申请人外出等特殊情形导致无法在前款规定的 12 小时内进行谈话的,社区民警应将有关情况记录在案,并在上述情形消失后立即履行前款规定的职责。

社区民警与申请人、被申请人谈话时,可以邀请当地妇联组织派员参加,妇联组织应当予以配合。

第十一条 公安机关接到申请人遭受家庭暴力报警求助的,应当及时出警,到达现场的民警应当做好以下处置工作:

(一)制止违反人身安全保护民事裁定书的行为;

(二)组织救治伤员,委托伤情鉴定;

(三)及时登记在场人员姓名、单位、住址和联系方式,询问当事人、现场目击证人;

(四)收集、固定证据;

(五)对违反《中华人民共和国治安管理处罚法》或者涉嫌犯罪的行为依法处理。

处置结束后,公安机关应当将有关情况及时通报人民法院。

第十二条 公安机关发现被申请人有违反人身安全保护民事裁定书的行为但无权管辖的,应将有关情况及时通报人民法院。

第十三条 当事人违反人身安全保护民事裁定书的,人民法院应当根据《中华人民共和国民事诉讼法》第一百零二条第一款第(六)项的规定予以处理。当事人的行为涉嫌犯罪的,应当移送公安机关处理。

第十四条 人民法院审理涉及家庭暴力婚姻家庭案件时,妇联组织可以根据当事人的申请为家庭暴力受害人提供法律援助。

第十五条 各级妇联组织要积极开展预防和制止家庭暴力的宣传、培训工作,建立反家庭暴力热线和家庭暴力档案,健全维权工作网络,认真对待妇女投诉,告知受害妇女享有的权利,为受害妇女儿童提供必要的法律帮助。

第十六条 人民法院、公安机关、妇联组织应逐步探索并形成完善的反家庭暴力工作机制,通过召开联席会议等形式交流处理涉及家庭暴力婚姻家庭案件工作的有关情况。

第十七条 处理涉及家庭暴力婚姻家庭案件的有关单位和人员,对获悉的公民隐私负有保密义务。

第十八条 本意见自印发之日起施行。

山东省高级人民法院
关于适用督促程序审理涉及非诉调解协议民事案件的意见(试行)

鲁高法发〔2011〕4 号

为依法保障非诉调解组织调解达成的调解协议得到实际履行,规范人民法院适用督促程序审理涉及非诉调解协议民事案件的审判活动。依据《中华人民共和国民事诉讼法》、《中华人民共和国人民调解法》、最高人民法院《关于审理涉及人民调解协议的民事案件的若干规定》和《关于建立健全诉讼与非诉讼相衔接的矛盾纠纷解决机制的若干意见》以及相关法律、行政法规、司法解释的规定,结合我省实际,现就适用督促程序审理涉及非诉调解协议的民事案件的有关问题提出如下意见,供全省各级人民法院参照执行:

第一条 经非诉讼调解组织调解达成的、具有合同效力和给付内容,并由双方当事人以及调解组织和调解员签字或者盖章的调解协议,具有民事合同性质。以金钱、有价证券为给付内容的当事人不履行调解协议的,债权人可以根据民事诉讼法和相关司法解释的规定向基层人民法院申请支付令。

本条规定的非诉讼调解组织包括人民调解委员会、劳动人事争议调解组织、商事调解组织、行业调解组织、村(居)民委员会、乡镇人民政府以及具有调解职能的行政机关。

行政机关调解达成的调解协议应当限于平等民事主体之间、具有给付内容的协议,且不涉及可诉具体行政行为的处理。

第二条 当事人的申请书中应当写明给付金钱或者有价证券的数量和所根据的事实、证据,并附调解协议书原件。

第三条 当事人向人民法院申请支付令的民事案件,由被申请人所在地或者调解协议履行地的基层人民法院及其派出的人民法庭管辖。

第四条 当事人向人民法院申请支付令应当符合下列条件:

(一)调解协议的内容以一方当事人负有金钱、有价证券为主要给付义务,且当事人双方之间没有其他债权债务纠纷的;

(二)被申请人在协议约定的期限内没有自动履行的;

(三)支付令能够送达给被申请人的。

第五条 人民法院受理当事人的申请后,经审查当事人提供的调解协议书是合法有效的,且债权债务关系明确、给付数额具体的,应当在受理之日起 15 日内向对方当事人发出支付令;申请不成立的,裁定予以驳回。

第六条 调解协议的被申请人在法定期限内对支付令提出异议的,人民法院应当裁定终结督促程序,支付令自动失效。

第七条 调解协议的被申请人在法定期限内不提出异议又不履行支付令的,申请人可以向人民法院申请执行。

第八条 一方当事人向人民法院起诉请求确认调解协议效力,而另一方当事人向人民法院申请支付令的,人民法院优先适用督促程序进行审理;支付令失效的,债权人可以向有管辖权的人民法院起诉。

【域外法制考察】

德国法宣告死亡制度略述

傅广宇*

德国关于自然人失踪后宣告死亡的制度,最初体现在《德国民法典》第 13 至 20 条。1939 年 7 月 4 日通过的《失踪法》取代了民法典中的规定,以单行立法的形式规定宣告死亡。该法既有关于宣告死亡前提的实体规定,又有宣告死亡的程序规定,经过 1951 年 1 月 15 日的一次主要修订和其后的一些小幅修订,直至今天还是德国宣告死亡制度的基础。《失踪法》共有 58 个条文(其中部分条文已废止),规定非常详细。这里只对宣告死亡的前提条件和程序规则进行扼要的介绍。

一、宣告死亡的前提

(一)失踪(Verschollenheit)的定义

与《德国民法典》最初的规定不同,《失踪法》第 1 条第 1 款对失踪进行了立法定义。失踪,是指某人的居留地在较长时间内不明朗,而且关于他在此期间是否仍然活着或已经死亡没有任何消息,根据情况令人对其是否尚在人世产生严重怀疑。官方的立法理由书指出,对失踪进行定义,首先是为了将失踪和那些对死亡本身没有疑义的情况区别开来。后者与宣告死亡无关,而只涉及死亡时间的确定。

立法上对失踪的这一定义,适用于所有的失踪类型。我们可以归纳失踪的要件如下:(1)失踪人的居留地必须无人知晓;(2)不存在关于失踪人是否仍然活着或已死亡的任何消息;(3)居留地不明朗的状况已存在较长时间(至于具体的时间长度,需要根据个案来裁量);(4)以上情形足以使人对失踪人是否仍然活着产生严重的怀疑。

失踪只是作为宣告死亡程序的基础,法律并未赋予失踪这一事实本身以法律效果。

与失踪相区别的,是所谓的"居留地不明的不在"(Abwesenheit mit unbekanntem Aufenthalt)。根据《德国民法典》1911 条,后者可以使设定"不在人的保佐人"(Abwesenheitspfleger)具有正当性。

---

* 德国图宾根大学法学博士,对外经济贸易大学法学院讲师。

(二)其他前提

失踪的事实,是宣告死亡的基本前提,但还要和其他前提相结合,才能在实体上满足宣告死亡的要求。《失踪法》对一般失踪和几种危险失踪的情况分别进行了规定。

1. 一般失踪

《失踪法》第 3 条规定的是一般的失踪情形,即从尚有失踪者生存信息的最后一年年尾开始已经过去 10 年,可以宣告死亡。对于 10 年期限的适用又存在两种例外情况:

第一,如果宣告死亡时失踪人应该已经年满 80 岁,则按 5 年计算。当然,这在程序上意味着可以在失踪人年满 80 岁之前就提出宣告死亡的申请。

第二,在失踪者年满 25 周岁那年的年尾之前,他不得被宣告死亡,即使法律规定的 10 年期限已过。

这两种例外情况,都是因为法律在一定程度上考虑到失踪者的一般预期寿命。

2. 危险失踪

(1)战争期间失踪

第一种危险失踪,是战争期间失踪。《失踪法》第 4 条规定,作为武装力量的成员参加战争或与战争类似的行动,战争期间在危险地区下落不明(vermisst)且从此失踪者,如果从和约签订那年年尾,或者虽未签订和约,但战争或与战争类似的行动实际上已经结束那年的年尾开始,已经经过 1 年,可以被宣告死亡。如果失踪者下落不明时的情况极有可能引起死亡,那么 1 年的期限从下落不明时起算。除了武装力量的成员,第 4 条还规定,所有在武装力量居留的人也适用同样的规则。根据立法理由,这是指所谓的随军人员(Heeresgefolge),比如翻译、技术救援人员等。

(2)航海失踪

《失踪法》第 5 条规定了第二种危险失踪,即航海失踪。内河航行中的失踪不适用该条,而只能适用第 7 条关于一般危险失踪的规定。

在航海过程中,尤其是在船舶沉没后失踪的人,如果在船舶沉没或其他能证明失踪的事件发生之日起已经过 6 个月,可以被宣告死亡。

如果不能确定船舶是否沉没,则 6 个月的期限从关于船舶尚未沉没的消息的最后时间点一年后起算;如果根据得到承认的航海经验,考虑到船舶的特性和装备,以及航行可能会通往的水域,或者从其他原因可以认为船舶已经提前沉没,法院可以将一年缩短为 3 个月。

《失踪法》第 5 条的基础,是《德国民法典》原第 16 条。后者将航海失踪仅限于船舶沉没的情况。而根据第 5 条,虽然沉船还是最重要的适用情形,但不限于此。只要某人在航海过程中因为某种事件而陷入航海危险且从此失踪,就在适用之列。比方说,某人在航海过程中消失,具体情况不明,但只要有表明此人以某种方式陷入航海危险的线索,如掉入海中,也足以导致该条的适用。但是,如果这种情况是发生在一个游泳运动员身上,则不适用该条。

(3)航空失踪

根据《失踪法》第 6 条,在航空过程中,特别是因航空器毁坏而失踪的人,如果从航空器毁坏或其他可以证明失踪的事件发生之日起,或者,如果从有失踪人尚生存的最后消息之日起,已经经过 3 个月,可以被宣告死亡。航空过程中的危险尤其表现为技术设备失灵导致航空器毁坏,或是某人在航行途中离开航空器。

(4)几种特别危险失踪情形的竞合

如果航空失踪和航海失踪与战争失踪发生竞合,则适用关于战争失踪的规则(第 8 条)。这是为了确保在战争期间对不同种类的武装力量(陆、海、空军)发生的失踪事件予以相同的对待。

(5)一般的危险失踪

在以上特殊情况之外陷入生命危险且从此失踪的人,如果从危险终止或根据具体情况可期待其终止之时起已经经过 1 年,就可以被宣告死亡(第 7 条)。生命危险并不必然由意外事故引起,比如说某人认真表示过自杀的意愿后失踪,也应当适用这一条。

(三) 死亡时间的确定标准

《失踪法》第 9 条对死亡时间的确定标准作了规定。一般的规则是,法院调查结果表明的最可能的死亡时间构成宣告死亡决定中的死亡时间。根据《帝国非讼事件法》的有关规定,法院在具体案件中必须依职权对死亡时间进行调查。即便这种调查在合理的范围会有所波动,司法人员还是应该寻找允许他对死亡时间作出相对比较可能的确认的线索。

如果不能确定最可能的时间,则按以下规则来确定死亡时间:

1. 对于一般失踪,为尚有失踪人生存消息的最后一年之后第五年的年尾;如果失踪人在宣告死亡时应当已满 80 岁,则为尚有其生存消息的最后一年之后第三年的年尾;

2. 对于战争失踪,为失踪人下落不明(vermisst)之日;

3. 对于航海失踪和航空失踪,分别为船舶沉没的时间,航空器毁坏的时间,或者其他证明失踪的事件发生的时间;如果以上时间不能确定,则为失踪人开始下落不明的时间;

4. 对于一般的危险失踪,为生命危险开始的时间。

宣告死亡只须确定死亡的日期。具体的死亡时间点,则为死亡日期的 24 时。

二、宣告死亡的程序

《失踪法》的另一部分重要内容,是关于宣告死亡的程序。以下简单介绍一下宣告死亡的程序性质、管辖法院、申请人、公示催告、法院的决定及对法院决定的抗告。

1. 程序性质

《失踪法》第 2 条明确指出,宣告死亡需采用公示催告程序。因为属于非讼事件,所以需经有权人申请才能启动。

2. 管辖法院

公示催告程序的管辖法院,一般是失踪人国内最后住所地的初级法院,如果没有国内住所,则为其国内最后的经常居住地。

3. 有权申请人

与我国目前的相关制度相比,《失踪法》规定的有权申请人的范围有所不同。根据该法

第 16 条,可以提起申请的人有:检察官;失踪人的法定代理人;失踪人的配偶、父母、婚生子女或法律上具有同等地位的子女,以及其他任何对宣告死亡有法律上利益的人;法定代理人提出申请必须征得监护法院的同意。诉讼启动前,申请人必须使申请成立所必需的事实真实可信。值得一提的是,这些有权申请人之间并不存在顺位。

4. 公示催告

申请一旦得到允许,法院就要发出公告。公告内容应包括:申请人的姓名;要求失踪人在一定时间之前报到,否则可能宣告其死亡;要求所有能提供失踪信息的人,在一定时间之前向法院举报。公告必须登载于一家日报使公众周知。法院也可以决定在联邦司法部公报上登载该公告,如果这对于公告目的是有益的。在登报之外,法院还可以通过其他方式,尤其是广播来发布公告。此外,公告还应张贴于法院的公告栏。

至于公告的有效时间,在公告第一次在日报或联邦司法部公告发布后与公告中确定的时间点之间,至少要有 6 个星期;如果没有特殊原因,公告期限不应超过 1 年;公告一旦公布,公告期限就不能再缩短。

5. 法院裁判

法院对于宣告或拒绝宣告失踪人死亡,以"决定"的形式作出。宣告失踪人死亡的决定须以发布公告相同的方式公布,并送达申请人和检察官。拒绝宣告失踪人死亡的决定,则仅须送达申请人和检察官(第 24、25 条)。

6. 对法院决定的抗告(Beschwerde)

对法院的决定允许立刻提起抗告,抗告期限为 1 个月。对宣告失踪人死亡的决定有权提起抗告的,是申请人和所有对于撤销死亡宣告或更正死亡时间点有法律上利益的人;对拒绝宣告死亡的决定有权提起抗告的,是申请人(第 26 条)。

对撤销死亡宣告的决定不允许抗告。但对拒绝撤销死亡宣告的决定,申请人可以立刻提起抗告。

除了上面介绍的这些规定,《失踪法》对宣告死亡的效力、冲突规范、诉讼费用,以及不适用宣告死亡的情况的死亡时间确定等问题都有规定。总的来说,德国的宣告死亡制度比较成熟,对我国完善相关制度具有一定的借鉴价值。

【民事审判信箱】

司法解释规定的实际竣工日期能否作为建设工程承包人行使工程价款优先受偿权除斥期间的起算点

问:司法解释规定实际竣工日期能否作为建设工程承包人行使工程价款优先受偿权除斥期间的起算点?

答:答案是否定的。

最高人民法院《关于审理建设工程施工合同纠纷案件适用法律问题的解释》(以下简称《解释》)第十四条规定:(一)建设工程经竣工验收合格的,以竣工验收合格之日为竣工日期;(二)承包人已经提交竣工验收报告,发包人拖延验收的,以承包人提交验收报告之日为竣工日期;(三)建设工程未经竣工验收,发包人擅自使用的,以转移占有建设工程之日为竣工日期。最高人民法院《关于建设工程价款优先受偿权问题的批复》(以下简称《批复》)[法释(2002)16号]第四条规定:建设工程承包人行使优先权的期限为6个月,自建设工程竣工之日或者建设工程合同约定的竣工之日起计算。《批复》第四条规定的"建设工程竣工之日"不包括《解释》第十四条第(二)、(三)项规定的两种情形。

人民法院依据《解释》第十四条第(二)、(三)项规定认定建设工程实际竣工日期的两种情形,是针对发包人恶意拖延工程竣工验收时间,以期达到拖延支付工程价款的违法目的而作出的惩罚性规定。人民法院不宜依据最高人民法院《批复》之规定,以此作为承包人行使优先权的6个月期限的起算点,认定承包人超过《合同法》第二百八十六条规定的工程价款优先权行使期限。

(本书研究组)

离婚后不与子女共同生活的父或母是否仍是子女的监护人

问:我离婚已经3年,按照人民法院的离婚判决,当时刚上小学的儿子由其父亲直接抚养,我一直未与儿子共同生活,无法行使教育他的权利。日前,因儿子在学校与他人打架被受害人家长提起人身损害赔偿之诉,法院通知我与前夫一起作为儿子的法定监护人参加诉讼有依据吗?

答:我国《婚姻法》第三十六条规定:"父母与子女间的关系,不因父母离婚而消除。离婚后,子女无论由父或母直接抚养,仍是父母双方的子女。离婚后父母对于子女仍有抚养和教育的权利和义务。"因此,你离婚后虽然不直接抚养儿子,但与儿子之间的母子关系并未改变,法律上的权利义务关系也未改变。人民法院受理以你儿子为被告的人身损害赔偿纠纷案后,鉴于你儿子未成年的情况,根据我国《民法通则》第十六条关于"未成年人的父母是未成年人的监护人"的规定,将你列为法定监护人之一,通知你参加诉讼是有充分法律依据的。

(本书研究组)

如何认定受遗赠人“知道受遗赠后两个月内”的起算点

问:继承法第二十五条规定:“继承开始后,继承人放弃继承的,应当在遗产处理前,作出放弃继承的表示。没有表示的,视为接受继承。受遗赠人应当在知道受遗赠后两个月内,作出接受或者放弃受遗赠的表示。到期没有表示的,视为放弃受遗赠。”如何理解后一款“知道受遗赠后两个月内”的起算点?比如 2002 年 6 月作了遗赠公证,2009 年 4 月死亡,有观点认为,受遗赠人应当举证证明 2002 年 8 月前明确表示接受遗赠,否则就视为放弃受遗赠。这样理解对吗?

答:遗赠是指自然人以遗嘱的方式,将其个人的财产赠与国家、集体或者法定继承人以外的人,并于其死后发生法律效力的民事行为。我国继承法第二十五条第二款规定:“受遗赠人应当在知道受遗赠后两个月内,作出接受或者放弃受遗赠的表示。到期没有表示的,视为放弃受遗赠。”这里规定的两个月为接受遗赠的除斥期间,应当从受遗赠人知道遗赠之日起两个月内开始计算。

遗赠应属遗赠人死后生效的法律行为,将财产赠与他人的意思表示,虽然是在生前作出的,但只有于遗赠人死亡后该遗赠才发生法律效力,即遗赠人死亡前,不发生财产所有权的转移。因此,关于如何认定受遗赠人“知道受遗赠后两个月内”的起算点问题,我们认为,应把继承法第二十五条第一款和第二款联系起来理解,继承从被继承人死亡时开始,被继承人活着时,即便做了遗赠公证,受遗赠人也不适宜在其生存时就表示接受遗赠,只能等被继承人死亡后再表达自己愿意接受遗赠的意愿,故两个月的最早起算点应是从被继承人死亡之日起算。如果受遗赠人在被继承人死亡后才得知遗赠之事,应当在知道受遗赠后两个月内作出接受或者放弃受遗赠的表示。

(本书研究组)

《侵权责任法》实施后,死亡赔偿金和残疾赔偿金的计算标准可按照《关于审理人身损害赔偿案件适用法律若干问题的解释》的规定计算

问:《中华人民共和国侵权责任法》第十六条规定的死亡赔偿金和残疾赔偿金,与《最高人民法院关于审理人身损害赔偿案件适用法律若干问题的解释》中规定的人身损害赔偿的范围有所不同。在死亡赔偿金和残疾赔偿金标准确定之前,是否可参照《国家赔偿法》的规定,以国家上年度职工的平均工资为计算标准?

答:《最高人民法院关于审理人身损害赔偿案件适用法律若干问题的解释》(以下简称《人身损害赔偿司法解释》)第十七条第二、三款规定侵害生命健康权的,应支付残疾赔偿金、死亡赔偿金和被扶养人生活费。《侵权责任法》第十六条规定了残疾赔偿金和死亡赔偿金,没有被扶养人生活费一项。

从立法解释上来说,一般认为《侵权责任法》第十六条规定改变了既有法律和司法解释关于死亡赔偿金、残疾赔偿金和被扶养人生活费的关系,原来司法解释规定的死亡赔偿金、残疾赔偿金并不包含被扶养人生活费,但是现在被扶养人生活费已经被《侵权责任法》第十六条的死亡赔偿金、残疾赔偿金吸收了。为此,最高人民法院专门以通知的形式作出规定:"如受害人有被扶养人的,应当依据《人身损害赔偿司法解释》第二十八条的规定,将被扶养人生活费计入残疾赔偿金或死亡赔偿金。"这就使有被扶养人的受害人的残疾赔偿金和死亡赔偿金与立法精神一致了,同时,也与我们以前的做法完全一致。通俗地讲,侵权责任法规定的死亡赔偿金、残疾赔偿金等于司法解释规定的死亡赔偿金、残疾赔偿金和被扶养人生活费之和。在审理人身伤害侵权纠纷时,应按照上述理解来确定残疾赔偿金和死亡赔偿金的计算标准。参照《国家赔偿法》的规定,以国家上年度职工的平均工资为计算标准没有法律依据。

(本书研究组)

撤销公司登记无溯及效力,不能以此为理由否定公司被撤销登记之前的民事行为的效力

问:原告某市国土资源局与被告银环有限责任公司(简称银环公司)因土地使用权出让合同纠纷诉至法院,在审理过程中,银环公司因虚假出资被市工商行政管理局撤销设立登记。人民法院就银环公司被工商部门撤销登记后的法律后果问题形成两种意见:第一种意见认为,撤销设立登记是指银环公司一开始就不具备设立的基本条件,其所产生的一切民事行为均应是无效的。据此应认定市国土资源局与银环公司签订的土地使用权出让合同无效;第二种意见认为,银环公司现被撤销登记,但在撤销登记前是具备法人资格的,产生的民事行为应为有效。因此,不应认定市国土资源局与银环公司签订的土地使用权出让合同无效。请问哪种意见是正确的?

答:本案所涉问题实际上是,公司依法被撤销登记后,其此前的民事行为的效力应如何认定。我们认为,撤销公司登记是行政处罚的一种,行政处罚一般不应成为否定民事行为效力的依据,作为行政处罚撤销公司登记没有溯及力。根据《公司法》第一百八十一条第一款第(四)项的规定,撤销公司登记是公司解散的法定事由之一,公司被依法撤销登记后,应当进行清算,清算程序结束并办理工商注销登记后,该企业法人才归于消灭。因此,撤销公司登记无溯及效力,不能以此为理由否定公司被撤销登记之前的民事行为的效力。

(本书研究组)

民事审判指导与参考

2011 年第 3 辑

（总第 47 辑）

【最新司法解释】

最高人民法院

关于适用《中华人民共和国婚姻法》若干问题的解释(三)

法释〔2011〕18 号

(2011 年 7 月 4 日最高人民法院审判委员会第 1525 次会议通过
2011 年 8 月 9 日最高人民法院公告公布
自 2011 年 8 月 13 日起施行)

为正确审理婚姻家庭纠纷案件,根据《中华人民共和国婚姻法》、《中华人民共和国民事诉讼法》等相关法律规定,对人民法院适用婚姻法的有关问题作出如下解释:

第一条 当事人以婚姻法第十条规定以外的情形申请宣告婚姻无效的,人民法院应当判决驳回当事人的申请。

当事人以结婚登记程序存在瑕疵为由提起民事诉讼,主张撤销结婚登记的,告知其可以依法申请行政复议或者提起行政诉讼。

第二条 夫妻一方向人民法院起诉请求确认亲子关系不存在,并已提供必要证据予以证明,另一方没有相反证据又拒绝做亲子鉴定的,人民法院可以推定请求确认亲子关系不存在一方的主张成立。

当事人一方起诉请求确认亲子关系,并提供必要证据予以证明,另一方没有相反证据又拒绝做亲子鉴定的,人民法院可以推定请求确认亲子关系一方的主张成立。

第三条 婚姻关系存续期间,父母双方或者一方拒不履行抚养子女义务,未成年或者不能独立生活的子女请求支付抚养费的,人民法院应予支持。

第四条 婚姻关系存续期间,夫妻一方请求分割共同财产的,人民法院不予支持,但有下列重大理由且不损害债权人利益的除外:

(一)一方有隐藏、转移、变卖、毁损、挥霍夫妻共同财产或者伪造夫妻共同债务等严重损害夫妻共同财产利益行为的;

(二)一方负有法定扶养义务的人患重大疾病需要医治,另一方不同意支付相关医疗费用的。

第五条 夫妻一方个人财产在婚后产生的收益,除孳息和自然增值外,应认定为夫妻共同财产。

第六条 婚前或者婚姻关系存续期间,当事人约定将一方所有的房产赠与另一方,赠与方在赠与房产变更登记之前撤销赠与,另一方请求判令继续履行的,人民法院可以按照合同法第一百八十六条的规定处理。

第七条 婚后由一方父母出资为子女购买的不动产,产权登记在出资人子女名下的,可按照婚姻法第十八条第(三)项的规定,视为只对自己子女一方的赠与,该不动产应认定为夫妻一方的个人财产。

由双方父母出资购买的不动产,产权登记在一方子女名下的,该不动产可认定为双方按照各自父母的出资份额按份共有,但当事人另有约定的除外。

第八条 无民事行为能力人的配偶有虐待、遗弃等严重损害无民事行为能力一方的人身权利或者财产权益行为,其他有监护资格的人可以依照特别程序要求变更监护关系;变更后的监护人代理无民事行为能力一方提起离婚诉讼的,人民法院应予受理。

第九条 夫以妻擅自中止妊娠侵犯其生育权为由请求损害赔偿的,人民法院不予支持;夫妻双方因是否生育发生纠纷,致使感情确已破裂,一方请求离婚的,人民法院经调解无效,应依照婚姻法第三十二条第三款第(五)项的规定处理。

第十条 夫妻一方婚前签订不动产买卖合同,以个人财产支付首付款并在银行贷款,婚后用夫妻共同财产还贷,不动产登记于首付款支付方名下的,离婚时该不动产由双方协议处理。

依前款规定不能达成协议的,人民法院可以判决该不动产归产权登记一方,尚未归还的贷款为产权登记一方的个人债务。双方婚后共同还贷支付的款项及其相对应财产增值部分,离婚时应根据婚姻法第三十九条第一款规定的原则,由产权登记一方对另一方进行补偿。

第十一条 一方未经另一方同意出售夫妻共同共有的房屋,第三人善意购买、支付合理对价并办理产权登记手续,另一方主张追回该房屋的,人民法院不予支持。

夫妻一方擅自处分共同共有的房屋造成另一方损失,离婚时另一方请求赔偿损失的,人民法院应予支持。

第十二条 婚姻关系存续期间,双方用夫妻共同财产出资购买以一方父母名义参加房改的房屋,产权登记在一方父母名下,离婚时另一方主张按照夫妻共同财产对该房屋进行分割的,人民法院不予支持。购买该房屋时的出资,可以作为债权处理。

第十三条 离婚时夫妻一方尚未退休、不符合领取养老保险金条件,另一方请求按照夫妻共同财产分割养老保险金的,人民法院不予支持;婚后以夫妻共同财产缴付养老保险费,离婚时一方主张将养老金账户中婚姻关系存续期间个人实际缴付部分作为夫妻共同财产分割的,人民法院应予支持。

第十四条 当事人达成的以登记离婚或者到人民法院协议离婚为条件的财产分割协议,如果双方协议离婚未成,一方在离婚诉讼中反悔的,人民法院应当认定该财产分割协议没有生效,并根据实际情况依法对夫妻共同财产进行分割。

第十五条 婚姻关系存续期间,夫妻一方作为继承人依法可以继承的遗产,在继承人之间尚未实际分割,起诉离婚时另一方请求分割的,人民法院应当告知当事人在继承人之间实际分割遗产后另行起诉。

第十六条 夫妻之间订立借款协议,以夫妻共同财产出借给一方从事个人经营活动或用于其他个人事务的,应视为双方约定处分夫妻共同财产的行为,离婚时可按照借款协议的约定处理。

第十七条 夫妻双方均有婚姻法第四十六条规定的过错情形,一方或者双方向对方提出离婚损害赔偿请求的,人民法院不予支持。

第十八条 离婚后,一方以尚有夫妻共同财产未处理为由向人民法院起诉请求分割的,经审查该财产确属离婚时未涉及的夫妻共同财产,人民法院应当依法予以分割。

第十九条 本解释施行后,最高人民法院此前作出的相关司法解释与本解释相抵触的,以本解释为准。

最高人民法院

关于人民法院办理海峡两岸送达文书和调查取证司法互助案件的规定

法释〔2011〕15 号

(2010 年 12 月 16 日最高人民法院审判委员会
第 1506 次会议通过　2011 年 6 月 14 日公布
自 2011 年 6 月 25 日起施行)

为落实《海峡两岸共同打击犯罪及司法互助协议》(以下简称协议),进一步推动海峡两岸司法互助业务的开展,确保协议中涉及人民法院有关送达文书和调查取证司法互助工作事项的顺利实施,结合各级人民法院开展海峡两岸司法互助工作实践,制定本规定。

一、总则

第一条　人民法院依照协议,办理海峡两岸民事、刑事、行政诉讼案件中的送达文书和调查取证司法互助业务,适用本规定。

第二条　人民法院应当在法定职权范围内办理海峡两岸司法互助业务。

人民法院办理海峡两岸司法互助业务,应当遵循一个中国原则,遵守国家法律的基本原则,不得违反社会公共利益。

二、职责分工

第三条　人民法院和台湾地区业务主管部门通过各自指定的协议联络人,建立办理海峡两岸司法互助业务的直接联络渠道。

第四条　最高人民法院是与台湾地区业务主管部门就海峡两岸司法互助业务进行联络的一级窗口。最高人民法院台湾司法事务办公室主任是最高人民法院指定的协议联络人。

最高人民法院负责:就协议中涉及人民法院的工作事项与台湾地区业务主管部门开展磋商、协调和交流;指导、监督、组织、协调地方各级人民法院办理海峡两岸司法互助业务;就海峡两岸调查取证司法互助业务与台湾地区业务主管部门直接联络,并在必要时具体办理调查取证司法互助案件;及时将本院和台湾地区业务主管部门指定的协议联络人的姓名、联络方式及变动情况等工作信息通报高级人民法院。

第五条 最高人民法院授权高级人民法院就办理海峡两岸送达文书司法互助案件,建立与台湾地区业务主管部门联络的二级窗口。高级人民法院应当指定专人作为经最高人民法院授权的二级联络窗口联络人。

高级人民法院负责:指导、监督、组织、协调本辖区人民法院办理海峡两岸送达文书和调查取证司法互助业务;就办理海峡两岸送达文书司法互助案件与台湾地区业务主管部门直接联络,并在必要时具体办理送达文书和调查取证司法互助案件;登记、统计本辖区人民法院办理的海峡两岸送达文书司法互助案件;定期向最高人民法院报告本辖区人民法院办理海峡两岸送达文书司法互助业务情况;及时将本院联络人的姓名、联络方式及变动情况报告最高人民法院,同时通报台湾地区联络人和下级人民法院。

第六条 中级人民法院和基层人民法院应当指定专人负责海峡两岸司法互助业务。

中级人民法院和基层人民法院负责:具体办理海峡两岸送达文书和调查取证司法互助案件;定期向高级人民法院层报本院办理海峡两岸送达文书司法互助业务情况;及时将本院海峡两岸司法互助业务负责人员的姓名、联络方式及变动情况层报高级人民法院。

三、送达文书司法互助

第七条 人民法院向住所地在台湾地区的当事人送达民事和行政诉讼司法文书,可以采用下列方式:

(一)受送达人居住在大陆的,直接送达。受送达人是自然人,本人不在的,可以交其同住成年家属签收;受送达人是法人或者其他组织的,应当由法人的法定代表人、其他组织的主要负责人或者该法人、其他组织负责收件的人签收。

受送达人不在大陆居住,但送达时在大陆的,可以直接送达。

(二)受送达人在大陆有诉讼代理人的,向诉讼代理人送达。但受送达人在授权委托书中明确表明其诉讼代理人无权代为接收的除外。

(三)受送达人有指定代收人的,向代收人送达。

(四)受送达人在大陆有代表机构、分支机构、业务代办人的,向其代表机构或者经受送达人明确授权接受送达的分支机构、业务代办人送达。

(五)通过协议确定的海峡两岸司法互助方式,请求台湾地区送达。

(六)受送达人在台湾地区的地址明确的,可以邮寄送达。

(七)有明确的传真号码、电子信箱地址的,可以通过传真、电子邮件方式向受送达人送达。

采用上述方式均不能送达或者台湾地区当事人下落不明的,可以公告送达。

人民法院需要向住所地在台湾地区的当事人送达刑事司法文书,可以通过协议确定的海峡两岸司法互助方式,请求台湾地区送达。

第八条 人民法院协助台湾地区法院送达司法文书,应当采用民事诉讼法、刑事诉讼法、行政诉讼法等法律和相关司法解释规定的送达方式,并应当尽可能采用直接送达方式,但不采用公告送达方式。

第九条 人民法院协助台湾地区送达司法文书,应当充分负责,及时努力送达。

第十条 审理案件的人民法院需要台湾地区协助送达司法文书的,应当填写《〈海峡两岸共同打击犯罪及司法互助协议〉送达文书请求书》附录部分,连同需要送达的司法文书,一式二份,及时送交高级人民法院。

需要台湾地区协助送达的司法文书中有指定开庭日期等类似期限的,一般应当为协助送达程序预留不少于六个月的时间。

第十一条 高级人民法院收到本院或者下级人民法院《〈海峡两岸共同打击犯罪及司法互助协议〉送达文书请求书》附录部分和需要送达的司法文书后,应当在七个工作日内完成审查。经审查认为可以请求台湾地区协助送达的,高级人民法院联络人应当填写《〈海峡两岸共同打击犯罪及司法互助协议〉送达文书请求书》正文部分,连同附录部分和需要送达的司法文书,立即寄送台湾地区联络人;经审查认为欠缺相关材料、内容或者认为不需要请求台湾地区协助送达的,应当立即告知提出请求的人民法院补充相关材料、内容或者在说明理由后将材料退回。

第十二条 台湾地区成功送达并将送达证明材料寄送高级人民法院联络人,或者未能成功送达并将相关材料送还,同时出具理由说明给高级人民法院联络人的,高级人民法院应当在收到之日起七个工作日内,完成审查并转送提出请求的人民法院。经审查认为欠缺相关材料或者内容的,高级人民法院联络人应当立即与台湾地区联络人联络并请求补充相关材料或者内容。

自高级人民法院联络人向台湾地区寄送有关司法文书之日起满四个月,如果未能收到送达证明材料或者说明文件,且根据各种情况不足以认定已经送达的,视为不能按照协议确定的海峡两岸司法互助方式送达。

第十三条 台湾地区请求人民法院协助送达台湾地区法院的司法文书并通过其联络人将请求书和相关司法文书寄送高级人民法院联络人的,高级人民法院应当在七个工作日内完成审查。经审查认为可以协助送达的,应当立即转送有关下级人民法院送达或者由本院送达;经审查认为欠缺相关材料、内容或者认为不宜协助送达的,高级人民法院联络人应当立即向台湾地区联络人说明情况并告知其补充相关材料、内容或者将材料送还。

具体办理送达文书司法互助案件的人民法院应当在收到高级人民法院转送的材料之日起五个工作日内,以“协助台湾地区送达民事(刑事、行政诉讼)司法文书”案由立案,指定专人办理,并应当自立案之日起十五日内完成协助送达,最迟不得超过两个月。

收到台湾地区送达文书请求时,司法文书中指定的开庭日期或者其他期限逾期的,人民法院亦应予以送达,同时高级人民法院联络人应当及时向台湾地区联络人说明情况。

第十四条 具体办理送达文书司法互助案件的人民法院成功送达的,应当由送达人在

《〈海峡两岸共同打击犯罪及司法互助协议〉送达回证》上签名或者盖章,并在成功送达之日起七个工作日内将送达回证送交高级人民法院;未能成功送达的,应当由送达人在《〈海峡两岸共同打击犯罪及司法互助协议〉送达回证》上注明未能成功送达的原因并签名或者盖章,在确认不能送达之日起七个工作日内,将该送达回证和未能成功送达的司法文书送交高级人民法院。

高级人民法院应当在收到前款所述送达回证之日起七个工作日内完成审查,由高级人民法院联络人在前述送达回证上签名或者盖章,同时出具《〈海峡两岸共同打击犯罪及司法互助协议〉送达文书回复书》,连同该送达回证和未能成功送达的司法文书,立即寄送台湾地区联络人。

四、调查取证司法互助

第十五条 人民法院办理海峡两岸调查取证司法互助业务,限于与台湾地区法院相互协助调取与诉讼有关的证据,包括取得证言及陈述;提供书证、物证及视听资料;确定关系人所在地或者确认其身份、前科等情况;进行勘验、检查、扣押、鉴定和查询等。

第十六条 人民法院协助台湾地区法院调查取证,应当采用民事诉讼法、刑事诉讼法、行政诉讼法等法律和相关司法解释规定的方式。

在不违反法律和相关规定、不损害社会公共利益、不妨碍正在进行的诉讼程序的前提下,人民法院应当尽力协助调查取证,并尽可能依照台湾地区请求的内容和形式予以协助。

台湾地区调查取证请求书所述的犯罪事实,依照大陆法律规定不认为涉嫌犯罪的,人民法院不予协助,但有重大社会危害并经双方业务主管部门同意予以个案协助的除外。台湾地区请求促使大陆居民至台湾地区作证,但未作出非经大陆主管部门同意不得追诉其进入台湾地区之前任何行为的书面声明的,人民法院可以不予协助。

第十七条 审理案件的人民法院需要台湾地区协助调查取证的,应当填写《〈海峡两岸共同打击犯罪及司法互助协议〉调查取证请求书》附录部分,连同相关材料,一式三份,及时送交高级人民法院。

高级人民法院应当在收到前款所述材料之日起七个工作日内完成初步审查,并将审查意见和《〈海峡两岸共同打击犯罪及司法互助协议〉调查取证请求书》附录部分及相关材料,一式二份,立即转送最高人民法院。

第十八条 最高人民法院收到高级人民法院转送的《〈海峡两岸共同打击犯罪及司法互助协议〉调查取证请求书》附录部分和相关材料以及高级人民法院审查意见后,应当在七个工作日内完成最终审查。经审查认为可以请求台湾地区协助调查取证的,最高人民法院联络人应当填写《〈海峡两岸共同打击犯罪及司法互助协议〉调查取证请求书》正文部分,连同附录部分和相关材料,立即寄送台湾地区联络人;经审查认为欠缺相关材料、内容或者认为不需要请求台湾地区协助调查取证的,应当立即通过高级人民法院告知提出请求的人民法院补充相关材料、内容或者在说明理由后将材料退回。

第十九条 台湾地区成功调查取证并将取得的证据材料寄送最高人民法院联络人,或者未能成功调查取证并将相关材料送还,同时出具理由说明给最高人民法院联络人的,最高人民法院应当在收到之日起七个工作日内完成审查并转送高级人民法院,高级人民法院应当在收到之日起七个工作日内转送提出请求的人民法院。经审查认为欠缺相关材料或者内容的,最高人民法院联络人应当立即与台湾地区联络人联络并请求补充相关材料或者内容。

第二十条 台湾地区请求人民法院协助台湾地区法院调查取证并通过其联络人将请求书和相关材料寄送最高人民法院联络人的,最高人民法院应当在收到之日起七个工作日内完成审查。经审查认为可以协助调查取证的,应当立即转送有关高级人民法院或者由本院办理,高级人民法院应当在收到之日起七个工作日内转送有关下级人民法院办理或者由本院办理;经审查认为欠缺相关材料、内容或者认为不宜协助调查取证的,最高人民法院联络人应当立即向台湾地区联络人说明情况并告知其补充相关材料、内容或者将材料送还。

具体办理调查取证司法互助案件的人民法院应当在收到高级人民法院转送的材料之日起五个工作日内,以"协助台湾地区民事(刑事、行政诉讼)调查取证"案由立案,指定专人办理,并应当自立案之日起一个月内完成协助调查取证,最迟不得超过三个月。因故不能在期限届满前完成的,应当提前函告高级人民法院,并由高级人民法院转报最高人民法院。

第二十一条 具体办理调查取证司法互助案件的人民法院成功调查取证的,应当在完成调查取证之日起七个工作日内将取得的证据材料一式三份,连同台湾地区提供的材料,并在必要时附具情况说明,送交高级人民法院;未能成功调查取证的,应当出具说明函一式三份,连同台湾地区提供的材料,在确认不能成功调查取证之日起七个工作日内送交高级人民法院。

高级人民法院应当在收到前款所述材料之日起七个工作日内完成初步审查,并将审查意见和前述取得的证据材料或者说明函等,一式二份,连同台湾地区提供的材料,立即转送最高人民法院。

最高人民法院应当在收到之日起七个工作日内完成最终审查,由最高人民法院联络人出具《〈海峡两岸共同打击犯罪及司法互助协议〉调查取证回复书》,必要时连同相关材料,立即寄送台湾地区联络人。

证据材料不适宜复制或者难以取得备份的,可不按本条第一款和第二款的规定提供备份材料。

五、附则

第二十二条 人民法院对于台湾地区请求协助所提供的和执行请求所取得的相关资料应当予以保密。但依据请求目的使用的除外。

第二十三条 人民法院应当依据请求书载明的目的使用台湾地区协助提供的资料。但最高人民法院和台湾地区业务主管部门另有商定的除外。

第二十四条 对于依照协议和本规定从台湾地区获得的证据和司法文书等材料,不需要办理公证、认证等形式证明。

第二十五条 人民法院办理海峡两岸司法互助业务,应当使用统一、规范的文书样式。

第二十六条 对于执行台湾地区的请求所发生的费用,由有关人民法院负担。但下列费用应当由台湾地区业务主管部门负责支付:

(一)鉴定费用;

(二)翻译费用和誊写费用;

(三)为台湾地区提供协助的证人和鉴定人,因前往、停留、离开台湾地区所发生的费用;

(四)其他经最高人民法院和台湾地区业务主管部门商定的费用。

第二十七条 人民法院在办理海峡两岸司法互助案件中收到、取得、制作的各种文件和材料,应当以原件或者复制件形式,作为诉讼档案保存。

第二十八条 最高人民法院审理的案件需要请求台湾地区协助送达司法文书和调查取证的,参照本规定由本院自行办理。

专门人民法院办理海峡两岸送达文书和调查取证司法互助业务,参照本规定执行。

第二十九条 办理海峡两岸司法互助案件和执行本规定的情况,应当纳入对有关人民法院及相关工作人员的工作绩效考核和案件质量评查范围。

第三十条 此前发布的司法解释与本规定不一致的,以本规定为准。

【婚姻法司法解释(三)理解与适用】

最高人民法院
《关于适用〈中华人民共和国婚姻法〉若干问题的解释(三)》的理解与适用

杜万华* 程新文** 吴晓芳***

为正确审理婚姻家庭纠纷案件,最高人民法院根据《中华人民共和国民法通则》、《中华人民共和国婚姻法》、《中华人民共和国物权法》、《中华人民共和国民事诉讼法》、《中华人民共和国合同法》等相关法律规定,结合民事审判实践经验,制定了《关于适用〈中华人民共和国婚姻法〉若干问题的解释(三)》[以下简称婚姻法解释(三)],经最高人民法院审判委员会第 1525 次会议讨论,通过了该司法解释,自 2011 年 8 月 13 日起施行。为便于审判实践中正确理解与适用,现就司法解释起草的背景情况及主要内容进行简要介绍。

婚姻法解释(三)的起草背景

2001 年修订的《婚姻法》施行后,为了在审判实践中更好地贯彻婚姻法的立法精神,最高人民法院先后出台了《关于适用〈中华人民共和国婚姻法〉若干问题的解释(一)》[以下简称婚姻法解释(一)]和《关于适用〈中华人民共和国婚姻法〉若干问题的解释(二)》[以下简称婚姻法解释(二)],为各地法院正确、及时地审理各类婚姻家庭案件提供了具有可操作性的裁判依据。

据统计,2008 年全国法院一审受理婚姻家庭纠纷案件共计 1286437 件,2009 年为 1341029 件,2010 年为 1374136 件,呈逐年上升趋势。2010 年全国法院一审受理离婚案件 1164521 件,受理抚养、扶养关系纠纷案件 50499 件,受理抚育费纠纷案件 24020 件,受理婚约财产纠纷案件 24676 件。案件中相对集中的反映出婚前贷款买房、夫妻之间赠与房产、父母婚后给子女买房的性质认定、亲子鉴定等争议较大的问题,急需进一步明确法律适用标准。

---

* 最高人民法院审判委员会委员、民一庭庭长。
** 最高人民法院民一庭副庭长。
*** 最高人民法院民一庭高级法官。

最高人民法院从 2008 年 1 月开始着手婚姻法解释(三)的起草和调研工作。起草小组先后到北京市朝阳区人民法院及山东省青岛市中级人民法院查阅了 300 多件有关婚姻家庭案件卷宗,为司法解释的起草工作提供了第一手资料。同时,注意深入调查研究,赴各地法院召开座谈会,听取一线法官关于婚姻家庭案件审理中的意见。专门召开专家论证会,认真听取了专家们的意见和建议。书面征求全国人大常委会法工委、国务院法制办、民政部、全国妇联的意见,再根据反馈的意见逐条推敲进行修改。

由于《婚姻法》与普通百姓密切相关,最高人民法院为了更广泛地听取广大民众的意见,落实司法为民的思想,于 2010 年 11 月 15 日至 2010 年 12 月 15 日,在中国法院网和《人民法院报》上公布了婚姻法解释(三)的征求意见稿,引起社会各界的广泛关注和热烈讨论,共收到网上意见 9974 条,共计 200 多万字,同时收到书面来信 181 封。中国法学会婚姻法学研究会等 17 家单位专门召开了有关研讨会,并寄来了书面修改意见。全国妇联权益部还专程到我院民一庭,针对热点问题谈了妇联系统的修改意见。这些意见和建议,既有普通百姓的肺腑之言,也有专家学者的真知灼见;既有各级法院法官们基于审判实践的宝贵经验,也有相关部门同志们的献言献策。

经过三年多的调研和起草工作,特别是在全国范围广泛征求意见后,婚姻法解释(三)终于出台了。这次出台的司法解释,主要针对审判实践中急需解决的一方婚前贷款所购不动产性质的认定、父母为子女结婚买房、结婚登记瑕疵处理、一方个人财产在婚后的收益等问题作出解释。这些规定是审判实践经验的总结,同时也凝聚了社会各界人士的智慧。

婚姻法解释(三)的主要内容

一、有关结婚登记瑕疵的处理问题

结婚登记瑕疵并不是一个法律概念,从目前使用的特定语境看,主要是指在结婚登记中存在程序违法或欠缺必要形式要件等缺陷。比如,一方或双方当事人未亲自到场办理结婚登记、借用或冒用他人身份证件进行结婚登记、婚姻登记机关越权管辖、当事人提交的婚姻登记材料有瑕疵等。因而,它不属于《婚姻法》第十条规定的无效婚姻以及第十一条规定的可撤销婚姻情形。

婚姻无效是欠缺结婚实质要件的婚姻在民事法律关系上的后果,不能以结婚登记时的程序瑕疵来主张婚姻无效。依据《婚姻法》第十条的规定,婚姻无效的情形仅限于重婚、有禁止结婚的亲属关系、婚前患有医学上认为不应当结婚的疾病且婚后尚未治愈以及未达到法定婚龄的四种情形,并没有兜底条款。从民事审判解决平等主体之间权利义务争议的角度来讲,对当事人请求宣告婚姻无效的,只能从是否符合无效婚姻的四种情形方面进行审查。如果将符合结婚实质要件但结婚登记程序上有瑕疵的婚姻宣告为无效婚姻,不仅随意扩大了无效婚姻的适用范围,同时也有悖于无效婚姻制度设立的初衷。

《婚姻法》并未规定程序违法是婚姻无效的法定事由,对结婚登记瑕疵的处理规定不甚明了,针对审判实践中出现的各种结婚登记瑕疵纠纷,非常有必要用司法解释的形式,对结婚登记瑕疵的处理问题予以规范,以便各级法院在处理有关纠纷时裁判有据。

婚姻法解释(三)在第一条就规定了如何处理结婚登记瑕疵问题,该条包括以下几层含义:第一,从民事审判角度而言,当事人申请宣告婚姻无效,所持理由不属于《婚姻法》第十条规定的无效婚姻的四种情形,人民法院应当用判决的形式驳回当事人的申请;第二,如果当事人在离婚诉讼中或其他民事诉讼中,以结婚登记程序存在瑕疵为由否认存在婚姻关系的,首先应解决的是结婚登记效力问题,不属民事案件的审查范围;第三,本着司法为民的宗旨,人民法院应告知当事人可以依法申请行政复议或者提起行政诉讼;第四,行政复议并非前置程序,当事人也可以选择直接提起行政诉讼。

有观点认为,婚姻法解释(三)规定了撤销结婚登记的途径是申请行政复议或者提起行政诉讼,似乎给虚假结婚登记的处理指明了一条道路。无疑,申请行政复议或者提起行政诉讼的相对方为婚姻登记机关。但这样,问题就出现了。假如婚姻登记机关查明是弄虚作假登记,是否就能撤销该结婚登记了呢?婚姻登记机关目前还没有撤销这种结婚登记的法律依据。因为,根据现行《婚姻登记条例》的规定,婚姻登记机关撤销婚姻的权限仅限于胁迫情形。

我们认为,《婚姻登记条例》第九条规定:"因胁迫结婚的,受胁迫的当事人依据婚姻法第十一条的规定向婚姻登记机关请求撤销其婚姻的,应当出具下列证明材料:(一)本人的身份证、结婚证;(二)能够证明受胁迫结婚的证明材料。婚姻登记机关经审查认为受胁迫结婚的情况属实且不涉及子女抚养、财产及债务问题的,应当撤销该婚姻,宣告结婚证作废。"由此可以看出,其涉及的仅是受胁迫当事人依据婚姻法第十一条的规定向婚姻登记机关请求撤销婚姻的情况,并没有明确婚姻登记机关对结婚登记程序存在瑕疵的问题不予受理。处理结婚登记瑕疵的方式可以是予以补正或重新确认,未必都需要撤销结婚登记。结婚登记程序瑕疵,并不必然导致婚姻关系无效,应当区别是重大瑕疵还是一般瑕疵,对于存在一般瑕疵能够通过补正等方式解决的,尽量不要轻易否定结婚登记的效力。

二、婚姻法解释(三)中涉及房产处理问题的规定

本司法解释涉及房产处理的条文有五条,在此一一解读如下:

1. 夫妻之间赠与房产的处理

夫妻在婚前或婚姻关系存续期间约定将一方个人所有的房产赠与另一方,但没有办理房产过户手续,离婚时赠与房产的一方主张撤销赠与,另一方主张继续履行赠与合同,请求法院判令赠与房产一方办理过户手续。在此问题的处理上,存在两种完全不同的观点:一是认为夫妻之间有关财产的约定,只要系夫妻双方真实意思表示,不违反法律、行政法规的强制性规定,就应认定为有效且对双方产生法律上的拘束力。相对于《物权法》及《合同法》的规定,《婚姻法》对夫妻财产关系的规定属于特别规定,应当优先适用《婚姻法》的规定。夫妻财产约定因其强烈的身份性不应适用赠与合同有关撤销权的规定,任意行使撤销权将使夫妻财产约定变成一纸空文,故夫妻之间有关房产赠与的约定无需经过物权变动手续,离婚时法院可以判决房产归受赠方所有,对赠与房产一方主张撤销赠与合同的请求不予支持;二是认为《婚姻法》规定了三种夫妻财产约定的模式,即分别所有、共同共有和部分共同

共有,并不包括将一方所有财产约定为另一方所有的情形。将一方所有的财产约定为另一方所有,也就是夫妻之间的赠与行为,虽然双方达成了有效的协议,但因未办理房屋变更登记手续,依照《物权法》的规定,房屋所有权尚未转移,而依照《合同法》关于赠与一章的规定,赠与房产的一方可以撤销赠与。

《合同法》对赠与问题进行了比较详尽的规定,如:"赠与人在赠与财产的权利转移之前可以撤销赠与";"赠与的财产依法需要办理登记等手续的,应当办理有关手续";"具有救灾、扶贫等社会公益、道德义务性质的赠与合同或者经过公证的赠与合同,赠与人不交付赠与的财产的,受赠人可以要求交付。"婚姻家庭领域的协议常常涉及财产权属的条款,对于此类协议的订立、生效、撤销、变更等并不排斥《合同法》的适用。在实际生活中,赠与往往发生在具有亲密关系或者血缘关系的人之间,《合同法》对赠与问题的规定并没有指明夫妻关系除外。一方赠与另一方不动产,在没有办理过户手续之前,依照《合同法》的规定,是完全可以撤销的,这与《婚姻法》的规定并不矛盾。因此,尚未办理房产过户手续的赠与,房产赠与人可以随时撤销赠与,对赠与房产一方离婚时主张撤销赠与合同的请求应予支持。

经过认真细致地讨论,本解释第六条采纳了后一种观点。需要指出的是,该条重点在于明确夫妻之间赠与房产可以按照《合同法》第一百八十六条的规定处理;如果赠与的房产已经登记过户,但受赠的夫妻一方对另一方有扶养义务而不履行、严重侵害赠与人或者赠与人的近亲属、不履行赠与合同约定的义务情形之一的,赠与人可以按照《合同法》第一百九十二条的规定行使法定撤销权。行使任意撤销权的依据是《合同法》第一百八十六条,条件是赠与房产的产权未发生转移,不适用社会公益和道德义务性质的赠与合同以及经过公证的赠与合同;法定撤销权是基于法定事由,由赠与人行使的撤销赠与的权利,其依据是《合同法》第一百九十二条。

2. 婚后父母为子女购买不动产的认定问题

现在房价问题困扰着许多人,年轻人结婚时仅凭自己的收入,一般没有能力买房,只得依靠父母的资助。父母为了子女结婚买房,可能倾其所有,透支了准备养老的积蓄,如果房屋产权登记在自己子女名下,按照父母的内心本意,应该认定为明确只向自己子女一方的赠与。有人认为,只有父母明确表示不赠与对方,才能认定为只向自己子女赠与。我们认为,这种观点是不符合中国国情的,极少有父母会在子女结婚时签署书面协议,明确房屋与子女的配偶无关,如果离婚时一概将房屋认定为夫妻共同财产,势必违背了父母为子女购房的初衷和意愿,实际上也侵害了出资父母的利益。房屋产权登记在出资父母子女名下的,视为父母明确只对自己子女一方的赠与比较合情合理;如果由双方父母出资购买不动产,产权登记在一方子女名下的,按照双方父母的出资份额按份共有,可能更符合实际情况。

制定司法解释要考虑到中国的国情,畸高房价和高离婚增长率并存,父母为子女结婚购房往往倾注毕生积蓄,从这次婚姻法解释(三)公开征求意见反馈的情况来看,作为出资人的父母均表示,他们担心因子女离婚而导致家庭财产流失一半。

本条规定从我国的实际出发,将"产权登记主体"与"明确表示赠与一方"进行链接,可以使父母出资购房真实意图的判断依据客观化,便于司法认定及统一裁量尺度,也有利于均衡保护结婚的双方及其父母的权益。

值得注意的是,父母婚后给子女买房的规定,是指父母支付全款给子女购买房屋且产权登记在出资方子女名下的情形。如果父母只是在子女婚后支付首付款,夫妻共同还贷,产权登记在出资方子女名下,首付款可以认定为只赠与出资父母的子女,离婚时该房屋应认定为夫妻共同财产,对首付款部分应认定为出资人子女的个人财产。由于个人财产婚后的自然增值仍然归个人所有,故离婚时首付款的增值部分也应判归一方所有。

3. 一方婚前贷款买房、夫妻婚后共同还贷的处理

离婚诉讼中,一方婚前按揭购买房屋,婚后夫妻共同还贷,产权登记在一方名下,离婚时按揭房屋的归属问题成为焦点。通常情况下,买受人与房地产开发商签订房屋买卖合同后,商品房的买卖关系已经成立。贷款购买房屋的,买受人先付清首付款,剩余款项在银行办理按揭贷款手续,银行审查买受人的收入状况及资信后,将所贷款项直接划入开发商的账户。至此,买受人的付款义务已经全部完成,与银行之间形成债权债务关系。

婚后取得房屋所有权证,并不意味着该房屋就属于夫妻共同财产。房屋所有权证虽然系婚后取得,但财产权益在婚前签订房产买卖合同后就已经取得。也就是说,婚后房屋物权的取得并非凭空取得,而是依据婚前的债权转化而来,因此离婚时判归产权登记一方比较公平。

至于婚姻关系存续期间用夫妻共同财产还贷部分以及增值部分,离婚时要根据《婚姻法》第三十九条的规定,根据具体情况,在照顾子女和女方权益的原则下进行判决。具体到如何分割的问题,有人提出一个计算公式,即双方应共同分割部分 = 夫妻婚后共同还贷部分 ÷ 实际总房款(总房款本金 + 已还利息) × 离婚时房屋的市场价值,这种计算方法相对比较公平。实际分割时考虑到需要照顾子女和女方的权益,不能完全对半进行分割。比如双方应共同分割部分的数额为 30 万元,如果是男方婚前贷款买房,根据案件的实际情况,可以判决给女方超过 15 万元的补偿。

在将按揭房屋认定为一方所有的基础上,未还债务也应由其继续承担,这样处理不仅易于操作,也符合合同相对性原理。婚前一方与银行签订抵押贷款合同,银行是在审查其资信及还款能力的基础上才同意贷款的,其属于法律意义上的合同相对人,故离婚后应由其继续承担还款义务。这样处理不涉及办理所有权的变更登记问题,作为享有抵押权的银行方面也不会因夫妻离婚而权利受损。

对于一方婚前签订买卖合同支付首付款并在银行贷款、房产登记在首付款支付方名下、婚后夫妻共同还贷这类房产,完全认定为夫妻共同财产或者一方的个人财产都不太公平,该房产实际是婚前个人财产(婚前个人支付首付及还贷部分)与婚后共同财产(婚后双方共同还贷部分)的混合体,本解释第十条规定离婚时处理此类纠纷的主导原则是,既要保护个人婚前财产的权益,也要公平分割婚后共同共有部分的财产权益,同时还不能损害债权人银行的利益。

4. 一方擅自出卖共有房屋的处理

审判实践中经常出现这样的纠纷,夫妻一方未经另一方同意,擅自将夫妻共同共有的房产出卖,另一方向法院提起诉讼,要求确认房屋买卖合同无效、第三人返还房屋。随着

《物权法》的出台、善意取得制度在法律上的真正确立,对于此类纠纷的处理,应该说已基本达成共识,没有太大的争议。问题的焦点在于,当夫妻一方擅自处分的房屋属于家庭唯一居住用房时,应当优先保护谁的利益？有的专家建议规定除外情形,即房屋属于家庭共同生活唯一居住用房的除外。因生存是第一要素,夫妻一方擅自将家庭仅有的一套房屋出售,如果支持善意第三人的主张,会出现另一方无家可归的情况。

从公开征求意见反馈的情况来看,多数意见认为,征求意见稿中的除外条款实际上否定了《物权法》第一百零六条的规定,原则上这种例外条款不应允许。如果善意第三人付出家庭全部积蓄购入的房屋也是其家庭唯一生活住房,如何平衡二者之间的利益？另"居住需要"也未区分普通型居住需要和豪华型居住需要。民事执行程序中已经规定,对于唯一住房不予执行,这就已经考虑到了生存权、居住问题,没必要在婚姻法解释中再专门规定;在房价高涨的现实情况下,担心这个条款可能会被卖房反悔的人利用,不利于保护交易安全和善意第三人的合法权益。

本解释第十一条采纳了多数人意见,根据《物权法》第一百零六条精神作出了相应规定。

《物权法》颁布后,审判实践中出现了一种新类型案件,即在婚姻关系存续期间,因夫妻共同共有房产登记在一方名下,另一方为防止其擅自处分共有的房产,所提起的婚内要求确认财产共有权并在房屋产权证书上加名的诉讼。这种纠纷的案由定为"物权确认纠纷"比较适宜,及时、公正地处理婚内确权之诉,可以使配偶一方在房屋权属登记部门的不动产登记簿上添加其共有权人的名字,减少夫妻共有房屋被一方擅自出卖的风险。

5. 离婚时如何处理夫妻出资购买以父母名义参加房改的房屋

房改房是国家以优惠的价格将公房的产权部分或全部出售给职工,属于职工享受的一种福利待遇。依照福利政策所购买的房改房,往往与职工的职务、级别、工作年限等挂钩,购买价格远远低于房屋的市场价值,以成本价或标准价购房的,每个家庭只能享受一次。

婚姻关系存续期间,双方用夫妻共同财产出资购买以一方父母名义参加房改的房屋,因房屋原来属于一方父母承租的公房,如果认定为夫妻共同财产,显然会损害一方父母的财产权益,与国家有关房改政策精神也不相符。作为产权已登记于一方父母名下的房改房,基于国家房改政策规定、房改房特点及不动产物权登记公示原则等,离婚时不能作为夫妻共同财产进行分割。对于夫妻用于购买房改房的出资,很多法院是作为双方离婚时的债权予以处理,我们认为是比较可取的。

需要注意的是,如果离婚时另一方提出,既然将夫妻共同财产出资认定为债权,就可以主张利息。我们认为,夫妻双方出资时对于利息与一方父母有约定的,从约定;没有约定的,应根据具体情况作出处理。如果夫妻双方一直居住在房改房中,从公平合理的角度出发,对请求支付利息的主张不予支持。

三、有关亲子鉴定的问题

亲子关系纠纷主要在于厘清当事人之间是否具有法律上的亲子关系,以及因此而衍生的权利义务,而亲子鉴定的独特功能可以鉴别当事人之间是否具有真实的血缘关系,可以帮助完成对身份的辨认,其应用具有法律上的重要价值和意义。亲子鉴定是近代法医学术语,是指用医学、人类学等学科的理论和技术来判断有争议的父母与子女间(特别是父子间)是否存在着亲生血缘关系,后来发展至可以用来判断其他个体之间如同胞间以及隔代间是否存在血缘关系,因而也称为亲权鉴定。①

亲子关系诉讼属于身份关系诉讼,主要包括否认婚生子女和认领非婚生子女的诉讼,即否认法律上的亲子关系或承认事实上的亲子关系。亲子关系诉讼中直接证据的缺乏和亲子关系证明责任的高标准,使得亲子鉴定成为认定或否定亲子关系的关键性证据。但有些当事人在无法律直接约束力的情况下,出于各种原因拒绝作亲子鉴定,无疑给人民法院查明事实真相设置了障碍。

对拒绝做亲子鉴定的当事人能否强制进行鉴定,我们可以借鉴国外的亲子鉴定法律规定,通常有两种形式的强制方法:一种是直接强制鉴定,如德国规定,拒绝受检者不仅要负担因拒绝所生费用,并科处罚金。应受检查者无正当理由,一再拒绝受检时,法院得加以强制,可对其强制抽血;另一种是间接强制鉴定,是在获取亲子关系事实真相和保护当事人隐私权、人格权之间作出的平衡。如英国、美国、法国等规定相对人无正当理由拒绝配合法院命令进行亲子鉴定时,法院得依其拒绝之情事,推认不利于相对人的事实。比较这两种强制规定,我们认为间接强制的规定更为人性化,更能被大众所接受。

借鉴国外相关规定以及总结审判实践的经验,婚姻法解释(三)规定了当事人拒绝做亲子鉴定的处理方法,即在处理有关亲子关系纠纷时,如果一方提供的证据能够形成合理的证据链条证明当事人之间可能存在或不存在亲子关系,另一方没有相反的证据又坚决不同意做亲子鉴定的,人民法院可以按照最高人民法院《关于民事诉讼证据的若干规定》第七十五条的规定做出处理。

需要注意的是:第一,提起婚生子女否认之诉的权利人只能是夫或妻。本着法律上的亲子关系原则应以真实血缘关系为基础,同时兼顾亲子关系的安定性,应将否认权人限制在较小的范围内。之所以没有赋予子女的否认权,是因为子女未成年时需要由其父母代理,而当子女成年后,即便父母与其没有血缘关系,但对付出心血将其抚养成人的父母而言,允许子女行使否认权则有失公允。

第二,由于兄弟姐妹之间鉴定的准确率在60%~80%,还不能达到准确认定的程度,故不能适用本条司法解释的推定原则。比如,一方请求确认与父亲的亲子关系,但其父亲死亡,无法进行亲子鉴定采样。一方要求与其同父异母的兄弟或姐妹之间进行血缘关系鉴定,对方如果不配合做鉴定,在缺乏必要证据的情况下,法院不能推定一方的主张成立。

第三,一方私自带子女去做亲子鉴定,并没有提供其他证据相印证,诉讼中对方拒绝做亲子鉴定的,因无法确定一方私自鉴定的采样是否真实,法院不宜适用本条的推定规则。

四、离婚时一方或双方尚未退休的养老保险金处理问题

婚姻法解释(二)规定,男女双方实际取得或者应当取得的养老保险金应当认定为夫妻

① 刘雪青:《我国亲子鉴定社会化的法律规制研究》,载《家事法研究》,群众出版社2011年版,第425页。

共同财产,这里的“应当取得”是指当事人已经退休具有享受养老保险金的基本条件,但由于某种原因尚未将养老保险金领取到手的情形。如果离婚时一方或双方尚未退休,按照目前养老保险金管理制度的规定,在未退休之前,将来取得养老保险金的具体数额无法进行预先测算,劳动者不可能实际取得个人账户下的养老保险金。

有鉴于此,我们认为,离婚时一方或双方当事人尚未退休,显然不符合婚姻法解释(二)规定的“实际取得或者应当取得”的条件,离婚时当事人请求按照夫妻共同财产分割养老保险金的,不应予以支持。但是,一些专家学者指出:根据《婚姻法》婚后所得共同制的精神,夫妻一方在婚后积累的养老金利益包括期待利益应当属于夫妻共同财产;从婚后积累养老金利益的财产来源看,在婚姻关系存续期间夫妻各方对积累养老金的缴费一般都源于其个人的部分工资,而工资收入属于夫妻共同财产。因此,夫妻一方以缴纳其部分工资而积累的养老金利益包括期待利益当然应属夫妻的共同财产;根据承认家务劳动与社会生产劳动具有同等价值的立法理念,夫妻一方在婚姻期间积累的养老金期待利益应当由夫妻共享;根据联合国相关文献倡导的精神,夫妻双方应当平等地共享在婚姻期间所得的一切财产权利。①

我们认为,上述专家学者的意见不无道理。从国外的规定来看,多数国家认为养老金不仅仅是一种可期待利益,它是对雇员所提供的劳务补偿,因此是婚姻共同体中重要的财产,离婚时应作为共同财产予以分割。对养老金作为婚姻财产予以分割主要有三种方法:(1)也是法院通常愿意采用的,即确定养老金的现时价值,并考虑是否到期等因素,判决受雇的配偶一方一次性全部买进养老金利益,支付给他方或用其他财产作为补偿。在离婚时一次性支付可以避免当事人在离婚后再为养老金利益发生纠纷,因而被大多数法院所采纳;(2)由法院判决未受雇的一方自他方拿到养老金时始与受雇方按一定比例分享养老金;(3)迟延判决,直至受雇方根据养老计划实际拿到养老金时再判决,法院在离婚时不必对养老金进行评估、分割。

借鉴国外的相关规定及总结审判实践经验,婚姻法解释(三)规定:离婚时夫妻一方尚未退休、不符合领取养老保险金条件,另一方请求按照夫妻共同财产分割养老保险金的,人民法院不予支持;婚后以夫妻共同财产缴付养老保险费,离婚时一方主张将养老金账户中婚姻关系存续期间个人实际缴付部分作为夫妻共同财产分割的,人民法院应予支持。

五、附协议离婚条件的财产分割协议效力认定问题

双方当事人在婚姻关系存续期间达成离婚协议,并对子女抚养和财产分割等问题作了约定。但由于种种原因,双方并未到婚姻登记机关办理离婚登记手续,或者是当事人考虑到登记离婚中的财产协议没有强制执行力,故双方约定去法院协议离婚,目的只是依照诉讼程序领取民事调解书,但到法院诉讼时出现一方反悔的情况。在这种情形下,往往是一方主张原来达成的离婚协议合法有效,要求法院完全按照该离婚协议约定的内容判决解除双方的婚姻关系,并处理财产分割和子女抚养问题。另一方则否认离婚协议的效力,要求

① 陈苇:《中国婚姻家庭法立法研究》,群众出版社 2010 年版,第 233 页。

法院依法进行判决。

附协议离婚条件的财产分割协议,通常是当事人平等协商的结果,因此具有民事合同的性质,但其以解除婚姻关系为先决条件,不能完全由当事人的合意来完成,还必须履行一定的法律程序。附协议离婚条件的财产分割协议并不自双方当事人签字时起生效,而是以双方协议离婚为生效条件,即从婚姻登记机关领到离婚证或到法院领取民事调解书,可视为所附条件已经成就,当事人所签署的财产分割协议因此而生效。如果一方当事人反悔,诉诸于法院寻求终局判决,除非双方当事人追认,该协议未生效,对当事人双方均不产生法律拘束力。尤其重要的理由是,人民法院在协议未生效情形下依照《婚姻法》的相关规定分割夫妻共同财产,并不会损害当事人的合法权益。从《最高人民法院关于民事诉讼证据的若干规定》第六十七条来看,“在诉讼中,当事人为达成调解协议或者和解的目的作出妥协所涉及的对案件事实的认可,不得在其后的诉讼中作为对其不利的证据。”这个规定的精神也与当事人协议离婚必须履行一定的法律程序才生效的规定不谋而合。

从反证的逻辑方法来分析,假定上述离婚协议已经生效,一方签订协议后拒绝依约去办理离婚登记手续或者到法院协议离婚,另一方按照生效协议的约定,可以要求违约方履行该离婚协议,并可以起诉要求法院判令违约方与其共同去民政部门办理离婚登记手续。显而易见,法院根据婚姻自由的基本原则,是无法判决双方继续履行离婚协议的。

审判实践中遇到经过公证的附协议离婚条件财产分割协议,如何认定效力的问题,我们认为,经过公证的附协议离婚条件的财产分割协议在性质上也属于附生效条件的合同,双方签字后成立,在完成协议离婚手续后生效。公证的效力在于确认协议的内容是双方当事人的真实意思表示,但不能改变协议的生效条件。

如果当事人在协议中明确约定,双方到民政部门登记离婚或到法院协议离婚未成,也应按照协议约定的内容履行。我们认为,当事人已经在协议中明确了协议离婚未成也要按照原约定履行的意思表示,在诉讼离婚时,法院应当充分尊重当事人的意思表示,具体处理时应依照约定的内容进行裁判。

六、一方个人财产在婚后产生的收益如何处理的问题

夫妻一方财产在婚后的收益主要包括孳息、投资经营收益及自然增值,婚姻法本身规定了婚姻关系存续期间所得的生产、经营收益及知识产权收益,归夫妻共同所有,婚姻法解释(二)已经明确规定一方以个人财产投资所得的收益为夫妻共同财产,但孳息和自然增值这两种情形在法律上和司法解释层面仍然是空白。孳息包括天然孳息和法定孳息,对于孳息所有权的归属,现代物权法一般采原物主义,我国《物权法》第一百一十六条规定:“天然孳息,由所有权人取得;既有所有权人又有用益物权人的,由用益物权人取得。当事人另有约定的,按照约定。法定孳息,当事人有约定的,按照约定取得;没有约定或者约定不明确的,按照交易习惯取得。”在法律适用层面考虑,《物权法》与《婚姻法》同属于全国人大制定的法律,但《物权法》是新法,《婚姻法》是旧法,新法应优于旧法。因此,按照《物权法》的规定精神,夫妻一方的财产在婚后产生的孳息仍然属于一方的个人财产。

夫妻一方个人财产在婚姻存续期间的自然增值,是指该增值的发生是因通货膨胀或市

场行情的变化而致,与夫妻双方的协作劳动、努力或管理等并无关联,比如夫妻一方个人婚前所有的房屋、古董、字画、珠宝、黄金等,在婚姻关系存续期间因市场价格上涨而产生的增值,由于抛售后的增值是基于原物交换价值的上升所致,是不以人的意志为转移的市场行为作用的结果,仍应依原物所有权归属为个人所有,将该部分增值认定为一方的个人财产基本得到理论界及实务界的共识。

应当注意的是,审判实践中对一方所有的房屋婚后出租获取的租金如何认定,观点分歧比较大。倾向性观点认为,房屋租金与存款利息相比,是由市场的供求规律决定的,并且与房屋本身的管理状况紧密相连,出租方应当履行租赁物的维修义务,应当保障租赁物的居住安全,其获得往往需要投入更多的管理或劳务,产生的租金收益应当属于夫妻共同所有。有人将租金看作法定孳息的一种,我们更倾向于将租金作为经营性收益看待。

本条规定一方个人财产婚后产生的自然增值归个人所有,如果属于主动增值,则应当认定为夫妻共同财产。在对增值的个人财产进行定性时,应区别是主动增值还是被动增值(即自然增值),因通货膨胀或其他不是因当事人的主观努力而是因市场价值的变化产生的增值属于被动增值,没有所有权的配偶对增值部分无权要求分割。当一方的个人财产由于他方或双方所支付的时间、金钱、智力、劳务而增值的,应属于主动增值,离婚时将增值部分作为共同财产予以分割比较公平。

婚前购买的股票、基金,婚后要保值和增值,股票、基金投资的卖出和买进也需要投入大量的时间和精力去经营,因此,婚后股票、基金增值部分认定为夫妻共同财产比较适宜。

涉及身份关系的诉讼中,人民法院是否可以强制当事人进行亲子鉴定

韩　玫*

一、亲子鉴定的科学基础

在审判实践中,人民法院常常遇到这样几类与亲子关系确认有关的案件:第一,离婚诉讼中的女性当事人提出其与配偶在婚姻关系存续期间所生育的子女与其配偶不具有亲子关系,进而请求人民法院判决由自己一人抚养未成年子女。第二,离婚诉讼中的男性当事人提出其配偶于双方婚姻关系存续期间生育的子女与自己无亲子关系,进而请求人民法院判决其本人不承担抚育该子女的义务并判令女方向其赔偿自子女出生的抚育费及给男方造成的精神损失。第三,单独提起的确认亲子关系之诉。第四,单独提起的否认亲子关系之诉。第五,在继承纠纷案件中,因确认或者否认某自然人的法定继承人身份而引出的亲子关系确认争议。上述几类案件,当事人争议的实质一是否认婚姻关系存续期间所出生的子女与其法律意义上的父亲具有亲子关系;二是非婚生子女请求确认其生物学意义上的父亲(也可能是父认子女)。

如果当事人就此主张提出的证据足以满足法官对此问题作出判断的条件,自然无需借助鉴定。但审判实践中常常遇到的情况是,一方当事人举证证明其主张成立,但另一方当事人表示反对,一方或双方所举证据尚不足以让裁判者对需要裁决的事项作出确认,在此种情形下,需要借助科学的办法,对男性当事人与子女是否具有亲子关系进行鉴定。

自私有制和一夫一妻制婚姻产生以来,人类对于直系血亲关系即格外重视。在医学科学技术尚不发达的时代,母子之间的血缘关系可由分娩之事实确认。因此,各国法律均遵循罗马法"母亲恒定"的原则来确认母亲的身份。对于父亲与子女之间是否具有血缘关系,当时的人们则以比较父子之间的相貌、性格、相互关系的亲疏等方式作为判断亲子关系的"依据",中国古代曾发展出所谓"滴血认亲"、"滴骨认亲"等方法。但这些方法均因为缺少科学根据,所以经常出现错误的结论,根本无法达到目的。

---

* 最高人民法院民一庭高级法官。

随着科学技术的进步,到了 19 世纪末,人类开始通过对血型的检测、比对来确认亲子关系。依据孟德尔遗传定律,人们认识到人类的血型是按照遗传基因传给下一代的,故一定血型的父母所生育的子女也具有相应的血型。这为通过血型鉴定确认亲子关系奠定了基础。用于血型检验来鉴定亲子关系的血型系统主要有:ABO 血型系统、MN 血型系统、Rh 血型系统、Ss 血型系统、hp 血型系统。检验的血型越多,其准确性越高。如果血型检测的结果表示无遗传关系时,可以作出否认亲子关系的结论,但结果存在遗传关系时,并不能完全确认亲子关系。

到了 20 世纪 70 年代,人们发现可以用人类白细胞抗原(HLA)来做亲子鉴定,准确性可以达到 80%,再结合血型检测,能够达到较高的准确度。但结合血型检测做比对,比较复杂。

在我国,科学的亲子鉴定出现在 20 世纪 80 年代初,采用的是人类白细胞抗原检测方式。但由于其准确性仍存在一定问题,因此,最高人民法院 1987 年 6 月 15 日以法(研)复[1987]20 号《关于人民法院在审判工作中能否采用人类白细胞抗原作亲子鉴定问题的批复》,在同意采用此项技术进行亲子鉴定的同时强调:“鉴于亲子鉴定关系到夫妻双方、子女和他人人身关系和财产关系,是一项严肃的工作,因此,对要求做亲子鉴定的案件,应从保护妇女、儿童的合法权益,有利于增进团结和防止矛盾激化,区别情况,慎重对待。对于双方当事人同意作亲子鉴定的,一般应予准许;一方当事人要求做亲子鉴定的,或者子女已超过 3 周岁的,应视具体情况,从严掌握,对其中必须做亲子鉴定的,也要做好当事人及有关人员的思想工作。人民法院对于亲子关系的确认,要进行调查研究,尽力收集其他证据。对亲子鉴定结论,仅作为鉴别亲子关系的证据之一,一定要与本案其他证据相印证,综合分析,作出正确的判断。”可见,这一阶段所采用的人类白细胞抗原检测方式作亲子鉴定,由于准确性不够理想,因此,最高人民法院采取了审慎的态度,要求办案人员在认定亲子关系时结合其他证据,综合分析判断。

随着科学技术的进步,人们现在已经能够利用医学、生物学和遗传学的理论和技术,从子代和亲代的形态构造或生理机能方面的相似特点,分析遗传特征,判断父母和子女之间是否具有亲子关系。目前,鉴定亲子关系用的最多的是 DNA 分型鉴定。检材主要为人的血液,另外人的毛发、唾液、口腔细胞及骨头等都可以用于亲子鉴定。

DNA(脱氧核糖核酸)是人体细胞的原子物质,每个人有 23 对(46 条)染色体,同一对染色体同一位置上的一对基因称为等位基因,一般一个来自父亲,一个来自母亲。如果检测到某个 DNA 位点的等位基因,一个与母亲相同,另一个就应当与父亲相同,否则就存在疑问了。利用 DNA 进行亲子鉴定,只要做十几个至几十个位点的检测,如果全部一样,就可以确定亲子关系。如果有 3 个以上的位点不同,则可以排除亲子关系,如果有一二个位点为不同,则应当考虑基因突变的可能,加做一些位点的检测进行辨别。DNA 亲子鉴定,否定亲子关系的准确率几近 100%,肯定亲子关系的准确率达到 99.99%。

正是因为 DNA 技术使得亲子关系鉴定达到如此高度的准确率,因此,人民法院在司法审判中已经将其作为判断亲子关系是否存在的重要证据,只要是由具有鉴定资质的鉴定机构通过合法程序作出的亲子关系鉴定,是可以为人民法院采信作为认定亲子关系是否存在的依据的。

由于亲子鉴定在采集检材时需要当事人的配合,因此,人民法院在民事审判实践中常常需要面对的情况是,一方当事人申请进行亲子鉴定,而另一方当事人不配合,其中有的是当事人本人不配合,有的则是直接抚育未成年子女的一方不同意让子女提供检材。如果当事人拒绝做亲子鉴定,人民法院能否强制当事人进行鉴定,是审判实践中迫切需要解决的问题。

二、与亲子鉴定相关的几个问题

在寻求问题解决途径的过程中,不少一线法官和学者不约而同地将目光转向域外立法、司法的成功经验。从域外的亲子鉴定法律规定看,在一方当事人不配合的情况下,通常有两种形式的强制方法:一种是直接强制鉴定,例如德国法规定,拒绝受检者不仅要负担因拒绝所生费用,并科处罚金;应受检者无正当理由,一再拒绝检查时,法院得加以强制,可对其强制抽血。另一种则是间接强制鉴定,是在获取亲子关系事实真相和保护当事人隐私权、人格权之间作出平衡。如英国、美国和法国等国家规定,相对人无正当理由拒绝配合法院命令进行亲子鉴定时,法院得依其拒绝之情势,推认不利于相对人的事实。

在最高人民法院起草婚姻法司法解释(三)的过程中,曾就以下几个问题存在争议:一是关于亲子鉴定是否可以强制进行;二是在一方当事人不同意进行亲子鉴定的情况下,究竟采直接强制的方式还是间接强制;三是是否需要在司法解释中涉及亲子鉴定的条文中规定"婚姻关系存续期间所生育的子女为婚生子女",以弥补我国至今没有亲属法,没有认定婚生子女标准的缺陷;四是否认亲子关系之诉,是否应当适用两年的诉讼时效。

(一)关于亲子鉴定是否可以强制进行的问题

这里所谓的"强制"是广义的,既包括直接强制,也包括间接强制。一种观点认为,亲子鉴定涉及人身权利,特别是当事人的隐私权,也涉及人与人之间亲情的变化和家庭关系的稳定。因此,除非当事人双方自愿,不应采取强制的办法进行鉴定,亦不能适用有关举证妨碍的证据规则,否则,等于变相强制。支持这一观点的人还从保护公民个人隐私、保护未成年人合法权益,保护妇女合法权益,维护婚姻家庭关系的稳定等角度出发,论证其观点。还有人提出最高人民法院 1956 年 9 月 25 日给河北省高级人民法院《关于徐某某所生小孩应如何断定生父问题的复函》,即"徐 1954 年 4 月与高通奸,同时与其夫同居,因此小孩究竟为徐某与谁发生关系时受孕,是难以断定的。化验血型的方法并不能断定小孩究竟系由谁所生。根据请示所提情况,徐某的丈夫向徐提出离婚,且不承认小孩是他生的。按这小孩是在双方婚姻关系存在中所生的,男方现主张非其所生,应提出证据证明。男方既提不出任何证据而法院亦无法另找证明方法,在这种情况下,法院只能认为男方的主张不能证明,在这认定下对小孩问题予以判决。”认为根据最高人民法院的上述司法解释,应认定此种情形属于男方主张否认亲子关系但证据不足,对其主张,人民法院不应予以支持。另一种观点则认为,随着科学技术的发展,亲子鉴定已经达到极高的准确率,而且亲子鉴定检材的收集方法对人体健康不存在损害,因此,在司法审判中应当充分利用现代科学技术的成果,以增强人民法院民事判决的准确性。当然,亲子鉴定不是判断亲子关系的唯一方法,如果法官通过当事人的举证、质证,就能够对此问题作出判断,则没有必要进行亲子鉴定。但主张亲子鉴定就一定损害婚姻家庭关系的和睦、不利于未成年子女的健康成长的观点不能成立。因为夫妻之间一旦因为子女是否亲生而产生怀疑,不仅直接影响夫妻之间的感情,而且还影响父亲对子女的感情。加之我国施行严格的计划生育政策,一对夫妻原则上只能生育一个孩子,如果男性公民在不知情的情况下养育了他人的子女,后来虽然取得了相关证据,但仅仅因为女方不同意进行亲子鉴定,则只能继续抚养他人的子女,而其本人则丧失了生育自己亲生子女的权利,这不仅有失公平,而且容易激化矛盾,引发极端事件。

我们认为,上述两种观点均有一定的道理,但并不全面。首先,现代科学技术使得亲子鉴定成为人民法院可以用来判断亲子关系的一个有效方法(技术手段),但不是唯一的方法。不能在任何情况下无条件的采取这一方式。应该看到,亲子鉴定对婚姻家庭特别是人们之间的亲情具有较大的冲击力,是一把双刃剑。如果通过鉴定,肯定了一个家庭中的父亲和子女具有亲子关系,也就是说这个男性不仅是子女法律意义上的父亲,而且也是其生物学意义上的父亲,一般来说皆大欢喜,可以促使该男性对其配偶、子女更好地履行义务,但也不排除其配偶认为丈夫的行为侮辱了自己的人格,因而坚决与其离婚的可能。如果鉴定结论是家庭中的男性与其法律意义上的子女根本不具有血缘关系,也就是说子女与其父不具有亲子关系,则如果不能排除抱错婴儿的情形,这个家庭的解体几乎是必然的。正是因为亲子鉴定对于一个家庭及其亲属可能具有的颠覆性意义,因此,人民法院在选择适用这一方法时必须持一种审慎的态度,应当将鉴定的过程、结论的意义向当事人做适当的释明,防止极端事件的发生。首先,如果当事人所举出的证据足以证明其主张的,没有必要做亲子鉴定;其次,一方当事人已经举出相关证据,令人相信其主张可能成立,另一方虽加以反驳,但又没有任何相反的证据支持其观点,则人民法院应当考虑支持当事人提出的进行亲子鉴定的申请。但如果提出否认亲子关系一方只有怀疑,而没有相关的证据令人相信其主张可能成立,只是希望通过亲子鉴定证实或者否认其怀疑,则受诉法院不宜轻易支持其关于进行亲子鉴定的申请,而应当向当事人释明亲子鉴定可能给其婚姻家庭和配偶、子女带来的伤害,对于确实没有证据的,应当驳回其诉讼请求。

(二)关于在一方当事人不同意进行亲子鉴定的情况下,究竟采直接强制还是间接强制的问题

比较而言,间接强制的方式更符合我国国情。所谓的间接强制也就是说,在一方当事人已经就其提出的确认或者否认亲子关系的主张举出证据加以证明,虽然穷尽其举证能力

仍然不足以证实其主张确实成立,故申请通过亲子鉴定的方式证明其主张,另一方不同意其主张但没有任何相反的证据或所举的证据不足以反驳对方主张,却又坚决不同意进行亲子鉴定的情况下,人民法院可以推定提出确认或者否认亲子关系一方的主张成立。在最高人民法院起草婚姻法司法解释(三)的过程中,有一种观点认为应当借鉴德国的民事立法中采取直接强制鉴定的办法,理由是:第一,现代亲子鉴定的科学性能够为人民法院判决的正确性提供保障。与直接鉴定的方式比较,推定仍然存在一定或然性,也就是说推定可能正确,也有可能错误。例如,一黄姓男子在离婚诉讼中提出怀疑在自己驻外期间,其妻与郭姓男子同居,儿子黄某某实际上为其妻与郭某所生。黄姓男子举出郭某的离婚判决作为证据,其中记载了郭某与黄妻同居是导致郭某离婚的主要原因,但黄妻坚决否认儿子黄某某系其与郭某所生并提出在其受孕前后黄某曾回国探亲。由于黄妻坚决不同意让儿子做亲子鉴定,而黄某又举出了否认亲子关系的相关证据,故受诉法院判决推定黄某某与黄某不具有亲子关系。但结案后黄妻带黄某某做了亲子鉴定,证明黄某某与黄某具有亲子关系,并向法院申请再审,人民法院只得通过再审纠正原判决的错误。因此,在一方当事人坚决不同意做亲子鉴定的情况下,只有直接强制才能够保证人民法院的判决不会出现错误。间接强制是达不到这一目的的。目前,我国司法公信力不高,最大限度地减少错判才是硬道理。而且,亲子鉴定无损人体健康,即使是未成年人,也不会因此受到健康方面的损害。至于鉴定结果,则是双方当事人本身应该承受的,对于未成年人,可以采取适当的保护性措施,由其监护人选择恰当时机,告知真相。这样做较之让当事人承受错误判决的效果更好。

在民事诉讼中对当事人的人身实施强制,应当是一件十分慎重的事情。特别是亲子鉴定可能还要涉及对不是案件当事人的未成年人实施强制的问题,因此,应当尽可能避免这种情况的发生。司法审判的特征之一就是法官总是在事后对一个事实是否发生、如何发生、发展作出判断。为了避免主观臆断,就必须遵循司法审判的内在规律,依靠证据去无限接近事实真相。换句话说就是判决中确认的事实是在特定的时间内和特定条件下被证据证明的事实而非客观真实。所以有些当事人败诉,并非因其完全没有道理,而是因为没有或缺少证据。上述案例中虽然黄某之妻最终通过亲子鉴定确认了黄某某与黄某之间具有亲子关系,其就子女抚养和财产分割问题申请再审在一定程度上也获得了人民法院的支持,但不能说原来的判决错误。由于黄某之妻当时对举证反驳黄某的主张采取了消极的态度,又坚决抵制亲子鉴定,因此,在当时的条件下,由其承担败诉的后果是十分正常的。与直接强制比较而言,间接强制可能造成的当事人与法院之间的对立的可能性相对小一些。在这种情况下,提供检材、做鉴定对于当事人来说是一种选择而不是必须,无论是自信提供的其他证据足以支持自己的观点还是自愿承担可能出现的对其不利的判决结果,都不会面临被强制提供检材进行鉴定的情况。目前采用直接强制的方式所面临的一个最大问题是缺少立法的支持,在没有法律规定的情况下,由司法解释作出涉及对公民人身进行强制的规定,不符合《立法法》的精神。但采取间接强制的办法,符合《最高人民法院关于民事诉讼证据的若干规定》第七十五条的规定。

(三)关于是否需要通过司法解释来弥补我国至今没有亲属法,没有认定婚生子女标准的缺陷的问题

无疑,这是不少一线法官希望通过婚姻法司法解释(三)解决的一个问题。直到最高人民法院通过媒体就该司法解释稿向全社会征求意见时,条文中还有"婚姻关系存续期间所生育的子女,一般应认定为婚生子女"的表述。之所以做这样的表述,是因为一方面侨居在外的中国公民在国外进行的民事诉讼中涉及亲子关系的认定时,受诉法院常常通过外国法查明的途径询问在中国认定亲子关系(有时是婚生子女)的法律依据是什么,而我国至今没有亲属法,《婚姻法》、《民法通则》中对如何认定亲子关系并无明确规定,而我国又属于成文法国家,只答复有关国家我国法院掌握的原则是婚姻关系存续期间所生育的子女为婚生子女又因缺少法律依据而不被认可,其结果常常会对保护我国侨民的合法民事权益产生不利后果。另一方面,我国法院受理的涉及身份关系的案件中,人民法院作出亲子关系的认定时也缺少可以直接引用的法律条文。考虑到通过立法彻底解决这一问题不是一朝一夕可以完成的事情,故希望在婚姻法司法解释(三)中写明"婚姻关系存续期间所生育的子女,一般应认定为婚生子女",以满足司法实践的需要。但在征求意见过程中,有专家指出,关于自然人之间的基本身份关系,应当由立法而不是司法解释作出规定。而且,现有条文过于粗疏,容易引起身份关系的混乱。这一观点最终被采纳。首先,民事法律方面,自然人之间的基本身份关系,应当由立法规定。从域外的立法例看,多数国家有此共识。其次,婚姻关系存续期间的子女为婚生子女的表述不尽科学,例如,夫妻二人结婚四个月后出生的子女不一定是此夫妻二人生育。如果该男子确知其本人于婚前并未与其妻有两性关系进而完全排除使之受孕的可能,但司法解释规定其必须接受其妻于婚后四个月生育之子女为其婚生子女,无疑会对夫妻关系、家庭和谐及子女抚育产生消极影响。尤其是在我们这样一个实行计划生育、一对夫妻一般只能生育一个子女的国家,无疑等于剥夺了该男子生育自己后代的权利。当然该男子为了生育自己的后代,可以离婚再娶,但由于其前妻生育的子女仍然要算作其子女,该男子仍然要负担抚养义务。这种结果对该男子有失公平,不利于婚姻家庭的稳定,不利于子女的健康成长,还有可能激化矛盾。即使要对何为婚生子女做出规定,也应当借鉴国外立法的经验,使之更为准确、科学。如"德国的父性推定制度,即在母之受胎期间(子之出生日前溯自 181 日起至 302 日止)与母同居者,除母由此受胎为不能外,视为非婚生子女之父,但得证明于此期间内母亦与其他男子同居为多数同居之抗辩,而免为父之责。"①《日本民法典》第 772 条关于婚生子女推定的规则为:(1)妻于婚姻中怀胎的子女,推定为夫的子女。(2)自婚姻成立起 200 日后或自婚姻解除或撤销之日起 300 日以内所生子女,推定为婚姻中怀胎的子女。可见,规定婚生子女的判断标准多为法律,二是过于粗疏的条文有欠科学,容易带来负面效果。因此,我们采纳了这一意见,删去了"婚姻关

① 贺小荣:《亲子鉴定能否强制》,载《中国民事审判前沿》第一集,法律出版社 2005 年版,第 44 页。

系存续期间出生的子女,一般应认定为婚生子女"的内容。

(四)关于否认亲子关系之诉,是否应当适用两年的诉讼时效的问题

在婚姻法司法解释(三)征求意见过程中,中国法学会婚姻法学研究会认为,虽然《婚姻法》缺乏确定亲子关系的基本规则,但现代法律关于亲子关系的理念是子女利益优先、有利于子女健康成长,这应当是制定司法解释的出发点和最终归宿。限制诉权行使时间,不轻易打破未成年子女的生长环境和养育格局,目的在于避免给子女带来心灵创伤,有效维护子女的权益和稳定婚姻关系。从域外的亲属法规定来看,也都对否认权人行使权利予以一定的时间限制。例如,我国台湾地区"民法"第 1063 条第(2)项规定:"前项推定,如夫妻之一方能证明妻非自夫受胎者,得提起否认之诉。但应于知悉子女出生之日起,1 年内为之。"上述规定,兼顾了血统真实和身份关系的稳定,确有一定道理。因此,我们在修改稿中曾经增加了"但夫妻一方在知道子女出生后超过两年提起诉讼的,人民法院应当驳回其诉讼请求"的表述。另一种观点则是反对在本条司法解释中对婚生子女否认之诉增加时效限制。理由是:我国与其他国家国情不同,我国的计划生育政策是一对夫妻一般只能生育一个子女,加之传统文化格外看重血缘关系,因此如果将婚生子女否认之诉限制在知道子女出生两年之内,则可能使一些人除离婚外没有其他途径生育自己的子女。知道子女出生并不等于知道子女与自己没有血缘关系,而在人们普遍难以接受因受骗而养育他人子女并且因此不能生育自己子女的情况下,很容易激化家庭矛盾,也不利于该子女的健康成长。更值得注意的是,我国至今没有亲属法,因此,对于有权提起婚生子女否认之诉的诉讼主体没有明确规定。一个男人可能知道某对夫妻于何时生育了一个孩子,但却不知道这个孩子与自己具有血缘关系,如果简单地以知道孩子出生的事实为确认婚生子女否认之诉的起点,则会带来很多难以解决的问题。有鉴于此,婚姻法司法解释三中最终删去了有关时效的规定。

亲子鉴定常见于两种涉及亲子关系的诉讼,一是否认婚生子女之诉,即夫妻一方向人民法院起诉请求确认亲子关系不存在。主要包括三种情形:第一,在离婚诉讼中丈夫提出其本人与其妻于婚姻关系存续期间所生育子女之间不具有亲子关系。因此,要求法院在判决双方离婚后,自己不承担抚养子女的义务。有的还要求其妻赔偿其因受骗抚养非婚生子女的费用。申请进行亲子鉴定的一般为男方。第二,婚姻关系存续期间,夫妻双方请求确认与子女不具有亲子关系。此种情形,一般常见于子女于出生时被医院抱错或者被他人调包等情况。申请亲子鉴定的为双方当事人。第三,离婚诉讼中双方就直接抚养子女的权利争执不下,女方突然提出男方与孩子不具有亲子关系作为独自抚养子女的理由。双方均有可能申请亲子鉴定。二是认领婚生子女的诉讼,即当事人一方起诉请求确认亲子关系。通常包括两种情况:第一,原告起诉请求人民法院确认他人的子女或者被社会福利机构领养、流浪的未成年人与自己具有亲子关系。第二,子女(未成年这则尤其法定代理人代为提出)起诉要求确认某人与自己具有亲子关系(系生父或母)。上述两种情况一般均是提出主张的一方当事人申请亲子鉴定。

人民法院对于上述案件中当事人申请亲子鉴定进行审查时应当把握以下几点:(1)夫妻一方向人民法院提起婚生子女否认之诉,负有举证证明其主张的责任。这是主张利己事实者负举证责任的证据原则在具体案件中的体现。《最高人民法院关于民事诉讼证据的若干规定》第二条第一款规定:"当事人对自己提出的诉讼请求所依据的事实或者反驳对方诉讼请求所依据的事实有责任提供证据加以证明。"因此,要求提起婚生子女否认之诉的当事人承担举证义务符合司法解释关于当事人举证责任的规定。(2)提起婚生子女否认之诉的当事人所举证据对于其主张所依据的事实是必要的。根据形式逻辑的要求,欲达到证明目的,证据必须满足必要和充分两个条件,本条司法解释采用了"必要"来描述原告举证所要达到的一种证明程度。其想表达的意思是如果只是怀疑或者臆想而没有证据支持,换句话说也就是原告的证据尚不足以使裁判者相信可能确有其事的程度,则根本不具备举证责任项被告转移的条件,原告的诉讼请求可能直接被驳回。这时其提出进行亲子鉴定的申请亦不会得到支持。反之,提起婚生子女否认之诉的当事人所举证据尽管不够充分,但这些证据足以使裁判者相信可能确有其事,则举证责任转移给另一方当事人。(3)另一方当事人没有相反证据又拒绝做亲子鉴定,是指另一方当事人虽然反驳否认婚生子女的诉讼请求,但没有证据或者证据不足以支持其观点,并且拒绝作亲子鉴定。其中拒绝做亲子鉴定,既可以是其本人拒绝配合收集亲子鉴定所必需的检材,也包括利用其直接抚养或控制未成年子女的条件,拒绝让未成年子女提供检材进行亲子鉴定。(4)在满足上述条件的情况下,人民法院可以推定主张亲子关系不存在一方的请求成立。此种情形下所作出的判决,依据是《最高人民法院关于民事诉讼证据的若干规定》第二条第二款的规定,即"没有证据或者证据不足以证明当事人的事实主张的,由负有举证责任的当事人承担不利后果"。此时举证责任已从提起否认婚生子女之诉的当事人一方转移至其相对方,故在其没有证据的情况下,应当承担不利的诉讼结果。应当注意的是,根据推定作出的否认亲子关系的判决,实质上是一种法律推定,是可以被客观事实推翻的。因此,法律允许当事人和利害关系人就判决申请再审,但法律意义上亲子关系的恢复必须经人民法院通过再审判决确认,否则,即使当事人持亲子鉴定结论自行声明亦属无效。(5)提起确认亲子关系之诉的当事人所需承担的证明责任与提起婚生子女否认之诉的当事人所负举证责任并无不同。(6)无论是婚生子女否认之诉还是非婚生子女认领之诉,在一方当事人已经提出了必要证据,而另一方当事人没有相反证据又不配合亲子鉴定的情况下,推定是处理此类问题的一种方法,而不是处理此类案件的原则。因此,婚姻法司法解释(三)第二条两款规定均表述为人民法院"可以"推定主张亲子关系不存在一方请求成立和人民法院"可以"推定请求确认亲子关系一方的主张成立。借鉴立法技术分析可知,"可以"不同于"应当",是可以这样,也可以不这样的意思。选择"可以"一词所要表达的意思是,解释不过是提供了一种适用针对一方当事人没有证据又拒绝作亲子鉴定的情况下,人民法院适用证据规定处理此类纠纷的方法。但不能将其绝对化,因为真实的血缘关系并非亲子关系成立的唯一要素,亲子身份关系的安定,婚姻、家庭的和谐稳定和未成年子女利益最大化仍然是人民法院处理涉及亲子关系的案件时所应遵循的原则。如果裁判者一味地追求血缘真实,而忽略当事人在常年共同生活中形成亲情,损坏当事人现存的家庭模式和现实生活利益,则会出现消极的裁判效果。

对提起亲子关系诉讼的一方当事人来说,其提供的证据可能不够充分,但必须能够形成合理证据链条证明当事人之间可能存在或者不存在亲子关系。其申请亲子鉴定只是对所举证据的一种补充(补强)而不是作为其主张的唯一证据。对其所举证据与待证事实之间的关系可以从两个方面来把握:第一,所举证据是否形成合理的链条,达到使裁判者相信可能确实存在这样的事实;第二,按照民事诉讼证据规则,其举出的证据虽不充分,但足以达到转移举证责任的条件。当然,所谓使裁判者相信,不应理解为某个裁判者的主管臆断,而是指裁判者遵循现代自由心证原则,即依照法定程序,全面、客观地审核证据,依据法律规定、遵循法官职业道德,运用逻辑推理和日常生活经验对证据进行综合判断后得出的结论。

人民法院在审判在审理涉及亲子关系确认的案件中,应当注意以下几个问题:

1. 由于我国至今没有亲属法,现行法律中也没有关于婚生子女否认之诉与认领非婚生子女之诉的诉讼主体的规定,因此,应注意,提起婚生子女否认之诉的不只"夫妻一方"。现实生活中,确实存在原来具有夫妻关系的一方于离婚后提起婚生子女否认之诉的情形。起诉的目的既可能是为了变更子女抚养且不承担支付抚育费的义务,也可能另有原因。对于当事人民事权利的限制,应当由法律而不是司法解释作出规定。因此,在没有法律规定的情况下,人民法院没有依据限制提起婚生子女否认之诉的当事人的主体资格。

2. 提起非婚生子女认领诉讼的当事人应当是诉讼时该子女法律意义上的父母之外的自然人。但并非只要原告完成了举证责任,人民法院均要支持其主张。尽管我国法律中缺少有关认定亲子关系之标准的规定,但婚姻关系存续期间出生的子女一般应认定为婚生子女是人民法院在审判实践中掌握的一项不成文的办案规则。相对于婚生子女否认之诉而言,非婚生子女认领之诉的情况更为复杂。首先,诉讼不限于夫妻或曾经的夫妻之间。其次,非婚生子女的认领之诉既有出于抚育未成年子女的迫切需要,由该子女的母亲代子女主张其曾经的丈夫或者同居者与子女之间具有亲子关系的,也有未成年子女的父或母(也可能是父母一起)主张与别人收养的子女具有亲子关系的。甚或是曾经遗弃自己妻子或怀孕女友的男人在女方带未成年子女再婚重组家庭后,提起非婚生子女认领之诉。在不同情况下,人民法院支持提起非婚生子女认领诉讼一方当事人的主张的标准,不仅是审判实践中存在的一个难题,在理论上也仍然存在争议。确认亲子关系,实质上是人们追求血缘真实的需要。自然血缘关系与法律上的亲子关系相一致是现代社会中人们公认的一种理想状态,"生父母因为与子女具有天然的血缘联系,是最适合抚养教育子女的人,夫妻也因抚育共同的子女而增进夫妻感情,增强婚姻的凝聚力,从而促进家庭的和谐稳定。"①但由于种种原因,这种血缘关系与法律上的亲子关系的不一致经常出现在人们的生活中。对于提起

① 王洪:《从婚生推定到父性推定》,载《婚姻家庭法前沿》,社会科学文献出版社2010年版,第233页。

非婚生子女认领之诉的当事人的主张是否予以支持,不能简单地认为当事人提供了必要的证据、对方当事人没有证据亦拒绝做亲子鉴定,就一概推定主张确认亲子关系一方的请求成立。而应当根据案件的具体情况,决定是否需要推定亲子关系成立,支持原告的诉讼请求。对于有迫切抚育需要的未成年人,则应果断判决确认亲子关系,以保护未成年的合法权益。对于请求认领已经跟随母亲另组家庭生活的未成年人为其婚生子女的当事人,人民法院在当事人所举证据已经形成较为完整证据链,只是需要通过亲子鉴定进一步加以印证的情况下,还应权衡支持其诉讼请求对未成年子女的影响,该子女是否已经被继父通过法律程序收养、子女是否因年幼适宜随母亲生活以及主张认领非婚生子女的一方是否曾因虐待、遗弃子女被判刑等情况,均应成为人民法院综合考量是否支持其主张的因素。对于成年子女请求确认亲子关系,由于不涉及其父或母的抚养义务,对于亲子鉴定应当严格掌握。如果其提供的证据不足以令裁判者相信可能确有其事,而对方当事人没有证据或证据不够充分但拒绝亲子鉴定,则人民法院应当在真实血缘联系与当事人身份关系及家庭的和谐、稳定以及自然人的名誉权之间进行衡量,以决定是否要通过推定确认亲子关系。

3. 子女利益最大化原则在审判实践中的体现。1989 年联合国《儿童权利公约》第 7 条规定,子女有“尽可能知道谁是其父母并受其父母照料的权利”。这一权利不仅关系到子女获得确切的生活保障,而且关系其人格的健康发展。我国是《儿童权利公约》的签约国,国家的司法审判活动中应当贯彻公约的上述精神。在审理涉及亲子关系的婚姻家庭案件中,未成年子女利益最大化原则是人民法院考量衡平各方当事人利益时不能忽略的一个原则。但对于具体案件中,如何看待未成年人的意思表示,则始终存在不同认识。我国《民法通则》将十周岁以上的未成年人规定为限制民事行为能力人。限制民事行为能力人可以进行与他的年龄智力相适应的民事活动;其他民事活动由他的法定代理人代理,或者征得他的法定代理人的同意。正是因为亲子鉴定必须有未成年的配合,因此,对于十岁以上的未成年人,人民法院不能简单地强制其进行亲子鉴定,而应当对其意思表示给予一定的重视。在决定是否进行亲子鉴定的问题上,要考虑其对事件的理解程度和态度,通过其监护人做好工作,避免极端事件的发生。如果十岁以上的未成年人了解情况后,坚决抵制亲子鉴定,人民法院不能简单地认定未成年人的监护人没有证据而又拒绝亲子鉴定,进而判决支持提起身份确认之诉的当事人胜诉。

人民法院审理离婚案件时,应当如何分割一方当事人婚前按揭购置并登记于其个人名下的不动产

韩　玫*

"按揭"一词原是地方方言,多见于我国的港、澳、台地区。20世纪80年代末以来,由南向北逐步见于我国大陆。除香港特别行政区外,中国法律中并无按揭这一规定。香港回归祖国前,该地区对按揭的规定分为广义和狭义两种。广义的按揭是指任何形式的质押(质押是动产的抵押)和抵押;狭义的按揭是指将房地产转移到贷款人名下,待还清贷款后,再将房地产转回到借款人(抵押人)名下。我国《城市房地产管理法》和《担保法》所规定的抵押贷款与香港特别行政区的按揭有一定的区别,即这两个法律对抵押的界定都不以转移占有为条件。"按揭"具有房地产抵押及分期还款两层含义。指银行向具有完全民事行为能力的自然人发放的用于购买自住房,并以其所购产权房为抵押物,作为偿还贷款的保证,按月偿还贷款本息的一种贷款方式。目前按揭贷款分为个人住房商业性贷款(简称商业贷款)与个人住房公积金贷款(简称公积金贷款)。具体地说,按揭贷款是指购房者以所购得的楼宇作为抵押品而从银行获得贷款,购房者按照按揭契约中规定的归还方式和期限分期付款给银行;银行按一定的利率收取利息。如果贷款人违约,银行有权通过诉讼拍卖抵押房屋并从拍卖所得款项中优先受偿。

一、关于婚前按揭所购房屋权属之争

近年来,房地产市场持续升温,房价不断上涨。年轻人结婚面临的最重要问题之一就是婚后用房。因为担心房价继续攀升,不少年轻人一旦具备一定的经济实力,就于婚前以个人名义采取按揭贷款的方式购房,当然,首付款要由购房者个人支付,由于没有配偶,房屋当然登记在购房者个人名下。由于还贷时间较长,购房者常常在贷款尚未全部还清时即登记结婚,婚后夫妻二人在此房中居住并以夫妻共同财产继续偿还贷款。对于大多数老百姓来说,家中价值最大的财产就是房屋,因此,离婚案件中分割夫妻共同财产争执的焦点也

* 最高人民法院民一庭高级法官。

是房屋。

如果房屋确定无疑地属于夫妻共同财产,则如何分割,《婚姻法》第三十九条早有规定。首先应由夫妻双方协议处理,协议不成时,由人民法院根据财产的具体情况,本着照顾子女和女方利益的原则处理。

根据《婚姻法》的规定,如果夫妻双方没有约定对婚姻关系存续期间所得财产以及婚前财产归各自所有或者共同所有,则婚姻关系存续期间所得财产为夫妻共同财产。但上述房屋毕竟是一方婚前所购,显然与双方婚后共同购买的房屋存在着性质上的差别。于是对于此种房产离婚时应当如何分割,各种观点争执不下,各地法院处理结果也不尽一致,因此有必要通过司法解释加以规范。

首先,对于上述房屋权属性质存在不同认识。一种观点认为,我国法律规定,不动产的取得是以登记为标志,因此,判断上述房屋是否属于夫妻共同财产,关键应当看房屋产权证是何时取得的。如果购房者在婚前已经取得了房产证,则该房屋属于购房者的个人婚前财产。如果房产证是在双方登记结婚后取得的,既然我国婚姻法规定的夫妻财产制为婚后所得共同制,那么,除非双方另有约定,房屋应当属于夫妻共同财产。购房者于婚前所支付的购房首付款和婚前以个人财产归还贷款部分则视为债务,从夫妻共同财产中偿还。另一种观点则认为,不能以取得房产证的时间作为判别此类房屋性质的标准。因为当事人于婚前签订合同购房并支付首付款的行为是确定的,与银行签订按揭贷款合同的时间是确定的,还贷义务人是确定的,而取得房产证的时间恰恰是不确定的。当事人可能因为房地产开发商未交纳或者未足额交纳土地出让金等原因,拖延为购房者办理产权登记的时间而不能及时拿到房产证,有的购房者甚至已经入住房屋多年也拿不到房产证。可见,房产证的取得时间常常不是购房者自己可以控制的。购房者在婚前已经通过按揭贷款的方式向房屋的出售方支付了全部房款,房屋买卖合同中所确定的义务已经履行完毕,只是作为债务人需要向提供按揭贷款的银行承担还款义务。其婚后获得房产的物权只是合同权利的自然转化,故离婚时将按揭房屋认定为婚前购房者的个人财产相对比较公平。如果只是由于开发商的违约行为,使得购房者取得房产证的时间拖延至其婚后,该房屋也因此被认定为夫妻共同财产,显然对购房者不公平。因此,不能将取得房产证的时间作为判断此类房屋是否属于夫妻共同财产的标准,而只能以购房合同上记载的购房者为房屋的所有权人。这样即使双方当事人离婚,也便于银行根据抵押贷款合同追索购房者所欠贷款。因为银行与购房者签订抵押贷款合同,是在审查购房者个人资信即还款能力的基础上决定提供贷款的,其法律意义上的合同相对人是确定的,如果因为离婚而将房屋判归夫妻中非购房者的另一方所有,则该房屋仍然属于按揭贷款的抵押物,因此,会导致贷款合同中还贷的义务人与抵押人分离的情况。如果转移债务,还需征得作为债权人的银行同意,无疑会增加人民法院审理离婚案件的难度。至于夫妻共同还贷部分款项的二分之一,应由购房者向另一方偿还。

我们认为,上述两种观点均有偏颇之处。关于本条司法解释所涉不动产的性质,应当从其购置的资金来源进行分析。这类房屋的购置资金由以下两个或者三个部分构成:第一部分,购房者于婚前购房时交纳的首付款(占房屋总价款的 20% 至 50%)以及其个人于结婚前偿还的贷款。所对应的部分属于购房者个人的婚前财产。第二部分,购房者结婚后,于婚姻关系存续期间,夫妻双方共同偿还贷款部分所对应的部分应属于夫妻共同财产。第三部分,如果离婚时贷款尚未还清,则离婚后需要由取得房屋所有权的一方继续向银行偿还。所对应的部分亦不属于夫妻共同财产。由此可知,此类房屋的权属性质不宜简单地认定为婚前购房者的个人财产,也不宜将其全部认定为夫妻共同财产,而是应当根据其购置资金的来源及其在全部房价款中所占比例来考量其分割原则。

其次,是关于分割夫妻共同财产时,将该房屋判归婚前购房者的合理性问题。持反对意见者认为,按照中国传统的观念和习惯,结婚一般是男方买房,女方陪嫁生活用品,如果离婚分割财产时将男方婚前通过按揭贷款方式所购房产认定为其个人财产或者虽然不认定为婚前个人财产,但因属男方婚前购房就分给男方,对婚后参与还贷的配偶一方极不公平。另一种观点则认为,第一,现实生活中,于婚前购房者并不限于男方,较为常见的情况是经济条件相对好一些的男方或女方家长资助自己的子女购房,方式一般是为子女支付购房的首付款。因此,认为人民法院将这类房屋的所有权判归婚前购房者所有就是保护男方利益的观点不能成立。第二,既然婚前购房者于购房时已经通过按揭贷款的方式向开发商支付了全部房款,也就是说购房者已经履行了商品房买卖合同中的全部义务,所应享有的是收房并取得房屋产权的合同权利。因此,离婚分割这类房屋时,将其判归婚前购房者是合理、有据的。第三,无需征得银行的同意变更婚前购房者与按揭银行签订的抵押贷款合同所确定的债务人。如前所述,银行发放按揭贷款的前提是审查贷款者的资信状况并确认其具有还款能力,如果人民法院在离婚判决中将这类房屋判归婚前贷款购房者的配偶所有,则尚未归还的贷款亦应当由取得房屋所有权者负责归还,实际上等于变更了向银行还贷的义务主体。根据合同相对性原则,银行认可的还贷义务主体是其进行过资信审核的原购房者,因此,虽然有所购房屋作为抵押物,但银行仍有权作出不同意债务转移的意思表示。第四,人民法院将这类房屋判归婚前贷款购房者,并不等于支持其无偿占有夫妻共同还贷部分所对应的房屋价值,也就是说一般情况下需要作为夫妻共同财产分割的是真正与夫妻双方于婚后共同还贷部分对应的房屋价值。只要不是存心觊觎对方的婚前财产,应当能够接受这一处理原则。

对于如何分割夫妻共同还贷部分所对应的房产价值的问题,不同地区的法院基于不同的认识,做法亦不相同。有的法院认为,既然婚前购房者已经通过按揭贷款的方式履行了合同义务,取得了购房合同中的所有权利,那么其房屋所有权人的地位是确定的,其与银行之间的关系是债权债务关系。偿还贷款不过是履行债务,夫妻共同还款当然就是夫妻共同还债。既然婚姻关系存续期间的所得都为共同财产,那么还贷支付的款项也属于共同财产,应当按照一人一半的原则分割,因此,离婚时取得房屋产权的一方应当将婚姻关系存续期间所偿还的贷款数额的一半,补偿给对方。另一种观点则认为,对于按揭房屋在婚后的增值,应当考虑配偶一方参与还贷所做的贡献。因为该房屋毕竟不是完全由婚前按揭购房者个人实际出资所购买,因此,分割时应当有别于婚前个人财产。另外,由于婚后夫妻任何一方的所得均属于夫妻共同财产,而且夫妻在一起生活,使得另一方已经没有必要或者没有可能购置个人房屋,同时,房价持续上涨,也加大了无房一方的机会成本,使得其实际上已经因为缔结婚姻而错过了最佳的个人购房时机。因此,在分割夫妻共同还贷部分对应的房产价值时,不考虑房屋升值的因素,对参与还贷的配偶一方是不公平的。在离婚诉讼中,为了分割夫妻共同财产,往往需要对财产的价值进行评估,对一方婚前按揭购买、婚后夫妻共同还债的房屋的价值进行分割时,同样要对房屋的现实价值进行评估,然后在根据夫妻共同还债部分在整个房价款中的比例,结合房屋升值的情况由取得房屋所有权的一方,对另一方给予补偿。尚未偿还的贷款,由取得房屋所有权的一方负担。我们认为,比较而言第二种观点更加合理。

鉴于各地法院基于不同认识,对离婚案件中此类不动产的分割的做法各异,实有必要通过司法解释加以规范。

二、社会各界的意见和建议

在婚姻法司法解释(三)公开向社会征求意见的过程中,各界人士对一方婚前贷款购买并登记于自己名下,婚后夫妻双方共同还债的不动产,离婚时的分割原则提出了各种不同看法。其中不乏很好的意见和建议,但也有的意见是出于对司法解释条文的误读。

其中相当一部分建议是从保护妇女权益的角度提出的。

有人建议,既然结婚,对于婚后共同还债的部分所对应的房产价值,作为夫妻共同财产分割是正确的,但分割时仍然应当遵循婚姻法确定的原则,照顾子女和女方利益。

有人提出,婚姻关系存续期间由夫妻共同还贷的部分,应考虑不动产的市场价格及共同还贷款项占全部房价款的比例等因素,由取得不动产权利的一方对另一方进行合理补偿的规定,忽视了夫妻双方对还贷贡献的不同。如果房款为 100 万元,房屋系男方婚前首付 20 万元后贷款购买,婚后女方年薪 15 万、男方年薪 6 万,五年就还清了贷款。那么没有女方的经济支持,男方不可能顺利还贷。第六年离婚时房屋归男方所有,对女方实在不公。这种观点的错误在于,探讨问题时没有考虑婚姻法确定的夫妻关系存续期间所得的财产归夫妻共同所有的基本财产制度,仍然将婚后所得视为个人财产并因此得出错误的结论,谁还贷贡献大,谁就应当多分财产。看似为女方说话,其实,这种观点是不能作为原则适用于所有案件的。如果男女双方的经济收入情况换位,男方收入高,为还贷贡献大,那么,女方是不是还要少分,极端的情况是,做全职太太的女方没有收入,是不是就可以不分。因此,这种分割共同财产时考虑婚后还贷款项来源的观点是不可取的。根据我国婚姻法的规定,如果夫妻之间没有对财产问题做特别约定,则要实行婚后所得共同制。这样,只要是婚后所得,无论是哪一方的收入,均属于夫妻共同财产。即使是男方在外工作,女方操持家务。婚姻关系存续期间还贷的支出,也属于夫妻共同还贷。离婚时不动产的相应部分的价值,也要作为夫妻共同财产分割。婚姻关系存续的时间越长,共同还贷的比例在全部房价款中所占的比例越高,离婚时,这类不动产中作为夫妻共同财产进行分割的价值比例也就越高,显然有利于保护妇女的合法权益。

互联网上有显然已经为人父母的网友提出,现在年轻人结婚,多是由父母省吃俭用帮助其购房,即使父母经济实力有限,也有不少人会东拼西凑为子女支付首付款,婚前购房是当然要写孩子的名字,而且将来要小夫妻两人共同还贷。如果这样房屋也要全部作为夫妻共同财产分割,一旦年轻人"闪结闪离",则不仅婚前支付首付款按揭购房者及其家庭会损失惨重,另外也助长了少数人通过婚姻,不劳而获变相掠夺他人财产的恶劣行径。我们认为,婚姻法司法解释(三)第十条规定的内容,足以令这部分为人父母的网民放心。因为,按照该条规定,婚前以个人名义购房,支付的首付款所对应的不动产的价值部分,一般不会因为购房者缔结婚姻而改变其婚前个人财产的性质。至于婚后夫妻共同还贷部分对应的不动产价值,当然属于夫妻共同财产。如果婚姻关系存续的时间很短,则夫妻共同还贷所支付的款项在整个房价款中所占的比例会很小,因此,离婚时非购房的一方所能够分得的比例也相应很小。当然,除非小夫妻在婚后短时间内提前还贷。如果出现这种情况,因为是用夫妻共同财产还贷,离婚时分给对方相应财产也是合理有据的。

有人错误地解读了本条司法解释的内涵,因此,担心离婚时女方拿什么证据证明自己参与了还贷。其实这种担心也是完全多余的,只要是婚姻关系存续期间偿还的贷款,人民法院就会直接认定为夫妻共同还贷,而无需任何一方证明自己的收入状况。而银行的还贷记录则可以清楚地证明离婚的当事人于婚姻关系存续期间的还贷情况。提出对方没有还贷的唯一例外是要证明夫妻双方对财产问题另有约定。

还有位女性网民提出,其与配偶同居五年后才登记结婚,其夫于婚前贷款购买了女方公司开发建设的房屋中的一套,享受了女方"公司员工购房"的优惠政策。两人同居后即共同偿还贷款,但由于同居五年以后才进行结婚登记,因此如果离婚其无法证明夫妻共同还贷是从结婚五年前开始的。认为司法解释应当规定无论是否已经结婚,从双方实际共同还贷时起,将双方共同还贷所对应不动产价值部分按照夫妻共同财产分割。我们认为,这是一种非常特殊的情况,不可能作为司法实践中的普遍问题由司法解释加以规范。此女无法根据婚姻法司法解释(三)得到保护的主要原因是其在结婚登记前五年同居造成的,我国现行法律没有关于保护同居关系的规定,但该女子只要能够证明同居男友购房享受了其"公司员工购房"的优惠,该女本人也确实参与了还贷,其合法权益还是可以依据《物权法》中有关按份共有的规定寻求司法保护。

在收集整理了各方面的意见后,最高人民法院对婚姻法司法解释(三)第十条再次进行了调整。细心的读者可以发现,现在相关条文的表述,与在有关媒体上公布,向全社会征求意见时略有不同。主要区别在于:第一,采纳了婚姻法学界和部分一线法官的意见,在第十条的第一款中明确规定,离婚时此类不动产首先由双方当事人协议处理。充分考虑了此类不动产性质中有部分符合夫妻共同财产的特点,和《婚姻法》第三十九条关于"离婚时,夫妻的共同财产由双方协议处理"的规定。第二,对于双方当事人协议不成时,人民法院判决处理的具体规定前适用了"可以"二字。从"立法"技术看,可以的含义是可以这样,也可以不这样。因此,本条司法解释只是为离婚案件中人民法院判决分割此类不动产,提供了一般方法,而不是说凡是遇到此类情况必须循此分割原则。这就为人民法院适用本条司法解释,提供了一定的灵活性。有利于法官针对具体案件的情况,保护妇女、儿童等在案件中处于弱势的当事人的合法权益。第三,在第二款中直接引用了《婚姻法》第三十九条第一款之规定。以强调人民法院在判决分割上述财产时,须根据财产的具体情况,遵循"照顾子女和女方利益"的原则。

与前几稿相比,婚姻法司法解释(三)第十条在最终定稿前删去了"房屋降价时的补偿数额不得低于夫妻共同财产还贷部分的二分之一"的规定。原来之所以规定上述内容,主要是考虑到尽管近年来房地产市场总体上呈上升趋势,但受市场规律制约,房价不可能永远上升,房价下跌的情况迟早都会出现。而一旦房价下跌,得到房屋的一方固然因房价下跌而遭受损失,但房屋作为不动产毕竟还有其使用价值,而且,房地产市场也不可能永远停留在低谷,也就是说房价总还有上升的时候,得到产权的人只要不在低价位时出售房屋,总还可以期待房屋升值。但对另一方当事人来说,如果离婚时房价正处于较低的态势,例如低于原购房价款的一半,则可能只能拿到很少的一点补偿。为了平衡双方当事人的利益,保护妇女权益,拟作出"房屋降价时的补偿数额不得低于夫妻共同财产还贷部分的二分之一"的规定。持反对意见的人为了说明原来的规定不合理,特举例:一方多当事人当年购置房屋的价格是 60 万,首付 20 万,贷款 40 万,夫妻共同还贷 20 万,占全部房款的三分之一,剩余 20 万未还。离婚时房屋的市场价跌至 20 万。也就是说跌了 40 万(三分之二)。离婚时不考虑其他因素,按照司法解释稿的上述规定,婚前贷款购房者在支付了 20 万元首付款,还要在偿还银行 20 万元的前提下取得房屋,他还要再向对方当事人支付 10 万元。也就是说他支付和将要继续支付 60 万元,最终取得的是一个价值 20 万元的房屋。他的财产贬值了,而另一方分得的夫妻共同财产由于表现形式是货币而因此并未贬值。如果将情况设定为一种极致的情况,即房屋的市场价值贬为零,婚前购房并取得房屋产权一方仍需向对方支付补偿,这样对购房一方来说是极其不公平的。既然房价上涨时,另一方要共享升值利益,那么,跌价时不共同承担损失就是不公平。最终,我们采纳了这种意见。当然房价下跌时,在分割夫妻共同财产时,还可以从照顾子女和女方利益出发,判令取得产权的一方给予对方适当的补偿。

三、对婚姻法司法解释(三)第十条的理解

理解婚姻法司法解释(三)第十条首先要把握的是,对于一方婚前签订买卖合同支付首付款并在银行按揭贷款、婚后夫妻共同还贷的房屋,完全认定为夫妻共同财产或者一方个人婚前财产都是不对的。此类房产实际是婚前个人财产与婚后共同财产的混合体。人民法院在离婚案件中判决分割此类房产的原则是,既要保护个人婚前财产权益,也要依照婚姻法关于照顾子女和女方利益的原则公平地分割婚后双方共同还贷形成的夫妻共有的财产权益;同时,还不能损害作为债权人的银行的合法利益。对本条司法解释可以分为这样几层意思理解:第一,本条司法解释有明确的适用范围。通过本条司法解释,规范了夫妻一方婚前签订不动产买卖合同,以个人财产支付首付款并在银行贷款,婚后用夫妻共同财产还贷,登记于首付款支付方名下的不动产的分割办法。其他情况下的不动产,不能适用此条规定。例如夫妻于婚后购买的不动产,虽然登记在一人名下,但不属于本条司法解释规

定的情形,不能适用。还有一方为结婚于婚前支付首付款并贷款购房,但在产权证上登记双方的姓名或者将房屋赠与另一方,亦不属于本条司法解释规定的情形,不能适用。另外,如果双方当事人未登记结婚,只是同居,即使购房的情况类似,亦不能适用本解释。第二,对于"婚后用夫妻共同财产共同还贷",应当从两个方面掌握:一是从偿还银行贷款的时间看,还贷的时间只要处于婚姻关系存续期间,一般即可认定是双方用夫妻共同财产还贷,而不必区分还贷的金钱来源于夫妻中哪一方的收入。二是看夫妻之间是否约定实行分别财产制或者对案涉房屋的还贷问题有特别的约定。如果双方当事人认可或者一方当事人能够举证证明夫妻已经约定实行分别财产制或者对案涉房屋的还贷问题有特别约定,则分割上述不动产时,当然排除本条司法解释的适用。第三,由于此类不动产中有夫妻共同财产的成分,因此,离婚时如何分割,首先应当由双方当事人协议解决。人民法院只是在双方当事人协议不成时才进行判决。第四,本条司法解释的第二款提供的是人民法院针对上述特定情况的不动产进行分割时的一种方法。其中"可以"的表述表明,该分割方法不是绝对的。不能机械地理解为判决分割此类不动产,舍此一途,别无他径。不能据此完全排除在特殊情况下,将此类房屋判归非产权登记一方所有并由其偿还剩余贷款的可能。第五,判决取得产权的一方向另一方补偿时须考虑房屋的增值,而不能仅给付夫妻关系存续期间双方共同还贷所支付款项的一半。具体的办法是在离婚时首先对案涉不动产的现值进行评估。当然,如果当事人之间能够通过协议对案涉房屋的现值形成共识,则没有必要委托有资质的房地产评估机构进行评估以确定案涉房屋的价值。人民法院在判决前应当掌握下列基本情况:(1)案涉房屋购买时的价款;(2)首付款及其在购房全款中的比例;(3)按揭贷款数额及其利息数额;(4)当事人以夫妻共同财产还款累计数额(包括利息)及其占全部房款和利息的比例;(5)尚未归还的贷款及利息的数额。在此基础上才能确定产权归属,然后确定取得产权的一方需要向另一方支付补偿款的多少。(6)在分割夫妻共同财产时,仍然要贯彻《婚姻法》第三十九条第一款规定的原则,照顾子女和女方利益。而且,本条司法解释也没有排除《婚姻法》第四十二条和婚姻法司法解释(一)第二十七条的适用。第六,在特殊情况下,如果人民法院决定将房屋判归支付首付款按揭购房者的配偶所有,那么必须了解是否还有尚未归还的贷款,由于按揭贷款是以所购房屋为抵押物的,因此,判决时原则上应当将还贷义务与房屋所有权归于同一当事人。否则不仅难以得到贷款银行的同意,而且一旦失去房屋产权的一方当事人拒绝还款,作为债权人的银行仍然有权通过诉讼,请求拍卖上述房屋并从所得款项中优先受偿,最终,根据判决得到房屋产权的一方当事人还是会失去房屋。

婚姻法司法解释(三)第十条提示人们,处理婚姻家庭问题的最好方式是协商解决问题。保护个人财产的最佳选择是未雨绸缪,于婚前或者发生争议前,以书面协议的方式对财产的归属及发生争议后的补偿问题进行约定。这样,一旦离婚,当事人之间的约定只要不违反法律,就应当作为人民法院判决的依据。另外,对于进入婚姻的女性而言,经济独立仍然是保护自己的婚姻和爱情的最好方式。尽管《婚姻法》和《妇女权益保障法》中都规定保护妇女合法权益,但那种期待靠离婚时分割夫妻共同财产甚至占有他人的婚前财产来获得自己离婚后的生活保障的想法,并不现实。

四、审判实践中需要注意的问题

在审判实践中,需要注意的问题有:第一,在一些当事人双方均为再婚者离婚案件中,对于一方当事人于前一个婚姻关系存续期间即通过所在单位签订预售房合同或者登记参与房改,购买房改房,在购房时享受本人与前一配偶的工龄优惠,但直至原配偶死亡后、该当事人再婚前才正式签订购房合同,购买房屋的,因所购房屋系房改房,购房款的绝大部分为此当事人与原配偶工龄优惠。因此,不宜适用本条司法解释判决房屋的归属。第二,在决定将符合本条司法解释规定的房屋判决归非婚前按揭贷款购房一方当事人所有时,务必做好以下工作:一是要判决由取得房屋所有权一方将购房者所支付的房屋首付款及夫妻共同还债支付款项及其所对应财产的增值部分的一半向另一方支付补偿;二是妥善处理尚未归还的银行贷款,一般应当判决取得房屋所有权的一方当事人承担继续还贷的义务。

对于如何确定未取得不动产所有权一方所应得到的补偿款数额,审判实践中有几种不同的计算方式。目前,多数法院采取的计算方式如下:

假设婚前贷款购房者所购房屋的单价是每平方米 15000 元,面积 80 平方米。首付款是 36 万元,按揭贷款 84 万元,贷款期限 20 年(240 个月),则利息总计为 603452. 87 元。还款总额 1443452. 87 元。如果采用等额还款的方式,月均还款 6014. 39 元。双方当事人婚后共同还贷三年后(36 个月)后诉讼离婚,离婚时房屋经评估,价值 400 万元。计算可知,购房者为购买该房屋总共支付 1803452. 87 元(1200000 元 + 603452. 87 元)。其中,首付款在房价(房价款 + 利息)中所占比例为(360000 元 ÷ 1803452. 87 元 × 100%)19. 96%,夫妻共同还贷 216518. 04 元(6014. 39 元 × 36),占房价款的 12%(216518. 04 元 ÷ 1803452. 87 元 × 100%)。则如果不考虑其他因素,则可以判决房屋归婚前购房者所有,由其对另一方补偿 24 万元(400 万元 × 12% × 1/2)。剩余贷款 1421834. 83 元(1443452. 87 元 - 216518. 04 元),仍由原购房者继续偿还。由于目前各银行及互联网上均能够提供房贷的计算标准,因此,上述计算方式不失为一种简便、实用的计算办法。

假设上述案例中的购房者是男方,离婚时双方当事人无子女,或者虽然有子女但女方经济独立,无需照顾,则上述分割不动产的办法即可直接适用。但如果离婚时子女两岁,需要随女方生活,女方另有居住房屋但经济困难,则首先考虑在分割上述不动产时,对于夫妻共同还贷部分所对应的财产价值,分割时根据照顾女方和子女利益的原则,给女方多分。如果法官认为将该部分 24 万元全部分给女方才足以体现照顾子女和女方利益的原则,判决结果并不违反本条司法解释的规定。如果离婚时女方没有住处,则人民法院还可以依据《婚姻法》第四十二条和婚姻法司法解释(一)第二十七条之规定,判决男方对女方给予帮助,让承担抚育子女义务的女方在此房屋居住,直到其另行找到住处或者再婚。

如果双方当事人婚姻关系存续时间较长,夫妻共同还贷的款项在房款中所占比例远远高出婚前购房者支付的首付款所占比例,而非购房者一方有能力支付尚未偿还的贷款,则受诉法院可以根据案件的实际情况判决房屋归婚前购房者的配偶所有,令其向对方支付相应补偿并承担继续还款的义务。

如果婚前购房的一方当事人因某种原因经济状况发生变化,离婚时已不具备继续偿还银行贷款的能力,而另一方当事人有此能力,则为了避免案涉房屋被银行行使抵押权,另一方要求取得所有权并愿意按照规定向对方偿付首付款并承担继续向银行还贷义务的,人民法院应当予以支持。

在人民法院采取公告送达的离婚案件中,如果原告提出婚前购房一方下落不明,要求人民法院将此类房屋判归其个人所有,则办案法官应当以极其慎重的态度,核查另一方当事人是否真正属于下落不明,避免未经核实即根据一方当事人的请求,将本应属于另一方或者属于夫妻双方的财产,判归到庭的一方当事人所有。即使经核实另一方确实下落不明,也应当在判决中注意保护经过公告传唤未到庭一方当事人的合法权益,尽可能避免被一方当事人利用,作出有失公允的判决。

有关结婚登记瑕疵问题的探讨

吴晓芳*

审判实践中,经常有当事人以结婚登记存在瑕疵为由申请宣告婚姻无效,比如一方或双方当事人未亲自到场办理结婚登记、借用或冒用他人身份证明进行结婚登记、婚姻登记机关越权管辖、当事人提交的婚姻登记材料有瑕疵等。《婚姻法》并未规定程序违法是婚姻无效的法定事由,这类纠纷由谁主管,按照什么程序处理?缺乏明确的规定,存在法律漏洞,专家学者对此问题也仁者见仁、智者见智,没有达成共识。从法院审判角度来讲,尽管现行立法对结婚登记瑕疵的处理规定不甚明了,但对于当事人起诉到法院的纠纷不能拒绝裁判。因此,非常有必要用司法解释的形式,对结婚登记瑕疵的处理问题有一个明确规定,以便各级法院在处理有关纠纷时裁判有据。

不久前,有关媒体报道了两例典型的结婚登记瑕疵纠纷,引起社会各界广泛关注。一例是妹妹冒用姐姐身份结婚生子纠纷,当事人甲某与男友登记结婚时,发现民政局把自己的婚姻状况登记为“已婚”,查询资料得知偷用身份的人是与自己相貌酷似的妹妹,姓名和身份证号都是自己的,但照片却是妹妹的。甲某将民政局告上法院,请求撤销结婚登记。原来妹妹在两年前因怀孕准备结婚,但却因未满 20 周岁的法定婚龄而不能登记,无奈之下偷用姐姐的身份证与乙某进行了结婚登记。民政局经审查后,认为甲某的情况比较特殊,不属于《婚姻法》规定的能够由民政部门自行撤销的情形,甲某只好到法院提起行政诉讼。

庭审时,民政局表示,当初办理结婚登记时,工作人员查验了前来结婚登记双方提交的证件,询问了他们的结婚意愿,随后填写结婚登记表,并颁发了结婚证,这种程序完全符合法律的规定。法院经审理后认为,甲某的妹妹冒用姐姐身份与乙某登记结婚时,提交了所需的证明材料,民政局审查确认双方出具的证件和证明材料符合法定的形式和要求,所以对两人予以结婚登记,民政局已尽到法定的审查义务。但实际上系妹妹冒用身份,利用自己和姐姐相貌酷似的客观条件,和乙某共同隐瞒了民政局工作人员,这种情形下办理的结婚登记,应由法院予以纠正,故判决确认甲某和乙某的结婚登记及结婚证无效。

另一例纠纷是:一方为骗财持假证结婚,受害方遭遇“离婚难”。某男与某女认识不久即办理了结婚登记手续,某女以母亲住院急需治疗费为由从某男处拿走 8 万元,随后便人间蒸发了。经公安机关调查,某女属于那种以结婚为名诈骗钱财者,其结婚登记使用的身份

---

* 最高人民法院民一庭高级法官。

证是伪造的。某男到法院起诉离婚,法院认为,案件受理时必须有明确的被告。如果经公安机关核实,一方身份信息虚假,另一方直接起诉要求和身份虚假者离婚,法院无法受理。类似某男的遭遇并非个案,近年来确实时有发生。

有人认为,如果当初登记结婚时,婚姻登记部门能够发现对方提供了虚假信息,就可以避免类似事情的发生。"目前来说,我们没办法鉴别身份证件的真伪。"对此,婚姻登记部门的工作人员表示无奈。根据婚姻登记的相关规定,当事人申请办理结婚登记,双方必须亲自到场,婚姻登记部门主要审查的内容有两项:当事人提供的户口本、身份证上的信息是否一致;是否符合法定结婚年龄、是否有管辖权。只要当事人按照规定提供了结婚必备的"实质要件"和"形式要件",民政部门就应该为当事人颁发结婚证书。对于双方提供证件的真伪问题,目前,并没有法律法规赋予民政部门相应的鉴别权或义务。

一、婚姻无效与结婚登记瑕疵

婚姻无效与结婚登记瑕疵是两个完全不同的概念,结婚登记在性质上属于一种民事登记,与户籍登记或者收养登记的性质相类似,其目的在于确认当事人的婚姻状态,确立婚姻关系,其不属于行政许可的范畴,但仍然属于行政机关的具体行政行为。[①] 倾向性观点认为,结婚登记的行政行为类型是行政确认,即行政机关依照法定程序和要求认定某一事实或法律关系存在的一种行为。当事人办理结婚登记并领取结婚证,即意味着他们之间的婚姻关系得到了法律的认可和保护,其他人必须承认并尊重他们的婚姻关系。另外,结婚登记之所以是一种行政确认行为,而不是行政许可行为,根本原因就在于婚姻自由是公民享有的一项基本权利。《宪法》、《民法通则》以及《婚姻法》都明确规定了公民的婚姻自由权,公民可以自主决定结婚或者不结婚,也可以自主决定维持或者解除其婚姻关系,无论是结婚的权利还是离婚的权利,都是公民依法享有的,而不是由行政机关赋予的,在结婚登记中,行政机关的职责只不过是对当事人行使婚姻自由权的合法性及其结果进行审查确认。

2003 年 8 月,民政部在关于学习宣传和贯彻执行《婚姻登记条例》的通知中指出,"婚姻登记是婚姻登记机关依照婚姻法和条例的具体规定,为符合结婚或离婚条件的当事人办理结婚或离婚登记的法定程序,这是国家的一项重要的基础性的民事登记,是政府对公民婚姻关系的建立和解除进行监督和管理的制度",而"结婚登记瑕疵"不是一个法律概念,从目前使用的特定语境看,主要是指在结婚登记中存在程序违法或欠缺必要形式要件等缺陷。因而,它不属于《婚姻法》第十条规定的无效婚姻以及第十一条规定的可撤销婚姻。

婚姻无效是欠缺结婚实质要件的婚姻在民事法律关系上的后果,不能以结婚登记时的程序瑕疵来主张婚姻无效。婚姻无效制度,是法律设立的一种对结婚形式上已成立的婚姻关系,由当事人或者利害关系人针对该婚姻关系是否有效成立提出异议的一种救济制度。婚姻无效制度是结婚制度的重要组成部分,能够预防和制裁违法婚姻。依据《婚姻法》第十条的规定,婚姻无效的情形仅限于重婚、有禁止结婚的亲属关系、婚前患有医学上认为不应当结婚的疾病且婚后尚未治愈以及未达到法定婚龄的四种情形。婚姻法解释(一)对申请

---

① 丁锋主编:《婚姻登记条例问答》,中国法制出版社 2003 年版,第 3 页。

宣告婚姻无效的主体范围、人民法院审理无效婚姻案件适用的程序、婚姻无效的阻却事由等问题均作出了具体的规定。申请宣告婚姻无效的,应以起诉时的状态为准,因为无论起诉前或缔结婚姻时的状况怎样,一旦经过一定的期间,当双方已经具备法律规定的结婚条件时,无效婚姻的情形已经消失,就不能再用以前的无效事由申请宣告婚姻无效。

二、有关结婚登记瑕疵的处理

程序具有瑕疵的结婚登记存在着不合法性,其法律效力自然会受到质疑,如果同时欠缺了结婚的实质要件,在法律规定的情形内,可以被人民法院宣告为无效,但仅有程序瑕疵的结婚登记的法律效力,缺乏明确的法律规定,结婚登记程序瑕疵,并不必然导致婚姻关系无效。如果当事人以结婚登记程序瑕疵为由请求否定其婚姻效力,法院不能直接宣告婚姻无效。一旦将符合结婚实质要件但结婚登记程序上存在瑕疵的婚姻,不分青红皂白一律宣告无效,势必影响婚姻家庭关系的稳定,同时也不利于社会的和谐发展。

《婚姻登记条例》中的"撤销婚姻登记"是行政法中的概念。在我国,婚姻登记机关是政府的民政部门,因此,其行为应当由行政法来调整。在行政法中,撤销行政行为,是指有权机关对违法或明显不当的行政行为,取消其效力的过程。① 结婚登记的事实依据是各种证明材料,当提供的证明材料虚假时,比如伪造身份证件登记结婚,婚姻登记机关应当撤销该登记,撤销婚姻登记的后果等同于没有登记,双方当事人之间不存在受到法律保护的夫妻关系。

结婚登记行为调整的是特殊的身份关系,结婚登记行为不仅以《婚姻法》的实体规定为依据,其程序要件也是为适合婚姻关系的特殊性而设定,在很大程度上是为了保障实体要件的实现。譬如《婚姻法》第八条和《最高人民法院关于适用〈中华人民共和国婚姻法〉若干问题的解释(一)》[以下简称婚姻法解释(一)]第四条的规定,婚姻登记是结婚的必经程序,未办理结婚登记的,应当补办登记;补办婚姻登记的,婚姻关系的效力从双方均符合《婚姻法》所规定的结婚的实质要件时起算。同时,《婚姻法》第十条、第十一条对无效婚姻和可撤销婚姻的事由采取穷尽式列举,排除了任何否定婚姻关系的其他事由。同时婚姻法解释(一)第八条还规定:"当事人依据婚姻法第十条规定向人民法院申请宣告婚姻无效的,申请时,法定的无效婚姻情形已经消失的,人民法院不予支持。"第十二条规定,受胁迫的一方主张撤销婚姻的请求期限为一年,该期限不适用诉讼时效的中止、中断、延长的规定。由此可见,这些规定体现了人民法院对部分无效婚姻的有条件认可,也反映出了立法者保护婚姻稳定性的价值取向。

从民事审判解决平等主体之间权利义务争议的角度来说,对当事人请求宣告婚姻无效的,只能从是否符合无效婚姻的四种情形方面进行审查。如果将符合结婚实质要件但结婚登记程序上有瑕疵的婚姻宣告为无效婚姻,不仅随意扩大了无效婚姻的适用范围,同时,也有悖于无效婚姻制度设立的初衷。人民法院经审查发现不属于《婚姻法》规定的无效婚姻的四种情形,只能判决驳回当事人申请宣告婚姻无效的请求,当事人可以依法申请行政复

① 胡建淼:《行政法学》,法律出版社 2003 年版,第 217 页。

议或提起行政诉讼。

《婚姻法》虽然规定了结婚登记系结婚的形式要件,但由于婚姻关系的特殊性,为了维护婚姻关系的稳定,保护当事人的婚姻自主权,婚姻实体法对婚姻效力的考量更加关注结婚实质要件是否具备。通过结婚程序上的严格要求,最大限度地保证了相对人符合婚姻成立的实质要求,最大限度地保障了婚姻登记机关对当事人婚姻关系确认的准确性。结婚登记是一种公示行为,通过登记的方式使当事人缔结婚姻关系的意愿表达出来,并使其具有足以由外部可以辨认的表征。结婚登记程序固然也是为保护婚姻当事人的利益而设定的,但法律更重视结婚登记的实质,甚至为达到实质目的而迁就结婚登记程序。① 对于有瑕疵的行政行为,除非“严重且明显”,并不当然无效或可撤销。要综合考虑程序违法的程度和对关系人的信赖保护。瑕疵可以补正的尽量补正,如果无法补正或者补正徒劳无益,只要程序瑕疵没有明显影响实质决定,程序瑕疵也许可以忽略不计。作为一种既存的社会关系,“婚姻”已形成事实,并以此为基础向社会辐射出各种关系,简单地否认这种身份关系的存在,必然会对家庭及社会产生一系列的负面影响。结婚登记被撤销后,其登记自始无效,婚姻当事人自始不存在婚姻权利义务法律关系,男女双方因婚姻关系而取得的各种人身权益将随之丧失,同时还会波及当事人的财产权益,后果相当严重。撤销结婚登记行为的法律后果与婚姻被宣告无效或被撤销的法律后果相同。基于对人类情感的尊重,基于切实保护妇女儿童利益的需要,基于重视婚姻事实的考虑,特别是在该婚姻关系并不损害他人和社会公共利益时,人民法院不应轻易否定当事人婚姻的效力。② 应当区别是重大瑕疵还是一般瑕疵,不能简单粗暴地采取颠覆性或毁灭性的方式处理。有些结婚登记程序瑕疵问题首先出在婚姻登记人员身上,加强登记人员的管理,强化登记人员的责任,尽量避免此类问题的再次发生,比单纯的撤销结婚登记来惩罚当事人更为有益。

2003年10月1日起实施的《婚姻登记条例》与1994年2月1日公布施行的《婚姻登记管理条例》相比,《婚姻登记条例》删除了原来《婚姻登记管理条例》中有关申请婚姻登记的当事人弄虚作假、骗取婚姻登记的,婚姻登记管理机关有权撤销婚姻登记,宣布婚姻无效并收回结婚证,还可以对当事人处以200元以下罚款的规定。《婚姻登记条例》只在第九条规定,婚姻登记机关对因胁迫结婚的,有撤销该婚姻,宣告结婚证作废的权利。该条还限定了:“不涉及子女抚养、财产及债务问题的。”言下之意,因胁迫结婚的当事人之间涉及子女抚养、财产分割及债务清偿问题的,应当到法院请求撤销婚姻。民政部制定的《婚姻登记工作暂行规范》第四十六条规定:“除受胁迫结婚之外,以任何理由请求宣告婚姻无效或者撤销婚姻的,婚姻登记机关不予受理。”尽管《婚姻法》及其相关的行政法规只规定了婚姻登记机关可以受理撤销胁迫结婚一种情形,但由于对结婚登记程序存在瑕疵的婚姻效力纠纷的主管部门和诉讼程序规定不明。目前在司法实践中,对于因结婚登记程序瑕疵引起的婚姻效力纠纷,主要解决途径是当事人先找婚姻登记机关,请求其撤结婚登记;对于婚姻登记机关不撤销或者对其处理不服的,再提起行政诉讼。

关于婚姻关系当事人对婚姻登记机关作出的婚姻登记结果不服的行政复议和行政诉

① 孔祥俊:《婚姻登记行为的可诉性与司法审查标准》,载《法制日报》,2003年11月28日。

② 孙若军:《论欺骗登记婚的法律后果》,载《法律适用》2004年10月,第18页。

讼问题,《婚姻登记条例》未作规定,但并不意味着对婚姻登记机关作出的与婚姻登记有关的行为,当事人没有救济的途径。《婚姻登记条例》之所以没有规定行政复议和行政诉讼,"是因为我国行政复议和行政诉讼都已经有了比较健全的法律体系,当事人只要按照行政复议法、行政诉讼法规定的程序办理就是了。"①笔者对此的理解是,虽然《婚姻登记工作暂行规范》第四十六条规定:"除受胁迫结婚之外,以任何理由请求宣告婚姻无效或者撤销婚姻的,婚姻登记机关不予受理",但并不是说有关结婚登记瑕疵问题的处理,婚姻登记部门可以一概不管。当事人因为结婚证载明的姓名有误、婚姻登记机关越权管辖等一般瑕疵到民政部门申请解决,婚姻登记机关总可以对瑕疵进行补正或重新确认吧?以笔者之见,目前实际操作中婚姻登记机关普遍拒绝受理撤销瑕疵结婚登记是不合适的,

有观点认为,婚姻效力纠纷事实上的处理渠道,不仅有婚姻登记机关与法院共同主管的"外双轨",也在法院内部存在行政诉讼与民事诉讼的"内双轨"。这种"主管上的双轨制"与"审判上的双轨制",不仅与婚姻纠纷的性质不相适应,而且由于相互之间不衔接,在司法实践中常常暴露出法律适用上的"打架"等诸多弊端。行政诉讼时效也难以满足婚姻效力纠纷的需要,根据《行政复议法》第九条第一款规定,婚姻效力纠纷一般都会因超过 60 日行政复议期限难以进入行政复议程序。而根据《行政诉讼法》第三十九条和《最高人民法院关于执行〈中华人民共和国行政诉讼法〉若干问题的解释》第四十二条规定,不知道行政机关作出具体行政行为的,从知道或者应当知道之日起三个月内起诉;不知道具体行政行为内容的,除不动产外,最长的诉讼时效是 5 年,超过 5 年提起诉讼的,人民法院不予受理。上述规定显然不能满足婚姻纠纷行政诉讼的需要。如果超过了诉讼时效,那些结婚登记存在重大瑕疵而本不成立或无效的婚姻,将无法得到否认,而有效的婚姻也无法得到法律确认,使大量婚姻处于法律不能调控的真空状态。某地富豪"被结婚"纠纷,正是因为超过了 5 年的诉讼时效,使当事人的"被结婚"状态无法获得解决,等于被强迫赋予配偶的法律身份。而在民事诉讼中,就没有诉讼时效的障碍。对于婚姻撤销有明确的除斥期限,超过一年除斥期间,则不予撤销。对于婚姻无效,在民事诉讼中,明确规定不受一般诉讼时效限制,有请求权的人,任何时候都可以申请宣告婚姻无效。而婚姻不成立与婚姻无效具有相同性质,亦不受一般诉讼时效的限制。

为此,对婚姻效力纠纷的主管和审判体制应当改革,由"双轨制"向"单轨制"并轨,彻底废除民政机关主管婚姻效力纠纷和适用行政诉讼程序解决婚姻效力案件的机制。凡涉及婚姻是否成立或有效的案件,全部统一由法院主管,按民事诉讼程序处理。②笔者认为,上述观点有一定道理,优越之处在于简化了当事人的救济途径,克服了婚姻登记机关在处理此类问题上的不足之处,但民事审判超越自己的职权范围审查行政机关作出的婚姻登记行为,法律关系似乎很难理顺。

三、婚姻法司法解释(三)的相关规定

2011 年 8 月 13 日,《最高人民法院关于适用〈中华人民共和国婚姻法〉若干问题的解释

① 丁锋主编:《婚姻登记条例问答》,中国法制出版社 2003 年版,第 118 页。

② 王礼仁:《婚姻诉讼前沿理论与审判实务》,人民法院出版社 2009 年版,第 592 页。

(三)》开始施行,该司法解释第一条就规定了结婚登记瑕疵的处理规则:“当事人以婚姻法第十条规定以外的情形申请宣告婚姻无效的,人民法院应当判决驳回当事人的申请;当事人以结婚登记程序存在瑕疵为由提起民事诉讼,主张撤销结婚登记的,告知其可以依法申请行政复议或者提起行政诉讼。”

该条司法解释包含以下几层含义:第一,从民事审判角度而言,当事人申请宣告婚姻无效,所持理由不属于《婚姻法》第十条规定的无效婚姻的四种情形,人民法院应当用判决的形式驳回当事人的申请;第二,如果当事人在离婚诉讼中或其他民事诉讼中,以结婚登记程序存在瑕疵为由否认存在婚姻关系的,首先应解决的是结婚登记效力问题,不属民事案件的审查范围;第三,本着司法为民的宗旨,人民法院应告知当事人可以依法申请行政复议或者提起行政诉讼。告知的内容一般包括:(1)撤销结婚登记的法律后果与解除婚姻关系的法律后果不同,前者导致婚姻自始无效,双方共同生活期间所得的财产不能按照夫妻共同财产予以分割;(2)对瑕疵结婚登记相关当事人的救济途径应当是启动行政程序。民事审判司法权不同于行政审判的司法权,在民事审判中与行政机关的行政权没有从属关系,撤销结婚登记、认定结婚证无效是行政权,在民事审判中认定结婚证的效力问题不妥,超越了民事审判的职权范围。如果认为结婚登记程序存在瑕疵,主张更正或撤销结婚登记的,可以请求婚姻登记机关予以更正或撤销结婚登记,婚姻登记机关不予更正或不予撤销的情况下,可以提起行政诉讼要求婚姻登记机关履行法定职责;(3)行政复议并非前置程序,当事人也可以选择直接提起行政诉讼。

四、有关审判实务中的问题

结婚登记瑕疵问题情形比较复杂,其法律后果也各不相同,下面结合审判实务中不同性质的案例,对如何处理结婚登记瑕疵纠纷进行类型化梳理和分析。

1. 一方当事人在离婚诉讼中以结婚登记程序存在瑕疵为由,对民政部门颁发的结婚证效力提出异议,认为彼此之间不存在夫妻关系,对此应如何处理为宜?

笔者认为,当事人提起离婚诉讼,其前提应是双方存在合法的婚姻关系,诉讼时应向法院提供证明婚姻关系的《结婚证》或《夫妻关系证明书》,如果一方对配偶身份提出异议,首先要解决的就是结婚登记的效力问题,这里还涉及民政部门。从民事审判角度来讲,应当裁定驳回当事人的起诉,同时进行释明,告知其可以找民政部门解决,或者直接提起行政诉讼。

2. 他人代理或冒名顶替进行结婚登记的认定和处理。一方或双方没有亲自到场办理结婚登记手续,而是由他人代理甚至冒名顶替进行结婚登记,这里又可以分为两种不同的情况:

(1)当事人明知他人代理其进行结婚登记,且对此不持异议,虽未亲自到场办理结婚登记手续,但公开举行婚礼、共同以配偶身份生活、凭结婚证办理准生证或申报子女户口等行为,表明双方缔结婚姻是其真实的意思表示。

法律规定婚姻行为不得代理,而要求当事人双方亲自办理,其宗旨在于保障当事人系完全自愿地结为夫妻关系,这是婚姻成立的本质特征,但法律并没有规定当事人未亲自到场办理结婚登记,其缔结的婚姻一律无效。换句话说,即便双方当事人亲自到场申请办理结婚登记,如果一方或双方不符合结婚的实质要件,婚姻登记部门也会拒绝为其办理结婚登记手续的。因此,只要查明当事人双方自愿结婚,并完成了结婚的形式要件,其结婚登记中的瑕疵是不足以影响婚姻效力的。

(2)一方当事人不同意结婚,他人冒名顶替与另一方当事人进行结婚登记。

笔者认为,由他人冒名顶替登记结婚,不仅严重违反结婚程序,也违背了当事人的结婚意志,如果被冒名的当事人请求撤销结婚证的,人民法院应予支持。

3. 借用他人身份证件进行结婚登记,结婚证上载明的主体与实际共同生活者不一致时,应如何处理为妥?

实际生活中,因一方未达法定婚龄而借用他人身份证件登记结婚的情形并不少见。如果结婚证上载明的主体对结婚证效力提出异议的,可以请求民政部门撤销结婚登记或直接提起行政诉讼;如果实际共同生活的当事人请求离婚的,法院应对当事人进行释明,告知因其结婚登记存在瑕疵,请求离婚的双方与结婚证上载明的主体不符,无法判断双方是否存在婚姻关系。若当事人坚持自己的诉讼请求,则应当裁定驳回起诉;若经过法院释明后,当事人变更诉讼请求,主张解决同居期间的财产分割、子女抚养等问题时,法院可以依法继续进行审理。值得注意的是,如果当事人系在 1994 年 2 月 1 日之前以夫妻名义共同生活,可按照事实婚姻处理。结婚证的效力是具体行政行为的结果。针对的对象是特定的,只是对结婚证上载明的主体有约束力,而不应及于他人。我国对婚姻关系确立形式只有一种,即采取的是登记主义模式,记载于结婚证上的申请人才是行政机关许可缔结婚姻并承认婚姻关系的当事人。行政机关颁发结婚证,实际确立的是被借用身份证件之人与持有真实身份证件之人的夫妻关系,具有公示公信的效力,是形式合法的婚姻关系,在未经法定机关通过法定程序撤销前,不能直接否认其效力。基于行政行为的相对性,该结婚证的效力不应及于实际共同生活的当事人,当事人之间不存在法律所承认的婚姻关系。

4. 一方使用虚假身份证件,以骗取钱财为目的与另一方登记结婚,婚后不久即下落不明。经公安机关查证,一方的身份证件系伪造,另一方起诉离婚被法院裁定驳回,理由是没有明确的被告,此种情况有什么救济途径?

如果一方当事人向婚姻登记机关提供虚假身份证等证明材料,骗取了结婚证,其目的是为了骗取钱财,婚姻登记机关是在受欺骗的情况下作出的婚姻登记发证行为,该行政行为形式上虽已经存在,但因具有重大、明显的瑕疵,且显然不符合《婚姻法》和《婚姻登记条例》有关结婚登记的条件。该行政行为属于无效行政行为的情形,应当确认该行政行为无效。根据有关规定,对无效行政行为的认定,主要有行政主体进行认定和法院在行政诉讼中进行认定两种方式,现鉴于婚姻登记机关一般不受理此类问题,根据《最高人民法院关于执行〈中华人民共和国行政诉讼法〉若干问题的解释》第五十七条的规定,即被诉具体行政行为依法不成立或无效的,人民法院应当作出确认被诉具体行政行为违法或者无效的判决。因此,受骗一方的救济途径是提起行政诉讼,请求撤销结婚登记。

5. 涉及结婚登记程序是否完成的纠纷。

当事人双方申请结婚登记,婚姻登记机关经过审查,认为双方符合结婚条件,在结婚登记申请表审查一栏签署“经审查情况属实,准予登记”,并加盖了公章,但因故当时没有发放结婚证。后双方举行了婚礼,不久一方因病去世。去世一方与原配偶生育的子女在继承纠纷中主张其父与另一方不存在婚姻关系。

从司法实践来看,有些当事人进行结婚登记时,因欠缺相关材料,婚姻登记机关登记后,暂时不发放结婚证书,待当事人补齐相关材料后再发放,在这种情况下,结婚登记实际上并没有完成;另外,也有因为婚姻登记机关自身的原因未及时发放结婚证的情形。结婚登记的程序依法应包括三个方面的内容:其一是双方当事人应亲自到婚姻登记机关办理结婚登记;其二应提交必要的证件或材料;其三是由婚姻登记人员进行审核准予登记后,领取结婚证。领取结婚证是婚姻登记的关键环节,由此确立夫妻关系。如果当事人因种种因素最后未领取结婚证,其结婚登记程序没有完成,法院应认定当事人双方之间不存在婚姻关系。

6. 婚姻登记机关越权管辖发放结婚证的效力。

现实生活中,违反规定跨地区办理结婚登记的情况时有发生,主要表现为:擅自为双方均非本地常住户口居民办理婚姻登记;没有得到办理涉外、涉港澳台等婚姻登记的授权而违规办理上述登记。当事人往往为了图方便或者在原地登记受到阻挠,抑或因欠缺结婚登记材料而托关系找熟人,对于这种情况应如何认定婚姻的效力?笔者认为,《婚姻登记条例》第四条规定:“内地居民结婚,男女双方应当共同到一方当事人常住户口所在地的婚姻登记机关办理结婚登记。”《婚姻登记工作暂行规范》第五条规定:“婚姻登记机关不得违反上述规定办理婚姻登记。”但其并没有规定违反婚姻登记管辖规定的婚姻登记无效,婚姻登记管辖规定,重点是明确婚姻登记机关内部职权范围,也是为了方便申请结婚登记的当事人及便于监督管理。只要办理结婚登记时没有违反其他规定,双方当事人系完全自愿结婚,完成了结婚登记程序,并符合结婚的实质要件,法院应当认定婚姻登记机关发放的结婚证有效。

7. 甲某与乙某结婚时,因怕麻烦双方没有去登记,而是托熟人代领了结婚证,双方以夫妻身份共同生活了十几年,后来发现此结婚证在民政部门没有登记存根,甲某遂诉至法院要求确认该婚姻关系无效。

笔者认为,应当判决驳回甲某关于确认婚姻无效的申请。结婚证的产生是婚姻登记机关审核登记的结果,审核登记是颁发结婚证的前提,至于是什么原因导致应有的审核登记行为没有载明于主管机关的登记簿,完全是登记机关的责任。登记机关颁发了结婚证,就代表了国家认可这一婚姻的成立,该婚姻应该受到法律的保护。婚姻登记是民政部门的法定职责,由于登记机关工作人员疏忽没有进行登记或者登记错误而颁发了结婚证,法律责任应由登记机关承担,而不应转嫁给当事人。

论父母出资为子女购买房屋的归属

肖 峰*

随着近年来全国房价的不断攀升,年轻人结婚后短期内靠夫妻双方自身经济收入越来越难以负担高昂的房价。此时,父母基于对子女的爱护,一般都会在力所能及的范围内资助子女购买房屋。基于父母子女间密切的人身关系和特有的中国传统家庭文化的影响,父母在出资时,一般未明确或不愿明确出资性质。但是一旦子女离婚,夫妻间经常在父母出资购买房屋的相关问题上产生争议。

一、父母为子女出资购买房屋行为的性质

对此,审判实践中存在不同的观点:一种观点认为,父母出资为子女购买房屋的行为是一种赠与行为。所谓赠与,根据我国《合同法》第一百八十五条规定,是指"赠与人将自己的财产无偿给予受赠人,受赠人表示接受赠与"的一种合意。赠与人与受赠人之间只要有赠与合意,赠与关系就成立。具体而言,父母为解决或改善子女居住条件而为子女买房出资,是基于双方之间的血缘亲情,一般并不期待子女支付相应对价。因此,这本质上是以亲情为基础的赠与;另一种观点则认为,父母为子女出资购买房屋是一种借贷行为。在当今房价高企、离婚率激增的社会背景下,大部分父母对为子女婚后买房出资行为持比较现实的态度,一般不愿在子女离婚时,让另一方以夫妻共同财产为由,分走其出资部分。故应将该出资行为视作借贷关系。这样不仅符合现实生活,也有利于讼争解决。从审判实践来看,上述两种观点都不能包括现实生活中所有父母为子女出资购买房屋的情形。例如,当父母虽为子女出资买房但已通过借条、字据等形式明确与子女约定该出资为借贷并约定了还款日期时,很难将该行为理解为第一种观点所谓的赠与行为。而当父母出资为子女买房时,如有证据已经证明父母明确表示该出资为赠与,则此时很难再以借贷关系加以评判。因此,我们认为,对父母出资为子女购买房屋的行为,首先应尊重父母子女间对出资行为性质的约定。只有在没有约定或约定不明时,才可能涉及出资行为性质的认定问题。在双方对出资行为性质没有约定或约定不明时,则应综合其他因素加以分析以探究当事人出资的真意。显然,所有的分析都离不开婚姻这一背景。一方面,子女结婚前,父母为子女购置房屋出资的本意是为子女提供居住条件,促成双方早日结婚。可见,此时父母出资目的中既无

* 最高人民法院民一庭法官,中国政法大学法学博士。

将出资赠与非子女一方的考虑,也无将出资借贷给双方的意图。特别是在出资时,子女尚未与他方建立婚姻关系,不属于《婚姻法》婚后所得共同所有的范畴,故应当认定该出资为对自己子女的个人赠与方才符合父母给付出资的本意,除非父母已明确表示该出资赠与双方。另一方面而言,子女结婚后,根据《婚姻法》第十七条规定,婚后取得的财产一般属于夫妻共同所有。在此前提下,如果父母仍为双方购置房屋出资,则一般应认为是对夫妻双方的赠与,除非父母明确表示赠与一方。对此,《最高人民法院关于适用〈中华人民共和国婚姻法〉若干问题的解释(二)》第二十二条也规定:"当事人结婚前,父母为双方购置房屋出资的,该出资应当认定为对自己子女的个人赠与,但父母明确表示赠与双方的除外。当事人结婚后,父母为双方购置房屋出资的,该出资应当认定为对夫妻双方的赠与,但父母明确表示赠与一方的除外。"该司法解释条文颁布后,在司法实践中取得了良好的效果。但随着社会经济发展,该司法解释条文也日益显露出一些局限性。这主要表现在:第一,现实中很少出现"父母明确表示赠与一方"情形。大多数情况下,子女结婚后,父母出资为子女购房很少明确表示是赠与子女一方。这一方面是因为父母在为子女购房出资时很少甚至不愿设想将来子女离婚的可能;另一方面则是传统上认为婚姻就是以感情为基础,以财产共同使用为依托。因此,即便父母在为子女购房出资时已经考虑了上述可能,一般也不会明确表示赠与给自己子女一方以免另一方因此产生一些不必要误会,以致影响夫妻感情。第二,在如何认定"父母明确表示赠与一方"的问题上存在困难。现实情况中,父母在出资为子女买房时,可能曾口头表示是为双方买房,但一旦出现可能离婚情形,父母可能会否认该出资为赠与双方,甚至与其子女串通声称该出资仅为赠与其子女一方或为借贷性质。此时,在双方都只有当事人陈述作为证据的情形下,法院很难作出正确判断。第三,在出现闪婚闪离情形时,直接认定父母为子女购买房屋的出资为对夫妻双方的共同赠与缺乏社会认同。婚后,父母为子女买房出资虽然表面上不排除为非子女的配偶一方提供居住条件的考虑,但血亲与姻亲的差异决定了为子女提供婚后居住条件这一本意才是促使父母出资的根本原因。如果仅仅因为短暂的婚姻就让另一方分走一方父母大半生的积蓄,显然与父母出资的预期不符。

二、父母出资为子女所购买房屋的归属标准

我们认为,应将父母出资为子女购买房屋的最终归属的认定简单化为主要以产权登记作为标准。之所以以产权登记作为判断标准很大程度上是基于不动产产权登记的特殊属性。

关于不动产产权登记,首先要分析不动产进行登记的必要性。众所周知,物权具有绝对排他性,由此导致物权的变动也会产生排他效果。因此,如果没有让他人知悉物权变动的表现方式,则可能损害第三人的利益。为此,必须将物权设立和变动的事实通过一定的公示方法向社会公开,从而使第三人知道物权变动的情况,以避免第三人遭受损害并保护交易安全。从各国立法来看,一般规定动产以占有作为权利享有及变更的公示方法。而就不动产而言,考虑其在财产体系中的重要性,从慎重出发,一般以登记作为权利享有与变更的公示方法。学界关于不动产登记的界定大致分三种:第一种观点是事实说,如有学者认

为不动产登记是“经权利人申请,国家有关登记部门将有关申请人的不动产物权的事项记载于不动产登记簿的事实”。《日本不动产登记法》也采取了这种观点。其第 1 条规定:“登记,为不动产的标示或如下所列的不动产权利的设定、保存、转移、变更、处分限制或消灭时所为的记载。”既然登记是一种记载,则当然是事实状态了。第二种观点是行为说,如我国台湾学者温丰文先生认为登记是指:“将土地及建筑改良物的所有权与他项权利的取得、转让、变更、丧失,依法定程序,登载于地政机关所掌管的登记簿册上的行为。”而另一位台湾学者孟光宇先生也认为,“土地登记者,乃国家依照法定程序,将所辖境内之公、私有土地(包括定着物在内)之标示及权利关系,登载于国家所置登记簿之上,用以加强政府的管理,并保障人民权利之行为也。”第三种观点是双重说,既承认登记是事实,也承认登记是一种行为。如有学者认为,登记“指经当事人申请国家专门机关将物权变动的事实记载在国家设计的专门簿册上的事实或行为”。① 我们认为,第三种观点比较符合我国物权立法价值取向。关于不动产登记的相关法律规定,《物权法》第二章第一节以专节作出规定。从该节中条文内容来看,第十一条、十二条和十三条着重规定了登记的申请和审查行为,是行为说的体现,而第十四条、十六条和十七条则从登记簿的角度规定登记的效力,则是事实说的体现。关于不动产登记的效力,大陆法系国家主要有两种不同的观点,即登记要件说和登记对抗说。德国民法采取登记要件主义,该主张认为不动产物权的变动,必须进行登记。只要没有完成登记手续,则物权变动的意思表示不产生公信力,而且也不产生物权变动的法律效果。可见,不动产登记要件主义,在一定程度上强调了国家对交易活动的干预。法国和日本则主要采取登记对抗主义。该主张认为,当事人一旦形成不动产变动的意思表示使可产生不动产变动的法律效果。未经登记的不动产转让也可通过当事人的合意而成立,只是在没有依法公示前,不动产的变动不能对抗善意第三人。可见,不动产物权变动仅依当事人的意思表示即可成立。这种立法体例认为登记对不动产物变更的行为只有确认或者证明效力,而不能决定其能否生效。这种立法一般也称之为登记公示主义。我国《物权法》第九条规定:“不动产物权的设立、变更、转让和消灭,经依法登记,发生效力;未经登记,不发生效力,但法律另有规定的除外。”由此可见,我国物权立法对不动产转让原则上采取登记生效主义。而法律“另有规定”则表现在《物权法》第二十四条(特殊动产的变动)、第一百二十七条(土地承包经营权的设立)、第一百二十九条(土地承包经营权的流转)、第一百三十九条(建设用地使用权的设立)、第一百五十八条(地役权的设立)、第一百八十八条(特殊动产的抵押)和第一百八十九条(动产浮动抵押)等法条上,从这些法条规定内容看,基本采取的是登记对抗主义。既然我国采不动产登记生效主义,那么不动产物权取得者必须以登记为前提。相应地,他人对不动产登记簿上登记事项必然会产生合理的信赖。这种普遍的信赖正是不动产登记公信力的表现。一般认为,不动产物权登记的公信力包括两层意义:一是不动产物权登记的权利推定;二是不动产物权的善意取得。关于不动产物权的权利推定,则为《物权法》所肯定。例如,不动产登记簿是物权归属和内容的根据(《物权法》第十六条),除有证据证明不动产登记簿确有错误外,以不动产登记簿为准(《物权法》第十七

① 申卫星:《从〈物权法〉看物权登记制度》,载《国家检察官学院学报》2007 年第 3 期。

条)。既然不动产登记簿的登记对权利宣示是如此重要,那么父母为子女出资买房后,决定由谁作为登记者则很明显反映了父母对所出资购买房屋归属的真实意愿。因此,当父母为子女出资买房,登记在子女一方名下时,对该行为所反映的父母真实意愿最合理的解释为父母是想将房屋赠与自己子女一方。

关于婚后夫妻一方是否可以获得属于个人的财产的问题,涉及对夫妻财产制的解读。一般认为,夫妻财产制作为规范婚姻关系存续期间夫妻财产关系的法律制度,是指规范夫妻婚前财产和婚后所得财产的归属、管理、收益、使用和处分,婚姻的对外财产责任以及婚姻终止时财产分割与清算的法律制度。夫妻财产制是社会制度、社会经济条件和妇女地位在夫妻财产关系上的集中反映,同时还要受宗教信仰、思想文化、风俗习惯等多因素的影响。具体到我国而言,1950年《婚姻法》对夫妻财产制仅规定了一条:"夫妻双方对于家庭财产有平等的所有权与处理权"。1980年修改的《婚姻法》在规定夫妻财产共同所有的同时,又引进了约定财产制。随着社会经济的飞速发展,我国的夫妻财产关系多元化、复杂化的发展趋势越来越明显。2001年,立法机关对《婚姻法》中的夫妻财产制作了重大的修改。修改后的《婚姻法》仍坚持以共同财产制为法定财产制,同时允许和尊重夫妻对共同财产进行约定,并增加了法定个人特有财产的内容。法定的夫妻个人特有财产是指夫妻一方婚前个人享有所有权的财产和在婚姻关系存续期间取得的并依法应当归夫妻一方所有的财产。法定的夫妻特有财产的性质属于个人财产的范畴,依法受法律保护。为此,《婚姻法》第十八条规定遗嘱或赠与合同中约定只归夫或妻一方的财产应为夫妻一方的财产。之所以如此规定,是因为《合同法》第一百八十五条规定:"赠与合同是赠与人将自己的财产无偿给予受赠人,受赠人表示接受赠与的合同。"由于赠与合同是赠与人与特定的受赠人之间达成的协议,所赠与财产的所有权只能转移给特定的受赠人。因此,如果赠与人在赠与合同中指明其将某项财产赠与给已婚的夫或妻一方,则所赠与的财产就应当属于夫或妻一方。由该法条可知,我国立法允许夫妻一方接受赠与获得专属自己的个人财产。基于这一前提,我们认为一旦对自己子女一方的房屋赠与关系成立,该房屋就被认定为夫妻一方的个人财产,而不再作为夫妻共同财产在离婚时进行分割。基于上述理由,《最高人民法院关于适用〈中华人民共和国婚姻法〉若干问题的解释(三)》第七条规定:"婚后由一方父母出资为子女购买的不动产,产权登记在出资人子女名下的,可按照婚姻法第十八条第(三)项的规定,视为只对自己子女一方的赠与,该不动产应认定为夫妻一方的个人财产。由双方父母出资购买的不动产,产权登记在一方子女名下的,该不动产可认定为双方按照各自父母的出资份额按份共有,当事人另有约定的除外。"

三、关于该条文中"父母出资为子女购买的不动产"的分析

现实生活中,子女购买不动产时,父母出资的情形十分复杂,可从不同角度加以分类:(1)从出资目的来看,既有父母将出资赠与子女一方情形,又有父母以出资借贷给子女及其配偶双方情形;(2)从出资数额来看,既有为购房全额出资的情形,又有为购房部分出资情形;(3)从出资时间来看,既有在子女婚前出资购房情形,又有在子女婚后出资购房情形;(4)从出资者来看,既有单方父母出资情形,又有双方父母共同出资情形等等。为了使本条

文在适用时,能具有更大的包容性,我们主要从出资者角度分两款分别厘定了一方父母出资和双方父母出资购买的不动产归属。至于出现上述其他情形应如何处理,则涉及如何理解"出资为子女购买的不动产"的问题。对此,可从以下几个角度加以分析:

1. 如何理解"出资为子女购买的不动产"中的"出资"。"出资"在本条中特指为购买房屋支付相应对价(一般为货币)。关于"出资"的具体方式,现在主要有一次性付款和按揭付款两种方式。其中,一次性付款是指由购买人在签订购房合同时或随后确定的一个时间将全部购房款项支付给不动产的销售者;而按揭付款即购房抵押贷款,则是指购房者自行支付部分价款后,以所购不动产之所有权向银行作抵押,由银行先行支付剩余购买价款给不动产的销售者,以后购买者在规定的期限内按月向银行分期支付本息的付款方式。与之相对应,本条中的出资可包括全款出资和部分出资两大类。当父母全款出资时,子女及其配偶已无需以婚后共同财产履行继续出资的义务。换言之,该出资的对价是完整的不动产所有权。此时,如该不动产登记在其子女名下,则本条第一款认定的父母对其子女一方的出资赠与则转化为不动产所有权的单方赠与,该不动产自然归受赠子女所有,不存在夫妻另一方再以夫妻共同财产出资为由共有该不动产的可能。但在司法实践中,还可经常见到父母只支付了全部不动产价款的部分价款(往往是首付款)情形。在父母只支付不动产部分价款且不动产登记在出资人子女名下的情形下,则根据本条立法原意,该部分出资亦应视为对自己子女一方的赠与。既然父母的该部分出资属于其子女一方的个人财产,那么其子女以该个人财产出资购买房屋时,根据《最高人民法院关于使用〈中华人民共和国婚姻法〉若干问题的解释(二)》第十一条的规定,"婚姻关系存续期间,下列财产属于婚姻法第十七条规定的'其他应当归共同所有的财产'(一)一方以个人财产投资取得的收益",以及本司法解释第十条关于离婚时一方婚前贷款所购不动产的处理的规定,亦应认定该不动产为夫妻一方的个人财产。只不过在以夫妻共同财产还贷的情形下,离婚时应给予另一方补偿。

2. 第二,如何理解"出资为子女购买的不动产"中的"为子女购买"。从司法实践来看,所谓"出资为子女购买的不动产"主要有两种情况:(1)父母以自己名义购买不动产,然后将不动产产权登记在其子女一方名下;(2)子女以自己名义签订不动产买卖合同,由父母缴纳相关出资款项。其中第(1)种情况是典型的父母向子女赠与不动产的行为。根据《合同法》第一百八十七条"赠与的财产依法需要办理登记等手续的,应当办理有关手续"的规定,父母签订不动产买卖合同后,如想将其取得的不动产赠与给子女夫妻双方,则完全可以将不动产登记在子女及其配偶两人名下。而如果将产权登记在其子女名下后,则即便其无无明确意思表示,也可视为是对其子女一方的赠与。至于第(2)种情况,则比较复杂。在子女以自己名义签订不动产买卖合同的情形下,父母显然只能以其子女名义出资缴付购房款。此时,单就出资行为本身而言,不排除父母将出资借贷给子女买房的可能。而一旦有关父母是将出资借贷子女一方的主张成立,则在该子女与其父母之间存在的就是借贷关系而非赠与关系。相应地,该房屋即应为夫妻婚后共同所有。因此,在第(2)种情形下,应注意考量主张借贷一方提供的证据是否充分,而不宜简单根据本条规定,一概认定该出资为对自己子女一方的赠与,进而认定该不动产为夫妻一方的个人财产。

3. 如何理解"出资为子女购买的不动产"中的"不动产"。学者对物的意义,基本上采相同见解:即物者,指除人之身体外,凡能为人力所支配,独立满足人类社会生活需要的有体物及自然力而言。① 不动产属于物的下属概念。物可分为不动产和动产,不动产的范畴取决于不动产与动产如何划分。从各国情况看,划分标准有所不同。概而言之,动产与不动产的划分主要有以下几种标准:一是纯粹物理标准。这是多数国家所采取的标准。例如,《意大利民法典》第 812 条规定:"土地、泉水、河流、树木、房屋和其他建筑物,即使是临时附着于土地的建筑物以及在一般情况下那些或是自然或是人为地与土地结为一体的物品是不动产。固定在河岸或河床之上并且永久使用而建造的磨坊、浴场以及其他漂浮在水面上的建筑物视为不动产。"二是物理标准兼价值标准。这种划分方法为法国民法所采用。《法国民法典》第 517 条规定:"财产,或依其性质,或依其用途,或依其附着客体而为不动产。"其中"依其用途,或依其附着客体"的界定基本上采取的是价值标准,因为这些财产通常被视为价值较大的财产。三是物理标准兼法定标准。这种划分方法是以物理标准为主,兼由法律规定哪些其他财产属于不动产。例如,《越南民法典》第 181 条的规定,不动产是不能移动或改变的财产,如包括土地、建筑物以及土地上附着物。此外,不动产还包括法律规定的其他财产。四是物理标准兼登记标准与法定标准。这种划分方法是以物理标准为主,兼以登记及法律规定界定不动产与动产。例如,《俄罗斯联邦民法典》第 130 条的规定,不动产包括土地及附着物,这是以物理标准界定的不动产。此外,不动产还包括两种:一是登记机关登记的航空器、航天器、船舶,这是以登记标准界定的不动产;二是法律规定的可以成为不动产的其他财产。如《俄罗斯联邦民法典》第 132 条中规定:"作为财产综合体的企业在整体上是不动产。"这是由法律所规定的不动产。就我国立法情况来看,不动产和动产的区分标准经历了一个与时俱进的过程。最早采取的是物理标准为主、登记标准为辅。例如,《最高人民法院关于贯彻执行〈中华人民共和国民法通则〉若干问题的意见》第一百八十六条规定:"土地、附着于土地的建筑物及其定着物、建筑物的固定附属设备为不动产。"随后在 1995 年 10 月 1 日施行的《担保法》第九十二条明确定义不动产"是指土地以及房屋、林木等地上定着物"。而动产"是指不动产以外的物"。显然,这里采取的是物理标准。除此之外,《担保法》第四十二条规定,以航空器、船舶、车辆、企业的设备和其他动产进行抵押的,必须与土地、房屋等不可移动之物一样要办理登记,并因此而获得对抗第三人的效力。从该条文来看,在是否因登记取得效力的问题上,上述财产因其在日常生产生活中的重要性,法律以登记形式将之与一般财产相区分,在某种程度上已经取得了与不动产相同的效力,被视为"准不动产"。但在《物权法》出台之后,不动产与动产的区分标准回归到了纯粹的物理标准。即以是否可以移动并且移动是否会损害其价值为标准来区分不动产和动产。按此标准,上述航空器、船舶、车辆、企业的设备和其他动产均为动产。对此,《物权法》第二章第二节"动产交付"中第二十四条"船舶、航空器和机动车等物权的设立、变更、转让和消灭,未经登记,不得对抗善意第三人"的规定即为例证。因此,在适用本条处理纠纷时对"不动产"的理解应限定在《担保法》第九十二条规定的"土地以及房屋、林木等地上定着物"范畴内,而排除父母出资为子女购买的船舶、航空器和机动车等情形的适用。

---

① 王泽鉴:《民法总则》,北京大学出版社 2009 年版,第 168 页。

四、关于该条文中的“双方按照各自父母的出资份额按份共有”的分析

除了上述由一方父母为子女购买不动产单方出资的情形之外,现实中还经常出现由双方父母共同出资为子女购买不动产情形。该情形一般表现为子女以一方或双方名义签订不动产买卖合同购买不动产,而由双方父母垫付全部或部分出资的情形。此时应根据产权登记者的不同作进一步分析:

1. 当购买的不动产登记在双方子女名下时,应区分婚前和婚后两种情形探究双方父母出资的真实意思表示:(1)当出资行为发生在双方子女结婚之前时,父母为子女购买房屋出资的目的往往是为子女结婚,出资的真实意思表示也应是对自己子女的赠与。因此,当事人双方结婚前,各方的父母即使是为当事人双方购置房屋出资的,该出资也应当认定为对自己子女的个人赠与。① 从尊重双方父母意思自治出发,《最高人民法院关于适用〈中华人民共和国婚姻法〉若干问题的解释(二)》第二十二条第一款规定:“当事人结婚前,父母为双方购置房屋出资的,该出资应当认定为对自己子女的个人赠与,但父母明确表示赠与双方的除外。”细究该条文,其明确的仅是婚前双方父母出资的归属,并未涉及所购置房屋的所有权归属问题。但既然该出资应认定为对子女的个人赠与,那么双方子女用该赠与资金购买房屋行为自然等同于个人出资行为。相应地,不管事后双方子女有无婚姻关系抑或该房屋所有权登记者是谁,都应视为子女双方按各自出资份额共有该房屋的所有权。(2)当出资行为发生在双方子女结婚之后时,如果房屋登记在双方子女名下,则不能一律推定双方父母的出资是对自己子女一方的赠与。其理由在于,虽然我国婚姻立法承认夫妻特有财产,但这仅是对婚后夫妻财产共同所有制的一种补充。根据《婚姻法》第十七条第(四)项规定可知,当事人在结婚后接受赠与所取得的财产,除赠与人明确表示赠与一方的外,都应属于夫妻共同共有财产。基于这一原则,《最高人民法院关于适用〈中华人民共和国婚姻法〉若干问题的解释(二)》第二十二条第二款规定:“当事人结婚后,父母为双方购置房屋出资的,该出资应当认定为对夫妻双方的赠与,但父母明确表示赠与一方的除外。”根据该法条立法精神可推知,双方父母均为子女购置不动产出资的,一般应认定为对夫妻双方的赠与,除非父母明确表示赠与给一方。特别是当出现不动产所有权登记在双方子女名下这一事实时,除非当事人能够提供其他证据证明该出资仅为父母对其子女一方的赠与。否则,依据这一事实对双方父母出资的真实意思表示更合理的解释为双方父母对双方子女的赠与而不是父母赠与给一方子女。

2. 当购买的不动产登记在一方子女名下时,则不论该出资发生在婚前抑或婚后,该不动产都可认定为双方按照各自父母的出资份额按份共有。前文已述,父母在子女结婚前出资购买不动产的基本出发点是通过为子女出资购买不动产,促使子女婚姻关系早日缔结。根据前述《最高人民法院关于适用〈中华人民共和国婚姻法〉若干问题的解释(二)》第二十二条第一款规定,双方父母的出资一般应分别认定为对自己子女的个人赠与。在此前提下,双方子女将受赠的出资用于购买不动产,形成的是对该不动产的按份共有关系。所谓

---

① 最高人民法院民事审判第一庭编著:《最高人民法院婚姻法司法解释(二)的理解与适用》,人民法院出版社2004年版,第202页。

按份共有,亦称为分别共有,乃数人按其应有部分,对于标的物共同享有所有权之形态,为罗马法上之共同所有形态,其特征为:(1)系所有权量之分割。(2)共有人对共有物有管理权能,不过有时亦多数决之方式或负有特别责任。(3)各共有人对共有物有收益权能。(4)有应有部分存在,可自由处分之,得请求分割共有物。① 从按份共有的定义与特征可知,按份共有并非一物上成立两个以上的所有权,而是指一个所有权由两人以上各根据其份额享有。这里的份额从所有权量的角度又称应有部分。各共有人应有部分的多寡,依分别共有关系发生原因而定。基于当事人意思而发生的共有,依当事人之意思定之,例如甲、乙、丙三人共购某屋,约定应有部分各为1/3。数人以有偿行为对于一物发生共有关系者,除各共有人间有特约外,应解释为系按出资比例定其应有部分。② 具体到本条规范内容,根据一物一权原则,双方子女结婚前以各自受赠出资共同购买不动产后,双方子女将因各自出资行为共同享有该不动产的所有权。也即该不动产不可能为子女一方购买,单独享有完整所有权。因此,在司法实践中,不宜直接认定该不动产为子女一方的个人财产。另一方面而言,如果双方父母出资购买不动产是发生在双方子女结婚后,那么当不动产产权登记在一方子女名下时,则根据本条第一款的基本价值取向,至少可以推定产权登记一方的父母的出资应视为对自己子女一方的赠与。此时,另一方父母的出资应如何认定则看法不一,有观点认为,既然另一方父母出资后仍同意不动产登记在非自己子女名下,则应由此推定另一方父母愿意将其出资赠与给非子女一方或双方子女。我们认为,该观点与现实脱节。现实生活中,一方父母出资后,不动产产权登记在另一方名下的情形并不鲜见,其中原因各异。既有自愿赠与另一方的可能,也不能排除仅仅是为了登记方便或符合各地购房政策要求的考量。特别是在父母为子女购房出资倾注毕生积蓄的情形下,如果仅根据不动产登记在另一方名下这一事实,就认定一方父母的出资视为对另一方的赠与,显然缺乏社会民意基础,不利于维护一方父母的合法权益。基于上述理由,我们为了平衡双方父母的利益,最后在本条第二款中仍将另一方父母的出资认定为对其自己子女的赠与,从而达到双方对该不动产按份共有的效果。

五、与该条文规范内容相关的其他问题

(一)产权尚未登记的处理

从本条文内容来看,本条以产权登记在一方子女名下作为判断不动产归属的前提。但这并不能涵盖所有父母为子女出资购买不动产情形。司法实践中,除了上述不动产产权已经登记在一方子女名下情形之外,另一种常见情形则为子女离婚时,父母出资为子女购买的不动产尚未进行登记。此时,应如何认定该不动产的最终归属则应区分该出资发生在婚前婚后而定。下面以最常见的不动产买卖——商品房销售为例作一分析。《商品房销售办法》第三条规定,商品房销售包括商品房现售和商品房预售。商品房预售,是指房地产开发企业将正在建设中的商品房预先出售给买受人,并由买受人支付定金或者房价款的行为。

---

① 谢在全:《民法物权论(上册)》,中国政法大学出版社1999年版,第274页。

② 王泽鉴:《民法物权1通则·所有权》,中国政法大学出版社2001年版,第327页。

商品房预售,意味着房屋尚未存在于客观现实当中。如果这种情况一直持续到离婚之时,则商品房预售合同中买方尚未取得房屋所有权,此时,其享有的权利并非是现实的物权,而是一种债权,即请求合同卖方按照合同建好房屋并移转所有权于买方的权利。在此前提下,如果一方父母出资发生在其子女结婚前,则该出资资金应根据《最高人民法院关于适用〈中华人民共和国婚姻法〉若干问题的解释(二)》第二十二条第一款规定认定为对其子女一方的赠与。进一步而言,不管该出资是否足以支付全部房款,都不影响其子女履行完商品房销售合同义务后,有权请求商品房销售方履行交房并协助办理相关登记手续义务。此时,受赠一方子女在婚前就取得了房产的全部债权,该债权在离婚分割财产时认定为一方的个人财产相对比较公平。也即,受赠一方子女可以获得该债权转化物——不动产的所有权。如果一方父母出资发生在其子女结婚后,则应根据《最高人民法院关于适用〈中华人民共和国婚姻法〉若干问题的解释(二)》第二十二条第二款规定将该出资认定为对夫妻双方的赠与,除非有证据证明父母明确表示赠与一方子女。相应地,子女双方以该共同受赠的出资购买的不动产,属于双方共同所有。

(二)父母请求返还出资的处理

现实生活中,由于父母与子女不和、子女离婚时父母为保全自己的出资等原因还经常会出现父母请求返还出资的情形。从司法实践反馈情况来看,父母请求返还出资所主张的基础法律关系往往为借贷而非赠与。基于父母子女之间密切的人身财产关系,父母出资时很少留下证据证明自己出资的性质。一旦涉讼,双方的主要证据均为当事人陈述。这使得审判实践中往往很难判断出资的性质。我们认为,对父母出资为子女购买房屋行为的法律性质,应着重把握以下几个方面:(1)应尊重双方意思自治。对父母出资行为的认定原则上应以父母的明确表示为标准。如果父母与子女之间约定为赠与或者父母明确表示为赠与,就是赠与关系。这里要注意,父母出资赠与的真实意思表示,一般应发生在出资的当时或在出资后。一旦父母在出资时或出资后作出赠与意思表示,则意味着赠与关系已经成立生效。父母日后再主张借贷关系则一般不能得到支持。这是为了防止当子女婚姻有变或父母子女间关系恶化,父母故意以所谓借贷关系为由要求子女返还出资,这明显违反诚信原则。(2)对借贷关系是否成立应严格遵循"谁主张谁举证"原则。在现实生活中,基于彼此间密切的人身财产关系,父母的借贷往往没有借条,父母的赠与也往往没有明确的表示。此时应严格执行"谁主张、谁举证"原则。如果父母有关借贷的举证不充分,则应认定该出资为赠与行为。所谓举证责任又称证明责任,它是指当事人对自己提出的主张有提供证据进行证明的责任。具体包含行为意义上的举证责任和结果意义上的举证责任两层含义:其一,行为意义上的举证责任是指当事人对自己提出的主张有提供证据的责任。其二,结果意义上的举证责任是指当待证事实真伪不明时由依法负有证明责任的人承担不利后果的责任。[①] 可见将举证责任分配给当事人中的任一方都会加大其败诉风险。因此,举证责任如何分配对当事人而言至关重要。一般认为,举证责任的分配应根据双方当事人公平的观

---

① 最高人民法院民事审判第一庭:《民事诉讼证据司法解释的理解与适用》,中国法制出版社 2002 年版,第 15 页。

点与法规的立法趣旨来决定证明责任的分配。所谓双方当事人公平的考量因素包括,“举证的难易”(由于消极性事实难以证明,因此,课以对此提出争议的对方当事人来承担证明责任)、“与证据距离的远近”(课以接近证据的一方当事人来承担证明责任)以及盖然性的高低(课以主张盖然性低的事实的一方当事人来承担证明责任)等因素。① 具体到父母出资情形中,在出资行为性质处于真伪不明状态时,将出资为借贷这一事实的证明责任分配给父母一方比将出资为赠与的证明责任分配给子女一方更符合上述证明责任分配原则。首先,赠与的单务行为属性决定了子女只需被动消极接受赠与财产,无需作出其他积极行为。而借贷的双务行为属性,决定了借贷人要承担返还标的物的积极行为义务。因此,相对于证明借贷关系,赠与关系更难以被证明;其次,借贷关系中一般都立字为据,以借贷人出具借条形式作为出借人请求返还借款的依据。故正常情况下,出借人都会妥善保管借条。而赠与关系中,赠与人是通过赠与方式放弃了赠与物的所有权,一般不存在事后受赠物的返还问题,故赠与人没有必要保留相关证据证明赠与关系的存在。因此,主张借贷关系的父母应比主张赠与关系的子女更接近证据并更容易保留证据;再次,父母子女间的亲缘关系决定了父母出资为赠与的可能性高于借贷。从中国现实国情来看,子女刚参加工作缺乏经济能力,无力独自负担买房费用。而父母基于对子女的亲情,往往自愿出资为子女购置房屋。绝大多数父母出资的目的是要解决或改善子女的居住条件,希望让子女生活得更加幸福,而不是日后要回这笔出资。因此,父母出资借贷给子女买房的概率远低于父母将出资赠与给子女买房。进而,由主张借贷关系这一低概率事件存在的父母来承担证明责任也与一般人日常生活经验感知保持一致。综上,在父母一方不能就出资为借贷提供充分证据的情形下,一般都应认定该出资为对子女的赠与。

---

① 高桥宏志:《民事诉讼法制度与理论的深层分析》,林剑锋译,法律出版社 2003 年版,第 444 页。

【学界撷英】

《最高人民法院关于适用〈婚姻法〉若干问题的解释(三)》解读

杨立新*

为更准确地展现《中华人民共和国婚姻法》立法本意,正确适用《婚姻法》规定的各项规则,客观、妥善地处理婚姻家庭纠纷,维护家庭关系,保护婚姻关系当事人特别是妇女以及子女的合法权益,2011 年 7 月 4 日由最高人民法院审判委员会第 1525 次会议通过了《关于适用〈中华人民共和国婚姻法〉若干问题的解释(三)》[以下简称婚姻法解释(三)],并且已经于 2011 年 8 月 13 日起正式施行。这是一部非常重要的婚姻法司法解释,本文对其重要意义和基本内容做以下说明。

一、婚姻法解释(三)的重要意义

2001 年修订的《婚姻法》施行之后,出现了一些新的问题需要解决。针对审判实践中遇到的法律适用疑难问题,最高人民法院于 2001 年 12 月 24 日出台了《关于适用〈中华人民共和国婚姻法〉若干问题的解释(一)》,针对《婚姻法》修改后的一些程序性和审判实践中急需解决的主要问题作出了司法解释。这部司法解释主要解释的问题是:第一,无效婚姻和可撤销婚姻的处理程序及法律后果;第二,《婚姻法》规定的探望权的有关问题例如提出中止探望权的主体资格问题;第三,子女抚养费的问题;第四,离婚损害赔偿的问题等。对此规定了具体的操作规则。2003 年 12 月 25 日,最高人民法院又出台了《关于适用〈中华人民共和国婚姻法〉若干问题的解释(二)》,对实施《婚姻法》的一些新问题作出了司法解释:第一,对彩礼应否返还作出规定;第二,对如何处理夫妻债务的方法作出规定;第三,住房公积金争议的处理规则;第四,对知识产权收益等款项的认定提出办法;第五,军人的复员费及自主择业费的处理等提供裁判方法。这些司法解释丰富了《婚姻法》的内容,对落实《婚姻法》的规定提出了具体的办法,受到社会各界的重视,在审判实践中发挥了重要作用。

应当看到的是,中国社会的婚姻家庭纠纷案件不断上升。在这些婚姻家庭纠纷案件中,比较集中地反映出婚前贷款买房、夫妻之间赠与房产、亲子鉴定等问题的争议。这些问

* 中国人民大学法学院教授,中国人民大学民商事法律科学研究中心研究员,中国法学会民法学研究会副会长、婚姻法学研究会常务理事。

题都是影响婚姻家庭关系,涉及社会稳定的重要问题,必须提出具体的解决办法,及时解决纠纷,统一法律适用尺度,明确法律适用标准。正因为如此,最高人民法院于 2008 年 1 月开始了婚姻法解释(三)的起草工作,提出草案,经过充分论证,将草案予以公开,广泛征求、认真汇集社会公众的意见和建议,又进行了反复修改,最后经审判委员会讨论通过,对这些重点问题作出了明确的解释。

婚姻法解释(三)公布之后,引起了各界的反响,也对其中规定的一些问题引起了争论。从宏观上看,我认为,婚姻法解释(三)在以下问题上具有重要意义:

第一,在亲属制度上作出重要规定,补充了立法不足。我国《婚姻法》没有规定婚生子女推定、婚生子女否认、非婚生子女认领制度。当夫妻双方对于婚姻存续期间出生的、作为婚生子女养育的子女有可能是非婚生子女的时候,没有规定具体的制度对这种身份予以否认,就难以推翻推定,酿成纠纷,而在现实中确实存在这样的问题。同样,也缺少非婚生子女认领制度,对于推定为婚生子女有充分证据推翻推定的,认定为非婚生子女,其亲生父亲对于自己的亲生子女不予认领,致使亲子关系不能认定,对子女的合法权益造成损害。这些都是实体法的问题。这些问题反映在程序上,最主要的就是亲子鉴定问题。推翻亲子关系推定需要亲子鉴定,强制认领非婚生子女也必须依靠亲子鉴定。在司法实践中,凡是推诿自己抚养义务的,都试图通过拒绝进行亲子鉴定而实现。对此,婚姻法解释(三)第二条规定:“夫妻一方向人民法院起诉请求确认亲子关系不存在,并已提供必要证据予以证明,另一方没有相反证据又拒绝做亲子鉴定的,人民法院可以推定请求确认亲子关系不存在一方的主张成立。”“当事人一方起诉请求确认亲子关系,并提供必要证据予以证明,另一方没有相反证据又拒绝做亲子鉴定的,人民法院可以推定请求确认亲子关系一方的主张成立。”这是从程序法的鉴定问题上作出两个推定的规定,同时,也就确认了婚生子女否认和非婚生子女认领的制度。

这样的制度规定具有重要的社会意义。那就是,无论对于婚生子女还是非婚生子女,凡是自己生育子女,就必须对子女负责。婚生子女当然如此,父母必须负责,即使是非婚生子女,其生身父母也必须负责抚养。否认婚生子女,对确定不是自己的婚生子女,依照法律是可以不负责任的;而另一方也就是非婚生子女的父亲,即使拒绝作亲子鉴定,法院也完全可以依照这些推定的规定推定亲子关系成立,进而要求其承担父亲的责任。这对于完善我国的亲属法律制度具有重要意义。我国亲属法律制度规定得不够完善,特别是对于亲子关系缺乏的制度更多。补充了这些亲属制度,就对完善我国的亲属法律制度起到了重要作用,将来修订《婚姻法》就可以补充进去。

第二,在婚姻财产关系上进一步作出解释,尊重财产个性,保护婚姻当事人的财产权益。婚姻法解释(三)关于婚姻财产关系的规定是大量的,是婚姻法解释(三)的主要内容。应当看到的是,财产关系是身份关系的基础,是维护婚姻家庭生活的物质条件。在婚姻家庭关系中,身份关系是其主要内容,但是财产关系也是重要内容之一。当婚姻关系解除时,如何处理夫妻财产关系、如何分割夫妻共同财产更是重要问题,处理得不好,就会损害婚姻当事人一方的财产权益。婚姻法解释(三)在这方面的努力是,依照《婚姻法》规定的尊重财产个性的原则精神,妥善处理诸如房产等不动产以及其他财产权属的争议问题,体现的精神就是婚前财产归个人所有,另有协议的除外。这种原则其实不是婚姻法解释(三)规定的原则,而是《婚姻法》2001 年修正时就确定了的原则。尊重财产的个性,核心是尊重个人的劳动及其成果,将个人创造的财富确定为个人所有。这种做法可以引导婚姻关系当事人在财产问题上更加重视自己的地位,也有利于防止借婚姻关系索取财产甚至骗取财物等不法行为的发生。

第三,在婚姻关系当事人的监护、子女抚养方面进一步作出规定,依法保护婚姻关系当事人的人身权益。首先,婚姻法解释(三)对无效婚姻和可撤销婚姻的有关问题作出规定,一是无效婚姻确认只有《婚姻法》第十条规定的情形,除此之外,不得认定为无效婚姻,对主张者应当予以驳回。二是对于因登记瑕疵形成的可撤销婚姻,《婚姻法》没有规定应当如何撤销,婚姻法解释(三)规定可以依法申请行政复议,或者提起行政诉讼予以解决,提出了具体的解决办法。其次,对于保护无民事行为能力的婚姻当事人的合法权益,规定无民事行为能力的配偶受到对方的虐待、遗弃等损害,自己没有能力保护自己,同时对方当事人又是自己的监护人,因此,受到损害而无法保护自己。第八条对此规定了相应的规则,就有了解决的具体办法。这种规定能够引导婚姻当事人尊重对方配偶,如果有侵害对方配偶特别是无民事行为能力的配偶的,法律总有办法进行保护,对违法行为予以制裁。再次,关于争议很久的侵害生育权的问题,婚姻法解释(三)做出了回答,这就是,夫以妻擅自中止妊娠侵犯其生育权为由请求损害赔偿的,不认为是侵害生育权,人民法院不支持这样的诉讼请求;夫妻双方因是否生育发生纠纷致使感情确已破裂,一方请求离婚的,人民法院经调解无效,应依照《婚姻法》第三十二条第三款第(五)项的规定处理,认定为属于"其他导致夫妻感情破裂的情形",可以判决离婚。最后,关于适用《婚姻法》第四十六条的具体情形,夫妻双方均有第四十六条规定的过错情形,一方或者双方向对方提出离婚损害赔偿请求的,不应当适用第四十六条规定判决支持损害赔偿的请求,应当予以驳回。这是因为,第四十六条规定的是婚姻当事人一方有过错,无过错方可以请求损害赔偿的救济方法,双方均有过错,就不存在适用第四十六条的理由,不保护有过错方的诉讼请求。这样的规定旗帜鲜明,是正确适用第四十六条的合理解释。

第四,能够引导婚姻当事人正确对待婚姻关系,使婚姻家庭纠纷防患于未然。对婚恋观、择偶观的社会引导,并不是由这些司法解释为主进行的,而是以《婚姻法》规定的原则和具体规则以及社会的正义观念为主进行的。那就是,婚姻以性爱为基础,强调社会责任,而不是以物质为基础。但是,就社会整体而言,较多的婚姻关系总是会出现问题的,出现问题就要解决。这些解决婚姻家庭纠纷的规则同样也会对婚恋观和择偶观带来一定程度的影响。最为重要的影响就是防患于未然。在我国社会中,人们不愿意事先设想将来可能存在的纠纷并且事先进行协议提出解决的办法,就像中国人不愿意生前留下遗嘱处理身后的财产问题一样,因而我国经常出现很多继承纠纷。当事人在设立婚姻关系之前和之初,婚姻关系当事人都处于热恋当中,没有想到或者不愿意想到一旦将来出现纠纷时应当怎样解决,认为财产问题和感情问题是对立的,婚前谈论财产纠纷的协议问题就会影响感情问题。但是,不可能所有的婚姻关系都能够维持到底,有很大一部分婚姻关系会出现问题。如果将可能出现的纠纷问题事先通过协议预设出解决的办法,就不会出现难以解决的纠纷,出现纠纷也有现成的解决办法。婚姻法解释(三)把这些问题写成具体规则,使世人都知道,就会逐渐引导婚姻当事人在缔结婚姻关系之初设想纠纷的处理办法,能够促使国人逐渐养成这样的习惯。婚姻法解释(三)在这方面也具有重要意义。

二、婚姻法解释(三)的基本内容

按照最高人民法院新闻发言人的说法,婚姻法解释(三)的主要内容有六个:一是结婚登记程序瑕疵的救济方法问题;二是亲子关系诉讼中当事人拒绝鉴定的法律后果问题;三是夫妻一方个人财产婚后产生收益的认定问题;四是父母为子女结婚购买不动产的认定问题;五是离婚案件中一方婚前贷款购买不动产的处理问题;六是附协议离婚条件的财产分割协议效力的认定问题。这些说明是有道理的,但并不完全准确。

依我所见,将婚姻法解释(三)概括为以下四个问题,可能更为明确:

(一)规定婚姻关系的具体问题的解决方法

婚姻法解释(三)最主要解决的问题,仍然是在婚姻关系的具体问题的解决方法。这些问题规定在第一条、第八条、第九条和第十七条当中。

1. 关于无效婚姻和可撤销婚姻的问题

婚姻法解释(三)第一条第一款规定:"当事人以婚姻法第十条规定以外的情形申请宣告婚姻无效的,人民法院应当判决驳回当事人的申请。"这条司法解释规定的意旨是,确认《婚姻法》第十条规定的四种情形是法定的婚姻无效事由,超出这个范围的情形都不得认定为婚姻无效。《婚姻法》第十条规定,重婚的,有禁止结婚的亲属关系的,婚前患有医学上认为不应当结婚的疾病婚后尚未治愈的,未到法定婚龄的,都是无效婚姻,不发生婚姻的效力。除此之外,以上述四种情形之外的其他情形申请宣告婚姻无效的,都是没有法律依据的,都不应当予以支持,因此,应当判决驳回当事人的申请。

婚姻法解释(三)第一条第二款规定:"当事人以结婚登记程序存在瑕疵为由提起民事诉讼,主张撤销结婚登记的,告知其可以依法申请行政复议或者提起行政诉讼。"这条司法解释是解释《婚姻法》第十一条规定外的情形,即以结婚登记程序存在瑕疵为由主张撤销结婚登记的,司法解释认为这不是民事诉讼解决的问题,而是行政法的问题,因此,告知当事人依法申请行政复议,或者提出行政诉讼予以解决。当出现这样的情形时,认为是民政部门的婚姻登记问题,可以由行政复议解决,或者以行政诉讼解决,不以民事诉讼方式解决。这样的做法,是将婚姻登记作为具体行政行为对待。事实上,婚姻登记尽管是民政部门负责,但婚姻登记并不是具体行政行为,而是对双方当事人婚姻合意的确认行为,不具有行政行为的性质。最高人民法院这样认定婚姻登记行为的性质,有失偏颇。

2. 关于保护无民事行为能力的婚姻当事人合法权益的问题

婚姻法解释(三)第八条规定:"无民事行为能力人的配偶有虐待、遗弃等严重损害无民事行为能力一方的人身权利或者财产权益行为,其他有监护资格的人可以依照特别程序要求变更监护关系;变更后的监护人代理无民事行为能力一方提起离婚诉讼的,人民法院应予受理。"这是保护无民事行为能力的婚姻关系当事人的合法权益的具体措施。婚姻关系当事人一方是无民事行为能力人,当对方当事人对其虐待、遗弃等严重侵害该方当事人的合法权益的时候,无民事行为能力的婚姻当事人无法正当行使权利维护自己的合法权益,必须由监护人代理实施保护自己的民事行为或者诉讼行为。但这个时候,该方当事人的监护人实际上是实施不法行为的对方当事人,他人无法提供保护。因此,在这个时候,准许其他有监护资格的人先要求更换监护人,更换了监护人之后,再由更换后的监护人为法定代理人,维护无民事行为能力的婚姻当事人的合法权益,就是十分必要的,也是唯一解决问题的方法。最高人民法院作出这样的规定是完全正确的。

3. 关于侵害生育权的问题

对于在社会生活中出现较大、较多争议的侵害生育权的问题,婚姻法解释(三)第九条作出了规定:"夫以妻擅自中止妊娠侵犯其生育权为由请求损害赔偿的,人民法院不予支持;夫妻双方因是否生育发生纠纷,致使感情确已破裂,一方请求离婚的,人民法院经调解无效,应依照婚姻法第三十二条第三款第(五)项的规定处理。"这个原则是:首先,不承认中止妊娠的行为是侵害生育权的行为,因此,丈夫以妻子中止妊娠侵害其生育权为由请求损害赔偿的,人民法院不予支持。这是因为,中止妊娠是女性的一项权利,应当依法保护,不是侵害生育权。其次,对于如果夫妻双方是因为是否生育问题发生纠纷,导致感情确已破裂的,应当认为是夫妻感情确已破裂的一种表现,因此,可以认定为属于《婚姻法》第三十二条第三款第五项规定的"其他导致夫妻感情破裂的情形",可以判决离婚。

4. 关于双方都有过错的离婚损害赔偿问题

《婚姻法》第四十六条规定的离婚过错损害赔偿,保护的是婚姻关系当事人中无过错的一方,明确规定"无过错方有权请求损害赔偿",不包括有过错的当事人。在现实生活中,有的婚姻关系的双方当事人都有过错,都依据该条法律规定请求对方承担损害赔偿责任,这种做法不符合该条法律规定的原则。因此,婚姻法解释(三)第十七条规定:"夫妻双方均有婚姻法第四十六条规定的过错情形,一方或者双方向对方提出离婚损害赔偿请求的,人民法院不予支持。"这样的规定符合《婚姻法》第四十六条规定精神,是正确的。

(二)亲子关系认定及确认婚生子女否认和非婚生子女认领等亲属制度

婚姻法解释(三)对于亲子关系的规定尽管条文很少,且是从证据认定方面做出的,但其意义并不局限于此,而是着重于补充亲属法律制度的不足。

1. 关于婚生子女否认和非婚生子女认领

婚姻法解释(三)第二条规定关于亲子关系认定中两个推定的基础,就是婚生子女否认和非婚生子女认领制度。

婚生子女否认,是夫妻一方或子女对妻所生的子女否认其为夫的亲子的民事法律行为,也就是在婚生子女推定的前提下,否认婚生子女为夫所生,而是由妻与婚外异性性结合所生的非婚生子女的行为。《婚姻法》没有规定婚生子女否认制度,但司法实践证明,确认这一制度势在必行。婚生子女否认的前提是婚生子女推定。婚生子女推定,是子女系生母在婚姻关系存续期间受胎或出生,该子女被法律推定为生母和生母之夫的子女。《婚姻法》虽然规定了婚生子女的概念,但对如何认定婚生子女却没有规定,在习惯上,凡是在婚姻关系存续期间妻分娩的子女,就直接认定为妻与夫的婚生子女。这实际上就是婚生子女推定。

我国现在没有规定非婚生子女认领制度,也应当补充规定。非婚生子女认领,是生父对于非婚生子女承认为其父而领为自己子女的行为。认领的方法,一是任意认领,认领的权利归于父享有,其父的家庭其他成员不享有此权利。该权利的性质为形成权,原则上对此权利的行使无任何限制。认领权的行使,可直接行使,亦可经法院判决确认其父子关系的存在。认领应当规定为要式行为。二是强制认领,也叫做亲之寻认,是应被认领人对于应认领而不为认领的生父,向法院请求确定生父关系存在的行为。非婚生子女一经认领,即为婚生子女,产生父亲与子女间的权利义务关系,无论任意认领或强制认领,均与婚生子女相同。经父认领的非婚生子女对于生父之配偶,母之非婚生子女对于生母的配偶,均为姻亲关系,而无父母子女的血亲关系。

婚生子女否认和非婚生子女认领的基础,是推翻婚生子女推定的证据。没有充分的证据,不能进行婚生子女否认和非婚生子女认领;只有经过充分证据的证明,才能够进行婚生子女否认和非婚生子女认领。在实践中,最为充分的证据就是亲子鉴定,应为亲子关系鉴定具有较强的证明力。否认亲子关系的亲子鉴定一经做出,法院就可以否认婚生子女的地位,或者强制生父认领非婚生子女。但是,很多亲子关系当事人拒绝进行鉴定,似乎不做鉴定就可以逃避义务和责任。如果没有规定推定规则的适用,就有可能无法认定婚生子女否认和非婚生子女认领,进而不能作出确定的判决。

对此,婚姻法解释(三)第二条规定了两种情形:第一,夫妻一方向人民法院起诉请求确认亲子关系不存在(这就是婚生子女否认的事实),并已提供必要证据予以证明,而另一方没有相反证据但又拒绝做亲子鉴定的,这时,人民法院就可以推定请求确认亲子关系不存在一方的主张成立,否认婚生子女关系。第二,当事人一方起诉请求确认亲子关系(这就是婚生子女认领的事实),并提供必要证据予以证明,另一方没有相反证据又拒绝做亲子鉴定的,这时,人民法院可以推定请求确认亲子关系一方的主张成立,强制其认领自己的亲生子女。这两种推定,后一种更为多见,因为拒绝进行亲子鉴定的多数是强制认领中的企图推诿责任的父亲。

2. 关于父母双方或者一方拒不履行抚养子女义务的责任

父母对未成年子女负有抚养义务,对于不能独立生活的子女也有抚养义务。如果父母一方或者双方不履行抚养义务,未成年子女和不能独立生活的子女有权请求支付抚养费,这就由抚养义务转变为责任,具有强制性。因此,婚姻法解释(三)第三条规定:“婚姻关系存续期间,父母双方或者一方拒不履行抚养子女义务,未成年或者不能独立生活的子女请求支付抚养费的,人民法院应予支持。”不过,这里规定的不能独立生活的子女应当进行进一步的界定,例如,无民事行为能力或者限制民事行为能力的成年子女、没有独立经济收入在学校就读的成年子女,是否都是不能独立生活的子女,需要研究,否则会增加父母双方或者一方的抚养义务。已经成年但有残疾而不能独立生活的子女,与已经成年上大学甚至研究生博士生的子女,是不一样的,应当有所区别。

(三)规定夫妻财产关系具体问题的解决方法

在夫妻财产关系的规定上,婚姻法解释(三)规定的内容最多,是重点规定的问题。对此,规定了第四条至第七条、第十条至第十六条和第十八条,共有十二个条文,是规定条文最多的一部分,显然婚姻法解释(三)对这个问题最为重视。

1. 婚内夫妻共同财产分割

夫妻共同财产是共有财产,按照共有的规则,在共同关系存续期间,共有财产不得进行分割。这是原则。婚姻法解释(三)继续坚持这样的原则,规定婚姻关系存续期间,夫妻一方请求分割共同财产的,人民法院不予支持。但是,也有特别情形应当作为例外。如果出现了特别情形需要分割夫妻共同财产的,这个原则并不是绝对的,可以根据实际情况进行分割,以保护婚姻当事人的合法权益。因此,婚姻法解释(三)规定,如果有下列重大理由且不损害债权人利益的,就可以分割共有财产。这个重大理由有二:一是一方有隐藏、转移、变卖、毁损、挥霍夫妻共同财产或者伪造夫妻共同债务等严重损害夫妻共同财产利益行为的。这里概括了六个理由,具备其中之一,就可以请求进行分割,而不是这些条件都需要具备才可以请求分割。二是一方负有法定扶养义务的人患重大疾病需要医治,另一方不同意支付相关医疗费用的。例如,妻子的父母患重大疾病,需要进行医治,但是丈夫不同意以夫妻共同财产支付医疗费用,这时,就可以请求分割共有财产,由自己分割得到的财产支付费用。

2. 个人财产婚后增值

《婚姻法》尊重婚姻关系当事人的财产个性,对于个人财产在婚后增值的,应当区别具体情形,确定为共同财产或者是个人财产。基本原则是第五条规定的,即夫妻一方个人财产在婚后产生的收益,除孳息和自然增值外,应认定为夫妻共同财产。其含义是,一方的个人财产在婚后孳息和自然增值,应当仍然作为个人财产,例如婚前的存款发生的利息,不能认为这是婚后取得的财产因而作为夫妻共同财产。但是,其他个人财产婚后收益,按照婚后所得财产共有制,婚后的其他收益都应当作为共同财产。例如,婚前个人财产,婚后进行投资获得收益,该收益属于婚后所得财产,当然应作为夫妻共同财产,符合《婚姻法》规定的原则。

3. 夫妻之间的房产赠与

房产是不动产,在婚姻家庭财产关系中属于大宗财产,对于双方都具有重要意义。如果夫妻之间在缔结婚姻关系之前,或者在缔结婚姻关系之后,一方将自己所有的房产赠与对方,这样的赠与是否有效,特别是没有实际过户登记的,容易发生争议。对此,婚姻法解释(三)第六条规定:“婚前或者婚姻关系存续期间,当事人约定将一方所有的房产赠与另一方,赠与方在赠与房产变更登记之前撤销赠与,另一方请求判令继续履行的,人民法院可以按照合同法第一百八十六条的规定处理。”《合同法》第一百八十六条的内容是:“赠与人在赠与财产的权利转移之前可以撤销赠与。”“具有救灾、扶贫等社会公益、道德义务性质的赠与合同或者经过公证的赠与合同,不适用前款规定。”婚前赠与和婚后赠与房产的行为,显然不属于该条第二款规定的内容,应当适用该条第一款规定,赠与方在赠与房产变更登记之前撤销赠与的,是准许的,是有效的。因为赠与合同是实践性合同,赠与合同在没有正式履行之前,是可以撤销的。因此,另一方请求判令继续履行的,为无理由,应当驳回其诉讼请求。

4. 父母为子女购房

父母为子女结婚购房包括其他不动产,有两种情况:第一种情况,是一方父母出资为子女购买不动产;第二种情况,是双方父母各自出资为子女购买不动产。婚姻法解释(三)分别情况,在第七条规定了两款。第一款规定的内容是:"婚后由一方父母出资为子女购买的不动产,产权登记在出资人子女名下的,可按照婚姻法第十八条第(三)项的规定,视为只对自己子女一方的赠与,该不动产应认定为夫妻一方的个人财产。"这是因为,父母出资为自己的子女购买不动产,登记在自己的子女名下,尽管是婚后赠与,但登记在自己子女一方名下就意味着只赠与自己子女,这种财产的属性是个人财产,不因为夫妻双方共同使用而改变财产的性质。应当注意的是,这里规定了一个"可"和一个"应","可"按照《婚姻法》第十八条第(三)款规定视为只对自己子女一方的赠与,该不动产"应"认定为夫妻一方的个人财产,仍然带有选择性,如果有证据证明是赠与双方的,可以作出相反判决。第二款规定的内容是:"由双方父母出资购买的不动产,产权登记在一方子女名下的,该不动产可认定为双方按照各自父母的出资份额按份共有,但当事人另有约定的除外。"双方的父母都出资,为双方的子和女购买不动产,但是登记在一方名下,这不能改变该不动产的共有财产性质,应当认定为夫妻共有财产。共有的性质应当是按份共有,而不是共同共有,因为出资份额清楚,认定按份共有更为适当。其中但书的规定,是当事人另有约定除外。另有约定包括两种情况:一是约定为共同共有,不管出资多少,或者出资相同,都应当认定为共同共有;二是约定一方所有,这种情形尽管可能性比较小,但也是有可能,如果当时就是约定为一方单独所有,也应当认定为单独所有。这两种情形主要是指前一种,后一种可能性不大。

当然也有第三种情况,那就是一方或者双方出资,登记为共有财产,那当然就是共有财产,这种情况发生争议的可能性不大,因此不必规定,但实践中是存在的。至于父母购房登记在自己的名下而不是登记在子女名下的,应当认定为父母的权属,不能认定为夫妻共同财产。

5. 一方婚前签订不动产买卖合同婚后双方共同还贷

夫妻之间的不动产买卖中的另一种情况是第十条规定的情形,即婚姻关系一方当事人婚前签订不动产买卖合同,婚后双方共同还贷,该不动产的产权归属问题的争议应当如何处理。这也是经常遇到的问题。第十条分为两款规定:"夫妻一方婚前签订不动产买卖合同,以个人财产支付首付款并在银行贷款,婚后用夫妻共同财产还贷,不动产登记于首付款支付方名下的,离婚时该不动产由双方协议处理。""依前款规定不能达成协议的,人民法院可以判决该不动产归产权登记一方,尚未归还的贷款为产权登记一方的个人债务。双方婚后共同还贷支付的款项及其相对应财产增值部分,离婚时应根据婚姻法第三十九条第一款规定的原则,由产权登记一方对另一方进行补偿。"具体情形是:

第一,对于一方婚前签订不动产买卖合同,并且一个人财产支付首付款,其余款在银行贷款,婚后用夫妻共同财产还贷,不动产登记在首付款支付方名下的,离婚时对该不动产的产权归属发生争议,婚姻法解释(三)规定的基本规则是由双方协议处理。这个协议,主要是指离婚时处理夫妻共同财产的协议,特别是指处理该不动产权属的协议。如果协议清楚,双方意思表示一致,当然就按照协议处理即可。如果事先双方就有关于财产归属的协议,该协议当然也有效力。后一种协议应当是书面协议。

第二,如果双方不能达成协议,法院可以判决该不动产归产权登记一方,尚未归还的贷款为产权登记一方的个人债务,按照债务关系处理。按照这样的方法处理,并不是简单地计算利息清偿,而是要根据双方婚后共同还贷支付的款项及其相对应财产增值部分,离婚时应根据《婚姻法》第三十九条第一款规定的原则,由产权登记一方对另一方进行补偿。

第三,应当看到的是,在第二款中规定的是"可以"而不是"应当"。那么,就应当除了将共同还贷作为债务关系处理之外,还有另外的方法。另外的方法就是可以不判决该不动产归产权登记一方,而是判决归双方当事人共有。在什么情况下可以判决双方共有呢?我认为是双方当事人共同还贷的部分已经超过全部不动产价款 50% 以上的,就可以判决为共有财产,将一方当事人单独首付的部分作为债权处理,或者作为共有份额予以考虑,离婚时按照夫妻共同财产的分割原则进行分割。这样处理更为稳妥,公众更为欢迎。

6. 一方当事人擅自出售夫妻共有房屋的善意取得

夫妻一方在婚姻关系存续期间,对夫妻共有的房屋擅自出售,符合善意取得规则的,应当按照《物权法》的规定认定为善意取得,善意第三人取得该房屋的所有权。婚姻法解释(三)第十一条规定:"一方未经另一方同意出售夫妻共同共有的房屋,第三人善意购买、支付合理对价并办理产权登记手续,另一方主张追回该房屋的,人民法院不予支持。""夫妻一方擅自处分共同共有的房屋造成另一方损失,离婚时另一方请求赔偿损失的,人民法院应予支持。"这些规定是《物权法》第一百零六条规定的具体落实,是正确的。

7. 房改房的产权确认

房改房的产权问题是一个特殊问题。婚姻法解释(三)第十二条规定的情况是:在婚姻关系存续期间,双方用夫妻共同财产出资购买以一方父母名义参加房改的房屋,产权登记在一方父母名下,离婚时另一方主张按照夫妻共同财产对该房屋进行分割的,人民法院不予支持。对于购买该房屋时的出资,可以作为债权处理,产权一方应当对本金和利息一并清偿。在这个条文之外,如果在婚姻关系存续期间,双方用夫妻共同财产出资购买一方父母名义参加的房改房,登记在双方当事人的名下的,就应当按照登记的权属确定产权,可以视为一方父母的赠与。

8. 养老保险金的归属问题

婚姻法解释(三)第十三条规定的是养老保险金的权属问题。这个规定分为两个方面:第一,离婚时,如果夫妻一方尚未退休、还不符合领取养老保险金条件,而另一方请求按照夫妻共同财产分割养老保险金的,因为领取养老保险金的条件还没有成就,当然不能支持。第二,离婚时,对婚后以夫妻共同财产缴付的养老保险费,一方主张将养老金账户中婚姻关系存续期间个人实际缴付部分作为夫妻共同财产分割的,这个请求是合理的,人民法院当然应予支持。但是应当注意的是,作为夫妻共同财产分割的不是养老保险金,而是个人实际缴付的养老保险费。

9. 离婚财产分割协议的附随性

当事人签订离婚协议主要包括三个方面的协议:一是离婚协议;二是分割财产的协议;三是子女抚养的协议。后两个协议附随于前一个协议,即后两个协议的生效,应当依附于前一个协议的生效。前一个离婚的协议没有生效,后两个协议当然不能生效。正因为如此,婚姻法解释(三)第十四条规定:"当事人达成的以登记离婚或者到人民法院协议离婚为条件的财产分割协议,如果双方协议离婚未成,一方在离婚诉讼中反悔的,人民法院应当认定该财产分割协议没有生效,并根据实际情况依法对夫妻共同财产进行分割。"财产分割协议具有附随性,不能离开离婚协议而单独生效。

10. 夫妻一方共同继承遗产

夫妻一方在婚姻关系存续期间继承遗产,其财产的权属分为两种情况:一是作为婚后取得的财产,为夫妻共同财产;二是特别约定为个人继承的遗产,为个人财产,不作为夫妻共同财产。婚姻法解释(三)第十五条针对的是前一种情况,即婚姻关系存续期间,夫妻一方作为继承人依法可以继承的遗产,在继承人之间尚未实际分割,起诉离婚时另一方请求分割的,人民法院应当告知当事人在继承人之间实际分割遗产后再另行起诉。这是因为,我国民间传统大量存在的情形是,在父母一方死亡之后数个继承人并不立即继承,而是默示共同继承,形成共同继承遗产,成为共同继承人的共有财产;通常在父母双方都死亡之后再分割遗产。这种做法就形成了婚姻关系存续期间一方作为继承人可以继承的遗产尚未实际分割,起诉离婚时另一方请求分割遗产的情形。司法解释尊重民间习惯,并不准许该方当事人可以在离婚时主张请求分割遗产,而是告知当事人在继承人之间实际分割遗产后,也就是继承人一方已经取得继承的遗产之后,再请求分割这部分共同财产。这一规定完全正确。

11. 夫妻之间借贷

近年来,出现了夫妻之间的借贷关系,也就是夫妻双方订立借款协议,约定将夫妻共同财产的一部分借给一方,从事个人经营活动或者用于个人其他事务。对于这种借贷关系是否承认其效力,有不同意见。婚姻法解释(三)第十六条认可这种借贷关系。如果夫妻之间订立借款协议,以夫妻共同财产出借给一方从事个人经营活动或用于其他个人事务的,应当视为双方约定处分夫妻共同财产的行为,发生借贷的效力。在离婚时,如果发生争议,可以按照借款协议的约定处理。但这样的协议不能对抗善意第三人,如果第三人不知道双方的婚内借款协议,或者双方的婚内借款协议,则不具有对抗善意第三人的效力。

12. 对离婚时没有分割的共同财产请求分割

离婚时,双方当事人已经对夫妻共同财产的分割达成协议也已经履行,但事后又发现还有其他夫妻共同财产当时没有分割的,也经常出现。如果出现这种情况,婚姻法解释(三)第十八条规定,离婚后,一方以尚有夫妻共同财产未处理为由向人民法院起诉请求分割的,经审查该财产确属离婚时未涉及的夫妻共同财产,人民法院应当依法予以分割。这样规定是完全正确的,是保护夫妻双方的合法权益的正确做法。

(四)规定婚姻法解释(三)的效力问题

关于婚姻法解释(三)的效力的规定,是第十九条。规定的精神是,婚姻法解释(三)施行后,也就是 2011 年 8 月 13 日起,凡是最高人民法院在此前作出的相关司法解释与本解释相抵触的,以本解释为准。

【物权专题】

论抵押物转让价款物上代位及其法律适用

仲伟珩*

《物权法》第一百九十一条第一款规定:"抵押期间,抵押人经抵押权人同意转让抵押财产的,应当将转让所得的价款向抵押权人提前清偿债务或者提存。转让的价款超过债权数额的部分归抵押人所有,不足部分由债务人清偿。"但是,该款规定转让价款提前清偿债务或者提存的法律性质是什么?笔者认为,《物权法》第一百九十一条第一款规定的法律制度为抵押物转让价款物上代位,而抵押物转让价款物上代位的法律性质应定位为法定权利质权,基于此,笔者还对该款规定的具体行使方法加以探讨,以试图为进一步的司法适用工作提供一点管窥之见。

一、抵押物转让价款上是否成立物上代位的比较法研究

德国民法仅承认在不动产上设定抵押权。在德国,不动产登记制度传统历来日久,发展至今已经非常完善。因此,不动产物权的状态能够通过查询不动产登记簿被清楚了解。在这种背景下,德国民法一方面,充分保护抵押人自由处分抵押不动产的权利;①另一方面,又承认抵押权的追及力,以充分保护抵押权人的利益。对于买卖抵押不动产的买受人来说,只享有根据《德国民法典》第434条、第439条第2款的规定要求抵押物出卖人涂销抵押权的权利。② 而抵押权人完全可以针对抵押物行使抵押权,不享有对抵押物转让价款上的权利,这也避免了担保债权未到期情况下提前清偿或者提存的问题,制度设计非常简单,但实务操作却非常有效。因此,德国法基于抵押权的物上追及力,抵押权人可以对转让之后的抵押物行使抵押权,就使得德国法没有必要承认抵押权对抵押物转让价款的物上代位。

日本民法规定的抵押物物上代位性的范围较广,承认抵押权的效力及于抵押物因出卖

---

* 最高人民法院民一庭法官,中国政法大学法学博士,德国马科斯-普朗克外国私法与国际私法研究所访问研究人员(2006~2008,教育部公派出国留学奖学金获得者)。

① 《德国民法典》第1136条规定:"根据约定,所有权人对债权人负有土地不转让或者不再设定负担的义务的,该约定无效。"

② 《德国民法典》第434条规定:"出卖人负有使买受人取得买卖标的物而使第三人不得对买受人主张任何权利的义务。"第439条规定:"(1)债权的买受人在买卖成立时明知权利有瑕疵的,出卖人对此权利瑕疵不负责任。(2)即使买受人明知标的物上设定有抵押权、土地债务、定期金债务、船舶抵押权或者质权等负担的,出卖人亦负有排除此类负担的义务。对于保全设定这些权利的请求权的预告登记,亦同。"

而应得价款上。[①] 因此,日本法采取了抵押物转让价款的物上代位模式。但是,需要注意的是,日本法在抵押物转让的法律制度设计中,在承认抵押权对抵押物转让价款的物上代位同时,还承认抵押权的追及力。对于抵押物转让价款物上代位和抵押权追及力并存的法律制度,日本学者一致认为,由于抵押权人能拍卖其抵押物,所以抵押权的追及力是完备的,那么出售价金中认可物上代位则毫无意义。[②] 所以,对于出售价金的物上代位,在抵押权中应作为原则被否定。

二、我国法应承认抵押物转让价款上成立物上代位

从比较法的分析来看,抵押物转让价款上是否成立物上代位并没有一种固定的制度模式。从法律体系上看,抵押物转让价款上是否成立物上代位是同登记制度是否完善及是否承认抵押权的追及力密切联系的;[③]从担保物权的性质来看,则是同担保物权的物上代位的性质相联系的。而在我国物权法实务中,则还要结合我国的法律实践需要来加以定位。

(一)从物上代位的实质存在基础来看:物上代位以是否存在变价为前提

担保物权是一种物权性变价权,其支配力体现在担保物的交换价值上,而不体现于物的利用上。[④] 但是,这种变价权是潜在地存在的,只有当变价条件满足时才会得以实现。在实现担保物权时,担保物权人可以代所有人之地位,并借助于法院的强制手段对担保客体进行变价,并就该变价优先受偿。[⑤] 在担保物权已经被动地转化为他形态的价值物的情况下,则其变价权已经被实现。在这样的情况下,从功能上说,由于担保物权乃在对于标的物交换价值的直接支配,所以,在此种交换价值现实化时,则应为担保物权效力所及,即需在这种变价上成立物上代位。因此,这种抵押物转让价款上是否成立物上代位就以抵押物转让价款是否已经实现了抵押物的变价为前提。如果抵押物转让、抵押权人仍然能够对抵押物行使抵押权,则没有发生抵押物的变价,抵押物转让价款上成立物上代位也就没有意义。所以,考察抵押物转让价款是否成立物上代位就需要考察在抵押物转让情况下抵押权能否追及到已经转让的抵押物上。

(二)抵押物转让价款上成立物上代位弥补了我国物权法抵押权追及力的不足

在体系解释上,不同法律制度的互相配合以及同一法律制度规定的自洽是体系解释上

---

① 《日本民法典》第304条第1款规定:"先取特权,对于因其标的物的出卖、出贷、灭失或毁损,债务人应受取之金钱或其他之物,应得行使之。但先取特权人应于其支付或交付前以为扣押。本条规定依第372条规定,于抵押权准用之。"

② [日]近江幸治:《担保物权法》,祝娅等译,法律出版社2000年版,第124页;[日]我妻荣:《担保物权法》,申政武、封涛、郑芙蓉译,中国法制出版社2008年版,第261页。

③ [日]近江幸治:《担保物权法》,祝娅等译,法律出版社2000年版,第124页。

④ 施涛丁格(Staudinger):《德国民法典评注》,2007年版,第1113条以下的导论;Eichler, Institutionen des Sachenrechts, Band 1,1954,S. 20ff。

⑤ [德]鲍尔、施蒂尔纳:《德国物权法(下册)》,申卫星、王洪亮译,法律出版社2006年版,第29页。

的目标。对于抵押物转让价款上是否成立物上代位,则是同抵押物转让情况下是否存在抵押权追及力相关的。[①]

在我国,通说认为,从《物权法》的相关规定来看,并没有承认抵押权的追及力,[②]主要理由在于:一方面,如果承认抵押权有追及力,就没有必要要求抵押人转让抵押财产时取得抵押权人的同意;另一方面,取得抵押权人的同意以后,转让抵押财产的价款应当提前清偿债务或者提存,这实际上也已经替代了追及力的行使。此种方式也可以认为抵押权已经提前实现,既然抵押权已经因实现而消灭,就不存在追及力行使的可能。[③] 尽管这种否定抵押权追及力的观点并不符合物权的性质及物权法的逻辑体系,[④]但是,从我国抵押物转让的实践现状来看,抵押权追及力发挥作用的空间也并不大。因为,我国的物权变动模式采取的是不动产登记、动产交付。在不动产转让上,如果没有抵押权人的同意及解押(涂销抵押权),不动产权属很难进行变更登记;而不动产物权不能发生变动,抵押权追及力也就没有意义。而在动产转让上,如果动产已经交付,在动产受让人符合善意取得要件的情况下,则原来的抵押权就消灭了,更不会产生动产抵押权的追及力问题。

因此,在我国立法"并没有承认抵押权追及力"或者实践中抵押权追及力发挥作用的空间非常有限的情况下,抵押物在转让时则已经客观上被变价了。在这种抵押物已经基于转让被变价的情况下,抵押权则当然地要体现到被变价的转让价款上,而抵押物转让价款成立物上代位则是担保物权的当然的内容。

(三)以抵押物是否存在物理状态的变化作为是否成立物上代位的标准并不妥当

我国许多学者认为,转让抵押物的情况下,抵押物的物理存在形态没有任何变化,抵押权也没有遭到损害,所以也就不存在抵押物的物上代位问题。对此,笔者认为,在我国当前法律中并无抵押权追及力的情况下,抵押权在变更所有权人的转让物上就"不存在了"。但是,《物权法》第一百七十七条规定担保物权消灭的情形主要有"主债权消灭,担保物权实现,债权人放弃担保物权,法律规定担保物权消灭的其他情形"。因此,基于物权法定原则,在抵押物转让情况下,抵押权并不消灭,那么抵押权又到哪里去了?逻辑上的结论当然是抵押权已经代位到转让价款上。

另外,对抵押物仅在物理状态灭失时才成立物上代位的观点最明显的反例就是,抵押物被征收时在征收补偿款的物上代位。在抵押物被征收的情况下,抵押物的物理状态并不一定发生变化,抵押物可能仍然存在,但是由于征收,抵押权人已经不能对抵押物行使抵押权,所以抵押权就不得不在补偿款上成立物上代位。因此,以抵押物物理状态的灭失作为是否成立物上代位的标准显然并不妥适,这当然也不适合作为抵押物转让价款上是否成立

---

① [日]近江幸治:《担保物权法》,祝娅等译,法律出版社 2000 年版,第 124 页。

② 王利明:《物权法研究(修订版)(下卷)》,中国人民大学出版社,2007 年版,第 468 页;曹士兵:《中国担保制度与担保方法》,中国法制出版社 2008 年版,第 6 页。

③ 全国人大常委会法制工作委员会民法室编:《中华人民共和国物权法——条文说明、立法理由及相关规定》,北京大学出版社 2007 年版,第 350 页。

④ 王利明:《物权法研究(修订版)(下卷)》,中国人民大学出版社 2007 年版,第 468 页。

物上代位的标准。

(四)抵押物转让价款上成立物上代位同《物权法》第一百七十四条担保物权物上代位的法律构造完全一致

《物权法》第一百七十四条规定:"担保期间,担保财产毁损、灭失或者被征收等,担保物权人可以就获得的保险金、赔偿金或者补偿金等优先受偿。被担保债权的履行期未届满的,也可以提存该保险金、赔偿金或者补偿金等。"从该款规定的文义来看,并没有规定担保物转让价款的物上代位。而《物权法》第一百九十一条第一款规定"应当将转让所得的价款向抵押权人提前清偿债务或者提存"的立法原意应该是允许抵押权人对该转让价款优先受偿,即在债务已到期情况下的清偿,及债务未到期情况下提前清偿债务或者提存。因此,该规定的法律构造也是对于价金的优先受偿或者提存,在法律构造上同担保物权物上代位并无二致。所以,在抵押物转让价款的"优先受偿或者提存"同担保物权物上代位的法律构造完全一致的情况下,抵押物转让价款上成立物上代位则是法律解释的当然结果。相反,在法律构造完全一致的情况下不承认二者的相同法律性质,在逻辑上显然是不通的。

(五)承认抵押物转让价款物上代位的实践意义

从实践上说,如果不承认物上代位,则抵押权人对所转让的价款则有可能失去优先受偿权。尤其是在实务中,如果抵押人将转让抵押物的价款挪作他用,抵押权人可能面临权利落空的危险,从而处于不利的地位。而抵押权人则只能起诉对转让价款进行保全,这显然造成抵押权物权效力的弱化,①对于抵押权人的保护是非常不利的。如果承认《物权法》第一百九十一条第一款的规定为抵押物转让价款物上代位的法律制度,则基于这种物上代位的物权效力,抵押权人可以对于转让价款在支付前先行扣押,则能够避免抵押物转让价款由抵押人向抵押权人提前清偿或者提存、而抵押人并未提前清偿或者提存的风险。

综上,《物权法》第一百九十一条第一款规定的法律性质应该是而且必须是抵押物转让价款上成立物上代位。因此,《物权法》关于担保物权物上代位的定义就应该界定为担保物因灭失、毁损、征收、转让等发生价值形态的变化,担保物权人得就因灭失、毁损、征收、转让等的代位物上行使担保物权的权利。在这样的定义构造下,抵押权人有权就因转让抵押物而获得的价款优先受偿,或者就该价款予以提存,这是抵押物转让价款物上代位的必然要求。

三、抵押物转让价款物上代位法律性质定位及实践意义

《物权法》虽然规定了担保物权物上代位的法律制度,但对担保物权物上代位的法律性质则并没有予以规定,学者意见并不统一。而对于物上代位的具体行使方法也无规定,在实务中也容易引发争议。

---

① 曹士兵:《中国担保制度与担保方法》,中国法制出版社2008 年版,第6 页。

(一)抵押物转让价款物上代位的性质

上面我们已经论述到,抵押权可以存在于转让抵押物的转让价款上。但是,关于抵押权对转让价款物上代位的权利性质,学者则有不同的见解。

物权担保权延长说。该说认为物上代位系担保物权在本质上为变价权的当然结果,故该代位物不过系原来担保物权之延长。① 该理论基础在于,担保物权是变价权,所以抵押权的效力当然追及于其"代偿物"抵押价款上。此说又称为债权抵押权说(《日本民法典》第304 条第 1 款规定采此说)。

法定债权质权说。该说认为,物上代位乃是在抵押物之代位债权上新成立的一种债权质权,其次序与原来的抵押权次序相同,此种债权质权系依据法律规定而发生,故为法定债权质权。该说的理论基础在于,担保物权既然是物权,其标的物如已经被变价的话,物权当然消灭,而对于上述的变价代偿物赋予担保权的效力,是根据法律的特别政策判断的。② 德国民法采取此种模式(《德国民法典》第 1128 条)。

物权担保权延长说认为担保物权转移到代位价款或代位物上,而不失去其原有的存在,所以,抵押权人就该转让价款所享有的优先次序与原抵押权相同,结构和立法模式简单。但是,物权担保权延长说也存在无法克服的缺点。即由于抵押权并不占有抵押物,并且在我国又不存在权利抵押的制度,特别是由于在我国担保物权制度中并无关于对转让价款成立抵押权的规定,因此,同我国现行的抵押权的特性及现行法律体系并不统一。而在实务上由于没有相关的法律规定可以准用,其适用空间必然受到限制。

相比而言,法定债权质权说则具有抵押权延长说所不具有的优点。首先,在法律适用上,可以通过准用《物权法》第二百二十八条第二款的应收账款权利质权的规定,而达到物权法体系上的互洽,符合物权法定原则。其次,对于抵押权人保护更有利。如果将抵押物转让价款物上代位承认为抵押权延长,则因为抵押权不以占有抵押物为特点,因此,在支付价金上不必具有占有的要求,受让人将转让价款支付给抵押人,亦无不可。但是,这样的结构显然对于抵押权人的利益保护极为不利。而在承认为法定质权的情况下,对第三人的转让价款则直接转化为抵押权人的质权标的物。因此,抵押标的物受让人在未获得抵押权人同意的情况下,不可以处分标的物,即不能向抵押人清偿。第三,法定债权质权的定位更符合比较法上的趋势。德国法明确规定物上代位为法定债权质权。日本法虽然定位为抵押权延长,但是其允许抵押权人扣押代位价款和物,在操作上采纳的也是质权行使方式。而我国台湾地区"民法"修正案关于抵押权发生物上代位的法律性质,已经将之转化为权利质权③,这对我们大陆的物权法完善有一定的参考价值。

---

① 郑玉波:《民法物权》,台湾地区三民书局 1991 年版,第 234 页;姚瑞光:《民法物权论》,1990 年自行印刷,第 219 页。

② [日]近江幸治:《担保物权法》,祝娅等译,法律出版社 2000 年版,第 40 页。

③ 《物权法》并无质权人对转让出质物价款可以扣押的规定,属于一个明显的物上代位的法律漏洞,不得不说为立法上的遗憾。而我国台湾地区"民法修正草案"第 881 条第 2 款明确规定:"抵押权人对于前项抵押人所得行使之赔偿请求权为权利质权,其次序与原抵押权同。"

(二)法定权利质权定位的实践意义——未经抵押权人同意,受让人不得向抵押人清偿

《物权法》第一百九十一条第一款规定:“应当将转让所得的价款向抵押权人提前清偿债务或者提存。”但是,此规定的具体实施可能带来的问题很多。首先,转让的价款是由抵押人还是受让人向抵押权人提前清偿或者提存?其次,如果由抵押人向抵押权人提前清偿或者提存,抵押人未提前清偿或者提存的风险该如何避免?

1. 比较法对我们的启示

日本民法着眼于抵押权人的利益保护,从抵押权人单方利益保护角度规定,抵押物所有人无权受领代位价款或者物,而抵押权人则可以扣押转让价款或者代位物。因此,虽然日本民法承认抵押权人对于抵押价款物上代位为抵押权延长,但是又采取在支付或交付前可以扣押的模式(《日本民法典》第 304 条第 1 款)。德国民法从兼顾平衡抵押权人和抵押人的利益冲突角度规定,有义务支付代位价金的人(保险人)在向抵押人支付前需要先通知抵押权人,而抵押权人未书面同意支付,则这种支付对于抵押权人不发生效力,抵押权人并且可以向支付义务人提出异议。而对于不动产登记簿登记的物权,推定支付义务人必须知晓(《德国民法典》第 1128 条)。瑞士民法的规定同德国民法的规定模式基本相同,《瑞士民法典》第 822 条第 1 款规定:“已到期之保险金额,须经土地抵押权人之同意,始得对被保险土地所有人支付之。”

日本民法的规定偏重保护抵押权人的利益,但却忽略了抵押权人同意这种意思自治的形式。德国法和瑞士法的立法模式则平衡了抵押权人和抵押人的利益,这种模式既保护了抵押权人的利益,同时又赋予抵押权人的同意权,有利于促进交易,在制度设计上更加合理。

2.《物权法》规定应扩张解释为,未经抵押权人同意,抵押物受让人不得向抵押人支付转让价款

对于《物权法》第一百九十一条第一款规定的“应当将转让所得的价款向抵押权人提前清偿债务或者提存”的具体操作方式,笔者认为,考虑到我国的法律实践及抵押权人和抵押人之间的利益平衡,应该有以下几个方面的要求:

(1)抵押标的物受让人在未获得抵押权人同意的情况下,不可以处分标的物,即不能向抵押人清偿。

(2)如果受让人在征得抵押权人同意的情况下,则可以向抵押人支付转让价款,这也更加符合当事人意思自治的原则,有利于交易的进行和促进经济的发展。而德国民法对此关于抵押权人书面同意才可以支付的规定对我们具有借鉴意义。即在我国未来的立法或者司法解释中可以规定:“未获得抵押权人书面同意抵押物转让价款向抵押人清偿的情况下,受让人不得向抵押人支付抵押物转让价款。否则,清偿无效。”所以,在此构造下,为了避免纠纷的出现,原则上应由受让人直接向抵押权人为清偿,这是法定权利质权的必然要求。在抵押权人债务到期情况下,受让人可以直接向抵押权人清偿;而在债务未到期的情况下

则可以提存,但是此种提存需要向抵押权人提存。①

(3)如果受让人并不知道标的物有抵押权存在,而将转让价款支付给抵押人,对于抵押权人是否生效?对此,笔者认为,对于不动产来说,由于不动产(及以登记为权属要件的准不动产)登记具有推定力及公信力,②抵押不动产受让人不能以其不知抵押物上无抵押权而为抗辩,而抵押权已经经过登记的公示效力,以及抵押物转让价款物上代位性质为法定质权,均具有对抗受让人不知的效力,故受让人支付价款给抵押人不得对抗抵押权人(《德国民法典》第 1128 条第 3 款句 2)。

对于动产来说,占有动产者推定为动产的权利人。因此,如果受让人符合善意取得的要件,则其对抵押人的支付具有对抗抵押权人的效力,抵押权人不得对受让人要求支付转让价款。③ 当然,如果受让人为恶意,则即使抵押权未经登记,对其亦具有对抗力。

四、抵押物转让价款物上代位的行使方法

(一)抵押物转让价款物上代位的行使顺位——同原抵押权的顺位相同

优先清偿效力是抵押权的唯一担保作用。而在抵押权对于转让价款的物上代位上,其对于不同的抵押权人的优先清偿顺序同原抵押权优先效力的顺位相同。具体而言,首先,在有多个抵押担保债权人存在时,应按照各个抵押权人的次序分配转让价款金额。次序相同的,应平均分配,这是物权优先效力的当然解释。而在具体各抵押权人可以请求的数额上,各抵押权人仅能依据其次序所能分配的金额,向受让人请求给付。受让人亦只有在此范围内负担给付义务,抵押权人或抵押人对于此项给付或者金额有异议时,受让人可以将转让价款金额提存,然后由争议当事人通过诉讼方式解决。

其次,抵押人受破产宣告时,抵押权人是否享有别除权就抵押物转让价金优先受偿?对此,笔者持肯定意见。对于债务人提供抵押物来说,这毫无异议。而如果在第三人提供抵押物的情况下,则在提前清偿或者就提存价款清偿的情况下,破产管理人则可以代位债权人行使对债务人的债权,这也完全符合《物权法》第一百九十一条第一款规定的法律规定,亦符合该条侧重保护抵押权人的精神。但抵押权人能够优先受偿的,以抵押物转让价款为限,如抵押物转让价款不足清偿所担保债权时,不足部分则作为普通债权对债务人的其他财产同其他债权人平等受偿。对此,《物权法》第一百九十一条第一款句 2 规定:"转让的价款超过债权数额的部分归抵押人所有,不足部分由债务人清偿",已经内涵了此内容。

(二)抵押物转让价款清偿的为抵押物担保的债务而非债务人负担的债务

《物权法》第一百九十一条第一款句 1 并没有明确是清偿(或提存)债务人所负担的债务额还是抵押物所担保的债务额。对此,基于担保物权的从属性,抵押人转让价款清偿的

① 谢在全:《民法物权论(中)》,台湾地区三民书局 2003 年版,第 453 页。

② 对于不动产登记的推定力和公信力,《物权法》并无明确法律规定,在其逻辑体系上同物权内容法定原则并不一致,不得不说为立法技术上的遗憾。

③ 史尚宽:《物权法论》,中国政法大学出版社 2000 年版,第 337 页。

应是抵押物担保的债权额,对于超过担保债权额的部分,抵押物转让价款没有负担清偿的义务,在其上也不能成立物上代位。如果是由第三人提供的抵押物,则第三人的抵押物转让价款在担保债权额之外不再承担责任;如果是债务人所提供的抵押物,则担保债权额之外的转让价款额作为债务人的一般财产,平等清偿债务人的债务。

(三)抵押担保债权未届清偿期时物上代位的行使

抵押担保债权已届清偿期而未受清偿时,在抵押权人仅有一人的情况下,可以直接向抵押物受让人请求支付该项转让价款。如果抵押权人向受让人请求给付抵押物担保债权额,受让人则不得拒绝,否则抵押权人有权不同意抵押物转让。

抵押权人的担保债权未到期,转让价款应提前清偿抵押权人的债务;在债权人对债务人的债权具有期限利益并且债权人不同意提前清偿的情况下,则可以提存该抵押物转让价款。当然,这种情况下的清偿额和提存额应包括抵押权人的期限利益在内。在抵押权人只有一人的情况下,抵押权人原则上可以领取提存价款(或代位物)。而在抵押权人有数人的情况下,抵押权人领取提存价款,应该得到其他有关抵押权人的同意;如果不能取得同意,则只能通过诉讼方式解决。①

但是,在担保债权未到期而抵押人不愿意提前清偿债务,抵押人是否可以要求"采用提存的方式"。对此,笔者认为,原则上不应赋予抵押人要求提存的请求,因为这种情况下,抵押权人可能考虑到抵押物的价值变化及其期限利益的丧失问题而不同意抵押物转让。而这符合《物权法》第一百九十一条规定"抵押权人同意,抵押物才能转让"侧重保护抵押权人的立法精神。当然,对于这是否符合提存制度设计的宗旨,尚需要进一步探讨。

如果抵押人不愿意提前清偿债务,但是却提供其他担保财产加以担保的,原则上应该允许。而在债权人的担保债权能够获得充分保障的情况下,如果债权人不同意转让,显然应认定为违反诚信原则。

(四)第三人提供抵押物的转让价款清偿债务情况下的法定债务移转

在第三人提供抵押物担保的情况下,如果在转让价款上成立物上代位并且应债权人要求而提前清偿,显然这种情况下并非债务人自己清偿债务,而是第三人清偿的法律制度。第三人清偿债务是债的清偿的一个重要制度。除了当事人另有约定或者依债的性质不得由第三人清偿之外,原则上债务均可以由第三人清偿。因为在第三人清偿上,债权人的债权已经达到了目的,而债务人方面也不会蒙受到不利益,因此除非法律有特别的规定,原则上应该允许第三人清偿有效。②

对于提供抵押担保物的第三人以转让价款代债务人清偿债务以消灭抵押权后,该第三人能否向债务人求偿?这首先需要根据二者内部关系来确定。在第三人与债务人有约定的情况下,则从其约定,而在没有约定的情况下,则应该采取法定代位的解释,使第三人取得抵押债权人对债务人的债务。

---

① 姚瑞光:《民法物权论》,1990 年自行印刷,第 273 页。

② 史尚宽:《债法总论》,中国政法大学出版社 2000 年版,第 776 页。

对于第三人清偿债务人的债务,《日本民法典》第 500 条规定,就清偿有正当利益的人,因清偿自然代位债权人。这种情况下,只要第三人清偿了债务,就发生了代位,清偿人就取得了债权人的地位。① 而所谓的"就清偿有正当利益的人",是指因清偿而获得当然的、法律上的利益的人,例如不可分债务人、连带债务人、保证人、物上担保人、担保物的第三取得人、后顺序担保人等等有着如不进行清偿自己就会被债权人执行、或要失去自己权利之类地位的人。② 我国台湾地区"民法"第 312 条亦规定:"就债之履行有利害关系之第三人为清偿者,于其清偿之限度内承受债权人之权利,但不得有害于债权人之利益。"我国《物权法》第一百九十一条第一款规定的提供抵押担保物的第三人对于债的履行显然具有利害关系。因此,在该第三人清偿了债务之后,应解释为其取得法定代位权,可以对债务人代位债权人行使债权。

① 参见[日]於保不二雄:《日本民法债权总论》,台湾地区五南图书出版有限公司 1998 年版,第 366 页。
② [日]於保不二雄:《日本民法债权总论》,台湾地区五南图书出版有限公司 1998 年版,第 365 页。

【合同专题】

商法与社会法语境下的竞业禁止

——以《公司法》与《劳动合同法》的规定为视角的比较研究

张疆华*

商法范畴下的《公司法》①与社会法范畴下的《劳动合同法》②均规定了竞业禁止(竞业限制)。竞业禁止,又称竞业回避,是指对特定营业具有特定关系的特定人的行为予以禁止的制度,③其特点是禁止的客体是特定的行为,被禁止的主体限于特定人,且该特定人与特定营业之间具有特定的法律关系。我国台湾地区学者郑玉波先生对竞业禁止的定义持相同观点。④一般认为,在现行的法律规范中竞业禁止主要包括两大类:公司董事基于委任关系而形成的竞业禁止以及劳动者基于劳动关系而形成的竞业限制。然而,这两类竞业制度乃是本出同源吗?它们之间有无质的区别?在处理相关问题时,是否遵循相同的法律依据和程序?

一、分类的梳理:不同视域下的竞业禁止理论

竞业禁止起源于西方国家,作为一种法律制度,最早规定于民法的代理制度中,旨在用法律防止代理人对被代理人利益的损害。⑤之后,竞业禁止的范围不断扩大,从合同的双方当事人到现代公司的董事、经理以及其他高级管理人员,并最终发展到对所有知悉商业秘密的雇员。从竞业禁止制度发展历史来看,委任关系和雇佣关系一同被置于竞业禁止的制度规范之下,二者有着共同的历史渊源,而且作为一种手段,竞业禁止制度从其产生之日起,就与商业秘密的保护密不可分。于是,基于委任关系的公司董事、经理、高级管理人员的竞业禁止与基于劳动合同关系的竞业限制就顺理成章地放在了竞业禁止的概念之下,被一并加以讨论,这容易导致理论与实践上的混乱。

---

* 新疆维吾尔自治区高级人民法院审判监督庭法官,兰州大学法律硕士。

① 商法规范商事主体交易活动,调整具有营利性质的商事关系,《公司法》无疑是商法的典型代表。

② 社会法以社会领域中的社会利益为本位,以维护社会利益为目标,在当前学术研究中,把作为公法与私法兼容的《劳动法》和《劳动合同法》归位于社会法,争议不大。

③ 彭学龙:《竞业禁止与利益平衡》,载《武汉大学学报(哲学社会科学版)》2006年1月。

④ 郑玉波:《民商法问题研究(二)》,载梁慧星主编:《民商法论丛(第19卷)》,金桥文化出版社有限公司2001年版,第387~389页。

⑤ 郑玉波:《民商法问题研究(二)》,载梁慧星主编:《民商法论丛(第19卷)》,金桥文化出版社有限公司2001年版,第387~389页。

竞业禁止义务从属于忠实义务,是指公司的董事、经理、高级管理人员在管理公司时不得经营与其所任职公司具有竞争性质的业务。[①] 而关于竞业限制的概念,我国相关法律中并无直接的规定。有学者认为,《劳动合同法》第二十四条第二款实际上就是对竞业限制的界定,该款规定,在解除或者终止劳动合同后,前款规定的人员到与本单位生产或者经营同类产品、从事同类业务的有竞争关系的其他用人单位,或者自己开业生产或者经营同类产品、从事同类业务的竞业限制期限,不得超过二年。因此,竞业限制的定义就是指在解除或者终止劳动合同后,特定的劳动者不得到与本单位生产或者经营同类产品、从事同类业务的有竞争关系的其他用人单位,或者自己生产或者经营同类产品、从事同类义务。[②]

依据以上认识,可对竞业禁止作如下分类:

第一,根据竞业禁止法律依据的不同来划分,竞业禁止分为法定竞业禁止和约定竞业禁止。所谓法定竞业禁止,就是指特定人的竞业禁止义务来源于法律的直接规定;所谓约定竞业禁止,是指特定人的竞业禁止义务来源于当事人的约定。关于法定竞业禁止,其典型规定就是公司董事、经理、高级管理人员的竞业禁止义务。我国关于法定竞业禁止的规定首先体现在《公司法》中。《公司法》第一百四十九条规定,董事、高级管理人员不得"未经股东会或者股东大会同意,利用职务便利为自己或者他人谋取属于公司的商业机会,自营或者为他人经营与所任职公司同类的业务"。此外,我国《合伙企业法》、《个人独资企业法》以及《中外合资经营企业法实施条例》等商事法律法规也有相关规定。[③] 约定竞业禁止的法理基础在于契约自由原则。在我国,约定竞业禁止的规定主要体现在《劳动法》和《劳动合同法》中。《劳动法》第二十二条规定:"劳动合同当事人可以在劳动合同中约定保守用人单位商业秘密的有关事项。"《劳动合同法》第二十三条第二款规定:"对负有保密义务的劳动者,用人单位可以在劳动合同或者保密协议中与劳动者约定竞业限制条款,并约定在解除或者终止劳动合同后,在竞业限制期限内按月给予劳动者经济补偿。"

第二,根据竞业禁止义务履行时间的不同,将竞业禁止分为在职期间的竞业禁止和离职后的竞业禁止。也有学者以义务主体作为划分标准,将竞业禁止分为在职雇员的竞业禁止和离职雇员的竞业禁止。这两种分类方法名异而本质上相同。由于在职期间的竞业禁止义务多有法律的明确规定,因此,一般认为,在职期间的竞业禁止多为法定的竞业禁止。我国关于在职期间竞业禁止的规定多见于前述《公司法》、《合伙企业法》、《个人独资企业法》等法律中,仍以商法典、《公司法》等规定的董事、经理等高级管理人员为典型。但是,《劳动法》及《劳动合同法》并无强制性的在职期间的竞业禁止规定,《劳动合同法》第二十三条将该事项规定为双方可以约定的事项。另外,根据《劳动合同法》第三十九条第四项规定,劳动者同时与其他用人单位建立劳动关系,对完成本单位的工作任务造成严重影响,或者经用人单位提出,拒不改正的,用人单位可以解除劳动合同。对于离职后的竞业禁止,各

---

① 赵旭东主编:《公司法学》,高等教育出版社2006年版,第409页。

② 林嘉主编:《劳动合同法条文评注与适用》,中国人民大学出版社2007年版,第138页。

③ 《合伙企业法》第三十条规定:"合伙人不得自营或同他人合作经营与本合伙企业相竞争的业务。"《个人独资企业法》第二十条规定:"投资人委托或聘用的管理个人独资企业事务的人员,未经投资人同意,不得从事与本企业相竞争的业务。"《中外合资经营企业法实施条例》第三十七条规定:"总经理或者副总经理不得兼任其他经济组织的总经理或副总经理,不得参与其他经济组织对本企业的商业竞争。"

国法律或者未予规定,或者将其归于可以由当事人自由约定的事项。因此,离职后的竞业禁止,一般属于约定竞业禁止。《劳动合同法》第二十三条明确规定离职后的竞业禁止属于约定的事项。

第三,根据员工是否掌握商业秘密,可以将竞业禁止分为单纯竞业禁止与附商业秘密保护义务竞业禁止。单纯竞业禁止,是指企业与员工签订的劳动合同或单项协议中,只规定员工不能在离职后到与原单位有竞争关系的企业工作,或者单独从事与原单位有竞争关系的行业,而不论该员工是否掌握企业的商业秘密。附商业秘密保护义务竞业禁止,是指企业与掌握该企业商业秘密的员工在劳动合同规定员工的竞业禁止义务,或者签订单项竞业禁止协议,规定员工在离职后不得到与原单位有竞争关系的企业工作,并且附带在一定时期内保守用人单位商业秘密。

二、逻辑的推论:对竞业禁止法理的检视

现今理论多将《公司法》上的竞业禁止与《劳动合同法》上的竞业限制置于竞业禁止制度之下,前者被归于"法定竞业禁止"范畴,后者则被归于"约定竞业禁止"的类别。从竞业禁止的表象而言,两者有相同或相似之处,均属于对特定营业具有特定关系的特定人的行为予以禁止。但就委任关系与劳动关系而言,二者法律关系的性质迥异。我们认为,虽然《公司法》规定的董事(含经理及高级管理人员)的竞业禁止义务和《劳动法》、《劳动合同法》规定的雇员的竞业禁止义务都被规定在统一的竞业禁止概念之下,但在具体论述时却出现了"花开两朵,各表一枝"的局面,这实际是源于两者本质的不同而生成的结果,且正是由于此种本质的不同,使得这两种法律规定的竞业禁止虽"貌合"而"神离",从而发生了在具体论述两种竞业禁止时各自形成了不同的体系的局面。当很多学者在将两者作为具有共性的问题进行论述时,对两者的内在统一性方面却总表述得相当模糊。例如,关于两者共同的法理基础方面,学者多认为竞业禁止的法理基础包括:诚实信用原则、忠实义务和契约自由原则等。

我们认为,两类竞业禁止的法理基础似乎并非和谐统一:第一,关于诚实信用原则。诚实信用原则是民法中的"帝王条款",既然是"帝王条款",当然就是在民法领域中"放之四海而皆准"的条款。因此,作为商法领域的董事竞业禁止与作为社会法领域的劳动者竞业限制,都归属诚实信用原则的约束,该原则作为竞业禁止的法理基础自然也是理所当然,而非能够消弭"挂一漏万"的嫌疑。第二,关于忠实义务。一般认为,对于劳动关系中的忠实义务渊源于英国普通法上的主仆关系理论,即雇佣人与受雇人之间是一种密切的家属关系,彼此之间负有法律上的默示义务。其中,受雇人对雇佣人有忠实义务及充分注意雇佣人利益之义务,受雇人不得从事与雇佣人有竞争关系之行为。[①]而对于公司董事的忠实义务,是基于董事和公司之间信任关系基础上的忠实义务,是指董事不能利用其地位为了自己或者第三人的利益而损害公司利益的义务。忠实义务是关于董事和公司利益冲突时董事应负义务的一般性规定,而竞业限制义务和与公司利益相反交易的限制义务是相关忠实义务的

① 戴永盛:《商业秘密比较法研究》,华东师范大学出版社2005年版,第111页。

具体化规定。因此,同样为忠实义务,两者有着完全不同的性质,特别是劳动者的忠实义务从一开始就被打上了人身依附关系的烙印。第三,关于契约自由。劳动合同在理论上实行的是完全契约自由原则。① 而通说认为公司董事的竞业禁止属于法定的竞业禁止,契约自由原则适用的空间较小。《公司法》在修改前(即 1993 年的《公司法》)在第六十一条就规定,完全禁止董事的同业竞争。②

由上可见,公司法上的竞业禁止与劳动法上的竞业限制仅具有竞业禁止的表象,但委任关系与劳动关系之间具有完全不同的性质及机理,将两者规定在同一竞业禁止的制度之下,在逻辑上难以成行。因此,对以《劳动合同法》为代表的社会法中规定的竞业限制和以《公司法》为代表的商法中规定上的竞业禁止作进一步地区分探讨实为必要。

三、区别的溯源:两类竞业禁止的差异

《劳动合同法》对劳动者的竞业限制,是以保护商业秘密、抑制或削弱竞争对手的竞争、保持自身的竞争优势为终极目的。从微观层面,竞业限制制度关注的是市场经济中竞争主体之间具体的竞争行为;从宏观层面,竞业限制关注的是建立良好有序的市场竞争体系,防止因不正当竞争给市场的正常运转带来消极的影响。而《公司法》对董事的竞业禁止,是建立在以主体之间平等的委任关系基础之上,是董事忠实义务的具体体现,其目的是为了防止董事的贪婪和自私行为,以保护公司利益。虽然也具有限制竞争的客观目的,但并不以限制竞争为其直接目的;公司董事的竞业禁止制度,源于寻求公司内部董事与公司之间的利益平衡。劳动者的竞业限制与公司董事的竞业禁止具有较大差异,我们认为,主要表现在以下几个方面:

1. 法律关系主体地位不同。依据《劳动合同法》第二十三、二十四条的规定,我国对于劳动者的竞业问题使用的是"竞业限制条款"或者"竞业限制协议";而关于公司董事的竞业问题,按照惯例一般称为"法定的竞业禁止义务"。我们认为,这种称谓上的差别,其意义在于可以用来反映两者具有不同的法律基础,并由此反映出的各自法律关系中双方主体地位的差别,其中前者以双方主体地位不平等性为主要特征,后者以双方主体地位平等为特征。劳动合同中劳动者的竞业限制协议,是建立在劳动合同法律关系上,而劳动合同的本质属性是人身上的从属性和经济上的从属性,劳动合同中这种从属性特征决定了劳动合同双方主体法律地位上的不平等性。公司董事的竞业限制义务是建立在董事与公司之间的委任关系之上,两者的法律地位平等。鉴于劳动合同法律关系中劳动者具有人身及经济上的从属性,劳动合同的双方主体法律地位具有不平等性,劳动者的竞业限制应当归于《劳动法》的范畴。公司董事与公司的关系属于委任关系,董事与公司之间属于平等的民事主体,因此,就董事与公司之间的权利义务问题应当适用《公司法》、《合同法》等民商事法律规定。

2. 立法宗旨和目的不同。我们认为,劳动合同中的竞业限制制度表面上看是为了保护

---

① 随着经济的发展,劳动契约自由体现出的形式正义徒具虚表,劳动契约自由变得有名无实。故而,从劳动契约自由到不自由成为必然轨迹,而新型劳动契约的出现正是对这一趋势的最佳体现。

② 1993 年的《公司法》第六十一条规定:"董事、经理不得自营或者为他人经营与其所任职公司同类的营业或者从事损害本公司利益的活动。从事上述营业或活动的,所得收入归公司所有。"

公司的商业秘密,但是,基于应当首先保护劳动者生存权、就业权等基本人权的要求以及劳动者在劳动法律关系中所处的从属性地位,立法的宗旨应当首先是对竞业限制的限制,其次才是对于用人单位合法利益的考虑。而公司董事的竞业禁止制度,关注的是公司内部董事与公司之间的利益平衡问题,其立法宗旨要求公司董事履行忠实义务,把保护公司的合法利益放在首位。

3. 适用主体范围不同。依据《劳动合同法》第二十四条规定:"竞业限制的人员限于用人单位的高级管理人员、高级技术人员和其他负有保密义务的人员";《公司法》第一百四十九条规定的竞业禁止的主体范围为董事、高级管理人员。① 通过比较上述两项规定可以看出,《劳动合同法》规定的竞业限制主体范围更具有法定性倾向,即需以负有保密义务为前提条件,与保密义务密不可分;而关于竞业禁止的主体,《公司法》除了明确规定了董事、高级管理人员之外,将更多界定义务主体范围的权利留给了公司,由公司在章程中自由作出规定,更多地体现了对公司意思自治的尊重。因此,除了董事、高级管理人员以外,《公司法》上的竞业禁止主体范围更具不确定性。

4. 义务和责任的内容不同。《劳动合同法》规定了负有保密义务的劳动者在订立竞业限制条款后,其在离职后负有不得竞业的义务。由于其主要的目的是为了保密,因此,劳动者的主要义务表现为以竞业限制的方式来履行保密义务。对于用人单位而言,其主要义务是给付补偿金的义务。关于责任方面,《劳动合同法》规定劳动者应当向用人单位支付违约金。另外,给用人单位造成损失的,应当承担赔偿责任。而公司董事的竞业禁止义务,其体现的是董事的忠实义务。尽管《公司法》在董事的忠实义务中也规定了"不得擅自披露公司秘密"的义务,但是该保密义务是与竞业禁止义务并列的忠实义务的一种,此与订有竞业限制条款的劳动者主要负有保密义务不同。关于董事违反竞业禁止义务的责任问题,《公司法》规定的是公司可以行使"归入权",即"董事违反法律规定的忠实义务所得的收入归公司所有",同时,如果给公司造成损失的,应当承担赔偿责任。

5. 义务期间不同。劳动者的竞业限制主要是在离职后(我国《劳动合同法》也并不否认用人单位与劳动者可以签署在职期间的竞业限制条款),而董事的竞业禁止是在在职期间。董事离职后不负有竞业禁止义务,但应当负有后合同义务,即基于诚实信用原则依据《合同法》第九十二条规定承担保密义务。对于劳动者而言这也具有适用性,劳动者即使未签署竞业限制条款,由于《合同法》与《劳动合同法》属于一般法与特殊法的关系,因此,劳动者也应当依据《合同法》的规定承担保密义务。当然,对于董事离职后的竞业禁止问题,公司也可以与离任董事签订竞业禁止协议,但是,这种竞业禁止协议与劳动者的竞业限制条款不同,离职董事的这种竞业禁止协议显然不属于劳动关系的范畴,而应归于普通民事合同的范畴。在《公司法》目前没有就离职董事的竞业禁止作出明确规定情况下,公司与离职董事可以参照《劳动合同法》的规定订立书面竞业禁止协议。

6. 纠纷解决方式不同。劳动者的竞业限制条款属于劳动合同条款,应当按照劳动争议纠纷处理,具体依据《劳动法》、《劳动合同法》、《劳动争议调解仲裁法》等法律及相关法规

① 《公司法》第二百一十七条规定,高级管理人员是指公司的经理、副经理、财务负责人、上市公司董事会秘书和公司章程规定的其他人员。

和规章,在处理程序上,应当适用劳动仲裁前置,对劳动仲裁裁决不服后方能向法院提起诉讼。而对于公司董事的竞业禁止义务而言,该义务是《公司法》明确规定的义务,在不存在义务免除的情况下,应当向公司承担侵权责任。由于公司董事与公司的关系属于委任关系,因此,原则上应当作为普通的民事合同纠纷案件,直接向人民法院提起诉讼,具体依据《民法通则》、《公司法》、《合同法》、《侵权法》等法律及相关法规。此外,如上所述,我们认为,即使公司董事与公司之间就董事离职后的竞业问题订立了竞业禁止协议,那么这也不具有劳动合同的性质,不应适用《劳动合同法》的规定。

另外,由于两者在法律本质、义务责任等方面的不同,由此,在相应的立法技术上也应该有所区分。其中,对于公司董事的竞业禁止义务,立法不宜过多地干预,应当鼓励当事人意思自治,尽量交由当事人自行解决处理问题。在劳动者的保护方面,立法则应当给予更多的关注和支持,现行的《劳动合同法》已经体现了国家对于劳动者的倾斜保护,在许多方面作出了具体的规定。

四、关系的厘清:竞业禁止与保护商业秘密

竞业禁止制度自产生之日起就是为保护商业秘密而设,因此,保护商业秘密是竞业禁止的目的,并且从公司董事扩展到所有接触雇主商业秘密的普通雇员。国外立法例中,竞业限制往往都是由保护商业秘密发展而来。例如,美国要求雇主必须有合法应予保护的商业利益(主要是商业秘密);英国以竞业禁止条款确属合理为首要条件,其本质也是雇主具有应受保护的利益存在;德国《商法典》第 74 条明确规定竞业禁止必须是为了保护营业主的正当营业利益;瑞士《债务法》第 304 条则规定,竞业禁止仅对于劳务关系中知悉雇佣人之客户圈、技术秘密或交易秘密之受雇人,并于受雇人使用这些秘密将会给雇佣人造成重大损害之情形有约束力。我国《劳动合同法》更是将负有保密义务作为签订竞业限制条款的前提条件。实际上,我国《劳动合同法》规定的劳动者的竞业限制义务,已经与劳动者的保密义务相差无几。换言之,至少在劳动法的范畴内竞业限制义务不能与保护商业秘密断裂开来,关于这一点学界并无任何异议。① 而公司董事的竞业禁止义务却并不包括保密义务的内容,依据《公司法》的规定,董事的保密义务与竞业禁止义务分别作为并列的两项具体义务而被统一规定在董事忠实义务之下,也就是说董事的竞业禁止义务与保密义务至少在法律规定上是相互分离的,董事竞业禁止义务中并不包括保密义务的内容。那么,在劳动法范围内,保护商业秘密和竞业限制是否具有逻辑上的必然性?竞业限制是否必须以保护商业秘密为前提?竞业限制是否一定能达到保护商业秘密的目的?

在具体实践中,由于商业秘密具有秘密性特征,使得商业秘密一旦被公开,商业秘密权便不可恢复而永久丧失。基于以上原因,从竞业限制制度设立的初衷看,竞业限制的主要目的是在于减少商业秘密灭失的风险,减轻雇主对于追究违反保护商业秘密的雇员所带来的成本(包括是否构成商业秘密、雇员是否违反竞业限制协议的证明),以确保雇主在市场竞争中优势地位。

---

① 关于这一点,通说认为,对于《劳动法》中的竞业禁止,应当以知悉商业秘密为前提,否则,竞业禁止协议应属无效。《劳动合同法》第二十三条明确规定,签订竞业限制条款的对象限于“负有保密义务的劳动者”。

竞业限制义务与保守商业秘密密不可分,至少从立法者的意图来看,竞业限制义务实际上主要就是保密义务。尽管国内外理论将竞业限制的客体表述为雇主的商业秘密以及其他合法利益,对于其他合法利益的具体内容多是语焉不详,因此,大体上可以将竞业限制义务与保密义务划等号。但是,这样的结果仅仅是法律规定的结果,而缺乏逻辑上的合理性。

从竞业限制与保护商业秘密的关系来看,两者并不存在必然的逻辑联系,竞业限制的方式不一定会保护商业秘密,保护商业秘密也不一定必须采取竞业限制的手段。竞业限制对保护商业秘密的作用,只是具有事实上的或然性。保护商业秘密的主要目的,在于以此来维护雇主的竞争优势,从而在市场竞争中能够打败竞争对手,或减少与竞争对手的差距。从相反层面看,就是防止不正当竞争行为的出现。采取竞业限制的方式来保护商业秘密,既减轻了雇主的维权负担,又达到了保持自身优势、间接抑制或削弱竞争对手竞争力的目的,但是这是以牺牲雇员的生存权、发展权为代价。因此,从根本上而言,竞业限制实质上是以牺牲雇员的人格利益为代价来满足雇主维持竞争优势的目的。问题在于,这种方式至少从实践中看,尚不能得出竞业限制与维持雇主竞争优势之间存在的必然的因果关系或作出充分合理的解释。正是因为存在上述问题,使得司法实践中鲜有发生劳动者因为积极履行了竞业限制协议而要求用人单位给予补偿的情况,但是用人单位因为劳动者不履行竞业禁止协议而要求劳动者赔偿的案例倒是屡见不鲜。作为竞业限制的义务人——劳动者屡屡违反竞业限制的情况非常普遍,由此可见竞业限制协议对劳动者一方约束力之苍白。

对于违反竞业限制协议的行为,《劳动合同法》第二十三条规定,劳动者违反竞业限制约定的,应当按照约定向用人单位支付违约金。用人单位只能以劳动者违约作为请求权的基础要求劳动者承担法律责任,而不能以此认定劳动者侵犯了用人单位的商业秘密,直接以侵犯商业秘密权作为请求权基础来寻求法律救济。《劳动合同法》明确规定了竞业限制的主体只能限于负有保密义务的劳动者,而在劳动者违反竞业限制协议时却不能直接认定劳动者侵犯了用人单位的商业秘密,这也从侧面反映了竞业限制与保护商业秘密之间缺乏逻辑上的必然联系。也正是由于此,使得以竞业限制的方式来达到防止不正当竞争之目的的法律目的缺乏足够的合理性。防止不正当竞争是市场竞争的基本要求,其规制的主要对象是市场竞争中竞争主体。而作为劳动者,其只是市场竞争主体中的成员,并不是直接的市场竞争者,因此,竞业限制实际上是以牺牲劳动者的以就业权为中心的生存权、发展权为代价来间接制约竞争对手的不正当竞争行为。虽然劳动者可以有权要求获得补偿,但是这种补偿不仅与劳动者正常就业所获得的报酬相差甚远,而且更重要的是剥夺了劳动者的自我发展机会。

五、代结语

作为一种制度,竞业禁止在商法和社会法中都有规定,然而由于其所存在的不同法律关系中,使得这一制度承担着迥然不同的功能,因而在质的性征上表现出大相径庭的区别,这种区别是由所属法的性质不同造成的。

商法是私法,其所调整的商事关系,是基于营利性的行为而在平等的民事主体之间产生形成的社会关系。营利性是商事关系的本质属性,是商事经营活动的出发点和归宿点。[①]作为一种私法,“商法是基于个人主义的私法本质,为那些精于识别自己利益并且毫无顾忌地追求自身利益的极端自私和聪明的人而设计的”。[②] 由此,在商事关系中,商事主体的地位是平等的,始终贯彻意思自治原则。[③] 竞业禁止规定在商法的代表法——《公司法》中,其所表现出的适用这一制度的双方主体地位平等,也就理所当然了。

而在劳动合同关系中,劳动者的人身及经济上的从属性使得劳动者与用人单位之间的地位并不平等。具体到劳动合同,由于劳动者在社会、经济以及生存需要等多种压力和不平等因素之下,加上劳动合同附合化的特点,劳动者在用人单位提供的劳动合同文本面前,只有同意和不同意的选择,难以确定劳动者的真实意思。因此,“主观意思理论在劳动合同中很难说明合同的约束力来源”。[④] 此外从历史上看,劳动关系本身就是雇佣关系的发展和进化。“劳动关系的前身就是雇佣关系,雇佣关系只不过是进化到以社会为出发点而对劳动关系调整的原形”。[⑤] 正是为了调整劳资双方实质上不平等的关系,劳动法才应运而生。于是,劳动法的社会法属性得以固定,劳动法无可争议地步入了社会法的领地范畴。

商法领域下的公司董事、高级管理人员与公司为平等主体之间的委任关系,社会法下劳动合同中劳动者与用人单位之间不平等,这就导致了劳动者竞业限制与董事竞业禁止有着本质的不同。鉴于两者之间的差别,将两者规定在统一的竞业禁止概念之下,既缺乏法理上的合理性,又缺乏逻辑上的协调性,极易造成理论认识上的模糊与混沌,并进而导致实务操作上的紊乱与凌乱。我们认为,应当在理论分类上将两者完全分开,明确劳动关系中的竞业限制与委任关系中竞业禁止之间的差异,放弃统一的竞业禁止概念范畴,分别以“竞业限制”与“竞业禁止”两个概念来界定劳动领域和公司领域的竞业禁止,将两者作为独立的法律制度在各自层面进行探讨。虽然我国现行法律规定,保密义务是签订竞业禁止协议的前提条件以及重要内容,两者间存在较大关联性,但是,保密义务与竞业禁止并不具有逻辑上的必然承继关系,竞业限制并不是保密义务的必然结果。

在具体实践中,由于劳动法和公司法分属于不同的法律部门,有着完全不同的纠纷解决方式,因此,应当以两者具有的不同性质为出发点,具体分析单位人员的不同情况,将其竞业问题分别归位于《公司法》上董事的竞业禁止和《劳动合同法》上的竞业限制,并由此确定适用不同的纠纷解决方式。此外,该方法对于其他法律中关于竞业问题的规定也具有一定的借鉴意义。

---

① 至于商事关系的发生是否以营业为必要条件,商法理论上则存在不同主张。由于各国商事立法原则不同,在客观主义和主观主义的立法体例之间未能形成统一的标准,因而难以肯定营业性构成商事关系的基本特点,但这个问题不是本文探讨的重点。

② [德]拉德布鲁赫:《法学导论》,米健、朱林译,中国大百科全书出版社 1997 年版,第 72 页。

③ 当然,商法中存在着具有公法性质的规范。例如,商事主体在从事交易时,为了自己利益的实现,必然对交易安全极为重视,离开了交易安全,营利是无法实现的。此外,商事行为可能影响到国家或社会的利益,从而与现代法律的社会本位存在冲突,因此,具有公法性质的强制性规范在商法中必然存在。然而,此类规范的存在并不能从根本上改变商法的私法属性,它是建立在商法基础上并服务于商法的,体现了商法的时代性和进步性。

④ 侯玲玲:《劳动合同的特殊性研究》,载《云南大学学报》2006 年第 1 期。

⑤ 杨晓蓉:《劳动关系与雇佣关系的界定及实务问题探讨》,载《中国劳动》2005 年第 8 期。

【公司法人专题】

浅析公司章程自治的内涵

王毓莹*

公司章程自治理念以平等和自由为终极关怀。它包含着丰富的内容,公司章程自治主要是指公司章程的订立自由、公司章程的修改自由与公司章程的内容自由。对于公司章程订立的自由与内容的自由,人们不存在什么疑虑,但能否修改公司章程,人们众说纷纭,笔者将着力于阐述公司章程修改的自由。另外,值得特别指出的是公司章程自治并不包括公司章程的形式自由,出于慎重的考虑和公示的需要,公司章程的形式自由受到很大的限制。

一、订立公司章程的自由

公司不同于单个的自然人,它是典型的社团法人。尽管也存在一人公司,但其法律地位在理论与实践中尚存争议,其毕竟不是公司的典型形态。在汉语中,"公"含有无私、共同的意思,"司"则是指主持、管理,二者合在一起就是众人无私地从事或者主持其共同事务的意思。① 也有学者认为,"公司",是郑成功时期为翻译荷兰东印度公司的名称,吸收公司一词的拉丁文字头"com"(含有公共、共同的意思)的含义,创造的一个中文新词。② 可见,一人难成公司。公司往往具有一定的人合性。一般人们愿意选择和自己志趣相同的人共同创业,订立公司章程的过程也往往是公司的设立过程,选择与谁订立公司章程的过程,也是选择自己生意伙伴的过程。在选定好生意伙伴后,就公司设立及设立后的情况进行磋商,只要没有最后达成合意,可以选择签订或不签订公司章程。从这种意义上讲,订立公司章程的自由应为公司章程自治的首要含义。订立公司章程的自由包括三个方面,即是否订立公司章程的自由,选择与谁缔结公司章程的自由,决定章程内容的自由。是否订立公司章程,这是最大的自由选择权,一个人有权根据自己的意志决定缔结或者不缔结公司章程,他没有必须开办公司的法定义务。当事人选定生意伙伴,决定与谁同舟共济创办公司,在一个具备完备市场竞争机制的社会中,是完全可以实现的。也就是说,在社会中客观存在可供选择的订立公司章程的相对人。如果这种客观条件不具备时,这种自由权也就徒具形式

---

* 最高人民法院民一庭法官,中国政法大学法学博士。

① 范健、蒋大兴:《公司法论》,南京大学出版社1997年版,第1页。

② 王小龙:《公司的概念、能力等一般问题》,载《法律科学》1999年第2期。

了。同时,当事人有权自主决定章程的内容,即其有选择章程内容自由的权利。即使当事人所订立的契约有严重的不公平和不平等,如果确系当事人自愿接受而不是出于胁迫等因素,他人也不能改变。除此以外,有些事项可以通过协议的方式改变法律的规定,以充分体现章程订立人的意思自治。

从前面的描述看,公司章程的自由大体与契约自由相同。但两者又有不同之处。公司章程是否体现了参与各方的意思自治是判断章程能否界定为契约的根本所在。公司章程从形式上来说可能仅系部分股东拟就的,未体现所有股东的意志,但现代社会商品交易的市场化使得任何一项契约都极有可能是妥协而非完全自愿的合意结果,出于降低磋商成本、追求效率等因素的考虑,契约已日呈格式化,这种基于技术性的考虑,虽然存在诸多的限制,虽然没有从根本上改变它未与所有合约方协商的事实,但我们并不能因此否定其中契约关系的存在,公司章程亦是如此。就有限责任公司而言,如果有出资人对此提出异议,完全可以选择退出设立中的公司,其享有充分的意志自由;而对股份公司来说,创始股东拟定公司章程后,还须经创立大会以资本多数决方式通过,这本身即是股东意思自治的体现。至于后续股东,可以通过对公司章程的了解来决定是否购买其股票。如果每一股东,不管持股多少,都有权要求就章程事宜与全体股东进行协商,不仅在效率上不允许,而且还可能出现以敲诈为目的的"策略行为"。因此,出于技术方面的考虑,公司股东会以资本多数决的形式通过章程的制定或修改,如果不存在信息不周、控股股东压迫等异常情况,章程应被认为是全体股东合意的结果。公司章程确实构成股东相互间的契约,一个股东可以不借助于公司而援引契约对抗另一个股东。正因为如此,公司章程对公司所有股东(包括后续股东)都具有约束力,任何一方均应按照公司章程的规定履行自己的义务,否则将承担对公司和其他股东的违约责任。①

二、修改公司章程的自由

(一)赋予股东修改公司章程自由的理由

公司章程是静态的,而公司的经营环境却是变化的。为了更好地适应经营环境的变化,需要适时地修改公司章程的内容。在不违反法律、行政法规强行性规范的前提下,公司可以修改包括绝对必要记载事项、相对必要记载事项和任意记载事项在内的所有内容。②公司在长期的经营过程中,随着市场环境的变化,必须对其内部的治理规则进行相应的调整,尽管这些规则在公司成立之初可能有着极高的效率,但面对多变的市场,再完备的公司章程也会显得力不从心。因为,公司在瞬息万变的环境中长期存在这一事实本身就包含着问题。新的需要、无法预见的情况和额外的信息可以使人作出比公司刚建立时更理想的安排。人们奉行的观点是:个人是其利益的最佳法官,但这一原则存在例外情形。当个人试图在当前作出对未来的规划,判断什么是他的最佳利益,并且不容更改地做出选择就存在问题。只有当这种判断是基于其实际的,特别是当下的个人经验,支持个人是其最佳利益

① 宋从文:《公司章程的合同解读》,载《法律适用》2007 年第 2 期。

② [美]罗伯特·C·克拉克:《公司法则》,胡平、林长远、徐庆恒、陈亮译,工商出版社 1999 年版,第 123 页。

法官这一假定才具有正当性;如果这种判断先于其经验而形成,并且已被事后的经验所惩罚而依然不容更改,支持这一假定就没有理由。当人们受到其约束的契约不只是简单地做某事,而且是在一段相当长的期间内持续地做某事,而且没有任何权力撤销这种约定,任何基于他们是自愿地达成这一契约而支持这一假定,就几近荒唐。① 可见,即使公司章程如其最初起草的那样,在公司设立之时做出了最好的安排,随着时间的推移,也会有潜在的改进。这时,就要求审时度势地对公司章程进行修改。"修改公司章程的自由"就摆在了人们的面前。

(二)修改公司章程自由的特殊性

股东享有修改公司章程的自由,这一问题远比订立公司章程自由的问题要复杂得多。人们发现订立公司章程自由与修改公司章程自由是两种截然不同的自由。订立公司章程时,股东是完全自由的,可以订立,也可以不订立,而且公司章程的内容必须取得全体股东的认同。但是,在修改公司章程上若也要达到同样的要求就存在困境。与股权转让仅涉及公司内部股权结构变动不同的是,公司章程的修改更多具有商业环境变化及后续股东介入等外部因素,因此问题相对复杂得多。正如前文所述,股东的更替决定了公司章程必须处于开放状态。新股东的加入,必然要求自己的意志在章程中得到适当的体现,如果公司章程丧失了这种开放性,其市场竞争力将大为降低。公司在长期的经营过程中,随着市场环境的变化,必须对其内部的治理规则进行相应的调整,如果要求股东一致同意方可进行,无疑极不现实。特别是在公众公司中,股东散居各地,要一体召集、一体同意,将引发巨额成本,使得一些原本有利于股东的章程修改行为无法获得通过,有悖于股东利益最大化的安排,同时因为章程修改过高的比例要求,一些小股东将以拒不赞成相威胁,以谋求敲诈性利益,招致大量的机会主义行为,最终将导致公司陷入僵局。公司作为一项开放性的合约,章程只是反映当时股权结构下的股东合意,随着股权易主,新股东有权获得重新配置公司权力的机会。如果股份早已易主,但老股东当年制定的陈年旧法(章程)还在辖制着一代"新人",这种规则的正当性将遭到质疑。英美发达国家的公司法实践表明,公司法规则的合法性,很大程度上源于其合理性,公司参与各方创设的公司治理规则,其合法性也基本上在于其合理性。在判断章程条款是否合理时,可以遵循的一个(但不是唯一)标准是,章程可以搭建公司内部权力分配的架构,但不得阻遏章程修改的通道。否则,公司章程将失去开放性,无法体现后续股东的意志,合法性将面临危机。诚然,对此问题的分析主要针对股份有限公司这类公众公司而言,至于有限责任公司,因为其相对封闭的人合性,问题并不显得十分突出,但处理的基本思路是一致的。②

基于公司章程对股东利益影响的重要性,它被视为公司的宪法,因此,在修改程序上比较严格,对同意修改公司章程的股东所持份额的比例也有比较高的要求。③ 出于这种考虑,有观点认为修改公司章程要求全体股东一致同意。国外也有这样的立法例,如加拿大安大

① [加]布莱恩·R·柴芬斯:《公司法:理论、结构和运作》,林华伟、魏旻译,法律出版社2001年版,第488页。

② 宋从文:《公司章程的合同解读》,载《法律适用》2007年第2期。

③ 柯芳枝:《公司法论》,中国政法大学出版社2004年版,第409页。

略省商业公司法和美国马里兰州公司法即是如此。而反对的观点则认为,投资者在"取得股票的时候,除非有证据证明,公司有明确的承诺公司章程或公司章程的某个条款不会被修改,否则公司的章程就是可以修改的"①。因为要求股东一致同意方可修改公司章程是不现实的。② 因而,各国公司法对此问题的解决方法是,由董事会提出公司章程修改议案,由股东会以多数票通过。笔者也认为,要求股东一致同意才能修改公司章程固然可以保护股东的预期,但有时反而会不利于公司目的的实现,同时也容易导致股东利用自己的否决权影响公司目的的实现,以获得讨价还价的砝码,并不可取。因此,公司章程可以适时修改,并不需征得股东们的一致同意。但由于公司章程是公司对内对外的重要文件,有着重要的地位和广泛的影响力,因此,各国公司法一般对公司章程修改程序规定了严格的要求。章程作为公司的组织与活动的根本原则,应该保持相对的稳定。而且章程的变更往往会涉及股东、债权人的利益,因此,非经法定程序不得变更。公司章程变更的程序为各国或地区公司立法之重点,一般而言,股份有限公司章程之变更程序比有限责任公司复杂,章程的重大事项修改程序要比一般事项修改程序复杂。纵观各国立法,章程变更的一般程序可以概括为以下几个步骤:(1)股东或董事会提议。(2)将提议内容通知股东。(3)由股东会或董事会表决。(4)变更登记或备案。例如,《日本公司法》规定股份公司变更章程,要通过股东大会的特别决议、召集股东大会的通知,要记载会议的目的以外,还要记载有关章程变更议题的概要。发行各种股份的公司,如果变更章程而损害某类股东利益时,除了需要股东大会的决议外,还需要该类股东大会的决议。章程的内容由于客观事实的改变而不得不加以变更时,不需要股东大会的决议。《韩国公司法》规定股份公司变更章程,要依据股东大会的特别决议。为变更章程召集股东大会时,变更章程的议案要点也应记载于召集通知及公告上。公司发行数种股份时,因变更章程对某一种类的股东带来损害时,除了有股东大会的决议以外,还应有该种类股东大会的决议。有限责任公司章程的变更也需要社员大会的特别决议。但不同于股份公司,在召集通知中无须记载有关变更章程的议案的要点。《德国股份法》第179条规定:"章程的任何变更均需经股东大会决议。变更只涉及文本的,股东大会可以将变更的权利移转于监事会。股东大会的决议须经至少包括在决议时被代表的股本的3/4的多数同意。章程可以规定其他的资本多数,但对于经营对象的变更,只能规定一个较大的资本多数。章程可以规定其他的要件。应变更数个种类的股票的原比例关系以使一个种类受到不利益的,为使股东大会的决议有效,其需经受到不利益的股东同意。关于同意,受到不利益的股东应作出特别决议。"第180条规定:"一项决议使股东负担从属义务的,为使其有效,其需经全体被涉及的股东的同意。因一项决议而使记名股或股款缴纳凭证的转让受公司的同意的拘束的,对于该项决议,适用相同规定。"有限责任公司章程的变更程序与股份有限公司基本相同。首先,公司章程修改权只能掌握在公司权力机关手中。这是因为公司章程的修改涉及公司经营、权力等重大事项的调整,涉及公司多个相关的利益主体,属于公司的重大事项,当由公司权力机构来决定,其他机关均无权行使。其次,公司章程修改是公司权力机关的特别决议事项。我国《公司法》第四十四条规定,有限

① [英]珍妮特·丹恩:《公司法》,法律出版社2003年版,第70页。

② 王汝娟:《公司章程变更比较研究》,载《当代法学》2002年第1期。

责任公司修改章程的决议,必须经代表2/3以上表决权的股东通过;《公司法》第一百零四条规定,股份有限公司修改章程必须经出席股东大会的股东所持表决权的2/3以上通过。此外,公司章程修改涉及公司登记事项的变更,必须办理相应的变更登记,否则不得以其变更对抗第三人。

(三)章程修改自由的限制

虽然通过修改公司章程可能有利于公司目的的实现,但同时也为多数股东通过其持股优势修改公司章程,损害少数股东的利益提供了可乘之机。为保护中小股东的利益,英美法的规则是,公司章程的修改必须出于善意,并且符合公司利益,有助于实现公司目的的实现。正如Lindley法官在Allen v. Gold Reefs of West Africa Ltd[1900]一案中所谈到的:"公司法第九条所赋予多数股东修改公司章程的权利和其他法律和衡平法所赋予多数股东的,并使得他们能约束少数股东的其他权利一样,都必须按照同样的原则来行使。权利的行使不仅应遵循法律规定的方式,并且应是出于善意和为了公司的利益而不能逾越。这个要求总是隐含的,从来没有或很少被表达出来。但如果这项要求得到了满足,我认为除去其本身的限制之外,司法机关就没有理由对公司法第九条所赋予股东修改公司章程的权利加以限制。"①由于增加限制是否出于善意是一个主观心态的探求,而修改公司章程是否为了公司的利益则更多的是一个商业判断的考虑,法院在这一方面没有更多的经验,因此,法院并不轻易介入到公司事务的判断上来。法院这种消极干预背后的理论依据是:股权和享有的投票权被视为一种财产权利,而假设股东在投票时是利他的,并且仅仅考虑模糊的抽象利益这个无法触及的概念是不现实的。② 因此,法院一般只有在最极端的例子中,即没有一个理性人会认为公司章程的修改是为了公司的利益的情况下才会进行干预。例如,在限制股权转让的情况下,如果有证据表明修改公司章程是为了压迫少数股东,以达到剔除少数股东的目的,则违反了上述要求,股东可以提出诉讼请求宣布禁令,或者股东也可以以多数股东违反信义义务为由,请求法院干预。可见,尽管公司章程的修改程序比较严格,但公司章程修改的自由仍毋庸置疑,因为这是由瞬息万变的商业特点决定的。并不能仅因公司章程修改受到限制,就否认这种自由。任何自由都是在法律框架下的自由,都不得损害其他人的合法权益,公司章程修改的自由自然也不例外。

三、公司章程的内容自由

公司章程是公司的自治法,是公司最基本的规范性文件,它规定公司的组织与经营这些最根本的事项,如经营范围、注册资本、组织机构、股东的权利义务、利润分配、解散事由以及清算办法等。公司自治通过公司章程来实现。③ 公司章程的内容体现为公司章程的记

---

① Lucian Arye Bebchuk, The Debate on Contractual Freedom in Corporate Law, Columbia Law Review, November 1989, p70.

② Lucian Arye Bebchuk, The Debate on Contractual Freedom in Corporate law, Columbia Law Review, November 1989, p47.

③ 毛亚敏:《公司法比较研究》,中国法制出版社2001年版,第76页。

载事项。

(一)公司章程的绝对必要记载事项与公司章程的内容自由

在现代社会,多数国家都放松了对设立公司的管制,并且赋予了公司以相当多的经营自由。公司章程的内容很丰富,当事人享有很大的发挥自己聪明才智的空间。但这种自由也并非不受任何限制。公司法规定的公司章程必须记载的事项是绝对必要记载事项,公司法有关公司章程绝对必要记载事项的规定属于强制性规范。从法理角度讲,若不记载或者记载违法,则公司章程无效。① 而公司章程无效的法律后果之一就是公司设立无效。绝对必要记载事项一般都是与公司设立或组织活动有重大关系的基础性的事项,如公司的名称和住所、公司的经营范围、公司的资本数额、公司机构、公司的法定代表人等。公司章程的必要记载事项一方面对于公司股东是否将该事项记载于公司章程的自由进行了限制,即记载与否并不由公司股东自行决定,但另一方面对于这些必要记载事项的具体内容法律并不做硬性规定,而是由股东自行决定。如公司的经营范围是公司的必要记载事项,缺少经营范围条款的规定将导致公司章程无效,这体现了法律的强制性,但具体到公司经营什么法律并不做强制的规定,这由股东根据市场和自身情况自行决定。

根据《公司法》第二十五条的规定,有限责任公司的章程的法定记载事项为:公司名称和住所;公司的经营范围;公司的注册资本;公司的股东姓名或者名称;股东的出资方式、股东出资金额和出资时间;公司的机构及其产生的办法、职权、议事规则;公司法定代表人。鉴于公司的机构及其产生的办法、职权、议事规则为有限责任公司章程的法定记载事项。因此,《公司法》第三十八条规定的股东会的法定职权,第四十一条、四十二条、四十三条规定的股东会的议事规则事项应当作为公司章程的法定记载事项予以记载(但内容可以根据公司法的授权予以一定的变通)。《公司法》第四十五条、四十六条规定的董事会的产生办法、任期,第四十七条规定的董事会的职权,第四十八条、第四十九条规定的董事会的议事规则等事项应当作为必要记载事项予以记载(但内容可以根据公司法的授权予以一定的变通)。其他有关经理、监事会的组成、产生、职权、议事规则的公司法规定事项也应当作为法定事项加以记载。根据《公司法》第八十二条的规定,股份有限公司章程法定记载事项为:公司名称和住所;公司经营范围;公司设立方式;公司股份总数、每股金额和注册资本;发起人的姓名或者名称、认购的股份数、出资方式和出资时间;董事会的组成、职权和议事规则;公司法定代表人;监事会的组成、职权和议事规则;公司利润分配办法;公司的解散事由与清算办法;公司的通知和公告办法。需要说明的是,上述阐述的有限责任公司和股份有限公司的章程的法定记载事项是基于公司法的规定而引述的。相应的其他法律、行政法规、部门规章要求公司章程必须记载的事项也属于公司章程的法定记载事项(需要注意的是,公司章程的强制性条款只能是法律和行政法规规定的)。例如《中外合资经营企业法实施条例》第十三条规定,合营企业章程应当包括下列主要内容:"合营企业名称及法定地址;合营企业的宗旨、经营范围和合营期限;合营各方的名称、注册国家、法定地址、法定代表人的姓

---

① 吴建斌:《公司章程行为的认定及其实际应用》,载《法律评论》2002年第18期。

名、职务、国籍;合营企业的投资总额,注册资本,合营各方的出资额、出资比例、股权转让的规定,利润分配和亏损分担的比例;董事会的组成、职权和议事规则,董事的任期,董事长、副董事长的职责;管理机构的设置,办事规则,总经理、副总经理及其他高级管理人员的职责和任免方法;财务、会计、审计制度的原则;解散和清算;章程修改的程序。"由此可见,理解公司章程的法定记载事项不能仅仅局限于公司法的要求,而应当着眼于所有法律、行政法规、政府规章等法律文件。

(二)公司章程的相对必要记载事项与公司章程的内容自由

相对必要记载事项,是指公司法中规定的公司章程可以记载也可以不记载的事项。就性质而言,公司法有关相对必要记载事项的法律规范,属于授权性的法律规范。这些事项记载与否,都不影响公司章程的效力。它们一旦记载于公司章程,就要产生约束力。当然,没有记载于公司章程的事项不生效。当事人可以记载,也可以不记载,它体现了股东的自治。相对必要记载事项包括哪些内容呢?以日本为例,《日本商法典》第1条规定股份有限公司章程的相对必要记载事项包括:发起人应接受的特别利益及接受人的姓名;实物出资者的姓名、出资标的的财产、其价格及给予其股份的额面股、无额面股之区别、种类和数量;公司成立后约定接受转让的财产、其价格和转让人的姓名;发起人应接受的报酬数额;应归公司负担的设立费用等等。① 可见,公司章程的相对记载事项内容很丰富,不一而足。相对记载事项和必要记载事项相比,其更能体现公司章程的内容自由,因为它将是否将该事项规定于公司章程的权利交给了当事人。

(三)公司章程的任意记载事项与公司章程的内容自由

任意记载事项,是指在公司法规定的绝对必要记载事项及相对必要记载事项之外,在不违反法律、行政法规强行性规定和社会公共利益的前提下,经由公司章程制定者同意自愿记载于公司章程的事项。任意记载事项的规定充分地体现了对公司自主经营的尊重。任意记载事项与相对必要记载事项既类似也有不同。类似之处就在于两者记载与否都可以自由选择。不同之处则在于公司法列举了相对必要记载事项,但是对于任意记载事项公司法并没有提及。任意记载事项最大限度地表现了法律对公司章程自治的尊重。它体现了股东的聪明才智和想象空间,它给予当事人以更广阔的舞台来实现自己的聪明才智。只要任意记载事项不违法,法律并不强加干预。

四、公司章程自治应否包含章程形式自由的探讨

公司章程自治不应包含章程的形式自由。从各国实证法来看,公司章程至少要采取书面形式,有的国家要求将公司章程登记备案。甚至有些国家规定公司章程要经过公证。德国、日本、韩国等国家的公司立法,都对此作出这样的规定。如《联邦德国股份公司法》规定:"公司章程必须通过公证书确定"。② 又如《日本商法典》规定:"公司章程若非得到公证

---

① 赵旭东:《公司法学》,高等教育出版社2003年版,第127页。

② 《联邦德国股份公司法》第23条第1款,见卞建武:《外国当代公司法》,法律出版社1995年版,第118页。

人的认证时,不发生效力。"[①]对于公司章程的形式,各国出于不同的考虑,作出不同的规定,但有一点可以肯定,公司章程不能够采取口头形式,换言之,公司章程是要式行为。这是否构成对私法自治的违反呢?答案是否定的。原因在于:

(一)慎重的考虑

回溯历史,法律行为经历了从严格的形式主义到意思主义的发展历程。任何对法律行为形式的要求,似乎都被视为对当事人私法自治的违反。然而,特别的法律行为的形式要求,并没有随之而消亡。通常情况下,这种特别的形式通常发挥两种功能:一为方便举证;二为加强意思表示的严肃性来实现对不熟悉商业规则或容易受到唆使蛊惑而轻率地为自己设定义务的人进行保护。第一种功能很好理解,因为特定的形式不仅有利于证明法律行为的存在,而且有利于证明其具体内容。在对于第二种功能的理解上,可以看到,履行特定的形式有助于形成一种"交易性的气氛",使当事人意识到一旦履行了这种形式,就意味着他们进入了义务领域。这时,他们的注意力就会集中在这样的问题上:他们是否真的想要从事一项法律上可履行的公司章程内容,他们是否真的愿意承担有可能受到法律强制的风险。这样,就起到了唤醒当事人的法律意识,促使其三思而后行,以确保缔结公司章程的严肃性。在法律对公司章程的生效提出必须经过公证的要求时,这其中蕴含的确保当事人意思表示严肃性的用意就更加明显了。

按照私法自治原则,法律行为发生效力的唯一依据是当事人之间的合意。如果法律强制要求某种形式作为其合意的附加物,即是对私法自治的侵犯。从表面上看,对法律行为的形式要求的确与私法自治存在矛盾的一面,但在某种特殊的情况下,这种违反因为维护了特定的法律价值而具有一定的积极意义。例如:在维护交易安全方面,特别的形式要求就显然比简单的言辞同意更具优势。因为当绝对的不要求任何形式的意思自由使得彼此同意一致的内容无法证明或被歪曲时,这种自由就会变得徒具其表。[②] 另外,在提醒当事人充分考虑自己的意思以免轻率方面,特别的形式要求也可能真正成为"自由的天堂"。正因为如此,各国在法律行为形式自由的问题上并未采取绝对的立场,而是规定只有法律对法律行为有特别要求时,法律行为的形式才作为法律行为的生效要件。

公司章程自治作为私法自治在公司法上的反映,当然具有不可动摇的价值。但是,私法自治也存在着形式自由与实质自由的关系问题。实质自治通常会通过当事人享有是否缔结、与谁缔结、以什么方式缔结、缔结什么内容的公司章程等一系列具体形式的自由来表现。通常情况下,对形式自由的遵守就是对实质自由的坚持。可是在特殊情况下,形式自由也可能与实质自由发生某种程度的背离或偏差。这时,就需要透过形式而直接对实质进行考察。公司章程就符合这种情况。公司章程反映的长期性与多方利益纠缠性的特点,引起了法律的善意怀疑,但是法律无意去干涉当事人对自己事务做出的设计,而只是通过要求当事人以一定的形式证明自己的意思的确是真实自愿,经过慎重考虑的,来对当事人进行保护,从而也维护了交易的安全。相反,如果坚持形式上的自由,当事人就可能被自己不

① 《日本商法典》第 167 条,见卞建武:《外国当代公司法》,法律出版社 1995 年版,第 603 页。

② 李永军:《合同法原理》,中国人民公安大学出版社 1999 年版,第 182 页。

慎的、缺乏真意的表示所约束,这才是对私法自治的真正违反。

(二)公示的需要

公司章程不是秘密文件,公司章程记载的所有内容都是可以为公众所知悉的。而且,公司和公司登记机关应当采取措施,方便公司的股东及潜在的投资者、债权人及潜在的交易对象以不同的方式从不同的途径了解公司章程的内容。公司章程的公开性特征具有重要的意义。公司章程上记载的公司资本,表明了公司已经或将要达到的规模,它是公司承担债务的信用基础;记载的经营范围事项,表明了公司所从事的行业或领域,是与其交易的第三人特别关注的重要内容。因此,公司章程的公示是在公司、公众、政府三者之间建立的一条信息通道,通过公示,交易安全得到保障,公司的运行受到法律规范的制约,同时,政府对于经济生活的管理得以透明与合理。①

尽管公司的根本目的是为了实现股东利益的最大化,但公司章程仍然具有保护交易相对人的功能。这种功能不是来自于公司章程本身,而是恰恰来自于公司法对公司章程必须公示的强制性规定,我国公司法规定公司章程为公司申请注册登记的必要文件,公司章程依法进行修改后,还必须向有关机关办理变更登记,交易相对人则可通过查阅公司登记备案的公司章程的内容来了解该公司组织及活动等方面的基本情况。

① 王远明、唐英:《公司登记效力探讨》,载《中国法学》2003年第2期。

【指导性案例】

共有人请求分割共有财产时，人民法院不宜判决分割使用权

最高人民法院民一庭

一、案情简介

田青禾与田青穗系田成山夫妻的养子和养女，二人之间并无血缘关系。2009 年、2010 年，田氏夫妻先后因病死亡。田成山无遗嘱，死亡后其法定继承人亦未实际分割遗产。田成山夫妻生前与养子共同生活，因女儿已移居海外，儿媳与儿子关系不好，曾经起诉离婚，而田青禾之子田瑛有轻度脑瘫，故田青禾之母立遗嘱将其名下全部房产指定给孙子田瑛继承。但田氏夫妻的主要遗产是一幢二层德式小楼，建筑面积共计 220 平方米。除较大的门厅外共有 7 个可供居住的房间，但只有一个通向外面的通道和建在其中一间房间中的楼梯，除一个明显为卧室的套间外没有单独的卫生间，只在一层有一个厨房，因此，不具备拆分使用和内部分割后单独进行产权登记的条件。故田青禾与田青穗在办完养母的丧事后，将该幢房屋登记为田青禾、田青穗、田瑛三人按份共有。

田青穗长期侨居海外，其继承的不动产自己无法使用，因此曾找哥哥田青禾商议，情愿将房屋中自己继承的份额转让给哥哥，请其按照双方分别继承的遗产份额，向自己支付补偿款。田青禾认为，妹妹侨居海外，养父母均由自己长期负责照料，父亲突发疾病死亡，未及留下遗嘱；母亲立遗嘱将名下房产留给了孙子田瑛。田青穗一家生活条件优越，又不打算回国定居，这套房屋由自己一家人使用合情合理，再说现在房屋升值，自己和儿子并无经济力量向妹妹支付补偿款，故不同意分割共有财产，但承诺妹妹回国时可以无偿在此居住。因多次协商未果，田青穗遂诉至一审法院，请求法院依照遗嘱判决分割共有房屋。

二、法院裁判情况

一审法院经审理查明：案涉房屋为田青禾、田青穗与田青禾之子田瑛按份共有，其中田青禾占 1/6，田青穗占 1/6，田瑛占 2/3。按照当地的房地产登记条例，该房屋只能整幢登记，内部也不具备拆分使用的条件。由于案涉房屋坐落在市中心的繁华商业区内，经一审法院委托有资质的房地产评估机构评估，市场价为 500 万元，其中六分之一即 16.67%，为 83.35

万元。

一审法院认为,田青禾、田青穗与田瑛三人通过继承对案涉房屋按份共有,其中三人各自所占比例清楚,当事人之间对此亦无争议。根据《物权法》第九十九条的规定,“共有人约定不得分割不动产或者动产,以维持共有关系的,应当按照约定,但共有人有重大理由需要分割的,可以请求分割;没有约定或者约定不明确的,按份共有人可以随时请求分割,共同共有人在共有的基础丧失或者有重大理由需要分割时可以请求分割。因分割对其他共有人造成损害的,应当给予赔偿。”因此,田青穗关于分割按份共有房产的诉讼请求,应当得到支持。鉴于该房屋不具有内部分割后单独进行产权登记的条件,而田青禾、田瑛确实经济困难,无力向田青穗支付 83.37 万元补偿款。为了充分发挥案涉房屋的使用价值,判决由田青穗使用案涉房屋一层向阳的一间,与田青禾、田瑛共用一层的卫生间、厨房和通向街门的走道。田青禾与田瑛之间仍按不动产登记簿上记载的份额共有。

三方当事人均不服一审判决,提出上诉。田青穗上诉称,一审判决判非所请。自己正是因为已经移居海外多年,无法实际使用继承所得房屋,且与田青禾等协商分割房产不成才提起诉讼的。一审判决只考虑发挥物的使用价值,却没有考虑其本人根本无法使用该物的实际情况。田青禾提出让自己回国时无偿在此居住的办法也是无法接受的,一是自己与田青禾之间其实没有血缘关系,本来就不具有亲兄妹之间的亲密关系,加之父母均已病逝,以后自己回国的机会不多,下一代在国外长大,回国时也不可能与不具有亲情的舅舅或表兄住在一起,故坚决要求法院判令分割继承所得房产的相应价格。田青禾上诉称,一审判决根本无法执行,案涉房产虽然有 7 个可供居住的房间,但房屋是为一家人居住设计的,如果分割使用,卫生间、厨房和楼梯均不配套。田青穗回国暂住没有问题,但两家人长期住在一起十分不便,而且妹妹也无此需求。田瑛系残疾人,生活上需要他人照顾。自己一家经济困难,无力支付近百万元的房价款给田青穗,故不同意分割共有财产。田瑛的上诉请求和理由与田青禾相同。

二审法院审理认为,田氏兄妹与田瑛对于案涉房屋属于按份共有,个人所占比例清晰无争议。当事人的争议在于如何分割讼争房屋的产权。对于共有关系解体时应当如何分割共有财产,《物权法》第一百条第一款规定:“共有人可以协商确定分割方式。达不成协议,共有的不动产或者动产可以分割并且不会因分割减损价值的,应当对实物予以分割;难以分割或者因分割会减损价值的,应当对折价或者拍卖、变卖取得的价款予以分割。”根据这一规定,在案涉房屋不具备拆分使用和内部分割后单独进行产权登记的条件下,不宜强行判决分割房屋的使用权,而是应当判决田青穗将其名下分得的房屋平方米数,归田青禾与田瑛所有,并根据评估的结果对田青穗应当分得的平方米数折价,由田青禾、田瑛补偿给田青穗。考虑到田瑛系残疾人,田青禾一家确有经济困难,故二审法院在调解不成的情况下,最终判决:田青穗名下的 1/6 的房屋产权归田青禾所有,田青禾自判决发生法律效力之日起 60 日内,向田青穗支付房价款 23.35 万元,其余 60 万元,分三期于次年起每年 6 月向田青穗支付房价款 20 万元,直至付清为止。

三、主要观点和理由

在一审法院审理该案的过程中,最终形成的多数人意见认为,在以往的实践中,无论是行政管理还是司法审判,对于房屋的产权登记或者房屋分割,多注重房屋在物理构造上的区分。城乡建设环境保护部 1987 年印发的《城镇房屋所有权登记暂行办法》、建设部 2001 年《房屋权属登记管理办法》以及部分地方的房屋登记条例等,都只是规定了申请变更登记所对应的各种情形,如权利人名称、共有房地产分割等,但对于分割后的房屋应具备什么样的登记条件,未作规定,实践中行政部门的操作也比较宽松。但是,近年来新的政策变化是不仅对房屋构造上的独立性有要求,还更加注重房屋的使用功能是否具有独立性,是否能够登记等分割要件。建设部《房屋登记办法》第十条规定:"房屋应当按照基本单元进行登记。房屋基本单元是指有固定界限、可以独立进行使用并且有明确、唯一的编号(幢号、室号等)的房屋或者特定空间。"其实,从法律的本质看,划定私权利的边界范围,不局限于设定权利的行为本身。财产法和财产权具有重要的经济功能,即能激励人们有效地利用资源,从制度上保证资源配置的有效性。从《民法通则》规定的有利生产、方便生活的相邻关系处理原则,到《合同法》所体现的尽量维护合同有效性原则,再到《物权法》所确定的物尽其用原则,均体现了一种在尊重私权利与促进资源有效配置之间的平衡思想。具体到本案,单以物理构造上是否独立为标准来分割房屋,就可能导致房屋的居住使用效能得不到充分发挥,相反还可能导致新的矛盾出现,继而大大阻碍资源配置的有效性。从促进房屋资源的有效利用出发,在案涉房屋不符合产权分割标准的情况下,应当允许在确认共有份额的前提下,对房屋的使用权进行分割。

另一种观点即少数人的意见认为,在分割共有物遇到障碍,致使无法对房屋进行分割的情况下,一般应按照按份共有人所占有的份额,进行折价或者拍卖、变卖后分割取得的款项。另外,设法使不能实际使用房屋的共有人取得相应份额的收益也不失为一种办法,但不能分割房屋的使用权。

我们认为,一审法院少数人的意见是正确的。该院作出了分割案涉房屋使用权的判决。对于一审法院的良苦用心,双方当事人均不满意。该判决的错误主要有以下几点:第一,虽然一审法院了解根据一物一权的原则,案涉房屋由于不具有对不同部分分别登记的条件而不能对产权进行直接分割,却错误地分割了该房屋的使用权。正如田青穗在上诉状中所称,其起诉的目的是分割与其兄田青禾、侄子田瑛按份共有的房产,而不是请求分割房屋的使用权。法院查明的案情也表明,由于田青穗全家多年前已经移居海外,田青禾又表示同意田青穗回国时无偿在此房屋中居住,因此,双方当事人对该房屋的使用权不存在争议。也是因为田青穗一家不在国内居住,因此,分割使用权对于田青穗来说没有实际意义。对于拥有房屋 1/6 产权的田青穗来说,其经济意义只有通过出售其拥有的产权,将其变现才能实现其所有权的价值。根据法律规定,房屋的共有人享有优先购买权。而且,考虑到案涉房屋不宜分割使用的实际情况,最好的办法就是由作为共有人的田青禾、田瑛购买田青穗拥有的房屋份额。一审法院考虑了充分发挥案涉房屋的使用价值,考虑了由于田青禾、田瑛的经济困难给分割房产带来的难题,试图用分割使用权的办法来解决当事人之间的矛盾,既不符合法律原则,也与当事人的诉讼请求不符。第二,一审法院没能正确把握按份共有的法律特征,特别是混淆了按份共有和分别所有的法律概念。在按份共有中,各共有人的权利不是局限在共有财产的某一部分上,或就某一具体部分单独享有所有权,而是各共有人的权利均及于共有财产的全部。尽管在许多情况下,按份共有人的份额可以产生和单个所有权一样的效力,如共有人有权要求转让其份额。但是各个份额并不是一个完整的所有权,如果各共有人分别单独享有所有权,则共有也就不复存在了。因此,一审法院关于在不变动按份共有人共有份额的前提下,再对房屋各部位的使用权作确认区分的观点是错误的。

比较而言,二审法院以《物权法》关于一物一权和共有物分割的原则为依据,最终判决田青禾取得田青穗在共有财产中的份额并向田青穗支付该部分房屋的补偿款。使案件的处理结果既符合法律规定,又得到了各方当事人的认可。

四、最高人民法院民一庭意见

按份共有人请求分割按份共有的不动产,人民法院应当依照《物权法》第一百条确定的原则予以处理。分割时,要考虑房屋是否具有构造上、使用上和登记上的独立性。根据一物一权的原则,对于不符合产权分割标准的不动产,应当对折价或者拍卖、变卖取得的价款予以分割。不能在保持按份共有的前提下,对不动产各部位的使用权进行分割。

(执笔人:最高人民法院民一庭　韩　玫)

消费者不当使用商品与商品责任的免除

最高人民法院民一庭

一、案情简介

原告许某某、何某某、程某、许涵某诉被告徐州某燃气有限公司称,2009 年 5 月 1 日 14 时 56 分,原告位于泉山区某楼房的厨房内因天然气泄露发生爆炸失火,原告亲属许丰某在该起事故中死亡。事故发生后,原告找到被告徐州某燃气有限公司要求赔偿,被告以其对事故的发生没有过错为由拒绝承担赔偿责任。原告认为,被告从事的天然气经营属于易燃易爆的高度危险行业,法律规定对易燃易爆的高度危险行业造成他人损害的实行无过错责任原则,因此无论被告是否有过错,均应对此起事故承担赔偿责任。请求法院判令被告赔偿原告各项损失(其中死亡赔偿金411 040元、丧葬费15 833元、被抚养人生活费105 224元、财产损失30 000元、精神抚慰金50 000元)中的428 468元。

被告徐州某燃气有限公司辩称,(1)根据徐州市消防支队、质量技术监督局、市燃气管理处、江苏省特种设备安全监督检验研究院徐州分院共 13 名专家作出的《关于对"5.1"火灾徐州市泉山区奎山街道办事处 20 号楼 3 单元 501 室燃气管道气密性试验报告》的内容显示,专家组分阶段对该住房内的燃气表前阀门至灶前阀门(包括燃气表、管道、管件)部分进行气密性试验及从立管通往用户燃气灶前阀门部分进行带气(天然气)试验,结果未发现漏气点;该试验结果作为火灾事故原因认定的重要依据。徐州市公安消防支队作出的徐公消认字(2009)第 0001 号火灾认定书认定的起火原因为:厨房内泄露的天然气在空气中形成爆炸性混合气体遇抽油烟机电火花爆炸起火。而依据《江苏省燃气管理条例》第三十二条"燃气计量表设置在住宅内的居民用户,其燃气计量表和表前燃气设施由燃气经营企业负责维修、更新,燃气计量表后燃气设施和燃气器具由用户负责维护更新"的规定,可以明确界定,属于被告方面承担的维护、更新的燃气设施未出现任何燃气泄露情况。因此,被告对于该次因天然气泄露引发的事故没有任何过错。(2)燃气虽然属于易燃、易爆产品,具有一定的危险性,但是作为家用天然气,只要按照正常方式使用就能够控制和有效预防事故的发生,不具备高度危险性,而且本案中燃气爆炸事故的发生也非被告在作业过程中引起,因此不应适用高度危险作业的无过错规则原则,而应按照一般侵权责任的规则原则处理。另外,根据徐公消认字(2009)第 0001 号火灾认定书认定的事实,许丰某系跳楼头部先坠地导致死亡,与天然气泄露无直接因果关系。综上,被告不应对本案事故承担赔偿责任,请求法院依法判决。

二、法院裁判情况

一审法院经审理查明,原告许某某与何某某系夫妻关系,其子许丰某在 2009 年 5 月 1 日因天然气泄露发生的爆炸事故中死亡,原告程某系许丰某之妻,原告许涵某系许丰某之女。被告徐州某燃气有限公司与居住于徐州市泉山区某号楼的许丰某(包括原告)之间存在燃气供应合同关系。

被告徐州某燃气有限公司原对徐州市居民供应人工煤气。2008 年 7 月 20 日,被告徐州某燃气有限公司派员对徐州市泉山区某号楼 3 单元 501 室的室内用气设施进行安全检查,发现存在胶管老化、非专用或标准管,胶管无管束等安全隐患,随即向许丰某发放了《客户室内安全隐患整改通知单》,该通知单标明了上述隐患及隐患等级,并建议在 2008 年 8 月 20 日前以更换胶管或改造为镀锌钢管、增装管束的方式进行整改。许丰某在该通知单上签字。同日,被告向许丰某发放了《客户安全用气知识手册》,其中介绍了燃气的种类和基本特性、安全使用燃气常识、处理燃气泄露等基本常识;承诺定期免费安全检查,为客户消除家中燃气管道、燃气具、燃气设施存在的安全隐患;并摘登了《江苏省燃气管理条例》的有关条款,其中第三十二条规定了燃气经营企业用户各自负责维修和更换的燃气设施的范围。其后许丰某及其家人未对隐患部位进行整改或更换。

2008 年 10 月,被告对徐州市泉山区某号楼 3 单元 501 室在内的片区实施天然气置换人工煤气工作。2008 年 10 月 11 日,被告委托镇江市京口区鹏城家用电器服务中心派员对原告家中的灶具进行改造,改造完成后,原告许某某在天然气置换工作单(灶具)上签字。

2009 年 5 月 1 日 14 时许,徐州市泉山区某号楼 3 单元 501 室发生天然气泄露,与开启抽油烟机所产生的电火花与空气中形成天然气混合气体相遇,导致爆炸起火。14 时 56 分,徐州市 119 消防调度指挥中心接到电话报警,徐州消防支队侯山沃中队派 3 辆消防车、16 名消防官兵前往扑救,15 时 20 分,大火被彻底扑灭。发生爆炸时在房间的许丰某在消防官兵赶到前跳楼身亡。经现场勘验,室内门窗、玻璃被大部分被炸毁,卧室被褥、床、电视机、电脑、空调等物品烧毁,其他房间顶部有烟熏痕迹。

事故发生后,徐州市公安消防支队、徐州质量技术监督局、徐州市燃气管理处、江苏省特种设备安全监督检验研究院徐州分院等单位组织有关的专家对该住房内的燃气表前阀门至灶前阀门(包括燃气表、管道、管件)部分进行气密性试验及从立管通往用户燃气灶前阀门部分进行带气(天然气)试验,试验时有死者家属及被告公司代表等参与,试验结果载入《关于对"5.1"火灾徐州市泉山区奎山街道办事处 20 号楼 3 单元 501 室燃气管道气密性试验报告》,结论为:(试验部分)未发现漏气点。

后原告向被告索赔未果,遂诉讼要求被告按各项损失的 70% 进行赔偿,即428 468元。其损失构成为:死亡赔偿金411 040元(城镇居民年人均可支配收入20 552元 ×20 年)、丧葬费15 833元、被抚养人生活费105 224元、财产损失30 000元、精神抚慰金50 000元。审理过程中,原告因证据问题放弃了对财产损失的主张。

一审法院经审理认为:

1. 被告履行法定义务无过错。《消费者权益保护法》第十八条第一款规定经营者应当保证其提供的商品或者服务符合保障人身、财产安全的要求。对于可能危及人身、财产安全的商品和服务,应当向消费者作出真实的说明和明确的警示,并说明和标明正确使用商品或者接受服务的方法以及防止危害发生的方法。该条确定了经营者的警示义务。这种警示目的在于向不知道存在危险的消费者告知其危险性,并使消费者认识或知悉商品的危险性,使消费者能够保护自己。天然气作为一种易燃易爆的气体,在运输、使用过程中都必须注意安全。被告燃气公司作为特许经营的企业,在对用户提供供气服务过程中既要保证按照国家标准或行业标准进行供气,也要对用户进行安全教育和安全隐患检查。本案中,被告一方面保障天然气出口压力符合民用标准,并通过天然气加臭处理,保障使用安全并在燃气泄露时及时引起消费者的警觉;另一方面,于 2008 年 7 月 20 日派员对原告室内用气设施进行安全检查,发现该住户存在胶管老化、胶管无管束等安全隐患,并以书面形式向居住于该房屋中的许丰某发放了《客户室内安全隐患整改通知单》,要求用户对此进行整改;同时向许丰某发放的还有《安全使用燃气知识手册》,介绍了燃气的种类和基本特性、安全使用燃气常识、处理燃气泄露等基本常识和注意事项等,故被告履行了法定警示义务,被告并无过错。

2. 关于本案的归责原则。《消费者权益保护法》第七条规定,消费者在购买、使用商品或接受服务时享有人身、财产安全不受损害的权利。消费者有权要求经营者提供的商品和服务,符合保障人身、财产安全的要求。其价值主要在于促使经营者或制造者提升商品或服务的安全,减少消费者使用商品或接受服务时,因瑕疵商品或服务的不合理危险造成消费者身体或财产上的损害。该条款一方面,确定了经营者的安全义务,促使经营者或制造者提升商品或服务的安全性;另一方面,确立了损害赔偿的无过错原则,全面保障消费者的权益。本案原告与被告之间形成供用天然气的消费关系,故原告主张本案的归责原则应当采取无过错原则成立。

3. 损害结果与被告行为之间没有因果关系。本案系因天然气泄露后,在空气中的形成混合型气体遇抽油烟机开启时产生的电火花而发生爆炸造成的人身伤亡及财产损害事故,该事实已为徐州市公安消防支队作出的徐公消认字(2009)第 0001 号火灾认定书所确认,原、被告双方对该认定书的内容均无异议。而根据《江苏省燃气管理条例》第三十二条的规定,燃气计量表设置在住宅内的居民用户的燃气计量表和表前设施由燃气经营企业负责维修、更新,燃气计量表后燃气设施和燃气器具由用户负责维护、更新。因此,天然气泄露点为认定被告行为与损害结果之间是否存在因果关系的连接点。根据由徐州市公安消防支队、徐州质量技术监督局、徐州市燃气管理处、江苏省特种设备安全监督检验研究院徐州分院等单位的专家组成的专家组出具的《关于对"5.1"火灾徐州市泉山区奎山街道办事处 20 号楼 3 单元 501 室燃气管道气密性试验报告》,发生爆炸事故的房屋内的燃气表前阀门至灶前阀门(包括燃气表、管道、管件)及从立管通往用户燃气灶前阀门部分未发现漏气点,该试验报告的结论排除了天然气的泄露点在被告负责维护、更新的设施范围内。上述《关于对"5.1"火灾徐州市泉山区奎山街道办事处 20 号楼 3 单元 501 室燃气管道气密性试验报告》在试验过程中有死者家属及被告公司代表等参与,双方对于报告结论均无异议,应当予以确认。故应认定损害结果与被告行为之间无因果关系。

4. 原告不当使用天然气导致损害结果发生。虽然徐州市公安消防支队作出的徐公消认字(2009)第 0001 号火灾认定书没有明确天然气泄露的具体位置,但泄露点当属用户负责维护、更新的范围内应是不争的事实。在本案审理中,原告没有提交其已按被告的整改通知更换了胶管以及加装管束的证据,结合煤气泄露点的认定,可以认为用户对安全隐患的漠视导致了人亡财损事故的发生。根据徐州市公安消防支队作出的徐公消认字(2009)第 0001 号火灾认定书对火灾原因的认定,本次爆炸的原因是开启抽油烟机时产生的电火花与天然气泄露在空气中的形成混合型气体相遇而产生,可以说明:(1)当时天然气灶具没有使用,否则泄露的煤气会与灶头的火焰一起燃烧;(2)房屋内的人在没有使用灶具的情况下开启了抽油烟机。没有使用灶具而开启抽油烟机应当是为了排除室内的异味,因此可以判定当时在房屋内的人(许丰某)应当是嗅到了空气中弥漫的天然气中的臭味。原告在发现燃气泄露后没有按被告在《安全使用燃气知识手册》所提示的方法进行处理,而是开启抽油烟机排除异味,原告不适当使用天然气的行为导致损害结果的发生。

5. 消费者不当使用,导致被告免除商品责任。被告作为经营者在本案中承担无过错责任,但并不等于承担绝对责任,也不等于将经营者视同为保险人的角色,如按照一般正常的方式或商品的原定用途使用商品,即不致发生损害时,那么即可认定该商品并无瑕疵存在。而按照经营者提示的商品使用方法使用商品是消费者应尽的义务,故依照《民法通则》第一百零六条第一款规定,损害的发生,如是因消费者对于商品的不正常或不适当使用所致,经营者无须负赔偿责任,故被告燃气公司不应当承担本案的民事责任。

综上所述,原告在被告对燃气安全隐患进行检查并提出整改要求后没有及时更换老化的胶管及加装管束,其对天然气泄露产生后不适当排除行为导致爆炸事故,鲁莽采取不保护自身利益的措施排除危险,因此,原告要求被告赔偿损失的诉讼请求不予支持。据此判决:驳回原告许某某、何某某、程某、许涵某要求被告徐州某燃气有限公司赔偿损失的诉讼请求。

一审判决后,双方当事人在法定期限内均未提出上诉,一审判决已经发生法律效力。

三、主要观点及理由

本案审理中存在两种不同的观点:

一种观点认为,本案应当适用公平责任原则。由于天然气等民用燃气属于易燃易爆物品,具有高度的危险性,因此,天然气等民用燃气爆炸造成人身、财产损失的,侵权人应当按照《民法通则》第一百二十三条的规定,当事人对造成损害都没有过错的,可以根据实际情况,由当事人分担民事责任,即按照公平原则承担民事责任。本案中,通过原告的举证,可以证明许丰某家中的爆炸事故是因天然气泄漏引发的,因此被告徐州某燃气有限公司对许丰某的死亡应当承担赔偿责任。经徐州市公安消防支队认定,本案天然气爆炸起火的原因是:厨房内泄露的天然气在空气中形成爆炸性混合气体遇抽油烟机电火花爆炸起火。据此可以认定许丰某在发现家中天然气泄露时,未按照被告提示的方法开窗通风,而是直接开启抽油烟机,产生电火花引发爆炸,因此,许丰某对爆炸事故的发生具有重大过失。由于许丰某对爆炸事故具有重大过失,可以减轻被告的赔偿责任。根据本案爆炸发生的原因和许丰某的过失程度,可酌定被告承担40%的赔偿责任。

另一种观点认为,本案应当适用《消费者权益保护法》第七条、第十八条的规定。如果消费者没有依照供气经营者指示的天然气使用方法,不当使用致人身、财产损害的,供气经营者如证明损害发生非因其工作或活动或使用其工具方法所致,供气经营者不承担赔偿责任,而由消费者自行承担责任。具体理由如下:

1. 被告燃气公司对天然气使用的警示义务

《消费者权益保护法》第十八条第一款规定经营者应当保证其提供的商品或者服务符合保障人身、财产安全的要求。对于可能危及人身、财产安全的商品和服务,应当向消费者作出真实的说明和明确的警示,并说明和标明正确使用商品或者接受服务的方法以及防止危害发生的方法。商品经营者应当使其商品具有合理安全性,但如果商品具有不可避免的危险性时,经营者在销售该商品时,就其出卖商品存在的危险性负有告知使用人或消费者的义务,[①]使消费者得以知悉其危险性而为合理安全的使用。警示的目的在于使消费者了解商品对使用人的危险性,让消费者评估危险的可能性与严重性,并使消费者知悉如何处理危险。这种警示一般需要包括以下几个方面:(1)警示须能合理地预见提醒消费者注意;(2)须就商品特定危险为完整与合宜的指示;(3)警示的强度须能符合商品危险的程度;(4)警示须到达商品使用人,吸引其注意,深入其内心。[②] 本案中,被告燃气公司一方面,通过天然气加臭处理,保障使用安全并在燃气泄露时及时引起警觉;另一方面,于 2008 年 7 月 20 日派员对原告室内用气设施进行安全检查,发现该住户存在胶管老化、胶管无管束等安全隐患,并以书面形式向居住于该房屋中的许丰某发放了《客户室内安全隐患整改通知单》,要求用户对此进行整改;同时,向许丰某发放的还有《安全使用燃气知识手册》,介绍了燃气的种类和基本特性、安全使用燃气常识、处理燃气泄露等基本常识和注意事项等。被告燃气公司上述的警示不仅使原告了解燃气危险的性质和如何用商品以避免危险,而且足以合理地使原告对燃气性质及其泄露的危险加以注意,故被告履行了法定警示义务。

2. 被告燃气公司的商品责任

商品责任是指商品安全的欠缺致损害发生而对商品制造者经营者产生的责任。[③] 其来源于《消费者权益保护法》第七条规定,消费者在购买、使用商品或接受服务时享有人身、财产安全不受损害的权利。消费者有权要求经营者提供的商品和服务,符合保障人身、财产安全的要求。从该条文字意义上而言,是企业经营者需要承担"严格责任",它规定企业经营者应确保其设计、生产、制造与销售的商品或服务,不得有安全上的危险。[④] 这种规定大大地保障了消费者权益,但严格责任并非课予商品经营者为保险人的角色,亦非是一种绝

---

① 《联合国消费者保护指南》第 10 条第 3 款规定,消费者应被指示商品的正常用法及商品在既定与通常可预见的用途中所存在的危险、与生命安全有关的资讯,应在任何可能的地方,以国际所共知的标志,传达予消费者。

② Pavlides v. Galveston Yacht Basin, Inc. ,727 F2d 330 (1984).

③ 林世宗:《消费者保护法之商品责任论》,台湾地区师大书苑出版社 1996 年版,第 47 页。

④ 《联合国消费者保护指南》第 10 条第 2 款规定,从事将商品输入市场者,特别是供给者、进口者、出口者、零售商及类似之人应确保在其监控下,商品不致因不适当的处理及储存而变成不安全或具有危险性。

对责任。[①] 通过对《消费者权益保护法》第七条的观察,可以得出《消费者权益保护法》严格责任成立的要件包括:(1)存在消费关系;(2)须为《消费者权益保护法》所规定的商品或服务;(3)该商品或服务具有安全上的危险;(4)须侵害消费者的生命、身体、健康、财产,导致损害发生;(5)损害与该商品或服务的安全有相当因果关系。如果被告燃气公司在本案中提供的天然气符合上述构成要件,则被告燃气公司则应当承担商品责任。

3. 消费者的恰当使用商品义务

《消费者权益保护法》第十八条第一款规定经营者应当保证其提供的商品或者服务符合保障人身、财产安全的要求。对于可能危及人身、财产安全的商品和服务,应当向消费者作出真实的说明和明确的警示,并说明和标明正确使用商品或者接受服务的方法以及防止危害发生的方法。虽然该条规定在经营者义务部分中,但消费者有义务以尽合理注意来保护自己利益免遭损害,因此,可以推导出消费者应依照经营者提供的商品的使用方法,采取正当合理的消费行为,以维护消费者自身的安全与权益,这也是消费者使用商品应尽的注意义务。一般认为,消费者如用一般正常的方式或商品的原定用途使用商品,即不致发生损害时,即可认定该商品并无瑕疵存在。因此损害的发生,如是因消费者对于商品的不正常或不适当使用所致,经营者无须负赔偿责任。[②] 不当使用商品致造成损害是严格责任的抗辩。[③] 因为商品出卖人通常期待其于商品所为明白与可了解的指示应被遵守,如非按照商品的标示、指示、性质或使用方法,即为不当使用商品,应属不正当使用,此部分的责任自应由消费者自行承担,这样才符合公平。[④] 本案中,被告燃气公司向许丰某发放《安全使用燃气知识手册》,告知其燃气安全使用燃气常识、处理燃气泄露等基本常识和注意事项,但当燃气泄露时,许丰某并无遵循《安全使用燃气知识手册》处理泄露时应避免明火或火花,应采取通风处理的使用方法,而采取开启抽油烟机排除异味,这种方法为《安全使用燃气知识手册》所不许,故许丰某在燃气泄露时,排除燃气的行为不当,违反适当使用商品的义务而怠于善尽合理义务。

4. 本案的举证责任的分配

一般侵权纠纷的当事人需要围绕下列要件事实举证:当事人主张的受侵权行为损害的权益是否存在;当事人主张的侵权行为;抗辩事由是否存在;侵权责任的承担方式是否符合法律规定。请求方主张赔偿义务人对物造成的损害承担民事责任的,应当举证证明:赔偿义务人与物之间存在法律规定的特定关系;损害是因前项所指之物造成;请求方的合法权益受损害的范围与程度;损害同物的危险或缺陷的实现间有因果关系。赔偿义务人主张存在阻却违法性的事由,否认加害行为违法性的,应举证证明存在阻却违法事由的要件事实。对商品责任的承担,其举证责任是有明显的不同一般侵权之处在于消费者无须举证经营者

---

① Anderson v. Owens - Corning Fiberglas Corp 810 P. 2d 549 (1991).

② 林益山:《商品责任及保险与消费者保护》,台湾地区六国出版社1987年版,第183页。

③ Ford Motor Co. v. Matthews, 291 So. 2d 169(1974). 此外,美国《统一商品责任法》亦规定,如因消费者有为出卖人所不能合理预见的不当使用其商品而造成的损害时,法院应减轻或依比例计算出卖人的责任,对于消费者不当使用商品所造成的损害部分应予扣除。

④ 欧盟《欧洲关于人身伤害及死亡的商品责任公约》第4条规定,如受伤害人或遭受损害人对于损害的发生有过失者,斟酌所有情况之后,得减轻或拒绝其赔偿请求。

的过失,但消费者仍须举证商品离开企业经营者时即存在有瑕疵性,且因瑕疵而有不合理危险为造成消费者损害的事实上与法律上因果关系。[①] 故对本案而言,被告提供的燃气存在瑕疵与原告的损害赔偿请求之间存在因果关系这一要件应当由原告负举证责任。而被告燃气主张免责,则需要对消费者存在不当使用燃气行为负举证责任。本案中,原告依法院分配的举证责任,应当提供其已按照被告的警示进行更换胶管或改造为镀锌钢管、增装管束的方式进行整改的证据,其未能提供证据来推翻《关于对"5.1"火灾徐州市泉山区奎山街道办事处 20 号楼 3 单元 501 室燃气管道气密性试验报告》对因果关系连接点即燃气泄露点处消费者管理范围认定的否定,故原告未完成因果关系的举证责任,而承担举证不能的责任。相反,被告按照《关于对"5.1"火灾徐州市泉山区奎山街道办事处 20 号楼 3 单元 501 室燃气管道气密性试验报告》认定的事实,举证出消费者存在不当使用天然气的行为,故被告的抗辩理由成立。

四、最高人民法院民一庭意见

根据《侵权责任法》第四十一条的规定,产品责任的归责原则为无过错责任。产品责任纠纷案件中的原告应承担产品存在缺陷、缺陷产品与损害后果之间存在因果关系的证明责任。原告不能证明产品存在缺陷的,被告不承担责任。经营者是否履行《消费者权益保护法》第十八条所规定的经营者的警示义务和明确说明义务,是判断产品或服务是否存在缺陷的因素之一。

(执笔人:江苏省徐州市中级人民法院研究室　葛　文
最高人民法院民一庭　吴晓芳)

① 林世宗:《消费者保护法之商品责任论》,台湾地区师大书苑出版社 1996 年版,第 54 页。

民间借贷案件借款本金、逾期利息和违约金的认定

最高人民法院民一庭

一、案情简介

2009年11月15日,黄某与周某签订《借款协议书》一份,约定,周某向黄某出借人民币210万元整,借款期限自2009年11月15日~2010年3月15日,借款期限内月息1分。同日,黄某出具收到210万元的收款条,并签订了《借款人承诺书》,保证在2010年3月16日前归还210万元,如有逾期,同意按借款总额的10%支付违约金,并承担每月0.5分的罚息。2010年7月16日,周某诉至法院,要求黄某支付借款本金、借款期限内的利息、逾期还款的罚息和违约金(以借款总额210万元为基数计算)。

诉讼中,黄某称,虽然其向周某出具了210万元收款条,但其实际上仅收到200万元,另10万元已作为借款四个月的利息预先扣除,且有录音资料为证。另外,双方约定了逾期罚息,但又约定了违约金,周某只能选择主张其中的一项,而不能同时主张该两项,既然周某没有作出选择,请求驳回其关于要求黄某承担罚息和违约金的诉讼请求。

二、法院裁判情况

一审法院认为,合法的借贷关系应受法律保护,黄某提供的录音资料,周某不予认可,黄某又未能提交其他证据予以佐证,故法院认为该录音资料不能单独作为定案证据予以认定,从而认定借条中载明的210万元为借款本金。其中:(1)对于210万元的借款,由于黄某分文未还,因此,黄某应当偿还周某210万元。(2)对于2009年11月15日~2010年3月15日的利息,当事人对借款期限内的利息已有约定,且该约定未超过法定限制,故该210万元借款自2009年11月15日~2010年3月15日的利息8.4万元,黄某应当按照约定支付。(3)对于2010年3月16日~7月16日的罚息,由于双方约定罚息按月0.5分计算,因此,对于此段期间内产生的罚息与利息,黄某应当支付,计算为12.6万元。(4)双方当事人关于违约金的约定,未违背法律规定,黄某应当支付违约金21万元。遂作出判决,黄某向周某偿还以上四项合计252万元。

宣判后,黄某不服,提起上诉称,210万元借款实际仅收到200万元,已扣除四个月利息10万元;一审判决同时承担罚息和违约金,是重复承担赔偿责任,请求二审不予支持承担罚息和违约金的诉讼请求。

二审法院认为,原审判决认定事实清楚,适用法律正确,故判决驳回上诉,维持原判。

三、主要观点及理由

本案的争议焦点是:一、黄某的借款本金应如何确定;二、判决黄某支付罚息和违约金的法律依据。

(一)关于借款本金的确定

第一种观点认为,应根据借据载明的金额认定借款本金。黄某向周某出具的借条中载明借款为 210 万元,黄某对该借条的真实性予以认可,黄某虽辩称已扣除四个月的利息 10 万元,只实收到 200 万元,但对于上述抗辩主张,其只提供了一份录音资料证明,由于周某对录音资料的真实性不予认可,而录音资料在没有其他证据佐证的情况下,不能单独作为认定事实的依据。因此,黄某的抗辩主张不能成立,应当认定黄某向周某借款的金额为借条中载明的 210 万元。

第二种观点认为,借据载明的借款金额一般认定为本金,但有证据表明利息已经预先在本金中扣除的,本金应当按照实际出借的金额认定。在黄某提出借据载明的借款金额中已包括借款四个月的利息 10 万元,实际借款金额仅为 200 万元,并已经提供初步证据的情况下,法官应当进一步审查实际交付的借款金额,适当情况下应当合理分担当事人的举证责任。本案中,黄某提供的录音资料足以引起对借据载明的本金数额的合理怀疑,应由出借人就借据本金数额的真实性承担进一步的举证责任。且 210 万元借款数额巨大,法官在审查案件事实时,应当加强对借贷交付行为的审查,要求出借人提供借款款项交付的证明,不能仅凭借条单独定案。

笔者赞同第二种观点。实践性是民间借贷合同的重要特征,借贷合同的订立和款项交付是两项不同的事实,款项交付行为应是查明案件事实的关键环节。在案件审理中,法官应当加强对资金交付的时间、地点、实际交付金额、交付款项凭证等各种履行合同的事实予以审查,以查明资金来源、借贷利率是否超出法律限制、借贷利益是否超出了法律规定的保护范围。审查借据本金数额的真实性应综合全案证据和事实进行分析判断,包括:借据的记载方式是否符合当地民间借贷市场的普遍习惯;出借人能否合理说明借款发生的具体情况;陈述的内容是否存在前后矛盾;出借人是否曾有类似交易的前例;庭审辩论情况以及出借人的陈述是否能够引起合理怀疑,等等。总之,不能忽视对借贷交付行为的审查,而机械地适用证据规则,单纯把借条视为首要定案依据。

本案中,作为周某的出借人以借据主张债权,而黄某抗辩称借据载明的借款金额包含了利息 10 万元,按照双方约定的利息计算,2009 年 11 月 15 日至 2010 年 3 月 15 日的利息为 8.4 万元,与 10 万元接近,且黄某提供了录音资料,这两点足以使法官对借据载明的本金数额产生合理怀疑,此时可以确定由出借人就借据本金数额的真实性承担举证责任。如果出借人主张为现金交付,有借据但没有交付凭证的,还应当提供履行合同交付义务的证明,法官要严格审查出借人自身的经济状况,出借人与借款人之间的关系,交易习惯及相关证人证言等综合判断当事人的主张能否成立。对于当事人主张现金交付的事实以及主张对方提供了非法证据等情形,法院应当慎重对待,特别是大额的现金交付。

(二)同时主张罚息和违约金如何认定

借贷双方对逾期还款的责任既约定罚息,又约定违约金的,出借人根据约定同时主张罚息和违约金的情况,应当如何认定?

第一种观点认为,支持罚息而不支持违约金。罚息的目的就是为了补偿出借人因借款人未能按期履行还款义务遭受的资金损失,既然当事人已经通过约定具体的利率标准明确了损害赔偿的计算方法,已经体现了对违约一方的惩罚,实现了补偿的目的。借款人当然不应再承担违约金,否则即是承担双重违约责任。当然,当事人约定的罚息和逾期利息之和不能超出法律规定的民间借贷四倍利率限制。

第二种观点认为,支持违约金而不支持逾期利息。该观点与第一种观点同样,基于不应让借款人承担双重违约责任,但认为既然双方当事人已明确约定了违约金的数额,就应当遵照其约定,而不应再适用罚息,同样,违约金的总额折算后也不能超出法律规定的民间借贷四倍利率限制。

第三种观点认为,出借人可以选择主张罚息或者违约金,同时主张罚息和违约金的,人民法院应向出借人释明,只能选择主张罚息或者违约金,但罚息或者违约金均以不超过人民银行同期同类贷款利率四倍为限。这种观点与上述两种观点相同,认为不应让借款人承担双重违约责任,但认为应当充分尊重当事人对违约责任承担方式的选择,故而在法院释明的前提下,将损害赔偿计算方式的选择权交由案件当事人进一步明确。

第四种观点认为,出借人可以选择主张罚息或者违约金,同时主张罚息和违约金的,只要逾期利息、罚息和违约金三者之和不超过人民银行同期同类贷款利率四倍计算出的利息,应予支持。笔者同意这一观点。主要理由如下:

第一,所谓罚息是指由银行规定的贷款人未按规定期限归还银行贷款,银行按与当事人签订的合同对违约人的处罚利息。本案中双方当事人在合同中约定罚息显然是为保证借款合同的履行而设立的一种违约金,只不过这种违约金的名称参照银行贷款的相关规定定名为罚息。从法理角度而言,罚息也是当事人对损害赔偿的一种计算方式。违约金是指法律规定或者当事人在合同中约定,一方当事人违约时应当支付给对方一定数额的货币或者代表一定价值的财物。《合同法》第一百一十四条对违约金做了规定,此外,《最高人民法院关于适用〈中华人民共和国合同法〉若干问题的解释(二)》第二十九条对违约金数额的调整亦做了规定。从上述立法看,一般情况下,违约金与损害赔偿紧密地联系在一起。目前,我国学界对于违约金性质的区分标准大都采用损害预设标准,即如果违约金为合同违约损害赔偿额的预设,则属于赔偿性违约;否则即为惩罚性违约金。从本案情况看,双方既约定了罚息又约定了违约金,从约定的罚息计算方式看,该罚息显然具有补偿性;而违约金的约定则以借款数额为基础,乘以固定的比例,而没有考虑未还款时间的长短,这种违约计算方式的约定则体现了惩罚性。因此,本案在违约责任的约定上,是惩罚性与补偿性的叠加,只不过是在合同订立时双方作了提前设定。

第二,违约责任的承担与合同违约的情形存在着对应或者牵连关系,当事人在设定违约责任时,是经过利益平衡和损失补偿考虑的,应当根据违约的具体情节选择最具针对性的违约责任条款。本案中,当事人约定罚息的目的是为了补偿出借人资金利用的损失,体现的是违约责任的补偿性;约定违约金则是为了惩罚借款人未能按期履行合同约定的还款义务,体现的是当事人在意思自治的原则下对违约行为规定的惩罚,两者之间并不冲突。此外,根据《合同法》第一百一十四条规定,当事人可以约定一方违约时应当根据违约情况向对方支付一定数额的违约金,也可以约定因违约产生的损失赔偿额的计算方法。该条并没有限制不同方法的叠加适用。违约责任虽以损害赔偿为主要目的,但并不排斥合理限度的惩罚性违约金的适用。惩罚性违约金具有事先约定、意思自治、独立给付、责任惩罚的特征,合理限度内的惩罚性违约金可以有效督促合同当事人积极履行合同义务。因此,当事人在合同中约定了罚息和违约金,是双方自主合意的结果,二者作为一种预先确定的违约责任,作为一种由当事人根据自己的估计而对未来的违约损害赔偿所达成的协议,更加充分地体现意思自治原则,都应当获得法律的保护。

第三,在充分尊重当事人的意思自治和自由选择的同时,还要防止权利的滥用而造成事实上的不公平。因此,应当承认公法干预的合理性价值,因为它关系到私人利益和社会秩序。在民间借贷中,当双方约定的违约责任或者是逾期利率畸高,过分加重了违约一方的责任时,司法对此应当对交易主体间事实上的不平等给予适当的平衡,以达到实质正义,这也符合现代契约法以契约正义为基础对交易结果进行积极干预的法律精神。

第四,在民间借贷案件中,公法干预的重点之一就是对约定过高的利率直接调整,但这种调整同样需要一个确定的标准为参照,这个标准就是《最高人民法院关于人民法院审理借贷案件的若干意见》第六条"最高不超过银行同类贷款利率的四倍"的规定。具体到本案,首先,双方约定的罚息加上利息之和不能超过银行同类贷款利率的四倍;其次,约定的违约金数额折算后不能超过银行同类贷款利率的四倍;最后,罚息加上利息加上违约金折算后的数额同样不能超过银行同类贷款利率的四倍;超过四倍的,当然不受保护。

四、最高人民法院民一庭意见

在民间借贷案件中,确定借款本金的数额,应当注重对款项交付事实的查明,借据载明的数额一般认定为本金,但有充分证据表明利息已经预先在本金中扣除的,本金应当按照实际出借的金额认定。既约定逾期利率又约定违约金的,债权人可以选择主张逾期利息或违约金,但均以不超过四倍利率为限;债权人同时主张逾期利息和违约金,对于折算后的实际利率没有超出银行同类贷款利率四倍的,可以支持。

(执笔人:江苏省南通市中级人民法院办公室　沙　楠)

已生效调解书的案外人在另案审理过程中以恶意串通为由对调解书内容提出异议的司法应对

最高人民法院民一庭

一、案情简介

王某与李某于2000 年结婚,婚后共同经营一小店,二人对夫妻之间的财产所有制没有特别约定。2008 年 11 月 9 日,陈某向法院起诉王某,要求王某返还借款 20 万元,并出具了借条一张,借条上记载"王某为扩大店铺规模向陈某借款 20 万元"等字样,借条上有王某署名。王某对借条的真实性及内容予以承认,双方遂达成调解协议,约定王某在 10 日以内还清借款,法院据此于 2008 年 11 月 12 日出具调解书。2008 年 12 月 3 日,王某向同一法院提起与其妻李某的离婚诉讼,要求解除婚姻关系、分割共同财产。在诉讼中,王某提出存在一笔 20 万元的债务,出具了调解书为据,要求用共同财产偿还此笔债务。李某对此不予认可,认为此笔债务根本不存在,王某与陈某是恶意串通,意图减少夫妻共同财产,要求法院对此调解书的内容不予采纳,并认定王某与陈某之间的调解协议无效。

二、法院裁判情况

法院认为,依据《婚姻法》及配套司法解释的相关规定,若 20 万元债务为真,因是在婚后产生、且用于家庭共同生活,在夫妻对财产制无特别约定的情形下,应认定为夫妻共同债务,故若认定王某与李某共同财产的范围,应先认定 20 万元债务的真假,而对于此笔债务的真实性是否在本案中予以审查,有两种处理意见:

第一种意见认为,应通知陈某作为第三人参加诉讼,审查王某与陈某是否恶意串通,从而认定此笔债务的真假。

第二种意见认为,王某与陈某的债权债务关系已经调解书予以确定,本案不能对调解书的内容是否合法另行加以认定,应中止诉讼,等待王某与陈某一案的再审结果。

法院经审理,裁定中止诉讼,并告知李某可就王某与陈某一案申请再审。

三、主要观点及理由

本案的争议焦点是在案件审理过程中,若一方当事人以已经生效的调解书证明其主张,而另一方当事人作为调解书的案外人提出调解协议为恶意串通所致,正在审理中的案件如何处理。

对于上述问题主要有两种观点:

第一种观点认为,调解协议体现的是双方当事人合意,内容可能与客观事实有出入,与判决书、裁定书中法院查明的事实有区别,所以即使另案的调解书已生效,若本案当事人对调解书的内容提出异议,法院可以在本案中再次予以实质审查,若证明为恶意串通,可认定调解协议无效。

第二种观点认为,调解书同判决书、裁定书一样,一经生效,对法院和当事人均具有约束力,当事人不得就同一事项再行起诉,法院对调解书的内容也应予以尊重,非经再审程序,不得改变对调解书内容的认定。若本案当事人对调解书的内容提出异议,法院初步审查后,若认为异议成立的可能性很大,应中止诉讼,并告知提出异议的当事人通过审判监督程序解决调解书中恶意串通问题。

上述两种观点,我们认为第二种观点更为妥当,具体理解如下:

(一)恶意串通达成的调解协议侵害案外人的权利,民事诉讼法对恶意串通的违法性做了规定

民事诉讼中的恶意串通,通常是指双方当事人合谋编造事实和证据向法院提起诉讼,通过民事诉讼程序,以达到侵吞或损害案外人利益的目的,属于虚假诉讼的一种情形。其本质是借助判决、裁定、调解书的形式将其非法行为"合法化",不仅浪费了司法资源、损害了司法权威,而且直接侵害案外人合法权益,所以对其防范和规制非常必要。对于调解过程中恶意串通的违法性,我国法律作了明确规定。《民事诉讼法》第九条、第八十八条规定,调解应坚持自愿、合法原则;"调解协议的内容不得违反法律规定";《最高人民法院关于人民法院民事调解工作若干问题的规定》第十二条规定:"调解协议具有下列情形之一的,人民法院不予确认:(一)侵害国家利益、社会公共利益的;(二)侵害案外人利益的;(三)违背当事人真实意思的;(四)违反法律、行政法规禁止性规定的"。恶意串通的目的就是侵害案外人的利益,所以,恶意串通达成调解协议的,属于内容违法,人民法院应不予确认,可以参照《合同法》第五十二条的规定[①]认定调解协议无效。但实践中会存在双方当事人恶意串通达成调解协议却被法院确认的情形,这是因为调解主要体现的是双方当事人对自己的民事权利和诉讼权利的处分,双方当事人若合谋制造假事实、假证据,隐蔽性很高,且在恶意串

① 《合同法》第五十二条规定,有下列情形之一的,合同无效:(一)一方以欺诈、胁迫的手段订立合同,损害国家利益;(二)恶意串通,损害国家、集体或者第三人利益;(三)以合法形式掩盖非法目的;(四)损害社会公共利益;(五)违反法律、行政法规的强制性规定。

通情形下,被损害利益的案外人在诉讼当时往往并不知情,无法在诉讼中提出异议并举证,法院因此难以否定调解协议的效力而不予确认。这种情形下,因调解协议转化为了调解书的内容,此问题就涉及对调解书效力的认定。

(二)法院调解属于司法活动,调解书具有裁判文书的效力

法院调解属于诉中调解,是在民事诉讼程序开始之后的一种司法活动。虽从本质上讲,法院制作的调解书是在当事人合意的基础上形成的,调解的性质更偏向于当事人处分权的行使,但法院的介入,意味着司法资源的利用,使得当事人的纠纷实质上已经处于法院的诉讼系属之下,调解书的形成意味着法院对两造协议审查的结束,故调解作为一种司法程序,赋予了调解结果特别的效力。具体分析其效力,可从形成力、羁束力、执行力和确定力几个方面理解。形成力,指因裁判文书的形成而使当事人之间的法律关系产生、变更或消灭的效力。调解协议是当事人对自己民事权利的处分,本身会导致法律关系的产生、变更、消灭,而调解书就是将这种产生、变更、消灭确定下来,以最终解决纠纷,所以调解书存在形成力。羁束力,是指裁判文书一经生效,法院和当事人应受其约束,不得自行变更或撤销的效力。调解协议是当事人自行达成的,自然应受其约束,而调解书是在诉讼中通过法院形成的,所以法院也不能通过其他方式任意改变其内容。执行力,指当事人不履行裁判文书确定的义务时,另一方可向公权力申请强制执行的效力。《民事诉讼法》第二百一十二条第二款规定:"调解书和其他应当由人民法院执行的法律文书,当事人必须履行。一方拒绝履行的,对方当事人可以向人民法院申请执行",即调解书具有强制执行力。确定力分为形式上的确定力和实质上的确定力,形式上的确定力,是指当事人不能通过上诉程序表示不服的效力,调解协议是当事人合意达成的,所以不存在不服上诉一说。实质上的确定力,也就是理论界所称的既判力,是指裁判文书成为规范当事人之间法律关系的基准,当事人不能对同一事项再度提出争议,法院也不能作出与裁判文书相矛盾或抵触的判断的效力。关于调解书是否具有实质上的确定力,理论界存有争议,我们认为应结合我国的法律规定来认识此问题。《民事诉讼法》第八十九条第三款规定:"调解书经双方当事人签收后,即具有法律效力";第一百八十二条规定:"当事人对已经发生法律效力的调解书,提出证据证明调解违反自愿原则或者调解协议的内容违反法律的,可以申请再审。经人民法院审查属实的,应当再审",即提起再审必须有特定事由限制,而在再审之前,调解书一直有效,再审是改变调解书效力的唯一途径。所以我国的调解再审制度,是建立在承认调解书既判力认识基础上的做法,若允许法院在另案中再行审查,就将调解书的效力置于不确定状态,与现行法律规定相违背,故本案中,法院不能在本案审理过程中对王某与陈某之间债务关系的真实性再次实质审查或者直接认定调解协议无效,而应让李某寻求其他的救济途径。

(三)案外人申请再审制度为被侵害权利的案外人提供了救济途径

调解书生效后,依据《民事诉讼法》第一百八十二条规定:"当事人对已经发生法律效力

的调解书,提出证据证明调解违反自愿原则或者调解协议的内容违反法律的,可以申请再审。"这是从制度上对问题调解书设置了补救途径,但本条规定提起再审的主体是当事人,而在恶意串通达成调解协议的情形下,调解的双方当事人自然是追求调解协议履行的结果,不会提出再审,这就涉及案外人提起再审的问题。案外人能否对已生效的调解书提起再审?《民事诉讼法》第二百零四条规定:"执行过程中,案外人对执行标的提出书面异议的,人民法院应当自收到书面异议之日起十五日内审查,理由成立的,裁定中止对该标的的执行;理由不成立的,裁定驳回。案外人、当事人对裁定不服,认为原判决、裁定错误的,依照审判监督程序办理;与原判决、裁定无关的,可以自裁定送达之日起十五日内向人民法院提起诉讼。"第二百一十一条规定:"人民法院制作的调解书的执行,适用本编的规定"。这两条规定了"中止执行"、"审判监督程序"、"提起诉讼"等救济方式,但依然没有解决以下几个问题①:一是对生效裁判及调解书的审查、撤销、变更等本应属于审判监督程序的内容,放在执行程序中予以规定,结构设置不合理;二是没有明确赋予案外人在合法权益受到生效裁判及调解书侵害时提出申请再审的权利;三是规定案外人在执行程序中可以提出异议,但对于那些没有进入执行程序的生效裁判及调解书是否能提出异议没有规定。由于上述问题的存在,司法实践中出现了种种困惑,使得比较恰当地解释本条中规定的"依照审判监督程序办理"显得十分迫切和重要。②

为进一步增强司法实践的可操作性,2008年12月1日起施行的《最高人民法院关于适用〈中华人民共和国民事诉讼法〉审判监督程序若干问题的解释》(以下简称《解释》)明确了两种案外人申请再审的方式。《解释》第五条第一款规定:"案外人对原判决、裁定、调解书确定的执行标的物主张权利,且无法提起新的诉讼解决争议的,可以在判决、裁定、调解书发生法律效力后二年内,或者自知道或应当知道利益被损害之日起三个月内,向作出原判决、裁定、调解书的人民法院的上一级法院申请再审";第二款规定:"在执行过程中,案外人对执行标的提出书面异议的,按照民事诉讼法第二百零四条的规定处理。"两款对比理解可得知,第二款规定的方式前提是在强制执行过程中,且需要有执行阶段的中止裁定,这一点同于《民事诉讼法》第二百零四条的规定;第一款规定的方式并没有要求案件已经进入强制执行程序,但是要求案外人对"执行标的物主张各种权利"、并且"无法另诉解决",此处的"执行标的物"不同于"执行标的",执行标的是指执行对象,既包括物、可转让权利,还包括要求履行一定的行为,③而"执行标的物"指向的是物,实际上是履行生效判决、裁定、调解书

① 江必新主编:《最高人民法院关于适用民事诉讼法审判监督程序司法解释理解与适用》,人民法院出版社2008年版,第59页。

② 案外人异议而申请再审的民事案件不断出现,使得案外人提出再审申请到了必须规范的时候,在《民事诉讼法》2007年修正案草案第三次审议过程中,全国人大常委会法工委试图通过立法形式赋予案外人申请再审的权利,后因临近全国人大常委会委员表决,时间过于仓促而作罢,留待配套司法解释中研究解决。

③ 江必新主编:《最高人民法院关于适用民事诉讼法审判监督程序司法解释理解与适用》,人民法院出版社2008年版,第66页。

时所对应的物[1]。"各种权利"不仅包括所有权,也包括阻止转让或支付的权利等。在恶意串通达成调解书的情形下,由于双方当事人追求调解协议履行的结果,所以多数调解书都会自动履行,不会进入强制执行程序,此时适用本条第一款规定的意义尤为凸显。上述案例中,依据王某与陈某调解协议的内容,王某应支付给陈某 20 万元,即金额为 20 万元的货币是履行调解书时对应的标的物,而李某作为王某的妻子,同时也是调解一案的案外人,主张阻止支付的权利,认为不应从夫妻共有财产中拿出 20 万元的货币对外支付,属于"对执行标的物主张各种权利"的情形,同时,李某也无法另诉解决此 20 万元应否支付的问题,满足了"无法另诉解决"的条件。所以,李某可以适用《解释》第五条第一款规定向作出调解书的人民法院的上一级法院申请再审。作为本案来讲,因夫妻共同财产的范围认定必须以 20 万元债务的真假认定为前提,所以在调解一案的再审结果出来之前,应裁定中止诉讼。

四、最高人民法院民一庭倾向性意见

一方当事人在案件审理过程中,以恶意串通为由,对其作为案外人的已经生效的调解书提出异议的,人民法院不能就调解书的内容在本案中再行审查,可告知提出异议的当事人另行就调解书申请再审。

(执笔人:最高人民法院民一庭　于　蒙)

[1] 依据民法理论,物是指民事权利主体能够实际支配和利用的具有一定经济价值的财产,分类有动产、不动产,特定物、种类物等,货币、有价证券均是物的一种特殊类型。

公民请求支付法律服务代理合同约定报酬的,人民法院不予支持

最高人民法院民一庭

一、案情简介

上诉人:张某

被上诉人:江阳房地产开发有限公司

2009 年 1 月 12 日,上诉人张某与被上诉人江阳房地产开发有限公司签订《委托代理合同》,合同约定,江阳房地产开发有限公司将其与四海置业公司之间申请执行的案件全权委托张某处理,申请执行货款债权 1500 万元及其利息和罚息;江阳房地产开发有限公司以所执行收取款项的 25% 向张某支付代理酬金,付款时间为江阳房地产开发有限公司收到执行款项之日起 3 日内,并按合同约定比例将张某应得的报酬存入张某账户等。

嗣后,上诉人张某于 2009 年 2 月 16 日向法院申请恢复执行,并于次日冻结了四海置业公司在案外人重达公司的到期债权 900 万元,并于 2009 年 3 月 20 日、3 月 24 日分别查封了被告江阳房地产开发有限公司在北京的两处房产。上诉人张某随即将上述情况通知了江阳房地产开发有限公司。2009 年 4 月 24 日,江阳房地产开发有限公司在未通知张某的情况下与四海置业公司签订《付款和解协议书》,该协议书约定:四海置业公司在 2009 年 5 月 30 日前向被告江阳房地产开发有限公司一次性支付人民币 1200 万元后,双方到期债权债务结清,本协议系双方解决欠款问题的真实意思表示,与其他任何第三方无关。之后,四海置业公司按和解协议向江阳房地产开发有限公司支付欠款 1200 万元,法院依法解除了对被执行人四海置业公司到期债权 900 万元和在北京两处房产的冻结,该执行案件终结。

2009 年 6 月,张某起诉至一审法院,要求江阳房地产开发有限公司按照合同约定支付其报酬 1200 万元 ×25%,并按银行同期贷款利率支付利息。

江阳房地产开发有限公司答辩称,公民自然人提供代理法律服务不能收取报酬,所签订的《委托代理合同》中报酬条款不应得到支持,故不同意支付原告相关报酬,请求一审法院判决驳回原告的起诉。

二、法院裁判情况

一审法院经审理认为,张某与江阳房地产开发有限公司签订的《委托代理合同》系当事

人真实意思表示,内容并不违反法律、法规的效力性强制性规范,故合法有效。依法成立的合同具有法律约束力。现张某依据《委托代理合同》约定为江阳房地产开发有限公司提供法律服务,且所约定的执行债权货款已经到位 1200 万元,江阳房地产开发有限公司应该依据《委托合同》约定支付 25% 的报酬。张某的请求事实清楚,法律依据充分,应予支持。据此,一审法院判决:江阳房地产开发有限公司于判决生效十日内支付张某报酬 1200 × 25% 万元及自 2009 年 5 月 30 起同期银行贷款利息。

一审法院判决后,江阳房地产开发有限公司上诉至二审法院称,司法部(1993)第 340 号文明确规定"除了律师事务所、公证处、基层法律服务所和司法行政机关批准的其他社会法律咨询法律服务机构外,其他任何单位和个人未经司法行政机关批准均不得面向社会提供有偿法律服务",因此该规定已经明确,公民代理提供法律服务不能收取报酬,涉案《委托代理合同》应为无效。故一审判决认定事实和适用法律错误,请求二审法院依法改判,撤销一审判决,驳回张某的诉讼请求。

张某辩称,首先,司法部(1993)第 340 号文只是部门规章,并非法律、行政法规,因此不能作为认定公民代理合同收取报酬条款无效的规范性依据。其次,2001 年 12 月 29 日修订前的《律师法》第十四条规定:"没有取得律师执业证书的人员,不得以律师名义执业,不得为牟取经济利益从事诉讼代理或者辩护业务。"而 2007 年 10 月 28 日修订《律师法》第 13 条规定:"没有取得律师执业证书的人员,不得以律师名义从事法律服务业务,除法律另有规定外,不得从事诉讼代理或辩护业务。"明显可以看出新的《律师法》修改了公民不得牟取经济利益的禁止性规定,体现了法律所支持的态度。因此,一审判决事实清楚,适用法律正确,请求驳回被告江阳房地产开发有限公司的上诉请求。

二审法院经审理认为,根据司法部(1993)第 340 号文规定,除了律师事务所、公证处、基层法律服务所和司法行政机关批准的其他社会法律咨询法律服务机构外,其他任何单位和个人未经司法行政机关批准均不得面向社会提供有偿法律服务,涉案《委托代理合同》明显系有偿法律服务,故该委托代理合同中关于报酬的约定,人民法院不应保护,对于当事人基于该约定请求支付报酬的,人民法院不予支持。但是,对于受托人为处理委托事务所支出的合法费用,受托人有权要求江阳房地产开发有限公司支付。鉴于张某请求江阳房地产开发有限公司支付报酬的请求中已经包含了要求支付其所支出合法费用的内容,故对此部分请求,人民法院应予支持。据此,二审法院判决:一、变更一审判决为江阳房地产开发有限公司于判决生效后十日内支付张某因处理委托事务支出差旅费、住宿费、资料费等合法费用人民币九万元整;二、驳回张某的其他诉讼请求。

三、主要观点及理由

本案争议的焦点问题在于公民个人提供代理服务所约定的报酬,人民法院应否予以支持。对于这个问题,法院在审理过程中主要有两种意见:一种意见认为,张某与江阳房地产开发有限公司签订的《委托代理合同》系当事人真实意思表示,该合同并不违反国家法律、法规的强制性规定,且现行法律、法规并无关于公民代理收取报酬问题的效力性禁止规范,故涉案《委托代理合同》并无违反法律、法规的无效情形存在,故为合法有效。而依法成立的合同具有法律约束力,现江阳房地产开发有限公司基于张某的法律服务获取了相应的执行款,则应依据《委托代理合同》约定支付相应的服务报酬。

另一种意见认为,虽然现行法律并无公民个人提供有偿代理服务的合同效力问题的规定。但是,司法部(1993)第 340 号文明确规定"除了律师事务所、公证处、基层法律服务所和司法行政机关批准的其他社会法律咨询法律服务机构外,其他任何单位和个人未经司法行政机关批准均不得面向社会提供有偿法律服务",因此该规定已经明确,公民提供代理法律服务不能收取报酬,否则就容易扰乱国家法律服务市场,故涉案《委托代理合同》不应得到保护,张某的诉讼请求应该予以驳回。但对于张某关于请求其为提供法律服务而支出的必要的合法费用,人民法院应予支持。

上述两种意见均比较具有代表性,并且立场对立比较明显。我们认为,第二种意见是合理的,法院基于第二种意见所作的判决结果是正确的。主要有以下几个方面的理由:

首先,公民可以成为诉讼代理人接受法律服务委托,但并不等于公民可进行有偿代理,对提供的法律服务收取报酬。《律师法》(2007 年 10 月 28 日修订)第十三条规定:"没有取得律师执业证书的人员,不得以律师名义从事法律服务业务,除法律另有规定外,不得从事诉讼代理或辩护业务。"而根据《民事诉讼法》第五十八条第二款规定,可做民事诉讼代理人的人有以下几类:(1)律师;(2)当事人近亲属;(3)有关的社会团体或所在单位推荐的人;(4)经人民法院许可的其他公民。由此可见,符合条件的公民也可从事民事诉讼代理活动。但是,法律规定符合条件的公民可从事民事诉讼代理并不表示公民可以提供有偿代理法律服务。对于公民提供代理服务是否可以收取报酬还要根据公民提供法律服务的宗旨和相关法律、法规的精神来考察。

其次,公民代理的本意是减轻当事人的诉讼负担,而非让受托人借此以牟取经济利益。而肯定公民有偿代理则可能导致大量的公民有偿代理,甚至出现不良代理、诉讼掮客等牟取私利损害当事人利益的情况,从而不利于建立规范有序的法律服务市场,进而影响到司法公正,影响国家法治秩序的构建,因此,禁止公民有偿代理体现国家对于公共利益的维护。而司法部(1993)第 340 号文规定:"除了律师事务所、公证处、基层法律服务所和司法行政机关批准的其他社会法律咨询法律服务机构外,其他任何单位和个人未经司法行政机关批准均不得面向社会提供有偿法律服务",恰恰体现了行政机关对于国家公共利益维护的考量。进而言之,司法行政部门是法律服务业的主管部门,行使统一的审批权、监督权和管理权,法律服务行业的收费应当由司法行政部门审批,如律师提供法律服务其收费标准应当执行国家计委、司法部联合下发的《律师收费管理办法》。对公民能否从事有偿代理,司法部前述文已明确表明公民个人不能面向社会从事有偿法律服务,因此公民提供有偿法律服务的约定违反该文规定,人民法院不应予以保护。

再次,从律师法相关规定变迁的立法精神来看。修订前的《律师法》第十四条规定:"没有取得律师执业证书的人员,不得以律师名义执业,不得为牟取经济利益从事诉讼代理或者辩护业务。"该法第四十六条第二款规定:"没有取得律师执业证书,为牟取经济利益从事诉讼代理或者辩护业务的,由所在地的县级以上地方人民政府司法行政部门责令停止非法执业,没收违法所得,可以并处违法所得一倍以上五倍以下罚款。"从修订前的《律师法》的明确规定可以看出,无律师资格的人不得为牟取经济利益从事诉讼代理或者辩护业务,也不能收取法律服务报酬,故签订法律服务合同中关于收取报酬的约定应为无效的约定。而2007年修订后的《律师法》第十三条是从修订前的《律师法》第十四条演变而来,新法第十三条从文字上删除相关内容主要是因为律师法调整范围是律师这个群体,为保证立法严谨科学,不宜规范律师群体之外的公民代理行为;而从司法部的相关配套规章来看,删除前述内容的立法原意并非承认公民个人可以提供有偿代理法律服务,收取报酬,实现营利。

综上,公民提供有偿法律服务约定的报酬不应得到人民法院的保护,是在充分考虑了《民事诉讼法》、《律师法》等法律精神和司法行政部门对公民有偿代理所体现的维护公共利益考量基础上的司法考虑,这样的考虑显然有利于促进健康的法律服务市场的建立,有利于社会主义法治秩序的构建,有利于社会的和谐稳定。

当然,需要注意的是,尽管公民代理服务不能以此牟取经济利益,但是如果公民提供法律服务时,为处理委托事务而垫付的必要的合法费用,委托人则应当偿还该费用(及其利息)。对于委托人应该偿还的费用,考虑到上面的精神,应有以下几个方面的要求:(1)限于受托人所合法支出的费用,比如差旅费、住宿费、复印材料费等,如果受托人所支出的费用不合法,人民法院不应予以支持;(2)限于受托人所支出的必要费用,如果所支出的费用并非必要,则人民法院对于请求不应支持。当然,对于所支出的费用的必要和合法应该由提供法律服务的公民来举证;在其举证之后,委托人可以提出证据予以反证。

四、最高人民法院民一庭意见

未经司法行政机关批准的公民个人与他人签订的有偿法律服务合同,人民法院不予保护;但对于受托人为提供代理法律服务实际发生的差旅等合法费用,人民法院可以根据当事人的请求予以支持。

(执笔人:最高人民法院民一庭　仲伟珩)

【最高人民法院案件解析】

公司清偿债务后注销前可以将其债权分配给股东

——王磊与民生投资管理股份有限公司借款纠纷申诉案

张进先*

法理提示 公司是享有民事财产权的企业法人,以其全部财产对公司的债务承担责任。公司解散前应当对经营期间的债权债务依法进行清算。公司债务清偿完毕后注销前,股东会有权对其剩余债权进行处分。公司注销标志着公司法人人格消灭,不再具有民事权利能力和民事行为能力,此后原有的债权也随之消灭。

申诉人(一审原告、二审被上诉人、再审被申请人):王磊,男,汉族,1974 年 4 月 13 日出生,住山东省即墨市北安街道办事处小庄村 96 号。

委托代理人:赵洪石,北京市隆安律师事务所律师。

委托代理人:邹永盛,男,1970 年 10 月 5 日出生,住山东省青岛市市南区燕儿岛路 19 号 3 号楼 2 单元 502 户。

被申诉人(一审被告、二审上诉人、申请再审人):民生投资管理股份有限公司,住所地山东省青岛市崂山区株洲路 151 号。

法定代表人:马志军,该公司董事长。

委托代理人:王冰,北京市中伦律师事务所律师。

委托代理人:李磐,北京市中伦律师事务所律师。

一、山东省即墨市人民法院一审查明的事实

山东省即墨市人民法院(以下简称即墨市法院)一审查明:1998 年 3 月 31 日,中国银行即墨市支行(以下简称即墨中行)与山东省即墨市五交化总公司(以下简称五交化公司)、青岛国货股份有限公司(以下简称国货公司)签订了(98)年即中银字第 055 号人民币资金借款合同和(98)年即中银字第 055 号保证合同。即墨中行与五交化公司在借款合同中约定:

---

* 最高人民法院民一庭高级法官,对外经济贸易大学法学博士。

借款金额为600万元,借款用途为还逾期承兑;借款利率为7.26%;借款期限自1998年3月31日至1999年1月30日,等等。

即墨中行与五交化公司、国货公司在保证合同中约定:国货公司保证金额为五交化公司根据(98)年即中银字第055号合同向即墨中行借用的人民币资金本金600万元及其相应的利息、费用;如五交化公司不按借款合同的约定偿付借款本息和相应费用,即墨中行有权直接向国货公司追偿。国货公司保证在接到即墨中行书面索款通知后五个营业日内清偿上述款项;保证人的保证期间为两年,在保证期间内,保证人承担连带责任保证等。

借款合同和保证合同签订后,即墨中行即按合同约定将600万元付给五交化公司,五交化公司在即墨中行出具的借款凭证上盖章,并由双方经办人签字。借款到期后,即墨中行于1999年2月1日给国货公司送达《催收贷款通知书》,通知五交化公司借款本金600万元已逾期,请国货公司接通知后尽快采取措施,及时付清其借款本金及利息。国货公司收到该通知后,由收件人签字并加盖公章。后即墨中行索款未果,诉至法院。

二、当事人起诉与答辩情况

1999年9月27日,原告即墨中行向即墨市法院起诉称,被告五交化公司于1998年3月31日在我行贷款600万元,由被告国货公司提供担保,贷款于1999年1月30日到期未还,经我行多次催要未果。其诉讼请求是:(1)五交化公司和国货公司偿还贷款本金600万元,利息88.5万元;(2)要求被告承担一切诉讼费用。

五交化公司辩称,即墨中行所诉属实,我方无力偿付。

国货公司辩称,因国货公司提供的借款合同非一次性书写,借款用途系即墨中行事后填写,担保人是在不明白借款人的借款用途是贷新还旧的情况下为借款人提供担保的。担保人的真实意思表示是为借款人的借款用途用于其联营的金华商厦经营中的流动资金所提供的担保,故应免除担保人的担保责任,驳回即墨中行对国货公司的诉讼请求。

三、山东省即墨市人民法院一审认定与判决

即墨市法院一审认为,即墨中行与五交化公司、国货公司所签订的借款合同和保证合同合法有效。五交化公司借即墨中行600万元用于还逾期承兑,事实清楚,证据充分,对即墨中行的诉讼请求应予支持。诉讼中,国货公司对即墨中行提交的借款合同提出异议,认为借款合同非一次性书写,借款用途"还逾期承兑"是后添加的,国货公司提交三份证人证言证明在为五交化公司提供担保时并未见到借款合同,即使见到该合同,因借款用途系后添加的,国货公司也不知道五交化公司借款系借新还旧;其真实的意思表示是为五交化公司与其联营的国货公司金华商厦的流动资金贷款提供担保,要求依法免除其担保责任;即墨中行则称借款合同非一次性书写并不是在合同签字盖章后书写,而是在即墨中行核保时与保证人就担保内容协商一致时所书写。国货公司在为五交化公司的600万元借款提供担保时应该审查借款合同的内容,国货公司讲没有见到借款合同便在担保合同上签字、盖章是没有证据支持的,不同意免除国货公司的担保责任。

国货公司在为五交化公司提供担保时应该认真审查即墨中行与五交化公司之间的借款合同内容,应当认真审查而不认真审查,其过错在于国货公司。国货公司辩称,其在不明白即墨中行与五交化公司借款用途是借新还旧的情况下而为其提供担保,要求依法免除其担保责任,其请求于理于法无据,不予支持。该院于 2000 年 4 月 20 日作出(2000)即经初字第 21 号民事判决:(一)五交化公司偿付即墨中行借款本金 600 万元;(二)五交化公司偿付即墨中行自 1998 年 3 月 31 日至本判决生效之日的借款利息;(三)上述第一、二项五交化公司应付款额于十日内付清,逾期则加倍支付迟延履行期间的债务利息;(四)国货公司对上述债务承担连带清偿责任。案件受理费45 900元,由五交化公司负担。

四、当事人上诉请求与答辩理由

国货公司不服一审判决,于 2000 年 4 月 28 日向山东省青岛市中级人民法院(以下简称青岛中院)上诉称,即墨中行与五交化公司签订的 055 号借款合同用来以贷还贷,而其旧贷没有担保,国货公司提供担保是用于联营的资金,国货公司也不知主合同当事人双方是在搞以贷还贷,即墨中行在事后填写的“还逾期承兑”,不能证明经过国货公司同意,而借款方的人员也没有证据证明国货公司为其逾期承兑提供担保。根据担保法规定,应当免除保证人的保证责任。一审判决认定事实错误,适用法律不当,请求二审法院撤销一审判决,依法免除上诉人的保证责任。

中国东方资产管理公司青岛办事处(以下简称东方资产公司)承继即墨中行的涉案债权后辩称,国货公司称不知“以贷还贷”不成立。借款合同上分两次填写,借款合同的用途、利率、期限都是空白的,其他填写了。国货公司看了合同后,经其同意又填加了借款用途、利率及期限,同时将担保合同的内容都填齐了。原审判决认定事实清楚,适用法律适当,请求维持原判。

五、山东省青岛市中级人民法院二审认定与判决

青岛中院二审查明,根据国务院和人民银行、财政部有关文件精神,中国银行山东省分行于 2000 年 6 月 10 日与东方资产公司签订《债权转让协议》,约定中国银行山东省分行将对债务人五交化公司截止 2000 年 3 月 21 日的债权本金人民币 600 万元及应收逾期利息、应收催收利息转让给东方资产公司,债权转让后,其成为新的债权人,取代中国银行山东省分行的债权人地位。

二审期间,国货公司于 2000 年 7 月 25 日向青岛中院提交鉴定申请,要求对涉案借款合同中第一条的用途、利率、期限等条款的填写时间和落款处的盖章先后和是不是 1998 年 3 月 31 日进行鉴定,该院文检鉴定中心以青中法文鉴退字第 19 号文作了退案说明,国货公司要求鉴定的问题属学科难题,目前尚无有效的解决办法。2000 年 9 月 20 日,国货公司再次提出鉴定申请,要求东方资产公司提供临时贷款申请书和中国银行借款凭证,以鉴定借款合同中第一条用途栏“还逾期承兑”的填写时间与其他内容同填写时间间隔期限及其与保证合同国货公司落款盖章的时间先后,青岛中院再次委托该院司法鉴定中心对东方资产公

司提供的检材进行鉴定。2000 年 11 月 7 日,该院司法文检鉴定中心又以(2000)青中法文鉴退字第 28 号文及同一理由作了退案说明,以上所述不难看出并非系国货公司所称东方资产公司方一直未提供有关样本作参照进行鉴定。

青岛中院二审认为,双方当事人签订的借款合同和保证合同合法有效,应受法律保护。东方资产公司要求国货公司及五交化公司承担还款义务,应予支持。法律并没有规定以贷还贷为非法行为,应当认定是合法的。同时,国货公司亦没有其他证据证明自己在不知借款内容的情况下签订的担保合同,假如不知借款合同内容就签订担保合同而不认真审查,其过错也在于担保人自己,其要求免除保证责任的理由不足。国货公司的上诉理由不能成立,对其上诉请求不予支持。青岛中院于 2000 年 11 月 10 日作出(2000)青经终字第 906 号民事判决:驳回上诉,维持原判。

六、当事人申请再审的请求与答辩理由

青岛中院二审判决生效后,国货公司不服,于 2000 年 12 月 18 日向山东高院申请再审称,即墨中行据以索赔的证据存在瑕疵,借款合同中用途栏的内容"还逾期承兑"系后来添加,国货公司并不知道,没有证据证明国货公司在提供担保时知道或应当知道该笔贷款的性质是贷新还旧,申请人不应承担担保责任。依据是:(1)银行承认"还逾期承兑"与合同的其他内容是两次填写,但对该内容的填写过程陈述前后不一,自相矛盾。(2)"还逾期承兑"与合同的其他条款有矛盾,合同总则写明为经营需要,申请流动资金贷款,因此,并非是为还逾期承兑申请贷款,而且分则中出现的是提款计划等内容也与此矛盾。(3)保证合同上没有"还逾期承兑"的字样,国货公司也没有在两次填写内容的借款合同上盖章或签字,即墨中行称填写该内容时国货公司是同意的没有证据,对此应承担举证责任。

东方资产公司答辩称,国货公司在担保合同上签字盖章的行为表明其对借款合同的全部内容是清楚的,因而对借款用途栏上的"还逾期承兑"字样也是清楚的,事后国货公司又在催款通知书上签字盖章,再次表明其知道所担保的该笔借款的内容及用途,国货公司以其不知道该笔借款用途是还逾期承兑为由,要求免除担保责任,法院不应支持。

对于国货公司的再审申请,山东高院函告青岛中院审查处理。

七、山东省青岛市中级人民法院再审认定与判决

青岛中院经审查认为本案符合法定再审条件,于 2001 年 11 月 6 日作出(2001)青经监字第 48 号民事裁定,由该院对本案进行再审。

青岛中院再审查明:五交化公司先后与即墨中行签订了六份银行承兑协议,承兑汇票总金额为 600 万元,其中一笔汇票签发日期为 1996 年 11 月 29 日,到期日为 1997 年 5 月 11 日,收款人为济南洗衣机销售公司,另外五笔汇票签发日期均为 1997 年 1 月 23 日,到期日为 1997 年 7 月 22 日,收款人均为青岛澳柯玛集团销售公司。根据记账凭证和银行的特种转账传票,五交化公司的 600 万元贷款已在签订合同当日被银行承兑。五交化公司称其持有的借款合同已无法找到。双方对借款金额、借款合同用途内"还逾期承兑"字样与其他内

容是非一次性填写的事实没有争议。青岛中院再审查明的本案其他事实与该院二审查明的事实一致。

青岛中院再审认为:本案借款合同为一式两份,分别由贷款人和借款人持有,但借款人拒绝提供其持有的借款合同,而贷款人提供的借款合同中存在重大瑕疵,该合同总则中表明,借款人为经营需要,申请流动资金贷款,分则也有提款计划等内容,然而借款用途栏内却写有“还逾期承兑”字样,该字样与其他内容非一次性书写,且前后矛盾,故对该借款合同应作有利于担保人的解释。五交化公司逾期承兑 600 万元已成事实,该承兑款项并无担保人,借款人贷新款还逾期承兑之款却有担保人,与正常贷款相比,这无疑加大了担保人的风险,为平衡双方当事人的责任,贷款人应对借款人贷新款还逾期承兑款是否知道或者应当知道承担举证责任。虽然国货公司作为担保人在担保合同上以及催款通知书上加盖了公章,但是无论是担保合同还是催款通知书只是写明借款合同号,均未出现借款合同上所写的“还逾期承兑”字样,且国货公司不持有该借款合同,也未在借款合同上以及对非一次填写的内容加盖公章,因此,不能证明国货公司知道或应当知道借款人的该笔贷款目的是还逾期承兑款式。综上所述,贷款人并无证据证明国货公司对借款人贷新款还逾期承兑款是知道的或者应当知道的,因此,国货公司不应承担担保责任。国货公司的再审理由成立,该院予以采纳。原生效判决判令国货公司承担担保责任有误,应予纠正。青岛中院于 2001 年 12 月 24 日作出(2002)青经再终字第 9 号民事判决:一、维持即墨市法院(2000)即法经初字第 21 号民事判决第一、二、三项;二、撤销青岛中院(2000)青经终字第 906 号民事判决和即墨市法院(2000)即法经初字第 21 号民事判决第四项;三、驳回东方资产公司对国货公司的诉讼请求。一、二审案件受理费共计91 800元,由五交化公司负担。

八、当事人向山东省高级人民法院申请再审及答辩的理由

东方资产公司不服上述再审判决,于 2003 年 6 月向山东高院申请再审称,原再审判决认定事实不清,适用法律错误。在事实方面,认定东方资产公司提供的借款合同存在重大瑕疵是错误的。“还逾期承兑”与“用于经营的流动资金贷款”是分则与总则、小科目与大科目的关系,彼此并不矛盾。“还逾期承兑”非一次性书写不能认定为瑕疵。两次书写符合中国人民银行的有关规定和交易习惯,不违反《合同法》的有关规定和当事人意思自治的原则。以贷还贷与流动资金贷款同属银行正常贷款,是市场经济新出现的贷款形式,法律对此没有禁止性规定,不存在加大保证人风险的因素。《保证合同》和《催收贷款通知书》不仅写明了借款合同号,而且写明了担保借款主体、数额、期限、利息、连带清偿责任,担保范围和担保责任明确具体,符合《担保法》规定的担保合同的形式要件。原再审判决适用担保法司法解释第 39 条第 1 款是错误的,该司法解释自 2000 年 12 月 13 日起施行,而本案二审于同年 11 月 10 日终审。请求撤销青岛中院(2002)青经再终字第 9 号民事判决,依法进行再审,维持本案一、二审判决。

青岛健特生物投资股份有限公司(原国货公司,以下简称健特公司)答辩称,东方资产公司关于健特公司应当承担保证责任的观点于法无据,于理不合,应予驳回。其理由是,涉

案《借款合同》是由即墨中行提供的格式合同,应对其中"因经营需要申请的流动资金贷款"这一借款用途按照通常理解予以解释。既然双方对此有不同解释,应当作出不利于东方资产公司一方的解释。尽管东方资产公司认为"还逾期承兑"非一次性书写不能认定为瑕疵,但其不能举证证明。保证人担保借款合同的履行需要承担很大风险,故东方资产公司认为担保人为被担保人提供"还逾期承兑"的担保"不存在加大保证人风险的因素"是错误的。虽然健特公司领导在涉案《担保合同》和《催收贷款通知书》上签字并加盖公章,但担保范围仍然是为五交化公司"用于经营的流动资金贷款"作担保,故不应承担保证责任。

九、山东省高级人民法院的审查处理结论

经审查,山东高院认为,原再审判决认定即墨中行与五交化公司、国货公司签订的借款合同和担保合同,事实清楚,证据确凿。虽然即墨中行在借款合同总则中写明"申请流动资金贷款",但分则借款用途栏却写明"还逾期承兑",前后相互矛盾,而且"还逾期承兑"字样是后来填写的。担保人原国货公司辩称,并不知道该笔借款用途是借新还旧,不应承担担保责任。且东方资产公司不能举证证明担保人知道或者应当知道该笔贷款性质是还逾期承兑。据此,原再审判决判令原国货公司不承担担保责任并无不当。山东高院于 2003 年 12 月 12 日作出(2003)鲁民二监字第 331 号《驳回再审申请通知书》,驳回东方资产公司的再审请求。

十、当事人向最高人民法院申请再审及答辩的理由

鲁萌公司受让东方资产公司的涉案债权后,不服青岛中院(2002)青经再终字第 9 号民事判决和山东高院(2003)鲁民二监字第 331 号《驳回再审申请通知书》,于 2006 年向最高人民法院申诉称:(1)青岛中院再审判决认定事实错误,认定举证责任倒置给鲁萌公司的事实及理由是错误的,具体表现为,认定鲁萌公司提供的借款合同存在重大瑕疵是完全错误的,"还逾期承兑"非一次性书写不能认定为瑕疵,两次书写符合中国人民银行的有关规定和交易习惯。以贷还贷与流动资金贷款同属银行正常贷款。(2)再审判决认定鲁萌公司举证不能的事实和理由依法不能成立。认定原国货公司两次加盖公章的保证合同和催款通知书只是写明借款合同号,未出现二次书写的"还逾期承兑"是错误的。认定原国货公司不持有借款合同属事实不清,不能否定其知道或者应当知道借款合同的内容。(3)原审判决适用法律错误。本案涉及以贷还贷担保人是否免责的举证责任,保证人应当对其主张的不知道以贷还贷免责负举证责任。再审判决适用担保法司法解释第三十九条第一款是错误的,因为本案二审终审后该司法解释才生效。请求依法再审本案,维持一、二审判决。

健特公司(原国货公司)答辩称,(1)鲁萌公司的多项主张于法无据。其主张"还逾期承兑"与"用于经营的流动资金贷款"是分则与总则,小科目与大科目的关系,彼此并不矛盾,缺乏依据。(2)借款合同中许多提款的内容足以证明本案借款用途根本不是"还逾期承兑"。(3)借款人的原法定代表人韩正爱的证词充分说明本案借款用途绝非"还逾期承兑"。(4)东方资产公司提交的证据充分证明其以行为变更了借款合同若干条款的真实意思,健

特公司理应免责。东方资产公司擅自改变了主合同条款,根据借款合同和保证合同的约定,自行解除担保人的担保义务。请求法院依法驳回鲁荫公司的再审申请。

十一、最高人民法院对再审申请的审查处理意见

经审查,最高人民法院认为,再审申请人鲁荫公司的申请符合《中华人民共和国民事诉讼法》第一百七十九条第一款第(2)、(3)项规定的再审条件。根据该法第一百七十七条第二款、第一百四十条第一款第(8)项及第 3 款之规定,该院于 2007 年 9 月 27 日作出(2006)民二监字第 80 - 1 号民事裁定,指令山东高院再审本案;再审期间,中止原判决的执行。

十二、山东省高级人民法院的认定与判决

山东高院再审查明:国货公司于 2001 年 9 月 25 日更名为健特公司,于 2008 年 1 月 10 日变更为青岛华馨实业股份有限公司,于 2008 年 12 月 26 日又变更为民生公司。东方资产公司于 2005 年 11 月 9 日将涉案的全部债权转让给了鲁荫公司。

山东高院查明的本案其他事实与原审法院查明的事实一致。

山东高院再审认为,本案当事人争执的焦点问题是担保人民生公司应否承担担保责任的问题。鲁荫公司与五交化公司签订的贷款合同存在明显瑕疵,该合同总则写明借款人为经营需要,申请流动资金贷款,且分则中有提款计划等内容,而具体借款用途中却写有“还逾期承兑”字样,鲁荫公司也承认该“还逾期承兑”字样与其他内容非一次性书写,应该认定前后意思是矛盾的。民生公司在担保合同上签字确认承担担保责任,但其担保合同中没有出现“还逾期承兑”的字样,民生公司认为原借款合同中的“还逾期承兑”是鲁荫公司后加的,鲁荫公司则认为是签订合同当时填写的,但是不是签合同时添加的还是后来添加的,现在无法确定。在此情况下,原再审法院认为应作出对担保人有利的解释是恰当的。鲁荫公司不能证明民生公司在签订保证合同时对五交化公司贷新还旧是知道或应当知道的,因此,民生公司不应承担担保责任。青岛中院再审判决认定事实清楚,适用法律正确,判决得当。鲁荫公司申请再审的理由不能成立,不予采纳。本案经山东高院审判委员会讨论决定,该院于 2009 年 5 月 19 日作出(2007)鲁民再终字第 74 号民事判决:维持青岛中院(2002)青经再终字第 9 号民事判决。

十三、最高人民法院再审认定与裁定

鲁荫公司不服(2007)鲁民再终字第 74 号民事判决,于 2009 年 6 月 29 日以前述再审理由继续向最高人民法院申诉,请求依法撤销该民事判决和青岛中院(2002)青经再终字第 9 号民事判决,判令民生公司承担担保责任,偿还借款本金及至今为止的全部利息。最高人民法院于 2010 年 12 月 16 日作出(2006)民二监字第 80 - 2 号民事裁定,提审本案。

民生公司未提出书面答辩意见。其在法庭询问时辩称,鲁荫公司受让东方资产公司债权后已注销,在法律上已经消亡,股东不能承继该公司的权利义务。本案原审判决认定事实清楚,证据充分,鲁荫公司的主张缺乏依据。原再审判决分配举证责任符合法律规定,适

用法律正确,民生公司不应当承担保证责任。

本院再审查明,鲁萌公司提供的山东省青岛市市南工商分局(以下简称市南工商分局)档案资料显示,2009 年 9 月 23 日,鲁萌公司在《青岛日报》刊登《通知》称,经股东会研究决定,鲁萌公司自即日起注销。2009 年 10 月 25 日,鲁萌公司全体股东(王磊、崔方栋)作出《股东会决议》,成立清算组对该公司债权债务进行清算。2010 年 5 月 26 日,鲁萌公司召开股东会议并作出《股东会决议》称,全体股东决定注销鲁萌公司,公司债权债务已清理完毕,通过清算报告,如有任何遗留问题,全体股东承担责任。鲁萌公司被注销后,由股东王磊承继鲁萌公司在山东高院(2007)鲁民再终字第 74 号民事判决项下的所有权利义务,包括但不限于申请再审、转让债权、参与再审、达成和解等权利,也有权以其个人名义委托或者授权第三方代其行使上述权利。同日,该公司向市南工商分局递交《清算报告》。同日,市南工商分局向鲁萌公司发出《准予注销通知书》。

五交化公司于 2001 年 9 月 19 日并入青岛昭阳电子有限公司,青岛昭阳电子有限公司于 2004 年 4 月 13 日被即墨市法院裁定破产后注销,不再具有诉讼主体资格。

最高人民法院认为,本案先后经过即墨市法院一审、青岛中院二审和再审、山东省高院再审,属于经申诉程序提起再审的案件。由于本案涉及多次债权转让和当事人变更,本案应首先解决程序问题,亦即鲁萌公司是否具有申请再审人主体资格,鲁萌公司注销后,其股东王磊是否可以取代其申诉人地位。现分析论述如下:

(一)关于鲁萌公司的申请再审人主体资格问题

鲁萌公司认为,其从东方资产公司受让债权合法有效,具有申请再审人主体资格。民生公司则认为,鲁萌公司申请再审,违反了最高人民法院法释〔2011〕2 号批复的规定,不具有申请再审人主体资格。最高人民法院认为,鲁萌公司的债权系从东方资产公司受让取得,该债权系经青岛中院再审生效判决确认给东方资产公司后转让的。鲁萌公司受让该债权后不再具有申请再审人主体资格,不能行使申请再审的权利。依据包括两个司法解释:(1)依照最高人民法院法释〔2011〕2 号《关于判决生效后当事人将判决确认的债权转让债权受让人对该判决不服提出再审申请人民法院是否受理问题的批复》的规定,这类债权受让人不具有申请再审人主体资格,对其再审申请人民法院应依法不予受理。该批复于 2011 年 2 月 1 日施行。尽管本院裁定提审本案时该批复尚未施行,但程序性司法解释适用于正在审理的案件,结合相关审判实践,本案应适用该批复,对鲁萌公司的申请再审人主体资格应予否定。(2)依照最高人民法院法释〔2008〕14 号《关于适用〈中华人民共和国民事诉讼法〉审判监督程序若干问题的解释》第四十一条的规定,民事再审案件的当事人应为原审案件的当事人。原审案件当事人死亡或者终止的,其权利义务承受人可以申请再审并参加再审诉讼。本条解释规定在两种情形下允许原当事人以外的权利义务承受人申请再审,而本案中的鲁萌公司并不在上述两种情形之列,不具有申请再审人主体资格。

(二)王磊受让鲁萌公司涉案债权后是否具有申请再审人主体资格

王磊主张,其受让鲁萌公司债权合法有效,故有权取代鲁萌公司在本案中的诉讼主体地位。民生公司则主张,鲁萌公司注销后其民事主体资格已经消灭,王磊取代鲁萌公司参与本案诉讼没有法律依据。最高人民法院认为,根据王磊提供的市南工商分局档案材料,在鲁萌公司债务清偿完毕并办理注销前,公司股东会决定将涉案债权转让给股东王磊,不违反法律规定,其受让债权的行为合法有效。虽然鲁萌公司注销后,其法人人格已经消灭,但公司的债权不因其主体的消灭而消灭。本来王磊作为鲁萌公司原股东可以一般债权人的身份主张其权利,但鉴于本案债权的性质属于法院生效判决确认后转让的债权,鲁萌公司受让东方资产公司涉案债权后,已不具有申请再审人主体资格。前手债权人不具有申请再审人主体资格的,后手债权人不可能恢复该主体资格。基于王磊合法受让鲁萌公司涉案债权的事实,王磊可以自己的名义委托代理人,故应将本案申诉人变更为王磊,认定其委托代理人的行为有效。

综上,本案中鲁萌公司既非原借款和担保关系的当事人,也非原审案件的当事人,而是东方资产公司转让的生效判决确认的债权的受让人,此时其不具有申请再审人主体资格。王磊系鲁萌公司注销后的权利承继人,其承继的权利以鲁萌公司权利范围为限。在鲁萌公司不具有诉讼主体资格的情况下,王磊当然也不具有申请再审的权利。但鉴于鲁萌公司已经注销,主体已不存在,应当列王磊为申诉人。根据《民事诉讼法》第一百八十六条及最高人民法院法释〔2008〕14 号《关于适用〈中华人民共和国民事诉讼法〉审判监督程序若干问题的解释》第四十一条、最高人民法院法释〔2011〕2 号批复的规定,于 2011 年 8 月 4 日作出(2011)民提字第 127 号裁定,驳回申诉人王磊的再审申请。

十四、对本案的解析

最高人民法院依法裁定驳回王磊的再审申请,是基于鲁萌公司受让经终审判决确认的债权后,已丧失申请再审当事人的主体资格,这是从程序的角度来处理本案的,解决程序问题只能用裁定而不能用判决的方式。本案主要涉及两个法律问题:一是鲁萌将受让的债权转让给股东王磊是否有效;二是债权的受让人是否可以取代转让人的诉讼地位继续申请再审,实现其债权。鉴于相关司法解释对第二个问题已有明确规定,笔者仅就如何认定公司注销前处分债权的效力进行解析。

公司注销意味着公司法人人格的消灭和民事权利义务的终结,涉及公司财产的处理和债权人利益的保护。本案中,双方当事人对鲁萌公司将其债权转让给股东王磊的效力提出截然不同的主张。笔者认为,当事人有权在法律规定的范围内处分自己的民事权利,鲁萌公司处分债权的效力取决于该行为是否合法。公司注销的前提是公司解散或者破产。《公司法》第十章对公司解散和清算作了明确规定,清算期间公司存续但不得开展与清算无关的经营活动。认定公司注销前处分债权是否有效,主要应从以下三方面考虑:

1. 依法进行清算,公司未经清算不能注销。清算包括成立清算组处理公司未了结的业务,清缴所欠税款,清理债权债务,处理公司清偿债务后的剩余财产等。公司财产在未依法清偿前,不得分配给股东。因为公司财产是法人的独立财产,公司解散前依法负有清偿债务的义务。如果未经偿债程序即将公司财产分配给股东,很可能会侵犯公司债权人的利益。

2. 依法对处分公司债权进行确认。在公司注销前决定公司债权由某一股东承继,属于最终处分公司资产,不同于公司经营期间的股权转让,通常公司股东之间转让股权由双方约定,并依公司章程或者相关规定进行股权转让登记后完成。而公司注销前处分其债权,未经股东会、股东大会或者人民法院确认的,该处分行为无效。股东会或者股东大会有权将公司债权按比例分配或者处分给其中一个或者几个股东,也可以赠与第三人。

3. 在公司注销前处分债权。公司注销前属于公司存续期间,具有民事主体资格和民事行为能力。其行为只要符合公司章程和法律规定,即应认定为有效。公司注销标志着公司法人人格消灭,其后不再具有民事行为能力,不得再进行民事活动,尚未处理的债权视为放弃,债务人因此免除民事责任。

本案中,鲁萌公司注销前已经依法进行了清算,公司债务已清偿完毕,并且对今后万一出现公司债务作了合理安排,故再审裁定认定王磊承继鲁萌公司债权的行为合法有效。

国有企业集团与所属关联公司的隶属关系，不能作为一方当事人请求关联公司向国有企业集团申报重大资产处置事项的依据

——青岛市城阳区物资集团总公司与山东华港房地产开发有限公司、青岛市城阳物资贸易中心撤销权纠纷再审案

张雅芬*

法理提示 企业集团是对关联企业的一种描述，本质上是企业联合体，或者说，企业集团，是指在统一管理之下，由法律上独立的若干企业或公司联合组成的团体。由于企业集团该种法律地位，决定了其不具有国有资产监督管理的职能。在我国，国有资产监督管理机构履行对国有企业资产监督管理的职能。因此，人民法院审理涉及国有企业集团与关联公司，关联公司与第三人的相关纠纷案件，不能简单以国有企业集团与所属关联公司的隶属关系，认定关联公司负有向国有企业集团申报重大资产处置事项的义务。

申请再审人(一审原告、二审被上诉人)：青岛市城阳区物资集团总公司。住所地山东省青岛市李沧区金岭路 67 号。

法定代表人：张志成，该公司总经理。

委托代理人：殷召良，北京市鑫河律师事务所律师。

被申请人(一审第三人、二审上诉人)：山东华港房地产开发有限公司。住所地山东省聊城市东昌西路西首路北。

法定代表人：陈延俊，该公司总经理。

委托代理人：王明军，该公司法律顾问。

被申请人(一审被告、二审被上诉人)：青岛市城阳物资贸易中心。住所地山东省青岛市城阳区正阳路东。

法定代表人：吕龙祥，该公司总经理。

委托代理人：李黎，该公司职员。

---

* 最高人民法院民一庭高级法官。

一、山东省青岛市城阳区人民法院一审查明的案件事实

山东省青岛市城阳区人民法院(以下简称一审法院)一审查明,1995年1月3日,原青岛市崂山物资贸易中心,即现青岛市城阳物资贸易中心(以下简称贸易中心)向青岛市商业银行向阳路支行(以下简称商业银行)借款600万元,因未归还被起诉到青岛市李沧区人民法院(以下简称李沧区法院)。该院判决贸易中心偿还商业银行600万元及利息3 495 064元,青岛市城阳物资集团总公司(以下简称物资集团)承担连带责任。2000年10月18日,因贸易中心未履行,物资集团在李沧区金岭路14号和崂山区李旺路的房产被李沧区法院折价5 235 426元用于偿还贸易中心债务。2000年11月20日,双方签订《还款协议约定书》,约定贸易中心2年内还清物资集团欠款及其他损失,贸易中心未履行。物资集团提起诉讼。2004年9月24日,一审法院根据双方达成和解协议作出(2004)城民初字第2751号民事调解书:贸易中心偿还物资集团欠款8 808 604元,贸易中心未履行。为此,物资集团申请执行,一审法院于2005年1月17日向山东华港房地产开发有限公司(以下简称华港公司)送达协助执行履行通知书,华港公司认为,其与贸易中心债权债务已终止。

一审法院另查明,1995年1月1日、6月14日,贸易中心与华港公司签订两份《协议书》,约定华港公司向贸易中心借款1000万元和2100万元,期限一年,华港公司承担利息。同时,双方又签订《京九铁路聊城站站前广场联营开发协议书》(以下简称《联营协议》),约定双方联营开发京九铁路聊城站站前广场项目,联营期一年,华港公司承担贸易中心25%联营收益及利息。1996年6月1日,华港公司向贸易中心出具两份《责任确认书》:“收到贸易中心3100万元,因双方签订的无风险投资协议不能履行,对贸易中心的利息损失由其承担。”针对3100万元,华港公司于1997年9月20日至2003年10次向贸易中心出具《还款承诺书》:承诺还款及利息。2003年8月8日,双方签订两份《终止联营协议书》(以下简称《终止协议》),约定鉴于联营项目亏损,双方同意放弃投资收益和联营收益权,贸易中心同意放弃投资利息和罚息,华港公司用其26套房屋价值12 991 680元抵给贸易中心,抵后双方债权债务即为清偿完毕。

一审法院还查明,物资集团系经青岛市城阳区政府批准成立的国有企业,未经工商登记,但该企业在其他案件中作为独立企业法人承担责任。贸易中心有独立的企业法人资格,2006年8月14日被吊销营业执照。

一审法院再查明,青岛市商业银行向阳路支行原名称为青岛城市合作银行恒通支行。

二、当事人起诉与答辩情况

2005年5月9日,物资集团提起诉讼称,贸易中心向银行贷款,其提供担保,因贸易中心无力偿还,该集团财产被执行。后得知贸易中心在华港公司有巨额到期债权,其要求华港公司协助执行,但得知贸易中心与华港公司2003年8月8日签订《终止协议》,贸易中心恶意放弃债权,明显与华港公司恶意串通,导致贸易中心无力偿还其债权的客观事实。请求:撤销贸易中心与华港公司签订的《终止协议》,判令华港公司承担贸易中心向其承担的清偿义务,由贸易中心与华港公司承担本案诉讼费等其他费用。

贸易中心答辩称,该中心与华港公司签订的《联营协议》,名为联营,实为借贷无效。《终止协议》是华港公司以欺诈手段迫使其签订亦应认定无效。

华港公司答辩称,物资集团未经工商登记,贸易中心 2005 年注销,双方不具备诉讼主体资格。物资集团未证实对贸易中心享有有效债权。即使享有,该债权形成于《终止协议》签订后,物资集团亦不享有撤销权,其未与贸易中心恶意串通。物资集团不是《联营协议》及《终止协议》签约人,无权请求其承担贸易中心的清偿义务。物资集团以撤销权与代位权合并起诉,受诉法院无管辖权,请求驳回物资集团起诉。

三、山东省青岛市城阳区人民法院一审认定与判决情况

一审法院审理认为,本案争议焦点为:物资集团与贸易中心是否具有诉讼主体资格;物资集团撤销请求权能否成立;物资集团能否要求华港公司承担责任。

(一)物资集团与贸易中心是否具有诉讼主体资格的问题

一审法院认为,物资集团是城阳区政府批准成立的国有企业,虽未办理工商登记,但成立后一直履行作为独立企业法人的权利义务,且在终结的有关案件中得到确认,因此,其具有诉讼主体资格。贸易中心系经工商登记的企业法人,虽被吊销营业执照,但其仍具备诉讼主体资格。

(二)物资集团撤销请求权能否成立的问题

一审法院认为,华港公司收取贸易中心 3100 万元,双方虽签订《联营协议》,但约定贸易中心系无风险投资联营,违反了联营无风险为无效的相关规定,后华港公司出具 10 份承诺函表示还款付息,表明其收取贸易中心的 3100 万元为借款。物资集团与贸易中心债权形成于 2000 年 11 月 20 日,贸易中心 2003 年 8 月 8 日与华港公司签订《终止协议》,华港公司以 12 991 680元价值房产抵顶贸易中心 3100 万元借款,贸易中心在未清偿物资集团到期债务前放弃在华港公司到期债权,导致物资集团对贸易中心的债权不能实现,贸易中心的行为符合《合同法》关于因债务人放弃到期债权或无偿转让财产对债权人造成损害的,债权人可以请求人民法院撤销债务人行为的规定,故物资集团请求撤销《终止协议》,应予支持。

(三)物资集团能否要求华港公司承担责任的问题

一审法院认为,物资集团与华港公司无直接法律关系,其要求华港公司承担贸易中心清偿责任,属于代位权之诉。撤销权和代位权为不同的法律关系,且撤销权为债权,因撤销权的行使而使债务人增加的财产应作为债权人的共同担保,因此,物资集团对贸易中心享有的债权在行使撤销权后,如贸易中心怠于追偿,物资集团可另提起代位权之诉。本案物资集团同时行使代位权要求华港公司承担清偿责任,不予支持。据此,一审法院于 2007 年 9 月 14 日作出(2005)城民初字第 1440 号民事判决:一、撤销贸易中心与华港公司签订的两份《终止协议》;二、驳回物资集团其他诉讼请求。一审案件受理费74 698元,保全费65 520元,由贸易中心负担。

四、当事人上诉与答辩情况

华港公司不服一审判决,向山东省青岛市中级人民法院(下称二审法院)提起上诉称,物资集团未办理工商登记,贸易中心被吊销营业执照,均无诉讼主体资格;《终止协议》2003年8月8日签订,李沧区法院执行(2001)李经初字第975号民事判决时,查封了《终止协议》所涉26套房屋抵顶商业银行借款。物资集团为(2001)李经初字第975号民事判决被告,应知此事。另,物资集团为贸易中心上级主管部门也应知晓华港公司与贸易中心签订《终止协议》的事实。即使物资集团享有撤销权,其起诉已过法定一年除斥期间。另,《终止协议》所涉26套房屋已执行给商业银行,不具备撤销可能,请求依法改判。

物资集团答辩称,该集团诉讼主体资格已经生效的法院判决确认,该集团不存在超过法定一年行使撤销权的问题。撤销权是该集团的权利,与前期26套房屋无关。

贸易中心答辩称,根据相关规定,该中心具有合法的诉讼主体资格。

五、山东省青岛市中级人民法院二审查明的案件事实

二审法院查明,物资集团系(2001)李经初字第975号民事判决被告,但华港公司被追加为第三人。查封26套房屋系在(2002)李执字第1292号案执行中,物资集团不是该执行案当事人,李沧区法院公告未体现《终止协议》。

二审庭审中,华港公司认为贸易中心实付借款2670万元,贸易中心与物资集团主张实付合同金额3100万元。

二审法院查明的其他案件事实与一审法院查明的相同。

六、山东省青岛市中级人民法院二审认定与判决情况

二审法院经审理,对双方当事人争议的焦点分析认定如下:

(一)关于物资集团、贸易中心是否具有诉讼主体资格的问题

二审法院认为,物资集团系城阳区政府批准成立的国有企业,虽未经工商登记,但是否工商登记涉及物资集团成立时政府职能部门改制及行政区划等问题。物资集团具有独立财产,成立后一直履行作为独立企业法人的权利义务,且其诉讼主体资格已在终结的有关案件中确认。贸易中心虽被吊销营业执照,其法人资格未丧失。华港公司关于物资集团和贸易中心诉讼主体不适格的主张,不予支持。

(二)关于物资集团行使撤销权是否超过除斥期间的问题

二审法院认为,华港公司对此主张应承担举证责任。其虽提供(2002)李执字第1292号卷宗材料,但华港公司被追加第三人并查封26套房屋系在(2002)李执字第1292号案执行中,物资集团不是案件当事人,李沧区法院公告未体现《终止协议》。华港公司关于物资集团至迟2003年11月17日知道《终止协议》的事实无据。物资集团及贸易中心为独立的民事主体,华港公司认为物资集团当然知道《终止协议》的主张,不予支持。

(三)关于物资集团是否享有撤销权的问题

华港公司与贸易中心签订《终止协议》,华港公司用12 991 680元价值房产抵顶贸易中心 3100 万元本息,该行为符合《合同法》第七十四条规定的债权人可以请求撤销债务人行为的情形。物资集团撤销《终止协议》的请求,予以支持。

(四)关于贸易中心实付华港公司借款数额的问题

二审法院认为,因无论贸易中心实付 3100 万元或 2670 万元,华港公司以12 991 680元价值房产抵贸易中心借款 3100 万元本息,均构成对债权人的侵害。据此,二审法院于 2008 年 6 月 3 日作出(2008)青民二终字第 42 号民事判决:驳回上诉,维持原判。二审案件受理费 100 元,由华港公司负担。

七、当事人申请再审依据的事实与理由

华港公司不服该判决,以(2008)青民二终字第 42 号民事判决认定的基本事实缺乏证据证明,并且有新的证据足以推翻该判决为由,向山东省人民检察院申诉。

八、山东省高级人民法院再审查明的案件事实

2009 年 6 月 15 日,山东省高级人民法院(下称山东高院)作出(2009)鲁民抗字第 43 号民事裁定,提审本案。

山东高院查明:1995 年 6 月 14 日,华港公司与贸易中心签订《协议书》,约定甲乙双方为各自发展需要,由乙方申请银行委托放贷 2100 万元给甲方。月利率 23‰,其中银行收 10.98‰,13.85‰利差全年3 490 200元,一次性付委托放贷单位。其中 1670 万元由北京森荣公司代转到甲方,余809 800元预付利息留在乙方。1996 年 6 月 1 日,华港公司出具的《责任确认书》载明:“贸易中心 1995 年 6 月 14 日投入我公司 2100 万元,约定期限一年。实际投入 1670 万元,其差额3 490 200元为高息贷款的先期付利息额……”

山东高院还查明:2008 年 5 月 7 日,二审法院调查贸易中心代理人王京付华港公司借款等。王京称,一笔 1000 万元,另一笔 2100 万元。2100 万元中 430 万元为利息预先扣除,华港公司《责任确认书》说得很明白;贸易中心开业资金由崂山县财政局以税前还贷筹集,1986 年成立,开办单位算是物资局,现物资集团原是物资局,是贸易中心主管单位。

山东高院审理期间,华港公司提交的李沧区法院执行局 2003 年 10 月 21 日对贸易中心法定代表人吕龙祥的《询问笔录》载明:吕龙祥称,“今年(2003 年)7 月底 8 月初去过华港公司,还签了两份协议,当时抵给我十六套房屋折价 1300 余万元。上述事实经张志成同意。”

根据以上《协议书》及有关人员陈述,山东高院认定,贸易中心实付华港公司 2670 万元借款。

九、山东省高级人民法院再审认定与判决

山东高院再审认为,双方争议的焦点为:物资集团行使撤销权是否超过法定一年除斥

期间。

对此,山东高院再审认为,物资集团是贸易中心上级主管部门,多次为贸易中心借款担保,且贸易中心法定代表人吕龙祥 2003 年 10 月 21 日在李沧区法院执行《询问笔录》中陈述物资集团法定代表人张志成知道《终止协议》,此时离贸易中心与华港公司签订《终止协议》只两个多月,贸易中心与物资集团纠纷还未进入诉讼,其陈述应是客观真实的。因此,物资集团在贸易中心与华港公司签订《终止协议》时即应知道。其次,2003 年 11 月 7 日,李沧区法院查封了涉案 26 套房屋并公告,物资集团作为合并执行四个案件中两个案件的被执行人,此时也应了解贸易中心在华港公司有 26 套房屋及该房已被作价抵偿给了其作为连带债务人的事实,并从而知道《终止协议》。物资集团 2005 年 5 月起诉请求撤销《终止协议》,已过一年除斥期间。据此,山东高院于 2010 年 5 月 24 日作出(2010)鲁民提字第 1 号民事判决:一、撤销山东省青岛市中级人民法院(2008)青民二终字第 42 号民事判决及山东省青岛市城阳区人民法院(2005)城民初字第 1440 号民事判决。二、驳回物资集团的诉讼请求。一审案件受理费74 698元、保全费65 520元,二审案件受理费 100 元,均由物资集团负担。

十、当事人申请再审依据的事实与理由及被申请人答辩情况

物资集团不服该判决,向最高人民法院申请再审,请求:撤销(2010)鲁民提字第 1 号民事判决,依法改判:维持山东省青岛市中级人民法院(2008)青民二终字第 42 号民事判决。事实与理由:(1)其与贸易中心分别为独立法人。吕龙祥在《询问笔录》中陈述该集团法定代表人张志成同意签订《终止协议》的事实无据,且山东高院庭审中,张志成不予认可。山东高院以其与贸易中心的上下级关系与《询问笔录》为据,推定其知道《终止协议》错误。(2)《询问笔录》、贸易中心致华港公司《关于解除〈终止协议〉告知》[下称《解除告知》]、《关于确认〈联营协议〉无效和撤销〈终止协议〉要约函》(下称《撤销函》)及华港公司《关于不能同意〈联营协议〉无效与撤销〈终止协议的回复函〉》(下称《回复函》),山东高院再审期间未组织当事人质证。(3)本案为借款与联营两个法律关系,山东高院再审认定华港公司收取贸易中心 3100 万元借款,未对借款关系与数额作出认定错误。(4)李沧区法院(1999)李执字第 154 号、第 155 号、(2002)李执字第 1248 号、第 1292 号四案民事裁定,不涉及物资集团。(5)2004 年 10 月,其依据(2004)城民初字第 2751 号民事调解申请执行贸易中心在华港公司到期债权,2005 年 1 月 17 日,华港公司提交《异议书》后,其才知道贸易中心与华港公司签订《终止协议》的事实,同年 5 月,其提起诉讼请求撤销《终止协议》,未超过一年法定除斥期间。

华港公司答辩称,(1)其与贸易中心 2003 年 8 月 8 日签订《终止协议》,约定双方放弃投资收益与联营受益权,其将开发的 26 套房屋抵顶贸易中心,《终止协议》特别约定抵顶后双方债权债务即为清偿完毕。该《终止协议》为双方真实意思表示,合法有效。(2)涉案 26 套房屋已被法院作为贸易中心资产抵顶他人,《终止协议》客观上无法撤销。(3)物资集团与贸易中心为隶属关系,两公司相互担保。因此,《终止协议》订立时,物资集团应知道。(4)《询问笔录》载明贸易中心以 26 套房抵顶投资,物资集团法定代表人张志成同意,足以证明物资集团知道《终止协议》。(5)2003 年 11 月 7 日,李沧区法院执行其 26 套房屋抵顶

物资集团与贸易中心的连带债务,物资集团更应知道《终止协议》。因此,即便物资集团享有撤销权,亦应在 2003 年 11 月 7 日后一年内行使。物资集团 2005 年 4 月起诉,已过一年法定除斥期间,故请求驳回物资集团的再审请求。

贸易中心答辩称,两份《联营协议》落款时间为后补。《终止协议》签订后,其多次收到华港公司还款,其与华港公司不存在联营。华港公司多次出具还款承诺,到 2002 年应还数额 1.88 亿元。

十一、最高人民法院再审查明的案件事实

最高人民法院庭审后,贸易中心提交了《章程》及法定代表人吕龙祥的《证明材料》。贸易中心以此证明《联营协议》与《终止协议》时间为倒签,且未经物资集团法定代表人张志成同意。华港公司经质证认为,该两份证据不能证明物资集团不知道《终止协议》签订的事实,但认可两份《联营协议》实际形成时间为贸易中心更名后的 1996 年 6 月 1 日之间,非 1995 年 1 月 1 日和同年 6 月 14 日。

最高人民法院再审查明:

1. 1995 年 4 月 4 日,青岛市城阳区深化企业改革工作领导小组发布的青城企改字第(1995)4 号《关于公布我区清产核资单位的通知》(下称(1995)4 号文件)载明:根据国务院关于在国有企业中进行资产核资、资产评估的指示精神,各单位要按照青城企改字第(1995)3 号文件的要求认真抓紧抓好,确保按期完成。物资集团下属包括崂山物资贸易中心在内等 9 个单位为清产核资、资产评估企业。同年 10 月 31 日,贸易中心获《企业法人营业执照》,由原崂山物资贸易中心更名为现贸易中心。贸易中心《章程》载明:企业性质为,区属全民所有制独立法人;经营性质为,物资集团总公司直接领导下,内部实行经理全员负责制。实行独立核算,自主经营,自负盈亏;企业职工代表大会确认的企业法人组织章程,需报经上级主管部门批准,在主管部门备案。

2. 2003 年 8 月 8 日,贸易中心与华港公司签订《终止协议》,约定华港公司以 26 套房屋折价12 991 680元抵顶贸易中心 3100 万元本息,双方债权债务即为清偿完毕。2004 年 2 月 10 日,贸易中心致华港公司《告知函》:此款额未经国资局批准,要求解除《终止协议》。2005 年 1 月 17 日,一审法院向华港公司送达协助执行履行通知书。华港公司认为与贸易中心债权债务已终止,并于同日提交了执行《异议书》。1 月 25 日,贸易中心再次致华港公司《撤销函》,要求解除《终止协议》。2 月 16 日,华港公司致贸易中心《回复函》,不同意解除。5 月 9 日,物资集团以《终止协议》为贸易中心恶意放弃在华港公司到期债权、损害其利益为由提起本案诉讼。

3. 1998 年 6 月 9 日,李沧区法院作出(1998)李经民初字第 321 号民事判决:物资集团与青岛市城阳区燃料总公司对其担保的贸易中心向商业银行支付借款 600 万元本息承担连带责任。此后,该院依据该判决作出(1999)李执字第 154 号民事裁定:变卖物资集团所属价值5 235 260元房产归商业银行所有。

2002 年 1 月 10 日,李沧区法院作出(2001)李经民初字第 975 号民事判决:物资集团对其担保贸易中心向商业银行支付借款 1600 万元本息承担连带责任。此后,该院依据该判决

作出(2002)李经初字第1292号民事裁定:因被执行人物资集团办公楼已被法院拍卖,无财产可供执行,商业银行申请放弃债权凭证,故终结(2001)李经初字第975号民事判决本次执行程序。

1998年6月9日,李沧区法院作出(1998)李民初字第350号民事判决:贸易中心付商业银行借款100万元本息,青岛综合物资利用联营总公司承担连带责任。此后,该院依据该判决作出(1999)李执字第155号民事裁定。

2001年12月18日,李沧区法院作出(2002)李经字第19号民事判决:贸易中心付商业银行借款550万元本息,城阳化工轻工公司承担连带责任。此后,该院依据该判决作出(2002)李执字第1248号民事裁定。

2003年11月7日,李沧区法院就上述四案作出(1999)李执字第154号、155号、(2002)李执字第1248号、1292号民事裁定:申请执行人商业银行,被执行人贸易中心、第三人华港公司。当月10日,该院就上述四案公告。物资集团不是该民事裁定的被执行人与公告受送达人。

4. 李沧区法院作出上述四案合并民事裁定与公告前,2003年9月22日曾作出(1999)李执字第154号、155号、(2002)李执字第1248号、1292号4案民事裁定:申请执行人商业银行,被执行人贸易中心、第三人华港公司。该裁定载明:华港公司在裁定书送达15日内直接向商业银行履行其对被执行人贸易中心所负到期债务46 572 233.7元。

5. 2003年10月21日,李沧区法院就商业银行与贸易中心借款等了解贸易中心法定代表人吕龙祥形成的《询问笔录》载明的"上述事实经张志成同意"内容,2010年1月25日,山东高院庭审中,物资集团法定代表人张志成不予认可。①

最高人民法院再审查明的其他事实与山东高院再审查明的事实一致。

十二、最高人民法院再审认定与判决情况

根据物资集团再审请求、华港公司与贸易中心答辩,最高人民法院归纳双方当事人争议的焦点为:物资集团行使《终止协议》撤销权是否超过法定一年除斥期间。

最高人民法院再审认为,2003年5月27日,国务院发布的《企业国有资产监督管理暂行条例》(下称《条例》)第三十条规定:"国有资产监督管理机构依照国家有关规定,负责企业国有资产的产权界定、产权登记、资产评估监管、资产核资、资产统计、作出评价等基础工作。"第三十二条规定:"国有资产监督管理机构对其所出资的企业国有资产收益依法履行出资人职责;对其所出资企业的重大投资规划、发展战略和规划,依照国家发展规划和产业政策履行出资人职责。"第三十三条规定:"所出资企业中的国有独资企业、国有独资公司的重大资产处置,需由国有资产监督管理机构批准的,依照有关规定执行。"涉案(1995)4号文件载明,青岛市城阳区深化企业改革工作领导小组为本辖区国有企业资产核资、资产评估的主管单位。

上述《条例》与(1995)4号文件内容表明,国有资产监督管理机构履行对国有企业资产

---

① 2010年1月25日,山东高院开庭中,贸易中心法定代表人吕龙祥与华港公司法定代表人陈延俊未出庭。

监督管理的职能。据此,本案 2003 年 8 月 8 日贸易中心与华港公司签订《终止协议》,以华港公司 26 套房产折价12 991 680元抵顶 3100 万元借款,贸易中心对此重大资产处置行为,负有向青岛市城阳区国资委申报批准的义务。物资集团与贸易中心各自为独立企业法人,物资集团无权履行作为国有资产监督管理的职责。山东高院以物资集团为贸易中心的上级主管部门为据,认定物资集团应知道涉案《终止协议》,理据不足。

另据查明的案件事实,李沧区法院依据(1998)李经民初字第 321 号民事判决作出的(1999)李执字第 154 号民事裁定,已变卖物资集团所属价值5 235 260元房产归商业银行所有;李沧区法院依据(2001)李经民初字第 975 号民事判决作出的(2002)李经初字第 1292 号民事裁定,因物资集团无财产可供执行,商业银行放弃债权凭证,该案终结执行。

此后,李仓区法院依据该院(1998)李民初字第 350 号民事判决作出的(1999)李执字第 155 号民事裁定及依据(2002)李经字第 19 号民事判决作出的(2002)李执字第 1248 号民事裁定,均不涉及物资集团。2003 年 11 月 7 日,李沧区法院就上述四案作出(1999)李执字第 154 号、155 号、(2002)李执字第 1248 号、1292 号民事裁定与公告,物资集团不是被执行人与公告受送达人。上述裁定与公告亦未体现《终止协议》的内容。山东高院以此为据,认定物资集团应知道《终止协议》签订的事实,显然证据不足。2003 年 8 月 8 日《终止协议》订立后,贸易中心与华港公司曾就《终止协议》解除与否互致信函,华港公司认可《联营协议》为倒签。此情况下,推定物资集团知道《终止协议》签订的事实,亦不能成立。

此外,贸易中心法定代表人吕龙祥在《询问笔录》中的陈述,属于单方证言,且吕龙祥为本案被告贸易中心的法定代表人,并与物资集团和华港公司存在利害关系,物资集团法定代表人张志成对《询问笔录》内容不予认可。《最高人民法院关于民事诉讼证据的若干规定》第六十九条第(二)项规定"与一方当事人或其他代理人有利害关系的证人出具的证言"不能单独作为认定案件事实的依据;第七十六条规定:"当事人对自己的主张,只有本人陈述而不能提供其他相关证据的,其主张不予支持。但对方当事人认可的除外。"据此,在作为物资集团是否知晓《终止协议》的《询问笔录》所证明的事实发生变化,客观事实不确定和物资集团法定代表人不予认可的情况下,山东高院以此认定物资集团知道《终止协议》签订的事实,显然不妥。

综上,虽物资集团为贸易中心上级主管部门和为其借款担保,但由于各自为独立企业法人,不能以此推定物资集团知道贸易中心放弃到期债权。物资集团享有的到期债权,已经生效的(2004)城民初字第 2751 号民事调解书确认。贸易中心在明知尚欠物资集团到期债务没有归还的情况下与华港公司签订《终止协议》,并以明显不合理的价格抵顶贸易中心债权和转让物资集团到期债权,免除华港公司应偿还的剩余债务,造成国有资产流失,主观具有恶意。华港公司受益该债权时,亦应知道贸易中心的行为将有损于物资集团合法债权。由于贸易中心与华港公司签订《终止协议》,使物资集团到期债权的实现陷入困境和不可能,物资集团在华港公司 2005 年 1 月 17 日向李沧区法院提交《异议书》后,以贸易中心与华港公司《终止协议》损害其利益为由,于同年 5 月 9 日提起诉讼,其行使《终止协议》撤销权未超过法定一年除斥期间。山东高院判决认定事实错误,证据不足,应予以纠正。据此,最高人民法院依照《中华人民共和国民事诉讼法》第一百五十三条第一款第(二)项之规定,于2011年6月25日作出(2011)民提定第25号民事判决:一、撤销山东省高级人民法院(2010)鲁民提字第1号民事判决;二、维持山东省青岛市中级人民法院(2008)青民二终字第42号民事判决。

十三、对本案的解析

(一)正确认定物资集团与贸易中心之间的法律关系

本案物资集团围绕其再审请求,提供的主要证据为:该集团与贸易中心分别为企业独立法人,其并不必然知道贸易中心与华港公司签订《终止协议》的事实。华港公司则认为,物资集团与贸易中心为隶属关系,两公司相互担保,物资集团应知道《终止协议》订立的事实。由此,正确认定物资集团的法律地位及其与贸易中心间的法律关系,则成为判断物资集团行使《终止协议》撤销权是否超过一年除斥期间的主要事实依据。

在回答这个问题前,须对我国公司类型进行必要的了解,进而对本案物资集团的法律地位及其与贸易中心间的法律关系进行探究与分析。依据公司法一般原理,和不同标准,公司类型可分为无限公司、有限公司、股份有限公司与两合公司;封闭式公司与开放式公司;人合公司、资合公司与人合兼资合公司;国有公司、公营公司与民营公司;母公司与子公司;关联公司与公司集团;本公司与分公司;本国公司与跨国公司等。

公司集团,亦称企业集团,并非一个严格的法律概念。1987年,国家体改委、经委下发的《关于组建和发展企业集团的几点意见》认为,企业集团具有多层次的组织结构,一般由紧密联合的核心层,半紧密联合层以及松散联合层组成;核心层、半紧密联合层的企业共同享受利益并承担责任,松散联合层的企业独立经营,各自承担民事责任。1998年国家工商行政管理局发布的《企业集团登记管理暂行规定》(以下简称暂行规定)规定,企业集团是以资本为主要联结纽带的企业法人联合体,企业集团不具有企业法人资格。然而,该《暂行规定》同时规定企业集团不但要满足注册资本、子公司数量等要求,而且必须具备统一的企业集团章程;组建企业集团,应当办理登记,未经登记不得以企业集团名义从事活动。可见,《暂行规定》虽明确企业集团不具有企业法人资格,但对企业集团却是按照企业法人进行管理。企业集团是对关联企业的一种描述,本质上是企业联合体,只不过这些诸多关联企业借助股权关系或合同关系置于控制企业的统一管理下,以取得协同的经济效益,但企业集团本身没有独立的财产。所谓企业法人其实就是指控制公司和子公司、参股公司、从属公司以及其他关联公司的经济联合体。①

2005年颁布的《公司法》以及2005年最高人民法院公布的《关于适用〈中华人民共和国公司法〉若干问题的规定(一)》及《关于适用〈中华人民共和国公司法〉若干问题的规定(二)》,依然没有明确企业集团的概念及其法律地位。有学者认为,企业集团是指在统一管理之下,由法律上独立的若干企业或公司联合组成的团体。公司集团中处于主导地位的为母公司或支配公司,公司集团的成员都属于关联公司或称从属公司。公司集团本身只是表

---

① 顾卫东:《新公司法实施以来热点问题适用研究》,人民法院出版社2009年版,第22页。

明母公司与众多子公司之间的一种特殊联系,其本身并不能成为一个独立的法律主体,不具有法人地位。企业集团作为若干关联企业构成的联合体,具有较为特殊的法律地位。一方面,企业集团在经营活动的许多方面表现出来整体的存在和意志,一些商业活动甚至是以集团的名义进行的。因此,企业集团成为一种法律主体,并受到经济法(尤其是反垄断法)、公司法、税法、劳动法等特别法律的调整。另一方面,企业集团也不可能取得一般商业团体那样的独立法律人格或民事主体身份。①

法律之所以将关联企业进行整体规制,是为了防范它们通过不正当的关联交易或一致行动危害股东特别是中小股东、债权人利益或者逃避税收、操纵市场等。②

本案物资集团经青岛市城阳区人民政府批准成立,并依据(1995)4 号文件履行对其所属九个国有企业的行政管理职能。贸易中心原为崂山区财政局出资的国有独资公司,1995 年 10 月 31 日获《企业法人营业执照》。由青岛市城阳区人民政府授权的该区国有资产监督管理机构,即区国资委对其行使决策权、经营管理权、业务执行权与监督权。由此,国有独资公司的出资人就是各级政府国有资产监督管理机构,是国有独资公司的唯一股东。③贸易中心《章程》载明的"区属全民所有制独立法人;物资集团总公司直接领导下,内部实行经理全员负责制。实行独立核算,自主经营,自负盈亏"等内容,无不体现了该中心自治规则。

通过上述对企业集团法律地位及其性质和功能的分析,结合本案具体情况,不难看出,物资集团对贸易中心没有投资,双方之间不是母公司与子公司的关系,也不是股份公司与股东的关系,而是关联公司与企业集团的关系,即物资集团是由贸易中心等若干国有投资企业组成的团体,统一对其所属的若干国有投资的企业实施行政管理。这种行政管理模式,决定了贸易中心没有法定义务就其与华港公司订立《终止协议》等相关重大资产处置事宜向物资集团申报。在此情况下,山东高院以物资集团是贸易中心上级行政主管部门为事实基础,推定物资集团当然知道贸易中心与华港公司 2003 年 8 月 8 日订立《终止协议》的事实存在,显然不具有必然性和客观性。

(二)正确认定《询问笔录》的证据效力

本案物资集团申请再审的另一个依据为:《询问笔录》证明的"上述事实经张志成同意"的内容,非该集团法定代表人张志成所为,山东高院以此为据认定其知道《终止协议》订立的事实,没有依据。华港公司则认为,《询问笔录》来源于李沧区法院执行卷宗,其真实性与合法性毋庸置疑。《询问笔录》所载的:"上述事实经张志成同意"的内容,能够证明物资集团知道其与贸易中心订立《终止协议》的事实。由此,《询问笔录》的真实性、合法性以及与华港公司主张物资集团知道《终止协议》订立的事实之关联性如何,则成为判断物资集团行使《终止协议》撤销权,是否超过法定一年除斥期间的另一个主要事实依据。

当事人通过证据对事实进行证明,是民事诉讼事实证明的典型形态。一般而言,当事

① 赵旭东主编:《商法学》,高等教育出版社 2007 年版,第 171 页、185 页。

② 顾卫东:《新公司法实施以来热点问题适用研究》,人民法院出版社 2009 年版,第 22 页。

③ 赵旭东主编:《商法学》,高等教育出版社 2007 年版,第 321 页。

人向法庭提供证据,以证据为武器进行攻击与防御,在对证据的质辩中暴露彼此证据的不足与优势,最终由法官依自由心证法则对证据证明力及有关事实是否得到证明作出判断。这种经过当事人充分质证,最终由法院认定的案件事实,具有较高的可靠性。[①] 能够作为认定案件事实的依据。

涉案《询问笔录》,为青岛市中级人民法院对本案终审判决后,华港公司作为证明物资集团知道《终止协议》订立的事实,向再审法院提交的新证据。由于《询问笔录》是以文字、符号所表达的记载物资集团法定代表人张志成知道《终止协议》订立的书面材料,从证据种类上,可归类为书证,又由于贸易中心为本案一方诉讼当事人,《询问笔录》所载的"上述事实经张志成同意"的内容,为其法定代表人吕龙祥的陈述,《询问笔录》又属于当事人陈述的证据范畴。《民事诉讼法》第六十六条规定:"证据应当在法庭上出示,并由当事人相互质证。"《最高人民法院关于民事诉讼证据的若干规定》第四十七条亦规定:"证据应当在法庭上出示,由当事人质证。未经质证的证据,不能作为认定案件事实的依据。"上述规定表明,在民事诉讼活动中,当事人对自己提出的诉讼请求所依据的事实或者反驳对方诉讼请求所依据的事实,有责任提供证据加以证明。[②] 但无论当事人提供何种证据,也无论当事人于诉讼中何时、以何种方式提供,"证据应当在法庭上出示,由当事人质证。未经质证的证据,不能作为认定案件事实的依据。"[③]

据此,本案《询问笔录》,要作为认定物资集团知晓《终止协议》订立事实的证据,首先必须由作为与本案有利害关系的一方贸易中心法定代表人吕龙祥对《询问笔录》所载"上述事实经张志成同意"的事实,提供其他相关证据予以证明。其次,由于贸易中心为本案一方当事人,案件处理结果与其存在法律上的利害关系,诉讼中,其法定代表人吕龙祥基于胜诉目的,可能隐瞒对其不利的事实和证据,而夸大或编造有利于自己的事实和证据。在此情况下,山东高院再审应就《询问笔录》的真实性、合法性以及《询问笔录》与华港公司再审主张的关联性,组织双方当事人庭审中进行质证。唯有如此,法官才可以正确评价它的证据效力。

查明的案件事实已证明,贸易中心与华港公司 2003 年 8 月 8 日订立《终止协议》后,双方曾就《终止协议》解除与否互致信函。诉讼中,贸易中心法定代表人吕龙祥未就《询问笔录》载明的"上述事实经张志成同意"事实,提供其他证据加以证明,物资集团法定代表人张志成对其不予认可,华港公司亦认可《联营协议》为倒签。依据《最高人民法院关于民事诉讼证据的若干规定》之相关规定,民事诉讼证据所证明的案件事实,应当是不以人的意志为转移的客观存在的不可变更的事实,而不是由人的主观意识所决定的虚拟的事实。涉案《询问笔录》这一作为华港公司提供的用于证明物资集团知晓《终止协议》订立的事实之关键新证据,山东高院再审期间没有就《询问笔录》与物资集团是否知道《终止协议》这一待证事实之间的真实性、合法性与关联性组织双方当事人质证。在贸易中心法定代表人吕龙祥

① 宋春雨:《生效裁判的事实证明效力》,载最高人民法院民一庭编:《中国民事审判前沿》第 2 集,法律出版社 2005 年版,第 68 页。

② 《最高人民法院关于民事诉讼证据的若干规定》第二条。

③ 《最高人民法院关于民事诉讼证据的若干规定》第四十七条。

未能提供其他证据加以证明、物资集团法定代表人张志成予以否认,《询问笔录》所证明的事实已经发生变化,客观事实不确定的情况下,山东高院再审判决确认和采纳《询问笔录》的证明力,并以此作为认定物资集团知道《终止协议》订立以及物资集团行使《终止协议》撤销权已超过法定一年除斥期间的证据采信,该认定有悖于证据规则的客观性与逻辑性。

综上分析,不难看出,本案最高人民法院判决与山东高院再审结果大相径庭,其主要分歧在于:应如何看待物资集团与贸易中心间的法律关系以及对《询问笔录》等相关证据如何审查判断。最高人民法院正是从这两个方面入手,依据《民事诉讼法》以及《最高人民法院关于民事诉讼证据的若干规定》之相关规定,查清了双方当事人争执的主要案件事实,据此作出撤销山东省高级人民法院(2010)鲁民提字第 1 号民事判决,维持青岛市中级人民法院(2008)青民终字第 42 号民事判决的判决。该判决结果,客观真实地再现了物资集团与贸易中心之间的法律关系,查证与认定的事实基础较之(2008)青民终字第 42 号民事判决更为充分和扎实。

如何认定书面合同的变更

——华太建设集团有限公司与浙江福得尔电器有限公司建设工程施工合同纠纷案

王毓莹*

法理提示 当事人在合同履行过程中,只要对合同变更协商一致,除法律、行政法规规定变更合同应当办理批准、登记等手续的外,就可以认定合同变更;当事人通过书面形式订立合同的,变更合同原则上也应采用书面形式;或者采用书面以外的如口头形式以及包括事实行为等在内的其他形式变更合同的,只要当事人没有争议,也可以认定为合同变更。如果当事人就除书面形式以外的是否变更合同的情形理解不一致引发争议,就应当适用《合同法》第七十八条的规定,视为当事人对合同变更的内容约定不明,推定为合同未变更。

申请再审人(一审原告、反诉被告、二审上诉人、原申请再审人):华太建设集团有限公司,住所地浙江省温岭市滨海镇滨海大道 2 号。

法定代表人:王良财,该公司董事长。

委托代理人:王秀富,该公司项目经理。

被申请人(一审被告、反诉原告、二审上诉人、原被申请人):浙江福得尔电器有限公司,住所地浙江省台州市经济开发大道 286 号。

法定代表人:江梅德,该公司总经理。

委托代理人:江云彬,该公司员工。

委托代理人:叶振球,浙江中宙律师事务所律师。

一、当事人起诉及答辩情况

华太建设集团有限公司(以下简称华太公司)起诉称,2003 年 1 月 3 日,其与浙江福得尔电器有限公司(以下简称福得尔公司)签订了一份建筑工程施工合同。该合同约定:"福得尔公司将二期厂房承包给华太公司,承包金额为6 513 000元。"合同专用条款约定:"价款采用固定价格合同方式,合同价款中包括的风险范围:取费按工业四类城区 19.3% ,不计供

---

* 最高人民法院民一庭法官,中国政法大学法学博士。

求因果增加费。"并约定了工程款(进度款)的支付方式和时间。补充条款约定:"1. 费率下浮 15.2%;2. 材料单价以施工期内甲乙双方共同签证的市场价格平均计入,工程量按施工图计算,具体以审计为准;3. 计价依据《浙江省建筑工程预算定额》(94)等。"另外,该合同还约定了因停电、停水造成停工,工期按停工时间相应顺延。2003 年 3 月 20 日,华太公司进场施工,2003 年 11 月 28 日工程全面竣工,华太公司向福得尔公司提交了竣工报告,工程经福得尔公司组织设计、勘察、施工等部门综合验收后,随即交付福得尔公司使用,华太公司已按约履行了义务。涉案工程竣工后,华太公司向福得尔公司递交工程结算报告及结算资料,工程总造价 878 万余元,福得尔公司先后共支付了工程款6 160 000元,拖欠工程款 262 万余元。故请求法院判令福得尔公司立即给付华太公司工程款2 624 643元,并承担逾期利息及本案全部诉讼费用。

福得尔公司答辩称,根据双方签订的建设工程施工合同的约定,二期厂房工程采用的是固定价格合同,合同总价款为6 513 000元。在建设工程没有变更,工程量没有增减的情况下,工程总价款即为固定价格6 513 000元不变。6 份结算书(包括进度报价书)华太公司都是采取工程总造价下浮 15.2%。对于库房工程,由于这部分工程未包括在建设工程施工合同约定的二期厂房工程之内,因此,根据施工图纸及双方签署的有关联系单,福得尔公司委托温岭市通和会计师事务所对其提交的建筑工程结算书进行了审计,审计结果为造价320 245元。对于水池及零星工程,由于其也未包括在建设工程施工合同的范围内,福得尔公司根据施工图纸及联系单,将华太公司提交的建筑工程结算书委托温岭市通和会计师事务所进行了审计,结论为其造价为98 521元。根据有关施工联系单,仅对施工图纸作了小量变更,上述因素增减相抵后只增加了小量的工程量,实际工程总价款应在 620 万元左右。对于华太公司要福得尔公司承担逾期利息,亦无事实依据和法律依据。

福得尔公司反诉称,2003 年 1 月 3 日,华太公司与福得尔公司签订了一份建设工程施工合同。该合同约定,福得尔公司将位于台州经济开发区开发大道的二期厂房建设工程承包给华太公司施工。承包范围为项目总承包,合同价款采用固定价格合同方式确定总金额为6 513 000元,工程质量标准为合格,开工日期为 2003 年 1 月 18 日(以开工报告为准),竣工日期为 2003 年 9 月 14 日,合同工期总天数为 236 天,工程提前一天奖 100 元,延迟一天罚 1000 元等。该合同经台州市建设工程合同管理办公室审查,台州市工商行政管理局签证。合同签订后,华太公司于 2003 年 1 月 18 日向福得尔公司提交开工报告,认为现场"三通一平"工作已完成,人员及机械设备已到位,具备开工条件,要求开工,经福得尔公司同意,工程在 2003 年 1 月 18 日开工。福得尔公司已陆续支付给了华太公司工程款6 208 674.5元,支付给朱国志厂房工程铝合金加工费357 800元,但华太公司只开具工程款发票2 662 000元,尚有3 546 674.5元的工程款发票未开具。工程于 2003 年 11 月 28 日竣工,从工程开工至竣工,工期共 315 天,延迟工期 79 天。请求:(1)判令华太公司支付建设工程工期延误违约金79 000元。(2)判令华太公司开具工程款税务发票。(3)反诉费用由华太公司承担。

华太公司针对福德尔公司反诉答辩称,(1)其按约履行义务,没有延误工期。①根据施工合同约定,合同项下的工程项目开工时间为2003年1月18日,但至2003年1月28日,福得尔公司未按合同约定完成施工现场的"三通一平"工作,开工日期推迟至2003年3月20日(有开工报告为据),实际开工日期比合同约定的日期推迟了62天。②该工程在合同期内的停电、停水情况:2003年6月29日至11月16日,台州市海门变电所创设328供电线路,累计停电22天。福得尔公司厂内因水管爆裂停水2天(2003年6月30日、7月25日)。根据合同补充条款第5条约定,因停水停电造成停工,工期应相应顺延24天。③关于工程量增加及变化情况。在合同期内,增加了水池、库房等项目工程,增加了二期厂房基础工程的桩位数量及桩位深度、二期厂房的内墙仿瓷面层31222平方米,变更了二期厂房一至三层卫生间拆除等工程,以上几个工程项目即使穿插完工,累计需工期约120天。由于工程量的增加及变更,工期应相应顺延200多天,整个工程不但没有延误,实际上是提前了120多天,根据合同专用条款第13.1条约定,工期延误一天罚1000元,提前一天奖100元,华太公司应得到相应的奖励。(2)关于工程款支付情况。10 000元是福得尔公司在2003年1月14日工程开工以前支付给华太公司,用于施工现场临时道路硬化。40 000元是福得尔公司支付给华太公司用于租赁塔吊的费用。这两项费用合计50 000元,由福得尔公司在工程造价外另行支付,故未纳入工程总造价。福得尔公司实际支付的工程款应该是6 158 674.5元(包括水池项目造价127 430元、库房项目造价372 703元)。(3)关于工程款税务发票问题。①二期厂房总造价应待工程结算后一次性出具税务发票。②铝合金门窗工程项目,系福得尔公司擅自分包给他人,加工费357 800元已直接支付给承包人,税务发票应由承包方出具。③水池及库房工程项目约定工程造价未含税金及管理费,如需税务发票,应另加税金及管理费。综上,华太公司按约履行了义务,不应承担违约责任。

二、浙江省台州市中级人民法院一审查明的事实

华太公司原为浙江华泰建设有限公司,2005年12月31日更名为龙腾建设投资集团有限公司,2006年1月24日更名为华太建设集团有限公司。

一审法院还查明以下事实:

1. 建设工程施工合同。2003年1月3日,华太公司与福得尔公司签订建设工程施工合同一份,福得尔公司将其二期厂房发包给华太公司施工,合同价款为6 513 000元。合同第二部分(通用条款)第33条约定:"工程竣工验收报告经发包人认可后28天内,承包人向发包人递交竣工结算报告及完整的结算资料,双方按照协议书及合同专用条款就合同价款约定的内容进行工程竣工结算。发包人收到承包人递交的竣工结算报告及结算资料后28天内进行核实,给予确认或者提出修改意见。发包人确认竣工结算报告通知经办银行向承包人支付工程竣工结算价款。承包人收到竣工结算价款后14天内将竣工工程交给发包人。发包人收到竣工结算报告及结算资料后28天内无正当理由不支付工程竣工结算价款,从第29天起向承包人按同期银行贷款利率支付拖欠工程价款的利息,并承担违约责任。"合同第三部分(专用条款)第23.2条约定:"本合同价款采用固定价格合同方式确定,合同价款中包括的风险范围:取费,按工业四类,城区19.3%,不计供求因果增加费。"第23.3条约定:

“合同价款的其他因素:因设计变更发生工程量增减及合同和施工图纸外的工程量增加,结算方式相同。”合同第三部分(专用条款)第九小部分就竣工验收与结算约定:“按通用条款执行,工程量按实结算。”合同补充条款约定:“1. 费率下浮 15.2%。2. 材料单价以施工期内甲乙双方共同签证的市场价格平均计入,工程量按施工图计算,具体以审计为准。3. 计价依据《浙江省建筑工程预算定额》(94)等。……5. 因停电、停水造成停工……工期按停工时间相应顺延。”

2. 工程施工过程。2003 年 1 月 18 日,华太公司进场施工。同年 11 月 28 日,工程全面竣工,华太公司向福得尔公司提交了竣工报告,工程经福得尔公司组织设计、勘察、施工等部门综合验收后,随即交付福得尔公司使用。在施工过程中,合同约定的二期厂房工程量增加,另外还增加了库房、水池工程。2003 年 11 月 6 日,华太公司在提供给福得尔公司的福得尔二期厂房建筑工程结算书中,按总造价下浮 15.2% 计算得出工程总费用为7 722 682元。福得尔公司对华太公司提供的结算报告进行审核,按总造价下浮 15.2% 计算,得出审核造价为6 784 712元。同月,华太公司向福得尔公司递交第一份工程结算资料,福得尔公司二期厂房、库房、水池等工程送审造价合计为8 262 828元。在审核过程中,华太公司、福得尔公司对总工程款数额产生争议。2004 年 10 月,在福得尔公司审核未果的情况下,华太公司通过台州市仲裁委员会向福得尔公司送达第二份结算报告,福得尔公司二期厂房、库房、水池等工程送审造价为8 749 390元(其中厂房8 249 244元、库房372 703元、水池127 443元)。零星工程 3 万元、水电资料配套费 1 万元另行结算。福得尔公司先后共支付工程款6 228 700元(其中起诉前支付616 万元、2005 年 10 月 15 日支付68 700元),福得尔公司为加快工程进度,在合同约定之外还另行支付了道路硬化费用 1 万元、塔吊租赁费用 4 万元、发电机租赁费 5000 元。华太公司开出了2 662 000元的工程款发票。

3. 工程造价。在本案一审审理过程中,根据华太公司、福得尔公司曾就工程造价进行过结算、审核,但未有结论的实际情况,经华太公司、福得尔公司协商一致,一审法院将本案诉争的工程造价委托台州市建设工程预结算审查中心(以下简称审查中心)鉴定。鉴定结论为:因合同规定“费率下浮 15.2%”,现按以下两种方法计算,供参考。(1)按合同总造价下浮,造价为7 389 436元;(2)按综合费率下浮,造价为8 422 299元。鉴定费用28 192元,鉴定日期为 2005 年 12 月 27 日。鉴定依据为:(1)《浙江省建筑工程预算定额》(1994 年)。(2)《浙江省建设(中高档装饰)工程补充预算定额》(2000 年)。(3)《浙江省建筑安装工程费用定额》(1994)。(4)二期厂房工程费率按合同规定 19.3% 计算,费率下浮 15.2%。因该鉴定书未计算水电费,按建筑惯例,水电费用应当计入工程总造价之中,华太公司主张水电费用除福得尔公司支付的73 032元外,其余均由华太公司支付;而福得尔公司主张水电费用全部由福得尔公司支付。经质证后,一审法院要求鉴定单位按《建筑法》及建筑行业计算水电费用。2005 年 1 月 23 日,鉴定单位提出补充意见:(1)按总造价下浮 15.2% 计算,鉴定造价为7 460 286元。(2)按综合费率下浮 15.2% 计算,鉴定造价为8 505 849元。对于零星签证造价70 259元,其中塔吊费用 4 万元已由福得尔公司另行支付,尚欠30 259元,华太公司、福得尔公司在 2006 年 1 月 20 日的庭审中予以认可。

三、浙江省台州市中级人民法院一审审理情况

浙江省台州市中级人民法院一审认为,华太公司与福得尔公司在建设工程施工合同的专用条款中约定"合同价款采用固定价格合同方式确定",但双方在随后的竣工验收与结算条款中约定"工程量按实际结算",在补充条款中约定"工程量按施工图计算,具体以审计为准";并且在工程完工后,华太公司按约定交付了工程结算报告,福得尔公司亦已将该结算报告交付审核。因此,福得尔公司主张本案建设工程施工合同为固定价格与事实不符,不予采信。涉案工程量及总工程款应按实际结算。

对合同补充条款中"费率下浮 15.2%"的约定如何理解,是本案争议的关键问题。福得尔公司主张按工程总造价下浮 15.2%,其依据是华太公司先前提供的建筑工程进度报价书和建筑工程结算书均是按总造价下浮 15.2% 计算,华太公司自己对工程款结算书均是按总造价下浮计算已作了认可。华太公司认为这属华太公司工作人员计算错误,合同明确约定本案工程费率下浮 15.2%。从鉴定单位的鉴定依据看,合同中约定的"费率下浮 15.2%"就是华太公司所指的综合费率下浮,而不是福得尔公司所指的总造价下浮。"总造价"与"费率"毕竟是两个截然不同的概念。况且,在对"费率下浮 15.2%"的约定是属于总造价下浮还是综合费用下浮的证明问题上,华太公司、福得尔公司在《建设工程施工合同》中对工程造价如何让利直接作了约定,是属于直接证据,证明力较强;而华太公司在施工过程中提交给福得尔公司的建筑工程进度报价书和建筑工程结算书本身是要求支付工程款的凭据,其内容间接地反映出工程款的计算方式,在工程造价如何让利问题上证明力相对较弱。退一步说,如果认定华太公司在出具建筑工程进度报价书和建筑工程结算书时按总造价下浮 15.2% 计算工程款的行为是属于对"合同总造价下浮 15.2%"的默认,但默认的效力远不如合同约定的"费率下浮 15.2%"的明示条款的效力。故认定本案合同补充条款中约定的"费率下浮 15.2%"并非福得尔公司所主张的"合同总造价下浮 15.2%",即福得尔公司主张本案总工程款按总造价下浮 15.2% 计算,没有合同依据,对该抗辩主张,一审法院不予支持。

基于以上分析,一审法院采纳审查中心按综合费率下浮 15.2% 计算得出的鉴定结论,即涉案工程总造价为8 505 849元。按合同约定,工程结算审定后,福得尔公司应将工程款付至 98%(计8 335 732.02元),留 2%(计170 116.98元)作为质量保险金,二年后付 1.5%(计127 487.74元),预留 0.5% 的工程款(计42 529.25元)在 2008 年 11 月 28 日 5 年防水漏保修期满后的 10 天内付清。对于工程款结算时间,合同亦作了约定,华太公司应在工程竣工后的 28 天内提交工程结算报告,福得尔公司在 28 天内审核。工程款的支付本应在工程竣工后的近 2 个月时间内履行完毕。福得尔公司没有按合同约定将工程款支付至总工程款的 98%,其原因在于华太公司、福得尔公司对工程结算方式存有争议。福得尔公司在工程竣工后即收到华太公司提交的第一份工程结算书,却未能在规定的 28 天时间审核并作出认可或者修正的意见。此后,双方就工程款如何结算发生较大争议,华太公司提交了第二份结算报告,对于工程款结算时间延迟,华太公司存有过失,因此,提交正式结算报告前的工程款利息损失应由华太公司自行承担。华太公司先后提交的两份结算报告内容不一致,使

工程款数额争议延续下去。福得尔公司对第二份结算报告亦未作出正式审核并及时提交审核报告。福得尔公司未能及时对结算报告进行审核,是工程款纠纷久拖未结的原因之一。故华太公司自提交第二份结算报告后至判决生效之日(除去审核时间 28 天)期间的利息损失应由华太公司、福得尔公司共同承担。福得尔公司已付工程款6 228 700元,尚欠工程款2 277 149元(在应支付的 98% 范围内有2 107 032.02元)。零星工程造价30 259元,福得尔公司应另行给付。本案工程自竣工交付至今已满二年,按约定福得尔公司应支付余留的 2% 工程质量保修金中的 1.5%(计127 587.74元)。

对福得尔公司的反诉部分。涉案工程开工日期为 2003 年 1 月 18 日,合同约定的竣工日期是 2003 年 9 月 14 日,总工期为 236 天。实际竣工日期是 2003 年 11 月 28 日,超出约定的工期 74 天。但是,合同约定的工程造价 651 万元,实际施工过程中工程量有增加,即增至8 505 849元,即造价增加了 30.7%,工期亦应相应延长 30.7%,即延长 72 天。另外,华太公司增加施工了零星工程,相应亦需要适当延长工期。因停电造成工期延误 22 天,该 22 天工期应延长。华太公司并未对工程造成延误,福得尔公司要求华太公司支付逾期交房 40 天的违约金没有事实依据,一审法院不予支持。福得尔公司要求华太公司按收取的工程款数额开具正式发票有理,予以支持。

浙江省台州市中级人民法院依照《中华人民共和国合同法》第二百七十九条之规定,于 2006 年 12 月 6 日作出(2005)台民一初字第 11 号民事判决:一、由福得尔公司自判决生效之日起一个月内支付给华太公司日前应付的工程款计2 107 032.02元,并支付自判决生效之日起至执行完毕之日止按同期银行贷款利率计算的利息。该应付款项的前期利息损失(自 2004 年 11 月 1 日起至判决生效之日止按同期银行贷款利率计算的利息),由福得尔公司减半支付;二、由福得尔公司自判决生效之日起一个月内支付给华太公司余留的 2% 保修金中的 1.5%,即127 587.74元,并支付零星工程款30 259元;三、由华太公司按福得尔公司支付的工程款开具正式发票(零星工程款除外,已开的2 662 000元发票应扣除)。四、驳回华太公司、福得尔公司的其他诉讼请求。本诉案件受理费24 180元、其他诉讼费 100 元、诉讼保全费14 520元、造价鉴定费28 192元,合计66 992元,由福得尔公司负担57 612元,华太公司负担 9380 元。反诉案件受理费 2800 元,由福得尔公司负担。

四、当事人上诉与答辩情况

华太公司不服一审判决,向浙江省高级人民法院提起上诉称,(1)一审判决认为福得尔公司没有按合同约定结算工程款的原因在于华太公司、福得尔公司对工程结算方式存有争议,与事实不符。2003 年 11 月,华太公司承建的工程竣工以后,华太公司当月向福得尔公司提交了结算报告及结算资料。福得尔公司在收到结算报告以后,未能在约定期限内进行审核并提出认可或者修改意见,违反了合同第 33.2 条约定。甚至到 2004 年 9 月 2 日,仍未提出审核意见,福得尔公司的行为系恶意拖欠工程款,应根据合同约定承担违约责任。(2)福得尔公司在工程竣工后,对零星工程款应及时支付,一审判决未将该部分列入应计息的工程款项目内,应予补正。请求二审法院撤销原判第一项之福得尔公司应付款项的利息计算日期及方式,改判由福得尔公司承担应付款项2 107 032.02元及零星工程款30 259元的利息损失(即自 2004 年 1 月 1 日至实际支付之日,按银行同期贷款利率计息)。

福得尔公司答辩称,二期厂房部分工程款未支付,是因向华太公司催讨已付工程款发票被拒绝后才暂停付款的,责任在华太公司。对库房等工程款,因合同没有约定,华太公司拒绝在审计结果上签字而无法确定工程款的情况下,福得尔公司无法支付该部分工程款,责任也在华太公司。

福得尔公司不服一审判决,向浙江省高级人民法院提起上诉称,(1)一审认定工程造价按综合费率下浮 15.2% 计算,下浮方式以及工程总造价为8 505 849元,是错误的。①双方在建设工程施工合同中约定了二种价款。第一种为固定价格合同,合同价款6 513 000元。第二种为按实结算,费率下浮 15.2%。两种约定互相矛盾。本案合同约定固定价款,如工程发生变更,工程量发生增减,按变更、增减后的工程量按实计算工程总价款。②根据本案合同履行情况、按照诚实信用原则、交易习惯和当时当地的市场行情,本案合同价款按实结算应按总造价下浮 15.2% 计算,并以审计结果为准。合同履行及结算过程中,华太公司提交给福得尔公司的建筑工程预(决)算书、建筑工程进度报价书以及工程竣工后提交的建筑工程结算书,采用的是按工程总造价下浮 15.2% 的工程款结算方式,这并不是华太公司默认,而是双方一致认可的。如果与合同约定内容有矛盾,也应理解为双方对合同进行了变更。③退一步说,如果按照综合费率下浮 15.2% 计算工程造价,一审认定的下浮计算方式也是错误的。根据建筑行业的惯例,综合费率下浮 15.2% 的正确计算方式也应当是综合费率 19.3% 下浮 15.2% 后按 4.1% 计算;(2)一审判决对利息损失计取没有事实和法律依据。①工程竣工后,福得尔公司在 2003 年 11 月份收到华太公司提交的第一份建筑工程结算书后,即委托温岭市通和会计师事务所对工程造价进行审计。华太公司向一审法院提起诉讼后,提出对工程造价鉴定,福得尔公司已没有必要再对工程造价进行审计。因此,本案工程价款至今没有确定,福得尔公司无法付款,不存在违约行为。②福得尔公司至今已支付给华太公司工程款6 228 700元,华太公司只开具给福得尔公司工程款发票2 662 000元,福得尔公司有理由暂停支付工程款,不存在违约行为。(3)一审认定工期延长的事实错误。①在对工程总造价认定错误的前提下,推定工程量增加了 30.7%,并认定工期相应延长 72 天,是错误的。工期是否应延长,应根据签订合同时的施工图纸与实际的施工有无变更和增加工程量来确定,不能简单地以工程造价的增加来进行推定。②一审认定本案工程因停电造成工期延误 22 天,该 22 天工期应当延长也是错误的。本案工程开始施工时,福得尔公司就向他人租赁了备用发电机给华太公司使用,并支付了备用发电机租金 5000 元。施工期间停电不会对施工造成影响,更不会影响工期。本案工程量确有增加,福得尔公司已经认可延长工期 39 天,对实际延误的工期 40 天,华太公司应按约定支付违约金 4 万元。请求二审法院撤销原判,改判驳回华太公司的诉讼请求,支持福得尔公司的反诉请求。本案一、二审诉讼费由华太公司承担。

华太公司答辩称,福得尔公司提出工程价款按总造价下浮 15.2% 计算不能成立,合同明确约定费率下浮 15.2%。福得尔公司未按约定支付工程款,应承担逾期付款的利息。因本案存在增加工程量、停电停水等造成工程延期的情形,华太公司交付工程并未延期。

五、浙江省高级人民法院二审审理情况

浙江省高级人民法院二审查明,华太公司编制并提交给福得尔公司的建筑工程进度报价书、建筑工程结算书均记载,工程总费用按工程造价下浮 15.2% 计取。

二审法院认为,关于工程款是否属固定价问题,双方当事人签订的建设工程施工合同专用条款约定"合同价款采用固定价格合同方式确定",但在"竣工验收与结算"条款中约定"工程量按实结算",在补充条款中约定"工程量按施工图计算,具体以审计为准"。双方在建设工程施工合同中对结算方式作了相互矛盾的约定,但在补充条款中确定的结算方式是明确的,即"工程量按施工图计算,具体以审计为准",故一审法院认定本案工程价款应按实结算,是正确的。关于按"费率下浮 15.2%",还是按工程总造价下浮 15.2% 计取工程价款问题。合同明确约定本案工程费率下浮 15.2%。从双方当事人签订的建设工程施工合同记载分析,系"费率下浮 15.2%"。但华太公司在施工过程中,其自行编制并提交给福得尔公司的建筑工程进度报价书和建筑工程结算书所记载的结算方式,均按工程造价下浮 15.2%,由此可认为双方当事人已就工程价款按工程造价下浮 15.2% 达成了一致意见。华太公司认为系其工作人员计算错误,缺乏证据证明。故应按工程造价下浮 15.2% 计取工程价款,采纳审查中心鉴定书中按"总造价下浮 15.2%"计算的工程价款,即本案工程鉴定造价为7 460 286元。按合同约定,工程结算审定后,福得尔公司应将工程款付至 98%(计 7 311 080元),另 2%(计149 206元)作为质量保修金。该质量保修金在二年后付111 904元,在 2008 年 11 月 28 日(5 年防水防漏保修期届满)后的 10 天内付清余额37 302元。关于迟延付款的利息损失问题,依据合同约定,华太公司应在工程竣工后的 28 天内提交工程结算报告,福得尔公司在 28 天内作出审核;工程款应在工程竣工后 2 个月时间内履行完毕。福得尔公司在工程竣工后即收到华太公司提交的第一份工程结算书,未在 28 天内审核并作出认可或者修正意见。此后,双方就工程款如何结算发生争议,华太公司提交了第二份结算报告。华太公司对工程款结算迟延负有责任。福得尔公司对华太公司提交的第二份结算报告亦未作出正式审核意见,也对工程款结算迟延负有责任。一审法院由此认定双方对工程价款结算迟延均负有责任,提交正式结算报告前的工程款利息损失由华太公司自行承担;华太公司自提交第二份结算报告后至判决生效之日(除去审核时间 28 天)期间的利息损失由华太公司、福得尔公司共同承担,符合《中华人民共和国合同法》第一百二十条规定精神,是正确的。至于零星工程造价30 259元,由于合同未作约定,且审价结论作出之前,数额并不明确,一审法院未支持华太公司提出的要求支付利息的主张,亦无不当。关于是否存在延期交付工程问题,由于双方当事人提出的开工报告所记载的开工日期不一致,一审法院以双方当事人提供的竣工报告记载的开工日期为据认定华太公司实际施工工期,超出合同约定工期 74 天,是适当的。合同约定的工程造价为 651 万元,实际施工过程中工程量增加至 7 460 286元,增加了 15%,工期亦应相应延长 35 天;增加了零星工程,相应适当延长工期;因停电造成工期延误 22 天,亦应相应延长工期。据此,华太公司延期完成工程 16 天,

应按合同约定每延迟一天罚 1000 元承担工期延误违约金16 000元。二审法院根据《中华人民共和国民事诉讼法》第一百五十三条第一款第三项、《中华人民共和国合同法》第一百零七条之规定,于 2008 年 4 月 14 日作出(2007)浙民一终字第 47 号民事判决:一、维持浙江省台州市中级人民法院(2005)台民一初字第 11 号民事判决第三、四项;二、变更浙江省台州市中级人民法院(2005)台民一初字第 11 号民事判决第一项为:福得尔公司自判决送达之日起一个月内支付给华太公司应付工程款1 082 380元,并支付自判决送达之日起至执行完毕之日止按中国人民银行规定的同期银行贷款利率计算的利息。该应付款项的前期利息损失(自 2004 年 11 月 1 日起至判决送达之日止按中国人民银行规定的同期银行贷款利率计算的利息),由福得尔公司减半支付;三、变更浙江省台州市中级人民法院(2005)台民一初字第 11 号民事判决第二项为:福得尔公司自判决送达之日起一个月内返还华太公司余留的 1.5% 保修金111 904元,支付零星工程款30 259元;四、华太公司自判决送达之日起一个月内支付福得尔公司工程延期违约金16 000元。一审本诉案件受理费24 180元、其他诉讼费 100 元、诉讼保全费14 520元、造价鉴定费28 192元,合计66 992元,由华太建设集团有限公司负担34 792元,浙江福得尔电器有限公司负担32 200元;反诉案件受理费 2800 元,由华太建设集团有限公司负担 560 元,浙江福得尔电器有限公司负担 2240 元。二审案件受理费26 980元,由华太建设集团有限公司负担24 740元,浙江福得尔电器有限公司负担 2240 元。

六、浙江省高级人民法院再审审理情况

华太公司不服二审判决,向浙江省高级人民法院申请再审称,(1)有新的证据足以推翻二审判决。①二审法院认定的华太公司在施工过程中自行编制并提交给福得尔公司的建筑工程进度报价书和建筑工程结算书,是福得尔公司二期厂房项目部施工员杨克军擅自编制私盖项目部公章并提交的,有杨克军出具的情况证明为证。②提交台州市建业工程投资咨询有限公司出具的《复核说明》书,证明二审法院认定的按总造价下浮 15.2% 计算工程价款是错误的。(2)二审判决认定的基本事实缺乏证据证明。①二审判决认定"双方当事人已就工程价款按工程价下浮 15.2% 达成一致意见",缺乏证据证明。②二审判决认定"华太公司自提交第二份结算报告后至判决生效之日期间的利息损失由华太公司、福得尔公司共同承担",缺乏事实证明。③二审判决认定"华太公司延期完成工程 16 天",缺乏证据证明。华太公司承建的库房、水池、零星工程等不是合同约定的工程,不能参照合同计算工期。既然对新工程没有约定工期,应当视为无工期。(3)二审判决认定双方当事人已就工程价款按工程造价下浮 15.2% 达成一致意见,违背合同法上的意思自治原则。华太公司提交第二份结算报告后,履行了合同义务,二审法院引用《合同法》第一百二十条,判令双方各自承担责任,福得尔公司减半支付利息,适用法律错误。

福得尔公司答辩称,(1)福得尔公司一直主张合同价为固定价,并不同意一审中做工程量鉴定。(2)合同履行过程中都是按照总造价下浮来编制进度报价书、结算书、预决算书的,二审认定工程造价下浮 15.2% 达成一致意见,证据确凿充分。

浙江省高级人民法院再审庭审中,华太公司提供了台州市建业工程投资咨询有限公司

出具的《关于浙江福得尔电器有限公司二期厂房、库房、水池零星工程结算造价的复核说明》以及杨克军出具的《情况证明》。福得尔公司未提供新的证据。浙江高院再审认为,上述证据中《复核说明》是华太公司另行委托工程咨询公司就本案一审法院委托的鉴定书所作的说明,重点强调合同结算方式为按费率下浮 15.2%,施工过程中双方均未对工程结算条款作出变更。而关于工程结算条款本身即属于双方争议焦点,应由法院来判断,该《复核说明》不能作为本案的定案依据。杨克军的《情况说明》属于证人证言,杨克军本人未到庭作证,且该证据属于原一、二审当事人可以提供的证据,不属于新证据。对华太公司提供的上述证据均不予采纳,华太公司基于新证据提出的再审理由亦不能成立。浙江省高级人民法院再审认为,本案争议焦点为:(1)本案工程价款应按照总造价下浮 15.2% 还是按费率下浮 15.2% 计算;(2)华太公司是否延期完成工程;(3)本案自 2004 年 11 月 1 日起应付工程款的利息是否应由双方分担。

(一)关于本案工程价款的确定

双方当事人签订的建设工程施工合同专用条款约定“合同价款采用固定价格合同方式确定”,但在“竣工验收与结算”条款中约定“工程量按实结算”,在补充条款中约定“工程量按施工图计算,具体以审计为准”。双方在建设工程施工合同中对结算方式作了相互矛盾的约定,但在补充条款中确定的结算方式是明确的,即“工程量按施工图计算,具体以审计为准”,故一、二审法院均认定本案工程价款应按实结算,福得尔公司再审中提出本案工程系固定价格依据不足,且其也未就生效裁判提出再审请求,对该答辩主张不予采纳。从双方签订的建设施工合同约定内容看,“费率下浮 15.2%”建立在工程按实审计的基础上,按实审计的标准即为合同第三部分(专用条款)第 23.2 条约定:“取费,按工业四类,城区 19.3%,不计供求因果增加费”,这里的下浮当指在原定的 19.3% 基础上的费率下浮,福得尔公司主张合同本身包含总价下浮 15.2% 的计价约定,但未能提供任何书面证据,其主张依据不足。但是,在本案施工过程中,2003 年 2 月 25 日由杨克军编制并加盖有“浙江华泰建设有限公司福得尔二期厂房项目部”印章的建筑工程预算书,4 月 27 日、5 月 25 日、6 月 25 日、7 月 25 日同样由杨克军编制并加盖相同印章的建筑工程进度报价书以及 2003 年 11 月 6 日由杨克军编制并加有“浙江华泰建设有限公司福得尔二期厂房项目部”印章的工程决算报告所附的建筑工程取费表中均以总造价下浮 15.2% 计算工程费用。因为杨克军是华太公司派驻工地的施工员,建设施工合同上手写文字部分也是杨克军所写,本案施工过程中施工联系单上杨克军作为华太公司经办人签字,故杨克军的行为应认定为华太公司的行为。以上事实证明双方当事人在施工中已改变合同约定的“费率下浮 15.2%”为总造价下浮 15.2%,的计价方式,本案应按工程造价下浮 15.2% 计取工程价款,即工程造价为 7 460 286元。

(二)华太公司是否延期完成工程

本案合同约定的竣工日期是 2003 年 9 月 14 日,实际施工中,工程开工日期为 2003 年 1

月 18 日,竣工日期为 2003 年 11 月 28 日,超出约定的工期 74 天。本案合同约定的工程造价 651 万余元,现认定的总工程造价为7 460 286元,造价增加了 15%,停电造成的工期顺延 22 天,加上零星工程,二审判决华太公司延误 16 天承担工期延误违约金16 000元,并无不当。

(三)本案自 2004 年 11 月 1 日起应付工程款的利息负担

根据合同第二部分(通用条款)第 33 条约定:"发包人收到承包人递交的竣工结算报告及结算资料后 28 天内进行核实,给予确认或者提出修改意见。……发包人收到竣工结算报告及结算资料后 28 天内无正当理由不支付工程竣工结算价款,从第 29 天起向承包人按同期银行贷款利率支付拖欠工程价款的利息,并承担违约责任。"合同专用条款关于工程进度款支付约定,即工程竣工验收合格后支付工程合同总额的 90%,工程结算审定后付至工程结算价的 98%。福得尔公司在工程竣工后即收到华太公司提交的第一份工程结算书,其未在 28 天内审核完毕并作出认可或者修正意见,此后,双方就工程款如何结算发生争议,华太公司又于 2004 年 10 月前后提交了第二份结算报告,福得尔公司对华太公司提交的第二份结算报告亦未作出正式审核意见。因此,虽然华太公司先后提交不同内容的工程结算书,但其已经承担了工程竣工后至第二次提交结算报告后的全部工程款利息,第二次结算报告提交后工程款结算延迟的主要责任在于福得尔公司未按合同约定期限审核,且涉案工程已经移交福得尔公司使用,根据风险利益一并转移原则,应由福得尔公司承担此后的同期银行贷款利息。即使认为上述条款对付款时间约定不明,按照《最高人民法院关于审理建设工程施工合同纠纷案件适用法律问题的解释》第十八条规定:"利息从应付工程价款之日计付。当事人对付款时间没有约定或者约定不明的,下列时间视为应付款时间:(一)建设工程已实际交付的,为交付之日;(二)建设工程没有交付的,为提交竣工结算文件之日;(三)建设工程未交付,工程价款也未结算的,为当事人起诉之日。"本案工程款的利息也可从建设工程实际交付之日起算,现华太公司主张从 2004 年 11 月 1 日起(已交付近一年)计付利息的请求应予支持。原一、二审法院判决华太公司自提交第二份结算报告后至判决送达之日(除去审核时间 28 天)期间的利息损失由华太公司、福得尔公司共同承担,实属不当,应予纠正。

综上,本案双方当事人签订的建设施工合同虽约定工程计价方式为"费率下浮 15.2%",但在施工过程中双方已就工程结算方式变更达成一致意见,本案应按工程造价下浮 15.2%计价,二审法院对此所作认定并无不当。根据合同实际履行情况,二审认定华太公司延误工期 16 天并据以判令其承担违约金16 000元,亦无不当。福得尔公司在对方提交第二份结算报告后 28 天未能正式审核并及时提交审核报告,且涉案工程已于此前移交福得尔公司实际使用,故华太公司提交第二份结算报告后的利息损失(除去审核时间 28 天)应由福得尔公司承担。另外,本案工程自竣工交付至今已满二年,防水防漏保修期为 2008 年 11 月 28 日至今已满 10 天,福得尔公司余留的 2% 质量保修金(计149 206元)应返还给华太公司。本案经浙江省高级人民法院审判委员会讨论决定,依照《中华人民共和国民事诉讼法》第一百八十六条第一款、第一百五十三条第一款第三项,《中华人民共和国合同法》第七十七条之规定,浙江省高级人民法院再审判决:一、维持浙江省高级人民法院(2007)浙民一终字第47号民事判决第一项、第四项;二、撤销浙江省高级人民法院(2007)浙民一终字第47号民事判决第二项、第三项;三、福得尔公司自判决送达之日起一个月内支付给华太建设集团有限公司目前应付的工程款1 082 380元,并支付该款自2004年11月1日起至执行完毕之日止按中国人民银行规定的同期银行贷款利率计算的利息;四、福得尔公司自判决送达之日起一个月内返还华太公司余留的2%保修金149 206元,支付零星工程款30 259元。如果未按判决指定的期间履行给付金钱义务,应当依照《中华人民共和国民事诉讼法》第二百二十九条之规定,加倍支付迟延履行期间的债务利息。

七、当事人向最高人民法院申请再审的理由及答辩情况

华太公司不服该判决,向最高人民法院申请再审称,浙江省高级人民法院再审判决涉案工程款按工程总造价下浮15.2%有悖客观事实,且缺乏证据佐证。杨克军只是项目工地临时的一名员工,其编制的工程进度报价书和建设工程结算书对外不具备法律效力。华太公司对杨克军的行为并不知情。一审法院委托的鉴定机构出现两个鉴定结论,其本身就不合法。另外,华太公司并没有延误工期,其不应承担工期延误违约金16 000元。合同约定工期236天,实际施工310天,超出74天。一审判决认为工程量从6 510 000元增加至8 505 849元,工程量增加了30.7%工期应相应顺延,加上增加的零星工程,亦需要相应的延长工期。

福得尔公司答辩称,原判决认定事实清楚,适用法律正确,应予维持。华太公司的再审申请没有新证据,涉案工程为固定价工程,即使据实结算,也应按总价下浮15.2%计算。杨克军编制并提交福得尔公司的建筑工程进度报价书和建筑工程结算书上工程款按总造价下浮15.2%是履约行为,是华太公司的真实意思表示。华太公司延期16天完工。因此,浙江省高级人民法院再审判决令华太公司承担16 000元违约金并无不当。

八、最高人民法院再审情况

最高人民法院认为,本案双方当事人的争议焦点为:(1)涉案工程价款如何计算。(2)华太公司是否延期完成工程。

关于涉案工程价款如何计算的问题。从双方当事人的约定来看,施工合同第三部分(专用条款)第23.2条约定:“本合同价款采用固定价格合同方式确定,合同价款中包括的风险范围:取费,按工业四类,城区19.3%,不计供求因果增加费。”该合同第23.3条约定:“合同价款的其他因素:因设计变更发生工程量增减及合同和施工图纸外的工程量增加,结算方式相同。”合同第三部分(专用条款)就竣工验收与结算约定:“按通用条款执行,工程量按实结算。”上述约定对工程计价方式是按实结算还是按固定价格结算作出了不同的约定。但从合同的实际履行情况来看,华太公司曾将工程造价交由福得尔公司据实审核结算,福得尔公司也曾出具过审核意见,据此可认定双方当事人均认可工程价款据实结算,福得尔公司主张涉案工程为固定价格缺乏依据。对于涉案工程价款是按综合费率下浮15.2%还

是按总价下浮15.2%计算。合同补充条款约定:"1. 费率下浮15.2%。2. 材料单价以施工期内甲乙双方共同签证的市场价格平均计入,工程量按施工图计算,具体以审计为准。3. 计价依据《浙江省建筑工程预算定额》(94)等。……5. 因停电、停水造成停工……工期按停工时间相应顺延。"从双方当事人合同约定的内容看,工程款的计价依据应当是按照综合费率下浮15.2%。虽然华太公司项目部在工程施工过程中多次按照工程总造价下浮15.2%向福得尔公司报送工程预(决)算书和建筑工程进度报价书,但在最终提交和审核工程结算书时双方发生争议,并未形成一致的变更合同的意思表示。《中华人民共和国合同法》第七十八条规定:"当事人对合同变更的内容约定不明的,推定为未变更。"浙江省高级人民法院再审认定双方当事人在施工中改变合同约定依据不足,应予纠正。华太公司以合同当事人身份主张按照约定的费率下浮15.2%计算工程造价,符合合同法规定与当事人之间签订的合同约定,应予支持。综上,应采信鉴定机构出具的鉴定结论中按综合费率下浮15.2%确定工程造价,即工程总造价为8 505 849元。

关于华太公司是否延期完工问题。双方均认可实际施工日期超出合同约定工期74天。合同约定的工程造价为651万余元,实际施工过程中工程量增加至8 505 849元,即造价增加了30.7%,工期亦应相应延长30.7%,即延长72天。增加零星工程,以及工程施工过程中的停电均应相应适当延长工期。综上,华太公司并未对工程造成延误,浙江省高级人民法院再审判决华太公司承担1.6万元工程延误的违约责任不当,应予纠正。

综上,依照《中华人民共和国民事诉讼法》第一百八十六条第一款、第一百五十三条第一款第三项之规定,判决:一、撤销浙江省高级人民法院(2009)浙民再字第56号民事判决、浙江省高级人民法院(2007)浙民一终字第47号民事判决;二、维持浙江省台州市中级人民法院(2005)台民一初字第11号民事判决第二、三、四项;三、变更浙江省台州市中级人民法院(2005)台民一初字第11号民事判决第一项为:由浙江福得尔电器有限公司自判决生效之日起一个月内支付给华太建设集团有限公司工程款2 107 032.02元,并支付自2004年11月1日起至执行完毕之日止按同期银行贷款利率计算的利息。

九、对本案的解析

本案当事人争议的核心焦点是,合同中约定的按费率下浮15.2%计算工程造价是否通过当事人的事实行为变更为按照工程总造价下浮15.2%计算工程造价。本案在法律适用上的难点在于,如何确定合同的变更标准。合同法对于合同订立的形式有明确的规定,《合同法》第十条规定:"当事人订立合同,有书面形式、口头形式和其他形式。当事人约定采用书面形式的,应当采用书面形式。"但关于书面合同变更是否应具备相应的格式和要求,合同法并没有明确具体的规定,只是在《合同法》第七十七条规定:"当事人协商一致,可以变更合同。法律、行政法规规定变更合同应当办理批准、登记等手续的,依照其规定。"第七十八条规定:"当事人对合同变更的内容约定不明的,推定为未变更。"从上述规定可以看出,当事人在合同履行过程中,只要对合同变更协商一致,除法律、行政法规规定变更合同应当办理批准、登记等手续的外,就可以认定合同变更;当事人通过书面形式订立合同的,变更合同原则上也应采用书面形式;或者采用书面以外的如口头形式以及包括事实行为等在内的其他形式变更合同的,只要当事人没有争议,也可以认定为合同变更。如果当事人就除书面形式以外的是否变更合同的情形理解不一致引发争议,就应当适用《合同法》第七十八条的规定,视为当事人对合同变更的内容约定不明,推定为合同未变更。

本案中,在双方当事人履行合同的过程中,作为华太公司指定的负责施工管理和合同履行的代表,华太公司项目部给福得尔公司报送的工程预算书与建筑工程进度报表中,均是按照工程总造价下浮 15.2% 计取的工程造价。华太公司项目部最终报出的建筑工程结算书中载明工程造价为7 722 682元,福得尔公司对其进行审核,按工程总造价下浮 15.2% 计算出工程造价为6 784 712元。在双方当事人报送和接受工程预算书和建筑工程进度报价书时并没有产生争议。但在最终提交和审核建筑工程结算书时双方发生了争议。假如福得尔公司最终亦接受了华太公司项目部提交的建筑工程结算书并按照该结算书支付了全部工程款,则可以视为双方以事实行为变更了合同约定。推定当事人以其他形式变更合同的前提是,当事人对通过这种形式得出的结果没有异议,即已经取得一致。华太公司项目部作为合同约定的合同履行的代表,也有权代表华太公司实施这种行为。当福得尔公司不同意这种计价结果而引发纠纷时,华太公司以合同当事人的身份主张按照约定的费率下浮 15.2% 计算工程造价,符合合同法规定和当事人之间签订的合同约定。福得尔公司与华太公司在合同中明确约定按费率下浮 15.2% 计算工程造价,在合同履行过程中双方对此发生了争议。即在最终提交和审核工程结算书时双方发生争议,双方当事人并未形成一致的变更合同的意思表示。根据《合同法》第七十八条关于当事人对合同变更的内容约定不明的,推定为未变更的规定精神,按照合同约定计算工程价款比较妥当,即应当采信鉴定机构出具的鉴定结论中按综合费率下浮 15.2% 计算出的工程造价,作为认定本案当事人讼争工程款的数额。

当事人就部分债权提起诉讼,诉讼时效中断应及于剩余债权,起诉后又撤诉应以起诉书副本送达对方视为当事人提出要求而引起诉讼时效的中断

——广西融海房地产开发有限公司与广西壮族自治区德保县糖厂借款担保合同纠纷再审案

李 琪*

法理提示 诉讼时效制度应在保护社会公共利益的基础上注重社会公共利益与当事人利益以及当事人之间利益的衡量。既要督促权利人及时行使权利,对"眠于权利之上"的权利人不予保护,又要依据诚实信用的原则避免这一制度的不当适用,成为义务人故意逃避债务的工具。当事人就部分债权起诉至人民法院,诉讼时效中断应及于剩余债权;当事人起诉后又撤诉,应视为诉讼时效中断,诉讼时效期间应从撤诉之日起重新计算。

申请再审人(一审原告、二审上诉人):广西融海房地产开发有限公司(以下简称融海公司)。住所地广西壮族自治区南宁市金湖南路东一巷6号琅西大厦6楼。

法定代表人:王兆远,该公司董事长。

委托代理人:钟新强,广西桂海天律师事务所律师。

委托代理人:韦懿真,广西桂海天律师事务所律师。

被申请人(一审被告、二审被上诉人):广西壮族自治区德保县糖厂(以下简称德保糖厂)。住所地:广西壮族自治区百色市德保县城关镇南隆街449号。

法定代表人:陆兴昆,该厂厂长。

委托代理人:黄翔,广西鹅城律师事务所律师。

申请再审人融海公司因与被申请人德保糖厂借款担保合同纠纷一案,不服广西壮族自治区高级人民法院(2010)桂民二终字第33号民事判决,向本院申请再审。

一、广西壮族自治区百色市中级人民法院一审查明的案件事实

德保糖厂分别于1988年、1995年、1998年分六次与中国工商银行百色分行(包括原德

---

* 最高人民法院民一庭法官,湖南大学法学院博士研究生。

保县支行)签订贷款合同,贷款金额共计 2682.5 万元。同时,双方另行签订了合同编号为 1998 年抵字第 1100519980005 号《最高额抵押合同》,由德保糖厂提供其企业动产及不动产作抵押。合同签订后,中国工商银行百色分行(以下简称百色工行)依合同约定向德保糖厂发放了贷款。合同到期后,德保糖厂没有按期偿还借款本息。经百色工行多次书面催收,德保县糖厂仍拒不履行还款义务。2000 年 5 月 31 日,百色工行与中国华融资产管理公司南宁办事处(以下简称华融南宁办)签订债权转让协议,百色工行将德保糖厂所欠的借款本息38 275 762.53元(利息计至2000 年5 月31 日止)全部转让给华融南宁办。德保糖厂在该债权转让协议上签字盖章确认。2002 年 4 月 19 日、2004 年 4 月 18 日,华融南宁办分别在报纸上刊登债权催收公告。2004 年 6 月 29 日,华融南宁办与广西瀚海商贸有限公司(以下简称瀚海公司)签订债权转让合同,将其享有的上述债权本息52 086 890.95元(利息计至 2004 年 9 月 20 日)转让给瀚海公司。2004 年 10 月 20 日,华融南宁办在《法治快报》上刊登债权转让公告。瀚海公司受让债权后,于 2006 年 9 月 19 日在《法治快报》上刊登债权催收公告,要求德保糖厂筹款清偿债务。2006 年 9 月 30 日,瀚海公司向百色市右江区人民法院提起诉讼,百色市右江区人民法院以诉讼标的额的 10% 于 2006 年 10 月 11 日立案。诉讼中,2007 年 3 月 5 日,瀚海公司与融海公司签订债权转让合同,将上述债权及抵押担保权利转让给融海公司。2007 年 3 月 17 日,瀚海公司和融海公司在省级报刊上刊登债权转让及催收公告。同日,百色市右江区人民法院裁定变更该案原告为融海公司。后融海公司提出撤诉申请,百色市右江区人民法院于 2007 年 7 月 10 日作出准许原告撤回起诉的民事裁定。2009 年 4 月 11 日,百色市右江区人民法院将裁定书送达给德保糖厂。

二、当事人一审起诉与答辩情况

2009 年 7 月 2 日,融海公司向百色市中级人民法院提起诉讼,请求法院判令德保糖厂偿还借款本金人民币 2682.5 万元及利息,融海公司对 1998 抵字第 1100519980005 号《最高额抵押合同》项下抵押物享有优先受偿权。德保糖厂答辩称:(1)银行贷款是事实,但德保糖厂自 2000 年 1 月在确认欠款本金及利息的同时,就明确地向银行表示已资不抵债,无能力偿还借款。为此银行当时就将所欠的借款列为不良贷款,并口头答应被告支付 50 万元了结债务,但当时被告已拿不出 50 万元。到 2000 年 5 月 31 日,银行将德保糖厂所欠的不良贷款转让给华融南宁办时,为了将不良贷款的债权转让合法化,要求德保糖厂在债权转让协议书上签章认可,当时德保糖厂已明确提出资不抵债,无能力偿还。2000 年 6、7 月份,华融南宁办又口头答应,以德保糖厂向其支付 70 万元就能了结债务,德保糖厂当时也是无能力而予拒绝。(2)华融南宁办受让债权时已明知德保糖厂无法偿还债务,并自 2000 年 8 月起一直没有向德保糖厂主张权利,直到 2004 年 6 月 29 日才把债权转让给瀚海公司,在此四年时间中,债权人没有再主张权利,也没有提起诉讼,所欠的债务已经成为自然债务。现融海公司虽从瀚海公司受让了债权,但该债权已属于自然债权。因此,原告向被告提出的诉讼请求,已超过诉讼时效。(3)德保糖厂以前所管理的资产,自 2001 年以来被县政府收回了财产的支配权,并且自 2003 年以来德保县法院和市中级法院又两次对财产进行查封,所以德保糖厂没有能力,也没有权力以原经营管理的资产偿还。综上所述,起诉已超过诉讼时效,请求人民法院驳回原告的诉讼请求。

三、百色市中级人民法院一审认定与处理

百色市中级人民法院经一审认为:

1. 关于融海公司提起诉讼是否超过诉讼时效的问题。

德保糖厂向原债权人百色工行(包括原德保县支行)贷款到期后,未能依约还款,原债权人于2000年前多次向德保糖厂发出催收通知,德保糖厂签收了催收通知并确认了债务。2000年5月31日,百色工行将债权转让给华融南宁办,德保糖厂在债权转让协议上签字盖章,知悉转让事宜并再次确认债务。上述原债权人和债务人的行为使原债权人的债权诉讼时效处于有效期间。华融南宁办受让债权后,在连续的诉讼时效期内即2002年4月19日、2004年4月18日刊登了债权转让及催收公告,原债权的诉讼时效产生中断的效力。2004年6月29日,华融南宁办将债权转让给瀚海公司,并于2004年10月20日刊登了债权转让及催收公告,诉讼时效再次中断,诉讼时效期间重新起算,即从2004年10月20日至2006年10月20日。2006年9月19日瀚海公司单独以及2007年3月17日瀚海公司和融海公司联合刊登的催收公告,因德保糖厂并非下落不明的当事人,且瀚海公司和融海公司作为非金融机构以打包形式受让金融债权,并不享有最高人民法院《关于审理金融资产管理公司收购、管理、处置国有银行不良贷款形成的资产案件适用法律若干问题的规定》、《关于贯彻执行最高人民法院"十二条"司法解释有关问题的函的批复》、《关于金融资产管理公司收购、管理、处置银行不良资产有关问题的补充通知》等文件授予金融机构相应的权利。依照最高人民法院关于审理金融不良债权转让案件的有关文件精神,只有具有金融机构法人资格的金融资产管理公司处置金融不良债权才可适用上述规定,若金融资产管理公司受让金融不良债权再行转让的,则不适用上述规定。融海公司为再转让的受让主体,非金融资产管理公司,当然不能适用上述规定。因此,瀚海公司和融海公司作为非金融机构在报刊上针对非下落不明的当事人刊登催收公告的行为均不产生诉讼时效中断的效力。2006年10月11日,瀚海公司向百色市右江区人民法院提起诉讼,要求德保糖厂偿还借款本金2682.5万元及利息,根据《中华人民共和国民事诉讼法》第二十四条以及级别管辖的规定,百色市右江区人民法院所在地既不是被告所在地法院也不是合同履行地法院或者当事人合同约定的受理法院,并且如此巨大标的额的诉讼并不是百色市右江区人民法院的案件受理范围,因此,瀚海公司于2006年10月11日提起的诉讼不属于向有管辖权的法院提起的诉讼。而且作为债权人瀚海公司提起诉讼后变更原告为融海公司,融海公司之后申请撤诉。因起诉和撤诉均为当事人的请求权,原告起诉是通过法院向被告主张权利,其嗣后请求撤诉,其起诉的请求及权利主张实际上已为撤诉请求行为所否定,应视为原告未向被告主张权利,故瀚海公司、融海公司于2006年10月11日提起的诉讼行为不产生诉讼时效中断的效力。2009年7月,融海公司向法院提起诉讼,已不是在有效的诉讼时效期间所为。超过诉讼时效期间后,债务人并没有对原债务重新作出确认并承诺还款的意思表示,故德保糖厂依法享有诉讼时效抗辩权。融海公司提起诉讼已超过诉讼时效期间,丧失了胜诉权。其主张德保糖厂承担借款本息还款责任的理由不成立,不予支持。

2. 关于融海公司能否享有《最高额抵押合同》项下抵押物的优先受偿权问题。《最高人民法院关于适用〈中华人民共和国担保法〉若干问题的解释》第十二条第二款规定:“担保物权所担保的债权的诉讼时效结束后,担保权人在诉讼时效结束后的二年内行使担保物权的,人民法院应当予以支持”。依上述第一项所述事实,原债权的诉讼时效最后届满时间为 2006 年 10 月 20 日,在该诉讼时效届满后的二年内,债权人并未向法院起诉主张行使担保物权,债权人的担保物权已丧失时效利益,法院不再保护该抵押担保物的优先受偿权,故融海公司诉请行使《最高额抵押合同》项下抵押物的优先受偿权无法律依据。综上,借款合同和抵押担保合同均已超过诉讼时效,融海公司要求德保糖厂承担还款义务、享有优先受偿权的诉讼请求无法律依据,不予支持。依照《中华人民共和国民法通则》第一百三十五条,《中华人民共和国民事诉讼法》第二十二条、第二十四条,最高人民法院《关于适用〈中华人民共和国担保法〉若干问题的解释》第十二条第二款的规定,经该院审判委员会讨论决定,判决:一、驳回融海公司要求德保糖厂履行还款义务的诉讼请求;二、驳回融海公司要求享有《最高额抵押合同》项下抵押物的优先受偿权的诉讼请求。案件受理费175 925元,由融海公司负担。

四、当事人上诉与答辩情况

融海公司不服一审判决,上诉至广西壮族自治区高级人民法院称:(1)一审判决认定本案债权已过诉讼时效无事实和法律依据。理由:①根据《中华人民共和国民法通则》第一百四十条以及《最高人民法院关于审理民事案件适用诉讼时效制度若干问题的规定》第十二条的规定,当事人向人民法院提交起诉状或者口头起诉的,从提交起诉状或者口头起诉之日起即可产生诉讼时效中断的效力,并不以人民法院是否受理或者是否有权管辖为依据。瀚海公司向百色市右江区人民法院起诉在诉讼时效期间内,且案件受理后,德保糖厂并没有就案件管辖权提出异议,法院也没有将案件移送管辖。②依据《最高人民法院关于审理民事案件适用诉讼时效制度若干问题的规定》第十一条“权利人对同一债权中的部分债权主张权利,诉讼时效中断的效力及于剩余债权,但债权人明确表示放弃剩余债权的情形除外”的规定,瀚海公司将其从华融南宁办受让的借款本金 2682.5 万元及利息向百色市右江区人民法院起诉,法院以诉讼标的额的 10% 予以立案,审理期间诉讼时效中断,其中断的效力及于瀚海公司已提出主张但未进入审理程序的剩余债权。③撤诉是当事人行使程序处分权的诉讼行为,法律赋予原告行使撤诉的权利,撤诉行为并不改变和推翻原告已经以诉讼方式向被告主张权利的事实,不能据此认定法院进行的诉讼自始没有发生效力。依据最高人民法院〔1999〕民他字第 12 号《关于四川高院请示长沙铁路天群实业公司贸易部与四川鑫达实业有限公司返还代收贷款一案如何适用法(民)复〔1990〕3 号批复中“诉讼时效期间”问题的复函》的规定,当事人向法院起诉,应视为诉讼时效中断,经法院准予撤诉后又起诉的,诉讼时效期间应从裁定准予撤诉之日起重新计算。且根据广西壮族自治区高级人民法院桂高法发(2002)28 号《关于印发〈全区法院民事审判工作会议纪要〉的通知》中“当事人起诉后又撤诉,起诉状已送达相对人的,应当引起诉讼时效中断”的规定,本案瀚海公司起诉后,起诉状已于 2006 年 10 月 25 日送达德保糖厂,依上述规定,亦引起诉讼时效的中断。④德保糖厂对本案借款、债权转让等事实以及融海公司的诉讼主体地位均予以确认，只是对华融南宁办2000年8月受让百色工行债权后至2004年6月29日期间的诉讼时效提出抗辩，对华融南宁办将债权转让给瀚海公司之后至2009年7月2日融海公司提起诉讼的期间并未提出诉讼时效抗辩。而根据本案证据，华融南宁办受让债权后已在省级报刊上刊登了债权催收公告，德保糖厂的诉讼时效抗辩理由不成立。一审判决主动审理此后的诉讼时效期间，违反了《最高人民法院关于审理民事案件适用诉讼时效制度若干问题的规定》第三条"当事人未提起诉讼时效抗辩，人民法院不应对诉讼时效问题进行释明及主动适用诉讼时效的规定进行裁判"的规定，依法应予纠正。(2)融海公司向法院起诉并没有超过诉讼时效期间，其抵押担保的从权利亦应依法受法律保护。一审判决以诉讼时效届满后二年内债权人未行使担保物权为由，驳回融海公司要求对《最高额抵押合同》项下抵押物享有优先受偿权的诉请错误。综上所述，请求二审法院依法撤销一审判决，支持融海房地产公司的全部诉讼请求，一、二审诉讼费用由德保糖厂负担。

德保糖厂答辩称：(1)融海公司上诉主张本案债权未过诉讼时效的理由不成立。理由：①民事行为产生法律效力须以行为人的行为合法为前提，如果行为不合法，则不能产生相应的法律效果。瀚海公司虽于2006年9月30日向百色市右江区人民法院起诉，但该法院不是被告住所地法院，也不是合同履行地法院或当事人合同约定的受理法院，故该起诉行为违法，依法不能产生诉讼时效中断的法律效果。②融海公司受让债权后向法院撤回诉讼，是对前诉讼主体错误诉讼行为的否定，也是对前诉讼主体诉讼请求和主张的否定，瀚海公司主张权利的行为被融海公司的撤诉行为所否定，故瀚海公司的起诉不能引起诉讼时效的中断。(2)德保糖厂在一审诉讼时已明确提出融海公司的起诉超过诉讼时效，虽然德保糖厂是对前一阶段的诉讼时效进行论证，但并没有认可融海公司的诉讼时效主张。一审判决就诉讼时效问题进行认定，并不违反法律规定。(3)《最高额抵押合同》项下的抵押物大部分已经不存在，厂房也在重建后由政府进行出租。融海公司请求对抵押物享有优先受偿权，不仅超过诉讼时效，也因抵押物不存在而丧失。综上，一审判决认定事实清楚，适用法律正确，请求驳回上诉，维持原判。

五、广西壮族自治区高级人民法院二审认定与处理

广西壮族自治区高级人民法院对于一审判决查明的事实予以确认。

二审法院另查明：2006年10月11日，百色市右江区人民法院立案受理瀚海公司诉德保糖厂借款合同纠纷一案。2006年10月25日，德保糖厂在百色市右江区人民法院送达起诉状副本、应诉通知书、举证通知书、开庭传票的送达回证上签字。

还查明：1995年12月8日、1995年10月27日、1997年11月10日，百色工行与德保糖厂曾经先后签订过三份抵押合同，德保糖厂以其建筑物、机器设备、汽车等为借款合同提供抵押担保，抵押担保的借款合同及借款数额分别为950011号合同借款180万元、95002号合同借款100万元以及1997年11月10日至1998年12月31日期间发生的3800万元贷款。1998年12月4日，百色工行与德保糖厂签订一份编号为1998年抵字第1100519980005号《最高额抵押合同》，约定：抵押担保范围为百色工行在1998年12月24日至1999年12月

31 日期间在 1600 万元人民币贷款限额内向德保糖厂发放的全部贷款本息;抵押财产由合同项下的抵押物清单载明,清单为合同的组成部分;德保糖厂在合同生效之日将抵押物的物权凭证,即企业动产(不动产)抵押物登记证、房屋他项权证交百色工行保管。但是,融海公司在本案提交的抵押物清单是 1995 年 9 月 28 日的抵押物清单;提交的德保县房地产抵押贷款管理许可证是 1997 年 10 月 8 日由德保县房地产管理所出具的,许可证上注明的房地产价值是 1054 万元。

二审法院认为,德保糖厂与百色工行(包括原德保县支行)签订多份借款合同,向百色工行贷款共计本金人民币 2682.5 万元。贷款到期后,德保糖厂未依约还本付息,依法应承担违约责任。百色工行将该债权转让给华融南宁办、华融南宁办转让给瀚海公司、瀚海公司又转让给融海公司,上述债权转让均向债务人德保糖厂履行了债权转让的通知义务,故融海公司作为债权受让人,有权向债务人德保县糖厂提起本案诉讼。

1. 关于融海公司提起诉讼是否超过诉讼时效,德保糖厂应否承担还款责任的问题。

德保糖厂在 1988、1995、1998 年期间先后向百色工行贷款共计本金 2682.5 万元,贷款到期后,经百色工行多次催收,德保糖厂均未依约还本付息。2000 年 5 月 31 日,百色工行将债权转让给华融南宁办,双方签订了债权转让协议,德保糖厂在债权转让协议上签字认可,故本案债务的诉讼时效从德保糖厂签字确认之日起重新计算,即从 2000 年 5 月 31 日至 2002 年 5 月 31 日。华融南宁办受让债权后,分别在诉讼时效期间内的 2002 年 4 月 19 日、2004 年 4 月 18 日、2004 年 10 月 20 日在省级报刊上刊登债权催收公告和债权转让公告,上述公告行为均引起诉讼时效中断,诉讼时效期间从 2004 年 10 月 20 日起重新计算至 2006 年 10 月 20 日。在此诉讼时效期间内,华融南宁办将债权转让给瀚海公司,瀚海公司于 2006 年 9 月 19 日在《法治快报》上刊登债权催收公告,依据《最高人民法院关于审理民事案件适用诉讼时效制度若干问题的规定》第十条的规定:“具有下列情形之一的,应当认定为民法通则第一百四十条规定的‘当事人一方提出要求’,产生诉讼时效中断的效力:……(四)当事人一方下落不明,对方当事人在国家级或者下落不明的当事人一方住所地的省级有影响的媒体上刊登具有主张权利内容的公告的,但法律和司法解释另有特别规定的,适用其规定。”因此,使用公告催收方式应同时符合以下条件:一是义务人下落不明,权利人无法直接向义务人主张权利;二是该公告需有主张权利的意思表示;三是应在公开发行的国家级或义务人住所地省级有影响的媒体上刊登公告。本案债务人德保糖厂不属下落不明的人,瀚海公司受让债权后完全可以直接向义务人主张权利,故瀚海公司在《法治快报》上刊登债权催收公告,不符合法律规定的公告催收的适用条件;且《最高人民法院关于审理涉及金融资产管理公司收购、管理、处置国有银行不良贷款形成的资产的案件适用法律若干问题的规定》第十条及《最高人民法院关于审理金融资产管理公司收购、处置银行不良资产有关问题的补充通知》第一条是关于公告催收国有银行不良贷款形成的债权的特别规定,其适用主体仅为国有商业银行或金融资产管理公司,并非所有的受让主体均可以适用上述规定。故瀚海公司 2006 年 9 月 19 日在《法治快报》上刊登债权催收公告的行为依法不具有诉讼时效中断的效力。2006 年 9 月 30 日,瀚海公司向百色市右江区人民法院起诉,法院虽以诉讼标的额的 10% 予以立案,但根据《最高人民法院关于审理民事案件适用诉讼时效制度若干问题的规定》第十一条“权利人对同一债权中的部分债权主张权利,诉讼时效中断的效力及于剩余债权,但权利人明确表示放弃剩余债权的情形除外”的规定,瀚海公司因起诉而产生的诉讼时效中断效力应及于全部债权。同时,《最高人民法院关于审理民事案件适用诉讼时效制度若干问题的规定》第十二条规定,当事人一方向人民法院提交起诉状或口头起诉的,诉讼时效从提交起诉状或者口头起诉之日起中断。该规定中并没有限制当事人必须向有管辖权的法院起诉才能引起诉讼时效中断,且即使原告诉错了法院,但由于原告提起的“诉”已经具备了《中华人民共和国民事诉讼法》第一百零八条规定的起诉要件,故其向法院请求保护民事权益的意思表示明确。一审判决认定百色市右江区人民法院受理该案件属无权管辖,瀚海公司的起诉行为不能引起诉讼时效中断的理由错误,依法应予纠正。但是,瀚海公司 2006 年 9 月 30 日向百色市右江区人民法院起诉后,在诉讼期间将债权转让给融海公司,融海公司受让债权后向法院申请撤诉,百色市右江区人民法院于 2007 年 7 月 10 日裁定准许融海公司撤诉。撤诉,是指当事人撤回其向法院提诉讼的诉讼行为。依据民事诉讼法法理,诉的撤回视为未起诉,原告撤诉表明其撤回向法院提起诉讼的诉讼行为,撤诉与未起诉具有同样的法律效果。因此,因起诉而产生的法律效果一并消灭,权利义务状态也回复至起诉前的状态,因起诉而产生的诉讼时效中断效力也自然被撤销,诉讼时效不因曾经发生的起诉行为而中断。故融海公司撤诉后,视为瀚海公司 2006 年 9 月 30 日未起诉,依法不能引起诉讼时效中断。本案债务在诉讼时效期间即 2004 年 10 月 20 日至 2006 年 10 月 20 日期间未发生诉讼时效中断的事由,诉讼时效至 2006 年 10 月 20 日结束,融海公司于 2009 年 7 月向百色市中级人民法院提起诉讼,已经超过诉讼时效期间,其诉请德保糖厂归还贷款本息依法不受法律保护。一审判决认定本案债务已超过法定诉讼时效,判决驳回融海公司要求德保糖厂履行还款义务的诉讼请求正确,依法应予维持。

2. 关于融海公司对 1998 抵字第 1100519980005 号《最高额抵押合同》项下抵押物是否享有优先受偿权的问题。《最高人民法院关于适用〈中华人民共和国担保法〉若干问题的解释》第十二条第二款规定:“担保物权所担保的债权的诉讼时效结束后,担保权人在诉讼时效结束后的二年内行使担保物权的,人民法院应当予以支持。”如前所述,本案主债务的诉讼时效期间届满时间为 2006 年 10 月 20 日,但在此后的两年时间内,融海公司并没有就担保物权向人民法院主张权利,故融海公司在本案中主张行使担保物权,依法不予保护。而且依据本案查明的事实,当事人在 1998 抵字第 1100519980005 号《最高额抵押合同》中未明确约定抵押物,只是约定抵押物详见抵押物清单,但融海公司并没有提交相对应的抵押物清单,故 1998 抵字第 1100519980005 号《最高额抵押合同》项下的抵押物不明确,依据《最高人民法院关于适用〈中华人民共和国担保法〉若干问题的解释》第五十六条“抵押合同对被担保的主债权种类、抵押财产没有约定或者约定不明的,根据主合同和抵押合同不能补正或者无法推定的,抵押不成立”的规定,该《最高额抵押合同》不成立,融海公司主张对该《最高额抵押合同》项下抵押物享有优先受偿权的诉请,依法亦不予支持。

综上所述,融海公司上诉请求德保糖厂偿还尚欠的借款本息,并对 1998 抵字第 1100519980005 号《最高额抵押合同》项下抵押物享有优先受偿权,理由不能成立,依法应予驳回。一审判决正确,依法应予维持。依照《中华人民共和国民事诉讼法》第一百五十三条第一款第(一)项的规定,判决如下:驳回上诉,维持原判。二审诉讼费175 925元,由上诉人融海公司负担。

六、当事人申请再审与答辩

融海公司向最高人民法院申请再审,请求判令:撤销二审判决,并判决德保糖厂偿还融海公司借款本金 2682.5 万元及利息;判决融海公司对涉案最高额抵押合同项下抵押物享有优先受偿权;一审、二审及再审诉讼费用由德保糖厂承担。

其理由是:(1)二审判决明显违反了《最高人民法院关于四川高院请示长沙铁路天群实业公司贸易部与四川鑫达实业有限公司返还代收货款一案如何适用法(民)复(1990)3 号批复中"诉讼时效期间"问题的复函》的规定。根据该规定,融海公司受让债权并申请撤诉后,右江区法院于2007 年7 月10 日作出准许撤诉裁定,融海公司又于2009 年7 月2 日向一审法院提起诉讼并未超过法定的诉讼时效期间。同时,二审判决也违反该院所发的桂高法发(2002)28 号《全区法院民事审判工作会议纪要》第 6 条第 1 款第(2)项对上述规定的解释。(2)关于起诉后又撤诉是否引起诉讼时效的中断这一问题,已有明确的司法解释, 处理此问题完全应直接适用法律规定而无需引用所谓的"法理"。

德保糖厂再审开庭时,答辩称,1. 融海公司受让取得债权,超过诉讼时效是客观事实。

首先,从 2000 年 5 月 31 日华融南宁办受让债权至 2006 年 9 月 30 日瀚海公司向右江区法院起诉期间,就存在超过诉讼时效事实。2004 年 6 月 29 日华融南宁办将债权转让给瀚海公司后,瀚海公司作为债权人从 2004 年 6 月 29 日至 2006 年 6 月 29 日两年并未向德保糖厂主张,而是在 2006 年 9 月 19 日和 9 月 30 日分别公告催收和向没有管辖权的右江区法院起诉。且瀚海公司公告催收不符合法律规定。华融南宁办最后刊登债权催收公告时间是 2004 年 4 月 18 日。2004 年 10 月 20 日华融南宁办在《法治快报》的公告不能引起诉讼时效中断效力。理由是:一是华融南宁办已于 6 月 29 日将债权转让给瀚海公司,不是债权人,没有权利代替瀚海公司刊登公告催收;而是其内容属于债权转让通知公告而非债权催收公告。故诉讼时效应当从 2004 年 4 月 19 日重新计算至 2006 年 6 月 19 日。其次,瀚海公司于 2006 年 9 月 30 日向右江区法院提起诉讼,是向无管辖权的法院起诉,且融海公司撤回了瀚海公司的诉讼,属于诉讼中变更主体对前诉讼主体错误诉讼行为的否定,不能引起诉讼时效中断。

2. 关于借款合同项下抵押物品优先受偿权问题。

根据 1998 抵字第 1100519980005 号《最高额抵押合同》,并没有明确约定抵押物品,且项下不动产抵押,没有得到政府部门出具的国有资产抵押担保管理许可证。因此,根据《最高人民法院关于适用〈担保法〉若干问题的解释》第五十六条规定和有关行政法律规定,应当认定抵押合同不成立。再则,作为担保权人的申请人也没有在法律规定期限内行使权利主张。另外,德保糖厂资产状况,除了尚有一些土地外,在 1998 年原有厂房、设备物品已经过多次改建、更换,今天已不存在。德保糖厂经县政府批准决定,已分立为两个法人主体:德保糖厂和德保酒精厂。德保糖厂多年前县政府已收回经营管理权,营业执照也多年没有年审。

3. 本案涉及暴利问题和影响到一方社会稳定。

德保糖厂与百色工行借款担保合同,在 2000 年已列入不良贷款,百色工行曾口头答应支付 50 万元了结债务,如融海公司以不足 500 万元价格受让几千万债权得到支持,属于暴利。目前德保糖厂,原有 400 多名职工下岗再就业不到 100 人,且拖欠职工养老保险金已达上千万元,已到退休年龄职工无法办理退休,多次有职工联合上访、请求安置现象。因此,本案判决可能影响一方社会稳定。

七、最高人民法院再审认定与处理

最高人民法院再审查明的事实与原审查明的事实相同。

最高人民法院再审认为,双方当事人争议的焦点为:(1)融海公司起诉是否超过诉讼时效;(2)融海公司能否享有 1998 抵字第 1100519980005 号《最高额抵押合同》项下抵押物优先受偿权。

(一)关于融海公司起诉是否超过诉讼时效的问题

最高人民法院认为,2000 年 5 月 31 日,百色工行将债权转让给华融南宁办,双方签订了债权转让协议,德保糖厂在债权转让协议上签字认可,故本案的诉讼时效从德保糖厂签字确认之日起重新计算,即从 2000 年 5 月 31 日至 2002 年 5 月 31 日。华融南宁办受让债权后,分别在诉讼时效期间内的 2002 年 4 月 19 日、2004 年 4 月 18 日在省级报刊上刊登债权催收公告和债权转让公告,上述公告行为均引起诉讼时效中断,诉讼时效期间从 2004 年 4 月 18 日起重新计算至 2006 年 4 月 18 日。

1. 关于瀚海公司和融海公司于 2006 年 9 月 19 日、2007 年 3 月 17 日在《法治快报》刊登债权转让催收公告能否引起诉讼时效中断的问题。

首先,根据《最高人民法院关于审理民事案件适用诉讼时效制度若干问题的规定》第十条的规定:“具有下列情形之一的,应当认定为民法通则第一百四十条规定的‘当事人一方提出要求’,产生诉讼时效中断的效力:……(四)当事人一方下落不明,对方当事人在国家级或者下落不明的当事人一方住所地的省级有影响的媒体上刊登具有主张权利内容的公告的,但法律和司法解释另有特别规定的,适用其规定”。因此,使用公告催收方式应同时符合以下条件:一是义务人下落不明,权利人无法直接向义务人主张权利;二是该公告需有主张权利的意思表示;三是应在公开发行的国家级或义务人住所地省级有影响的媒体上刊登公告。而德保糖厂不属下落不明的当事人,瀚海公司或融海公司受让债权后完全可以直接向义务人主张权利,故在《法治快报》上刊登债权催收公告,不符合法律规定的公告催收的适用条件。

其次,《最高人民法院关于审理涉及金融资产管理公司收购、管理、处置国有银行不良贷款形成的资产的案件适用法律若干问题的规定》第十条规定:“债务人在债权转让协议,债权转让通知上签章或者签收债务催收通知的,诉讼时效中断。原债权银行在全国或者省级有影响的报纸上发布的债权转让公告或通知中,有催收债务内容的,该公告或通知可以作为诉讼时效中断证据。”《最高人民法院关于审理金融资产管理公司收购、处置银行不良资产有关问题的补充通知》第一条规定:“国有商业银行(包括国有控股银行)向金融资产管理公司转让不良贷款,或者金融资产管理公司受让不良贷款后,通过债权转让方式处置不良资产的,可以适用本院发布的上述规定”。由此可见,刊登催收公告方式的适用主体仅为国有商业银行或金融资产管理公司,并非所有的受让主体均可以适用上述规定。

综上,瀚海公司和融海公司于 2006 年 9 月 19 日、2007 年 3 月 17 日在《法治快报》刊登债权转让催收公告不能发生诉讼时效中断的效力。

2. 关于华融南宁办于 2004 年 10 月 20 日在《法治快报》刊登债权转让催收公告能否引起诉讼时效中断的问题

德保糖厂主张华融南宁办已于 2004 年 6 月 29 日将债权转让给瀚海公司,其不是债权人,其于 10 月 20 日在《法治快报》刊登债权转让公告不能发生诉讼时效中断效力。最高人民法院认为,从《债权转让公告》内容上看,已明确华融南宁办将对德保糖厂债权本息 52 086 890. 95元(截止 2004 年 9 月 20 日)转让给瀚海公司,瀚海公司取代华融南宁办对上述债权全部权利,请债务人及担保人积极筹集资金,向新的债权人瀚海公司清偿债务,明确具体、具有债权催收内容。从主体上看,华融南宁办符合债权转让公告主体,即最高人民法院《关于审理金融资产管理公司收购、处置银行不良资产有关问题的补充通知》第 1 条的规定。故德保糖厂的主张没有事实和法律依据,不予支持。

3. 关于瀚海公司 2006 年 9 月 30 日向百色市右江区法院起诉,融海公司申请法院撤诉能否引起诉讼时效中断的问题。

2006 年 9 月 30 日,瀚海公司向百色市右江区人民法院起诉,法院虽以诉讼标的额的 10% 予以立案,但根据《最高人民法院关于审理民事案件适用诉讼时效制度若干问题的规定》第十一条“权利人对同一债权中的部分债权主张权利,诉讼时效中断的效力及于剩余债权,但权利人明确表示放弃剩余债权的情形除外”的规定,瀚海公司因起诉而产生的诉讼时效中断效力应及于全部债权。同时,《最高人民法院关于审理民事案件适用诉讼时效制度若干问题的规定》第十二条规定,当事人一方向人民法院提交起诉状或口头起诉的,诉讼时效从提交起诉状或者口头起诉之日起中断。该规定中并没有限制当事人必须向有管辖权的法院起诉才能引起诉讼时效中断,且即使原告诉错了法院,但由于原告提起的“诉”已经具备了《中华人民共和国民事诉讼法》第一百零八条规定的起诉要件,故其向法院请求保护民事权益的意思表示明确。且本案中,2006 年 10 月 25 日,德保糖厂在百色市右江区人民法院送达起诉状副本、应诉通知书、举证通知书、开庭传票的送达回证上签字。

2006 年 9 月 30 日瀚海公司向百色市右江区人民法院起诉后,在诉讼期间将债权转让给融海公司,融海公司受让债权后向法院申请撤诉,百色市右江区人民法院于 2007 年 7 月 10 日裁定准许融海公司撤诉。二审法院认为,依据民事诉讼法法理,诉的撤回视为未起诉,原告撤诉表明其撤回向法院提起诉讼的诉讼行为,撤诉与未起诉具有同样的法律效果。因此,因起诉而产生的法律效果一并消灭,权利义务状态也回复至起诉前的状态,因起诉而产生的诉讼时效中断效力也自然被撤销,诉讼时效不因曾经发生的起诉行为而中断。故融海公司撤诉后,视为瀚海公司 2006 年 9 月 30 日未起诉,依法不能引起诉讼时效中断。

最高人民法院认为,二审法院对此认定不当,理由如下:

首先,债权人起诉且起诉状副本等已送到债务人,发生诉讼时效中断效力。撤诉对当事人来讲就是不再要求人民法院对其民事争议按照法定程序进行审判裁决,只表明当事人处分了自己的诉讼权利,而并没有处分自己的实体权利,且本案中,瀚海公司起诉后起诉状副本等已送到德保糖厂,发生诉讼时效中断效力。

其次,《最高人民法院关于四川高院请示长沙铁路天群实业公司贸易部与四川鑫达实业有限公司返还代收货款一案如何适用法(民)复(1990)3 号批复中"诉讼时效期间"问题的复函》亦有明确具体答复,即当事人向法院起诉,应视为诉讼时效中断,经法院准予撤诉后又起诉的,诉讼时效期间应从裁定准予撤诉之日起重新计算。

再次,再审开庭时,融海公司称,签订合同的是百色工行,其住所地是右江区,所以合同签订地和履行地是右江区,右江区人民法院有管辖权,且管辖权是法院内部分工,只要按照民事诉讼法规定提起诉讼就可以,如果没有管辖权,法院内部可以移送,当事人也可以提出异议。最高人民法院认为,对于当事人的起诉权,不能过于苛责。

故,二审法院认为本案债务在诉讼时效期间即 2004 年 10 月 20 日至 2006 年 10 月 20 日期间未发生诉讼时效中断的事由,诉讼时效至 2006 年 10 月 20 日结束,融海公司于 2009 年 7 月向百色市中级人民法院提起诉讼,已经超过诉讼时效期间,其诉请德保糖厂归还贷款本息依法不受法律保护不当,应予纠正。

(二)关于融海公司对涉案《最高额抵押合同》项下抵押物是否有优先受偿权问题

一、二审法院基于认定融海公司起诉已过诉讼时效,认为根据《最高人民法院关于适用〈中华人民共和国担保法〉若干问题的解释》第十二条第二款"担保物权所担保的债权的诉讼时效结束后,担保权人在诉讼时效结束后的二年内行使担保物权的,人民法院应当予以支持"的规定,本案主债务的诉讼时效期间届满时间为 2006 年 10 月 20 日,但在此后的两年时间内,融海公司并没有就担保物权向人民法院主张权利,故融海公司在本案中主张行使担保物权,依法不予保护。

最高人民法院认为,如前所述,融海公司撤诉后并不意味着当事人未起诉,诉讼时效发生中断,一、二审法院依据担保法司法解释认定担保权人在诉讼时效结束后两年内未行使担保物权,依法不予保护属于适用法律错误,应予纠正。

最高人民法院认为,一、二审法院对于涉案《最高额抵押合同》问题存在认定事实不清、证据不足的问题。理由是:二审法院认为,当事人在 1998 抵字第 1100519980005 号《最高额抵押合同》中未明确约定抵押物,只是约定抵押物详见抵押物清单,但融海公司并没有提交相对应的抵押物清单,故 1998 抵字第 1100519980005 号《最高额抵押合同》项下的抵押物不明确,该《最高额抵押合同》不成立,但再审开庭时,融海公司主张 1998 年贷款是借新还旧,抵押清单还是沿用以前的;其次,当事人在《最高额抵押合同》中约定的抵押物体现在抵押物清单上,至于融海公司没有提交相对应的抵押物清单,并不能由此否定该抵押物的存在;再次,涉案债权的抵押担保由①1995 年 10 月 16 日德信抵字 95 年第 001 号、②1995 年 10 月 27 日德信抵字 95 年第 002 号、③1998 年 12 月 24 日 1998 年抵字 95 年第 1100519980005 号三份担保合同约定,而对该三份担保合同下的抵押物及清单中抵押物应进一步具体核实。

综上,二审法院依据《担保法》司法解释第五十六条"抵押合同对被担保的主债权种类、抵押财产没有约定或者约定不明的,根据主合同和抵押合同不能补正或者无法推定的,抵押不成立"的规定,认为《最高额抵押合同》项下的抵押物不明确,该《最高额抵押合同》不成立的理由不充分。

综上,最高人民法院认为,原一、二审判决认定事实不清,适用法律错误。依照《中华人民共和国民事诉讼法》第一百八十六条第一款、第一百五十三条第一款第(三)项之规定,裁定:一、撤销一、二审判决;二、发回百色市中级人民法院重审。

八、对本案的解析

本案基于原判认定事实不清、证据不足,裁定撤销原判决,发回原审人民法院重审。在此,不便对于案件事实和法律适用问题多做评价,仅就其中诉讼时效问题进行解析和探讨。

"时效制度是基于维持社会秩序之公益上之理由而设"①,诉讼时效制度的首要功能即维护社会公益,其价值目标是在社会公共利益视角内对公平与效率价值目标衡量、对权利保护与权利限制的衡量、对权利人个体利益与社会利益的衡量以及对个体利益之间的衡量。在司法实践中,既要督促权利人及时行使权利,对"眠于权利之上"的权利人不予保护,又要依据诚实信用的原则避免这一制度的不当适用,成为义务人故意逃避债务的工具。

(一)诉讼时效中断的时间节点认定

《民法通则》第一百四十条规定,诉讼时效因提起诉讼、当事人一方提出要求或者同意履行义务而中断。从中断时起,诉讼时效期间重新计算。提起诉讼是诉讼时效法定中断事由之一,《最高人民法院关于审理民事案件适用诉讼时效制度若干问题的规定》(以下简称《诉讼时效规定》)第十二条规定,当事人一方向人民法院提交起诉状或者口头起诉的,诉讼时效从提交起诉状或者口头起诉之日起中断。在此之前,学界和实务界有关因提起诉讼而引起诉讼时效中断的时间节点颇有争议,主要有从当事人一方向法院提交起诉材料或者口头起诉之日起中断、从法院受理之日起中断和从起诉状副本送达给对方当事人之日起中断三种观点。《诉讼时效规定》对此明确,即该时间节点为当事人一方向人民法院提交诉状或者口头起诉之日。

本案中,瀚海公司于 2006 年 9 月 30 日向百色市右江区人民法院起诉,应发生诉讼时效的中断效力。

(二)当事人仅就同一债权中部分债权提起诉讼诉讼时效中断的效力

提起诉讼,是指公民、法人或者其他组织,认为自己所享有的或者依法由自己支配、管理的民事权益受到侵害,或者与他人发生民事权益的争议,以自己的名义请求法院通过审判给予司法保护的诉讼行为。提起诉讼是权利人请求公权力机关运用公权力对其权利进行保护的公力救济方式。对于当事人的诉权的行使不应过于苛责,一般而言,"提起诉讼",是指提起符合法律规定的合法之诉要件的诉,当然,如果提起的诉讼虽不符合法律规定的

---

① 史尚宽:《民法总论》,中国政法大学出版社 2001 年版,第 91 ~ 92 页。

合法之诉的全部要件,但其具备的要件足以认定权利人向义务人以提起诉讼的方式主张争议的权利的,当事人一方“提起诉讼”的行为也具有诉讼时效中断的效力。①

最高人民法院《关于诉讼时效规定》第十一条规定,权利人对同一债权中的部分债权主张权利,诉讼时效中断的效力及于剩余债权,但权利人明确表示放弃剩余债权的情形除外。因此,本案中瀚海公司以同一债权标的额的10%起诉而产生的诉讼时效中断效力应及于全部债权。

另外,受诉法院是否符合受理标准,法律及司法解释中并没有限制当事人必须向有管辖权的法院起诉才能引起诉讼时效中断,本案中即使原告诉错了法院,但由于原告提起的“诉”已经具备了《中华人民共和国民事诉讼法》第一百零八条规定的起诉要件,其向法院请求保护民事权益的意思表示明确,应引起诉讼时效的中断。

(三)当事人起诉后又撤诉是否引起诉讼时效中断的效力

起诉与撤诉均是当事人诉权的行使,但起诉后又撤诉是否与未起诉具有同样的法律效果,权利义务状态也回复至起诉前的状态,因起诉而产生的诉讼时效中断效力也自然被撤销。我们认为此观点值得商榷。

首先,从诉讼时效制度的价值取向分析。诉讼时效制度的目的是督促权利人及时行使权利,保护交易安全,尊重现存的社会秩序。但是诉讼时效制度的价值取向并非鼓励义务人滥用诉讼时效抗辩权,不主动履行义务甚至利用该制度逃避义务履行,这一制度的适用同样是在民法诚实信用的基本原则之下,作为司法者,应正确运用诚实信用原则,发挥诉讼时效制度的衡平功能,平衡当事人之间和当事人与社会之间的利益冲突和矛盾。

其次,当事人起诉后又撤诉,并非与不起诉具有同样的法律后果。当事人的起诉,已经表明其请求司法机关裁判,积极行使权利,其撤回起诉,也是当事人诉权的行使。且就本案而言,在一方当事人起诉后,其起诉状副本等也已经送达对方当事人。通过法院向对方当事人提出要求,符合《民法通则》第一百四十条规定的引起诉讼时效中断的情形之一。

再次,最高人民法院对此有过明确规定。《最高人民法院关于四川高院请示长沙铁路天群实业公司贸易部与四川鑫达实业有限公司返还代收贷款一案如何适用法(民)复〔1990〕3 号批复中“诉讼时效期间”问题的复函》(2000 年4 月5 日〔1999〕民他字第12 号)称,“据报告述称,天群贸易部为与成都军区铁合金厂清偿货款纠纷,于1994 年11 月25 日向法院起诉,四川鑫达实业有限公司作为第三人参加诉讼。天群贸易部于1997 年6 月经法院准予撤诉后,又于1998 年3 月向法院起诉,要求鑫达公司返还代收货款。我院经研究认为,根据《民法通则》第一百四十条的规定,天群贸易部向法院起诉,应视为诉讼时效中断,诉讼时效期间应从撤诉之日起重新计算。”

综上,对本案来讲,瀚海公司于2006 年9 月30 日向百色市右江区人民法院起诉,虽其后,融海公司撤回起诉,亦应发生诉讼时效的中断效力。

---

① 宋晓明等:《〈关于审理民事案件适用诉讼时效制度若干问题的规定〉的理解与适用》,载《民事审判指导与参考》总第35 集,第51 页。

【地方法院案件解析】

劳动合同中保守商业秘密条款性质辨析

——任民、任建棠诉刘倩劳动合同纠纷案

华苏芳* 张 弢**

【裁判要旨】

在劳动争议案件中,客户名单、信息是否构成商业秘密,应当根据《反不正当竞争法》对商业秘密的定义来认定;对违反保密义务而造成损失的索赔,应当先由用人单位举证证明因劳动者违约而遭受的实际损失,不宜按《反不正当竞争法》的相关规定酌情赔偿,如不能举证证明的,由用人单位自行承担举证不能的后果。

一、案情

原告:任民、任建棠。

被告:刘倩。

上海博智信企业形象策划有限公司(以下简称上海博智信公司)设立于2003年3月12日,股东为本案原告任民、任建棠父子,法定代表人为任民,经营范围为企业形象设计、策划,展览展示服务,电脑图文设计制作,市场调研,会务服务,舞台艺术设计、策划。2009年6月26日,原告任民、任建棠作出解散上海博智信公司的决定,同年8月20日,任民、任建棠在清算报告上签字确认,公司债务已清偿完毕,若有未了事宜,股东愿意承担责任。次日,上海博智信公司被上海市工商行政管理局嘉定分局依法注销。北京博立信广告有限责任公司(以下简称北京博立信公司)设立于1999年7月22日,股东为原告任民、任建棠,法定代表人为任民。

2005年2月13日,上海博智信公司与被告刘倩签订劳动合同,约定劳动合同期限自2005年2月13日起至2006年2月13日止,被告从事媒体部助理兼客户主任的岗位工作。2005年3月4日,上海博智信公司与被告刘倩签订《员工保密条款》(劳动合同附件),其中约定,在乙方(刘倩)受聘于甲方(上海博智信公司)期间及之后的五年内,在未经甲方书面同意的情况下,乙方必须恪守为甲方保密的义务,包括但不限于:公司内的任何商业机密,

---

* 上海市黄浦区人民法院民一庭法官。

** 上海市黄浦区人民法院民一庭法官助理。

客户网络和信息,促销手段,供货商信息,价格政策,财务信息,财产信息,管理信息,员工信息,制作信息,计算机及数据库信息,经营状况及今后的规划和意向,管理规划及其实施情况等;乙方同意,其将对任何违反这些义务所产生的全部法律责任承担责任,包括就公司遭受的任何经济损失支付全部费用。被告刘倩在上海博智信公司工作期间使用的英文名为STELA,负责客户订单的执行和结算。2009 年 8 月 19 日,被告刘倩通过电子邮件提出辞职,称 2009 年 8 月底将正式离职。同年 9 月 17 日,被告在电子邮件中告诉原先的负责人其继续与 ABB 公司开展业务。次年 8 月 20 日,原告通过快递向上海市黄浦区劳动争议仲裁委员会递交仲裁申请材料,8 月 24 日原告委托代理人前往该委办理仲裁申请手续。2010 年 8 月 26 日,上海市黄浦区劳动人事争议仲裁委员会出具《不予受理通知书》,认定申请人任民、任建棠于 2010 年 8 月 24 日向本会递交申请书申请仲裁,申请人不具有劳动争议仲裁主体资格,决定不予受理。原告不服,诉至本院。

上海博翔广告有限公司(以下简称博翔公司)设立于 2009 年 6 月 22 日,股东为案外人刘宝龙(刘倩之父)、被告刘倩,法定代表人为被告刘倩。经营范围为设计、制作、发布、代理各类广告,图文设计制作,建筑装饰设计、多媒体设计制作,公共关系咨询,企业形象策划。

上海博智信公司与 ABB(中国)有限公司、上海外语教育出版社、锦江麦德龙现购自运有限公司等公司建立过业务关系,并获得经济利益。博翔公司在 2009 年 8 月 1 日起与上海外语教育出版社有限责任公司、中远关西涂料化工(上海)有限公司、锦江麦德龙现购自运有限公司等公司有过业务款项往来。其中 2009 年 8 月 1 日上海外语教育出版社责任有限公司共打入博翔公司账户的业务款为 52575 元,同年 9 月 1 日起至 2010 年 8 月 27 日止上海外语教育出版社有限责任公司、中远关西涂料化工(上海)有限公司、锦江麦德龙现购自运有限公司、珂蔚寇贸易(上海)有限公司共打入博翔公司业务款共计 40 万元左右。在博立信网站上除了介绍北京、上海及南京等公司外,还有 ABB、麦德龙等客户的字号简称和企业标识。

两原告认为,被告刘倩于 2009 年 6 月即注册了博翔公司,利用其掌握的客户和供货商信息开展相同的业务。被告刘倩的上述行为侵害了上海博智信公司的商业秘密,故原告诉请被告赔偿经济损失人民币700 000元。

被告刘倩辩称,上海博智信公司于 2009 年 8 月 21 日被批准注销,其用人单位的资格已经消灭,两原告不具有劳动争议的诉讼主体资格。被告与上海博智信公司的劳动关系终止于 2009 年 6 月 26 日,两原告于 2010 年 8 月 24 日申请劳动仲裁,已超过了一年的仲裁时效期间。上海博智信公司所有的客户信息在公司网站上可以查到,系对外公开的,两原告未采取任何保密措施,公司客户信息不构成商业秘密。上海博智信公司于 2009 年 6 月 26 日解散,博翔公司成立于 2009 年 6 月 22 日,其正常的经营行为不会对上海博智信公司带来任何损失,原、被告之间未有竞业禁止的约定,被告的投资行为没有侵害原告的利益,故不同意原告的诉讼请求。

二、审判

上海市黄浦区人民法院经审理后认为,用人单位与劳动者履行劳动合同,均应诚实守信,用人单位对劳动者实行管理和监督,支付和实行相应劳动报酬和福利待遇,劳动者应当遵守劳动纪律、单位规章制度和职业道德。本案争议焦点有四:(1)原告是否具备本案诉讼主体资格;(2)原告申请仲裁是否超过仲裁时效期间;(3)被告刘倩是否存在违反保密协议的行为;(4)原告主张 70 万元经济损失是否有依据。

对争议焦点 1,劳动合同关系是以劳动给付为目的的受雇人与雇佣人之间权利义务关系,除了身份上的隶属关系,还有债的经济要素。两原告系上海博智信公司的股东,该公司申请注销时,两原告在清算报告上签字确认,公司债务已清偿完毕,若有未了事宜,股东愿意承担责任。现本案两原告要求被告赔偿经济损失的诉请仅涉及到财产关系,根据权利义务相一致的原则,本案两原告为适格主体,有权向被告主张相关权利。

对争议焦点 2,劳动争议仲裁的时效期间为一年,仲裁时效期间从当事人知道或应当知道其权利被侵害之日起计算。2009 年 9 月 17 日被告刘倩在邮件中表明,将继续为 ABB 公司服务,此时应视为当事人知道其权利可能被侵害,劳动争议仲裁的时效于此时开始起算。故原告于 2010 年 8 月 24 日申请仲裁并未超过劳动争议仲裁的时效期间。

对争议焦点 3,上海博智信公司在其网站上公布了与其合作的客户信息,这些信息仅是部分客户的简称及公司标识,在网上可以随意浏览,并不构成商业秘密。但是对于与上海博智信公司建立业务往来的客户的具体业务需求、偏好、可接受的价格等内容未在网站上公布,而这些客户信息才是一般公众无法知悉,且能为权利人带来经济利益的经营信息。该公司与掌握商业秘密的员工签有保密协议,对客户名单等经营信息采取了相应的保密措施。多年来,这些经营信息给上海博智信公司带来一定的经济效益,使该公司对外具有较强的竞争优势。被告刘倩在上海博智信公司工作期间担任媒体部助理兼客户主任,不可避免地会接触到相关未公开的经营信息。为此,原告与被告签订了《员工保密条款》(劳动合同附件),具体约定了保密期限、保密范围等等,应视为权利人采取了保密措施。而被告在自己开办公司后不久,即与上海博智信公司的原客户迅速展开业务往来,并在短时间内获取了经济利益,系利用了其在博智信公司掌握的未公开的经营信息,被告的行为显然违反了保密协议的约定。

对于争议焦点 4,劳动者违反劳动合同中约定的保密义务给用人单位造成损失的,应当承担赔偿责任。本案系劳动争议案件,涉及商业秘密,但此类违约纠纷与反不正当竞争侵权纠纷,在诉讼主体、举证责任的承担、法律责任等等方面有所区别,现原告主张的是被告违约行为所导致的经济损失,赔偿额不能以反不正当竞争侵权纠纷中规定的"侵权人在侵权期间因侵权所获得的利润"为依据。因 2009 年 6 月 26 日起上海博智信公司已处于解散状态,原告认为博翔公司的营业收入本应是上海博智信公司的营业收入,缺乏事实依据。故依据《中华人民共和国劳动合同法》第三条、第九十条之规定,判决如下:原告任民、任建棠要求被告刘倩赔偿经济损失人民币700 000元之诉,不予支持。

判决后,各方当事人表示服判,均未提出上诉,本案已生效。

三、评析

本案虽系劳动争议案件,但双方约定的保守商业秘密的条款却属于知识产权领域。被告违反合同条款理应承担相应的法律责任,但《劳动合同法》明确规定,只有劳动者违反服务期的约定和违反竞业禁止的约定,才承担向用人单位支付违约金的责任。本案处理的难点是对于该类横跨两类领域的案件,如何认定相关信息是否构成商业秘密、双方约定的违约责任及经济损失的数额如何确定。

(一)本案所涉"客户名单、信息"是否构成商业秘密

《反不正当竞争法》第十条第三款规定,本条所称的商业秘密,是指不为公众所知悉、能为权利人带来经济利益、具有实用性并经权利人采取保密措施的技术信息和经营信息。《上海市反不正当竞争条例》第十五条第三款规定,本条所称商业秘密,是指不为公众所知悉、能为权利人带来经济利益、具有实用性并经权利人采取保密措施的技术信息和经营信息,包括原料配方、工艺流程、技术诀窍、设计资料、管理方法、营销策略、客户名单、货源情报等。《上海市反不正当竞争条例》以举例的方式将《反不正当竞争法》中的商业秘密予以细化,其中明确列举"客户名单"为商业秘密。本案中,两原告认为,被告利用原告的客户信息经营与原告相同的业务,获取利益,侵犯了原告的商业秘密;被告认为,原告所谓的客户名单、信息可在原告开设公司的网站上随意浏览,并不构成商业秘密。

我们认为,客户名单、信息是否构成商业秘密,不能一概而论,而仍应符合《反不正当竞争法》对商业秘密的定义:

第一,该信息不为公众所知悉。不为公众所知悉,主要包含着新颖性和秘密性两层含义。前者是"技术水准上的要求,即构成商业秘密的信息应与公知的或平常的技术信息或经营信息存在着差异,从而使权利人的该项信息与普遍知悉的信息区别开来"。[①] 后者指该信息不为相关行业的人普遍知悉,通过公开的途径无法获得。当然,不为公众所知悉的这两层含义并不是截然分离的,正因为相关信息具有新颖性所以才具有秘密性,对新颖性的考察和界定更有利于对秘密性的认定。从这点上分析,在本案中,若原告开办公司的经营业务内容与客户对象有密切关系或获取主要利润的对象、渠道需要保密,则相应的客户名单可以构成商业秘密。但从本案相关事实来看,在原告开办公司的网站上已将部分客户名称及公司标识公之于众,任何人均可从网站上获取客户名单、信息。故在这种情况下,这些客户名单、信息能够为公众所知悉,不构成商业秘密。当然,知悉这些客户信息并不能带来经济利益,能给原告带来经济利益的是这些客户的具体业务需求、可接受的价格范围、市场业务偏好等等。原告未将这些经营信息放置于网上,社会公众也不能从一般的渠道获取该信息,所以,这些信息才不为公众所知悉。

第二,该信息具有一定的价值,能给权利人带来经济利益。各个国家对价值性的理解不尽相同,比如,在日本,该信息要构成商业秘密,须将其应用于生产之中并产生了经济效益。而在美国,其《统一商业秘密法》则将"价值性"规定为,由于不为他人广泛所知,他人用正当手段不能轻易获得,因而具有实际的或潜在的独立经济价值,并且他人因其披露或适用也能获得经济价值。可见,"价值性"体现在一种经济利益或潜在的竞争优势。从我国的

① 孔祥俊:《商业秘密保护法原理》,中国法制出版社 1999 年版,第 132 页。

《反不正当竞争法》及《最高人民法院关于审理不正当竞争民事案件应用法律若干问题的解释》等内容来看,价值性包含现实的经济利益及潜在的竞争优势。在本案中,原告开设的公司利用客户的具体需求、业务偏好、可接受的价格范围等信息开展经营,取得了一定的经济效益,故其所拥有的相关客户信息具有"价值性"。

第三,该信息具备"管理性",即权利人对该信息采取了保密措施。这一保密措施需要具备合理性,可以从两方面理解:一是权利人在主观上有采取保密措施的意愿;二是权利人在客观上采取了相对合理的方式、方法。也就是说,"商业秘密的保密措施在法律上有很严格的要求,首先是有效的,并且也能够实现保密的目的,否则就可以认为信息拥有者已经允许其信息进入公共领域;其次采取的措施也应当是适当的,起码可以防止一般人通过正当手段知悉,不要求达到万无一失的苛刻程度,因为这样一来权利人的成本势必会增加,也损害他的经营能力,人们探求更优的技术和经营信息的积极性就会受到大大的打击,整个社会的利益也最终会遭到损害。"①《最高人民法院关于审理不正当竞争民事案件应用法律若干问题的解释》(以下简称《解释》)以列举的方式来认定权利人是否采取了保密措施,即:(1)限定涉密信息的知悉范围,只对必须知悉的相关人员告知其内容;(2)对于涉密信息载体采取加锁等防范措施;(3)在涉密信息的载体上标有保密标志;(4)对于涉密信息采用密码或者代码等;(5)签订保密协议;(6)对于涉密的机器、厂房、车间等场所限制来访者或者提出保密要求;(7)确保信息秘密的其他合理措施。

在本案中,被告与原告开设的公司签订了《员工保密条款》,约定了相应的保密范围和期限,故权利人主观上有保密的意愿,客观上以签订保密协议的方式采取了保密措施。综合以上要求,在本案中,原告公司的客户名单、信息不构成商业秘密,但客户的业务需求、偏好、可接受的价格范围等经营信息构成原告公司的商业秘密。

(二)"违反保密协议"造成损失的赔偿原则在反不正当竞争案件与劳动争议案件中的处理方式辨析

对于不正当竞争行为所造成损害的赔偿范围应包括直接损失、间接损失以及特定损失三方面。直接损失就是因侵权行为给权利人造成的直接财产损失,包括直接利润的减少及制止侵权行为必要费用的支出。间接损失是权利人因侵权行为而减少的预期收入,也就是权利人在不存在侵权行为的情况下,通常必然会得到的利益。这一部分的损失可以引入《合同法》中可预见性的规则来具体确定。特定损失主要是在直接损失与间接损失之外的,因侵权行为引起的损失。比如,权利人调查不正当竞争所支出的合理费用;与不正当竞争诉讼支出的有关诉讼费用等等。

在赔偿额的计算上,《反不正当竞争法》第二十条第一款规定,经营者违反本法规定,给被侵害的经营者造成损害的,应当承担损害赔偿责任,被侵害的经营者的损失难以计算的,赔偿额为侵权人在侵权期间因侵权所获得的利润,并应当承担被侵害的经营者因调查该经营者侵害其合法权益的不正当竞争行为所支付的合理费用。《解释》第十七条规定,确定

① 张耕等:《商业秘密法》,厦门大学出版社 2006 年版,第 7 ~ 20 页。

《反不正当竞争法》第十条规定的侵犯商业秘密行为的损害赔偿额,可以参照确定侵犯专利权的损害赔偿额的方法进行。由此可见,在不正当竞争案件中,损害赔偿应按以下原则进行:第一,经营者遭受的损失可以计算时,按照实际损失,由侵权人全额赔偿。第二,经营者的损失无法计算时,赔偿额为侵权人在侵权期间因侵权所获得的利润。第三,无法确定经营者的损失或侵权人的得利时,赔偿额参照《专利法》的规定,以许可商业秘密使用应支付费用的倍数合理确定。

劳动争议案件不同于反不正当竞争案件。劳动争议纠纷虽包含一定的债的经济要素,但更为重要的是人身依附关系。根据《劳动合同法》第二十二条、第二十三条的规定,劳动者只有在两种情况下才承担向用人单位支付违约金的责任,即劳动者违反服务期的约定及违反竞业限制的约定。本案一方面不涉及服务期的约定,另一方面在双方签订的保密协议中,只约定了保密的义务,没有约定竞业禁止的内容。对此如何确定劳动者的责任,有不同的观点。一种观点认为,应严格按照《劳动合同法》的规定,只有在违反服务期或竞业限制约定时,劳动者才承担支付违约金的义务。另一种观点认为,劳动合同就保密义务的违约金标准有明确约定的,法院应予确认;对于笼统约定承担违约责任,而无具体标准的,可根据《反不正当竞争法》的相关规定予以酌定。第三种观点认为,劳动争议案件中对违约金标准无具体约定的,不可按《反不正当竞争法》的相关规定予以酌定,对于原告的违约金诉请应不予支持。

我们认为,劳动争议案件中涉及违反保密义务所需承担的责任不能简单类推适用反不正当竞争侵权案件中的赔偿规则。在劳动纠纷案件中,原告主张被告违约导致经济损失,但没有提供其直接经济损失的证据,合同中也未约定具体的违约造成的赔偿数额;原告主张以被告在侵权期间的营业收入作为赔偿其经济损失的基数又没有法律依据。此外,从本案事实上看,原告开设的公司于 2009 年 6 月 26 日已处于解散状态。被告开设的博翔公司设立于 2009 年 6 月 22 日,从 8 月 1 日起与原告公司原客户建立业务关系,开始营利。由于原告公司处于解散状态在前,被告公司开始营利在后,故原告主张被告公司的营业收入本是原告公司的营业收入,缺乏事实依据。

侵犯商业秘密(违反保密义务)在《反不正当竞争法》和《劳动合同法》中有不同的处理规则,两者在构成要件、举证责任、承担责任范围方面等方面存在不同。在构成要件方面,前者要求商业秘密符合法定条件、被告的信息与原告的信息相同或者实质相同、被告采用了不正当手段;后者要求双方存在竞业限制约定并且被告违反该约定。在举证责任方面,前者要求较重,需要对构成要件一一举证;后者要求较轻,只需证明被告违反了合同约定。在责任范围方面,前者为,赔偿侵权损失,损失难以计算的,赔偿额为侵权人在侵权期间因侵权获得的利润;并承担被侵权人为调查所支付的合理费用;均无法确定时,法院可酌情确定 50 万以下的损害赔偿额。侵犯商业秘密造成重大损失,构成犯罪。后者为,按照约定向违约者索取违约金。

在劳动争议案件中对违反保密义务而造成损失的索赔,应当先由用人单位举证证明因劳动者违约而遭受的实际损失,不宜按《反不正当竞争法》的相关规定酌情赔偿。如不能举证证明的,由用人自行承担举证不能的后果。

【热点调研】

关于建立劳动争议案件仲裁与诉讼之间协调机制的调研报告

北京市第一中级人民法院课题组*

《中华人民共和国劳动合同法》、《中华人民共和国劳动争议调解仲裁法》、《最高人民法院关于审理劳动争议案件适用法律若干问题的解释(三)》等一系列法律、司法解释构建了"一裁两审"的劳动争议纠纷处理机制。而在当前仲裁与诉讼衔接仍然存在诸多问题的情况下,如何实现仲裁与诉讼两者的协同,更好地处理劳动争议纠纷,急需加强研究。为此,北京市第一中级人民法院(以下简称一中院)就仲裁与诉讼的协调机制开展了此次调研,目的在于揭示目前裁审关系中存在问题,探究解决路径,力求在现有的"一裁两审"制度框架内实现仲裁与诉讼的更好衔接。

一、对劳动争议收结案情况的实证分析

本次调研搜集了近三年来北京市劳动争议仲裁委员会、北京市法院以及一中院审理的劳动争议案件的收结案统计数据,各项统计数据的对比和分析结果可以大体展现出目前劳动争议纠纷处理机制的运行现状和特点。

(一)案件数量井喷式增长,"一裁两审"机制难以抑制

表一　近三年来北京市仲裁、一审、二审收案数量及增长比例

	仲裁收案数量(件)及增长比例		一审收案数量(件)及增长比例		二审收案数量(件)及增长比例	
2007 年	22 163	/	7997	17.1%	3125	8.3%
2008 年	49 784	124.63%	15 033	87.9%	4129	32.1%
2009 年	73 463	47.56%	21 935	45.9%	8094	96%

* 课题主持人:孙国鸣,课题组成员:张弓、朱华、于涛、高海鹏、夏天宇、刘佳洁。

近三年来,劳动争议案件绝对数量和相对增长幅度都呈现大幅度上升趋势,仲裁机构及法院均面临着前所未有的结案压力。这三年当中相关的劳动争议法律及司法解释相继颁布实施,法制宣传及媒体报道使得劳动争议纠纷成为社会关注的焦点问题,劳动者通过司法程序解决劳资纠纷的意愿空前迫切,社会中劳资矛盾不断扩大、升级,造成劳动争议案件数量井喷式增长。同时,目前的“一裁两审”机制本身也存在一些问题,造成案件数量居高不下。

(二)前置程序作用明显,“一裁两审”机制特点突出

从同期仲裁与诉讼案件数量的对比可以看出,在仲裁阶段化解的劳动争议案件可达到全部仲裁案件的2/3 左右,仲裁后仅有大约 1/3 的劳动争议纠纷进入诉讼程序。① 可见,仲裁前置程序在劳动争议处理机制中仍然占有重要的地位。劳动仲裁委员会作为劳动争议案件的纠纷处理前沿机构发挥其专业性、便捷性的特点,在双方当事人第一次对簿公堂的时候将纠纷化解掉,避免了劳资矛盾因长期存在而致突出尖锐的倾向。尽管学界对于劳动争议处理机制改革提出过各种各样的设想,如排斥法院方案、排斥仲裁方案、“裁审分离,各自终局”方案、“或裁或审、裁审衔接”方案以及“一裁一审”方案,但从以上统计的数据来看,目前劳动仲裁程序的作用不可忽视,“一裁两审”机制仍整体运转良好。

(三)执法尺度不统一,裁审结果不一致

表二　一中院审结案件中一、二审结果与仲裁结果比照表②

终审结案方式及案件数(件)	一审与仲裁结果不一致案件数(件)及比例	二审与仲裁结果不一致案件数(件)及比例
维持(853)	231/27.1%	231/27.1%
改判(26)	21/80.77%	22/84.62%
发回(22)	17/77.27%	/
调解(161)	41/25.47%	/
撤诉(99)	27/27.27%	/
裁定驳回(52)	1/1.92%	1/1.92%
裁定撤销原裁定(2)	0/	2/100%
共计:1215	338/27.82%	256/27.44%

表二的统计数字反映仲裁结果与一、二审审判结果不一致的比例较高(远远高于北京

① 2007 年约有36%的劳动争议案件进入诉讼程序,2008 年这一数字为 30%,2009 年这一数字为 29.8%。该百分比数字并不是最精确的数字,考虑到仲裁的审理时间以及裁决后仍有十五天的起诉期,法院受理的案件可能并不是同期仲裁委员会受理的案件,二者之间可能存在一定的误差,但该数字仍能在很大程度上反映出实际进入诉讼的案件占仲裁委员会受理案件的比例。

② 表二以一中院 2010 年1 月至6 月审结的 1215 件案例作为统计对象。

市法院民事案件的改判、发回比率),这一方面说明仲裁机构与法院之间的执法不统一现象比较严重,另一方面说明诉讼当中查证事实与仲裁查明事实经常存在差异,造成裁审结果不一致。仲裁程序与诉讼程序之间缺乏必要的紧密衔接,尚未建立起保证仲裁与诉讼结果实现最大程度一致性的制度措施。因此,可以说目前仲裁机构与法院之间呈现出“裁审各自为政”的态势。

(四)起诉比例居高不下,仲裁权威有待提高

表三 近三年来北京市仲裁结案与一审法院收案情况对照表

年份	仲裁结案数量(件)					一审收案数量(件)	同期起诉案件比例
	总数	调解	撤诉	其他	裁决		
2007	22 040	10 362	1588	677	9413	7997	84.96%
2008	44 731	19 347	5401	1149	18 834	15 033	79.82%
2009	65 227	30 101	5541	2254	27 331	21 935	80.26%

尽管仲裁机构通过调解、协调工作使得大部分劳动争议以调解或者撤诉的方式化解,但是在仲裁作出实体裁决的案件中绝大部分案件都会进入诉讼程序。如果一审结果与仲裁结果不一致,双方当事人就会更加希望进入二审程序,一方面想获知案件究竟应当如何裁判,另一方面也想通过再次审理获得更加有利的结果。这种现象在 2009 年表现得尤为突出(参见表 中 2009 年数据),尽管 2009 年一审收案的增长比例较之 2008 年已经大幅下降,但是 2009 年二审收案的增长比例却有大幅度的上升,当事人对于诉讼的结果,尤其是二审的终审结果报有更高的期待,因此,仲裁裁决尚不具有足够的权威性。

通过上述表格的数据分析可以看出,仲裁裁决后绝大部分案件因为起诉而导致仲裁裁决不发生法律效力,并且诉讼的结果是仲裁裁决内容被判决内容大比例的推翻,这不仅反映出目前执法标准和尺度不统一的问题,更为严重的是这种现状导致仲裁机关的权威性难以建立,使得前置程序被误读为“前置手续”。近三年来起诉率居高不下,使得仲裁机构的作用仅仅局限于诉讼前的调解工作,而未发挥其作为准司法机关的裁判职能;同样,在一审诉讼结果与仲裁结果发生不一致的情况下,当事人对于司法机关可左可右的裁判结果更是心存疑虑,因此必然导致上诉率节节攀升。这样的连锁反应最终造成仲裁及诉讼资源严重浪费的局面,不仅影响了纠纷的顺利解决,损害了法治的威严;同时,也使得劳动争议处理机制所应体现出的公平与效率原则大打折扣。

二、当前劳动仲裁与诉讼之间不协调的表现

从我们对大量案例的分析来看,当前劳动仲裁和诉讼之间的不协调之处主要体现在以下几个方面:

(一)劳动争议仲裁与诉讼之间没有建立统一的争议标的理念,造成分多次申请、起诉的现象突出

诉讼标的决定着双方当事人之间争议的法律权利义务关系,依据通常的诉讼标的理论,争议的诉讼标的经法院审理之后当事人不得就同一诉讼标的另行起诉。但是在劳动争议司法实践中,同一个用人单位与同一名劳动者的纠纷会形成多起劳动争议案件,在一起案件中可以全部解决的相关诉讼请求,却被分割成若干个案件来解决,这种情况也导致了劳动争议案件数量的大幅度增长,严重浪费仲裁及审判资源。

例如,在一起案件中法院认定某建筑公司未能举证证明其与朱某的劳动关系已经解除,因此应支付朱某自 2009 年 3 月 1 日以后的工资。随后,朱某就后续工资问题向劳动仲裁机关申请仲裁,每两个月工资作为一个案件分别申请,且不同时提出。在该案中,劳动者的分别仲裁、诉讼行为明显具有滥用诉权的故意,但是目前尚无相关的法律规定能够对这种行为进行规制。

(二)仲裁请求未能有效约束诉讼请求,当事人随意增加、变更请求的情形较多

劳动争议案件不同于其他一般的民事案件,劳资双方发生纠纷后往往会涉及众多的争议事项,司法实践中当事人在诉讼中的请求较之仲裁请求有所增加或变更的情形经常发生。根据《最高人民法院关于审理劳动争议案件适用法律若干问题的解释》第六条的规定①,人民法院在诉讼中不得轻易将当事人增加或变更后的请求"拒之门外",这样就会造成在审判过程中部分请求未经仲裁审理的情形存在。

司法实践中这个问题的实质在于如何统一理解与适用诉讼请求的"不可分性",但是目前对于这个问题还没有达成统一的认识。例如,如劳动者就仲裁时主张给付加班工资,诉讼中再增加主张 25% 的经济补偿金,有的法院准许追加,有的则以未经仲裁程序为由不予处理。可见,目前法院对如何认定"不可分性",如何理解"独立的劳动争议",认定标准并不一致,掌握的宽严尺度也不统一,这直接导致仲裁请求与诉讼请求错位,仲裁请求无法直接决定诉讼请求。诉讼请求的增加或变更意味着法院审理范围相应地扩大,当事人尤其是被告就增加的请求部分须重新进行举证予以抗辩,不仅对被告,对法院而言亦是一种诉讼突袭,纵容了劳资双方对于劳动仲裁的随意态度,更使得仲裁程序在劳动争议纠纷解决机制中的作用被进一步轻视和忽略,有被边缘化的倾向。因此,对于是否具有不可分性,是否属于独立的劳动争议,应该严格掌握,统一认定标准和执法尺度。

(三)仲裁与诉讼程序中没有统一适用的证据规则

仲裁程序中双方当事人的举证质证及陈述自认情况在诉讼程序中还是否具有效力,目前还没有法律规范对此作出明确的规定。现在实践中的做法是仲裁中双方当事人提交的

---

① 该条规定是:"人民法院受理劳动争议案件后,当事人增加诉讼请求的,如该诉讼请求与讼争的劳动争议具有不可分性,应当合并审理;如属独立的劳动争议,应当告知当事人向劳动争议仲裁委员会申请仲裁。"

证据不能视为是诉讼中已提交的证据,当事人仍应进行重复举证;当事人在仲裁中没有提交的证据,在诉讼中仍然可以作为新证据提交,法院仍然组织质证。这相当于在一次纠纷处理程序中给了当事人两次重新举证质证、陈述自认的机会。

当事人在仲裁后往往已经大体得知裁判者对于证据及陈述的认证意见,因此,往往在进入诉讼程序后故意隐匿对自己不利的证据或改变对自己不利的陈述,甚至于举出与仲裁中己方陈述相反的证据。例如,劳动者在仲裁申请书当中承认其知晓用人单位与其解除劳动关系的时间,仲裁机关据此认定劳动者的请求已经超过了仲裁时效,而诉讼阶段劳动者就否认知晓解除劳动关系时间的事实。再如,用人单位在仲裁阶段明确表示该单位员工领取工资无须签字,结果仲裁机关没有采纳单位主张的工资数额,但是在诉讼程序中用人单位为了证明其主张的工资数额却提供了有劳动者签字的工资领取表。当事人这种利用第二次举证机会反言、翻证的不诚信行为不仅妨碍了诉讼活动的正常进行,也是对法律的规避,增加了裁审结果不一致的比率。

(四)起诉后仲裁裁决的"法律效力"有待进一步统一认识

根据《最高人民法院关于审理劳动争议案件适用法律若干问题的解释》第十七条的规定[①],当事人一方向法院起诉后,仲裁裁决全部不发生法律效力,法院仍须对案件重新作出处理。仲裁裁决不发生法律效力究竟是什么含义,我们认为有必要进行深入探讨。

如果认为仲裁裁决完全失效,则审判中有两个问题难以解释:其一,在一方当事人起诉的情况下,判决结果能否较之于裁决结果更加对原告不利?被告在诉讼中的抗辩理由如果得到法院支持,将导致诉讼结果对原告更加不利,被告不提起诉讼的能否被认定为对仲裁结果的认可。例如,杨某仲裁时要求某公司支付其工资差额 2000 元,仲裁裁决支持了工资差额 1000 元。杨某不服起诉,法院认定某公司只需再向杨某支付工资差额 61.26 元即可,但由于某公司未就仲裁裁决提起诉讼,法院就对仲裁裁决结果予以了确认。[②] 这个案例是直接确认了仲裁的裁决结果,为了维护当事人通过诉讼寻求更好救济的制度价值,参照适用了上诉审程序中的"不利益变更禁止原则"[③]。当然,目前审判实践中做法尚不统一。

其二,双方当事人都未提起诉讼的裁决内容效力如何认定?根据"处分原则",当事人没有起诉的部分不在法院的审理范围之内,那么未起诉但已裁决解决的部分在失去法律效力的同时,也不会在判决中予以确认。有一种观点认为,法官的释明可使得原告将全部的仲裁请求作为诉讼请求予以主张。但是这样的释明似乎有过度释明之嫌,因为法官释明制度的本意在于使得当事人将不明确的诉讼请求明确,不干涉当事人行使处分权或者放弃某些请求。另外,如果释明原告全部提起诉讼,对方当事人提出的抗辩又能成立,法院则势必会作出不利于原告的判决,又会陷入上文所述的另一困扰之中。本次调研了解到,审判实

---

① 该条规定:"劳动争议仲裁委员会作出仲裁裁决后,当事人对仲裁裁决中的部分事项不服,依法向人民法院起诉的,劳动争议仲裁裁决不发生法律效力。"

② (2010)一中民终字第 13476 号民事判决书。

③ 所谓不利益变更禁止原则,按照我国台湾地区民事诉讼学者的解释是指:"上诉人于上诉状内表明上诉之声明,上级法院即应依其上诉声明之范围为调查裁判,不得对上诉人为更不利之判决,此为不利益变更禁止之原则。"载杨建华:《民事诉讼法问题研析(一)》,台湾地区三民书局有限公司 1988 年版,第 364 页。

践中的做法一般是:对于双方都没有起诉的裁决事项,在判理部分表述为:“视为双方均认可仲裁裁决”,然后在判决主文中予以确认。

针对上述两个问题的两种实践做法,都突破了“裁决完全失效论”,这使得我们不得不重新思考仲裁裁决在诉讼中的效力问题。调研中我们认为有一种答案似乎可以称之为最佳答案,即起诉后裁决结果失去执行效力,而依旧保留着程序性拘束力(具体内容参见下文阐述)。

(五)法院对仲裁活动的监督机制缺失

目前劳动争议仲裁与诉讼之间的关系脱节严重,人民法院对仲裁裁决的正确与否和仲裁程序是否合法并不进行审查,而是在起诉后对劳动争议纠纷重新进行审理。1989 年最高人民法院曾就法律文书中对仲裁裁决评价的问题做过解释,明确法律文书中不得含有撤销或维持仲裁裁决的内容。[①] 即在形式上与实体上不与仲裁裁决挂钩。法院对仲裁裁决的长期不予置评致使仲裁程序于诉讼而言,成为了一个可有可无的程序。仲裁裁决的正确与否,程序是否合法,法院不在法律文书中阐明,对仲裁机关亦没有直接而明确的业务反馈,使法院对仲裁活动起不到必要的监督作用。同时,由于仲裁机关很难对具体每一个案件的最终审判结果进行追踪,也就失去了对照发现问题、提高裁决质量的重要渠道。正如本文的统计数字表明,劳动争议仲裁程序作为一种解决劳动争议的非诉程序,至今仍发挥着不可替代的作用。然而从目前的情况来看,由于立法的不完善和司法实践中认识的混乱,仲裁与诉讼程序存在着比较严重的错位现象:当事人起诉后,法院对案件进行重新审理,劳动仲裁成为走过场;劳动仲裁与诉讼适用法律不统一,导致劳动仲裁的权威性难以建立等等。因此,诉讼对仲裁的不评价、不纠正造成仲裁程序失去其应有的重要地位和价值,劳动争议纠纷处理机制的完善与健全将无从谈起。

三、对劳动仲裁与诉讼之间关系的再思考

在“一裁两审”机制中,正确认识劳动仲裁与诉讼程序的关系,有助于帮助建立协调统一的裁审衔接机制。我们认为,已经经过的仲裁活动对诉讼活动具有程序上的拘束力;法院对于仲裁机关具有监督引导职能。具体阐述如下:

(一)仲裁与诉讼的争议标的应当是统一的,仲裁请求决定了法院的审理范围

对于劳动争议案件,一个棘手的问题就是关于劳动争议案件的诉讼标的[②]。劳动争议案件不同于其他民事案件的一大特点就在于往往一个案件中包含了诸多项劳资双方争议,例如劳动合同、工资、休息休假、社会保险等方方面面,每一项均包含不同的内容,属于不同的事实。这些请求是否应当一次性提出,何种请求之间可以分开申请仲裁、诉讼,并不明

---

① 最高人民法院对劳动部《关于人民法院审理劳动争议案件几个问题的函》的答复[1989 年 8 月 10 日法(经)函〈1989〉53 号],第二项规定:“在判决书、裁定书、调解书中也不应含有撤销或者维持仲裁决定的内容。”

② 关于诉讼标的,学界有各种学说,例如旧实体法学说、诉讼法学说、新实体法学说等等。本文赞同在司法实践中通行的旧实体法学说,即诉讼标的是原告在诉讼上所提出的一定具体的实体法上的权利或者法律关系的主张。

确。因此,如何合理地识别和确定劳动争议案件的诉讼标的,对于司法实践具有重大的现实意义。我们认为,根据劳动法的法律体系,可以将劳动争议案件分为劳动合同纠纷、社会保险纠纷、工资纠纷、劳动保护纠纷等,一类法律关系与事实属于同一诉讼标的。

从司法实践来看,大部分的劳动争议案件集中在劳动者向用人单位索要拖欠工资和加班费的情况,劳动者多次、重复诉讼的情况也主要集中于这类纠纷。例如,劳动者向用人单位主张 2008 年 7 月 ~2009 年 1 月的加班费,在获得生效判决支持后,劳动者又起诉到法院要求支付 2008 年 1 月 ~2008 年 6 月的加班费。对于后诉,与前诉是否是同一诉讼标的,是否受前诉判决既判力的拘束,这就涉及判决的既判力客观范围的问题。理论界有两种观点:一种观点认为,诉讼标的是由原告的诉之声明来确定的,判决既判力的客观范围仅限于一部请求的债权,对于剩余部分债权,原告仍可起诉。另一种观点认为,诉讼标的是全部债权法律关系,既判力的客观范围应该同时及于剩余债权,剩余债权受既判力客观范围的拘束,原告不得就剩余债权再行起诉。前者体现了新诉讼标的学说的观点,依据诉之声明来确定诉讼标的和既判力的客观范围,后者则体现了旧实体法说的观点,以诉之声明所根据的实体法律关系来确定诉讼标的和既判力的客观范围。① 我们认为,第二种观点更符合审判实际,也更科学合理。如果采纳第一种观点,劳动者就可以将请求的事项分拆成若干个诉讼,用人单位面对数量庞大的诉讼案件只能疲于应付,并且在当前立法并无对恶意诉讼进行规制的情况下,仲裁和司法部门也束手无策。现实中已有多起劳动者通过分数次申请仲裁的手段来实现一裁终局目的的案例。实际上,对于劳动者主张拖欠的工资或加班费等具有连续性发生的请求事项,应推定在申请仲裁之前劳动者是知道或应当知道的,劳动者应当一并提出,这也是民事诉讼法理上的诚实信用原则的要求。

从以上分析可见,对于在劳动关系存续期间性质为同一的请求事项,在诉讼中应视为同一诉讼标的,不因为时间的持续性而成为若干个诉讼标的,劳动者亦不能将其拆分成多个诉讼。如果劳动者请求的事项属于不同的法律关系。例如,既要求用人单位支付竞业禁止的补偿金,又要求赔偿未上保险的损失,因在实体法上属于不同的法律关系,劳动者可以分开诉讼,不能认为是同一个诉讼标的而受既判力的拘束。但也应当建议劳动者一次性提出请求。如果劳动者在对拖欠工资提出申请获得裁决支持后,又申请拖欠工资的经济补偿金,则我们认为是不允许的。

另外,仲裁请求决定了法院的审理范围,在诉讼过程中不能任意增加或者变更请求内容。在诉讼程序当中,对于当事人增加或变更诉讼请求有着严格的规定,这一方面是出于程序安定的考虑,另一方面,也是固定争点、便于法院及时审理的需要。对于劳动争议案件,最高人民法院的司法解释规定了在诉讼中当事人可以增加诉讼请求,如与诉争的诉讼请求具有不可分性,则法院可以一并审理。如属于独立的劳动争议,应另行仲裁。对于如何掌握“不可分性”,我们认为如果增加的诉讼请求属于同一诉讼标的项下的,应当允许追加,相反则不允许追加,告知当事人另行申请仲裁。

这就要求仲裁机关在立案时对当事人进行适当指导,要求申请人对于相关争议,尤其

① 王娣、钦骏:《民事诉讼标的理论的再构筑》,载《政法论坛》2005 年第 2 期。

是属于同一争议标的项下的请求一次性提出,尽量减少仲裁、诉讼的次数。

(二)仲裁证据在诉讼中具有一定的效力

在当事人主义诉讼模式下,诉讼的开展在当事人之间的相互对抗下进行,原告就其主张的请求、被告就其提出的抗辩事由分别提出证据予以证明,诉讼活动由双方的推动而逐步深入,逐渐形成双方争议的主要焦点,法官居中予以裁判。同时,整个诉讼过程亦是固定双方证据的过程,包括各方的陈述、自认情况、对证据的质证意见等。如无充足的理由及相反的证据,不得推翻其所作的陈述。基于此,整个诉讼过程的功能可以概括为整理争点、固定证据,在证据可以证明的事实基础上,法官予以裁判。仲裁程序亦是如此,仲裁中双方就证据的争辩情况和仲裁机关依据证据所认定的事实情况对当事人具有拘束力。案件起诉到法院后,仲裁中提交的证据应视为是在诉讼中已经提交,法官在审理案件中应组织双方当事人对仲裁时提交的证据进行质证。通过调研我们发现,福建省厦门市中级人民法院的做法值得借鉴,①该院的做法是:"当事人于仲裁过程中提供的证据在诉讼中未提交或超过举证期限提交的,人民法院可以行使释明权要求当事人举证,或向作出仲裁裁决的劳动争议仲裁委员会调取卷宗。仲裁裁决已经认定的证据,人民法院可以将该证据在庭审调查中由当事人进行质证。"

(三)仲裁裁决结果对诉讼活动应有一定的拘束力

从目前的法律规定来看,仲裁与诉讼之间只具有程序性的关联,并没有效力性的关联。当事人对裁决不服,法院对整个案件进行重新审理,仲裁裁决对当事人不发生效力,对法院的诉讼活动亦无拘束力。如前文所述,这种制度设置使得仲裁与诉讼之间并不发生效力上的对接,极大地浪费了司法资源。我们认为,仲裁虽不同于一审诉讼程序,但当事人未诉至法院的部分,应视为是当事人对自身权利的处分,如不违反法律强制性规定,对法院具有拘束力,法院应予认可。在只有一方当事人起诉的情况下,对原告最不利的结果是其请求被驳回,不能因原告的起诉而使其陷入更为不利的境地。因此,当事人不服劳动仲裁裁决提起诉讼的,人民法院原则上只在不服的范围内进行审查,对于当事人未起诉的部分,人民法院应在裁判文书中直接予以确认。

(四)法院对于仲裁机关具有一定的监督职责

目前的劳动争议纠纷处理机制中存在的最主要的问题是仲裁程序的价值和地位亟待提升,仲裁机构的权威性尚未建立。解决这一问题的根本在于保持仲裁与诉讼阶段法律解释与适用的一致性,提高仲裁结果与诉讼结果的一致性比例,降低当事人"多一步程序、多一些补偿"的心理。因此,法院不应对仲裁裁决完全"不予置评",发现的相关问题应当及时反馈给仲裁机关;仲裁机关也不应对案件最终裁判结果漠不关心,应当及时分析总结,相关问题也应及时反馈给法院。通过双方面的努力来实现统一执法,削减纷争。

---

① 福建省厦门市中级人民法院与福建省厦门市劳动争议仲裁委员会联合制定了《关于贯彻实施〈中华人民共和国劳动合同法〉、〈中华人民共和国劳动争议调解仲裁法〉的指导意见》,该意见第十五条对此进行了规定。

四、建立仲裁与诉讼协调机制的若干构想

(一)制定统一的证据规则

无论是劳动仲裁还是诉讼,证据的提交、审查判断均是核心问题,二者在证据方面如能够实现有效的衔接,将起到事半功倍的效果。考虑到劳动仲裁机关的办案规则由人力资源和社会保障部制定,而法院适用的证据规则由最高人民法院制定,为统一在劳动争议案件方面适用的证据规则,较为合理的办法是由二者共同制定证据规则,并由劳动仲裁机关和法院统一适用。

1. 只在仲裁程序中规定举证时限。劳动争议调解仲裁法对仲裁中是否实行举证时限制度没有作出规定。人力资源和社会保障部于 2009 年 1 月 1 日公布的《劳动人事争议仲裁办案规则》第十九条赋予了仲裁委员会指令当事人提供证据期限的权力,①但该条规定与最高院证据规则的规定仍有较大差异。首先,该规定并未明确指令的期限至少应该是多少天;其次,对在指令期限内不提供证据的法律后果语焉不详,该条只是规定应当承担不利后果,是否是视为当事人放弃了举证的权利?当事人如果逾期提交证据,是否产生证据失权的后果,有无例外?第三,如果当事人在仲裁中未提交的证据,转而在诉讼中作为证据提交,应如何处理?该规则也并未明确。对于这些问题,该规则用第二十二条做了一个模糊处理,即该规则未规定的,参照民事诉讼证据规则的有关规定执行。② 从用词来看,"参照"显然不能等同于"完全按照",前述问题是否可直接套用最高院证据规则的规定来解决,依然是悬而未决的问题。考虑到该规则的法律位阶仅为部门规章,③制定机关为人力资源和社会保障部,不宜对证据规则作出过多规定也属合理。

从实践来看,仲裁机关一般会给当事人双方指定举证期限,并进行证据交换。因此,诉讼中如当事人无新证据,法院可不再给当事人规定举证期限。仲裁时的举证时限不仅在仲裁阶段有效,对于诉讼而言同样具有约束作用。当事人在举证时限内提交的证据,在诉讼阶段视为已经提交。在仲裁举证时限内未提交的证据材料,在诉讼中应考虑未提交的原因,如果该证据是在举证期限届满后新发现的、举证期限届满后形成的或当事人确因客观原因在举证期限内无法提交的,可以在诉讼阶段提交。对超过仲裁举证期限的证据,法院如果不组织质证,没有相应法律依据,而且在现阶段还不宜"一刀切"。但在仲裁阶段能够举证的证据,当事人隐匿用于诉讼中突然袭击,实际上会影响到法官对于证据效力的判断,对于迟延举证的当事人是不利的,我们已经碰到多起类似案例。

在举证期限及法律后果上使仲裁与诉讼保持一致,可以敦促当事人积极完成举证义务,同时,也节约了诉讼阶段的举证时间,有效地提高处理案件的效率,避免因当事人提交

---

① 该规则第十九条规定:"承担举证责任的当事人应当在仲裁委员会指定的期限内提供有关证据。当事人在指定期限内不提供的,应当承担不利后果。"

② 该规则第二十二条规定:"争议处理中涉及证据形式、证据提交、证据交换、证据质证、证据认定等事项,本规则未规定的,参照民事诉讼证据规则的有关规定执行。"

③ 最高人民法院制定的民事诉讼证据规定属于司法解释,实际上是司法机关代行了立法的职能,其与部门规章之间位阶的高低之分不好确定,但一般认为要高于部门规章。

新证据而使得诉讼陷入拖延。

2. 适用禁反言原则。劳资双方为了争取有利于己方的形势,在仲裁抑或诉讼中,双方均陈述有利于己方的事实,对于不利的部分则持否定态度。劳动仲裁作为诉讼外的纠纷解决机制,是处理劳动争议案件的第一道程序,因距离争议发生的时间间隔尚短,矛盾尚未被激化,当事人对于案件事实的陈述会较为真实,具有较高的可信度。而长时间的诉讼程序会使双方的立场更加强硬、矛盾不断升级。其陈述也更趋于主观化、利己化。因此,仲裁阶段当事人的陈述对于处理案件至关重要,如无确凿的相反证据,对于在后续诉讼活动中当事人的相反陈述法院不应采信。

实践当中,因仲裁案卷并不移送到一审法院,同时,当事人去调取仲裁笔录亦有一定的困难①,法院在必要时应当查阅仲裁笔录,对于相互矛盾的陈述作出判断,进而认定其效力。对于当事人自认的部分,因属于自愿承认对其不利的部分,是其处分权的一种体现,根据自认及处分的效力,一般均不允许推翻。在诉讼中作出相反陈述的,如无确凿证据支持,同样不予准许。

(二)建立案卷移送制度

为了实现设立举证时限制度的目的,同时落实禁反言原则,仲裁卷宗应当移送到一审法院,即在仲裁机关与法院之间建立案卷移送制度。通过移送卷宗,可以使法院掌握当事人在仲裁阶段提交的证据情况,当事人可以不再重复举证。同时,对于当事人在仲裁阶段的陈述,包括其自认情况,仲裁笔录中均会有清晰明确的记载,可有效地避免当事人反言否认其陈述情况的发生,即使出现反言否认的情况,亦可通过仲裁笔录进行核实,免去了当事人或法院去仲裁机关调取笔录之苦,有效地提高诉讼效率。

本次调研发现,一些地方仲裁机关与法院之间已经建立了案卷调取的相关制度②。北京市高院与北京市劳动争议仲裁委员会的会议纪要也明确法院可以向劳动争议仲裁委员会调阅案卷,但一般仅限于审理撤销仲裁裁决案件时或在审理案件有需要的时候。仲裁卷宗并不是因案件起诉到法院而必然移送。我们认为,较为妥当的方法是,仲裁卷宗因案件的起诉应一并移送到法院。当事人到基层法院起诉后,法院应及时与仲裁机关取得联系,仲裁机关按照法院的要求,在规定的期限内,办理卷宗的移转手续,将仲裁卷宗移送到法院。如果当事人提起上诉,一审法院将仲裁卷宗连同一审诉讼卷宗一并移送到二审法院,二审法院审理程序终结后,由二审法院将终审判决和仲裁卷宗退还给仲裁机关。如果一审判决生效的,则由基层法院负责将生效判决和仲裁卷宗退还给仲裁机关。

---

① 《劳动人事争议仲裁办案规则》第二十七条规定:"仲裁委员会应当建立案卷查阅制度。对不需要保密的内容,应当允许当事人及其代理人查阅、复印。"但实际上,当事人去复印仲裁笔录往往会受到限制,有时仲裁机关要求只有法院才能调取案卷笔录。

② 如福建省厦门市中级人民法院与福建省厦门市劳动争议仲裁委员会联合规定:"人民法院审理撤销劳动争议仲裁裁决、执行仲裁裁决案件,可以向劳动争议仲裁委员会调阅相关案件的仲裁卷宗。在收到人民法院的函件后,劳动争议仲裁委员会应于五日内提供相关案卷正卷。人民法院在案件审理终结后,应于五日内将案卷退还劳动争议仲裁委员会。"

(三)树立纠纷一次性解决原则

纠纷一次性解决原则要求,涉及一个法律关系的所有争议事项,尽可能通过一次诉讼予以解决,避免因当事人利用程序的缺陷而使诉讼无休止进行,同时,使诉讼资源得到合理配置。如前文所述,劳动案件涉及的争议事项非常多,如果任由当事人分开诉讼,每个案件均可以拆分为若干个诉讼。司法实践中,经常有劳动者或用人单位出于报复的心理,故意将案件拆开诉讼,分立不同的案件。但实际上,这些诸多案件通过一次诉讼即可解决。针对这种情况,应考虑在立法上予以限制。考虑到仲裁机关是掌握着劳动争议案件的第一道关卡,对于申请人多次申请仲裁的情形较为容易把握,因此,有必要赋予仲裁机关一定的审查权。如仲裁机关发现申请人确实存在前述行为,应进行风险告知,同时释明其应一并申请,否则仲裁机关不予立案。并告知其如果存在滥用法律诉讼的行为,将由此承担侵权的法律后果。

(四)建立法院与仲裁机构的业务沟通机制

通过本文的数字分析部分可以发现,仲裁裁决结果与一二审的判决结果仍有很大一部分是不一致的,这说明仲裁机关和法院在事实认定和法律适用等诸多方面均存在着较大的差异,执法标准及尺度并不统一,因此,有必要加强仲裁机关与法院之间的业务联系,通过建立相应的工作机制来共同促进案件质量的提高。我们建议:(1)法院在审理案件中发现仲裁存在的问题可以发送监督函,指出问题并提出建议。(2)仲裁机关可以对法院随仲裁卷退回的生效裁判文书进行分析,发现有法律适用不统一现象时及时反馈给相应的法院。(3)法院与仲裁机关定期就案件审理中发现的普遍性问题进行研讨,促进共识的达成。(4)法院的司法统计项目中可加入"与仲裁结果是否一致"一项,便于掌握裁审关系动态;仲裁机关也可根据随仲裁卷退回的生效裁判文书做裁审是否一致的统计,可以作为案件质量考核的参考依据。

另外,目前我们调研中的许多实践做法也值得进一步固化并予以推广,比如,有些法院与当地仲裁机关建立了联席会议制度,定期就业务上的难点问题交换意见,及时进行沟通和反馈,这一做法在很大程度上减少了仲裁与诉讼不一致的现象,密切了仲裁机关与法院之间的业务交流,值得借鉴。

【地方法院传真】

贵州省高级人民法院

关于印发《关于审理涉及机动车交通事故责任强制保险案件若干问题的意见》的通知

2011年6月7日　　黔高法〔2011〕124号

各市、自治州、地区、县(市、区、特区)人民法院:

现将《贵州省高级人民法院关于审理涉及机动车交通事故责任强制保险案件若干问题的意见》印发给你们。请认真组织学习,切实贯彻执行。

附:

贵州省高级人民法院

关于审理涉及机动车交通事故责任强制保险案件若干问题的意见

为依法妥善处理涉及机动车交通事故责任强制保险的相关案件,充分保障机动车道路交通事故当事人的合法利益,有效化解交通事故损害赔偿纠纷,促进社会公平正义,根据相关法律、法规的规定,结合我省民事审判实践,提出以下意见,供参照执行。

一、【诉讼地位】保险公司与被保险机动车方的诉讼地位,应根据下列情况列明:

(一)交通事故赔偿权利人仅起诉保险公司的,应当追加机动车方作为案件的共同被告参加诉讼;

(二)交通事故赔偿权利人仅起诉机动车方的,应当追加保险公司作为案件的共同被告参加诉讼,但保险公司已经在机动车第三者责任强制保险责任限额范围内予以赔偿的除外。

前款各项所称“机动车方”,是指机动车的所有人、管理人、驾驶人。

二、【案由确定】交通事故损害赔偿案件中,保险公司作为当事人参加诉讼的,案由应确定为交通事故损害赔偿纠纷。

三、【多人异地起诉时的案件管辖】因交通事故损害赔偿纠纷提起的诉讼,可由事故发生地、车辆最先到达地、被告住所地人民法院管辖。同一交通事故中两人或两人以上的受害第三者分别向不同人民法院起诉的,由事故发生地人民法院一并审理为宜。

四、【本车人员的界定】《机动车交通事故责任强制保险条例》第二十一条规定的"本车人员"应当理解为在保险事故发生时机动车内承载的人员。

五、【保险公司承担赔偿责任的法律性质】被保险机动车发生交通事故,不论被保险人在交通事故中有无过错及过错程度,保险公司均负有在强制保险责任限额范围内向受害第三者直接赔付的法定义务。

六、【保险公司与机动车方的责任范围】赔偿责任不属于交通事故责任强制保险责任范围或者超出交通事故责任强制保险责任限额的,由机动车方根据法律规定承担相应赔偿责任。

七、【无证驾驶、醉酒、盗抢等情形下保险公司的责任】有下列情形之一,机动车交通事故造成受害第三者人身伤亡的,保险公司在责任强制保险限额范围内承担赔偿责任,保险公司承担赔偿责任后有权向赔偿义务人追偿。

(一)驾驶人未取得驾驶资格或者醉酒的;

(二)被保险机动车被盗抢期间肇事的;

(三)被保险人故意制造道路交通事故的。

前款所称"赔偿义务人",是指道路交通事故的致害人,被保险人与实际致害人不是同一主体时,被保险人与实际致害人对机动车强制保险责任限额范围内的损害赔偿承担连带责任,但被盗抢车辆除外。

八、【保险公司与机动车方的免责事由】道路交通事故的损害是由受害人故意造成的,保险公司与机动车方不承担赔偿责任。

九、【未投保交强险的责任承担】机动车方未投保第三者责任强制保险的,由机动车方在该车应当投保的保险责任限额范围内承担无过错赔偿责任。机动车方在交通事故发生后补办第三者责任强制保险或补交保险费的,保险公司对该次交通事故造成的损失不承担赔偿责任。

十、【多辆车发生交通事故致非机动车驾驶人、行人损害的责任承担】两辆或多辆的机动车发生交通事故造成非机动车驾驶人、行人损害的,各机动车均投保了第三者责任强制保险的,如受害第三者的损失低于或等于各保险公司的交强险责任限额总额,各保险公司应在各自的交强险责任限额内对受害第三者承担平均赔偿责任;如受害第三者的损失高于各保险公司的交强险责任限额总额,先由各保险公司在交强险责任限额内对受害第三者承担赔偿责任,不足部分应按侵权责任法和道路交通安全法的相关规定确定赔偿责任。

十一、【多辆车互碰致车内人员损害的责任承担】两辆或多辆的机动车互碰致人损害,各机动车均投保了第三者责任强制保险的,由各保险公司在各自的交强险责任限额内,承担对方机动车内人员损害的赔偿责任。不足部分,按侵权责任法和道路交通安全法的相关规定确定赔偿责任。

十二、【受害第三者的赔偿请求权】发生交通事故造成受害第三者人身伤亡、财产损失,受害第三者强制保险赔偿请求权优先于被保险人理赔请求权。在被保险人没有依法向受害人承担赔偿责任的情况下,保险公司不能以其已向被保险人理赔完毕为由,对抗受害第三者的赔偿请求权。

十三、【未办理机动车转让变更手续的责任承担】被保险机动车转让后未办理机动车第三者责任强制保险变更手续,发生交通事故致人损害的,保险公司以未办理合同变更手续为由主张免除赔偿责任的,人民法院不予支持。

十四、【诉讼费用的承担】在道路交通事故损害赔偿案件中,保险公司在诉讼中已履行理赔义务的,则保险公司不承担诉讼费用。保险公司拒绝理赔,或不按有关法律规定理赔,如赔偿数额是在保险限额范围内,则保险公司应承担全部的诉讼费用,如赔偿数额超过保险限额,则保险公司应承担与其赔偿数额相应的诉讼费用,剩余部分则由各方当事人依责任大小或赔偿数额的多少分别承担相应的诉讼费用。

十五、【联动调解机制和工作联系协调机制】人民法院应与保监会、保险行业协会建立联动调解机制和工作联系协调机制,对涉及机动车交通事故责任强制保险的重大、特殊、敏感案件与相关部门共同进行诉讼调解工作和非诉化解工作,促使纠纷以更加便捷、经济、高效的途径得到解决。

江苏省南京市中级人民法院

关于审理民间借贷纠纷案件若干问题的指导意见

2010年7月7日　　　　　　　　　　　　　　宁中法审委〔2010〕4号

为公正审理民间借贷纠纷案件,统一裁判尺度,平等保护债权人、债务人的合法权益,依法维护市场经济秩序,根据有关法律法规和司法解释的规定,结合审判实际,制定本指导意见。

一、受理与管辖

第一条　自然人之间、自然人与非金融机构的法人或者其他组织之间的下列纠纷,应当作为民间借贷纠纷案件受理:

(一)货币借贷纠纷;

(二)国库券等无记名的有价证券借贷纠纷。

第二条　民间借贷纠纷案件适用合同纠纷案件管辖的一般原则,由被告住所地或者合同履行地人民法院管辖。

根据最高人民法院《关于如何确定借款合同履行地问题的批复》(法复〔1993〕10号),出借人住所地为合同义务履行地,但当事人对合同履行地另有约定的除外。

借贷双方在不违反民事诉讼法有关级别管辖的情况下对诉讼管辖作出约定的,从其约定。

被告下落不明的,由被告原住所地或经常居住地人民法院管辖。

二、诉讼主体

第三条　借据等债权凭证未写明出借人的,持有借据等债权凭证的当事人推定为债权人,具有原告主体资格。

被告对原告主体资格提出异议,并提供证据足以证明债权凭证的持有人并非债权人或者债权受让人的,可以裁定驳回起诉。

第四条　在借据等债权凭证上署名的借款人推定为债务人,具有被告主体资格。

原告在起诉时应有明确的被告。被告不明确的,不予受理;已经受理的,应当裁定驳回起诉。

在案件审理过程中,发现有行为人虚构借款人或者以已注销的法人或者其他组织的名义借贷等被告不适格情形的,人民法院应告知原告变更被告,原告拒不变更或者无法变更的,可以裁定驳回起诉。如查明被告属被借名、冒名且无过错的,应当判决驳回诉讼请求。

第五条 出借人为两人以上的共同债权,仅一个或者部分出借人对借款人提起诉讼的,人民法院应当追加其他出借人为共同原告,但明确表示放弃向借款人主张权利的其他出借人除外。

放弃债权的其他出借人对借款人另行提起诉讼的,不予受理;已经受理的,裁定驳回起诉。

第六条 在连带责任保证中,如保证合同有效,出借人仅起诉借款人或者仅起诉保证人的,人民法院不主动追加保证人或者借款人为共同被告。

被诉保证人主张借款人参加诉讼的,经释明后,出借人仍不申请追加借款人为共同被告的,人民法院可仅就保证合同之诉进行审理。

三、成立、生效、效力

第七条 借贷双方通过签订借款合同、出具借条、欠条、发送手机短信、电子邮件等以书面、口头或者其他方式达成借贷合意的,借贷合同成立。

第八条 依法成立的民间借贷合同,自款项实际交付借款人或者借款人指定、认可的接收人时生效。

第九条 民间借贷合同的效力按照合同法第五十二条以及最高人民法院《关于适用〈中华人民共和国合同法〉若干问题的解释(二)》(法释〔2009〕5 号)第十四条的规定认定。

在自然人与非金融企业之间的借贷中,企业将借贷资金用于合法生产经营活动,且不构成集资诈骗、非法吸收公众存款等金融犯罪的,不宜认定借贷合同无效。

第十条 民间借贷被认定无效后,借款人应当返还出借人借款本金。无过错的出借人要求借款人赔偿资金占用期间的损失的,人民法院可参照中国人民银行公布的同期同类存款利率予以支持。

第十一条 保证合同是借贷合同的从合同。主合同借款人涉嫌犯罪并不必然导致保证合同无效。保证人以主合同借款人涉嫌犯罪为由主张不承担保证责任的,人民法院应在依法认定主合同效力的前提下,确定保证人的责任。

保证合同无效时,人民法院应当根据出借人、借款人和保证人的过错,确定其各自承担返还价款、赔偿损失等相应的民事责任。借贷合同有效而保证合同无效,或者因借贷合同无效导致保证合同无效时,人民法院应当根据最高人民法院《关于适用〈中华人民共和国担保法〉若干问题的解释》(法释〔2000〕44 号)第七条、第八条的规定分别确定各方当事人各自应承担的民事责任。

四、借贷事实的审查

第十二条 借据是证明双方存在借贷合意和借贷关系实际发生的重要证据,具有较强的证明力,人民法院应当审慎审查借据的真实性。

第十三条 债务人对借据内容的笔迹或者签章的真实性提出异议的,双方当事人可以提供补充证据或者反驳证据。人民法院应当根据双方提供的有效证据,结合案件的其他证据及相关情况,对借据的真实性进行综合审查判断。

第十四条 需要通过司法鉴定确认借据是否真实的,双方均可以申请司法鉴定。双方均不申请的,人民法院可以根据具体案情作出处理:

(一)债权人仅凭借据起诉,债务人对借据的真实性提出异议并提供了相应证据证明借据的真实性存在疑点的,由债权人申请鉴定,债务人应提供笔迹比对样本;

(二)债权人提供的借据以及其他证据材料具备一定的可信性,债务人对借据的真实性提出异议,但未提供反驳证据或提供的证据不足以证明借据的真实性存在疑点的,由债务人申请鉴定。

经依法释明,债权人或债务人不申请鉴定或者不提供笔迹比对样本导致案件事实无法查清的,人民法院应依法裁判。

第十五条 债权人仅提供款项交付凭证,未提供借贷合意凭证,债务人提出双方不存在借贷关系或者其他关系抗辩的,债权人应当就双方存在借贷合意提供进一步证据。

能够查明双方存在借贷关系的,按照民间借贷纠纷审理;查明债务属其他法律关系引起的,人民法院应向当事人释明,由债权人变更诉讼请求和理由后,按其他法律关系审理;债权人坚持不予变更的,判决驳回诉讼请求。判决驳回诉讼请求后,债权人可按其他法律关系另行起诉。

第十六条 对于数额较大的借贷,债权人应当对借贷金额、期限、利率以及款项的交付等借贷合意、借贷事实的发生承担证明责任。债务人提出抗辩的,应当提供反驳证据证明。

第十七条 债务人主张借款本金、利息等债务已经归还或者部分归还的,应当承担证明责任;不能提供证据或者举证不足,对其主张不予支持。

第十八条 当事人主张现金交付的,人民法院应当根据现金交付的金额大小、出借人的支付能力、当地或者当事人之间的交易方式、交易习惯以及借贷双方的亲疏关系等因素,结合当事人本人的陈述和庭审言辞辩论情况以及提供的其他间接证据,依据民事诉讼高度盖然性的证明标准,综合审查判断借贷事实是否真实发生。必要时,人民法院可以依职权进行调查取证。

对于数额较大的现金交付,债权人仅凭借据起诉而未提供付款凭证,债务人对款项交付提出合理异议的,人民法院可以要求出借人本人、法人或者其他组织的有关经办人员到庭,陈述款项现金交付的原因、时间、地点、款项来源、用途等具体事实和经过,并接受对方当事人的质询和法庭的询问。无正当理由拒不到庭的,应承担相应的法律后果。

对于数额较小的现金交付,出借人作出合理解释的,一般视为债权人已经完成证明责任,可以认定借贷事实存在。

对于金额大小的界定,可根据出借人个体经济能力差异等,由法官根据个案具体情况裁量。

第十九条 采用暴力、胁迫等非法手段获得的借条、收条、欠条等,属于非法证据。

依法确认的非法证据,不能作为定案的依据。

第二十条 一方当事人在审理期间主张对方当事人提供的证据系非法证据的,应当提供涉嫌非法取证的人员、时间、地点、方式、内容等证据或证据线索。人民法院应当对相关证据或证据线索进行审查或调查。

第二十一条 人民法院为查明案件事实,可以视案情需要,依职权进行调查。

第二十二条 民间借贷可以有偿,也可以无偿。借贷双方对支付利息没有约定或者约定不明的,根据合同法第二百一十一条的规定,视为不支付利息,但借款人自愿给付利息的除外。

民间借贷合同既未约定还款期限又未约定利息或对利息约定不明确的,出借人催告还款前或者虽已催告但未要求借款人支付逾期利息的,借款人可以不支付利息。如果经催告后借款人仍未还款,且出借人要求支付逾期利息的,应当自催告之日起计算利息。

借贷双方对借款期限内的利率有约定的,从其约定。约定的利率超过借贷行为发生时中国人民银行公布的同期同类贷款利率四倍的(以下简称四倍利率),超过部分的利息,人民法院不予保护。

第二十三条 借据载明的借款金额,一般认定为本金。

利息已经预先在本金中扣除的,本金应当按照实际出借的金额认定。

借据系借贷双方对前期借款本金和利息进行滚动结算后重新出具的,如前期利息没有超出四倍利率,借据载明的借款金额可以认定为本金;如前期利息超出四倍利率,超出部分的利息应当从本金中扣减。

第二十四条 借贷双方对逾期利率有约定的,从其约定。约定的逾期利率超出四倍利率的,超出部分的利息,人民法院不予保护。

逾期利率没有约定或者约定不明的,人民法院可以区分不同情况处理:

(一)仅约定借期内的利率,没有约定逾期利率的,出借人参照约定的利率或者根据《中国人民银行关于人民币贷款利率有关问题的通知》(银发〔2003〕251 号)第三条关于罚息利率的规定,以约定利率再上浮 30% ~50% 的利率,向借款人主张逾期还款利息的,可以予以支持,但均以不超出四倍利率为限;

(二)既未约定借期内的利率,也未约定逾期利率的,出借人参照中国人民银行公布的同期同类贷款利率,向借款人主张自借款逾期之日起或者自权利主张之日起的利息损失的,应当予以支持。

第二十五条 借贷双方对逾期还款的责任既约定了逾期利率,又约定了违约金的,出借人可以选择主张逾期利息或者违约金,但均以不超过四倍利率为限。

出借人同时主张逾期利息和违约金的,人民法院应向出借人释明,只能选择主张逾期利息或者违约金。

第二十六条 借贷双方约定的违约金超出四倍利率的,超出部分不予支持。

前款规定,对缺席审理的债务人同样适用。

第二十七条 债务履行完毕后,借款人以利息或者违约金超过四倍利率为由,起诉请求出借人返还其已支付的利息或者违约金的,不予支持。

五、涉嫌虚假诉讼的审理

第二十八条 审理民间借贷纠纷案件,应当防范和查处虚假诉讼,维护司法权威,促进诚信诉讼。

第二十九条 借款人对于出借人主张的借款事实全部承认的,原则上可以认定借款事实,但应当严格审查双方的关系、借款人的婚姻状况以及对外其他债务情况,以确定双方是否存在恶意串通,损害国家、集体和第三人权益的情形。

第三十条 人民法院在审理民间借贷案件中发现有下列情形之一的,应当严格审查借贷发生的原因、时间、地点、款项来源、交付方式、款项去向以及借贷双方的经济状况等事实:

(一)原告是多起或者其他重大债权债务关系中的债务人;

(二)原告起诉的借贷事实或者理由不符合常理,没有借据或者借据存在伪造可能;

(三)被告在一定期间反复涉及民间借贷纠纷诉讼;

(四)当事人双方存在近亲属等特殊密切关系;

(五)当事人一方或者双方未到庭参加诉讼,委托代理人对借贷事实经过陈述不清或者矛盾;

(六)其他债权人或者借款人的配偶等案外人提出异议;

(七)债权人轻易放弃权利,与债务人达成调解协议;

(八)债务人轻易放弃诉讼权利,与债权人达成调解协议;

(九)其他异常情形。

第三十一条 对涉嫌虚假诉讼的案件,人民法院可以采取下列措施予以防范:

(一)传唤出借人、借款人本人或者相关经办人员到庭陈述,并告知无正当理由拒不到庭的不利法律后果;

(二)要求当事人进一步提交其他相关证据,包括申请证人出庭作证;

(三)告知相关利害关系人,并依据利害关系人的申请或者依职权通知其参加诉讼。其他债权人参加诉讼的,列为第三人;配偶参加诉讼的,列为共同原告或者共同被告;

(四)依职权进行调查取证;

(五)依法可以采取的其他措施。

第三十二条 涉嫌虚假诉讼的案件,人民法院一般应适用普通程序审理。

对当事人一方或者双方涉及多起民间借贷的关联案件一般由同一合议庭审理。

对关联案件合并审理的,在审理过程中应当对不同的债权人采取和证人一样的隔离原则,由不同的债权人分别单独到庭陈述相关事实,并接受法庭询问。

第三十三条 经审查确认属于虚假诉讼的民间借贷纠纷案件,尚未作出裁判的,应当依法裁定驳回起诉;已经作出生效裁判文书的,人民法院应当依照审判监督程序,撤销生效民事判决书或者民事调解书,并裁定驳回起诉。

对有虚假诉讼嫌疑的案件,当事人申请撤诉的,人民法院可以予以准许;经审查确认属于虚假诉讼的案件,当事人申请撤诉的,人民法院不予准许。

六、其他

第三十四条 民间借贷纠纷案件的审理应贯彻"调解优先、调判结合"原则,将诉讼调解和诉调对接贯穿于立案、审理等诉讼的各个阶段和每一个环节,引导当事人申请人民调解组织进行调解。

第三十五条 当事人主张的借贷系因同居、不正当两性关系等行为产生的"青春损失费"、"分手费"等有损社会公序良俗的情感纠葛转化而来的,人民法院不予保护,应依法判决驳回诉讼请求。

第三十六条 人民法院应当严格审查民间借贷的被告是否确属下落不明,并分别采取以下措施,避免诉讼的迟延:

(一)可以向被告亲属等有密切关系的人阐明利害关系或者要求原告提供被告的其他联系方式或线索,尽可能通知被告应诉;

(二)向下落不明的被告送达诉讼文书的,以公告方式送达起诉状副本、举证通知书、开庭传票等诉讼文书时,举证通知书中应当载明依法指定的举证期限;

(三)经合法传唤后,被告仍不到庭应诉的,人民法院依法缺席审理,依照法定审理程序全面、客观地审核证据,并依法作出裁判。缺席被告未提出抗辩和提供证据的,不影响人民法院对到庭当事人提交的证据依法进行审查以及必要时的依法调查。

第三十七条 人民法院在审理中,发现借贷行为涉嫌犯罪,或者当事人一方主张涉嫌犯罪,要求移送的,依照最高人民法院《关于在审理经济纠纷案件中涉及经济犯罪嫌疑若干问题的规定》(法释〔1998〕7 号)第十条、第十一条、第十二条的规定,根据具体情况分别处理:

(一)案件存在明显的犯罪嫌疑,可以全案移送的,裁定驳回起诉,退还案件受理费,将有关材料移送公安机关或者检察机关;

(二)当事人一方主张涉嫌犯罪但没有提供证据证明,或者其他当事人虽有犯罪嫌疑但与民间借贷纠纷案件没有必然关联或者不属同一法律关系的,案件继续审理,但有关犯罪嫌疑的线索、材料可以移送公安机关或者检察机关查处;

(三)案件的审理,必须以刑事案件的侦查、审理结果为前提的,裁定中止诉讼。

裁定驳回起诉后,公安机关或者检察机关接到人民法院移送的涉案材料或者相关当事人的报案后不予立案侦查,或者立案侦查后又撤销案件,以及刑事案件起诉后人民法院审理认为不构成犯罪而宣告无罪的,出借人再行提起民事诉讼的,人民法院应当受理,并根据审理认定的案件事实,依法作出民事裁判。

人民法院应当慎用裁定驳回起诉和中止诉讼。

七、附则

第三十八条 本指导意见自下发之日起施行,如具体内容与新颁布实施的法律、法规和司法解释不一致的,以新颁布的法律、行政法规和司法解释为准。

【民事审判信箱】

施工合同约定的仲裁条款是否适用于因偿付工程欠款签订《还款协议书》后发生的纠纷案件

问:工程结算后,发包人欠付承包人工程款,承发包双方就如何偿还工程欠款签订《还款协议书》。施工主合同约定的仲裁条款是否适用于因履行《还款协议书》发生的纠纷案件?

答:仲裁条款具有独立性。《仲裁法》第十九条第一款规定,仲裁协议独立存在,合同的变更、解除、终止或者无效,不影响仲裁协议的效力。上述法律规定充分体现仲裁条款在民事合同中具有独立性。

工程结算后,施工合同双方对发包人欠付承包人工程价款数额达成一致,即工程欠款数额已成为一个定数。《还款协议书》是为履行施工主合同签订的,体现了工程结算的结果,其性质为补充协议,是对施工主合同的补充、细化。同时,《还款协议书》是对从签约到结算的前期履约行为作一了断,对后期确认欠款数额、还款时间、还款方式等内容作出约定;从《还款协议书》文义内容看,主要内容更像是借款合同,发包人主要义务按约定还钱,《还款协议书》具有独立性。

据此,施工主合同约定的仲裁条款适用于因履行《还款补充协议》发生的纠纷案件。

(本书研究组)

人民法院判决分割一方于婚前以个人名义签订合同支付首付款并按揭贷款所购房屋时,如果将房屋判归婚前购房者所有,对于夫妻共同还贷所形成的财产权益,应当如何分割

问:我与妻子均是再婚,再婚前双方均有自己的住房。我于婚前按揭贷款购买了一套两居室楼房供双方婚后共同居住,至今贷款尚未还清。离婚诉讼中,我主张此套住房归我所有,对方亦表示同意,但要求从三年来房屋价格上涨带来的收益中分一半给她,我现在又不想卖房,房价上涨我也没有实际得到收益。请问法院会支持她的要求吗?

答:她的要求是合理的。你婚前以个人名义签订购房合同,支付首付款,按揭贷款购房并将房屋登记在个人名下,但婚后夫妻双方共同偿还贷款,因此,上述房屋中有一部分属于你的个人财产(还钱首付部分以及尚未还清贷款部分),但也有一部分具有夫妻共同财产的属性(夫妻于婚姻关系存续期间共同还贷部分)。既然对方已经同意房屋归你所有,因此,你们之间争议的只是你如何就婚姻关系存续期间双方偿还银行贷款所形成的财产权益向对方支付补偿的问题。

如果你们不能通过协商解决争议,人民法院在判决时,必然要判令你就婚姻关系存续期间双方共同还贷支付的款项及其相对应财产的增值部分,给对方予以补偿。因为,尽管你现在不出售房屋,但房屋的增值是客观存在的,既然离婚后房屋所有权归你,则此增值必然由你享有。而这一增值是与配偶一方参与共同还贷的贡献分不开的,对方还因此丧失了购买属于自己的房屋的机会。所以,由一方独享因房屋升值所带来的利益,对另一方来说是不公平的。因此,建议你主动就婚姻关系存续期间双方共同还贷支付的款项及其相对应财产的增值部分向对方支付补偿,或者与对方协商解决争议。

(本书研究组)

赠与合同的任意撤销权和法定撤销权有何区别

问:审判实践中,赠与人以行使赠与合同撤销权为由撤销赠与,受赠人依据赠与合同向人民法院起诉,请求赠与人继续履行合同,及时办理赠与手续,交付赠与物。赠与人并未说明他(她)是行使任意撤销权还是法定撤销权,依据《合同法》的相关规定,这两种撤销权是有区别的,请问在办案中应如何把握?

答:任意撤销权和法定撤销权的行使应以赠与合同有效为前提,两者既有共性又有区别。在审判实践中,无论赠与人是否提出行使哪一种撤销权,人民法院均应搞清赠与人应当行使何种撤销权。两者的区别有以下三点:

一是两者的法律依据不同。行使任意撤销权的依据是《合同法》第一百八十六条,而行使法定撤销权的依据则是《合同法》第一百九十二条第一款。如果赠与人就赠与房产行使任意撤销权,还应当适用《物权法》第九条的规定。

二是两者适用的条件不同。行使任意撤销权的条件包括:(1)赠与合同尚未履行,赠与物的物权尚未发生转移。动产的物权转移以交付为要件,不动产和特殊动产(如机动车、船舶、飞机)的物权转移以登记为要件。因为赠与合同具有实践合同的特点,物权转移后,赠与人即丧失任意撤销权;(2)赠与合同不具有社会公益和道德义务的性质;(3)赠与合同尚未结果公证。具备上述条件的,赠与人方可行使任意撤销权。法定撤销权是基于法定事由,由赠与人行使的撤销赠与的权利。行使该项权利的要件是,无论赠与合同是否已经履行,受赠人只要符合下列一种情形即可行使撤销权:(1)严重侵害赠与人或者赠与人的近亲属;(2)对赠与人有抚养义务而不履行;(3)不履行赠与合同约定的义务。只要具备前述三项事由,不论赠与合同是否经过公证证明,赠与的财产是否已交付,也不论赠与是否属于社会公益和道德义务性质,享有撤销权的人均可以撤销赠与。从这两种撤销权的条件可以看出,依法成立的法定撤销权,可以包含任意撤销权,而任意撤销权则不包含法定撤销权。

三是撤销权人撤销赠与的法律后果不同。行使任意撤销权的后果是,生效的赠与合同从此失去效力(但已经履行部分有效),合同双方的权利义务解除,赠与物的所有权不变,受赠人的履行请求权也随之消灭。行使法定撤销权的后果是,不仅尚未履行的赠与合同不再履行,而且已经履行的赠与合同也失效,在赠与物的物权发生转移的情况下,赠与人可以受赠人不当得利为由要求返还赠与的财产。

(本书研究组)

劳动合同到期终止后,劳动者获得经济补偿金的工作年限是否计算 2008 年 1 月 1 日前的连续工作时间

问:对于 2008 年 1 月 1 日前未签订书面的劳动合同但形成事实劳动关系,2008 年 1 月 1 日后签订了书面的劳动合同,该劳动合同到期终止后,劳动者获得经济补偿金的工作年限是否计算 2008 年 1 月 1 日前的连续工作时间?

答:《劳动合同法》第九十七条规定的是《劳动合同法》的溯及力问题。所谓法律的溯及力,就是一部新的法律施行后,对它生效前发生的行为是否适用。如果适用,就具有溯及力,如果不适用,就不具有溯及力。按照法律的溯及力理论,法律一般不具有溯及力。如果法律需要有溯及力,就应当在法律中明确。此外,经济补偿金从性质上看是劳动法上一项极具特色的制度,它体现的是《劳动法》对劳动者倾斜保护的原则和目的,带有一定伦理色彩。分阶段计算经济补偿年限对劳动者更为有利,也符合经济补偿的制度性质。

《劳动合同法》第九十七条第三款规定的是当劳动关系跨越新旧法时,补偿金的计算方法。以 2008 年 1 月 1 日为分界线,2008 年 1 月 1 日之前的工作年限按照旧法规定计算经济补偿,这里主要是指原劳动部《违反和解除劳动合同的经济补偿办法》的有关规定;2008 年 1 月 1 日之后按照《劳动合同法》的规定计算经济补偿。两项分别计算,再合并相加。由于仅涉及劳动关系,只要劳动关系一直存续,不论是否得到书面的补正,都应当满足《劳动合同法》第九十七条第三款的适用条件,按照第九十七条第三款予以处理。

(本书研究组)

仅依据经过公证的以房抵债协议而不进行房屋过户登记,不能取得房屋所有权

问:张某欠我钱没有归还,我们约定其将一套房屋抵给我用来还债。我与张某就此签订了抵债协议书,并对该抵债协议办理了公证手续。请问,在我们没有进行房屋过户登记的情况下,我能够依据公证的抵债协议取得这套房子的所有权吗?

答:根据《物权法》第九条的规定,不动产物权的设立、变更、转让和消灭,经依法登记发生效力;未经登记,不发生效力,但法律另有规定的除外。因此,房屋所有权发生变更需要办理房屋权属变更登记。所以,在未办理房屋权属过户登记之前,你不能依据公证的抵债协议取得这套房子的所有权。这也提醒广大购房者,合同只是证明当事人之间的债权关系,在签订了房屋买卖合同后,一定要及时办理房屋所有权登记手续,以完成物权变动取得房屋所有权。

(本书研究组)

劳动者主张提成工资的案件中，举证责任应如何分配

问：张某与某公司签订了一年的劳动合同，约定合同期内按照该公司责任制实施办法设置提成奖，奖金的计算方法为全年完成合同额减去工程成本和基本定额再乘以20%。后张某以该公司未按合同约定支付其提成工资为由诉至法院，对张某主张的提成工资应否支付以及如何计算，应当由张某还是由该公司承担举证责任？

答：《民事诉讼法》第六十四条第一款规定："当事人对自己提出的主张，有责任提供证据。"也就是说，原则上应当由主张权利存在的当事人，对该权利发生原因的事实承担证明责任，而主张权利不存在的当事人，对权利消灭原因的事实承担证明责任。在法律没有对劳动者的提成工资明确规定举证责任倒置的情况下，劳动者所主张的提成工资，显然属于主张劳动报酬请求权，因此，应当由劳动者对提成工资发生的原因事实即双方约定的提成工资产生的事实承担举证责任。

在现实生活中，各行各业的提成工资的计算方法纷繁复杂，可能涉及到比如合同额、工程成本、基本定额、人员成本等多种计算参数，这些计算参数的确定，是确认劳动者提成工资数额的关键因素，因而也往往成为案件中当事人的争议焦点。在确定这些具体参数时，不应机械地将举证责任全部加于劳动者一方。《劳动争议调解仲裁法》第六条规定："发生劳动争议，当事人对自己提出的主张，有责任提供证据。与争议事项有关的证据属于用人单位掌握管理的，用人单位应当提供；用人单位不提供的，应当承担不利后果。"根据这一规定，在确定这些具体参数时，法院还应当考虑双方当事人的举证能力，即由距离争议内容较近的一方，也就是更容易取得证据的一方承担某一参数的具体举证责任。比如涉及用人单位经营管理状况或者法定的完税义务等方面的数字，用人单位更有能力也有义务向法院提供证据证明；而对于劳动者已经达到约定的提成工资的支付条件，以及具体完成的工作任务数量等，一般则应当由劳动者一方举证证明。

（本书研究组）

民事审判指导与参考

2011 年第 4 辑

（总第 48 辑）

【最新司法文件】

最高人民法院

关于依法妥善审理民间借贷纠纷案件促进经济发展维护社会稳定的通知

2011年12月2日 法[2011]336号

各省、自治区、直辖市高级人民法院,解放军军事法院,新疆维吾尔自治区高级人民法院生产建设兵团分院:

当前我国经济保持平稳较快发展,整体形势良好,但是受国际国内经济形势变化等多种因素的影响,一些地方出现了与民间借贷相关的债务不能及时清偿、债务人出逃、中小企业倒闭等事件,对当地经济发展和社会稳定造成了较大冲击,相关纠纷案件在短期内大量增加。为践行能动司法理念,充分发挥审判职能作用,妥善化解民间借贷纠纷,促进经济发展,维护社会稳定,现将有关事项通知如下:

一、高度重视民间借贷纠纷案件的审判执行工作。民间借贷客观上拓宽了中小企业的融资渠道,一定程度上解决了部分社会融资需求,增强了经济运行的自我调整和适应能力,促进了多层次信贷市场的形成和发展,但实践中民间借贷也存在着交易隐蔽、风险不易监控等特点,容易引发高利贷、中小企业资金链断裂甚至破产以及非法集资、暴力催收导致人身伤害等违法犯罪问题,对金融秩序乃至经济发展、社会稳定造成不利影响,也使得人民法院妥善化解民间借贷纠纷的难度增加。因此,人民法院应当高度重视民间借贷纠纷案件的审判执行工作,将其作为“为大局服务,为人民司法”的重要工作内容,作为深入推进三项重点工作的重要切入点,通过依法妥善审理民间借贷纠纷,规范和引导民间借贷健康有序发展,切实维护社会和谐稳定。

二、做好民间借贷纠纷案件的立案受理工作。当事人就民间借贷纠纷起诉的,人民法院要依据《民事诉讼法》的有关规定做好立案受理工作。立案时要认真进行审查,对于涉嫌非法集资等经济犯罪的案件,依法移送有关部门处理;对于可能影响社会稳定的案件,及时与政府及有关部门沟通协调,积极配合做好相关预案工作,切实防范可能引发的群体性、突发性事件。

三、依法惩治与民间借贷相关的刑事犯罪。人民法院在审理与民间借贷相关的非法集资等经济犯罪案件时,要依照《最高人民法院关于在审理经济纠纷案件中涉及经济犯罪嫌疑若干问题的规定》的有关规定,根据具体情况分别处理。对于非法集资等经济犯罪案件,要依法及时审判,切实维护金融秩序。对于与民间借贷相关的黑社会性质的组织犯罪及其他暴力性犯罪,要依法从严惩处,切实维护人民群众人身财产安全。要严格贯彻宽严相济的刑事政策,注意区分性质不同的违法犯罪行为,真正做到罚当其罪。

四、依法妥善审理民间借贷纠纷案件。人民法院在审理民间借贷纠纷案件时,要严格适用《民法通则》、《合同法》等有关法律法规和司法解释的规定,同时注意把握国家经济政策精神,努力做到依法公正与妥善合理的有机统一。要依法认定民间借贷的合同效力,保护合法借贷关系,切实维护当事人的合法权益,确保案件处理取得良好的法律效果和社会效果。对于因赌博、吸毒等违法犯罪活动而形成的借贷关系或者出借人明知借款人是为了进行上述违法犯罪活动的借贷关系,依法不予保护。

五、加大对民间借贷纠纷案件的调解力度。人民法院审理民间借贷纠纷案件,要深入贯彻"调解优先、调判结合"工作原则。对于涉及众多出借人或者借款人的案件、可能引发工人讨薪等群体性事件的案件、出借人与借款人之间情绪严重对立的案件以及判决后难以执行的案件等,要先行调解,重点调解,努力促成当事人和解。要充分借助政府部门、行业组织、社会团体等各方面力量,加强与人民调解、行政调解的程序对接,形成化解矛盾的最大合力,共同维护社会和谐稳定。

六、依法保护合法的借贷利息。人民法院在审理民间借贷纠纷案件时,要依法保护合法的借贷利息,依法遏制高利贷化倾向。出借人依照合同约定请求支付借款利息的,人民法院应当依据《合同法》和《最高人民法院关于人民法院审理借贷案件的若干意见》第六条、第七条的规定处理。出借人将利息预先在本金中扣除的,应当按照实际借款数额返还借款并计算利息。当事人仅约定借期内利率,未约定逾期利率,出借人以借期内的利率主张逾期还款利息的,依法予以支持。当事人既未约定借期内利率,也未约定逾期利率的,出借人参照中国人民银行同期同类贷款基准利率,主张自逾期还款之日起的利息损失的,依法予以支持。

七、注意防范、制裁虚假诉讼。人民法院在审理民间借贷纠纷案件过程中,要依法全面、客观地审核双方当事人提交的全部证据,从各证据与案件事实的关联程度、各证据之间的联系等方面进行综合审查判断。对形式有瑕疵的"欠条"或者"收条",要结合其他证据认定是否存在借贷关系;对现金交付的借贷,可根据交付凭证、支付能力、交易习惯、借贷金额的大小、当事人间关系以及当事人陈述的交易细节经过等因素综合判断。发现有虚假诉讼嫌疑的,要及时依职权或者提请有关部门调查取证,查清事实真相。经查证确属虚假诉讼的,驳回其诉讼请求,并对其妨害民事诉讼的行为依法予以制裁;对于以骗取财物、逃废债务为目的实施虚假诉讼,构成犯罪的,依法追究刑事责任。

八、妥善适用有关司法措施。对于暂时资金周转困难但仍在正常经营的借款人,在不损害出借人合法权益的前提下,灵活适用诉讼保全措施,尽量使该借款人度过暂时的债务危机。对于出借人举报的有转移财产、逃避债务可能的借款人,要依法视情加大诉讼保全力度,切实维护债权人的合法权益。在审理因民间借贷债务而引发的企业破产案件时,对于符合国家产业政策且具有挽救价值和希望的负债中小企业,要积极适用重整、和解程序,尽快实现企业再生;对没有挽救希望,必须通过破产清算退出市场的中小企业,要制定综合预案,统筹协调,稳步推进,切实将企业退市引发的不良影响降到最低。

九、积极促进建立健全民间借贷纠纷防范和解决机制。人民法院在化解民间借贷纠纷的工作中,要紧紧围绕党和国家工作大局,紧紧依靠党委领导和政府支持,积极采取司法应对措施,全力维护社会和谐稳定。要加强与政府有关职能部门的沟通协调,充分发挥联动效能。要建立和完善系列案件审判执行统一协调机制,避免因裁判标准不一致或者执行工作简单化而激化社会矛盾。要结合民间借贷纠纷案件审判工作实际,及时提出司法建议,为有关部门依法采取有效措施提供参考。要加强法制宣传,特别是对典型案件的宣传,引导各类民间借贷主体增强风险防范意识,倡导守法诚信的社会风尚。

十、加强对民间借贷纠纷案件新情况新问题的调查研究。人民法院在民间借贷纠纷案件的审判工作中,要认真总结审判经验,密切关注各类敏感疑难问题和典型案件,对审理民间借贷纠纷案件过程中出现的新情况新问题,要认真分析研究成因,尽早提出对策,必要时及时层报最高人民法院。

【民事诉讼程序专题】

小额诉讼程序构建问题研究

肖 峰*

近年来,随着社会经济高速发展和公民维权意识的逐步提高,进入司法程序的民事案件的数量与类型与日俱增。面对激增的案件数量与有限的司法资源之间的冲突,原有的民事诉讼制度已经无法有效满足人民群众对司法的新期待。在司法资源短期内无法扩充的前提下,如何通过更新民事诉讼的制度设计使司法更加大众化,更加贴近人民群众,更加接近正义,是当前人民法院落实"司法为民"工作的一项重大课题。我们认为,除了现有民事诉讼制度的进一步完善之外,有必要借这次民事诉讼法全面修改的契机,在民事诉讼法中增设独立的小额诉讼程序,满足最广大人民群众对小额权益司法救济的需求。

一、小额诉讼程序概述

一般认为,民事诉讼的目的在于通过国家权力来谋求解决私人日常生活关系中的纠纷或利益冲突,以消除私人生活上的障碍与危险,保持社会秩序的稳定。私人之间的纠纷与利益冲突大小、类型差异很大,这就要求民事诉讼法的制度设计具有灵活性和针对性,做到既能稳妥处理大额、复杂的纠纷,又能快捷处理细小、简单的纠纷。大额、复杂的纠纷往往通过普通程序加以解决,而零星简单纠纷则可通过小额诉讼程序得到快捷处理。

(一)小额诉讼程序的概念和特征

1. 小额诉讼程序的概念

关于小额诉讼程序的概念问题,立法并无明确界定。一般将其分为广义与狭义两种,广义上的小额诉讼程序与一般简易程序并无严格区别,二者仅仅是诉讼标的额大小有所不同而已,可以将之视为简易程序的再简化。狭义上的小额诉讼程序则认为小额诉讼程序作为一种新型程序应运而生,其建立不仅是基于对民事案件进行分流处理,减轻法院负担的一种构想,也在于实现司法的大众化,通过简易化的努力使一般国民普遍能够得到具体的有程序保障的司法服务。①

---

* 最高人民法院民事审判第一庭法官。

① 范愉:《小额诉讼程序研究》,载《中国社会科学》2001 年第 3 期。

对小额诉讼程序的广义解读否定了小额诉讼程序作为一项诉讼程序的独立价值,使简易程序与小额诉讼程序同质化,不能正确区分和解释简易程序与小额诉讼程序的异同,实不可取。与之相比,我们更认同对小额诉讼程序的狭义解读。小额诉讼程序是与普通程序、简易程序三者并列的独立诉讼程序。其独立性的核心体现在于其程序价值是满足司法大众化需求。虽然关于小额诉讼程序尚无严格定义,但其具备小额、简易、强调效率等要件,已经取得基本共识。具体到我国司法实践实际,可将小额诉讼程序定义为基层人民法院为提高诉讼效率、实现司法大众化,在审理标的金额较小的简单民事案件时所采用的更简易的、与简易程序、普通程序并列的一审终审诉讼程序。

2. 小额诉讼程序的特征

小额诉讼程序概念揭示了小额诉讼程序是与普通程序、简易程序并列的一种独立的诉讼程序。其主要特征为:

(1)小额诉讼程序是民事纠纷的诉讼解决机制。

民事纠纷的诉讼解决机制是指当事人行使诉权,将民事纠纷提交法院,由法院代表国家行使司法权,对争议事项作出裁判的纠纷解决方式。而民事纠纷的非诉讼解决机制,又称 ADR。ADR 原来指民间解决纠纷的办法,与在法院进行的诉讼无关。但是 20 世纪 70 年代以来,在英美法系国家特别是美国一些州法院在法院内附设仲裁和调解等第三人解决纠纷的制度,实际上是把 ADR 当作了诉讼程序中的一环,这种 ADR 叫做附设在法院的 ADR(又称司法 ADR)。附设在法院的 ADR,虽然是诉讼程序的一环,但按照以法院解决纠纷的传统方法来说,ADR 仍然视为诉讼外的即不经过判决解决纠纷的程序。此外,当事人之间和解是美国解决纠纷的主要速裁形式,而法院采取 ADR 的目的,主要是促进当事人之间的和解。[①] 目前小额案件审判实践显示,大部分小额案件最终都是由法院调解而非判决方式结案,在这一点上与司法 ADR 通过和解方式解决纠纷类似。但不能因此就认为小额诉讼程序就是司法 ADR 的组成部分或应当被司法 ADR 所取代。虽然小额诉讼程序和司法 ADR 确实有相似之处,例如两者都强调在纠纷处理中贯彻调解原则,引导当事人亲自参加诉讼,通过非对抗性的方式解决民事纠纷,以达到节省诉讼资源、缩短纠纷解决时间的作用。但是两者之间在是否查明事实、是否公开审理、是否最终解决案件等方面都有所不同。特别是小额诉讼程序的一审终审特性,更是其司法最终解决原则的鲜活表现。小额诉讼程序作为诉讼程序的一种,而法院附设 ADR 通常只是前置程序,如果双方达成合意则案件不进入司法审理阶段。反之,法院附设 ADR 只能将案件交由法官进行审理,作出相应裁判。

(2)小额诉讼程序主要适用于标的金额较小的特定类型案件。

诉讼标的所涉金额大小对诉讼程序的选择适用具有重大影响。诉讼标的所涉金额越大,当事人对司法公正的期待就越高,就越需要更加严谨、完整的普通程序来获得程序保障。此时,在司法效率和司法公正之间,当事人一般更倾向于选择司法公正。而小额诉讼程序的立法宗旨之一就是强调司法的效率。通过高度简化的制度设计,小额诉讼程序能为当事人提供更廉价、高效的司法救济。相应地,由于要通过程序的简化、程序救济的限制等

---

① 章武生:《简易、小额诉讼程序与替代性程序之重塑》,载《法学研究》2000 年第 4 期。

途径提高小额诉讼程序的效率,那么就难免对司法的公正性造成负面影响。而这一结果又显然与当事人司法公正的诉求相悖,因此,对诉讼标的所涉金额较大的纠纷的解决,不宜适用小额诉讼程序。反过来,诉讼标的所涉金额越低,对当事人利益影响则越小。此时,如适用普通程序解决小额纠纷则可能导致当事人诉讼成本与诉讼收益之间的不平衡。因此,即便存在可能的司法不公,当事人多数仍宁愿选择更简易、便捷地了结纠纷的小额诉讼程序。从法院角度而言,面对当下案多人少的实情,如在小额案件上也适用繁复的普通程序,既会造成司法资源分配不当,也将导致法院司法资源进一步紧张。因此,适用更有效率的小额诉讼程序解决小额纠纷已成为了当事人和法院的共同选择。与此同时,为了防止案件类型特殊导致案件审理的迟延,各国小额诉讼程序立法大多将小额诉讼程序适用范围限制在金钱给付的财产纠纷范畴。因为金钱给付所涉及财产利益能够明确认定,而金钱给付以外的纠纷,尽管可能也涉及财产利益,但这种财产利益转化为金钱数额往往需要通过鉴定、评估等程序,这将导致诉讼进程的不当迁延,不符合小额诉讼程序的高效主旨。

(3)小额诉讼程序审理过程简便。

小额诉讼程序具有简便性,这种简便性与现有简易程序的简便性相比有所不同:一方面,立法理念的差异性决定了小额诉讼程序比简易程序更具有简便性。小额诉讼程序立法的主要理念是让司法大众化,让更多的民众能亲近司法,获得司法救济。因此,其解决的纠纷也大多是普通民众日常生活中的小额纠纷。而普通民众既缺乏诉讼法律知识也很少涉讼的客观现实决定了小额诉讼程序的设计不必苛求程序的严谨和完整,只需采用当事人所能理解的方式进行程序的简便化。另一方面,案件类型的简单性决定了小额诉讼程序无需复杂性。小额诉讼程序的产生正是基于现存的普通程序和简易程序的相对复杂性无法解决广大人民群众在日常生活中发生的小额纠纷这一实情。既然小额诉讼程序适用范围是更简单的案件,那么小额诉讼程序的审理程序比简易程序更简便就是其应有属性。

(4)小额诉讼程序审理成本低廉。

任何诉讼程序除了通过裁判使资源分配效益最大化,都必须考虑降低诉讼程序本身的运行成本。这里的运作成本既包括国家为此支出的法院人员、设施等司法成本,也包括当事人参加诉讼程序所支出的时间、精力及相应费用等诉讼成本。因此,降低成本既包括司法成本的降低,又包括当事人诉讼成本的降低。与普通程序和简易程序不同,小额诉讼程序所要受理的案件由于标的金额较小,涉及当事人利益不大,当事人往往倾向于以较小的诉讼成本、迅速地解决纠纷。而国家考虑到这类案件标的金额较小,对社会整体利益影响不大,也希望通过小额诉讼程序的制度设计降低司法成本。因此,各国小额诉讼程序立法的一个共同特点就是通过独任审理、压缩审限、限制或禁止上诉、降低或免收当事人诉讼费用等方式降低国家和当事人在小额诉讼程序中的投入,使之更加具有成本低廉性特征。

(二)国内外小额诉讼程序立法概况

小额诉讼程序以其低成本、高效率地解决大量存在的小额纠纷,从而保障普通民众平等实现诉权而成为各国司法改革的重点。相应地,一些国家和地区也根据本国司法实际设立了小额诉讼程序。

1. 德国

德国是大陆法系最有代表性的国家。该国于1990年颁布了《简化司法程序法》,对民事诉讼法进行了修改,规定从1993年3月1日开始,诉讼标的金额在1200马克(约等于600欧元)以下的财产权及非财产权案件,无需当事人选择及申请,自动交付新的小额诉讼程序处理。这种程序适用规定,虽然没有被明确命名为小额诉讼程序,但是授权法院可以自由裁定其诉讼程序,而不受普通程序的约束,从其实质而言,也属于或类似于小额诉讼程序的规定。该程序严格限定为只有在争议额未达到控诉额的情况下才允许采用。在适用该程序时,法院可以随意地进行书面或口头、公开或者不公开审理。而当事人对该判决只能提起许可控诉。

2. 日本

为了让民众更接近司法,日本在1989年修改民事诉讼法,增加了小额诉讼程序,受理诉讼标的金额不超过30万日元的案件。随后不久,为应对社会经济发展变化,日本又在1996年将小额诉讼程序的受理案件最高诉讼标的金额调高至60万日元。日本小额诉讼程序的主要特色有禁止反诉(但是诉的客观或主观合并、部分请求等不受限制)。在小额诉讼中,原则上在辩论终结后,法院立即宣告判决。被告可以申请将诉讼转为普通诉讼,法院在法定情形下,也可以依职权作出决定,将诉讼转为普通诉讼。不允许当事人对小额诉讼判决提起控诉,当事人只能在收到裁判文书之日起两周这个不变期间内,提出异议申请。当异议不适法且无法予以补正时,法院可以不经口头辩论直接作出驳回异议之判决。在当事人提出适法的异议时,法院应当以普通程序予以审理裁判。在异议后的程序中,也禁止当事人提起反诉。对驳回异议裁判和异议后的诉讼判决,当事人也不能提起控诉。考虑到这种程序有可能被金融业的崔后债权所占据,因此,在对每个人可利用的次数上作出了限制,即每年在同一简易裁判所最多不能超过10次。①

3. 英国

2005年9月30日,英国对《英国民事诉讼规则》进行了第40次修订,其中对小额诉讼程序进行了全面完善。主要内容有:(1)关于适用范围,小额诉讼程序一般适用于诉讼请求金额不超过5000英镑的诉讼,但人身伤害和房屋租赁损害赔偿的案件除外。当诉讼请求金额超过5000英镑,经双方一致同意将案件分配至小额诉讼程序审理时,可选择是否适用小额诉讼程序的费用条款。(2)关于审理流程,小额诉讼程序是一种非正式的审理程序,在诉讼中不适用严格证据规则、法官限制交叉询问、鼓励当事人自己进行诉讼。(3)关于上诉救济,法律对小额诉讼程序上诉权的行使严格限制了条件,只有判决存在程序上的违法或适用法律错误的情况下,才得行使上诉权。(4)关于诉讼费用,在法院不得责令一方当事人承担他方当事人的诉讼费用方面,将一方当事人拒绝和解要约的行为视为可由法院予以考虑的不正当行为,在法律适用简易评估程序时,可命令由拒绝和解要约行为人承担诉讼费用。在法院可责令一方当事人支付全部或部分诉讼费用方面:除支付一方当事人或证人出席庭审离开家庭而产生收入上的损失外还应支付其因此而产生的误工费,且两者数量应当相等。②

---

① [日]新堂幸司:《新民事诉讼法》,林剑锋译,法律出版社2008年版,第879~882页。

② 邹郁卓:《英国小额诉讼程序改革的最新进展及其启示》,载《江西社会科学》2007年第1期。

4. 美国

由于美国有联邦法院和州法院两套法院体系,其关于小额诉讼程序也缺乏统一的法典性规定,主要是散见于各州的立法当中。大致而言,主要内容有:(1)程序的适用范围。关于小额诉讼程序标的额的请求范围,各州根据自己的经济状况有不同的规定。例如,加利福尼亚州规定的受案范围为5000 美元以下的民事案件,纽约州的受案范围为不超过 3000 美元的金钱赔偿。(2)程序的启动主体。大多数州在立法上都对小额诉讼程序的原告资格或者是起诉次数作出了限制。例如纽约州纽约市小额索偿法庭只处理个人提出的控诉,即将原告资格限定在公民个人,排除了集团、企业等对小额诉讼程序的利用。① (3)关于程序选择权。美国几乎所有州的法律都允许原告在小额诉讼程序与通常诉讼程序之间进行选择。另外,当事人可以自由选择由正式法官负责审理和由临时代理法官负责审理。(4)法律文书表格化。法院的法律文书如诉状等多采表格的形式。判决书内容也相当简化,一般填入被告应给付原告若干元及判决日期,其余事实和理由都可以省略。(5)关于开庭时间的放宽。在开庭时间上,小额诉讼程序也不像通常程序那样严格限制在工作日的白天。例如在加州特别设有夜间小额法庭,以方便因工作而无法在白天出席法庭的当事人。(6)上诉的特殊限制。很多州对小额诉讼程序中的上诉作出了限制,例如在加州,小额诉讼判决的原告不得上诉,被告也仅仅在受败诉判决时可以向初审普通法院提起上诉,但其上诉比率从未超过 10%。

5. 我国台湾地区

台湾地区在 1999 年公布施行的"民事诉讼法修正案"中增设了小额诉讼程序。其主要内容为:(1)适用范围限制。请求给付的必须是诉讼标的额在 10 万元新台币以下的金钱或其他代替物或有价证券且必须是全部而非不分诉讼请求。如果请求给付标的金额或价额超过新台币 10 万元不超过 50 万元的,当事人可以书面合意选择适用小额诉讼程序。(2)审理程序的简化。小额诉讼程序相关法律文书可以表格化,开庭时间可以在夜间或休息日进行。法院在经双方同意或调查证据所需时间、费用与当事人之请求不相当的,法院可以不调查证据而审酌情况后,认定事实。(3)上诉救济限制。对适用小额诉讼程序作出的裁判,只有在裁判违背法令的情形下,才可以上诉或抗告于管辖之地方法院。对于上诉后的二审裁判,不得上诉或抗告。如二审以上诉或控告无理由为由作出驳回裁判的,不得以同一理由申请再审。②

二、我国构建小额诉讼程序的必要性

(一)小额纠纷程序具有独立的程序价值

1. 小额诉讼程序保障当事人"接近正义"的机会平等

一般认为,"民事诉讼法"对当事人的诉权保障表现为两个方面:一是程序权的保障,即当事人进入民事诉讼程序后如何保障当事人充分行使诉权;二是程序的保障,即保障当事

① [日]小岛武司:《诉讼制度改革的法理与实证》,陈刚、郭美送等译,法律出版社 2001 年版,第 128 页。

② 陈聪富主编:《月旦小六法》,台湾地区元照出版有限公司 2006 年版,第肆 -75 页 ~ 第肆 -78 页。

人都有机会走向法院接近司法、“接近正义”。对于利益较大的权利争议案件而言,当事人可能愿意适用相对复杂的普通程序、简易程序并为此支付较高的诉讼成本。而对于日常生活中的轻微权利争议而言,当事人可能会因法律知识的欠缺或进入程序后诉讼成本高于诉讼利益而理性选择放弃诉讼。显然,现代国家既然禁止私力救济,就应保障人们能够平等地获得公力救济。“一种真正现代司法审判制度的基本特征之一必须是,司法能有效地为所有人接近,而不仅仅是在理论上对所有人可以接近”。① 在法治社会,不论争议所涉及标的额的大小,都有权诉诸法院,请求司法救济以获得司法平等保护。“社会每个角落是否都能得到适当的救济,正义的总量——也称整体正义,是否能达到令人满意的标准,这才是衡量一国司法水准高低的真正尺度。”②相应地,为保障当事人能便利接近司法,国家有义务不断完善民事诉讼制度,减少民众走向法院的困难和障碍,使所有民众不论地位高低、贫富,均有平等接近、使用民事诉讼程序的机会。小额诉讼程序以其更加简易化的程序设计、低廉的诉讼成本以及便捷高效的裁判过程,对解决小额轻微纠纷具有独一无二的优势。这也暗合了20世纪50年代以来,世界民事司法制度正在经历的“接近正义”(Access to Justice)运动“保障民众的裁判请求权以及司法大众化”的主旨。

2. 小额诉讼程序有利于程序效益最大化

任何民事诉讼程序都以实现实体公正作为其终极追求价值。为了确保公正,立法者往往涉及严密、复杂的程序来实现这一目标。但是如果因程序的复杂导致付出的诉讼成本过于昂贵,那么即便最终可能实现正义,理性的民众也会选择放弃通过诉讼程序来实现正义。因此,在讨论民事诉讼程序应有的价值时不能无视程序效益问题。所谓程序效益是指诉讼程序的收益与成本之间的比例关系,二者之间比值越大,则效益越高。对于小额轻微案件而言,当事人对诉讼程序的需求更偏重于及时、便捷、低成本、高效益方面,而不希望因程序的严密、复杂导致诉讼的不当拖延。

可见,民众的不同司法需求,决定了国家提供的诉讼程序保障须兼具两方面内容:“(1)有关追求达成慎重而正确的裁判之程序保障,此乃有助于发现真实以追求实体利益之程序保障。为赋予此意义之程序保障,立法者或法院应为当事人提供较严密之程序,使其有机会受较严密而慎重的审理,作成更正确的裁判,而获取实体利益。与简易诉讼程序相比,通常诉讼程序由于采用充分的审前准备、公开审判、必要的言词辩论,以及合议制等程序法理,因此能提供较有助于达成慎重裁判之程序保障。(2)有关追求达成迅速而经济的裁判之程序保障,此乃有助于促进诉讼,以追求程序利益之程序保障。为赋予此意义之程序保障,立法者或法院应为当事人提供有机会经由迅速、经济而低廉之审理,在程序进行过程中避免付出不必要或不合算的劳力、时间及费用等程序上的不利益。”③对小额、简单案件而言,虽然普通程序、简易程序因其程序保障与救济的完备与精确而更可能实现实体公正,但小额、简单案件的属性决定了当事人一般不愿忍受高昂的诉讼费用和漫长的诉讼周期而宁

---

① [意]莫诺·卡佩莱蒂等:《当事人基本程序保障权与未来的民事诉讼》,徐昕译,法律出版社2000年版,第40页。

② [日]小岛武司:《司法制度的历史与未来》,汪祖兴译,法律出版社2000年版,第35页。

③ 邱联恭:《程序制度机能论》,台湾地区三民书局1996年版,第66~71页。

愿以最低诉讼成本支出尽快解决纠纷。此时,“公正作为诉讼程序唯一价值目标的历史已离我们远去,效益无可争辩地成为诉讼程序的另一重要价值目标”。① 对这类案件适用小额诉讼程序低廉、高效解决纠纷就能充分实现当事人所期待的程序效益。

3. 小额诉讼程序符合费用相当性原则

诉讼费用相当性原则是指在当事人利用诉讼程序或法官运用审判制度的过程中,不应使法院或当事人遭受期待不可能之浪费或利益牺牲。② 随着社会转型的加速,各种民事经济纠纷激增。诉讼案件的增多一方面体现了公民权利意思的苏醒;另一方面也使得现有司法资源日益紧张,当事人的诉讼负担也日益增加。因此,对小额轻微案件的程序选择既要站在国家立场上,考虑司法资源的投入与产出的关系;又要站在当事人的立场上,考虑诉讼成本上的投入与产出的关系。如果对小额轻微案件仍适用普通程序或简易程序将不可避免地造成司法资源的浪费,使得司法资源无法更多地投向更为复杂的民事纠纷,从而最终导致司法资源的配置失衡。为有效提升司法资源利用效率和降低当事人诉讼成本,在民事诉讼制度设计时,就应将案件进行类型化划分,针对不同案件适用不同审理程序。小额诉讼程序廉价、简便的程序设计使得当事人能以最低的诉讼成本,最快解决纠纷,符合费用相当性原则。

(二)小额诉讼程序满足现实的司法需求

1. 小额诉讼程序有利于科学配置司法资源

任何国家,在一定时期的司法资源总是有限的。因此,必须用有限的资源,实现司法制度收益的最大化——即最大限度地解决纠纷。而要实现这一目的都有赖于司法资源的科学合理配置。这一点在我国目前尤为重要。近年来,随着经济社会的发展和人民群众法律意识的提高,人民法院收案数量总体上呈逐年上升趋势,2010 年,全国法院共审结民商事案件 6112695 件,诉讼标的额达 9137.25 亿元,同比分别上升 5.44% 和下降 0.74%。③ 具体到每位从事民事审判的法官,年均结案达到 94.19 件,东南沿海地区和中心城市法院的法官年均结案多达数百件,“案多人少”的矛盾特别突出。而小额诉讼程序一审终审、庭审简化、庭审时间自由、审限压缩等独特制度设计,都服务于“快收、快审、快结”这一主题,可以有效节省司法成本,提高法院审理效率,加快当事人实体权利的实现,从而最终缓解“案多人少”的矛盾。由此,有必要通过设立小额诉讼程序实现有效的繁简分流,更合理地配置司法资源,更快捷、更及时、更有效地维护当事人的合法权益,实现社会的整体公平和正义。

2. 现有小额速裁的探索已为构建小额诉讼程序积累了实践经验

虽然我国民事诉讼立法中并没有对小额诉讼程序作出明文规定,但在司法政策上早有涉及。2003 年 12 月 2 日,最高人民法院在《关于落实 23 项司法为民具体措施的指导意见》中已经指出“对简单的民事案件适用简易程序速裁,减轻涉诉群众的讼累。”而最高人民法院在《人民法院第二个五年改革纲要(2004—2008)》中也明确指出:“在民事简易程序的基

① 李祖军:《民事诉讼目的论》,法律出版社 2000 年版,第 81 ~ 82 页。

② 邱联恭:《司法之现代化与程序法》,台湾地区三民书局 1993 年版,第 72 页。

③ 参见最高人民法院《人民法院工作年度报告(2010 年)》第 4 ~ 5 页。

础上建立速裁程序制度,规范审理小额债务案件的组织机构、运行程序、审理方式、裁判文书样式等,作为人民法院2004至2008年司法改革的一个主要内容。"近年来,部分地方法院在上述规范性文件的指导下,结合本地情况,对小额诉讼程序进行了有益探索。从上述东、南、西部几个典型基层法院的统计数据可知,小额速裁的适用呈现"一多两高"特点。即审结的案件多,调解、撤诉率高,当事人服判息诉率高。① 这些法院的审判实践为小额诉讼程序的构建积累了宝贵经验。目前,最高人民法院已在全国90个基层人民法院开展小额速裁试点工作。试点工作既是对前一时期小额速裁的探索进行归纳、总结,同时也能为目前小额诉讼程序立法工作积累经验、提供素材。

三、我国小额诉讼程序的制度设计

既然小额诉讼程序具有不同于现有程序而独立存在的程序价值,那么就不能再表面化地将其视为简易程序的再简化。相应地,在章节安排上,小额诉讼程序应作为与普通程序、简易程序并列的一种独立程序单独设立一章加以规定。从司法的大众化、高效和廉价等角度考虑,我们认为,可以从以下几个方面对小额诉讼程序加以规定:

(一)小额诉讼程序的适用范围

在小额诉讼程序立法过程中,各方争议最大的一个问题就是关于小额诉讼程序的适用案件范围。

1. 关于小额诉讼程序适用的案件类型

一种观点认为,小额诉讼应被界定为限于金钱给付的财产纠纷,因为具有金钱给付的财产纠纷在涉及财产利益的范围上能够明确认定,而具有金钱给付财产纠纷以外的那些财产利益,如果转换为金钱数额来加以确定就可能增加程序的复杂性,比如要不可避免地通过对有关财物的鉴定、资产评估等方法来加以解决,如超出了一定标的金额,就可能导致适用简易程序甚至普通程序,故与小额程序的特点与性质不相吻合。② 一种观点认为,应借鉴我国台湾地区小额诉讼程序适用范围的规定,我国大陆适用小额诉讼程序的案件也应限定为给付金钱或其他代替物或有价证券的诉讼。③ 比较上述两种观点可知,第二种观点将小

---

① 以地处华东地区的上海市浦东新区人民法院为例,该院于2007年6月1日开始试点小额诉讼。自2007年6月至2009年12月,该院通过小额诉讼程序共审结2943件案件,其中调解397件,撤诉2444件,调、撤率高达96.5%。平均审理周期为9~10天,一审审结率超过90%,期间共判决102件,当事人达成不上诉协议的75件,不上诉协议达成比例为73.5%。75件达成不上诉协议的案件中有5件提起上诉,反悔率为6.6%。

以地处华南地区的深圳市罗湖区人民法院为例,该院早在2001年7月就率先成立了全国第一家速裁法庭。2008年,该法庭适用速裁程序审结的案件916件,其中调解、撤诉共741件,调解撤诉率达到80.9%。在上述916件案件中,均不存在上诉或申请再审问题。

以地处西部地区的成都市锦江区人民法院为例,该院于2003年初成立了四川省第一个庭级编制的速裁庭。自2003年至2009年期间,该庭审理的案件比例从占全院民事案件的30%上升至近70%,其中2009年,速裁庭受理案件2809件,占该院民事案件受理总数的69.96%,审结2782件,占民事案件结案总数的70.2%,结案率为96.56%。而且在2007年7月至2009年底的期间内,该速裁庭审结的5774件案件中,一个月内审结的3309件,占57.31%。上诉率仅为6.41%。

② 毕玉谦:《关于在民事诉讼中设立小额诉讼程序的思考》,载《法律适用》2006年第8期。

③ 许尚豪、朱呈义:《我国台湾地区小额诉讼程序述评及启示》,载《法律适用》2006年第9期。

额诉讼程序的适用案件类型从金钱扩张到了其他代替物或有价证券,具有更大的涵括性。笔者认为,第二种观点更为可取。其理由在于,小额诉讼程序设立是为满足司法大众化需求,而大众的小额纠纷并不限于金钱给付争议,如将小额诉讼程序仅限于适用金钱给付型案件,则可能导致让民众更接近司法这一主旨落空。另外,从司法实践情况而言,非金钱其他财产给付案件并不一定涉及鉴定、资产评估程序,不必然造成程序的复杂或审限的不当拖延。即便在部分案件中讼争的非金钱财产可能涉及鉴定、资产评估问题,也可通过审限届至将该类案件转为普通程序后继续进行审理的方式解决。因此,只要是纯粹的财产给付型案件都可适用小额诉讼程序。至于涉及离婚、收养等人身性质的案件则不宜适用小额诉讼程序,其原因在于具有人身性质的案件不适宜以金钱价值来衡量,也无法衡量。

2. 关于小额诉讼程序中的"小额"界定

对"小额"的界定又可细分为两个层面问题:一是,是否在立法中明确相对具体的金额;二是,"小额"应限定在什么范围。一种观点认为,既然小额诉讼程序主要适用的是小额案件,那么就必须在立法上对"小额"明确相对具体的金额,以便于防止片面强调高效可能侵蚀当事人的程序利益,进而给当事人实体权益造成贬损。对此,德国、日本和我国台湾地区的小额诉讼程序立法都明确了具体的诉讼金额或价额。① 另一种观点则认为,我国在对小额诉讼程序进行具体立法时,可以原则上规定小额诉讼程序只限于给付一定金额范围内的财产纠纷,而金额的具体数量可根据各地经济发展水平,在立法中确定一个最高值,在该金额以下的案件可适用小额诉讼程序,同时还规定各省可以根据本省的具体情况在该最高值以下确定本省的受理范围。② 笔者认为,第一种观点虽然有助于明晰小额诉讼程序的适用边界,但不具备可操作性。其原因在于,没有考虑到我国地域广阔,各地经济发展不平衡的实际情况。如果立法统一规定的数额过低则可能面临经济发达地区符合适用小额诉讼程序条件的案件过少,不能缓解当地法院"案多人少"的矛盾。反之,如果规定数额过高,则可能压缩普通程序的适用范围,使本应通过普通程序、简易程序解决的案件也纳入小额诉讼程序的范畴,违反案件类型与诉讼程序相适应原则。第二种观点考虑到了地区经济发展水平差异,但没有考虑社会经济进一步发展和可能的通货膨胀带来的货币贬值等因素。如果因上述原因导致立法规定的"最高值"与现实需求脱节,则必须通过修改民事诉讼法来解决两者之间的不适宜。而修改法律本身的程序复杂性又可能导致修法造成新的滞后性。另外,频繁地修法本身也不利于保持民事诉讼法本身的稳定性。我们认为,可以立法授权最高人民法院对金额范围作出规定。具体而言,应允许最高人民法院以司法解释或规范性文件形式规定小额诉讼程序最高收案标的金额并授权各省、自治区、直辖市高级人民法院可以根据当地经济发展情况,在上述最高收案标的金额内具体确定本辖区不同法院适用小额诉讼程序的收案标的金额。

3. 小额诉讼程序的最高收案标的金额的确定

至于小额诉讼程序的最高收案标的金额应如何确定,各方看法不一,有观点认为,应与国际接轨,根据一般居民一般收入状况和消费经常性规模来确定最高收案标的金额。从全

---

① 袁春兰:《两大法系小额诉讼程序的比较分析》,载《河北法学》2005 年第 4 期。

② 夏璇:《我国小额诉讼程序之构建》,载《广西社会科学》2010 年第 5 期。

国范围来看,目前,城市普通居民的月收入大都在 1000 元至 5000 元之间,因此,将小额诉讼程序所适用的标的金额确定为 5000 元以下是适宜的。① 但笔者认为,鉴于各国(地区)在适用小额诉讼程序的案件之标的数额标准的界定上都有一个递增的过程,最高法院在确定标的数额标准时,也应具有适当的超前性,以确保当事人预期的相对稳定。考虑到目前小额速裁试点进展情况良好,笔者认为,可以借鉴正在实施的《最高人民法院关于部分基层人民法院开展小额速裁试点工作的指导意见》的规定,将小额诉讼程序规定的最高收案标的金额确定为 5 万元。

(二)小额诉讼程序的启动

在确定小额诉讼程序的受案范围后,如何启动小额诉讼程序就成为小额诉讼程序适用的起点问题。各方对小额诉讼程序的启动争议主要集中在是否对小额诉讼程序的启动者进行限制、是否赋予当事人对适用小额诉讼程序的选择权和小额诉讼程序的管辖范围等问题上。

1. 关于是否对小额诉讼程序的启动者限制问题

一种观点认为,既然小额诉讼程序是为了保证让更多的民众能接近司法,让有限的司法资源得到更合理的分配,那么就应限制特定主体起诉的次数,以免该程序被讨债公司、分期付款销售公司等作为讨债工具不当利用,导致"原告法院化"的结果。对此,国外立法已有规定。例如日本民事诉讼法第 368 条规定,在同一简易法院同一年中提出请求的次数不得超过最高法院规则规定次数(10 次)。而且在申请小额诉讼程序审理时,应向该简易法院申报该年度请求依小额诉讼程序审理裁判的次数。因此,可以规定一个原告一年内在同一法院根据小额诉讼程序请求裁判的次数不得超过 5 次。② 另一种观点则认为,既然当事人民事权利应得到司法保护是现代法治的一个基本原则,就不应对当事人行使诉权,维护民事权利的次数作出任何限制。笔者赞成第二种观点。限制当事人在一年内起诉的次数,事实上是一种变相剥夺当事人诉权的行为,这一方面不利于周全保护当事人合法权益,不利于社会和谐稳定;另一方面,如果债务人因债权人被限制诉权而免于被追究民事责任,将助长恶意拖延债务的不良风气,有害于社会诚信体系的建设。

2. 关于是否规定小额诉讼程序强制适用问题

一种观点认为,民事程序选择权作为一项程序性权利,是立法充分尊重当事人意思自由,对当事人进行程序关怀的体现。"民事程序选择权的精髓在于让当事人自己在发现案件真实与促进诉讼二者之间权衡"。③ 具体到小额诉讼程序中,基于当事人民事程序的选择权原理,对于小额民事权利的维护,既应允许双方选择适用小额诉讼程序,也应允许其放弃小额诉讼程序的选用而改用简易程序或普通程序,以尊重当事人的程序利益。另一种观点则认为,尊重当事人的程序选择权固然重要,但也不能因强调当事人的程序利益而忽视小额诉讼程序的高效、廉价特性。如果将是否选择小额诉讼程序的权利完全交给当事人,则

---

① 毕玉谦:《关于在民事诉讼中设立小额诉讼程序的思考》,载《法律适用》2006 年第 8 期。

② 袁春兰:《两大法系小额诉讼程序的比较分析》,载《河北法学》2005 年第 4 期。

③ 邱联恭:《民事程序选择权的法理》,载《民事诉讼法之研究(四)》,台湾地区三民书局 1993 年版,第 580 页。

当事人双方之间利益的冲突性、诉讼地位的对抗性决定了当事人很难就适用小额诉讼程序达成一致。所谓选择小额诉讼程序的规定将可能沦为一纸空文。笔者认为,不能将是否适用小额诉讼程序的权利完全交给当事人决定,应当在立法中同时规定小额诉讼程序的强制适用和选择适用。当前司法实践中,案件审理效率不高的一个重要原因就是当事人滥用诉讼权利,人为造成案件审理的不当拖延。特别是在事实清楚、法律关系特别简单的案件审理中,被告方往往倾向选择普通程序、简易程序通过上诉审拖延诉讼。这既不利于原告方合法权益的及时救济、也不利于节省有限的司法资源。因此,有必要规定对特定类型的案件强制规定适用小额诉讼程序。与此同时,考虑到个案可能有不宜适用小额诉讼程序的特殊情形,可允许当事人对适用小额诉讼程序提出异议,人民法院经审查认为异议成立的,可不适用小额诉讼程序。另外,从尊重当事人的程序选择权出发,如果当事人就法定情形外的其他案件合意书面选择适用小额诉讼程序,只要经法院同意,也可以适用小额诉讼程序。

3. 关于小额诉讼程序的管辖法院问题

从小额诉讼程序适用的案件类型及其标的额来看,小额诉讼程序一般在基层法院适用,中级以上的法院不能适用小额诉讼程序审理案件;就地域管辖而言,一般实行原告就被告的原则,因为这样有利于防止原告滥用诉权,有利于法院传唤被告、取证和执行。但有观点认为,从保护原告裁判请求权的角度,我国应当把"被告就原告"作为小额诉讼案件管辖的一般原则,并且允许使用协议管辖,因为如果适用"原告就被告"原则,在原、被告分处两地的情形下,原告往往会基于诉讼成本的考虑被迫放弃诉诸法院的权利。当然,在确定"被告就原告"这一原则时,同时应当赋予被告提出管辖异议的权利,然后,法院可依据自由裁量权将案件移送被告所在地或对双方都比较公平的法院管辖。①

对此,我国台湾地区"民事诉讼法"第 336 条之 9 项也有类似规定。我们不同意这种观点。这是因为,小额诉讼程序的司法大众化特性决定了适用案件的被告方并非一定是处于强势地位的大公司、大企业。如果被告方也是诉讼知识短缺、诉讼支付能力不足的一般民众,那么要求其到原告方所在地应诉则同样可能造成被告方基于诉讼成本的考虑被迫放弃应诉的结果。这对被告方而言,显属不公。至于赋予被告提出管辖异议的权利,则因异议的依据没有法定化而容易引发争议。因此,一律规定适用小额诉讼程序的案件都由原告所在地法院管辖实不可取。

(三)小额诉讼程序的审理

与一般民事诉讼强调诉讼平等性、对抗性的当事人主义不同,为强调效率,各国都在小额诉讼程序立法中浸透更多的职权主义色彩。相应地,在小额诉讼程序的审理上,法官依职权主导案件审理成为一种常态。

1. 诉讼请求变化的处理

诉讼程序启动后到诉讼程序结束前,当事人仍有可能基于对自身利益的最佳判断,而向法院提出变更诉讼请求、增加或减少诉讼请求、提起反诉、扩大诉讼请求的请求对象等。

---

① 刁安心:《小额诉讼制度的确立》,载《人民法院报》2009 年 12 月 1 日。

对此,普通程序作了一般性规定。但在小额诉讼程序中,如果当事人提出上述请求,应如何处理则应作具体分析。(1)当事人提出变更诉讼请求,应考虑变更诉讼请求后是否导致案件类型发生变化,如果因当事人诉讼请求的变更导致案件由财产类案件变化为人身类案件,则当然不能适用小额诉讼程序。(2)当事人减少诉讼请求,则意味着当事人请求的财产给付标的价额相比之前更小,既然根据之前的诉讼请求应适用小额诉讼程序,那么举重以明轻,减少诉讼请求后,更应适用小额诉讼程序继续进行审理。(3)当事人增加诉讼请求有两种可能,如果增加后的诉讼请求并未超过小额诉讼程序适用案件的最高标的金额且法律关系未发生变化,则继续适用小额诉讼程序进行审理当无疑义。如果增加后的诉讼请求超过小额诉讼程序适用案件的最高标的金额,则除非当事人合意继续适用小额诉讼程序并经法院认为适当者外,不得继续适用小额诉讼程序。(4)当事人提出反诉或扩大请求对象范围一般说明案件性质开始复杂化,此时,已不符合小额诉讼程序适用案件简单这一前提,故除非当事人合意继续适用小额诉讼程序并经法院认为适当者外,不得继续适用小额诉讼程序。(5)在具体案件中,不能排除当事人为适用小额诉讼程序而先为一部请求的可能。此时,可考虑参照我国台湾地区"民事诉讼法"第436条之16项的规定:"当事人不得为适用小额程序而为一部请求。但已向法院陈明就其余额不另起诉请求者,不在此限。"

2. 审理过程的简化

为确保小额诉讼程序高效性、便捷性落到实处,在案件审理过程中,应赋予法官更多职权主导审理过程。这具体表现在法律文书简单化、审理时间机动化、证据调查即时化等方面。(1)应通过简化法律文书的制作,提高审理的效率。法院可以为当事人提交表格化起诉状,既便于当事人启动诉讼程序,又便于法院节省立案时间。考虑大多数小额案件都事实清楚、法律关系简单,故没必要制作详细的庭审笔录,只需将双方当事人争议焦点、证据质证情况做一简单记载即可。适用小额诉讼程序审结案件的裁判文书、调解书,也只需列明裁判主文、调解方案即可,而不必书面说明裁判理由。(2)应通过扩大小额诉讼程序案件审理时间,便利当事人进行诉讼。考虑到小额诉讼程序中的当事人一般不愿为此类诉讼放弃工作及其他赚钱机会,应允许当事人向法院申请,由法官根据具体情况决定是否对适用小额诉讼程序的案件在夜间、休息日甚至法定节假日进行审理。(3)应限制调查证据的范围。日本民事诉讼法第371条规定,证据调查限于可以即时调查的证据。这主要是为了通过强化法官证据调查的自主权而提高庭审效率。对此,我国台湾地区"民事诉讼法"第436条之14项则进一步明确了法院不调查证据的范围为"一、经两造同意者。二、调查证据所需时间、费用与当事人之请求显不相当者。"以上将证据调查范围限缩在当事人即时提交的证据范围的规定,事实上从反面扩张了法官在认定事实方面的自由裁量权,进而有利于法官提高庭审的效率。

(四)小额诉讼程序的救济

从各国小额诉讼程序立法的情况来看,一般都对不服适用小额诉讼程序作出的裁判的救济加以限制,以避免降低小额诉讼程序解决纠纷的效率。对救济的限制主要表现为两种方式:一种是对适用小额诉讼程序的裁判不服不能上诉只能提出异议。例如日本民事诉讼法第377条、第378条、第379条规定,对于小额诉讼的终局判决不得提起控诉。但可在判决书或笔录送达之日起两周的不变期间内可以向作出裁判的法院声明异议。但不妨碍该期间前提起异议的效力。异议合法时,诉讼恢复到口头辩论终结前的程度并依据普通程序审理裁判;一种是允许对适用小额诉讼程序的特定裁判不服提起上诉。例如我国台湾地区"民事诉讼法"第436条之24项,对于小额程序之第一审裁判,只有以违背法令为理由得上诉或抗告于管辖之地方法院,其审判以合议行之。由上可知,大陆法系国家或地区立法对适用小额诉讼程序作出的裁判的上诉救济采取严格态度,倾向于禁止对适用小额诉讼程序作出的裁判提出上诉或只例外允许对特定情形下的裁判提出上诉。考虑我国案多人少实情和当前诚信观念缺失的现状,我们倾向于采用日本的立法模式,禁止当事人对适用小额诉讼程序作出的裁判提出上诉,而倾向于采取允许当事人提出异议的模式。具体而言,有三种模式:第一方案,适用小额诉讼程序审理民事案件,实行一审终审;第二方案,当事人对于人民法院适用小额诉讼程序作出的判决不服,可以在收到判决书之日起10日内向原审人民法院提出异议申请。人民法院应当指定其他审判员对异议申请进行审查;第三方案,当事人对于人民法院适用小额诉讼程序作出的判决不服,可以在收到判决书之日起10日内向原审人民法院提出异议申请。人民法院应当另行组成合议庭对异议申请进行审查。经审查异议不成立的,人民法院应当在7日内裁定驳回异议。经审查异议成立的,人民法院应当裁定撤销原判,并适用普通程序对案件进行审理。以上三种方案,笔者倾向于第一种方案,对适用小额诉讼程序的案件实行一审终审,不得提出上诉。

试论我国小额诉讼程序之构建

夏正芳* 张 娅**

中国的民事诉讼改革是以程序正当化为导向的,随着改革的进一步深入,这种模式所固有的弊端也不可避免呈现出来——诉讼的迟延、拖沓,诉讼成本的攀升及由此带来的对小额权利人权益的漠视,而这一问题倘若得不到合理解决,将使民众对司法的权威产生怀疑并进一步疏离司法。当前《民事诉讼法》的修改工作正在稳步推进,这次《民事诉讼法》修改的一个重要指导理念就是如何通过更新民事诉讼的制度设计使司法更加大众化、更加贴近人民群众,更加接近正义。笔者认为,有必要以此次《民事诉讼法》修改为契机,构建独立的适合我国国情的小额诉讼程序,以回应最广大人民群众对小额权益司法救济的需求。

一、我国构建小额诉讼程序的必要性

(一)我国构建小额诉讼程序的现实必要性

伴随着改革开放和经济体制改革的不断深化,人民生活水平逐渐提高,经济活动日渐频繁,导致纠纷数量的不断增加及纠纷类型的不断涌现。同时,随着依法治国方略的实施,人们的法制意识进一步增强,中国人原有的"息讼"、"厌讼"等传统保守观念在市场经济和国际大环境的冲击之下逐渐消融,用法律的武器来保护自己合法权益的思想已深入人心。与此同时,计划经济条件下原来解决纠纷和协调人民内部矛盾职能的行政部门和社会组织职能发生转变,原有的处理民间纠纷的功能已逐渐弱化,人们将目光更多地投向了司法解决途径,大量的矛盾纠纷以诉讼形式涌进法院。以江苏法院为例,2010 年全省法院共计受理一审民事案件数达 561984 件,其中基层法院受理的一审民事案件数达 558186 件,占全省民事案件数的 99%。2011 年1 ~7 月份,全省基层法院受理一审民事案件数达 357872 件,同比又上升 5.8%。对司法的过高期待、纠纷解决途径的单一化和司法资源的稀缺导致法院面临前所未有的压力。

(二)我国构建小额诉讼程序的制度必然性

普通程序是一种冗长而缜密的诉讼程序,将所有纠纷不加区分均纳入普通程序审理,

---

* 江苏省高级人民法院民一庭庭长。

** 江苏省高级人民法院民一庭法官。

会带来程序复杂化、审限长期化及当事人诉累等一连串问题。而且,这种判断性程序强调的是“非黑即白”、“一刀两断”,此种确定的效力,往往不能使纠纷得到真正的解决,反倒会加剧双方当事人剑拔弩张的情绪,不利于社会秩序的安定。再者,普通程序客观上还要求程序运作主体拥有相应的法律知识和诉讼能力,而我国普通民众诉讼能力相对较弱,往往不能接受法院经过程序规则所确定的法律事实和裁判结果。从我国民事诉讼现状来看,简易程序的适用也不尽如人意,存在法律规定过于原则、适用范围不明确、与普通程序界限不清等等缺陷,不足以发挥救济小额权利的作用。

此种情形下,在我国构建小额诉讼程序势在必行。一方面,小额诉讼程序的设立,使日常生活中与民众生计最为密切相关的小额权利的救济更具有了现实、经济、可行的法律保障,实现了民众普遍性地有效地接近司法,使得司法解决纠纷的功能得到充分的发挥,实现司法的大众化,实现所谓的“社会整体正义”的最大化;另一方面,也为我国的司法改革提供了新的思路:按案件类型、标的金额、案情复杂程度等标准将民事纠纷厘定为不同的类型,设置相应的纠纷解决机制,通过诉讼程序制度的多元化、纠纷的类型化解决方式,将案件分流,从当事人而言,提高了诉讼效率,降低了诉讼成本;从法院而言,优化了司法资源配置,有效解决人案矛盾,诉讼效益得以最大化。从深层次来看,更有助于提升民众对司法的信赖,巩固司法在国家权利体系中的地位,树立司法的权威,依法治国方略切实落到实处。

二、我国构建小额诉讼程序的理念基础

(一)效率与公正价值的衡平

按照程序正当性的利益衡量标准,只要程序收益与其对价相适应,则程序的简易化即可获得正当性。[①] 该原理要求诉讼制度的运用要充分尊重当事人的程序利益,使当事人在支出一定的诉讼成本时能得到同等或更多的程序利益,以促进民众接近司法并获得接近正义之机会。对于国家而言,则应充分考虑民事诉讼的程序设置应当与案件类型相一致,以较小的司法资源消耗取得相应或较高的司法公正收益。[②] 故在设置小额诉讼程序具体程序规则时,基于案件的简易性,应当注重考虑当事人的程序利益,简化程序规则,突出效率价值。但同时又必须注意到:小额诉讼程序简易化的设计无论作何种解释,都难以摆脱诉讼效率的现实功利目的,这种程序的设计把诉讼的正当程序保障降低到非诉讼程序的水平,即所谓程序保障的形骸化,无形中损害了诉讼的质的规定性,即为了实现平民法院的理想而采取的非正当手段,其在强调效率的同时,会在某种程度上对程序的公正价值带来损害。因此,小额诉讼程序规则在体现效率优先的同时应该不能忽视公正价值,在具体程序规则设计时,应当考虑两者的平衡,最重要的是个人应获得的最低限度的程序保障权利不得被牺牲,诸如起诉权、举证权、异议权等当事人的诉讼权利,否则,小额诉讼程序中公正价值的缺失则是司法制度的变质。

① 马明亮:《正义的妥协:协商性司法在中国的兴起》,载《中外法学》2004 年第 1 期。

② 陈国辉、程方伟:《民事程序简易化的理论透视与制度构建——以司法效率为核心的分析》,载吕伯涛主编:《司法理念与审判方式改革研究》,人民法院出版社 2005 年版,第 242 页。

(二)吸收借鉴国外经验与对中国法律文化的关注

小额诉讼程序起源于美国,之后,英国、日本、德国、韩国等国家也纷纷设立了小额诉讼程序。从国外的小额诉讼程序理论与实践来看,小额诉讼程序已经具备了相对成熟的理论体系,在实践运行中也取得了良好的司法效益和社会效果,为我国设立小额诉讼程序提供了可以学习借鉴的理论资源和成功经验。但是,应当看到,“虽然现代社会中法治已经和国家权力不可分割,但从根本上讲法治所要回应的是社会需求,而不仅仅是国家需求”。[①] 我国当代法律体系是大面积移植西方法律的结果,在很大程度上主要适用于城市社会、工商社会、陌生人社会。在各国,现代法律及相关的制度很难进入农业社会、熟人社会或在这样的社会中有效运作。小额诉讼程序作为法律体系的重要组成部分,其运作及具体规则的设计当然要尊重中国现有的法律文化。司法实践中,最突出的一点就在于婚姻家庭等有关身份关系的诉讼不应纳入小额诉讼程序,因为中国社会传统文化强调亲情、人情、和谐等因素,身份关系诉讼的解决更多地在于修复破裂的关系,绝非仅通过简化诉讼程序就可以达到目的的。

(三)诉讼契约与司法能动的协调

诉讼契约是当事人之间就诉讼程序事项达成的以直接发生诉讼法上效果为目的的合意,包括管辖合意、诉讼上的和解、放弃性诉讼契约、执行程序中的契约等等。诉讼契约制度要求小额诉讼程序应尊重当事人的程序选择权。所谓当事人的程序选择权,是指当事人在民事诉讼中就程序性事项达成合意后共同处分自己诉讼权利的一种权能。[②] 程序选择权是沟通慎重裁判与简速裁判两个不同价值追求的一个桥梁,出于迅速而低成本地解决纠纷的目的,小额诉讼程序规则的设计,应更多考虑当事人的程序选择权,例如通过放弃性诉讼契约等形式简化程序规则,使当事人能够平衡实体利益与程序利益,体现对当事人意思自治的尊重。同时,由于诉讼契约制度关涉当事人的程序利益,其是以当事人放弃一定的程序利益为基础的,因此,在司法实践中应适当强调司法的能动性,通过法官释明权的行使,寻求小额诉讼程序简化的正当性。[③]

三、我国小额诉讼程序的规则设计

最高人民法院于 2011 年 5 月 1 日在全国十三个省、直辖市高级人民法院开展小额速裁试点工作。江苏高院按照最高人民法院的要求,确定宜兴、东台、丹阳、玄武四家法院具体从事小额速裁试点工作。试点工作于 2011 年 5 月 1 日运行以来,取得了阶段性成果,但也暴露了一些问题。笔者将结合试点情况、学者观点及国外立法例,就小额诉讼程序的规则设计直抒浅见,以求教大方。

---

① 王学辉:《双向建构:国家法与民间法的对话与思考》,载《现代法学》1999 年第 1 期,第 56 页。

② 李富金:《民事简易程序司法解释与现代司法理念》,载 http://www.chinacourt.org/html/article/200404/05/110179.shtml,2009 年 5 月 16 日访问。

③ 杨治、李志芬:《对进一步完善民事速裁机制的调查与思考》,载《法律适用》2010 年第 5 期。

(一)小额诉讼程序的模式选择

综观世界各国关于简易与小额诉讼程序的立法,大体可分为三种类型:一是简易程序与小额诉讼程序合一,两者均适用简易程序,如我国现行《民事诉讼法》即属于此种模式;二是简易程序与小额诉讼程序分立,各自适用不同的程序,如美国、英国、日本和我国台湾地区即属于此种模式,这也成为小额诉讼程序发展的一种趋势;三是上述两种模式的结合,只是对小额案件的审理规定了较简易程序更为简易化的规定,如法国和德国即采取了此种模式。

笔者认为,小额诉讼程序将低成本、高效率和司法大众化作为首要理念,是比简易程序更为便捷、高效的程序,无论在诉讼理念、运行特点、程序功能等方面都与简易程序有较大的差异,我国现行立法有关诉讼程序的设计在现有的框架内很难满足小额诉讼的特别要求,因此,借鉴简易程序与小额诉讼程序分立的做法,在现有的普通程序和简易程序的立法框架之外,专门设立一种大众化、成本低廉化、非职业化、效率最大化的小额诉讼程序实乃必要。①

(二)小额诉讼程序的适用范围

1. 适用小额诉讼程序的案件类型。世界各国小额诉讼程序立法对于案件类型的规定各有不同。如英国规定消费争议、事故诉讼、财产所有权纠纷以及出租人与承租人的多数纠纷(除房屋占有纠纷之外),符合一定条件的人身损害赔偿诉讼和住房租赁诉讼分配适用小额索赔审理制;日本规定借款债权、买卖货款债权、押金返还请求权、损害赔偿请求权等日常生活中所发生的小额事件属于小额诉讼的范围,但物的交付请求除外;我国香港地区规定小额诉讼程序适用于债务服务费、财物损毁、已售货物、消费者提出的各类申索等。可见,将小额诉讼程序案件类型限制为给付案件已成为各国(地区)的共识。因此有观点认为,小额诉讼应被界定为限于金钱给付的财产纠纷,因为具有金钱给付的财产纠纷在涉及财产利益的范围上能够明确认定,而金钱给付财产纠纷以外的那些财产利益,如果转换为金钱数额来加以确定就可能增加程序的复杂性,比如要不可避免地通过对有关财物的鉴定、资产评估等方法来加以解决,如超出了一定标的金额就可能导致适用简易程序甚至普通程序,故与小额诉讼程序的特点与性质不相吻合。② 但也有观点认为,小额诉讼程序的案件类型应从单纯的金钱给付扩充为给付金钱或其他代替物或有价证券上。③ 我国台湾地区就规定小额诉讼程序适用于请求给付金钱或者其他替代物或有价证券之诉讼。韩国也规定小额诉讼程序适用于请求给付金钱、其他替代物或者一定数量的有价证券的民事案件。《最高人民法院关于部分基层人民法院开展小额速裁试点工作的指导意见》(以下简称《指导意见》)将小额速裁的案件类型限定在给付之诉,不以金钱给付为必要。试点情况表

---

① 陈国辉、程方伟:《民事程序简易化的理论透视与制度构建———以司法效率为核心的分析》,载吕伯涛主编:《司法理念与审判方式改革研究》,人民法院出版社2005年版,第242页。

② 毕玉谦:《关于在民事诉讼中设立小额诉讼程序的思考》,载《法律适用》2006年第8期。

③ 常怡:《比较民事诉讼法》,中国政法大学出版社2002年版,第609页。

明,非金钱给付的其他财产给付型案件占有一定比例(约 10% 左右),如果将案件类型限定为金钱给付案件,将使符合小额诉讼程序条件的案件进一步减少。因此,笔者认为,设置小额诉讼程序的初衷就是使其成为民众接近社会正义、实现社会正义的最为频繁的一种路径,因此应扩充案件类型,尽可能多地将小额纠纷纳入其中。从司法实践来看,非金钱给付的其他财产给付型案件涉及鉴定、资产评估的,仍然是小概率的,即使出现也可以通过转为普通程序继续审理的方式解决。因个案的存在而将所有非金钱给付的其他财产给付型案件排除在小额诉讼程序之外,显然是不经济的。因此,只要是纯粹的财产给付型案件都可适用小额诉讼程序。家事案件中涉及身份关系确认的,不应适用小额诉讼程序,因为此类案件关系到社会的公共秩序和善良风俗,无法简单地用金钱予以衡量,应排除在小额诉讼程序之外。因此,上述第二种观点和我国台湾地区、韩国的做法更值得我们借鉴。

2. 适用小额诉讼程序的标的金额。如何确定小额诉讼程序的标的金额,是界定小额诉讼程序适用范围的关键所在。一种观点认为,在立法上应当确立一个相对具体的金额,以便在实务中加以适用,确定适用于小额诉讼标的金额的标准应当以一般居民一般收入状况和消费经常性规模来确定。① 部分国家(地区)小额诉讼程序均明确了具体的标的金额见下表。

表 部分国家(地区)小额诉讼程序标的金额

国家/地区	最高标的金额
美 国	1000 ~ 15000 美元(约 6000 ~ 95000 元人民币)
英 国	5000 英镑(约 50000 元人民币)
日 本	30 万日元(约 25000 元人民币)
韩 国	2000 万韩元(约 110000 元人民币)
香 港	50000 元港币(约 40000 元人民币)
台 湾	50 万新台币(约 100000 元人民币)

各国(地区)的小额诉讼标的金额一般是以本国居民生活水准为标准制定的。其中,美国又结合自身联邦制的特点,在小额诉讼程序中规定美国各州可根据经济的具体情况规定本州范围内小额诉讼标的金额的上限。据此,又有观点提出,我国对小额诉讼程序进行具体立法时,可以原则上规定小额诉讼程序只限于给付一定金额范围内的财产纠纷,而金额的具体数量可根据各地经济发展水平,在立法中确定一个最高值,在该金额以下的案件可适用小额诉讼程序。同时,还规定各省可以根据本省的具体情况在该最高值以下确定本省的受理范围。②

笔者认为,第一种观点遵从了各国(地区)的惯例,对标的金额采取一刀切,虽然简便易行,可操作性强,但没有考虑我国区域、城乡之间经济社会发展不平衡的现状和经济社会的

① 毕玉谦:《关于在民事诉讼中设立小额诉讼程序的思考》,载《法律适用》2006 年第 8 期。

② 夏璇:《我国小额诉讼程序之构建》,载《广西社会科学》2010 年第 5 期。

进一步发展可能导致的标的金额的变化，实不可取；第二种观点在一定程度上考虑到了经济水平对标的金额的影响，与中国国情更相契合，但却忽略了一个问题，即我国经济发展迅速，立法中规定的"最高值"也许很快就会与社会需求脱节，频繁地修改法律大大有损法律的稳定性和权威性，而且修改法律也非一朝一夕的事情，需要经历一个漫长的过程，在此期间，小额权利人的权益无法得到应有的救济。因此，笔者认为，《民事诉讼法》中对于小额诉讼程序的标的金额可以采取原则性规定，不必明确"最高值"的具体数额，可授权最高人民法院通过司法解释或规范性文件确定一个指导性标准，由各省、市、自治区高院结合本地经济社会发展情况，将这一指导性标准予以细化，适用于本地区小额诉讼程序标的金额的界定。目前，《指导意见》确定的最高标的金额为 50000 元，从试点情况看，2011 年 5 ~ 8 月份，四家试点法院符合标的金额条件的案件为 2212 件，占同期民事一审案件总数的 30.08%，但经济较发达的苏南地区，如南京玄武法院，符合标的金额条件的案件仅占同期民事一审案件数的 7.39%，小额诉讼程序远远没有发挥其应有的功效。因此，建议将最高标的金额进一步提高，切实满足不同地区司法实践的需要。与此同时，对于超出标的金额的案件，如果当事人合意选择适用小额诉讼程序，不妨参考一下英国的做法，英国规定最高标的金额在 5000 英镑以下的诉讼适用小额诉讼程序，但当标的金额超过 5000 英镑，经双方同意也可适用小额诉讼程序，此种做法基于对当事人意思自治的尊重而具有正当性，实践中值得借鉴。

(三)小额诉讼程序的程序选择权

小额诉讼程序的启动有两种方式：一是强制性方式，二是选择性方式。强制性方式指对于符合小额诉讼程序适用范围的案件均依法采用小额诉讼程序审理；选择性方式指对于符合小额诉讼程序适用范围的案件，当事人有权自由选择是否以小额诉讼程序审理。另选择性方式又分为单方选择和双方选择两种方式，单方选择是指原告一方单方面决定是否适用小额诉讼程序，双方选择是指由原告和被告合意决定是否适用小额诉讼程序。

各国(地区)对小额诉讼程序启动方式的规定各不相同。德国法律规定，标的金额在 1200 德国马克的案件自动适用小额诉讼程序，无需经过原告申请或者取得被告同意。韩国法律也规定当事人对于小额诉讼程序的适用没有选择权。在英国，当事人对于标的金额在 5000 英镑以下的诉讼适用小额诉讼程序没有选择权，但当标的金额超过 5000 英镑，经双方同意也可适用小额诉讼程序，最后的决定权在法官。我国台湾地区的小额诉讼程序采强制性和选择性相结合的方式，规定标的金额在 10 万元新台币以下时强制适用小额诉讼程序，强制适用时当事人无程序选择权，标的金额在 50 万元之下、10 万元之上的，当事人可以合意选择适用小额诉讼程序。日本在程序选择权的归属上确定了双方选择的方式，即原告可在起诉时选择向法院提出适用小额诉讼程序的申请，若被告不同意，可向法院申请转为适用一般诉讼程序。

笔者认为，程序选择权作为一项程序性权利，是立法充分尊重当事人意思自治，对当事人进行程序关怀的体现。[①] 赋予小额诉讼程序当事人以程序选择权,既尊重了当事人对程序利益的追求,同时也保证了简化的小额诉讼具有正当性。[②] 有利于提高当事人参与诉讼的积极性和对判决结果的信服度及接纳度,增强判决的公信力。具体到小额诉讼程序中,法官应及时向当事人释明小额诉讼程序的审理过程及裁判的特殊性,允许当事人选择适用小额诉讼程序,也应允许其放弃小额诉讼程序而选用普通程序或简易程序,以充分尊重当事人的程序利益。

现在的问题是应否在立法中另行明确小额诉讼程序强制适用的规定。笔者认为,保障当事人的程序选择权固然重要,但是也不能一味强调程序利益而忽视了司法权的介入。当事人诉讼地位、诉讼利益的对抗性导致双方很难就适用小额诉讼程序达成一致,司法实践表明,有些当事人本身就抱有拖延诉讼的目的,因此将程序选择权完全赋予当事人,会导致部分当事人对程序权利的滥用。从各国(地区)立法例来看,多有强制适用的规定。《指导意见》要求适用小额速裁必须经过原被告双方的共同选择,无强制适用的余地。试点情况表明,当事人选择适用小额速裁的案件仅占符合小额速裁条件案件总数的 65.01%,这其中被告基于拖延诉讼的目的而拒绝选择小额速裁的居多。因此,有必要对当事人程序选择权加以规制,对于法律关系单一、事实清楚、争议标的金额不大的特殊类型案件可以强制适用小额诉讼程序。从公益性角度出发,强制性方式可以最大可能地将符合适用小额诉讼程序条件的案件纳入小额诉讼程序审理,从而有利于最大化地利用小额诉讼程序,充分发挥小额诉讼程序的价值,达到诉讼资源的节省。

综上,在小额诉讼程序的启动方式上应采用强制性与选择性相结合的方式最为妥当。具体而言,首先,在小额诉讼最高标的金额范围内划定一个界限,在此界限之下应采用强制性方式,在此界限之上、小额诉讼最高标的金额范围之内采用选择性方式,即类似于英国和我国台湾地区的做法。其次,选择性方式宜采用有限制的双方选择方式。在选择性方式上,我国台湾地区和日本均规定了双方选择。台湾地区规定标的额在新台币 10 万元以上、50 万元以下的可以由当事人合意选择适用小额诉讼程序。日本规定被告在原告起诉后有权申请转为一般诉讼程序。笔者认为,台湾地区的做法需要双方的合意,司法实践表明不便于实施,会限制小额诉讼程序的适用,因此不宜采用;日本的做法比较合理。当原告选择适用小额诉讼程序时仅表明自己放弃了部分权利,不能代表被告的意思表示,此时应给予被告进行意思表示的机会,即给予其异议权,从而保证原被告双方权利的平等,保证小额诉讼在双方意思表示一致的情况下进行。同时,应加大法官对小额诉讼程序的监督,从保障小额诉讼程序作用充分发挥的角度考虑,被告提出的异议应当说明理由并经法院审查,只有案件确实存在不适宜以小额诉讼程序审理的情况时,被告的异议才能成立。所以,笔者建议采用有限制的双方选择,即在日本的做法的基础上强调法院的监督权。具体考虑如下:在诉讼启动时,由原告主动地行使程序选择权,选择是否适用小额诉讼程序。如原告选择小额诉讼程序,若被告接到应诉通知书后在规定期限内未提出异议,视为默示合意适用

---

① 熊跃敏:《日本民事诉讼中的小额诉讼程序概述——兼论我国小额诉讼程序的构建》,载《当代法学》2002 年第 5 期。

② 齐奇:《中国民事简易程序的改革与完善》,法律出版社 2004 年版,第 214 页。

小额诉讼程序;若被告有异议,则应在规定期限内向法院提出异议申请,并应说明理由,不说明理由的,异议无效,法院经审查认为异议成立的,应将该案件转为简易程序或者普通程序。至于单方选择方式不利于对被告合法权益的保护,不宜采用。

(四)小额诉讼程序的管辖权

由于适用小额诉讼程序的案件类型和标的金额的特殊性,在级别管辖方面,小额诉讼程序的适用限定在基层人民法院及派出法庭。就地域管辖而言,有观点认为,由于小额诉讼程序的原告相对于被告一般较为弱势,如果对于小额诉讼程序也按照现行法律一般地域管辖的规定实行"原告就被告"的原则,如遇被告在外地的情况时,原告基于高昂诉讼成本的压力,就可能不得不放弃诉诸法院的权利,这样一来,小额权利人的合法权利实质上被变相"合法"地剥夺了。因此,在地域管辖方面,小额诉讼程序可以实行"被告就原告"的管辖原则。① 笔者认为,这种观点是值得商榷的。因为小额诉讼程序与普通程序的主要区别在于诉讼程序的简化,就当事人的身份而言,并无实质性区别,原告未必一定是弱势群体,而被告也并非一定是强势的大公司、大企业,更多的会是与原告相同的普通民众,要求被告到原告方应诉同样会导致其基于诉讼成本的考量而放弃应诉的权利,产生新的司法不公。因此,为小额诉讼程序设立不同于普通程序的地域管辖原则,实无必要。

(五)小额诉讼程序的程序转换

适用小额诉讼程序通常是基于起诉时案件类型和标的金额的判断上的,但随着案情调查的深入,部分案件并非当初判断的"法律关系单一、事实清楚",当事人基于自身利益的最佳判断,在诉讼过程中也可能会变更、减少、增加诉讼请求或者提起反诉,导致案情复杂化,不再符合适用小额诉讼程序的条件,此种情形应如何处理?日本民事诉讼法第373条规定存在下列情形时,法院可依职权责令转为普通程序:(1)欠缺小额诉讼要件;(2)未申报利用次数;(3)认为依小额诉讼程序不恰当。笔者认为,日本的做法值得借鉴,由法院区别情况适时介入,依职权转换程序,保证案件公正高效地处理。与此同时,考虑到我国原有的民事诉讼制度具有过多的职权主义色彩,在司法改革中需趋向于加强对当事人处分权的尊重,所以,在确定程序转换决定权方面,应重视当事人的意思表示,同时结合当前当事人主义和职权主义日益融合的发展特点,在确定程序转换决定权时,应兼顾法院职权对当事人处分权的监督、引导。

我国台湾地区规定,小额诉讼程序中原告变更、增加诉讼请求或者被告提起反诉,需为符合小额诉讼程序适用范围的案件,且原告追加的它诉与原诉标的金额合并计算不得超过10万元新台币。但是,如标的金额在50万元新台币内,经双方合意可仍适用小额诉讼程序。笔者认为,可以借鉴台湾地区的做法,对于当事人变更诉讼请求的,如果导致案件性质的变化,不再属于适用小额诉讼程序的案件类型,则应转换程序审理;对于减少诉讼请求的,由于原先标的金额即符合适用小额诉讼程序的条件,减少诉讼请求通常就是减少标的

① 孙德国、姜燕:《小额诉讼程序有关问题研究》,载《实务求真》2006年第2期。

金额,使得案件进一步简化,继续适用小额诉讼程序审理当无异议;对于增加诉讼请求的,如果增加标的金额后并未超出最高限额且案件性质并未发生变化,也未使案件过分复杂,则可继续适用小额诉讼程序,如果超出了最高限额,通常情况下应转换程序审理,但如果当事人合意继续适用小额诉讼程序,而法院经过审查也认为适当的,可以继续适用小额诉讼程序审理;对于当事人提起反诉的,表明案件已经复杂化,除当事人合意继续适用小额诉讼程序,而法院经过审查也认为适当的以外,转换程序审理更为适宜。

至于转换为何种程序,按照《指导意见》的规定,程序转换一律规定为普通程序,排除了简易程序的适用。笔者认为,虽然案件不符合适用小额诉讼程序的条件,但并非一定要转化为繁琐的普通程序,有些案件通过适用简易程序就可以得到解决,适用简易程序抑或普通程序,对于当事人的利益并无实质性影响。目前司法实践中,基层法院适用简易程序审理的案件达到 90% 以上,如果将不符合适用小额诉讼程序的案件一律转换为普通程序审理,在某种程度上反而增加了诉讼成本,无法达成优化配置司法资源的目的,无益于解决案多人少的矛盾,与现行简易程序适用率的绩效考评指标也相悖。因此,转换为简易程序还是普通程序,应赋予法院决定权,法院可以根据案情需要自行选择适用,没有必要强制规定一律转换为普通程序。

(六)小额诉讼程序的审理程序

为了确保小额诉讼程序的高效、便捷,小额诉讼程序在审理程序设定上要着力在"简"上下功夫。具体体现在诉讼文书简单化、庭审程序简易化、审理方式便民化等等方面。各国(地区)关于小额诉讼审理程序的立法均不约而同地体现了上述特点。首先,法院可以向当事人提供格式诉状,庭审笔录可予以适当简化,只需简单记明争议焦点,当事人举证、质证、自认情况即可,裁判文书、调解书只需载明裁判主文和调解方案,对裁判理由可适当省略。其次,小额诉讼程序庭审过程宜进一步简化,庭审不受法庭调查、法庭辩论、最后陈述和法庭调解的顺序限制,可交叉进行,根据案情需要对不必要的程序可以省略。再者,可以借鉴国外立法中小额诉讼程序得于夜间或者休息日开庭的规定,以充分体现小额诉讼程序亲近民众、人性化的一面,实现司法的大众化。

需要指出的是,程序的简单化并不代表程序的无序性,更不是程序的外在异化,它是本着对程序正义、程序理念和程序价值的尊崇,赋予程序更多的人文基础和人文关怀。小额诉讼程序"简"得也要依据充分、可行性高。

(七)小额诉讼程序的救济

当小额诉讼在法院作出裁判终结之后,在立法上是否应当为当事人设置相应的救济途径以及应当设置何种救济途径?目前,在国际上,有的采一审终审制,如日本、德国、法国等,日本规定对依小额诉讼程序作出的判决不能提起控诉,但当事人可以向作出判决的法院提出异议申请;德国规定申明不服的标的价额未超过 1500 德国马克时,不许提起控诉,适用小额诉讼程序案件的标的金额不超过 1200 德国马克,所以德国的小额诉讼程序不允许提起控诉;法国规定初级法院对符合法定诉额限下的小额诉讼可行使终审裁判权,即实行一审终审。有的采有限制的两审终审制,如美国、英国、我国台湾地区等,美国加利福尼亚州小额诉讼程序规定被告有上诉权,原告没有上诉权;英国规定当一审判决严重违反诉讼程序和适用法律错误时,当事人可以上诉;台湾地区的小额诉讼程序规定对于一审判决可以上诉,二审不得上诉,且对上诉理由加以限制。对此问题,我国的理论界及实务界也有不同的认识。有观点认为,由于我国法官职权的运用容易忽视当事人的处分权和利益,尤其在没有上诉程序的情况下,可能造成有悖于当事人利益和小额诉讼宗旨的恶果,因此,在实行一审终审时要确立小额诉讼程序的特殊规定,即在小额诉讼裁判违反法律的情况下,允许当事人上诉。① 还有一种观点认为,小额诉讼应实行独任制一审终审制,可考虑给予一定的救济措施,虽然当事人对终局判决不服不允许上诉,但可向原审法院申请复议一次,复议由其他法官审查。②

小额诉讼程序是一种以低成本、高效率方式解决小额案件的程序,它更加侧重追求效率这一价值目标,所以小额诉讼程序应采用一审终审制。上述第一种观点实质上主张的是有限的两审终审制,这种观点所阐述的"违反法律"过于宽泛,容易导致上诉权的滥用,也与小额诉讼程序低成本、高效率的设立初衷不符。第二种观点本质上是赞成一审终审,并在同一法院之内为当事人提供救济手段。笔者认为,如果采取由上级法院加以制约的模式,会将形式上的一审终审变为实质上的两审终审,相比之下,第二种观点虽有一定的缺陷,但是比较符合小额诉讼程序的特点的。

四、结语

小额诉讼程序的借鉴意义不仅在于一项具体诉讼制度的设立,更在于其所蕴含的诉讼民主、程序效益及程序多元化原则这些在司法改革中不可回避的问题。③ 我们在任何时候均不能忘记,小额诉讼程序设立的初衷在于方便民众接近司法,将那些通往法的正义道路上的程序障碍予以排斥,使审判制度平等地面向所有人,④提高效率的目的是为了保障正义的实现,不是为了法院或某些特定程序主体的方便,更不能对公正造成损害。总之,小额诉讼程序的构建只能在程序上体现简易,而不能在实体权益保护上显得匆忙马虎,更不能限制当事人实体权利或诉讼权利的行使,一个正当的程序不应当以当事人的权利受损为代价来换取程序的简捷,一个不拘于形式而又彰显正义的诉讼程序方是我们所追求的小额诉讼程序。⑤

---

① 杨荣新等:《民事诉讼原理》,法律出版社 2003 年版,第 441~442 页。

② 王福金:《完善简易程序的若干思考》,载 http://www.chinacourt.org/,2005 年 1 月 31 日访问。

③ 潘剑锋、齐华英:《试论小额诉讼制度》,载《法学论丛》2001 年第 1 期。

④ [日]小岛武司:《诉讼制度改革的法理与实证》,郭美松译,法律出版社 1999 年版,第 238 页。

⑤ 许尚豪、阚英:《论小额诉讼程序基本理念及制度建构》,载《政法论丛》2006 年第 5 期。

环境民事公益诉讼的起诉主体

——在"环境立法与可持续发展国际论坛"上的演讲

关 丽*

女士们、先生们:

下午好!

近年来,针对我国环境污染的严峻形势,为救济遭受损害的环境公益,遏制环境侵权行为,积极服务资源节约型、环境友好型社会建设,部分人民法院积极探索建立环境民事公益诉讼制度,大力推进环境民事公益诉讼的司法实践,引起社会各界的广泛关注。环境民事公益诉讼是西方经济发达国家为解决人们因环境公益受损而请求司法救济的难题,普遍采取的司法制度。这一制度能否成为我国环境资源司法保护的有效途径和方法,需要进一步深入研究环境民事公益诉讼司法实践中亟须解决的起诉主体问题。

环境公益,是指直接以环境为权利对象的环境公益,包括环境或自然资源本身所具有的经济性环境公益,以及环境或自然资源所兼具的生态性环境公益两部分。环境民事公益诉讼是指原告为预防和救济对环境公益的损害而提起的诉讼,起诉主体是环境民事公益诉讼制度最核心的问题,也是学界和实务界争议最大的问题。世界各国对起诉主体大多采取了不同的规定,但就环境司法保护的国际发展而言,普遍做法是通过对诉讼利益与诉讼标的重新进行解释,适当扩张当事人适格的基础,以使更多的权利主体享有诉讼资格。起诉主体的多元化,是确保环境案件及时进入司法程序、环境违法行为受到有力追究、环境公益得到有效救济的基础。根据我国学界的理论研究以及各地的司法实践,以下主体可以成为环境民事公益诉讼的原告。

公民作为原告。在环境诉讼的视野中,环境民事公益诉讼是普通民众援用公益诉讼机制解决环境纠纷、实现环境正义的一种重要方式,其精髓就在于公众为保护环境与促进环境法律的良好实施,可对与自身无实质关联的环境违法行为提起诉讼或者就与环境权益相关的争端寻求法律救济。环境权理论是环境民事公益诉讼最重要的理论基础。环境权是指公民等主体享有良好环境的权利。公民作为环境公共利益的代表,以自己的名义提起公

---

* 最高人民法院民一庭法官,中国政法大学法学博士。

益诉讼在外国的立法上早已存在,典型的如美国现行的公民诉讼制度。根据权利基础的不同,可把公民提起环境民事公益诉讼分为两种形式:一是环境受害人之诉。这是指不仅侵害了公民的人身和财产利益,同时还对环境公共利益造成了危害。这时,法律应当允许环境受害人提起包括保护私益和公益两方面内容的环境民事公益诉讼。二是环境权人之诉。这是指环境污染和生态破坏只是侵害了环境权,表现为环境质量下降到环境质量标准以下,尚未发生现实的人身和财产损害。人民法院在环境民事公益诉讼的司法实践中,通过推动制定地方条例、指导意见等方式,赋予公民以环境公益诉权,鼓励公民通过诉讼方式参与环境保护。如《海南省高级人民法院关于环境资源民事公益诉讼试点实施意见》规定:"环境资源民事公益诉讼,是指有关国家机关、社会组织或者个人根据法律法规的规定,在环境受到或可能受到污染、破坏的情况下,为维护环境公共利益不受侵害,针对特定的主体向人民法院提起的诉讼。"赋予公民原告主体资格,拓展公共利益的救济范围,是现代社会法制进步的重要标志。但并非每位公民都适合提起环境民事公益诉讼。实践中,公民个人的资源不足,起诉和应诉的能力非常有限,难以应付复杂的诉讼;同时存在公民滥用诉讼权利,浪费司法资源的可能性,因此,有必要对公民提起环境民事公益诉讼设计一定的辅助措施,如充分发挥环保组织、环保部门、检察机关支持起诉的作用,鼓励律师对其进行法律援助,减免诉讼费用等措施,针对环境侵权因果关系的复杂性和专业性而导致举证困难的问题,可确定举证责任倒置,因果关系推定等诉讼裁判规则,以最大限度实现实质上的公平正义。

环保社会组织作为原告。环保社会组织是介于政府与公众、企业之间的"第三部门"。在国际上,譬如德国的团体诉讼、美国的公民诉讼,环保团体都是提起环境公益诉讼的重要主体。从目前的司法实践看,环保社会组织是由有志于环境保护的人们自发或者自愿组成,有一定的组织形式、章程、宗旨、目标,并由相应的经费以及专业人员作为保障,与公民相比,他们进行环境民事公益诉讼的能力强大很多。将诉权直接赋予以维护环境公益为动因的环保团体,不仅有利于救济受损的环境公益,还可以较少诉讼环节,降低诉讼成本。我国最大的环保组织中华环保联合会,在推动环境公益诉讼方面,发挥了积极的作用。但目前我国环保组织尚处于发展阶段,真正有资金、有专业人员、具备诉讼能力的并不多。今后,我国应积极采取政治、法律以及经济上的措施,促进环保团体的发展,充分发挥环保团体在环境民事公益诉讼中的作用。

环境保护行政部门作为原告。环境保护行政部门(包括政府及其他有环境保护监管职责的职能部门,如海事部门、渔业部门、林业部门等)作为自然资源国家所有权的具体行使者和管理者,当自然资源及其生态环境受到损害时,可以提起环境民事公益诉讼。学界和实务界对环境资源监管行政机关能否作为原告提起环境公益诉讼的问题,在认识上还存在诸多误区,如有学者认为:(1)环保局拥有对环境进行监督管理的行政权,没有必要再赋予其提起环境公益诉讼的权力;(2)环保局提起环境公益诉讼,具有怠于履行行政职责的嫌疑。实际上,环境行政权的功能是有限的,其虽然可通过许可、审批、监督检查、行政处罚、行政命令、行政强制等手段对环境违法者进行规制,但对于已经发生的生态损害,却无权责令赔偿损失以及责令治理环境,而只能以自然资源国家所有权的代表人身份,通过民事诉讼的方式寻求救济。《海洋环境保护法》第九十条第二款规定:"对破坏海洋生态、海洋水产资源、海洋保护区,给国家造成重大损失的,由依照本法规定行使海洋监督管理权的部门代表国家对责任者提出损害赔偿要求。"《最高人民法院关于为加快经济发展方式转变提供司法保障和服务的若干意见》规定:"人民法院应依法受理环境保护行政部门代表国家提起的环境污染损害赔偿纠纷案件。"上述法律及司法政策规定,为环境保护行政部门提起环境民事公益诉讼提供了依据。

检察机关作为原告。检察机关作为法律监督机关提起环境民事公益诉讼具有以下考量:(1)检察机关的公共性特征使其最适合担当公共利益的代表;(2)公诉权是检察机关进行法律监督的应然性权力;(3)检察机关具有提起环境公益诉讼的能力;(4)从各国司法实践来看,检察机关参与公益诉讼已经成为国外立法和司法趋势。无论是大陆法系还是英美法系国家,检察机关参与公益诉讼都是较为普遍的做法。各地人民法院的司法实践,均将检察机关纳入环境民事公益诉讼的主体范围。当然,检察机关作为环境民事公益诉讼的原告同其"法律监督者"地位存在一定冲突。我国检察机关作为法律监督机关,与国外的检察机关在法律地位及法律性质上存在本质区别。它主要是通过监督国家机关(尤其是审判机关)及其工作人员执行法律、遵守法律,保证国家法律得到正确、统一的实施来维护国家、社会的利益,很少直接介入民事侵权的救济。如果赋予检察机关原告地位,则应当通过修改现行立法或者进行制度完善,如在检察机关选择作为原告提起环境民事公益诉讼的方式行使其作为公共利益代表的职能时,应当限制其同时作为法律监督者审判监督权的行使,以解决检察机关身份冲突问题。由于不同的起诉主体具有不同的优势和劣势,因此,案件不同,适于起诉的主体也应有所不同。在私益和公益均明显受损的场合,此时,不仅环境公益受损,私人的人身和财产利益也遭受较为严重的侵害,显然,受害的公民是提起环境民事公益诉讼是最为适合也最为优先的主体。环保组织、环保部门、检察机关均可支持其起诉。在私益损害不显著,淹没于公益损害的场合。此时,污染和破坏环境的行为只是让公民遭受比较轻微的人身和财产损害,但总体的损害范围很广,并可能日趋严重。此种情形下,受到环境侵害公民个人大多缺乏进行公益诉讼的动力,因此,由环保团体提起公益诉讼较为合理。

在只有公益受损的场合,主要是指污染和破坏环境的行为只是侵犯了纯粹的环境利益,暂时并不危及公民的人身和财产。譬如,濒危动物遭捕杀、较大面积的天然森林被盗伐、滥伐、国有湖泊遭污染等。此时,由环境资源保护行政机关和检察机关提起环境民事公益诉讼更为合适。

对于检察机关而言,应将其视为环境民事公益诉讼的"替补原告",即检察机关在环境司法中,应当主要投身于打击环境资源犯罪、加强环境监管失职查处、增强对公安机关的环境犯罪侦查以及法院的环境司法审判和执行的法律监督、支持公民和环保团体提起环境民事公益诉讼(支持起诉)、督促环境资源监管机关认真执法和提起环境民事公益诉讼(督促起诉)以及提起环境刑事附带民事诉讼等事业之中,而不宜担任环境民事公益诉讼原告中的"主力军",只有在找不到其他权利主体,或者其他权利主体没有能力提起诉讼,或提起诉讼的难度过大的时候,检察机关才有必要提起环境民事公诉,以作为环境公益的最后保障者。

环境民事公益诉讼是为维护环境公益而提起的诉讼,但环境民事公益诉讼制度的功能不仅限于维护环境公益,还具有丰富多样的社会、经济乃至政治方面的功能。环境法治之所以能在欧美等国得以迅速发展,一个很重要的原因就在于环境公益诉讼推动了法律规则的完善和环境法律的有效实施。环境公益诉讼的出现在修正传统环境诉讼观念和诉讼机能的同时,还构筑了新的环境公益诉讼机能,即在解决具体环境纠纷的同时,法院判决影响社会环境、经济政策的制定,促进产业结构的调整和经济发展方式的转变,从而满足经济的又好又快和可持续发展以及社会和谐进步的需求。因此,构建完善的环境民事公益诉讼制度,应当成为今后一个时期环境法制建设的重要内容,需要立法、司法等各界的共同努力!

【劳动法专题】

建筑行业劳动关系的确认及相关争议的处理

——兼论对建筑行业农民工的法律保护

杨晓蓉*

建筑行业农民工的权益保护问题是近年来备受关注的一个社会问题,也是一个司法难题。这一问题之所以长期难以得到根治有一重要原因即现实生活中建筑领域层层转包、违法分包、挂靠以及包工头的普遍存在,使劳动关系的认定变得复杂而模糊。由于《劳动合同法》等法律、法规一直未能对此作出明确的规定,导致农民工寻求法律救济面临重重障碍,仲裁委员会及人民法院的执法尺度也极不统一。对建筑领域的劳动关系进行研究,确定谁是农民工的雇主(用人单位);农民工是否可以享受劳动法上的全部权利;以及谁应当对其承担法律责任,对保障建筑业农民工的权益、维护建筑行业健康发展有着至关重要的意义。故本文拟在对近十年来相关司法实务、法律、政策规定沿革、变化进行归纳梳理的基础上,从不同的学科视角对这一问题进行考察,并提出相应对策。

一、司法实务对建筑行业劳动关系认定问题的基本态度与趋势

为对建筑领域的劳动关系进行研究,笔者首先就北大法律信息网上登载的人民法院近十年间处理的相关案件进行了收集整理,从中选取了较为典型的17个案例①作为研究样本,这些案例的处理结果基本可以反映人民法院近十年来对建筑领域劳动关系认定问题的基本观点及沿革走向。从17个案例可以看出,司法实务对于建筑行业劳动关系的确认问题观点极其混乱,而且很多判决认定结果及理由均存在诸多自相矛盾及逻辑上难以自圆之处,但尽管如此,我们仍能于乱象中梳理出一些共性的特点。

1. 司法实务的总体趋势是从认定劳务(雇佣)关系向劳动关系发展。从上述案例以及我省司法实践的情况看,各地法院在2004年以前基本上是认定劳务(雇佣)关系居多,2005后越来越多的案例认定农民工与建筑公司之间存在劳动关系。但由于这种变化、发展并不

---

* 江苏省高级人民法院民一庭法官。

① 17个案例均来源于北大法律信息网,其中案例1为《最高人民法院公报》1999年第5期案例,案例2为《最高人民法院公报》2001年第1期案例。

是建立在明确的法律规定基础上,[①]而是在社会宏观经济、社会背景及政策调整的影响下产生的"能动司法"的效果,所以各地区的判决存在诸多不统一之处,至今仍有相当地区认为建筑行业农民工不是劳动关系而是劳务(雇佣)关系;即使认为属于劳动关系,对于究竟谁是雇主等问题依然存有分歧。

2. 法院往往根据不同的案由采纳不同的认定标准,即工伤保险赔偿案件倾向于认定劳动关系,劳务报酬案件则倾向于认定劳务(雇佣)关系,反映出法院对待这一问题犹疑不定的心态。同时,也说明法院对于建筑行业农民工法律保护的分歧不仅仅在于对法律关系的定性,更重要的是对农民工权利范围的界定。从目前的司法实践看,法院对于建筑行业农民工受到工伤可以享受工伤保险待遇的观点[②]已经渐趋一致,但是对于农民工是否还可以享有劳动法上的其他权利,如双倍工资赔偿、无固定期限劳动合同、社会保险、经济补偿金等仍持较为保守的态度,遂在很多劳务报酬案件中以劳务(雇佣)关系回避这一问题。

二、司法实务基本观点梳理

建筑行业农民工劳动关系的确认问题往往涉及多方主体,即建设单位——总承包商——分包商——非法转包商——挂靠单位[③]——包工头——农民工。司法实践中的主要问题包括:建筑施工企业、包工头、农民工三者之间法律关系应如何定性?谁是农民工的雇主(用人单位)?谁应当对农民工承担法律责任以及责任范围如何确定?从上述案件的判决看,至少有以下几种观点:

(一)关于三方法律关系的定性及责任主体的认定

几乎所有关于建筑施工企业、包工头与农民工之间的劳动争议都指向一个核心问题,即三方法律关系究竟如何定位?

第一种观点认为,建筑施工企业与包工头之间为承揽关系,包工头与农民工之间为雇佣关系或劳务关系,而建筑施工企业与农民工之间不存在雇佣关系或劳动关系。这一观点秉承传统的合同相对性理念,认为建筑施工企业与包工头之间只有承揽合同关系,故建筑施工企业与农民工之间的从属性被切断,无法与农民工形成直接的法律关系。农民工的雇主只有包工头,而由于包工头不是劳动法上认可的用人单位,因此双方只能成立雇佣关系,不受劳动法的调整。包工头仅需承担雇佣关系下的劳务报酬给付责任和侵权赔偿责任。

第二种观点认为,建筑施工企业与包工头之间为承揽关系,农民工与建筑施工企业[④]之间存在劳动关系。但这种观点中,对于包工头与农民工之间的关系属性,大多数判决予以

---

① 原劳动和社会保障部发布的《关于确立劳动关系有关事项的通知》(劳社部发[2005]12 号)第 4 条的规定是司法实务观点转变的原因之一,但由于该规定并未明确建筑公司与农民工之间为劳动关系,因此分歧仍然存在。

② 当然,即使如此,我们依然看到很多按照雇佣关系判决包工头承担侵权赔偿责任的案例,除了对雇佣关系、劳动关系概念模糊的原因之外,还有一个重要的原因是按照工伤赔偿程序繁琐,故农民工多自愿选择雇佣关系赔偿。

③ 在建筑行业链中,总承包商、分包商、非法转包商、挂靠单位都享有用工主体资格,属于符合劳动法规定的用人单位,故下文统一称为建筑施工企业,但其实际责任承担方式及内容仍应有所区别,将在下文详述。

④ 司法实务通常认为与农民工形成劳动关系的只是包工头的前一手有用工主体资格的承包商、分包商或转包商,而不论施工资质的有无,亦即不论分包合同或转包合同是否无效。

回避,只有少数判决认为属于事实劳动关系。但从责任承担方式看,可以推断出司法实务界存在两种不同看法:一种观点是判令建筑施工企业直接承担劳动法上的责任,这显然是将建筑施工企业作为唯一的用人单位,而包工头并非用人单位,故不需要对农民工承担法律责任。另一种观点判令建筑施工企业与包工头承担连带责任,这显然是将建筑施工企业与包工头视为共同雇主,但是由于包工头并非劳动法上的合法用工主体,何以承担劳动法上用人单位的责任？由于这些判决无法回答这一矛盾,故多避而不答。

(二)关于责任范围与救济方式

基于对法律关系定性的不同,直接影响到农民工享有的权利范围及寻求救济的途径,也导致雇主(用人单位)承担法律责任范围的差别。

1. 关于工伤赔偿责任。如果认定包工头与农民工之间系雇佣关系,则农民工只能依据《侵权责任法》和《最高人民法院关于审理人身损害赔偿案件若干问题的解释》(以下简称《人身损害赔偿司法解释》)向包工头主张雇主损害赔偿。而认定建筑施工企业、包工头与农民工系劳动关系,农民工则可以依据《工伤保险条例》主张工伤保险赔偿。二者处理程序不同,伤残等级鉴定不同,归责原则及赔偿结果亦不同。

2. 关于劳动报酬给付及相关赔偿责任。在雇佣关系前提下,包工头应当支付给农民工的是合同约定的劳务报酬;而在劳动关系下,建筑施工企业、包工头不仅要支付约定的劳务报酬,还不得违反劳动法规定的最低工资标准、加班工资等规定。此外,不同的定性还影响到法律程序的选择、诉讼时效的适用。从上述案例的判决看,不论是按照劳动关系还是雇佣关系认定,均未计算加班工资,而只是按照合同约定或当地月平均工资作为工资计算依据。

3. 关于经济补偿金、延期支付工资的赔偿金、无固定期限劳动合同、社会保险费缴纳等其他法律责任的承担。虽然一些判决确认建筑施工企业与农民工成立劳动关系,但是并未因此支持农民工提出的经济补偿金、延期支付工资的赔偿金、社会保险等劳动法上的权利主张。为何法院会作出这种疑似矛盾的裁判？广州中院的一份判决或许可以为此作一注脚,该判决认为:“客观上,文春福的工种带有很大的流动性和短期性。纵然电白建筑公司对文春福采用的‘授意包工头管理’的用工形式不符合法律规定,但该种做法在建筑领域中依然广泛存在并形成一定的不良惯例,文春福对这种约定俗成的做法也不可谓不清楚。在上述两种因素的交相影响下,电白建筑公司难免产生无需支付工资的错误认识,由于电白建筑公司的不当管理更加加剧了此种错误认识的形成,而这却有别于其他恶意拖欠工资的情形,在这个问题上其主观上并不存在重大过错,法律法规中关于给付经济补偿金及延期支付工资补偿金的规定其宗旨原意是为了惩罚恶意欠薪的企业。故对本案中文春福要求电白建筑公司给付经济补偿金、额外经济补偿金、代通知金以及延期支付工资的补偿金等请求不予支持。”这一说理将法官在事实与政策的巨大落差之间的纠结与妥协暴露无遗。虽然劳动部门的行政规章三令五申建筑施工企业必须直接将工资按月发放给农民工,并要遵守劳动法关于工资支付的各项规定。但由于现实中建筑行业是卖方市场,又是微利行业,建筑施工企业承揽工程竞争十分激烈,且行业利润率只有 2% 左右,因此,建筑施工企业违法、违规现象普遍存在,而这些情况都决定了法官在确定建筑施工企业的法律责任和惩罚性赔偿时,不得不考虑到市场的实际状况、当事人的交易习惯、心理预期以及实际承受能力等实际因素作出弹性的处理,而这种弹性的司法裁决也导致劳动关系与雇佣关系、农民工的权利范围等问题进一步模糊化。

三、现行法律、司法解释与政策的实证考察

考察我国现行法律、政策的演变轨迹,可以发现与司法实践一样,同样是沿着雇佣关系向劳动关系逐步发展的道路对建筑行业进行规制,而其对建筑施工企业、包工头与农民工之间法律关系性质的界定也同样是不明晰的,甚至存在诸多矛盾。

(一)司法解释

《人身损害赔偿司法解释》第十一条规定:"雇员在从事雇佣活动中因安全生产事故遭受人身损害,发包人、分包人知道或者应当知道接受发包或者分包业务的雇主没有相应资质或者安全生产条件的,应当与雇主承担连带赔偿责任。"这里显然是将包工头与农民工之间视为雇佣关系,而发包人、分包人承担的连带赔偿责任是基于违反《建筑法》的过错而承担侵权赔偿责任。

随着社会的发展和对农民工保护力度的加大,最高人民法院的态度也在悄然发生转变。最高人民法院行政审判庭 2007 年作出[2006]行他字第 17 号《关于车辆挂靠其他单位经营车辆实际所有人聘用的司机工作中伤亡能否认定为工伤问题的答复》称:"个人购买的车辆挂靠其他单位且以挂靠单位的名义对外经营的,其聘用的司机与挂靠单位之间形成了事实劳动关系,在车辆运营中伤亡的,应当适用《劳动法》和《工伤保险条例》的有关规定认定是否构成工伤。"该批复是针对车辆挂靠经营作出的规定,与本文讨论主题似乎并不相同,但内在机理有相似之处,即挂靠单位与车主之间按传统民法理论乃平等主体之间的挂靠合同关系①,车主聘用的司机由于其从属性被切断,不可能与挂靠单位成立劳动关系。但该批复突破了这一传统观念,直接确认挂靠单位与车主聘用的司机构成劳动关系。自该批复后,人民法院认定劳动关系的情形日趋泛化。当然,由于该批复只是针对车辆挂靠涉及的工伤认定问题所作的个案批复,更重要的是该批复对于挂靠单位与车主之间是何关系未予明确,而是直接越过车主确认挂靠单位与司机之间的劳动关系,这种逻辑上的断裂和说理的欠缺使其说服力减弱,因此未能在司法实践中产生广泛的指导力,五花八门的判决依旧层出不穷。

(二)行政部门规章

从国家各部委制定的劳动政策看,是从 2004 年始逐渐加大了对建筑行业农民工的保护

① "挂靠"并非一个法律专业术语,但在社会现实中被广泛使用逐渐成为一类有专门内涵的社会关系,但对其法律性质理论及实务均有很多争议。依笔者拙见,"挂靠"的性质类似借用企业商号的行为,因此与建筑工程中的承揽(承包)关系不尽一致,但由于建筑工程施工过程中的"挂靠"与"承包"从形态及权利义务看几乎完全一致,难以区分,所以二者的处理方式也基本一致。

力度。2004年原劳动和社会保障部、建设部《建设领域农民工工资支付管理暂行办法》第七条规定:“企业应将工资直接发放给农民工本人,严禁发放给‘包工头’或其他不具备用工主体资格的组织和个人。”第十二条规定:“工程总承包企业不得将工程违反规定发包、分包给不具备用工主体资格的组织或个人,否则应承担清偿拖欠工资连带责任。”2005年原劳动和社会保障部、建设部、全国总工会《关于加强建设等行业农民工劳动合同管理的通知》(劳社部发[2005]9号)第二条规定:“规范签订劳动合同行为。劳动合同必须由具备用工主体资格的用人单位与农民工本人直接签订,不得由他人代签。建筑领域工程项目部、项目经理、施工作业班组、包工头等不具备用工主体资格,不能作为用工主体与农民工签订劳动合同。”2005年劳动和社会保障部《关于确立劳动关系有关事项的通知》(劳社部发[2005]12号)第四条规定:“建筑施工、矿山企业等用人单位将工程(业务)或经营权发包给不具备用工主体资格的组织或自然人,对该组织或自然人招用的劳动者,由具备用工主体资格的发包方承担用工主体责任。”上述规定总的方向都是按照劳动关系对农民工进行保护,但是内容并不完全一致,甚至存在冲突。如《建设领域农民工工资支付管理暂行办法》规定建筑施工企业与包工头承担连带责任,而《关于确立劳动关系有关事项的通知》规定建筑施工企业承担直接责任,但对包工头的性质与责任予以回避;并且虽然规定了建筑施工企业的责任,但仍未使用“用人单位”这一劳动法上的术语,而是模棱两可地使用了“用工主体”这一说法。这种法律关系定位的模糊对于行政执法或许并无太大的影响,但是对于更强调技术性、规范性、程序性和逻辑性的司法来说,就制造了很多法律适用和程序应用上的障碍。

(三)劳动合同法

上述司法解释和行政规章的混乱局面并没有因为2008年《劳动合同法》的出台而消失,反而使问题更加扑朔迷离。该法第九十四条规定:“个人承包经营违反本法规定招用劳动者,给劳动者造成损害的,发包的组织与个人承包经营者承担连带赔偿责任。”从文义看,该规定更接近于《人身损害赔偿司法解释》的提法,即将建筑施工企业和包工头视为与劳动者相对的用工主体,对劳动者的损害承担连带责任,但仍有两个重大问题未能解决:(1)建筑施工企业、包工头与劳动者三方主体之间的法律关系究竟是劳动关系还是雇佣关系?(2)这里的“损害赔偿责任”是民法上的侵权赔偿责任还是劳动法上的赔偿责任?即是指劳动者在雇佣关系下的人身伤害、财产损失,还是劳动关系下的工资、经济补偿金、工伤保险待遇等损失?由是,实务中的混乱仍在继续。

四、不同视角的理论考察

(一)传统合同理论的反思——认定雇佣关系的非正当性

在对建筑施工企业、包工头和农民工三角关系进行讨论和辨析之前,首先需要澄清的是劳务关系、雇佣关系和劳动关系几个名词。在中国,这几个名词长期以来一直是理论与实务界夹杂不清、纠缠不休的概念,以致今日仍有学者欲“寻求中国劳动关系之真相,‘纯化'、'静化'、'量化'劳动关系"。[①] 为便于本文能在基本共识的基础上进行讨论,笔者首先将三个概念界定在下列认识基础上:第一,劳务关系是与劳动关系相对应的民事法律关系的范畴,包括以提供劳务为内容的一切民事法律关系,如雇佣关系、承揽关系、委托代理关系、服务合同关系等等,属于一个种概念,因此,在本文的主题之下,讨论劳务关系并无意义,需要区分和界定的乃是某一类具体的劳务关系。第二,雇佣关系和劳动关系并无本质的区别,劳动关系的前身就是雇佣关系,雇佣关系不过是进行到以社会为出发点而以劳动关系调整的原形而已。[②] 这两个名词的分辨之所以在我国成为一个问题,不过是历史的断裂和意识形态的抗拒和抑制带来的无谓之争。时至今日,雇佣关系和劳动关系的同源性与同质性应当已是劳动法学界的主流观点,而其同质性的表现即在于无论雇佣关系抑或劳动关系中,劳动者都是被纳入至雇主(用人单位)的组织中,为雇主(用人单位)提供从属性的劳动。当然二者在我国目前仍然具有区分的意义,因为对劳动者的保护范围总是随着各个国家不同的社会政治、经济和法律发展背景的不同而相异。所以,哪些雇佣关系尚未被纳入劳动关系予以劳动法的同样保护与调整只是各国具体的立法选择而已,例如我国当前仍将家庭保姆和退休职工作为雇佣关系。[③]

根据传统合同理论,建筑施工企业与包工头之间为承揽关系,而包工头与农民工之间为雇佣关系,因此,农民工不能成为劳动法上的劳动者,享受劳动法的保护。其理由是:建筑施工企业与包工头之间是平等主体之间通过签订合同建立起来的承揽关系,双方是平等交换关系而并无从属关系。而农民工是由包工头雇佣和管理的,建筑施工企业并不参与,现实生活中,劳动者往往不知道包工头的前一手有用工主体资格的建筑施工企业是谁,建筑施工企业也不清楚该劳动者是否实际为其工程提供了劳务。在这种完全缺乏双方合意的情形下,直接认定建筑施工企业与农民工之间存在合法的劳动关系有违合同法的合意原则,不具备合同建立的基础,且与事实情形严重脱节。因此,只能认定农民工与包工头之间有合同关系,而与建筑施工企业不存在直接的法律关系。至于农民工与包工头之间的合同性质,传统理论认为由于包工头不是劳动法上的合法用人单位,不具有用工主体资格,因此,农民工与包工头之间只能构成雇佣关系,不受劳动法的调整。

这种传统的合同理论成为劳动执法和司法实务长期以来的执法导向和桎梏,导致农民工在受到工伤或者工资拖欠时,往往由于包工头无执行能力而权益无法得到保障。虽然该理论在逻辑上具备其法理基础,但由于其结果的非正当性,已经屡屡被劳动行政部门的政策规定所突破。但是,我们还需要为这种突破寻找一个正当的理由,以明晰对建筑施工企业突破合同的疆界,要求其直接对农民工承担劳动法责任的法律基础何在?以及这种突破是否应当有其限度?为解决这一问题,传统的合同理论显然已经不能为我们提供分析工具,而需转向劳动法的理论支撑。

---

① 喜佳:《寻求中国劳动关系之真相》,载《"全球化下的个人劳动关系调整:劳动合同法国际研讨会"论文集》,第 117 页。

② 杨晓蓉:《劳动关系与雇佣关系的界定及实务问题探讨》,载《中国劳动》2005 年第 8 期。

③ 事实上,在我国,即使家庭保姆和退休职工亦难称是纯粹的雇佣关系,因其或多或少也受到劳动法的调整。如很多地区对于家庭保姆的最低工资标准都有规定。至于退休职工,根据最高人民法院行政庭的相关批复,如果企业为其缴纳工伤保险的,仍然应当认定工伤,享受工伤保险待遇。

(二)劳动法的考察——对"从属性"判断标准的质疑

我国立法政策和司法实务对建筑行业农民工进行保护的基本路径是要求建筑施工企业直接对农民工承担劳动法上的义务和责任,但这一规制手段受到理论上的两个挑战:一是在建筑施工企业与包工头签订承包合同的前提下,如何能在企业与农民工之间直接建立起劳动关系?二是鉴于我国劳动法对用人单位范围的限制性规定,自然人不能作为合法的用工主体,如何能将农民工纳入劳动关系的范围?

1. 关于建筑施工企业与农民工之间是否成立劳动关系?当前,"从属性"的标准已成为我国劳动法学界关于劳动关系判断的通说,①并成为司法判决的重要依据。但事实上,随着生产方式、工作性质的转变,这些适用于传统的工业化大生产的构成劳动关系从属性特征的各个要素②都已经越来越不明显。以建筑施工企业、包工头与农民工的三角关系为例,如果以"从属性"为判决标准,我们只能得出唯一的结论——与农民工构成从属性关系的,只有包工头③,而非建筑施工企业。原因是建筑施工企业与包工头的承包关系系两个独立主体之间的平等交换关系,包工头的义务是提交符合合同约定的工程而非提供劳务本身,建筑施工企业的义务是根据包工头完成的工程状况支付工程款而非仅仅支付工资。包工头在施工中拥有绝对的自主权,其有权独立地进行施工组织、劳务指挥与监督、材料供应、业务管理等等,并且占有农民工的剩余劳动。从这一意义上说,似乎只能认定包工头是农民工唯一的雇主。

2. 关于包工头与农民工之间是雇佣关系还是劳动关系?如前所述,雇佣关系与劳动关系具有同质性,都是因从属性的劳务提供而形成的法律关系,故"从属性"标准在此同样无法发挥其作用。这里需要考量的是另一个具有中国特色的判断标准,即用工单位的身份及用工资格问题。根据《劳动法》、《劳动合同法》的规定,企业、个体经济组织、民办非企业单位有资格成为劳动法上的用人单位,自然人不可能成为用人单位。正因为这一限制,实务中一般认为为自然人提供劳务的劳动者,即使与雇主之间构成从属性的关系,亦不能受到劳动法的保护,而只能构成雇佣关系受民法的一般调整。

综上,可以看出"从属性"的判断标准对于界定建筑行业劳动关系的成立与否并无助益,而且,不仅针对本文的主题,在其他许多新型用工方式如特许经营、租赁经营、独立合同工等模式中,使用"从属性"的标准对劳动关系进行界定都显得捉襟见肘。事实上,"从属性"的标准在很多情况下与其说是为法官提供的标准,毋宁说是为法官为了维护和增强其判决对于当事人及社会公众的说服力而采用的自欺欺人的工具罢了。④ 因此,我们不得不超越劳动法的视域,尝试从更宏观的视角来观察劳动关系,分析"从属性"是怎样形成的?

---

① 亦有学者采用"控制说"、"综合说"等标准,但在笔者看来,这些标准都大同小异。

② 即构成从属性特征的三要素——人格上、经济上、组织上的从属性要素,此处不再赘述。

③ 这里仅指与建筑施工企业签订承包合同的独立的包工头,不包括建筑施工企业的内部职工或其聘用的项目经理。

④ 司法实践中,我们常常可以见到不同的法官振振有词、近乎雄辩地运用从属性的各个要素对于同一或近似案件进行细致分析而后作出截然相反的判决结果。当然,也正因为此,我们在现行法律框架下仍然需要甚至极度依赖这一方法为法官提供说服的工具,以达到裁判的正当性。

我们为什么要对这种“从属性”进行规制？又如何去规制？

(三)制度经济学的考量——市场与组织的转化、规制与平衡

制度经济学的一个重要贡献就是引入交易成本的概念解释了市场与组织的转化是如何形成的。康芒斯首先将所有人与人之间的经济活动都化约为“交易”,并将“交易”分为三种基本类型:买卖的交易,即平等人之间的交换关系;管理的交易,即上下级之间的命令与服从关系;限额的交易,主要指政府对个人的关系。通过这种分类,他将过去人们认为毫不相干的事情,如买卖活动、经理对工人的指挥,以及国家对居民征税等联系和归纳在一起。不同的经济制度不过是这三种交易类型的不同排列组合。① 在这种分类基础上,科斯进一步提出,市场和组织是可以相互转化的。当通过组织实现某种交易成本过高时,人们就会离开组织,通过市场来达到目的,用市场形式来完成这种交易;反之,当市场交易成本过高时,人们会离开市场,把这种交易活动内在化,即变成组织内部的一个问题。② 市场和组织之间的选择随交易成本而变化,运用这一原理回到本文讨论的主题,我们就容易理解为什么不仅仅在中国,而且在全世界的建筑行业里,许多大企业都已经不再自己从事建筑劳动,仅仅负责工程的管理和协调,而把具体的工程施工退回到市场调节的方式。这种从组织退回市场的方式又分为两种:一是退回完全的由价格机制决定的市场,以合同建立与劳动者的劳务关系,即通过个体工人、独立合同工的方式,这种方式在美国最为普遍,③在我国也大量存在。二是选择替代性的方案,将工程分包给某个能够以较低费用接管这些工程的其他承包商,导致建筑行业分包、转包行为的泛滥。这种从组织向市场的转向不仅仅发生在建筑行业,其他行业如服装、保险、销售、保安等行业也都呈同样的趋势。这种转变实际上是市场成本(即使用价格机制的成本)和企业的组织成本之间竞争与较量的结果,而组织成本中的重要组成部分即劳动力成本的上升则是造成这种转变的重要砝码之一。④

但制度经济学的分析到此为止,它只是为我们阐释了从组织转向市场的客观原因,并不含有价值判断,或者毋宁说它的价值判断就是尊重市场与竞争自由,尊重企业基于交易成本作出的理性选择。而现实生活中,市场和组织伴随着交易成本高低的曲线自由转化的结果却是将原本在劳动关系下的广大劳动者置于民事和商业合同中,使围绕着劳动关系所建立的法律保护制度受到冲击与挑战。因此,现代劳动法的困境之一是如果要为这些被甩出组织的劳动者提供有效的保护,就不得不突破组织的疆界,对以往仅从劳动关系的角度保护劳动者的法律进行改造,将基于独立的民事和商业合同提供劳务的劳动者也纳入保护范围,这也正是适用“从属性”标准确认劳动者身份时捉襟见肘的原因所在。因为在民事、商业合同下,双方原本就不存在组织中的从属性关系,而这种从属性的欠缺与其说是因为

---

① [美]罗纳德·哈里·科斯:《企业、市场与法律》,格致出版社·上海三联书店·上海人民出版社 2009 年版,第 4 页。

② 周雪光:《组织社会学十讲》,社会科学文献出版社 2003 年版,第 38 页。

③ 国际劳工大会第 91 届会议 2003 年会议报告五《雇佣关系的范围》,第 44 页。

④ 劳动力成本上升至少有两方面的来源:一是劳动生产率提高、经济发展的自然结果;二是劳动保护法律制度的强制性安排。由此也可以看出,劳动法律制度虽然可以保护劳动者权利,但也可能会带来负效应,即将更多的劳动者推向市场,使其获得保护更加困难。

雇主故意想掩盖它,倒不如说是在这种情况下劳动关系是否存在,确实会有疑义。所以,劳动法的任务就是突破以往单一的"从属性"标准,从对劳动者进行保护的现实需要出发,对市场与组织的自由转化进行规制,但同时还要把握规制的合理限度,即仍需尊重民事、商事合同的自由,使市场的灵活性和企业的竞争力不致因此而受到根本性的影响,从而破坏市场的基本规则。

五、建筑领域用工关系的规制路径探索

本文的目的是从解释论的立场,在现有法律框架下、在我国特定的经济、社会、法律和产业关系的传统下,寻求对建筑行业用工关系的法律调整方法和处理机制,既实现对农民工的有效保护,又确保建筑行业劳动力市场的灵活性和促进建筑行业健康发展。为此,提出以下对策:

(一)准确界定建筑施工企业、包工头与农民工三角主体之间法律关系的性质与效力

1. 包工头与农民工之间为无效劳动关系。在我国现行法律框架下,因《劳动合同法》仍然限制用人单位不能为自然人,故而包工头虽然是劳动者的实际雇主,但双方之间并不能构成合法有效的劳动关系;而从劳动者的角度考量,如以雇佣关系加以调整又对保护劳动者殊为不利,更会纵容包工头违法招用劳动者。因此,应当认定包工头与劳动者之间为无效劳动关系。对于该无效劳动关系,由于劳动者已经实际提供了劳务,包工头仍应承担劳动法上的法律责任。

2. 应突破组织和传统劳动关系的界限,认定包工头与其前一手具有用工主体资格的建筑施工企业为农民工的共同雇主,均应承担劳动法上的法律责任。建筑领域内普遍存在层层分包、转包的情形,在总承包商、分包商、非法转包商、包工头这多重主体间,均为承揽关系,即通过价格机制进行调节的合同交换关系。此时,为实现对农民工的保护,必须对合同自由进行必要限制,即将包工头的前一手具有用工主体资格的建筑施工企业视为农民工的共同雇主,但对于再往前的承包商、分包商等,不应过多介入,其是否需承担法律责任应根据《建筑法》、《安全生产法》、《侵权责任法》等相关民事法律规定①予以认定。

3. 建筑施工企业和包工头之间仍应认定为承揽关系,在建筑施工企业或包工头承担了对农民工的法律责任后,可根据承揽合同的约定和相关民事法律规定进行追偿。

当然,实践中还需注意区分包工头的不同身份,对于和建筑施工企业建立承揽关系的独立包工头,可以采取以上原则。但是如果包工头本人只是建筑施工企业的内部职工或其委任的项目经理,则可直接认定建筑施工企业与农民工之间系劳动关系。

(二)综合适用"从属性"标准界定农民工的劳动者身份及劳动关系存在与否

虽然"从属性"已难成为认定劳动者身份的唯一并且精确的方法,但在市场与组织的边

---

① 虽然《安全生产法》并不属于民事法律的范畴,但其中含有侵权赔偿的民事性质法条可以适用。

界模糊时,从属关系、在受益人控制下工作、获得劳动报酬、提供劳动工具等要素[①]仍是目前认定劳动关系最重要的标准。当然这些要素还要结合实际加以充实和细化,而且应该是一个综合的要素体系,并进行综合判断。[②] 同时,由于从属性的标准原本就是难以精确度量的标尺,其更多地依赖于法官的自由裁量,所以,要特别注意通过加强案例指导制度统一执法尺度,防止法官的恣意裁量。因此,必须加强对类型化案例的整理与研究,完善各级指导性案例的甄别筛选与发布机制以切实提升指导性案例的内在指导力。

(三)根据劳动法体系中不同法律的立法目的及我国劳动与社会保障发展状况对农民工给予相应的保护

由于劳动法体系中每个法律的立法目的不同,所以"劳动者"(以及相关用语)的概念不可能其内涵和外延完全一致。那种"劳动者"概念的同一论不仅不能带来劳动法体系的稳定性,还有可能使劳动法体系变得僵化,失去应有的弹性和张力,难以适应多样化的劳动市场的发展,导致对当事人保护的缺失。[③] 田思路教授该语甚值赞同。具体到建筑行业农民工的保护制度中,由于建筑行业用工的灵活性、短期性的特点以及我国农民工社会保障的特殊性,尤其应当注意区分不同法律的适用范围和农民工的权利范围。笔者认为,首当其冲应当保护的就是农民工的工伤保险权利,因为一旦农民工受到工伤,巨额的医疗费用和严重的身体损害将使其本人甚至全家陷入巨大的灾难,故法律上无疑应给予其最周全的保障。故此时应对从属性的审查标准适当放宽,即使农民工的工作只是临时性的,如只在工地上工作几天,也应受到工伤保险制度的保障。而对于农民工追索劳动报酬纠纷,则可根据从属性的要素是否具备分析其系独立合同工还是劳动关系,并以此适用法律。

(四)简化争议解决程序,以最便利的方式使农民工实现权利救济

解决争议的简便程序,对农民工来说是最根本的保障。目前,我国由于劳动争议处理的"一裁两审制"、工伤事故赔偿的工伤认定行政前置程序等一系列程序设计存在诸多问题,使农民工寻求救济的程序过于繁琐而漫长,严重影响到农民工实体权利的保护,这是当前亟待解决的一个问题。在通过全国人大的立法简化劳动争议处理程序之前,各省立法、劳动行政、司法部门仍应在现行法律框架下,充分运用现行法律的弹性空间尽可能简化劳动争议处理程序,保障农民工的实体权利不因程序的迟延或严苛而受到影响甚至剥夺。对此,至少在以下几点可以有所作为:

1. 应明确工伤保险赔偿与民事损害赔偿的关系。[④] 根据《工伤保险条例》和最高人民法院《人身损害赔偿司法解释》的规定,如果雇主未依法参加工伤保险,由雇主按照《工伤保险条例》规定的工伤保险待遇项目和标准进行赔偿。雇主未予依法赔偿的,劳动者或者其

---

① 亦即人格上、经济上、组织上的从属性综合判断体系。

② 田思路、贾秀芬:《契约劳动的研究——日本的理论与实践》,法律出版社2007年版,第139页。

③ 田思路:《日本"劳动者"概念的界定与启示》,载《"全球化下的个人劳动关系调整:劳动合同法国际研讨会"论文集》。

④ 因篇幅所限,本文不讨论因第三人侵权导致的民事损害赔偿与工伤保险赔偿的关系。

近亲属可以申请劳动争议仲裁,直接向人民法院请求民事损害赔偿的,人民法院应不予以受理。亦即采用“取代说”,用工伤保险赔偿取代雇主责任赔偿。但现实情况中,往往因建筑行业劳动关系的复杂性,及我国目前的工伤保险制度的不建全,工伤保险经办机构因各种客观因素认定不构成工伤或者不给予工伤保险待遇,例如工伤保险经办机构认为劳动者的申请超过了一年的工伤认定申请时效而不予受理,此时应当允许劳动者在民事诉讼时效届满前主张民事损害赔偿,不然将导致劳动者无法获得任何经济补偿。因此,在此情况下劳动者或其近亲属向人民法院起诉要求用人单位承担侵权责任,符合受理条件的,人民法院应当受理。

2. 应明确劳动行政部门在工伤认定程序中,只要能够确认农民工是在该建筑工地上施工过程中受伤或死亡的,不需要经过劳动关系确认程序,即可直接认定工伤。实务中,劳动行政部门往往以没有书面劳动合同、不能确认劳动者的雇主是谁等为由,要求劳动者先申请劳动争议仲裁确认劳动关系,经过“一裁两审”后再重新进行工伤认定,然后又经过行政诉讼、民事诉讼等多道程序方能最终获得救济。而如果回避了劳动关系确认程序,这些程序即可大大简化。

3. 明确工伤保险基金的先行支付程序。根据我国建筑法等相关规定,在建设单位开工建设前,先要将劳保费交入财政专户,专款专用。但实践中,虽然建设单位已缴纳劳保费,但其后建筑施工企业往往并未为农民工一一申报工伤保险,导致农民工无法从工伤保险基金兑现相关待遇,而只能向建筑施工企业主张赔偿,劳保费提前缴纳的政策无法充分起到保障农民工权益的作用。虽然《社会保险法》规定用人单位不支付的,可以由工伤保险基金先行支付,但是其前提一是要确认劳动关系,二是要经过向用人单位主张的程序,程序仍然难免繁琐。因此,我省应当进一步规定只要建设单位已缴纳了劳保费,即应立即由工伤保险基金先行支付农民工的工伤保险待遇。

【理论争鸣】

编者按:同时履行抗辩权是合同法上的重要制度,对于维护交易秩序、保证交易安全有着重要作用,《合同法》第六十六条对此进行了规定。但囿于法条规定原则与抽象,同时履行抗辩权与《合同法》第六十七条规定的先履行抗辩权的适用在实践中易于混淆,围绕着两者的制度价值和设计、构成要件、各自适用的边界以及司法实践中如何具体适用等问题,学术界颇有争议。崔建远教授与韩世远教授从 2005 年开始就上述问题通过专著或论文进行了深入探讨,本文即是崔建远教授对这一问题的最新回应。正所谓真理不辩不明,本书将分两辑刊登崔建远教授的这篇论文,以飨读者,并希望通过学术界对合同履行抗辩权制度的深入探讨,不仅能够推动我国民法制度的进一步完善,而且使广大司法实务工作者对该制度在司法实务中的具体适用更加清晰明了。

同时履行抗辩权:重构抑或自毁(上)

崔建远*

韩世远教授发表于 2005 年第 3 期《中国社会科学》的《构造与出路:中国法上的同时履行抗辩权》一文,认为《中华人民共和国合同法》(以下简称为《合同法》)第六十六条规定的同时履行抗辩权和第六十七条规定的先履行抗辩权,存在着法律漏洞,提出其填补漏洞的方案;同时怀疑先履行抗辩权存在的价值。其专著《合同法总论》(法律出版社 2004 年版)全面肯定。在笔者看来,先履行抗辩权制度与同时履行抗辩权并存,具有积极价值;所谓法律漏洞说不成立,韩世远教授提出的解决方案存在着若干问题。于是,撰文《履行抗辩权探微》,与韩世远教授商榷,发表于 2007 年第 3 期的《法学研究》上。

韩世远教授未接受笔者的批评意见,于其第二版和第三版的《合同法总论》专著中,对笔者的某些批评意见予以反驳。在笔者看来,这些反驳难以成立,特别是不少方法和观点关系民法理论的完善,司法实务的发展,有必要表达出来,就教于大家。

一、法律漏洞说的提出

对中国《合同法》将同时履行抗辩权和先履行抗辩权分立的模式,韩世远教授持有不同的看法:"若依据《合同法》第六十七条(先履行抗辩权),所给出的答案是'先履行一方未履

* 清华大学法学院教授、博士生导师,国家法官学院兼职教授,中国法学会民法学研究会副会长。

行的,后履行一方有权拒绝其履行要求'。从中看不出后履行一方请求先履行一方履行时,先履行一方能否以后履行一方未履行其到期债务为由拒绝履行。而依据《合同法》第六十八条(不安抗辩权),只是在出现所列信用不安事由时,先履行一方可以中止履行。"[①]有鉴于此,"《合同法》第六十六条字面上虽然规定了'没有先后履行顺序'这一限定,尚不应就此作反面解释而排斥其他情形下亦可得发生同时履行抗辩问题,就前述设问,可以认定《合同法》存有法律漏洞。换言之,《合同法》只规定了履行期自始相同(没有履行先后顺序)的情形,而忽略了还可能存在债务履行期自始不同的情形。其实,作为同时履行抗辩权的要件之一,正如我妻荣先生所言,只是要求该权利行使之际对方的债务已在履行期而已,非谓须履行期自始相同。"[②]

韩世远教授的思绪并未到此为止,他实质是对《合同法》设置的先履行抗辩权制度抱有疑问,正所谓"这种理论构成是否有其正当性,固然还有待进一步观察,这涉及是否能够和是否有必要创立一套独立于同时履行抗辩权的理论"。[③] 有的学者干脆否定《合同法》第六十七条的规定:"从法规则自身的逻辑性、简练性要求考虑,先履行抗辩规则无单独规定的必要性"。[④]

二、已届履行期的内涵和外延

因为同时履行抗辩权、先履行抗辩权的成立需要已届履行期的要件,而已届履行期的含义如何,却分歧严重,故有必要首先辨析已届履行期的含义。确定已届履行期的含义,又与如何理解履行期密不可分,故有必要先澄清履行期的含义。

(一)履行期的含义

履行期,或清偿期,《合同法》称之为履行期限(第十二条第一款第六项等),其含义如何,中外民法及其理论在界定上不尽一致。

在德国,像给付地点一样,给付时间属于给付的方式。与给付时间相关,有两个问题需要澄清,即从什么时点债权人可以要求履行给付以及债务人可以履行给付。第一个问题涉及债务的请求期(点)F~elligkeit(请求权届至点),第二个问题涉及(债务的)履行期(点)Erfüellbarkeit。如果债务履行期届至(f~ellig ist),债务人可以履行,债权人若拒绝受领,就陷于受领迟延(《德国民法典》第 239 条以下)。只有当债务不仅履行期届至(erfüellbar ist),同时请求期也届至,债权人才可以强制履行;此时,债务人不仅可以给付,也必须给付。给付的这两个方面,请求期和履行期,被规定在《德国民法典》第 271 条。如果履行时间没有规定,也不能通过情形得出,第 271 条第 1 款规定,债权人可以立即要求履行,债务人也可以立即作出履行。根据第 271 条第 2 款,债务立即届至请求期和履行期,也就是说原则上从债务

---

① 韩世远:《合同法总论》,法律出版社 2004 年版,第 328 页。韩世远教授于其第二版《合同法总论》(第 250 页以下)、第三版《合同法总论》(287 页以下)中继续坚持其观点。

② 韩世远:《合同法总论》,法律出版社 2004 年版,第 329 页。韩世远教授于其第二版《合同法总论》(第 249 页以下)、第三版《合同法总论》(286 页以下)中继续坚持其观点。

③ 韩世远:《合同法总论》,法律出版社 2004 年版,第 351 页。

④ 朱广新:《先履行抗辩权之探究》,载《河南省政法管理干部学院学报》2006 年第 4 期,第 127 页。

一产生就届至。但是,立即届至的请求期所涉及到的是,对债务人来说,有一个实施给付行为的适当时间。因此,立即给付的义务意味着,债务人必须尽快给付。不同于第 121 条第 1 款第 1 项规定的“毫不迟延”,这里应当以一个客观的标准为基础。①

由此可知,在德国民法上,履行期和请求期重合之处,是一个时间点,而非一段期间。当事人若约定,出卖人于 2011 年 1 月 1 日至 2011 年 3 月 3 日交货,也不意味着 2011 年 1 月 1 日至 2011 年 3 月 3 日期间均为履行期和请求期,履行期和请求期仅指 2011 年 3 月 3 日这个时间点。债务人于 2011 年 3 月 3 日未予履行,即构成迟延。至于 2011 年 1 月 1 日至 2011 年 3 月 2 日期间,其法律意义在于,债务人可以放弃期限利益,在 2011 年 1 月 1 日至 2011 年 3 月 2 日期间的任何一天为履行,债权人不得拒绝,否则,债权人陷于迟延。当然,履行期纯为债权人利益的,则另当别论。②

在日本,按照《法律学小辞典》的解释,履行期限,又叫清偿期,指的是债务人不得不履行(清偿)的时期。债务人在履行期限不履行时,就构成履行迟延。例如,买卖双方约定 1 个月之后支付价金,但是买方过了 1 个月仍然没有支付价金的场合,构成履行迟延。③ 与此同义或近义,於保不二雄教授阐释道:“清偿的时间指应进行清偿的时间,即履行期或清偿期。……在履行期或清偿期内,债权人可以请求履行,债务人必须进行履行。履行期内如债务人不进行履行、或债权人不受领履行,就要承担迟延责任。……随着履行期限届至,消灭时效开始进行。”④这与《日本民法典》的有关规定形成了相互印证,具有可信性。例如,《日本民法典》第 412 条规定:“①就债务的履行有确定期限时,债务人自其期限届至时起,负迟延责任。②就债务的履行有不确定期限时,债务人自其知道期限届至时起,负迟延责任。③就债务的履行未定期限时,债务人自接到履行的请求时起,负迟延责任。”《日本民法典》第 166 条第 1 项规定:“消灭时效,自权利可以行使时起进行。”⑤显而易见,履行期·履行期届至·迟延三者间的关系,是自圆其说的,没有矛盾。

在我国台湾地区,学说将清偿期(履行期)界定为,债务人应为清偿的期日,⑥债务人应为履行的时期。⑦ 也有学者同时着眼于债权人、债务人两个角度,谓清偿期系债务人应依债之本旨而为清偿,债权人得请求清偿的期日。⑧ 这大体上与日本民法学说的界定相同,尤其是强调清偿期为“期日”(时间点)的界定,与日本的一致。

在我国台湾地区,有专家进一步辨析道:履行期(清偿期或给付期),谓债务人应为债务履行的时期。(1)此时期与债务发生的时期在观念上不同,在事实上也有先后之别。(2)履

---

① Mathias Schmoekel, Jaochim Rueckert und Reinhard Zimmermann – Petr Groeschler: Historisch – kritischer Kommentar zur BGB, 1. Teilband, Mohr Siebeck 2007, § §269 – 272. S. 813, Rn. 8.

② 德国民法及其学说、判例关于履行期限的文献翻译及理解,系清华大学法学院副教授耿林博士,以及清华大学法学院副教授王洪亮博士所为。特此致谢!

③ 金子宏、新堂幸司、平井宜雄编:《法律学小辞典》,日本东京有斐阁 1999 年版,第 1154 页。

④ [日]於保不二雄:《日本民法债权总论》,庄胜荣校订,台湾地区台北五南图书出版有限公司,第 344 页。

⑤ [日]於保不二雄:《日本民法债权总论》,庄胜荣校订,台湾地区台北五南图书出版有限公司,第 345 页。

⑥ 孙森焱:《民法债编总论(下册)》,法律出版社 2006 年版,第 864 页。

⑦ 郑玉波:《民法债编总论》,陈荣隆修订,中国政法大学出版社 2004 年版,第 490 页;邱聪智:《民法债编总论(下)》,中国人民大学出版社 2004 年版,第 457 页。

⑧ 林诚二:《民法债编总论——体系解说》,中国人民大学出版社 2003 年版,第 547 页。

行期与债务人得为履行的时期不同。(3)履行期与债权人得请求债务人为履行的时期有别。(4)履行期与事实上为履行的时期不同。[①] 这与德国的民法及其学说对请求期、履行期的理解大体一致,尽管文字表述上略有差异。

与此有别,我国现行法及其理论在用语上没有刻意区分债权人得请求债务人为履行的期限与债务人必须为履行的期限(履行期或曰履行期限),或者说,我国现行法及其理论所谓履行期,在外延上较日本、我国台湾地区的为广,既包括它们所说的债务人可以为履行的时间,债务人必须为履行的时间,也含有它们所说的债权人得请求债务人为履行的期日。并且,在理解履行期时,则区分一个时间点的履行期与一段期间的履行期两种。履行期为一个时间点的,既是债权人得请求债务人为履行的时间,也是债务人必须为履行的时间,在称谓和效果上与日本、我国台湾地区的相同。履行期为一段期间的,如约定出卖人于 2011 年 1 月 1 日至 2011 年 3 月 3 日期间交货,2011 年 1 月 1 日至 2011 年 3 月 2 日为买受人(债权人)得请求出卖人(债务人)为履行的期限,2011 年 3 月 3 日为债务人必须履行的时间。这无论在称谓上,还是含义上,都不同于日本和我国台湾地区的。

这种不同,在法律结果上显现出差异。以约定出卖人于 2011 年 1 月 1 日至 2011 年 3 月 3 日期间交货为例,按照日本民法、我国台湾地区的"民法"、判例及学说,买受人于 2011 年 1 月 1 日至 2011 年 3 月 2 日期间无权请求出卖人交货,若请求,出卖人有权抗辩。该种抗辩无需主张,即可发生阻却给付请求的效果。与此不同,按照我国既有的通说,买受人于 2011 年 1 月 1 日至 2011 年 3 月 2 日期间有权请求出卖人交货,不过,出卖人享有履行期尚未届满的抗辩权。该种抗辩权至少在绝大情况下需要主张,通说认为必须主张,才发生阻却给付请求的法律效果。

比较而言,德国民法关于请求期的观点,日本和我国台湾地区关于履行期的界定,结合抗辩、抗辩权等制度考量,更有利于债务人。有鉴于此,笔者放弃原来赞同的通说,借鉴德国民法关于请求期·履行期·抗辩·抗辩权的学说,以及日本民法和我国台湾地区的"民法"关于履行期·抗辩·抗辩权的理论,采取如下观点:履行期,是指债务人必须依约或依法必须履行其债务的时间。在非继续性合同场合,履行期仅为一个时间点,而非一段期间;在继续性合同场合,某些债务(如承租人交付租金的义务)的履行期仅为一个时间点,而另一些债务(如房屋出租人移转租赁物使用权的义务)的履行期则为一段期间。

(二)已届履行期的含义

1. 互负债务均已届履行期的意义

《合同法》第六十六条前段关于"当事人互负债务,没有先后履行顺序"的规定,就其字面意思观察,似乎没有涉及债务已届履行期,如何解释,不无疑问,需要斟酌。假如因此而认为同时履行抗辩权的成立不以两项债务已届履行期为必要,则同适当履行与违约区别的理念及判断标准不尽一致,与履行期尚未届至的抗辩、履行期尚未届满的抗辩、不当履行的抗辩权等制度的立法目的及功能不相协调。就此看来,在解释论上,还得采取同时履行抗

① 史尚宽:《债法总论》,台湾地区台北荣泰印书馆股份有限公司 1978 年版,第 747~748 页。

辩权以"须当事人双方互负的债务均已届履行期"为成立要件之一的学说。只不过《合同法》第六十六条前段关于"当事人互负债务,没有先后履行顺序"的规定,在履行期届至抑或届满方面"含糊"、"宽松",为法律人探求能满足实际需求、符合法理、达到公平正义的意思,预留了空间。

2. 关于已届履行期的辨析

已届履行期,也叫已届清偿期,简称为届期。对它的界定,至少有四种方案。第一种方案是承认履行期包括一个时间点和一段期间两类,将已届履行期一律界定为履行期届至。韩世远教授坚持该种方案。但有如下缺点:一是在若干情况下不符合客观实际,二是在若干场合牺牲掉了后履行一方的期限利益,三是赋权违约方对抗守约方的履行请求,且不承担违约责任,是非颠倒。其中缘由将在下文详述。第二种方案是承认履行期包括一个时间点和一段期间两类,区分情况而确定已届履行期的含义。笔者以往采取该种方案。其优点是能够克服第一种方案的不足,其缺点有二:一是把非继续性债务的履行期区分为一个时间点和一段期间两类,远不如将非继续性债务的履行期一律界定为一个时间点合理;二是同时履行抗辩权的运用,必须视履行期届至和届满而定,导致规则复杂。第三种方案是坚持履行期仅为一个时间点,把已届履行期一律界定为履行期届满。其优点明显:一是整齐划一;二是同时履行抗辩权与先履行抗辩权间的界限明确;三是解决问题的方案简明,而非复杂;其"问题"在于:一是需要经常地、大量地动用履行期尚未届满的抗辩,以免补救手段缺位;二是不好解释某些继续性债务的抗辩问题。例如,在租赁合同的场合,承租人按月支付租金,出租人依约将租赁物使用权移转给承租人的债务。只要履行期届至,出租人就得交付租赁物,没有履行期尚未届满的抗辩。再如,在雇佣合同的场合,雇主按月支付报酬,雇员依约每天从事劳务。只要履行期届至,雇员就有义务从事劳务,也不享有履行期尚未届满的抗辩。第四种方案是对于非继续性债务的履行期坚持履行期仅为一个时间点,对于继续性债务则采履行期可能是一段期间,区分情况而确定已届履行期的含义,即,在非继续性债务中,已届履行期一律为履行期届满/届至;在继续性债务中,有些已届履行期系指履行期届至,另一些履行期则为履行期届满。第四种方案的缺点是运作相对复杂,其优点则可避免其他方案的不足。

第三种方案和第四种方案之间的差异,从表面上看,至少有两点:一是第三种方案忽视了某些继续性债务的履行期届至即成立履行抗辩权的情况,二是已届履行期的含义有别,即,在第三种方案中,已届履行期一律为履行期届满,而在第四种方案中,已届履行期的含义视情况而定。

饶有趣味的是,在非继续性合同的场合,坚持债务的履行期仅为一个时间点的界定,履行期届至作为同时履行抗辩权的成立要件,与履行期届满作为同时履行抗辩权的成立要件,存在些许差别。例如,当事人双方约定,出卖人于2011年1月1日交货。在将履行期届至作为同时履行抗辩权的成立要件的理论下,买受人于2011年1月1日请求出卖人交货,出卖人可以主张同时履行抗辩权,或履行期尚未届满的抗辩,暂不交货。而依履行期届满为同时履行抗辩权成立要件之说,则出卖人于2011年1月1日不享有同时履行抗辩权。就是说,履行期届至作为同时履行抗辩权的成立要件,同时履行抗辩权运用的空间多些。不过,由于履行期尚未届满的抗辩制度的存在,违约责任构成的要求,以履行期届满作为同时履行抗辩权的成立要件,也不会发生不适当的结果。其原因在于,于此场合,出卖人拥有履行期尚未届满的抗辩,据此可以对抗买受人的交货请求,并且,无需主张即可发生该种法律效果,其强度优于同时履行抗辩权的效力。此其一。债务人尽管在履行期届至时可以援用履行期尚未届满的抗辩,拒绝债权人的履行请求,不履行其债务。但此种不履行的状况会一直持续到履行期届满,一俟履行期届满,违约行为即告成立,债务人得承担违约责任。既然如此,赋权债务人于履行期届至时享有同时履行抗辩权,在利益的层面没有积极意义。此其二。这表明,在非继续性合同的场合,确定同时履行抗辩权的成立要件时,我们可以忽略履行期届至与履行期届满的些许差别,将已届履行期一律界定为履行期届满。

比较起来,第一种方案绝不可取,第二种方案的运作较为复杂,第三种方案忽视了继续性债务的特殊性,第四种方案具有优势。笔者以往采取的是第二种方案,今后改采第四种方案。

这样,(1)继续性债务的履行期一般为一段期间,该债务的对待给付债务基本上为一个时间点,两项债务的履行期之间的关系并不整齐划一,有些同时届至,有些同时届满。同时届至的例子,如某房屋租赁合同约定,2011 年 1 月 1 日承租人支付租金,同日出租人移转租赁物的使用权。同时届满的例子,如某雇佣合同约定,家政服务员甲于 2011 年 1 月 1 日至 2011 年 1 月 15 日开始工作,雇主乙于 2011 年 1 月 15 日付清酬金。(2)非继续性债务的履行期一律为一个时间点,两项债务的履行期在届至、届满的方面,会出现如下情形:①两项债务的履行期相同的场合,同时届至,同时届满;②两项债务的履行期有先有后的场合,应先履行的债务于履行期届满后,后履行债务的履行期才届至。鉴于《合同法》分设同时履行抗辩权和先履行抗辩权(第六十七条、第六十八条),“(2)”的情形由先履行抗辩权管辖。同时履行抗辩权制度仅仅适用于“(1)”的场合。仅就此点看来,韩世远教授将已届履行期一律界定为履行期届至,并不妥当。

3. 双方论争的综述

为了便于读者了解韩世远教授与笔者论争的真实情况,明了论争的焦点,有必要简要地回顾双方在已届履行期界定方面的观点及其演变。

第一阶段:韩世远教授和笔者都按照通说理解履行期,赞同履行期包括一个时间点和一段期间两种情形的观点,不但继续性合同场合是这样,非继续性合同场合也是如此。履行期为一个时间点的,如出卖人于 2000 年 1 月 1 日交货。履行期为一段期间的,如出卖人于 2000 年 1 月 1 日至 2000 年 3 月 3 日交货。

韩世远教授于其第一版《合同法总论》中在文字表述方面没有明确界定已届履行期的含义,但其插图 5.6.3 所标示的是出卖人 A 应当于 1 月 30 日交付标的物,B 应当于 2 月 28 日支付价款。他认为 A 应享有同时履行抗辩权的初始时间为 2 月 28 日。① 这表明他于此处是按照一个时间点界定履行期的。

笔者撰写《履行抗辩权探微》一文时,考察上述图示及相应的文字叙述,感到无论是 2

---

① 韩世远:《合同法总论》,法律出版社 2004 年版,第 327~328 页。

月 28 日(韩世远教授认为 A 应享有同时履行抗辩权的初始时间点)还是 1 月 30 日,特别是 1 月 31 日,均为 A 履行债务的期限届满。就是说,韩世远教授讨论的同时履行抗辩权,实际上全是成立于履行期届满场合的。据此,笔者通过分析,指出将已届履行期界定为履行期届满,并赋予先履行一方 A 享有同时履行抗辩权,会带来极不适当的后果。①

第二阶段:论争双方依然采取通说对履行期的理解。韩世远教授于其第二版《合同法总论》中称笔者误解了其意,申明已届履行期系指履行期届至,而非届满。但同时,相应地,他将 A、B 的履行期由原来的一个时间点修改为一段时间。其图 5－6－3 标示出 A 交付标的物的期限为 1 月 30 日至 4 月 30 日,B 支付价款的期限为 2 月 28 日至 4 月 30 日。② 其第三版《合同法总论》承继这些观点,但增加了“在履行期为一时点场合,所谓‘已届履行期’指的便是到了约定的时间点,既可以说‘届至’,也可以说‘届满’”,只是“此时区分究为‘届至’抑或‘届满’已无实质意义”③的说明。

笔者认为,在履行期为一个时间点的场合,将已届履行期称为届至或届满,有无其他意义暂且不论,但对于论争双方来说至少有一个意义,那就是韩世远教授于其第一版《合同法总论》中的图 5.6.3 所示及相应的叙述,客观显现的是:他在履行期届满的意义上使用着已届履行期一词。笔者在《履行抗辩权探微》一文据此展开分析,符合其本意。韩世远教授称笔者在这个方面误解了其意,不符合事实。至于他自第二版《合同法总论》开始将已届履行期一律界定为履行期届至,则属另一问题,且笔者仍不赞同。

第三阶段:韩世远教授依然采取通说对履行期的理解,笔者则通过比较法的考察,对非继续性债务的履行期采取为一个时间点的界定,对某些继续性债务的履行期承认为一段期间,而对另一些继续性债务的履行期则坚持为一个时间点。相应地,变履行期尚未届至的抗辩权为履行期尚未届至的抗辩,改履行期尚未届满的抗辩权为履行期尚未届满的抗辩。

4. 将已届履行期一律界定为履行期届至的思路及观点

韩世远教授将“已届履行期”界定为仅仅指“履行期已‘届至’”,而不是“届满”。日语文献用语为“相手方の债务が弁济期にぁること”,直译即“对方的债务已在清偿期”,没有清偿期“届满”的含义。道理在于,履行期到来(届至),债权人才可以行使,债权人才可以请求债务人履行债务,债务人才有可能抗辩,这才是成立同时履行抗辩权的初始时点。④

5. 将已届履行期一律界定为履行期届至的缺陷

韩世远教授关于已届履行期的界定,存在着如下几个方面的缺陷:

(1)从方法论的层面看:以日本民法及其学说关于“已届履行期”的界定,直接作为解释我国《合同法》第六十六条、第六十七条涉及的“已届履行期”含义的依据,正当性和合理性均值怀疑,不符合法解释学的规则,在我国合同法并非依据日本民法及其学说制定的背景下,更是这样。其实,即使以若干国家或地区的立法例及其学说直接作为解释中国现行法

① 崔建远:《履行抗辩权探微》,载《法学研究》2007 年第 3 期,第 46 页以下。

② 韩世远:《合同法总论》,法律出版社 2008 年版,第 249～250 页。

③ 韩世远:《合同法总论》,法律出版社 2011 年版,第 286～287 页。

④ 韩世远:《合同法总论》,法律出版社 2008 年版,第 249、250 页;韩世远:《合同法总论》,法律出版社 2011 年版,第 286 页以下。

规定的依据,也依然如此。此其一。境外的立法例及其学说若为合适,可以作为解释中国现行法规定的参考(而非依据),在结合其他因素并论证清楚、有力的情况下,可主张对我国现行法的规定作境外立法例及判例、学说所赋予的意思予以解释。在境外的立法例及其学说不甚妥当,或在它自己的法律体系中自洽,但照搬于我国现行法上却难以兼容的情况下,参考它也不妥当。机械地将日本民法及其学说对已届履行期的界定照搬到我国现行法上,即属此类。因为日本民法、判例及学说所称履行期仅为一个时间点,而韩世远教授所说履行期包括一段期间的类型,同为"届至"一词,所指对象却不相同。此其二。韩世远教授对日本民法学说并非都一律赞同,如日本民法的通说认为日本民法未采用物权行为制度,韩世远教授就不以此为据主张我国民法未采用物权行为制度,而是反其道而行之,坚持认为我国民法区分负担行为和处分行为,主张《合同法》上有物权合同。① 既然并不事事遵从日本民法及其学说,那么在已届履行期的界定上就不应忽视《合同法》第六十六条前段的明文、不经论证就直接依日本民法学说来认定我国《合同法》第六十六条、第六十七条涉及的已届履行期。此其三。

(2)从论证方法上看:笔者已经并且正在指出,韩世远教授将"已届履行期"界定为仅仅指"履行期已'届至'",且坚持法律漏洞说,忽视或否认履行期尚未届满的抗辩(权)、不当履行的抗辩权发挥作用,会导致诸如偏袒违约方、不利于守约方的是非颠倒,时常牺牲后履行一方本应享有的期限利益等极不妥当的后果,并且列举、分析了若干例子。② 韩世远教授对笔者的这些批评意见未逐一驳倒,未消除其法律漏洞说带来的严重缺陷,因此并未完成其应有的论证任务。退一步说,韩世远教授即便驳倒了笔者关于履行期尚未届满的抗辩(权)、不当履行的抗辩权等抗辩权的存在及行使,便不存在法律漏洞的观点,但不修补其法律漏洞说带来的严重缺陷,其观点仍然立不起来。

(3)从比较法的角度看:日本民法及其学说将履行期界定为债务人不得不履行的时间。并且,债务人在履行期而不履行时,就构成履行迟延。③ 如此,其所谓履行期只能是一个时间点,如2011年1月1日,不可能包括一段期间,如2011年1月1日至2011年3月3日。至于2011年1月1日至2011年3月3日的案型,只有2011年3月3日才是履行期,2011年1月1日至2011年3月2日不是履行期。履行期既为一个时间点,着眼于2011年1月1日的到来,就是届至;聚焦于2011年1月1日的完结,即为届满。对此,连韩世远教授自己都正面肯定,④怎么能说已届履行期不可能是届满呢?

这也给我们以警示:相同的术语,在不同的立法例上、不一样的语境下,可能含义不同。诸如债务人将于2011年1月1日至2011年3月3日期间履行之类,其中的2011年1月1日至2011年3月3日,在中国现行法及其理论上叫作履行期,但在日本民法、我国台湾地区

---

① 韩世远:《合同法总论》,法律出版社2011年第三版,第2页以下。

② 崔建远:《履行抗辩权探微》,载《法学研究》2007年第3期,第46页以下;崔建远:《履行抗辩权探微》,载中国政法大学罗马法与意大利法研究中心、教育部法制史研究重点基地——中国政法大学法律史研究院、意大利和中国"罗马法背景下的中国法典化与法学人才培养研究中心"、中国政法大学出版社主编:《第四届罗马法、中国法与民法法典化国际研讨会论文集(上)》,2009年版,第51页以下。

③ 金子宏、新堂幸司、平井宜雄编:《法律学小辞典(第4版)》,日本东京有斐阁2010年版,第1154页。

④ 韩世远:《合同法总论》,法律出版社2011年版,第286页。

的“民法”及其学说上则否,属于履行期的仅仅是 2011 年 3 月 3 日。在这样的背景下,履行期届至一词,在中外的民法及其理论上,称谓相同,但所指向的对象(情形)有别。就 2011 年 1 月 1 日至 2011 年 3 月 3 日这段期间而言,我国民法通说所谓的履行期届至,指向的日期是 2011 年 1 月 1 日;日本民法、我国台湾地区的“民法”及其学说所说的履行期届至,指向的则是 2011 年 3 月 3 日。将之应用到同时履行抗辩权领域,在日本民法、我国台湾地区的“民法”及其学说上,成立同时履行抗辩权的起始点是 2011 年 3 月 3 日;在中国,按照韩世远教授关于已届履行期一律为履行期届至的思路及观点,成立同时履行抗辩权的起始点一律为 2011 年 1 月 1 日。差之千里。

结论是:如果忽视中外民法及其理论的差别,照搬境外立法例及其学说的界定,可能会犯错误。

(4)从语义分析的角度入手:以上文“(3)”的分析为基础,在我国民法通说上,已届履行期,简称为届期,其含义就不是固定的一种,届满为其中之一。① 韩世远教授只固守一种界定,限于届至,只看到了开始,未顾及结尾,即届满,难免自我封闭。实际上,届至和届满在某些情况下的确不是泾渭分明的。例如,履行期为某个一秒的场合,该一秒到来,可以说是届至,也可以称之为届满。再如,履行期为某一天,在该日的 00 [illegible]: 00 到来,既是届至,也是届满。更为明显的是,瑕疵履行场合成立同时履行抗辩权,必然是履行期届满方可,仅仅是履行期届至,不构成瑕疵履行。可见,已届履行期,实际上排除不了届满。

其实,韩世远教授的阐释已经承认了履行期届满在某些场合为同时履行抗辩权的初始成立的要件。其第一版《合同法总论》第 328 页图 5.6.3 及文字叙述所显示的,均为履行期届满成立同时履行抗辩权的情形。② 其第二版《合同法总论》在总的观点上强调已届履行期一律为履行期届至,修正此前的观点,其实不当。须注意,该修正并不彻底,仍有文字承认履行期届满可成立同时履行抗辩权。他在讨论初始成立同时履行抗辩权时,把对方履行债务不符合约定作为同时履行抗辩权成立的要件之一,③就是在承认履行期届满为同时履行抗辩权初始成立的要件。其第三版《合同法总论》继续着该项意见。④ 其所谓“履行期届满后,债务人虽非必然、却有可能构成履行迟延(违约),虽不排除仍有同时履行抗辩权发挥作用的余地,这里显非同时履行抗辩权的初始成立问题,而是它是否延续存在的问题”,⑤已经承认了这一点。且不说“延续存在”也是同时履行抗辩权在发挥作用,依《合同法》第六十六条后段的规定就是成立同时履行抗辩权;就连履行期届满是同时履行抗辩权的初始成立要件,也存在着例证。其例证之一是债务的履行期为一个时间点的两项债务立于对价关系,于履行期届满时成立同时履行抗辩权,于履行期尚未届满时成立履行期尚未届满的抗辩(权);例证之二是,瑕疵履行场合,于履行期届满时成立同时履行抗辩权(《合同法》第 66 条后段)或先履行抗辩权,于履行期尚未届满时成立履行期尚未届满的抗辩(权)。

---

① 邱聪智:《民法债编各论(上)》,姚志明校订,中国人民大学出版社 2006 年版,第 228 页。

② 韩世远:《合同法总论》,法律出版社 2004 年版,第 328 页。

③ 韩世远:《合同法总论》,法律出版社 2011 年版,第 251 页。

④ 韩世远:《合同法总论》,法律出版社 2011 年版,第 288 页。

⑤ 韩世远:《合同法总论》,法律出版社 2011 年版,第 286 页。

(5)从我国现行法的规定看:《合同法》第六十六条后段规定:"一方在对方履行债务不符合约定时,有权拒绝其相应的履行要求。"由于该规定就是在列举同时履行抗辩权的情形,也就是在规定同时履行抗辩权,而非"视为"、"扩张"同时履行抗辩权;由于"对方履行债务不符合约定"的成立,必以该对方的履行期届满为条件,该条后段的规定就明确表明同时履行抗辩权有时要以履行期届满为要件之一。由此可知,韩世远教授所谓"履行期届满后,债务人虽非必然、却有可能构成履行迟延(违约),虽不排除仍有同时履行抗辩权发挥作用的余地,这里显非同时履行抗辩权的初始成立问题,而是它是否延续存在的问题"①的边界划分,显然不符合《合同法》第六十六条后段关于同时履行抗辩权的规定,是依其头脑中关于同时履行抗辩权的边界,而非依中国现行法上的同时履行抗辩权的边界,来解释《合同法》第六十六条规定的。

其实,韩世远教授自己在列举和阐释同时履行抗辩权第三个构成要件时,已将"履行债务不符合约定"作为了同时履行抗辩权的成立要件之一,②应当是符合《合同法》第六十六条规定本意的,而发生"履行债务不符合约定"时必然是履行期已经届满。由此可见,韩世远教授在解说同时履行抗辩权第一个构成要件时,将履行期届满排除在已届履行期的内涵和外延之外,前后不一致。

(6)从履行抗辩及抗辩权体系方面看:韩世远教授为其观点辩护的理由,在其第一版和第二版的《合同法总论》中,明显地局限于履行抗辩权仅为同时履行抗辩权、不安抗辩权的框框里了,③忽视了履行抗辩及抗辩权包括多种类型这个事实。其第三版的《合同法总论》开始注意到抗辩权的多样化,看到了履行期尚未届满的抗辩(权)与债务履行之间存在着关系,只不过没有用来深化研究,完善理论,而是用于全力否定笔者关于履行期尚未届满的抗辩(权)能够解决有关问题的看法上罢了。④ 在笔者看来,韩世远教授所谓"法律漏洞"的情况(第二版《合同法总论》第 250 页、第三版《合同法总论》第 287 页中的图 5-6-3 标示的情形:A 履行债务的期限为 1 月 30 日至 4 月 30 日,B 履行债务的期限为 2 月 28 日至 4 月 30 日的场合,2 月 28 日至 4 月 30 日期间若排斥同时履行抗辩权的运用,不允许 A 拒绝 B 的履行请求,就构成法律漏洞),完全可依履行期尚未届满的抗辩处理。需要提醒的是,韩世远教授与笔者之间的论争,是以他认为《合同法》关于同时履行抗辩权、先履行抗辩权和不安抗辩权的制度设计存在着法律漏洞为背景和前提的。笔者不同意他的法律漏洞说,认为法律漏洞的存在是以整个法律全无这方面的规定为条件的,只要法律规定有制度及规则调整这个问题,就不可说存在法律漏洞;对于韩世远教授所举"法律漏洞"之例,笔者认为用履行期尚未届满的抗辩(权)完全可以解决,何谈法律漏洞?最后,笔者此处所论,旨在表明《合同法》第六十六条、第六十七条的规定没有法律漏洞可言,并非一味地排斥同时履行抗辩权,并非总是不允许债务人在履行期尚未届满但具备同时履行抗辩权成立要件的情况下援用同时履行抗辩权。例如,上文谈及的承租人月初支付租金的案型中,支付租金的债务与

---

① 韩世远:《合同法总论》,法律出版社 2011 年版,第 286 页。

② 韩世远:《合同法总论》,法律出版社 2011 年第三版,第 288 页。

③ 韩世远:《合同法总论》,法律出版社 2008 年版,第 249~251 页。

④ 韩世远:《合同法总论》,法律出版社 2011 年版,第 286 页。

移转租赁物使用权的债务,支付租金的履行期届至即可成立同时履行抗辩权。

(7)从届期与两项债务间的关系看:须知,在同时履行抗辩权、先履行抗辩权和不安抗辩权的场合,届期,关乎两项债务的履行期,不可仅仅着眼于一项债务的履行期来思考问题,来界定届期。韩世远教授以其第二版《合同法总论》第 250 页、第三版《合同法总论》第 287 页中的图 5 -6 -3 所标示的两项债务的履行期的情形,来界定届期,犯了以偏概全的错误;表面上是照顾了两项债务,在某些场合实质上却有所忘记,下文的列举和分析会清晰地显现出这一点。在笔者看来,在坚持履行期包括一段期间的情形的背景下,将已届履行期一律界定为清偿期届至,显现出如下缺点:

①其第二版《合同法总论》第 250 页、第三版《合同法总论》第 287 页中的图 5 -6 -3 所示,并未涵盖依逻辑和实务中所出现的全部案型,其第一版《合同法总论》第 328 页中的图 5.6.3 所标示的倒是囊括了所有的情形。实际上,韩世远教授承认履行期含有一段期间的类型,并将已届履行期一律界定为履行期届至,其图 5 -6 -3 所示仅为情形之一,依其逻辑,还会出现下述情形:A 履行债务的期限为 1 月 30 日至 4 月 30 日,B 履行债务的期限为 2 月 28 日至 5 月 30 日。依韩世远教授的逻辑,在 5 月 5 日,B 请求 A 履行其债务时,A 有权援用同时履行抗辩权,拒绝 B 请求。于是出现了违约方有权拒绝守约方的给付请求且不承担违约责任的不当后果。这正是将履行期一律界定为履行期届至并坚持法律漏洞说的致命缺点。

本来,依据《合同法》第六十六条、第六十七条的设计,B 于 5 月 5 日请求 A 履行其债务,A 无权援用同时履行抗辩权,必须满足 B 的给付请求。反过来,A 于 5 月 5 日请求 B 履行其债务,B 享有先履行抗辩权,也有权援用履行期尚未届满的抗辩,并有权请求 A 承担违约责任。这完全符合公平正义的要求,从一个方面证明了《合同法》第六十六条、第六十七条设计的合理性。

② 若将已届履行期一律界定为履行期届至,并将履行期届满排除于已届履行期之外,则会发生难以解释的情形。在实践中,有些场合的已届履行期只能解释为履行期届满,而不可能是履行期届至。瑕疵履行场合成立同时履行抗辩权,为其著例;部分履行与同时履行抗辩权之间的关系场合也有履行期届满时适用同时履行抗辩权制度的类型。

③在下述案件类型中会判断失误:甲交付标的物的期间为 2008 年 1 月 1 日至 2008 年 3 月 1 日,乙付清货款的期间为 2008 年 1 月 1 日至 2008 年 4 月 1 日。按照韩世远教授在其第二版《合同法总论》第 249 页以下、第三版《合同法总论》第 286 页以下所述的判断标准,只能得出它适用同时履行抗辩权制度的结论,但事情在实际上比这复杂得多。a. 按照中国民法的通说,在 2008 年 1 月 1 日至 2008 年 3 月 1 日期间,甲和乙都享有同时履行抗辩权,乙还享有履行期尚未届满的抗辩权、先履行抗辩权。依据笔者如今采取的观点,甲的履行期仅为 2008 年 3 月 1 日,乙的履行期仅为 2008 年 4 月 1 日。在 2008 年 1 月 1 日至 2008 年 3 月 1 日期间,甲和乙都不享有同时履行抗辩权。乙享有先履行抗辩权,拥有履行期尚未届满的抗辩。b. 在 2008 年 3 月 2 日至 2008 年 4 月 1 日期间,甲于其未交付标的物的情况下请求乙支付货款,乙享有先履行抗辩权、履行期尚未届满的抗辩;甲自己不享有履行抗辩权。c. 在 2008 年 4 月 2 日之后,甲和乙均未履行的场合,关于同时抗辩权、先履行抗辩权的效力,

若采存在效果说,乙不是违约方,对甲享有同时履行抗辩权,甲对乙不享有此权,以免出现偏袒甲这个违约方的不当后果;[①]依据行使效果说,乙主张先履行抗辩权了,抗辩权的情形如同存在效果说的场合,若未主张,则构成双方违约,甲和乙在违约救济的阶段都享有(继续履行、损害赔偿或支付违约金诸债务方面的)同时履行抗辩权。

同时,也应看到,将已届履行期一律界定为履行期届满,会增加履行期尚未届满的抗辩、不当履行的抗辩权发挥作用的空间,有时也会发生同时履行抗辩权、先履行抗辩权的运用,不会出现韩世远教授所认为的法律漏洞,不会剥夺当事人一方的救济权利。单就这方面来说,将已届履行期一概界定为履行期届满,不算错误。不过,这样界定毕竟缩小了同时履行抗辩权制度、先履行抗辩权制度适用的范围,不尽符合它们的规范意旨;主要是不适用某些继续性合同的履行抗辩的情形。

尽管如此,我们也必须看到,在绝大多数情况下,只有将"已届履行期"解释为"履行期届满",才最能发挥同时履行抗辩权制度的功能,实现其价值。这是因为,两项债务的履行期届至而未届满场合,一方当事人请求相对人清偿,相对人有权以履行期尚未届满为由拒绝履行债务,且不构成违约,完全可以不求助于同时履行抗辩权,尽管他可以求助。但在履行期届满的情况下,债务人已无履行期尚未届满的抗辩,只有依赖于同时履行抗辩权或不当履行的抗辩权或其他抗辩权,不然,只好应债权人的请求而履行债务。

行文至此,可知已届履行期,在非继续性合同场合,应是履行期履行期届满/届至,在继续性合同场合,对某些债务而言依然指履行期届满,对另一些债务来说则指履行期届至。

三、对法律漏洞说的反驳

对于韩世远教授的上述看法,笔者持有不同意见,分九点阐释如下:

(一)涉及履行的抗辩及抗辩权的体系及作用

涉及履行的抗辩及抗辩权,是在符合法定条件时,当事人一方对抗相对人的履行请求,暂时拒绝履行其债务的抗辩或抗辩权。它包括附停止条件的抗辩、附始期的抗辩、履行期尚未届至的抗辩、履行期尚未届满的抗辩、不当履行的抗辩权[②]、时效完成的抗辩权,同时履行抗辩权、先履行抗辩权、不安抗辩权、留置权的行使[③]等。其中的附停止条件的抗辩、附始期的抗辩、时效完成的抗辩权等,在专家学者间已经形成共识,无须多言;履行期尚未届至的抗辩、履行期尚未届满的抗辩,韩世远教授等学者表示怀疑,需要辨明。

之所以说存在着履行期尚未届至的抗辩,是因为债务人在给付期之前并不负给付义务,债权人如在给付期之前请求给付,债务人即得以给付期尚未届至为由,拒绝给付。[④] 因为债务具有中性,不含有道德和法律的否定性评价,不得被强制执行,所以产生我国《合同法》第一百一十条、第一百一十一条限定的情况——法律上或事实上不能履行、债务的标的

① 遵从公平正义原则,甲和乙均未履行(违约)的场合,不宜采取存在效果说。

② [德]迪特尔·梅迪库斯:《德国债法总论》,杜景林、卢谌译,法律出版社2004年版,第356页。

③ [德]迪特尔·施瓦布:《民法导论》,郑冲译,法律出版社2006年版,第603页以下。

④ 孙森焱:《民法债编总论(下册)》,法律出版社2006年版,第446页。

不适于强制履行或履行费用过高、债权人在合理期限内未要求履行;只有在行为债务以外的债务被迟延履行、不完全履行、拒绝履行且债务人能够履行的情况下,才可强制执行(我国《合同法》第一百一十条、第一百一十一条)。[①] 这从一个侧面表明,在债务履行期届至前,债务人有权拒绝债权人的给付请求,即存在着履行期尚未届至的抗辩。[②]

之所以说存在着履行期尚未届满的抗辩,是因为迟延履行系指债务人于履行期届满仍未履行债务的现象。这表明,履行期届满前,债务人不履行债务,不构成迟延履行。既然不

① 对于行为债务,若要直接强制执行,涉及是否侵犯人的行为自由的问题。一种观点认为,按照现代伦理,人的行为自由至高无上,不得强制。另一种观点主张,人的行为自由固然位阶甚高,但并非绝对禁止法院裁判债务人继续履行其行为债务,在债权人请求债务人继续履行行为债务的情况下,主审法院仍可裁判债务人继续其行为债务,如裁判债务人与许多人签订本约,或履行装修服务的义务,或履行继续施工的义务等,只不过法院同时或其后要裁判:债务人假如仍然拒绝履行此类行为债务,则须承担一定的损害赔偿金,甚至是惩罚性损害赔偿,以儆效尤。折中说在赞同第二种观点的基础上,增加主审法院可以裁判代替履行的路径,当然也可直接裁判以损害赔偿甚至惩罚性损害赔偿代替直接强制。笔者赞同折中说。

② 中国政法大学罗马法与意大利法研究中心、教育部法制史研究重点基地——中国政法大学法律史学研究院、意大利和中国"罗马法背景下的中国法典化与法学人才培养研究中心"、中国政法大学出版社于2009 年 10 月 24 ~25 日在北京主办召开了第四届"罗马法·中国法与民法法典化国际研讨会",笔者在 2009 年 10 月 25 日上午应邀做了"履行抗辩权探微"的大会报告,持履行期尚未届至的抗辩权、履行期尚未届满的抗辩权之说。休息时,中国政法大学副教授于飞博士向笔者提出,履行期尚未届至的抗辩权,应为履行期尚未届至的抗辩,为诉讼法上的抗辩,而非实体法上的抗辩权,因为债权的请求效力尚未发动;无需当事人主张,即可发生相应的法律效果。该意见具有警示性和启发性,值得重视,因为存在着德国民法及其学说关于"无需主张的抗辩"与"需要主张的抗辩"之间相区别的观点。"无需主张的抗辩"是法定的,不需要被告提出特别的申请就自动产生效力,或是使请求权不发生(权利阻却的抗辩),或是使已经产生的请求权归于消灭(权利消灭的抗辩);"需要主张的抗辩"依据被告的相关意愿才产生效力(见[德]迪特尔·梅迪库斯:《德国民法总论》,邵建东译,法律出版社 2000 年版,第 82 页以下)。在此,谨向于飞博士致以由衷的谢意!

不过,在本文定稿之前,笔者对于履行期、履行迟延、抗辩权问题一直采取通说的意见,特别是赞同以下观点,没有接受履行期尚未届至的抗辩、履行期尚未届满的抗辩的意见:(1)抗辩权的界定仅仅要求是对抗请求权的权利,其目的是永久地或暂时地阻止请求权的实施或使请求权减弱([德]卡尔·拉伦茨:《德国民法通论(上册)》,王晓晔、邵建东、程建英、徐国建、谢怀栻译,谢怀栻校,法律出版社 2003 年版,第 328 ~329 页),并未要求必须是对抗请求效力已经发动的请求权。特别是请求权可以通过当事人自愿履行而实现([德]卡尔·拉伦茨:《德国民法通论(上册)》,王晓晔、邵建东、程建英、徐国建、谢怀栻译,谢怀栻校,法律出版社 2003 年版,第 324 页),可以作为被动债权而被抵消,就更加不强调请求力必须已经发动。(2)对需要主张的抗辩与无需主张的抗辩进行区分,从法律政策上看是很成问题的。人们经常说道,由于一项违反诚实信用原则的行为永远构成一种无需主张的抗辩,难道情况真的是这样吗?我们是不是应当让债务人自己来作出决定。……为什么将债务未届清偿期的事实作为无需主张的抗辩,而却将延期给付的事实作为需要主张的抗辩来对待呢?(见[德]迪特尔·梅迪库斯:《德国民法总论》,邵建东译,法律出版社 2000 年版,第 82 页以下)。其实,按照存在效果说,在迟延履行的场合,同时履行抗辩权、先履行抗辩权无需主张即发生效力,反倒成了无需主张的抗辩。这表明,需要主张的抗辩与无需主张的抗辩的区分具有相对性和不确定性。(3)《德国民法典》第 813 条第 2 项规定:"附期限的债务被提前清偿的,债务人不得请求返还,并不得请求提前清偿期间的利息。"我国台湾地区"民法"第 316 条规定:"定有清偿期者,债权人不得于期前请求清偿,如无反对之意思表示时,债务人得于期前为清偿。"我国《合同法》第七十一条规定:"债权人可以拒绝债务人提前履行债务,但是提前履行不损害债权人利益的除外。债务人提前履行债务给债权人增加的费用,由债务人负担。"所有这些规定,都表明对于履行期尚未届至的债务,只要债务人清偿了——包括债务人主动提前清偿和债权人于期前请求债务人清偿,债务人未作反对的表示而实施了履行行为,债权人就享有受领权和保有权,不构成不当得利,裁判机关不得依职权责令债权人返还或承担损害赔偿责任。这反映出债务人提出抗辩是必要的。(4)有些民事诉讼法学家称,中国民事诉讼法及其学说并未区分抗辩和抗辩权。(5)相当多的抗辩(权),在实体法和程序法上都有存在的空间。

如今,笔者借鉴德国、日本、我国台湾地区关于请求期、履行期、履行迟延、抗辩、抗辩权的民法学说,修正了以往的观点,将非继续性合同场合的履行期一律界定为一个时间点,而非一段期间,接受了履行期尚未届至的抗辩、履行期尚未届满的抗辩之说。至于有无必要区分履行期尚未届至的抗辩与履行期尚未届满的抗辩,尚需时日思考,因为这涉及债权人迟延构成的要件设计、债务人抛弃期限利益的权限、债权人利益的保护等问题,需要权衡。

构成迟延履行,就不承担违约责任,说明债务人享有履行期尚未届满的抗辩。[①] 对此,举例说明如下:某买卖合同约定,出卖人于 2011 年 1 月 1 日至 2011 年 3 月 3 日交货。买受人于 2011 年 3 月 2 日及其此前请求债务人履行其债务,债务人享有履行期尚未届满的抗辩,故有权拒不履行其债务,不构成迟延,不承担违约责任。即便到了 2011 年 3 月 3 日,纯从理论上讲,债务人也可以履行期尚未届满作为抗辩,拒不履行其债务。只不过 2011 年 3 月 3 日不履行,到了 2011 年 3 月 4 日,债务人就要承担迟延履行的违约责任。在这个意义上说,称履行期届至和履行期届满,实际意义不大。就此,将在下文同时履行抗辩权的成立要件中进行较为详细的分析。

明确非继续性债务的履行期为一个时间点,以及履行期尚未届满的抗辩,意义是多方面的:(1)对于判断同时履行抗辩权的构成具有价值。同时履行抗辩权的构成要件之二是,“须双方互负的债务均已届履行期”。此处所谓“已届履行期”,存在着“履行期届至”和“履行期届满”两种理解,并且,在坚持同时履行抗辩权和先履行抗辩权并立的模式下,仅就非继续性合同的债务履行期而论,将履行期一律界定为一个时间点,任何一种理解都符合同时履行抗辩权成立的要求。但是,只有将“已届履行期”解释为“履行期届满”,才最能发挥同时履行抗辩权制度的功能,实现其价值;才能彻底避免负面后果。这是因为,在两项债务的履行期届至而未届满的场合,一方当事人请求相对人清偿,相对人有权以履行期尚未届满为由拒绝履行债务,且不构成违约,完全可以不求助于同时履行抗辩权,尽管他可以求助。但在履行期届满的情况下,债务人已不享有履行期尚未届满的抗辩,只有依赖于同时履行抗辩权一条路径,不然,只好应债权人的请求而履行债务。(2)这对于判断债权让与场合为让与通知是否适当较为有益,即,在尚未为让与通知时,债务人于履行期间的任何一个时间点清偿,就使其债务归于消灭。自此时起,让与人或受让人为让与通知,债务人有权以其债务已因清偿而消灭为由拒绝向受让人履行。反之,债务人尚未履行时,让与人或受让人为让与通知,债务人则有义务向受让人清偿,否则,构成违约。(3)对于提存具有意义。众所周知,在履行期内,债务人可以选择任何一个时点履行,债权人无权拒绝。否则,构成提存的条件,也构成受领迟延。反之,债权人于期间内请求债务人清偿,债务人倒可以履行期尚未届满为由予以抗辩。(4)这里存在着抵消的问题。债权人于此期间主张抵消,只要抵消适状,可发生抵消的效果。

现在讨论不当履行的抗辩权。所谓不当履行的抗辩权,又叫不当给付的抗辩权,是指在债务人的给付存在瑕疵等不良给付的场合,债权人所享有的抗辩权。[②] 例如,某有偿委托合同约定,委托人应预付给受托人处理委托事务的必要费用 3 万元,用作交通费、缴纳预购定金等。受托人请求委托人依约预付,委托人却仅付 1 万元,拒付其余款项,且无正当理由。于此情形,受托人可以暂时拒不处理委托事务,而不负违约责任。这里的预付处理委托事务的费用义务,与处理委托事务的义务,显然不具有对价关系,因而没有同时履行抗辩权、

---

① [德]迪特尔·施瓦布:《民法导论》,郑冲译,法律出版社 2006 年版,第 620 页;郑玉波:《民法债编总论(修订 2 版)》,陈荣隆修订,中国政法大学出版社 2004 年版,第 275 页;孙森焱:《民法债编总论(下册)》,法律出版社 2006 年版,第 446 页。

② [德]迪特尔·梅迪库斯:《德国债法总论》,杜景林、卢谌译,法律出版社 2004 年版,第 356 页。

先履行抗辩权应用的余地。[①] 假如不允许受托人行使抗辩权,暂时拒绝履行处理委托事务的义务,无异于放纵违约的委托人,使受托人处于不利的境地,有失权衡。有鉴于此,承认不当履行的抗辩权,以补同时履行抗辩权、先履行抗辩权之缺,免得受托人自己为履行却无法获得委托人的给付,酿成损失,显然具有正当性。

扩而广之,之所以存在着不当履行的抗辩权,是因为债务人的给付不符合合同意旨,债权人无法就该不当给付实现其合同目的,于此场合,若无拒绝自己相应给付的抗辩权,就会一方面向债务人完全履行了债务,另一方面却得不到债务人的适当清偿,甚至于无法获得损害赔偿等救济,有失公正。特别是,在无偿委托等合同场合根本就不存在同时履行抗辩权、先履行抗辩权的情况下,以及两项债务是否形成同时履行关系观点不一的场合,承认不当履行的抗辩权,就更有意义。此其一。从道德和法律评价的层面讲,债务人有过失的不当履行,应予否定性评价。责令债务人承担违约责任,固然是否定性评价的表现,赋权守约方暂时拒绝履行相应义务,使违约方得不到合同利益,亦为一种否定性评价。此其二。有鉴于此,即便两项债务关系存在着同时履行抗辩权、先履行抗辩权的场合,另外再承认不当履行的抗辩权,使权利人多些选择的机会和手段,在个案中权衡利弊,选取最利于实现自己利益的抗辩权,也有积极的意义。此其三。

当然,不当履行的抗辩权在其适用范围方面应有一定的限制,例如,不当履行较为轻微,对债权人的利益影响不大,则不宜允许债权人以此为由拒绝履行自己的债务。

视野再宽阔些,可以对抗当事人一方的给付请求的,还有留置权等物权。留置权等物权不仅能够暂时地对抗领取/返还保管物、仓储物等标的物的请求,甚至可以彻底地消灭该种请求权。它们在对抗当事人一方请求方面所起的作用,至少不亚于同时履行抗辩权、先履行抗辩权。

有疑问之处在于,既然有同时履行抗辩权、不安抗辩权等抗辩权存在,还强调履行期尚未届至的抗辩、履行期尚未届满的抗辩、不当履行的抗辩权等是否多余。笔者认为,各抗辩及抗辩权存在的机理、重点、成立要件和运用领域不尽相同,各有其长处和作用。同时履行抗辩权存在的基础重在客观,在于给付(履行)的牵连性,该基础先天固有。而履行期尚未届至的抗辩、履行期尚未届满的抗辩的存在基础,重在义务未至必须履行的阶段,重在当事人的约定或法律的规定,在于当事人的意思自治,当事人或法律对于期限利益的分配、安排。不当履行的抗辩权存在的基础,重在善恶的处理,即对不当履行作否定性评价,从功能方面讲,补同时履行抗辩权、先履行抗辩权无法运用之缺。特别是,履行期尚未届至的抗辩、履行期尚未届满的抗辩,无需主张即可发生相应的法律效果,相较于同时履行抗辩权、先履行抗辩权和不安抗辩权,对债务人更为有利。

先天固有的,有些可以通过当事人的意思或法律的规定加以改变、排除。例如,主物和从物之间的主从关系,主权利和从权利之间的主从关系,本为法律顺应二物或二权间的牵连、贯彻效益原则而设,在这个意义上可说主从关系规则是"先天固有的"。不过,该规则可被法律、当事人的意思改变或排除。改变或排除主从关系的例子,如在连带保证场合,主债

---

① 参见刘春堂:《民法债编各论(中)》,台湾地区三民书局 2008 年版,第 177 页。

务的诉讼时效中断,保证债务的诉讼时效不因此而中断(法释[2000]44 号第三十六条第 1 款后段)。这给我们以启示,在双务合同的场合,在人们的视野中,一直是双务合同中两项债务间的牵连性决定了同时履行抗辩权、先履行抗辩权、不安抗辩权存在的内在依据,两者间呈现着先天固有的关系。但是,通过法律的规定或当事人的意思,完全可以让履行期尚未届至的抗辩、履行期尚未届满的抗辩、不当履行的抗辩权等,以及留置权等物权,在双务合同中发挥作用,使它们与同时履行抗辩权、先履行抗辩权并存,由抗辩的享有人或抗辩权人或物权人在个案中审时度势地选择主张。

承认并强调履行期尚未届至的抗辩、履行期尚未届满的抗辩、不当履行的抗辩权等抗辩权,以及留置权等物权,还有其意义:同时履行抗辩权、先履行抗辩权、不安抗辩权只存在于双务合同关系之中,对于单务合同需要履行抗辩及抗辩权的情形,无能为力。履行期尚未届至的抗辩、履行期尚未届满的抗辩以及留置权等权利,则不受双务合同、单务合同的限制,在双务合同、单务合同两个领域均可发挥积极的作用。不当履行的抗辩权在不真正双务合同中有其运用的空间。

(二)两项牵连债务在履行期方面的若干情形

我们具体考察作为履行抗辩权构成要件的两项牵连债务在履行期方面的若干情形,看看韩世远教授所认定的法律漏洞是否存在。(1)两项牵连债务的履行期相同,包括法律和当事人均未规定两项债务的履行期,或规定了相同的履行期;也包括依韩世远教授关于履行期包含一段期间的观点,两项债务的履行期限届至的时间不同,但存在着重合的期间,先履行义务一方尚未违约的情形;还包括双方均已违约,由债务转化而成的继续履行或替代损害赔偿或填补损害赔偿的履行期限。(2)按照我国民法通说关于履行期的理解,甲方所负债务的履行期届满之后,间隔一段时间,乙方所负债务的履行期才届至。例如,甲方所负债务的履行期为 2006 年 2 月 2 日至 2007 年 2 月 2 日,乙方所负债务的履行期是 2007 年 3 月 2 日至 10 月 2 日。(3)甲方所负债务的履行期届满之日,为乙方所负债务的履行期届至之时。例如,甲方所负债务的履行期为 2006 年 2 月 2 日至 2007 年 2 月 2 日,乙方所负债务的履行期是 2007 年 2 月 2 日至 2007 年 10 月 2 日。(4)甲方所负债务的履行期尚未届满时,乙方所负债务的履行期已经届至,两项债务的履行期限有一重合期。例如,甲方所负债务的履行期为 2006 年 2 月 2 日至 2007 年 2 月 2 日,乙方所负债务的履行期是 2006 年 10 月 2 日至 2007 年 5 月 2 日,甲方直到 2006 年 12 月 2 日仍未履行,乙方也未履行。

上述"(1)"的情形,在采取我国民法通说关于履行期包含一段期间的理解的背景下,应当适用于同时履行抗辩权制度,没有争议。但依笔者目前对履行期的界定、坚持同时履行抗辩权和先履行抗辩权并立的观点,"两项债务的履行期限届至的时间不同,但存在着重合的期间,先履行义务一方尚未违约的情形",就不会存在了,同时履行抗辩权无从产生。

上述"(2)"的情形,按照我国民法通说,甲方于 2007 年 3 月 1 日及其以前,请求乙方履行债务,乙方享有履行期尚未届至的抗辩,无论甲方履行了自己的债务与否,均应如此。甲方于其未履行债务的情况下,自 2007 年 3 月 2 日起请求乙方履行债务,适用先履行抗辩权制度,不应有争论,除非坚决否定中国《合同法》第六十七条的规定。依据笔者如今关于履行期与履行抗辩及抗辩权的观点,甲方所负债务的履行期为 2007 年 2 月 2 日,乙方所负债务的履行期是2007 年 10 月 2 日,在 2007 年 10 月 2 日之前,甲对乙不享有同时履行抗辩权,乙对甲拥有履行期尚未届满的抗辩,享有先履行抗辩权。

上述"(3)"的情形适用先履行抗辩权制度,应无疑问,除非坚决否认《合同法》第六十七条的规定。若主张适用同时履行抗辩权制度,在中国现行法上,对于乙方来说没有必要,对于甲来说自然是件好事,但会有若干弊端,将在下文"(三)"至"(七)"中详述。至于乙于 2007 年 2 月 2 日请求甲履行其债务,可否允许甲援用同时履行抗辩权对抗乙的给付请求,有两种方案,但实质结果并无二致:(1)允许甲行使同时履行抗辩权,使甲享有 1 天的期限利益,但甲若未履行,则自 2007 年 2 月 3 日起承担违约责任;(2)甲不行使同时履行抗辩权,必须满足乙的给付请求,以便不承担违约责任。就是说,所谓甲享有同时履行抗辩权,以便享有 2007 年 2 月 2 日的期限利益,只是表面上的,实质上并不享有。如此说来,采取何种观点无所谓,主要取决于论者的体系要求。这是笔者以往的看法,按照如今关于履行期与履行抗辩、抗辩权的理解,则形成如下观点:甲方所负债务的履行期为 2007 年 2 月 2 日,乙方所负债务的履行期是2007 年 10 月 2 日。在 2007 年 10 月 2 日之前,甲不享有同时履行抗辩权,乙拥有履行期尚未届满的抗辩,享有先履行抗辩权。

上述"(4)"的情形,在甲方和乙方均未构成违约的情况下,甲方所负债务和乙方所负债务相重合的履行期间,即所举例子中的 2006 年 10 月 2 日至 2007 年 2 月 1 日(2 日亦可)之间,甲方和乙方均可主张适用《合同法》第六十六条的规定,即有同时履行抗辩权制度适用的空间。如此解释,不违反《合同法》第六十六条前段关于"当事人互负债务,没有先后履行顺序"的规定。当然,于此场合,也可以不借助于同时履行抗辩权达到目的,而是甲方和乙方均可以履行期尚未届满为由而暂时拒绝履行其债务。还要说明,乙方也可以基于《合同法》第六十七条的规定,主张先履行抗辩权。但是,如果甲方已经违约了,即直到 2007 年 2 月 2 日,甲方仍未履行债务,那么,自 2007 年 2 月 3 日起,法律不应承认甲方享有同时履行抗辩权,其理由同样在下文"(三)"至"(七)"中阐明。这是笔者以往的观点,按照如今关于履行期与履行抗辩、抗辩权的理解,则形成如下意见:甲方所负债务的履行期为 2007 年 2 月 2 日,乙方所负债务的履行期是 2007 年 5 月 2 日,2007 年 5 月 2 日之前,甲方不享有同时履行抗辩权,乙方拥有履行期尚未届满的抗辩,享有先履行抗辩权。

(三)如何对待我妻荣教授之语

我妻荣教授关于"在先履行义务人尚未履行时相对人债务已届履行期的场合,先履行义务人对相对人的请求可否提出同时履行的抗辩?作为一般性理论应该肯定。其原因是,作为同时履行抗辩权的要件应该解释为,仅仅要求在行使该权利时相对人的债务已届履行期,并不要求从开始履行期就是相同的"①之语,作为对《日本民法典》第 53 条关于"双务契约的一方当事人,在相对人提供其债务履行以前,可以拒绝履行自己的债务。但相对人的债务未届清偿期时,不在此限"规定的解释,可能是必要性,因为该条前段的文义没有反映

① [日]我妻荣:《债权各论》,徐慧译,中国法制出版社 2008 年版,第 86 页。

出债务履行期方面的要求;针对日本民法、判例和学说上没有先履行抗辩权制度的现状来说,也有其必要性,因为日本民法、判例和学说上的同时履行抗辩权一项制度要担负起中国现行法上同时履行抗辩权和先履行抗辩权两项制度的任务。但须注意,我妻荣教授之语所针对的两项债务的履行期是这样的情形:出卖人交货的日期是 1930 年 1 月 30 日,买受人支付货款的日期为 1930 年 2 月 28 日,到了 1930 年 2 月 28 日,买受人请求出卖人交货,出卖人援用同时履行抗辩权,对抗买受人的交货请求。韩世远教授第一版《合同法总论》第 328 页的图 5.6.3 所示及其文字描述的情形,符合我妻荣教授的本意。① 于是,问题产生了,在没有先履行抗辩权的日本民法,又不采取存在效果说时,我妻荣教授的意见至少在某些情况下有其道理。但是,中国现行法设置了先履行抗辩权制度,韩世远教授又未加限定地主张存在效果说,便与我妻荣教授所要解决的问题非常不同,却仍然沿用我妻荣教授的观点和方法解决中国的问题,难谓妥当。此其一。即使在日本,对我妻荣教授之语若不加限制,也会出现纵容违约方、牺牲非违约方期限利益、是非颠倒的局面。实际上,日本民法的判例、学说确实设置了若干限制,这将在下文中加以分析和阐述。此其二。

需要强调,在同时履行抗辩权和先履行抗辩权并存、各有其适用范围的我国现行法上,若照搬我妻荣教授的观点,且作为确定《合同法》第六十六条规定的适用范围的标准,或者说作为同时履行抗辩权运用领域的标准,则不仅仅在宣判《合同法》第六十七条为具文,直接或间接地在否定《合同法》第六十六条和第六十七条设置的模式,而且会带来诸如是非颠倒、无端地牺牲后履行一方的期限利益等更为严重的问题,极不可取。下文的分析会显现出这 点。(待续)

① 需要说明,韩世远教授于其第二版《合同法总论》第 250 页的图 5－6－3、第三版《合同法总论》第 287 页图 5－6－3 所示及文字叙述的情形,已经改变了,不再是我妻荣教授之语所针对的情形。

【指导性案例】

离婚案件不能忽视对当事人双方身份及是否存在婚姻关系的审查

最高人民法院民一庭

一、案情简介

张一祜与何烨系同居关系,1997 年双方开始共同生活时只摆过酒,但从未进行过结婚登记。二人在县城共同经营一小饭铺,后何烨外出打工,饭铺由张一祜独自雇人经营。2010 年 10 月,张一祜将何烨诉至某基层人民法院,请求判令与何烨离婚。婚生子张可由张一祜抚养,夫妻共同财产依现存状态归各自所有,即五间平房(包括开饭铺用的三间)归张一祜所有;共同存款 7 万元归何烨所有。起诉时,何烨与张一祜一起到场,表示除要求将张可判归自己抚养外,其余均同意张一祜的诉讼请求。双方表示,不知道到法院离婚要带结婚证,下次开庭时一定带来。立案接待的法官要求二当事人当场签下送达地址确认书,何烨表示自己目前寄居在打工地方的朋友家,邮寄送达不便,并留下其手机号作为联络方式,保证随传随到。

案件受理后,受诉法院收到何烨的书面答辩状,称其本人同意与张一祜离婚,并同意张一祜提出的离婚条件,即夫妻共同财产中的房屋留给张一祜,但存款 7 万元应当归自己所有。

二、法院裁判情况

合议庭通知双方当事人开庭,不料何烨的手机一直关机。张一祜表示何烨已经回到其打工的地方,如果其不开手机,自己也无法协助找到何烨。鉴于送达确认书上明确记载了当事人的声明,"我确认上述送达地址或联系方式,如按此地址或联系方式送达而本人(单位)无法收到,后果自负。"故受诉法院在通知不到何烨的情况下未进行公告,又考虑到何烨在立案时曾经到法院表示同意离婚,故缺席判决张一祜与何烨离婚。财产分割、子女抚养问题亦判如张一祜所请。一审期间,审判人员要求张一祜提供与何烨的结婚证,张一祜称,结婚证在何烨手中保管。上述情况一审卷宗中均有记载。

一审判决送达 15 日后,因无人上诉,该判决遂发生法律效力。

半年后，何烨到受诉法院的上一级法院申请再审称，张一祜持法院判决告知其双方已经被判离婚。而判决书中有何烨在答辩状中表示同意离婚的表述。何烨称其本人与张一祜自 2003 年起同居并生有子女，从未登记结婚。更没有写过答辩状表示同意离婚。请求再审撤销原判，驳回张一祜的全部诉讼请求。

某中级人民法院依据《最高人民法院关于适用〈中华人民共和国民事诉讼法〉审判监督程序若干问题的解释》第五条的规定，受理了何烨的再审申请后，决定由该院提审本案。

该院提审后查明，与张一祜一起到一审法院并表示同意离婚的女子并非何烨本人，系张一祜请来的冒名顶替者。一审法院没有审查假何烨的身份证，亦没有查看张一祜与何烨的结婚证。因何烨经传唤未到庭，法院判决离婚后亦没有收回双方的结婚证。另，一审判决生效后，张一祜已经与一赵姓女子登记结婚。该院经审理认为，一审判决认定事实错误。首先，一审法院没有认真审查双方当事人的身份证件，对于与张一祜一起到法院起诉离婚之女子的身份作出了错误的认定；其次，办理该离婚案件的法官，没有审查张一祜与何烨的结婚证，在没有查明当事人之间存在合法的婚姻关系的前提下即判决双方离婚。该院认为，张一祜与何烨系同居关系，双方之间不存在婚姻关系，因此，一审法院判决张一祜与何烨离婚，系在错误认定事实和适用法律的基础上作出的错误判决。遂裁定撤销一审判决，驳回了张一祜的起诉。

三、主要观点和理由

对于中级法院依照审判监督程序提审后应当如何处理此案，存在两种不同意见。第一种意见认为，一审判决确实存在错误。但根据《民事诉讼法》第一百八十三条之规定，“当事人对已经发生法律效力的解除婚姻关系的判决，不得申请再审。”因此，根本就不应当审理何烨就婚姻关系问题提出的再审申请。鉴于何烨不同意判决中涉及财产分割和子女抚养的内容，可以仅对财产分割和子女抚养问题再审。应当撤销原判，将案件发回原审法院，让其按照解除同居关系后的子女抚养和财产分割纠纷来重新审理本案。另一种意见则认为，一审判决对本不存在婚姻关系的当事人作了离婚处理，而且一审被告何烨为原告张一祜找来的冒名顶替者，一审法院既未严格审查当事人的身份证件，也未审查当事人的结婚证，因此该案无论在实体上和程序上均存在严重错误。张一祜的诉讼请求是与何烨离婚，但其与何烨不具有合法的婚姻关系。而且，到一审法院应诉的“何烨”与现实中与张一祜同居生活的何烨不是同一个人，因此应当认定一审中被告主体不适格，根据《民事诉讼法》第一百五十三条第一款第(三)项和《最高人民法院关于适用〈中华人民共和国民事诉讼法〉若干问题的意见》第一百八十六条之规定，直接驳回张一祜的起诉。

我们认为，第二种观点更符合本案的实际情况。当然，根据《民事诉讼法》第一百八十六条第一款之规定，上级人民法院按照审判监督程序提审的，按照第二审程序审理，所作出的判决、裁定是发生法律效力的判决、裁定。本案中发生法律效力的判决是由基层人民法院作出的一审判决，当事人向作出终审判决的法院的上一级人民法院申请再审，该院审查再审申请后，决定提审。因此，该中级人民法院应当依照二审程序进行再审。依据《民事诉讼法》第一百五十三条第一款第(三)项之规定，原判认定事实不清时，上级法院是有权直接改判的。既然已经查明案件的被告不适格,完全可以直接驳回张一祜的起诉。而第一种观点错在错误地理解了上级法院提审后适用二审程序审理再审案件的后果。从程序方面说,作出终审判决后上一级法院提审后虽然适用二审程序对案件进行审理,但该案并不是一般二审案件,上级法院面对的并不是尚未生效的一审判决,加之中级人民法院已经通过审理查清了相关事实,因此,完全可以直接处理,而不存在将案件发回重审的基础。从实体方面看,张一祜的诉讼请求是离婚,只要当事人有请求,子女抚养和财产分割就是离婚案件中必须与解除婚姻关系合并审理共同诉讼,在当事人经调解达不成一致意见的情况下,人民法院为当事人判决分割的是夫妻共同财产。而如果前提不是离婚而是解除同居关系后的财产分割和子女抚养纠纷,则人民法院处理这类财产分割时所适用的法律原则完全不同于分割夫妻共同财产所应当适用的原则。为了充分保护申请再审人何烨的合法权益,该中级人民法院直接驳回张一祜的起诉是正确的。

四、最高人民法院民一庭意见

人民法院审理离婚案件,应当着重审查当事人的身份和当事人之间是否具有合法的婚姻关系。对于已经发生法律效力的离婚判决,再审中发现一方当事人主体不适格或者当事人之间不具有合法的婚姻关系的,应当裁定撤销原判,驳回原告的起诉。

(执笔人:最高人民法院民一庭　韩　玫)

顾客放在超市自助储物柜中的物品丢失,超市应承担何种责任

最高人民法院民一庭

一、案情简介

张某前往某超市购物时,将随身携带的包存进超市入口处的自助储物柜中,购物结账后,取包时发现,自动存储柜已被打开,自动存储柜中已被调换成一黑色塑料袋,其包内的手机、现金与身份证、购物卡均丢失,损失合计人民币 9000 余元。张某遂向法院起诉,请求超市赔偿其经济损失。

二、法院裁判情况

一审法院认为,张某将随身携带的物品自助存储于储物柜中的行为与超市之间形成事实上的保管合同关系,超市没有尽到妥善的看管义务,应当赔偿张某的损失,故一审判决某超市赔偿张某 9000 元。超市不服,提起上诉称,其设立自助储物柜的行为是为了方便顾客,完全是无偿行为,其不应当赔偿张某的损失,而且张某应就包内的物品的损失承担举证责任。二审法院认为,超市对张某负有一定的安全保障义务,应当保障其在购物时人身与财产安全,违反此项义务,应当承担责任,其应当赔偿张某的损失。张某应当将手机等贵重物品随身携带,主观上也有一定过失,二审法院酌定超市赔偿张某 2000 元。

三、主要观点及理由

对本案的处理有三种不同的观点:第一种观点认为,双方形成事实上的保管关系,适用保管合同来处理此问题。第二种观点认为,超市违反的是合同的附随义务,因此应承担责任。第三种观点认为,《消费者权益保护法》第七条第一款明确规定:“消费者在购买、使用商品和接受服务时,享有人身、财产安全不受损害的权利。”超市的经营者应当采取合理合法的有效措施,来保障消费者寄存于储物柜中财物的安全,使消费者接受服务的同时,没有后顾之忧,不必担心自己的财物被窃。这是《消费者权益保护法》赋予消费者应享有的权利,超市经营者不得以告知、免责等方式损害消费者的这一权利。同时,《消费者权益保护法》第十八条规定了经营者保证商品和服务安全的义务,其第一款明确指出:“经营者应当

保证其提供的商品或服务符合保障人身、财产安全的要求。"这也意味着,经营者对其向消费者所提供的储物柜等寄放物品的场所,应采取必要、合理措施,如采取安排专人巡逻、值班等方式,保护消费者的财产安全。这也是和消费者所享有的安全保障权相对应的,是消费者的财产权利得以保障的依据。经营者不得以增加成本或开支为由,不履行此项义务。消费者的财物失窃,只要排除消费者与第三者联合恶意所为,其他无论何种原因和方式,凡是发生在超市内的,超市的经营者均应对此负相应责任。依照《侵权责任法》第三十七条第一款的规定,"宾馆、商场、银行、车站、娱乐场所等公共场所的管理人或者群众性活动的组织者,未尽到安全保障义务,造成他人损害的,应当承担侵权责任。"超市对于在其内购物的顾客,负有保障其人身安全与财产安全的安全保障义务,违反该项义务,应当承担相应的责任。

我们认为,超市是否对张某承担赔偿责任,以及以何种依据承担赔偿责任,应当从保管合同的特征与合同的附随义务的性质、安全保障义务的责任承担依据来进行分析。我们同意第三种观点,现对三种观点进行比较分析:

(一)保管合同说:超市对于张某承担责任的依据在于双方成立了事实上的保管合同。此种观点是否正确,应当从保管合同的定义与特征进行分析

根据《合同法》第三百六十五条的规定,保管合同是保管人保管寄存人交付的保管物,并返还该物的合同。寄存物品的一方当事人称寄存人,负责保管物品的一方当事人称保管人。保管合同的特征主要体现为以下几个方面:

1. 保管合同一般是要物合同

一般情形下,保管合同仅仅有寄托人与受寄人之间的合意尚不能成立,还必须有寄托人交付保管物,始得以成立。就此,罗马法亦以寄托为要物契约。德国民法、法国民法、日本民法均规定为要物契约。但是,瑞士民法作了不同的规定,认为保管合同为诺成合同。我国民法则是规定在一般情况下为要物合同,同时规定当事人得以另有约定。

2. 保管可以是为无偿合同,也可以是有偿合同

寄托人与受寄人对保管费没有约定时,保管为无偿合同。有约定,从约定,即为有偿合同。在此必须区分保管费与保管的必要费用。如果寄托人仅支付保管的必要费用,仍不能认为是有偿合同。例如,法国民法规定寄托人对受寄人为保管寄托物所支出的费用负偿还义务。但是,法国民法认为寄托在本质上是一种无偿契约。因此,保管费是受寄人保管义务对价意义上的报酬。否则,则为无偿合同。

3. 保管合同原则上为不要式合同、双务合同

一般情形下,保管合同仅以寄托人交付保管物为成立要件,并不要求当事人必须采用特定形式,所以,保管合同是不要式合同。双务合同和单务合同的区别标准不在于是否有偿。在保管合同,即使在无偿合同的场合,寄托人也有着偿还保管必要费用的义务。所以,原则上保管合同是双务合同。

4. 保管合同以物品的保管为目的

保管合同的直接目的是由受寄人保管物品,而不是受寄人取得保管物的所有权或者处分权为目的。所以,保管的合同标的是受寄人的保管行为,保管人的主要义务是保管寄托人交付其保管的物品。保管的这一个法律特征,使得其与借用、租赁、承揽等相区别。

5. 保管合同转移的是保管物的占有权

依照保管合同,保管人应直接控制、占有保管物。但这种控制、占有只是对物的保存行为,而不是管理行为。寄存人交付保管物品后,转移的只是物品的临时占有权,而不是物品的使用权,更不是所有权。保管期限届满,保管人应将保管的物品返还寄存人。因此,保管人不经寄存人允许或依照有关规定,不得对保管物行使处分和收益的权利。

从上述保管合同的概念与特征分析,将超市代张某保管物品的行为认定为事实上的保管关系并不妥当。

1. 从主观方面看,张某与超市并没有订立保管合同的意思表示。合同的根本目的是超市为张某提供购物服务,而不是保管物品。张某将随身携带的包放于储物柜的行为,虽然有让超市代为看管的意思表示,但考察双方意思表示的主要目的是进行购物。

2. 从客观方面看,双方并未发生交付行为,张某仅将物品放于超市储物柜,但并没有就该物品与超市作出交接。

而且,超市作为保管人,在实际履行过程中,未能充分享有保管人的权利,包括对保管物的知情权,接受保管物的交付等。故将张某于自助储物柜储物的行为认定为双方之间成立事实上的保管合同关系,并不妥当。

(二)附随义务说:本案属于财产损害赔偿纠纷,确定责任承担的依据是超市与张某之间的购物服务合同而引发的合同附随义务。此种观点是否正确,同样需对合同附随义务理论加以考察

在传统的民法理论上,合同当事人的义务以法律明确规定或者当事人的约定,否则对合同没有约束力。随着社会经济的发展,经济往来的增多,交易形式更趋于复杂化,导致合同法的发展中产生了一项新的制度——附随义务。这也反映了伴随着现代交易的迅速发展,合同义务已由过去的单一变为多样、简单变为复杂。正如有学者指出的,“契约可以产生各种不同的义务。如买卖合同产生的主义务,一方交付物品、对方付款。但同时,还伴随着大量补充性义务,涉及运输、包装等,这些义务源于合同,且许多情况下要靠推定的方法来确定。”这些补充性的义务,学者们称之为附随义务。附随义务之概念,源于德国的民法判例学说。德国学者在诸多关于附随义务之判例基础上,经抽象、概括,提出了附随义务。我国内地学者将附随义务分别定义为“法律没有明文规定,当事人之间也无明确约定,但为维护对方当事人的利益,并依社会的一般交易观念,当事人应当负担的义务”和“在合同履行过程中,为辅助实现债权人之给付利益或周全保护债权人之人身或其财产利益,债务人遵循诚实信用原则,根据合同的性质、目的和交易习惯而履行的通知、协助、保密、保护等给付义务以外之义务”。也有学者认为附随义务是指在债的关系中,为保证债权的圆满实现,

或保护债权人人身或财产上的利益,基于诚实信用原则,债务人除给付义务外,尚应履行其他行为的义务。附随义务与给付义务相对应,它是不能独立诉请履行的义务,并且义务的内容往往具有不确定性的特点,并非自债的关系之始就已确定,需要根据债的关系的发展,依据其性质、目的和交易而逐步确定。附随义务的具体内容通常包括保护、告知、照顾、说明、保密等义务。综上,不同学者虽然以不同形式、从不同方面阐述了附随义务的概念,但是,其实质都反映了随着社会经济的发展,社会往来的增多,交易形式更趋于复杂化,合同关系也在发展,基于诚实信用原则,根据合同的性质、目的以及交易习惯而逐渐产生出相应的义务。而先前的立法规定和当事人的约定,都不可能详尽地规定当事人合同义务的全部内容,但是为了使交易目的实现,在合同没有明确约定的情况下,基于诚实信用原则,当事人对其应当负担的义务,不得借口合同没有约定而拒绝履行。这也反映出附随义务的主要作用是辅助合同中约定义务的履行和保护当事人的合法权益。而正是从这一角度讲,附随义务也是合同义务的一种,各方当事人必须认真履行,违反附随义务同样构成违约,有过错的一方应当承担损害赔偿责任。

附随义务的主要特性在于其具有不特定性。依传统债法理论,当事人应尽的义务以法定或合同约定为限,且在债的关系发生之时业已确定。若无法律规定或者合同约定,则该项义务对当事人不产生任何拘束力。一旦发生纠纷,法院也应以法律或合同为依据,确认当事人的权利义务。但附随义务与之不尽相同,它并非自始确定,而是随着债的关系发展,依具体情形要求当事人为或不为一定的行为,以维护对方利益。有学者指出,在把握附随义务不确定性时,应注意如下三点:(1)附随义务的不确定性,仅指附随义务在何时发生及其内容如何等方面,无法事先明确,并不是说始终不能确定。也就是说,如果依具体情况且根据诚实信用原则要求当事人应负有相应的附随义务,则该附随义务就随之确定,并具有法律约束力。(2)因附随义务存在于债之关系的各个阶段,其对当事人利益保护的范围非常宽泛,以至于在特定情况下,可能与侵权行为法上不得侵害他人利益的一般注意义务发生重合。譬如,合同终止后当事人对其涉及的商业秘密负有保密的附随义务,若违反此义务要承担赔偿责任。同时,商业秘密作为权利人的财产权益,权利人又对之享有绝对权,其他任何人均负有不得侵犯的义务。若有人违反该义务,权利人也可基于侵权请求赔偿。然而,这种重合不能作为否定附随义务存在的理由,对权利人来说,可自由选择对己最有利的途径去实现权利。事实上,权利的竞合和聚会在民法理论中亦并不鲜见。(3)因附随义务的内容不是法定或者当事人约定的,在某些情况下,法律将本属于附随义务的某些义务上升为法律明文规定,或者当事人在合同中明确约定,此时这些义务的性质即发生转变,不再属附随义务范畴。但法律规定或合同约定不能是抽象的,如只提有告知、照顾等义务,而应是具体明确的,如《合同法》第二百九十八条规定:“承运人应当向旅客及时告知有关不能正常运输的重要事由和安全运输应当注意的事项。”实质上告知义务已属法定义务。认定附随义务有一定难度,如何把握和认定附随义务是一个很重要的问题。

附随义务是附随于主合同义务之上,如果主合同义务不存在,即“皮之不存,毛将焉附”。对于在超市的人来说,有的购物了,无疑与超市存在买卖关系,将其解释为附随义务勉强说得过去,但对于并没有购物的人来说,与超市之间并无买卖合同关系,其主合同义务都不存在,也就谈不上什么附随义务。

附随义务通常产生于特定的交易关系,它与交易关系是不可分割的,必须以交易关系作为前提。例如,在买卖中出售人提供产品说明书、告知产品的使用方法等等。这些义务本质上都是从交易中产生的诚信义务,违反这种义务都应当归入到违约的范畴。笔者认为,对于负有保护一方当事人人身和财产上利益附随义务的,一般不能强行要求一方对于对方绝对权利的侵害也承担合同责任,即使一些特殊的强势主体基于社会本位应承担更多的保护义务也不能绝对化,超过必要的限度。

另外,理论上也认为,不宜对一些与合同目的实质性关联程度较弱的协助行为轻易认定为附随义务,并要求履行不当者承担责任。除了以保护交易一方人身和财产权利为目的的附随义务常常存在许多边缘案例,对于以辅助主给付义务实现为目的的附随义务,也常常有是否存在附随义务之争。笔者认为,对于与合同目的无实质关联的合同协助行为,应不得上升为合同附随义务。① 对于在超市存包购物的人来说,固然与超市之间存在比较紧密的关系,但实践中也有相当一部分人仅仅是随便逛逛,甚至还有一部分人连逛都没逛,仅仅是图省事和超市的免费存包服务,而把包寄存在这里,去其他地方办事,此种情形下,其与超市并不存在紧密的联系。从上述标准分析,将超市保管物品的义务认定为附随义务并不妥当。

(三)安全保障义务说

安全保障义务最初来源于德国法中的一般安全注意义务理论。德国普通法时期,民法学说就认可有先行为义务存在时,应对不作为造成的损害提供救济。该词最初产生于道路交通安全领域,后通过理论的扩展及判例的支持,逐渐抽象出一般安全注意义务的概念,即行为人因特定的先危险行为,对一般人负有的防止危险发生的义务,如果先危险行为人应作为而不作为,导致损害的发生,则应承担相应的责任。② 现在一般安全注意义务已经扩展到一切私法交易范畴甚至是整个社会生活的安全,因此,在交通、宾馆、商场、银行、车站、娱乐场所、旅游等公共场所或群众性活动等领域,安全保障义务都能找到适用的空间和施展的舞台。

1. 安全保障义务设置的理论基础

安全保障义务的设置,考虑了调整民事及商业等私法活动与秩序的经济价值、社会价值、道德追求等各方面的诉求,是一个综合考量的架构与结果。具体而言,其理论基础如下:

(1)危险控制理论

相对顾客而言,超市经营者对于其经营场所具有无可比拟的控制力。其最可能预见可能发生的危险和损害,并且最有可能采取必要的措施防止或减轻损害的发生。基于上述原

① 刘力:《附随义务三题——以审判实践为中心兼对理论之探讨》,载《法学》2005 年第 11 期,第 71 页。

② 王利明:《民法典·侵权责任法研究》,人民法院出版社 2003 年版,第 90~91 页。

因,超市经营者理应承担经营活动中的安全保障义务,这种义务通常来源于他对危险源的控制能力。法律也不可能要求社会上的每个人时时刻刻都十分小心谨慎,以免自己遭到不测。这样,必然导致人人自危,提心吊胆,怨声载道。那是一个没有丝毫人文关怀的社会。

(2)信赖理论

顾客之所以选择到超市购物,一个很重要的原因就是其有合理的理由相信超市经营者凭借其经验、知识、职业要求能发现潜在的危险,并采取措施避免和制止危险从而达到使自己享受购物服务。这种基于双方的合同及一系列宣传所形成的信任关系是超市经营者承担安全保障义务的又一理由。

(3)收益与风险相一致理论

超市从事经营活动,并以之作为收益来源,理应从收益中支付安全成本,安全成本的大小其实也是一种与其收益相一致的风险。具体而言,安全成本的支付方式,可分为积极支付和消极支付。积极支付是超市经营者以性能可靠的安全设备和周到严密的管理服务,主动保障顾客的人身、财产安全。消极支付就是超市经营者在未尽到安全保障义务的情况下,对顾客的人身、财产损害予以赔偿所支付的费用。积极支付与消极支付呈反比关系,积极支付多则消极支付少,反之亦然。对从危险源中获取经济利益者课以相应的安全保障义务,符合收益与风险相一致理论。

(4)经济分析和比较理论

从社会经济学的角度分析比较,将超市经营者作为安全保障义务人,避免和减轻该危险损害发生的成本是最低的,对于节约社会总成本而言,其应承担必要和适当的安全保障义务。

(5)诚实信用原则引导下的公平分配正义理论

安全保障义务最初来源于德国法中的一般安全注意义务论,而一般安全注意义务论是在诚实信用原则之下基于公平分配正义的需要发展起来的,所以民法上的帝王条款——诚实信用原则亦是安全保障义务的终极来源。诚实信用原则要求正义的分配不仅要追求形式上的平等,更要追求实质上的平等。但由于诚实信用原则过于抽象,有必要加以具体化,以便操作;同时诚实信用作为民法的最高准则,主要起到补缺的作用,在有具体详细的规范时,不必引用这一原则,故对相对而言处于优势地位的超市经营者,适当加重其责任亦合乎实质平等的民法理念。

综上,从安全保障义务理论来解决超市承担责任的依据更为妥当。合同法并不能从根本上解决安全保障义务的问题。首先,合同附随义务说很难解决那些与安全保障义务人没有合同关系的受害人的损害赔偿问题,我们不能因他们与安全保障义务人没有合同关系就简单、机械地将这些人排除在安全保障的范围之外。对此问题,王泽鉴先生亦有论述:"经营旅馆饭店,开启来往交通,引起正当信赖,对于进出旅馆,利用其设施之人,包括住宿客人的访客,进入旅馆准备订约者及其他之人,应注意防范危险的发生,如清除楼梯的油渍,维护电梯的安全,照明通往停车场的通道,尤其是于火灾、地震或其他事故时的通知协助。此项防范危险义务,并应及于住宿旅客的来访妻儿、亲友等。不能认为KTV失火时,仅须通知与其有契约关系的客人,而不必告知其他宾客;医院失火时,仅须通知与医院有契约关系的病人,而不必告知陪伴的妻儿;百货公司失火时,仅须通知与其订有契约的顾客,而不必通知其他逛百货公司之人。"①其次,附随义务一般要与主给付义务相连接,若根本就不存在什么主给付义务,附随义务往往便具有不确定性。再者,相比财产损害而言,违约责任对人身尤其是精神损害保护(这往往是遭受重大损害时受害人的重要诉求)存在弱点,不如侵权责任保护得力。同时,我们还应看到随着侵权行为法中过错责任的"严格化"适用已渐成趋势,对侵权人主观过错举证困难的问题不再那么尖锐,所以传统民法对违约责任较之侵权责任对受害人而言更为有利的主要理由在目前也不像之前那样明显了。因此,我们认为虽然不能完全否认安全保障义务游离于合同责任与侵权责任之间,但从其定位出发,弱化合同责任的普遍适用,将安全保障义务定位于法定义务或侵权责任(或者说以法定义务为一般,以约定义务为补充)较为适宜。当然,应当明确的是,安全保障义务对义务人而言是其应当承担的最基本的义务,是其应达到的最低要求。安全保障义务的性质以法定义务为原则,并不排除在特别情况下其具有约定义务的性质。这些特别情况包括:(1)法律没有规定相应的安全保障义务,而当事人之间的合同对此进行约定;(2)当事人之间约定的安全保障义务高于法律规定的要求;(3)经营者单方承诺的安全保障义务高于法律规定的要求,相对人默示方式接受这种承诺。在上述三种情况下,当事人之间的相关纠纷应当尊重当事人之间的约定意旨,可以按照其约定或者单方承诺处理。

2. 安全保障义务的归责原则

对于违反安全保障义务,首先可以确定的是应当适用过错原则而非无过错原则。安全保障义务的设定在一定程度上在于平衡利益和分配社会正义,在确认安全保障义务归责原则时应当清楚地认识并正确把握好这种平衡作用,在对受害人提供必要的保护同时,不能不考虑对安全保障义务人课以过重的无过错责任所带来的消极作用。正如王泽鉴先生所言:"在结果责任主义之下,若有损害即应赔偿,行为人动辄得咎,行为之际,瞻前顾后,畏缩不进,创造活动,甚受限制;反之,依过失责任原则,行为人若已尽相当注意,即可不必负责,有助于促进社会经济活动。"②

在过错责任前提下,对于安全保障义务人过错的举证责任应当由谁来承担的问题,理论界分歧较大。我们认为在这一问题上,仍然应当由受害人一方来承担过错的举证责任。首先,安全保障义务的设置本身就是为了保护受害人的权利而创设的,因此,由其对安全保障义务人的过错承担举证责任符合利益平衡的结论。否则,厚此薄彼,畸轻畸重,从而出现权利义务不对等,社会利益出现失衡。其次,实践中,受害人对安全保障义务人存在过错的举证并不像人们想象的那样困难,很多时候,损害事实本身就可以证明该"过错"的存在,比如"商场自动扶梯漏电致人损害案"等。同时,审判实践中对安全保障义务的过错举证往往达到一定的客观认同度就可以了,一般不像普通加害侵权要求的那么严格。目前来看,我

① 王泽鉴:《侵权行为法》,中国政法大学出版社 2001 年版,第 95 页。

② 王泽鉴:《侵权行为法》,中国政法大学出版社 2001 年版,第 14 页。

们并未发现对安全保障义务过错实行过错推定责任的必要性有多高。再次,根据法理要求,实行无过错责任、过错推定责任等严格责任,一般有待于制定法的明确,否则不能任意适用。

超市的注意标准问题直接决定了责任的认定问题。对于债务人所应尽的注意,传统民法理论根据程度的不同确立了三种不同的注意标准:一为普通人的注意,欠缺普通人的注意即为重大过失。二为与处理自己事务为同一的注意,违反此种注意义务,即为具体轻过失,也称主观的轻过失。三为善良管理人的注意,违反此种义务即为抽象的轻过失,也称客观的轻过失。就购物合同中超市因购物产生的保管职责而言,如果最终要承担比保管合同更重的责任或者同等责任,在很多情况下是有失公平的。因此,应当以安全保障义务的违反来作为超市承担赔偿责任的依据。

四、最高人民法院民一庭倾向性意见

依照《侵权责任法》第三十七条第一款的规定,"宾馆、商场、银行、车站、娱乐场所等公共场所的管理人或者群众性活动的组织者,未尽到安全保障义务,造成他人损害的,应当承担侵权责任。"超市未尽到安全保障义务,对顾客放在超市自助储物柜中物品丢失造成的损失应当承担赔偿责任。

(执笔人:最高人民法院民一庭　王毓莹)

发包人明知或故意追求借用他人资质所签订的合同的效力和发包人欠付工程款的利息性质及其处理

最高人民法院民一庭

一、案情简介

甲公司为从事房地产开发经营的企业。乙公司是具有合法建筑施工资质的企业。张某自行组织工程管理人员承揽施工工程并组织施工,无合法的施工资质。

涉案工程属甲公司开发建设,该公司取得了合法的开发和建设手续。甲公司与张某和乙公司达成一致,由张某通过挂靠乙公司资质的方式承担涉案工程的建设。2004 年 4 月,该工程项目经工程招投标,乙公司中标。同年 9 月 14 日,甲公司与乙公司签订了《建设工程施工合同》并在建设主管部门备案。双方合同就涉案工程的建设、价款、施工期限、违约责任、付款方式及进度等事项作出了约定。2004 年 9 月 20 日,乙公司与张某签订了《承包合作协议》。双方约定主要内容为:张某承包涉案工程,本工程由张某(张某)自负盈亏,对工程全面承包独立经营,乙公司不承担任何因张某原因造成的经济责任及债权债务,经营利润由张某自行支配;因张某无法人资质,如遇与本工程有关的法律纠纷,均由张某负责承担;张某(乙公司第 18 项目部)设立专用账户并刻项目部、财务章;乙公司委托张某以乙公司第 18 项目经理部的名义全面负责本工程的经营与管理。双方还对各自责任、工程质量、财务管理等事项作了约定。2004 年 11 月 8 日,张某以乙公司 18 项目部负责人名义向甲公司出具《承诺书》。承诺并保证遵守如下主要内容:项目部按照乙公司 2004 年 9 月 9 日对建设单位的函组建并承接建筑面积 99988 平方米的公寓写字楼工程。工程价款暂定为 8000 万元,并承诺了其他内容。

根据上述合同及承诺文件,张某设立了乙公司第 18 项目经理部(以下简称项目部)并实际负责该项目部的工作,以乙公司项目部名义组织施工人员和工程管理人员于 2004 年 10 月进场施工。2005 年 9 月,建设主管部门进行安全检查时,发现项目部的施工存在安全隐患进行批评并要求整改。2006 年 1 月,甲公司起诉至法院,以乙公司施工中存在严重安全隐患,被建设主管部门查处并被媒体公布,乙公司的行为违反了施工合同及承诺书构成违约,符合解除合同的约定条件等为由,请求法院判决解除双方签订的施工合同;返还施工现场。人民法院判决确认乙公司施工中确实存在安全隐患及质量不合格情况,甲公司有权行使合同解除权,确认甲公司解除双方施工合同的效力,并判决确认双方已将工程现状返还(已执行)。

张某向人民法院起诉甲公司,请求支付拖欠的工程款及其利息,并提出了其他诉讼请求。

二、法院裁判情况

一审法院经审理认为,承包建设工程应当依法进行,法律禁止建筑施工企业以任何形式允许其他单位或个人使用本企业的资质证书、营业执照、以本企业的名义承揽工程。根据本案的争议,一审法院认为:甲公司与乙公司就本案工程经过招投标,双方签订了《建设工程施工合同》,双方的施工合同体现双方真实意思且经过备案,是合法有效的,依法应作为施工和工程款结算的依据。关于张某及项目部与乙公司签订的《承包合作协议》,是乙公司将承建工程交给没有施工资质的张某,由张某对工程全面承包独立经营并以乙公司名义使用该公司资质对外施工,乙公司背离与建设方的合同,不履行施工义务,只收取管理费并代收税费。其行为违反了国家建筑法关于禁止建筑施工企业以任何形式允许其他单位或个人使用本企业的资质证书、营业执照、以本企业的名义承揽工程的强制性法律规定。上述《承包合作协议》、承诺书虽属张某当时的真实意思,但应依法认定无效,不能作为工程款结算的依据。张某与甲公司之间虽未建立合法的合同关系,但张某负责的项目部实际为甲公司履行了承包人的施工义务并进行了部分垫资,为甲公司完成了基础工程和部分结构工程,甲公司从中直接受益,双方间事实上形成了权利义务关系,同时亦形成了特殊的结算关系。故根据权利义务相一致的原则,张某为代表的实际施工人有权向甲公司主张权利,甲公司应将工程款支付给实际施工人的代表张某,对此予以确认和支持。根据最高人民法院有关司法解释,实际施工人向发包人主张权利的,发包方在欠付工程价款范围内承担责任,故甲公司应当根据工程造价的鉴定结论,扣除已经支付的工程款,对剩余应付的工程款承担给付责任。乙公司应对此承担给付的连带责任。关于张某提出欠付款利息问题,如前所述,由于张某所签合同当属无效,且施工中存在严重问题被令退场,因此导致工程被令停工、清场产生的损失等,应属无效合同的损失。考虑到张某自身的过错和责任,同时考虑甲公司与乙公司各自的责任以及张某等施工人员停工后损失实际存在的具体情况,根据公平的原则,对该损失以甲公司全额支付欠款利息的方式对张某等施工人予以适当补偿,乙公司对此承担连带责任,所支付的利息自张某起诉主张权利时起算。

三、本案的争议焦点

张某上诉请求,欠付工程款的利息的支付时间应当自涉案工程交付给甲公司之日即2006年1月24日起至实际给付之日。甲公司上诉认为,一审法院判决由甲公司以全额支付欠款利息的方式对张某等施工人予以适当补偿显属不当,应予纠正。本案的二审的争议焦点之一是,甲公司与乙公司签订的合同是否有效?甲公司欠付工程款的利息应当如何定性?应当如何计算?

四、主要观点及理由

一种观点认为,乙公司在签署合同后,又与无资质的实际施工人张某签订《承包合作协议》,由张某对工程全面承包独立经营并以乙公司名义使用该公司资质对外施工,乙公司不履行施工义务,只收取管理费并代收税费,从而构成没有资质的实际施工人借用有资质的建筑施工企业名义的行为。根据《最高人民法院关于审理建设工程施工合同纠纷案件适用法律问题的解释》(以下简称法释[2004]14 号)第一条之规定,该《承包合作协议》以及张某向甲公司出具的《承诺书》应当认定为无效。合同无效后,甲公司欠付工程款的利息应当作为合同无效所造成的损失,依据《合同法》第五十八条的规定,根据双方当事人的过错分担,一审法院据此判令甲公司全额支付欠款利息的方式对张某予以适当补偿,乙公司承担连带责任,利息从张某起诉主张权利时计算,并无不当。

第二种观点认为,乙公司在签署合同后,又与无资质的实际施工人张某签订《承包合作协议》,由张某对工程全面承包独立经营并以乙公司名义使用该公司资质对外施工,乙公司不履行施工义务,只收取管理费并代收税费,从而构成没有资质的实际施工人借用有资质的建筑施工企业名义的行为。因此,不仅张某与乙公司签订的《承包合作协议》无效,而且乙公司与甲公司签订的《建设工程施工合同》也应当无效。由此,本案中甲公司欠付工程款的利息不应当作为合同无效后的损失计算,而应当作为不当得利予以返还,且计算期间应自涉案工程交付甲公司之日起算。

我们倾向于第二种观点,分述如下:

(一)发包人明知或故意追求借用资质的情形,发包人与承包人、承包人与实际施工人签订的合同都应归于无效

我们认为,借用他人资质进行建设工程施工的情形,在实践中主要分为两类,一类是发包人与有资质的承包人签订合同后,承包人为逃避合同义务,与无资质的实际施工人签订施工合同,坐收渔利。但发包人在签订合同之时并不知道或者嗣后才知道。第二类是发包人在与有资质的承包人签订合同之时,其目的就在于让无资质的施工人实际履行合同,且发包人与承包人、无资质的施工人就借用资质达成合意,从而既达到规避国家法律法规关于资质问题的规定,又能够实现各自的经济利益的目的。

对上述第二种借用资质的情形,发包人与承包人、承包人与借用他人资质的实际施工人之间签订的合同都应归于无效。主要理由如下:

借用他人资质进行建设工程施工的情形,在实践中绝大多数是由实际施工人与有资质的建筑施工企业通过签订协议确立双方的权利义务,再以有资质的建筑施工企业的名义与发包人签订建设工程施工合同的方式实现。法释[2004]14 号第一条第一款第二项关于没有资质的实际施工人借用有资质的建筑施工企业名义签订的建设工程施工合同无效的规定、第二十六条关于实际施工人在欠付工程款范围内有权向发包人请求的规定,虽然在表述上没有明确在借用资质情形下上述两份合同的效力都应当无效,但是,仍应认定两份合同都应当无效。其理由在于:

1. 从规范目的上看,之所以认定借用资质下的施工合同无效,主要的理由在于借用资质情形下签订的建设工程施工合同,规避了行政管理机关对建筑施工企业资质条件的管理,扰乱了建筑市场正常秩序,严重影响了建设工程的质量。简而言之,《建筑法》等法律关于建筑施工企业的施工资质的强制性规定导致合同无效的主要理由在于资质要求对于保障建设工程的质量具有重要意义,亦即,在法律评价上,保障建筑工程质量的利益应当高于合同自由的利益。①

因此,如果被借用资质的施工企业分别与发包人和实际施工人签订合同的,且被借用资质的施工企业与发包人签订合同之时,发包人对此情况是明知甚至是故意追求的,仅仅确认发包人与实际施工人签订的合同无效,一方面,对建筑企业资质条件的管理要求仍然被规避,另一方面,欲通过资质管理的手段保障建设工程质量的立法目的也将难以实现。《最高人民法院关于审理建设工程施工合同纠纷案件适用法律问题的解释》第一条关于借用资质所签订的建设工程施工合同无效的规定在实践中几乎无适用的余地。

2. 在发包人对借用资质的情况是明知或故意追求的情况下,发包人、承包人和借用资质的实际施工人在主观上构成恶意串通,在客观上规避了国家关于资质的强制性规定,且形成了侵害国家利益的效果。因此,也应当归于无效。

3. 借用资质场合,在发包人签订合同时明知或就是以实际施工人借用资质的方式履行该合同为目的的情况下,仅使被借用资质企业与实际施工人签订的合同无效,会出现这样一个逻辑上的矛盾:一方面,被借用资质企业与发包人签订的合同有效,但发包人并非该合同权利义务承担者,发包人在整个施工合同中并未实际履行义务;另一方面,实际履行合同义务的实际施工人对于发包人并无合同上的权利。在工程款的结算问题上,逻辑上的结论就是先由被借用资质企业与发包人根据合同约定进行结算,再根据无效合同的处理规则对实际施工人的工程款进行结算。如此一来,将使《最高人民法院关于审理建设工程施工合同纠纷案件适用法律问题的解释》第二条、第三条与第一条的关系被割裂。因为根据第一条的规定,借用资质签订的合同无效,而根据第二条和第三条的规定,在合同无效情形下,建设工程经竣工验收合格的,承包人有权请求参照合同约定支付工程价款;建设工程经竣工验收不合格的,则承担修复费用、丧失工程款请求权的后果等。这些规定就不能适用于被借用资质的企业一方。这显然与该司法解释的规范目的不相符合。

---

① 对《合同法》、《建筑法》等关于建设工程施工合同中的承包人资质的强制性规范是否影响合同效力,是一个涉及《合同法》第五十二条第五项的解释论问题。某个强制性规范是否影响合同效力,是否导致合同无效,首先应当考察强制性规范的立法目的、所保护的利益与合同自由之间的利益衡量;其次,要考察实现该强制性规范的立法目的,合同无效是否是一个必要的甚至是必需的手段,或者说要考虑合同无效这一私法上的制裁手段能否达到实现强制性规范所欲保护的利益之可能性与现实性;复次,还要考虑合同的履行情况,拉伦茨教授认为:"既然合同已经执行完毕,说明法律禁令并未能够有效地制止合同的行为。因此,这时只能考虑另外一个问题,即:坚持合同继续无效能否在其他方面促进立法目的的达成。"(参见拉伦茨:《德国民法通论(上)》,法律出版社 2000 年版,第 485 页)。当然,判断强制性规范与合同效力的关系,还涉及到其他许多问题。但是,从解释论的角度出发,在司法解释明确规定借用资质的建筑工程施工合同无效的背景下,似乎再解释的空间不大。反对观点认为,对于合同的履行,资质要求的目的并不意图否定它。资质要求实质上是对建筑安全的要求,这一要求对于合同的履行来说只是相当于程序性的或者外围的情势要求,因此与合同目的以及合同自由之间并不存在实质性的价值冲突。对司法解释规定的反对意见,参见耿林:《强制规范与合同效力——以合同法第 52 条第 5 项为中心》,中国民主法制出版社 2009 年版,第 228 ~ 229 页。

4. 从体系解释上看,法释[2004]14 号第二十五条、第二十六条分别规定,就工程质量争议,发包人有权起诉实际施工人;就工程价款问题,实际施工人有权在欠付工程款范围内直接请求发包人承担责任。这里的实际施工人,应当包括借用有资质的建筑企业名义情形下的实际施工人。因为,《合同法》中规定的"施工人"概括了建设工程施工合同的所有施工主体,包括总承包人、承包人、专业工程分包人、劳务作业的分包人。进一步还可以看出,《合同法》中的"施工人"是指有效建设工程合同主体,不应包括转包、违法分包合同的施工人,即"施工人"不应包括转承包人和违法分包的承包人。而这两条中的"实际施工人"与总承包人、分包人并列的,在概念的内涵上不应当与总承包人、分包人概念重复,而是指转包和违法分包的承包人。法释[2004]14 号第四条、第二十五条和第二十六条,均是指无效合同的承包人,如转承包人、违法分包合同的承包人、没有资质借用有资质的建筑施工企业的名义与他人签订建筑工程施工合同的承包。① 因此,对第二十六条的规定,有两种解释,一种解释是公共政策的考量,考虑到建筑行业大量的农民工就业的现实,为充分保护农民工合法权益,在此情形下,突破合同相对性原则,由与发包人无直接合同关系的实际施工人直接请求欠付工程款。此种解释虽然在公共政策上具有妥当性,但是在理论上面临的问题是,在何种情形下可以突破合同相对性原则?有无具体的标准?如果有,是什么?如果无,则维系债法体系的重要原则之一的合同相对性原则如何得以坚持?

因此,更为妥当的应当是将公共政策和民法理论融为一体不相扞格的第二种解释,即正是由于借用有资质企业的实际施工人与承包人签订的合同和承包人与发包人签订的合同都无效,实际施工人向发包人请求欠付工程款的请求权才具有正当性,其基础在于不当得利返还请求权。

(二)实际施工人不当得利请求权的构成

1. 实际施工人以其施工行为基于自己的意思增加了发包人的财产,具体体现为实际施工人投入的在建工程的材料、人力等。从审判实践来看,在绝大多数场合,发包人与实际施工人都是明知彼此的存在并且是有意而为的,即通过发包人与有资质企业签订合同以及有资质企业与实际施工人签订合同这一合同链条,达到发包人与无资质的实际施工人形成给付关系这一目的。因此,实际施工人的给付对象、给付目的是明确的。

2. 发包人因实际施工人的给付而受利益。在合同无效的前提下,发包人获得在建工程或已完工程的所有权无合同依据或法律依据,故受有利益。此种利益,在给付的表现形态上,是材料或劳务的给付;在物的表现形态上,则为在建工程或已完工程的所有权。由于此种给付难以返还或不能返还,因此应当偿还其价额。②

3. 关于不当得利返还关系在哪些当事人之间成立的问题,涉及借用资质情况下,是应当在实际施工人和有资质企业之间还是在实际施工人和发包人之间成立的问题。对此问题,学理上有"直接因果关系说"、"间接因果关系说"和"相当因果关系说"等解说。作为通

---

① 最高人民法院民事审判第一庭编著:《最高人民法院建设工程施工合同司法解释的理解与适用》,人民法院出版社 2004 年版,第 218 页。

② 台湾地区"民法典"第 181 条后半段:"但依其利益之性质或其他情形不能返还者,应偿还其价额。"

说的直接因果关系说强调一方受利益与他方受损乃是基于同一原因事实,从而使受损者不得对于间接获利的第三人请求返还其所受的利益。例如在给付连锁场合,即甲出售A车给乙,乙转售与丙,并依让与合意交付之。在甲与乙之间,乙与丙间之买卖契约不成立(无效或被撤销)的情形,甲不得向丙主张不当得利请求权,因甲已将A车所有权转移于乙,丙受利益(A车所有权),系来自乙的财产,与甲受损害并无直接因果关系。① 王泽鉴教授主张,在给付型不当得利关系中,以给付关系取代直接因果关系,以确定不当得利的当事人,从而维护当事人间的信赖关系、保持当事人间的抗辩以及仅承担给付相对人破产的风险。易言之,即由给付者,向受领给付者,请求返还无法律上之原因而受领的给付。在双重瑕疵场合,仍应就个别给付关系成立不当得利,即在甲、乙,乙、丙之间成立两个不当得利请求权。甲与丙之间并无给付关系,甲对丙无不当得利请求权。② 此种分析在德国民法、我国台湾地区“民法”区分物权行为和债权行为、强调物权行为无因性和独立性的法制之下,有其合理性。但是,在我国大陆地区法制背景下,上述案例的结论应当是,甲与乙、乙与丙之间的买卖合同不成立(无效或被撤销),所有权不发生变动,甲仍享有所有权,丙所受利益为物的占有而非物的所有权,乙在多数情况下也受有物之占有的利益(即使在由甲向丙直接交付即“缩短给付”的场合,也有概念上或逻辑上的瞬间),甲所受的损失是因其向乙的交付。因此,按直接因果关系说或给付关系说,丙向甲请求返还不当得利仍有障碍。③

但是,在借用资质的建设工程施工合同场合,其履行具有特殊性,即由实际施工人直接向发包人履行,从给付关系上看,给付人为实际施工人、受领给付人为发包人,而被借用资质企业则仅仅是此种给付关系名义上的中介。如果说在上述“给付连锁”、“缩短给付”等案例中,乙作为给付关系中的一环,尚具有概念上或逻辑上的意义的话,则在建设工程施工合同场合,实际施工人先向被借用资质企业给付、被借用资质企业再向发包人给付从而形成被借用资质企业在给付关系上法律上的瞬间的意义几趋于无、甚至自始就不存在。原因在于:(1)如前所述,绝大多数情形下,实际施工人、被借用资质企业和发包人在签订合同之初都明知各自的存在,且多数为故意为之。④ 实际施工人对给付对象和发包人对受领对象以及对待给付对象的认识都是明确的。⑤ (2)正是用于确定给付关系的原因关系即合同都归于无效,且基于上述事实判断,从根本利益考虑,此时受有利益的是发包人,⑥受有损害的为实际施工人。所以,从实质而非形式的层面看问题,不当得利应存在于发包人和实际施工

① 王泽鉴:《不当得利》,北京大学出版社2009年版,第36、37页。

② 王泽鉴:《不当得利》,北京大学出版社2009年版,第41、64、65页。笔者理解,王泽鉴教授这里的所谓“给付关系”,实际上是以给付的原因关系即债权行为所形成的法律关系为判断标准的。

③ 王泽鉴:《不当得利》,北京大学出版社2009年版,第66页。

④ 还有一部分情况是,实际施工人在有资质企业与发包人签订合同后才进入,但发包人明知且默认。

⑤ 实务上常以“实际施工人与发包人形成了事实上的权利义务关系”或“实际施工人与发包人已经全面实际履行了发包人与承包人之间的合同并形成了事实上的权利义务关系”等表述之。参见最高人民法院民事审判第一庭编著:《最高人民法院建设工程施工合同司法解释的理解与适用》,人民法院出版社2004年版,第223页。

⑥ 当然,被借用资质企业在多数情况下所获得的利益为“管理费”,或其分别与发包人和实际施工人约定的工程款之间的差额。此利益在数额上通常较小,同时也并非此类案件的争议焦点,且根据《最高人民法院关于审理建设工程施工合同纠纷案件适用法律问题的解释》第四条之规定,应予收缴。故,不宜将其评价为不当得利。事实上,在审判实践中,往往对该笔价款的归属不做评价和处理,类似于自然债务的处理方法。

人之间,所以,仍然将给付关系确定为实际施工人与被借用资质企业、被借用资质企业和发包人这一给付连锁的理由就不够坚强。(3)实际施工人与被借用资质企业、被借用资质企业与发包人之间的合同都归于无效,实际施工人向发包人行使不当得利请求权时,需要着重考虑双方当事人之间的抗辩问题。在给付连锁情形下,基于物权行为独立性和无因性理论,德国法、我国台湾地区法及其理论认为甲向乙请求返还的要么是乙向丙的不当得利请求权(该请求权的内容为物的所有权,即双重不当得利请求权说)、要么认为甲向乙请求返还的是给付标的物的价额(即价额说)。双重不当得利请求权说有利于甲要求返还物的所有权之利益,价额说有利于甲克服因乙或丙的抗辩或破产所带来的风险。[①] 诸观点的核心在于保持当事人之间的利益平衡和抗辩权。但是,上述问题在我国法制下,尤其是在建设工程施工合同中可作如下解释:实际施工人与被借用资质企业、被借用资质企业与发包人之间的合同都归于无效,实际施工人向发包人请求返还工程款的不当得利请求权与发包人请求修复费用的赔偿损失请求权、发包人要求交付工程资料的请求权,从合同的角度看,都是原合同义务的变形;从发生上的牵连性观察,都是因无效合同所导致的后果;从不当得利的角度审视,发包人获得的在建工程或已完工程之利益、实际施工人因施工所产生的施工资料,都可归属于不当得利的范围;从利益平衡的角度思考,不赋予双方相应范围内的同时履行抗辩权,难以维持当事人之间的利益平衡。同时,与典型的给付连锁不同,双重请求权说所欲保护的不当得利请求权人获得所有权的可能性在此种情形下无需考虑。即使依双重不当得利请求权说,一方面,如前所述,在我国此时的返还范围并非物的所有权而是物的占有;另一方面,在建设工程施工合同场合,被借用资质企业向实际施工人的返还范围与发包人向被借用资质企业的返还范围是一致的,即都是在建工程或已完工程的折价,即工程款,而不涉及到所有权问题。即使在发包人已向被借用资质企业支付部分工程款,而被借用资质企业未向实际施工人支付相应工程款的情况下,上述解释仍能成立,即,被借用资质企业和发包人分别在各自所欠工程款范围内负有向实际施工人返还不当得利的义务,且按照双重不当得利请求权说,发包人可以对实际施工人行使其对被借用资质企业的所有抗辩,尤其是合同无效所产生的各项法律后果之间的抗辩。

(三)不当得利的返还范围:欠付工程款及其利息

发包人与借用有资质企业名义的实际施工人形成不当得利关系,发包人应当返还不当得利,该不当得利体现为欠付的工程款及其利息。理由是:

1. 建设工程施工合同无效,实际施工人投入到建设工程中的材料,因已经物化为建设工程中,形成添附,材料的所有权消灭,因此无法返还。[②] 实际施工人投入到建设工程中的劳务,在性质上无法返还。民法理论认为,在此情形下,应偿还其价额,[③]在我国法制之下,

---

① 王泽鉴:《不当得利》,北京大学出版社 2009 年版,第 65、66 页。

② 《合同法》第五十八条规定的"返还财产",如果财产为有体物并且继续存在,合同无效时该有体物所有权复归于给付人,从权利的角度看,所谓"返还财产"为所有物返还请求权。如果该有体物被受领人消费或者变卖,或者给付本来就是劳务,那么,形成"不能返还",就"应当折价补偿",即不当得利的返还。参见崔建远:《关于恢复原状返还财产的辨析》,载《当代法学》2005 年第 1 期。

③ 台湾地区"民法典"第 181 条第 2 项、德国民法典第 818 条第 2 项。

由于立法上未承认物权行为制度,因此对利益的把握宜更为宽泛,不当得利中的"利益",既可以表现为"差额"的利益形态(给付不当得利中时有发生),还可以表现为定量化的价值(添附造成的不当得利类型的利益形态)。[①] 至于价额的计算方法,在获得劳务场合,应偿还的价额为取得该项劳务的相当报酬,在消费他人之物场合,应偿还该物的市价。[②] 在建设工程施工合同领域,发包人所获得利益是实际施工人投入的材料、劳务、租赁设备的使用等一系列具体利益形态的综合体,最终表现为一定的"价额",即相应的工程款。

2. 将相应的工程款作为不当得利的返还范围,符合价额计算的客观说,即返还不当得利的价额应以客观交易价值确定。[③] 而客观交易价值的确定,首先的标准为当事人在签订合同时约定的工程款。这既是充分市场竞争环境下客观价值确定的最有力证据,也不会因诉讼时间的经过而导致在建工程或已完工程增值导致发包人返还义务扩大,造成当事人利益失衡。

3. 从现行司法解释看,以相应的工程款或欠付的工程款作为发包人的不当得利的返还范围,符合法释[2004]14号第二条关于合同无效但建设工程经竣工验收合格,可以参照合同约定支付工程价款的规定。

4. (1)发包人欠付工程款的利息,与自始获得的利益即为价金的情形不同,发包人获得的利益形态为在建工程或已完工程,该已完工程的价额体现为工程款,因此,不能认为相应工程款的利息是发包人所受利益(原物)的法定孳息。但是,要看到,我国不当得利的返还并非以原物返还为原则,或者说,原物返还(所有权返还)主要是物权请求权的功能,而非不当得利返还的任务。[④] 所以,如前所述,对于利益的形态应当从宽把握,无需像德国法、台湾地区法制下那样,过多考虑所有权的返还问题。(2)发包人所负的原合同义务与合同无效后的不当得利返还义务在实质上和形态上是相同的,都是为获得建设工程支付的对价,都是一定数额的金钱。不同的只是发包人支付工程款的依据不同,在合同有效场合,其支付工程款的依据为合同,在合同无效场合,其支付工程款的依据为不当得利。不宜因法律的形式逻辑不同而实质性地影响当事人的权利义务。(3)民法理论及比较法认为,在恶意受益人场合,受领人应当所受领之利益及其利息一并返还。[⑤] 日本通说认为所受利益虽非金钱,亦应折算金钱,附加利息。[⑥] 反对观点认为,将一切非金钱的利益折算金钱再附加利息,实际上颇有困难,例如物之占有、土地之登记、抵押权位序等利益,无法折算,且受损人可以通过请求损害赔偿维护自身利益,无需通过附加利息方式实现。[⑦] 但是,在建设工程施工合同场合,由在建工程或已完工程转化为相应工程款并不存在障碍。同时,建设工程的工程款往往数额巨大,对于发包人而言,无需支付相应的资金成本,是一种实实在在乃至于非常巨大的利益,如果不属于不当得利的返还范围,对于明知合同无效原因的发包人而言,显然

① 崔建远:《关于恢复原状返还财产的辨析》,载《当代法学》2005年第1期。

② 王泽鉴:《不当得利》,北京大学出版社2009年版,第169页。

③ 王泽鉴:《不当得利》,北京大学出版社2009年版,第169页。

④ 崔建远:《无权处分辩——合同法第51条的理解与适用》,载《法学研究》2003年第1期。

⑤ 台湾地区"民法典"第182条第2项;法国民法典第1378条等。

⑥ 王泽鉴:《不当得利》,北京大学出版社2009年版,第189页。

⑦ 王泽鉴:《不当得利》,北京大学出版社2009年版,第190页。

过于优待,不符合对恶意受益人的评价规则。况且,在不少情形下,实际施工人为垫付工程款付出的资金成本远远高于发包人支付的资金利息。

5. 关于利息的计算时间,有学者在讨论合同无效与诉讼时效时提出如下观点:合同未被法院等确认为无效时,在实务中当事人往往遵守"合同",继续履行"合同"义务,而不出现返还不当得利的现象;只有合同被确认为无效后,才发生不当得利返还的问题,并且返还的时间时常由判决或裁决确定,因此,应按如此确定的返还时间作为诉讼时效期间起算的时间点,此其一。其二,有些场合,当事人一方乃至双方确实不知道合同存在着无效的原因,自然也就不知道不当得利返还义务的产生,给付的当事人不知道也不应当知道其债权受到侵害。于此场合,诉讼时效期间起算的事由不出现,自然谈不上时效期间起算问题。其三,在有的情况下,给付的当事人即使马上知道合同存有无效原因,但他仍然愿意履行,表示将来也不主张不当得利返还请求权,自然也就无诉讼时效期间的起算问题。只有合同被确认为无效,不当得利返还请求权实际成立,诉讼时效期间起算的事由出现,并且日期清晰明了,时效期间自该日期的次日起算,才妥当合理。①

上述论述虽然主要是针对合同无效后不当得利返还请求权诉讼时效的起算时间问题,但"只有合同被确认为无效、不当得利返还请求权实际成立"的判断标准不应适用于利息的计算时点,亦即欠付工程款的利息不应从合同被确认无效时计算。② 理由在于:(1)请求权在法律上能成立与该请求权实际得到判决或裁决的支持是两个层面的不同问题,前者是法律上的构成要件得到满足的应然层面问题,后者是通过诉讼或仲裁程序得到法院或仲裁机构的实务操作问题。换言之,无论当事人是否通过具体的程序得到判决或裁决,都不影响对前者问题的判断。(2)在当事人请求承担违约责任、侵权责任等场合,判决或裁决生效之前,对当事人而言,都不能确定相应请求权能否成立,但这并不妨碍法院或仲裁机构认定义务人从相应的实体权利成立之日起承担责任的判断。(3)"合同未被法院等确认为无效时,在实务中当事人往往遵守'合同',继续履行'合同'义务,而不出现返还不当得利的现象;只有合同被确认为无效后,才发生不当得利返还的问题……"的观点值得进一步思考。当事人在实务中仍然履行无效的"合同",与其在法律上的其他请求权能否成立无关。具体到不当得利场合,继续履行"合同",只是在不当得利的成立时间和范围上发生变化,但与该不当得利返还请求权的成立与否并无关联。(4)"当事人一方乃至双方确实不知道合同存在着无效的原因"的事实对于诉讼时效期间起算的判断确有意义,但对于不当得利返还请求权的成立则无影响,尽管会影响到不当得利返还的返还范围。(5)将不当得利返还请求权的实际成立系于合同被判决或裁决确认之时,不符合我国民法理论关于合同绝对无效情形下应自始无效的通说。正是由于合同自始无效,在立法论上建议法律应另外规定请求确认合同无效期间的建议才具有合理性,也值得赞同。③ (6)在现行法未明确规定请求确认合同无效期间的情况下,认为确认合同无效的请求权适用诉讼时效的观点不宜赞同,主要原因为合同无效体现着对私法自治的国家管制,法院需依职权认定。如适用诉讼时效,国家对私

① 崔建远:《合同法总论(上卷)》,中国人民大学出版社 2008 年版,第 378 页。

② 必须说明的是,崔建远教授并未主张欠付工程款的利息应从合同被确认为无效时开始计算。

③ 崔建远:《合同法总论(上卷)》,中国人民大学出版社 2008 年版,第 374 页。

法自治的国家管制就会落空,会出现合同虽然无效但又无人能够请求确认无效的局面,法律评价上呈现出矛盾状态。在此前提下,如仍认为不当得利返还请求权从判决或裁决认定无效之日起成立,显然会使不当得利请求权的诉讼时效更为延长,更不利于保持现有秩序的稳定。[①] (7)将不当得利请求权的成立时间确定为法院认定合同无效之时,不符合民法理论关于不当得利请求权成立时点为给付完成之日的判断标准。

因此,妥当的结论仍应是,合同无效情形下的不当得利返还请求权,在受领人受领给付后,受领人即受有利益、给付人受有损失且无合法根据,不当得利产生。具体到因借用有资质企业名义而导致建设工程施工合同无效的情形,该无效属自始无效,实际施工人所为的给付以及发包人受领的给付自始即无合法根据。严格地讲,实际施工人所为的每一次个别的给付(建筑材料的每一次个别添附、劳务的每一次个别付出)在其发生的当时即成立不当得利返还义务。但是,这种单独计算既无必要,也不可能。比较合理的方法应是于在建工程或已完工程交付给发包人时,不当得利的构成要件满足,实际施工人的不当得利返还请求权成立。相应地,欠付工程款的利息也应从此时计算。

五、最高人民法院民一庭倾向性意见

建设工程施工合同中,借用他人资质签订的合同,如果发包人在签订合同时是明知的或故意追求的,则借用有资质企业的实际施工人与承包人签订的合同和承包人与发包人签订的合同都应认定无效。实际施工人向发包人请求欠付工程款基础为不当得利返还请求权,其返还范围包括欠付的工程款及其利息,利息应从在建工程或已完工程交付给发包人时计算。

(执笔人:最高人民法院民一庭　姜　强)

① 这里可能恰恰说明,合同无效后的请求权的诉讼时效的计算与不当得利请求权的计算应当区别开来,换言之,两者应适用不同的标准。

建设工程施工合同无效,但建设工程经竣工验收合格,承包人是否有权选择要求发包人参照合同约定结算或者据实结算支付工程价款

最高人民法院民一庭

一、案情简介

2008年1月12日,红山公司与清远公司签订了《建设工程施工合同》,约定清远公司承包红山公司"红山佳苑"一标段商品房住宅工程(包含1号楼—7号楼、9号楼、10号楼及9号楼地下室),合同总价款暂定6000万元;结算方式为可调价格合同方式。合同签订后,红山公司于2008年2月1日将该工程委托丙公司进行邀请招标,并于同日将施工招标文件报某市建设工程招标投标办公室进行了备案。2008年2月15日,清远公司根据红山公司的招标文件要求向红山公司投标。2008年2月16日,红山公司进行了评标。同日,确定唯一投标人清远公司中标,中标价6000万元。2008年2月17日,红山公司公示了中标结果。

在中标通知发出前,2008年2月4日,"红山佳苑"工程陆续开工。2009年3月及4月间,清远公司向红山公司提交"红山佳苑"工程竣工报告。2009年7月,清远公司施工的"红山佳苑"一标段经发包人、施工人、设计人、监理人和规划单位五方验收合格,确认为合格工程。2009年7月15日,红山公司向其业主发出通知,要求业主前来办理入住手续。2009年7月15日,双方当事人在建设工程项目竣工资料移交证明上盖章确认,红山公司确认收到清远公司施工的全部单项工程的完整竣工资料(文字及竣工图)。但双方因红山公司欠付工程款发生争议,清远公司诉至法院。截至起诉前,红山公司就"红山佳苑"一标段工程已支付给清远公司工程款5000万元。

清远公司诉称:双方签订《建设工程施工合同》是在招标之前,属于串标行为,违反了《建筑法》、《招标投标法》的有关规定,合同应为无效合同。合同无效后,对本案工程应按实结算工程价款,故请求红山公司支付欠付的工程款2200万元及利息。

红山公司辩称:《建设工程施工合同》并不违反法律的效力性强制性规定,应为合法有效,故应当按照合同约定进行结算。即使合同无效,也应当参照合同约定的结算方式确定

的工程价格支付工程价款。

二、法院裁判情况

一审法院经审理认为,红山公司与清远公司签订的《建设工程施工合同》是在招标之前,违反了《建筑法》、《招标投标法》中的有关招标投标项目范围、招标投标程序的规定,属于串标行为,合同应为无效合同。关于欠付工程款,一审法院认为,由于合同无效,根据《合同法》第五十八条的规定"合同无效后,因该合同取得的财产应当予以返还;不能返还或者没有必要返还的,应当折价补偿",案涉工程的发包方红山公司已经取得经验收合格的房屋,承包人清远公司投入的是建筑材料和劳务,无法适用恢复原状或原物返还,只能折价补偿。因此,应当按照对清远公司实际投入评估后得出的工程造价作为结算价格。一审法院在审理中委托某建设投资管理咨询公司进行了工程造价鉴定,鉴定结果为:按双方合同约定的结算方式,鉴定金额为 6165 万元;按实结算的鉴定金额为 7745 万元。对于工程利润部分的金额,司法鉴定机构认为,按照合同约定结算方式得出的利润额为 271 万元,按照按实结算方式得出的利润额为 331 万元。一审法院认为,案涉工程应在按实结算工程总价款基础上扣除利润额,即在 7745 万元基础上扣减 331 万元,确定造价成本 7414 万元作为工程的折价补偿价款。扣除红山公司已经支付的工程款 5000 万元,故判决:红山公司应向清远公司支付 2414 万元工程折价补偿款。

红山公司不服一审判决,提起上诉,主张合同有效,即使无效,也应当参照合同约定的结算方式确定的工程价格支付工程价款,故请求撤销一审判决,依法改判。

二审法院经审理认为,红山公司与清远公司先签合同后招标,属于串标行为,违反了《建筑法》、《招标投标法》的有关规定,合同应为无效合同,因此,一审判决因清远公司中标无效而导致合同无效并无不当。对于无效合同的工程价款结算,原则上应当参照合同约定的结算方式计算工程价款,承包人按实际造价结算的主张不应予以支持。对于承包人在建筑工程中形成相应的利润及税金应否在工程价款中予以扣减的问题,二审法院认为,在建筑工程中形成相应的利润及税金是承包人通过施工应得的合法收益,如果予以扣减将导致承包人融入进建筑工程产品当中的利润及税金就被发包人获得利润被发包人依据无效合同取得,这与无效合同的处理原则不符,有违公平原则,故发包人支付的工程价款不应当扣减利润及税金。综上,本案应参照合同双方当事人在签订建设工程施工合同时的约定支付工程价款,即红山公司应当向清远公司支付工程价款 6165 万元,扣除红山公司已经支付的工程款 5000 万元,故改判:红山公司还应向清远公司支付工程价款 1165 万元。

三、主要观点及理由

本案的争议焦点为建设工程施工合同无效,但建设工程经竣工验收合格的,承包人对其要求发包人支付的工程价款是否享有选择结算依据的权利。最高人民法院《关于审理建设工程施工合同纠纷案件适用法律问题的解释》(以下简称《解释》)第二条规定:"建设工程施工合同无效,但建设工程经竣工验收合格,承包人请求参照合同约定支付工程价款的,应予支持。"本案争议就主要涉及对该规定的理解,即建设工程施工合同无效,但建设工程经竣工验收合格,承包人是否对参照合同约定结算还是据实结算支付工程价款享有选择权。对此问题,主要有两种不同观点:

第一种观点认为,《解释》第二条实际上赋予承包人对工程价款结算方式以选择权,即承包人有决定工程价款是否参照合同约定标准进行结算的权利,因此,应尊重承包人的选择权,如承包人要求据实结算,则应据实结算,但应扣除利润,对利润实施追缴。本案发包人红山公司已经取得经竣工验收合格的房屋,承包人清远公司投入的是建筑材料和劳务,无法适用恢复原状或原物返还,只能折价补偿。因此,应当按照对清远公司实际投入评估后得出的工程造价作为结算价格。同时,一审法院在进行造价鉴定后,并没有简单以鉴定价格作为结算价格,而是核减了工程利润额,判决支付的工程款数额是较为公平合理的。

第二种观点认为,按照《解释》第二条规定的精神,对于经竣工验收合格的工程,合同被认定无效后,承包人可以请求按照合同约定支付工程款,发包人同样可以主张按合同约定支付工程款,无论发包人或承包人选择与否,均应参照合同约定支付工程款,除非双方另行协商一致以合同约定的结算方式以外的其他方式进行结算。理由是:《解释》第二条规定的目的是处理建设工程施工合同无效但工程竣工验收合格的基本原则,即参照合同约定进行结算的补偿方式。从《解释》的文义内容来看,承包人请求参照合同约定支付工程价款的表述形式,只是在文字表述上以承包人的名义出现而已,不具有其他内涵,不是赋予承包人进行选择的权利。最高人民法院立案二庭在 2010 年 4 月 20 日致江西省高级人民法院的内部函(2010 民申字第 260 号)中也明确了以下观点:关于讼争工程价款的确定应依据鉴定结论还是参照合同约定的问题,涉及对《解释》第二条的理解问题。《解释》对于无效合同的工程价款结算原则上是采取了参照合同约定结算的补偿方式,虽然其在表述中出现"承包人请求参照合同约定支付工程价款",但这并不意味着承包人对于两种折价补偿方式享有选择权。

我们赞同上述第二种观点。

首先,从《解释》第二条的目的来看,其基本立足点在于赋予承包人在施工合同无效后请求发包人对经竣工验收合同的工程予以折价补偿的权利。施工合同被确认无效后,由于承包方付出的劳动、投入的资金、发生的直接费用已经通过施工活动全部物化到建设工程之中,因此,根据《合同法》第五十八条的规定,只能进行折价补偿。仅从《解释》第二条的文字表述上理解,有人认为,"承包人请求参照合同约定支付工程价款的"这一表述即表明承包人"可以"请求参照合同约定支付工程价款,承包人当然也可以不请求参照合同约定支付工程价款,而是请求按实结算工程价款,人民法院对于承包人选择的结算方式的处理结果是"应予支持"。笔者认为,这其实是一种误解。这一表述实际上包含了两个层面的涵义:从赋予承包人在施工合同无效后请求发包人对经竣工验收合同的工程予以折价补偿的权利的角度看,《解释》第二条确实隐含着"可以"的意思,也就是说,对承包人而言,请求支付工程价款是其一项权利,承包人当然有权行使或放弃,即可以主张权利也可以不主张权利;从工程价款的结算依据的角度看,《解释》第二条并不包含"可以"的意思,无法从中解读出承包人可以不请求参照合同约定支付工程价款,并进而推导出承包人对工程价款的结算依据是参照合同约定还是以定额价或市场价为标准据实结算享有选择权。实际上,对于合同无效,工程经竣工验收合格,结算工程价款的依据问题,在《解释》的起草过程中就曾对不同观点进行过综合分析与衡量。对于结算工程价款的依据问题,一种意见认为:发包人应当返还承包人在建设工程的造价成本,造价成本与合同价款的差价为损失,按照过错原则承担责任。对于造价成本的计算,也存在不同观点。一种观点认为,造价成本按照当年适用的工程定额标准由鉴定机构计算;另一种观点认为,造价成本按照建设行政主管部门发布的市场价格信息计算;第三种观点认为,造价成本为合同约定的工程款中的直接费与间接费,不包含利润和税金,利润和税金为损失。第二种意见认为:建设工程施工合同确认无效后,建设工程验收合格的,承包人请求参照合同约定支付工程价款的,人民法院应当支持。其主要理由是:当建设工程经验收合格后,区分合同效力的意义已不存在,参照合同约定支付工程款,有利平衡双方之间的利益关系,且不影响工程质量,社会效果较好。经过综合衡量,《解释》最终采纳了第二种意见。综上,对《解释》第二条的文义内容不应仅从文字表述上机械地加以理解,承包人请求参照合同约定支付工程价款的表述形式,并不是赋予承包人对结算标准进行选择的权利。

其次,从诚实信用原则来看,诚实信用原则被称为民法的"帝王规则",根据诚实信用原则的要求,当事人应当以善意的方式行使权利,订立和履行合同应当诚实守信,在获得利益的同时应当充分尊重他人的利益和社会利益。建设工程施工合同中约定的一项具体的建设工程项目的工程价款或工程价款结算方式,是订立合同时各方当事人经过利害权衡、竞价磋商等方式协商确定的特定的交易价格,而不是某一时期的社会平均价格,其所体现的是合同各方当事人的真实意思,虽然合同被认定无效,但工程已经竣工验收合格,如不参照合同约定来结算支付工程价款,不符合诚实信用的民法基本原则。而且,参照合同约定的特定交易价格而非采用工程定额或市场平均价格作为结算支付工程价款的依据,也符合市场经济的一般规则,是市场经济条件下维护公正与效率所应遵循的司法原则。

而且,根据诚实信用原则,民事主体不得滥用权利及规避法律或者合同规定的义务以获取不正当的利益,也不能因不诚信而获利。从我国建设工程市场的现状看,目前我国建设工程市场属于建设方(发包人)市场,建设方为了节约建筑成本在签订合同往往将工程款压得很低,而施工方(承包人)为了拿到该工程往往同意或者自己将承包的工程款也订立的很低,这样使得工程价款往往低于签订合同当年适用的工程定额标准和建设行政管理部门公布的市场价格信息,如果建设工程施工合同被确认无效以后按照这两种方法标准据实计算工程价款的话,承包人将可以获得更为丰厚的利润。这样对于承包人来讲,合同无效比合同有效所能获得的工程价款还高,显然超过了当事人签订合同时的预期。如果支持承包人在合同无效后要求据实结算工程价款的主张,承包方就会依据无效合同取得合同之外的不正当利益,这明显有悖于诚实信用原则,在实际上会造成鼓励违法行为的不良效果。

基于此,《解释》通过第二条、第三条、第十六条、第二十二条等条款确定了无效建设工程施工合同折价补偿的依据,将合同效力、质量与合同约定的价格条件效力加以区别对待,合同无效不再直接导致当事人在合同中约定的工程价款不具有任何参照力,不再将施工人在履行无效合同中的实际支出作为工程价款折价补偿的主要依据,而是根据工程质量是否合格来确定工程价款的支付,即无论合同是否有效,只要工程质量合格,折价补偿就应以合同约定的价格条件作为依据。除非案件中没有可援引的具体合同条款,且当事人对该部分工程价款不能协商一致,才应按照签订合同时当地建设行政主管部门发布的计价方法或者计价标准据实结算作为支付工程价款的依据。

再次,从保护当事人合法权益和节约诉讼成本的角度看,如不按照合同约定结算工程价款,势必要进行造价鉴定,增加诉讼成本,这有违诉讼经济的原则。无论按照工程定额价还是市场价据实结算工程价款,都需要委托鉴定,这无疑将增加当事人的诉讼成本,扩大当事人的损失,同时导致案件审理期限的延长,从而不利于当事人合法权益的保护。

此外,从法律规范对市场行为的引导作用来看,如前所述,建设工程施工合同中约定的一项具体的建设工程项目的工程价款或工程价款结算方式,是订立合同时各方当事人经过利害权衡、竞价磋商等方式协商确定的特定的交易价格,这正是市场经济的一般规则在建设工程市场的具体体现。长期以来,工程定额是承包人和发包人对建设工程计价定价的主要依据,它是计划经济的产物,随着我国市场经济的逐步发展,与国际惯例的逐步接轨,国家大力推行工程量清单计价,以承包人自主竞争、自主报价的合同价作为计价依据,以打破过去由政府造价管理部门统一定价的做法,让施工人充分发挥自己的价格和技术优势,推动竞争。因此,无论合同是否有效,只要工程质量合格,承包人主张工程价款的,均参照当事人合同约定予以结算支付,而不是依据工程定额或某一时期的社会平均价格,正是对市场经济规则的确认,将有利于引导和促进建设工程市场的健康有序发展。另外,虽然当前的建筑市场存在着严重供大于求的现象,属于发包人市场,发包人在签约时往往因其强势地位而拥有较大的议价权,但通过《解释》第二条确立的"参照合同约定支付工程价款"的折价补偿原则,可以促使承包人在承揽工程时对成本利润加以慎重核算,不能仅仅为了承揽到工程而报价过低,发包人如果刻意过分压低价格将会导致承包人基于自身收益预期的考虑而不去竞争承揽,这无疑将会对建筑市场的规范发展起到积极的引导效果。参照合同约定结算工程价款是无效合同的处理原则。当合同形式和内容被认定为不合法而导致合同无效时,也免除不了支付工程款的义务,而且合同约定是计价主要依据。因此,在合同签订时要予以十分重视这些结算条款,尽量做到平等自愿,公平合理,全面严密,尽可能签订一份"优良合同"。

当然,参照合同约定支付价款是处理合同无效,工程经竣工验收合格时,双方支付工程款的一项基本原则,在通常情况下,应当依照合同约定来支付工程款。但是,需要注意的是,对此原则的适用也不能过于僵化,"参照"合同约定也并非意味着在任何情况下均要完全按照约定来给付工程价款,而是应当结合案件的具体情况加以具体处理。如在出现未完工的建设工程或者建设工程的设计出现大规模修改变化而导致的改变工程量,使其增减较大,从而无法参照合同约定计算工程价款时,就需要根据案件具体情况委托有资质的中介机构来通过评估鉴定的方式来认定建设工程的工程价款。

四、最高人民法院民一庭意见

《最高人民法院关于审理建设工程施工合同纠纷案件适用法律问题的解释》第二条确立了建设工程施工合同无效,但建设工程经竣工验收合格时的折价补偿原则,即"参照合同约定支付工程价款"。该条并未赋予承包人选择参照合同约定或者工程定额标准进行结算的权利,除非双方另行协商一致同意按照定额价或市场价据实结算,否则,一般应参照合同约定支付工程价款。

(执笔人:最高人民法院民一庭　司　伟)

因航空公司"超售"机票行为导致航空旅客运输合同不能正常履行的法律责任

最高人民法院民一庭

一、案情简介

2008 年 8 月 28 日,李某以 1300 元的价格,购买甲航空公司当日 18 点飞往广州的航班七折机票。但在李某到机场办理登机手续时,甲航空公司的地面服务工作人员确认,由于机票"超售"的原因,该航班已经满员,李某无法乘坐。甲航空公司地服公司于是安排李某转签至甲航空公司的另一航班,并将其免费升舱至头等舱,机票价格为 2300 元。等候期间,李某被安排在头等舱休息室休息,当日晚 20 时 30 分,李某乘坐该航班头等舱离港。

李某认为,自己本来预定于 2008 年 8 月 28 日 18 点飞往广州,但因为机票"超售"的原因,飞机满员,自己无法登机,并被滞留在机场长达近 3 个小时。甲航空公司的工作人员说民航可以在 3% 的范围内"超售",但自己从来没听说过此事,在买机票前也没有被甲航空公司进行告知。无法登机后甲航空公司未妥善安排自己登机,导致其随后的接机、住宿、工作安排都受到了不同程度影响,严重侵害了旅客的合法权益。为此,要求甲航空公司承担法律责任,包括:(1)因违反所购机票约定的时间导致迟延到达目的地的损失,双倍赔偿经济损失即机票款的 2 倍 2600 元;(2)支付的律师费 5000 元;(3)在航空公司相关报刊上进行公开赔礼道歉。

甲航空公司辩称,机票"超售"是航空公司对机票进行管理的手段,不能视为违约行为。"超售"是目前国际航空旅客运输业的一种先进、通行的做法,航空公司在合理估计的基础上实际销售的机票要大于航班座位数,这样可以避免航班座位虚耗,充分利用航空资源。民航总局曾有过《航空旅游指南》,明示了机票是可能存在"超售"的,如果乘客不知道可能是因为公示的力度不够。但是航空公司不可能在销售机票时再一一告诉乘客机票是"超售"的,因为那样的话会有很多人都不买票,造成更多的座位虚耗。同时,航空运输与铁路、公路有很大区别,机票在乘客购买时只是表示运输合同成立,但还没有合同生效,只有在办理了登机手续时合同才开始生效,所以乘机时间完全可能在最后确认时发生变更。当发现李某购买机票的航班已经没有座位后,我们立即为李某签转了离港时间最早的航班,还免费为李某升舱,让李某在头等舱休息室休息,而李某的票本来是七折票不能转签的,李某离港时间仅比原定航班晚了 2 个多小时,说明我们已经尽到职责,妥善安排了李某登机。我们给李某补偿的实际价值已经高达 1370 元,请求驳回李某的诉讼请求。

双方当事人争议的机票“超售”行为,就是指航空公司超过航班实际座位数过量销售机票。以前我国的航空客运中并没有这种做法,近年来,由于向国外航空公司学习,许多航空公司才开始使用“超售”。但是我国航空企业所使用的“超售”方法,和国外存在着很多区别。目前,关于机票“超售”的规则,仅有中国民用航空总局在自己的网站上登载的《航空旅行指南》一文进行说明,按照该说明,点击其中的“航空旅行指南”目录,进入页面,可看到关于航空旅行指南的说明及共 20 项“术语释义”的图标,第 7 项图标术语为“超售”,对“超售”图标再进行点击进入后,出现下列文字:旅客定票后并未购买或购票后在不通知航空公司的情况下放弃旅行,从而造成航班座位虚耗,为了满足更多旅客的出行需要和避免航空公司座位浪费,航空公司会在部分容易出现座位虚耗的航班上,进行适当的“超售”,这种做法对旅客和航空公司都有益,也是国际航空界的通行做法。“超售”并不一定意味着已购票的旅客无法乘机,对于“超售”的航班,持有订妥座位的有效客票的乘客,在绝大多数情况下都能成行。但在特殊情况下,可能会有个别旅客不能按时成行。对未成行的旅客,航空公司将酌情采取弥补措施。目前尚没有明确规定航空公司必须给自愿放弃订座的旅客多少补偿。旅客可以与航空公司谈判,达到双方都可接受的价钱或其他条件。

甲航空公司提供了对网站内容进行公证的公证书,欲证明中国民用航空总局已将“超售”作为航空旅行的常识,向不特定公众公示。李某认为这种网站上的公示与案件缺乏关联性,也不能说明甲航空公司的行为合法。

二、法院裁判情况

一审法院审理认为,航空旅客运输合同是旅客支付运输费用,由航空承运人运输至指定地点的合同。该合同自承运人向旅客出票时起即告成立,并同时生效。虽然航空运输由于对天气、技术、仪器等的高度依赖,导致起飞时间、航行路线及到达时间、地点等因素在合同履行中会发生变更,但并不影响航空客运合同的生效。因此,不能认为机票记载的起飞时间因合同未生效而不具有约束力。

当事人双方之间的航空客运合同系消费性服务合同,《中华人民共和国消费者权益保护法》的规定,除与《中华人民共和国民用航空法》特别规定相冲突的之外,均应当予以适用。“超售”使所有不特定的购票旅客均面临不能登机的风险,导致合同履行障碍,因此,“超售”行为不只是航空公司内部的管理手段。同时,“超售”引入我国的时间较短,并没有在公众中形成广泛认知,因此航空公司有义务将“超售”的规则向旅客进行明确、全面、充分的告知。中国民用航空总局关于“超售”的网页说明,欠缺普及性和明确性,几乎无法让不特定的社会公众了解。因此,即使存在《航空旅行指南》的“超售”说明,也不能免除甲航空公司对李某的告知义务。据此,可以认定甲航空公司未尽到经营者的告知义务,损害了航空客运合同中旅客的知情权。但是,就甲航空公司的这种未尽告知义务的行为是否构成欺诈问题,法院认为,应当结合我国航空客运市场的现实情况综合判断。由于行业管理者将“超售”作为行业特殊规则,在向社会公开的网站上予以介绍、认可,但却未作出必要的规范和管理。在此情况下,航空公司基于市场竞争等考虑,客观上未予披露,但并非主观进行虚假宣传或故意隐瞒,因此,法院认为甲航空公司的行为不构成欺诈。

甲航空公司虽然安排李某转乘其他航班,但已延误近三小时,构成履行迟延,应当承担违约责任。履行迟延后甲航空公司提高服务标准,仅能视为履行原合同义务,不能免除其本应承担的违约责任。关于赔偿数额,法院考虑另外安排出行、延长候机承受的身体劳顿、因"超售"增加客源的收益,判令为相当于单倍机票价格的赔偿金。

关于赔礼道歉的法律责任。法院认为,李某、甲航空公司之间的争议系合同履行纠纷,没有证据表明合同履行过程中,甲航空公司侵害了李某的精神性人格权利。因此,甲航空公司不应因本案争议承担赔礼道歉的法律责任。

律师费支出属李某应当承担的诉讼成本,根据现行法律缺乏由违约方承担的依据。

综上,一审法院判决:(1)甲航空公司给付李某违约赔偿金 1300 元;(2)驳回李某的其他诉讼请求。

双方对该判决均未提出上诉,该判决现已生效。

三、主要观点和理由

"超售"对绝大多数中国消费者来说都是极其陌生的,它是我国民航企业向国外学习,主动使用的一项特殊的客票销售方法。"超售"的特殊性表现在,普通的旅客运输座位票都是等额发售,有 100 个座位就卖 100 个坐票,但在"超售"方式中,承运人是超额发售,虽然只有 100 个座位,但却多卖出几张票,比如卖 103 张。如果所有的购票乘客都来登机,就肯定有人因飞机满员无法登机。那为什么航空企业还要多卖票呢?这是因为飞机票一般都是可以转签、改签的,如果有乘客在买票之后又改签到其他时间,那么原来的那张票对应的航班就要空出一个座位。比如有 3 个乘客改签到其他时间,那么即使卖出了 103 张票,也会人人都有座位,同时这 3 个人也被航空公司留在了自己的"门下"。"超售"能够减少航空公司的空座率,增加客源,对航空公司有极大的好处,所以,事实上目前我国的航空公司几乎都通过"超售"方式销售机票。

还有一个问题就是,如果所有人都来登机,谁是那个因为多卖票而被剩下的乘客呢?因为乘客购买机票时,并不确定座位,只有办理登机手续时才被指定座位,所以并不是说从时间上最晚购票的乘客就是被剩下的人。在我国,"超售"目前是被航空公司以一种半秘密的状态进行使用的,也不存在事后补偿措施,采取"先到先登"的方式,先来的乘客先安排座位,如果座位已经排满后才来办理登机手续的乘客自然就将没有座位了。"超售"是国外航空公司普遍使用的机票销售规则,但在我国还属于新生事物。因此,对于"超售"的法律评价就成为社会关注的焦点,现通过以下几个问题予以论述:

(一)机票上的起飞时间是否有约束力

对于机票上的起飞时间是否具有约束力,有两种完全相反的观点。第一种观点认为,航空客运合同是一种高度专业性、技术性的合同,法律上对其规定适用特殊的规则。《合同法》第二百九十三条规定,客运合同自承运人向旅客交付客票时成立,但当事人另有约定或者另有交易习惯的除外。航空客运合同就属于另有交易习惯的情形。航空客运合同是在办理登机手续时才为乘客确定座位,所以机票只是客运合同成立的初步证据,并不是合同的全部内容,旅客未办理登机手续时的,客运合同只是成立但未生效,客票上记载的搭乘航班和起飞时间也没有约束力。只有在办理登机手续时,航空公司进行了再次确认,起飞时间及航班才能成为合同的一部分,对航空公司才具有约束力。第二种观点,是客运合同自旅客购票时就告成立并同时生效,因此客票上记载的起飞时间对航空公司有约束力。笔者同意第二种观点。

1.《合同法》第二百九十三条的但书"当事人另有约定或另有交易习惯",指的是客运合同成立时间的例外,并不是合同生效时间的例外。比如,电话订票的情形,合同成立以乘客实际购票时为准,而不是电话承诺时;而上车后才买票的,以登上车作为合同成立的标志,并不是等到乘客购票时合同才成立。

2. 虽然有一些学者在关于客运合同性质的论述中,讲到过客运合同的成立和生效时间不一致,合同成立后并不立即生效,而在旅客检票时生效。但学者想以此说明的,是车票为不记名的情况下,承运人运送的是非特定的人,检票前乘客可以自由转让债权,检票后则不得再让与。[①] 史尚宽先生的《债法各论》中,则并没有因为客运合同中债权转让的特殊性,认为客运合同的成立和生效不一致。[②]

3. 从法律概念上,合同的成立是指合同事实上的存在,而合同的生效则指合同具有法律上的约束力,前者属于事实判断问题,后者是法律上的价值判断。与合同成立对应的是合同不存在,与合同生效对应的则是合同无效、效力待定、可变更、可撤销。合同的成立只需当事人对合同主要条款在表面上意思表示一致,而不问其意思表示背后的真实性和主要条款的合法性。而合同生效的确认既要审查当事人的主体合法性,当事人的意思表示是否真实,又要审查合同内容的合法性。因此,原则上合同一经成立即同时生效。而合同成立和生效存在的时间差一般是指这样两种情况:(1)法律、行政法规规定需特别的批准、登记手续才能生效的,比如外资企业合同应当经行政审批机关审批,未批准的,合同虽成立但不生效;(2)当事人对合同效力的特别约定,主要是指附条件合同和附期限的合同。[③]

航空客运中的购票过程是,旅客同意飞行目的地、航空公司、起飞时间,提供身份证明并支付票款,航空公司(或其代理人)再向旅客出票。合同因当事人的意思表示一致而成立,同时合同的实质要件符合法律的要求,且没有法律、行政法规要求审批、登记的特殊要求和当事人对合同生效的附款,因此合同同时生效。虽然,航空运输合同对天气、气候等自然因素和科学手段、技术仪器具有高度的依赖性,使得起飞时间和航行路线以及到达时间、地点,会在合同履行中发生变更,但这些因素都不属于控制合同效力的条款。另一方面,在航空客运合同中,旅客的主要履行义务就是支付票款、提供身份确认,携带符合要求的行李物品、按时登机。在航空公司出票时,旅客提供身份确认、支付票款的合同义务均已履行,如果仍认为合同未生效,而旅客所为的又是履行行为,这显然是存在矛盾的。

---

① 王家福主编:《民法债权》,法律出版社1991年版第758页;郭明瑞、王轶:《合同法新论》,中国政法大学出版社1997年版,第259页。

② 史尚宽:《债法各论》,中国政法大学出版社2000年版,第649页。

③ 韩世远:《合同法总论》,法律出版社2006年版,第174页。

因此,航空客运合同的成立和生效就在航空公司出票时,旅客也正是因为信赖机票上记载的起飞时间才赶赴登机。如果因为不可抗拒的天气和技术原因导致起飞时间被延误,航空公司也只是不承担违约责任,而不是说机票上的起飞时间对航空公司没有任何约束力。

(二)对甲航空公司"超售"的法律评价

关于"超售"是否违反法律规定侵害了消费者的权益,有完全相反的两种看法。第一种观点认为,"超售"这种售票方法是国外的通行做法,有经济学上的依据,它对旅客和承运人都是有好处的,能提高旅客的整体出行率,而最终因为"超售"被剩下的乘客的情形并不多,对社会的影响不大。而且哪些乘客被剩下完全是随机的,不是航空公司故意在明知没有座位的前提下还卖票,只要航空公司能够安排旅客乘坐其他航班,客运合同继续履行,对旅客本人也没有损害。所以"超售"并不违法。第二种观点认为甲航空公司的这种"超售"方式侵害了消费者的知情权。笔者同意第二种观点。

1. 甲航空公司的"超售"损害了消费者知情权,只要存在"超售",就将使所有不特定的购票旅客都面临因飞机满员无法登机的风险,一旦无法登机就意味着出现了客运合同的履行障碍。因此,"超售"不属于对旅客个人不产生影响的航空公司内部的管理手段,它完全和旅客对于合同的期待息息相关,应当向旅客进行告知。

2. 从"超售"的社会知晓度来看,"超售"引入我国时间较短,没有在公众中形成广泛认知,几乎很少有旅客明确知道机票是在超过座位数销售。所以,航空公司作为"超售"行为的实施者,有义务向旅客进行全面而充分的告知。

3. 中国民用航空总局虽然有关于"超售"的网站说明,但是说明方法缺乏基本的普及性和明确性,必须通过电脑网络进行,还必须知道说明事项的明确的位置,否则根本无法看到。因此,即使存在《航空旅行指南》的"超售"说明,也不能免除航空公司对旅客的告知义务。

虽然甲航空公司在发现李某无法登机后及时安排转乘其他航班,但李某实际起飞的时间已经被延误。延误后旅客的出行必须重新安排,延迟候机也必然伴随着身体劳顿,甲航空公司虽然在此后的履行中提高了服务标准,也仅能视为履行原合同义务,所以不能说旅客被免费升舱后就不存在损害。

综上,甲航空公司没有将"超售"的情况告知李某,属于未尽到经营者告知义务的情况,损害了旅客的知情权,并实际造成了损害。

(三)甲航空公司的"超售"是否构成欺诈

甲航空公司未告知机票"超售",导致旅客最终因飞机满员被延误,对甲航空公司的行为是否构成"欺诈",也存在有完全相反的两种意见。认为构成欺诈的理由是,《最高人民法院关于民法通则若干问题的意见》第六十八条规定,故意隐瞒真实情况,诱使对方当事人作出错误意思表示的,可以认定为欺诈行为。甲航空公司隐瞒"超售"的事实,不告知旅客不能登机的风险,目的就在于使乘客购买其发售的机票。因被隐瞒的事实对于当事人决定缔结合同具有重大的影响,因此应当认定构成欺诈。

认为不构成欺诈的理由是,应当把甲航空公司的"超售"结合我国航空客运市场的现实情况综合判断。"超售"行为引入我国后,行业管理者将其作为行业特殊规则,在向社会公开的网站上予以介绍、认可,不禁止航空承运人使用,但尚未作出必要的规范和管理。航空承运人在此情况下,基于市场竞争、运营成本、客源流失等考虑,未能对航班内全体旅客进行告知,客观上隐瞒了"超售"行为,但并非对旅客进行虚假宣传或故意隐瞒真实情况。法院最后采纳了第二种意见。

(四)因"超售"导致延误的法律责任

李某因为甲航空公司"超售"机票的行为被延误近三小时,甲航空公司"超售"机票的行为已构成合同履行迟延,应当承担违约责任。对于违约责任的具体赔偿数额,因为在客运合同中未予约定,法院可以根据实际履行情况进行酌定。对于甲航空公司为李某免费升舱的行为,作为迟延后的补救履行,仅能视为履行原合同义务,所以甲航空公司不能因为服务标准提高而被免除本应承担的法律责任。但是,李某主张的律师费的诉讼请求,因为律师费的性质属于李某应当承担的诉讼成本,根据现行法律、行政法规,缺乏由违约方承担的依据,所以律师费应当由李某自己负担。

关于航空公司是否要承担赔礼道歉的法律责任。通常说来,赔礼道歉的民事责任,是在当事人的人格尊严、人身自由等精神性人格权利损害时才承担的法律责任,单纯的财产权利纠纷以及健康、生命等物质性人格权利受损害时,不需要承担赔礼道歉的法律责任。因为"超售"导致旅客与航空公司之间的纠纷系合同履行争议,双方的分歧表现为合同义务的履行是否适当。在本案中没有证据表明合同履行过程中甲航空公司同时侵害了李某的精神性人格权利。因此,航空公司不应承担赔礼道歉的法律责任。

四、最高人民法院民一庭意见

航空旅客运输合同是旅客支付运输费用,由航空承运人运输至指定地点的合同。该合同自承运人向旅客出票时起即告成立,并同时生效。如因航空公司的"超售"机票行为导致航空旅客运输合同不能正常履行,造成延误的,航空公司应承担相应的违约责任。

(执笔人:北京市朝阳区人民法院民一庭　程　屹)

【最高人民法院案件解析】

当事人双方违约,一方为根本性违约,还应承担给对方造成的实际损失

——深圳市维也纳酒店有限公司与丽江七星房地产开发有限公司、丽江国际大酒店有限公司租赁合同纠纷上诉案

张雅芬*

法理提示 违约条款,是当事人订立合同时约定的当一方未按合同约定履行义务,向对方承担的法律责任内容。违约责任,是违反有效合同义务的后果。《合同法》第一百二十条规定:“当事人双方都违反合同的,应当各自承担相应的责任。”但如一方的违约明显大于另一方,构成根本性违约,还应承担给对方造成的实际损失。

上诉人(原审原告、反诉被告):深圳市维也纳酒店有限公司。住所地广东省深圳市福田区福华路福庆大厦一楼北侧3-20楼。

法定代表人:黄德满,该公司董事长。

委托代理人:梁浩,该公司总裁办主任。

委托代理人:李盛涛,云南华恒律师事务所律师。

上诉人(原审被告、反诉原告):丽江七星房地产开发有限公司。住所地云南省丽江市古城区七星街北区。

法定代表人:木崇仁,该公司董事长。

委托代理人:汤荣,云南上义律师事务所律师。

委托代理人:杨惠,云南陈洪余律师事务所律师。

被上诉人(原审被告):丽江国际大酒店有限公司。住所地云南省丽江市古城区七星街南区。

法定代表人:木崇仁,该公司董事长。

委托代理人:汤荣,云南上义律师事务所律师。

委托代理人:杨惠,云南陈洪余律师事务所律师。

---

* 最高人民法院民一庭高级法官。

一、云南省高级人民法院一审查明的案件事实

云南省高级人民法院一审查明:2006年11月24日,七星公司与维也纳公司签订《丽江国际大酒店租赁合同书》(以下简称《租赁合同》)约定:七星公司将丽江国际大酒店(以下简称酒店)出租维也纳公司。七星公司同意在酒店上方加"维也纳酒店集团"、下方加"全国预订:4008882888"字样。租期十五年,从酒店正式交维也纳公司之日起计算(暂定2007年1月1日至2021年12月31日,以移交清单时间为准),交接时双方应就酒店及其附属设施当时状况确认。维也纳公司应向七星公司交纳租金第1-5年为120万元/月,第6-10年为130万元/月,第11-15年为140万元/月。七星公司免收维也纳公司第1-3个月的租金,维也纳公司于每月15日前支付七星公司当月租金,合同签订后一周内向七星公司交保证金500万元,七星公司保证收到该保证金后45天内将客房、中西餐厅部分装修、设备设施等硬件齐备到位(按五星级酒店运作标准配置、储备,维也纳公司可提供先担保后租金抵扣方式协助。七星公司未确定部分:餐饮厨房杂件、餐饮包房椅子;酒店印刷品;酒店标识标牌;大堂、套房、24小时餐吧、高管办公室家具;酒店公共工艺装饰品;大堂窗帘、餐饮包房窗帘;餐饮包房及公用电视;玻璃器皿,由维也纳公司分期代付货款负责解决,数量和价格由七星公司确定,以后在租金中抵扣,如上述物品因维也纳公司原因不能解决到位,后果由维也纳公司承担),维也纳公司进场营业后,七星公司出资尽快完成会议室、桑拿、KTV、室外休闲吧等部分筹备,维也纳公司将以先担保后租金抵扣等方式协助。维也纳公司出资500万元自行支配用于其接管酒店后(2006年12月16日起)策划、广告宣传、员工工资等费用的支付。租期内七星公司免费提供酒店合法相关证照等给维也纳公司,七星公司负责保管相关证照、公章,但必须保证维也纳公司正常经营中的合法使用。承包期满或合同提前终止,维也纳公司应于15日内将酒店及物品按当时现状返还。任何一方违约,赔偿对方500万元损失、可期待利益及相关所有费用。

同日,七星公司将酒店移交维也纳公司,但会议室、桑拿、KTV部分未移交。经协商将维也纳公司应付租金调整为80万元/月。

2006年11月29日,双方签订《补充协议》约定:维也纳公司支付七星公司的保证金500万元,最迟不得超过12月5日,七星公司收到后须用于酒店客房装修等,以保证维也纳公司45天内正式营业。维也纳公司自七星公司收到保证金后第46日作为营业开始日。七星公司负责出资完成客房、中餐厅工程改造。自2006年12月16日起酒店所有经营管理费由维也纳公司承担。维也纳公司保证按五星级酒店标准经营管理,合同期满维也纳公司须按五星级酒店标准交还,并保证酒店资产完整。

2006年12月6日,维也纳公司向七星公司支付保证金500万元。国际公司向维也纳公司移交财务专用章一枚。2007年1月17日,酒店试营业。

2007年1月,丽江七星建设工程集团有限公司(以下简称七星集团)任命谭江为酒店董事副总经理。3月3日,七星公司致函维也纳公司,指出维也纳公司存在未按五星级酒店标准经营管理。4月26日,七星公司向维也纳公司出示《关于酒店法人印章(公章)财务用章的使用规定》,对酒店法人印章、财务专用章的使用作出规定,同时收回酒店财务专用章。

维也纳公司则要求为其报表、发票等加盖财务专用章。

2007年6月24日、26日,维也纳公司致函七星公司要求解决移交酒店机房、电梯钥匙等,并称因七星公司阻拦员工住宿导致其另租赁员工宿舍,费用由七星公司承担。

2007年5月15日、21日、6月17日,维也纳公司提出报告,反映酒店消防监控中心等被七星公司占据,热水系统主管道阀门被人为断开,客房床头电源控制板失效等,并向丽江市公安局报案。同年7月,古城区政府、公安分局召集会议,要求双方配合消防部门当月30日前完成消防整改。

2007年6月11日,丽江供排水有限公司(以下简称排水公司)致函国际公司:要求其于当日前到该公司接受擅自使用自来水的处理。当月,排水公司出具证明:对酒店追缴水费及排运费34000元。

2007年7月2日,因酒店未在消防部门要求的整改期限(5月25日)完成,酒店消防安全管理人王家勇受到罚款1000元,国际公司受到停止使用的处罚。同日,七星公司致函维也纳公司:立即停止经营活动,为此酒店停业。当月4日,丽江市旅游局下发紧急通知:即日起暂停团队入住酒店。

2007年9月13日,双方在丽江市中级人民法院主持下形成《庭前和解笔录》:七星公司退还维也纳公司保证金500万元,维也纳公司提前将酒店移交七星公司,七星公司接受钥匙则表示移交符合《租赁合同》约定的提前终止条件,对酒店及资产移交已无任何异议。后七星公司依约退还维也纳公司保证金500万元,次日,双方对酒店移交,七星公司接受了酒店钥匙。

2007年4月24日,维也纳公司付七星公司4月17日至当月30日租金373333.32元。5月1日至7月2日间,维也纳公司应付租金1651612.90元。5月15日,维也纳公司致函七星公司:2007年5月租金80万元从其代付款中抵扣,七星公司表示代付资金未全部到位前,不同意抵扣,并通知维也纳公司支付5、6月租金160万元,维也纳公司回复从代付款中抵扣。

云南省高级人民法院一审另查明:《租赁合同》履行中,七星公司付水电费47824.92元及电话费36426.30元。2006年12月、2007年2月,维也纳公司付物品采购垫付款1054980.02元。

云南省高级人民法院一审还查明:2004年10月21日,国际公司领取《企业法人营业执照》,法定代表人木崇仁,股东七星集团、七星公司、木崇仁、董萧静、黄藤和木耀军。

云南省高级人民法院一审再查明:2005年8月、9月,七星公司取得酒店《房屋所有权证书》和《国有土地使用权证书》,2007年已过年审,2008年10月31日,酒店消防验收合格。

二、当事人起诉与答辩情况

2009年2月2日,维也纳公司提起诉讼称,2006年间,七星公司多次找到该公司,希望利用其资金和经营酒店品牌优势帮助酒店开业。为此,双方签订《租赁合同》和《补充协议》。其依约投入酒店500多万元。2007年1月17日酒店试营业,同年5月盈利,七星公司却提出解除合同,限制其使用酒店名称和印章,派人控制酒店主要设施。同年7月2日,消防部门责令停业,后旅游局发文要求旅行社不得安排入住,其失去了酒店经营权。2007年9月13日,双方达成《庭前和解笔录》,终止《租赁合同》。由于七星公司违约,致其遭受损失。请求判令:七星公司与国际公司返还投资款530万元,支付违约金500万元,赔偿损失3970万元,承担不能履行合同产生的第三方责任,并承担本案诉讼费。

七星公司答辩称:其签订《租赁合同》是借用维也纳公司经验和资金建酒店。因维也纳公司定位经济型,管理混乱等造成经营困难。维也纳公司的530万元未进入酒店账目,固定资产只有几万元,维也纳公司员工购买处置的资产与其无关,营业费是维也纳公司正常开支。移交和收回的资产清单差额是其反诉请求部分。请求驳回维也纳公司的诉讼请求。

国际公司答辩称:国际公司不是《租赁合同》当事人,其被告资格不适格,且合同未经该公司同意或追认无效。

七星公司反诉称:《租赁合同》与《补充协议》约定,维也纳公司按五星级酒店标准经营,每月15日前支付当月租金80万元,维也纳公司未依约垫付经营所需资金,拖欠租金1935484元,并通过各种渠道给其施加压力,此情况下,其诉诸丽江市中级人民法院,在法院主持下双方达成和解协议,并已履行,但维也纳公司又起诉。水电费47824.92元及电话费36426.30元,应由维也纳公司承担。双方移交时,均对资产进行了确认。维也纳公司违约并造成其损失28800167.94元,应予赔偿。请求判令:维也纳公司支付违约金500万元,支付拖欠租金1935484元,支付水电费47824.92元、电话费36426.30元,赔偿损失28800167.94元,并承担本案诉讼费。

维也纳公司答辩称:该公司拒付租金理由正当,七星公司不按约抵扣租金。因七星公司原因停业,水电费和电话费应由其支付。七星公司主张损失无据。根据和解协议,七星公司接受钥匙就是对移交无异议,七星公司用自行清点结果,对维也纳公司追索无据。请求驳回七星公司的反诉请求。

三、云南省高级人民法院一审认定与判决情况

云南省高级人民法院一审期间,一审法院依据维也纳公司申请,对维也公司投入酒店资金委托云南东陆司法鉴定所(以下简称鉴定所)鉴定。鉴定所2010年6月18日出具的(2010)第001号司法会计鉴定报告(以下简称《鉴定报告》)结论为:2006年12月至2007年9月,维也纳公司投入酒店的资金由物品采购垫付款、经营周转金(往来款)、其他收入和酒店押金、房屋租赁费组成,其中物品采购垫付款1054980.02元、经营周转金(往来款)392万元、其他收入2374198.03元、酒店押金500万元、房屋租赁费373333.32元。同期,维也纳公司投入酒店的资金支出由经营费用支出、固定资产支出、应收债权、酒店押金和房屋租赁费支出组成。其中经营费用支出7681829.09元,固定资产支出285700.80元,应收债权1065920.02元(物品采购垫付款1054980.02元、押金10940元),酒店押金和房屋租赁费支出500万元+373333.32元。经质询,维也纳公司对鉴定结论无异议,七星公司、国际公司认为维也纳公司提供的证据非原始记账凭证,且凭证不齐全,无财务账册印证。维也纳公司经营期间产生的各项成本费也不应列为投入。2010年7月29日,鉴定所回复七星公司与国际公司,对其意见不予认同,并对《鉴定报告》问题进行了说明。

云南省高级人民法院一审认为,本案争议焦点为:(1)哪方当事人存在违约?(2)违约方应如何承担民事责任?

云南省高级人民法院一审认为,《租赁合同书》及《补充协议》为双方真实意思表示,不违反法律、法规的强制性规定,均属有效。

关于哪方当事人存在违约的问题。七星公司在酒店开业后,依约应将酒店经营所需的相关证照等提供维也纳公司。因《租赁合同》签订时酒店未取得消防许可证,至合同终止后消防才验收合格,七星公司未按约定向维也纳公司提供酒店正常经营必备的消防许可证已构成违约。维也纳公司关于七星公司未提供消防许可证构成违约的主张成立,应予支持。维也纳公司提出七星公司未办理治安许可证是否违约的问题。因国际公司成立前公安机关向其颁发了特种行业许可证,《租赁合同》履行期间该许可证亦过年审,维也纳公司该主张不成立。至于维也纳公司提出七星公司派人强行占据酒店等是否构成违约的问题,因其单方报告未经有关部门确认,该主张不成立。

《租赁合同》约定,七星公司免收维也纳公司第 1－3 个月租金,同年 4 月 17 日前租金免收。维也纳公司认为支付了 4 月 17 日至当月 30 日租金 373333.32 元,5 月租金 80 万元应从其垫付款中抵扣,七星公司则要求交付 5、6 月租金 160 万元,双方未协商一致。维也纳公司 2007 年 5 月 1 日至 7 月 2 日停业时的租金 1651612.90 元,应予支付。合同约定维也纳公司先垫款后在租金中抵扣,维也纳公司付七星公司物品采购垫付款 1054980.02 元,七星公司虽主张全部垫付款划拨到位前不同意抵扣,但合同未约定,故该物品采购垫付款应抵扣维也纳公司应付租金,两相抵扣,维也纳公司应付七星公司租金 596632.88 元。按约定维也纳公司每月 15 日前付七星公司当月租金,维也纳公司未在 2007 年 7 月 15 日前支付,构成违约。七星公司关于维也纳公司逾期支付租金已构成违约的主张成立,应予支持。

《租赁合同》虽约定维也纳公司按五星级酒店标准经营,但合同约定两年内正式挂牌五星级,可见七星公司对维也纳公司按该标准经营的义务给予了一定履行期限。因维也纳公司经营时为试营业,无法进行星级评定,双方对五星级酒店标准亦未明确,七星公司该项主张不成立,不予支持。

综上,七星公司未依约提供消防许可证,维也纳公司未依约支付租金。七星公司的违约致酒店停业,是《租赁合同》无法履行的根本原因,七星公司应负主要责任。维也纳公司虽有违约但非是导致合同无法履行的根本原因。国际公司未参与合同订立与履行,不应承担七星公司违约产生的责任。

关于违约方如何承担民事责任的问题。

《租赁合同》约定,任何一方违约赔偿对方 500 万元、相应可期待利益及相关所有费用。现双方主张对方付违约金 500 万元,鉴于双方违约,均应承担违约责任,故对双方此项请求,不予支持。

关于维也纳公司主张返还投资款 530 万元的问题。

云南省高级人民法院一审对维也纳公司投入酒店资金、固定资产及经营费用等委托鉴定所鉴定。该所及鉴定人员具备相应资质,鉴定程序合法,鉴定所就双方对《鉴定报告》的异议进行了复核,《鉴定报告》结论应予确认。

根据鉴定结论,维也纳公司投入资金用于固定资产支出的部分及应收债权,在合同终止后,资产、债权应由七星公司按其实际价值返还。维也纳公司投入固定资产支出 285700.80 元及经营产生的应收债权 10659200.02 元中的 10940 元,共 296640.80 元,合同终止后,七星公司应返还维也纳公司。因七星公司根本违约,对维也纳公司损失应予赔偿。根据鉴定结论,维也纳公司投入经营周转金 392 万元及其他收入 2374198.03 元之和低于经营费用支出 7681829.09 元。可见维也纳公司投入的周转金作为运营成本后亏损未收回,在合同不能履行的情况下,对维也纳公司投入的经营周转金 3920000 元应作为损失由七星公司赔偿。因此,七星公司除应返还维也纳公司固定资产支出及应收 296640.80 元,还应赔偿损失 392 万元。维也纳公司主张七星公司与国际公司返还投资款 530 万元的请求,不予支持。

本案诉讼前,双方在法院主持下形成庭前和解,对七星公司退还保证金 500 万元、维也纳公司交还酒店、合同终止等达成协议并履行。在合同解除,维也纳公司自身存在违约的情况下,其请求 3970 万元预期利益的主张,不予支持。

关于维也纳公司主张七星公司承担因不能履行合同产生的对第三方责任的问题。因双方违约,《租赁合同》系协商解除,对合同终止给第三方造成的损失,双方均有责任。对第三方提出哪方承担责任,应根据双方与第三方约定,由受诉法院确定。维也纳公司该项请求,不予支持。

关于七星公司反诉维也纳公司支付租金 1935484 元的问题。维也纳公司尚欠七星公司租金 596632.88 元,该款应支付七星公司。七星公司提出维也纳公司支付租金 1935484 元的主张,不予支持。

关于七星公司主张维也纳公司支付水电费 47824.92 元、电话费 36426.30 元的问题。七星公司支付该费用维也纳公司认可,七星公司该项反诉请求,予以支持。

关于七星公司主张维也纳公司赔偿损失 28800167.94 元的问题。双方通过庭前和解对酒店移交事宜作出约定,即七星公司接受钥匙表示移交已符合提前终止合同条件。七星公司接受了酒店钥匙,表明对移交酒店及资产认可,双方移交已完成。七星公司以移交资产价值与交还价值存在 28800167.94 元差额为由请求赔偿,对其提交的资产盘点表,不予确认,七星公司主张由维也纳公司赔偿损失的反诉请求,不予支持。

综上,七星公司应向维也纳公司返还投资款 296640.80 元,并赔偿损失 392 万元,维也纳公司应向七星公司支付租金 596632.88 元及水电费 47824.92 元、电话费 36426.30 元。据此,一审法院依照《中华人民共和国民法通则》第八十四条第二款、《中华人民共和国合同法》第一百零七条之规定,判决:一、七星公司于判决生效后十日内返还维也纳公司投资款 296640.80 元;二、七星公司于判决生效后十日内赔偿维也纳公司损失 392 万元;三、维也纳公司于判决生效后十日内支付七星公司租金 596632.88 元;四、维也纳公司于判决生效后十日内支付七星公司水电费 47824.92 元、电话费 36426.30 元;五、驳回维也纳公司其他诉讼请求;六、驳回七星公司其他反诉请求。

一审案件受理费 291800 元,维也纳公司负担 233440 元,七星公司负担 58360 元。反诉费 110449.76 元,七星公司负担 88359.81 元,维也纳公司负担 22089.95 元。鉴定费 12 万元,维也纳公司负担 6 万元,七星公司负担 6 万元。

四、当事人上诉请求及答辩情况

维也纳公司与七星公司均不服一审判决,向本院提起上诉。

维也纳公司上诉请求:撤销一审判决第五项,改判:七星公司支付违约金 500 万元,国际公司对此承担连带责任,七星公司与国际公司承担本案诉讼费。事实和理由:

1. 七星公司未办理消防许可证,是合同签订时就存在的违约。因消防不合格,消防及旅游部门要求酒店停业,对七星公司未提供消防许可证的违约行为,一审判决亦认定。导致《租赁合同》不能履行,是七星公司违约所致,七星公司理应支付其 500 万元违约金。

2. 国际公司与七星公司一套人马两块牌子,虽酒店土地使用权及房屋产权属七星公司,但国际公司注册资产是酒店房产。因此,即便国际公司未在合同上盖章,其仍应承担连带责任。一审判决驳回其该项请求错误。

七星公司未提交书面答辩状,其庭审答辩称,该公司不应承担违约责任,请求驳回维也纳公司的上诉请求。

国际公司未提交答辩状,其庭审答辩称,该公司非合同订立主体,其与七星公司为独立法人,请求驳回维也纳公司关于其承担连带责任的上诉请求。

七星公司上诉请求:撤销一审判决第一、二项,驳回维也纳公司返还投资款及赔偿损失的请求;变更一审判决第三项,改判维也纳公司支付租金 1935484 元;撤销一审判决第六项,改判维也纳公司支付违约金 500 万元及赔偿因不能返还财产造成的损失 28800167 . 94 元,维也纳公司承担本案诉讼费。事实与理由:

1. 维也纳公司应支付违约金 500 万元。

维也纳公司未依约垫付部分设备、设施、装修资金及拖欠租金是引起纠纷的主要原因,非因其未取得消防许可证,且维也纳公司明知其未取得消防许可证与其签订合同,应承担主要责任。一审判决驳回该公司请求维也纳公司支付 500 万元违约金的请求,依据不足。

2. 一审判决依据《鉴定报告》由其支付维也纳公司固定资产投资及损失错误。

《鉴定报告》依据的记账凭证为维也纳公司单方提交,且记账凭证不齐全,不应作为鉴定依据。《鉴定报告》将维也纳公司付王启玲的 182 万元确认为维也纳公司的投入错误。90 万元没有原始单据,均不应认定为维也纳公司的投入。另,《鉴定报告》将维也纳公司付七星公司垫付款 1054980 . 02 元折抵租金,又判决其赔偿维也纳公司损失,属于重复计算。维也纳公司固定资产支出没有其签字,该资产亦未移交七星公司,一审判决由七星公司承担,依据不足。

3. 维也纳公司未支付租金为 1935484 元,非一审判决认定的 1651612. 90 元。该公司请求维也纳公司付租金至 2007 年 7 月 2 日,因一审判决将该公司赔偿维也纳公司损失计算至 2007 年 9 月 13 日,为保持一致,维也纳公司付租金亦应至 2007 年 9 月 13 日。

4. 一审判决驳回其请求维也纳公司赔偿财产损失 28800167. 94 元错误。七星公司虽接受了酒店钥匙,但维也纳公司未移交资产。一审判决该公司对酒店及资产移交无任何异议没有依据。七星公司提交的丽江市中级人民法院卷宗中的资产移交清单,能够证明该公司主张的损失数额。

维也纳公司未提交书面答辩状,其庭审答辩称,七星公司未办理消防许可证的违约行为已经一审判决认定。鉴定所及鉴定人员具备相应资质,鉴定结论公正。一审判决租金数额正确,七星公司主张其赔偿损失无据,请求驳回七星公司的上诉请求。

二审庭审中,各方当事人未提供新证据。维也纳公司与七星公司认可 2007 年 9 月 13 日的《庭前和解笔录》已实际履行。七星公司同时认可,一审判决证据清单载明的证据已经一审法院组织双方质证。

五、最高人民法院二审查明的案件事实情况

1. 2009 年 1 月 18 日,维也纳公司提交鉴定申请,请求一审法院委托相关部门对其投入酒店资金等进行鉴定。1 月 19 日,七星公司提交一审法院的《对司法鉴定的意见》载明:若合议庭认为需要中介机构进行司法鉴定,我方将予以协助,选择的鉴定机构以合议庭意见为准。同日,维也纳公司随机选定云南华昆司法鉴定所。同日,一审法院填制《对外委托工作交接表》。1 月 21 日,一审法院司法技术鉴定处向维也纳公司说明:因云南华昆司法鉴定所未接受本院委托,由维也纳公司重新选定。维也纳公司当场随机抽取本案鉴定所。2 月 2 日,一审法院与鉴定所向七星公司说明:对维也纳公司投入酒店资金鉴定(固定资产投入和经营资金),鉴定时间自 2006 年 11 月 24 日至 2007 年 9 月 13 日。七星公司无异议,同时表示:对于"符合会计准则的款项认可,不需再逐项核对"。

2. 2010 年 1 月 11 日,一审法院组织双方就维也纳公司提供的投资凭证质证形成的《质证笔录》及 2 月 2 日的《鉴定笔录》分别载明,七星公司对维也纳公司打入王启玲账户的记账凭证加盖为国际公司财务专用章的真实性认可。对维也纳公司提供的 909 笔款项凭证表示:不需看支出凭证,不发表质证意见,由法庭裁判。

3. 据《鉴定报告》所载,关于维也纳公司投入酒店资金与支出的费用凭证为三部分证据构成:(1)原始单据齐全的证据;(2)原始单据不齐全但经过双方质证的证据;(3)原始单据不齐全且未经双方质证的证据。2007 年 1 月 16 日至 9 月 13 日,维也纳公司付王启玲的 182 万元,属于原始单据齐全证据发生的投入经营周转金。其中,自同年 4 月 26 日七星公司致函维也纳公司《关于丽江国际大酒店法人印章(公章)、丽江国际大酒店财务专用章的使用规定》,要求收回酒店财务专用章之日起至同年 9 月 13 日,维也纳公司支付王启玲账户 5 笔共 157 万元。

另,2006 年 12 月至 2007 年 8 月 31 日的 90 万元,属于原始单据不齐全但经过双方质证的证据发生的经营周转金。《鉴定报告》附表 4 摘要栏均载有 90 万元的记账日期、凭证号和"收到维也纳集团现金"的内容。一审判决第二项,即七星公司支付维也纳公司损失 392 万元包括以上 182 万元和 90 万元。对于原始单据不齐全且未经双方质证的证据发生的相关款项,一审判决未采纳。2010 年 7 月 19 日,七星公司针对鉴定结论提交的《司法会计鉴定报告之意见》,未就 182 万元及 90 万元为维也纳公司对酒店投入的鉴定结论提出异议。以上款项发生的记账凭证均载有核算单位:酒店,过账、审核人:李启旋,制单:董成刚。王启玲为酒店出纳、李启旋为酒店财务经理。

4. 当事人对七星公司为酒店所有权人及酒店 2008 年 10 月 31 日通过消防验收的事实认可。一审法院 2009 年 8 月 12 日的庭审笔录载明:七星公司认可消防许可证的办理“是酒店提出申请,施工图纸需要到消防部门备案,具备验收条件时酒店申请验收”。

最高人民法院二审查明的其他案件事实与一审查明的相同。

六、最高人民法院二审认定与判决

根据当事人上诉请求与答辩,最高人民法院就当事人二审争议的焦点分析认定如下:

(一)关于双方当事人是否违约,是否应向对方支付 500 万元违约金的问题

最高人民法院认为,《中华人民共和国消防法》第九条规定,建设单位应当向公安消防监督机构提出消防验收申请,送达建筑消防设施技术测试报告,填写《建筑工程消防验收申请表》,并组织消防验收。消防验收不合格的施工单位不得交工,建筑物的所有者不得接收使用。该法律规定表明,消防验收是建筑工程验收的一个重要组成部分,消防验收合格表明当事人履行了合同义务。因此,交付使用的工程都必须经过消防验收这一重要环节,并且还须验收合格。对于消防验收不合格的工程不得验收,也不得交付使用,以确保工程达到保护公共财产、公民人身及财产安全和维护社会安全的目的。本案七星公司作为酒店所有权人不仅依法负有对酒店消防验收合格的义务,且依据《租赁合同》约定负有向维也纳公司提供酒店消防验收许可证的合同义务。唯有如此,才能保证维也纳公司如期合法正常经营。但本案查明的事实为,2006 年 11 月 24 日,七星公司向维也纳公司移交酒店时,酒店未取得消防许可证,虽其 2006 年 12 月 17 日在《备忘录》中承诺:“其保证酒店消防不影响酒店正常经营管理”,但由于酒店消防验收未达法定验收标准和未能如期在消防部门要求的 2007 年 5 月 25 日前整改完成,最终酒店于 2007 年 7 月 2 日受到相关部门罚款和停止使用的处罚。

事实证明,由于酒店消防工程验收不合格,七星公司无法向维也纳公司履行提供酒店经营所必需的消防许可证义务,是导致酒店被处罚和责令停业的主要原因。七星公司理应向维也纳公司承担履行合同不能的违约责任。但由于维也纳公司履行合同过程中,违反“应于每月 15 日前向七星公司支付当月的租金”之约定,迟延交纳租金,亦存在违约行为。《租赁合同》关于“任何一方违约,赔偿对方 500 万元损失及相应可期待利益及相关所有费用”的约定,应当理解为无论任何一方违约,也无论何种违约,当事人双方均应承担同等的违约责任与同等的违约金数额。本案鉴于双方违约,且双方的违约行为均发生在《租赁合同》解除前,因此,根据《中华人民共和国合同法》第一百二十条:“当事人双方都违反合同的,应当各自承担相应的责任”之规定与《租赁合同》约定的该违约条款,一审法院在查清事实的基础上,判决驳回当事人关于对方支付 500 万元违约金的诉讼请求,并无不妥。

(二)关于国际公司应否承担连带责任的问题

最高人民法院认为,本案是七星公司与维也纳公司《租赁合同》所形成的权利义务纠纷,国际公司不是《租赁合同》的签约人,依据合同相对性原则,维也纳公司关于国际公司承

担连带责任的请求,理据不足。

(三)关于《鉴定报告》能否作为认定案件事实依据的问题

最高人民法院认为,《中华人民共和国民事诉讼法》第七十二条规定,人民法院对专门性问题认为需要鉴定的,应当交由法定鉴定部门鉴定。维也纳公司作为承租方在经营酒店期间的投入已物化至酒店中,《租赁合同》终止后,七星公司应当予以返还。就维也纳公司在经营酒店期间的投入证据,一审法院分别于 2010 年 1 月 4 日、11 日两次组织双方质证。此后,在双方对维也纳公司投入资金数额不能协商一致的情况下,一审法院根据维也纳公司的申请委托鉴定所鉴定。七星公司对鉴定范围与鉴定起止时间无异议,对维也纳公司提供的投入证据表示"符合会计准则的款项认可,不需再逐项核对"。

依据鉴定结论,一审判决第二项,即七星公司赔偿维也纳公司损失 392 万元中,属于原始单据齐全的投入 302 万元(包括维也纳公司支付王启玲的 182 万元),属于原始单据不齐全但经过双方质证的投入 90 万元。此后,鉴定所就双方对鉴定结论提出的异议,分别作出了说明与答疑。2010 年 7 月 19 日,七星公司提交的《司法会计鉴定报告之意见》,未就 182 万元及 90 万元为维也纳公司对酒店的投入鉴定结论提出异议。

依据鉴定结论,维也纳公司的 1054980.02 元物品垫付款,属于原始单据齐全发生的投入。《租赁合同》约定,维也纳公司可以以租金抵扣等方式协助七星公司完成酒店各项筹备工作,即其可先垫付款项后在租金中予以抵扣。因此,一审判决维也纳公司物品采购垫付款 1054980.02 元应抵扣维也纳公司应付的租金,符合合同约定。两项相抵,维也纳公司应付租金 596632.88 元。七星公司关于一审判决维也纳公司的物品采购垫付款 1054980.02 元抵扣应付的租金,又判决其赔偿损失,属于重复计算的主张,没有依据。

综上,维也纳公司提交的酒店投入资金证据,已经一审法院组织当事人质证,鉴定所已就鉴定结论向当事人进行了答疑,鉴定程序合法,鉴定所采纳的证据符合会计准则,鉴定结论客观反映了维也纳公司经营期间的投入。因此,该鉴定结论不仅对双方具有约束力,也应当作为认定本案事实和判决的依据。七星公司在对鉴定所及鉴定人员资质、鉴定范围与时间认可,又不能提供相反证据证明鉴定结论非真实客观的情况下,一审判决认定 392 万元为维也纳公司的投入,在《租赁合同》终止后,由七星公司予以赔偿,并无不妥。七星公司关于《鉴定报告》不应当作为认定案件事实依据的上诉请求,证据不足。

(四)关于一审判决维也纳公司支付七星公司租金数额是否正确的问题

最高人民法院认为,本案同前查明的事实,由于七星公司未能依法律规定与《租赁合同》约定,向维也纳公司提供酒店经营所必需的消防许可证,2007 年 7 月 2 日,酒店被当地消防部门处以罚款和责令停止使用的处罚。维也纳公司虽存在逾期支付租金的违约行为,但如同一审判决认定,该违约行为不是导致《租赁合同》不能履行的根本原因。对此,一审判决在查清事实的基础上,认定七星公司应当承担《租赁合同》不能履行的主要责任,该责任的划分与承担,并无不当。

由于酒店 2007 年 7 月 2 日停业,维也纳公司不能正常合法经营获利,无法实现《租赁合同》订立的目的,一审判决维也纳公司支付租金至酒店停业日,理据充分。七星公司关于维也纳公司支付租金应至 2007 年 9 月 13 日双方签署《庭前和解笔录》日,共计 1935484 元的上诉主张,依据不足。

(五)关于七星公司主张维也纳公司赔偿财产损失 2880 万元的反诉请求能否成立的问题

最高人民法院认为,2007 年 9 月 13 日,双方在丽江市中级人民法院主持下,就酒店移交等事项签署《庭前和解笔录》,双方认可该笔录为和解协议的性质。故认定和解协议内容为双方平等协商一致的意思表示,合法有效,对双方具有约束力。

和解协议约定:七星公司退还维也纳公司保证金 500 万元,维也纳公司提前将酒店移交七星公司,七星公司接受钥匙则表示移交符合《租赁合同》约定的提前终止条件,对酒店及资产移交已无任何异议。后七星公司依约退还维也纳公司保证金 500 万元。次日,双方对酒店移交,七星公司接受了酒店钥匙。二审庭审中,七星公司认可双方已实际履行了和解协议约定的权利与义务。

事实表明,《租赁合同》已经双方协商一致解除,七星公司对维也纳公司移交酒店时的资产状况认可无异议,在此情况下,七星公司以其移交酒店时的资产价值与交还时的资产价值之差 2880 万元作为损失,请求维也纳公司赔偿,于理不符。

综上,维也纳公司与七星公司的各项上诉请求,理由均不能成立,不予支持。一审判决认定事实清楚,适用法律正确,予以维持。依照《中华人民共和国民事诉讼法》第一百五十三条第一款第(一)项之规定,最高人民法院于 2011 年 4 月 28 日作出(2011)民一终字第 18 号民事判决:

驳回上诉,维持原判。

逾期履行本判决确定之金钱给付义务,依照《中华人民共和国民事诉讼法》第二百二十九条之规定,加倍支付迟延履行期间的债务利息。

一审案件本诉受理费 291800 元、反诉受理费 110449.76 元及鉴定费 12 万元,按照一审判决执行;二审案件受理费 288361 元,维也纳公司负担 46800 元,七星公司负担 241561 元。

七、对本案的解析

因篇幅所限,笔者仅就其中(一)、(四)两个焦点所涉及的法律适用问题进行探讨,以求审判实践对此类问题的正确裁判。

(一)关于当事人双方是否违约,是否应向对方支付 500 万元违约金的问题

在我国,法律赋予当事人享有缔结合同的自由、选择合同相对人的自由、决定合同内容的自由、变更和解除合同的自由、选择补救方式的自由以及发生纠纷选择裁判方式的自由等。合同自由原则像一条红线,贯穿于当事人订立合同的全过程。也正是由于合同是当事人根据其自由意志而订立,由此产生的权利义务,当事人就应当按照约定全面履行。因为,市场经济条件下,每一个市场主体订立合同的目的,都是为了追求一定的经济利益。市场

的有序运行同样依赖于合同的严格遵守。“合同的履行是合同关系从产生到消亡过程中的中心环节,而合同的履行制度也是合同制度中最核心的制度”。①

如果当事人违约,当事人通过平等协商建立起来的合同关系就会遭到破坏,市场经济秩序也会受到影响。《民法通则》第一百一十一条规定:“当事人一方不履行合同义务或者履行合同义务不符合约定条件的,另一方有权要求履行或者采取补救措施,并有权要求赔偿。”《合同法》第一百零七条规定:“当事人一方不履行合同义务或者履行合同义务不符合约定的,应当承担继续履行、采取补救措施或者赔偿损失等违约责任。”有关违约责任的条款,还散见于其他民事单行法之中。国家以立法的形式,确立违约责任追究制度,是保障当事人全面履行合同义务,实现订立合同目的,维护良好交易秩序的根本保证。

本案《租赁合同》,是当事人双方平等协商一致的意思表示,内容不违反法律、法规的强制性规定,合法有效。

依约定,七星公司负有将酒店移交维也纳公司、免费为维也纳公司提供酒店合法相关证照等义务,而且所移交的酒店必须完全符合消防验收标准,以确保达到维也纳公司正常经营中的合法使用和保护公共财产、公民人身及财产安全和维护社会安全的目的。由此,七星公司作为酒店所有权人不仅依约负有向维也纳公司提供酒店消防验收许可证的合同义务,依法亦负有对酒店消防验收合格的法定义务。唯有如此,才能保证维也纳公司正常经营,从而实现订立《租赁合同》承租酒店应获得的经营收益。

依约定,维也纳公司负有于每月 15 日前支付七星公司当月租金以及最迟不得超过 2006 年 12 月 5 日向七星公司交保证金 500 万元等义务。而依约足额向七星公司支付租金,则是维也纳公司最为重要的合同义务。只有维也纳公司通过“于每月 15 日前支付七星公司当月租金”这种一次性结清资金的自觉履行方式,才能保证七星公司实现订立《租赁合同》出租酒店应获得的租金收益。

为保证各方义务得以全面正确履行,双方获得各自所期望的经济利益,《租赁合同》还特别约定:“任何一方违约,赔偿对方 500 万元损失、可期待利益及相关所有费用。”即双方在合同履行前即向违约一方包括双方明确了违约所承担的具体违约金数额,而且无论一方违约还是双方违约,也无论何种违约形态,只要违约事实存在,就应当承担同等的违约金数额。显然,当事人双方订立该条款的宗旨与目的,就是为了将合同的风险与违约责任限制在明确的范围内,以保障《租赁合同》履行过程中因发生违约以及违约后果能够得到有效救济。

当事人双方实际履行情况是:七星公司未依约定的期限向维也纳公司提供酒店必需的消防许可证,最终酒店因消防验收不合格,被相关部门罚款与责令停止使用;维也纳公司未依约定的期限足额向七星公司支付房屋租金。双方履行都不符合《租赁合同》约定,都违背了合同应负的义务,且当事人双方违约行为都发生在《租赁合同》解除前。因此,一审判决《租赁合同》关于“任何一方违约,赔偿对方 500 万元损失、可得利益及相关所有费用”的约定,对当事人双方具有约束力,当事人双方各承担 500 万元违约金,符合《租赁合同》约定与

① 王利明:《合同法研究(第二卷)》,中国人民大学出版社 2003 年版,第 4 页。

《合同法》第一百一十二条:"当事人双方都违反合同的,应各自承担相应的责任"之规定。二审判决予以维持,也是基于一审判决对此焦点适用法律的正确性。

(二)关于一审判决维也纳公司支付七星公司租金的数额是否正确的问题

《合同法》第一百一十二条关于"当事人双方都违反合同的,应各自承担相应的责任"之规定,无疑为人民法院正确认定当事人双方违约责任以及承担违约责任后果提供了裁判的法律依据。但由于当事人违反合同义务的性质与特点不同,导致违反合同义务的形态也不尽相同。根据《合同法》的规定,当事人违约行为可以分为单方违约和双方违约、预期违约与履行期限到来之前违约、根本性违约和非根本性违约、违反法定义务、违反附随义务以及违反约定义务,①等等。法律设置违约形态的根据,就是对不同违约形态提供不同的救济。②该法律规定说明,在当事人双方违约的情况下,并非均等承担违约责任,人民法院确定各方当事人应承担的违约责任时,还应根据其过错程度大小、违约后果等确定各方应承担的违约责任。如果双方违约程度相当,且因其过错给对方造成的损害程度大体相同,则当事人双方应各自承担责任。如果一方当事人的过错承担明显大于另一方当事人,且给对方造成的损失较重,则应承担更重的责任。所以,在当事人双方违约的情况下,必须正确认定各方所应承担的责任,不能不分责任轻重,一概均等分担。唯有如此,才能体现违约责任具有的补偿守约方损失和对违约方违约行为制裁的双重功能。

本案同前所述,七星公司未能依约定的期限向维也纳公司提供酒店必需的消防许可证,最终酒店因消防验收不合格,被相关部门罚款与责令停止使用;维也纳公司未能依约定的期限足额支付房屋租金。当事人双方履行都不符合《租赁合同》约定。但七星公司未能依约定的期限向维也纳公司提供酒店必需的消防许可证,是最终导致酒店因消防验收不合格,被相关部门罚款与责令停止使用的唯一原因,或者说,七星公司不能依约提供酒店消防许可证,无法"保证维也纳公司正常经营中的合法使用",导致酒店被罚款和停止使用的后果,与七星公司违反合同义务和违反《消防法》"消防验收不合格的施工单位不得交工,建筑物的所有者不得接受使用"规定的违约与违法行为之间存在直接因果关系。酒店被罚款和停止使用的后果,客观上直接导致当事人双方订立的《租赁合同》目的不能实现。此后,当事人双方通过签署《庭前和解笔录》的方式解除。《租赁合同》解除后,一方面合同效力归于消灭。另一方面,《租赁合同》解除作为一种补救手段,只是使维也纳公司摆脱了合同关系的束缚,但其因七星公司的根本性违约所造成的损失并没有得到补救。具体而言,维也纳公司即投入酒店的392万元资金已物化至酒店,该笔实际损失,是独立于《租赁合同》约定"任何一方违约,赔偿对方500万元损失、可得利益及相关所有费用"之外的损失,与500万元违约金之间彼此独立,与《租赁合同》约定的当事人双方各自权利义务无牵连。因此,七星公司对维也纳公司该笔损失负有法定的返还义务。只有如此,才能使维也纳公司获得《租赁合同》正常履行情况下的同等经济利益。一审判决根据《鉴定报告》确认的酒店移交

---

① 《合同法》第一百零七条规定:"当事人一方不履行合同义务或者履行合同义务不符合约定的,应承担继续履行、采取补救措施或者赔偿损失等违约责任。"第一百零八条、第一百一十三条等,均为违约责任的条款。

② 王利明、崔建远:《合同法新论·总则(修订版)》,中国政法大学出版社2000年版,第585页。

日 2006 年 11 月 24 日至《租赁合同》2007 年 9 月 13 日解除日的 392 万元,作为维也纳公司的实际损失,由七星公司予以赔偿,符合《合同法》第一百一十三条:"当事人一方不履行合同义务或者履行合同不符合约定,给对方造成损失的,损失赔偿应当相当于因违约所造成的损失,包括履行后可以获得的利益,但不得超过违反合同一方订立合同时预见到或者应当预见到的因违反合同可能造成的损失"之规定。二审判决予以维持,同样是基于一审判决对此焦点问题适用法律的正确性。

需要说明的是,本案二审诉讼期间,七星公司主张:一审判决将该公司赔偿维也纳公司损失计算至 2007 年 9 月 13 日,为保持一致,维也纳公司付租金亦应至 2007 年 9 月 13 日。即该公司的损失应当与维也纳公司获得的利益相抵。民法上的损益相抵,是指受害人基于损失发生的同一原因而获得利益时,则在其应得的损害赔偿中,扣除其所得的利益部分,是属于赔偿责任的范围确定问题,而不是两个债权相互抵消。[①] 也有的学者称损益相抵为在确定损害赔偿范围时,如果受害人因违约获得了一定的经济利益,则应将所获得的利益从损害赔偿额中扣除。[②] 无论损益相抵的概念和内涵表述如何,但损益相抵的前提必须是违约发生后,受害人不仅遭受损害,同时由于自身的过错(如故意或者怠于合同积极履行)也获得了利益,此种利益才能从获得的损失中扣除。本案维也纳公司虽有违约行为,但其在七星公司的根本性违约行为中,没有获得真实存在的经济利益。因此,也就不发生损益相抵。

① 崔建远:《合同责任研究》,吉林大学出版社 1992 年版,第 218 页。

② 王利明:《合同法研究》(第二卷),中国人民大学出版社 2003 年版,第 664 页。

双方未进行最终结算,一方请求对部分争议先行处理的不予支持

——温州市新业房地产开发有限公司与温州市江滨路鹿城段工程建设指挥部房地产开发经营合同纠纷上诉案

孙延平*

法理提示 本案新业公司认为,即使双方尚不具备结算条件,也不影响人民法院对地下车库入口重建及改变安置条件损失部分先行进行处理。但是,本案由于指挥部提出反诉,请求新业公司返还其已多付的安置费用等,且经人民法院审理认为,双方尚不具备最终结算条件。在此情形下,如果本案仅处理因改造地下车库出入口及改变安置条件的损失部分,恐造成双方利益不平衡,以至影响本案的最终处理。因此,新业公司该项请求,不应给予支持。

上诉人(原审原告、反诉被告):温州市新业房地产开发有限公司,住所地浙江省温州市蝉街金信商厦 301 室。

法定代表人:郑平平,该公司董事长。

被上诉人(原审被告、反诉原告):温州市江滨路鹿城段工程建设指挥部,住所地浙江省温州市江滨西路怡浦园 A、B 幢二楼。

法定代表人:姜扬烽,该指挥部指挥。

一、浙江省高级人民法院一审查明的事实

温州市江滨路鹿城段改建工程是温州市人民政府决定由鹿城区政府负责实施的城市建设项目,温州市江滨路鹿城段工程建设指挥部(以下简称指挥部)代表鹿城区政府具体实施江滨路鹿城段建设。

1998 年 7 月,指挥部与潘秀霞等被拆迁户签订拆迁协议书,其中第五条约定,潘秀霞等认购大开间营业安置房,以若干房组合认购为原则,认购定位后不得将各自铺位进行固定分割,营业房前后的商场内通道,指挥部根据规定,统一布局,统一划定。底层营业房相邻

* 最高人民法院民一庭高级法官。

结合部,除因结构原因外,不得用固定分割物进行分割,以保证整个商场畅通无阻。众用分摊面积属共有,潘秀霞等不得擅自分割、占用。

1998 年 11 月 23 日,指挥部与温州市新业房地产开发有限公司(以下简称新业公司)签订一份《安置地块开发建设协议书》记载,指挥部负责江滨路鹿城段工程建设,新业公司承担 2 号地块开发建设任务,为做好安置地块的拆迁、安置及建设工作,经双方协商:一、指挥部同意新业公司在 2 号地块进行开发建设,有关该地块土地使用权出让事宜必须按照新业公司与市土地管理局签订的"温州市国有土地使用权招标出让协议"文本执行,本地块主要规划指标以市规划局对鹿城段详细规划审批后所确定的指标为准。二、该地块的拆迁工作由指挥部组织实施,指挥部在拆迁过程中垫付的拆迁补偿费、管理费、办公费及市有关部门办理拆迁事宜手续费等经费 733 万元(准确金额以决算为准),应由新业公司付给指挥部。指挥部将该地块的投入与产出报市土地管理局测算,并经市政府领导批准,属地价款负值地块,指挥部应付新业公司 700.92 万元,在签订协议后一个月内结清新业公司应付指挥部的一切款项。指挥部应按工程进度分期支付地价负值款项。本地块外迁安置企业的拆迁安置工作由指挥部实施,其拆迁补偿经费每平方米 2000 元包干使用,同时新业公司须向指挥部支付补偿费总额 4% 的管理费。三、新业公司负责被拆迁户和被拆迁单位的安置工作,指挥部应积极予以配合,安置面积以鉴证后的协议书面积为准。本地块规划指标中的住宅全部为拆迁安置房,不足部分由指挥部以每平方米 1200 元价值调剂给新业公司,本地块须调进 9883 平方米,具体幢位在 4 号地块沿江滨路第 1-4 幢 2309 平方米、在 8 号地块沿江滨路第 1-4 幢 4104 平方米、在 9 号地块沿江滨路第 1-4 幢 3470 平方米。安置房调剂工作,指挥部应帮助落实,新业公司需向指挥部支付退购住宅和调剂住宅总额 4% 的管理费。调剂数与实际安置数差额部分在 4、8、9 号地块中解决。新业公司与 4、8、9 号地块开发单位自行签订调剂房交款方式、交房时间及有关事宜的协议书,并由指挥部签证生效。另外 5840 平方米住宅外迁下昌浦住宅区安置,新业公司以每平方米 1200 元的价格向指挥部付款,并提供套型设计有关资料,由指挥部代建,建好后交给新业公司安置,并协助新业公司做好安置工作。安置面积中属于拆迁政策以外增购部分,新业公司向指挥部购买,价格按当年市场价另行计算。四、本地块新业公司无偿提供 50 平方米居委会用房,并按规划设计要求提供公建配套。规划指标中商业房须用于拆迁安置的:甲类(临江滨路)700 平方米,乙类(商业街)1478 平方米;办公房(二楼)1202 平方米。商业房和办公房安置面积,以鉴证后协议面积数为准,差额在同类地段安置。其余商品店、商品办由新业公司销售。安置面积发生增减由双方另行签订补充协议。五、本地块的营业用房、二楼办公用房,新业公司务必按拆迁有关政策拟定安置方案,报有关部门批准后方可销售。六、新业公司在开发建设过程中必须按照指挥部制定的《江滨路鹿城段规划建筑设计管理规定和配套设施配置要点》文件组织实施,严格施工管理,保证工程质量,确保施工安全,并接受指挥部监督检查。七、新业公司如享受市政府有关政策规定的免缴市政配套等费用,指挥部应予协助办理有关手续。八、未尽事宜另行协商。

1999 年 8 月 16 日,温州市规划局作出温市规[1999]127 号《关于江滨路鹿城段 2JHJ 地块设计方案的批复》,原则同意新业公司报送的 2 号地块设计方案。

1999 年 8 月 30 日,鹿城区政府批转指挥部制定的《温州市江滨路鹿城段工程建设指挥部拆迁安置若干规定》第一条规定,为统一安置政策,做好拆迁安置工作,维护被拆迁人的合法权益,根据温州市人民政府(1997)46 号《温州市江滨路房屋拆迁补偿安置规定》和江滨路指挥部、鹿城段指挥部有关拆迁安置会议纪要内容,结合鹿城段改建区的实际情况,特制定本规定。第二条规定,各地块被拆迁人由该地块开发建设单位,即房开公司负责组织安置。地块开发建设单位必须按照"先安置、后出售"的原则,编拟安置方案报指挥部,由指挥部同城市房屋拆迁管理办公室、鹿城区公证处审议批准后组织实施,实施过程中由鹿城区公证处组织摸文、监督安置房认购定位。安置工作坚持公平、公正、公开原则,接受群众监督;被拆迁人要支持配合开发建设单位共同做好安置工作。第三条规定,安置住宅房、安置营业房、安置办公房的价格必须按照市府(1997)46 号文件、市物价局(1998)215 号文件与江滨路指挥部 1998 年 2 月 10 日联合办公会议纪要等文件规定执行。凡签订正式拆迁安置协议的价格,在安置过程中不得变更;如需调整的,待办理安置房购房款决算时,根据安置地段的价格予以调整。……第七条规定,营业房的安置:(1)凡已签订营业房拆迁安置正式协议的被拆迁人,按协议中所定的地域类别由签订协议地块的开发建设单位予以安置。(2)营业安置房原则上门面宽度不低于 2.2 米,深度不得超过 8 米。

1999 年 11 月 16 日,指挥部给温州市规划局的《关于要求解决 1、2JHJ 地块安置面积增加的报告》记载:本指挥部 2 号地块新业公司开发建设安置房,该地块纯属安置地块,主要承担 1、2 号地块拆迁安置任务。由于拆迁范围扩拆需要增加被拆迁户 23 户,计面积 1300 平方米。在测算与拆迁实施过程中增加 146 户,套型差面积 730 平方米,营业房面积增加 247 平方米,单位办公用房增加 1322 平方米,就地住宅增加 1094 平方米,以上总面积增加数为 4693 平方米。因该地块涉及拆迁安置面广、户数多、情况复杂,安置任务繁重,占鹿城段一期安置任务比例比较大。因此,恳请贵局根据实际情况给予落实建筑面积增加数及核减地价款。

2000 年 1 月 11 日,温州市建设局作出温建技[2000]003 号《关于江滨路鹿城段 2JHJ 地块工程扩初设计的批复》,对 2 号地块工程扩初设计后的主要建设指标作出批复。同年 8 月 10 日,温州市土地管理局、新业公司签订(2000)温土建合字 62 号《温州市国有土地使用权出让合同》,温州市土地管理局签发了《国有土地划拨决定书》,将 2 号地块出让或划拨给新业公司,土地用途为商业、住宅、综合用地;2 号地块土地总面积 10618 平方米,其中出让土地使用权面积 4627 平方米,划拨土地使用权面积 5991 平方米,出让地块价款为 -1995.27 万元(由指挥部支付给新业公司)。指挥部收集整理了 2 号地块拆迁、安置总汇;温州市土地管理局制作了 2 号地块房地产开发地价测算表、地价测算审核表和出让地块增加建筑面积补地价测算,作为 2 号地块开发建设结算依据之一。

新业公司在 2 号地块所建设的工程名称为新业大厦,由五幢建筑组成。2003 年 3 月 21 日,相关部门对新业大厦进行了竣工验收。同年 4 月 22 日,温州市公安局消防支队作出新业大厦工程消防验收合格的意见。

2004 年 5 月 20 日,鹿城区政府召开 2 号地块营业用房安置等事宜协调会议,会议形成的(2004)14 号协调会议纪要记载:"(1)鉴于该地块营业房安置面积不足的现状,应对部分营业房采用货币安置的方式,以现行市场价格为依据进行市场化运作,原已审批的地价中的商品店测算价与现行市场价格的差价部分,由指挥部和新业公司各承担 50%。”同年 9 月 26 日,鹿城区政府召开 2 号地块营业房安置工作专题会议,会议形成的(2004)28 号协调会议纪要记载:“一、会议明确了营业房安置原则:1. 房管(单位)公房及其他单位营业房全部外迁新屯前安置;2. 房管(单位、个人)公房使用权已买断的视同房管(单位)公房,一律外迁新屯前安置;3. 房管(个人)公房使用权未买断的就地安置;4. 个人私房一律就地安置;5. 私房已退购的一律不作安置;6. 外迁新屯前营业房面积以 1 ⚾: 1.5 予以安置,房价以市场价格进行结算;新屯前调入的营业房属补充 2 号地块营业房安置不足部分,所需要资金由指挥部和新业公司各负担 50%。二、会议对地下车库出入口整改问题进行了研究,地下车库出入口的整改原则定为:(1)先完成整改后再结算;(2)用于新开出入口及坡道整改所需 140 平方米营业房面积以市场评估价作结算;(3)汽车坡道的改建费用全部由指挥部承担;(4)由于坡道整改对内店面造成影响,酌情处理。三、会议要求新业公司要从维护社会稳定的大局出发,本着对被拆迁户高度负责的态度,尽快落实营业房安置方案,经区政府审核后,上报市拆迁办公室审批。指挥部与新业公司要密切配合,同心协力尽快搞好安置工作。”

2004 年 10 月 22 日,指挥部给新业公司的《关于 2 号地块地下车库出入口整改工程有关问题的承诺》记载:“一、2 号地块地下车库原设在商业步行街的出入口应予立即拆除整改。另在 2 号地块 4 号楼向永川路另开地下车库出入口,整改工程由指挥部负责组织实施。如由于该整改工程施工造成的质量及一切其他相关问题,由指挥部承担。二、2 号地块地下车库出入口整改工程的费用由指挥部承担。三、用于新开 2 号地块地下车库出入口整改所需约 140 平方米营业房面积计算,依照区政府 9 月 26 日的会议精神执行。”

经当事人申请,一审法院委托浙江天源资产评估有限公司对案涉部分房地产市场价值进行评估,该公司出具的 41 号报告记载:对新业大厦下列三项物业于评估基准日(2005 年 9 月 15 日)的市场价值进行评估,评估结果为新业大厦 1 - 5 幢一层营业房整体使用下(即大开间使用)市场价值评估结果:面积 6350. 981 平方米,单价 30937 元。新业大厦 1 - 5 幢一层安置后遗留营业房的市场价值评估结果:面积 4510. 86 平方米,单价 19463 元。地下车库出入口改造造成的资产损失价值评估为 672. 36 万元。

经当事人申请,一审法院委托中汇会计师事务所有限公司对 2 号地块经济结算表进行鉴证,该公司作出的 1443 号报告记载:审计发现,由于诉讼双方未完整提供与 2 号地块经济结算表有关的会计资料和其他相关资料,如被拆迁户具体安置情况、安置住宅(营业房)购房款结算情况等,由于缺失资料可能产生的重大影响,无法对 2 号地块经济结算表相关项目内容和金额发表鉴证意见。对指挥部应付新业公司的 29 项项目中的住宅延误安置费等 13 项无法发表意见,新业公司应付指挥部的 9 项项目中代垫拆征费等 3 项无法发表意见。

就 2 号地块被拆迁人安置情况,新业公司陈述:住宅已经安置完毕。企业涉及营业房的是异地安置,还没有安置完毕。个人营业房安置方案都有的,但还有 4 户没有签订协议。指挥部陈述:住宅已经安置完毕,个人营业房基本上安置完毕,还有几户方案已经有了,拆迁办也批了,但是协议还没有签。单位营业房还没有安置完毕。

二、当事人一审起诉、反诉与答辩情况

新业公司起诉至一审法院称,1998 年 11 月 23 日,新业公司和温州市江滨路鹿城段工程建设指挥部签订《安置地块开发建设协议书》一份,约定:指挥部同意新业公司在 2 号地块进行开发建设,规划指标中的商业房须用于拆迁安置的甲类(临江滨路)700 平方米,乙类(商业街)1478 平方米,办公房(二楼)1202 平方米,其余商品店、商品办由新业公司销售,安置面积增加由双方另行签订补充协议。此前,指挥部和被拆迁人签订的营业房拆迁协议规定,被拆迁人按大开间营业房安置,统一经营。

1999 年 8 月 30 日,指挥部未经新业公司同意公布了《温州市江滨路鹿城段工程建设指挥部拆迁安置若干规定》,规定营业安置房门面宽度不低于 2.2 米,深度不得超过 8 米。这一规定改变了开发建设协议的履行条件,使得营业房由大开间安置和统一经营变成分户安置和分散经营,新业公司开发的营业房临街门面全部用于安置,仍有几十户无法安置,给开发协议的履行设置了障碍。新业公司要求按原协议履行并提出了相关方案。指挥部不同意,执意要求按规定执行,造成房屋竣工两年多被拆迁户无法回迁,被拆迁户到处上访引发了社会矛盾。新业公司不得已将开发的营业房临街门面全部用于安置被拆迁户,不足部分花巨资进行货币安置或外迁。由于安置方案改变,使得新业公司按协议本可自行销售的剩余营业房变成了难以销售的积压品,造成巨额经济损失。

2004 年 10 月 22 日,指挥部拆除了新业公司按规划已建设的设于商业步行街的地下车库出入口,而重新在新永川路建出入口,造成新业公司 140 平方米的营业房面积损失和其他经济损失。

根据双方签订的协议和有关文件纪要,指挥部应付新业公司安置费、过渡费等各项费用余款 8359.40686 万元,扣除新业公司应付指挥部的外迁企业征迁费、拆征费、外迁安置房购买费等项余款 2070.53 万元及已付新业公司安置费、过渡费等 2850 万元,指挥部尚应支付新业公司安置款 3438.87686 万元。新业公司请求判令:(1)指挥部赔偿新业公司因单方改变安置条件给新业公司造成营业房经济损失 5300 万元;(2)指挥部赔偿新业公司因改造地下车库出入口给新业公司造成的经济损失 903 万元;(3)支付新业公司 2 号地块安置结算余款 3438.87686 万元;(4)指挥部承担本案诉讼费。

2005 年 10 月 19 日,新业公司以其委托的温州天平房地产估价所有限公司对 2 号地块一层营业房在整体使用情况下,以及安置遗留营业房市场价值评估结果等为由,申请变更诉讼请求,即:(1)将起诉状第一项诉讼请求变更为,判令指挥部赔偿新业公司因单方改变安置条件给新业公司造成营业房经济损失 5886.796158 万元;(2)将起诉状第二项诉讼请求变更为,判令指挥部赔偿新业公司因改造地下车库出入口给新业公司造成的经济损失 856.921631 万元;(3)将起诉状第三项诉讼请求变更为,判令指挥部支付新业公司 2 号地块安置款 5078.887461 万元。

指挥部答辩称:

1. 关于新业公司第一项诉讼请求。(1)指挥部不存在违约事实,不应承担违约责任。①指挥部要求新业公司按《温州市江滨路鹿城段工程建设指挥部拆迁安置若干规定》进行

拆迁安置,是《安置地块开发建设协议书》规定的新业公司应尽的合同义务,指挥部不构成合同违约,不需要承担违约责任。②指挥部与被拆迁人签订的拆迁协议书并没有作为《安置地块开发建设协议书》附件,拆迁协议书中的权利义务并不当然及于新业公司。鹿城区人民政府文件对拆迁协议书所涉的营业房安置进行调整,被拆迁户并没有提出异议,新业公司根据《安置地块开发建设协议书》第五条规定,应无条件按政府拆迁政策对被拆迁户进行安置。③指挥部作为承担江滨路鹿城段房屋拆迁、安置和道路工程建设的事业法人,一方面履行与新业公司等 17 家公司签约、履约工作,另一方面又代表政府履行上述工作职责的管理工作。指挥部按政府规范性文件履行职责,即便给合同相对方造成一定经济损失,也不能认定为合同违约行为。④《温州市江滨路鹿城段工程建设指挥部拆迁安置若干规定》在 1999 年 8 月 30 日下发,包括新业公司在内的 17 家开发公司在 1999 年 8 月 31 日会议上都没有对营业房安置的具体规定提出异议,应视为新业公司已经认可区政府规定的营业房安置条件。⑤新业公司在 2004 年 8 月 3 日《关于要求批准江滨路鹿城段 2 号地块甲类营业房安置认购、定位方案的报告》中,已经认可《温州市江滨路鹿城段工程建设指挥部拆迁安置若干规定》精神。因此,在安置完成之后,新业公司已无权就同一事实向指挥部提起违约之诉。综上,指挥部认为新业公司第一项诉讼请求不能成立,应予驳回。(2)不论指挥部在营业房安置方面是否存在违约,新业公司因未尽《合同法》第一百一十九条规定的采取适当措施防止损失发生和扩大之义务,相应损失应由其自行承担。(3)新业公司直到 2004 年 7 月 12 日才向指挥部书面报告,对安置营业用房方案提出异议,新业公司第一项诉讼请求超过诉讼时效,不应受法律保护。

2. 关于新业公司的第二项诉讼请求。2 号地块的地下车库出入口,在原设计方案中设计在新永川路,新业公司在做方案修改时,利用关系将车库出入口移到商业步行街。这一改变与商业步行街景观极不协调,同时影响步行街部分店面的商业功能。2002 年 5 月,市规划局、市建设局等六个单位对 2 号地块安置住宅建筑整改意见中提出“开设在商业步行街的地下停车场出入口应立即拆除,按设计图纸另建入口”。因此,车库出入口另建,并非由指挥部单方改变规划设计方案引起,责任在于新业公司自身及规划部门,由此产生的费用,不应由指挥部承担。涉及安置面积、增加建筑面积等影响地价因素,最终应以 2000 年 5 月 15 日市土地管理局确定的相应地价测算价格为准,新业公司以 1998 年《国有土地使用权出让协议书》为据,主张车库权利,不应得到支持。

3. 关于新业公司的第三项诉讼请求。在新业公司起诉之前,指挥部早在 2005 年 4 月 29 日就已出面通知新业公司尽快提供结算资料,在双方核对并经有关部门审计后完成结算,但新业公司一直置之不理。在起诉书中,新业公司提出指挥部尚需支付其结算余款 5078.887461 万元,是新业公司不顾事实,单方编制的数据。最终正确的数据应建立在双方提供结算资料,并经鉴定后才能确定。新业公司所承担的安置工作至今尚未完成,新业公司主张的结算款绝大部分没有提供结算依据。故新业公司主张的结算条件尚未成就,应予驳回。

本案指挥部提出反诉称,《安置地块开发建设协议书》就 2 号地块开发建设有关事项作出约定。根据该协议书的相关约定,新业公司应支付指挥部代垫拆征费 668.21 万元、外迁企业拆迁费 329 万元、代垫费用和代办经费 181.19 万元、外迁住宅购房款 1003.68 万元、外迁住宅增购款 795.77 万元,及省审计厅审计确认的商品营业房面积更正补缴地价款 222.3 万元,加上指挥部应收已付新业公司的借款等 3592.02 万元,新业公司应支付指挥部总计 7642.488 万元(含利息),扣除指挥部应支付给新业公司的应付款项 984.88 万元,新业公司尚应支付指挥部安置结算余款 6657.608 万元。

就结算问题,指挥部已经数次致函新业公司,要求新业公司提供拆迁安置全部结算资料,及时就 2 号地块进行结算。但新业公司一直置之不理。2005 年 9 月 15 日,新业公司向法院提起诉讼,单方提出要求指挥部支付结算余款 5078.887461 万元,新业公司这一请求完全没有依据。指挥部请求判令:(1)新业公司支付指挥部 2 号地块安置结算余款 6657.608 万元(暂计至 2005 年 12 月 9 日);(2)新业公司立即将地下室 8700 平方米交付指挥部;(3)新业公司立即将 50 平方米的居委会用房交付指挥部;(4)由新业公司承担本案反诉诉讼费用。

新业公司对指挥部反诉答辩称:

1. 指挥部反诉主张的安置结算费用有 9 项,按鉴定报告记载,新业公司除对第 3 项外迁企业拆迁费、第 5 项外迁住宅购房款没有异议外,对其余各项均有不同意见。(1)指挥部主张的第 1 项审计厅更正补交地价款 222.3 万元,新业公司无需支付。《安置地块开发建设协议书》第 2 条明确地价测算作为双方结算依据,增加的安置面积应按市场价计算,因为本来这部分面积新业公司可按市场价销售。审计机关的审计是行政监督行为,对合同当事人没有约束力,也不影响合同效力。(2)指挥部主张的第 2 项代垫拆征费,其中旧房折价支出 222.20838 万元没有进入地价测算表;住宅周转费是指挥部与被拆迁户签订的合同,应由指挥部自己向拆迁户收取该费用,与新业公司无关。(3)指挥部主张的第 4 项待办经费,是协议约定的地价测算审核表以外的费用,不应由新业公司承担。(4)指挥部主张的第 6 项外迁住宅增购款,计划外增购的 429.77 平方米可以按 1700 元每平方米计算,但计划内增购的面积应当按 1200 元每平方米计算,新业公司认为该项金额为 223.6917 万元。(5)指挥部主张的第 8 项是指挥部支付给新业公司的安置款,不是借款。新业公司代政府安置被拆迁户,有关费用都由政府承担,指挥部要求新业公司支付利息没有依据。

2. 指挥部反诉要求新业公司将地下室 8700 平方米和 50 平方米物业用房交给指挥部,没有事实和法律依据。(1)根据《安置地块开发建设协议书》第一条、《温州市国有土地使用权出让协议书》第五条规定,地下仓库 4250 平方米(后改为车库),新业公司可以销售;地下车库 4450 平方米,为公建配套。《温州市国有土地划拨决定书》第二条规定 4509 平方米地下室,并不是 8700 平方米地下室。《温州市国有土地使用权出让合同》明确 4250 平方米地下车库列入出让土地范围,不属于公建。可见,指挥部要求新业公司交还 8700 平方米地下室,没有合同依据。(2)至于地价测算表中政府投入 1200 元每平方米,由于地下室实际造价在 2500 元每平方米以上,为弥补投入不足部分,政府同意一半地下室归新业公司销售。特别是地价测算表中的投入是一种综合测算方法,无法与面积分配一一对应,面积分配应以协议为准。(3)至于其余 4509 平方米地下室和 50 平方米居委会物业用房确属公建配套,但根据法律规定,所有权属新业大厦全体业主,而非指挥部。指挥部的反诉请求没有法律依据,要求予以驳回。

三、浙江省高级人民法院一审审理与认定

根据《中华人民共和国民事诉讼法》、《最高人民法院关于民事诉讼证据的若干规定》等规定精神,结合当事人举证、质证意见,一审法院认为,除了新业公司、指挥部分别对相对方当事人提出的证据材料的真实性无法核对以外的其余证据,以及 41 号报告、1443 号报告,新业公司、指挥部虽对相对方当事人提出证据的证明对象等有异议,但对证据的真实性没有意见,且这些证据均反映了与 2 号地块开发建设相关事宜,作为认定本案事实的证据采用。

新业公司、指挥部于 1998 年 11 月 23 日签订《安置地块开发建设协议书》的事实清楚,依据双方当事人的诉辩主张,本案的争议焦点是:《安置地块开发建设协议书》是否已具备结算条件;新业公司或指挥部是否存在违约;如果存在违约,应如何承担违约责任等问题。一审法院根据已查明的案件事实和有关法律规定,做以下分析认定:

根据《安置地块开发建设协议书》约定,指挥部负责江滨路鹿城段工程建设,新业公司承担该路段 2 号地块拆迁、安置、房屋建造等事项;但该协议对前述事项的约定仅属原则性约定,即该协议仅为较宏观的框架性协议,在具体实施过程中,还需与相关当事人进行协商。同时,还不断有新情况、新问题发生,如被拆迁户增加、被拆迁面积增加、部分安置方式由实物变更为货币安置、地下车库出入口变更、营业房安置条件变化等;就此情况或问题的发生,既有当事人原因,也有当地政府的要求,当地政府也为此召开多次协调会,提出解决办法或给予相应政策。到目前为止,2 号地块被拆迁的住宅已安置完毕,营业房(包括单位和个人)还未安置完毕,故 2 号地块的开发建设事宜至今仍未完成,协议尚在履行中。由于 2 号地块的开发建设协议仍在履行中,许多事宜仍具有不确定性;且双方当事人在诉讼中又未提供完整的与 2 号地块经济结算表等有关的资料,如被拆迁户具体安置情况、安置住宅(营业房)购房款结算情况等,这些资料对本案纠纷的处理具有实质性的重大影响,以致鉴定机构中汇会计师事务所有限公司在对 2 号地块经济结算表进行鉴证时,无法对 2 号地块经济结算表相关项目内容和金额的公允性发表鉴证意见。根据 1443 号报告记载,鉴定机构对指挥部应付新业公司的 29 项项目中的住宅延误安置费等 13 项无法发表意见,涉及金额 4047 万余元,发表审定结果的仅为 534 万余元;对新业公司应付指挥部的 9 项项目中代垫拆征费等 3 项无法发表意见,涉及金额 1201 万余元,发表审定结果的 5440 余万元。据此,一审法院认为,由于案涉 2 号地块是边开发边调整,合同至今仍未履行完毕,根据双方当事人在诉讼中提出的证据,尚难以认定哪一方存在违约;同时,当事人之间尚未进行结算,且双方在本案诉讼中未提供完整的资料,致使鉴定机构无法对双方当事人争议的主要事项作出鉴定意见,争议的事项无法确定,应由其自行承担法律后果。故新业公司提出的诉讼请求、指挥部提出的反诉请求,均缺乏事实根据和法律依据,不予支持。依照《中华人民共和国民事诉讼法》第一百二十八条、《中华人民共和国合同法》第六十条第一款的规定,一审判决:一、驳回新业公司的诉讼请求。二、驳回指挥部的反诉请求。三、本诉费由新业公司负担;反诉费由指挥部负担;鉴定费双方各负担 50%。

四、当事人上诉及答辩情况

新业公司与指挥部均不服一审判决上诉至最高人民法院。新业公司上诉请求:(1)撤销一审判决第一项;(2)改判指挥部赔偿新业公司因单方改变安置条件给新业公司造成营业房经济损失 4100.8076 万元;(3)改判指挥部赔偿新业公司因改造地下车库出入口给新业公司造成经济损失 672.36 万元;(4)改判指挥部支付新业公司 2 号地块安置结算余款 5078.8875 万元;(5)改判指挥部承担本案一审、二审诉讼费及鉴定费用。

其事实和理由:一审法院通过长达 5 年的审理,以 2 号地块是边开发边调整,合同至今仍未履行完毕等为由,驳回新业公司所有诉讼请求是不恰当、不公平、不负责任的判决。

1. 新业公司提出的关于要求指挥部赔偿新业公司因单方改变安置条件造成营业房经济损失和因改造地下车库出入口造成的经济损失之请求,与安置余款结算无关。判令指挥部赔偿新业公司因改造地下车库出入口给新业公司造成的经济损失、判令指挥部支付 2 号地块安置结算余款、判令指挥部承担本案诉讼费,都是独立的,不存在互为前提或因果关系。

2. 新业公司提出的要求指挥部赔偿因单方改判安置条款给新业公司造成营业房经济损失,事实清楚,有据合法。(1)双方当事人的协议约定和相关部门的批文规定,2 号地块的营业房采用的是大开间安置。(2)将大开间改为小开间安置是指挥部单方面的擅自主张。指挥部所谓的雪山会议纪要和 1999 年 8 月 30 日制定的《关于江滨路鹿城段拆迁安置若干规定》等都未征得新业公司同意,是与新业公司签订开发协议之后进行的,不存在变更合同事项,而是违反合同行为。(3)将大开间改为小开间安置导致新业公司的严重后果和给新业公司带来的巨大经济损失。(4)指挥部承担新业公司损失合理合法。双方签订的《安置地块开发建设协议书》第一条和第四条的约定,实际上包含了大开间安置的内容。因此,指挥部的行为违反了合同约定的义务,指挥部的行为是造成损失的原因所在。(5)赔偿损失额度司法鉴定已有结论。一审法院已经委托评估机构作了司法鉴定,损失是客观存在的,请求赔偿损失合法有据,一审法院驳回新业公司该项请求是错误的。

3. 新业公司提出的要求指挥部赔偿新业公司因改造地下车库出入口给新业公司造成的经济损失双方已认定、赔偿已约定,其赔偿合法有据。(1)原地下室出入口建设完全合法。新业大厦原地下车库出入口设在步行街口,是按温州市规划局批准的规划图纸施工建设的,建成竣工后已经通过规划验收。(2)改变地下室出入口是指挥部的擅自主张。指挥部于 2003 年 5 月提出要重新设计改变地下室出入口,即将出入口由步行街改为永川路,由此造成了新业共约 140 平方米营业房和 6 个车位损失以及部分店面的贬值。(3)指挥部已承诺承担改变地下室出入口造成的损失。(4)赔偿损失额度司法鉴定已有结论。

4. 安置结算余款具备结算条件,不能因审计单位不负责的审计而不作判决。(1)安置结算余款应按有关政策由双方协议的相关约定进行。根据本案合同、温州市土地局批准的测算表、政府有关部门和指挥部给新业公司的文件以及政府会议纪要规定的内容,本案已经具备结算条件。(2)只有双方安置结算完毕,才能使新业公司与被拆迁户的结算有依据。事实上新业公司是接受指挥部的委托安置,所有的结算与安置有关,新业公司与被拆迁户结算是以双方当事人的结算依据为前提的。如果双方的结算没有结果,新业公司便无法与被拆迁户结算。(3)实际安置情况不影响安置结算。本案住宅、个人营业房已经全部安置完毕,单位营业房仅有几户外迁安置没有完成,完全不影响新业公司和指挥部的结算。(4)其他同类地块全部都是按政策和约定决算的。(5)不能以审计报告的结论不完整性而不作判决。综上,新业公司的诉讼请求均是完全独立的,即使法院认为尚不具备结算条件,也不影响人民法院对新业公司公司的其他诉求作出认定和裁决。

指挥部答辩称:(1)双方从未达成大开间安置合意,拆迁协议系制式文本,非指挥部自行创设,黄芳俊等与指挥部签署的拆迁协议中均以手写约定安置位置在 2 号地块内乙类区位,其安置做了细化,这一约定效力优于协议其他条款。而且甲类、乙类安置实质上否定了"大开间"安置。(2)讼争地下车库入口另建非指挥部一方原因所致,由此产生的费用不应由指挥部承担。(3)本案中结算条件尚不具备,一审法院以争议事项无法确定,判决驳回诉讼请求并无不当。双方合同至今未履行完毕,双方当事人未进行结算,一审中新业公司未提供完整的资料,致使鉴定机构无法对争议事项作出鉴定意见。为此新业公司应自行承担法律后果。

指挥部上诉请求:对(2005)浙民一初字第 9 号民事判决书第二项判决内容进行改判,判决支持指挥部一审的全部反诉请求;判决由新业公司承担本案一、二审诉讼费及鉴定费。事实与理由:

1. 一审判决只认定对新业公司有利的证据和事实,而对指挥部有利的证据和事实却只字不提。一审判决没有认定指挥部所提供的证据与事实,这些事实对本案违约责任的认定和对项目结算的关联,有重要意义。(1)指挥部已在 1999 年 8 月 30 日以转发鹿城区人民政府文件形式将《温州市江滨路鹿城段工程建设指挥部拆迁安置若干规定》下发各有关单位。1999 年 8 月 31 日指挥部在温州雪山饭店召开会议,包括新业公司法定代表人郑平平在内的 17 家开发公司负责人全部参加会议。区政府文件内容明确,对营业房安置要求按门面宽度不低于 2.2 米,深度不得超过 8 米进行安置。包括郑平平在内的 17 家开发公司都没有对营业房安置的具体规定提出异议。(2)新业公司在 2004 年 8 月 3 日给温州市城市拆迁管理办公室《关于要求批准江滨路鹿城段 2#地块甲类营业房安置认购、定位方案的报告》中,已经按照鹿城区人民政府转发的《温州市江滨路鹿城段工程建设指挥部拆迁安置若干规定》精神制定安置方案。市拆迁办对新业公司的安置方案也已批复认可。(3)指挥部一审提供的证据 11"2JHJ 地块总平方案图"证明,温州市建设局《关于江滨路鹿城段 2JHJ 地块工程扩初设计的批复》时间为 2000 年 1 月 11 日,该期间尚属温州市建设局对新业公司委托的设计院扩初设计进行审查批复阶段。新业公司参加雪山会议时间为 1999 年 8 月 31 日,此时营业房安置需按规定门面标准安置已经明确,但新业公司在设计中仍然对营业房按大开间设置。在这份证据的第 3 页,市建设局同意新业公司进入施工图设计阶段,也意味着在 2000 年 1 月 11 日之前,新业公司建设项目的施工图尚未设计,此时仍然可以按区政府《若干规定》的精神,在施工图中对营业房的布局进行优化设计。(4)一审判决只认定(2004)14 号温州市鹿城区人民政府《会议纪要》中政府同意对营业房安置面积不足部分采取货币安置的方式,原已审批的地价中的商品店与现行市场价的差价部分,由指挥部和新业公司各承担 50%。但对殊为重要的《会议纪要》之 3“为加快该地块的营业房安置步伐,新业公司要切实负起安置责任,本月底前拿出具体可行的安置方案,整个安置工作在七月底前完成”;《会议纪要》之 4“建设指挥部预拨资金 2000 万元给新业公司,专项用于该地块营业房安置的市场化运作的差额资金、过渡费等相关费用”没有认定;结合一审法院委托的司法鉴定机构《关于温州江滨路鹿城段 2 号地块经济结算表的鉴证报告》第 42 页第 7 - 9 行:指挥部预拨给新业公司的 2000 万元资金,专项用于 2 号地块营业房安置的市场化运作的差额资金、过渡费等费用,指挥部扣除 12 号地块上述 1308. 19 平方米高层住宅购房款 693. 34 万元后,实际划付新业公司 1306. 66 万元;《鉴证报告》第 45 页第 15 - 17 行:单位营业房过渡费、养老金等项目,新业公司累计支付 5064813. 31 元,剔除《地价测算审核表》中一次性补偿 1135800 元,新业公司本项目实际付出的金额为 3929013. 31 元。以上事实证明了因新业公司迟延安置营业房,政府协调由指挥部先行拿出 2000 万元资金专项用于营业房安置的差额资金、过渡费等,且新业公司应当在 2004 年 7 月底前完成此项工作。而实际情况是至今新业公司尚未完成营业房的安置任务,指挥部所拨的专项资金除少量用于该项目,其余被挪作他用。(5)指挥部一审证据 14、15、16、18 所证明的事实,即由于新业公司自己的原因,导致 2 号地块安置进度被延误,用于安置的 145 套房屋存在严重问题,为不合理套型,工程竣工验收完成整改时间为 2005 年 3 月 27 日,引起被拆迁安置户集体上访和安置延误,导致此后采取多种安置方法,增加安置成本费用。(6)1999 年 8 月 31 日雪山会议纪要第三条:江滨路鹿城段各开发单位以交地通知书的时间计算,多层建设安置为 16 个月,准高层 20 个月,高层 25 个月。该事实对认定新业公司完成安置项目时间节点以及是否存在迟延完工、迟延安置以及迟延安置的违约金、过渡费的承担具有重要意义。(7)指挥部证据六“《国有土地出让合同》、《出让地块增加建筑面积补地价测算》、《地价测算审核表》、《房地产地价测算表》”所证明的 2 号地块项目性质为拆迁安置项目,为微利项目,《地价测算审核表》中测算整个项目风险利润为 804. 29 万元;地下室 8700 平方米以 1200 元/平方米的价格,共计 1252. 8 万元作为政府投入,建成后应当交还指挥部;由于根据实际安置任务的需要,商品房安置面积、办公房安置面积、住宅安置面积都在《安置地块开发建设协议书》基础上有所增加和调整,这些增加部分因素在地价测算中作了充分的测算和抵扣,原《安置地块开发建设协议书》中的负值地价款也因此从 700. 92 万元调整为 1995. 27 万元,因此,新业公司以《安置地块开发建设协议书》签订后安置任务调整和增加为由,主张迟延安置责任由指挥部承担的主张,已不能成立 。同时,从上述证据也可以看到,政府对新业公司 2 号地块建设加大了政策倾斜和支持力度,如规划建筑面积从 37776 平方米调整为 51538 平方米,而新业公司最终实际建筑面积为 66774. 55 平方米,与最初的规划建筑面积相比,新业公司实际多增加建筑面积 28998. 55 平方米,这使新业公司实际可销售的商品房面积和盈利空间大大增加。(8)指挥部证据 3《安置地块开发建设协议书》第四条:本地块乙方无偿提供 50 平方米的居委会用房,并按规划设计要求提供公建配套。该事实得到指挥部证据 8 的佐证。上述所列事实,均有指挥部证据支持,经过对方质证以及鉴定机构审查核实。二审法院在对双方在 2 号地块开发建设以及安置过程中违约责任和结算进行认定和实体处理过程中,能够证明指挥部不违约,能够有效地反驳新业公司所提出的一审诉讼请求。

2. 一审判决的依据和适用法律错误。一审判决以案涉地块是边开发边调整,合同至今仍未履行完毕,同时当事人之间尚未进行结算,鉴定机构无法对当事人争议的主要事项作出鉴定意见为由,认为本案争议事项无法确定,以《民事诉讼法》第一百二十八条、《合同法》第六十条第一款为判决的法律依据,判决驳回双方的诉讼请求。指挥部认为,本案正是因为双方无法进行正常的结算,新业公司迟迟不对营业房进行安置,且坚持认为指挥部在营业房安置和车库出入口改造给其造成损失要求指挥部赔偿而引起的纠纷。如果合同能够得到正常的履行,结算能够正常进行,双方也没有必要诉诸法院。根据《民事诉讼法》第六十四条之规定,当事人对自己所提出的主张,有责任提供证据。如果当事人对自己的诉讼主张不能够提供证据支持的,应当由其承担不利于自己的法律后果。

新业公司对自己所提出的诉讼主张,有责任提供证据支持。但是,一审中新业公司所提供的证据,根本不能够证明指挥部在营业房安置过程中违约的事实,也不能够证明指挥部应当要对车库出入口改造的损失承担全部责任;对于新业公司所提出的应当结付给其的结算款项,因为结算的所有凭据由新业公司掌握和持有,而其在鉴定过程中又不配合鉴定机构,全面提供结算资料,导致其主张的 29 个项目鉴定机构基本无法出具意见,因此,一审判决驳回其全部诉讼请求并无不当。但是,一审对指挥部所提出的反诉请求,其中第一项反诉请求,鉴定机构已经明确对 9 项中的六项发表审定结论,审定结果为新业公司应付指挥部 5440 万元;对其余三项反诉请求,即要求新业公司交付 8700 平方米的地下室,要求新业公司交付 50 平方米的居委会用房和承担案件反诉费用,指挥部一审证据已经足能证明。一审完全可以对鉴定机构明确出具审定结论和得到证据充分支持指挥部的反诉请求作出判决。

3. 本案指挥部一审反诉请求事实清楚,证据充分,请求二审法院依法判决支持指挥部的一审全部反诉请求。本案证据及查明的事实,已经充分证明了指挥部在 2 号地块营业房安置过程中不存在违约的事实。同时,指挥部所提出的反诉请求,也与本案违约责任的认定无关。因此,法院理应及时作出判决,否则,只要新业公司不配合结算,被拆迁户的合法权益得不到保障,将严重影响社会的和谐和稳定,指挥部巨额国有资产将面临久拖不决、无偿被占的尴尬局面和惨重损失。

新业公司答辩称:(1)双方签订的《安置地块开发建设协议书》第一条和第四条的约定,实际上包含了大开间安置的内容。因此,指挥部的行为违反了合同约定的义务,指挥部的行为是造成损失的原因所在。退一步讲,即使新业公司和指挥部在协议中没有约定,《合同法》也规定了一些法定义务。《合同法》第六条规定,当事人行使权利、履行义务应当遵循诚实信用的原则。第六十条第二款规定,当事人应当遵循诚实信用的原则,根据合同的性质、目的和交易习惯履行通知、协助、保密等义务。这是合同法规定的附随义务,是指为了实现债权目的,根据诚实信用的原则和交易习惯,要求债务人作出的必要准备、不应作破坏债权期待的行为。指挥部的行为显然违反了法定合同义务,作出了破坏债权期待的行为。且一审法院已经委托评估机构作了司法鉴定,赔偿损失额度已有结论,指挥部应承担承担赔偿责任。(2)关于改变地下车库出入口损失问题。2004 年 10 月 22 日指挥部给新业公司《关于 2 号地块地下车库出入口整改工程有关问题的承诺》明确:如由于该整改工程施工造成的质量及一切其他相关问题,由指挥部承担全部责任。且一审法院对改变地下车库出入口直接损失,已委托评估机构进行了鉴定。对此,指挥部应承担地下车库出入口整改工程的全部费用。

本案二审查明的事实与一审查明的事实相同。

五、最高人民法院二审认定与判决

最高人民法院审理认为,本案争议焦点为:(1)本案是否具备结算条件;(2)本案能否将地下车库入口重建及改变安置条件损失部分先行进行处理。

1. 关于本案是否具备结算条件问题

最高人民法院认为,新业公司与指挥部签订的《安置地块开发建设协议书》至今尚未履行完毕,诉讼中双方当事人亦未提供完整的结算资料,致使鉴定部门无法对双方结算发表意见、作出鉴定。且双方当事人在诉讼中未提出终止合同履行的诉讼请求。故一审法院认定,本案不具备结算条件及无法结算责任应由双方承担是正确的。新业公司该项上诉请求,缺乏事实依据,不予支持。

2. 关于本案能否将地下车库入口重建及改变安置条件损失部分先行进行处理问题

新业公司认为,即使双方尚不具备结算条件,也不影响人民法院对地下车库入口重建及改变安置条件损失部分先行进行处理。最高人民法院认为,从本案双方当事人诉讼请求看,新业公司诉讼请求是,判令指挥部对地下车库入口重建及改变安置条件承担损失责任等。而指挥部的反诉请求是,已多付给新业公司安置费用,由于新业公司未完成拆迁安置义务,请求新业公司返还指挥部已多付的款项等。由于本案未进行最终结算,对指挥部是否已多付安置费用,以及双方当事人在合同履行中的违约责任,尚无法认定,如果本案仅处理因改造地下车库出入口及改变安置条件的损失部分,恐造成双方利益不平衡,以至影响本案的最终处理。因此,新业公司该项上诉请求,理由不充分,不予支持。

关于新业公司申请重新鉴定问题。由于双方当事人签订的拆迁安置合同尚未履行完毕及对未履行部分亦未提出终止履行的请求,本案不具备结算条件。因此,对新业公司提出的重新鉴定申请,应予驳回。综上,一审判决认定事实清楚,适用法律正确,应予维持。根据《中华人民共和国民事诉讼法》第一百五十三条第一款第(一)项之规定判决:驳回上诉,维持原判。

六、对本案的解析

本案有两个相互关联的争议焦点:(1)双方合同约定事项是否具备结算条件;(2)如果不具备结算条件,可否对地下车库入口重建及改变安置条件损失的部分先行处理。

1. 关于是否具备结算条件问题。本案一审法院审理了五年,作了两个鉴定,其确实想为双方当事人了结此案纠纷。但终因双方当事人不能提供相关结算依据,以及双方当事人合同约定事项至今尚未履行完毕,且双方在本案诉讼中,未请求解除或终止合同履行,最终导致本案无法进行结算。因此,终审判决以本案不具备结算条件为由驳回当事人结算请求是正确的。

2. 关于能否将地下车库入口重建及改变安置条件损失的部分先行处理问题。最高人民法院审理认为,由于双方未进行最终结算,本案无法对地下车库入口重建及改变安置条件损失的部分先行处理是正确的。理由为:(1)本案新业公司起诉时虽请求,指挥部赔偿新业公司因单方改变安置条件造成营业房经济损失及因改造地下车库出入口给新业公司造成的共计5935余万元的经济损失。但是,本案指挥部提出了反诉,请求新业公司返还指挥部2号地块安置结算余款6657余万元。从本案事实得知,双方在安置拆迁户时,采用的是先由指挥部付给新业公司安置款,由新业公司建设安置房屋,并安置拆迁户,然后新业公司依照双方合同约定与指挥部进行结算。本案由于双方对安置款未进行结算,导致指挥部主张的已多付安置费用等问题无法认定,在此情形下,如果仅处理因改变安置条件及改造地下车库出入口的损失部分,判决指挥部给付新业公司款项,可能导致指挥部多支付给新业公司款项。(2)由于本案未进行最终结算,对双方当事人在合同履行中的违约责任亦无法划分与确定,如果本案仅处理因改变安置条件及改造地下车库出入口部分,亦有可能造成违约方先行得到补偿的情形,这将给本案的最终处理产生不利影响。

再审中发现双方当事人已达成执行和解协议并履行完毕应如何处理

——王同乐与桦南县农村信用合作联社借款纠纷再审案

王毓莹*

法理提示 执行和解协议是双方当事人创设新的权利义务关系的协议。从实体法角度而言,执行和解协议的达成实质变动了生效判决所确定的实体内容。当事人已经达成执行和解协议并履行完毕,人民法院已经无权对原判决进行监督,只能对执行和解协议进行监督。即使原判决实体上确有错误,原来的判决已经被当事人达成的执行和解协议所替代,在本质上这不属于审判阶段解决的问题,应属于执行环节解决的问题,当事人应在执行环节寻求救济。

申请再审人(一审被告、二审上诉人、原申请再审人):王同乐,男,1958 年 2 月 20 日出生,汉族,农行退休职工,住辽宁省营口市鲅鱼圈区滨海街 20 号楼 7 单元 503。

委托代理人:吕行,辽宁圣洁律师事务所律师。

委托代理人:张刚,北京市大成律师事务所律师。

被申请人(一审原告、二审被上诉人、原被申请人):桦南县农村信用合作联社,住所地黑龙江省桦南县桦南镇胜利街。

法定代表人:潘文良,该社理事长。

委托代理人:王硕,北京市天如律师事务所律师。

委托代理人:李志国,男,1970 年 1 月 29 日出生,汉族,北京建工学院教师,住北京市海淀区西土城路 25 号。

一、黑龙江省桦南县人民法院一审查明的事实

1995 年 8 月 28 日和 9 月 12 日,桦南县农业银行汽车修理部(以下简称汽车修理部)从桦南县农村信用合作社(以下简称信用社)贷款两笔,合计 15 万元,汽车修理部的负责人为王同乐。1998 年 1 月 15 日,王同乐从信用社贷款 11 万元,该笔贷款至今未还。1999 年 4

---

* 最高人民法院民事审判第一庭法官,中国政法大学法学博士。

月 8 日,王同乐与信用社签订了一份金额为 35 万元的抵押借款合同,合同记载的"还款期限"为"2001 年 4 月 8 日","具体用款、还款计划"一栏中为空白。合同签订后王同乐实际从信用社得到现金 2 万元,并在当日,王同乐用其房屋做贷款抵押,办理了抵押登记,抵押权利价值为 35 万元,《房屋他项权证书》中记载"约定期限"为"1999 年 4 月 8 日至 2001 年 4 月 8 日"。2001 年,王同乐与信用社重新签订上述 35 万元的抵押借款合同,该合同与 1999 年 4 月 8 日签订的合同的差异在于,"还款期限"改成了"2003 年 11 月 20 日","具体用款、还款计划"一栏中载明"99、4、8,200,000.00 元,99、4、8,147,930.00 元,原贷款三笔"。后来,信用社又将其自己所持有的 2001 年重签的合同上进行了涂改,"具体用款、还款计划"一栏被涂改为"原贷款两笔 150,000.00 元"。

二、当事人起诉与答辩情况

信用社起诉称,王同乐从 1995 年起,先后以桦南县农业银行修理部、桦南县农业银行工具厂及王同乐本人等名义在我信用社贷款 2 笔,合计 46 万。其明细如下:(1)1999 年 4 月 8 日王同乐用营口市开发区私产第 0027196 号抵押,办理贷款 35 万元。(2)1998 年 1 月 15 日起王同乐用房屋抵押的名义,在我社贷款 11 万元。1999 年 4 月 8 日在我社签订抵押贷款合同并办理了他项产权,签订了抵押贷款合同,约定 2003 年 11 月 20 日还清。2002 年末,王同乐用 54 万元现金,在黑龙江省华龙拍卖有限公司,拍得桦南县农业银行修理部、桦南县农业银行工具厂及桦南县农业银行汽配商店三家企业贷款打包债权。为此,我社于 2003 年 9 月 23 日派人到王同乐住处催款,王同乐对其余 5 笔贷款拒绝承认并拒绝在催收单上签字。为维护信用社的合法权益,确保信贷资金完好运转,我社依据《贷款通则》及其相关法律特向贵院提起诉讼:要求王同乐偿还我信用社贷款本息。即请求一审法院判令王同乐偿还借款本金 46 万;利息 36.34 万元;本息合计 82.34 万元,并承担本案诉讼费用。

王同乐答辩称,只从桦南县农业银行修理部、桦南县农业银行工具厂及栾发明处贷款 31 万元。1999 年 4 月 8 日的贷款合同虽然约定贷款为 35 万元,但实际只贷 20 万,有 1999 年 4 月 8 日中国农业银行贷款借据证实。1998 年 1 月 15 日,贷款 11 万元,但是王同乐从中拿出 1 万元支付了利息,实际只收到 10 万元。借款人为桦南县农业银行汽车修理部的两份借款合同共计借款 15 万元(1995 年 8 月 28 日借款合同的金额为 5 万元、1995 年 9 月 12 日借款合同的金额为 10 万元),这两笔借款是桦南县农业银行汽车修理部的借款,与王同乐个人无关。桦南县农业银行汽车修理部是桦南县农业银行工具厂投资开办的,是集体性质的企业,王同乐只是负责人,现已退休,不应该承担这两笔借款的还款责任。

另外,王同乐从黑龙江省华龙拍卖责任有限公司拍得桦南县农业银行修理部、农业银行工具厂、农业银行汽车配件商店三家企业贷款打包债权与本案没有关系。

综上所述,王同乐认为只应承担 31 万元的还款义务。

三、黑龙江省桦南县人民法院一审的判决与认定

王同乐认可其欠信用社的贷款金额为 31 万元,而非信用社起诉要求的 46 万元。因此,关于差额 15 万元(系桦南县农业银行汽车修理部在 1995 年 8 月 28 日和 9 月 12 日从信用

社两笔贷款)是否应当由王同乐偿还是本案争议的焦点。

一审认为:(1)关于 1999 年 4 月 8 日王同乐实际贷款数额问题。一审法院认为双方 1999 年 4 月 8 日签订的 35 万元抵押借款合同有效,王同乐质证时虽以合同有改动为由对合同的真实性提出异议,但未提供其所持合同原件予以证实,应承担举证不能的后果。合同改动只是分期用款和还款计划部分,合同还约定双方自签章之日生效,王同乐对签章未予否认,且王同乐对合同约定的贷款金额 35 万元已在答辩状及当庭陈述中表示认可,已构成对事实的自认。据此,亦可认定王同乐对合同约定的偿还所欠贷款 15 万元的事实是认可的。这与王同乐依合同实际得到贷款 20 万并不矛盾。合同约定贷款金额为 35 万,实际贷出 20 万,其余 15 万属信用社省略贷款环节,未重新立据将 1995 年的 15 万借据直接作为此次贷款借据。王同乐没有充分证据反驳上述 15 万元属偿还所欠贷款。同时,王同乐以房屋抵押 35 万元与约定贷款金额吻合,进一步对上述事实予以了佐证。综上,信用社按约定将 35 万元贷款发放给王同乐,已经完成其义务。(2)关于修理部企业性质问题。王同乐认为是集体企业,但所提供的营业执照系 1988 年复印件,信用社不认可,且工商档案无法找到,该证据不具证明力,据此,不能认定该企业为集体企业,即使是集体企业,在 1999 年贷款合同明确约定以新贷偿还旧贷的情况下,王同乐同意偿还企业所欠贷款,属债务的承担,法律并不禁止。据此,一审法院认定王同乐应承担修理部的 15 万还款义务。(3)关于 1998 年王同乐所贷 11 万还本付息问题。王同乐对欠款数额予以认可,信用社对提前扣息予以了减除。同时,一审法院就信用社对利息的计算未按合同约定利率计算表示认可。判决:王同乐支付给信用社本金 46 万元(35 万 +11 万)及利息 36.34 万元,共计 82.34 万元。

四、当事人上诉与答辩情况

王同乐不服一审判决,向黑龙江省佳木斯市中级人民法院提起上诉称:(1)一审判决对桦南县农业银行汽车修理部的企业性质不予认定为集体企业是错误的。(2)一审判决根据涂改后的合同,认定王同乐同意偿还桦南县农业银行汽车修理部所欠贷款 15 万元是错误的。(3)一审判决在未确定企业性质的情况下,推理认定案件事实,没有法律依据。(4) 1995 年的桦南县农行汽车修理部两笔贷款 15 万元系集体企业贷款,王同乐不应承担还款责任。信用社提供的这两笔贷款凭证上明明白白写明借款单位是农行汽车修理部,并且盖有修理部的公章,这充分说明借款人是农行汽车修理部,而不是王同乐。农行汽车修理部是集体企业,而不是王同乐的个人企业,这有农行汽车修理部的工商档案为凭。王同乐与信用社签订的抵押贷款合同不能证明王同乐愿意偿还农行汽车修理部的两笔贷款。(5)贷款利息计算不准确,信用社未提供合法利率,利息过高。

信用社答辩称:(1)一审法院在证据认定上严格遵守有关民事诉讼证据的规则,当事人在举证期限届满后提供的证据不是新的证据,人民法院不予采纳。(2)原汽车修理部早已注销登记,失效的营业执照不能证明什么。(3)汽车修理部与 35 万元抵押借款合同无任何关系。(4)即使原汽车修理部的性质是集体的,也不影响王同乐自愿承担该债务。(5)合同的改正属于笔误的修正。次要条款的修正不影响该合同的效力。笔误修正条款没有给合同中任何一方造成损害。(6)35 万元抵押借款合同合法有效,应受法律保护。

五、二审法院的认定

二审期间,王同乐举示一份在辽宁省营口市房产管理局存档的35万元借款合同原件的复印件,证实该借款合同中的分期还款计划一栏内容与信用社举示的借款合同内容不一致,且该借款合同中未约定由王同乐偿还汽车修理部15万元借款。但信用社拒绝对该证据质证。二审法院根据《最高人民法院关于民事诉讼证据的若干规定》(以下简称《证据规定》)第三十四条第二款和四十三条第一款的规定,认为王同乐所举证据不是在法定期间内举示,不符合新证据的法定条件,对王同乐在二审期间举示的证据未予采信。

二审法院认为,(1)关于合同效力问题。王同乐与信用社签订的11万元借款合同及35万元借款合同合法有效。(2)关于修理部企业性质问题。二审双方均确认属集体企业,对此予以确认。(3)关于王同乐上诉不承担汽车修理部15万元的借款问题。王同乐在二审虽举示一份其在辽宁营口房产管理局存档的35万元贷款合同原件的复印件,证实其所持借款合同中"分期还款计划"栏的内容与信用社举示的借款合同内容不一致,且该合同并未约定王同乐偿还修理部15万的内容,但根据《证据规定》,王同乐未在举证期限内举示证据予以佐证,亦未向原审法院提出延期举证的申请,信用社拒绝质证,故对王同乐二审证据不予采信。原审判决认定信用社举示的35万元借款合同合法有效并无不当。因汽车修理部是集体企业,王同乐系汽车修理部的负责人,没有义务承担汽车修理的债务。借款合同约定的其余15万元借款并未给付的事实清楚,因此,不存在王同乐以新贷还旧贷的问题。双方在该借款合同"还款计划"中约定了"原贷款两笔15万元"应认定王同乐承诺偿还原汽车修理部借款15万元,双方当事人就汽车修理部15万元借款形成合意,由王同乐承担偿还义务。(4)关于利息问题,由于王同乐与信用社签订的借款合同中约定的利率没有超出人民银行规定的利率浮动范围,因此,双方当事人约定的借款利率合法有效。综上,二审法院驳回上诉,维持原判。

六、黑龙江省高级人民法院再审作出的认定

黑龙江省高级人民法院再审查明:王同乐在本院二审中提交的"抵押借款合同"分期用款计划一栏中载明"99、4、8200000.00元,99、4、8147930.00元,原贷款三笔"。而信用社在原审提交的"抵押借款合同"分期用款计划一栏中书写的"99、4、8147930.00元"的内容被划掉,原贷款三笔中的三字被涂改为两字,并在其后添加了150000.00元的内容。由于王同乐提交的证据不属于《证据规定》第四十四条第一款规定所称新发现的证据,所以不予组织质证。

王同乐在二审期间举示的于德福、李海、王喜的证人证言,因上述证人不能出庭作证,接受当事人的质询,且不能出庭的事由不属于《证据规定》第五十六条第一款的情形,根据《中华人民共和国民事诉讼法》第六十六条、《证据规定》第五十五条第一款、第四十七条第一款的规定,因上述证人没有出庭作证,接受当事人的质询,故王同乐提交的上述证人证言不能成为认定案件事实的依据。

黑龙江省高级人民法院再审法院查明的事实与一、二审法院查明的事实基本一致。

黑龙江省高级人民法院再审认为,王同乐认可贷款数额 35 万元,承认双方在签订“抵押借款合同”时,信用社贷款 20 万元,另 15 万元用于抵偿原贷款,应视为其对“抵押贷款合同”的认可。虽王同乐在二审期间举示其所持合同原件复印件证明与信用社所持合同内容不一致,但由于信用社拒绝质证,该证据不属民事诉讼证据规定中所称的“新发现证据”,故该院对其不组织质证。王同乐举示的有关证人证言,因上述证人不能出庭作证,接受当事人质询,故不能作为认定案件事实的依据。关于王同乐诉称原判利息没有分段计算的问题。王同乐与信用社之间约定的利息并没有超出人民银行规定的利率浮动范围,信用社提交的利息计算方法是分段计息,利息计算低于协议约定,因此,王同乐诉称的利息计算有误根据不足。再审认为原审认定事实清楚,适用法律不无不当,王同乐申请再审的理由均不成立,维持原判。

七、当事人向最高人民法院申请再审的理由

王同乐申请再审认为原审认定事实不清,要求撤销原判。主要理由和根据是:(1)原审判决书中所认定的事实不清,1999 年 4 月 8 日王同乐与信用社签订的金额为 35 万元抵押借款合同所担保的对象是本次的 20 万元和前期的 11 万元及之前有关的贷款的利息 3.7 万余元。首先,本案中争议的 15 万元属于汽车修理部的欠款,既然认定汽车修理部为集体企业,该笔贷款为企业借款,而非个人借款,不应当由申诉人偿还。并且有证据显示,汽车修理部的两笔贷款已经在 1995 年 10 月 31 日全部还清。(2)王同乐在二审和再审提供的贷款合同的原件证明被申诉人提交的贷款合同为单方涂改,但法院以不是新证据为由没有组织质证;王同乐在再审时提供的汽车修理部已经偿还两笔贷款的证据,黑龙江省高级人民法院再审对此未做审理;信用社主张债权,应当由其承担举证责任,原审举证责任分配不当。在申请再审审查中,王同乐还提供了有关款项数额的计算依据及利率变化情况,并认为在原审时,其只知道 1999 年 35 万贷款合同签订后,其实际贷出 20 万,2001 年续贷时,加上了 147930 元,这是之前由 11 万多的贷款计算出来的,但如何具体得出该数字不知;现在提供的计算过程是原信用社续贷人员给演示出来其本人抄写的,因涉及到单位,原事件参与人不愿出证,但计算过程能证明该数字是如何计算的。

信用社答辩称,原判决认定事实清楚,适用法律正确,应予维持。

八、最高人民法院再审作出的认定

最高人民法院再审认为,当事人的程序性权利是以实体权利为基础的,王同乐通过与信用社达成执行和解协议,已经对其权利作了实体上的处分,故其无权申请再审。本案属于执行阶段解决的问题,不属于审判阶段可以解决的问题。本案不符合申请再审的条件,在审查阶段由于未发现当事人已达成执行和解协议,没有对案件裁定终结,根据现已查明的事实,应当驳回王同乐的再审申请。根据《中华人民共和国民事诉讼法》第一百八十六条、第一百五十七条的规定,以及《关于适用〈中华人民共和国民事诉讼法〉若干问题的意见》第 186 条、《关于适用〈中华人民共和国民事诉讼法〉审判监督程序若干问题的解释》第二十五条第(三)项之规定精神,裁定:驳回王同乐的再审申请之诉。

九、对本案的解析

本案的焦点问题是,对于双方当事人已经达成执行和解协议且执行和解协议已履行完毕,在申诉复查阶段未发现这一问题,裁定提审后法院如何处理的问题。关于本案的处理问题,一种观点认为,本案原审的处理确有错误,王同乐与汽车修理厂是两个民事主体,其不应当负担汽车修理厂的债务。根据《最高人民法院关于适用民事诉讼法审判监督程序若干问题的解释》第二十五条的规定,"当事人达成执行和解协议且已履行完毕的",可以裁定终结审查。既然本案已经提起再审,即再不适用本条规定。提审改判应该没有法律障碍。本案经审理认定原审判决确有错误,应按照《民事诉讼法》第一百八十六条、一百五十三条第一款第(三)项的规定改判。另一种观点认为,本案原审的处理并没有问题。王同乐与汽车修理厂形式上虽为两个民事主体,但是实质上王同乐控制着汽车修理厂,王同乐为汽车修理厂的承包人,因此,王同乐应对汽车修理厂的债务承担责任。根据《民事诉讼法》第一百五十三条第一款第(一)项的规定应当维持原判。第三种观点认为,当事人的程序性权利是以实体权利为基础的,王同乐通过与信用社达成执行和解协议,该协议已经履行完毕,其已经对其享有的权利作了实体上的处分,故其无权申请再审,且王同乐故意隐瞒已经达成执行和解协议的事实申请再审,不应支持其主张,根据《最高人民法院关于适用民诉法审判监督程序若干问题的解释》第二十五条的规定,本案应裁定终结。第四种观点认为,本案属于执行阶段解决的问题,不属于审判阶段可以解决的问题。法院现在已经无权对原判决进行监督,只能对执行和解协议进行监督。本案不符合申请再审的条件,在审查阶段由于未发现当事人已达成执行和解协议,没有对本案裁定终结,根据现已查明的事实,应当驳回张某的再审申请。可见,对于再审阶段,发现当事人已经达成执行和解协议并履行完毕,该如何处理,分歧很大。

笔者认为,本案应当裁定驳回再审申请人的申请再审之诉。本案涉及到如何看待执行和解协议的效力以及当事人双方已经达成执行和解协议并履行完毕对于再审的影响问题。

执行和解,是指在执行程序中,双方当事人经平等协商,就变更执行依据所确定的权利义务关系自愿达成协议,从而使执行程序不再进行的制度。执行和解具有执行成本小、效率高、结案快、程序简便、符合当今倡导构建和谐社会理念的优势,在法院执行工作中得到了较为广泛的推广。《民事诉讼法》第二百零七条规定:"在执行中,双方当事人自行和解达成协议的,执行员应当将协议内容记入笔录,由双方当事人签名或者盖章。一方当事人不履行和解协议的,人民法院可以根据对方当事人的申请,恢复对原生效法律文书的执行。"这就明确赋予了执行程序中申请执行人和被执行人有自行协商变更生效法律文书确定的履行义务主体、标的物及其数额、履行期限和履行方式等内容的权利,而法院的执行机构及执行人员在达成和解协议的过程中不能依职权予以主持,而只是以第三人的身份将此过程予以记录,这与诉讼程序中的调解是有区别的。法院执行员将执行和解协议内容记入笔录的行为并非法院对和解协议的审查和确认,仅仅是一种形式上的要求,更多的目的是警示和便于查证,而不是通过这种行为起到赋予和解协议既判力和执行力的法律后果。而就作为"诉讼外和解"的执行和解而言,其就是一种普通的民事契约;是生效法律文书中的当事人在各自最佳利益的自我判断、自主选择基础上，在承认、服从生效判决内容的前提下，以契约（合同）的形式变更、消灭某种已为国家（司法权）所认可的民事权利义务关系的行为。执行和解不构成对生效法律文书的侵犯；相反，当事人之所以通过执行和解协议改变法律文书所确认的权利义务关系，所彰显出来的恰恰是对既判力的尊重与服从，当事人进行自我利益权衡的起点就是生效法律文书所记载的权利义务关系。"执行和解"不同于"执行调解"。执行程序中，人民法院的职责是行使执行权，以实现生效法律文书确定的内容；而不是行使审判权作出裁判，以确认或变更当事人的权利义务关系。因此，在执行程序中，人民法院不得主动依职权进行调解以变更执行依据所确定的权利义务关系。由此也可见，执行和解是双方当事人之间的自愿行为，而不是人民法院依职权居中调解的结果。

从法理上说，执行和解协议既然是当事人平等自愿协商而达成的，处分的又是权利人自身的合法民事权利，因此在执行和解对当事人的效力上，应当将协议成立与生效的基本理论应用于和解协议上，即在形式拘束力上，契约一旦成立，当事人皆不得任意撤回或解除契约；在实质拘束力上，当事人所约定的内容，拘束双方当事人，对缔结契约的双方当事人而言，具有与实定法相同的法律规范效力，这样就在实体法上将执行和解协议定位为一般的民事合同，使合同法中有关订立、履行、违约等的规定适用于执行和解协议，从而将当事人双方在执行过程中的和解合意全面地与私法上的和解契约相对接。

同时，由于强制执行权是一种具有司法权和行政权双重属性的权力，在执行工作中，司法权和行政权的有机结合构成了复合的相对独立的、完整的强制执行权。因此，在这个程序和过程中必然也应当有裁判活动，这种裁判活动是整个执行的有机组成部分，执行和解作为执行程序中的一种特殊制度，其不应当、也不可能脱离法院的监督而成为完全意义上的私法行为。从这一观点出发重新定位法院在执行和解过程中的地位，对于执行和解协议的订立、履行、效力等方面不仅要按照私法上的规定来判断，当事人在执行程序中达成的和解还必须满足其作为诉讼行为所应具有的要件，如当事人具有权利能力和行为能力、和解符合真实自愿、平等协商原则且不违反法律禁止性的规定等。通过法院公权力的介入，确保执行和解能够满足上述要件，从而充分体现执行和解的另一属性，即执行和解是当事人之间以及当事人和法院之间在执行程序中存在的诉讼行为。①

执行和解协议一经作出，在实体上与程序上对当事人均产生重要影响。

在程序上，依和解协议签订以及履行完毕的不同阶段，执行和解具有中止或终止执行程序的效力。首先，在当事人达成和解协议，执行人员依法将其附卷或记入笔录后，至和解协议履行完毕这一阶段，执行程序即可中止。中止执行后，因当事人反悔而不履行或不完全履行和解协议的，人民法院不得终止执行程序，而应依当事人的申请，恢复执行原执行依据。其次，根据《关于人民法院执行工作若干问题的规定》第八十七条的规定，当事人之间达成的和解协议履行完毕的，人民法院即可作执行结案处理，执行程序终止。也就是说，和解协议履行完毕，即认为执行依据所确定的内容已经得到实现，当事人再反悔而申请恢复执行的，人民法院不予准许。

① 韩萌：《定位与到位——论执行和解制度的完善》，载《中国律师》2006 年第 10 期，第 72 页。

在实体上,履行完毕的执行和解具有消灭当事人之间由生效法律文书所确定的权利义务关系的效力。如前所述,执行和解协议是权利人对其权利的自由处分,是当事人对原生效法律文书确定的实体权利义务关系的约定变更。执行和解协议履行完毕,则该变更在实体上生效,原生效法律文书确定的内容即为得到全部实现,当事人之间由原生效法律文书确定的权利义务关系归于消灭。但是,如果执行和解协议不被履行或者未履行完毕,则执行和解协议对生效法律文书确定的权利义务关系的变更在实体上不生效力,原生效法律文书确定的内容尚未得以完全实现,当事人之间的权利义务关系仍未消灭。因此,人民法院仍应依当事人申请而按原生效法律文书恢复执行;但是,根据和解协议已经履行的部分应予扣除。

执行和解协议是为了实现当事人双方利益所达成的协议,是当事人双方创设新的权利义务关系的协议。无论怎样,单从实体法角度而言,执行和解协议的达成实质变动了执行名义所确定的实体内容,这是和解所带来的不争之客观结果。需要强调的是,"改变生效法律文书"与"依处分权变更生效法律文书所确认的权利义务关系"是截然不同的两回事。因为作为"诉讼外和解"的执行和解乃是一种当事人之间以变更民事实体法律关系的民事契约,该契约的订立发生在前诉终结之后,那么此执行和解契约(是有别于前诉诉讼标的的一种新的民事法律行为)的效力尚未经过国家公权尤其是审判权评价,因此若当事人就该执行和解协议本身发生争执,自可将其诉诸法院(形成一个新的诉讼),以求得司法权的合法救济,并且这种司法审判权的救济应当具备正当、必要的程序保障(即从裁判组织的设立、审判人员的资格,到审判的级别、次数均应与普通纠纷的处理无异)。但是双方当事人若就原判决是否正确发生争议,则法院无权对原判决再进行审查,因为若执行和解协议若已经履行完毕,则意味着其已经从实体上将其享有诉讼中争议的权利完全处分掉了。而程序性权利是以实体性权利为基础的,对于原判决中争议的事项,其已经丧失了诉讼权利,包括申请再审的权利。如果当事人对于执行和解协议是否合法、自愿达成的发生争议,则需要通过执行申诉复查来解决,而不能通过审判程序来解决该问题。

本案中,双方当事人执行的依据并不是原判决,而是双方达成的执行和解协议,属于执行阶段的问题,不属于审判阶段解决的问题,法院已经无权对原判决进行监督,只是能对执行和解协议进行监督,这已非审判部门能够解决的问题,而是执行部门解决的问题。因此,本案不符合申请再审的条件。

接下来的一个问题是在立案审查阶段未发现双方当事人已经达成执行和解协议并履行完毕的事实,进行实体审理后发现了该问题如何处理。原来一般的诉讼程序审理后未发现问题而进入实体审理后,发现不符合受理条件后可以裁定驳回起诉。而本案的情况,法律没有明确规定。但依据民事诉讼法的相关规定,提审后再审程序适用二审程序,二审程序没有规定的适用一审程序。终结审查类似于民事诉讼法中的不予立案,内涵是一样的,只是名称不一样。终结审查的意义就是只要符合条件就不再审查,就是程序停止,无论之前的实体判决存在什么问题。在提审后的再审程序中发现存在执行和解协议应如何处理。笔者认为,首先本案的实体处理上不存在问题,王同乐个人承包的企业,按照个人承包企业经营法的相关规定,其应该对企业的债务承担还款义务。其次,即使原判决实体上确有错误,原来的判决已经被当事人达成的执行和解协议所替代,现在法院已经无权对原判决进行监督,只能对执行和解协议进行监督。如果没有证据可以推翻执行和解协议,那该协议就只能作为唯一依据。本案涉及的主要问题是程序问题,而非实体问题,因此不应当采用判决维持的形式,而应当以裁定方式结案。本案是修订后的民事诉讼法规定的一个新的诉讼,可以作一个驳回申请再审之诉的裁定,类似于普通程序中的驳回起诉。本案在本质上不属于审判阶段解决的问题,应属于执行环节解决的问题,当事人应在执行环节来寻求救济。即人民法院在立案审查阶段未发现双方当事人已经达成执行和解协议并履行完毕的事实,再审中进行实体审理后发现了该问题,应当根据《中华人民共和国民事诉讼法》第一百八十六条、第一百五十七条的规定,以及《关于适用〈中华人民共和国民事诉讼法〉若干问题的意见》第一百八十六条、《关于适用〈中华人民共和国民事诉讼法〉审判监督程序若干问题的解释》第二十五条第(三)项之规定精神,裁定驳回当事人的再审申请之诉。

人合是合伙关系的基础

——李志健与霍松、刘伟庆、麦树陵合伙纠纷再审案

李 琪*

法理提示 《民法通则》第三十条规定:"个人合伙是指两个以上公民按照协议,各自提供资金、实物、技术等,合伙经营、共同劳动。"与公司"资合"特征不同,"人合"是合伙关系的基础,对于是否是合伙组织或者判断个人是否是合伙组织的成员,应该以书面合伙协议为基础,从当事人的意思表示、投资行为、经营行为、盈余分配及债务承担等方面综合判断。仅仅因为款项被合伙体占用而无其他证据佐证,不能得出合伙关系存在的结论。

申请再审人(一审被告、二审被上诉人、原被申请人):李志健,男,1958 年 7 月 14 日出生,汉族。

委托代理人:杨晓岩,北京市信睿律师事务所律师。

委托代理人:文强,广东金石行律师事务所律师。

被申请人(一审原告、二审上诉人、原申请再审人):霍松,男,1946 年 8 月 14 日出生,汉族。

原被申请人(一审被告、二审被上诉人):刘伟庆,男,1964 年 8 月 10 日出生,汉族。

原被申请人(一审被告、二审被上诉人):麦树陵,男,1959 年 11 月 16 日出生,汉族。

申请再审人李志健因与霍松、刘伟庆、麦树陵合伙纠纷一案,不服广东省高级人民法院(2004)粤高法审监民再字第 51 号民事判决,向最高人民法院申请再审。

一、广东省佛山市中级人民法院一审查明的案件事实

广东省佛山市中级人民法院一审查明:1987 年 11 月 23 日,麦树陵、李志健、霍松、霍润光四人签订《办厂协议书》,约定每人出资 25000 元合伙开办平步发兴五金厂,霍松、霍润光负责对外业务,麦树陵、李志健负责厂内行政管理、技术业务等。1990 年 4 月,平步发兴五金厂更改名称为腾冲厂,原合伙关系不变。期间,该厂的模具车间于 1989 年由刘伟庆承包,按承包合同规定,刘伟庆占该车间盈亏的 30%,其余由四股东均分。1992 年 2 月初,由于腾

* 最高人民法院民一庭法官,湖南大学法学院博士研究生。

冲厂部分厂房被征用,无法继续在原址经营,腾冲厂于 1992 年 4 月 1 日制作《发兴厂 88—91 年工程利润分成》及《发兴厂模具车间 89—91 年利润分成》,得出腾冲厂自 1988 年至 1991 年工程利润为 1179063 元,麦树陵、霍润光、霍松、李志健各得 294765. 75 元,腾冲厂模具车间从 1989 年至 1991 年利润为 1130390 元,刘伟庆占 30% 得 339117 元,麦树陵、李志健、霍松、霍润光各得 197818 元。该两份结算表都没有霍松的签名,李志健、麦树陵、霍润光都已签名确认。1992 年 7 月 27 日,腾冲厂制作《发兴陶瓷机械厂结业分成》,得出腾冲厂总固定资产为 151434 元,李志健、麦树陵、霍松、霍润光各占 37858 元。该结业分成书上只有霍光(即霍润光)和李志健签名确认,麦树陵和霍松并未签名确认。次日,腾冲厂付出 37858 元给霍润光,信用社的转账付出凭证上注明该款的用途是结业分成。霍松对上述其应分得的三笔款项共 530441. 75 元均未领取,也未明确这三笔款项作何用途,该笔款项以后被荷村厂占用。

在对腾冲厂进行结算的同时,李志健等人开始筹建荷村厂。1992 年 1 月,李志健分别与荷村管理区、荷村乡签订办厂协议。1992 年 3 月领取企业法人营业执照,性质为集体所有制(是挂靠集体,实质上为私营企业),法定代表人为李志健。自此,荷村厂成立(该厂于 1997 年 6 月解除挂靠关系,由集体企业转由李志健、麦树陵、刘伟庆三人注册经营,在转制为股份有限公司的过程中,工商登记资料显示该公司的股东是李志健、麦树陵、刘伟庆,三人各出资 20 万元,各占出资额的 33. 3%,有关会计师事务所的验资报告亦有同样的出资记载)。该厂自成立后至 1998 年的生产经营过程中,均是李志健、麦树陵、刘伟庆三人参与经营管理,该厂每年的利润均是由以上三人进行分红。

1998 年 3 月 3 日,麦树陵与李志健、刘伟庆签订《合约》,约定麦树陵自愿转让公司三分之一的股权,由李志健、刘伟庆共同购买,经三人确认该公司的固定资产等合计 1600 万元,又约定 1992 年前与霍松的一切账目由三人共同承担。

另查明,荷村厂成立时其合伙人并没有签订合伙协议,对于荷村厂的出资情况,李志健、刘伟庆认为李志健、刘伟庆、麦树陵三方共出资 100 万元,三人是平均出资的,该钱是从腾冲厂转到荷村厂的,并提供 1992 年 12 月 31 日两张《记账凭证》,记有"发兴厂转现金(作投资用)117256. 65 元","发兴厂转利润(作投资资金)银行存款 882743. 35 元"。霍松对此不予认可。

1991 年 12 月至 1992 年 6 月霍松分 7 期共汇款 145 万元到腾冲厂和荷村厂,李志健、刘伟庆确认收到该 145 万元,并认为该款是霍松还腾冲厂为其支付的代垫税费和腾冲厂应收的工程款。但霍松认为该款是借给荷村厂的筹建款。

二、当事人的一审起诉和答辩

1998 年 7 月 26 日,霍松以李志健、刘伟庆、麦树陵侵占合伙财产、返还借款为由,向广东省佛山市中级人民法院起诉,请求:(1)判令李志健、刘伟庆、麦树陵共同返还霍松历年应得的利润分成 8978187. 64 元及延期付款利息 1758124. 54 元,返还荷村厂剩余资产应得份额 3862938. 37 元;(2)返还借款 145 万元及该款利息 1234259. 48 元;(3)依法解除霍松与李志健、刘伟庆、麦树陵的合伙关系。

广东省佛山市中级人民法院于 1999 年 2 月 13 日作出(1998)佛法民初字第 16 号民事判决。霍松不服该一审判决,向广东省高级人民法院提起上诉。广东省高级人民法院于 2000 年 5 月 16 日作出(1999)粤法民终字第 114 号民事裁定,以原审认定事实不清,证据不足,撤销原审判决,将本案发回广东省佛山市中级人民法院重审。

三、广东省佛山市中级人民法院一审重审认定与处理

广东省佛山市中级人民法院重审认为,霍松主张荷村厂是腾冲厂的延续和发展的理由概括起来有如下几点:第一是荷村厂创办时有一部分资金和设备是从腾冲厂转去的;第二是荷村厂 1993 年的损益表上有霍松应分利润的记载;第三是麦树陵承认荷村厂是腾冲厂的延续,承认霍松是荷村厂的合伙人;第四是腾冲厂的会计黎彩崧在 1992 年 10 月 10 日还制作了该厂 1992 年 1 ~ 9 月份的平衡表;第五是 1993 年 1 月 23 日黎彩崧制作的会计记账中记载霍松还划拨 216044. 09 元作扩大生产投资用。

广东省佛山市中级人民法院认为,霍松的以上理由均不能充分说明荷村厂是腾冲厂的延续和发展。因为,尽管荷村厂创办时有一部分资金和设备是从腾冲厂转过去的,但是,由于腾冲厂在 1992 年时对利润和固定资产进行了结算,不能排除转至荷村厂的资金和设备是李志健、麦树陵、刘伟庆将其在腾冲厂应分得的利润和设备转到新厂作投资从而属新厂合伙人个人投资的可能性。

荷村厂 1993 年的损益表上尽管有霍松应收利润的记载,但是,据该表的制作者、该厂的会计黎彩崧陈述,其是在不知道荷村厂的真实合伙关系的情况下制作的,合伙人李志健、刘伟庆当时并没有同意该项记载,事后也没有追认该项记载,黎彩崧本人事后亦认为霍松不是荷村厂的合伙人,而且,在荷村厂以后历年的损益表上均没有了霍松的名字。

尽管麦树陵承认荷村厂是腾冲厂的延续,霍松是荷村厂的合伙人,但是,在 1998 年之前,麦树陵事实上却没有把霍松当作荷村厂的合伙人,其一直和李志健、刘伟庆一起三人分配荷村厂的利润,三人共同经营管理荷村厂,三人签名确认合伙厂的重大事务,特别是在 1998 年,麦树陵和李志健、刘伟庆订立协议,将其在荷村厂的三分之一股权转让给李志健、刘伟庆二人,明确了该厂的三位股东是李志健、麦树陵、刘伟庆,并没有包括霍松,麦树陵在诉讼开始后的陈述和他以前的行为明显矛盾,其陈述的真实性值得怀疑,故对麦树陵的陈述应不予采信。

腾冲厂会计黎彩崧于 1992 年 10 月 10 日制作的 1992 年 1 ~9 月份平衡表只是记载了霍松在 1991 年应收多少利润,而并没有反映合伙人在 1992 年 7 月 27 日之后还有投资或收益等合伙经营行为,1993 年 1 月 23 日黎彩崧制作的会计账中尽管有霍松划 216044. 09 元作扩大生产投资用的记载,但未载明该笔投资是什么时候发生的,该份会计账亦同样不能证明霍松在 1992 年 7 月 27 日之后有投资等合伙经营行为,该份会计表事实上是对合伙企业在合伙结束前收支情况的计算。

综上,广东省佛山市中级人民法院认为,李志健、麦树陵、霍松、霍润光四人在腾冲厂的

合伙关系已经于1992年结束,荷村厂不是腾冲厂的延续,霍松也不可能当然地就是新厂的合伙人。霍松主张其是荷村厂的合伙人从而主张分配荷村厂的利润和分割新厂的固定资产的要求没有事实依据,不予支持。但是,霍松在腾冲厂结业时应分得款项530441.75元,尽管霍松在本案中没有直接主张此款,但由于其主张荷村厂是腾冲厂的延续,主张分配荷村厂的利润和固定资产,固其实质上是主张了以上款项的,此款被荷村厂占用,荷村厂的三合伙人李志健、刘伟庆、麦树陵对此应负返还责任,并应负担占用期间的利息。

霍松分七次汇入腾冲厂的145万元,霍松称此款是借款,要求李志健、麦树陵、刘伟庆返还,而李志健、麦树陵、刘伟庆则称此款并非是借款,而是霍松偿还腾冲厂为其支付的代垫税金款和腾冲厂应收的工程款。由于霍松并无确实充分的证据证明此款的性质是借款,而霍松本来就是腾冲厂的合伙人之一,并非和腾冲厂没有任何经济联系,无法单凭汇入腾冲厂145万元这一事实推断出此款的性质是借款,故霍松对其此项主张应承担举证不充分的后果,根据证明责任原则,对霍松的此项主张不予支持。

据此,广东省佛山市中级人民法院判决:李志健、刘伟庆、麦树陵应在该判决生效之日起30日内支付霍松530441.75元,并从1992年8月1日起按中国人民银行同期同类贷款利率支付利息;李志健、麦树陵、刘伟庆对以上款项互负连带责任;驳回霍松的其他诉讼请求。

四、当事人上诉与答辩情况

霍松不服,向广东省高级人民法院提起上诉称:一审认定腾冲厂的合伙关系已于1992年结束没有事实依据;荷村厂是腾冲厂的延续和发展,荷村厂作为投资的资金都是从腾冲厂转入的,而霍松的分成利润没有取走,其分成利润已投入到荷村厂,荷村厂并无合伙协议,在创办荷村厂的过程中,霍松和麦树陵一起参与,荷村厂的1993年损益表,写明利润由李志健、刘伟庆、麦树陵、霍松四人分,霍松应收利润460825.24元,实际上,每年年终结算报表都送一份给霍松,麦树陵在1995年3月2日书面承认霍松也有荷村厂1/4股份;霍松请求返还借款145万元的依据是充分的。

霍松请求:(1)撤销一审判决,确认荷村厂是腾冲厂的延续和发展,霍松是合伙人之一,并依法解除合伙关系;(2)判令李志健、刘伟庆、麦树陵共同返还霍松历年应得的利润分成8978187.64元及延期付款利息1758124.54元,返还固定资产分成3862938.37元;(3)判令李志健、刘伟庆、麦树陵共同返还借款145万元及该款利息(按银行同期同类贷款利率计算)。

李志健、刘伟庆答辩同意一审判决。

五、广东省高级人民法院二审认定与处理

广东省高级人民法院二审审理认为:本案争议的焦点问题是霍松是否荷村厂的合伙人。

荷村厂自成立至1998年的生产经营过程,均是麦树陵、李志健、刘伟庆三人参与生产经营、管理决策和分配利润,霍松从没有参加荷村厂的生产经营活动和利润分配,对荷村厂的

生产经营活动没有付出任何的劳动,且工商登记资料也没有显示霍松是荷村厂的合伙人或股东。根据《最高人民法院关于贯彻执行〈中华人民共和国民法通则〉若干问题的意见》第 46 条的规定:"公民按照协议提供资金或实物,并约定参与合伙盈余的分配,但不参与合伙经营、劳动的,视为合伙人。"霍松未能提供其与李志健等人关于其不参加荷村厂经营管理而参与合伙盈余分配的约定的证据。霍松认为其在腾冲厂也不参加经营管理,不参加荷村厂的经营管理,是其委托了麦树陵进行管理。经查,霍松提供的 1991 年 2 月 3 日与麦树陵签订《协议书》的内容来看,也只是霍松委托麦树陵代监理腾冲厂的经营管理,而并没有委托麦树陵对荷村厂进行管理。故霍松认为其不参加荷村厂的经营管理已委托麦树陵代为管理的主张依据不足,不予支持。霍松上诉认为其是荷村厂的合伙人,不符合《民法通则》有关合伙的法律特征,霍松也未能提供充分的证据证实其是荷村厂的合伙人。故霍松上诉认为其是荷村厂的合伙人的依据不足,予以驳回。

关于霍松上诉认为对其应分得的 530441.75 元未领取,一直被荷村厂占用,该款是霍松在荷村厂的合伙投资款,霍松是新厂的合伙人的问题。从二审查明的事实来看,1992 年 4 ~ 7 月间腾冲厂办理结业手续,此期间霍润光明确退出合伙,霍松没有明确表示是否退出合伙。荷村厂是在对腾冲厂进行结算的同时开始筹建,荷村厂于 1992 年 3 月领取企业法人营业执照。合伙人在荷村厂并未签订书面的合伙协议,对于霍松未领取的腾冲厂的利润款,虽被荷村厂占用,但由于没有约定是作为合伙人的投资,作为荷村厂的合伙人李志健、刘伟庆对此又予以否认,霍松未能提供充分的证据证实该款是荷村厂的合伙投资款,故霍松认为其分成利润没有取走已作为合伙投资款投入到荷村厂缺乏事实和法律依据,不予支持。该款应认定为霍松在腾冲厂的合伙利润未领取而被荷村厂占用。李志健、刘伟庆、麦树陵对此应负返还责任,并负担占用期间的利息,一审对此认定正确,予以维持。但考虑到霍松在腾冲厂的利润一直由李志健、刘伟庆占用,在荷村厂开业期间,该利润起到一定的帮助作用,且在二审法院主持调解时,李志健、刘伟庆表示愿意对霍松进行一定的补偿,可酌情由李志健、刘伟庆、麦树陵另补偿 100 万元给霍松。

关于霍松上诉提供会计黎彩崧制作的 1992 年 4 月《4 月份平衡表》和 1992 年 8 月 31 日《5 月份平衡表》,认为这两份平衡表均列明"新厂"的收入,说明账目是新厂延续旧厂承前继后的账目。该两份平衡表制作的时间是腾冲厂办理结算及荷村厂刚开业期间,而黎彩崧原也是旧厂的会计,其所作账目有延续性,不足以证明荷村厂就是腾冲厂的延续。霍松上诉提供会计黎彩崧制作的 1993 年 1 月 23 日的会计账、1993 年 12 月 31 日制作的《1993 年损益表》和《1992 年—1993 年发兴陶瓷机械厂停资核厂结业结算表——霍松》(该表由麦树陵提供),以证明 1993 年霍松仍是合伙人有分配利润,并投入荷村厂。李志健、刘伟庆对该三份表均予以否认,认为在荷村厂与腾冲厂交接之间,会计黎彩崧不清楚合伙人的情况而错误作出的。黎彩崧出具证言表示:"1993 年损益表作了一式四份,李志健、刘伟庆、麦树陵各一份,我自己留一份。"霍松手上的这些表格均是麦树陵给的,麦树陵手上只有复印件。从表格制作的份数,并没有包含霍松的份额;从这些表格的内容看,仍记有"霍松、霍光 1991 年应收利润 366830.7 元","1993 年 12 月止霍松、霍光结存金额有 340963.83 元"。霍光已退出合伙,表格中仍有其应收利润,说明在腾冲厂到荷村厂之间的账目不明确,在腾冲厂 1992 年 7 月结算后,霍松、霍光仍有一些账目未清。且李志健、刘伟庆对该三份表均予以否认,麦树陵虽出具证言承认霍松是荷村厂的合伙人,由于麦树陵在本案诉讼前的行为并没有承认霍松是荷村厂的合伙人,其行为与证言明显矛盾,对其证言不予采信。故霍松以此主张其是荷村厂的合伙人依据不足,予以驳回。

至于 1991 年 12 月至 1992 年 6 月份霍松分七次共汇款 145 万元到新厂,霍松认为该款是借给新厂的筹建款。由于该款属于借款关系,与本案不属于同一法律关系,李志健、刘伟庆对此又不予认可,故二审法院不予处理,霍松可另行起诉解决。

综上所述,广东省高级人民法院认为一审法院认定事实清楚,处理基本正确,判决如下:维持一审法院的判决;李志健、刘伟庆、麦树陵应在判决生效之日起 30 内支付霍松补偿款 100 万元,李志健、刘伟庆、麦树陵对以上款项互负连带责任。

六、当事人申请再审与答辩

霍松不服广东省高级人民法院二审判决,向广东省高级人民法院申请再审称:(1)原判认定霍松不是荷村厂合伙人是错误的,没有任何证据证明霍松已经退伙。(2)荷村厂是腾冲厂的延续和发展,霍松仍然是荷村厂合伙人之一,有投资该厂和参与分红的证据。证据是:(1)荷村厂建厂的全部资金 100 万元和机械设备都是从腾冲厂资金划拨和搬迁过来的。(2)荷村厂会计黎彩崧制作的财务报表中有霍松个人投资的记载。(3)荷村厂 1993 年年终损益表显示霍松在荷村厂仍有利润分成。(4)麦树陵在诉讼中一直承认霍松是荷村厂合伙人,麦树陵每年都交付荷村厂的利润报表原件给霍松。(5)因为荷村厂是从腾冲厂搬迁过来的,所以才没有重新签订合伙协议。

七、广东省高级人民法院再审认定与处理

广东省高级人民法院再审认为:霍松和麦树陵、李志健、霍润光(原合伙人)四人于 1987 年 11 月 23 日签订的《办厂协议书》是本案合伙体的唯一合伙协议书。原合伙人霍润光退伙后,刘伟庆加入了合伙,故本案合伙体仍然为四人合伙。没有证据证明霍松退出了本案的合伙体。双方当事人确认的对荷村厂投资共 100 万元的《记账凭证》、《发兴厂转迅发厂投资基金开支情况》等凭证,证实上述 100 万元投资资金全部来源于腾冲厂的利润和现金。霍松与李志健、刘伟庆、麦树陵均承认腾冲厂的机械设备已搬迁到了荷村厂。荷村厂会计黎彩崧制作的该厂财务账表,具有霍松在荷村厂成立后的投资及参与荷村厂分红的记录。在双方当事人提交的荷村厂 1993 年至 1997 年损益表或利润分成报表中,1993 年损益表记录了霍松当年分红的具体份额;1994 年损益表虽然没有记录霍松的分红份额,但当时已经由麦树陵用承诺书形式确定补回霍松的分红份额;1995 年至 1997 年的利润报表虽未记录荷村厂四合伙人的名字和具体分成份额,但均各自记录了新厂该三年的利润分成总数额。上述五年损益表或利润分成报表的账目和数额记录能够前后连贯相互吻合,是荷村厂真实财务账的组成部分,故应当作为认定本案事实的依据。根据以上事实,可认定霍松在 1992

年初腾冲厂搬迁时并未退出合伙体;腾冲厂对荷村厂的100万元投资资金和投入的机械设备均包含了霍松的投资份额在内;荷村厂成立直至1997年底,霍松均以收取该厂财务报表的形式参与了荷村厂的利润分成(但未实际收取分红款)。另外,双方当事人均确认霍松在新旧厂转接期间,向合伙厂七次汇款共145万元的事实。霍松起诉请求判令李志健、麦树陵、刘伟庆返还历年应得利润所主张的数额(8978187.64元),是霍松自行计算的荷村厂1993年至1997年的应得利润总额。霍松对其在1993年之前的应得利润没有提出主张,属于处分自己的民事权利,可以视为放弃该部分权利。对霍松所主张的其在荷村厂的历年应得利润,应当根据双方当事人提交的荷村厂1993年至1997年损益表或利润报表的记录计算。荷村厂1993年损益表所记录的霍松当年的应收利润款460825.24元,应属于霍松所有;荷村厂1994年至1997年每年利润分成款,霍松均应当享有1/4的份额。霍松请求判令李志健、麦树陵、刘伟庆返还荷村厂的剩余资产分成款的3862938.37元,并请求解除与李志健、麦树陵、刘伟庆的合伙关系,霍松请求的该数额小于李志健、麦树陵、刘伟庆在1998年3月3日处分荷村厂财产的《合约》中确认的荷村厂资产价值(1600万元)的1/4的份额。该请求的数额在霍松应当分得的新厂资产份额之内,故对霍松上述诉讼请求予以支持。霍松作为新旧两厂合伙人应当与李志健、麦树陵、刘伟庆享有相等的合伙权益。李志健、麦树陵、刘伟庆在霍松不直接管理合伙厂事务期间,侵占了霍松的历年应得利润及合伙财产,占用了霍松汇付的145万元借款未予归还,均应当予以清偿。李志健、麦树陵、刘伟庆是以荷村厂为载体共同故意侵占或占用霍松的利润和汇款等,属于共同侵占行为。因此李志健、麦树陵、刘伟庆应当对本案的债务承担连带清偿责任。二审法院判决认定部分事实不清,实体处理不当,应当予以纠正。经广东省高级人民法院审判委员会讨论决定,作出(2004)粤高法监民再字第51号民事判决:撤销广东省高级人民法院(2002)粤高法民一终字第81号民事判决和广东省佛山市中级人民法院(2000)佛中法民重字第1号民事判决;解除霍松与李志健、刘伟庆、麦树陵的合伙关系;李志健、刘伟庆、麦树陵应在本判决生效之日起十日内向霍松偿付合伙厂利润分成款共计6961965.98元[(1994年至1997年新厂利润分成款1565585.79元+2850922.93元+12677201.64元+8910852.58元)÷4+1993年霍松利润款460825.24元]及利息;偿付合伙厂剩余资产份额款3862938.37元;返还借款145万元及该款利息。李志健、刘伟庆、麦树陵对上述所有款项(债务)承担连带清偿责任。本案一二审案件受理费192856元、财产保全费73540元,合计266396元,均由李志健、刘伟庆、麦树陵负担。

八、当事人第二次申请再审情况

李志健不服该判决,向最高人民法院申请再审称,原再审判决认定基本事实缺乏证据证明,未经传票传唤缺席判决,原再审判决违反了公平、等价有偿和诚实信用原则,同时申请人有新证据足以推翻原判决,应予再审。请求撤销广东省高级人民法院(2004)粤高法监民再字第51号民事判决,维持广东省高级人民法院(2002)粤高法民一终字第81号民事判决。

被申请人霍松未提交书面答辩意见。

九、最高人民法院再审认定与处理

最高人民法院于 2010 年 5 月 4 日作出(2009)民再申字第 4 号裁定,提审本案,依法组成合议庭对本案进行了审理。

再审期间,李志健提交乐从镇荷村村民委员会证明,其内容为"兹证明于一九九二年由李志健挂靠我村(管理区)开办了顺德市乐从镇荷村迅发陶瓷机械厂(下称迅发厂),该厂领取的为集体所有制企业法人营业执照,法定代表人为李志健。我村(管理区)每年均要召开安全生产工作总结会议及年终总结会议,每次会后我村(管理区)都会邀请挂靠企业的老板一起到酒楼聚餐。现证明迅发厂每年都是由李志健、麦树陵、刘伟庆三人参加总结会议和聚餐。1997 年,我村(管理区)根据市政府要求,将全部挂靠企业与我村脱钩,转制为私营企业。当时迅发厂是由李志健、麦树陵、刘伟庆三人签名确认并办理转制手续"。最高人民法院认为,该证明不能直接认定霍松并非是荷村厂的合伙人,对此证据不予采信。

最高人民法院对于广东省高级人民法院二审、再审查明的事实予以确认。

最高人民法院认为,本案争议焦点问题为霍松是否是荷村厂的合伙人,145 万元是否作为借款归还。

(一)关于霍松是否是荷村厂的合伙人问题

最高人民法院认为,判断霍松是否是荷村厂的合伙人首先应看荷村厂是否是腾冲厂的延续和发展。

关于本案的合伙协议。合伙协议是合伙人共同出资、共同经营和达到共同经济目的而达成的书面协议。《中华人民共和国民法通则》第三十一条规定,合伙人应当对出资数额、盈余分配、债务承担、入伙、退伙、合伙终止等事项,订立书面协议。就本案而言,当事人于 1987 年 11 月 23 日签订的《办厂协议书》是唯一的书面合伙协议。李志健申请再审称《办厂协议书》并非是本案唯一的合伙协议书,当事人之间存在口头的合伙协议和事实上的合伙关系。根据《最高人民法院关于贯彻执行〈中华人民共和国民法通则〉若干问题的意见(试行)》第 50 条规定,法院认可口头合伙协议的效力,且本案中,《办厂协议书》中约定的厂名、合伙人组成不同,本案存在两份合伙协议、两个合伙体。

《最高人民法院关于贯彻执行〈中华人民共和国民法通则〉若干问题的意见(试行)》第 50 条规定,当事人之间没有书面合伙协议,又未经工商行政管理部门核准登记,但具备合伙的其他条件,又有两个以上无利害关系人证明有口头合伙协议的,人民法院可以认定为合伙关系。法律认可口头合伙协议的效力,虽然李志健主张存在口头合伙协议证据不足,但对本案原合伙关系是否发生变化或者存在新的合伙关系的评判不能简单以《办厂协议书》为依据,应综合判断。广东省高级人民法院再审判决认为,原合伙人霍润光退伙后,刘伟庆加入合伙,故本案合伙体仍然为四人合伙,以唯一的书面合伙协议为依据认定霍松仍是荷村厂的合伙人依据并不充分。

关于 1992 年当事人利润分成及结业分成。1992 年 4 月 1 日,腾冲厂制作了《发兴厂 88—91 年工程利润分成》及《发兴厂模具车间 89—91 年利润分成》,并于 1992 年 7 月 27 日制作了《发兴陶瓷机械厂结业分成》。李志健申请再审称,腾冲厂合伙体在 1992 年初已经解散。根据正常理解,"结业"是"结束营业"简称,无论霍松是否在上述文件上签字,其对结业事实是明知的,也未表示反对,腾冲厂合伙终止是确认的事实。最高人民法院认为,从该结业分成表的名称来看,分别表述为"工程利润分成"、"利润分成"和"结业分成",应认定为当事人对工程利润、模具车间利润及总固定资产合伙人各自份额的明确;从结业分成表的内容来看,四合伙人霍松、霍光、李志健、麦树陵各自所获利润数额、总固定资产分成数额均已明确;从结业分成表形式来看,《发兴厂 88—91 年工程利润分成》有李志健、麦树陵、霍光三人签名,《发兴厂模具车间 89—91 年利润分成》有李志健、麦树陵、霍光、刘伟庆四人签名,1992 年 7 月 27 日的《发兴陶瓷机械厂结业分成》有李志健和霍光签名,以上结业分成表虽然没有霍松签名,但李志健、刘伟庆称霍松以前在处理合伙事务时一般都不签名,且霍松自己讲是委托麦树陵处理合伙事务;从当事人后续工作来看,签订《发兴陶瓷机械厂结业分成》次日,腾冲厂付给霍润光 37858 元,信用社转账付出凭证上注明此款用途是发兴厂机械结业分成,霍润光退出合伙。综上,虽然结业分成表内容简单,也不规范,但结合表的名称、内容及当事人后续工作来看,合伙体进行结业分成的工作可以认定。

关于腾冲厂对荷村厂投入的资金和设备。最高人民法院认为合伙组织是当事人以共同经营为目的的人合组织,合伙人的出资必须得到全体合伙人的认可,对于霍松未领取的腾冲厂的利润款,虽被荷村厂占用,但没有证据证明双方约定该款作为合伙人的投资款,霍松也未能提供充分证据证实他留在荷村厂的款项是对荷村厂的合伙投资款。故霍松认为其在腾冲厂的利润没有取走就当然作为其在荷村厂的合伙投资款缺乏事实和法律依据。广东省高级人民法院再审以此认定荷村厂是腾冲厂的延续、霍松是荷村厂的合伙人依据不足,应予以纠正。

关于荷村厂的经营情况。在旧厂搬迁及霍润光退出合伙体的同时,开始筹建荷村厂。1992 年 1 月 8 日,李志健代表荷村厂与顺德县荷村管理区签订《协议书》,同年 1 月 20 日,荷村厂与荷村乡签订《开办荷村迅发陶瓷机械厂协议书》。1992 年 3 月,荷村管理区按照上述约定向工商部门申请开办荷村厂,并领取了企业法人营业执照。荷村厂企业性质为集体所有制,工商登记为"村办集体",实为私营合伙。荷村厂成立时,工商资料没有登记任何合伙人名字。1997 年,顺德县荷村乡的当地企业转制,荷村厂须与荷村管理区解除挂靠关系,由合伙企业转为公司注册经营,企业名称改变为荷村迅发陶瓷机械制造有限公司。转制后的工商资料登记股东是李志健、刘伟庆、麦树陵。

最高人民法院认为,合伙以合伙人的意思表示一致为基础,公民在平等、自愿的基础上,就出资数额、盈余分配、债务承担、入伙、退伙、合伙终止等事项,经过充分协商,达成一致协议。合伙人的意思表示一致,构成合伙成立和存在的基础。个人合伙的性质决定了合伙人之间具有共同的经济目的和紧密一致的经济利害关系,原则上合伙人既要共同出资,也要共同参加经营决策和日常经营活动。本案中,荷村厂自成立至 1998 年的生产经营过程,均是麦树陵、李志健、刘伟庆三人参与生产经营、管理决策和分配利润,霍松从没有参加荷村厂的生产经营活动和利润分配,对荷村厂的生产经营活动没有付出任何的劳动,且工商登记资料也没有显示霍松是荷村厂的合伙人或股东。根据《最高人民法院关于贯彻执行〈中华人民共和国民法通则〉若干问题的意见》第 46 条的规定:“公民按照协议提供资金或实物,并约定参与合伙盈余的分配,但不参与合伙经营、劳动的,视为合伙人。”霍松未能提供其与李志健等人关于其不参加荷村厂经营管理而参与合伙盈余分配的约定的证据。霍松认为其在腾冲厂也不参加经营管理,不参加荷村厂的经营管理,是其委托了麦树陵进行管理。经查,霍松提供的 1991 年 2 月 3 日与麦树陵签订《协议书》的内容来看,也只是委托麦树陵代监理腾冲厂的经营管理,并没有委托麦树陵对荷村厂进行管理,且该协议是霍松与麦树陵签订的,李志健与刘伟庆并不认可,对其并不具有约束力。故霍松认为其不参加荷村厂的经营管理已委托麦树陵代为管理的主张依据不足,不予支持,对该《协议书》亦不予采信。广东省高级人民法院二审对此认定正确。

另外,李志健申请再审称,企业挂靠集体的性质决定了荷村厂不可能是腾冲厂的搬迁。腾冲厂和荷村厂都是挂靠集体经济组织的私营合伙企业,虽然都是领取集体企业的营业执照,但是集体企业仅仅为当事人提供营业执照、账户、印鉴,不投入资金、不参与管理、不承担风险。这种企业特点是不能离开所在的农村集体经济组织,即企业经营地点必须是集体企业所在的村,因此荷村厂是新的、独立的法律主体,而不是腾冲厂的搬迁。对此意见予以认可。

综上,霍松主张其是荷村厂的合伙人,不符合《中华人民共和国民法通则》有关合伙的法律特征,霍松主张其是荷村厂的合伙人依据不足。

关于荷村厂会计黎彩崧制作的该厂财务账表,载有霍松在荷村厂成立后的投资及参与荷村厂分红的记录问题。广东省高级人民法院再审认为,双方当事人提交的荷村厂 1993 年至 1997 年损益表或利润分成报表中,1993 年损益表记录了霍松当年分红的具体份额;1994 年损益表虽然没有记录霍松的分红份额,但当时已经由麦树陵用承诺书形式确定补回霍松的分红份额;1995 年至 1997 年的利润报表虽未记录荷村厂四合伙人的名字和具体分成份额,但均各自记录了新厂该三年的利润分成总数额。上述五年损益表或利润分成报表的账目和数额记录能够前后连贯相互吻合,是荷村厂真实财务账的组成部分,故可认定荷村厂成立直至 1997 年底,霍松均以收取该厂财务报表的形式参与了荷村厂的利润分成(但未实际收取分红款)。李志健申请再审称,1993 年的损益表没有企业负责人签字,且会计黎彩崧在 1998 年 9 月 1 日接受法庭调查时出具证言证明记载错误,《94 年损益表》仅记载李志健、麦树陵、刘伟庆三人参与分配,且该表既有企业负责人签章,也有新厂公章,是合法有效会计报表。

最高人民法院认为,黎彩崧出具证言表示:“1993 年损益表作了一式四份,李志健、刘伟庆、麦树陵各一份,我自己留一份。”霍松手上的这些表格均是麦树陵给的,麦树陵手上只有复印件。从表格制作的份数,并没有包含霍松的份额;从这些表格的内容看,仍记有“霍松、霍光 1991 年应收利润 366830.7 元”,“93 年 12 月止霍松、霍光结存金额有 340963.83 元”。

霍光已退出合伙,表格中仍有其应收利润,说明在腾冲厂到荷村厂之间的账目不明确,在腾冲厂 1992 年 7 月结算后,霍松、霍光仍有一些账目未清。且李志健、刘伟庆对该三份表均予以否认,麦树陵虽出具证言承认霍松是荷村厂的合伙人,由于麦树陵在本案诉讼前的行为并没有承认霍松是荷村厂的合伙人,其行为与证言明显矛盾,对其证言应不予采信。广东省高级人民法院二审对此认定正确,应予以确认。广东省高级人民法院再审认为荷村厂成立直至 1997 年底,霍松均以收取该厂财务报表的形式参与了荷村厂的利润分成(但未实际收取分红款),依据不足,应予纠正。

关于麦树陵的证言问题。广东省高级人民法院再审采信麦树陵的证言以证明腾冲厂机械设备搬到荷村厂、1994 年损益表没有霍松分红份额,麦树陵用承诺书形式补回霍松分红份额、霍松是荷村厂合伙人等。李志健申请再审称,麦树陵的陈述既不构成自认,也不具备真实性,不能作为认定事实的证据。首先,麦树陵在本案诉讼之前的行为表现出其事实上并没有把霍松作为荷村厂的合伙人,麦树陵一直与李志健、刘伟庆分配新厂利润,共同经营管理,共同签名确认合伙厂重大事务,特别是在 1997 年新厂改制时,麦树陵和李志健、刘伟庆签订协议,将其在新厂的三分之一的股权转让给李、刘二人,同样明确新厂三位股东是麦、李、刘三人;其次,1999 年,在麦树陵因上述股权转让协议,诉李、刘二人的(1999)顺法经初字第 1310 号案中,麦树陵明确表示其与李和刘才是新厂合伙人,后因转制成为公司股东;麦树陵的陈述不能构成证据规则中的自认,麦树陵仅是本案一审中三位共同被告之一,其无权代表诉讼中的一方当事人,由于本案另外两位被告明确表示不认可麦树陵陈述的事实,因此,不能免除对方当事人对其陈述事实的证明责任。

最高人民法院认为,麦树陵在本案诉讼前后的行为与证言明显矛盾,特别是已生效的广东省顺德市人民法院(1999)顺法经初字第 1310 号民事判决中麦树陵的诉请及法院"原告麦树陵与被告李志健、刘伟庆于 1992 年 6 月即合伙开办了顺德市乐从镇荷村迅发陶瓷机械厂"等事实查明,麦树陵前后行为与证言自相矛盾,应不予采信,广东省高级人民法院再审以麦树陵证言为依据认定事实,属于依据不足,应予以纠正。

综上,广东省高级人民法院再审认定霍松是荷村厂的合伙人依据不足。

(二)关于 145 万元是否作为借款归还问题

最高人民法院认为,双方当事人均确认霍松在新旧厂转接期间,向合伙厂七次汇款共 145 万元的事实。1991 年 12 月至 1992 年 6 月,霍松先后分七次共汇款 145 万元到腾冲厂和荷村厂,多张汇单的汇款用途注明"材料款"或注明"划款"。霍松主张该 145 万元是借给合伙厂的"筹建款"。李志健、刘伟庆确认收到了上述 145 万元款项,辩称该款是霍松归还给旧厂的欠款,但李志健、刘伟庆均未能提交有关霍松欠款的证据,应承担举证不能责任。据此,应当认定该 145 万元为霍松提供的借款,李志健、刘伟庆、麦树陵占用了霍松汇付的 145 万元借款未予归还,应当承担连带清偿责任。且该三人于 1998 年 3 月 3 日签订《合约》,约定:1992 年前与霍松的一切账目由三人共同承担。广东省高级人民法院再审对此的认定并无不当,应予支持。

（三）关于李志健称原再审程序未经传票传唤，缺席判决问题

经阅卷调查，广东省高级人民法院再审时因麦树陵下落不明，于 2005 年 3 月 31 日已向麦树陵公告送达了传票。本案程序并无不当，李志健申请再审该部分理由不成立，应不予支持。

综上，李志健申请再审部分理由成立，广东省高级人民法院再审认定事实不清、依据不足、实体处理不当，应当予以纠正。根据《中华人民共和国民事诉讼法》第一百八十六条、第一百五十三条第一款第（三）项之规定，最高人民法院作出（2011）民提字第 53 号民事判决：（1）撤销广东省高级人民法院（2004）粤高法监民再字第 51 号民事判决；（2）维持广东省高级人民法院（2002）粤高法民一终字第 81 号民事判决；（3）李志健、刘伟庆、麦树陵应在本判决生效之日起十日内，向霍松返还借款 145 万元及该款利息（利息从本案起诉之日起至款项付清之日止按中国人民银行同期贷款利率计算），李志健、刘伟庆、麦树陵对以上款项承担连带清偿责任。本案一、二审案件受理费 192856 元、财产保全费 73540 元，合计 266396 元，由霍松负担 133198 元，由李志健、刘伟庆、麦树陵负担 133198 元。

十、对本案的解析

本案从 1998 年起诉至今，历时十余载，从再审了解情况看，公司已经解体、有的当事人已下落不明、因无财产可供执行而执行终结，当事人耗费大量精力，也造成司法资源浪费，令人感慨。本案的核心是荷村厂是否是腾冲厂的延续，霍松有款项未领取是否是荷村厂的合伙人并因此可以领取荷村厂的利润分配和剩余资产分成款。

本案中，当事人于 1987 年 11 月 23 日签订的《办厂协议书》是唯一的书面合伙协议，在 1992 年合伙人发生变更及利润分成、结业分成时，没有书面的退伙、合伙终止协议，在 1992 年办立荷村厂的过程中，也没有新的书面合伙协议，且霍松有 53 万余元未领取并被荷村厂占用是双方当事人认可的事实。能否依此认定霍松为荷村厂的合伙人并分得利润？我们认为，判断是否是合伙人应按照法律规定综合分析。

《民法通则》第三十条规定："个人合伙是指两个以上公民按照协议，各自提供资金、实物、技术等，合伙经营、共同劳动。"与公司"资合"特征不同，"人合"是合伙关系的基础，主要表现在：合伙人的意思表示一致是合伙成立和存在的基础；合伙人共同投资；合伙人共同参加经营决策和日常经营活动；合伙人为共同出资、共同经营和达到共同经济目的达成书面合伙协议。

关于合伙协议。从合同的角度观察，合伙的首要法律特征在于它的合意性，而合意性的直接体现就是合伙协议。《民法通则》第三十一条规定，合伙人应当对出资数额、盈余分配、债务承担、入伙、退伙、合伙终止等事项，订立书面协议。根据该条规定，成立合伙必须有合伙协议，且一般应当是书面协议，可使合伙组织有章可循，有利于合伙的巩固和发展，一旦发生争议，也有据可查。但法律并不排斥口头协议的存在。《最高人民法院关于贯彻执行〈中华人民共和国民法通则〉若干问题的意见（试行）》第 50 条规定，当事人之间没有书

面合伙协议,又未经工商行政管理部门核准登记,但具备合伙的其他条件,又有两个以上无利害关系人证明有口头合伙协议的,人民法院可以认定为合伙关系。由此可见法律认可口头合伙协议的效力,本案虽然李志健主张荷村厂存在口头合伙协议证据不足,但对本案原合伙关系是否发生变化或者存在新的合伙关系的评判不能简单以《办厂协议书》为依据,应综合判断。

关于共同投资。共同投资是合伙成立的物质前提和合伙财产形成的方法。至于投资的种类、数量,可以由合伙人协议确定。投资的种类可以是资金、实物、技术、劳务等。投资是合伙人基于公平自愿基础上的法律行为,对其性质应该得到其他合伙人的认可,这也是合伙体人合性的体现,仅仅因为有款项在合伙体中未领取而无当事人直接的意思表示或其他证据予以佐证,不能作为合伙人的投资认定。

关于共同经营。个人合伙的性质决定了合伙人之间具有共同的经济目的和紧密一致的经济利害关系,因此,原则上合伙人既要共同出资,也要共同参加经营决策和日常经营活动。《民法通则》第三十四条规定,个人合伙的经营活动,由合伙人共同决定,合伙人有执行和监督的权利。尽管《最高人民法院关于贯彻执行〈中华人民共和国民法通则〉若干问题的意见(试行)》第 46 条规定"公民按照协议提供资金或者实物,并约定参与合伙盈余分配,但不参与经营、劳动的……视为合伙人",肯定仅出资而不参与经营的情形,但此种情形应该在合伙协议中明确或者得到其他合伙人的认定。本案中,霍松一直未参与荷村厂的经营活动,且其他合伙人也不予认可,明显与合伙组织的人合性相悖。

综上,与公司"资合"特征不同,"人合"是合伙关系的基础,对于是否是合伙组织或者判断个人是否是合伙组织的成员,应该以书面合伙协议为基础,从当事人的意思表示、投资行为、经营行为、盈余分配及债务承担等方面综合判断。

【地方法院案件解析】

为自己利益而代他人缴纳税款、罚款是否构成无因管理

赵江涛[*] 郑益康[**]

【裁判要旨】

无因管理是管理人没有法定的或者约定的义务，为避免他人利益受损失进行管理或者服务。其主观要件是为避免他人利益受损失，即管理人是为了本人(被管理人)的利益进行管理。如果管理既为了本人利益也同时为管理人自己的利益进行管理，在这种情况也应当符合无因管理的主观要件。无因管理的管理应当不违反明示的或者可推知的本人的意思，才能构成适法的无因管理。但其管理系为本人尽公益上的义务或为履行法定抚养义务，或本人之意思违反公共秩序、善良风俗的，即使其管理与本人的意思相左，仍成立适法的无因管理。

【案号】

一审：宁波市鄞州区人民法院(2009)甬鄞商初字第1780号

二审：宁波市中级人民法院(2009)浙甬商终字第1054号

【案情】

上诉人(原审被告)：宁波市鄞州润兴服饰有限责任公司。

被上诉人(原审原告)：郑明华。

宁波市鄞州润兴服饰有限责任公司(以下简称润兴公司)系孙豪、陆丽敏(郑明华妻子)各出资50%设立，其中陆丽敏为公司总经理。2004年11月至2005年12月间，润兴公司违反国家对于增值税专用发票的管理规定，让他人为自己虚开增值税发票或发生应税业务后未进行申报纳税，致使国家税款被骗取611601.58元。2008年8月20日，宁波市鄞州区国家税务局稽查局(以下简称鄞州国税局)对润兴公司分别作出追缴税款611601.58元并加收滞纳金的处理决定和罚款1053457.36元的处罚决定，并限定在收到决定书之日起15日内缴清上述税款及滞纳金、罚款，逾期缴纳罚款的，每日按罚款数额的百分之三加处罚款，但润兴

---

* 浙江省宁波市中级人民法院民三庭副庭长，本案二审承办法官。

** 浙江省宁波市中级人民法院民三庭法官助理。

公司一直推托不付。2008 年 10 月 14 日,宁波市鄞州区人民检察院以润兴公司及陆丽敏等人涉嫌犯虚开增值税发票罪等为由向宁波市鄞州区人民法院(以下简称鄞州法院)提起公诉。郑明华担心润兴公司不缴纳税款及滞纳金、罚款可能影响到法院对陆丽敏的量刑,而且润兴公司的两股东陆丽敏、孙豪在润兴公司土地厂房上分别设立了公司,该土地厂房若被查封会影响到陆丽敏所设公司的正常经营,故郑明华于 2008 年 10 月 21 日向鄞州国税局代缴了税款611601.58元及滞纳金377230.04元,合计988831.62元,于 2008 年 12 月 16 日又向蔡康国借款1053457.36元,并委托蔡康国将该款直接汇入鄞州国税局专用账户,为润兴公司代缴了罚款1053457.36元。2008 年 12 月 16 日,鄞州法院对刑事案件作出宣判,以虚开增值税发票罪判处润兴公司罚金 40 万元,判处陆丽敏有期徒刑四年六个月。因郑明华为润兴公司代缴了税款611601.58元及滞纳金 377230.04 元,鄞州法院将该事实作为酌定量刑情节对陆丽敏作出了从轻处罚。该刑事判决业已生效。另润兴公司因未参加 2007 年度年检已于 2008 年 11 月 21 日被工商部门吊销营业执照。

郑明华于 2009 年 6 月 25 日向鄞州法院提起诉讼,要求润兴公司立即归还垫付款2042288.98元。润兴公司答辩称:郑明华缴纳税款、滞纳金是为了减轻其妻陆丽敏的罪刑;而且,润兴公司与郑明华之间不存在委托关系,郑明华及蔡康国无权代缴税款和滞纳金;此外,郑明华及蔡康国缴纳税款和罚款的行为分别发生在润兴公司未实际经营期间和被吊销营业执照之后,这些事宜应由清算组一并处理,郑明华没有必要代缴。故请求法院驳回郑明华的诉讼请求。

【审判】

一审法院经审理认为,蔡康国以自己名义为润兴公司代缴罚款1053457.36元由于是受郑明华的委托将向其所借款项直接汇入鄞州国税局专用账户的,其行为符合隐名代理的特征,应视同郑明华代为润兴公司缴纳了罚款1053457.36元。因郑明华承认其为润兴公司代缴税款、滞纳金及罚款确实未受润兴公司的委托,也无证据证明得到润兴公司的追认,故双方之间并不存在委托合同关系。双方的争议焦点主要在于:郑明华自愿为润兴公司代缴税款、滞纳金及罚款的行为性质该如何认定。该院认为,无法定义务或约定义务而为他人管理事务或者服务的事实行为,被称为无因管理。无因管理的成立须具备以下条件:(1)为他人管理事务或服务;(2)有为他人谋利益的意思,但也可以是兼顾自己利益,例如,邻居长期不在家,其房屋被风吹雨淋,为避免倒塌而损毁自家房屋,自己主动替邻居维修房屋等;(3)无法律规定或合同约定的义务,如果从权利的角度观察,亦即没有管理他人事务的权利或权限。本案中,郑明华作为无因管理人代为缴纳税款等,履行了其适当管理之义务,即:一是润兴公司受到行政机关税务处理、罚款处罚,缴纳税款、罚款是润兴公司本应该履行的法律义务,在润兴公司未缴纳的情况下,郑明华代其履行法律义务属于替润兴公司管理事务。庭审中润兴公司亦表示曾要求税务部门对公司的土地使用权进行拍卖以支付税款等,这说明郑明华为润兴公司代缴税款等也并不违背润兴公司本人的意思。二是郑明华作为管理人依有利于本人的方法进行了管理(服务)。管理方法是否有利于本人,应以客观上能否避免本人利益受损失为标准。郑明华代为润兴公司缴纳税款、罚款,客观上减少了其后续税款滞纳金之损失、加处罚款损失及信用损失,故郑明华实际有利于润兴公司进行了管理。

虽然郑明华为润兴公司缴纳税务主观上可能具有为其妻减轻刑事处罚的动因,客观上也起到了为其妻从轻处罚的效果,确实兼顾到了郑明华自己的利益,但这并不能改变郑明华为润兴公司管理事务的实质。三是郑明华代为缴纳税务的确既没有法律根据,也没有合同约定,即本无权缴纳。因此,郑明华与润兴公司之间产生的债权债务是无因管理之债。因该管理所负债务,依法可以请求被管理人清偿。故郑明华诉请润兴公司偿付2042288.98元,于法有据,应予以支持。此外,润兴公司虽然已被吊销营业执照,依法应当进行清算,但在润兴公司注销工商登记前其民事主体资格依然存在,并未消灭,所以即使润兴公司进入公司清算程序,本案亦无须中止审理。据此,一审法院依照《中华人民共和国民法通则》第九十三条之规定,于 2009 年 8 月 24 日作出如下判决:限润兴公司于判决生效后十日内偿付郑明华垫付款2042288.98元。如果未按判决指定的期间履行给付金钱义务,应当依照《中华人民共和国民事诉讼法》第二百二十九条之规定,加倍支付迟延履行期间的债务利息。案件受理费23138元,减半收取计11569元,财产保全费5000元,合计诉讼费16569元,由润兴公司负担。

润兴公司不服上述民事判决,向宁波市中级人民法院提起上诉称:(1)无因管理要求管理人以避免被管理人利益受到损失为出发点,但本案郑明华虽然事实上缴纳了税款、滞纳金及罚款,但这并非出于为润兴公司利益的考虑,而是为减轻其妻陆丽敏的罪行,事实上原审法院也因此对陆丽敏予以酌情从轻处罚,故郑明华的行为不能构成无因管理。(2)郑明华代为缴纳税款、罚款没有法律依据,也没有合同约定,应认定为无权代理。无权代理是指行为人在没有代理权的情况下以本人的名义所为"代理"行为,在法律后果上,若未经追认,应由行为人自行承担民事责任。故郑明华擅自代润兴公司缴款,事后又未得到追认,因此产生的法律后果只能由郑明华承担。综上,郑明华请求润兴公司偿付2042288.98元垫付款既无法律依据,也无合同约定,不应支持。请求二审法院撤销原判并依法改判。

郑明华二审口头答辩称:原审法院认定事实清楚,适用法律正确,判决并无不当。陆丽敏本身也是润兴公司的员工,为陆丽敏减少刑期也是为润兴公司单位的利益,郑明华的行为构成无因管理。请求二审法院驳回上诉,维持原判。

二审法院审理认为,本案双方当事人的争议焦点为:郑明华代润兴公司缴纳税款、滞纳金、罚款共计2042288.98元的行为是否构成无因管理。首先,润兴公司上诉称郑明华缴纳2042288.98元款项的目的在于减轻其妻陆丽敏的刑罚,而非避免润兴公司利益损失,故欠缺无因管理的主观构成要件。该主张不予支持。管理人须有为本人(被管理人)利益管理的意思,这是构成无因管理的主观要件,但这并不意味着管理人只能为本人利益而不能同时为管理人自己的利益,也就是说,管理人同时为自己利益和本人利益管理同样符合无因管理的主观要件,本案中,缴纳税款、滞纳金及罚款是润兴公司应履行的义务,郑明华代为缴纳使润兴公司直接获益,同时也可能减轻郑明华之妻陆丽敏的刑罚,郑明华对此是明知的,故其缴款行为系既为自己利益也为本人利益,符合无因管理的主观要件;其次,郑明华的行为也符合无因管理的客观构成要件,即无法定或约定义务而管理他人事务;再者,郑明华及时代缴税款、罚款客观上避免了润兴公司继续缴纳滞纳金、被加处罚款以及可能遭受的其他损失,所以本质上也有利于润兴公司;最后,润兴公司一、二审期间的陈述表明其愿意缴纳相应款项,只不过缴纳方式、时间未予明确,故郑明华代缴2042288.98元款项并不违反润兴公司的意思。即便郑明华该行为违反了润兴公司的真实意思,由于缴纳税款、滞纳金、罚款系公法上的义务,也不能影响该行为的合法性。

综上,郑明华代润兴公司缴纳税款、滞纳金、罚款的行为构成无因管理,郑明华有权请求润兴公司偿付其实际支付的2042288.98元。原审判决认定事实清楚,适用法律正确,实体处理并无不当。润兴公司上诉称郑明华的行为系无权代理而非无因管理,欠缺事实与法律依据,其上诉请求不予支持。据此,二审法院依照《中华人民共和国民事诉讼法》第一百五十三条第一款第(一)项、第一百五十八条之规定,于2009 年12 月22 日作出如下判决:驳回上诉,维持原判。二审案件受理费23138元,由润兴公司负担。

【评析】

本案双方争议焦点为:郑明华代润兴公司缴纳税款、滞纳金、罚款共计2042288.98元的行为是否构成无因管理。二审判决持肯定态度,主要理由如下:

一、同时为自己利益和本人利益管理事务符合无因管理的主观要件

根据《民法通则》第九十三条的规定,无因管理是指没有法定的或者约定的义务,为避免他人利益受损失进行管理或者服务。其主观要件是为避免他人利益受损失,即管理人是为了本人(被管理人)的利益进行管理,但这并不意味着管理人只能为本人利益而不能同时为管理人自己的利益进行管理。如果管理人同时为自己利益和本人利益管理,同样符合无因管理的主观要件。这是对立法的扩充解释,而且这一点无论在我国台湾地区还是大陆地区,学理上都予认可。甚至我国台湾地区规定的无因管理主观构成要件仅为"为他人管理事务之意思",即要求管理人主观上知道其是在为他人事务管理即可,并不要求"为避免他人利益受损"。本案中,缴纳税款、滞纳金及罚款是润兴公司应履行的义务,虽然郑明华代为缴纳主要是出于减轻其妻陆丽敏的罪行的目的,但是其行为客观上使润兴公司直接获益,同时也可能减轻郑明华之妻陆丽敏的刑罚,郑明华对此是明知的,故其缴款行为系既为自己的利益也为被管理人的利益,符合无因管理的主观要件。

二、为本人尽公益上的义务无须考虑本人意思

一方面,适法的无因管理要求管理事务利于本人,并不违反本人明示或可得推知的意思。如《德国民法典》第677 条规定"未受委托或未受权而为他人管理事务的,应考虑本人真正的或可推知的意愿,以符合本人利益的方法管理事务",我国台湾地区立法也有类似规定,大陆地区学理上基本也予认可。本案中,郑明华及时代缴税款、罚款客观上避免了润兴公司继续缴纳滞纳金、被加处罚款以及可能遭受的其他损失,所以本质上也有利于润兴公司,而且润兴公司一、二审期间的陈诉表明其愿意缴纳相应款项,只不过缴纳方式、时间未予明确,故郑明华代缴2042288.98元款项并不违反润兴公司的意思。另一方面,无论在德国还是我国台湾地区,对以上要求都有一例外规定,即管理人虽然违反本人明示或可得推知的意思,但其管理系为本人尽公益上的义务或为履行法定抚养义务,或本人之意思违反公共秩序、善良风俗的,仍成立真正无因管理。该公益上的义务既可是公法上之义务,也可是

私法上之义务,但必须具有公益性质,如缴税、支付丧葬费等等。[①] 所以即便郑明华的行为违反了润兴公司的真实意思,但由于缴纳税款、滞纳金、罚款系公法上的义务,属于应尽的公益义务,即便管理行为与明知或者可推知的当事人意思不一致,也不能影响该行为的合法性,依然成立适法的无因管理。

三、郑明华的行为不属于不当得利或者无权代理。

首先,按照学理通说,不当得利的认定除了有四个成立要件以外,还有几种除外情况,其中之一便是"明知无给付义务而为给付"。本案中,郑明华明知代缴2042288.98元款项是润兴公司应当缴纳的税款、滞纳金和罚款,自己无缴纳义务而仍代为缴纳,系明知无给付义务而为给付,符合不当得利的除外条件,所以本案郑明华的行为难以认定为不当得利。其次,无权代理是指行为人在没有代理权的情况下以本人的名义所为"代理"行为,在法律后果上,若未经追认,应由行为人自行承担民事责任。无因管理的客观方面与无权代理比较类似,都系干预他人事务,是对他人财产权利或人身权利的侵害,本应构成侵权行为,但是无因管理本为社会互助行为,其管理有利于本人,并不违反其意思,或虽违反其意思,但有利于公益,故法律使其成为合法行为。[②] 而无权代理在未经追认之前都是不合法行为,由行为人本人承担民事责任。本案中虽然郑明华代缴款项的行为没有本人润兴公司的授权,但是其代缴出来为自己的利益以外,也是为了润兴公司,其管理有利于本人,存在阻却违法事由,故不应当认定为无权代理。

综上,郑明华代润兴公司缴纳税款、滞纳金、罚款共计2042288.98元的行为虽然是为了自己的利益,但也明知其行为能使润兴公司直接获益,其缴款行为系既为自己的利益也为被管理人的利益,符合无因管理的主观要件。而且润兴公司自认其愿意缴纳相应款项,故郑明华的代缴行为也不违反润兴公司的意思,退一步讲,缴纳税款、滞纳金、罚款系公益上的义务,即便润兴公司不愿缴纳,郑明华的行为仍构成适法无因管理。由于我国现行立法过于简单,造成本案定性存在争议,需要参考国外立法及学理通说,对现行立法进行适当的扩张解释,并在此基础上作出公平合理的判决,即润兴公司应偿还2042288.98元款项。

---

① 史尚宽:《债法总论》,中国政法大学出版社 2000 年版,第 64 页。

② 洪学军、潘洪杰:《无因管理的类型化以及类型化无因管理法律效果》,载《探索》2003 年第 1 期。

【热点调研】

关于房地产调控政策与民事审判衔接的调研报告

北京市第一中级人民法院调研组*

前 言

2010年4月17日,《国务院关于坚决遏制部分城市房价过快上涨的通知》正式出台,标志着新一轮房屋调控新政开始实施。受到这一轮政策调整的冲击,相关的民事法律关系也受到一定的影响。一些纠纷中购房人以新政导致其不能办理按揭为由要求解除合同,另一些纠纷中买房人因为履行困难为由要求解除合同或对合同进行调整,近期的一些案件中又有当事人因为政策出台后房价回落对原合同的继续履行产生争议,这些纠纷中同时也伴随着定金、违约金及中介费等相关费用的分担等问题。如何妥善应对受新政影响的各类纠纷,已经成为我市法院亟待解决的重大课题。

围绕该类案件处理,各家观点争鸣,莫衷一是。我们认为,对该问题的处理应当从以下三个方面把握:(1)全面认知房屋新政的性质,确立以民事司法审判促进国家房地产新政的调控目的实现的价值取向;(2)在理论层面上,在现有民法理论及民事法律的框架范围内,探究涉房新政与民事审判衔接的有效路径;(3)司法实践中,针对具体纠纷类型,对当事人以各种事由主张的合同解除、违约责任、费用分摊等问题的处理。

本调研课题于2011年2月申报,经审核被确定为我院部门级重点调研课题。调研中,课题组首先对我庭目前已经出现的典型案例进行了搜集考察,组织庭里审判员就相关问题进行座谈,确定了调研问题及调研范围;之后课题组经过深入讨论,就课题形成了初步意见。2011年8月底,课题组与浙江省杭州市中级人民法院取得联系,去函就相关问题交换了初步看法,并于2011年9月初赴杭州市中院与一线法官就调研问题深入交流座谈。10月上旬,课题组经过讨论、撰稿、统稿,形成了初步调研成果,现汇报如下。

---

* 本调研课题由北京市第一中级人民法院副院长孙国鸣主持,民一庭庭长吴小成、庭长助理黄海涛负责组织实施;参与人:民一庭詹晖、郭嘉、宋少源、赵蕾、李筱珊、王洋林;执笔人:宋少源、郭嘉、赵蕾;统稿人:黄海涛、宋少源。

一、涉房新政概述

(一)涉房新政的内容

我国实行住房制度改革以来,房价持续攀升,高房价已经成为人民群众广为关注的社会问题。针对房地产市场领域的一些突出问题,2010 年 4 月 17 日,国务院发布了《关于坚决遏制部分城市房价过快上涨的通知》,启动了新一轮房屋调控新政。随后,北京市政府也于 2010 年 4 月 30 日发布《贯彻落实国务院关于坚决遏制部分城市房价过快上涨文件的通知》,于 2011 年 2 月 16 日,又发布了《关于贯彻落实国务院办公厅文件精神进一步加强本市房地产市场调控工作的通知》。

目前,就北京地区而言,房屋新政中对民事活动影响最大的包括两个方面:

1. 差别性房贷政策。包括:对购买首套自住房且套型建筑面积在 90 平方米以上的家庭(包括借款人、配偶及未成年子女),贷款首付款比例不得低于 30%;对贷款购买第二套住房的家庭,贷款首付款比例不得低于 50%,贷款利率不得低于基准利率的 1.1 倍;暂停对购买第三套及以上住房发放贷款;暂停对不能提供 1 年以上本市纳税证明或社会保险缴纳证明的非本市居民发放贷款。

2. 限购措施。自"京十二条"发布之日起,暂定同一购房家庭只能在本市新购买一套商品住房,对超限购房的不予办理产权登记;对已经拥有一套住房的户籍居民家庭,对持有有效暂住证,在本市没有住房的购房人,且连续五年缴纳社会保险和个人所得税的非本市户籍家庭,限购一套住房;对拥有两套及以上住房的本市户籍家庭,拥有一套及以上住房的非本市户籍家庭,以及无法提供本市暂住证、连续五年以上缴纳社会保险或个人所得税的非本市户籍居民家庭,暂停在本市向其售房。

(二)涉房新政的价值追求

考察本次宏观调控的措施,其广度覆盖了房地产行业的生产领域、流通领域、消费领域的各个环节:在生产领域,国家通过增加土地出让,设置严格的受让标准等措施来抑制房地产业一次开发中成本的上升;在消费领域,国家通过对改善型住房需求定向支持,对契税、营业税等税收的差别性调整等措施,以调整改善性购房与投资性购房的比例失衡问题;在流通领域,通过对开发商以及购房人的贷款供给均严格控制,对家庭第三套住房进行限购进而限制房地产业中热钱集中等措施,限制这一行业中的货币流通性。

可以明确的看出,不论是生产领域还是流通领域的政策调整,目的都在于限制房屋价格的过快上涨,抑制投资性住房。在民事审判工作中应当注意到房屋新政的这一价值取向,保证民事审判工作的政治方向性,并进而落实到审理相关案件的具体工作中,使其能够服务于国家宏观调控的大局。

(三)涉房新政中的调控手段

宏观调控的手段包括法律手段、经济手段及行政手段。本轮房屋新政属于国家针对房

地产行业而进行的宏观调控,从其具体内容来细分,可区分出两种不同的手段:

1. 涉及限购令的相关内容属于行政手段,即通过政策文件直接针对民事主体的某一类民事法律行为设置具体的障碍,在此表现为针对家庭第三套购房的情形不得办理产权登记,直接决定民事主体的民事法律行为能否履行。

2. 涉及住房信贷的政策属于经济手段,即通过具体货币政策的调整对民事主体的融资等市场行为进行限制,来间接地影响民事主体的具体民事法律行为。

两种不同的手段对于民事主体的具体影响是不同的,行政手段导致的是现实的履行不能,而经济手段可能导致的是实际中的履行困难。因此,在具体的案件审理中应当对于两种不同调控手段所引起的纠纷分别制定处理规则。

二、涉房新政给民事案件及民事审判带来的影响

(一)涉房新政引发的新案件类型

上述房屋新政的颁布实施对房屋买卖合同双方的利益关系影响重大。从目前案件受理的情况来看,主要包括以下三种类型:(1)买房人以贷款首付比率提高导致其无力承担首付从而无法办理按揭贷款为由,要求解除合同;(2)买房人以按照房屋新政,银行不予办理贷款从而无法履行合同为由要求解除合同;(3)买房人因不符合办理产权登记的相关条件,以无法办理产权过户从而实现合同目的为由,要求解除合同。

由于房屋涉及的利益关系复杂,在上述三类典型案件之外还存在着其他类型的案件:如房屋出卖人以房屋新政出台后其家庭只能再购买一套房屋为由不愿继续履行房屋买卖合同,要求解除合同;又如夫妻所购两套住房均为贷款购房,现因夫妻离婚,未分得房屋的一方以按照房屋新政,其再行购房属于第三套房不能办理按揭贷款为由,要求解除向第三人出卖房屋的合同。

此外,还存在着假借房屋新政提起诉讼,但经查实际纠纷与房屋新政无关的案件,包括在房屋新政出台后签订合同又以不了解房屋新政为由要求解除合同的案件、一方在房屋新政出台前即有违约行为而假借房屋新政进行诉讼的案件、与房屋新政无关而系基于当事人自身原因(如延误贷款办理手续、隐瞒自身情况、自身信用不佳等)导致不能办理按揭贷款的案件。

(二)涉房新政造成的案件处理难点

审判实践中,处理与房屋新政相关案件的难点在于如何定性房屋新政对于购房合同的影响。对此存在着各种不同认识。有观点认为买房人依据房屋新政解除合同应属违约,但系因政策引发,因此应属政策性违约;也有观点认为应属情势变更,买房人可依房屋新政要求解除合同而不承担责任;还有观点认为应系不可抗力。

在具体案件的处理上,对责任免除的认定与处理规则、对合同解除的认定与处理规则、对房屋买卖合同履行困难与合同解除间关系的认定与处理规则、对按揭贷款办理障碍与合同解除间关系的认定与处理规则、对限购禁购与合同解除后相关费用的分担的认定与处理

规则等诸多问题上的认识不统一也困扰着具体的司法审判工作。

三、民事审判中涉房新政的实现路径

人民法院的审判工作应当力求法律效果、政治效果与社会效果的统一。具体到新政实施后涉房案件的处理上,就要求通过我们的审判活动保障国家宏观调控目的的实现、保障社会经济秩序稳定大局的实现。我们在审判中对于合同的解除、责任承担及费用分摊等问题的处理必须与房地产调控的大局结合,通过审判工作促使调控目的实现。而审判活动之初,首先应当解决的问题是依据现有法学理论及现行法律规范,为该价值的实现寻求合理有效的实现路径。

在传统的民法理论中,合同履行过程中出现的某些因素可能对合同履行造成障碍,英美法系构建"合同落空制度"①来应对这一局面,大陆法系则构建不可抗力制度和情势变更制度对此予以矫正。因国家政策变更造成的合同履行障碍,英美法系通过判例已经确立了较为系统的处理规则,而在大陆法系,因为对法律表述的概括性和抽象性,国家政策变动在法律上应如何认定及处理并没有明确。而我国在传统上属于大陆法系,实现路径的构建必须根植于我们制定法的现状。

(一)可选路径之一:不可抗力

《民法通则》及《合同法》确立了我国的不可抗力制度。《合同法》第一百一十七条规定因不可抗力不能履行合同的,根据不可抗力的影响,部分或者全部免除责任,但法律另有规定的除外。《民法通则》第一百五十三条规定,不可抗力是指当事人不能预见,不能避免并不能克服的客观现象。

我国不可抗力理论系采用了主客观结合的折中观点。② 基于外来因素发生的,当事人以最大谨慎和努力仍不能够预见和防止的是不可抗力,如果事件的发生是客观的,当事人能够预见而未有预见,或尽最大努力可以加以防止,则不能判断为不可抗力。③ 认定为某一现象是否为不可抗力主客观两个层面:客观层面指该现象应当是客观的且不能为行为人所控制,主观层面是指这种现象的出现应当不为人可预见且不可避免。

(二)可选路径之二:情势变更

我国的情势变更原则主要通过司法解释确立,《最高人民法院关于适用〈中华人民共和国合同法〉若干问题的解释(二)》第二十六条:合同成立以后客观情况发生了当事人在订立合同时无法预见的、非不可抗力造成的不属于商业风险的重大变化,继续履行合同对于一方当事人明显不公平或者不能实现合同目的,当事人请求人民法院变更或者解除合同的,

---

① 《美国合同法重述》第二版规定,如果意外事件实质性地破坏了权利人订立合同的主要目的,即可适用合同目的落空规则。另有提法认为:只要法律认为,不是由于任何一方的过错致使合同义务不能履行,即为合同落空。详细论述参见李永军:《民法总论》,法律出版社2006年版,第612~620页。

② 韩世远:《合同法总论(第二版)》,法律出版社2008年版,第324页。

③ 王利明:《违约责任论》,中国政法大学出版社2003年版,第370页。

人民法院应当根据公平原则,并结合案件的实际情况确定是否变更或者解除。

所谓情势变更,指合同有效成立后,因当事人不可预见的事情的发生,致使签订合同之初的基础丧失,继续履行原合同将使当事人之间产生显失公平的局面时,当事人可以诉求法院变更合同或者解除合同。情势指合同成立当时的社会环境或者作为合同基础的情况、包括国家政策、经济法律、社会环境等。

情势变更价值的核心价值在于矫正契约严守原则可能产生的有违诚实信用原则的状况,唯有继续履行合同会造成交易双方利益严重失衡的情形,才有情势变更原则的适用。"适用情势变更原则的关键所在,即因情势变更使得缔约双方所赖以判断自己权利义务的基础发生动摇或者根本损失,使得当事人的权利义务严重失衡,故有恢复平衡的必要。"①

(三)实现路径的选择与构建

考察不可抗力制度与情势变更制度,可以得知一项国家政策的变更,对于从事具体交易行为的当事人可能符合不可抗力的基本要求。由于国家行使立法、行政、司法等职能而致债务不履行以及损害发生或扩大,在某些特别的条件下,属于不可抗力的范围。② 导致合同不能履行的政府抽象行政行为可视为不可抗力。③ 当事人在订立合同以后,政府当局颁布新的政策、法律和行政措施而导致合同不能履行。不可抗力的范围包括政府行为,如订立合同以后,由于政府颁布禁运的法律,使合同不能履行。④ 但是,如果该种国家政策的变更造成了社会环境或者交易基础事实的变更,并最终造成的结果是交易的严重不公平,则应当认定为情势变更。因此,对于国家政策变更的认定,不应当一刀切地归入不可抗力或者情势变更,而应当具体考察其内容在特定的交易行为中所带来的影响。

针对本次涉房新政,可以依据不同的调控手段及其对民事法律行为带来的影响分情况考察:

(1)针对房屋新政中的限购部分而言,对于家庭第三套购房等情形不予办理产权登记,从其调控手段来看,属于国家通过行政手段对于民事主体民事行为的限制,直接导致了房屋买卖合同中核心条款——产权变更登记的履行不能。

此次房屋新政中限购、禁购的规定,即使是房地产行业的专业人士,也难以预测,作为一般的购房人更是无从预见;限购、禁购政策出台之后,相关部门的各项配套措施也保证了该政策难以回避;从结果上看,政策的实施导致了房屋买卖合同目的无法实现。这些因素都与不可抗力制度契合,将房屋新政中的限购部分认定为不可抗力较为妥当。

(2)房屋新政中的涉信贷政策而言,属于国家通过经济手段对房地产市场进行调控,改变房地产市场上的信贷环境,与情势变更中的情势契合。但情势变更的核心在于合同继续履行时显失公平的认定。就本文而言,我们认为涉信贷政策不属于情势变更。①信贷政策的变更,导致提高首付比例、贷款利率以及停放贷款,并非直接干预了房屋的价格,交易的

---

① 李永军:《民法总论》,法律出版社 2006 年版,第 624 页。
② 韩世远:《合同法总论(第二版)》,法律出版社 2008 年版,第 328 页。
③ 李虎:《导致合同不能履行的政府抽象行政行为可视为不可抗力》,载《人民司法》2009 年第 20 期。
④ 王利明、崔建远:《合同法新论·总则》,中国政法大学出版社 2000 年版,第 615 页。

价格也并未因为政策的出台飞涨或者暴跌,从对价上来讲,并非不公平;②情势变更中的需要公权力介入调整的显失公平必须达到相当的严重程度。当当事人因不可预见的情势变更,其履行对于当事人一方成为非常巨大的负担时,至于此点,当事人之间并无合意,因而原约定对于当事人之间已无约束力,应当允许变更或者解除。[①] 信贷政策的出台增加了买房人的履约负担,可能造成履约艰难的境况,但卖房人并未因此获取重大利益,买房人增加的负担并非严重失衡,交易尚未达到须要公权力直接介入予以调整的地步;③认定该信贷政策的变动是情势变更,则赋予了买房一方超乎其签订合同之初预期的重大权利,买房人在履行之前可以抉择要求法院向对自己有利的方向变动或者解除合同,而卖房人一方面并未从该交易的继续履行中获取不当利益,另一方面又未能像购房人一样享有请求变更或者解除合同的请求权,从而产生了新的不公平。

将信贷政策的变动认定为不可抗力,尽管符合了不可抗力的部分要件,但是对于履行不能的认定较为困难。这是因为:①信贷政策的作为经济手段其调控是间接性的,信贷只是房屋买卖中常见的融资手段之一,并非唯一手段。因此,信贷手段的缺失可能造成履行的困难,并不必然导致购买方无法继续履行;②国家信贷政策的调整并非直接作用于普通的民事主体,而是通过对银行的规制而间接产生作用的;③国家的信贷政策调整具有普遍性及常规性的特点,并非是一个令所有市场主体猝不及防的突变过程,从历次房地产调控来看,首付款比例及利率已经经历了多次调整,难言不可预见。

因此,不可抗力与情势变更均不能完美地解决信贷政策变动所导致的问题,将新政认定为二者之一将会导致对于现有制度的突破。考虑到此次宏观调控的价值取向,从人民法院审判工作服务大局的司法理念入手,在此类案件的审判中对于受新政影响的房屋买卖合同,应当以解除为一般情形。解除的理由可以做如下建构,将信贷政策的变化认定为“不可归责于双方的事由”,并将其落脚点确定在对买房一方的“履约能力产生重大影响”,再进而依据公平原则予以处理。这种处理方案的优点在于:①该类案件中经常存在着因合同签订后,双方为履行合同准备而产生的实际费用,如中介费,提前还贷违约金等,在这一建构的基础上,可以通过公平原则来合理分担双方的实际损失;③避免刻板地认定违约责任导致的实质不公平以及社会舆论的反弹;④这一建构完全基于现有的法律规定而并未突破现有制度;⑤这一建构中的核心事实将是新政对于买房人履约能力的影响,通过这一事实的差异性认定,可以分别地对待不同的案件。

就合同解除的法律依据问题,《最高人民法院关于审理商品房买卖合同纠纷案件适用法律若干问题的解释》第二十三条规定,因不可归责于当事人双方事由未能订立商品房担保贷款合同并导致商品房买卖合同不能继续履行的,当事人可以请求解除合同,出卖人应当将收受的购房款本金及利息或者定金返还买受人。需要指出的是,这一规定并未包括二手房买卖。通常观点认为,《合同法》第九十四条中的法定解除权应当由守约方享有,排斥违约方对于法定解除权条款的适用。但在受到涉房新政影响的合同中,无论是限购还是信贷政策变更,出现履行障碍的购房人都不存在可追责的法律基础,从而可以认为该类纠纷

---

① 史尚宽:《债法总论》,中国政法大学出版社 2000 年版,第 428 页。

中的购房人并非上述条款中的违约方。另一方面,涉房新政导致合同难以继续履行的情况下,如果卖房人不解除合同,又排除购房人的法定解除权,则合同处于既不能履行又不能免除履行义务的状态,可能导致双方利益的减损。因此,法院可以依据合同的法定解除权条款解除双方合同,进而避免双方当事人的非理性选择,避免双方损失的进一步扩大。

在处理合同解除后相关事宜的问题上,依照《合同法》第九十七条规定:合同解除后,尚未履行的,终止履行;已经履行的,根据履行情况和合同性质,当事人可以要求恢复原状、采取其他补救措施,并有权要求赔偿损失。在相关损失的承担环节,因双方对该损失的产生均无过错,在损失承担环节,应当依据《合同法》第五条的原则性规定,公平地在当事人之间进行分配。

综合以上分析,将涉房信贷政策的变更认定为"不可归责于双方当事人的事由",在实体上更有利于保护当事人双方的利益,同时也实现了人民法院工作服务大局的根本宗旨。在具体问题的处理上,应当区别对待,首先,买房人主张因信贷政策调整造成的违约行为免责时,可以在查明事实的基础上在相应范围内予以支持;其次,对当事人要求变更合同的请求,因其缺乏请求权基础,亦不符合法院自身职能的定位,不应判决支持,但可以通过调解实现对原合同的变更;再次,买房人如果要求解除合同,从维护交易公平的角度出发,原则上不应当轻易解除合同,但如果购房人确实证明信贷政策变更给其造成"难以承受"的负担,合同继续履行已经不可能,可以允许其免除合同履行义务并对履行不能免责;如果购房人不能够证明该增加的负担超出了其承受范围,则仅应当免除其因信贷政策变更导致的相应范围的违约责任,不应当支持其解除合同的请求,但此时如果卖房人同意解除合同,同时请求买房人给予一定赔偿,则可以解除合同,并对该赔偿请求在相应范围内予以支持。

四、涉房新政实施前订立的合同纠纷的处理

在涉及贷款的房屋买卖合同纠纷中,一般存在三方主体,三个合同关系。三方主体是借款人(担保人、买受人)、贷款人(担保权人、银行)、保证人(出卖人);三个合同关系是出卖人与买受人之间的商品房买卖合同关系、买受人与银行之间的担保贷款合同关系、出卖人与银行之间的保证合同关系。担保贷款合同的订立是商品房买卖合同顺利履行的重要保障,贷款合同的订立又以商品房买卖合同有效成立为前提条件,保证合同则确保担保贷款合同的履行。三个合同关系中,房屋买卖合同是核心,贷款合同则是买卖合同能否得到履行的关键环节。

涉房新政中的信贷政策变更,直接影响的是购房人能否得到贷款,进而影响购房合同的履行。双方当事人原先订立契约可能处于多种状态,包括完全履行不能、部分履行不能以及迟延履行等。因此,在裁判过程中,裁判者首先解决的是责任分配问题,其次是合同是否解除问题以及如何解除的问题,最后是合同履行中产生的费用的承担问题。

(一)责任免除问题的处理原则

合同履行过程中发生了"不可抗力"或者"不可归责于当事人双方事由",从而造成合同履行的障碍,能否得到法律上的免责以及免责程度如何,应当分层次地考察。

(1)所谓免责并非免除履行合同的义务,而应当是涉房新政所造成合同不能够依约履行的违约责任,履行合同的义务的免除尚需当事人双方约定解除合同或者法院依法解除合同。

(2)当事人可否依据该事由主张免责,应当有因果关系考量的介入。新政出台必须是债务履行受阻的最近、唯一和关键原因,且不存在阻断因果关系的情况。新政是履行受阻的最近原因,是指若未有新政出台,就不至于出现履行受阻的情形。因卖房人无从知道买房人给付不能的原因,所以,应当由买房人在诉讼中对此予以举证,这也符合"谁主张,谁举证"的基本原则。信贷政策变更应当是买房人履约障碍的关键原因、唯一原因,如果买房人有给付能力而只是资产在其他领域占用,如多有固定资产而少有流动资产,信贷政策变更后短期无法足额筹措的情形,则不应当认定为有因果关系。但是如果查明当事人确实因为信贷政策的调整造成履行艰难,则也不宜将其所有生活必需资产列入评估其支付能力的资产范围。

(3)免责范围的确定上需明确只有涉房新政造成的违约才能够免责。对于新政变动与当事人过失共同造成违约的情况下:先应当考察当事人的过失是在新政变动之前还是之后影响合同的履行,如果是在新政出台之前,则应当有因果关系的考察,确定当事人是否可以主张免责;如果是在新政变动后,则应对责任进行区分,查明当事人可以因新政变动后主张免责的部分,同时由当事人承担因自己过错造成责任扩大的部分。例如,在涉房信贷政策造成迟延履行后,当事人在合理的期限内并未适当履行,则裁判者首先应当考察政策变更与迟延履行之间的因果关系,其次应当考察政策变更在整个迟延履行中作用的大小。如果涉房新政出台发生在当事人迟延履行期间,则当事人不能主张免责。如果在履行期间发生的政策变更,当事人仅可就因政策变更所造成的合理期间的迟延履行免责,如果还有进一步的怠于履行的迟延责任或者其他扩大责任,则不应当免责。

(4)关注部分免责还是全部免责。涉房新政出台导致的全部债务的给付不能,应当就全部责任免责;如果涉房新政的发生仅是延迟了合同的履行,例如当事人之间约定一定期限内办理完毕相关贷款手续,现因信贷政策变更,买房人需要额外时间办理该相关手续,则行为人仅应当就该相应的迟延免责,不可拒绝卖房人继续履行合同的要求。

(二)合同解除事由的类型化研究

1. 履行困难与合同解除

涉房新政出台后,购房人不能履行合同多是因为信贷政策变更增加了购房人的履约负担,造成其"履约艰难"。此时需要明晰的是,在一项非可归责于双方当事人的因素发生,进而造成一方当事人履约艰难时,该当事人可否要求免除合同履行义务。我国的不可抗力制度与情势变更制度中并没有对应的解决规则。"履行艰难"在美国合同法中有较为系统的规则:如果一方当事人主张缔约后发生的并非由其过错引发的事项导致了其履约艰难,并且无论从法律上还是契约中,他都没有承担此加重负担的义务,该当事人可以免责。但迄今为止,美国法院也只是偶尔才判决因履约成本增加可以免责。法院通常所持的观点是,成本的增加,即使可以确认是缔约后发生的某一事件所导致,也没有达成构成履约艰难的程度。[①] 据此,在美国合同法领域,对因履约艰难从而解除合同的把握是比较严格的。将我国目前信贷政策变更所带来的履约成本增加一概视为美国合同法中“履约艰难”,判决“履约艰难方”免责,解除合同并要求双方互相返还是不妥当的。“尽管当事人可以基于客观的履行艰难,即履行无法完成而免责,但是当事人不能够基于主观的履行艰难,即我无法完成某事而免责。缺少融资能力通常被作为主观履行艰难的一个典型。”[②]

因此,在处理该类纠纷时,为维护交易安全,保障双方当事人的合法权利,原则上不应当轻易解除双方合同,只有买房人在充分举证,证明信贷政策的调整增加了其履约困难并已经到了相当严重的程度乃至合同履行不能时,方可解除合同并对买房人的违约行为免责。具体而言,对依据变更后的信贷政策不能取得贷款的当事人,其履约困难证明相对容易,在裁判过程中的把握也可以相对宽松;对依据新的信贷政策首付增加、贷款利率提高的情况,如果买房人请求解除合同,需要证明其履约已经十分困难,否则应当要求其继续履行合同。当然,如果卖房人同意解除合同,合同可以解除,卖房人可以要求买房人一定数额的补偿。

2. 按揭贷款办理障碍与合同解除

《最高人民法院关于审理商品房买卖合同纠纷案件适用法律若干问题的解释》第二十三条规定:商品房买卖合同约定,买受人以担保贷款方式付款,因当事人一方原因未能订立商品房担保贷款合同并导致商品房买卖合同不能履行的,对方当事人可以请求解除合同和赔偿损失。因不可归责于当事人双方事由未能订立商品房担保贷款合同并导致商品房买卖合同不能继续履行的,当事人可以请求解除合同,出卖人应当将收受的购房款本金及利息或者定金返还买受人。

在该司法解释的主导下,购房人可能认为涉房信贷政策变更导致的担保贷款合同不能签订,即是不可归责于双方当事人原因,进而要求解除双方合同,发生互相返还的义务而不承担违约责任;卖房人认为信贷政策调整,借款方应当适应该调整贷款方式,没有签订贷款担保合同是买房人的原因,买房人应当继续履行合同或者解除合同并赔偿卖房人损失。

对于该问题,我们认为应当区分两种情况对待:

(1)调控政策实施前订立房屋买卖合同,并没有明确约定以按揭贷款方式付款的,涉房新政出台后,买受人主张因为受到信贷新政的影响,不能取得担保贷款,进而主张不能继续履行合同并要求解除合同的,一般不应当准许。其主张缺乏事实及法律依据,上述司法解释已经明确限定,应当是双方当事人已经在合同中明确约定以按揭贷款的形式付款,否则,不应当适用该条款。

(2)调控政策实施前订立的合同约定以按揭贷款方式付款,现买受人举证证明其确实因为首付款比例的提高、不能办理按揭贷款的等导致无法继续履行,而请求解除合同的,可以予以支持。出卖人应当将收受的购房款或定金返还给买受人。至于原因,已在前文详述。

3. 限购、禁购与合同解除

调控政策实施前订立的合同,确实因为限购、禁购政策而导致无法继续履行的,当事人

① [美]E·艾伦、范思沃斯:《美国合同法》,葛云松、丁春艳译,中国政法大学出版社2006年版,第641页。

② [美]E·艾伦、范思沃斯:《美国合同法》,葛云松、丁春艳译,中国政法大学出版社2006年版,第646页。

双方均可以要求解除合同,出卖人应当将收受的购房款或者定金返还给买受人。出卖人起诉或者反诉要求买受人继续履行合同、承担违约责任的或者适用定金罚则的,人民法院不应当支持。

如前所述,涉房新政中的限购、禁购规定,应当认定为不可抗力,系合同解除的法定事由。在法律效果上,当事人双方均有合同解除权,且未受到新政影响的一方,不得请求对方承担违约责任。

(三)相关损失及费用的分担

因为涉房新政出台而解除的房屋买卖合同时,可能存在两种类型的损失:一是卖房人的预期利益损失,主要是房屋差价损失;二是双方为订立合同及履行合同做准备所发生实际费用。对这些损失的处理也应当慎重把握。

1. 卖房人的预期利益损失

房屋买卖合同解除后,如果标的房屋价格上涨,则卖房人与买房人都没有损失,但如果该房屋价格下跌,买房人并无损失,卖房人则会有差价损失,该种损失由卖房一方独立承担有失公平。我们认为,对该问题的处理应当把握以下几点:

(1)有损失才有买房人对卖房人的补偿,无损失则没有补偿。买房人基于涉房新政请求合同解除,可以免除违约责任,因此,这种补偿并非违约责任,而是基于公平原则将该损失在双方之间分摊。因此,只在卖房人有损失时,才由买房人给以其补偿。

(2)区分买房人购房性质,在买房人与卖房人之间分摊该损失。如果买房人系购买基本生活用房,则买房人补偿的比例应适当降低;如果买房人系购买投资性住房,则买房人的补偿比例应适当提高,投资性越强,则补偿比例越高。①

(3)买房人给予卖房人的补偿额不应超过买房人违约情况下给卖房人造成的预期利益损失,最高不应当超过房屋出售的差价损失;双方约定有定金的,买房人应承担的补偿责任一般不应当超过定金;双方约定有违约金的,买房人应承担的补偿责任一般不应当超过该违约金数额。

2. 居间费

社会实践中,中介机构出于买卖双方当事人需要,提供全方位的服务,一般直至房屋过户后才算完成,并就该服务收取一揽子的报酬。在当事人双方因为涉房新政出台造成双方合同解除的情况下,中介费应当如何支付是应当斟酌的问题。

单纯按照中介合同的本意,为房屋买卖合同双方提供缔约机会,并促成买卖合同的成立及生效,即可认为中介方完成了中介活动。因此,有观点认为,既然中介方已经完成了中介工作,即有权获得全额报酬。我们认为,该观点值得商榷:

(1)按照目前我国中介行业的高额收费状况,如以其提供订约机会、促成合同订立作为其完成中介服务并领取全额报酬的标准,则标准过低,也不符合行业交易现况,应当以其促成交易作为其有资格收取全额中介费的标准。

---

① 北京市高级人民法院民一庭:《关于妥当审理涉及房屋新政相关房屋买卖案件的会议纪要》,2010 年 12 月 24 日。

(2)目前中介服务范围已经有较大的延伸,包括大量其他相关服务,在当事人并未享受到其全部服务前就全额支付费用,有失公平。

(3)当事人双方都没有实现交易目的,却要负担高额的中介费,对双方也显失公允。

据此,我们认为,房屋买卖合同因为房屋新政影响而解除的,房地产经纪机构仅可以请求房屋买卖合同的当事人支付必要的费用和合理报酬。对其要求支付全额报酬的要求,不应当予以支持。

3. 为履行合同做准备支出的其他合理费用

该类费用包括装修费、律师费、评估费及提前还贷违约金等。有观点认为,可以按照"为谁的利益支出的标准"分担费用,即为双方订约或履约所支付的费用,由双方分担,为实现各自的利益各自支出的费用则各自承担。按照该种标准,对于中介费这类为了双方订约支出的费用,系为双方利益支出,应当双方分担;买房人为了买房借款负担的利息,应当由买房人承担;而卖房人为了出卖房屋,对原有房屋租客违约支付的违约金,应当由卖方人自己承担。

这个观点基本上可以解决该类纠纷中的费用分担问题,但我们认为该种原则仅做到了表面上的公平,在一些情况下,对卖方可能是不公平的。原因在于,因为涉房新政的出台,购房人免除了解除合同的违约责任,享受了一定的优待,而对卖房一方,则有可能受到了额外的损失。例如,卖房人为准备履行合同,在对方的催促下了提前还贷,负担了一定数额违约金,按照上述的标准,该损失应当由自己承担,但事实上卖房人之所以提前还贷,目的具有双重性,正是为了合同的顺利履行。

因此,对于订立合同或为履行合同做准备支出的其他合理费用的处理上,我们主张适用"公平"原则,分担费用。但是对于该类费用的范围应当有"合理性"与"可预期性"的限制。即计算入该类应当均摊费用范围的支出,应当是合理的,对方当事人可以预期的。这种情况下,买方的为付款借贷的利息损失及而卖方为履约赶走租户承担的违约金不具有可预期性,被排除在外,但卖房人提前还贷的违约金,则可以计算在内。

五、涉房新政实施后订立的合同纠纷的处理

涉房新政出台后,当事人签订房屋买卖合同应当遵守调控政策的规定。但此种情况下仍然会有规避政策的行为,因而产生对规避政策合同效力认定、责任追究的问题。

(一)买受人隐瞒或虚构事实签订房屋买卖合同

涉房新政出台后,买房人隐瞒或者虚构自己拥有房产状况,与卖房人签订房屋买卖合同,后又因合同违背调控政策导致合同履行障碍,合同不能如约履行的情形,这是实践中遇到的纠纷类型之一。对于该类纠纷应当从以下几个方面把握:

(1)合同效力问题。关于合同效力的审查,我们认为应当严格依照法律、行政法规和司法解释的规定进行审查,只有明确存在法定无效的情形下,才可以认定为合同无效。值得探讨的问题是违反国家房地产新政是否属于法定无效情形中的"违反法律法规强制性规定"。我们认为:首先,涉房新政既非法律亦非法规,不应当作为审查合同效力的依据;其

次，涉房新政中的强制性规定主要是行政管理性规定，并非效力禁止性规定。因此，对于违反涉房新政的合同，不宜直接认定为无效。

依照我国《合同法》第五十四条，一方以欺诈、胁迫的手段或者乘人之危，使对方在违背真实意思的情况下订立的合同，受损害方有权请求人民法院或者仲裁机构变更或者撤销。因此，该类合同应当是可撤销、可变更合同，卖房一方有权请求人民法院或者仲裁机构变更或撤销。

(2)合同履行障碍的责任承担。如果当事人遇到的仅是合同履行障碍，例如买房人签订购房协议之初的意愿系将手中现有房屋卖出，再购进新的房屋，但该过程并未如期完成，致使本纠纷中合同履行障碍，对该类案件，如果买房人在卖出原有房产后仍有意继续履行合同，卖房人主张解除合同的，不应当支持，但对其要求对方承担违约责任的诉求，则可以支持。如果买房人明确表示不继续履行合同，则应当支持卖房人解除合同的诉求，由买房人承担违约责任。

(3)合同自始履行不能的责任承担。根据我国《合同法》相关规定，当事人故意隐瞒与订立合同有关的重要事实或者提供虚假情况，合同无效或者被撤销后，有过错的一方应当赔偿对方因此所受到的损失。该责任系缔约过失责任。买房人隐瞒自己购房资格等相关情况，与卖房人签订房屋买卖合同，因为违背涉房新政，导致自始履行不能，应当适用上述条款，由买房人向卖房人承担缔约过失责任。

(二)双方明知违反调控政策订立合同

双方当事人明知违反涉房新政的相关规定签订合同，后因合同效力及合同履行而发生纠纷，也是涉房新政出台后引发的纠纷类型的一种。对于该类纠纷的处理应当把握以下几点：

(1)当事人要求对合同效力作出认定的，人民法院应当认定合同有效，原因同上。

(2)当事人要求继续履行合同的，因为涉房新政的有效施行，该合同不具备继续履行条件，可待履行条件完备时，由当事人另行主张。这种处理方案，一方面确认了合同的效力，保障了交易的稳定性；另一方面，不支持合同的继续履行，保证了房地产新政的顺利实施；最后，当事人这种做法有串通虚假诉讼的嫌疑，妄图通过诉讼规避涉房新政的实施，采纳这种处理方案可以有效防止该类诉讼欺诈的危害。

(3)当事人要求解除合同的，应当认为当事人双方对于合同的解除都有过失。如果一方要求追究另一方违约责任的，人民法院不应当支持。

(三)违反调控政策借名买房

1. 当事人为规避信贷政策借名买房

相关信贷政策并非国家法律或者行政法规，认定该类借名买房合同无效法律依据不足。借名合同有效，则其过户登记的诉求也应当支持。有观点认为，如果支持该种借名买房，将致使政策落空，我们认为：政策调控系从宏观着手，从调控总量上来看，政策目的并未落空，其对调控对象的限制从 A 转移至 B 身上，将 A 与 B 看作整体，调控总量并未因此减损。借名人甘愿承受借名买房的中可能存在的被借名人私自处分房屋的风险,而 B 则自愿接受信贷政策的限制,只不过其效果需要等 B 本人需要贷款购房时才能显现。

至于规避信贷政策是否侵犯公共利益,我们认为,银行并不代表国家或者公共利益,并不能因为规避了银行的信贷管理规定就侵犯了公共利益或者国家利益。

2. 当事人为规避限购、禁购政策借名买房

借名人与被借名人之间的合同应当认为有效,原因已于上文详述。

借名人要求确认房屋所有权的,应当驳回其诉求。原因在于,借名人与被借名人之间系借名合同纠纷,借名人不能基于债权请求确认其房屋所有权。

关于借名人的过户诉求,双方未约定过户其期限的,借名人要求过户的,应当以目前尚不具备过户条件为由,驳回其诉求。对于借名人与被借名人约定待政策解禁后过户的,当事人现要求过户的,应当认为目前尚未到合同履行期限,驳回其诉求。对于当事人要求解除合同的,应当认为合同目的不能够实现,双方都有权解除合同。

结 语

人民法院在处理与涉房新政相关案件的过程中,应当充分认识到涉房新政旨在通过抑制不合理住房需求和投机性购房来遏制房价过快上涨,切实解决城镇居民住房问题,具有政策性质。审理此类案件,一方面,要在现有法学理论及现行法律框架内,实现涉房新政与民事审判的有效衔接,充分发挥民事审判的职能作用,保障国家房屋市场宏观调控政策的落实;另一方面,要维护公平和社会诚信,妥当平衡购房人、卖房人及其他利益相关人之间的利益关系,避免因案件审理不当而产生首都社会不稳定因素。

关于物业服务纠纷案件相关法律问题的调研报告

浙江省宁波市中级人民法院民二庭课题组*

一、宁波市物业服务纠纷案件概况

(一)基本情况

随着经济体制改革的不断深入,特别是住房制度改革的推进,我国城市房地产市场蓬勃发展,房屋成为人们最重要的私有财产。适应现代社会专业化分工及为房屋和居住环境提供优质高效服务的需要,源起于西方并由香港传入的住宅小区物业服务已广泛进入人们的日常生活。因物业服务在我国尚属一项新事物,相关法律法规和标准规范正在逐步建立完善,物业服务企业的服务意识和业主的维权意识之间存在较大的差异与分歧,使得物业服务纠纷案件日益增多。从宁波市两级法院近年来受理的物业服务纠纷案件看,主要呈现出以下几个特点:

1. 案件数量总体增长,各地区呈不均衡态势。

2007 年度,宁波市各基层法院受理物业服务纠纷案件 411 件,2008 年度激增至 1937 件,2009 年度则高达2810件,2010 年度较上年度稍有回落,为2105件。宁波中院受理的物业服务纠纷上诉案件从 2007 年度的 5 件上升至 2010 年度的 67 件,总体上也与一审法院的收案数保持了同步增长的态势(参见图一)。

从相关数据可见,各地区受理案件数量有所不均,如海曙、慈溪、余姚、镇海、北仑区域相对较多。同时,我们也发现,物业服务纠纷案件经一审法院判决后当事人再行提起上诉的比例较低。

2. 案件类型相对集中,涉及业主数量较多。

2007 ~ 2010 年,宁波市各基层法院共受理物业服务纠纷案件 7263 件,其中涉及物业服务企业诉业主拖欠物业费纠纷的案件为 7254 件,占物业服务纠纷总数的 99.88%,其他为涉及业主乱搭建等 9 件,占物业服务纠纷总数的比例极小,仅为 0.12%。宁波市所受理的物业服务纠纷案件类型相对较为集中,拖欠物业费纠纷最为普遍,不少小区内一些业主共同欠费,涉及业主数量众多,并呈现若干代表性特征。如宁波市某基层法院经调研后发现,

---

* 本课题组成员:黄贤宏、贾高圣、郑重、朱亚君、莫爱萍。

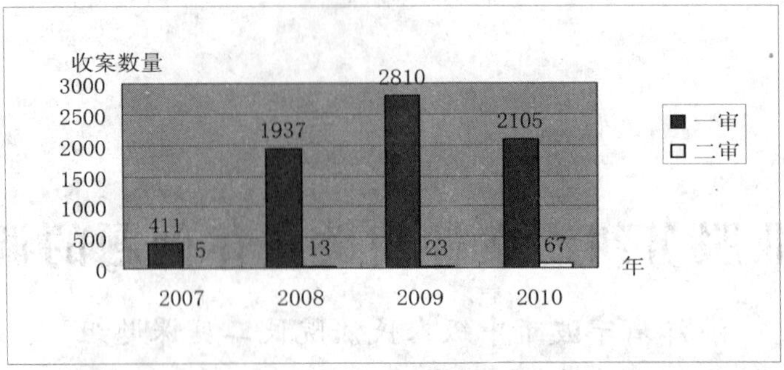

图一 2007~2010年宁波市两级法院受理物业服务纠纷案件情况

部分拆迁安置小区欠缴物业费现象较为突出,某些安置小区拒缴物业费的比例甚至达到90%以上。① 而相对应的是物业服务企业的服务质量普遍不高,在涉及业主拖欠物业费纠纷的案件中,业主多以物业服务企业未尽到服务职责为由提出抗辩。

3. 诉讼主体及法律关系复杂,调撤率不高。

2007~2010年,宁波市各基层法院所审结的物业服务纠纷案件的调撤率分别为85%、39.6%、17.2%、34.09%,除2007年调撤率较高外,其余年份均不高。宁波中院所受理的物业服务纠纷上诉案件的调撤率均较低(见图二)。其原因与物业服务纠纷案件的诉讼主体双方矛盾较为激化、法律关系较为复杂多样等不无关系,绝大多数的业主认为自己不缴付物业费有理,向法院充分主张抗辩权利,如认为物业服务企业不履行安全保障义务、合同无效等。甚至存在个别业主长期不交物业费,待物业公司起诉判决才予缴付的极端现象。类似矛盾激化的案件待一审判决当事人上诉后,在二审期间当事人愿意接受调解、撤诉的几率一般极低。在调研中我们也发现,一审法院采用支付令等方式结案的也不占少数,如2010年镇海法院的物业服务纠纷案件结案数1195件,采用其他(含支付令)结案方式的为1154件,较大程度地便捷了诉讼,提高了审判效率。

(二)成因分析

1. 现代消费理念缺失,与经济社会发展不相适应。随着国内商品房市场的不断发展,建立在现代社会专业化分工体系之上由专门的物业服务企业对城市小区进行统一的管理和维护已成为必然趋势。但由于我国长期受计划经济模式的影响,相当部分民众尤其是年龄较大、文化层次较低、消费能力较差的人群对这种我付费、你服务"管家式"的市场经济交易模式并不太接受,据有关调查显示,拆迁安置小区的业主拒缴物业费比例较高。部分业主在心理上对物业服务要收费有抵触情绪,或对物业服务企业的管理和服务期望值较高,希望能够享受廉价但完善的服务,提出的一些要求不甚合理、不切实际,结果往往导致两者发生矛盾冲突。

2. 物业服务企业理念滞后,尚未成为真正意义上的"专业管家"。据有关部门数据显示,全国约超过70%的物业服务企业属于开发商的下属机构,其中有相当一部分由房管所

① 参见浙江省宁波市鄞州区人民法院2010年《关于鄞州法院物业服务合同纠纷案件的调查报告》。

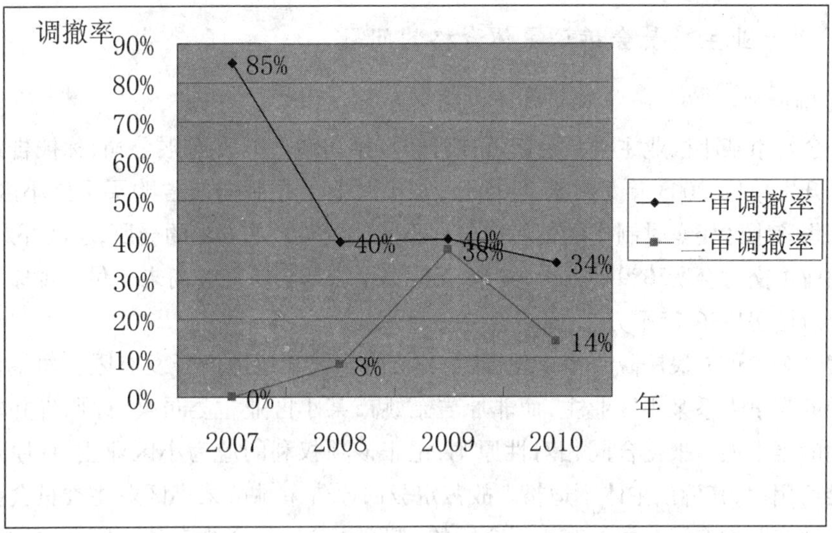

图二　2007～2010 年宁波市两级法院受理物业服务纠纷案件结案情况

或后勤单位改制而来,仅有不到10%为真正法律意义上独立的物业服务企业。开发商与物业服务企业形成"父与子"的关系,没有真正贯彻"建管分离"的原则,导致物业服务依附、受制于房地产开发企业,当物业服务企业因物业费收缴不足出现经营困难甚至亏损时,则由其所属的房产公司予以补助,这与目前我国房产公司售房业务所得较为丰厚即"底气足"相关。

3. 法律法规不完善,物业服务标准亟待建立与规范。经过近几年的发展,我国关于物业服务的法律法规和标准规范逐步建立,主要有《物权法》、《物业管理条例》、《最高人民法院关于审理物业服务纠纷案件具体应用法律若干问题的解释》及各地针对本地实际出台的物业服务管理规定等。但鉴于物业服务牵涉范围广、类型多等特点,现有的法律法规仍较为粗略,物业服务标准也尚未充分建立,对物业服务企业和业主双方的权利义务内涵及边界问题研究得不够透彻,导致司法实务中对一些有争议性的案件看法不一,具体标准较难把握。

二、对物业服务纠纷案件审理中的相关问题探讨

当前,我国正在加快推进和谐社会建设,老百姓的民主法制意识日益增强,社会非政府机构和自治组织不断完善,物业服务纠纷关系到人民群众的安居生活,社会影响较大。如前所述,目前我国有关物业服务合同的立法规定较为原则,缺乏可操作性,导致实践中各地法院对同类纠纷的处理不尽相同,社会影响和舆论评价褒贬不一。因此,对作为现代市场经济新生产物的物业服务所涉及的相关法律问题进行探讨和研究是非常必要和有意义的。通过对近年来宁波市两级法院所受理的物业服务纠纷案件的统计分析,以及采取走访、座谈的方式,广泛听取物业行政主管部门、物业协会、物业服务企业和业主代表的意见和建议,我们梳理出目前物业服务纠纷中存在的具有普遍性和突出性的若干问题,并采取实例分析的方式,解剖麻雀,提出己见,以期形成共识。

(一)关于业主委员会诉讼主体资格的问题

1. 案例一则:

原告余姚市某小区业主委员会起诉被告宁波某房地产开发有限公司,称被告系余姚市某小区的开发单位,2003 年 5 月至 2005 年,某小区业主先后向被告购买了该小区的房屋。被告在销售该小区楼盘时制作的销售广告称小区配置5000平方米的会所,小区开发完工后,被告仅向业主交付会所3089平方米,其余1736.25平方米会所至今尚未交付。现原告要求被告补交会所用房1736.25平方米。

该案经余姚市人民法院一审审理,认为与被告宁波某房地产开发有限公司签订商品房销售合同的当事人系某小区业主,而非原告余姚市某小区业主委员会,即原告并非商品房销售合同的当事人。根据合同相对性原则,主张该项权利的应为小区业主,现原告要求被告补交会所用房,其诉讼主体不适格。故裁定驳回原告余姚市某小区业主委员会要求被告宁波某房地产开发有限公司补交小区会所的起诉。宣判后,余姚市某小区业主委员会不服向宁波市中级人民法院提起上诉。

二审法院经审理后认为,业主委员会作为业主大会的执行机构,有权代表全体业主维护业主在物业管理活动中的合法权益,但不得作出与物业管理无关的决定和从事与物业管理无关的活动。对由于房产开发商涉嫌欺诈或违约导致的商品房预售合同纠纷,根据合同相对性,只有合同一方当事人才有权基于合同的约定向另一方当事人提起诉讼。业主与房产开发商签订商品房预售合同,业主是合同当事人,业主委员会作为第三人,不能取代合同一方当事人对另一方当事人进行诉讼,由于该类纠纷不属于物业管理范畴,业主委员会不是适格的诉讼主体。故二审裁定驳回上诉,维持原裁定。

2. 争议焦点:业主委员会是否具有诉讼主体(包括原告和被告)资格?何种情形下业主委员会不宜代表业主提起诉讼?

3. 分析与建议:业主委员会是否具有诉讼主体资格,理论障碍在于诉讼担当人(即形式意义上的诉讼当事人)亦应以相应的诉讼权利能力与诉讼行为能力为前提和基础,而业主委员会仅为业主团体之执行机关与代表机关,并不具备独立的民事权利能力与诉讼权利能力。① 我们认为,在现阶段,赋予业主委员会诉讼主体资格具有相当的现实必要性和合理性。

(1)物业服务纠纷数量激增。从上面的统计数据可见,宁波市两级法院所受理的物业服务纠纷案件近年来呈现大幅度的增长,因此,在现有的制度空间下必须为全体业主公共利益的救济提供一个途径,综观我国相关法律、法规的规定,业主大会本身仅仅是作为全体业主集体决策共有以及共同管理事项的议事会议,本身并不具有实体性。而一个物业管理区域的业主多达成百上千户,当侵害业主共同利益的行为出现时,业主虽然可以通过诉讼代表人进行诉讼,但程序繁琐,效率低下。但如由作为全体业主公共利益的维护者——业主委员会参加诉讼,则可使诉讼成本减少,提高效率,还能减轻法院的压力,也有利于社会

---

① 刘保玉、孙超:《论业主委员会的法律地位—— 从实体法与程序法的双重视角》,载《政治与法律》2009 年第 2 期。

稳定。而且业主委员会作为业主大会的常设机构履行日常管理职责，本身并不以营利为目的。对于这类不以营利为目的的无权利能力社团，晚近以来的法律发展趋势是赋予其一定当事人能力，譬如在德国，尽管实务中法院仍坚持无权利能力社团不具有权利能力，不能充当权利载体，但是，仍然在一定限度内承认某些符合条件的无权利能力社团具有完全当事人能力，能够作为诉讼当事人起诉或者应诉。①

(2)作为业主大会常设组织的业主委员会基本符合《最高人民法院关于适用〈中华人民共和国民事诉讼法〉若干问题的意见》第 40 条规定的“其他组织”的条件。第一，业主委员会合法成立。《物权法》第七十五条规定业主可以设立业主大会，选举业主委员会，《物业管理条例》更是明确规定：同一个物业管理区域内的业主，应当在物业所在地的区、县人民政府房地产行政主管部门或者街道办事处、乡镇人民政府的指导下成立业主大会，并选举产生业主委员会。业主委员会应当自选举产生之日起 30 日内，向物业所在地的区、县人民政府房地产行政主管部门和街道办事处、乡镇人民政府备案。第二，业主委员会具有一定的组织机构。根据《物权法》和《物业管理条例》的规定，业主委员会由业主大会选举产生，执行业主大会的决定事项，履行相关职责。业主委员会委员应当由热心公益事业、责任心强、具有一定组织能力的业主担任。业主委员会主任、副主任在业主委员会委员中推选产生。第三，业主委员会有一定相对独立的财产。业主委员会财产来源于：(1)建筑区划内的公共场所、公用设施、物业服务用房等及由此产生的收益由业主委员会代表全体业主进行监督管理；(2)建筑物及其附属设施的维修基金；(3)业主委员会的办公活动经费。② 上述财产虽属于业主所有，但这些财产未实际分配到业主手中之前，均由业主委员会进行管理和支配，业主并不能直接管理和支配这些财产。

(3)考察我国现行的立法规定并未否认业主委员会的诉讼主体资格。《物权法》、《最高人民法院关于审理物业服务纠纷案件具体应用法律若干问题的解释》虽未明确规定业主委员会的诉讼主体资格，但有关条文仍可反映出立法者肯定业主委员会具有独立的法律地位，地方性法规《浙江省物业管理条例》更是明确规定了业主委员会的原告诉讼主体资格。最高人民法院的有关批复和多数法院的司法审判实践均对业主委员会具有诉讼主体资格持肯定态度，且取得了较好的社会效果。

综上，法院在处理以业主委员会作为一方当事人的案件中，可以确认业主委员会具备诉讼主体资格，但需要注意的是：(1)作为诉讼当事人的业主委员会应当经业主大会选举产生，并向物业所在地的区、县人民政府房地产行政主管部门和街道办事处、乡镇人民政府备案；(2)业主委员会提起诉讼的行为，属于《物权法》第七十六条第(七)项规定的有关共有和共同管理权利的其他重大事项，应由业主共同决定，须经专有部分占建筑物总面积过半数的业主且占总人数过半数的业主同意；(3)业主委员会提起的诉讼，应属于《物业管理条例》第十五条规定的业主委员会履行职责范围内的事项，不得超出职责范围提起诉讼。

另外，个案中的适格主体当然具有诉讼法上的主体资格，但是具有诉讼法上的主体资

① 最高人民法院民事审判第一庭编：《最高人民法院建筑物区分所有权、物业服务司法解释理解与适用》，人民法院出版社 2009 年版，第 182 页。

② 参见《物权法》第六章、《物业管理条例》第二章相关规定。

格并不一定是个案中的适格主体。业主委员会作为业主大会的执行机构,有权代表全体业主维护业主在物业管理活动中的合法权益,但不得作出与物业管理无关的决定和从事与物业管理无关的活动。对由于房产开发商涉嫌欺诈或违约导致的商品房预售合同纠纷,根据合同相对性,只有合同一方当事人才有权基于合同的约定向另一方当事人提起诉讼。业主与房产开发商签订商品房预售合同,业主是合同当事人,业主委员会作为第三人,不能取代合同一方当事人对另一方当事人进行诉讼,由于该类纠纷不属于物业管理范畴,业主委员会不是适格的诉讼主体。

(二)关于物业服务企业安全保障义务的问题

1. 案例一则:

原告顾某系宁波市江东区某高档公寓的住户。2004 年 2 月 24 日,原告顾某与被告宁波某物业管理公司签订协议书一份,载明该公寓楼是国际五星酒店服务标准统筹的国际商务核心区,物业费暂定 9.8 元/平方/月。入住时,房产开发商宁波某房产公司向原告发放了公寓临时公约,被告向原告发放了公寓用户手册。中心设有 2 层地下停车库,由物业管理公司负责停车库管理。2006 年 7 月 8 日晚,窃贼华某从公寓地下车库乘坐电梯至 28 楼,并使用电锯进入原告室内,窃得现金1320000元。事后公安机关将窃贼华某抓获,并追缴轿车一辆发还给原告,华某因盗窃罪依法被判处无期徒刑,原告未得到其他赔偿。原告顾某认为该物业公司在履行物业管理时存在明显过错,其巨额资金被窃与物业公司的管理不善之间存在因果关系,故向法院提起诉讼,请求判令被告赔偿财产损失1295376元(已扣除退赔的轿车一辆相应价款)。

该案经宁波市江东区人民法院一审审理,认为原告顾某与被告宁波某物业公司是物业管理合同关系,发生纠纷应当以双方约定的合同条款内容为依据。原、被告签订的协议书、宁波某房产公司发放的公寓临时公约、宁波某物业公司发放的公寓用户手册都具有合同性质,对双方当事人都具有约束力。被告向原告收取物业管理费后,应按约定全面、合格地履行物业管理义务。被告在中心车库至电梯、至 28 层楼道等物业管理范围内疏于管理,保安人员未能勤勉尽职,客观上为华某实施盗窃行为提供了便利条件,故对原告构成违约,应承担相应的赔偿责任,具体数额根据失窃钱财的价值、被告的过错程度及物业收费标准等酌情确定,被告宁波某物业公司应赔偿原告顾某经济损失370000元。宣判后,被告宁波某物业公司不服向宁波市中级人民法院提起上诉。

二审法院经审理后认为,上诉人宁波某物业公司、被上诉人顾某双方构成物业服务合同关系,当事人应当按约定全面地履行。但上诉人未尽到合同约定的"保障业主/租户的人身财产安全"的义务,致罪犯华某在被上诉人的室内盗走了钱财,上诉人履行义务有瑕疵,应当承担过错责任。原审法院根据被上诉人失窃钱财的数额,酌情确定判决赔偿经济损失370000元基本合理。判决驳回上诉,维持原判。

2. 争议焦点:如何理解物业服务企业的法定义务和其与业主之间所签订合同的约定义务?如何认定物业服务企业在物业服务合同履行中的过错责任?如业主的人身及财物发生损害,如何确定物业服务企业赔偿数额承担的问题?

3. 分析与建议:

物业服务企业作为从事经营活动或者公共场所的管理人是承担安全保障义务的主体之一。体现在物业服务纠纷中的安全保障义务,既涉及到法定义务,亦经常更多地包含在合同义务中。如物业合同对物业服务企业的安全保障义务约定较高标准时,从合同约定;如物业合同对物业服务企业的安全保障义务没有约定或者不甚明确时,则根据物业服务企业应当承担的法定之安全保障义务作出认定。

在司法实践中,物业服务企业违反安全保障义务所涉及的纠纷因致害原因、侵害对象及区域范围的不同具体处理原则亦有差异,主要有以下几类:

(1)物业服务企业的所有物或管理物对业主或第三人造成损害时安全保障义务的承担。根据《最高人民法院关于审理人身损害赔偿案件若干问题的解释》第六条,在此种情形下受害人关键是证明造成其人身或者财产受损害的"物"系物业公司所有或者受其管理。物业公司所有或管理下的物大致可分为建筑物和设施。对于建筑物类,由于同时还适用《民法通则》第一百二十六条关于建筑物致害的法律规定,所以受害人只要证明前述的关键问题即可,应由物业公司举证证明自己没有过错。对于设施类的损害,则受害人除需证明前述问题外,还需证明物业公司存在过错。然而,现实中由于过错认定呈现越来越客观化的趋势,所以一般情况下只需有不当设施或物品存在这一事实本身就可推定证明物业公司的过错。

(2)物业小区内业主的汽车失窃时安全保障义务的承担。通常而言,物业公司所承担的补充责任与物业合同的安全保障义务一致,也与停车费的收费标准直接相关,根据收益与风险平衡原则,收费高的相应赔偿的也比较多。《最高人民法院关于审理物业服务纠纷案件具体应用法律若干问题的解释(征求意见稿)》第九条中规定:"车辆在物业服务区域内丢失或者毁损,业主请求物业服务企业承担赔偿责任的,应当根据物业服务企业的过错程度、收费情况等因素,确定其是否承担赔偿责任以及承担赔偿责任的范围。业主对车辆丢失或者毁损有过错的,应当根据其过错程度减轻或者免除物业服务企业的赔偿责任。物业服务合同包含车辆保管服务内容或者当事人另行签订车辆保管服务协议,按照相关合同或者协议约定处理。"尽管此款最终在正式稿中未予采纳,但该规定与司法实务的处理较为一致,不妨可为参考。

(3)在物业小区的公共部位业主遭受第三人侵害时安全保障义务的承担。这主要涉及的是物业服务企业的治安管理责任。从《物业管理条例》第四十六条、第四十七条等相关规定可见,物业服务企业主要承担的是报告和协助的义务,包括执行门卫值班制度、实施保安巡逻制度、制止不遵守业主公约等规章制度的行为、防范并制止其他妨害小区公共安全秩序的行为等。相较于公安机关所承担的预防和打击犯罪的国家使命和职责,物业公司的职责具有较强的预防性、自治性和辅助性。所以,物业服务企业仅应承担与其过错相适应的补充赔偿责任,并且在承担补充赔偿责任后,有权向直接实施侵权的第三人追偿。其所承担的补充赔偿责任范围,也应当与其尽到职责范围内的教育、管理、保护义务能够防止或者制止的损害范围相一致,即是一种有限度的责任。

(4)在物业小区专有部位业主遭受第三人侵害时安全保障义务的承担。对于发生在物业小区业主的专有部位的非法侵害事件，尤其是业主在家中被害或巨额财物失窃，物业服务企业是否应当承担责任？应当承担什么样的责任？对此，理论界和学术界颇有争议，个案的判决也各不相同。我们认为，保安义务重在履行的过程，物业服务企业履行安全保障义务，就是要避免和预防对业主非法侵害或盗抢事件的发生。主要是看其是否履行了合同的约定义务与尽到了安全防范的职责。因为刑事案件往往具有突发性、不可预测性和隐蔽性，即使物业服务企业按照合同履行了安全保障义务或者注意义务，也很难绝对避免此类犯罪案件的发生，因此，在物业服务企业已履行了合同的约定义务和尽到了安全防范职责的情况下，不宜由其对犯罪造成的损害结果承担责任。

在物业服务企业安全保障义务案件的审理中，作为侵权行为构成要件的损害事实、过错的认定及因果关系的证成自然成为审判实践关注的重点和难点，我们必须予以慎重把握。

一是损害事实的确定。根据民事诉讼关于举证责任的有关规定，业主称其家中失窃向物业公司主张赔偿，应由其就失窃事实及实际遭受的损失数额承担举证责任。但实践中往往由于多种因素的限制，通常业主很难就失窃事实尤其是损失数额进行举证，这就有赖于刑事案件的侦破。对此，我们认为，在刑事案件尚未侦破，业主遭受的损失数额无法确定的情形下，仍应严格适用“先刑后民”的原则，否则易导致物业公司不当承受损失的扩大和社会生活的无序混乱。

二是过错的认定。我们认为，对此类案件仍应坚持过错责任“严格化”的立场。合同如有明确约定时，则应按照该约定来判断物业公司是否妥善履行了合同义务，其过错有无及大小事实上也基于其外在的显性行为来评判。需要注意的是，物业服务企业所承担的对安全保障的注意义务不宜过分扩大，也应在“合理限度范围内”，通常可根据物业服务的收费标准、物业公司的明确承诺及风险或损害行为的来源(可测或不可测)及社会民众的普适性评价等作出综合判断。

三是因果关系的证成。由于通常侵害行为带有突发性和隐蔽性，物业公司违反安全保障义务只是加大了损害发生的盖然性。因此，应当从“如果义务人尽到了应有的安全保障义务，实施了应当实施的作为行为，损害后果是否可以免除或者减轻”的假设入手来把握侵权责任的因果关系。物业公司仅在“能够防止或者制止损害的范围内”承担相应的补充赔偿责任。通常来讲，对造成业主人身损害与单纯造成财物损害的，要求物业公司的不作为行为与损害后果之间具有的因果关系的严格程度或者说在过错归责上前者相较后者而言应更为严格。

(三)关于拖欠物业费如何行使抗辩权的问题

1. 案例一则：

2003年5月6日，原告宁波某物业公司与万兴房地产开发有限公司签订初期物业管理委托合同，约定委托原告实施小区的初期物业管理。2005年9月1日，原告与万兴公寓业主委员会签订物业管理委托合同，委托原告对万兴公寓小区继续提供物业服务。合同到期后，原告对万兴公寓小区继续提供物业服务。被告赵某系该小区内房屋业主，2004年4月1

日起被告未支付该房屋的综合服务费、日常维修费,双方遂起纠纷。

原审法院认为,原告与万兴房地产有限公司签订的初期物业管理委托合同对被告没有约束力,故原告依据该合同向被告主张合同期间的综合费、日常维修费证据不足,不予支持。被告房屋属于万兴公寓小区,原告与万兴公寓业主委员会签订的物业管理委托合同对被告亦有约束力,被告理应按约及时支付日常维修费、综合服务费。原告与万兴公寓业主委员会签订的物业服务合同于 2008 年 8 月 31 日期满,但在合同期满后原告仍继续提供物业服务,应视为双方延长合同期限,故被告应按合同约定支付原告已提供服务期间的相关费用。依照《物业管理条例》相关规定,判决被告支付原告物业管理综合服务费1342. 8元、日常维修费 671. 4 元,驳回原告其他诉讼请求。宣判后,被告赵某不服,向宁波市中级人民法院提起上诉。

二审法院经审理后认为,上诉人房屋所在区域属于万兴公寓小区,而被上诉人与万兴公寓业主委员会签订有"物业管理委托合同",因此该合同对上诉人亦有约束力,上诉人应按约及时支付日常维修费、综合服务费,被上诉人同样应按约履行自己的义务。双方签订的物业管理委托合同和上诉人提供的使用说明书对该小区物业管理的房屋建筑共用部位的维修、养护和管理及物业管理服务质量均有明确约定。根据《宁波市区普通住宅小区房屋共有部位和公用设施日常维修收费办法》、《浙江省住宅物业保修金管理办法》等有关规定,被上诉人对业主房屋的渗漏等有维修、养护和管理的义务。上诉人所住房屋屋顶裂缝渗水,被上诉人应履行维修义务。在被上诉人维修义务履行完毕后,上诉人应按约及时支付日常维修费、综合服务费。上诉人上诉理由成立,故依法改判上诉人赵某应在被上诉人宁波某物业公司维修义务履行完毕后向其支付物业管理综合服务费1342. 8元、日常维修费 671. 4 元。

2. 争议焦点:物业服务企业履行义务有瑕疵,业主在物业服务企业向其催缴所欠物业费时可否依法行使抗辩权?是否可主张物业费减免或另行主张权利?个人利益或公共利益是否应区别对待?

3. 分析与建议:

物业服务合同作为双务合同,在其履行过程中,不可避免地会遇到行使履行抗辩权的问题。

(1)业主行使履行抗辩权

①业主以乱收费、收费标准过高提出履行抗辩。通常来讲,个别业主以物业服务收费标准偏高进行抗辩的,法院一般不予支持,这主要是因为合同法系私法,司法不宜过多地干预合同的正常履行。如单个业主认为物业费用约定的标准过高,可以提请业主委员会商讨决定,由业主委员会与物业服务企业就物业服务价格的调整或变更进行磋商。但如物业公司收取双方约定以外的费用,特别是法律法规明令禁止收取的费用,业主则有权拒绝。

②业主以物业服务不达标提出的履行抗辩。理论上来说,如果物业公司提供的服务达不到法定或约定标准致使业主拒绝交费的,则是物业公司违约在先,业主拒交费用属于行使抗辩权。但因物业管理作为一项服务,许多服务项目的标准较难量化,法官对于如何妥善平衡双方利益,恰当把握核减物业费的幅度事实上较为困难,在个案问题的处理上难免

失之偏颇。物业服务纠纷又具有群体性特点,如法院就一案作出判决对物业费予以核减,则势必导致其他业主也要求参照执行,物业企业的利益就会受损,导致提供的服务标准更低,最终受损的还是广大业主的利益。

③业主以物业企业侵害业主利益进行抗辩。如一些业主认为物业企业存在侵占小区公用空间进行经营、将专有用途的房屋出租营利、未适当履行安全保障义务、其他业主违章搭建物业服务企业未予劝阻进行处理等侵害业主权益的行为,并以此提出抗辩要求核减物业费的,法院应视情况进行具体审查,如物业企业的行为侵害某一或某些业主的个体利益时,且造成业主相关财产性损失的,可告知其提起反诉或另行起诉,如未造成财产性损失的则仅可作为抗辩事由,但一般不宜直接核减物业费。对物业企业侵害业主个体共同权益的行为,法院应告知业主或向物业管理行政主管部门投诉、反映,或通过由业主委员会主张权利的方式来解决。

④业主以开发商遗留问题提出履行抗辩。合同履行抗辩权是指当合同双方当事人互负债务时,一方当事人可以对方不履行或者可能不履行债务来对抗其提出的债务履行请求,从而获得免于或者暂缓履行债务的权利。需要注意的是,合同抗辩权的行使必须基于同一法律关系才可主张。因此,业主不能以与开发商之间存在的房屋买卖法律关系中的相关事由作为与物业公司之间物业服务法律关系中的抗辩理由。

(2)物业企业行使履行抗辩权

实践中,一些物业公司针对不交纳物业费的业主采取断水断电"私力救济"的极端方式,虽属无奈,但却不可取。根据物业合同的约定,物业企业负责对小区房屋的配套设备进行维修和养护,其中就包含了供水、供电等服务内容,且其服务的对象是全小区的业主,而不是某一特定业主,物业公司停水、停电构成对全体业主的侵权。物业公司应采取理性维权的方式,与业主协商解决或者起诉要求业主支付物业费并承担违约责任,否则只会适得其反,并进一步引发双方矛盾的激化。

因此,我们认为,在审理物业欠费等相关物业纠纷案件中,应综合考虑和妥善权衡物业服务企业和业主双方的权利义务,注重引导当事人通过正当途径处理纠纷、化解矛盾,努力寻求法律效果和社会效果达到最佳的纠纷解决方案,从而促进物业管理的良性循环,创造和谐稳定的社区环境。

三、对加强物业服务纠纷案件审理的对策与建议

(一)完善细化立法和相关规范性文件,规范物业服务合同

物业服务具有一定的公共性,不仅关系着小区全体业主的正常生活,而且对社会的和谐稳定也有着重要的影响。因此,立法和行政部门在尊重当事人意思自治的前提下,仍需积极有效地发挥主导作用。目前,现有的法律法规和司法解释为物业纠纷案件的审理提供了一定依据,但基于业主的群体性和物业纠纷类型的多样化,作为立法机关,应当对处理物业纠纷的基础性制度即业主的建筑物区分所有权及物业服务合同作进一步地细化规定,为纠纷处理提供更为明确、更为权威的依据。在完善立法的同时,作为政府主管部门应当认

识到物业服务对社会稳定的重要意义,积极介入,对物业公司加强监管,对业主自治组织的构建加强指导和监督,给业主与物业公司搭建良好的沟通平台。积极推进物业服务市场化、规范化,探索试点由业主合意选定"管家",针对物业收费与服务标准、业主委员会权利义务行使等制定相关的规范性文件,在根据地方实际分级分类规定物业服务指导价格的同时,也应对物业服务内容和标准以尽可能明确和详尽的方式作出规范,增强合同的可操作性和当事人的可预期。

(二)加强宣传沟通,引导物业服务企业和业主树立正确的权利义务意识

目前相当多的物业纠纷案件正是由于物业服务企业与业主之间沟通不够、问题累积、矛盾升级等造成的,物业服务作为业主"管家式"的贴身服务,具有整体性和公共性等特点,双方必须加强交流沟通,摆正各自的位置,树立正确的权利义务意识。对物业服务企业而言,必须加快转型,增强法治观念和市场观念,加强管理和提升专业化程度,尽早摆脱对房产公司等附属式依赖,靠优质透明的服务来争取业主的支持,对业主的正当权利和合理要求及时作出回应和满足,成为真正意义上的服务企业。对众多业主而言,在督促物业服务企业尽职尽责完成其服务义务的同时,也应强化自我约束,树立主人翁意识和公共责任意识,妥当行使个人权利,并应注意顾及整体利益。

(三)定期发布典型性案例,树立正确的舆论导向

立足于法院自身,我们应善于总结、把握重点,通过诉讼平衡业主之间、业主与物业公司之间的利益关系,引导当事人实现互利共赢。对宁波市两级法院较有代表性的案例予以汇总、集结,对具有一定普遍性的争议问题采取走访、座谈等形式开展调研,在条件成熟时适时出台指导意见,以统一对同类案件的审理。同时,要积极倡导适度适宜的司法公开,定期在报纸、网络等公共媒介上发布相关典型性案件的判决结果,并予以法官点评,起到释法明法的作用,引导树立正确的舆论导向。

(四)强化诉讼调解,最大限度实现"案结事了"

如前所述,物业纠纷具有群体性、涉稳性等特点,一些纠纷事情虽小、所涉金额也不大,但若处理不当,则会小至影响小区环境,大则影响社会和谐。因此,我们应当本着协商解决、和睦共处的原则,强化诉讼调解,缓和当事人之间矛盾,尽量把纠纷消除在萌芽状态,使当事人自动息诉。对此,应充分发动政府部门的力量,组织社区、业主代表、业主委员会和物业服务企业进行平等对话,和平寻求问题的解决。对此,宁波市慈溪法院进行了积极探索,尝试会同相关行政部门促进对物业服务纠纷的快速、妥善处理。目前,在广泛深入调研和基层实践的基础上,宁波中院已与建设、司法等行政部门联合发文出台《关于建立宁波市物业服务纠纷快速处理机制的指导意见》,建立了市、县(市)区、街道、社区四级物业服务纠纷快速处理的调解组织体系,目前已经开始运作,并已取得一定成效。

【地方法院传真】

浙江省高级人民法院民一庭
关于审理物业服务合同纠纷案件适用法律若干问题的意见(试行)

2011年10月17日　　浙法民一(2011)3号

为依法妥善审理物业服务合同纠纷案件,根据《中华人民共和国物权法》、《中华人民共和国合同法》、国务院《物业管理条例》、最高人民法院《关于审理物业服务合同纠纷案件具体应用法律若干问题的解释》、《浙江省物业管理条例》等法律、法规、司法解释的规定,结合我省实际,制定本意见。

第一条　本意见所称的物业服务合同纠纷,是指物业服务人与业主方因物业服务合同而发生的有关民事纠纷。

本意见所称的物业服务人,是指物业服务企业和其他物业管理人。

本意见所称的业主,是指依法取得建筑物专有部分所有权的人,以及基于与建设单位之间的商品房买卖民事法律行为,已经合法占有建筑物专有部分,但尚未依法办理所有权登记的人。

本意见所称的业主委员会,是指依法成立的业主委员会。

第二条　因相邻关系、车位车库权属、商品房质量等发生的纠纷,不属于本意见所称的物业服务合同纠纷;当事人在物业服务合同纠纷诉讼中因此提出主张或者抗辩的,应告知其另行处理。

第三条　因业主大会、业主委员会的召开、选举、表决等属于业主自治范围内的事项而发生的纠纷,不属于本意见所称的物业服务合同纠纷;因此提起民事诉讼的,不予受理,但法律、法规、司法解释另有规定的除外。

第四条　为维护业主的共同权益,业主委员会依照法律规定或者经过业主大会授权,可以以自己的名义提起诉讼。

未依法成立业主委员会,或者业主委员会怠于提起诉讼的,经过业主大会授权的业主也可以以自己的名义提起诉讼。

第五条　物业服务人与业主委员会因双方所签订物业服务合同中涉及业主共同权益的事项发生争议,物业服务人对业主委员会提起诉讼的,应予受理。业主委员会怠于应诉的,依法承担相应的法律后果。

第六条 业主委员会已经作为当事人参加诉讼,业主又要求作为共同诉讼主体参加诉讼的,不予准许。

第七条 业主委员会参加诉讼的,应当提供其依法成立的相关证明材料。

第八条 经过业主大会授权,业主委员会在诉讼中可以承认、放弃、变更诉讼请求,进行和解,提起反诉或者上诉。

第九条 业主委员会及经过业主大会授权的业主参加有关诉讼的诉讼风险和后果由全体业主共同承担。人民法院裁判结果涉及业主委员会依法承担财产给付责任的,可以业主大会赋予业主委员会自行管理的资金及其它合法收益支付;不足部分由业主按照专有部分占建筑区划内建筑物总面积的比例分担。

第十条 物业服务人一般应当向业主委员会或者业主主张物业服务合同的相关权利,但物业的承租人、借用人或者其他使用人有下列情形之一的,物业服务人也可以直接向其主张相关权利,或者要求其与业主承担连带责任:

(一)与物业服务人直接签订物业服务合同的;

(二)与物业服务人形成事实物业服务合同关系的;

(三)与业主约定由其交纳物业服务费的;

(四)违反法律、法规或者管理规约约定义务的。

第十一条 物业服务企业以隐瞒或者伪造有关资质、资格证书等形式骗取签订物业服务合同的,业主委员会可请求依法变更或者撤销物业服务合同或者部分条款。

第十二条 业主委员会虽未经业主大会授权或者同意,擅自订立、变更或者解除物业服务合同,但在一审法庭辩论终结前经过业主大会追认的,该行为有效。

第十三条 物业服务合同被确认无效或者撤销后,已经提供物业服务的物业服务人要求业主给付相应物业服务费的,可以结合物业服务合同约定、物业服务人实际提供的物业服务水平、有关部门提供的物业服务成本、当地物业服务费标准等因素合理确定。

第十四条 双方对物业服务费没有约定、约定不明且又协商不成的,可以结合物业服务人实际提供的物业服务水平、有关部门提供的物业服务成本、当地物业服务费标准、同类物业服务收费标准等因素合理确定。

第十五条 物业服务合同期限届满后未续签,物业服务人继续提供物业服务,且业主委员会不能证明已明确拒绝接受服务的,应当认定构成事实物业服务合同关系,双方权利义务可参照原物业服务合同确定;但双方可以随时终止该事实物业服务合同关系,并参照浙江省住房和城乡建设厅公布的《浙江省物业项目服务退出管理办法(试行)》的有关规定,提前 90 日通知对方。

第十六条 物业服务人未以书面形式向业主催交物业服务费而直接提起诉讼的,应当告知其先行向业主送达催交通知书;物业服务人坚持起诉的,不予受理。

物业服务人向欠费业主送达催交通知书,应当采取直接送达、邮寄送达、留置送达的方式;仍不能送达的,可以采取在欠费业主物业门口和小区内张贴公告的方式送达。

第十七条 经书面形式催交后,业主无正当理由拒绝交纳或者在催告的合理期限内仍未交纳物业服务费的,物业服务人可以依法向有管辖权的基层人民法院申请支付令。

欠费业主对债权债务关系没有异议,仅对清偿能力、清偿期限、清偿方式等提出异议的,不影响支付令的效力。

第十八条 物业服务合同中约定逾期给付物业服务费应承担的滞纳金,应当视为违约金。约定的滞纳金过分高于造成的损失,业主根据《中华人民共和国合同法》第一百一十四条第二款以及最高人民法院《关于适用〈中华人民共和国合同法〉若干问题的解释(二)》第二十九条的规定,要求予以调整的,应予支持。

第十九条 物业服务人违反物业服务合同约定或者法律、法规规定以及相关行业规范确定的义务,造成业主人身、财产损失,业主依法请求其承担相应赔偿责任的,应予支持。

业主的损害系由第三人侵权造成的,应由该第三人承担侵权责任;物业服务人确有明显过错的,可以根据其过错程度、物业服务收费标准、安保能力等情况,综合确定其承担相应的补充赔偿责任。物业服务人承担责任后,可以向第三人追偿。业主起诉物业服务人承担侵权责任的,应当将第三人作为共同被告,但第三人不能确定的除外。

第二十条 本意见涉及的业主大会授权的事项,必须经过专有部分占建筑物总面积过半数的业主且占总人数过半数的业主同意。

业主大会授权的形式包括:

(一)对授权事项召开一次或数次业主大会分别授权或集中授权;

(二)制定管理规约进行概括授权;

(三)书面征求全体业主意见后进行授权;

(四)依法进行的其他授权。

第二十一条 审理物业服务合同纠纷案件,应当坚持“调解优先、调判结合”的工作原则,积极引导当事人接受社区、街道组织的人民调解,努力探索诉调衔接的纠纷处理模式;并通过简易程序和小额速裁程序等,不断完善物业服务合同纠纷快速处理机制。

第二十二条 因物业的承租人、借用人或者其他使用人实施违反物业服务合同或者法律、法规以及管理规约的行为而发生的物业服务合同纠纷,可以参照本意见关于业主的规定处理。

第二十三条 本意见自 2011 年 10 月 27 日起施行。

本意见施行后新受理的一审案件,适用本意见的规定;本意见施行后尚未审结的一、二审案件和已经作出生效裁判依法再审的案件,不适用本意见。

本意见施行后,法律、法规、司法解释有新规定的,按新规定执行。

江苏省南通市中级人民法院

关于为规范和引导民间融资行为支持中小企业发展提供司法保障的实施意见

2011 年 11 月 11 日　　通中法[2011]163 号

为认真贯彻国务院、省委和市委支持中小企业发展的决策部署,落实省、市金融形势分析会精神,规范、引导民间融资健康发展,为南通基本现代化建设提供有力的司法保障和优质的法律服务。

一、坚持"为大局服务、为人民司法"的指导思想。以高度的政治责任感和使命感,强化能动司法和社会管理创新理念,提高民间融资风险司法应对的前瞻性和主动性。借鉴国际金融危机司法应对的经验做法,密切关注当前中小企业融资难的新情况、新问题,把维护稳定与促进经济发展结合起来,依法、积极、妥善审理执行民间借贷纠纷,为确保我市经济平稳健康发展提供强有力的司法保障。

二、加强诉前调解、诉调对接工作。加强诉前调解中心、诉讼服务中心建设,强化诉讼引导、诉前调解、法院释明,积极引导争议各方通过非诉途径解决纠纷,确保纠纷不扩大。一旦接到群体性、重大涉企诉讼,主动加强与党委政府的沟通协调,及时向有关部门反映涉诉情况,协助做好应对准备。

三、实行集中指定管辖。从有利于统一审理、有利于党委政府整体调控、有利于矛盾就地化解出发,对于影响较大的企业系列债务诉讼、执行案件,由上级法院统筹协调,指定由企业主要财产所在地或企业住所地法院集中管辖,确保裁判尺度标准统一,债权受偿公平,矛盾纠纷统筹化解。

四、坚持调解优先、调判结合。全面加强涉及民间借贷纠纷案件调解、轻微刑事案件和解、行政案件协调和执行案件和解工作,统筹协调,把握时机,权衡利弊,追求社会效果与法律效果的统一。对具有调解可能的案件要先行调解、不能调解的案件要及时裁判。

五、支持和保护民间金融创新。支持民间资本以入股方式参与商业银行的增资扩股,参与农村信用社、城市信用社的改制工作。妥善审理涉民间投资集合债券、短期融资券和资产证券化纠纷等案件,依法支持民间资本以投资各类产业基金等方式投资入股,拓宽民间资本的融资渠道。

六、坚持"以疏为主,疏禁并用"的原则。统一企业借款纠纷的裁判尺度,规范、引导中小企业健康发展。对于个人或单位之间以自有资金非经常性发放贷款的,应认定为合法借贷,在最高法院司法解释规定利率幅度内的,不作无效合同处理;对于经常性放贷甚至以此为业者以及约定利率过高,明显属于高利贷性质的,属于非法金融活动,应认定为无效合同,约定利息予以收缴,遏制民间借贷高利贷化倾向。

七、依法严厉打击扰乱金融管理秩序的犯罪活动。与公安机关建立民间借贷派生犯罪预防和惩治协调机制,防范非法吸收公众存款、集资诈骗等社会影响大、涉及面广的财产犯罪;严厉打击以民间"标会"等组织形式的集资诈骗犯罪,坚决打击暴力讨债过程中的非法拘禁、故意伤害以及涉黑犯罪行为,净化金融生态环境。

八、正确执行宽严相济的刑事政策。在审理民间借贷引发的非法吸收公众存款、集资诈骗等类案件中,注意严格区别合法吸引民间资本行为与非法吸收公众存款犯罪行为的界限,做到打击犯罪与保护合法融资并重。

九、审慎灵活运用诉讼保全措施。对情况紧急,被告资金链断裂,有恶意逃债或转移财产行为的,原告提出保全申请后,应在第一时间作出裁定,第一时间到现场采取保全措施。对一时资金周转困难但运转正常或有发展前景的,慎重采用保全措施,或以"活查封"的形式保全,最大限度地维护就业稳定,促进生产效能。

十、切实讲究执行效果。站在化解矛盾纠纷、保障企业生存发展、实现生产要素优化等高度,审视涉企案件的执行效果。针对被执行人的不同情况,既要用足、用好执行强制措施,对于暂无履行能力但仍在生产经营的企业,不应轻易拍卖处置企业赖以生存的不动产或生产设备,必须穷尽一切协调措施,穷尽一切和解方案。

十一、依法运用破产重整程序维护经济稳定。集中优势力量审理、执行好因银根收紧、资金链断裂引发的破产清算、企业重组等案件。对暂时资金周转困难,但有发展前景的企业依法启动重整程序,依靠党委政府,协调利益各方,尽量通过和解、重整的方式,促成资产重组,挽救并帮助企业走出困境。

十二、支持政府对中小微型企业发展的各项金融财税政策措施。加大符合国家产业和环保政策、能够吸纳就业的科技、服务和加工业等实体经济的支持力度。构建诉讼绿色通道,提供便捷、高效的司法服务。对符合条件的困难企业可依法减、缓、免诉讼费用,降低企业诉讼成本。

十三、发挥司法职能,促进企业建立健全符合现代市场经济发展要求的企业制度和经营机制。通过司法的适度介入,推进企业完善公司治理结构和管理创新,提高企业防范风险意识。

十四、加强和谐共建。针对企业融资难,到企业走访、问计、问需,提供相关法律宣讲、以案说法,引导企业规范发展;积极参与排查资金链风险,做好预测和防范工作,努力将矛盾化解在萌芽状态;完善与相关职能部门的联动工作机制,协调配合,共同促进金融市场有序、规范发展。

十五、加大司法建议报送工作。对民间借贷案件进行归纳总结,对矛盾比较集中的行业、单位要进行专项调研,提出防范和化解方面的对策。加强理论研究,创新思维,进一步探索有助于保障规范民间融资、净化民间融资环境的司法意见和措施,防范金融风险,维护社会稳定。

【民事审判信箱】

以配偶与他人缔结虚拟婚姻为由请求离婚损害赔偿不能得到支持

问:赵女士拟向人民法院提起离婚诉讼,理由是其丈夫张先生一年前与另一秦姓女子在网上注册结婚,并“生育”了子女。张先生为此将大部分时间、精力均花费在网络上,放弃了生意,与网上的“妻子”情话绵绵,对自己的配偶和子女漠不关心,在子女生病时也不闻不问,与重婚无异。因此,赵女士想在诉请判决离婚的同时,请求法院判令张先生向其赔偿损失。赵女士的这一请求能否得到支持?

答:赵女士关于要求张先生支付离婚损害赔偿的诉讼请求不会得到人民法院的支持。因为,虽然根据我国《婚姻法》第四十六条的规定,因一方重婚导致离婚的,无过错方有权请求损害赔偿。但这里的重婚是指法律意义上的重婚,其内涵是有配偶者又与其配偶之外的异性登记结婚,或者虽未登记结婚但构成事实上的重婚,即有配偶者与其配偶之外的其他异性以夫妻名义共同生活。在网络上登记结婚,虽然亦可能因沉溺其中而影响夫妻感情,最终导致离婚,但毕竟虚拟空间的所谓婚姻既不为法律所认可,也不是一种现实存在。其所谓登记结婚对象的性别、年龄等基本特征均不一定真实,所谓生育子女,更是子虚乌有。因此,即使法院判决准许赵女士与张先生离婚,也不会依据《婚姻法》第四十六条之规定,支持赵女士提出的离婚损害赔偿请求。

(本书研究组)

法院认定合同未生效与无效有何区别

问:人民法院审理合同纠纷案件,有时认定合同未生效,有时认定合同无效,请问这两种情况在法律上有何区别?

答:审理合同纠纷案件时,人民法院经常根据合同主体、内容的性质和审批程序的不同,依法认定合同未生效或者无效,两者在裁判结果上虽然有时产生竞合,但也有许多不同之处。区分这两种情况主要应从以下四个方面进行把握:

1. 认定前提不同。认定合同未生效的前提是合同已经依法成立,其效力只是由于某种原因尚未发生。譬如,当事人约定的合同生效条件尚未成就,再如依法经过批准才生效的合同而未经批准。其原因可能是由于客观情况变化致使有义务登记的一方故意不去报批,或者审批机关基于某种事实暂不予批准。无效合同不存在已合法成立的前提,自签订时起即因合同主体或者内容违反法律、行政法规的强制性规定而无效。无效合同自始无效,绝对无效,对当事人不产生任何约束力。

2. 条款效力不同。合同被认定未生效后,处于效力待定状态,将来有可能生效,也有可能不生效。认定时合同实体条款虽不发生效力,但并不因此影响合同的报批条款的效力。根据 2011 年 6 月召开的全国民事审判工作会议的纪要有关规定,探矿权、采矿权转让未经相关审批机关批准,但符合矿产资源法等法律、行政法规规定的条件,应认定探矿权、采矿权未生效,但不影响转让合同中当事人履行报批义务条款及因该报批义务而设定的相关条款的生效及效力。合同被确认无效后,除解决争议的程序性条款有效外,其他条款自始无效,缔约双方回复到合同订立前的状态。

3. 适用条件不同。通常认定合同未生效的条件是,合同主体适格,内容是双方当事人的真实意思表示,且不违反法律、行政法规的强制性规定,没有法定无效情形。只是由于设定的合同生效条件尚未成就,或者依法该登记而未登记,导致合同未生效。譬如,国务院《探矿权采矿权转让管理办法》第十条第三款规定:"批准转让的,转让合同自批准之日起生效。"显然,在合同成立后被批准前处于未生效状态。而认定合同无效的条件是合同主体或者内容本身违反法律、法规强制性规范,首先是缔约一方或者双方无民事行为能力,包括缔约方未取得特许行业资质而签订合同,譬如未取得建筑资质与他人签订建设工程施工合同、未取得销售爆炸品资质而签订雷管炸药销售合同。其次是因内容违法而认定无效的合同,其中包括:(1)一方以欺诈、胁迫的手段订立合同,损害国家利益;(2)恶意串通,损害国家、集体或者第三人利益;(3)以合法形式掩盖非法目的;(4)损害社会公司利益;(5)违反法律、行政法规的强制性规定。诸如签订枪支弹药买卖合同,签订危害消费者健康的"地沟油"、含"瘦肉精"食品的买卖合同;(6)无处分权的人订立的处分他人财产的合同。

4. 法律后果不同。如果合同被认定未生效后,客观上没有继续履行的条件,合同双方均不承担违约责任。但在合同可以继续履行的情况下,只因合同未办理报批手续而未生效,法院可以判决:(1)有合同报批义务的一方当事人履行报批义务,促使合同生效,贯彻合同法关于尽量使合同有效的立法精神;(2)依照合同条款,违约方承担违反合同报批条款的责任,充分体现诚实信用原则。然而,合同无效的后果是返还财产和赔偿损失。如果在本次诉讼中当事人未请求返还财产、赔偿损失,可以另寻法律途径解决。认定合同无效后,法院还可以依照《民法通则》第一百三十四条,判令收缴进行非法活动的财物和非法所得,并可以处以罚款、拘留。

审判实践中应特别注意的是,要将认定合同未生效、无效与不动产物权合同效力、物权转让效力区分开来。要坚持物权变动与其基础关系亦即原因关系的区分原则。物权法确立了不动产物权转让登记生效原则,未经登记的,不得对抗第三人。同时该法第十五条还规定,不动产物权合同,"除法律另有规定和合同另有约定外,自合同成立时生效;未办理物权登记的,不影响合同效力。"审判实践中,物权合同只要符合法律规定的生效条件,即应认定合同有效。合同生效后,当事人未依约办理产权过户手续的,违约方应承担因物权不能转让而产生的风险,但绝不能以未办理物权变动手续为由,认定合同无效或者未生效。这样认定的意义在于:(1)可以有效保护依据有效合同占有不动产的占有权人的合法利益,占有权人针对第三人的侵害,可以提起占有之诉;(2)有利于确立违约责任。认定合同有效,对拒不履行登记的行为可以认定违约，追究其违约责任;(3)有利于保护守约方，维护社会诚信。如果以登记为合同生效要件，就无法约束登记前的恶意违约行为，损害善意买受人的利益。

(本书研究组)

在一起交通事故中，受害人能否基于不同的法律关系向不同的相对人分别提起诉讼要求赔偿

问:出租车在运营中，与一货车相撞，致使乘客受伤。货车负全责。乘客起诉货车，要求其承担损害赔偿责任，法院判决货车方赔偿10 万元。但在执行时，货车方无力支付全部赔偿款，只支付了 2 万元。在此情况下，乘客能否以出租车方违约为由，要求出租车方承担赔偿责任?

答:在这起交通事故之中，涉及到了两个法律关系，人身损害赔偿关系和运输合同关系。这两个法律关系涉及的当事人不同，人身损害赔偿关系发生在乘客与货车方之间，而运输合同关系发生在乘客与出租车方之间;法律关系的性质不同，乘客与货车方之间是侵权法律关系，乘客与出租车方之间是运输合同关系;诉讼标的不同，乘客与货车方的诉讼标的是要求损害赔偿，乘客与出租车之间的诉讼标的是要求承担违约责任。基于上述不同，三当事人之间可以形成两个独立的诉讼，不能产生“一事不再理”的法律后果。如果乘客分别提起两个诉讼，不违反《民事诉讼法》第一百零八条的规定。但应注意，《侵权责任法》所确立的损害赔偿原则是填补原则，即有损害才有赔偿，且损害实际发生多少，赔偿就偿付多少。这起交通事故给乘客造成的损失是10 万元，并且生效民事判决已经对该损失的赔偿义务主体和数额作出了判决，在法律意义上，乘客的损害已经得到了赔偿。如果乘客再提起违约诉讼，其诉讼请求的赔偿额不应包括其侵权诉讼中已经判赔的数额，否则，其诉讼请求可能不会被支持。

(本书研究组)

保险代理人与用人单位之间的关系是否属于劳动关系

问:在我国劳动争议司法实践中，对于保险代理人的法律地位应当如何认定，各地经常会发生争议。分歧就在于，保险代理人与保险公司之间究竟是劳动关系还是代理关系?

答:回答这一问题，必须结合我国有关法律、法规和部门规章的相关规定来探讨。根据2009 年10 月1 日起施行的《保险法》第一百一十七条的规定，保险代理人是根据保险人的委托，向保险人收取佣金，并在保险人授权的范围内代为办理保险业务的机构或者个人。从《保险代理人管理规定(试行)》、国家税务总局《关于保险企业营销员(非雇员)取得的收入计征个人所得税问题的通知》等有关规定的内容也可以看出，保险代理人与保险公司之间的关系属于民事代理关系，而不是劳动关系，因而也就不属于《劳动法》和《劳动合同法》的调整范围。

虽然现实生活中,保险代理人与保险公司签订的聘用合同中经常含有必须遵守保险公司规章制度的内容,如不得无故缺勤,每天应参加公司的晨会等具有劳动关系属性,保险公司也通常采用"除名"的方式来处理保险代理人的"旷工"行为。但保险代理人是依据保险公司的委托,在保险公司的授权范围内代为办理保险业务,并向保险公司收取手续费的单位或个人。在报酬上,保险公司根据代理人所做的业务量支付一定的佣金而不是约定的工资数额,该佣金也不受国家规定的最低工资限制。保险公司不承担保险代理人的社会保险和社会福利责任。所以,保险代理人与保险公司的关系属平等主体之间的民事代理关系,而不是劳动关系。因此,保险代理人与用人单位之间发生的纠纷不属于劳动争议。

(本书研究组)

外国破产企业的破产财产管理人能否作为当事人在中国参加诉讼

问:某日本律师以原告身份向中国某法院提起诉讼,代表某日本破产企业向中国一公司主张房屋买受人权益,其依据的是日本东京地方法院判决确认的破产财产管理人身份,请问该律师是否具有原告资格?

答:因该破产企业为日本企业,主体涉外,因而对该律师原告资格的认定涉及到涉外民商事诉讼中外国人民事诉讼能力的确定。外国人民事诉讼能力包括民事诉讼权利能力和民事诉讼行为能力,从各国立法和实践看,大多数国家采用属人法原则(即外国人的本国法或住所地法)确定外国人诉讼行为能力。我国民事诉讼法对外国人的诉讼行为能力没有明确规定,但《涉外民事关系法律适用法》第十四条对民事行为能力有规定:"法人及其分支机构的民事权利能力、民事行为能力、组织机构、股东权利义务等事项,适用登记地法律"。

此外,要结合我国的法律规定判断该律师的当事人资格。我国企业法人的破产清算应适用《企业破产法》,该法第十三条规定:"人民法院裁定受理破产申请的,应当同时指定管理人";第二十五条规定,管理人履行的职责中包括"代表债务人参加诉讼、仲裁或者其他法律程序"。此处的"代表"是以管理人自己的名义,但诉讼结果由债务人企业承担。对于这种情形,民事诉讼理论上称为诉讼担当,即本不是权利或民事法律关系主体的第三人,基于对他人的权利或法律关系有管理权,而以当事人的地位行使诉讼实施权,但判决的效力及于原民事法律关系的主体。即破产管理人作为当事人不违反我国的法律规定。所以,若可以查明日本的破产法律制度中有相关规定,在查明了该日本企业已被宣告破产、该律师是被合法程序选任的破产管理人等事实的前提下,可以认可该律师的原告资格。

应注意的是,上述情形下对当事人资格的认可不代表对外国法院所作的破产裁判的承认和执行,对后者,仍应依照《企业破产法》第五条规定进行审查。

(本书研究组)

赔偿权利人在依据人身损害赔偿司法解释第三十二条确定的残疾赔偿金计算年限届满后仍然生存，能否继续请求赔偿义务人支付残疾赔偿金

问：赔偿权利人在人民法院依据人身损害赔偿司法解释第三十二条规定判决赔偿义务人给付残疾赔偿金计算年限届满后仍然生存，并向人民法院起诉请求赔偿义务人继续支付残疾赔偿金的，人民法院应否受理及支持？

答：实践中，在人民法院根据人身损害赔偿司法解释第三十二条规定确定的赔偿义务期间届满后，赔偿权利人仍然可能继续生存。如果赔偿权利人没有劳动能力和生活来源，参照人身损害赔偿司法解释第三十二条规定精神，赔偿权利人向人民法院起诉赔偿义务人继续给付赔偿金的，人民法院应当受理。这是因为残疾赔偿金属于继续性发生的费用，在人民法院确定的赔偿期限届满后，如果赔偿权利人仍然生存，且没有劳动能力和生活来源，则将继续产生赔偿费用，只要损害事实仍然存在，赔偿权利人向人民法院请求保护的诉权不应受到诉讼次数的限制。

在此情况下，人民法院如何确定赔偿期限，法律、司法解释没有明确规定。一种观点认为，应当综合考虑受害人的年龄、身体状况等相关因素后，以一年期为单位确定赔偿期限。但是这种作法就需要赔偿权利人在生存年限内，每年都到人民法院起诉，无疑增加了赔偿权利人的诉讼成本，造成司法资源的浪费，且没有直接的法律依据；另外一种观点认为，应当继续参照人身损害赔偿司法解释第三十二条的规定，在五至十年的期限内确定赔偿期限，这样操作一方面相对来说有司法解释规定依据，另外一方面，在五至十年期间确定赔偿年限可以减轻赔偿权利人的诉讼负担，同时也符合人身损害赔偿司法解释确立的定型化赔偿原则。比较而言，后一种观点更加符合侵权法确立的保护民事主体合法权益的立法目的。

（本书研究组）

民事审判指导与参考年度卷

◎责任编辑／范春雪
◎封面设计／孙 宇 乔 文

ISBN 978-7-5109-2041-7

9 787510 920417 >

定价：180.00 元